RICHELIEU

L'ambition et le pouvoir

Michel Carmona

RICHELIEU

L'ambition et le pouvoir

Fayard

© *Librairie Arthème Fayard, 1983.*

Note de l'éditeur

A chaque décennie son Richelieu! Le cardinal fascine les Français et l'Europe. A-t-il été l'accoucheur du monde moderne, un bourreau sanguinaire, le fondateur de l'absolutisme et de la centralisation en France? Travaux et études se sont multipliés récemment; avec la publication systématique de nombreux papiers et documents restés inédits, ils rendent possible, nécessaire, une nouvelle lecture de Richelieu.

C'est elle que nous propose Michel Carmona dans :
— Richelieu, l'ambition et le pouvoir. La vie et l'œuvre du cardinal, depuis les élans et les rechutes de l'ambition. Une personnalité complexe qui se forge dans l'adversité et par la force de la volonté. Une réussite faite de ténacité et de pragmatisme, au milieu des traverses du mauvais sort, de l'inconstance des Français, d'une mentalité encore féodale.
— La France de Richelieu. Le cardinal et son temps, le cardinal et son pays. Une nation qui prend conscience d'elle-même, une société en fermentation. Richelieu, avec ses espions, les tentations de la galanterie, celles de l'argent, l'orgueil, le démon du théâtre, les relations ambiguës avec le Roi et la Reine, l'Académie française.

Deux démarches complémentaires, deux ouvrages qui révèlent les mille facettes d'une époque marquée par un homme exceptionnel : le cardinal de Richelieu.

Et maintenant, joue, violon. Place à la sarabande. Une, deux, trois. Une, deu-eux, trois. Saluez. Une, deux, trois. Sautez. Le violon s'endiable, l'homme qui danse aussi. Il danse bien. Il a des grelots aux chaussures, une culotte de bouffon verte, des castagnettes aux mains. Assise devant lui, une dame. C'est pour elle qu'il danse. La dame, c'est Anne d'Autriche, Reine de France, épouse du Roi Louis Treizième du nom. L'homme, c'est Armand-Jean du Plessis de Richelieu. Son Éminence soi-même, dansant la sarabande — danse lascive et érotique, danse de sorciers et de damnés, disent les prédicateurs et les moralistes du temps. Il danse pour complaire à la Reine, pour la séduire, car il s'est laissé convaincre que ses royales faveurs en seraient peut-être le prix.

Surprenant Richelieu ! Ame inquiète et contradictoire, le cardinal-premier ministre du Roi de France aimait à cultiver les aspects paradoxaux ou secrets de son caractère. Amours et fantasmes se mêlent aux accès passionnels de colère pour composer l'envers étrange du personnage majestueux que l'histoire officielle a statufié. Cet être qui a vraiment compté pour la France et pour l'Europe, ce maître-calculateur à l'esprit fertile et clairvoyant, reste un homme, avec ses tentations et ses faiblesses. — Sensible au charme des belles dames, épris d'honneurs, de faste et de bons écus sonnants, avide de gloire littéraire, inventeur de farces burlesques dont ses collaborateurs sont la cible quasi quotidienne, Richelieu, sous la pourpre de la Sainte-Église et la charge du gouvernement d'un puissant royaume, offre une image violemment contrastée, nimbée de zones d'ombre et de mystère.

Homme de son temps, de ce premier XVIIe siècle, « âge des héros et des saints », qui naît dans le fracas et l'exaltation cruelle des guerres de Religion et engendre, à travers le Cid, les Précieuses et les révoltes paysannes, l'ère classique et l'absolutisme triomphant.

Baroque ou préclassique, qu'importent les étiquettes dont aucune ne rend vraiment la réalité d'une époque foisonnante de spiritualité, de complots et de mousquetaires, sur toile de fond d'une France laborieuse et souffrante, tenace, rouspéteuse, et consciente de former ce que l'on appellera plus tard une nation. Bon Français avant tout, tel se veut d'ailleurs Richelieu, qui découvre dans le patriotisme le « créneau », comme diraient aujourd'hui nos experts en marketing électoral, par où s'engouffrer pour accéder au pouvoir.

Prodigieux animal politique, dont la stature d'acier force le respect et la considération. L'aimer, ne pas l'aimer : que signifient ces termes face à l'un de ces monstres sacrés qui, de loin en loin, marquent leur époque et fascinent la mémoire collective des générations ultérieures ?

Plus de trois siècles nous séparent de Richelieu, et celui-ci reste un symbole. On déterre son cadavre pendant la Révolution, on conspue son nom en mai 68, l'Allemagne, en bloc, lui voue sa haine. Le cardinal fait vendre des slips et des chaussures, le cercle des étudiants catholiques de Paris, une association francophone internationale. L'historien ne peut être indifférent aux passions contradictoires suscitées par l'homme rouge. Derrière le mythe, cependant, il a le devoir de rétablir les faits, de redonner vie à la substance humaine d'une société, d'un monde, qui portent l'action de l'individu.

Un mot enfin pour dire qu'avant de proposer ce « Richelieu », j'ai écrit et publié un ouvrage consacré à « Marie de Médicis ». Un bien curieux couple, en vérité, que celui formé par la veuve d'Henri IV, Reine-Mère du Roi Louis XIII, et l'évêque de Luçon, promu cardinal et premier ministre grâce à elle. Dans leurs rapports, d'équivoques attachements sentimentaux consolident une étroite alliance d'intérêts. Et puis un jour, la belle harmonie d'antan vole en éclats — divorce politique et passionnel à la fois. La mémoire des hommes n'a voulu retenir de la longue histoire commune de Richelieu et de la Reine-Marie que leur brouille finale. Volontiers manichéenne, elle tranche pour ou contre : si vous êtes « pour » Marie de Médicis, vous êtes « contre » Richelieu. Je ne suis ni pour l'un ni pour l'autre. Ou plutôt si, je suis pour les deux, car ils ont tous deux vécu, aimé, lutté ; ils ont tous deux exprimé une époque dans ses aspirations contradictoires, une société qui bouge, une âme écartelée. Tous deux bien de leur temps, ils ont, par leur existence, par leur entente comme par le duel à mort qui les oppose ensuite, contribué à forger un pays, une Europe, qui sont fondamentalement, irrécusablement, nôtres.

PREMIÈRE PARTIE

L'ambition

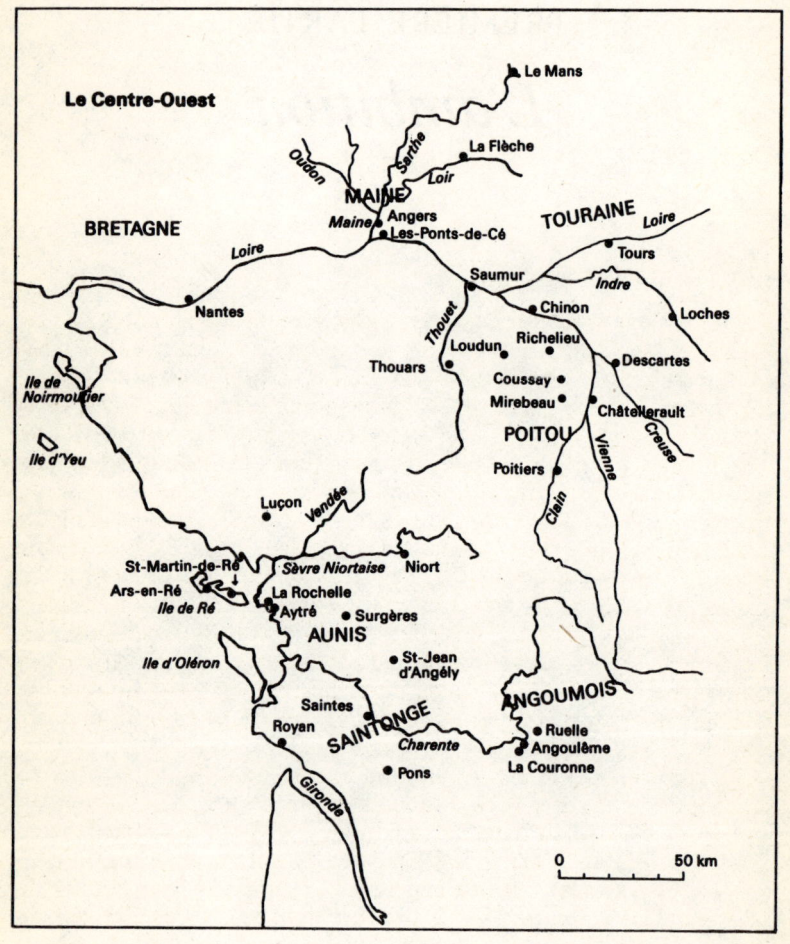

CHAPITRE PREMIER
L'enfance d'un chef

MYSTÈRE D'UNE NAISSANCE

La naissance de Richelieu est entourée de mystère. Dans les registres de la paroisse de Braye, dont dépend le château de Richelieu, les pages correspondant aux années 1580 à 1600 ont disparu, arrachées. Aucune paroisse à Paris ne garde la moindre trace, dans ces mêmes années, de la naissance d'Armand-Jean du Plessis de Richelieu. La Fontaine, visitant le somptueux château que le cardinal s'est fait construire, à Richelieu, à la place du manoir ancestral, écrit : « Le cardinal fit bâtir autour de la chambre où il était né... » La duchesse d'Aiguillon, nièce de Richelieu, signale également le grand attachement du cardinal « pour le château où il était né ». La plupart des contemporains croient cependant qu'il est né à Paris, et les historiens leur ont emboîté le pas avec une belle unanimité. En vérité, nous n'en savons rien. Une telle incertitude n'est pas le fait du hasard ; tout semble prouver au contraire que Richelieu a voulu délibérément entretenir le doute sur le lieu et la date de sa naissance.

La tradition seule permet de dire qu'Armand du Plessis, fils de Suzanne de La Porte et de François du Plessis, est né le 9 septembre 1585, en un lieu demeuré inconnu. On assure que l'accouchement fut difficile et que la naissance de cet enfant chétif faillit coûter la vie à sa mère. Admettons-le, tout en observant que ce type de considérations accompagne à peu près toutes les descriptions de naissances illustres.

Le terrain devient plus solide avec le baptême de l'enfant, célébré huit mois plus tard en l'église Saint-Eustache à Paris. Simple formalité, accomplie sans cérémonies particulières. L'acte paroissial, qui subsiste, indique que les époux du Plessis habitent rue du Bouloi à Paris. Les parrains sont Armand de Gontaut-Biron, maréchal de France, qui lui donne son prénom, et Jean d'Aumont, également maréchal de France, capitaine à la Compagnie des Ordonnances du Roi. La marraine est Françoise de Rochechouart, grand-mère paternelle du petit garçon.

Deux maréchaux de France, une Rochechouart, ce n'est pas donné à tout le monde. De fait, bien que la mère, née Suzanne de La Porte, soit de petite origine — elle est la fille d'un avocat au Parlement de Paris, François de La Porte, homme connu pour sa science juridique mais que son désintéressement n'a guère contribué à enrichir — les Richelieu sont une famille très en vue à la Cour d'Henri III. François du Plessis de Richelieu exerce depuis 1576 les fonctions de Grand Prévôt de France et arbore fièrement le cordon de chevalier de l'Ordre du Saint-Esprit.

Être Grand Prévôt de France n'est pas une mince affaire en ces temps difficiles, c'est-à-dire au plus fort des guerres de Religion. Ses attributions correspondent en gros à celles d'un ministre de la Justice qui serait aussi préfet de Police et chef des services de sécurité du Roi. Pour réussir, il faut être rude, peu scrupuleux et bon courtisan. François du Plessis de Richelieu possédait au plus haut degré ces qualités éminentes.

Il avait de qui tenir : les annales de la famille Richelieu sont remplies d'histoires édifiantes qui tendent à montrer que les ancêtres de François du Plessis n'ont jamais vraiment étouffé sous les scrupules. Petits nobles batailleurs, issus de la Creuse avant de se fixer en Bas-Poitou, aux confins de la Touraine, ils avaient une morale assez élastique. Tel cet Antoine de Richelieu, moine ligueur de nature violente et indomptable, célèbre par ses excès, dont la mort au début de 1576, au moment même où François de Richelieu devient Grand Prévôt, est saluée en ces termes par le chroniqueur Pierre de L'Estoile : « En ce janvier 1576 le capitaine Richelieu, homme mal famé et renommé pour ses larcins, veuleries, impiétés et blasphèmes, au reste grand ruffian et gruyer de tous les bourdeaux, fut tué à Paris en la rue des Lavandières par des ruffians comme lui étant avec des garces. Mort symbolisante à sa vie. » Cet individu tout à fait remarquable était l'oncle de François du Plessis. Sa mort survenait à point pour lui éviter le risque piquant d'être un jour arrêté sur les ordres de son neveu maintenant devenu ministre de la Justice.

L'OMBRE DU PÈRE

Le père du futur cardinal n'est pas un tendre et, avant de devenir Grand Prévôt et respectable, il a, dans son jeune âge, fâcheusement attiré les feux de l'actualité sur sa personne.

Page à la Cour de Charles IX, il est brusquement rappelé en Poitou par sa mère. Un drame vient de frapper la famille. Le frère aîné de François, Louis du Plessis de Richelieu, s'est fait tuer à l'issue d'une obscure querelle de préséance par un voisin et parent, le sieur de Brichetière, seigneur de Mausson. François n'a que 17 ans. Le père ayant disparu depuis quelques années déjà, c'est à lui qu'incombe le soin de venger son frère. Sa mère, née Françoise de Rochechouart, est une femme impitoyable. La mort de Louis ne restera pas impunie. Le sieur de Brichetière se méfie, ne sort plus de Mausson que par des souterrains et des passages dérobés. François se prépare méthodiquement, trouvant quand même le temps d'épouser à Paris, en l'église Saint-Séverin, Suzanne de La Porte, le 21 août 1566. Il a 18 ans. Le sieur de Brichetière, un jour, quittant Mausson, franchit le gué qui le sépare de la route voisine. Tandis que monture et cavalier traversent le ruisseau, le jeune Richelieu, posté derrière un talus en embuscade avec un groupe d'amis, lance une roue de charrette dans les pieds du cheval. La bête se cabre, désarçonne le sieur de Brichetière qui s'empêtre dans les sangles. François est déjà sur lui. Le seigneur de Mausson, percé de coups, meurt sur-le-champ.

Ce n'est pas un duel, mais un guet-apens. La noblesse du coin s'indigne du procédé. L'émotion devient si vive que François de Richelieu se voit donner l'amical conseil d'interposer rapidement quelques frontières entre le Bas-Poitou et lui. Ainsi quitte-t-il le château familial en direction de l'est, vers cette Allemagne où la guerre endémique offre de jolies possibilités d'emploi à des jeunes gens avides de gloire et de solides rançons. Il y mène la vie des soldats de fortune, au hasard d'une existence aventureuse, fertile en rapines et en grands coups d'épée. Ses pérégrinations le conduisent en Pologne au moment où s'installe à Cracovie un Roi d'origine française, le duc d'Anjou, troisième fils d'Henri II, appelé sur ce trône par le vote des Polonais et les intrigues de sa mère, Catherine de Médicis.

Entre Français, à tant de centaines de lieues du pays natal, on se serre les coudes. Le jeune seigneur de Richelieu est présenté au duc d'Anjou. Le nouveau Roi de Pologne est l'un des artisans de la Saint-Barthélemy ; le récit de la riche carrière du noble poitevin, loin de lui déplaire, lui fait trouver de l'intérêt au personnage. François de Richelieu est étroitement associé à la petite Cour française de Cracovie. Il y montre beaucoup d'intelligence et de sensibilité, et gagne rapidement ses galons de courtisan habile et tout dévoué au prince.

Cette existence heureuse ne dure hélas que quelques mois. La mort de Charles IX en mai 1574 fait tomber la couronne de France sur la tête du Roi de Pologne. C'est François de Richelieu qui reçoit le premier la nouvelle et en informe le duc d'Anjou, ainsi devenu Henri Troisième du nom, Roi de France. Les Polonais s'efforcent de retenir leur souverain. Le duc d'Anjou n'avait-il pas pris l'engagement, avant d'être élu, de renoncer à tous ses droits sur la couronne de France ? Mais le duc se persuade sans peine qu'une telle promesse est nulle : ses droits au trône de France sont imprescriptibles car liés au sang. Henri III n'hésite pas sur le sens de son devoir. En pleine nuit, seulement accompagné d'une poignée de gentilshommes français, le Roi de Pologne fausse compagnie à ses sujets. François du Plessis, seigneur de Richelieu, est à ses côtés. Le petit groupe gagne Venise, puis Paris, qui réserve un accueil enthousiaste au nouveau Roi de France. François de Richelieu est maintenant solidement établi dans la faveur d'Henri III ; celui-ci le nomme Prévôt de l'Hôtel puis, en 1576, Grand Prévôt de France.

Malgré son passé turbulent, le seigneur de Richelieu remplit bien ses fonctions. Bon catholique, il ne fait cependant pas figure d'exalté comme son oncle Antoine. On considère qu'il traite les gens avec décence, sans cruauté inutile, en essayant de tenir un compte exact des mérites et des méfaits de chacun. Certes, il n'a guère eu le temps de se donner une éducation très soignée et il est, aux dires de ses contemporains, « peu enrichi de l'être ». Mais c'est un fidèle, toujours prêt à répondre à l'appel de son Roi. Les événements vont montrer que cet homme est, avant toute chose, un légitimiste.

Le légitimiste et les deux Henri

Le 3 février 1576, Henri de Navarre, prisonnier à la Cour depuis le 24 août 1572, jour de la Saint-Barthélemy, parvient à s'évader du Louvre. Il prend la tête du parti protestant. Le 6 mai 1576, il signe avec Henri III un traité connu sous le nom de « Paix de Monsieur ». Henri III désavoue partiellement le massacre de la Saint-Barthélemy et reconnaît l'existence politique de la minorité protestante, qui se voit accorder un certain nombre de garanties. Les deux Henri sont beaux-frères depuis qu'Henri de Navarre a épousé, le 18 août 1572 (six jours avant le massacre, dont ce mariage a fourni l'occasion) Marguerite de Valois, sœur d'Henri III. Un modus vivendi durable semble possible. Mais c'est compter sans le parti ultra-catholique de la Ligue, qu'animent les Guise, et qui pousse à la reprise du conflit. L'enjeu, en effet, dépasse le problème de la coexistence de deux religions pour mettre en cause la couronne de France : Henri III n'ayant pas d'enfant et son plus jeune frère, le dernier des quatre fils d'Henri II et Catherine de Médicis, étant mort en 1584, Henri de Navarre devient l'héritier présomptif du trône. Un Roi protestant ? Inadmissible, répond la Ligue, d'accord en cela avec Henri III, avec Catherine de Médicis et, sans doute, avec l'immense majorité des catholiques. Encore si Henri de Navarre acceptait de se convertir au catholicisme. Mais le prince hésite à abjurer le protestantisme ou, du moins, n'entend le faire qu'en y mettant les formes et dans un délai raisonnable. Alors, la guerre recommence. Et le Grand Prévôt de France y participe à sa place, dans les armées du Roi.

Henri de Navarre est solidement retranché en Guyenne. Les forces catholiques s'efforcent de l'en débusquer. Le Béarnais contre-attaque en portant la guerre en Poitou. Le Poitou, patrie des Richelieu ! François du Plessis accourt, aux côtés du duc de Joyeuse qui commande l'armée d'Henri III. Le Poitou est repris, et Joyeuse, le 20 octobre 1587, donne l'assaut aux positions qu'occupe Henri de Navarre près de la petite ville de Coutras, aux limites de l'Angoumois et de la Guyenne. Au moment où les catholiques ont semble-t-il la victoire en main, Henri de Navarre, par une habile manœuvre, renverse le cours du combat. Le duc de Joyeuse est tué, ses troupes se débandent. Henri de Navarre se retire en Gascogne et en Béarn, laissant à son cousin Condé le commandement des forces protestantes. L'élan de la victoire de Coutras porte celles-ci jusqu'à Niort, mais, en mars 1588, elles sont à leur tour vaincues et taillées en pièces à Saint-Jean-d'Angély. Condé, fait prisonnier, mourra mystérieusement quelques mois plus tard, en novembre 1588, sans doute empoisonné par sa femme.

François de Richelieu est revenu auprès d'Henri III. Tant de combats inutiles, sans qu'aucun des camps en présence parvienne enfin à l'emporter de manière décisive sur l'adversaire ! L'heure des politiques sonne. Le Grand Prévôt de France est l'un de ceux-là. Sa mine sombre l'a fait surnommer « Tristan l'Hermite » ; François de Richelieu ressent dans sa chair les misères du temps.

La vie n'est pas facile pour le Grand Prévôt de France. Sa mère, l'altière Françoise de Rochechouart, doit mendier l'hospitalité d'une parente, Anne de Polignac, dont elle devient la dame de compagnie. François et Suzanne de Richelieu ont bien de la peine à faire vivre une petite famille qui compte cinq enfants : trois garçons, Henri, Alphonse et Armand, deux filles, Françoise et Nicole.

Autour d'Henri III, le nombre des fidèles se réduit de jour en jour. François de Richelieu, lui, continue de manifester un loyalisme sans faille. Il a cependant son opinion sur la situation et se range parmi ceux qui voudraient réaliser un grand rassemblement des gens raisonnables contre les excités des deux bords. Toute occasion lui est bonne pour prêcher au Roi la nécessité d'établir un accommodement avec Henri de Navarre, tandis que les faits se chargent de démontrer la justesse de son point de vue. Henri III est de plus en plus débordé par les ultras de la Ligue. Le 10 mai 1588, Paris se couvre de barricades. Le duc de Guise est le maître de la capitale. Henri III veut résister, rétablir son autorité. Mais les troupes royales, pourchassées par les Ligueurs, sont décimées, désarmées. François du Plessis presse Henri III de se rendre à l'évidence : il faut quitter Paris. Le Roi se résout à fuir la capitale pour se réfugier à Chartres. Les événements se précipitent. Les États-Généraux, convoqués à Blois, se réunissent en août 1588. Ils sont dominés par les partisans de la Ligue. Le duc de Guise, Henri « le Balafré », parle en maître. Sa toute-puissance, son arrogance, scellent son destin. Il faut l'arrêter, suggère un conseiller d'Henri III. « Et où trouverez-vous des témoins, des gardes, des juges ? » répond amèrement le Roi. Le 23 décembre 1588, Henri III fait assassiner le duc de Guise. L'humiliation des barricades est vengée. A Catherine de Médicis qui, dans sa chambre, malade et presque agonisante, attendait anxieusement les nouvelles, Henri III lance fièrement : « Je suis redevenu Roi de France car j'ai tué le Roi de Paris. »

Catherine de Médicis, n'ayant survécu que de quelques jours au duc de Guise, achève de mourir le 5 janvier 1589. Le rapprochement des deux Henri paraît inévitable. L'assassinat du « Balafré » déconsidère le Roi de France, qui n'a d'autre issue que de chercher un terrain d'entente avec son héritier présomptif. Dans une France coupée en trois — Henri III, la Ligue, Henri de Navarre —, une alliance entre deux de ces forces antagonistes a de grandes chances de leur assurer le succès. A ce calcul d'opportunité, François de Richelieu ajoute une conviction : le principe dynastique doit l'emporter sur toute autre considération et représente le seul véritable ciment de l'unité nationale. La cause du militantisme catholique ne saurait en aucun cas justifier que l'on répudie le Roi légitime pour offrir le trône de France à Philippe II d'Espagne ou au cardinal de Bourbon. Henri III se rend à ces arguments. Ses forces font près de Tours leur jonction avec l'armée protestante d'Henri de Navarre. Le 3 avril 1589 est signé l'acte de réconciliation solennelle des deux Henri.

Les Ligueurs se déchaînent, les passions s'exacerbent. En Poitou, Henri de Navarre tient Vivonne, Saint-Savin, Thouars, Loudun ; les protestants battent la campagne jusque sous les murs du château de Richelieu. Poitiers, en revanche, se donne à la Ligue, expulsant les partisans d'Henri III surnommés par dérision les « Henrions ». Courant avril, deux envoyés d'Henri III sont chassés de la ville. Ils s'appellent Monsieur de La Roche-Chémerault et Monsieur du Plessis de Richelieu. Le Grand Prévôt a fait ce qu'il a pu, mais ses appels au calme n'ont pas été entendus. Le 11 mai, le gouverneur de Poitiers, Monsieur de Malicorne, est précipité du haut des remparts. Henri III décide de reprendre la situation en main. A la tête de la petite armée royale, il se présente aux portes de la ville. On l'accueille à coups de canon. Trop faible pour envisager un siège en règle, il quitte les lieux et se replie sur Tours, bientôt remplacé par les troupes d'Henri de Navarre, qui soumettent Poitiers à un blocus sévère.

Sitôt revenues à Tours, les maigres compagnies d'Henri III se voient confrontées à une soudaine offensive du duc de Mayenne, frère du « Balafré », et son successeur à la tête de la Ligue. L'intervention d'Henri de Navarre sauve de justesse le Roi de France d'un désastre. Henri III se laisse alors convaincre de la nécessité de porter la guerre au cœur des territoires contrôlés par la Ligue, c'est-à-dire Paris. Toutes forces confondues, les deux Henri, en juin, font mouvement en direction de la capitale. Le 30 juin 1589, l'investissement de Paris commence. Henri III s'établit à Saint-Cloud, Henri de Navarre à Meudon.

Henri III est mort, vive Henri IV, Roi de France et de Navarre

Le 1er août 1589, le moine ligueur Jacques Clément parvient à s'introduire dans la chambre d'Henri III, au château de Saint-Cloud, et frappe le Roi à la veille de l'assaut général contre Paris. Il appartient au Grand Prévôt de France d'arrêter le meurtrier ; il ne pourra empêcher, cependant, que celui-ci soit sommairement tué, quelques instants plus tard, par les autres témoins de la scène.

Henri III met vingt-quatre heures à expirer. L'annonce de sa mort, le 2 août 1589, donne une gravité accrue au problème de la succession. Chacun doit maintenant se déterminer : Henri de Navarre est-il le souverain légitime appelé à régner sous le nom d'Henri IV, ou faut-il chercher ailleurs un Roi catholique pour occuper le trône de France ? Les deux journées qui suivent la disparition d'Henri III vont être cruciales. Les catholiques restés fidèles au défunt Roi discutent âprement entre eux. Des négociations s'ouvrent avec Henri de Navarre. Dès qu'il a eu connaissance de la mort d'Henri III, le prétendant à la couronne est venu saluer sa dépouille ; déjà, il entend faire acte de souverain. Mais l'appareil d'État lui résiste. La question religieuse reste toujours aussi entière. L'un des nobles catholiques de l'entourage d'Henri III, François d'O, le plus fameux des mignons du Roi, devenu le gardien du Trésor royal, se fait le porte-parole d'une majorité de ses amis : Henri de Navarre est mis en demeure d'embrasser immédiatement la religion catholique, faute de quoi lui et ses compagnons refuseront de le suivre.

Henri IV répond par un discours dont la dignité égale l'habileté. Il promet de maintenir la religion catholique intacte dans le royaume et de n'autoriser pendant les six mois à venir l'exercice d'aucun autre culte en dehors des endroits où il est déjà pratiqué. Dans le même délai, il se ferait instruire dans la foi catholique par un conseil librement nommé à cet effet. Quant aux villes enlevées à la Ligue, elles seraient placées sous l'autorité de gouverneurs catholiques. Oui, par conséquent à la conversion. Mais une conversion progressive, graduelle — donc plus vraisemblable — et qui permette d'établir entre les deux confessions un accommodement politique acceptable.

Henri IV, en ce 4 août 1589, a joué son va-tout. Il ne pouvait faire autrement. Accepter les conditions de François d'O, c'était se faire l'otage de cette clique, s'aliéner le soutien des protestants de France et de l'étranger, sans désarmer pour autant les Guise, la Ligue et l'Espagne. Mais, dans l'immédiat, le refus d'Henri IV a de redoutables conséquences car il le prive du soutien d'une bonne partie du camp catholique.

Les défections se multiplient dans l'armée royale et la situation d'Henri IV apparaît soudain critique. Que valent l'appui de l'Angleterre ou celui des princes protestants allemands alors que Paris, la plupart des grandes villes du royaume et certaines provinces parmi les plus importantes continuent de lui échapper ? L'Espagne, première puissance militaire du temps, a dépêché au secours de Paris des forces considérables. Le 8 août 1589, Henri IV, se rendant à l'évidence, abandonne le siège de la capitale qu'il se sent hors d'état de poursuivre. Les quelques ralliements enregistrés chez les anciens compagnons d'Henri III n'en ont que plus de prix. Parmi ceux qui s'agenouillent aux pieds d'Henri IV pour lui promettre allégeance, de rudes soldats, Crillon, le maréchal de Biron, Givry, d'Harambure, La Noue. Et le seigneur François du Plessis de Richelieu, Grand Prévôt de France, qui fait don de sa personne au souverain légitime.

« Suivez mon panache blanc ! »

Tournant le dos à Paris, Henri IV n'a d'autres ressources, pour le moment, que de chercher à se frayer un chemin à travers la Normandie afin de s'assurer de Dieppe, le seul port par lequel puissent lui parvenir les secours que lui a promis la Reine Élisabeth d'Angleterre. Il atteint Dieppe au début de septembre, mais le duc de Mayenne s'est lancé à sa poursuite à la tête d'une armée de 25 000 hommes. Celle d'Henri IV ne dépasse pas 7 000 hommes, un tiers de huguenots, un tiers de mercenaires suisses, qui ne sont plus payés mais continuent de servir par habitude ou par fidélité, et un tiers de catholiques qui ont choisi, comme François du Plessis, le parti du Roi légitime. Le 16 septembre 1589 s'engage ce qu'on appelle la bataille d'Arques, succession de combats dont les plus importants se déroulent autour du château d'Arques, position-clef commandant l'accès de Dieppe. Grâce à sa supériorité numérique et à son habileté manœuvrière, Mayenne l'emporte au début. Mis en confiance, il décide de lancer le 21 septembre l'attaque décisive. Engagée dès l'aube, celle-ci semble près de réussir, et la trahison d'une compagnie de lansquenets met un moment en danger la personne même d'Henri IV. Mais le sort des armes bascule soudain, la panique gagne les forces de la Ligue et la bataille s'achève à midi sur une écrasante défaite de Mayenne, qui doit abandonner précipitamment le terrain. Tandis qu'une partie de la petite armée d'Henri IV le harcèle dans sa retraite à travers la Picardie, la flotte anglaise tant attendue arrive enfin, débarquant à Dieppe le précieux renfort de 4000 soldats anglais et écossais.

Au même moment, Henri IV enregistre une série de succès diplomatiques, avec sa reconnaissance officielle par plusieurs États. La décision prise en ce sens par les principautés protestantes d'Allemagne et la Hollande calviniste paraît évidemment normale. Celle de la République de Venise, en revanche, revêt une signification très importante. Elle indique en effet que la République Sérénissime, riche d'une flotte puissante, de son or et d'une diplomatie hors pair, entend favoriser la mise en place à Paris d'un gouvernement indépendant de l'Espagne. Les Vénitiens, par ailleurs, ont la réputation d'être les meilleurs connaisseurs de la situation politique dans tous les pays du monde, et le fait qu'ils parient sur le succès final d'Henri IV constitue pour celui-ci un précieux encouragement.

Grâce aux Anglais et aux Écossais, l'armée d'Henri IV est en mesure de reprendre l'offensive. Elle progresse rapidement et se retrouve une nouvelle fois sous les murs de Paris dès la fin du mois d'octobre. Un assaut brusqué permet d'emporter les fortifications qui défendent les quartiers de la capitale situés sur la rive gauche. Quelques centaines de soldats du duc de Mayenne qui ont pu trouver refuge dans l'abbaye Saint-Germain-des-Prés tentent de s'échapper dans la soirée du 1er novembre, mais il sont surpris et taillés en pièces. Des quartiers de la rive droite restés aux mains de la Ligue on assiste, la rage au cœur, au pied de nez d'Henri IV. Mais celui-ci sait bien qu'il n'a pas les moyens d'un siège en règle et se retire, après cette spectaculaire démonstration de force, en direction de Tours.

L'hiver 1589-1590 voit les deux adversaires préparer la campagne de printemps, que chacun s'accorde à considérer comme décisive. Dans le camp d'Henri IV, toutes les énergies sont mobilisées. François de Richelieu travaille d'arrache-pied. Madame de Richelieu et ses enfants ont été laissés à la garde de la mère de François dans la propriété familiale du Bas-Poitou. Le duc de Mayenne, de son côté, se borne à attendre les secours espagnols, qui arrivent enfin à Paris au début de 1590. Dès leur arrivée, Mayenne prend l'offensive. Objectif : la Normandie, dont la plus grande partie est tombée pendant l'hiver aux mains d'Henri IV et de ses partisans.

L'armée franco-espagnole du duc de Mayenne compte 25 000 hommes, celle d'Henri IV 18 000 à peine. Le 12 mars 1590, les deux antagonistes se font face dans la plaine d'Ivry, entre Mantes et Dreux. Le lendemain 13 mars, on se livre de part et d'autre à quelques menues reconnaissances, au cours desquelles on capture des égarés, on tue des éclaireurs. C'est le 14 mars à l'aube que s'engage la bataille qui, sous le nom de bataille d'Ivry, restera la plus célèbre de toutes celles d'Henri IV. Qui ne connaît le discours du Roi au moment où chacun s'apprête à la lutte ? « Mes camarades, Dieu est avec nous. Voici ses ennemis et les nôtres », dit-il en désignant l'armée adverse. « Si vous perdez vos enseignes, cornettes ou guidons, ralliez-vous à mon panache blanc, vous le trouverez toujours au chemin de l'honneur et de la gloire. » Une heure plus tard, les forces du duc de Mayenne, pourtant deux fois plus importantes que celles du Roi, sont enfoncées. La déroute est totale, accablante et injustifiable. Qu'il est gêné, Mayenne, pour rendre compte du désastre dans la lettre qu'il adresse après le combat au Roi d'Espagne : « La charge désespérée faite par l'ennemi a si fort surpris mes escadrons que la plupart ont lâché pied sur l'heure, ne laissant avec moi que six ou sept pelotons de cavaliers, desquels, j'en donne l'assurance à Votre Majesté, pas un qui n'ait été tué, blessé ou fait prisonnier. »

Siège de Paris et mort du père

Henri IV établit son quartier général à Mantes. Avec 12 000 fantassins et 2 000 chevaux, il cherche à emporter Paris d'assaut. L'échec de l'attaque lancée le 12 mai sur les Portes Saint-Martin et Saint-Denis l'oblige à se rabattre sur une guerre d'usure. Dans Paris assiégé, l'échauffourée donne lieu le 14 mai à la fameuse procession de la Ligue au cours de laquelle on peut voir moines et religieux marchant d'un air martial aux côtés des milices bourgeoises, tous au coude à coude, défilant dans les rues de la capitale pour manifester leur joie de l'échec subi par l'armée royale et leur détermination de résister jusqu'à la victoire. L'allégresse, cependant, fait bientôt place au découragement. Paris a faim. Au bout de deux mois de siège, la population démesurément gonflée par l'afflux des réfugiés venus des campagnes environnantes a épuisé toutes ses réserves de vivres. Quand on a fini de dévorer les chats, les chiens et les rats, on déterre les os des morts dans les cimetières pour en faire de la farine. Certains chroniqueurs citent même des cas d'anthropophagie.

Au début du mois de juillet, Henri IV, pris de pitié devant tant de misère, décide d'autoriser tous ceux qui le voudraient à quitter librement la ville. Des milliers d'hommes, de femmes et d'enfants franchissent avec soulagement les portes de la capitale. Henri IV y a gagné en humanité, mais perdu toute chance de réduire Paris. Les défenseurs sont restés, et le départ des bouches inutiles renforce leur capacité de résistance. Élisabeth d'Angleterre s'indigne d'une conduite aussi peu politique : « Si tant d'assiégés n'étaient sortis avec votre permission », écrit-elle furieuse à Henri IV, « la famine les eût nécessairement contraints de céder. Je m'étonne que vous vous soyez laissé persuader de courir ce risque après tant de retards et d'ajournements. Mais vous tardez trop à agir pour vos intérêts, aimant mieux tout risquer que d'en finir. »

Ce même mois de juillet voit la mort de François du Plessis. Depuis l'assassinat d'Henri III, il avait fidèlement accompagné Henri IV dans toutes ses pérégrinations, à Dieppe, devant Paris, à Tours, en Normandie. Il était avec lui à Ivry, avec lui à Mantes, avec lui encore sous les murs de Paris. Durant tout ce temps, sa famille, réfugiée à Richelieu, attendait patiemment l'issue de la guerre. Après la bataille d'Ivry, l'espoir avait grandi, laissant pressentir la fin prochaine des combats. François de Richelieu donnait de temps à autre de ses nouvelles, confiant dans la victoire du Roi de France. Pendant le siège de Paris, il avait fait venir les siens, et tout ce petit monde logeait auprès de lui à Gonesse où Henri IV s'était fixé pour superviser le blocus de la capitale. C'est là que le Grand Prévôt de France, terrassé par une fièvre violente, meurt le 15 juillet 1590, âgé de 42 ans à peine.

Mesdames de Richelieu

Suzanne de Richelieu se retrouve veuve avec cinq jeunes enfants. Henri a 10 ans, Alphonse 7, Armand 5. Les deux filles, Françoise et Nicole, ont respectivement 12 et 4 ans. Les revenus de la famille ne sont pas bien grands. Le château de Richelieu constitue le cœur des possessions familiales. Bâti en 1429, en pleine guerre de Cent Ans, il offre un aspect imposant avec ses huit grosses tours, la flèche de son donjon, ses épaisses murailles. Une petite rivière, le Mable, coule tout à côté, irriguant des terres qui seraient fertiles si les troubles des guerres civiles n'avaient poussé les habitants à les déserter. Les quelques dépendances voisines de Mausson, de Coussay et du Chillou ne sont guère plus productives. Seul l'évêché de Luçon, propriété de la famille, procure encore quelques ressources, ce qui n'avait pas empêché François du Plessis de s'endetter fortement. Quand la mère du défunt se préoccupe d'organiser les funérailles du Grand Prévôt, elle n'a d'autre issue que de mettre en gage son collier du Saint-Esprit.

Henri IV, pourtant si parcimonieux d'habitude, ouvre largement les cordons de sa bourse au profit de Mesdames de Richelieu. Il leur fait verser une somme de 20 000 livres, à laquelle viendra s'ajouter l'année suivante une nouvelle aide de 16 000 livres. Ces secours permettent à la famille de survivre. Mais il n'est plus question de faire face aux dépenses qu'impose la vie de Cour, même en temps de guerre. Aussi la veuve du Grand Prévôt décide-t-elle de se retirer à Richelieu avec Françoise de Rochechouart, sa belle-mère, et une parente, Madame de Marconnay.

Terre de Poitou

Poitou, Aunis, Saintonge sont alors comme un deuxième cœur de la France après Paris. Bon nombre des combats les plus importants des guerres de Religion s'y déroulent. Les noms de Saint-Jean-d'Angély, La Rochelle, Jarnac, Coutras, Saintes, Moncontour, Angoulême, Poitiers, Loudun jalonnent quarante années de sièges, de chevauchées et de batailles. La victoire favorise chaque camp tour à tour. Là se partagent, à égalité de force ou presque, pays catholique et pays protestant. Régions remuantes, où les trêves et les assemblées interrompent à peine le rythme des combats. Terre où l'au-delà s'implique tout autant que les hommes. Terre de doctrinaires et de philosophes — de Duplessis-Mornay, dit le Pape des huguenots, au sage Descartes. Terre de sorciers et de démons, telle Loudun, cette ville étrange qui abrite aussi bien des conférences de paix que l'une des plus singulières affaires de possession de l'époque. Est-ce l'effet du hasard, enfin, si cette région a nourri l'âme inquiète de Ravaillac, natif d'Angoulême, où le régicide revient fortifier sa résolution avant d'aller poignarder Henri IV ?

Terre incertaine là-bas, vers l'ouest, vers le grand large, en ces rivages indistincts qui semblent hésiter entre la mer et le ciel. Portes ouvertes à tous les vents, aux étrangers, amis ou ennemis, négociants ou brigands ; l'Espagnol, le Hollandais, l'Anglais sont un peu chez eux sur ces rivages du Centre-Ouest du royaume, mal défendus, indéfendables peut-être. Symbole, Brouage-la-catholique donnant le jour à Samuel Champlain, découvreur et fondateur du Canada français. Symbole, aussi, le sort tragique de sa puissante rivale, La Rochelle, république marchande et fleuron de la Réforme, noyau d'une possible partition du territoire national sur une base religieuse, et dont l'abaissement était sans doute indispensable pour permettre la marche historique du pouvoir monarchique vers l'absolutisme.

Au milieu de ces provinces divisées, déchirées, un village médiocre, berceau d'une famille que le service du Roi a commencé à tirer d'une obscurité sans gloire, Richelieu, aujourd'hui modeste chef-lieu d'un canton d'Indre-et-Loire.

Alors que la famille du petit Armand du Plessis, fuyant la Cour, fuyant Paris, responsable de la mort du père, regagne ses terres ancestrales du Poitou, la région hésite encore à croire au retour définitif de la paix. Les paysans ne sont pas revenus. Nombreux ceux qui sont morts ou sont partis chercher refuge dans des régions provisoirement plus sûres. Nombreux aussi ceux qui, de gré ou de force, sont allés grossir les troupes de vagabonds qui battent la campagne, tantôt mendiant, tantôt maraudant. Les foires ne se tiennent plus que par intermittence. Celles de Poitiers, de Niort, de Fontenay-le-Comte, les plus importantes, les plus anciennes, ont piteuse allure. Celles de Châtellerault, Bressuire ou Parthenay n'ont plus qu'une existence théorique. L'industrie traditionnelle des toiles a quasiment disparu. Finis le grand commerce du vin, celui du papier qui animait toutes les vallées de l'Angoumois. Les ports de La Rochelle, Brouage, Marans ont été tant de fois assiégés, occupés, dévastés, qu'on peut se demander s'ils retrouveront jamais un semblant d'activité. Quant à la noblesse, elle a subi des pertes considérables, en hommes, bien sûr, mais peut-être plus encore dans les sources de sa richesse. Ses revenus ont été durement atteints par la ruine des campagnes et, pour survivre dans des gentilhommières qui portent souvent les traces de farouches combats, il faut avoir accumulé le fruit de bien des pillages ou pouvoir compter sur les pensions que dispense chichement la faveur royale. La bourgeoisie seule, dans cette tourmente, a réussi à sauvegarder quelque chose : la puissance que donne de plus en plus la fortune mobilière, ces pièces d'or et d'argent qui, venues d'Amérique, via l'Espagne et le Portugal, ont inondé l'Europe au long du XVIe siècle et dont des trésors soigneusement cachés ont survécu aux années de guerre.

Même si l'abri des murailles qui ceinturent les villes est souvent précaire, les bourgeois, habitués à prendre les armes pour protéger leurs biens et leurs familles, ont appris à parler haut et ferme aux nobles, fussent-ils gouverneurs ou lieutenants généraux du Roi. D'ailleurs, la bourgeoisie est de plus en plus intégrée au pouvoir monarchique, qui apparaît comme seul capable en définitive de maintenir l'ordre : en lui fournissant ses juristes, ses auxiliaires de justice, ses fonctionnaires des finances et les techniciens qu'il commence à utiliser en nombre croissant, elle fait franchir un bond capital à l'extension des responsabilités administratives de la monarchie française. Mais elle réclame en contrepartie le droit d'exprimer avec franchise son opinion, même critique, sur les décisions royales. Ce ne sont pas les guerres de Religion qui vont la rendre moins prodigue en adresses et en remontrances destinées à expliquer au souverain mal informé le sens de son devoir.

Deux tendances, ainsi, s'opposent. Au soir du XVIe siècle, rien ne permet de prédire laquelle des deux va l'emporter. Le tempérament national est tout prêt à accepter l'une comme l'autre, l'anarchie comme l'ordre, les particularismes comme le centralisme, le pluralisme libéral comme l'autocratie. Peut-être dépend-il seulement des circonstances et du jeu de quelques hommes que la balance penche dans un sens ou dans l'autre, que la France vue de La Rochelle, d'Angoulême et de Poitiers s'organise en une fédération de républiques urbaines ou que toutes les forces de la nation se rassemblent au service et pour la plus grande gloire d'un monarque.

Histoire d'un petit garçon

Un prêtre, Hardy Guillot, prieur de l'abbaye Saint-Florent de Saumur, est chargé d'enseigner les rudiments à Armand du Plessis. Suzanne de Richelieu se réserve la formation morale des enfants. Tous les soirs, les gens du château sont réunis sous sa houlette dans la chapelle pour prier en commun à haute voix. A la prière succède la veillée ; les femmes se livrent à des travaux de couture ou de tapisserie destinés aux pauvres du voisinage, les garçons se penchent sur leurs devoirs.

Armand est un enfant un peu frêle, de taille plutôt moyenne. Mais personne n'est très grand en ces temps de privation où chacun mange un peu n'importe comment. Il se fait d'ailleurs remarquer par son humeur, et on le trouve toujours à la pointe des bagarres avec ses frères ou les autres gamins du pays.

Quatre années s'écoulent ainsi au rythme des saisons, tandis que parvient au manoir de Richelieu l'écho affaibli des événements qui décident du sort de la France. Henri IV n'a pas réussi à prendre Paris. Le siège de 1590, comme les précédents, a dû être levé. Ce qu'il n'a pas obtenu par la force, le Roi s'emploie désormais à le gagner par la diplomatie. Sans doute n'a-t-il jamais dit « Paris vaut bien une messe », mais le résultat est le même. Le 21 juillet 1593, les évêques français réunis à Saint-Denis décident qu'ils ont le pouvoir de recevoir la conversion au catholicisme d'Henri IV. Le 23, après quelques heures d'enseignement, le Roi leur déclare qu'il est suffisamment instruit de la foi catholique et prêt à abjurer le protestantisme. Va-t-il entrer aussitôt dans Paris ? Non. Henri IV a appris la valeur du temps ; il compte sur lui pour apaiser les esprits et persuader les Parisiens de se débarrasser de la garnison espagnole qu'ils se sont donnée. Et puis, la conversion n'est pas tout, il faut maintenant se faire sacrer. Le Roi n'est pleinement Roi de France que du jour où il reçoit l'onction. Celle-ci est traditionnellement conférée en la cathédrale de Reims, mais Reims est au pouvoir de la Ligue. Juristes et théologiens de l'entourage royal bâtissent une argumentation qui permet à Henri IV de se faire sacrer à Chartres, le 27 février 1594. Cette ultime cérémonie lui ouvre les portes de la capitale. La ville, en quelques heures, se donne à son Roi, le 22 mars, après un simulacre de combat dont les seules victimes seront une quarantaine de mercenaires allemands au service de la Ligue ; les Espagnols, par la Porte Saint-Denis, prennent la route des Flandres. Follement acclamé, le Béarnais construit sa légende en lançant ironiquement au chef des Castillans : « Portez mon compliment à votre maître, et n'y revenez plus. » Anciens Ligueurs, catholiques modérés ou vieux compagnons de route protestants de l'ex-Henri de Navarre communient dans l'unanimité retrouvée.

La vie reprend ses droits comme si de rien n'était, comme si Mayenne ne battait pas la campagne, comme si l'Espagne meurtrie et humiliée ne poursuivait pas la lutte aux frontières. Henri IV va rendre visite à ses tantes de Guise, Ligueuses enragées, et mange gaiement des confitures en leur compagnie. Les évêques se pressent à ses côtés, oubliant qu'une majorité d'entre eux s'était trouvée unie, quelques années plus tôt, pour dénoncer en lui l'antéchrist, l'ennemi de la religion et du vrai Dieu. Les écoles rouvrent, et, parmi celles-ci, l'illustre Collège de Navarre qui revendique l'honneur de compter parmi ses anciens élèves deux Rois de France, l'ancien et le nouveau, Henri III et Henri IV. La guerre civile avait interrompu l'enseignement, dévasté les locaux, dispersé la bibliothèque. La paix réussit ce miracle d'y faire revenir professeurs et élèves.

L'oncle Amador et le Collège de Navarre

C'est là qu'Amador de La Porte fait admettre le petit Armand du Plessis.

Qui est Amador de La Porte ? C'est le bon génie, l'oncle bienveillant dont l'intervention providentielle change le cours du train-train quotidien et donne à Armand de Richelieu, tout juste âgé de 9 ans, sa première vraie chance dans l'existence. L'oncle Amador est le frère de Madame de Richelieu, née Suzanne de La Porte, de cette famille de juristes parisiens, honorables et moyennement fortunés. Amador est Chevalier de l'Ordre de Malte et vit paisiblement à Paris, où son zèle catholique, sans être excessif, a sauvegardé ses bonnes relations avec le pouvoir ligueur. L'éviction de la

Ligue et l'entrée d'Henri IV ne le gênent manifestement pas. Le retour de la paix lui permet au contraire d'aider la courageuse Suzanne, en lui proposant de prendre à sa charge le gîte, le couvert et les frais d'études du plus jeune de ses fils.

Armand du Plessis de Richelieu fait ainsi son apparition dans un Paris pacifié, sur les traces du Bon Roi Henri, à temps pour la rentrée des classes de l'automne 1594 dans le prestigieux Collège de Navarre.

Le programme des cours comprend trois degrés : la grammaire, les arts et la philosophie. La grammaire et les arts constituent le bagage ordinaire des gentilshommes ; les études de philosophie ne sont en général suivies que par ceux qui se destinent à la prêtrise ou manifestent une propension particulière pour l'étude et la controverse.

Les exercices de grammaire durent deux ans. Ils forment une sorte de cycle préparatoire au cours duquel on enseigne le catéchisme et les principes de la religion catholique, mais surtout le latin. Les écoliers ont pour obligation de ne parler que cette langue pendant les classes. Les auteurs en vogue sont Cicéron, Virgile, Horace et Térence.

Le programme des arts commence ensuite, et avec lui l'étude du grec. Les méthodes d'éducation sont essentiellement fondées sur la maîtrise du discours. La « sententia » consiste à développer un thème sous la forme orale. La controverse, technique plus élaborée, voit les élèves soutenir des thèses opposées au cours de véritables joutes verbales. Ils acquièrent ainsi l'habitude de mettre en forme leurs idées d'une manière claire et efficace ; l'art de l'éloquence et de la persuasion n'est pas loin. Les élèves, comme leurs parents, raffolent de cette initiation à la rhétorique, prétexte à mise en scène et occasion pour les plus doués de se mettre en avant.

Il est peu de dire qu'Armand du Plessis se range parmi ceux-là : l'ardeur et l'amour-propre qu'il apporte à l'étude sont tellement âpres et violents qu'ils en deviennent excessifs. L'un de ses biographes, l'abbé de Pure, nous dit qu'il « avait une soif de la louange et une crainte du blâme qui suffisaient pour le tenir en haleine... Ce que ses condisciples faisaient en enfants, il l'exécutait avec méthode ». Un surdoué. Et peut-être aussi un petit côté agaçant de fort en thème trop sûr de lui.

Il paraît, heureusement, que cet élève exemplaire n'était pas un modèle de docilité. Son caractère vif et emporté se pliait mal à la discipline du collège. En cela, il n'était guère différent de la plupart de ses condisciples, jeunes nobles pour qui les études n'étaient qu'un passage obligé, antichambre du métier des armes, porte d'entrée de la Cour. Comme eux querelleur, comme eux entiché de ses privilèges qui lui interdisaient, par exemple, de se rendre au collège autrement qu'escorté par son précepteur Mulot et son valet de chambre Desbournais, portant ses livres et son écritoire, car un gentilhomme, même âgé de 9 ans, ne saurait s'abaisser à de telles besognes.

C'est pendant le cycle des arts que Richelieu prend vraiment son envol. Malgré son jeune âge, il brille de mille feux. Il a 12 ans lorsque, pour le distinguer, on le choisit comme enfant de chœur chargé d'accompagner le recteur du collège, Jean Yvon, et les membres de l'Université qui se rendent en procession aux tombes royales de Saint-Denis.

Ses études s'achèvent là. Il a conquis tous ses diplômes comme en se jouant. Bon en latin, une langue qu'il maîtrise parfaitement, il est moins brillant en grec, parle très convenablement l'italien et l'espagnol. L'histoire est sa passion ; il connaît celle de l'Antiquité avec un luxe de détails qui pourrait en remontrer aux meilleurs connaisseurs de cette époque. Son avenir se joue maintenant. Madame de Richelieu réunit le conseil de famille pour en débattre : le conseil décide que le jeune Armand embrassera la carrière des armes. Aucun autre choix ne pouvait mieux combler ses vœux. Sans désemparer, Armand-Jean du Plessis se prépare à devenir soldat.

Il faut d'abord s'en donner les moyens, et pour cela, un titre est indispensable. Armand du Plessis est fait marquis du Chillou, du nom de cette terre située non loin de Richelieu et entrée, un siècle auparavant, dans les propriétés de la famille. Son train de maison augmente également ; le jeune marquis prend à son service deux laquais et un précepteur qui lui tient lieu de secrétaire, le sieur Le Masle. Le logis de l'oncle Amador n'est plus une résidence convenable. Armand du Plessis s'en va louer quelques pièces dans l'hôtel d'un avocat au Parlement de Paris, Bouthillier, grand ami d'Amador de La Porte. Armand saura s'en faire un ami, ainsi que des autres membres de la famille Bouthillier, fort bien placée au sein de la bourgeoisie parisienne et qui progresse, comme toute cette classe, dans l'échelle sociale en accumulant richesses et titres nobiliaires auxquels elle accède par le service du Roi.

L'Académie Pluvinel

Le métier des armes, comme tous les métiers, doit s'apprendre avec sérieux. Henri IV a favorisé le développement d'académies, établissements plus ou moins subventionnés par le Roi, où, moyennant une somme de 800 à 1 000 écus par an, on donne aux jeunes gentilshommes une formation accomplie. La pratique des armes constitue évidemment la base de l'enseignement, mais s'accompagne aussi d'un certain nombre de disciplines nécessaires à la vie en société, la danse, la musique et l'art des belles manières. Armand du Plessis est admis dans l'une des académies les plus réputées, celle d'Antoine de Pluvinel, un maître-écuyer parmi les plus célèbres de l'époque. Originaire du Dauphiné, Pluvinel, gentilhomme de la Chambre à la Cour d'Henri III puis à celle d'Henri IV, était allé s'initier à Naples aux méthodes italiennes de dressage des chevaux qu'il avait ensuite perfectionnées et popularisées. Elles constituent dans les mœurs du temps une véritable révolution. Au dressage en force, Pluvinel substitue la patience et la douceur. « Avare de coups, prodigue de caresses », telle était sa devise. Pluvinel se flattait d'être parvenu à « donner de l'esprit et de la gentillesse aux chevaux ».

Pour obtenir l'adhésion du cheval, sa participation confiante aux exercices, le cavalier doit lui manifester sa compréhension. Les méthodes de dressage préconisées par Pluvinel impliquent en même temps une discipline de vie pour celui qui veut se faire respecter de son cheval. *Le manège royal,* publié après la mort de Pluvinel survenue en 1620, fixe le portrait du parfait cavalier. Ordre et sang-froid sont ses deux qualités maîtresses. Une vie réglée, sobre et sans excès, permet à l'esprit de rester toujours libre. Être disponible, enfin, et savoir faire face aux hasards sans affolement mais avec promptitude. A l'école de Pluvinel, le plus jeune rejeton de la famille de Richelieu apprend ainsi non seulement l'art de monter à cheval, l'escrime, la danse et la paume, mais aussi à dominer ses impulsions et à honorer la vertu la plus prisée, sans doute, par Pluvinel : la discrétion.

Le jeune marquis du Chillou dévore à pleines dents cette existence de gentilhomme peu fortuné à qui tout semble cependant sourire dans la vie pour lui permettre d'accomplir plus tard une belle carrière dans l'armée et à la Cour. Les années passent. Armand du Plessis va sur ses 17 ans — l'âge qu'avait son père François de Richelieu lorsque la mort de son frère aîné sous l'épée du sieur de Brichetière l'avait précipité sur les chemins de l'aventure. Nous sommes en 1602. Le sort, de la manière la plus imprévue, la plus soudaine, frappe à la porte du marquis du Chillou : il ne sera pas soldat, mais évêque. Sonne l'adieu aux armes ! L'intérêt familial l'exige ainsi. Armand du Plessis deviendra prêtre afin de garder dans le patrimoine des Richelieu l'évêché de Luçon et ses revenus.

Les Richelieu et l'évêché de Luçon

L'attribution des revenus d'un évêché ou d'une abbaye à une famille noble constitue un bon moyen de garnir leur escarcelle pour les gentilshommes de tous les pays d'Europe. Elle n'est évidemment pas très morale et l'on comprend que Luther en ait fait l'une des cibles de sa critique de l'Église de son temps. Critique somme toute justifiée, puisque la vaste entreprise de remise à jour et d'épuration que l'on rassemble sous le vocable de Contre-Réforme s'efforce, sinon de supprimer cette pratique, du moins de la moraliser. Le Concile de Trente, réuni de 1545 à 1563, a notamment décidé de ne plus tolérer que soient nommés des évêques n'ayant ni l'âge ni la formation requise ni, surtout, la vocation nécessaire. Plus question, par conséquent, d'accepter que des évêchés restent vacants à seule fin de permettre à tel important personnage d'encaisser les revenus correspondants.

Telle était pourtant bien la situation de l'évêché de Luçon. Il est vrai que l'acceptation comme loi du royaume des décrets du Concile de Trente était indéfiniment différée par les Rois qui s'étaient succédé sur le trône de France. Aussi longtemps que ces décrets n'avaient pas force de loi en France, un Henri III, un Henri IV, pouvaient sans trop de scrupules continuer les pratiques traditionnelles et attribuer à leurs fidèles gentilshommes évêchés et abbayes. La famille de Richelieu avait ainsi reçu en 1584, par la grâce d'Henri III, l'évêché de Luçon dans son patrimoine. Un oncle du Grand Prévôt, Jacques du Plessis, avait d'abord exercé les fonctions d'évêque, suivi en 1592 d'un prête-nom, François Yver, curé de Braye. Ce dernier, en fait, avait pour seule mission d'assurer l'intérim au profit d'un autre Richelieu, Alphonse du Plessis, destiné à reprendre la place quand il aurait terminé ses études de théologie. Dès 1595, Alphonse, bien qu'âgé de 12 ans seulement, se voit promettre par Henri IV sa nomination comme évêque de Luçon. En 1602, son parcours s'achève et Henri, l'aîné des fils de Richelieu, un élégant gentilhomme qui fait partie, à la Cour du Bon Roi, des « Dix-sept », c'est-à-dire les dix-sept courtisans les plus brillants, s'apprête à demander pour Alphonse l'investiture temporelle de l'évêché de Luçon. Madame de Richelieu, la famille entière, respirent — quand brusquement Alphonse déclare qu'il n'entend pas exercer une dignité qui lui paraît trop glorieuse, trop engagée dans le siècle. Il veut être moine, et entre bientôt chez les Chartreux. Les Richelieu vont-ils perdre le diocèse qu'Henri III, dans sa générosité, leur avait attribué ?

Le risque est d'autant plus grand que la famille est quasiment en guerre avec les chanoines. Le gouvernement d'un évêché n'est pas comparable à une monarchie, où l'évêque disposerait seul du pouvoir de commandement ; il s'apparente en fait davantage à un régime aristocratique dans la mesure où la cathédrale, qui constitue le siège de l'évêché, est gérée par une instance collégiale, le chapitre des chanoines. Traditionnellement, chanoines et évêques ne s'entendent jamais très bien et l'histoire du Moyen Age est remplie des épisodes tragi-comiques de petites guerres au cours desquelles on s'injurie, on se roue de coups, on s'envoie des livres sacrés à la figure. Bref, les relations entre l'évêque et le chapitre des chanoines sont souvent très tendues. C'est le cas à Luçon, et d'autant plus que le diocèse est fort misérable. Situé dans une région pauvre, couverte de marais, il a été dévasté au cours des guerres de Religion. Pas de grands massacres ni de batailles rangées dignes de figurer dans les annales officielles du royaume, mais une série de petites escarmouches et de rapines qui, revenant chaque année, font fuir la population des campagnes et des bourgs. La Réforme progresse ; le rendement de la dîme diminue, et donc les revenus de l'Église. Alors on se dispute d'autant plus chèrement les bribes qui restent et qui représentent le total, somme toute modeste, de 16 000 livres par an. Dans cet évêché de gagne-petits, on se bat farouchement pour grappiller les moindres miettes du gâteau. Les chanoines brandissent les intérêts du diocèse contre cette famille d'absentéistes. Les Richelieu s'efforcent de garder par-devers eux la totalité des recettes tirées de Luçon, parce que celles-ci constituent la seule base sur laquelle ils s'appuient pour maintenir leur rang.

Madame de Richelieu, en tout cas, manque certainement de diplomatie. Elle pourrait avoir l'élégance de restituer ou de reverser une partie des revenus de l'évêché aux chanoines : elle s'y refuse absolument bien que d'importants travaux de réfection s'imposent dans la cathédrale. A l'évidence, elle est en piteux état, cette pauvre cathédrale ; elle a souffert de toutes sortes de mutilations. Abri improvisé pour des vagues successives de réfugiés, on ne compte plus les vitres cassées, les statues brisées, les pierres branlantes qui mettent en péril la solidité même de l'édifice. Bref, les chanoines n'ont pas tort de lui réclamer de l'argent, mais Madame de Richelieu s'obstine à vouloir tout garder. Les chanoines, exaspérés, menacent d'intenter un procès en restitution de la rente.

« POUR LE BIEN DE L'ÉGLISE ET LA GLOIRE DE NOTRE NOM »

Bien des historiens ont critiqué le comportement des Richelieu sans chercher à le situer dans son époque, alors qu'il est parfaitement admis, pour ne pas dire général ; la moralité du temps admet même qu'une famille protestante puisse avoir à cet égard les mêmes droits qu'une famille catholique : Sully, le plus éminent des huguenots en sa qualité de bras droit d'Henri IV, collectionne les abbayes. C'est souvent pour la noblesse une question de survie. La terre ne rapporte plus assez, et la guerre coûte de plus en plus cher aux gentilshommes. Où trouver de l'argent ? Le service du Roi est forcément réservé à un petit nombre de privilégiés qui monopolisent faveurs et pensions. Le seul espoir de recueillir quelques-unes des miettes qui tombent de la table royale consiste à s'embrigader dans l'un des grands clans nobiliaires ; mais il faut d'abord s'insinuer dans la clientèle des Guise ou des Bourbons, puis supporter sans broncher d'incessantes fatigues et peines qui ne seront pas toujours payées de retour. Aux yeux des nobles impécunieux, le négoce et les métiers de finances apparaissent sources d'immenses richesses ; mais le commerce, sauf le grand commerce maritime, est interdit aux gentilshommes sous peine de dérogeance, c'est-à-dire, pour ceux qui le pratiqueraient, de la perte de leurs privilèges et de leur qualité de nobles. On conçoit combien, dans ces conditions, la course aux bénéfices lucratifs des évêchés et abbayes est âpre, et âpre aussi l'effort pour leur faire rendre le plus possible.

Suzanne de Richelieu, fille d'un avocat au Parlement de Paris, doit à ses origines d'avoir conservé de précieuses amitiés dans les milieux judiciaires ; on l'avertit charitablement que sa cause est mauvaise et qu'il vaut mieux chercher un terrain d'entente avec les chanoines. Sensible à son désarroi, Henri IV lui fait proposer une charge de dame d'honneur auprès de la Reine, Marie de Médicis. Suzanne de Richelieu, après bien des hésitations, décline cette offre. Mais que faire pour Luçon ? Elle confie ses perplexités à Armand, le plus jeune de ses fils, celui qu'elle aura le plus aimé, peut-être... Elle n'a nul besoin de lui demander quoi que ce soit ; Armand a compris dans l'instant le sens de son devoir. Il voulait être soldat et se destinait au métier des armes ; un avenir brillant s'ouvrait peut-être à lui. Mais il sait qu'il est désormais le seul à pouvoir conserver dans la famille l'évêché de Luçon. Il n'aura pas un instant d'hésitation. Armand du Plessis entrera donc dans les ordres. Le marquis du Chillou est mort, vive l'abbé de Richelieu.

Le lendemain, Armand du Plessis écrit à l'oncle Amador pour lui faire part de sa décision. « Que la volonté de Dieu soit faite ! J'accepterai tout pour le bien de l'Église et la gloire de notre nom ! » Le futur cardinal a 17 ans seulement, mais dans cet esprit en formation se manifestent déjà des qualités adultes, rapidité d'adaptation, détermination et sûreté de jugement. La vocation n'avait rien à voir dans l'affaire. Mais puisque les intérêts du clan et ceux de l'Église se conjuguent pour le destiner au métier d'évêque, Armand de Richelieu saura se montrer à la hauteur de sa tâche.

Sorbonne, 1606 : une étoile est née

Armand du Plessis prend donc l'habit religieux et revient au Collège de Navarre pour y faire sa philosophie. Il ne se borne d'ailleurs pas à suivre les cours officiels du collège et se donne un professeur extérieur, nommé Jacques Hennequin, qui vient lui donner à domicile des leçons particulières pour l'aider à approfondir les principaux points de la doctrine. Deux ans plus tard, l'abbé de Richelieu soutient en Sorbonne sa controverse de philosophie et passe avec brio son examen de maître ès arts.

Il faut faire vite. En 1603, le Parlement de Paris a condamné François Yver à rétrocéder le tiers des revenus du diocèse de Luçon pour payer les réparations de la cathédrale et du palais de l'évêque. Depuis octobre 1604, les actes épiscopaux sont signés N... de Richelieu. Henri mobilise la faveur dont il jouit à la Cour au profit de son plus jeune frère. Il a du charme, de la bravoure, de l'élégance. Le Roi accède à sa demande et donne son agrément, au printemps 1606, à la nomination d'Armand du Plessis comme évêque de Luçon.

Richelieu, pendant ce temps, poursuivait ses études, toujours avec autant de succès. Il avait conquis son premier brevet de philosophie et s'apprêtait maintenant, en brûlant les étapes, à obtenir le cours entier. La Sorbonne n'aime pas les jeunes prodiges, mais, devant l'évidence de ses dons intellectuels, le reçoit à la plus haute dignité. Une seule condition manque désormais au jeune Armand pour devenir évêque : remplir les conditions d'âge requises par les canons de l'Église.

C'est la faute au Concile de Trente ! Dans son zèle réformateur, celui-ci a considéré que la direction d'un diocèse exige que l'on ait 23 ans au moins. Richelieu a tout juste 20 ans et demi. Le Roi veut bien solliciter du Pape la dispense nécessaire. Son ambassadeur à Rome, Monsieur d'Alincourt, est chargé d'intervenir auprès du Saint-Siège : « Parce que Monsieur Armand du Plessis, qui est dans les ordres, n'a encore du tout atteint l'âge requis par les saints décrets et constitutions canoniques pour tenir l'évêché de Luçon, et que je suis assuré que son mérite et sa suffisance peuvent aisément suppléer à ce défaut, je vous fais cette lettre afin que vous fassiez instance de ma part à Sa Sainteté, avec mon cousin le cardinal de Joyeuse à qui j'ai écrit de telle sorte que cette grâce ne lui soit refusée, parce que ledit du Plessis est en tout capable de servir l'Église de Dieu et que je sais qu'il ne donne pas peu d'espérances d'y être grandement utile. »

L'usage, quand on sollicitait une dispense du Pape, était de doubler la démarche diplomatique normale d'une démarche officieuse effectuée par des spécialistes de ce type d'interventions. Il existait en effet des personnages appelés des banquiers-expéditionnaires, dont le rôle consistait à jouer les messieurs bons offices auprès du Saint-Siège, moyennant, évidemment, une honnête rétribution. La famille de Richelieu n'étant pas assez fortunée pour s'offrir les services d'un banquier-expéditionnaire, on décide d'envoyer le jeune demandeur solliciter lui-même auprès du Pape la faveur escomptée. Henri IV est naturellement prié de donner son avis ; le Bon Roi trouve l'idée judicieuse et encourage Armand du Plessis à se rendre à Rome. Sitôt dit, sitôt fait. L'abbé de Richelieu enfourche son cheval et, franchissant les Alpes, pique vers la Ville Éternelle. Il s'apprête à livrer la première vraie bataille de son existence.

L'époque heureuse de l'enfance va bientôt s'achever. Ici commence une lutte de tous les instants, dont l'issue incertaine et sans cesse remise en question commande, pour Richelieu, la différence entre une carrière ecclésiastique médiocre et la conquête des plus hautes dignités de l'Église et de l'État.

Un surdoué chez le Pape

Richelieu arrive à Rome dans le courant de janvier 1607, après plus d'un mois d'un long et incommode voyage. La santé du jeune Armand s'avère précaire, et les difficultés du trajet, le mauvais temps, ont fait de lui la proie d'un de ces accès de fièvre qui reviendront si souvent au cours de son existence. Le jeune diacre est dès son arrivée fort bien reçu par Monsieur d'Alincourt qui le présente quelques jours plus tard au Pape Paul V.

Paul V est une grande figure. Le dernier Pape de la Renaissance est issu de l'illustre famille Borghese. Il s'est donné deux tâches. Remettre de l'ordre dans le monde catholique afin de lui permettre d'aller à la reconquête des positions que la Réforme lui a fait perdre. Relancer la croisade, un idéal que l'on pourrait croire suranné, mais que la réalité de la menace turque rend on ne peut plus actuel. L'homme est doté d'éminentes qualités intellectuelles. C'est un lettré, un excellent connaisseur de l'Antiquité, et l'un des meilleurs théologiens de son temps. Il suit lui-même avec la plus grande assiduité les travaux des congrégations, c'est-à-dire des commissions pontificales, chargées d'éclairer les grands problèmes de la foi. Celle qui l'intéresse le plus est sans doute la Congrégation mise sur pied en vue d'aborder l'un des points les plus épineux de la doctrine, le problème de la grâce. N'est-ce pas sur le thème de la grâce que se fonde le schisme entre catholiques et protestants ? Si la grâce de Dieu est sensible aux œuvres, à la prière, à l'intercession des saints, Dieu n'est plus vraiment libre ni tout-puissant. Si la grâce, en revanche, est inconditionnelle, si rien ne peut contraindre Dieu à l'accorder, quel serait le fondement d'une morale qui ne s'appuierait plus sur l'espoir d'une récompense dans l'au-delà des œuvres accomplies sur terre ? La Congrégation de la Grâce en débat, sans parvenir à sortir de ce dilemme redoutable. A l'invitation de Paul V, Richelieu participe à quelques séances ; il y fait impression par l'étendue de ses connaissances théologiques et l'acuité de son jugement.

Au vrai, le jeune diacre découvre avec délices la Rome brillante de ces premières années du XVIIe siècle. Richelieu goûte en esthète les vestiges de l'Antiquité et s'émerveille de la splendeur des monuments dont la ville a été enrichie par les Papes de la Renaissance. Le style que nous appelons baroque est en plein développement et les esprits se passionnent pour ou contre les différents projets qui s'affrontent au sujet de l'achèvement de la basilique Saint-Pierre. Richelieu en retire la conviction que la pierre, en inscrivant dans la mémoire des villes le souvenir des Grands de ce monde, est l'un des moyens, pour ceux-ci, de survivre à la mort et à l'oubli.

La Ville Éternelle est également l'une des cités les plus cosmopolites du monde. Des catholiques de toutes origines s'y coudoient, apportant dans le creuset d'une foi commune les richesses de leurs spécificités nationales. On y trouve aussi des non-chrétiens, et notamment beaucoup de juifs — Rome est à cette époque la plus grande ville juive du monde ; dans le quartier du Trastevere, une synagogue s'élève, et les « juifs du Pape » comptent dans leurs rangs des personnages fort considérés, banquiers, érudits ou lettrés. La leçon de tolérance que donne ainsi le Saint-Siège ne sera pas perdue pour le jeune Armand du Plessis.

Parmi les influences nombreuses qui s'exercent à Rome, il en est une qui domine toutes les autres, l'influence espagnole. L'Espagne est certes la première puissance mondiale du temps. Pas un signe, au surplus, qui ne rappelle que le souverain de Madrid se pose en bras séculier du Pape, dont il attend de ce fait, en échange, une considération particulière. Les prélats espagnols sont partout, de même que les bonnes sœurs et les humbles prêcheurs originaires de la péninsule ibérique. Le style castillan triomphe, dans les vêtements, la littérature, le théâtre, les belles manières ; la peinture italienne elle-même se montre sensible aux formes picturales importées de Madrid. D'origine espagnole, enfin, cet humanisme héroïque et chrétien qui gagne Rome avant de s'imposer à l'ensemble des cultures européennes. Armand de Richelieu s'ouvre avec toute la curiosité de la jeunesse à ces nouveaux modes d'expression et de pensée. Ne connaît-il pas déjà assez bien l'espagnol, qu'il a jadis étudié au Collège de Navarre ? Il est fier de faire étalage d'une maîtrise de cette langue qu'il développe en la pratiquant aussi couramment que l'italien au hasard de ses fréquentations romaines.

Richelieu est devenu la coqueluche des cardinaux les plus en vue, le cardinal Borghese, neveu du Pape, les cardinaux français de Joyeuse et de Givry, d'autres encore. On s'extasie sur son intelligence, on vante sa curiosité d'esprit. Mais un autre talent, bientôt, force l'admiration des milieux pontificaux : l'extraordinaire mémoire dont fait preuve le jeune abbé de Richelieu. Un jour, au sortir d'un sermon qu'il vient d'entendre pour la première fois, Richelieu s'amuse à le répéter en son entier devant quelques amis. Pas une omission, pas un changement ; on s'émerveille si fort que le bruit de cet exploit parvient jusqu'aux oreilles du Pape. Désireux de mettre à l'épreuve le jeune prodige, Paul V l'appelle et lui demande s'il peut renouveler sa performance. Richelieu, sans hésiter une seconde, répète à nouveau de bout en bout le sermon en question. Paul V ne cache pas son admiration.

Pourquoi faut-il qu'un malin démon suggère à Richelieu d'en faire davantage encore ? Mû par le désir maladif de plaire, Richelieu imagine le lendemain d'inventer un sermon de son cru, sur le même sujet, mais en utilisant des citations nouvelles de manière à soutenir une thèse exactement contraire. Ce fut, paraît-il, un numéro étourdissant, qui recueillit les éloges les plus flatteurs. Paul V, en revanche, et les esprits les plus rassis de la Cour pontificale, réagissent de toute autre manière, se disant qu'un homme capable de soutenir avec autant de force de conviction une chose et son contraire, est certes un habile homme, mais également un dangereux personnage.

Richelieu prend de l'assurance. Il participe activement aux débats de la Congrégation de la Grâce. Paul V, malgré la défiance qui l'habite désormais, est bien obligé de convenir que ce jeune diacre est bourré de talent. Et puisqu'il faut statuer un jour sur la demande de dispense d'âge présentée par Richelieu, le Pape décide peu après de la lui accorder en exprimant l'espoir que le nouvel évêque de Luçon saura mettre ses dons exceptionnels au service du peuple chrétien dont il aura la charge.

Tallemant des Réaux, dont les *Historiettes* sont une mine de renseignements et de médisances, raconte qu'à cette occasion, « le Pape lui demanda s'il avait l'âge. Il dit que oui, et après il lui demanda l'absolution de lui avoir dit qu'il avait l'âge, quoiqu'il ne l'eût pas. Le Pape dit : *"Questo giovane sarà un gran furbo"* — ce jeune homme sera un grand fourbe. » L'anecdote est jolie mais pas très convaincante : Richelieu étant venu à Rome pour demander une dispense, on ne voit vraiment pas comment il pourrait en même temps affirmer qu'il a atteint l'âge requis. Ce qui est sûr, en revanche, c'est que Richelieu aura gagné à Rome une réputation de perfidie qui ne le quittera plus jamais.

En attendant, le but qu'il s'était fixé en décidant ce voyage est pleinement atteint. Armand du Plessis de Richelieu est ordonné prêtre ; le 17 avril 1607, pendant les fêtes de Pâques, il est sacré évêque des mains du cardinal de Givry. Richelieu a 21 ans et 7 mois.

Il ne lui reste plus qu'à regagner Paris. Le retour s'effectue sans incident. Richelieu retrouve avec plaisir les bancs de la Sorbonne.

Il est évêque mais n'a pas encore fini ses études de théologie, car il doit encore soutenir sa thèse.

L'événement a lieu le 29 octobre. Devant un auditoire nombreux, le candidat défend ses propositions contre les attaques de deux bacheliers désignés par la faculté. Il s'en acquitte avec brio, obtenant à l'unanimité du jury avec ses félicitations le titre envié de docteur. Deux jours plus tôt, le 27 octobre, Armand du Plessis de Richelieu avait dédié ses thèses à Henri IV. Le geste était, paraît-il, sans précédent. Tallemant, qui rapporte le fait, y ajoute ce commentaire : « Quoi qu'il fût fort jeune, il lui promettait dans cette lettre de rendre de grands services s'il était jamais employé. On a remarqué que de tous temps il a tâché à se pousser, et qu'il a prétendu au maniement des affaires. » Richelieu donne l'impression de vouloir brûler les étapes. Au lendemain de sa soutenance, il sollicite l'honneur d'être reçu parmi les membres du collège de la Sorbonne. Nul n'a d'objection à élever. Richelieu est admis sans discussion.

Ainsi, en cinq ans, le marquis du Chillou a fait place à l'évêque de Luçon. Sa carrière semble toute tracée ; elle s'annonce flatteuse. Amis ou ennemis, tous s'accordent à prédire au jeune Armand un avenir brillant. Le fils du défunt Grand Prévôt de France ne conçoit pas de mettre ses capacités au service d'un autre que le Roi. Tradition nobiliaire, bien sûr, qui fait du service royal la finalité suprême de toutes les ambitions. Expression, aussi, de l'élan qui soulève alors une France impatiente d'oublier les meurtrissures du passé et de regarder l'avenir d'un œil neuf. Pendant de longs mois, Richelieu, en apparence, ne fait rien. La préparation de sa thèse mobilise une part de son énergie. Mais une part seulement. Après la soutenance, le jeune évêque de Luçon est libre comme l'air. Il pourrait se hâter de prendre possession de son siège épiscopal. Visiblement, rien ne le presse, et le séjour de Paris semble offrir bien plus d'intérêt.

Richelieu, en fait, apprend la France, le gouvernement, la Cour. Tout procède du Roi et de son entourage. Aidé de son frère Henri, toujours aussi bien introduit, Armand du Plessis s'exerce à comprendre des rouages dont il aspire à devenir, un jour, un élément parmi les plus importants, peut-être même le premier.

CHAPITRE II

La jeunesse de la France

A L'AUBE DU GRAND SIÈCLE

Aube du XVIIe siècle, exubérante jeunesse de la France, une France qui n'aspire qu'à la paix.

Jeunesse d'un pays sorti exsangue des guerres de Religion et dont la vitalité démographique portera la population de 12 millions d'habitants peut-être lorsqu'Henri IV rétablit la paix, à 15 millions au moment de sa mort, puis 18-20 millions vers la fin du règne de Louis XIII et le commencement de celui de Louis XIV. Les villages abandonnés se repeuplent tandis que les hordes de vagabonds de grand chemin rentrent progressivement dans le rang.

Henri IV règne sur un territoire qui couvre à peu près les 4/5 de l'actuel territoire métropolitain de la République. Manquent à l'appel le Roussillon, Nice et la Savoie, la Franche-Comté, l'Alsace et la Lorraine (sauf les Trois Évêchés de Metz, Toul et Verdun) et le Nord-Pas-de-Calais ; quelques enclaves, celles d'Avignon (au Pape), Orange (aux Nassau), Sedan (à la famille de Bouillon). Une courte guerre victorieuse contre le duc de Savoie en 1600-1601 permet d'incorporer au royaume la Bresse, le Bugey, le pays de Gex et le Valromey.

Dans cet espace hétéroclite, les guerres de Religion ont été l'occasion d'un grand brassage et le ciment d'un développement du sentiment de l'unité nationale.

Brassage des populations provoqué par le va-et-vient continuel des troupes qui précipite dans chaque région quelques centaines, quelques milliers de personnes, hommes surtout, petits paysans, artisans sans travail, voire cadets de familles nobles désargentées, à la remorque des armées et des bandes qui sillonnent le pays. Beaucoup disparaissent ; ceux qui survivent, éclopés ou valides, retournent parfois au bercail lorsque vient l'accalmie. Le plus souvent, ils trouvent ailleurs un hâvre, un nouveau foyer. L'étranger n'est pas nécessairement suspect ; auréolé d'un parfum d'inconnu, il raconte les mœurs et les coutumes du village perdu, des provinces qu'il a parcourues — la France toujours, mais dans sa diversité. Qui sait si le temps des troubles n'a pas constitué le facteur le plus puissant des progrès de la langue française. Progrès tout relatifs, du reste : la moitié des sujets d'Henri IV parle encore une langue régionale, malgré l'Édit de Villers-Cotterêts, pris par François Ier en 1539, qui imposait l'usage du français dans les actes de justice. L'horizon du plus grand nombre reste en définitive celui du village et des 5 ou 6 paroisses environnantes dans un rayon de 2 lieues — 8 kilomètres.

Mouvement des gens, mouvement des idées. On discute, on argumente, on se bat, on meurt pour sa croyance, pour ses opinions. Le discours sur la place du village, le prêche en l'église paroissiale ou au temple, demeurent, avec le bouche-à-oreille, la forme privilégiée de la communication. Mais l'écrit progresse ; la proportion d'illettrés diminue peu à peu ; celui qui sait lire fait bénéficier les autres de sa science ; on l'écoute avidement, les opinions s'expriment avec franchise. On vote souvent, afin de désigner le conseil de la communauté de base, paroisse ou ville, ou bien dans de grandes occasions comme la convocation des États-Généraux. La réunion des représentants du corps social tout entier, considéré dans ses trois Ordres, Clergé, Noblesse et Tiers-État, reste exceptionnelle, même si la guerre civile en a précipité le rythme ; mais l'acharnement des manœuvres auxquelles chaque élection donne lieu permet de mesurer la place grandissante que prend la notion d'intérêt national dans l'esprit des Français.

L'idée d'une France qui transcende les particularismes des provinces et les antagonismes religieux enregistre d'incontestables progrès. Les Espagnols en font l'amère expérience ; d'abord accueillis avec enthousiasme par les Ligueurs, ils sont bientôt conspués, honnis, exécrés, puis quittent enfin Paris et toutes les autres villes où ils tenaient garnison sous les huées qui saluent la retraite d'une armée d'occupation. France d'abord. Et même si ce concept s'impose difficilement face aux attachements traditionnels, à la solidarité familiale, à la réalité vivante des clans, aux solidarités des réseaux de clientèle, une certaine idée de la patrie mobilise les énergies créatrices. Agronomie, manufactures, explorations outre-mer, architecture civile et religieuse, théologie, mysticisme, la France du premier XVIIe siècle est soulevée d'un prodigieux bouillonnement qui emporte tous les aspects de la vie économique, sociale, culturelle. Elle constitue, par sa richesse d'innovation, sa joie de vivre et sa quête anxieuse, ses réussites et ses excès, beaucoup plus qu'une simple préface, une ébauche du Grand Siècle en majesté de Louis XIV. Ne nous y trompons pas, cette époque est la jeunesse de la France moderne ; avec tous les défauts et les qualités de la jeunesse, son impétuosité parfois brouillonne et ses incertitudes, son exubérance et sa gravité, ses misères aussi, elle détermine très largement un avenir dont elle dessine déjà la forme.

L'Espagne, encore et toujours

Avant toute chose, rétablir la paix civile et extérieure. Tel est bien l'objectif que se fixe Henri IV ; encore faut-il venir à bout de ce qui reste de la Ligue, obliger l'Espagne à lâcher prise, et instituer entre Français catholiques et protestants un modus vivendi acceptable pour tous. L'entrée d'Henri IV à Paris lève certes beaucoup d'obstacles, mais ne règle pas le préalable que constitue l'hostilité de Madrid à l'égard du nouveau Roi de France. La personnalité d'Henri IV, son adhésion fort récente et tellement politique à la foi catholique, ses alliances avec les princes protestants d'Europe, la dynamique nationale qu'il représente, tout contribue à raidir Philippe II dans une opposition qui, loin de se calmer, se durcit et s'exacerbe. La libération de la capitale du royaume, le 22 mars 1594, si elle apparaît comme le gage de sa réunification, donne aussi le signal d'un nouveau conflit. Ultime soubresaut de la guerre civile qui débouche sur une impitoyable guerre étrangère entre les royaumes de France et d'Espagne, entre les ambitions hégémoniques de Madrid et la volonté d'indépendance du régime qui vient de s'installer à Paris. Conflit dont le règlement provisoire, en 1598, ne modifiera d'ailleurs ni les causes ni les données et qui rebondira, tout aussi inexpiable, sous le règne de Louis XIII et le gouvernement de Richelieu.

L'entrée d'Henri IV dans Paris représente une étape décisive dans la pacification de la France. Les contemporains reconnaissent l'immense portée de l'événement. Pour Pierre de L'Estoile, « le Roi trouva au Louvre, dans un coffre, toutes les clés des villes du royaume ». Une belle image vient sous la plume d'Agrippa d'Aubigné : « De Paris plusieurs grandes villes apprirent en même temps leur leçon. » Legrain, avec quelque exagération, considère que par la prise de la capitale le prétendant à la couronne de France « triompha en un coup des rebelles, et de plus des deux tiers de l'Europe joints à eux ».

Un mois jour pour jour après la libération de Paris, les autorités ecclésiastiques reconnaissent solennellement Henri IV et lui prêtent serment. Restait à obtenir du Pape qu'il valide l'abjuration du Roi et lui rende son autorité pleine et entière sur l'Église de France et sur ses sujets catholiques. Clément VIII y était tout disposé et prêtait une oreille favorable aux propos que lui tenait le duc de Nevers, envoyé spécial d'Henri IV auprès du Saint-Père. Mais l'Espagne, de son côté, exerçait les plus vives pressions sur le Pape afin de l'en dissuader. Le duc de Nevers raconte lui-même comment l'ambassadeur de Philippe II à Rome « voyant le Pape aucunement incliné à admettre la conversion du Roi, dont il se réjouissait... se résolut de l'empêcher en ce dessein, et avec ses partisans intimider Sa Sainteté de la part du Roi d'Espagne, son maître ; usant de telles menaces, que si le Pape se laissait aller à la requête dudit sieur de Nevers, son maître lui déclarait qu'il affamerait Rome, ne permettant qu'il y vînt aucunes graines ni autres commodités de Sicile, Naples, et autres siennes terres. Qu'il ferait un schisme en Espagne et autres siens royaumes, qu'il mettrait telle division parmi les cardinaux que cela lui apporterait un grand préjudice [1] ».

Les hésitations du Pape causent un réel souci à Henri IV. Connues dans le royaume, elles troublent les esprits, que le Roi s'efforce d'apaiser en dépêchant dans toutes les villes des *missi dominici* chargés d'éclairer la population. Nous avons gardé le texte du discours pittoresque prononcé dans ces circonstances à Orléans par La Châtre, un fervent catholique rallié à Henri IV, au début de 1594 : « Les Espagnols ont été si avant que l'ambassadeur du Roi catholique, résident à Rome près de Sa Sainteté, l'a bien osé menacer, sous le nom de son maître, qu'il romprait l'alliance et amitié s'il consentait à recevoir le Roi en sa conversion. Et de plus lui dit qu'il empêcherait les traites de blé qui viennent de Naples et de Sicile à Rome pour la nourriture de ce grand peuple. Vous voyez par là, Messieurs, de quelle piété et religion sont touchés ces nouveaux chrétiens [ce sont les Espagnols qui sont ainsi désignés]. Je vous dirai bien encore que le Pape reçut cette indignité-là avec tant de regret et de déplaisir, qu'il s'en mit au lit et en pleura ; se plaignant à quelques cardinaux, qui étaient autour de lui, de se voir forcé en ses volontés, et ne pouvoir distribuer ses bénédictions sans le gré et consentement des Espagnols. »

Le problème de Philippe II est extrêmement simple. Les visées de l'Espagne à la domination de l'Europe ne peuvent s'accommoder d'une France unie et forte. Les *Mémoires* du duc de Nevers, en reproduisant la substance des arguments avancés par l'ambassadeur espagnol à Rome pour justifier les pressions exercées sur le Pape, nous éclairent parfaitement à cet égard : « Que ce serait le grand avantage de Sa Sainteté et du Saint-Siège si la couronne de France se divisait, parce qu'étant en parcelles, et sous la communauté des villes particulières, ou sous la domination de princes et seigneurs qui en usurperaient chacun sa part, Sa Sainteté en serait

---

1. Duc de Nevers, *Mémoires*, T. II, p. 716.

mieux obéie et respectée qu'elle n'a été et n'est à présent ; parce que n'y ayant qu'un Roi, le corps demeure fort et entier, même le clergé qui, jaloux de ses privilèges et libertés anciennes, les débat[2]. » L'intérêt du Pape tel que l'expose l'ambassadeur de Philippe II sert en l'occurrence de paravent à l'intérêt du Roi d'Espagne.

Henri IV n'a pas le choix. Il faut faire la guerre pour forcer Madrid à se plier aux réalités nouvelles d'un royaume rassemblé sous son sceptre. Ayant rétabli l'autorité royale dans huit provinces dont la Ligue avait été maîtresse, Champagne, Picardie, Ile-de-France, Normandie, Orléanais, Berry, Auvergne, Provence, et acheté fort cher la soumission de la plupart des chefs ligueurs, Henri IV, le 16 janvier 1595, déclare la guerre à l'Espagne ; en se réclamant, dans son manifeste, « du péril présent qui menace la Chrétienté, lequel chacun reconnaît procéder de la discorde et jalousie que l'ambition du Roi d'Espagne a excité en icelle », le Roi de France se pose en champion des libertés européennes face à l'hégémonisme de la Maison d'Autriche. Il place aussi les derniers Ligueurs insoumis tels que Mayenne ou d'Épernon dans la désagréable situation d'identifier leur cause à celle de l'ennemi du royaume.

Mayenne, précisément, avec l'aide d'une puissante armée espagnole, envahit la Bourgogne et menace Dijon. Henri IV accourt. La rencontre se fait le 5 juin 1595 à Fontaine-Française, localité située à 20 kilomètres de Dijon. Malgré leur supériorité numérique, Espagnols et Ligueurs doivent battre en retraite tandis qu'Henri IV, sur leurs talons, envahit la Franche-Comté. Mais de graves périls le rappellent bientôt à la frontière du Nord. Les Espagnols avancent en Picardie, infligeant le 24 juillet une lourde défaite aux troupes françaises chargées de leur barrer la route, et mettent le siège devant Cambrai.

Au milieu de l'alternance de succès et d'échecs, une bonne nouvelle pour Henri IV — il est vrai qu'elle revêt une importance capitale. Le déclenchement des hostilités entre la France et l'Espagne donne, paradoxalement, une liberté de mouvement plus grande à Clément VIII. Le 30 août, le Saint-Père annonce aux cardinaux français du Perron et d'Ossat son intention de prononcer l'absolution d'Henri IV. Le 17 septembre 1595, celle-ci est solennellement proclamée. Elle entraîne la soumission des derniers Ligueurs, en particulier de Mayenne, et prive Philippe II des justifications religieuses qu'il donnait à son conflit avec le Roi de France.

Reste donc désormais une guerre purement nationale entre la France et l'Espagne. Sur le terrain, les combats réservent bien des déboires au gouvernement de Paris. Le 3 octobre, Cambrai se rend aux Espagnols. Ceux-ci menacent Marseille, envoient des troupes

---

2. Duc de Nevers, *Mémoires*, T. II, p. 717.

en Bretagne. Certes, Henri IV parvient à reprendre le 22 mai 1596 la place forte de La Fère, en Picardie, mais les Espagnols, pour leur part, se rendent maîtres au même moment de Calais, Ham, Guines, Ardres. La diplomatie sauve le Roi de France. La Hollande et l'Angleterre concluent le 26 mai une ligue offensive et défensive avec la France ; leurs flottes conjointes attaquent Cadix à la fin juin et parviennent, après des combats acharnés, à s'emparer le 1er août de la ville, de ses entrepôts, de ses richesses. Une partie de la marine espagnole a été détruite, le pillage de Cadix a rapporté 20 millions de ducats aux Anglais et aux Hollandais, et le prestige du Roi d'Espagne a sérieusement souffert. Henri IV en profite pour ravager l'Artois. Ces succès donnent confiance au Roi qui prépare pour le printemps 1597 une offensive contre Arras.

Les Espagnols seront les plus rapides. Le 11 mars 1597, ils surprennent Amiens. Toutes les énergies sont mobilisées pour reprendre la ville. Il y faudra des mois d'efforts. La garnison espagnole d'Amiens ne capitulera que le 25 septembre 1597.

Enfin la paix

La guerre aux frontières épuise les deux belligérants, sans avantage décisif ni pour l'un ni pour l'autre. Les derniers foyers d'insoumission en Provence, en Bretagne, sont nettoyés. Henri IV règne sur un royaume réunifié. Philippe II, malade, au bord de la banqueroute, se rend à l'évidence. Des négociations s'engagent le 7 février 1598 à Vervins, sous la pression du Pape. Elles vont aboutir trois mois plus tard à la conclusion de la paix.

Le Traité de Vervins signé le 2 mai 1598 voit l'Espagne restituer toutes ses conquêtes, Calais, Ardres, Monthulin, Doullens, La Capelle, Le Catelet, dans le Nord, Blavet (près du site de l'actuelle ville de Lorient) en Bretagne, Berre près de Marseille. Les alliés suisses d'Henri IV sont compris dans le traité ; Genève est placée sous la protection du Roi de France. Que reçoit l'Espagne en contrepartie ? Rien.

Curieux traité, tellement à l'avantage de la France qu'il est permis de s'interroger sur les raisons qui ont pu conduire Philippe II à s'incliner ainsi. La maladie de Philippe II et l'épuisement financier de l'Espagne n'expliquent pas tout. La prise de position du Pape et l'arbitrage très favorable à la France qu'il a imposé à Madrid constituent certainement un élément déterminant. Clément VIII, en l'occurrence, raisonne essentiellement en prince italien ; il choisit de soutenir la France contre l'Espagne afin de desserrer l'étreinte qu'exerce sur Rome l'étouffante « protection » espagnole. Venise l'y encourage et, plus encore, le Grand-Duc de Toscane, qui finance l'effort de guerre d'Henri IV, soutient le Roi de France de toute son influence auprès du Saint-Siège, et négocie le divorce du Béarnais d'avec Marguerite de Valois et son remariage avec sa propre nièce, Marie de Médicis.

Philippe II, aigri, usé, laisse faire. Mais ce n'est qu'un répit. Il mourra avant d'avoir eu le temps de jurer d'observer le Traité de Vervins. Son fils et successeur Philippe III ne manifestera pas plus d'empressement. La paix n'est qu'une simple trêve. En 1600-1601, d'ailleurs, une courte guerre oppose Henri IV au duc de Savoie, allié du Roi d'Espagne ; ce dernier, hors d'état d'intervenir, assiste impuissant à la déroute du Savoyard. Mais chacun sait que la reprise du conflit est inévitable et s'y prépare en conséquence.

En France, cependant, les bonnes gens n'aspirent qu'à la paix. Le rétablissement de celle-ci porte la popularité du Bon Roi à son comble. D'autant plus que le retour de la paix extérieure coïncide à quelques jours près avec celui de la paix religieuse.

L'Édit de Nantes, promulgué le 13 avril 1598, accorde aux protestants la liberté de conscience la plus entière. Le culte peut être exercé dans les châteaux des seigneurs hauts-justiciers, au nombre de 3 500, dans deux endroits de chaque bailliage ou sénéchaussée du royaume, dans les villes ou villages où le calvinisme était établi à la date d'août 1597. Les pasteurs et les régents des collèges protestants seront salariés par le Roi. Les réformés jouissent des mêmes droits civils que les catholiques. Des chambres spéciales, dites « Chambres de l'édit », composées de catholiques et de réformés, sont instituées à l'intérieur des Parlements de Paris, Rouen, Bordeaux, Toulouse et Grenoble, pour veiller à l'application de l'Édit de Nantes et régler les litiges qui pourraient surgir. Les protestants sont reconnus aptes à exercer toutes charges et dignités.

Des garanties politiques sont par ailleurs accordées aux réformés. Ils peuvent tenir des assemblées religieuses et des assemblées politiques sous réserve de l'autorisation préalable du Roi. Deux cents villes et localités leur sont reconnues à titre de places de sûreté, parmi lesquelles La Rochelle, Montauban, Montpellier ; l'entretien des fortifications et la solde des garnisons, pour un montant estimé à 540 000 livres par an, sont mis à la charge du Trésor royal. Les places de sûreté sont garanties aux protestants pour une durée de 8 ans à partir de 1599 ; en 1605, ce délai sera prolongé de 4 années de plus, ce qui en conduit le terme à l'année 1611.

En principe, le culte réformé ne pouvait pas être célébré publiquement à moins de cinq lieues de Paris. Le Roi autorise cependant l'installation d'un temple à Ablon, distant de quatre lieues de la capitale, puis à Charenton, situé à une lieue seulement du centre de Paris.

Mettant ainsi fin à 45 années de sanglantes luttes religieuses, l'Édit de Nantes, avec le Traité de Vervins, assure le rétablissement total de la paix. Il laisse au gouvernement d'Henri IV les mains libres pour s'atteler à l'immense tâche de la reconstruction du royaume.

Un pays à reconstruire

La France de 1600 est à bien des égards dans la situation où se trouvait le pays en 1945, aux lendemains de la Libération. Le royaume est accablé de dettes, sa terre est en friche, son commerce en ruines. Sully se met à l'œuvre. Sully, le compagnon des mauvais jours. Acariâtre et sévère, vaniteux et cassant, mais administrateur méthodique et avisé, ce diable d'homme met son nez partout ; les finances, l'agriculture, les forêts, les règlements commerciaux, les routes, les rivières et les canaux relèvent de sa responsabilité.

L'assainissement financier

La première tâche est l'assainissement des finances royales et, d'abord, l'apurement de la dette. Henri IV a acheté la soumission des principaux chefs de la Ligue par le versement de sommes impressionnantes : 32 millions de livres en tout. Ce n'est pourtant qu'une faible part de la totalité des dépenses engagées pour faire face à la guerre civile et étrangère ; elles n'ont pu être couvertes que par le recours systématique à l'emprunt. La dette du Trésor est fabuleuse : plus de 348 millions de livres ! Elle comprend une partie exigible qui se monte à un peu plus de 157 millions, 150 millions de dettes non exigibles compensées par l'aliénation du domaine royal et par la concession à des prêteurs divers d'un certain nombre d'impôts, et 41 millions de rentes sur l'Hôtel de Ville, c'est-à-dire d'emprunts dont le service est assuré par la Ville de Paris.

Aux prises avec cette charge écrasante, Sully lutte sur deux fronts. Tout d'abord, il engage d'âpres discussions avec les créanciers du royaume, rognant sur les taux d'intérêt, renégociant les délais de paiement et retardant les remboursements. Qu'importe s'il s'attire, ce faisant, une réputation justifiée de mauvais payeur. Il gagne du temps, et les résultats obtenus justifient amplement l'inélégance des procédés employés.

Mais Sully s'attache parallèlement à améliorer la gestion financière du pays afin d'accroître les ressources du Trésor. Par des enquêtes répétées et des contrôles incessants, par l'amélioration des procédures d'assiette et de recouvrement, il parvient à équilibrer le budget, assurant à la fois la couverture des dépenses courantes de la monarchie, le service de la dette, et la constitution d'un trésor de guerre déposé à la Bastille.

L'assainissement monétaire va de pair avec la remise en ordre des finances.

En juillet 1601, un édit décrète l'abaissement du taux d'intérêt légal. A la faveur des troubles, le loyer de l'argent était monté, pour les transactions commerciales et les prêts consentis moyennant garanties, à 8-10 % par an. Le voici ramené à 6 %. L'édit de juillet 1601 permet aux débiteurs de s'acquitter plus facilement de leurs remboursements. Il facilite aussi la mobilisation des capitaux nécessaires à la création des manufactures qu'encourage le pouvoir royal, stimule les échanges et favorise les investissements agricoles.

Le préambule de l'édit dresse une analyse des méfaits d'un loyer trop élevé de l'argent qui constitue un modèle de raisonnement économique :

« Les intérêts provenant tant des changes et rechanges que des condamnations qui s'ordonnent par nos juges, à faute de paiement des dettes, ont été en partie cause de la ruine de plusieurs bonnes et anciennes familles, pour avoir été accablées d'intérêts, et souffert la vente de tous leurs biens à personnes qui se sont trouvées insolvables. Ce qui pourrait bien à la longue occasionner quelques remuements en cet État monarchique, que les usures et grandes dettes ont fait par le passé en plusieurs républiques.

« Nous avons reconnu que ces mêmes causes avaient empêché le trafic et commerce de la marchandise, qui auparavant avait plus de vogue en notre royaume qu'en aucun autre de l'Europe, et fait négliger l'agriculture et manufacture ; aimant mieux plusieurs de nos sujets, sous la facilité d'un gain à la fin trompeur, vivre de leurs rentes parmi les villes, qu'employer leur industrie aux arts libéraux ou à cultiver et approprier leurs héritages. »

Tout aussi grave était le désordre qui régnait dans les monnaies. Les pièces ont de tout temps subi des altérations provoquées par l'introduction de métaux non précieux dans les alliages et par un savant rognage. Les monnaies en circulation voient donc diminuer leur titre, c'est-à-dire la proportion de l'or ou de l'argent qu'elles contiennent, ainsi que leur poids. La mauvaise monnaie chassant la bonne, les métaux précieux s'évadent du royaume tandis que les pièces dépréciées affluent, diminuant la valeur intrinsèque des patrimoines et le revenu réel tiré des rentes foncières. L'une des caractéristiques essentielles de la monnaie, qui est son rôle d'étalon reconnu pour la fixation de la valeur d'un bien ou d'un service, disparaît ; une pièce a désormais deux prix : sa valeur faciale et sa valeur intrinsèque. Et pour ajouter encore un peu plus de confusion à la situation ambiante, de multiples monnaies étrangères ont libre cours en France.

Un premier édit, en 1601, interdit la circulation des monnaies étrangères dans toute l'étendue du royaume et sanctionne par des peines sévères l'exportation des métaux précieux et des espèces. Un deuxième édit, en 1602, vient compléter le dispositif ainsi ébauché en augmentant la valeur des pièces d'or et d'argent émises en France : le franc d'argent passe de 20 sous à 21 sous 4 deniers, le marc d'argent voit sa valeur portée à 25 livres 4 deniers, l'écu d'or au soleil passe de 60 à 65 sous. C'était en somme une dévaluation d'environ 5 %. Celle-ci, à l'expérience, s'avère suffisante pour l'argent, mais insuffisante pour l'or, dont la valeur par rapport à l'argent s'établit légalement à 11 pour 1, alors que dans les autres pays d'Europe elle se situe entre 13 et 14 pour 1 ; du coup, l'hémorragie d'or se poursuivra pendant tout le règne d'Henri IV ; elle ne s'arrêtera que lorsqu'un nouvel édit, au début du règne de Louis XIII, modifiera le rapport légal entre l'or et l'argent pour le fixer à 13 1/11 pour 1. Sous cette seule réserve, Sully avait réussi à rebâtir sur des bases saines les finances royales et l'organisation monétaire de la France.

Labourage et pâturage

La reconstruction de l'économie agricole vient, dans les préoccupations d'Henri IV et de son ministre, au même rang que l'assainissement des finances. Tout le monde connaît la phrase fameuse où Sully, pour résumer sa politique agricole, déclare qu'à ses yeux « le labourage et le pâturage étaient les deux mamelles dont la France était alimentée et les vrais mines et trésors du Pérou[3] ». La déclaration royale du 16 mars 1595 marque une étape dans la défense des droits des laboureurs en les protégeant contre les excès auxquels se livrent leurs créanciers (la dette rurale, à la fin des guerres de Religion, atteint des sommes gigantesques). Le Roi veut maintenir intact l'instrument de travail et, dans ce but, interdit la contrainte par corps, la saisie des meubles et des instruments aratoires, la saisie du bétail et des bêtes de trait nécessaires à l'exploitation. Une nouvelle déclaration royale en date du 24 mars 1597, complétée par l'ordonnance du 4 août 1598, garantit le paysan contre les sévices des gens de guerre. Henri IV voudrait par ailleurs développer l'élevage. Pendant les troubles, de nombreuses paroisses avaient dû vendre, généralement à vil prix, leurs terres communales et les

---

3. Sully, *Economies royales*, C. 82, T. I, p. 283.

droits d'usage des terrains vagues. Un édit de mars 1600 leur permet de les racheter au prix de cession.

En ce qui concerne les céréales, Henri IV a une idée maîtresse : autoriser le commerce des grains. Il y voit plusieurs avantages : régulariser le marché en luttant contre les disettes localisées, permettre le développement de cultures spécialisées dans les régions qui possèdent les meilleures aptitudes à cet effet, et favoriser les exportations de produits agricoles, source de rentrées d'espèces dont le Trésor public est particulièrement friand. Les lettres patentes du 12 mars 1595 qui établissent la liberté du commerce des grains résument, dans leur exposé des motifs, la philosophie libérale du Roi et de son ministre : « L'expérience nous enseigne que la liberté du trafic que les peuples et sujets des royaumes font avec leurs voisins et étrangers, est un des principaux moyens de les rendre aisés, riches et opulents. En cette considération, nous ne voulons empêcher que chacun fasse son profit de ce qu'il a, par le moyen et bénéfice du commerce. » Les bonnes pistoles espagnoles affluent dans le royaume, accroissant la richesse d'ensemble du pays.

L'action d'Henri IV dans le domaine agricole ne s'arrête pas là. Le Roi considère que l'agriculture est susceptible de progrès et qu'il faut aider les exploitants à améliorer les rendements. Précisément, un seigneur du Vivarais, Olivier de Serres, s'est fait une réputation d'habile agronome, et la mise en valeur de ses domaines de la région de Privas est souvent donnée en exemple. Au début de 1599, Henri IV l'appelle à la Cour et lui offre de publier les résultats de son expérience. Olivier de Serres fait paraître le 1er février 1599 le *Traité de la Cueillette de la Soie*, le 1er mars 1600 le *Théâtre d'Agriculture*.

Le *Théâtre d'Agriculture* est une véritable somme des connaissances agronomiques de l'époque. La démarche de l'auteur se veut à la fois scientifique et pragmatique, Olivier de Serres définissant l'agriculture comme « une science plus utile que difficile, pourvu qu'elle soit entendue par ses principes, appliquée avec raison, conduite par expérience, et pratiquée par diligence ».

L'ouvrage comprend huit divisions que l'auteur appelle des « lieux » :

« Au premier lieu, je veux instruire notre père de famille du devoir du ménager [on peut traduire " ménager " par " exploitant "], c'est-à-dire de connaître et choisir les terres, pour les acquérir et employer selon leur naturel ; approprier l'habitation champêtre et ordonner de la conduite de son ménage. »

La division suivante concerne la culture des céréales et des légumes : « Au second, puisque le pain est le principal aliment pour la nourriture de l'homme, je lui montrerai le moyen de bien cultiver sa terre, pour avoir de toutes sortes de blés propres à cet usage, même des légumes qui servent à l'entretènement du ménage champêtre. »

« Au troisième, d'autant que le seul manger ne nourrit pas l'homme, mais qu'il faut boire aussi pour vivre, et que le vin est le plus commun et salutaire breuvage, je lui enseignerai la façon de bien planter et cultiver la vigne, pour avoir du vin, le faire et garder, et tirer des raisins autres commodités. » Les autres boissons, pour les terres impropres à la culture de la vigne, se voient également accorder l'attention de l'auteur.

Celui-ci rejoint, dans la quatrième division, les préoccupations d'Henri IV relatives à l'élevage : « Parce que le bétail apporte très grand profit au ménager pour le nourrir, vêtir, servir et rendre pécunieux, je lui ordonnerai ses prés et autres pâquis [c'est-à-dire " pâturages "], afin d'y entretenir force bétail, et montrerai la manière d'élever et conduire toutes sortes de bêtes à quatre pieds, avec avantageuse et louable usure. »

Le cinquième lieu est d'abord celui de la poule au pot : « Pour encore fournir de la viande au ménager, je lui accommoderai le poulailler, le pigeonnier, la garenne, le parc, l'étang, l'apier ou ruchier [les ruches]. » Olivier de Serres rattache à ces considérations celles qui concernent la culture du mûrier et l'élevage du ver à soie ; de toutes les possibilités offertes par l'agriculture spéculative à cette époque, c'est la plus rentable et la plus prestigieuse. Henri IV l'a fortement encouragée. Les plantations de mûriers s'étendent dans la vallée de la Loire, en Ile-de-France, dans la région du Poitou, dans le Lyonnais. Des manufactures de soie sont installées dans des châteaux royaux, à Fontainebleau, au Château de Madrid, situé aux portes de Paris dans le Bois de Boulogne, et même aux Tuileries. On fait venir à grands frais des ouvriers spécialisés d'Italie. A Paris, à Tours, Lyon, Montpellier, Troyes, les ateliers existants se développent, d'autres se créent. Après la mort d'Henri IV, la culture du mûrier se concentre dans les régions qui lui conviennent le mieux : les Cévennes et l'Ardèche. Mais l'industrie de la soie continue sur sa lancée, donnant à la France sa première expérience de la grande industrie moderne.

Dans le sixième lieu de son *Théâtre d'Agriculture,* Olivier de Serres dresse le plan des jardins d'où son « ménager » pourra tirer « des herbes, des fleurs, des fruits, des simples » ou herbes médicinales. « Ensuite, je lui édifierai un verger, planterai et enterai ses arbres, pour les rendre capables de porter en abondance de bons et précieux fruits. Des lieux aussi seront destinés au safran, au lin, au chanvre, et à autres matières propres au ménage pour meubles et habits. »

Le septième lieu traite de l'eau et du bois.

Le huitième lieu nous fait sortir de l'économie agricole pour donner au lecteur des conseils en matière d'économie domestique, gestion de son intérieur, organisation des réserves à provisions, sans oublier quelques indications sur les soins et médications de premier secours à administrer, en cas de maladie ou d'accident, aux hommes et aux bêtes avant l'arrivée du médecin ou du vétérinaire.

De sa première parution jusqu'à la mort d'Henri IV, le *Théâtre d'Agriculture* ne connaît pas moins de cinq éditions successives. C'est dire le succès rencontré par l'ouvrage. Dès la sortie du livre, Henri IV lui donne des marques publiques de faveur ; pendant trois ou quatre mois, le Roi consacre chaque jour une demi-heure de son temps, après dîner, à lire le *Théâtre d'Agriculture*[4]. Le public ne peut évidemment être en reste et, la mode aidant, l'ouvrage d'Olivier de Serres est lu et commenté jusque dans les provinces les plus reculées.

Ce livre exerce une forte influence, car les conseils qu'il donne sont simples et faciles à suivre. Il dégageait en outre une saveur de philosophie humaniste propre à séduire les gentilshommes campagnards de l'époque, qui redécouvraient Virgile et Horace après les horreurs de la guerre civile. Les rendements augmentent, le goût des jardins se répand, la vie des champs est plus que jamais à l'honneur.

En 1610, Henri IV concentre en Champagne d'importantes forces armées destinées à intervenir en Allemagne rhénane, dans les régions de Clèves et de Juliers. Il apprend que des soldats se sont permis de piller des villages. Le Roi convoque leurs capitaines restés à Paris : « Partez en diligence, donnez-y ordre, vous m'en répondrez. Quoi ! Si l'on ruine mon peuple, qui me nourrira, qui soutiendra les charges de l'État, qui payera vos pensions, Messieurs ? Vive Dieu ! S'en prendre à mon peuple, c'est s'en prendre à moi[5]. »

Les forêts

Les guerres de Religion ont fortement entamé le patrimoine forestier de la France. Les destructions sont considérables et le renouvellement des plantations n'est plus assuré. Le gouvernement d'Henri IV intervient d'abord dans la gestion des forêts domaniales, en abolissant un grand nombre de concessions d'abattage qui avaient été inconsidérément accordées à des particuliers, en supprimant des charges d'officiers, en renforçant la surveillance et la police des futaies. Il ne craint pas de prendre des mesures impopulaires, par les édits de juin 1601 et de juillet 1607 sur la chasse,

---

4. *Scaligerana*, p. 321. Cité par A. Poirson, *Histoire du règne d'Henri IV*, Paris, Éditions Louis-Colas, 1856, T. II, p. 11.
5. Matthieu et Péréfixe, *Recueil de quelques actions et paroles mémorables de Henri le Grand*, pp. 423-424. Cité par A. Poirson, *Histoire du règne d'Henri IV*, Paris, Éditions Louis-Colas, 1856, T. II, p. 4.

dont le but est de réprimer des pratiques devenues désastreuses pour le gibier et pour la forêt elle-même : plantations piétinées, jeunes arbres foulés aux pieds ou impunément déracinés.

Le Roi exhorte les autres propriétaires forestiers à suivre son exemple en se portant acquéreur, pour les besoins de la marine, des meilleurs produits de la forêt : un marché durable s'ouvre ainsi pour les bois de qualité, incitant les grands propriétaires nobles ou ecclésiastiques à accorder tous leurs soins à l'amélioration et à la valorisation de leurs plantations.

Le commerce extérieur

Le commerce extérieur du pays avait été très actif jusqu'au règne de Charles IX. Il intéressait toutes les provinces frontières et les provinces maritimes du royaume : la Picardie commerçait avec les riches contrées de l'Artois et des Flandres soumises à la suzeraineté espagnole, la Normandie et la Bretagne étaient en relations avec l'Angleterre, la Guyenne et le Languedoc avec l'Espagne, la Provence et le Lyonnais avec l'Italie. Les troubles de la guerre civile ont porté un coup très rude aux échanges commerciaux de la France, ruinant les disponibilités en produits exportables, limitant ou empêchant complètement les transports de marchandises entre ces provinces et les pays limitrophes. Au surplus, le gouvernement de Charles IX avait signé en 1572 avec l'Angleterre un traité de commerce qui s'était révélé désastreux pour la France. Il accordait en effet aux marchands anglais la possibilité d'établir dans toute ville du royaume des comptoirs, des consulats, des chambres de commerce, et instituait l'ambassadeur d'Angleterre en France défenseur des intérêts commerciaux de ses compatriotes. Mais le traité ne prévoyait aucune réciprocité au profit des négociants français. De sorte qu'à la fin du XVIe siècle, le commerce entre les deux pays était presque tout entier aux mains des Anglais.

Le rétablissement de la paix à partir de 1598 rend la France moins dépendante de l'alliance avec l'Angleterre. Ayant institué une commission chargée de lui présenter un rapport sur la situation du commerce extérieur de la France, Henri IV relève tout particulièrement le passage qui note « qu'au lieu de trafiquer en échange marchandises pour marchandises et de recevoir argent des denrées de ce royaume, comme au passé, les Anglais font le contraire, faisant apporter en ce dit royaume telle abondance de leurs manufactures de toutes sortes qu'ils en remplissent le pays, et ne recevant rien de ce qui vient de chez nous [6] ».

---

6. *Avis et remontrance à Messieurs les commissaires-députés du Roi, au fait du commerce, par Barthélemy Laffemas,* Paris, Sylvestre Moreau, 1600, p. 7.

Le Roi intervient auprès de la Reine Élisabeth pour protéger l'installation de marchands français en Angleterre, et faciliter ainsi la constitution de petites colonies commerçantes analogues à celles dont l'établissement avait été autorisé pour les sujets de Sa Gracieuse Majesté par le Traité de 1572.

Toujours bien disposée à l'égard d'Henri IV, la Reine promet son appui mais reste impuissante face aux iniquités et exactions perpétrées par les autorités municipales et régionales anglaises contre les commerçants français. Les réclamations d'Henri IV semblent au contraire exacerber la mauvaise volonté manifestée par les commerçants anglais à l'égard de leurs homologues français et l'on voit se multiplier les actes de piraterie pure et simple : des bâtiments français sont attaqués, leurs cargaisons saisies, des matelots emmenés de vive force ou abandonnés en pleine mer. Le gouvernement anglais n'y est pour rien, mais l'impunité de fait dont bénéficient les auteurs de ces brigandages conduit Henri IV sur la voie des représailles. Au début de l'année 1600, il délivre aux marins français des « lettres de marque » les autorisant à armer des navires en vue de répondre à la piraterie par la piraterie. Dans les mois qui suivent, de nombreux bâtiments anglais sont à leur tour arraisonnés ou envoyés par le fond. En même temps, le Roi prend prétexte de la saisie, le 21 avril 1600, en Normandie, d'une quantité très importante de draps défectueux importés d'Angleterre pour menacer de fermer entièrement le royaume aux produits anglais. A la demande de la Reine, Henri IV, à la fin de 1600, accepte de suspendre les représailles et d'engager des négociations. Elles vont se dérouler pendant toute l'année 1601-1602, sans que la situation s'améliore sensiblement. Une grande ambassade prend alors le chemin de l'Angleterre en 1603. La mort d'Élisabeth et son remplacement par Jacques Ier retardent quelque peu les discussions, qui aboutissent cependant finalement à la mise au point d'un nouveau traité de commerce entre la France et l'Angleterre.

Ratifié le 26 mai 1606, le traité accorde aux Anglais l'annulation des décisions de confiscation et les garantit contre le retour de semblables mesures à l'avenir. On convient que les litiges éventuels seront réglés par des procédures amiables. Des instances paritaires sont constituées à Rouen, Caen, et Bordeaux, comprenant deux commerçants anglais et deux commerçants français. Les lettres de marque délivrées par Henri IV sont naturellement annulées. Les grands bénéficiaires du traité sont les commerçants français. Les marchands du royaume se voient accorder en effet des avantages considérables pour l'exercice de leur activité en Angleterre. Ils peuvent aborder librement dans tous les ports, jouissent des mêmes franchises que les bâtiments anglais, et ne paient pas d'autres taxes que ceux-ci. A Londres et dans les principales villes anglaises, des instances paritaires sont constituées sur le même modèle qu'en

France pour juger des litiges commerciaux. Aucune préférence, directe ou indirecte, ne doit être accordée aux bâtiments anglais pour le chargement des marchandises à destination de la France. Le dernier article du traité, enfin, accorde des indemnités et des réparations aux commerçants français qui, par le passé, ont eu à subir de la part des Anglais des dommages ou des vexations.

Les négociations avec l'Angleterre ont été longues et difficiles. Mais Henri IV et Sully tenaient à leur réussite, car ils y attachaient une très grande importance. Tous deux sont convaincus de la nécessité de développer le commerce extérieur dans le cadre des relations économiques normales et régulières avec les principaux partenaires de la France. A l'image des accords franco-anglais, de nombreux traités de commerce sont ainsi conclus entre 1600 et 1610.

Le Traité de Vervins du 2 mai 1598 comportait une clause établissant la liberté complète du commerce entre la France et les territoires espagnols. Les exportations françaises s'intensifient bientôt en direction des Pays-Bas espagnols et de la péninsule ibérique. Les blés, les vins, les toiles se vendent en abondance. Ils trouvent dans les pays qui dépendent de Madrid des marchés importants, disposant de ressources monétaires considérables grâce à l'or et à l'argent procurés par les colonies d'Amérique ; en outre, le déclin de l'agriculture et de l'industrie espagnoles ouvre aux produits français de très larges possibilités.

En 1601, Philippe III d'Espagne ferme ses possessions aux importations françaises. Cette décision est prise à titre de représailles à la suite de la défaite du duc de Savoie, allié de l'Espagne. Elle est cependant très vite rapportée car elle cause plus de tort à l'Espagne qu'à la France. En 1603, cependant, nouvelle alerte : toutes les marchandises françaises sont frappées, à l'entrée des territoires espagnols, d'un droit s'élevant à 30 % de leur valeur. Henri IV riposte en imposant un droit identique sur les marchandises en provenance d'Espagne ; mais les importations en France de produits espagnols sont si faibles que cette mesure n'affecte guère Madrid. Alors, Henri IV n'hésite pas à menacer Philippe III d'une intervention armée si un accord commercial n'intervient pas. Le gouvernement de Madrid, dont les finances sont épuisées alors que la guerre continue de faire rage avec les Hollandais révoltés, ne peut prendre le risque d'un conflit supplémentaire. Le 13 octobre 1604 est signé un traité de commerce qui abolit de part et d'autre le droit de 30 % sur les importations et rétablit la liberté complète des échanges.

La même année voit la signature d'un accord avec la Turquie. Ratifié le 20 mai 1604, ce document ne comporte pas moins de 42 articles. Il garantit aux Français la liberté de commerce dans tous les ports de l'Empire turc, soit pour acheter, soit pour vendre.

Des consuls établis dans les principales villes commerçantes auront seuls qualité pour juger les ressortissants français. Les monnaies de France ont libre cours dans l'Empire ottoman. Les actes de piraterie contre des commerçants français ou des marchandises leur appartenant, même transportées par des navires battant pavillon de nations autres que la France, sont rigoureusement interdits ; les sujets du Sultan qui s'en rendraient coupables seront punis de mort. Les Français ont le droit de pêcher librement le poisson et le corail sur toutes les côtes africaines de la Méditerranée, jusqu'au détroit de Gibraltar. Le Roi de France obtient de même un beau succès diplomatique en faisant inscrire dans le traité l'annulation de toutes les autorisations de commerce accordées par le Sultan à d'autres pays européens et l'obligation désormais pour les commerçants chrétiens, de quelque nation qu'ils soient, de voyager et commercer sous le pavillon français. Les intérêts de la religion ne sont pas oubliés : un article prévoit en faveur de tous les chrétiens le libre accès à Jérusalem et le droit de résider en tous points de la Ville sainte au lieu d'être obligés, comme précédemment, d'habiter dans un quartier réservé.

Toujours en 1604, au mois de novembre, un autre accord est signé avec la Ligue Hanséatique. Cette organisation politico-commerciale comprenait notamment les villes de Hambourg, Brême, Lübeck et contrôlait une bonne partie du commerce dans la Baltique et les pays du Nord. La liberté du commerce entre les ressortissants de ces villes et les marchands français est assurée sans restriction, les marchandises importées ne seront pas astreintes à payer d'autres droits que les droits normaux. Le traité donne un vif essor aux échanges. La France exporte des vins, des toiles, des fruits. Elle importe du poisson, du bois, du goudron, des cuirs et des peaux, de la potasse, du cuivre.

Un dernier traité conclu en 1606 parachève le dispositif mis en place en vue de favoriser les relations commerciales. Le Maroc, qui jouit d'une indépendance de fait à l'égard de l'Empire turc, concède à la France les mêmes avantages que ce dernier.

L'activité diplomatique nécessitée par ces négociations, la multiplication des charges qui incombent désormais au gouvernement du Roi pour suivre l'exécution des traités, conduisent à créer une section spécialisée du Conseil du Roi, le Conseil du Commerce, qui fonctionne un peu comme le ministère du Commerce extérieur aujourd'hui. C'est, pour l'époque, une idée neuve. Elle va dans le sens de ce qu'on pourrait appeler une laïcisation de la politique ; à côté des intérêts religieux, qui ont revêtu une telle importance au cours des générations précédentes, voici que les préoccupations mercantiles prennent leur essor et se taillent une part enviable dans l'action gouvernementale. Il faut essayer de se représenter l'importance de la place occupée par le commerce extérieur dans la vie d'une société comme la société française du XVIIe siècle. A une époque où l'économie monétaire reste extrêmement réduite à l'intérieur du royaume, d'où peuvent venir des métaux précieux en abondance, de quelle activité peut-on, avec un peu d'ingéniosité et d'esprit d'entreprise, tirer de gros bénéfices, des profits substantiels ? Du commerce extérieur, et de lui seul. La revente sur le marché français d'un drap ordinaire produit en France ne donne jamais qu'une marge normale. Un bateau qui ramène une cargaison de cachemires ou d'étoffes indiennes assure à ses heureux propriétaires des gains de 200 à 300 %. Et même si l'État prétend en prélever le quart, il reste bien assez d'argent pour réinvestir dans d'autres opérations, se faire bâtir de beaux hôtels, mener grand train, et s'offrir quelques offices qui donnent de l'assise et une respectabilité de bon aloi aux fortunes rapidement édifiées.

On est parfois surpris de la quantité d'argent que la France arrive à mobiliser dans les temps de crise ou de guerre. La lessiveuse où nos compatriotes entassent, paraît-il, une fabuleuse encaisse est proverbiale. Aux sources de cette encaisse on trouve, en ce lointain XVIIe siècle, le grand commerce et ses retombées.

Rien, dans ses origines, dans sa culture, ne prédisposait Armand de Richelieu à saisir l'importance de ce phénomène. Le spectacle de l'acharnement montré par Henri IV et Sully à négocier des traités de commerce avantageux, à encourager un développement, libre-échangiste avant la lettre, des activités du négoce extérieur, frappe le jeune évêque de Luçon. Des convictions nouvelles commencent à s'établir dans son esprit avide de connaître et de comprendre, d'où sortira, quelques années plus tard, une pensée économique novatrice et dynamique.

Ponts, routes et canaux

Les soins apportés au commerce extérieur ne détournent pas pour autant le gouvernement d'Henri IV du souci de développer les échanges intérieurs. La doctrine en la matière est très simple : le développement du commerce intérieur dépend du rétablissement des voies de communication dégradées ou rompues pendant les guerres de Religion, et de la création d'infrastructures nouvelles. Là encore, Sully va se faire l'auxiliaire privilégié de la politique d'Henri IV, dont l'importance pour l'avenir est considérable.

C'est Henri IV, avec la collaboration de Sully, qui fait assumer par l'État la responsabilité d'un domaine jusque-là laissé à la discrétion des villes et des seigneurs ecclésiastiques et civils. C'est Henri IV, toujours avec Sully, qui fixe les règles fondamentales du fonctionnement administratif, financier et technique de ce secteur.

Enfin, par les travaux réalisés ou entrepris, par les projets élaborés à son initiative, c'est Henri IV, encore et toujours, qui trace les grandes lignes du réseau des voies de communication de la France d'aujourd'hui.

S'attaquant aux problèmes d'organisation, le Roi, malgré de nombreuses résistances, crée en mai 1599 la charge de Grand Voyer de France, qui donne autorité à son titulaire sur tous les agents responsables des ponts, des routes et des rivières dans le ressort des diverses villes ou seigneuries du royaume. La volonté centralisatrice que traduit cette mesure soulève des oppositions farouches. Le Parlement de Paris traîne plusieurs mois avant d'enregistrer à contrecœur l'édit portant création de cette charge, et c'est seulement le 5 septembre 1599 que Sully est investi de ses nouvelles fonctions. Il lui faudra batailler des années encore, et pas toujours avec succès, afin d'imposer la reconnaissance de ses prérogatives dans le ressort des autres Parlements. Le Voyer de la Ville de Paris lui donne bien du fil à retordre, et Sully ne trouve pas d'autre moyen, pour résoudre le conflit, que d'acheter sa charge en 1603. Il inaugurait ainsi une tradition durable de gestion directe par le pouvoir central des équipements d'infrastructure de Paris, système qui s'est perpétué en droit jusqu'à ces dernières années, et dans les faits jusqu'à ce jour. Le cumul des fonctions de Grand Voyer de France et de Voyer de Paris ne plaît d'ailleurs pas à tout le monde, et le Roi est obligé d'intervenir.

Les empiètements de Sully sur les prérogatives des Voyers provinciaux ou locaux se multiplient ; n'a-t-il pas imaginé de se doter de chargés de mission ne relevant que de lui et qui prétendent contrôler et orienter l'action des agents locaux ? Henri IV donne raison à son ministre et consacre les progrès du processus de centralisation en l'autorisant le 7 juin 1604 à instituer dans chaque généralité du royaume un représentant aux attributions les plus étendues : le lieutenant du Grand Voyer. Le règlement du 13 janvier 1605 fixe l'étendue de ses responsabilités. Il doit inspecter deux fois par an les ponts, les routes et les voies navigables situés dans la circonscription dont il a la charge. Il lui est recommandé d'effectuer sa première tournée au mois de février « lorsque les eaux sont ordinairement plus hautes et les chemins plus fâcheux », la seconde en septembre et octobre pour réceptionner les travaux effectués pendant la belle saison. Le lieutenant doit adresser au mois de novembre un récapitulatif de tous les travaux effectués et un estimatif détaillé des travaux à entreprendre durant l'exercice suivant. Il doit aussi proposer des moyens de financement propres à soulager les charges du Trésor royal, en sollicitant des contributions des villes concernées, en évaluant les sommes qui peuvent être obtenues par le moyen du péage, en proposant quand cela paraît possible la concession de l'exploitation des ouvrages à des entrepreneurs. Il contrôle l'utilisation des sommes payées par les villes et par les provinces au titre des travaux qui leur incombent.

Les attributions très vastes du Grand Voyer et de ses lieutenants provoquent des incidents continuels. Sully les règle en général à son avantage par sa méthode favorite qui est la force. Mais il se préoccupe néanmoins de faire accepter peu à peu la nouvelle institution en veillant à la qualité des personnes choisies. Il désigne comme lieutenants, dans certains cas, des officiers qui détiennent déjà une charge de Voyer dans telle ville ou telle région, s'assurant ainsi leur dévouement et le concours de leur expérience. En général, cependant, il fait de préférence appel à des gens totalement neufs, jusque-là étrangers au domaine qui leur est désormais affecté. Sully puise volontiers dans le personnel des trésoriers de France, illustration de la prééminence qu'il accorde au corps des finances : les techniciens ne sont pas écartés mais placés en position de subordonnés. Au demeurant, tous les techniciens sont eux-mêmes de très bonne qualité. La France compte d'excellents ingénieurs, ayant une formation polyvalente d'architectes, de topographes et de constructeurs. L'un des plus remarquables est Claude Chastillon, qui termine la construction du phare de Cordouan, à l'embouchure de la Gironde, et réalise de nombreux ouvrages d'art. Auprès de lui, Salomon de Brosse, surtout connu comme architecte — il construira notamment le Palais du Luxembourg pour Marie de Médicis — et Jacques Alleaume, l'un des collaborateurs préférés de Sully. Ils ont souvent donné naissance à de véritables dynasties d'ingénieurs que l'on retrouve dans l'histoire des Ponts-et-Chaussées pendant tout le XVIIe et le XVIIIe siècles.

Les bases d'une administration de l'équipement du territoire étant ainsi jetées, reste à fixer ses méthodes de travail.

Sully la plie d'abord à la règle de l'annualité budgétaire. Chaque année au mois de novembre, les lieutenants Voyers doivent adresser à Paris une liste des ouvrages qu'ils souhaiteraient voir réaliser au cours de l'année suivante. On leur prescrit de fournir des descriptifs détaillés, donnant la longueur exacte de la section de route à refaire, ses caractéristiques techniques essentielles et le prix estimé de sa réalisation ; il en va de même pour les ponts et les voies navigables. A Paris, les bureaux du Grand Voyer collationnent, vérifient, demandent éventuellement des éclaircissements, des précisions supplémentaires. Tout doit être terminé à la fin décembre, afin de donner lieu au mois de janvier à l'approbation du budget général des équipements d'infrastructure dont la réalisation incombe directement au Grand Voyer et à ses services. Le même travail s'effectue, selon le même calendrier et dans les mêmes règles, pour les travaux exécutés à la diligence des provinces et des villes, sur lesquelles le Grand Voyer exerce seulement un contrôle ; la liste des travaux à réaliser dans ce cadre figurera au budget et le

Grand Voyer exercera sur leur exécution une double tutelle financière et technique.

Le deuxième principe fondamental concernant le fonctionnement de cette administration est le recours aux méthodes de l'adjudication pour l'exécution des travaux. Tous les ouvrages sont confiés à des entrepreneurs selon des dispositions soigneusement prévues. Les agents Voyers font dresser par des experts des descriptifs techniques précis et des devis estimatifs complets de l'ouvrage à réaliser. Descriptifs et devis font l'objet d'une publication au moyen d'affiches indiquant les conditions de remise des offres et la date fixée pour l'adjudication. Au jour dit, et en présence, non seulement des officiers préposés à la surveillance des opérations d'adjudication, mais également d'un nombreux public extérieur (la présence du public est indispensable à la régularité formelle de la procédure), on ouvre l'enchère en énonçant le montant de la mise à prix. Ce moment coïncide avec l'allumage rituel d'une chandelle. Les entrepreneurs sont alors invités à proposer des rabais sur cette mise à prix, et l'on continue ainsi jusqu'à l'extinction de la chandelle. Le marché est attribué à celui qui a parlé le dernier pour faire l'offre la plus basse. La formule utilisée pour désigner le lauréat a traversé les siècles : c'est « le moins disant à l'extinction de la chandelle ».

La procédure comporte des risques, car rien n'empêche un entrepreneur décidé à obtenir le marché dans n'importe quelles conditions de proposer des rabais déraisonnables quitte, en cours d'exécution des travaux, à demander des « rallonges ». L'administration sanctionne en principe ces pratiques dites de « folle enchère », ce qui ne l'empêche pas de se trouver plus d'une fois prise au piège des dépassements de prix pendant la réalisation d'un chantier. Par exemple, les travaux du canal de Briare sont adjugés à l'entrepreneur Hugues Cosnier pour une somme forfaitaire et globale de 505 000 livres. La mise à prix avait été de 600 000 livres. A la fin du mois d'avril 1610, six ans après la signature du marché, la construction n'est toujours pas terminée, mais l'État a déjà dépensé 745 714 livres. Pour éviter dans toute la mesure du possible ce genre d'incidents, les officiers chargés des routes et des rivières ont pour mission de suivre les travaux de façon régulière en cours d'exécution. Ils procèdent périodiquement à des toisés (nous dirions aujourd'hui des métrés ; la toise est une ancienne mesure qui valait en moyenne 1,949 mètre) et réceptionnent les travaux ; aucun paiement n'est effectué par les trésoriers si la demande de règlement n'est accompagnée d'un procès-verbal établi par le Voyer et attestant de la réalisation effective de la portion d'ouvrage correspondante.

Les grands travaux du règne

L'organisation mise en place par Sully, dont les principes essentiels sont restés en vigueur jusqu'à nos jours, est très vite sollicitée de faire la preuve de son efficacité.

A la fin des guerres de Religion, les voies de communication étaient dans un état lamentable. La plupart des chemins étaient dévorés par les ronces et les broussailles, et souvent leur tracé même était devenu des plus approximatifs. De nombreux ponts avaient disparu ; beaucoup avaient été détruits volontairement pendant les opérations militaires, d'autres s'étaient rompus faute d'entretien. En 1564, les glaces avaient emporté les dix-huit arches du Pont de Rouen déjà sérieusement éprouvé par divers accidents antérieurs : c'était l'un des ponts les plus importants du royaume ; sa rupture rend les communications entre la rive droite et la rive gauche de la Seine depuis Paris très problématiques. La reconstruction s'achève en 1604 — 40 ans plus tard ! Les voies navigables n'étaient pas mieux loties : la plupart des rivières sont ensablées et les relations contemporaines fourmillent d'anecdotes relatives aux multiples accidents d'une navigation fluviale à la merci de l'échouage sur les bancs de sable ou des dangereux tourbillons provoqués par les trous d'eau qui parsèment le lit des fleuves. L'immense travail nécessaire pour redresser la situation est amorcé dès 1598.

Sur la Seine, quatre ponts de grande importance sont réalisés : le Pont-Neuf en plein Paris, le Pont de Saint-Cloud, le Pont de Mantes, et le Pont de Rouen. La mise en service de ces différents ouvrages s'effectue entre 1604 et 1608. En province, l'administration royale construit un pont à Châtellerault dont les travaux étaient déjà très avancés en 1601. Ce pont avait une importance considérable et comme le Pont de Mantes il fut entièrement financé par l'État.

Les efforts d'Henri IV et Sully portent également sur l'un des ponts les plus célèbres du pays, le Pont d'Avignon. Construit en pierre de taille en l'an 1127, il ne comptait pas moins de vingt-cinq arches. Les communications entre la Provence et le Dauphiné, entre la rive droite et la rive gauche du Rhône, en dépendaient, et ce pont jouait un grand rôle sur le plan stratégique. Avignon, sur la rive gauche du fleuve, appartenait au Pape mais le pont lui-même était la propriété du Roi de France. Pendant les guerres de Religion, le Saint-Père avait voulu faire un certain nombre de réparations urgentes mais l'administration royale, toujours vigilante sur le chapitre de ses droits, malgré la déliquescence du pouvoir, s'y était vigoureusement opposée, et, comme elle n'avait pas le premier sou pour payer les travaux, le pont menaçait ruine. Sully demande qu'on débrouille d'abord le problème juridique ; en 1604, un arrêt du Conseil d'État établit que le cours du Rhône appartient dans son intégralité au domaine royal, comme, par conséquent, tous les ponts qui peuvent être construits en travers du lit du fleuve. Dès le lendemain de cet arrêt, Sully donne l'ordre d'entreprendre les travaux de consolidation. Ils sont exécutés avec diligence et les réparations effectuées prolongent l'existence du pont jusqu'à 1669, date à laquelle il sera emporté par une crue du Rhône. Jamais réparé depuis, il n'offre plus à la curiosité des touristes que quatre arches rattachées à la rive gauche du fleuve, seul vestige de l'un des ouvrages les plus considérables du règne d'Henri IV.

La réfection des routes est moins spectaculaire mais tout aussi importante. On commence par fixer les tracés de façon rigoureuse, grâce à des repères topographiques. Les chaussées sont bordées de fossés de drainage et Sully fait systématiquement planter des arbres pour donner de l'ombre aux voyageurs pendant les chaudes journées d'été, tout en accroissant le patrimoine forestier du pays : le bois d'orme est particulièrement apprécié pour les affûts de canon. Mais on doit défendre les arbres contre les riverains, qui les accusent de nuire aux récoltes par leurs racines et par l'ombre qu'ils projettent.

Le plus souvent, il faut refaire de toutes pièces les chaussées. Avant les guerres de Religion, rares étaient les routes pavées ou simplement empierrées. Sous François Ier, sous Henri II, les routes de France ne sont encore que de simples pistes, noyées dans la poussière en été, transformées en fondrières pendant l'hiver. Elles ne supportent d'ailleurs qu'un trafic très léger de piétons, de litières et de cavaliers ; les transports collectifs de marchandises sont peu importants et les transports collectifs de voyageurs pratiquement inexistants. Mais le règne d'Henri II, à partir des années 1560, voit apparaître en France de nouveaux types de véhicules avec la mise en circulation des carrosses et des chariots à essieu mobile et avant-train articulé. A la fin du XVIe siècle, les carrosses commencent à être munis de ressorts à lames (au lieu des simples sangles des premiers modèles) qui donnent beaucoup plus d'agrément aux déplacements. Certains ont même, luxe inouï, des portières équipées de glaces ; c'est un des plus célèbres dandys de l'époque, François de Bassompierre, qui ramène d'Italie le premier exemplaire de ce carrosse dernier cri. Il n'y en a encore que 12 en circulation dans tout le royaume à la fin du règne d'Henri IV : le carrosse dans lequel le Roi sera poignardé par Ravaillac n'est même pas de ce modèle, il avait de simples rideaux de cuir, relevés ce jour-là en raison du beau temps. Toutes ces nouvelles machines ont pour caractéristique commune d'être très lourdes. Elles réclament des routes ayant des assises beaucoup plus résistantes, et Sully décide de généraliser les chaussées en lits de pierres superposés, couronnés d'une couche de pavés légèrement bombée afin de faciliter le ruissellement des eaux de pluie. Il s'agit là d'une tâche immense qui est à peine amorcée lorsque Sully quitte ses fonctions, quelques mois après l'assassinat d'Henri IV. Il faut attendre Richelieu pour que la politique routière de la France retrouve un peu de l'élan que Sully voulait lui donner.

Au vrai, ce sont les rivières et les canaux qui bénéficient de la manière la plus visible des efforts du gouvernement d'Henri IV. Il est facile d'en comprendre les raisons. Les rivières, ces « chemins qui marchent », peuvent porter des charges beaucoup plus importantes que les routes, et à bien moindre prix. Pour les voyageurs, les déplacements en bateau prennent toujours des allures de croisière et de fête ; l'installation est plus confortable que dans les carrosses, même les mieux suspendus et aménagés ; enfin le coche d'eau est large, couvert à l'avant, et bordé de chaque côté par des galeries vitrées qui permettent aux passagers de regarder le paysage à leur aise.

Tout ceci explique la priorité de fait qu'Henri IV et Sully ont donnée à l'aménagement du patrimoine fluvial du royaume.

Dès 1597, alors que la guerre sévit encore, le Roi défend devant l'Assemblée des notables réunie à Rouen un vaste programme d'amélioration du réseau navigable. Il le présente même comme l'une des pièces maîtresses de l'œuvre de restauration de l'État à laquelle il compte appliquer ses efforts. En 1601, le Conseil du Commerce est chargé de rassembler suggestions et projets afin d'éclairer le souverain sur l'urgence relative des travaux à entreprendre. Énorme tâche qui donne lieu en 1604 à la remise entre les mains du Roi d'un gros dossier comportant des propositions précises, classées par ordre de priorité. De ce dossier sort un schéma général destiné à fixer les objectifs de l'action de l'État. Jusqu'à la mort d'Henri IV, l'administration va déployer une activité fantastique, qui se prolonge encore un peu durant les premières années de la régence de Marie de Médicis, afin d'avancer la réalisation d'un ambitieux réseau de voies navigables.

Le schéma d'aménagement du réseau fluvial prévoit en premier lieu de relier la Seine et la Loire, la Loire et la Saône, la Saône et la Meuse, de façon à créer un double axe de navigation nord-sud joignant la Méditerranée à la Manche et à la Mer du Nord. Une deuxième jonction est retenue, celle de l'Atlantique avec la Méditerranée, en reliant la Garonne à l'Aude : c'est, avant la lettre, le canal du Midi. Sur ce squelette de base devaient se greffer de multiples réalisations de moindre ampleur, mais de grande importance économique. Parmi les plus urgentes, la canalisation de l'Oise depuis Chauny jusqu'à La Fère, et de cette ville jusqu'à Guise, place frontière au nord de la Picardie. Toujours en Picardie, le rapport de 1604 proposait de rendre le Thérain navigable depuis Beauvais jusqu'à l'Oise. En Bourgogne, la canalisation de l'Armançon devait permettre de desservir les villes d'Auxerre et de Tonnerre, et tout le riche pays de vignobles qui s'étend à proximité. En Champagne, des travaux substantiels étaient proposés sur l'Aisne et la Vesle, tandis que la rectification du cours du Clain, la petite rivière qui arrose Poitiers, et sa jonction avec la Vienne, également canalisée, devaient établir une liaison commode entre le Poitou et la vallée de la Loire.

Les travaux préconisés sur l'Oise, le Thérain, l'Armançon, l'Aisne et la Vesle, le Clain, la Vienne, ont été en grande partie exécutés ; dès 1605, on les voit figurer année après année dans le budget du royaume pour des sommes très importantes. Mais les deux réalisations qui marquent le règne d'Henri IV sont l'amélioration des conditions de navigation sur la Loire et la mise en chantier du canal de Briare.

Lorsque Sully devient Grand Voyer de France, il trouve aux leviers de commande pour tout ce qui concerne les travaux fluviaux dans la vallée moyenne de la Loire un personnage considérable : l'Intendant des Levées et Turcies de la Loire. La fonction comporte la responsabilité de la surveillance et de l'amélioration des digues de terre qui protègent la vallée inondable contre les crues du fleuve. L'ensablement du lit de la Loire au long des siècles fait couler les eaux, pendant plusieurs semaines par an, au-dessus du niveau des terres environnantes ; c'est dire l'importance d'un entretien parfait des levées qui enserrent le fleuve. L'Intendant en question, qui était un homme compétent, est choisi par Sully comme lieutenant du Grand Voyer pour toute la région, et des sommes considérables sont affectées à la consolidation et au relèvement des digues ; on entreprend également les premiers travaux d'approfondissement du lit du fleuve en s'attaquant aux bancs de sable dont il est semé. Les troubles de la régence de Marie de Médicis vont malheureusement interrompre ce travail qui ne sera repris que sporadiquement sous le règne de Louis XIII.

La deuxième grande réalisation de l'administration d'Henri IV est la mise en chantier du canal de Briare. Percé entre la Loire et le Loing, il constitue un maillon essentiel de la liaison Méditerranée-Manche projetée dans le plan général d'aménagement des voies navigables. C'est un ouvrage considérable pour les moyens de l'époque, d'une longueur de douze lieues (soit près de cinquante kilomètres) qui franchit des reliefs non négligeables — le point culminant, situé près de Rondeau, dans l'Yonne, est à l'altitude 173 mètres. Entre le bief le plus élevé du canal et le débouché sur le Loing, la dénivellation atteint cinquante mètres sur une distance de douze kilomètres seulement. Les écluses jouent dans le projet un rôle considérable. Sans doute appliqué dès le XIIIe siècle en Italie, le système de l'écluse a été considérablement amélioré à la fin du XVe siècle avec l'invention par Léonard de Vinci de l'écluse à sas, dont la première application intervient en 1497 pour la jonction du canal du Tessin et du canal de l'Adda, en Italie du Nord. Invité par François Ier à s'établir en France, Léonard de Vinci fait connaître aux ingénieurs du royaume les principes de son système ; une première expérience d'écluse à sas est réalisée sous sa direction à proximité de Paris, sur l'Ourcq, et le Français Adam de Craponne l'utilise ensuite largement sur le canal de dérivation de la Durance qui porte aujourd'hui encore son nom. Les ingénieurs français devaient pousser cette technique nouvelle à un haut degré de perfection lors de la réalisation du canal de Briare qui ne compte pas moins de 40 écluses.

Le chantier est adjugé à Hugues Cosnier le 11 mars 1604. Cet entrepreneur de la région d'Orléans se passionne pour le projet et propose lui-même diverses modifications, qui sont acceptées par l'administration de Sully. Les travaux commencent dès 1605 ; le départ à la retraite de Sully au début de 1611 et les difficultés financières de la régence de Marie de Médicis interrompent une réalisation dont l'exécution était alors très avancée : dix lieues entièrement creusées sur les douze que comporte l'ensemble de l'ouvrage. Les travaux ne reprendront que dans les dernières années du règne de Louis XIII, en 1639, pour s'achever en 1642.

Les moyens financiers consacrés aux voies navigables sont très importants. Le total des règlements effectués à Hugues Cosnier atteignait en avril 1611, on l'a dit, la coquette somme de 745 714 livres. Dans le budget de 1604, où figurent 400 000 livres au titre des charges de l'État pour les ponts et chaussées, le canal de Briare et l'aménagement du Clain et de la Vesle, plus des trois quarts de cette somme sont affectés aux travaux de canalisation. En 1609, 125 000 livres sont consacrées aux seules levées et turcies de la Loire ; le budget global des ponts, chaussées et voies navigables atteint cette année 1 024 151 livres. Pour être complet, il faudrait ajouter aux sommes supportées par le budget de l'État les fonds imputés sur les budgets provinciaux : ils dépassent largement le million de livres en 1609-1610. Au surplus, la corvée fournit un appoint non négligeable et, pour de gros chantiers comme le canal de Briare, le Roi n'hésite pas à mobiliser la troupe : 6 000 soldats sont ainsi affectés aux terrassements de l'ouvrage, doublant le nombre des travailleurs civils.

Parfois, un relais financier est trouvé auprès de certaines collectivités et même de certains particuliers, les recettes attendues des futurs péages devant couvrir le coût des travaux. Dans le rapport de 1604, le Conseil du Commerce rapporte par exemple, à propos de la canalisation de l'Oise, qu'il espère « rendre l'entreprise facile, pour peu de frais et dans peu de temps, et que les villes y contribueront suffisamment et volontairement ». Pour les travaux de l'Armançon, le Conseil réserve au Roi une nouvelle encore plus agréable : la rivière « se peut rendre navigable dans peu de temps et sans aucune dépense au public... Ce sera par le moyen d'un particulier riche et affectionné au bien de sa patrie [voici qui tendrait à prouver combien le sentiment national peut donner des ailes à l'imagination créatrice] qui entreprend, sous la conduite des commissaires [il s'agit des experts " commis " par le Conseil pour établir les bases techniques du rapport] d'en faire les frais, moyennant que pendant dix ans, ceux qui voudront se servir de la navigation de l'Armançon, s'aideront des bateaux et mariniers qu'il fournira, en lui payant la moitié seulement de ce qu'ils en payeraient par charroi[7] ». Heureuse suggestion, qui décharge les finances royales en faisant supporter le coût des travaux par l'usager — et préfigure à s'y méprendre le système de nos autoroutes concédées.

Ainsi, les idées bouillonnent, les projets se multiplient, chaque citoyen y va de sa proposition ou de son invention, conscient d'apporter sa pierre à l'édifice commun. Quand Henri IV disparaît tragiquement sous le couteau de Ravaillac, la France est beaucoup plus prospère, plus riche et plus peuplée qu'au moment de sa prise effective du pouvoir, douze années auparavant.

---

7. *Recueil présenté au Roi de ce qui se passe en l'assemblée du commerce à Paris*, pp. 239-240.

CHAPITRE III

Le Roi

« NOSTR' HENRI »

Reconstruire le pays ne consiste pas seulement à creuser des canaux, assainir les finances publiques et encourager le développement de l'agriculture. Il faut aussi reconstituer l'unité nationale autour d'un pouvoir légitime et rendre la fierté aux Français. On a vu, dans la tourmente de la Ligue, la couronne royale proposée au plus offrant, disputée entre le Roi d'Espagne, Henri de Navarre et la famille de Guise. Les troupes étrangères se sont affrontées impunément sur le sol français, Anglais et Écossais contre Espagnols et Wallons. La libération du territoire n'a été acquise que grâce à l'aide politique, militaire et financière fournie à Henri IV par la Reine Élisabeth d'Angleterre, la Hollande, les princes protestants d'Allemagne, la Suisse, la République de Venise, les grandes banques italiennes de Florence et d'ailleurs.

Dans l'immense tâche qu'est la reconstruction morale du pays, « Nostr' Henri », Roi de France et de Navarre, apparaît comme l'homme de la situation. Sa simplicité, son affabilité, sa bonne humeur, lui gagnent les cœurs. Dans la conscience populaire, il incarne la France avec ses qualités et ses défauts. Henri IV est sans cesse par monts et par vaux. L'unité nationale, c'est la présence physique du Roi aux quatre coins du royaume qui la forge un peu plus chaque jour. La paix revenue, Henri IV ne se soucie pas de s'enfermer au Louvre, en Roi technocrate à la manière du Roi d'Espagne. Il a la bougeotte. Pour une raison ou pour une autre, il est sans cesse en voyage, hier à Lyon, demain à Limoges ou à Metz. Ce cavalier de médiocre stature au visage mangé par une barbe poivre et sel sans apprêt, c'est le Roi. Quand il passe au détour d'un chemin creux ou sur l'une de ces grandes voies royales dont Sully commence à étendre le réseau sur toute la surface du royaume, les gens se signent, les femmes s'agenouillent. Il est Dieu sur terre, incarnant le pouvoir de justice et de bonté, gage de la paix, espérance d'une vie meilleure.

La source du pouvoir, le sommet de l'édifice gouvernemental du pays : le Roi, toujours le Roi. Dans la littérature historique, dans les récits biographiques, dans les mémoires des contemporains, dans les documents officiels, il occupe une place considérable, presque démesurée. Tout s'effectue par son ordre ou son commandement, par son plaisir. Quand les Cours souveraines ont fini de discuter, le Roi prend la parole, impose sa volonté. Il a toujours le dernier mot. De là, l'importance que les historiens accordent à ses moindres faits et gestes, à son tempérament, à ses humeurs. On décortique les journaux de ses médecins, on passe au crible sa vie sentimentale et affective, on suppute ses exploits sexuels, on le psychanalyse, on glose sur la qualité et la profondeur de son sens religieux. Maître de tout, il semble qu'il puisse tout et que chaque détail de la vie de ses sujets soit suspendu à ses lèvres.

Vraie dans l'édifice juridique bâti par les légistes de l'époque, vraie encore par l'opinion qu'en avait le peuple, cette image est cependant très fausse dans la réalité. Combien plus exacte la vision qu'en donne la confidence de Pontchartrain à Lord Portland au sujet de Louis XIV : « Vous avez déjà vu la grandeur et la magnificence dont ce Roi est entouré, l'engouement de tous ses sujets à lui faire la cour et à obtenir le moindre de ses regards. Eh bien ! Ce prince si grand, si majestueux, fait continuellement la cour à son contrôleur général[1]. » Car face au Roi, à côté de lui, le conseillant, l'encadrant, le contrôlant si nécessaire, il existe tout un appareil gouvernemental qui donne aux institutions leur force et leur continuité.

L'INSTITUTION ROYALE

Attachons-nous pour commencer à l'institution royale. La personne du Roi est *sacrée*. Elle procède directement de Dieu. Tout pouvoir étant institué par Dieu sur la terre, le Roi est son délégué, son lieutenant, et ne rend de comptes qu'à lui seul. Le sacre exprime cette relation entre Dieu et le Roi, et même si des légistes expliquent que cette cérémonie n'est pas essentielle à la puissance royale, il n'empêche qu'elle revêt une valeur émotionnelle incom-

---

1. Marcel Marion, *Dictionnaire des institutions de la France aux XVIIe et XVIIIe siècles*, Paris, Picard, 1923 (réédition 1968), p. 143.

parable. Toute une mythologie s'est développée depuis le temps des Mérovingiens autour des rites du sacre, dont le principal est l'onction. En sept points du corps, l'évêque de Reims pose de ses doigts une goutte de l'huile contenue dans la Sainte-Ampoule, miraculeusement apportée du ciel par les anges et conservée en la cathédrale de Reims. Henri IV n'est devenu vraiment Roi qu'après avoir reçu le sacre. Et quelques mois après sa mort, Marie de Médicis n'aura rien de plus pressé que de conduire Louis XIII à Reims pour le faire sacrer à son tour.

Procédant directement de Dieu, le Roi n'a pas d'autre suzerain que lui. Aucune puissance ne lui est supérieure, ni celle du Pape, n'en déplaise à certains théologiens, ni celle de l'Empereur, n'en déplaise aux Habsbourg. Les légistes disent que *« le Roi de France est Empereur en son royaume » (Rex Franciae est imperator in suo regno)*. Ce principe a pour but de dégager d'abord le Roi de France de tout lien de dépendance : c'est en cela qu'il est monarque *absolu*, c'est-à-dire affranchi de toute espèce de lien vassalique à l'égard de quelque puissance que ce soit. Mais il se propose aussi de ramener au Roi les attributs de l'ancien imperium romain : le pouvoir judiciaire, le pouvoir législatif, le droit de lever l'impôt, le pouvoir de disposer des biens et de la vie de ses sujets. La formule que l'on trouve au bas des actes royaux, « car tel est notre plaisir », n'a pas d'autre sens. De même la célèbre lettre de cachet, ordre d'emprisonnement à la Bastille, qui ne nécessite aucune décision judiciaire préalable et n'impose même pas que le prisonnier soit jamais présenté à la justice. Il suffit que le Roi veuille pour que son ordre s'exécute. La force du principe d'autorité est telle que l'on épargne en général au destinataire de la lettre de cachet l'offense d'une arrestation publique : le Roi se borne à lui donner instruction de se rendre « en son château de la Bastille » et l'idée qu'on puisse chercher à s'y soustraire n'effleure personne.

Mais l'imperium n'est pas tout dans la conception monarchique du XVIIe siècle. La France est beaucoup plus attachée qu'on ne le croit à ses racines féodales. Mille ans de *régime vassalique* ont largement recouvert dans le pays cinq cents ans de culture romaine rapidement dégradée après les invasions barbares. L'habileté du Roi, grâce au patient effort des Capétiens, grands rassembleurs de la France, a été de s'imposer comme le suzerain des suzerains. Il est le point culminant de la pyramide qui enserre dans ses liens tous les seigneurs et tous les vassaux.

Souverain féodal, il a le droit de prononcer la confiscation des fiefs du vassal rebelle à son serment d'obéissance. La notion de traîtrise n'existe pas. Quand le duc d'Épernon, le duc de Mayenne, le duc de Guise, traitent avec l'Espagne pendant les guerres de Religion, gardons-nous de les juger selon les critères d'aujourd'hui : leur crime n'est pas envers la patrie, mais envers le

Roi, et le conflit qui les oppose à celui-ci est avant toute chose un conflit de nature féodale.

Du fait même de sa position au sommet de la hiérarchie seigneuriale, le Roi est le souverain de tous ceux qui, n'étant pas nobles, dépendent d'un suzerain, c'est-à-dire les sujets. Là aussi, nous sommes plus proches de la conception vassalique, et plus précisément des idées germaniques, que des institutions de la Rome impériale. Dans la France du XVIIe siècle, où le servage a quasiment disparu, prévaut l'idée que tout habitant du pays est libre. Il naît « franc » — avec le jeu de mots sur ce terme. Les juristes disent que l' « air de France affranchit ».

Le peuple, par conséquent, est sujet, mais non esclave. Dans le rituel du sacre, l'acclamation populaire qui porte le nom d'élection vient clore la cérémonie en donnant au Roi, après l'onction divine, la sanction du choix de sa personne et de son acceptation comme Roi de France par le peuple.

Comme dans tout système vassalique, la relation du souverain avec les habitants du royaume est bilatérale et fondée sur *l'échange de services*. Le Roi attend du peuple obéissance, fidélité, loyauté, et les deux services féodaux essentiels que sont l'aide et le conseil *(auxilium et consilium)*. L'aide consiste pour les nobles à tirer l'épée et verser leur sang, pour les prêtres à prier, pour les autres, ceux que l'on rassemble sous le vocable de Tiers-État (on parle plutôt d'ailleurs de Tiers Ordre à l'époque) à fournir l'impôt et la corvée voire, si nécessaire, à soutenir par des milices bourgeoises ou paysannes l'effort militaire que requiert parfois le Roi. Le souverain de son côté a l'obligation de traiter ses sujets chrétiennement, de leur administrer une bonne justice, de les protéger contre les exactions des gens de guerre, de leur assurer l'ordre dans le pays, sur les routes et les chemins, de régler l'usage et la loyauté des monnaies. Il est le recours ultime. Saint Louis rendait la justice sous le chêne de Vincennes. Chacun peut s'adresser à Henri IV, dans la rue quand il passe, à l'auberge du village où il se restaure, au Louvre même : le Roi vit en public, et tout le monde a libre accès à lui.

Dans cette union mystique entre le Roi et son peuple, qu'Henri IV ressent si fort et dont il lègue à son fils Louis XIII la conscience aiguë et les devoirs qu'elle lui crée, un acte plus que les autres a valeur de symbole : le Roi de France a le privilège miraculeux de guérir, après avoir reçu l'onction du sacre. Comme le prêtre qui a le pouvoir, délégué par Dieu, de donner au pénitent l'absolution de ses péchés, le Roi de France, en touchant les écrouelles, a le pouvoir de guérir les scrofuleux. Nul ne doute de la guérison. Au lendemain de son sacre, Henri IV touche mille malades. Et, chaque année, il guérit deux à trois mille scrofuleux. Louis XIII, en 1620, touche trois mille malades. Année après année le cérémonial recommence, à Pâques, à la Pentecôte, à la Toussaint, à Noël. Ce Roi guérisseur, ni prêtre ni sorcier, ce Roi thaumaturge, est seul de son espèce dans toute la Chrétienté, et son pouvoir ne manque pas d'exciter la jalousie plus ou moins discrète des autres princes chrétiens. De la personne même du Roi émane un pouvoir mystérieux, apaisant : quand gronde la révolte, il suffit que le Roi paraisse et tout se soumet.

Une seule lézarde dans ce bel édifice, celle que provoque l'existence de l'*hérésie protestante*. Oh certes, les réformés sont en général aussi fidèles sujets et aussi obéissants que leurs frères catholiques, ni plus, ni moins. Mais il y a dans le calvinisme un principe de liberté individuelle, fondé sur les droits de la conscience, qui permet à tout un chacun de juger et de censurer, au nom de règles morales et religieuses imprescriptibles, la conduite et les actes d'un monarque.

Les pouvoirs du Roi

Le Roi dispose des pouvoirs les plus étendus.

Le premier de tous, le plus significatif, est *le pouvoir de traiter de la paix et de la guerre*. Le plaisir traditionnel de la chevauchée s'est effacé peu à peu chez Henri IV derrière une vision politique de la guerre. Celle-ci cesse d'être une aventure grisante pour devenir une nécessité à laquelle on ne se résout que quand tous les autres moyens sont épuisés.

La lutte contre la Maison de Habsbourg reste la préoccupation permanente d'Henri IV. Depuis la signature du Traité de Vervins avec l'Espagne en 1598, la guerre est officiellement close. Henri IV poursuit alors le combat par personne interposée, aidant les Hollandais, soutenant les Suisses, attirant en Allemagne les appétits des souverains protestants de Suède et de Danemark. Nul n'imagine, en France, de contester le droit du Roi d'agir de la sorte ; certains regrettent assurément les orientations qu'il a choisies, mais ils admettent que l'on se trouve là par excellence dans le domaine réservé du pouvoir monarchique.

Le Roi dispose aussi du pouvoir de *battre monnaie* et de veiller à la loyauté de celle-ci, de faire respecter sa libre circulation, et d'en surveiller le cours. Rares sont les principautés qui, aux lisières du royaume, battent encore monnaie : parmi les principales, Sedan, qui appartient aux Bouillon, Charleville, Orange, berceau de la famille d'Orange-Nassau, le Comtat Venaissin, terre papale. Le monopole royal en la matière favorise les manipulations monétaires qui sont devenues, pour la monarchie française, une pratique courante. On sait jouer sur les différences de change, les secrets d'une dévaluation réussie sont parfaitement maîtrisées par le souverain, et le Roi connaît mieux que personne l'importance que revêt, pour sa capacité d'emprunt, le « crédit » dont il jouit auprès des grandes banques internationales. Henri IV est de tous les Rois de France celui qui a peut-être le plus habilement joué de cette notion. On reste confondu par l'importance des sommes qu'il a réussi à emprunter pendant la guerre civile, et sa victoire a été en grande partie forgée par l'or anglais, allemand et italien. La présence a ses côtés comme Reine de France de Marie de Médicis, « la grosse banquière » comme l'appelait avec dérision Henriette d'Entragues, maîtresse en titre d'Henri IV à cette époque, en est sans doute le meilleur symbole.

La confiance dans la *loi* procède du même principe que la confiance dans la monnaie. Le Roi est source de la loi et gardien de son application. En théorie, tous les pouvoirs du Roi découlent de son rôle de justicier : même la décision d'entrer en guerre s'énonce sous la forme d'un jugement. La collection des édits royaux, auxquels s'ajoutent les arrêts, décisions faisant jurisprudence, est prodigieusement riche. Dans les archives qui sont parvenues jusqu'à nous, les décisions royales se comptent par dizaines de milliers. On en vient, d'ailleurs, à se demander quelle pouvait être dans la pratique l'efficacité d'un flot aussi abondant d'intentions législatrices. Il est certain que beaucoup d'entre elles sont restées lettre morte parce que l'organisation gouvernementale et administrative n'était pas en mesure de les faire appliquer.

Associé au pouvoir de légiférer, le *pouvoir de juger* apparaît, aux yeux des Français, comme le plus beau et le plus noble de tous ceux que détient le souverain. Quand le peuple crie justice, cet appel au Roi a une résonance profonde. Il faut croire que la sérénité de l'appareil judiciaire et l'équité des décisions sont bien relatives car les textes de l'époque sont remplis de doléances sur les abus du fonctionnement quotidien de la justice. On incrimine pêle-mêle le rôle des influences personnelles et familiales qui s'exercent sur les juges, l'insuffisante formation de ceux-ci, le pouvoir de l'argent. Autant de façons de dire tout simplement que la justice est faillible parce que les hommes le sont. Le Roi, quant à lui, est tenu en dehors du procès permanent dont ses juges sont l'objet devant l'opinion publique. Lorsque le scandale est trop grand, on en appelle du Roi mal informé au Roi mieux informé. Le souverain a le beau rôle, et reste dans le droit fil de sa mission. Quand il a parlé, on s'incline, on remercie.

Souverain justicier, le Roi détient aussi *les clés de la noblesse.* Certes, la noblesse de race existe par elle-même, et ne lui doit rien de ce fait. Mais il peut créer de nouveaux nobles, soit en attachant la noblesse à l'exercice de certaines charges publiques, soit en conférant de son propre chef la noblesse pour « service rendu » à telle ou telle personne dont il entend distinguer ainsi les mérites de façon exceptionnelle. L'accès de la bourgeoisie à la noblesse, commencé sous les règnes précédents, se poursuit à un rythme si important et si régulier que de faux nobles parviennent fréquemment à se faufiler, des usurpateurs dont la fraude passe inaperçue. Dans la France de 1600, la noblesse moderne l'emporte déjà très largement sur la noblesse de race par le nombre et, bien souvent aussi, par la richesse. Les familles les plus imbues de leurs origines comptent des quantités impressionnantes d'ascendants de noblesse récente. La généalogie d'un Sully révèle la présence de bien des roturiers. Un Richelieu, qui se dit de bonne race, plonge ses racines du côté maternel dans la bourgeoisie de robe.

Le principal pourvoyeur de la noblesse est constitué par les professions judiciaires — on parle volontiers des *offices de judicature*. Le droit de créer des charges est aussi un privilège du Roi. Les titulaires des offices, les « officiers » comme on les appelle couramment à l'époque, détiennent une parcelle de souveraineté qu'ils exercent par délégation du souverain. La dépendance de l'officier s'exprime par la prestation d'un serment. Une charge s'obtient normalement par le mérite, par la faveur, ou par l'argent. Depuis le début du XVIe siècle, la monarchie française se trouve entraînée dans un système qui fait prévaloir l'argent sur les autres conditions d'accès à l'exercice des offices, et, sous Henri IV, la vénalité des charges débouche sur la consolidation de leur transmission héréditaire par le moyen de la « paulette », ou droit annuel, instituée en 1604. Mais ni la vénalité ni l'hérédité des offices n'en ont jamais tari la source. Le Roi crée sans cesse de nouveaux offices, doublant, triplant, quadruplant les charges. Comme toujours en ce bas monde, les nantis protestent : maintenant qu'ils sont entrés dans le sanctuaire de la robe, ils voudraient fermer derrière eux la porte contre la poussée des nouveaux venus. Le Roi, de son côté, a tout intérêt, au contraire, à créer, avec prudence, mais sans réticence excessive, de nouvelles charges qui apportent du sang neuf dans la robe et font rentrer de l'argent dans les caisses du Trésor. Les créations d'offices constituent aussi un moyen de pression sur les titulaires des charges existantes et par conséquent un instrument commode entre les mains du Roi pour s'assurer de leur docilité. A cet égard, on a tendance à s'exagérer parfois l'esprit d'indépendance des officiers. Il est vrai que les particularismes prennent souvent appui sur les membres des Cours souveraines et des Parlements. Mais il reste qu'être officier du Roi est d'abord considéré comme un honneur dont on est redevable au Roi lui-même, et dont le but ultime est le service du Roi. Le temps n'est pas venu où les officiers se targueront d'une mission de représentation nationale face au pouvoir royal, voire contre lui. En 1600, la monarchie française peut largement compter sur le dévouement et la fidélité de ses officiers.

Dernier des grands privilèges régaliens, *le droit de lever l'impôt*. Historiquement récent, le plus moderne des droits régaliens est en même temps celui qui suscite le plus de résistances. La tradition ancestrale veut que le Roi vive de son bien, c'est-à-dire des revenus de son domaine. L'impôt n'est qu'une contribution exceptionnelle imposée par la nécessité en vue de faire face à des charges extraordinaires ; la présentation du budget retient toujours, au début du XVIIe siècle, la distinction entre « ordinaire » et « extraordinaire ». La perception de certains impôts passe encore par le bon vouloir des assujettis. Ainsi, la contribution que consent l'Église de France porte le nom significatif de « don ». Les droits sur les boissons s'appellent toujours des « aides ». Les Cours souveraines dans six provinces importantes du royaume gardent le privilège de fixer elles-mêmes le montant des impôts levés dans la province et d'en assurer la répartition et le recouvrement. Nous trouvons là les premières limites vraiment institutionnelles des pouvoirs, si étendus par ailleurs, du Roi de France.

Ce ne sont cependant pas tout à fait les seules et il existe un certain nombre de *choses que le Roi ne peut pas faire*. Les plus importantes concernent sa succession. Le souverain n'est pas libre de conférer la dignité royale à qui lui plaît. La « loi salique » ferme la route du trône aux femmes. Les coutumes générales du royaume donnent au premier-né mâle en ligne directe la qualité d'héritier présomptif de la couronne et fixent l'ordre dans lequel après lui se règle sa succession. Les Rois de France n'ont même pas réussi à organiser de façon indiscutable le gouvernement du pays lors des régences. Une régence est toujours un temps de troubles dont le retour chronique dans l'histoire de France montre qu'ils ne tiennent pas tellement à la personne de celle ou de ceux qui l'exercent, mais à la situation elle-même : certes, tout le monde révère le petit Roi, sa personne est sacrée, la ferveur populaire monte vers lui ; mais l'époque où, mineur, il s'avère incapable de tenir effectivement le sceptre apparaît un peu comme un interrègne, une période de fête et de licence où, vis-à-vis de l'autorité royale, beaucoup de libertés sont admises qu'on ne se permettrait pas en temps normal. Les princes exigent de l'argent, les officiers réclament des privilèges, les provinces cherchent à étendre leurs droits traditionnels. Tous veulent participer plus largement au pouvoir.

En fait, le pouvoir effectif est d'ores et déjà réparti en un très grand nombre de mains. Monarchique dans son principe, la forme du gouvernement est en pratique largement collégiale. Point de servilité, d'ailleurs, dans le comportement de ceux qui servent le souverain. On a sa dignité, son franc-parler, et l'on se permet couramment d'avoir une opinion différente de celle du Roi, que l'on n'hésite pas à défendre éventuellement avec fougue. Divisée, discutée, contestée, l'autorité royale, dont nul ne met le fondement en cause, s'impose rarement. Persuader en gagnant l'un par des promesses, l'autre par des faveurs, voilà le lot quotidien du pouvoir. L'art du compromis constitue la pierre angulaire de l'art de gouverner. Monarchie absolue par définition, le régime de la France est, dans les faits, une *monarchie négociée*.

L'ORGANISATION GOUVERNEMENTALE

Dans l'exercice du pouvoir au sommet, le Roi se fait assister par son Conseil. En 1600, cette notion reste encore floue, et mal dégagée de ses origines féodales. Le Roi, en vertu du principe d' « aide et conseil », peut appeler qui il veut à lui donner ses avis. Ce choix n'est soumis à aucune règle, ne se plie à aucun formalisme. Il n'y a pas de lettre. L'invitation est purement orale, précaire et à tout moment révocable. Sully, pour nous, fait figure de premier ministre d'Henri IV. Tout d'abord, il n'a jamais porté ce titre, et d'autre part on serait bien en peine de trouver trace d'une lettre de nomination ou d'un quelconque équivalent des arrêtés que la République actuelle publie dans son *Journal Officiel* sur la composition du gouvernement.

Jusqu'à quel point le Conseil du Roi se distingue-t-il de la Cour ? Les princes du sang en font-ils partie de droit ? Les cardinaux, les ducs et pairs, les archevêques ? Quand le pouvoir est fort, ce genre de problème ne soulève pas de difficulté, et tout dépend de la seule faveur royale. Mais dans les temps de faiblesse, les grands féodaux revendiquent hautement leur place au Conseil. C'est à peine si l'on commence à faire la différence entre la Maison du Roi, qui rassemble les services de la Cour et tout ce qui se rapporte à l'existence du Roi, écuries, repas, habillement, aumônerie, et le Conseil proprement dit qui est l'organe du gouvernement ; pendant toute la première moitié du XVIIe siècle, les passerelles entre les deux institutions restent d'ailleurs extrêmement nombreuses.

Chargé d'aider le Roi dans l'administration d'un aussi vaste royaume que le royaume de France, le Conseil est une machine aux rouages compliqués et dont l'effectif est loin d'être négligeable. Oublions les ramifications provinciales de l'administration royale pour ne retenir que ce qui se passe à Paris. A la base, *plusieurs milliers de commis*. Ils sont l'équivalent de nos actuels fonctionnaires d'exécution. Ils expédient les arrêts, enregistrent les dépêches qui partent de la capitale, collationnent celles qui viennent de province, vérifient les rôles de l'armée, tiennent à jour les états des personnels civils et militaires, vérifient les comptes des finances royales et contrôlent les états budgétaires envoyés de province. Ce personnel est composé d'officiers, donc de gens qui ont acheté leurs charges et se succèdent, en général, de père en fils. Il constitue une sorte d'élite des officiers, la catégorie la plus consciente des exigences du service public, la plus dévouée à l'État et au Roi qui l'incarne.

Au-dessus d'eux viennent les *maîtres des requêtes*. A l'origine ce sont des juges chargés de connaître des plaintes et des requêtes adressées à l'Hôtel du Roi, concernant les officiers de la Maison du Roi, les litiges provoqués par l'exécution de certains arrêts. Bref, ils fonctionnent comme des rivaux de l'appareil judiciaire normal, et l'on peut voir en eux les ancêtres de la juridiction administrative de la France actuelle, tribunaux administratifs et Conseil d'État, nettement distincts des juridictions de l'ordre judiciaire. On sait qu'il y a là un des aspects les plus curieux du système institutionnel français, qui le distingue radicalement de l'organisation germanique ou anglo-saxonne ; il est intéressant de le voir déjà si solidement établi au début du XVIIe siècle. Les maîtres des requêtes étant les plus proches du Roi, les plus étroitement liés à la défense de ses intérêts, participent nécessairement à l'exercice du gouvernement. Ils fournissent de manière préférentielle les rapporteurs des affaires présentées en Conseil. Quand le Roi désire contrôler d'un peu plus près les agissements de tel gouverneur indocile de province, il choisit dans le corps des maîtres des requêtes des envoyés spéciaux, munis d'une commission royale et pourvus des prérogatives les plus étendues. Les commissaires royaux ont par définition une mission temporaire. La monarchie prendra bientôt l'habitude de systématiser cette pratique ; en devenant permanents, les commissaires prennent le nom d'intendants. La plupart continueront de sortir du corps des maîtres des requêtes. Ainsi, à bien des égards, celui-ci préfigure le rôle que joue le Conseil d'État aujourd'hui, donnant son avis sur des projets de décrets et de lois, alimentant les cabinets ministériels, ou fournissant des chargés de mission appelés à se pencher sur tel ou tel problème particulier.

A l'époque d'Henri IV comme, plus tard, sous le règne de Louis XIII, les maîtres des requêtes constituent, au moins autant que les commis, un personnel très compétent et d'une fidélité sans faille. Ils sont, dans tous les sens du terme, l'aristocratie du service public. Une charge de maître des requêtes vaut au bas mot 100 000 livres. Pour pouvoir l'acquérir, il faut avoir derrière soi plusieurs générations de serviteurs de l'État, ayant du répondant même s'ils ne disposent pas d'une fortune liquide considérable : une charge s'achète souvent à crédit. En plus de la fortune, les relations familiales ont une grosse importance. Dans la carrière d'un maître des requêtes, un mariage bien organisé permet de franchir les étapes, d'accéder aux responsabilités les plus hautes, et procure le réseau d'alliances indispensable pour faire son chemin dans les affaires publiques. Il ne faudrait pas en conclure que le mérite ne joue aucun rôle. Les titulaires des charges de maître des requêtes mettent un point d'honneur à donner à leurs fils la meilleure éducation et, très tôt, les associent à leur travail. Il est courant de voir des jeunes gens de 16-17 ans commencer à se faire les dents sur un dossier, exercer leur jugement sur un arrêt difficile, sous le contrôle vigilant de leurs pères et de leurs collègues. Cet apprentissage sur le tas ne diffère pas tellement, dans le fond, des méthodes d'apprentissage des commerçants ou des artisans. A une époque où il n'existe pas d'École Nationale d'Administration, il permet aux héritiers de se montrer dignes des hautes fonctions qu'ils doivent à la fortune et à la naissance. Cela dit, il existe aussi des incapables, des frivoles. Le Roi et le corps des maîtres des requêtes s'entendent à les mettre discrètement sur la touche ; ils demeurent titulaires de leurs charges mais sont priés de rester chez eux et de ne pas paraître aux réunions.

Les maîtres des requêtes donnent véritablement naissance au XVIIe siècle à une caste d'où sortira l'élite dirigeante de la France contemporaine. Ses descendants ont fait la Révolution de 1789, refermé la parenthèse de la Terreur, fourni à l'Empire et à la Restauration des cadres de valeur, et peuplent encore aujourd'hui les allées du pouvoir et la haute administration du service de l'État et des affaires privées. Le réseau des relations familiales donne son homogénéité à cette catégorie sociale. Avant même le règne d'Henri IV, on trouve déjà des Arnauld, des Phélypeaux, des Bossuet, des Colbert, des Desmarets, des Séguier, des Le Peletier, et combien d'autres dont les noms forment la trame de l'histoire politique de la France pour des générations. Dès cette époque, le corps accuse un parisianisme très prononcé. Rares sont les maîtres des requêtes issus de souche provinciale. A la rigueur, les familles poussent quelques ramifications jusqu'à Blois, Reims, Troyes, Amiens, Rouen. C'est au plus le Bassin Parisien, mais surtout l'Ile-de-France. Les domaines que l'on acquiert dans un rayon d'une cinquantaine de kilomètres autour de la capitale permettent de donner au pouvoir administratif une assise terrienne, et ajoutent une touche de respectabilité supplémentaire à l'exercice, déjà fort éminent en soi, du service du Roi.

Le corps des maîtres des requêtes est l'antichambre du pouvoir. Le sanctuaire lui-même, c'est le *Conseil d'État*. Il constitue l'instance inséparable du Roi, siégeant théoriquement toujours sous sa présidence. Son effectif est variable, oscillant généralement entre 50 et 100 conseillers. On en comptera 120 en 1610, dont les deux tiers seulement siègent régulièrement. On trouve en effet au Conseil, d'une part ceux que nous appellerions des hauts fonctionnaires, issus en majorité du corps des maîtres des requêtes, parfois du Parlement de Paris ou de la magistrature provinciale, et d'autre part, de façon variable, des représentants de l'élite de la Cour, des princes du sang, des cardinaux, des maréchaux de France. Mais la part des professionnels ne cesse d'augmenter : Henri IV obtient qu'ils constituent la majorité à l'intérieur du Conseil.

Celui-ci organise, schématiquement, son travail selon deux formules. Les conseils de gouvernement se tiennent en présence du Roi. Pour prendre une terminologie moderne, ils correspondent aux Conseils des ministres et aux Conseils restreints de notre République. Mais il existe aussi des instances spécialisées, que le Roi ne préside pas : Conseil du Commerce, Conseil d'État et des Finances, par exemple ; et rien n'empêche le Roi d'en créer d'autres en fonction des circonstances et des besoins.

A l'intérieur des conseils de gouvernement, un noyau dur se dégage, qui siège souvent en formation restreinte. C'est là que se prennent vraiment les décisions essentielles. Le Roi convoque qui lui plaît. Ce « Conseil des Affaires » groupe autour du souverain le Chancelier, les secrétaires d'État, les ministres. Le fonctionnement de cette instance est très collégial : chacun de ses membres est appelé à donner son avis sur tous les problèmes débattus en son sein. Certains ministres sont plus importants que d'autres. Il y a naturellement des préséances honorifiques. Ainsi, le Chancelier a le pas sur ses collègues. Mais l'autorité ne découle pas nécessairement du rang. Il arrive par exemple que le Chancelier soit complètement mis sur la touche et, tout en conservant son titre, se voie retirer les sceaux qui sont alors confiés à un garde des Sceaux distinct. En fait, tout dépend, comme toujours, de la qualité des hommes.

Les collaborateurs du Roi

Le « Conseil des Affaires » dont s'entoure Henri IV comprend une douzaine de personnes qui constituent véritablement le gouvernement de la France. Parmi ces hauts responsables, on peut distinguer des « super-ministres », qui forment autour du Roi le « Conseil étroit ». Celui-ci comprend quatre membres seulement : Sully, Pomponne de Bellièvre, Brûlart de Sillery, et Nicolas de Neufville de Villeroy. Eux seuls, avec le Roi, sont vraiment au courant de toutes les affaires.

La personnalité de *Sully* domine toutes les autres. Né le 13 décembre 1559, Maximilien de Béthune, comte de Rosny, qui devient en 1606 duc de Sully, nom sous lequel il est resté dans l'histoire, appartient à une vieille famille noble dont les racines se situent principalement dans le Bassin Parisien et dans le Nord. On a de lui l'image du vieux sage, de l'administrateur rassis. C'est une vision fausse : Sully est avant tout un homme de guerre, il a six ans de moins qu'Henri IV et quand il entre en 1596 au Conseil des Affaires, il en est, à 36 ans, le benjamin à côté de Bellièvre qui en a 66, et de Villeroy et Sillery qui en comptent respectivement 53 et 52.

De ses origines, Sully garde d'ailleurs une incroyable vanité. Son mépris n'a pas de borne pour les « gens de robe longue et d'écritoire » dont la charge ne consiste qu'à « prôner, caqueter, faire la mine, écrire et sceller » par opposition aux soldats, que Sully tient en haute estime car les places fortes ne se prennent pas avec « des traits de plumes, des paroles vaines, des sceaux et de la cire ». Des fonctionnaires qu'il méprise, Sully a pourtant toutes les qualités. Il a du goût pour la méthode, le classement, les chiffres. Ce grand travailleur observe un emploi du temps minutieusement réglé. Il habite à l'Arsenal qui lui donne la tranquillité d'une résidence séparée de celle du Roi, mais pas trop éloignée cependant du Louvre. Levé à 4 heures, quelle que soit la saison, il travaille jusqu'à 6 heures et demie, et participe ensuite au Conseil d'État et des Finances, ou au Conseil des Affaires les jours où celui-ci siège, de 7 heures du matin jusqu'à 10 ou 11 heures. Ensuite c'est le déjeuner, des conversations en petit comité ou en tête à tête avec le Roi jusque vers 6-7 heures du soir. Place alors à la détente jusqu'à 10 heures, heure à laquelle Sully, irrévocablement, va se coucher.

Il sait s'entourer de collaborateurs efficaces, dont les plus remarquables sont fournis par la famille Arnauld. Protestant lui-même, Sully ne fait pas de sectarisme, mais les protestants sont en majorité parmi ses proches. Le « patron » a un sens très aigu de l'équipe et participe à tous les événements familiaux, heureux ou malheureux, concernant ceux qui travaillent auprès de lui.

L'ascension de Sully a été rapide. Entré au Conseil des Affaires en 1596, il choisit de siéger aussi au Conseil des Finances. En juin 1598, il est reconnu comme le chef de l'administration des finances, avant de recevoir en 1599 le titre de surintendant des Finances qui consacre cette responsabilité. Jules Gassot, secrétaire du Roi, nous confie que Sully « était tout seul tout le Conseil des Finances, et tout le reste du Conseil ne servait que pour autoriser ce que lui seul faisait[2] ». La même année 1599 le voit prendre trois autres fonctions importantes : Grand Voyer de France, Grand Maître de l'Artillerie, surintendant des Fortifications. En 1602, il devient Capitaine du Château de la Bastille et surintendant des Bâtiments, en 1603 gouverneur du Poitou. A cette époque, on peut dire que Sully cumule les responsabilités correspondant aux ministères actuels de l'Économie et des Finances, de l'Équipement, des Transports, de l'Environnement, de la Défense pour une large part, de la

---

2. Jules Gassot, *Souvenir mémorial,* Paris, Champion, 1934, p. 245.

Culture également pour partie. Sully fait figure de véritable chef du Conseil bien qu'en termes de préséance le Chancelier de Bellièvre ait le pas sur lui.

A partir de 1601, deux conceptions du pouvoir s'affrontent en la personne de Bellièvre et de Sully. *Bellièvre* voulait une monarchie tempérée par la participation active des conseillers au gouvernement, par l'exercice des privilèges des États provinciaux et des villes, par l'intervention des Parlements et des Cours souveraines. Sully était au contraire partisan d'un affermissement de l'absolutisme royal. C'est lui qui l'emporte, obtenant en 1605 que les Sceaux soient retirés à Bellièvre et confiés à Nicolas Brûlart de Sillery, qui devient Chancelier en titre quand Bellièvre meurt en 1607.

L'éviction de Bellièvre profite surtout à *Villeroy*, secrétaire d'État chargé des Affaires étrangères et de la Guerre. Il devient le personnage le plus puissant du ministère derrière Sully. La collaboration entre Sully et lui s'organise sans heurt : Sully gouverne l'administration, Villeroy la diplomatie. Leurs relations vont se détériorer après la mort d'Henri IV, et Villeroy est sans doute le grand responsable des manœuvres qui conduisent Sully à se retirer des affaires au début de 1611.

Avant tout préoccupé de finances, Sully a exercé une influence profonde sur l'évolution ultérieure de l'administration française, en donnant la primauté à l'administration des finances par rapport à la justice. Il est l'initiateur d'une organisation originale, qui distingue très fortement la France de l'Angleterre et des États-Unis par exemple : chez nous, c'est le règne des fonctionnaires des finances sous le contrôle de la juridiction administrative, tandis que le système anglo-saxon se place tout entier sous le contrôle du juge, juge unique du civil et de l'administratif, dont l'autorité s'impose à tout l'appareil de l'État, et même à son chef suprême.

Les clans

Tels sont les traits principaux du style de gouvernement qui s'affirme dans la France du début du XVIIe siècle, avec ses contradictions, ses qualités, ses problèmes d'hommes. Ils lui donnent une allure déjà moderne, et cependant encore imparfaitement affranchie des habitudes et des modes de penser de l'époque féodale. Clientèles et alliances de clans, qui sont caractéristiques de l'organisation seigneuriale, restent en effet les éléments dominants du fonctionnement quotidien des institutions.

Dans le petit monde des officiers, le service de l'État appartient à un réseau familial solidement articulé. Mais la communauté d'intérêts n'empêche pas les clivages. Il existe des différenciations religieuses : catholiques contre protestants. Il y a surtout des divergences politiques, les uns restant attachés à l'héritage de la Ligue pro-espagnole et ultramontaine, dont l'influence est grande à Paris, d'autres se montrant partisans du renforcement de l'autorité royale face aux prétentions hégémoniques de la Maison de Habsbourg et du Pape. Les titulaires de charges se retrouvent cependant unis pour s'opposer aux revendications de la noblesse seigneuriale qui considère sa participation aux affaires de l'État comme insuffisante. Vieilles revendications, appuyées sur d'innombrables références historiques à Charlemagne ou au règne de Saint Louis, et contre lesquelles les officiers, solidaires dans le service du Roi et la défense du principe monarchique, élèvent des barrières plus ou moins efficaces suivant qu'ils s'appuient ou non sur un souverain fort.

L'avidité de la noblesse de race s'exprime sans retenue. Animée par un même désir de pensions, de places et d'honneurs, elle se répartit en clans concurrents. Les vieux clivages de la Ligue subsistent, et l'opposition traditionnelle entre les Bourbons et les Guise continue d'empoisonner la vie politique du pays. Les querelles de préséance sont incessantes, les incidents entre domestiques appartenant à des maisons rivales prennent des proportions d'affaires d'État. Pour manifester son déplaisir, un Grand a une façon bien particulière de bouder : il se retire dans ses terres. Cette retraite volontaire est dangereuse pour l'autorité du Roi car elle donne l'occasion aux clientèles seigneuriales traditionnelles de battre le rappel de leurs troupes et de narguer joyeusement le pouvoir central. Inutile de compter sur la force. Le souverain doit pratiquer un savant dosage de séduction et de fermeté, jouer des rivalités entre clans pour les opposer les uns aux autres. La catastrophe c'est quand tous les Grands sont solidaires ; cela se produit heureusement fort rarement sous Henri IV. L'union des princes, en revanche, aura raison du régime de Marie de Médicis. A côté de la Maison de Bourbon et de la Maison de Guise, quelques familles de moindre ampleur font parfois figure d'arbitres de la situation, courtisées par les uns et par les autres et mettant leur concours aux enchères. Le duc de Rohan, qui s'impose comme chef du parti protestant après la conversion d'Henri IV, est un personnage très considérable. Son cri de guerre constitue un programme à lui tout seul :

« Roi ne puis
Duc ne daigne
Rohan suis. »

Le duc est capable de mettre à la disposition du souverain, en cas de besoin, 1 500 soldats qui lui sont tous apparentés.

Lorsque le Vert-Galant, au soir de son règne, jette les yeux sur Charlotte de Montmorency, qu'il marie au jeune prince de Condé, les clans se mettent en branle. Saint-Simon, en plein XVIIIe siècle, reste l'un des meilleurs témoins de l'esprit nobiliaire ; empruntons-lui cette description de la mobilisation des principales familles du royaume pour défendre l'honneur du prince menacé par la lubricité du Roi. Condé, nous dit Saint-Simon, « était propre neveu du prince de Conti qui pouvait entraîner toute la Maison de Guise, dont il avait épousé une fille qui avait beaucoup d'esprit, de monde et de galanterie, et du comte de Soissons qui, nonobstant l'ancienne prétention, haïssait moins son neveu que le Roi qui l'avait fait avorter, et à qui il n'avait jamais pardonné d'avoir empêché sa sœur de l'épouser. Il avait donc le trop plausible prétexte de l'honneur de sa famille et de celui des princes du sang pour satisfaire sa haine, et il pouvait entraîner la Maison de Longueville qui était celle de sa mère. Le prince de Condé était gendre du connétable de Montmorency, le plus établi, le plus grand seigneur du royaume, et de la plus grande réputation, par conséquent neveu du duc de Dauville amiral, beau-frère du duc de Ventadour, et du comte d'Auvergne, depuis duc d'Angoulême,... et cousin-germain des ducs de Luxembourg et d'Épernon et du maréchal de Bouillon, qui était gendre du fameux prince d'Orange, fondateur de la République des Provinces-Unies, ainsi que fut le duc de La Trémouille, autre beau-frère du feu prince de Condé dont le fils, gendre et neveu du maréchal de Bouillon était doublement cousin-germain du prince et de la princesse de Condé dont il s'agit ici[3] ».

Ouf ! On a quelque peine à démêler les fils de ces alliances familiales qui présentent au fond assez peu d'intérêt pour nous autres gens du XXe siècle, mais dont la cohésion était ainsi capable de l'emporter sur la fidélité due au souverain.

La Cour

Quel bouillon de culture que la Cour du Roi de France, traversée d'intrigues, agitée de conflits de préséance, de jalousies et de vantardises ! Que de haines inexpiables, prenant naissance dans l'entourage du Roi et gagnant, de proche en proche, la ville, les provinces, l'étranger ! Et pourtant, un souverain aussi avisé que le Bon Roi Henri a non seulement rétabli la Cour, après la fin des guerres de Religion, dans sa splendeur d'autrefois, mais l'a même augmentée et multipliée.

On se tromperait en cherchant dans le développement de la Cour sous Henri IV l'effet d'une quelconque volonté d'ostentation de la

---

3. Saint-Simon, *Parallèle des trois premiers Rois Bourbons*, Éd. M. P. Faugère, Paris, Hachette, 1880, pp. 134-135.

part du monarque. Henri IV, personnellement, a des goûts excessivement simples et il lui plaît beaucoup plus de dîner dans une auberge ou de faire accommoder le perdreau qu'il a abattu lui-même que de se soumettre au fastidieux rituel du repas public du Roi. Aussi bien, les raisons qui le conduisent à reconstituer la Cour des Valois et à lui donner faste et brillant sont-elles ailleurs.

La nécessité de tenir son rang sur le plan international joue sans aucun doute un rôle important. Quand le moindre prince italien ou allemand coule ses jours au milieu d'une Cour nombreuse, il est inconcevable que le puissant Roi de France n'agisse pas de même. Il y va du prestige de la dynastie.

La Cour offre d'autre part l'avantage de retenir auprès du Roi toute une noblesse indocile. Mieux vaut la garder occupée à des futilités grandioses que la laisser dans ses gouvernements et ses terres seigneuriales échafauder des complots pour se désennuyer et se persuader qu'elle a toujours une existence politique. Au surplus, tenir son rang coûte horriblement cher et la noblesse devient ainsi tributaire des largesses royales, sans lesquelles elle ne pourrait faire face.

Ainsi se prépare la domestication que le petit-fils d'Henri IV, Louis XIV, achèvera de réaliser.

Elle présente pourtant bien des aspects curieux, la Cour du premier Bourbon. On a ressuscité le code de l'étiquette établi sous Henri III en 1585, mais Henri IV a horreur de la contrainte et de la rigueur guindée qui règnent dans la plupart des Cours princières. Le lourd rituel pratiqué à Madrid est l'une des cibles favorites de son esprit caustique. Un ambassadeur espagnol perd le fil de son discours un jour que le Roi, au milieu d'une audience qu'il lui a accordée, se lève sans crier gare et change son siège de place avant de se rasseoir. Un autre suffoque littéralement en découvrant Henri IV à quatre pattes en son château de Saint-Germain-en-Laye, portant sur son dos deux de ses enfants qui fouettent à qui mieux mieux cette royale bête de somme. Quant à l'habillement du Roi, mieux vaut ne pas trop en parler. Henri IV se promène en chemise déchirée, la barbe et les cheveux couverts de poussière. S'il a envie de faire de l'exercice, il s'en va comme un simple gentilhomme dans l'un des jeux de paume de la capitale (le jeu de paume est l'ancêtre du tennis). Quand la Cour l'ennuie trop, il lance à ses compagnons un sonore « A cheval, Messieurs ! » qui précipite tout le monde sur les routes, pour aller manger des melons dans la vallée de la Loire ou faire un petit tour en Provence parce que les fraises y sont, paraît-il, exceptionnelles cette année-là. Derrière les cavaliers, de lourds chariots transportent le lit et le couvert du Roi. On s'arrête où on peut : le souverain a le droit de s'inviter sans crier gare chez n'importe lequel de ses sujets. On pourrait se croire revenu au temps des descendants de Charlemagne, quand le Roi se déplaçait de villa en villa, emmenant avec lui ses ministres et sa poignée de fonctionnaires. La Cour d'Henri IV garde quelque chose de cette existence itinérante qui fut celle des premiers siècles de la monarchie française.

Cependant, les temps changent. Henri IV fait réaliser d'importants travaux au Louvre. Il s'agit d'adapter sa résidence principale aux besoins créés par le développement de la Cour : de plus en plus nombreux, en effet, ceux qui gravitent autour de la personne du Roi. Les nobles s'y bousculent, la Cour est faite pour cela. Mais à côté d'eux se multiplient les mouches de Cour, domestiques, agents plus ou moins louches, sans parler de tous ceux qui ont une faveur à demander, une charge à briguer, ou désirent simplement voir le Roi.

Car tout se déroule en public. La vie du Roi, celle de la famille royale, ne leur appartiennent pas. Chacun de leurs instants est dû au peuple tout entier. Aucun moment d'intimité. Le Roi mange en public, se couche et se lève en public, use de la chaise percée là où il se trouve. Quand il rejoint Marie de Médicis, les ébats du couple royal n'ont pas moins de deux ou trois femmes de chambre, une gouvernante et un ou deux valets pour témoins.

Les Reines de France accouchent en public. Lorsque naît le Dauphin qui sera plus tard Louis Treizième du nom, deux cents personnes se précipitent dans la chambre de Marie de Médicis, au Palais de Fontainebleau où a lieu la naissance. La Reine manque d'air et la sage-femme voudrait mettre tout le monde dehors. « Laisse », lui dit Henri IV, « il faut qu'ils voient le Roi. »

Après une jeunesse frugale, Henri IV, une fois monté sur le trône, n'appréciera jamais les repas pantagruéliques. Il ne supporte pas de rester longuement à table, d'être obligé de manger à heures fixes. Les repas durent trois quarts d'heure, une heure, rarement davantage. Ils constituent un moment de détente et de divertissement ; le Roi défend qu'on lui parle de choses sérieuses.

Henri IV déjeune quand cela lui chante, à 11 heures du matin ou à 2 heures de l'après-midi. S'il chasse, il part à l'aube et ne rentre jamais avant 5 heures du soir ; l'estomac dans les talons, il se fait aussitôt servir une copieuse collation. Il fait assez peu attention à ce qu'il mange, ce qui ne l'empêche pas d'accabler ses cuisiniers de conseils sur la manière d'améliorer le goût de la nourriture monotone et fade qu'on lui sert. Il a d'ailleurs des idées bien arrêtées. C'est lui qui consacre la réputation des vins de Champagne, et il accepte le titre de Sire d'Ay en hommage au plus renommé des crus. En revanche le vin d'Orléans est banni de sa table, car trop capiteux, paraît-il. Son maître d'hôtel a dû jurer de ne jamais lui en servir.

Quels sont les loisirs de tout ce petit monde ?

Au premier rang vient la chasse, plaisir noble par excellence.

Henri IV en raffole, et peut passer des journées entières à cheval, dormant dans un fourré, au creux d'un fossé, même s'il pleut. Il aime poursuivre le sanglier, forcer le cerf, avec un minimum de piqueurs et d'équipage, car la chasse trop facile lui fait horreur. Le gibier qu'il préfère, c'est celui qu'il a tué lui-même, perdreaux et lapins le plus souvent. Nul n'est obligé de l'accompagner ; on ne vient à la chasse que si l'on en a envie. Les dames sont d'ailleurs parfois plus enragées que les messieurs, et les fières amazones retrouvent, l'espace de quelques heures, l'ivresse des temps de guerre civile où elles en remontraient aux hommes en matière d'endurance, d'acharnement — et de férocité.

A peine plus pacifiques les carrousels et les cavalcades, forme policée des tournois d'autrefois. On choisit un thème, un prétexte. C'est l'adaptation d'une pièce qui fournit le sujet, ou une idée qu'on a eue un soir, après souper.

Le théâtre jouit d'une vogue grandissante. Les comédiens de l'Hôtel de Bourgogne font salle comble tous les soirs, attirant des centaines de spectateurs. Sur les côtés d'une banale salle rectangulaire, deux galeries superposées de loges, réservées aux grands seigneurs ; ceux-là ont droit à des sièges. Elles encadrent un parterre où se presse, debout, le menu peuple. Tout au fond, un amphithéâtre à gradins accueille les spectacles : en général, une farce suivie d'une comédie ou d'une tragédie. Le Roi ne manque aucune création de l'Hôtel de Bourgogne et revient voir parfois deux ou trois fois la même pièce. Il lui arrive aussi de s'endormir pendant la représentation, mais il se réveille dès que les propos deviennent gaillards. En 1607, il s'amuse beaucoup à un spectacle dont le sujet parodie les scènes de ménage du couple royal ; les courtisans qui l'observent à la dérobée sont vite rassurés : Henri IV rit à gorge déployée. De temps à autre, grâce aux efforts de Marie de Médicis, Paris accueille une troupe de comédiens italiens. Les Parisiens les apprécient moyennement, mais viennent quand même nombreux car le Roi et la Reine honorent chaque séance de leur présence.

Le jeu tient aussi une place importante dans la vie des souverains comme dans celle des grands seigneurs du temps. Le Roi joue pratiquement tous les jours. Il n'hésite pas à se commettre avec des gens aux allures louches, des joueurs professionnels qui ne dédaignent pas à l'occasion de donner un coup de pouce au hasard s'ils peuvent le faire sans trop se laisser deviner : le Roi flaire la tricherie, mais il a pour principe de ne jamais contester un coup et s'interdit de lancer des accusations de fraude. Sully ronchonne quand il lui faut régler les pertes parfois considérables de son maître. Henri IV, un jour, répond à la rituelle algarade moralisatrice : « Les uns me blâment d'aimer trop les bâtiments et les riches ouvrages, les autres, la chasse, les chiens et les oiseaux, les autres les cartes, les dés et autres sortes de jeux ; les autres, les festins, banquets et friandises ; les autres les assemblées, comédies, bals, danses et courses de bague... Mais aussi dirai-je que, ne passant pas la mesure, tout cela devrait plutôt être dit à louange qu'à blâme. D'ailleurs je ferai voir à ces gens que je quitterais maîtresses, amours, chiens, oiseaux, jeux, brelans, bâtiments, festins, banquets et toutes autres dépenses de plaisir et de passe-temps plutôt que je perde la moindre occasion et opportunité pour acquérir honneur et gloire. »

Au demeurant, la Cour ne dédaigne pas des plaisirs plus innocents. L'un d'eux fait fureur : c'est le dressage des puces. Malgré la recette prétendument infaillible qui consiste, pour mettre en fuite ces charmants animaux, à glisser dans les paillasses des lits des têtes de hareng saur liées en chapelet par un bout de fil, il en reste de vastes colonies qui trouvent volontiers refuge dans les abondantes toilettes féminines. Les dames éprouvent satisfaction et contentement à enseigner des tours à leurs commensales familières. Des concours de dressage opposent les principales Cours d'Europe : les dames françaises et les dames espagnoles se partagent le premier prix.

La Cour de France ne brille pas, c'est vrai, par le raffinement des mœurs. Mais s'il n'y avait que les puces ! Citons cet édifiant dialogue entre Bassompierre et le duc de Vendôme : « Vous serez sans doute du parti de Monsieur de Guise puisque vous b... sa sœur ? » lui demande le duc. Réponse de Bassompierre : « Cela n'y fait rien : j'ai b... toutes vos tantes et je ne vous aime pas plus pour cela. »

Grand séducteur devant l'Éternel, Bassompierre était, convenons-en, peu délicat dans ses propos. Il prétendait avoir été l'amant de Marie de Médicis. Cela lui donnait, pensait-il, un titre solide pour briguer la charge de Grand Pannetier. En précisant qu'il la méritait « parce qu'on couvrait pour le Roi », il ajoutait d'ailleurs : « Il y a plus de plaisir à le dire qu'à le faire. » Le commentaire est peu galant — et la vertu de la Reine sans doute plus solide que ne le dit Bassompierre. Ce n'était pas le cas d'Henri IV, et le Vert-Galant affichait sans fausse honte maîtresses officielles et occasionnelles. Trois enfants de Gabrielle d'Estrées, deux autres d'Henriette d'Entragues, la « poutane » comme l'appelle Marie de Médicis, six enfants légitimes nés de la Florentine, sans compter ceux de la comtesse de Moret et de Charlotte des Essarts. La liste est longue et tout ce petit monde fait plus ou moins bon ménage à l'intérieur du harem royal. Indulgent à lui-même, Henri IV l'est aussi vis-à-vis des autres, et justifie l'opinion dégoûtée de ce nonce qui écrit un jour à Rome : « Pour la Cour du Roi de France, c'est un vrai bordel. »

Une grande dame d'origine italienne, mariée à un noble français,

Catherine de Vivonne, marquise de Rambouillet, décide de fuir la Cour à tout jamais. Inaugurant la croisade pour les bienséances, elle ouvre son salon de l'Hôtel de Rambouillet à tous ceux qui croient possible avec elle de faire un jour prévaloir dans le royaume de France des mœurs plus douces, une société plus policée. Il y faudra un règne entier, et l'effort de toute une génération. Autodiscipline et *self-control* : vaste programme, difficile à observer. Dompter le foisonnement créateur, l'épurer de ses excès, le couler dans le monde de l'ordre et de la raison. Ce sera l'œuvre de ceux qui auront eu vingt ans sous Henri IV et, au premier rang d'entre eux, d'Armand-Jean du Plessis de Richelieu, évêque de Luçon.

CHAPITRE IV
Monsieur de Luçon

Glorieux Carême

Janvier 1608. Une grave maladie écarte de la Cour, pendant plusieurs semaines, le jeune évêque de Luçon. De violents accès de fièvre accompagnés de migraines intolérables lui interdisent toute sortie. La douleur est parfois si vive qu'Armand du Plessis se tord sur son lit, priant le ciel de le délivrer de souffrances qui vont jusqu'à le priver des consolations de la lecture. Bientôt, des abcès apparaissent sur ses bras avant de gagner les jambes. Historiens et médecins se sont interrogés sur l'origine de cette maladie. Elle n'a pas d'autre cause, semble-t-il, qu'un tempérament excessivement nerveux et anxieux.

Un terrible effort de volonté permet à Richelieu de reprendre le chemin de la Cour. C'est qu'il entend prêcher le Carême à Saint-Germain-l'Auxerrois, la paroisse royale, concurremment avec le Père Cotton, un Jésuite qui remplit les fonctions de confesseur auprès d'Henri IV. Les sermons du jeune évêque de Luçon remportent un succès considérable, provoquant des sentiments mêlés d'admiration et d'envie chez le Père Cotton et les prédicateurs en vogue de l'époque. La voie semble toute tracée pour Monsieur de Luçon, qui devient en quelques semaines la coqueluche de la Cour. Henri IV, que les élans mystiques laissent indifférent, goûte fort en revanche l'éloquence équilibrée, classique avant la lettre, du plus brillant représentant de la nouvelle Église. Il l'appelle familièrement « mon évêque » et lui laisse entrevoir la possibilité de devenir, dans peu d'années, cardinal.

Voici Richelieu bien introduit maintenant dans les milieux épiscopaux qui constituent l'armature supérieure de l'Église de France. C'est une force, car l'Église, en ce début du XVIIe siècle, ajoute à sa puissance économique et politique traditionnelle un élan spirituel qui fait d'elle un moteur essentiel de l'évolution sociale et culturelle du pays.

Puissant Clergé de France

Le Clergé est l'un des plus grands propriétaires du royaume. Il possède des domaines immenses qu'il exploite directement ou dont il confie la mise en valeur à des fermiers. Aux revenus qu'il en tire s'ajoute le produit de la dîme qui, depuis le IXe siècle, est perçue sur presque toutes les terres.

Les phénomènes sociaux de l'époque touchent aussi le Clergé. Le développement de l'humanisme au XVIe siècle, relayé plus tard par un scepticisme de bon ton, n'a pas épargné les rangs des évêques, des curés, des moines. Trop souvent d'ailleurs les prêtres se montrent indifférents à leurs devoirs de résidence et de prédication, déléguant à plus convaincus ou à plus pauvres qu'eux-mêmes le soin de les assumer à leur place.

En contrepartie de ses revenus, le Clergé a des obligations : la prédication et la défense de la foi, bien sûr, mais aussi l'enseignement. C'est l'Église qui assure l'enseignement élémentaire, donné gratuitement aux enfants du peuple dans les écoles de charité. Cet enseignement comprend l'apprentissage du catéchisme, de la lecture, de l'écriture, pas toujours du calcul. L'Église a abandonné l'enseignement secondaire à des congrégations, les Jésuites et les Oratoriens pour les garçons, bientôt les Ursulines pour les filles. L'enseignement supérieur reste lié à l'Église, mais s'exerce dans le cadre de ces organisations autonomes que sont les Universités.

Par sa puissance matérielle, son rôle de direction spirituelle, le mode de recrutement qui est le sien aux échelons supérieurs, le Clergé est incontestablement un corps politique. C'est l'Église de France qui a permis à Henri IV de devenir vraiment Roi en enregistrant son abjuration et en lui donnant son absolution sans se soucier des réactions du Pape. Elle l'a également aidé matériellement, comme elle avait déjà aidé ses prédécesseurs, puisque sous Charles IX le Clergé avait accepté de payer une partie des dettes de l'État. Le recours à l'aide financière de l'Église devient une pratique de plus en plus courante. Mais pour bien marquer que cette aide n'est nullement une obligation, on lui donne le nom de « don ». Elle ne peut d'ailleurs être décidée que par une Assemblée du Clergé, instance dont les réunions permettent d'adresser en même temps au gouvernement royal des conseils et des recommandations dans les domaines les plus divers. L'Église de France a des opinions sur tout, et pas seulement en matière religieuse : la lutte contre les duels, qui a un aspect moral, mais aussi la diversité des poids et mesures, la vénalité des offices, le système fiscal. C'est tout à fait logiquement que le Clergé siège comme l'un des trois Ordres du royaume, le premier dans la hiérarchie, aussi bien à l'intérieur des États-Généraux que dans les Assemblées de notables que le souverain convoque de temps à autre.

À LA RECONQUÊTE DES ÂMES

Le jeune évêque de Luçon, par son âge et par son zèle, se trouve tout naturellement poussé vers ceux qui, dans l'Église ou à ses côtés, travaillent à lui donner un nouvel élan. Après les coups terribles que lui avait assénés la Réforme protestante, l'Église s'est ressaisie. Les Jésuites, milice combattante du Pape, ont repris en main les Rois et les princes, dont ils sont les confesseurs attitrés. Par l'éducation des fils de l'élite, ils forment de nouvelles générations dont la foi sera plus profonde et plus raisonnée, plus militante aussi. Une extraordinaire floraison de mystiques et de prédicateurs, autour de Madame Acarie, saint François de Sales, sainte Jeanne de Chantal, Bérulle, atteste des progrès de la Contre-Réforme des âmes. Face à la fermentation protestante qui s'enlise dans les querelles théologiques, le catholicisme, que l'on avait cru relégué au placard des vieilles lunes, reprend l'offensive sur tous les fronts.

Le Concile de Trente lui donne la base doctrinale et opérationnelle dont il avait besoin. Certes, les décrets du Concile ne sont pas reconnus comme loi du royaume : traduction de la méfiance encore profonde de l'Église gallicane contre Rome et l'impérialisme pontifical. Mais l'esprit du Concile, malgré tout, progresse, et la nouvelle génération des jeunes évêques qui compte, avec Richelieu, un Camus à Belley, un Frémiet à Dijon, bien d'autres encore, s'en inspire pour la pratique quotidienne du culte comme pour la formation des prêtres.

Rude tâche, car on se fait prêtre aussi facilement qu'on devient soldat. Les formalités sont réduites au minimum. En 1596, pour être ordonné prêtre à Rouen, il suffit d' « avoir entièrement satisfait à rendre le service qui se chante en l'église ». Combien de chanoines qui n'ont pas les ordres et sont, par conséquent, incapables de dire la messe. L'exemple, il est vrai, vient souvent de haut. Henri de Verneuil, fils bâtard d'Henri IV et d'Henriette d'Entragues, est nommé évêque de Metz à l'âge de 6 ans, puis abbé de Saint-Germain-des-Prés ; il ne sera jamais prêtre et se mariera en 1678. François de Sales prend la soutane, devient au bout de trois jours prévôt du chapitre de Saint-Pierre de Genève, un mois après sous-diacre, et six mois plus tard prêtre.

Au bas de l'échelle, l'ignorance des simples curés est effrayante.

Les prescriptions édictées par quelques évêques réformateurs sont édifiantes. Dans telle paroisse, l'archiprêtre, débordé par l'afflux des pénitents au moment de Pâques, organise une confession commune et les absout tous ensemble. Ailleurs, il faut rappeler l'interdiction de s'asseoir sur les autels et de danser dans les cimetières. Combien de prêtres tiennent des cabarets et des tripots pour compléter leurs revenus, portent les armes et s'habillent à la mode. Dans tel diocèse, on recommande aux clercs de ne pas prendre leurs enfants bâtards comme auxiliaires pour le service de la messe. En 1615, Madame de Gondi se confesse à son curé ; elle s'aperçoit qu'il ignore la formule de l'absolution. Un archidiacre de Bourges déclare qu'un grand nombre de prêtres ne connaissent pas un mot de latin, et cite le cas de ce curé qui ne savait pas combien il y avait de natures en Jésus-Christ. Camus, évêque de Belley, dans un roman publié en 1626, *Pétronille*, évoque « à quelles extrémités sont réduits les pauvres curés... Les curés des champs (car ceux de la ville sont un peu mieux agencés, mais ils sont aussi dans les tracas par-dessus la tête) sont logés en des cabanes semblables à la grotte de Bethléem, exposés en tout temps aux injures de l'air, couchés sur la paille et la terre, nourris comme les paysans, sans conversation, sans consolation, beaucoup de peine et point d'onction, mal logés, mal vêtus, mal payés, mal assistés, misérables en leurs églises, en leurs ornements, en leurs demeures, en leurs meubles, en tout ».

Améliorer le recrutement et surtout la formation, telles sont les deux nécessités absolues de l'action de reconquête des âmes. Un nombre croissant d'évêques s'y emploie, avec l'aide de religieux pleins de zèle, les Cordeliers, les Capucins. A Montpellier, fief de la Réforme, l'une des places de sûreté accordées par l'Édit de Nantes aux huguenots, on célèbre, en 1585, 352 baptêmes protestants pour 175 catholiques ; en 1611, le nombre des baptêmes protestants s'est accru de 10 dans l'année, celui des catholiques de 45. La vie catholique est en pleine renaissance tandis que, vers 1615, un pasteur protestant constate que le temple est devenu un lieu « de pure confusion » et observe, mélancolique : « Reste la sainteté... nous l'avons bannie de chez nous et mis la vanité, la mondanité, l'impudicité en place. » La ferveur et l'élan de la foi, décidément, semblent avoir changé de camp.

Un évêque de Cour

Malgré la conscience qu'il a de ses devoirs d'évêque, malgré l'engagement qui est le sien dans les rangs de l'Église catholique, Monsieur de Luçon n'est pas, cependant, quelqu'un qu'on puisse classer parmi les activistes du catholicisme militant. Sa foi paraît plus mesurée qu'émotive. Richelieu pratique avec méthode la religion de ses ancêtres ; évêque de la Sainte-Église, il observe avec exactitude les obligations qu'il a vis-à-vis de Dieu et du peuple des fidèles. Sans plus. Et puisque dans l'Église comme dans la noblesse de France il existe des clans, l'évêque de Luçon choisit de se donner pour protecteur le cardinal du Perron, le plus politique, sans doute, des prélats français de l'époque.

Voilà encore un singulier personnage que ce du Perron, Grand Aumônier de France, fort écouté d'Henri IV. Il ne force pas précisément la sympathie avec ses manières d'arriviste et son sens aigu de l'opportunité. L'homme a commencé sa carrière à la Cour d'Henri III en se signalant par ses poésies licencieuses. Un évêque immoral : quelle aubaine pour les jeunes seigneurs qui entourent Henri III ! L'ascension de du Perron est fulgurante ; il devient évêque, puis cardinal, en un rien de temps. Sa vie privée semble inattaquable, exempte de scandale, en tout cas, mais il se révèle en toute circonstance expert dans l'art d'organiser les compromis, voire les compromissions. Doué d'un véritable génie de la controverse, il sait aussi mettre de l'eau dans son vin. Il se montre mordant lors d'une controverse publique qui l'oppose à l'excellent pasteur protestant Duplessis-Mornay, où la partialité d'Henri IV et les manipulations de textes auxquelles procède le cardinal tournent à la confusion du champion du protestantisme. Le problème épineux de la grâce le fait au contraire réagir en politique ; ayant assisté à diverses reprises aux travaux de la Congrégation de la Grâce où le jeune abbé de Richelieu s'était illustré durant son séjour à Rome, du Perron conseille au Pape de laisser ces travaux s'enliser. Les raisons du cardinal sont toutes simples — et démontrent l'habileté du personnage. Les Jésuites, en effet, s'inquiètent des orientations prises par la Congrégation de la Grâce ; comme directeurs de conscience des grands personnages de ce monde, ils ont besoin d'un système dans lequel l'au-delà puisse récompenser les bonnes actions accomplies sur terre. En se montrant plus sourcilleuse sur les conditions dans lesquelles s'exerce la grâce divine, la Congrégation menace les bases de l'influence des Jésuites, dont les méthodes sont critiquées en termes parfois très vifs. Du Perron n'éprouve aucune sympathie particulière pour les Jésuites, mais il apprécie la force qu'ils représentent, et sait que leur action correspond à un certain état de la société. D'où son attitude. D'où l'insistance déployée auprès du Pape, qui lui donne en définitive gain de cause.

Ainsi Richelieu se rend de plus en plus souvent à la Cour dans le sillage du puissant cardinal. Son maintien modeste ne fait guère illusion. Catalogué comme membre de la coterie de du Perron, il s'attire une réputation d'ambitieux carriériste et de solides inimitiés.

Les protestants ne l'aiment pas beaucoup, malheureusement pour Richelieu, car leur chef de file à la Cour n'est autre que le ministre le plus écouté d'Henri IV, le duc de Sully. A toutes ses qualités, ce dernier joint celle d'être gouverneur du Poitou, c'est-à-dire le représentant du Roi dans une province où la famille de Richelieu possède ses racines et tous ses intérêts ; même l'évêché de Luçon qui relève de lui ! Il faut donc compter avec ce puissant personnage, et Richelieu se désole de constater que toutes les tentatives qu'il fait pour s'insinuer dans la faveur de Sully se heurtent de sa part à des manifestations de réserve, voire d'antipathie.

Il existe un autre clan politico-religieux avec lequel l'évêque de Luçon, malgré des efforts répétés, n'arrive pas à établir de bonnes relations. L'entourage de Marie de Médicis, femme du Roi depuis 1600 et protectrice, à la Cour, de la cause de l'Église militante, ne considère pas Richelieu comme l'un des siens. Le premier responsable en est sans doute Richelieu lui-même. Trop attaché à du Perron, il paraît plus opportuniste qu'animé d'un zèle sincère. Trop sensible à la concentration des pouvoirs sur la tête du Roi, il a pris le souverain comme seul objet de ses ambitions et néglige la Florentine, dont la mollesse et l'indolence font un tel contraste avec la vivacité d'Henri IV. L'année 1608 est une année critique pour le couple royal ; les scènes de ménage se succèdent avec une régularité d'horloge ; l'étoile de la maîtresse en titre, Henriette d'Entragues, a pâli, mais Henri IV n'en devient pas plus fidèle pour autant. Jacqueline de Bueil, comtesse de Moret, et Charlotte des Essarts, se partagent les faveurs du Roi. Henriette la « poutane » alterne avec Jacqueline la « ruffiane ». Marie de Médicis un jour lève le bras sur son mari ; Sully s'interpose : « Vous êtes folle, Madame, c'est le Roi et il peut vous faire couper la tête en une demi-heure s'il le veut. » Marie s'effondre en larmes, accuse Sully de l'avoir frappée. La Cour donne tort à l'épouse trop peu accommodante. Richelieu se convainc sans peine qu'il a tout intérêt à rester prudemment attaché aux basques du Roi, dans l'ombre protectrice de du Perron.

Quelques mois de Cour lui ont maintenant permis de prendre une bonne mesure des ressorts de la réussite. Et une froide analyse de la situation lui démontre qu'une sage gestion de sa carrière risque de pâtir d'une présence prolongée à la Cour. Qu'aurait-il à gagner en restant à Paris ? Devenir cardinal ? Il est trop jeune pour y songer maintenant. Obtenir un poste à l'intérieur de l'équipe gouvernementale ? Mais Henri IV s'est fait une doctrine de n'admettre aucun homme d'Église dans le ministère : les souvenirs de la Ligue sont trop proches et trop vivaces. Parmi ses conseillers, il compte, il est vrai, deux prélats, du Perron, bien sûr, et le cardinal de La Rochefoucauld ; ce sont des personnages importants, dont l'éminente stature barre la route du pouvoir aux ambitions du jeune évêque. Alors, après mûre réflexion, Richelieu prend une décision, à première vue surprenante, et pourtant parfaitement logique. A la fin de 1608, il annonce son intention de rejoindre Luçon.

Adieu, Paris... Bonjour, Luçon

Les contemporains de Richelieu s'étonnent, comme plus tard bon nombre de ses biographes. Quelle subite rage d'humilité le pousse à s'enterrer dans cet évêché minuscule, à plus de cent lieues de Paris, dans une région où le protestantisme fait largement jeu égal avec une pratique catholique hésitante ? Le parfum d'héroïsme qui flotte autour de la résolution de Richelieu n'est pas pour lui déplaire et lui confirme que son calcul est le bon.

Avant de quitter la capitale, Richelieu met ses affaires personnelles en ordre, multiplie les visites pour prendre congé et se recommande à tous ceux qui peuvent le servir. On lui fait promettre de continuer à donner de ses nouvelles régulièrement. Richelieu promet ; il va commencer à Luçon une carrière d'épistolier infatigable. Puis, empruntant à l'un de ses amis, Monsieur de Moussy, un carrosse à quatre chevaux, il se met en route pour son diocèse. Nous sommes en décembre 1608. Le temps exécrable, les grands chemins boueux, rendent le voyage pénible. Mais Monsieur de Luçon a pris le parti de supporter ses malheurs avec philosophie.

Le 11 décembre 1608, Richelieu arrive à Fontenay-le-Comte où une délégation d'habitants de Luçon est venue à sa rencontre afin de le saluer. Pauvres diables dans l'ensemble — artisans peu fortunés, petits bourgeois, quelques laboureurs aussi. Ils sont plutôt mal vêtus et attendent avec méfiance cet évêque que leur envoient les du Plessis de Richelieu, une famille dont le nom n'est guère aimé dans le diocèse à cause de l'interminable conflit qui l'oppose aux chanoines de Luçon. L'habile homme, en quelques phrases, les met dans sa poche. Richelieu choisit le parti de l'humilité : « Si vous me jugez capable de vous servir », leur dit-il, « je m'offre de bon cœur à vous, vous suppliant de croire qu'il n'y a personne au monde de qui vous puissiez vous prévaloir à plus juste titre que de moi. » Tant de simplicité, la chaleur dont il entoure ses propos, lui gagnent les sympathies de la délégation.

Quelques heures plus tard, c'est le tour des chanoines. Le contact est plus rude, on s'en serait douté. « Messieurs, je ne saurais vous faire connaître le contentement que je ressens de recevoir les témoignages de la bienveillance de votre compagnie. Jusqu'ici, je n'ai pu être assez heureux que d'avoir tous les cœurs de ceux qui lui appartiennent. » Qu'en termes galants ces choses-là sont dites ! « J'attribue ce malheur à mon absence et au peu de connaissance que vous avez pu prendre de la bonne volonté que je vous porte. Mais maintenant que je serai avec vous et que je pourrai vous faire paraître combien je vous honore, je me promets que vous me voudrez tous du bien. » Les chanoines, méfiants, prennent acte de ces bonnes intentions, et c'est sans trop se faire prier qu'ils acceptent d'escorter Richelieu de Fontenay-le-Comte à Luçon.

Luçon ! Qui sait ce qu'avait imaginé Richelieu quand, de Paris, sur la route, il cherchait à deviner à quoi pouvait ressembler sa nouvelle résidence. Le siège de l'évêché est un gros bourg de trois mille âmes. La cathédrale elle-même, avec sa flèche renversée, ses lézardes, les statues mutilées de son portail, offre un spectacle de désolation. Les chanoines n'avaient pas tort de demander avec tant d'acrimonie à Madame de Richelieu des fonds pour la remise en état de l'édifice. A l'intérieur, il ne reste plus rien, ni chandeliers, ni tableaux, ni tapisseries, tout juste les autels sur lesquels on célèbre encore la messe pour une poignée de paroissiens. Jouxtant la cathédrale, l'évêché est une grande bâtisse revêche, avec une vague allure d'ouvrage militaire : deux tours de flanquement, quelques créneaux. Il a subi de nombreux sièges, dont les effets sont encore visibles : pierres arrachées, vitres brisées, toiture en miettes ; les jardins défoncés sont envahis par les mauvaises herbes. L'une des premières tâches du nouveau prélat sera de se donner une demeure acceptable : « Je suis extrêmement mal logé car je n'ai aucun lieu où je puisse faire du feu à cause de la fumée », confie-t-il à ses amis parisiens. Mais avant de songer au confort de son existence quotidienne, Richelieu doit se plier aux rites de l'installation dans ses fonctions d'évêque.

Il y trouve d'ailleurs un plaisir certain. Sur le seuil de la cathédrale, le nouvel évêque est d'abord accueilli par le doyen des chanoines, qui lui adresse le traditionnel compliment de bienvenue après lui avoir offert l'encens et l'eau bénite. Monsieur de Luçon, qu'une talonnette avantageuse grandit de quelques précieux centimètres, lui répond. Son allocution, longuement mûrie, est un petit chef-d'œuvre : « Messieurs, j'ai toujours infiniment estimé une loi que les anciens appelaient amnistie d'oubliance. Elle se pratiquait à la fin des guerres civiles pour convier les peuples qui avaient été animés les uns contre les autres à perdre la mémoire de tout ce qui s'était passé. Cette sainte loi doit être reçue parmi nous. Je vous exhorte, autant qu'il est possible, à l'embrasser. Pour moi, bien que je ne puisse ignorer qu'il y en a eu dans cette compagnie qui m'aient été fort contraires, même depuis le temps qu'il a plu à Dieu de me rendre votre chef, je proteste que je n'en aurai aucun ressentiment. » Richelieu jouerait-il les Henri IV au petit pied ? On croirait entendre le Bon Roi offrant son pardon aux Ligueurs ! Mais, comme lui, l'évêque de Luçon veut être assuré d'un esprit d'irénisme sans faille : « Cela vous doit convier à faire de même, si vous avez quelques différends entre vous, afin qu'avec le temps, on puisse dire de vous ce que l'on disait en l'église naissante de tous les chrétiens : *eorum cor unum et anima una.* »

Revêtu de la mitre et crosse en main, l'évêque, maintenant, s'assied sur le trône dressé à son intention dans le chœur. Il y reçoit les promesses d'obéissance du clergé. Se relevant ensuite, il prête serment, la main sur l'Évangile : « Moi, Armand-Jean du Plessis de Richelieu, évêque de l'église cathédrale de Luçon, je jure et promets fidélité à cette église mon épouse. Je promets en outre de ne révéler à personne les secrets du chapitre. Je défendrai de tout mon pouvoir les biens et les libertés de mon diocèse. Que Dieu me vienne en aide et ses saints évangiles. Ainsi soit-il. »

Richelieu se tourne alors vers le peuple des fidèles. Ils sont là 300 à 400, frileusement pressés les uns contre les autres dans la grande nef glacée. « Messieurs, venant pour vivre avec vous et faire ma demeure ordinaire en ce lieu, il n'y a rien qui me puisse être plus agréable que de lire en vos visages et de reconnaître par vos paroles que vous en ressentez de la joie. Je vous remercie du témoignage que vous me rendez en votre bonne volonté, que je tâcherai de mériter par toutes sortes de bons offices, n'y ayant rien que j'aie en plus grande affection que de pouvoir être utile à tous, en général et en particulier. » Gageons que ces belles paroles, qui sentent l'évêque de Cour et la rhétorique de collège, passent largement au-dessus de la tête des pauvres paroissiens de Luçon. Qu'importe : c'est à ses amis parisiens que Richelieu s'adresse en réalité. C'est pour eux qu'il conclut son allocution par quelques phrases destinées à ceux qui ne sont pas là, c'est-à-dire aux protestants, si nombreux dans le pays de Luçon : « Je sais qu'il y en a ici qui sont désunis d'avec nous quant à la croyance. Je souhaite en revanche que nous soyons unis d'affection. Je ferai tout ce qui me sera possible pour avoir ce dessein, qui leur sera utile aussi bien qu'à nous et agréable au Roi à qui nous devons tous chercher à complaire. » Quelle habileté dans ce propos si simple d'apparence ! Pour lui donner le retentissement qu'il mérite, Richelieu fait imprimer son discours. Pourvu qu'il parvienne entre les mains du Roi : Henri IV ne pourra qu'apprécier cet appel à la tolérance et à la réconciliation entre les Français, d'autant plus remarquable qu'il émane d'un évêque, donc d'un homme a priori partisan. Déjà, Richelieu parle en politique plus qu'en prince de l'Église. Un signe que n'auront garde d'oublier ceux qui dès cette époque le suspectent de tiédeur.

Dans ce coin de Poitou dont les plaies sont encore vives, les propos apaisants du nouvel évêque de Luçon trouvent-ils un écho favorable ? Après tant d'années d'affrontement, la région aspire au calme, mais elle n'en prend pas le chemin. Les antagonismes religieux sont toujours vivaces, en effet, et se doublent fréquemment d'antagonismes sociaux exacerbés. Bien souvent, ce sont les bourgeois et les artisans qui ont embrassé la cause du protestantisme tandis que les fermiers, les métayers, les ouvriers agricoles restaient dans l'ensemble fidèles à la religion catholique, avec le petit peuple de la robe dont beaucoup de membres ont rejoint les rangs de la Ligue. Monde divisé, où les passions ont la vie dure. Au soir du XXe siècle, le souvenir de Richelieu reste détesté par les catholiques du pays de Luçon qui gardent au plus profond d'eux-mêmes l'image d'un traître à la cause romaine, d'un défenseur et allié des protestants. Quel singulier paradoxe, quand on songe que le cardinal de Richelieu, pour l'immense majorité des petits Français, restera éternellement le « cardinal de La Rochelle », l'impitoyable pourfendeur du parti protestant ! Quarante kilomètres séparent La Rochelle de Luçon. De ces deux images si contrastées, laquelle est la plus vraie ? A y regarder de près, aucune, ou plutôt si, les deux. Dans la petite allocution de 1608 aux paroissiens de Luçon, chaque mot compte. « Désunis quant à la croyance », les Français le sont ; il faut donc en prendre acte. Tolérance. Soyons, en revanche, « unis d'affection » pour « complaire au Roi » ; unité de la patrie et principe monarchique ; guerre aux divisions partisanes, qu'elles soient le fait des protestants, des Parlements ou des nobles. Discipline. Toute la politique menée demain par le cardinal-ministre s'inscrit là, déjà, en filigrane. Peu d'hommes, en définitive, auront été aussi fidèles à eux-mêmes que Richelieu. Preuve, s'il en est, que son comportement doit sans doute beaucoup moins au calcul qu'à un tempérament profondément enraciné.

Le gentilhomme et l'évêché le plus crotté de France

A quoi ressemble-t-il, cet évêque de 23 ans qui prend possession avec tant d'assurance du diocèse de Luçon ? Nous commençons à bien le connaître, grâce aux descriptions laissées par ses contemporains, aux dessins, aux estampes qui, peu d'années après, vont rendre le personnage familier aux Français. L'homme est petit, sans être minuscule. Mince et sec, on le sent nerveux. Tout le monde note qu'il monte parfaitement à cheval et qu'il tient la crosse épiscopale comme d'autres l'épée. Il a l'air raide et impatient, autoritaire aussi, et son exquise politesse paraît un tantinet affectée. La figure est fine et bien dessinée, le front haut et très découvert, les sourcils minces. Les yeux gris sont vifs et pénétrants, mais Richelieu en dissimule le plus souvent l'éclat sous des paupières qu'il tient baissées d'un air très ecclésiastique. Le nez légèrement busqué est fort, la bouche fière avec des lèvres très mobiles. Richelieu prélat n'a pu se résoudre à couper sa moustache qui rappelle qu'il fut gentilhomme. La chevelure épaisse et soigneusement bouclée contribue elle aussi à lui donner une petite allure martiale.

Et c'est cet homme élégant, habitué au confort de la vie parisienne, indulgent au luxe de la Cour, qui débarque pour s'y installer à demeure dans le triste logis épiscopal de Luçon. « Je puis vous assurer que j'ai le plus vilain évêché de France, le plus crotté et le plus désagréable. Je vous laisse à penser quel est l'évêque. Il n'y a ici pour se promener ni jardin ni allée, ni quoi que ce soit, de sorte que j'ai ma maison pour prison. » De cette prison, Richelieu va s'efforcer de faire une résidence convenable. Il se choisit quelques domestiques, un mobilier assez riche et de la vaisselle plate. Une mystérieuse correspondante à Paris, Madame de Bourges, est la confidente des efforts qu'il fait pour tenir son rang. Madame de Bourges, à l'occasion, ne dédaigne pas de l'aider de quelques secours matériels ; il les accepte d'autant plus volontiers qu'il a l'art de les solliciter sans qu'il y paraisse. « Je suis gueux comme vous le savez », lui écrit-il, « mais toutefois lorsque j'aurai plein d'argent, ma noblesse en sera fort relevée. » Grâce à la généreuse donatrice, Monsieur de Luçon peut mesurer quelques semaines plus tard le chemin parcouru : « On me prend pour un grand seigneur dans le pays. » Que l'apparente ironie du propos ne nous égare pas : Richelieu tient beaucoup aux prérogatives qui font de lui le second personnage de la province après le gouverneur du Poitou. Il a droit, d'ailleurs, au titre de baron de Luçon et l'emploie volontiers.

Un si grand seigneur ne saurait se laisser engluer dans la guerre picrocholine qui oppose les chanoines de Luçon à la famille de Richelieu. Car « l'affaire » n'est toujours pas réglée. Richelieu procède à une étude minutieuse, très juridique, du dossier. Le sang des ancêtres maternels, ces de La Porte, juristes au Parlement de Paris, bouillonne dans ses veines. Chaque virgule est soupesée, scrutée, évaluée. Au bout de quelques mois d'examen, Richelieu se rend à l'évidence : il faut transiger. Par contrat, le 4 juin 1609, il s'engage à verser le tiers des sommes nécessaires aux travaux de réparation de la cathédrale. Mais il tient à souligner dans l'acte qu'en procédant ainsi, il n'entend faire abandon d'aucun de ses droits, uniquement mû par l'esprit de conciliation, « dans le seul but de nourrir paix, union, concorde et amitié ».

Il était grand temps de réparer la cathédrale et, à partir de là, de commencer à reconstruire l'évêché de Luçon. Celui-ci, qui comptait 420 cures, 48 prieurés, 13 abbayes, 7 chapitres, 357 chapelles et 10 maladreries, était bien l'un des plus petits et des plus déshérités du royaume. Il faut d'abord rebâtir le clergé lui-même. Richelieu n'a garde d'oublier les leçons de son passage à Rome, l'importance accordée aux décisions du Concile de Trente dans les milieux catholiques militants qu'il a fréquentés pendant toute l'année précédente à Paris. Le Concile recommandait aux évêques de tenir chaque année une assemblée générale du Clergé — ce que l'on appelle une assemblée synodale. Recommandation pratiquement jamais suivie d'effet. Richelieu décide de tenir une synodale à Luçon. Deux abbés, l'abbé d'Angles et l'abbé de Talmont, négligent de répondre à sa convocation. Richelieu fait constater leur carence et inflige à chacun une amende de 120 livres.

Monsieur de Luçon n'aime pas que l'on se moque de lui. Il diffuse au lendemain de l'assemblée une série d'ordonnances destinées à rappeler le clergé à ses devoirs : « Désirant de tout notre pouvoir régler et policer notre diocèse au mieux que se faire peut, pour la gloire de Dieu et l'édification de tous, et obvier aux désordres qui s'y seraient ci-devant glissés quant à la discipline ecclésiastique, nous avons fait statuer et publier les règlements qui s'ensuivent, lesquels nous désirons être inviolablement observés sous les peines portées ci-dessous. »

Quels sont ces règlements ? Tout d'abord, ne pas fréquenter les foires, faire du commerce et jouer aux cartes ou autres jeux de hasard. Cela, à peine de 10 livres d'amende.

On rappelle aussi aux clercs qu'ils ont l'obligation de porter la tonsure et d'user de vêtements convenables et décents.

Tous les prêtres, diacres et sous-diacres devront réciter chaque jour le bréviaire. Au cas où celui du Poitou leur paraîtrait trop volumineux, ils pourront se servir de celui du Concile de Trente, plus facile à transporter.

Les clercs doivent observer avec le plus grand respect l'administration des sacrements, et il leur appartient de se conformer strictement à la liturgie de la messe.

Interdiction pour tous les ecclésiastiques de remplir des emplois « bas et déshonorants et de comparaître devant des juges laïcs ». En cas d'infraction, la sanction est automatique : c'est la suspension immédiate.

Les messes doivent être célébrées à des heures commodes pour le peuple. Mais pendant les offices, il faut veiller à ce que tavernes et cabarets restent fermés.

Les fiançailles se célébreront avant le coucher du soleil, aux portes des églises.

Tous les dimanches, les curés devront donner une leçon de catéchisme et réciteront avec l'assistance la prière dominicale, le symbole des apôtres et les commandements de Dieu. Une recommandation de Richelieu, qui prend une résonance très moderniste : ces récitations seront faites en langue vulgaire, c'est-à-dire en français et non plus en latin, afin que tous, même les moins instruits, puissent les apprendre et les retenir.

Il faut exhorter les fidèles à communier le premier dimanche de chaque mois ou, au moins, à l'occasion des quatre grandes fêtes de l'année.

Gare aux superstitions, si répandues à la campagne ! L'évêque menace d'excommunier tous ceux qui font profession de guérir les fièvres et autres maladies par le moyen de brevets, billets, écritures, ou paroles incantatoires.

Enfin, Richelieu rappelle qu'il faut respecter les fêtes chômées, au nombre d'une cinquantaine dans l'année.

Dans ces ordonnances comme dans l'action de tous les jours, Richelieu révèle sa nature : esprit minutieux, appliqué à ne laisser échapper aucun détail, mais avant toute chose soucieux d'imposer son autorité. L'un de ses vicaires généraux se brouille avec un collègue et offre sa démission dans des termes dont le ton déplaît à Richelieu. L'évêque de Luçon réagit aussitôt : « Monsieur, j'ai vu la lettre que vous m'écrivez touchant les différends qui sont entre vous et le sieur de La Coussaye. Je ne puis faire que de les blâmer, désirant que ceux qui manient les affaires de ma charge vivent paisiblement les uns avec les autres. Vous êtes tous deux mes grands vicaires, et comme tels, vous ne devez avoir d'autres desseins que de faire passer toutes choses à mon contentement, pourvu que ce soit à la gloire de Dieu. » C'est le maître qui parle. Son vicaire général s'est conduit comme un gamin ; il mérite une correction. L'évêque la lui inflige sans douceur :

« Il semble que vous étiez en mauvaise humeur quand vous avez pris la plume. Pour moi, j'aime tant mes amis que je ne désire connaître que leurs bonnes humeurs et il me semble qu'ils ne devraient point en faire paraître d'autres. Si une mouche vous a piqué, vous deviez la tuer et non tâcher d'en faire sentir l'aiguillon à ceux qui se sont jusqu'ici garantis des piqûres. Je sais, Dieu merci, me gouverner et sais davantage comme ceux qui sont sous moi se doivent gouverner. Je trouve bon que vous m'avertissiez des désordres qui sont dans mon diocèse, mais il est besoin de le faire plus froidement. Je vous écris cette lettre non en l'humeur que vous étiez quand vous m'écrivîtes, mais je ne laisse pas de rendre mon style conforme au vôtre pour vous complaire. J'ai recherché les occasions de vous témoigner ma bonne volonté ; je crois que vous reconnaissez en avoir reçu les témoignages. Vous le devez croire encore, puisque je vous assure que je suis, Votre bien affectionné à vous servir, Armand, évêque de Luçon. »

Que Monsieur le vicaire général n'y revienne plus, ou sinon... Et dire que Monsieur le vicaire général a deux fois l'âge de son blanc-bec d'évêque !

Quand il a quelques loisirs, enfin, Richelieu dirige la composition d'un petit manuel, l'*Instruction du chrétien,* qui se propose de mettre les vérités de la foi à la portée de tous, mais surtout des plus humbles. Le livre ne sera terminé et publié qu'en 1618.

Sur le terrain

Monsieur de Luçon ne se borne pas à rédiger des ordonnances ou à prendre la plume pour régler des conflits domestiques. Il est sans cesse sur le terrain. Que ce soit pour inspecter le clergé, stimuler son zèle ou évaluer les dommages subis par l'Église, Richelieu veut tout voir et tout connaître afin d'agir efficacement. Les visites pastorales — c'est ainsi qu'on dénomme les visites effectuées par un évêque auprès de ses curés — se multiplient. Richelieu leur donne la plus large publicité. Voici comment il annonce l'une d'entre elles :

« Armand du Plessis de Richelieu, par la permission divine évêque et baron de Luçon, à nos chers et bien-aimés diocésains, salut et bénédiction.

« Depuis qu'il a plu à Dieu de nous appeler au gouvernement des âmes en ce diocèse, nous avons estimé qu'une des premières et principales choses qu'il nous convenait de faire était de reconnaître et voir à l'œil les misères et les désolations que les malheurs des guerres passées, les hérésies et l'absence de prélats [faut-il voir là une sorte de *mea culpa* pour le compte et au nom de la famille de Richelieu ?] y ont causées, afin qu'ayant appris par nous-mêmes les désordres qui y ont pris pied, nous ayons plus de moyens d'apporter les remèdes nécessaires pour tâcher d'établir l'intégrité des mœurs suivant l'ancienne discipline de l'Église parmi notre clergé, et remettre la vraie piété et dévotion, crainte et amour de Dieu dans le cœur du peuple qui nous est commis. »

Dans l'esprit de l'évêque, une visite pastorale n'est pas un événement banal, une simple tournée d'inspection. Toute la population doit y être associée, et c'est le devoir des prêtres d'y préparer les fidèles en organisant à cette occasion prédications et séances de prières : « Nous avons jugé que pour rendre notre travail plus utile, et de plus grand fruit au salut et édification des âmes, il était expédient de vous exhorter, comme nos chères et bien-aimées ouailles, à vous préparer par prières ardentes et œuvres charitables pour attirer sur nous les divines grâces. C'est pourquoi nous avertissons et exhortons tous nos diocésains de se disposer pour recevoir l'instruction et la consolation des confesseurs que nous avons exprès choisis comme personnes pieuses et capables de les remettre au vrai chemin du salut et aussi pour recevoir de notre main le sacrement de confirmation, lequel ayant été institué par Notre-Seigneur Jésus-Christ et continuellement pratiqué dans l'Église catholique depuis le siècle des apôtres, nul ne peut négliger sans offenser Dieu. »

La qualité de son clergé préoccupait beaucoup Richelieu. Il s'efforce de choisir les nouveaux prêtres avec soin. Il ne peut se permettre d'ignorer les recommandations et sollicitations dont il est l'objet, pour certaines nominations, de la part des puissants châtelains du coin ; mais même dans ce cas, il se renseigne de façon aussi précise que possible sur les qualités et les défauts de chacun, afin de lui donner le poste le plus conforme à ses capacités. Il va plus loin, et l'évêque de Luçon se trouve être l'un des premiers, dans le royaume de France, à préparer la fondation d'un séminaire.

L'idée d'un établissement spécialisé pour la formation des prêtres paraît tellement normale aujourd'hui que l'on a peine à imaginer la révolution qu'a pu être, au début du XVIIe siècle, la mise en place progressive d'écoles de prêtres. Le concept de séminaire vient d'Italie où un Florentin, Philippe de Néri, qui devait être canonisé en 1622, avait fondé une institution spécialisée, appelée l'Oratoire. Marie de Médicis joue un rôle dans la diffusion, en France, de ses idées : un proche de son entourage, Pierre de Bérulle, introducteur des Carmélites dans le royaume, s'attelle à la tâche. Dès 1608, il vit en communauté avec quelques prêtres ; il obtiendra en 1611 l'autorisation pontificale pour la fondation de l'œuvre de l'Oratoire qui, de Paris, va bientôt rayonner dans toute la France. Richelieu, lui, n'attend pas et, dès 1609, achète de ses propres deniers une maison voisine de la cathédrale pour y installer les professeurs et les candidats à l'état ecclésiastique.

Il s'agit cependant d'une action de longue haleine, et Monsieur de Luçon, pour pallier la carence de son clergé, doit faire appel à des concours venus du dehors. Il manifeste une prédilection particulière pour les Capucins, actifs et bien acceptés par la population. Mais ceux-ci ne sont pas assez nombreux pour satisfaire à toutes les demandes. C'est seulement à partir de 1617 que les missions de Capucins deviendront systématiques : en dix ans, elles mettront à leur actif plus de 50 000 confessions dans le pays vendéen et charentais.

Le prêche à Luçon

Finalement, c'est encore sur l'évêque lui-même que retombe l'essentiel de l'effort de prédication nécessaire. Il n'a pas oublié les succès flatteurs remportés lors du Carême 1608 à Paris. Certes, le cadre offert par Luçon ne saurait se mesurer à celui de la paroisse royale de Saint-Germain l'Auxerrois, mais monseigneur de Richelieu ne juge pas indigne de son talent d'en faire briller les mille facettes aux yeux éblouis des braves gens de Luçon. Et puis, même du fin fond de la province, l'écho des prestigieux sermons d'Armand du Plessis de Richelieu parvenait jusqu'à Paris, grâce au soin que prenait leur auteur d'en envoyer copie à ses bons amis de la capitale. L'humilité chrétienne n'y trouve peut-être pas son compte, mais nous pouvons ainsi goûter, aujourd'hui encore, la rhétorique parfaite de Richelieu, à peine ternie par le style un peu ampoulé de ses débuts (et de son époque) dont il se débarrassera progressivement au fil des années. A titre d'échantillon, voici quelques morceaux choisis du sermon prononcé le jour de Noël 1609 :

« *Verbum caro factum est.* Nous lisons dans le texte de notre Évangile que lorsque l'ange annonça la naissance de Jésus-Christ, les pasteurs furent les premiers auxquels il s'adressa et connurent cette sainte nouvelle pour l'aller épandre dans le monde.

« J'ai cru, peuple catholique, que la divine Providence qui conduit toutes choses avec une sagesse infinie, en avait ainsi usé pour nous apprendre que c'est particulièrement à ceux que Dieu a établis pasteurs de son Église à qui il appartient de faire entendre que le Fils de Dieu est venu au monde *voilé* de notre humanité pour nous ôter le *voile* du passé, et qu'il est *sorti* du sein d'une Vierge pour nous faire *sortir* de nos misères. »

Après ce début singulier, le ton s'élève, et atteint à une indéniable grandeur :

« Dieu par sa bonté a tellement favorisé les armes de notre Roi qu'apaisant les troubles, il a mis fin aux misères de son État. Nous ne voyons plus la France armée contre soi-même épancher le sang de ses propres enfants. La paix est dans ce royaume, mais ce n'est point assez pour inviter le doux Jésus à venir faire sa demeure parmi nous. Il faut qu'elle soit en nos villes, en nos maisons, et principalement en nos cœurs.

« La paix publique s'entretient par l'obéissance que les sujets doivent et rendent à leur prince, se conformant entièrement à sa volonté en ce qui est du bien de l'État.

« La paix se maintient aux villes lorsque les personnes privées se maintiennent modestement dans le respect qu'elles doivent aux lois et ordonnances de ceux qui ont autorité.

« La paix est aux maisons quand ceux qui demeurent ensemble vivent sans envie, sans querelle, sans inimitié les uns contre les autres.

« La paix est en nos cœurs lorsque la raison commande comme Reine et maîtresse, que la partie inférieure qui contient le peuple séditieux de nos appétits obéit, et que toutes deux se soumettent à la raison éternelle, de laquelle la nôtre emprunte ce qu'elle a de lumière.

« Pour moi, je proteste que j'emploierai si peu que j'aie d'esprit, si peu que j'aie de force pour maintenir cette union d'où dépend notre conservation. Je vous conjure d'en faire autant. Je vous conjure de me seconder en ces saintes intentions. Le Tout-Puissant bénira nos desseins, si nous l'en supplions avec ferveur.

« Seigneur mon Dieu, toute cette assemblée se prosterne à vos pieds pour vous supplier humblement de vouloir lui donner la paix, la paix en son âme, la paix avec son prochain, la paix avec vous. Elle dresse ses yeux vers Votre Majesté, elle implore votre aide, sachant que vous êtes le père de la paix, sachant que vous êtes celui qui la donne, celui qui la maintient, et celui qui l'augmente. Mon Dieu, regardez cette troupe de votre œil de pitié et daignez exaucer ses prières. »

Un pays durement éprouvé

Tout absorbé qu'il fût par ses tâches spirituelles, l'évêque de Luçon n'oubliait pas, cependant, qu'il était aussi le pasteur d'un petit peuple fort éprouvé. Les guerres de Religion, on l'a dit, avaient perturbé la culture normale des terres, et bien des familles de paysans s'étaient dispersées à tout jamais sous l'effet des rapines incessantes.

Au demeurant, le pays n'est pas très riche. Il comprend une partie de marais extrêmement étendue, où la culture n'est possible que de façon intermittente. La seule ressource commercialisable est le sel, dont fait profession une petite frange de population, volontiers contrebandière à ses heures. Ailleurs domine un paysage de bocage, terrains mollement ondulés, découpés par des haies et des bouquets d'arbres. La terre, souvent lourde, épaisse, est difficile à remuer avec les instruments rudimentaires de l'époque. Les charrues sont rares, et plus rares encore les animaux de trait ; le bétail est toujours la première victime des ravages des gens de guerre. Le reste du diocèse est un pays de campagne — on dit aussi de champagne, c'est-à-dire de paysages découverts. La terre y est plus légère, souvent de sable et de calcaire mêlés. Ce n'est pas la plus riche, mais elle est plus facile à travailler, car l'araire y suffit, auquel s'attellent hommes et femmes. Dans les bonnes années, les rendements atteignent trois ou quatre fois le volume de la semence. C'est bien peu, si l'on songe qu'une année sur deux la terre reste en jachère.

Les paysans sont en général de pauvres hères souvent obligés de travailler comme ouvriers agricoles sur les terres d'un seigneur ou d'un riche fermier. Ils ne sont pas tous logés à la même enseigne, cependant, car déjà se distingue une catégorie de « gros », agriculteurs aisés que l'on appelle en Angoumois des « laboureurs à bœuf », disposant d'un petit capital de charrues, de matériel agricole, et surtout de bétail, qui leur permet de procéder à des labours réguliers et profonds. Ils emploient, occasionnellement d'abord, puis plus durablement, des paysans moins fortunés, « laboureurs à bras » ou plus simplement « brassiers ». Quand on manque de semences, ou quand la soudure tarde, les laboureurs aisés deviennent les banquiers des petits paysans. De banquiers, d'ailleurs, ils deviennent facilement usuriers, exigeant d'énormes intérêts. Heureux les débiteurs qui parviennent à se dégager. Bientôt c'est la saisie ; maisons et lopins viennent arrondir le patrimoine du laboureur. Le paysan sans terre n'a d'autre issue que de se proposer comme ouvrier agricole. Aussi longtemps qu'il trouve à s'employer sur place, il reste. Mais un jour le travail manque. Il n'a plus qu'à se faire vagabond, à tenter sa chance dans une autre province, ou s'enrôler s'il le peut dans les soldats du Roi. En désespoir de cause, il ira grossir une bande de maraudeurs ou de pillards, promis aux galères ou, au mieux, à la semi-captivité de l'hôpital général.

Agitation fiscale dans le Centre-Ouest

Les guerres sont comme les grandes catastrophes : elles font partie de l'ordre naturel. Ce que le monde des provinces n'a pas encore assimilé, en revanche, c'est la fatalité nouvelle de l'impôt. Or la paix, à cet égard, est bien plus redoutable que les périodes d'insécurité, car elle permet le retour des collecteurs d'impôts qui s'abattent sur le pays avec d'autant plus d'ardeur que le Trésor royal est à sec. Depuis qu'il est devenu surintendant des Finances, Sully consacre une bonne part de ses efforts à l'assainissement des finances publiques. Louable perspective dans son principe mais qui signifie en pratique que la pression fiscale va nécessairement s'accroître. La taille n'est pas la cible principale de Sully, au contraire : impôt roturier par excellence, qui ne touche ni les nobles ni les clercs, elle pèse essentiellement sur le peuple des campagnes qu'Henri IV et son ministre ont à cœur de soulager. La taille ne sera donc pas augmentée durant le règne du Bon Roi. Par conséquent, tout accroissement des recettes fiscales de la monarchie passe par un alourdissement des impôts indirects. Ainsi la parenthèse de la Ligue se referme à peine qu'une nouvelle forme d'agitation, à base fiscale cette fois, fait son apparition dans les pays du Centre-Ouest. Quand Richelieu arrive à Luçon, il y a déjà douze ans qu'elle dure, douze ans de violences et de révoltes sporadiques, sur fond de tracasseries et de misères individuelles.

En 1596-1597, Henri IV envisage de soumettre à la gabelle les provinces de Saintonge, d'Aunis et du Poitou qui en étaient jusque-là exemptes. Le souvenir des soulèvements qui ont fait échouer les tentatives précédentes de François Ier et d'Henri II le fait reculer. Il renonce d'autant plus volontiers à son projet qu'il existe bien d'autres moyens pour arriver au même résultat, c'est-à-dire faire rentrer de l'argent dans les caisses de l'État. Il suffit, par exemple, de demander à une ville d'entretenir une garnison royale. Une municipalité avisée écartera cette éventualité en consentant « spontanément » quelque opportune contribution au Trésor royal. C'est ce que fait par exemple la ville de La Rochelle. Celle de Poitiers, moins adroite, voit mettre à sa charge l'entretien du Collège de Jésuites que le Roi avait pourtant promis de supporter sur sa cassette. Mais le fleuron de la fiscalité indirecte est la pancarte, impôt d'un sou par livre, établi sur toutes les marchandises à l'entrée des villes closes de murs.

Lorsque le Conseiller d'État Damours arrive en mai 1601 à Poitiers pour mettre en place cette nouvelle taxe, l'émeute éclate, et l'envoyé du Roi doit prendre la fuite. Henri IV supprime la pancarte en échange d'une subvention extraordinaire consentie avec empressement par les autorités locales. Il se rend ensuite à Poitiers, à la fois pour réaffirmer l'autorité royale dans la région, témoigner sa sollicitude à l'égard de la ville, et resserrer des liens de fidélité quelque peu distendus. Tenant compte de la très forte implantation du protestantisme dans la région, il nommera en 1603 Sully gouverneur du Poitou et lieutenant général du Roi à La Rochelle. Le 2 juillet 1604, la Mecque du protestantisme réserve au ministre d'Henri IV une grandiose réception, digne d'un souverain.

Sully inaugure ses nouvelles fonctions en rétablissant d'une poigne vigoureuse la loi et l'ordre dans la région. La pancarte avait bon dos. Malgré sa suppression, des bandes de brigands, depuis 1601, écumaient tout le Bas-Poitou jusqu'aux confins de la Bretagne, au nom de la lutte contre l'oppression fiscale. Elles s'étaient donné un chef suprême en la personne du capitaine Guillery, ancien officier des armées royales. Le repaire des hors-la-loi, situé aux Essarts, aux limites de la province, est protégé par de puissantes fortifications qui le rendent imprenable par les forces de police ordinaires. Guillery semblait ainsi jouir d'une impunité totale. Aucune route n'était plus sûre dans toute l'étendue du Poitou et l'on voyait fleurir de-ci, de-là sur les arbres la devise du capitaine Guillery : « Paix aux gentilshommes, la mort aux prévôts et archers, la bourse aux marchands. »

Sully ne mobilise pas moins de 4 500 hommes pour donner l'assaut au fortin des Essarts. Plusieurs dizaines de brigands, arrêtés et prestement jugés, sont conduits sous bonne escorte dans les principales villes qui avaient tremblé devant leurs méfaits, et solennellement exécutés en public. Guillery réussit à s'enfuir. On découvrira plus tard qu'il s'était échappé en Gascogne, où il menait une existence paisible. Reconnu par l'une de ses anciennes victimes, un marchand, il est arrêté, transféré à La Rochelle et exécuté le 4 décembre 1608.

Des îlots de prospérité

La sécurité revenue, Sully fait restaurer les routes, percer des chemins, construire des ponts. Le meilleur remède contre le désordre consiste à ramener la prospérité. Étonnant ministre que nous avons vu inventer la politique des infrastructures, le contrôle des financiers sur les techniciens, le régime des marchés de l'État, et qui nous donne, dans son gouvernement du Poitou, une leçon d'aménagement du territoire.

Sully s'attaque à la mise en valeur du Marais Poitevin. Le marais avait beaucoup souffert des guerres de Religion. Les canaux, délaissés, étaient envasés ou envahis par les herbes. La plupart des maisons avaient été incendiées, les barques avaient disparu, et la population avait déserté cette région, redevenue infertile et malsaine. En 1599, Henri IV nomme comme Maître des digues du royaume un ingénieur du Brabant, Humphrey Bradley, avec mission de convertir la totalité des marais de France « en labours, prairies ou herbages ». Bradley se heurtait à de multiples difficultés. Il manquait d'argent, et la plupart des propriétaires s'opposaient aux travaux qu'il prétendait entreprendre. Sully finit par obtenir d'Henri IV qu'il accepte la mise sur pied d'une « Association pour le dessèchement des marais et lacs de France » dont les douze plus forts actionnaires seraient anoblis. Bradley embauche des familles originaires des Flandres, de Hollande, de la Frise, qui se mettent promptement au travail. Les canaux sont creusés et entretenus avec soin, la culture reprend possession des terres maintenant bien drainées. Des maisons proprettes s'édifient, aux murs blanchis à la chaux, dont les sols soigneusement carrelés sont régulièrement lavés à grande eau. La région de Rochefort, où cette colonisation est la plus dense, reçoit le nom de « Petite Flandre ».

Le commerce maritime refleurit. La Rochelle, Brouage, Marans, sont les ports les plus actifs. De là partent les toiles de la région, et le vin, dont la production se développe considérablement. Le marché du vin est aux mains des Hollandais. Ils forment de véritables syndicats qui contrôlent la production en achetant aux vignerons leur récolte plusieurs années à l'avance. Quand le débiteur s'avère incapable de s'acquitter de ses obligations, ses vignes passent entre les mains des négociants hollandais, qui consolident ainsi leur puissance.

Les gens de la région ne renoncent pas pour autant à jouer aussi un rôle actif chez les autres. Des marchands rochelais possèdent des comptoirs importants en Hollande et en Angleterre. Mais l'Amérique, surtout, fascine les Saintongeais. Samuel Champlain, natif de Brouage, capitaine de la marine royale et géographe du Roi, remonte en 1603 le Saint-Laurent. En 1604, Pierre du Gua de Monts, originaire de la région de Royan, abandonne ses fonctions, trop monotones sans doute, de gouverneur de la petite ville de Pons, pour se rendre en Acadie comme lieutenant général du Roi. Il s'est fait concéder pour dix ans le monopole des échanges entre la France et cette lointaine région canadienne. C'est toute l'aide que Sully lui accorde. Libéral avant la lettre, le ministre considère que l'initiative des explorateurs saintongeais doit trouver sa rétribution dans les revenus du commerce et non dans l'octroi de subventions. La méthode a peut-être du bon, car Champlain et Pierre du Gua de Monts poursuivent leurs explorations, étendant l'influence et la présence de la France sur des territoires de plus en plus vastes. En 1609, ils fondent ensemble la ville de Québec, sur le Saint-Laurent, à la limite des rapides qui, plus en amont, interdisent aux gros vaisseaux de mer de remonter davantage à l'intérieur des terres.

L'ÉVÊQUE ET LES COLLECTEURS D'IMPÔTS

La prospérité de quelques-uns ne rend cependant pas les exactions des collecteurs d'impôts plus douces aux malheureux qui ont à les supporter. Or, il semble que le mal soit endémique, et une bonne partie de l'activité de Richelieu passe en interventions contre les agents du fisc.

Le plus souvent, il s'agit de demander un dégrèvement ou de solliciter des délais de paiement. L'évêque fait une rapide enquête pour s'assurer du bien-fondé de la demande, puis s'adresse au puissant gouverneur du Poitou. Celui-ci ne répond pas tout de suite. L'évêque insiste. Sa lettre s'est peut-être perdue, on ne l'a pas remise à son destinataire, celui-ci l'a lue un peu vite et un élément important lui aura échappé. Inlassable, insinuant, mais tenace, Monsieur de Luçon, quand il s'agit d'intercéder pour le bien de ses ouailles. Et même si Sully, de son côté, doit pester dans son for intérieur contre ce diable de Richelieu, il finit en général par céder à la longue, et lui donne satisfaction. Alors, il reçoit de nouvelles lettres, dont Richelieu l'accable pour le remercier et l'assurer de sa reconnaissance éternelle.

Il en fait souvent trop, d'ailleurs, Armand du Plessis, baron de Luçon. Une lettre parmi tant d'autres, avec sa surabondance de compliments et d'éloges, trahit cette tendance permanente à l'excès qui semble constituer comme une seconde nature chez Richelieu, et contribue à renforcer l'image déjà bien établie d'un maître ès hypocrisie : « Monsieur, si j'avais autant de moyens de vous servir, comme j'ai occasion de vous importuner, je vous rendrais la preuve de mon affection et de mon devoir avec autant de contentement que je prends la plume avec déplaisir pour mendier les témoignages non mérités de votre bienveillance, ce que je n'eusse jamais osé, si je n'eusse su qu'avec vérité, on peut dire grands, plus encore pour les qualités qui sont en eux que pour leur charge, ceux qui sont bien aises d'avoir l'occasion d'obliger leurs inférieurs, pour faire paraître que si leur pouvoir les rend recommandables, leur bonne volonté le fait encore davantage. »

Les agents du fisc royal ne sont pas les seules sangsues acharnées à manier la pompe à finances. A côté d'eux, en effet, opère la race des traitants, également appelés fermiers ou partisans. C'est une particularité de l'organisation fiscale de l'Ancien Régime que l'existence de deux catégories d'impôts. Les impôts directs comme la taille sont perçus par les agents royaux. En revanche, la perception des impôts indirects est le plus souvent affermée. La procédure est la suivante. Un bureau, à Paris, estime le rendement à attendre de telle imposition ; un concours est ouvert sur cette base à l'intention de financiers spécialisés, généralement organisés en syndicats, qui présentent des offres pour la perception de cet impôt ; le groupe dont la proposition est la meilleure pour l'État se voit concéder pour deux, trois, quatre, six ans éventuellement, le soin de percevoir cette imposition, à charge pour lui de verser à l'État la somme convenue en couvrant par ses propres moyens ses frais et son bénéfice normal. Or, dans ce système, les fermiers, les traitants, ont le souci compréhensible de gagner le plus d'argent possible. L'État n'est en principe pas lésé puisqu'il reçoit de toute façon la somme convenue. Mais on se rattrape sur la matière imposable, c'est-à-dire sur les contribuables. Et les traitants de lâcher sur le pays une meute d'agents chargés du recouvrement, en règle générale payés au pourcentage, donc en fonction du zèle qu'ils mettent à récupérer les impositions.

Il arrive ainsi que Richelieu se voie obligé d'intervenir auprès de syndicats de traitants. L'évêque est un peu désarmé devant ces groupes privés, très riches, très puissants, et peu accessibles aux arguments de type politique. Il choisit, le plus souvent, de faire appel aux sentiments d'humanité de ses interlocuteurs, comme dans cette lettre où, invoquant la pauvreté des habitants et le niveau élevé des tailles, ces impôts directs de l'État qui passent avant la perception des impôts indirects, il prie son correspondant de faire preuve de pitié : « Monsieur, étant arrivé en ce lieu et ayant reconnu la misère du bourg, la pauvreté des habitants et l'excessive taxe des tailles, j'ai cru vous devoir faire la présente pour vous prier, tous en général [Richelieu s'adresse à un syndicat] et chacun de vous en particulier, de vouloir modérer la charge qu'ils ont été contraints de porter à leur grande incommodité. Je me persuade que vous ne trouverez pas ma requête incivile, principalement si vous considérez que notre ville, en comparaison de laquelle ce malheureux bourg n'est rien, paie beaucoup moins qu'il ne fait. »

Mais Richelieu n'est pas toujours aussi humble, et il brandit parfois la menace : « Je désire obtenir de vous volontairement le soulagement que je sais que les voies de la justice ne me peuvent dénier. Je n'estime pas que vous me veuillez donner sujet d'en venir à cette extrémité, qui me fait vous prier derechef de vouloir décharger ceux pour qui je vous écris d'une partie du faix qui les accable. » C'est, une fois de plus, l'héritier des de La Porte qui parle, tout prêt à s'engager dans la procédure si nécessaire. Dans le cas présent, il exerce la pression maximum sur le syndicat de financiers à qui il a affaire en le faisant par ailleurs toucher à Paris. Il charge ainsi son frère Henri de remettre directement une lettre à Sully pour obtenir son appui : « Monsieur, bien que je sache que la faveur de ceux qui portent le fardeau des plus grandes charges du royaume se doit plutôt mériter par très humbles services que mendier par supplications, la connaissance que j'ai du contentement que vous prenez à vous employer pour le public me met la plume en main pour vous supplier, très humblement, de vouloir témoigner de votre bonne volonté à ce pauvre bourg, en une affaire que mon frère vous représentera particulièrement, si vous l'avez pour agréable. »

Un réseau de relations efficace

C'est d'ailleurs une tactique courante chez Richelieu, quand il intervient auprès d'un puissant personnage, de lui écrire directement tout en priant un ami commun d'effectuer une démarche personnelle auprès de lui. Pour faire bonne mesure, il s'adresse souvent aussi à la femme, au père, au cousin, voire à l'un des collaborateurs du puissant en question.

L'évêque met ainsi sur pied un efficace réseau de relations, dont les deux cibles principales sont Paris et le Poitou. A Paris, il possède de bons amis qui l'aident à conserver des attaches étroites avec les milieux de la capitale. Il y a la chère Madame de Bourges, qu'il tient régulièrement au courant de l'état de son ménage, de ses besoins notamment en vaisselle d'argent. Il y a aussi le cardinal du Perron, à qui Richelieu écrit avec beaucoup de constance et de ponctualité, et la famille Bouthillier, dont l'amitié ne se dément pas.

Mais c'est surtout sur son environnement provincial que Richelieu exerce ses talents. Il s'efforce de nouer des relations étroites avec les familles nobles du pays, les Fontmorin, les de La Brosse, les de La Mabillière. Voici le genre de lettres qu'il leur envoie : « Monsieur, je n'ai pas voulu laisser passer plus de temps sans mettre la main à la plume pour vous témoigner le contentement que je reçois de me voir si proche de vous. Je me réjouis extrêmement d'un si heureux voisinage et voudrais avoir autant de moyens de l'entretenir par la conversation que je rechercherai les occasions de me rendre digne de la vôtre. » Parfois, c'est une plate proposition d'amitié : « Monsieur, je chéris tant vos bonnes grâces que je ne saurais laisser passer plus de temps sans vous faire de nouvelles offres de mon affection à votre service, et je crois que si je suivais mes souhaits et mes désirs, vous seriez tous les jours importuné de mes lettres. Mais je sais que mes discours vous sont aussi importuns comme ma personne vous est inutile. Néanmoins, j'oserai bien vous assurer qu'en quelque façon que ce puisse être, je ne manquerai jamais à vous honorer et estimer, vous reconnaissant si obligeant que je croirais commettre un crime de lèse-majesté si je manquais à mes devoirs. » Une fois de plus, la dose est un peu forte, s'agissant d'un voisin somme toute insignifiant. Cet excès de platitude semble décidément invétéré chez Monsieur de Luçon.

Plus souvent ses correspondances ont un objet moins futile. Deux gentilshommes se sont pris de querelle, et tout laisse prévoir un duel. Richelieu a horreur des duels. Il se pose en conciliateur, multipliant les démarches et les interventions afin d'éviter que l'ardeur de la noblesse du coin ne trouve un épilogue sanglant sur le pré.

On tire le diable par la queue

Richelieu, au fond, veut être aimé de tout le monde. Il a besoin de la considération des autres, d'exister à leurs yeux. C'est pour cela qu'il lui faut sans cesse écrire, s'enquérir des préoccupations de chacun, s'informer de ses désirs, réagir aux événements de la vie quotidienne. Donner de ses nouvelles à tout un chacun, l'intéresser aux détails même infimes de sa propre existence, est également une façon de maintenir ce genre de liens. Nous nous trouvons grâce à cela parfaitement renseignés sur les problèmes de Richelieu à cette époque.

Et d'abord ses revenus. Ils constituent, pour lui, un souci majeur. Ils s'élèvent maintenant à 18 000 livres, mais même une gestion très prudente ne permet guère d'espérer une augmentation sensible de leur volume. Dans ces conditions, pour avoir un train de maison satisfaisant, un personnel, se déplacer, distribuer des aumônes, force lui est de faire preuve d'un sens de l'économie qui visiblement lui pèse. « Nous sommes tous gueux dans ce pays », écrit-il un jour, « et moi tout le premier, ce dont je suis bien fâché ; il y faut apporter remède si on peut. »

C'est le cri du cœur, et Richelieu, tout en s'en défendant, se laisse aller à demander des grâces, des services, on dirait presque des secours. La générosité de Madame de Bourges ne se dément jamais. Elle est bien souvent chargée d'acheter les objets nécessaires aux besoins du culte. Richelieu la remercie avec chaleur : « Je vous ai un million d'obligations, non pas seulement pour cela, comme vous pouvez penser, mais pour tant de bons offices que ce papier ne saurait en porter le nombre. » Il fait appel aussi à ses proches, à l'ingéniosité de son personnel. Un jour, par exemple, il exhume de vieilles tapisseries qui moisissaient dans les greniers de l'évêché et les donne à réparer ; elles sont superbes et comme neuves. Richelieu s'est doté d'un maître d'hôtel en la personne de Monsieur de La Brosse, membre désargenté de l'une des familles nobles de la région auxquelles il fait une cour assidue ; or, ce majordome se révèle habile homme et réalise des prodiges d'économie.

Richelieu maintient d'étroites relations avec les siens. Il échange de vieux meubles que lui a laissés sa tante, Madame de Marconnay, contre d'autres en meilleur état. Chaque fois qu'il le peut, il se rend au château de Richelieu, s'arrêtant au passage au prieuré de Coussay, où il réside avec le plus de plaisir. De Coussay, en passant par la terre de La Meilleraye, qui appartient à l'un de ses oncles, il est à deux étapes de voyage de Richelieu. Madame de Richelieu et lui s'écrivent souvent pour s'envoyer de simples témoignages d'affection. Les sentiments qui unissent la mère et le fils sont manifestement forts, et s'expriment d'une façon parfois touchante. Malheureusement, les problèmes domestiques l'emportent en général sur les autres sujets, et par-dessus tout les questions d'argent.

Décidément, la vie de Cour ne réussit pas aux finances des Richelieu. Henri, ce séduisant cavalier, dépense bien plus qu'il ne gagne. Il accumule les dettes dans des proportions telles qu'il doit se résoudre à solliciter l'aide de sa mère. Madame de Richelieu fait ce qu'elle peut, mais se trouve en quelques mois à bout de ressources. Alors elle s'adresse à Armand. Celui-ci n'hésite pas une seconde. Pour la gloire de leur nom, pour la dignité d'existence de sa mère, il est prêt à consentir l'effort nécessaire.

Dans un premier temps, l'évêque de Luçon propose à sa mère de venir habiter auprès de lui. Madame de Richelieu est émue par la sollicitude d'Armand. « Mon fils, je ne puis assez vous remercier du soin que vous avez de moi, ni vous dire le déplaisir que j'ai de demeurer au monde pour y donner tant de peine et de charge à ceux que j'y ai mis. Je vous dis franchement que j'en suis au désespoir, et ajouterai néanmoins que puisque vous avez agréable de me prendre chez vous, que telle est bien toujours ma résolution, et que je le désire fort, jugeant bien que vous le faites de bon cœur. »

Cela étant, elle n'a pas trop envie de quitter le château où elle vit depuis tant d'années. Et elle propose à son fils une autre formule, qui serait de lui verser une pension pas très élevée mais suffisante pour lui assurer un minimum de vie décente à Richelieu. « L'on avait avisé que si, demeurant ici, vous eussiez voulu me donner deux mille livres par an, vous n'eussiez pas été chargé de moi. Je vous prie ici librement de décider lequel vous serait à moins d'incommodité, car la chose que je désire le plus est de vous soulager d'autant qu'il me sera possible. »

Tout bien considéré, Richelieu estime que cette solution est en effet la meilleure, et s'engage à verser désormais à sa mère la pension annuelle demandée. Madame de Richelieu, qui n'ignore évidemment pas les difficultés matérielles dans lesquelles se débat l'évêque de Luçon, lui en témoigne une reconnaissance extrême : « Mon fils, la façon dont vous m'obligez m'oblige doublement, et je vous puis jurer avec vérité que le ressentiment que j'en ai est tel que je ne saurais vous le dire, non plus que les troubles et irrésolutions où je suis. Cette inquiétude-là me tue, et je vois bien que je n'aurai jamais joie que lorsque, vous sachant tous heureux, je serai en paradis. Je supplie Dieu que ce m'arrive bientôt, et qu'il vous donne ici et au ciel la récompense de la bonne volonté que vous me témoignez. Je vous écris cette lettre sans savoir encore ce que je dois dire et ce que je dois faire, mais néanmoins je vois que tout s'oppose à ma retraite, de sorte que je crois qu'il faudra que j'accepte la dernière offre que vous me faites en demeurant ici, et cela avec le déplaisir que j'ai de vous causer une telle incommodité. Je vous dis encore une fois que cette peine me fait plus souffrir que vous ne le supposez, et supplie Dieu qu'il vous ait en sa sainte bénédiction et vous de m'aimer toujours. »

Santé, quand tu nous manques

Dans une existence toute faite de vertus et de bonnes œuvres, de quoi Richelieu pourrait-il se plaindre, en dehors de la modicité de ses ressources ? Monsieur de Luçon, en effet, a tout pour être heureux, et le serait pleinement s'il n'avait un autre souci majeur, celui de sa santé. Sans cesse, il est la proie de fièvres violentes, de migraines, qui l'empêchent de s'attacher à un travail suivi. Il voudrait faire œuvre de théologien, il sait que les sermons dont il envoie plus ou moins régulièrement le texte à Paris maintiennent sa réputation, mais que celle-ci aurait besoin d'être entretenue par un livre. Car il en est de la France du XVIIe siècle comme de celle d'aujourd'hui : nous vivons sur un certain système de valeurs qui fait qu'un personnage n'est pas véritablement admis par la classe intellectuelle de son époque aussi longtemps qu'il n'a pas commis un livre. Depuis son admission au Collège de la Sorbonne, Richelieu est pour ainsi dire assis sur le seuil ; un livre, et la porte entrebâillée s'ouvrirait toute grande. Mais les fièvres l'empêchent de se mettre au travail, et Richelieu maudit ce corps débile qui résiste à sa volonté.

Le visage s'émacie, le teint devient blafard. Richelieu ne sait plus à quel saint se vouer. Dans sa rage de guérir, il tâte au petit bonheur la chance de toutes les médications, et même parfois de remèdes de charlatans. Pour conjurer une crise par trop violente, il se hasarde à porter sur lui un sachet, paraît-il venu de Perse, qui renferme une poudre d'ossements humains. Plus conforme à sa dignité d'évêque, le crucifix que lui a envoyé le général des Chartreux. Il est vrai que ce dernier y joint un bézoard, étrange mélange fait de sécrétions animales auquel on attribue de miraculeuses vertus curatives. Richelieu le remercie avec chaleur : « Je vous rends mille grâces de la Croix que vous m'avez envoyée ; je la conserverai chèrement et m'en servirai pour me mettre devant les yeux l'image de celui qui l'a portée. Je vous remercie également de votre bon bézoard qui m'est venu fort à propos pour m'aider à me tirer d'une assez fâcheuse maladie. Vous avez voulu marier les remèdes spirituels et corporels afin de procurer la santé de mon âme et tâcher de rendre à mon corps celle dont il y a plus d'un an qu'il est destitué. »

Et si, finalement, ce qui lui manque le plus était l'air de la Cour, l'air de Paris ? Richelieu, peu à peu, s'en persuade. Tandis que s'achève sa première année à Luçon, l'évêque prodige de l'Église de France sent le démon de l'ambition l'exciter à nouveau. Certes, les amis demeurent, et les échanges de lettres permettent de garder des liens solides. Certes, l'action pastorale produit ses fruits et contribue à la renommée de Monsieur de Luçon. Mais c'est en définitive à Paris que se construisent les carrières, et Richelieu juge qu'il est temps d'y refaire son apparition. L'année 1610, année cruciale pour le royaume, est tout entière consacrée par Richelieu à préparer son retour dans la capitale et à jeter les bases de la patiente marche d'approche qui doit le conduire jusque dans les allées du pouvoir.

CHAPITRE V

L'an 1610

À NOUS DEUX, PARIS !

Richelieu n'est pas homme à se laisser guider par le hasard. Avant de se lancer à la conquête de Paris, il éprouve le besoin de mettre ses idées en ordre. C'est ainsi qu'il rédige au tout début de 1610 un très curieux document intitulé *Instructions et Maximes que je me suis données pour me conduire à la Cour*, où sa jeune ambition s'exprime en termes tellement crus que l'on a longtemps contesté son authenticité.

Dans ces quelques pages, tout est médité. Quel est l'objectif que se propose Monsieur de Luçon ? Plaire au Roi sans que le service de Dieu en souffre. Il faudra donc choisir un logement « qui ne l'éloignera ni de l'un ni de l'autre ». Pour attirer l'attention du monarque, il faudra se trouver sur son passage « une fois par semaine à Paris, tous les deux jours à Fontainebleau, mais pas davantage pour ne pas risquer d'être importun ».

Le repas est l'un des rites essentiels de la vie quotidienne du Roi de France. Il est soumis à une étiquette rigoureuse. Le souverain prend ses repas en public, seul à table face aux assistants qui sont debout et à découvert. Qui peut venir ? Tout le monde. Il suffit d'être décemment vêtu, et de ne pas s'être fait refouler par les huissiers postés à l'entrée pour écarter les individus à mine patibulaire ; leur vigilance n'empêche d'ailleurs pas les voleurs d'exercer leur activité jusqu'aux premiers rangs du public. A côté des simples curieux, les courtisans sont évidemment les plus nombreux. Chacun s'essaie à guetter le regard du Roi, les phrases qu'il prononce, avide de se faire remarquer par lui. Il y faut une technique parfaite, Richelieu le sait, et il se propose dans ses *Instructions et Maximes* de « se tenir en un lieu où le Roi puisse jeter la vue ». Si c'est pour lui parler, joindre sa chaise du côté de l'oreille, mais prendre garde d'arrêter le discours quand le Roi boit. Il connaît le type de propos qui plaît : « Les mots les plus agréables au prince sont ceux qui élèvent les royales vertus. Il aime les pointes et les soudaines reparties. Il ne goûte point ceux qui ne parlent hardiment, toutefois il faut du respect. »

Savoir choisir son moment est tout aussi important. Il arrive que le souverain soit mal luné. Dans ce cas, « l'important est de considérer quel vent tire et de ne prendre point le Roi sur des humeurs auxquelles il ne se plaît de parler à personne, et se cabre à tous ceux qui l'abordent ».

Autour du Roi gravitent toutes sortes de personnages plus ou moins importants. Il faut savoir s'en faire des amis, consacrer du temps à visiter les grands seigneurs et les gens en place, et se souvenir « qu'il y a des sacrifices pour les dieux nuisibles et favorables, à ceux-ci afin qu'ils aident, à ceux-là afin qu'ils ne fassent point de mal ». Il faudra les voir de préférence le matin, quand ils ont l'esprit plus dispos, et ne sont pas encore tracassés par les affaires. Il est peut-être souhaitable de les accompagner à la promenade « mais en évitant de les fatiguer par trop d'assiduité ».

Richelieu n'est guère partisan d'accepter des invitations à déjeuner ou à dîner. Il considère qu'à table on perd son temps, que la conversation se disperse. « Une heure qu'on donne au ventre tient le jour l'esprit en tourment » : inutile, par conséquent, de dégrader sans profit un état de santé déjà fort précaire. Cependant, s'il n'est pas possible d'y échapper, il faut employer ces repas mondains à parler de choses « qui ne peuvent ni ennuyer les présents, ni intéresser les absents, telles que histoire, description du pays, etc., galamment, sans pédanterie, et sans découvrir trop curieusement ce que l'on sait ». Être modeste, réservé, ne pas jeter ombrage par des connaissances hors du commun, une trop vive intelligence : Richelieu a compris qu'il est lui-même son plus redoutable ennemi, par l'excès de son talent. Nous verrons, hélas, qu'une si bonne résolution n'est pas toujours facile à mettre en application.

Toutes les rencontres peuvent d'ailleurs être matière à profit intellectuel. Si quelqu'un, par exemple, raconte un épisode historique significatif que l'on ignore, il faut saisir sans fausse honte cette circonstance pour accroître sa culture et ressortir le trait une autre fois : « On le notera avec soin en rentrant chez soi afin de s'en servir à l'occasion. »

D'une manière générale : « Parler peu, seulement de ce que l'on connaît, et à propos, avec ordre et discrétion. De toutes choses, il faut dire son opinion avec respect, sans jamais juger ni conclure. » Ainsi, Richelieu se mettra plus en évidence à la Cour et à la ville « par l'attention et le silence, avec beaucoup de grâce, que par la parole et l'applaudissement ». Finis les grands sermons ornés de formules de rhétorique brillantes. Fini l'étalage de ses talents de controversiste. Mais un homme qui désormais saura se mouvoir avec tact, avec onction.

La correspondance est également l'un des problèmes majeurs qui doivent retenir l'attention d'un ambitieux bien organisé. « Dans les lettres aux amis, prendre garde qu'il n'y ait rien qui puisse nuire, ni à celui qui les écrit, ni à celui qui les reçoit. » Une règle absolue : répondre à toutes les lettres. « Il n'y a personne, fût-il chevalier de l'Ordre, qui soit dispensé de répondre à une lettre, même d'un beaucoup inférieur. » Pour le grand épistolier que Richelieu est devenu depuis son installation à Luçon, une bonne transmission du courrier est indispensable ; il ne négligera donc pas de rechercher l'amitié d'un ou deux commis de la poste, « pour que les lettres soient rendues plus fidèlement et envoyées avec soin et diligence ». Se mettre bien avec le petit personnel, s'en assurer la fidélité, est une condition essentielle de la réussite. Encore quelques mots sur la correspondance : « Ne cacheter les lettres qu'au dernier moment afin de pouvoir y ajouter quelque chose. » Conserver une copie de toute lettre jugée importante. Quant à celles qui paraissent dangereuses, les brûler : « Le feu doit garder celles que la cassette ne peut conserver qu'avec péril. »

La dernière partie des *Instructions et Maximes* est consacrée aux courtisans et à la qualité maîtresse de ceux qui font profession de se mouvoir à la Cour : la dissimulation. C'est un art difficile mais indispensable, un précepte de comportement social. Comment un homme d'Église peut-il en conscience justifier une telle affirmation ? La dissimulation est nécessaire « pour ne faire tort à nous-mêmes ni aux autres, et pour ne nous mettre en peine de brouilles et de querelles ». Il y a deux manières de dissimuler. La première est de ne point dire ce que l'on sait ou ce que l'on pense : « Dissimuler avec le silence est nécessaire, mais légitime et non répréhensible, bien qu'il soit dur de vivre de la sorte s'il s'agit d'amis. » La deuxième consiste à ruser avec le mensonge. Ne point énoncer délibérément de choses fausses ; mais il peut être fortement recommandé de côtoyer la vérité sans la dire, de manière à parler sans encourir « le blâme de la menterie et le péril de la vérité ». Il est, pense Richelieu, des « réponses semblables à ces retraites qui, sans fuir, sans désordre et sans combattre, sauvent à la fois des hommes et des bagages ».

Y a-t-il dans tout ce qui précède un commun dénominateur, un précepte qui engloberait et régirait tous les autres ? Oui : la réserve. « Il faut être fort retenu en paroles et en écritures, et si ce n'est chose extrêmement pressante, ne la dire, ni ne la faire savoir par écrit. Quand certains coups sont échappés de la langue ou de la main, on ne peut plus les rattraper. » Dominer son impulsivité, son impatience naturelles, voilà la règle que Richelieu veut s'obliger à observer. Elle n'est ni dans sa nature ni dans son tempérament, et seul un effort constant de volonté peut lui permettre de s'y conformer.

Richelieu ronge maintenant son frein à Luçon. Il faut trouver une occasion de revenir dans la capitale. Or précisément le début de cette année 1610 semble la lui offrir avec la très prochaine réunion d'une Assemblée générale du Clergé de France qui doit se tenir à Paris.

Une ambiance politique incertaine

La réunion de cette Assemblée se prépare depuis déjà plusieurs mois. Elle répond, pour Henri IV, à une nécessité, car l'ambiance incertaine du moment lui impose de resserrer ses liens avec l'Ordre le plus riche et, moralement, le plus influent du royaume.

Il s'agit d'abord de donner des apaisements au Saint-Siège et à une majorité de prélats français qui estiment que l'adoption des décrets du Concile de Trente comme loi du royaume tarde un peu trop. Elle avait été pourtant promise au moment de la conversion d'Henri IV au catholicisme, en juillet 1593. Les problèmes juridiques qu'elle pose sont réels, mais ne justifient sans doute pas seize années d'atermoiements.

Un autre problème agace une partie de l'opinion catholique, l'affaire de la restitution à l'Église des biens confisqués par les protestants en Béarn. C'est un problème épineux, car la confiscation de ces biens a été prononcée cinquante ans plus tôt par Jeanne d'Albret, la mère d'Henri IV, dont le souvenir est toujours vénéré dans la population du Béarn. Celle-ci est en majorité protestante, et les pasteurs béarnais sont influents. Il faut donc s'attendre à des incidents le jour où le Roi fera mine de rendre à l'Église ces biens confisqués. Or, là encore, il s'y est engagé au moment de sa conversion et beaucoup de catholiques font de son attitude une sorte de test. Henri IV gagne du temps, traîne les pieds, tandis que l'Église commence à manifester quelque impatience.

L'idée, ainsi, s'est imposée d'une réunion de l'Église de France qui permettrait à celle-ci d'exprimer ouvertement ses doléances, de réaffirmer au bout du compte son attachement au souverain, et de donner au Roi un nouveau répit. L'Assemblée générale du Clergé, enfin, aurait un dernier avantage : elle serait l'occasion pour Henri IV d'exercer son charisme alors qu'il se trouve doublement contesté, sur le plan de sa vie privée, dans ses options de politique étrangère.

Le dernier amour du Vert-Galant

Henri IV, une fois de plus, est amoureux. Quel rapport avec la grande politique ? Tout ce que fait le Roi, nous l'avons dit, est important. Mais, en l'occurrence, le choix de l'objet aimé et le comportement d'Henri IV entraînent un remue-ménage sans précédent.

Tout a commencé en janvier 1609. Marie de Médicis décide d'organiser un ballet. Le couple royal semble être enfin rentré dans des eaux plus calmes. Henriette d'Entragues, qui a tant fait pour empoisonner le climat des relations conjugales entre le Roi et la Reine, est tombée dans une disgrâce définitive et se trouve éloignée de la Cour. La liaison d'Henri IV avec Jacqueline de Bueil, comtesse de Moret, n'est plus qu'une passade presque oubliée. Charlotte des Essarts existe à peine. A cinquante-six ans passés, Henri IV semble désormais à l'abri des ravages d'une grande passion.

Le ballet doit avoir pour thème « Les nymphes de Diane », sujet tout à fait propre à mettre en valeur les beautés de la Cour. Dames et demoiselles se disputent l'honneur de tenir les premiers rôles, dont la distribution finale constitue l'une des prérogatives essentielles de Marie de Médicis. Celle-ci prépare la liste des heureuses élues, qu'elle soumet au Roi. Henriette d'Entragues n'y figure pas, mais Henri IV s'en accommode fort bien. L'absence, en revanche, de Jacqueline de Bueil, soulève de vives protestations de sa part ; la beauté de la dame est, paraît-il, unanimement reconnue, et le Roi voit dans son élimination un acte de vengeance. Sommée de lui donner un rôle, Marie de Médicis refuse avec la dernière énergie. Henri IV, furieux, jure de bouder les répétitions auxquelles il assistait rituellement les années précédentes.

Le Roi dès lors s'enferme dans son cabinet sitôt que les répétitions commencent. Un soir pourtant, il ouvre la porte tandis que, dans la galerie, quelques retardataires se hâtent en direction de l'appartement de la Reine. L'une d'elles, une nymphette en péplum et carquois sur l'épaule, apercevant Henri IV, braque par jeu sur le Roi la flèche dorée qu'elle tenait à la main. Le Vert-Galant, comme foudroyé, tombe dans l'instant éperdument amoureux de la petite Charlotte de Montmorency. Désormais assidu à toutes les répétitions, Henri IV ne peut cacher ni son trouble ni le fol amour qui l'embrase pour cette fillette, âgée de quatorze ans à peine.

Et c'est bien là qu'est le problème. La moralité d'Henri IV, tout élastique qu'elle soit, lui interdit de prendre pour maîtresse une fille non mariée, qui appartient au surplus à l'une des plus grandes familles de France. Il faut donc marier la jeunette en s'assurant de la complaisance du mari. Or, Charlotte est fiancée à François de Bassompierre. C'est l'un des meilleurs amis d'Henri IV, et qui passe pour le plus grand séducteur de la Cour : à ce double titre, il n'a pas, si l'on peut dire, le physique de l'emploi. Que faire ? Les intimes du Roi se creusent la cervelle. Le duc de Bouillon, soudain, a une illumination : pourquoi ne pas rompre les fiançailles de Bassompierre pour unir Charlotte au prince de Condé ? Cette solution présente de multiples avantages. La famille de Montmorency, qui est très à cheval sur le point d'honneur, n'aura rien à y redire, car Condé porte l'un des plus grands noms de France ; il est le premier prince du sang et figure en tête de la liste des possibles héritiers de la couronne si les trois fils du Roi venaient à mourir. D'autre part, on le dit beaucoup plus sensible au charme des garçons qu'à celui des jeunes filles ; il ne devrait donc pas se formaliser des assiduités d'Henri IV auprès de sa femme. Enfin, il est totalement désargenté, et la promesse de solides avantages matériels l'incitera encore plus à fermer les yeux.

Le Vert-Galant adopte aussitôt cette idée. Bassompierre se laisse facilement convaincre de renoncer à Charlotte de Montmorency. Le père de la jeune fille donne volontiers son accord : l'alliance avec Condé flatte son orgueil. Convaincre le prince est un jeu d'enfant. Reste Charlotte de Montmorency. Eh bien, malgré la différence d'âge, malgré l'apparence peu ragoûtante d'un Roi que les combats, les chevauchées et les fatigues de l'amour ont prématurément vieilli, elle est flattée elle aussi, et peut-être même un peu amoureuse.

Le 2 mars 1609, le contrat de mariage est signé. A la dot importante de Mademoiselle de Montmorency, le Roi tient à ajouter quelques libéralités supplémentaires ; il offre 18 000 livres de pierreries à Charlotte et diverses pensions. Le 17 mai, le mariage est célébré dans l'intimité à Chantilly, propriété des Condé. Tout est apparemment en ordre, et le Roi sur le point de donner libre cours à sa passion. Mais un grain de sable vient brutalement enrayer une mécanique si bien montée. Le prince est un orgueilleux, et maintenant qu'il est rentré en possession de l'héritage de Charlotte et d'une femme qui est légalement la sienne, il n'entend plus du tout jouer le rôle qu'on lui destinait. Il refuse de se montrer à la Cour, surveille Charlotte avec un soin jaloux. Henri IV, fou de douleur, bat la campagne dans l'espoir, au moins, d'entrevoir sa bien-aimée. Il se déguise en valet de chiens, en bûcheron, en vagabond, se met un emplâtre sur l'œil pour déjouer la vigilance de Condé. Un soir, il parvient à se glisser jusque sous le balcon où Charlotte apparaît à son intention, entre deux flambeaux, sa longue chevelure dénouée flottant autour d'elle.

Henri IV exige de Condé qu'il regagne la Cour. Le prince s'exécute, passe quelques jours à Fontainebleau, puis repart brusquement dans ses terres, emmenant évidemment sa femme avec lui.

La tristesse d'Henri IV devient une affaire d'État. Malherbe, poète officiel du Roi, est prié de chanter les amours contrariées du souverain :

« Depuis que le soleil est dessus les hémisphères,
Qu'il monte ou qu'il descende, il ne me voit rien faire
Que plaindre et soupirer ;
Des autres actions j'ai perdu la coutume,
Et ce qui s'offre à moi, s'il n'a de l'amertume,
Je ne puis l'endurer. »

Exaspéré, le prince de Condé parle de demander le divorce. Henri IV saute sur l'occasion et fait ouvrir aussitôt des négociations en ce sens. Charlotte, excédée elle aussi, mais par le comportement de son mari, se déclare toute disposée à cette séparation. Et soudain un coup de théâtre se produit. Marie de Médicis est sur le point d'accoucher. C'est la sixième fois qu'elle est enceinte. L'étiquette impose à Condé, prince du sang, et à sa femme de se trouver sur les lieux au moment de la naissance. Condé reste obstinément dans ses terres, malgré les démarches pressantes du Roi. Le 24 novembre 1609 vient au monde au château de Fontainebleau la petite Henriette-Marie, future Reine d'Angleterre. Condé n'est pas venu. Sentant qu'il a passé les bornes et craignant les réactions d'Henri IV, le prince prend la fuite. Le 29 novembre, à quatre heures du matin, sous prétexte d'aller rendre visite à des amis, il embarque sa femme dans un carrosse et fonce vers les Pays-Bas espagnols, où il demande asile.

Le scandale est énorme. Le Roi d'Espagne est représenté à Bruxelles par le gouvernement des Archiducs, c'est-à-dire par le couple que forment l'Infante Claire-Isabelle-Eugénie, tante du Roi d'Espagne, et son mari l'Archiduc Albert, membre lui aussi de la famille de Habsbourg. Les Archiducs demandent des instructions à Madrid, tandis qu'Henri IV exige le renvoi de Condé en France : la couronne d'Espagne rejette la demande du Roi de France et accorde asile au malheureux prince, victime des entreprises que la lubricité d'Henri IV dirige contre son honneur.

L'affaire prend des dimensions internationales. Et, pour parachever le tout, Condé, au printemps de 1610, laisse sa femme à Bruxelles sous la garde des Archiducs et rejoint l'armée espagnole de Lombardie alors que les bruits de bottes qui résonnent en Europe laissent prévoir un prochain conflit entre la France et la Maison d'Autriche.

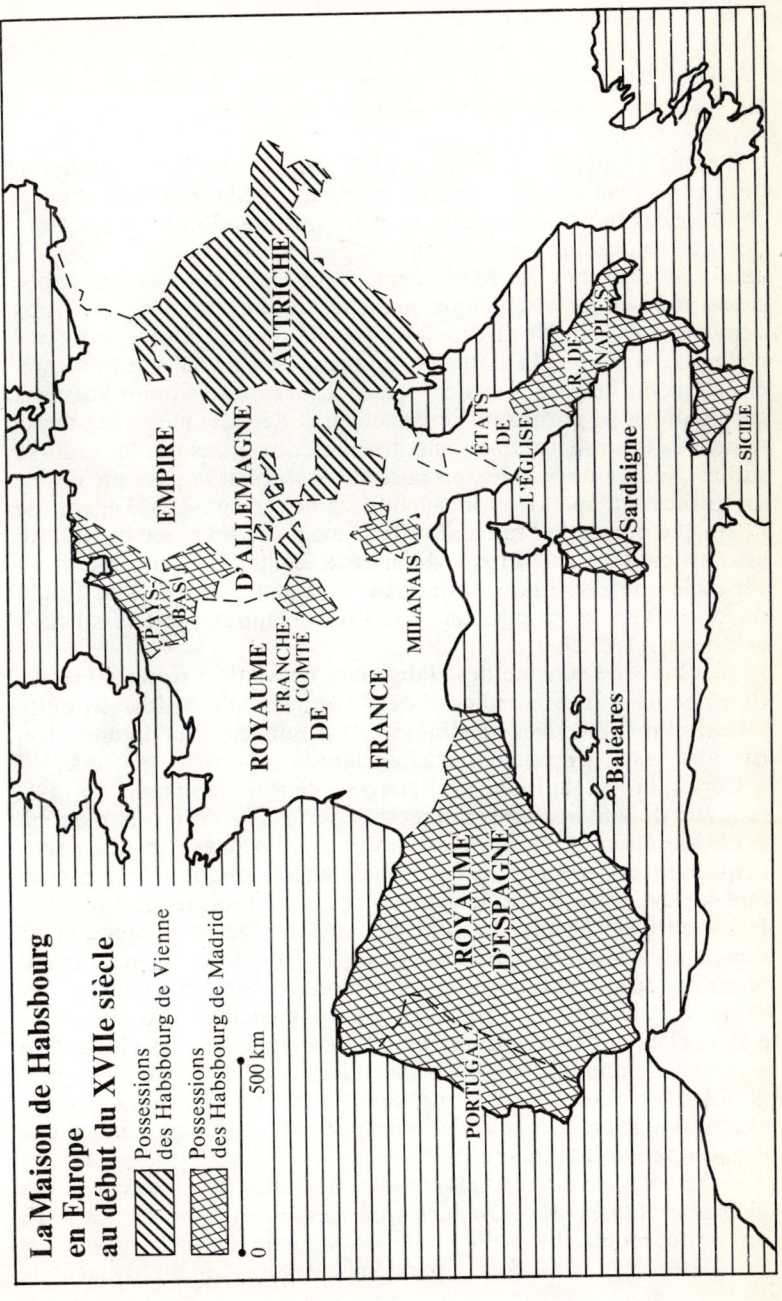

La grande coalition anti-Habsbourg

Depuis François Ier, les Rois de France vivent dans l'obsession de l'encerclement. Une même dynastie, celle des Habsbourg, contrôle les territoires qui bordent la plus grande partie des frontières terrestres du royaume. Au sud, c'est l'Espagne ; au nord, c'est encore le souverain de Madrid qui règne aux Pays-Bas espagnols, correspondant à la Belgique actuelle, au Luxembourg et à nos départements du Nord-Pas-de-Calais. À l'est, l'Alsace est terre d'Empire, ainsi que la Lorraine, où règne un duc qui n'est pas précisément un ami du Roi de France. La Franche-Comté aussi est espagnole et les garnisons de Besançon et de Dole menacent directement la Bourgogne, qui excite fort les convoitises de Madrid. Au sud-est, le duc de Savoie, qui possède également le pays niçois, est un prince indépendant, beaucoup mieux disposé à l'égard de l'Espagne que de la France. En Italie même, la présence de Madrid est particulièrement forte : Milan et la Lombardie constituent un véritable boulevard pour les armées espagnoles, prêtes à se diriger de là soit vers la France, soit vers l'Italie centrale, soit vers l'Allemagne et l'Autriche.

Une branche cousine des Habsbourg de Madrid règne à Vienne. Propriétaire à titre héréditaire de l'Autriche, elle détient en outre les couronnes électives de Hongrie et de Bohême et la dignité, élective elle aussi, d'Empereur d'Allemagne.

Certes, le Roi de France a signé avec le Roi d'Espagne, en 1598, le Traité de Vervins. Mais nul n'est dupe : il s'agit d'un simple répit car la situation de l'Europe est des plus mouvantes. En Allemagne l'équilibre est précaire entre principautés catholiques et protestantes ; la Contre-Réforme aspire à se traduire sur le terrain, et les Habsbourg de Vienne ne font pas mystère de leur intention de s'engager, à la première occasion, sur la voie de la reconquête par le catholicisme des positions abandonnées aux huguenots. Les princes protestants se serrent les coudes, recherchent des alliances à l'extérieur. Ils trouvent une oreille favorable chez les Hollandais calvinistes, toujours en conflit avec leurs anciens suzerains espagnols, dans l'Angleterre protestante, ainsi qu'auprès d'Henri IV, chez qui le souci de l'équilibre européen apparaît bien comme une préoccupation dominante.

Henri IV n'a d'ailleurs pas cessé de travailler au resserrement des liens entre toutes les puissances opposées aux Habsbourg. En 1603, un traité renouvelle l'alliance traditionnelle entre la France et l'Angleterre ; dès 1605, on parle même d'une union dynastique entre les deux couronnes et, au début de 1609, le Roi de France et le Roi d'Angleterre conviennent de marier le prince de Galles, héritier des trônes d'Angleterre et d'Écosse, avec la seconde fille d'Henri IV. Cette même année 1609 voit la France s'entendre avec les souverains protestants de Danemark et de Suède, qui ont des possessions dans l'Empire d'Allemagne, et s'engagent à intervenir en cas de conflit avec des forces égales de 8 000 fantassins, 1 500 cavaliers et 8 canons. Le Roi d'Angleterre se joint à la coalition en promettant de consentir le même effort. L'entente avec les Suisses est aussi l'une des pierres angulaires de la politique extérieure française. Elle coûte cher : depuis 1602, les subsides payés annuellement par le Roi de France aux Cantons helvétiques s'élèvent à 1 200 000 livres. Mais elle présente un double avantage : les Suisses, qui tiennent les passages des Alpes, sont convenus d'en réserver l'usage au Roi de France et, le cas échéant, à ses amis ; la France, par ailleurs, s'est fait reconnaître l'exclusivité des solides mercenaires suisses qui font merveille depuis des générations sur les champs de bataille européens. A partir de 1607, la Hollande reçoit elle aussi des subsides du Roi de France : 2 millions de livres par an pour continuer la lutte contre l'Espagne. Le 25 avril 1610, enfin, un petit chef-d'œuvre de diplomatie, le Traité de Brussol, détache la Savoie du camp espagnol et l'engage dans l'alliance avec le royaume de France au prix d'une subvention de 300 000 livres par an.

La succession de Clèves et de Juliers

Dans cette ambiance de guerre froide, il suffit du moindre incident pour mettre le feu aux poudres. L'ouverture, au début de 1609, de la succession de Clèves et de Juliers déclenche une crise européenne dont l'issue ne peut être que la guerre.

Le 25 mars 1609, Jean-Guillaume, duc de Clèves et de Juliers, meurt sans enfant ni héritier direct. Les six principautés qu'il détenait, les duchés de Juliers, de Clèves et de Berg, les comtés de la Mark et de Ravensberg, la seigneurie de Ravenstein, sont riches et occupent une position stratégique en Allemagne, à proximité immédiate de la France, de la Hollande et des Pays-Bas espagnols. Trois prétendants se disputent l'héritage : l'Électeur de Saxe, protestant mais dévoué aux Habsbourg, l'Électeur de Brandebourg et le comte palatin de Neubourg, également protestants, mais défenseurs jaloux de l'indépendance des princes allemands face à la volonté hégémonique de l'Autriche.

Dès l'ouverture de la succession, l'Empereur Rodolphe se saisit de l'affaire et prononce à titre conservatoire la mise sous séquestre des six principautés. La procédure est normale, mais ce qui l'est moins, c'est que l'Empereur envoie, pour occuper ces territoires, des troupes considérables. Du coup, le voici soupçonné de vouloir conserver à son profit l'héritage de Jean-Guillaume. L'Électeur de Brandebourg et le comte palatin unissent leurs forces pour chasser l'armée impériale. La France, la Hollande, quelques princes allemands, se prononcent en leur faveur et les aident à se rendre entièrement maîtres des territoires contestés en décembre 1609. Le 30 janvier 1610, afin de s'opposer à une contre-offensive éventuelle de l'Empereur, les princes allemands qui se sont associés à cette action décident de se lier par un pacte. Signé le 3 février, l'accord dit de l'Union de Halle confère la direction politique de l'alliance à l'Électeur Palatin. L'un des meilleurs généraux dont disposent les princes protestants, Christian von Anhalt, est nommé commandant en chef. Le 11 février, l'Union conclut avec la France une alliance offensive prévoyant pour mars et avril l'ouverture des hostilités par les princes allemands contre la Maison d'Autriche, pour mai l'intervention des forces françaises.

Bientôt la guerre ?

La guerre semble donc inévitable. Les plans de campagne sont prêts. La France doit mettre en lice trois puissantes armées. L'une interviendra en Italie conjointement avec les troupes de la République de Venise et celles du duc de Savoie. Une deuxième armée se concentre en Champagne afin d'opérer en Allemagne ; le Roi lui-même en prendra le commandement ; il conjuguera ses opérations avec celles des forces alliées d'Angleterre, du Danemark, de Suède, de l'Union de Halle et de Hollande ; il est même prévu que les protestants de Hongrie, de Bohême et d'Autriche fourniront un contingent de 14 000 hommes appuyés par 10 canons. Un troisième front doit s'ouvrir contre l'Espagne à l'est et à l'ouest des Pyrénées ; objectif d'Henri IV : mettre la main sur le Roussillon et récupérer la Navarre espagnole qu'il revendique.

L'attitude d'Henri IV n'est-elle qu'un immense coup de bluff, ou le Roi est-il vraiment déterminé à entrer en guerre ? L'opinion catholique s'émeut, à l'étranger comme en France. L'alliance avec les protestants paraît scandaleuse à beaucoup. La présence du prince de Condé en terre espagnole n'améliore pas l'image d'Henri IV. Elle permet à Madrid de brouiller les cartes en prétendant que l'expédition militaire que prépare le Roi de France prend le règlement de la succession de Clèves et de Juliers pour prétexte mais vise à servir en fait les projets lubriques du Vert-Galant.

Henri IV lui fournit comme à plaisir l'occasion de démontrer le bien-fondé de ces assertions. En avril 1610, il envoie à Bruxelles un commando dirigé par Annibal d'Estrées, marquis de Cœuvres, pour enlever Charlotte de Montmorency. Bien que soigneusement préparée, l'expédition échoue : Henri IV avait eu l'imprudence d'arrêter les derniers détails de l'opération au cours d'une réunion tenue dans la chambre de Marie de Médicis ; la Reine, jalouse, avait aussitôt alerté l'ambassadeur d'Espagne à Paris qui, à son tour, prévenait les Archiducs. Henri IV serait donc prêt à mettre l'Europe à feu et à sang pour satisfaire un désir sénile ? L'opinion française ne comprend plus. Dans son *Parallèle des trois premiers Rois Bourbons* écrit près d'un siècle et demi plus tard, Saint-Simon épouse sans hésiter les thèses espagnoles : « Son dernier projet pensé et préparé de si loin et qu'il allait exécuter sur l'ouverture de la succession de Clèves et de Juliers paraît admirable ; mais il le déshonora par le premier usage qu'il voulut et qu'on ne sut que trop qu'il allait faire de son armée pour satisfaire sa passion à son âge, et enlever en personne à main armée la princesse de Condé à son époux, et à l'Archiduchesse chez qui ce prince l'avait réfugiée[1]. »

Menaces sur la vie d'Henri IV

Les menaces contre le Roi se multiplient. Henri IV vit dans la hantise de l'attentat. En 1609, une importante ambassade espagnole se rend à Paris. L'envoyé extraordinaire du Roi d'Espagne vient sonder la détermination d'Henri IV, et emporte dans ses bagages une proposition d'union matrimoniale entre les deux familles régnantes de Madrid et de Paris. L'entrée solennelle de l'ambassadeur s'effectue, selon l'usage, dans un grand défilé de gentilshommes aux tenues chatoyantes. L'ambassadeur extraordinaire représente la première puissance du temps ; la somptuosité du spectacle, à la mesure de la magnificence du souverain qui l'envoie, jette des dizaines de milliers de badauds sur son passage dans les rues de la capitale. Henri IV et Marie de Médicis sont assis l'un près de l'autre dans le carrosse royal, d'où ils assistent au défilé. Une bousculade se produit soudain. Henri IV, croyant voir briller une lame, se jette brutalement de côté, précipitant sa femme sur le plancher de la voiture. Ils en seront quittes pour quelques égratignures. Fausse alerte ? Attentat manqué ? Nul ne saurait le dire.

Les catholiques attendaient beaucoup de cette ambassade extraordinaire. Les résultats obtenus leur paraissent bien décevants.

---

1. Saint-Simon, *Parallèle des trois premiers Rois Bourbons*, Éd. M. P. Faugère, Paris, Hachette, 1880, p. 324.

Henri IV ne montre aucun intérêt pour l'alliance dynastique qu'on lui propose ; il songe plutôt à marier le Dauphin avec une princesse lorraine et négocie pour sa fille aînée Élisabeth une union avec le fils aîné du duc de Savoie, qui fera effectivement l'objet d'une des clauses du Traité de Brussol. Philippe III d'Espagne aurait aussi voulu obtenir qu'Henri IV lâche ses alliés hollandais. Le Roi de France ne veut rien entendre, et sa fermeté oblige l'Espagne à signer sous son égide, le 9 avril 1609, une « Trêve de Douze Ans » avec les Provinces-Unies.

Du coup, le ton monte dans les milieux les plus liés à la cause du militantisme catholique. Un prédicateur jésuite, le Père Gontier, tonne depuis la chaire de l'église Saint-Germain contre les huguenots, englobant dans la même réprobation le souverain, accusé de protéger « ces vermines, ces canailles ». Des protestants sont insultés, lapidés, des pamphlets appellent les catholiques français à se mobiliser, dénonçant la complicité d'Henri IV avec les réformés.

Le Roi envisage de plus en plus le risque d'une disparition prématurée. Songeant à l'organisation d'une régence, il imagine d'en confier la responsabilité à un grand conseil de quinze personnes, comprenant, à côté de Marie de Médicis et de quelques Grands connus pour leur zèle à l'égard de la cause catholique, une majorité d'hommes pondérés, acquis à sa politique d'équilibre européen.

La montée des périls, clairement perceptible par tous malgré la lenteur des communications et l'absence de systèmes d'information organisés, remue l'opinion jusque dans les provinces les plus reculées. C'est d'Angoulême que surgira l'instrument du destin, Ravaillac, élu par Dieu pour empêcher le Roi de faire la guerre au Pape. A quelques lieues d'Angoulême, le pays de Luçon, lui aussi, se divise et s'agite. A l'écoute de Paris comme des mouvements qui troublent l'esprit de ses diocésains, Richelieu décide de poser sa candidature pour les élections à l'Assemblée du Clergé.

Richelieu candidat a l'Assemblée du Clergé.
Un cuisant échec

L'évêque de Luçon n'attendait qu'une occasion pour revenir sur la scène politique. Député à l'Assemblée du Clergé, il pourrait sans trop de peine se mettre en vedette et faire écouter ses avis sur les orientations politiques du gouvernement. Confiant dans ses talents d'orateur, dans sa maîtrise intellectuelle, dans les *Instructions et Maximes* qu'il vient si opportunément de rédiger, il est impatient d'entrer sous une forme ou une autre au service du Roi. Richelieu écrit à l'archevêque de Bordeaux, Monseigneur de Sourdis, pour lui faire savoir que, se rendant au désir que lui ont exprimé ses paroissiens ainsi que quelques diocèses voisins de Luçon, il se résignerait à accepter la mission de représenter la province ecclésiastique de Bordeaux si celle-ci choisissait de le député à l'Assemblée générale du Clergé. Pour plus de sûreté, il dépêche à Bordeaux, où doit se dérouler l'élection, l'un de ses vicaires, l'abbé Bouthillier de La Cochère ; c'est un homme de confiance, membre de cette famille Bouthillier à qui de solides liens l'unissent depuis quelques années. Les intérêts de Richelieu ne pouvaient être placés en de meilleures mains.

La déception est d'autant plus rude quand les résultats du vote parviennent à Luçon. Richelieu n'est pas élu ; il semble que son nom n'ait même pas été proposé et c'est Monseigneur de Sourdis qui a été désigné pour représenter la province de Bordeaux à l'Assemblée. Malgré tout son zèle, l'abbé de La Cochère ne rapporte à Luçon que le procès-verbal des délibérations. Plus grave pour Richelieu le fait qu'en marge des débats, le bon abbé a surpris plusieurs conciliabules au cours desquels certains prélats, et non des moindres, ont exprimé quelque étonnement devant les prétentions d'un confrère aussi dépourvu d'âge et d'expérience.

La blessure d'amour-propre est vive, et Richelieu se retire dans son prieuré de Coussay, en proie aux plus sombres pensées. Heureusement, des nouvelles consolantes viennent le tirer de sa mélancolie. On lui dit qu'à Paris le cardinal du Perron conserve une vive estime à son égard et le donne volontiers en exemple aux jeunes évêques. L'évêque d'Orléans lui écrit ; dans ses lettres, la familiarité se mêle au témoignage d'une sincère considération. Le Père Cotton lui-même, confesseur du Roi, correspond avec Monsieur de Luçon sur un ton de déférence qui reflète l'admiration qu'il ressent vis-à-vis de lui. Richelieu regagne Luçon l'âme plus sereine, et bien déterminé à ne pas se laisser abattre par l'adversité.

L'abbé de La Cochère est une nouvelle fois mis à contribution. On convient qu'il se rendra sans délai dans la capitale, où l'appellent des affaires personnelles. Il en profitera pour faire les couloirs de l'Assemblée du Clergé, laisser traîner l'oreille à la Cour et s'informer adroitement de l'opinion que l'on a de Monsieur de Luçon dans les milieux gouvernementaux. L'abbé de La Cochère prend la route de Paris. Il y arrive à temps pour assister aux événements qui bouleversent la capitale, avant de plonger la France entière dans la stupeur et la consternation. La lettre qu'il adresse le 16 mai 1610 à son évêque lui apprend la terrible nouvelle : Henri IV est mort assassiné, Marie de Médicis vient d'être proclamée Régente.

14 mai 1610. Henri IV assassiné

Avant de prendre le commandement de l'armée de Champagne, Henri IV avait décidé de faire sacrer Marie de Médicis. Son départ ayant été fixé au 19 mai, la cérémonie, plusieurs fois remise, se déroule finalement le 13 mai, à la basilique royale de Saint-Denis, au milieu d'un faste impressionnant. Des mois plus tard, Marie de Médicis confiait à l'ambassadeur extraordinaire du Grand-Duc de Toscane que ce jour fut peut-être le plus beau de sa vie : « Oui précisément », ajoutait-elle, « c'était comme le paradis. N'est-il pas vrai, Messieurs, que la cérémonie de mon couronnement a été semblable en beauté à l'ordre divin du Paradis ? » L'atmosphère, pourtant, était tout sauf sereine. De multiples querelles de préséance avaient surgi, entraînant l'exil volontaire d'un prince du sang, le comte de Soissons, et provoquant un incident diplomatique entre l'ambassadeur de Hollande et l'ambassadeur d'Espagne. Henri IV semble en proie à la plus vive agitation. Tout au long de la cérémonie, il remue sur son siège, inquiet, regardant de gauche et de droite. A un moment, sans raison apparente, il prend le petit Dauphin dans ses bras et, le hissant par-dessus la balustrade de la loge où il est assis, le montre à l'assistance en disant d'une voix forte : « Messieurs, voilà votre Roi. »

De retour au Louvre, Henri IV, pendant la nuit du 13 au 14, cherche en vain le repos. Le 14 au matin, l'atmosphère n'est pas meilleure. Son fils Vendôme est inquiet. Un certain Labrosse a prédit que le Roi mourrait le jour même. Henri IV affecte d'en rire ; voici des mois que de sinistres pressentiments l'agitent ; alors, pourquoi précisément aujourd'hui ? Vendôme insiste : des libelles annoncent la mort du Roi pour le milieu du mois de mai. Marie de Médicis joint ses prières aux siennes et obtient d'Henri IV qu'il ne sorte pas. Le Roi, errant comme une âme en peine, marche de long en large, désœuvré. Le repas de midi s'apprête. Le monarque mange de bon appétit, mais il a l'esprit ailleurs, et reste indifférent aux conversations qui s'échangent.

Après le repas, Henri IV quitte la table, recommence à faire les cent pas, puis s'allonge un instant. Le sommeil ne veut pas de lui. Il est quatre heures de l'après-midi. Le Roi décide qu'une promenade lui fera du bien, et demande son carrosse. Il compte, semble-t-il, rendre visite à Sully, malade, en son logis de l'Arsenal. Sitôt franchie la porte du Louvre, cependant, il change d'idée et décide de se faire conduire au domicile du financier Paulet. Le temps est beau, les rideaux de cuir du carrosse sont relevés. Le Roi, assis au fond de la voiture, au milieu de la banquette, entre Monsieur de Montbazon et le duc d'Épernon, lit une lettre que ce dernier vient de lui tendre. Le carrosse arrive rue de la Ferronnerie. Il faut s'arrêter : une voiture de foin et une voiture de vin se sont accrochées, bloquant le passage. Un homme suivait le Roi depuis le Louvre. C'était Ravaillac. Profitant de l'embouteillage, il rattrape le carrosse, monte sur une borne et frappe Henri IV d'un coup de couteau. « Je suis blessé », crie le Roi en levant le bras. Réflexe fatal qui permet à Ravaillac de lui porter un second coup lequel, passant sous le bras, atteint le cœur et le transperce. Henri IV meurt sur-le-champ. D'Épernon le couvre d'un manteau et, criant à la ronde que le Roi n'est que blessé, fait faire demi-tour au carrosse pour regagner le Louvre.

A quatre heures et demie, le corps du Roi est porté dans sa chambre à coucher, au premier étage du palais. Marie de Médicis, ayant la migraine, s'est allongée dans sa chambre, sur un lit d'été, sorte de chaise longue. En compagnie de Madame de Montpensier, l'une de ses meilleures amies, elle bavardait doucement. La pièce où elle se tient communique par une double porte avec la chambre à coucher du Roi. Au brouhaha qui s'enfle, Marie de Médicis devine un grand malheur. Elle pense d'abord à son fils. Madame de Montpensier court aux nouvelles. « Votre fils n'est pas mort. C'est le Roi. » Marie de Médicis se précipite vers le cadavre, écarte gardes et écuyers, éclatant en lourds sanglots.

« En cette extrémité », écrira plus tard Richelieu dans ses *Mémoires*, « les ministres lui représentent que, les Rois ne mourant pas, ce serait une action digne de son courage de donner autant de trêve à sa douleur que le requérait le bien du Roi son fils, qui ne pouvait subsister que par son soin. Ils ajoutent que les plaintes sont non seulement inutiles, mais préjudiciables aux maux qui ont besoin de prompts remèdes[2]. » Il paraît qu'ayant entendu Marie s'écrier « Le Roi est mort ! », le Chancelier Brûlart de Sillery, d'une voix ferme, lui aurait dit : « Les Rois ne meurent pas, en France ! Vive le Roi vivant, Madame », en désignant le Dauphin.

MARIE DE MÉDICIS PROCLAMÉE RÉGENTE

On s'attendrait à voir Sully accourir aussitôt. Eh bien non, le grand homme manque à l'appel. Son premier mouvement le porte vers le Louvre, mais pour des raisons qui restent mystérieuses, il se ravise en chemin et revient se barricader peureusement à l'Arsenal. Ce sont les autres, le Chancelier Sillery, Villeroy, le Président Jean-

---

2. Richelieu, *Mémoires*, Éd. Michaud et Poujoulat, Paris, Firmin Didot, 1837, T. I, p. 18.

nin, auxquels s'est joint le duc d'Épernon, qui prennent les choses en main et arrêtent les dispositions les plus urgentes.

« Aussitôt qu'ils eurent un peu affermi l'esprit de la Reine, ils se retirèrent dans le cabinet aux livres » où se tient un conseil de guerre. Henri IV avait beaucoup parlé des conditions dans lesquelles il voulait faire assurer sa régence, mais aucune décision n'avait été prise. Le Roi ne laissait aucun testament, aucun document sur lequel s'appuyer. Certes, tout le monde connaissait son intention de mettre en place un conseil de quinze membres, mais rien n'avait été arrêté concernant la composition et l'organisation de cette instance. En l'occurrence, comme le dit Richelieu « tous demeurèrent d'accord que la régence de la Reine était le moyen le plus assuré d'empêcher la perte du Roi et du royaume[3] ».

Rien, dans les constitutions du royaume de France, ne fixait les formes dans lesquelles une régence devait être proclamée. Certains soutenaient que les États-Généraux étaient nécessaires à cet effet. Aucun des ministres ou conseillers de Marie de Médicis ne s'attarde bien longuement à cette considération. Songeant qu'un acte solennel est malgré tout nécessaire, ils pensent au Parlement de Paris. On fait écrire à la Reine un mot demandant au premier Président de Harlay, « homme de tête et de courage, et qui lui était affectionné », de battre le rappel des parlementaires et de les convoquer séance tenante. Deux heures plus tard, les chambres du Parlement sont rassemblées au couvent des Augustins, dans la grande salle du couvent mise à leur disposition à la place de leur lieu de réunion habituel rendu indisponible en raison du festin qui s'apprêtait pour célébrer le sacre de Marie. Comme on est loin, aujourd'hui, de ces festivités ! Le duc d'Épernon se présente devant le Parlement, l'épée au côté, chaussé de ses éperons. Marque de désinvolture, que certains lui reprocheront plus tard et qui permettra à certains historiens d'y flairer des relents de coup d'État. Le duc d'Épernon met d'abord dans la balance son témoignage personnel, assurant qu'il a été le témoin de maintes confidences du feu Roi exprimant son désir qu'en cas de malheur la régence du royaume soit confiée à sa veuve. Il ajoute, en sa qualité de colonel général de l'infanterie, l'une des plus hautes fonctions militaires du royaume, qu'il garantit la fidélité de l'armée et se fait fort de maintenir l'ordre public, pour autant que Marie de Médicis soit proclamée Régente. Le Président de Harlay prend la parole pour soutenir la proposition du duc d'Épernon. Les parlementaires, à l'unanimité et sans débat, décident de confier la régence à la Reine et de la charger de l'éducation du petit Louis XIII jusqu'à ce qu'il ait atteint l'âge de la majorité légale, fixée à 13 ans.

3. Richelieu, *Mémoires*, Éd. Michaud et Poujoulat, Paris, Firmin Didot, 1837, T. I, p. 19.

Le lendemain 15 mai, le Parlement se réunit en séance solennelle ; la Reine-Mère y assiste, conduisant le Roi son fils dont la présence dans cette assemblée fait de celle-ci un « lit de justice ». Les harangues se succèdent. Le Parlement est une chambre judiciaire et les choses s'y déroulent à la manière d'un procès. L'avocat général présente la cause de la Reine, puis demande à l'assemblée de confirmer son arrêt de la veille et d'en décider la publication dans tous les bailliages et sénéchaussées du royaume. Le Chancelier s'approche de chacun des assistants pour recueillir son suffrage. Le petit Roi vote le premier. Après lui, la Reine-Mère, et tous les présents selon un ordre hiérarchique rigoureux. Revenu au pied de l'estrade où Louis XIII est assis, le Chancelier proclame les résultats : le vote a été acquis à l'unanimité. Le Parlement a rendu son arrêt, aussitôt rédigé en ces termes : « Le Roi séant en son lit de justice confie le royaume à sa mère pour avoir soin de l'éducation et nourriture de sa personne et administration des affaires du royaume pendant son bas âge. » La régence est établie. Pendant toute la séance, une atmosphère de ferveur inquiète règne au couvent des Augustins. Des Grands que séparaient de vieilles brouilles en profitent pour se réconcilier. L'heure est à l'union sacrée autour de Louis XIII et de Marie de Médicis.

UNE PROTESTATION DE LOYALISME DE L'ÉVÊQUE DE LUÇON

Sept jours plus tard, par une lettre du 22 mai 1610, l'abbé de La Cochère écrit à Richelieu : « Je me contenterai de vous dire que tout est fort paisible ici, et qu'au lieu des malheurs qu'on avait occasion de craindre en cette ville, il y a grand sujet d'espérer que toutes choses iront bien. L'autorité de la Reine est très grande et chacun se promet qu'elle en usera selon la grande prudence et la piété qu'on reconnaît en elle. » La lettre du bon abbé se croise avec celle que Richelieu fait porter le même jour à son frère Henri afin qu'il la remette à Marie de Médicis.

Si la grande ville est calme, une intense émotion, en revanche, s'est emparée des provinces. En bien des endroits on peut voir les pauvres gens « se débander comme brebis sans pasteur, ne pleurant pas seulement, mais criant et bramant comme forcenés ». Les gouverneurs ou leurs représentants font mettre en défense les places fortes qui se trouvent dans leur ressort. On appréhende par-dessus tout une reprise des affrontements religieux ; pour rassurer les protestants et calmer les esprits, la Reine-Mère, dès le 22 mai, fait d'ailleurs renouveler l'Édit de Nantes. Dans ce climat d'attente anxieuse, Richelieu croit bon de rédiger une protestation de loyalisme, au nom du clergé de Luçon — qu'il n'a vraisemblablement pas consulté. C'est la lettre qu'il adresse à son frère.

Le texte n'est pas des plus heureux. Une forme pompeuse, des tournures alambiquées : l'évêque de Luçon n'était pas très inspiré ce jour-là. Surtout, l'initiative est intempestive, et cache mal une offre de service à peine déguisée :

« Nous, Armand-Jean du Plessis de Richelieu, par la grâce de Dieu et du Saint-Siège apostolique, évêque et baron de Luçon, et les doyens, chanoines, chapitre et clergé dudit lieu, sur la foi que nous devons au premier auteur de toutes choses de nous comporter tout le cours de notre vie envers le Roi Louis Treizième à présent régnant tout ainsi que de très humbles, très affectionnés et très fidèles sujets doivent le faire envers leur légitime seigneur et Roi, nous certifions que, bien qu'il semble qu'après le grand malheur qu'une homicide main a répandu sur nous, nous ne puissions plus recevoir de joie, nous ressentons toutefois un contentement indicible de ce qu'il a plu à Dieu, nous donnant la Reine pour Régente de cet État, nous départir ensuite de l'extrême mal qui nous est arrivé, le plus utile et nécessaire bien que nous eussions pu souhaiter en nos misères, espérant que la sagesse d'une si vertueuse princesse maintiendra toutes choses au point où la valeur et la prudence du plus grand Roi que le ciel eût jamais couvert les ont établies.

« Nous jurons, sur la part qui nous est promise sur l'héritage céleste, de lui porter obéissance, et supplier Dieu qu'il nous envoie plutôt la mort que de permettre que nous manquions à la fidélité que nous devons et jurons maintenant au Roi son fils et à elle, que nous désirons avec dévotion être comblée des grâces du Père des bénédictions, afin que nous puissions vivre et mourir sous les lois de ceux qui, obéissant eux-mêmes à la souveraine loi, gouverneront heureusement le premier État de l'univers, conduits par la main du Roi des Rois de ce monde.

« Fait le 22 mai 1610. »

Le marquis de Richelieu décide de ne pas donner cette lettre à la Reine. L'abbé de La Cochère en informe son évêque : « Je crois que Monsieur de Richelieu votre frère vous aura informé qu'il n'a point transmis l'acte de fidélité que vous lui aviez envoyé, ayant su que cela n'avait été pratiqué par personne, comme de mon côté je l'ai particulièrement appris. » Richelieu se le tient pour dit. D'ailleurs, le calme revient, et les choses rentrent dans l'ordre. Le 27 mai, une déclaration royale demande aux gouverneurs de remettre les places en l'état où elles étaient auparavant.

Avidité des Grands

Si les alarmes populaires s'apaisent vite, l'attitude des princes, en revanche, a tout lieu d'inquiéter le gouvernement de la Régente. Bouthillier de La Cochère en informe scrupuleusement Richelieu.

On apprend ainsi que l'un des plus en vue parmi les Grands, un prince du sang, le comte de Soissons, cousin de Condé, n'a pas hésité à provoquer un grave incident dès le lendemain de la confirmation de la régence de Marie de Médicis. Soissons boudait depuis quelques jours dans ses terres, et se trouvait à Saint-Cloud au moment de la mort d'Henri IV. Quand il arrive à Paris, le 16 mai, tout est terminé et la Reine-Mère est Régente du royaume. « D'abord il jette feu et flamme », racontera Richelieu ; « premièrement, il se plaint de ce que cette résolution avait été prise et exécutée en son absence ; il dit que par cette précipitation on lui a ôté le gré du consentement qu'il eût, disait-il, apporté, ainsi qu'il avait promis à la Reine dès longtemps ». Du coup, soutient le comte de Soissons, la régence est nulle. Il n'appartient pas en effet au Parlement de se mêler du gouvernement et de la direction du royaume, moins encore de l'établissement d'une régence qui ne peut être organisée que par les testaments des Rois ou, à défaut, par l'assemblée des États-Généraux. « Poursuivant sa pointe, il dit que, depuis la monarchie française établie, il ne se trouve aucun exemple d'une pareille entreprise ; que le pouvoir du Parlement est restreint dans les bornes de l'administration de la justice, qui ne s'étend point à la direction générale de l'État ; qu'au reste la pratique ordinaire était que les mères des Rois avaient l'éducation de leurs enfants, et que le gouvernement en appartenait aux princes du sang, à l'exclusion de tous autres [4]. » Qui sont les princes du sang à qui revient cette prérogative ? Ils sont au nombre de trois : le prince de Condé, le prince de Conti, oncle de Condé, et le comte de Soissons. Condé est à l'étranger ; Conti était sourd, quasi muet, et passait pour imbécile ; restait donc Soissons. La manœuvre était un peu grosse. Pour calmer ses scrupules, la Reine-Mère accorde au comte le gouvernement de la Normandie, une indemnité de 600 000 livres payées comptant et la promesse d'une rente annuelle de 150 000 livres.

La pluie de faveurs qui se déverse sur le comte de Soissons suscite les jalousies. « Monsieur le prince de Conti s'en est fort offensé », écrit Bouthillier de La Cochère, « et pousse incessam-

---

[4]. Richelieu, *Mémoires*, Éd. Michaud et Poujoulat, Paris, Firmin Didot, 1837, T. I, pp. 20-21.

ment pour avoir le gouvernement du Dauphiné. La Reine l'a contenté en lui donnant celui du Lyonnais et du Forez. » Le prince de Condé est prêt à revenir en France à condition de se faire un peu prier. Marie de Médicis pense que la présence à Paris du premier prince du sang vaut bien quelques sacrifices : Condé reçoit le comté de Clermont avec une pension de 200 000 livres, le bel Hôtel de Gondi qui s'élève dans le faubourg Saint-Germain et 30 000 livres pour le meubler. Le duc de Bouillon reçoit 200 000 livres, le duc de Guise 300 000 livres « pour payer ses dettes ». L'argent coule à flots, et les caisses remplies par la sage gestion de Sully se vident à grande allure.

La bonne étoile de Concini

Dans le sillage de la Reine-Régente, une ascension fulgurante se prépare. Attentif à tous les détails susceptibles d'éclairer Richelieu sur la situation politique à la Cour, l'abbé de La Cochère note soigneusement les signes qui trahissent la puissance montante d'un certain Concini. Début juin, celui-ci fait attribuer l'abbaye de Marmoutiers au frère de sa femme. Bouthillier de La Cochère observe qu'il l'a emporté sur les revendications de quelques-uns des plus grands noms de la noblesse de France, alors que le nouvel abbé de Marmoutiers n'a guère de titre à faire valoir à une si flatteuse nomination : menuisier de son état, c'était, aux dires du chroniqueur Pierre de L'Estoile, « un grand personnage, lequel apprenant à lire depuis quatre ans, n'y pouvait encore mordre [5] ».

Le règne des Concini commence. Richelieu, qui les a bien connus par la suite, analyse les bases de leur pouvoir. Tout repose, en réalité, sur Leonora. Elle est entrée au service de Marie de Médicis quand celle-ci n'avait que 11 ans. De cinq ans plus âgée, Leonora Galigaï, une petite moricaude terriblement intelligente, prend immédiatement sous sa coupe la blonde princesse indolente, qui s'ennuie dans l'immensité déserte du Palais Pitti. La Galigaï ne quitte plus sa maîtresse. Elle choisit l'étoffe et le style de ses robes, confectionne ses parfums, gère ses affaires financières les plus secrètes. Elle la suit en France quand Marie de Médicis épouse Henri IV, et résiste victorieusement à toutes les tentatives du Roi, qui ne l'aime pas, pour la renvoyer en Italie.

Concino Concini est sans doute de famille noble. Débauché et désargenté, il doit à son oncle, ministre influent du Grand-Duc de Toscane, d'avoir pu se faufiler dans la suite de Marie lors de son départ en France. Il y rencontre Leonora, lui déclare sa flamme, et

---

5. Pierre de L'Estoile, *Journal*, T. X, p. 500.

quelque temps après leur arrivée à Paris, obtient de l'épouser. Vaniteux et fat, il multiplie, du vivant d'Henri IV, incidents et querelles dont il ne se tire pas toujours à son avantage. Après la mort du Roi, il entend bien profiter de l'emprise de sa compagne sur l'esprit de la Reine-Régente pour diriger à sa guise et à son profit le gouvernement de la France.

Curieux couple, en vérité, que ce tandem où Concino Concini sans cesse se porte en avant, alors que le vrai pouvoir appartient à Leonora. Femme de l'ombre, celle-ci « se gouvernait avec cette modestie en sa faveur, qu'elle ne se souciait pas que l'on crût que le principe en fût en son mari ou en elle, bien qu'elle en fût l'âme et le lien, tant pour ce que c'était elle que la Reine aimait, que pour ce que le feu de l'ambition de son mari le faisait aller si vite et avec si peu de précaution en sa conduite envers la Reine qu'il manquait de l'adresse nécessaire pour en obtenir quelque chose, où elle, au contraire, par la sienne, venait à bout de ce que la Reine par son inclination ne voulait pas [6] ».

En lisant, à Luçon, les rapports que l'abbé de La Cochère, scrupuleusement, lui adresse, Richelieu devine que quelque chose commence à bouger dans le gouvernement de la France. L'avidité des Grands, la faveur de Concini, autant d'indices qui démontrent que, sous l'apparence de la continuité et de la stabilité, une nouvelle donne se prépare dans le petit monde de la politique. Et cela signifie que des chances plus grandes s'offrent à des nouveaux venus, jeunes et ambitieux, comme l'évêque de Luçon.

Avant, cependant, de se rendre à Paris afin de renifler les choses par lui-même, Richelieu se préoccupe une fois de plus de son image. Pour ce faire, il écrit à un certain nombre de ses amis et relations en chargeant l'abbé de La Cochère d'observer les résultats produits par ces différents messages. L'abbé s'en acquitte fidèlement. Le Père Cotton, rapporte-t-il, ne tarit pas d'éloges, de même que Monseigneur de Sourdis qui « dit beaucoup de bien de vous selon la réputation que vos mérites vous ont acquise par toute la France. » Le plus élogieux cependant semble être le cardinal du Perron, qui aurait dit « qu'il ne fallait point vous mettre parmi les jeunes, que les plus vieux devaient vous céder et que pour lui, il en désirait montrer l'exemple aux autres ». L'abbé de La Cochère en rajoute sans doute un peu, mais l'évêque de Luçon se satisfait de ces réponses et juge qu'elles justifient sa décision d'aller à Paris.

---

6. Richelieu, *Mémoires*, Éd. Michaud et Poujoulat, Paris, Firmin Didot, 1837, T. I, pp. 169-170.

Monsieur de Luçon monte a Paris

Richelieu arrive dans la capitale au mois de juillet 1610, et s'installe dans le pied-à-terre que lui a préparé Madame de Bourges, rue des Blancs-Manteaux, à quelques pas du Louvre. Il entame aussitôt, avec l'aide de son frère, une série de visites.

Il va d'abord voir les ministres en place. Sully lui fait grise mine. Les autres membres du gouvernement, Villeroy, le Président Jeannin, le Chancelier Brûlart de Sillery, ont bien autre chose à faire que de se soucier des moyens de satisfaire la jeune ambition de l'évêque de Luçon. Celui-ci se rabat alors sur la prédication, où il excelle. Il prêche dans quelques églises parisiennes, avec succès. Mais cela ne suffit pas pour attirer sur lui l'attention des membres du gouvernement, ni surtout celle de la Reine-Régente. Alors Richelieu, mettant en pratique les préceptes de ses *Instructions et Maximes*, s'applique à observer ce qui se passe à la Cour.

Le système de gouvernement inauguré au lendemain de la mort du Roi repose sur deux principes : combler les Grands de largesses, et les Concini de faveurs.

Les libéralités accordées aux princes ne choquent ni ne scandalisent Richelieu. Elles lui paraissent à la fois normales, et plutôt habiles de la part de Marie de Médicis. « Beaucoup ont pensé qu'elle eût mieux fait de ne pas en user ainsi », écrira-t-il plus tard dans ses *Mémoires*, « et que la sévérité eût été meilleure, parce qu'on perd plutôt la mémoire des bienfaits que des châtiments, et que la crainte retient plus que l'amour. Mais ce n'est pas un mauvais conseil de retenir en certaines occasions, semblables à celles de la régence, les esprits remuants avec des chaînes d'or. Il y a quelquefois du gain à prendre en cette sorte, et il ne se trouve point de rentes plus assurées aux Rois que celles que leur libéralité constitue sur les affections de leurs sujets ; les gratifications portent leurs intérêts en temps et lieu [7]. »

Mais cette politique a ses limites. La fidélité des Grands, dépendant exclusivement de leurs intérêts, se montre par définition fugace et changeante. « Tant qu'il y aura de l'argent dans l'Épargne [le Trésor royal] pour satisfaire à l'appétit déréglé d'un chacun, les divisions demeureront dans le cabinet et dans la Cour, et le repos de la France ne sera pas ouvertement troublé ; mais lorsque les coffres de l'Épargne seront épuisés, la discorde s'étendra dans les provinces, et partagera la France [8]. »

7. Richelieu, *Mémoires*, Éd. Michaud et Poujoulat, Paris, Firmin Didot, 1837, T. I, p. 31.
8. Richelieu, *Mémoires*, Éd. Michaud et Poujoulat, Paris, Firmin Didot, 1837, T. I, p. 29.

Quant à l'ascension des Concini, elle se confirme et s'accélère. A la fin du mois d'août, la Reine donne à Leonora l'argent nécessaire pour acheter le marquisat d'Ancre. Au début du mois de septembre, c'est le tour du gouvernement de Péronne, Roye et Montdidier, les trois principales places fortes de la frontière de Picardie, vendu pour 40 000 livres. Quelques jours plus tard, Leonora se trouve exemptée de tous les droits et impôts qui pouvaient être dus sur ses terres d'Ancre. Le 13 septembre, Concini prête serment pour le gouvernement des trois places picardes. Le 27 septembre, le voici de nouveau devant Louis XIII, prêtant serment pour la charge de Premier Gentilhomme du Roi qu'il vient d'acheter 192 000 livres, grâce à l'argent donné à cet effet par la Reine. Concini est maintenant l'un des personnages les plus éminents de la Cour. Il vient, dans l'ordre des préséances, juste après le Grand Écuyer. Il a le droit d'entrer à cheval au palais et, quand on le raccompagne, il faut l'escorter jusqu'à la rue. Sa nouvelle dignité lui confère le titre d'Illustrissime auquel il se montrera passionnément attaché.

Voilà l'homme que Richelieu voudrait séduire, convaincre de faire appel à ses talents. L'auteur des *Instructions et Maximes* respecte l'influence des favoris. Mais comment attirer l'attention de Leonora, de Concino Concini ? Les Florentins sont méfiants, et bien trop occupés à bâtir leur fortune et leur influence pour se prêter aux travaux d'approche de l'évêque de Luçon.

Sagement, Richelieu décide de regagner son diocèse. Il n'a guère progressé, en apparence, mais quelle manne de renseignements glanés à bonne source ! C'est plutôt satisfait de son voyage dans la capitale que Richelieu, l'automne venu, retourne s'installer à Coussay.

CHAPITRE VI

Les grandes manœuvres

L'EXPÉDITION DE JULIERS

L'une des tâches les plus urgentes auxquelles se trouvait confrontée la régence en mai 1610, au lendemain de l'assassinat d'Henri IV, était la définition d'une politique dans l'affaire de la succession de Clèves et de Juliers. La mort du Roi survient pratiquement à la veille du départ en campagne des armées françaises : le début des opérations avait été fixé au 19 mai, date à laquelle Henri IV devait prendre personnellement le commandement des 10 000 hommes massés en Champagne pour les conduire jusqu'à Juliers, tandis qu'une autre armée, forte celle-là de 8 000 hommes, quitterait le Dauphiné en direction de la Savoie et du Piémont afin d'opérer en Lombardie.

La disparition du Roi semblait remettre en question ces projets, ainsi que les plans qui prévoyaient une offensive sur les Pyrénées et le déclenchement contre les possessions allemandes de la Maison d'Autriche d'attaques combinées de la part des puissances protestantes du Nord. Les ministres de Marie de Médicis persuadent la Régente de ne pas tout annuler. L'expédition de Juliers est donc maintenue, mais avec des objectifs limités, et toutes les autres offensives prévues sont gelées.

L'armée de Champagne est confiée au maréchal de La Châtre, un catholique modéré, d'un tempérament calme et posé. On prend grand soin de rappeler que l'intervention n'est nullement dirigée contre le Roi d'Espagne, pas plus que contre l'Empereur. Elle a simplement pour but de prêter main-forte aux troupes protestantes de l'Union de Halle, alliées du royaume de France, contre les forces de la Ligue catholique qui, sous le commandement de Maximilien de Bavière, leur disputent la possession de Juliers. L'armée française se présente aux frontières du Luxembourg. On sollicite du Roi d'Espagne l'autorisation de traverser cette province, qui relève de sa souveraineté au titre des Pays-Bas espagnols. Après quelques hésitations, Madrid donne son accord. A la fin du mois de juillet, les forces de l'Union protestante avaient commencé le blocus de Juliers. L'arrivée des troupes du maréchal de La Châtre dans les derniers jours d'août donne le signal de l'assaut qui aboutit, le 3 septembre 1610, à la chute de la place. Le succès a été rapide et peu coûteux en vies humaines. La prise de Juliers servira de thème, 15 ans plus tard, à l'un des principaux tableaux de la série de l' « Histoire de sa vie » que Marie de Médicis fera peindre pour sa plus grande gloire par Rubens.

L'expédition marque en réalité la liquidation de la politique extérieure d'Henri IV. Le duc de Savoie, fort des engagements convenus dans le cadre du Traité de Brussol, a pris l'offensive contre les forces de Madrid en Lombardie. L'abstention de l'armée française du Dauphiné le place dans une situation difficile ; par ailleurs, les subsides promis n'arrivent pas. Aux alarmes du duc, Marie de Médicis fait d'abord répondre que son gouvernement se montrera fidèle à la parole donnée ; devant son insistance, elle finit par jeter le masque, déclare qu'elle ne fournira ni soldats ni argent, et lui conseille de chercher un accommodement avec le Roi d'Espagne. On ne fait rien pour ménager la Savoie, au contraire. Henri IV avait promis de marier sa fille Élisabeth au fils aîné du duc, le prince de Piémont. Or voici que le gouvernement espagnol remet en avant sa proposition d'une double union matrimoniale entre les familles régnantes de Paris et de Madrid : Louis XIII épouserait l'aînée des filles de Philippe III d'Espagne, tandis qu'Élisabeth deviendrait la femme de l'Infant Philippe, héritier de la couronne d'Espagne. Cette offre provoque chez Marie de Médicis des transports de joie. Que pèsent dès lors les engagements pris à l'égard du duc de Savoie ? Celui-ci est bien obligé de suivre le conseil donné par Marie de Médicis ; dans les premiers jours de janvier 1611, son fils vient humblement demander le pardon de l'Espagne à Philippe III, qui le lui accorde avec condescendance.

Sully s'en va

En ce début d'année 1611, les choses commencent à bouger au sein du gouvernement de la France. En janvier, Sully décide tout à coup de prendre sa retraite. Son départ fait figure de symbole. Il était inévitable. Sully est, en effet, de tous les anciens collaborateurs d'Henri IV, celui que Marie de Médicis haïssait le plus. Il s'était bien souvent heurté à elle, soit en se trouvant mêlé aux scènes de la vie conjugale à l'intérieur du couple royal, soit en opposant des refus hautains et cassants aux perpétuelles demandes d'argent dont elle l'accablait. Il détestait Concini et Leonora, qui le lui rendaient bien. Il critiquait enfin la politique complaisante de Marie de Médicis à l'égard des Grands, qui consistait à acheter leur bonne volonté et leur docilité. Sully se démet de ses deux principales charges : la surintendance des Finances et le gouvernement de la Bastille — la Bastille, où se trouve le trésor de guerre patiemment amassé au fil des ans pour financer des opérations exceptionnelles ou permettre de faire face à un conflit, et qui excite au plus haut point les convoitises de la Régente.

Le départ de Sully alarme les protestants ; il n'est d'ailleurs pas certain que l'ancien ministre d'Henri IV n'ait pas quelque peu soufflé sur le feu, dans l'espoir que l'agitation de ses coreligionnaires obligerait Marie de Médicis à solliciter son retour au sein du gouvernement. Les délégués réformés réunis à Saumur prêtent en tout cas une oreille complaisante aux propos martiaux du duc de Rohan, gendre de Sully, qui plaide en faveur de la mise sur pied d'une organisation militaire propre à Messieurs de la religion.

Une situation fluide et insaisissable comme celle qui s'annonce est riche de possibilités ; l'évêque de Luçon n'entend pas être le dernier à en profiter. Le retour des beaux jours le jette à nouveau sur la route de Paris. Au printemps 1611, Richelieu refait son apparition dans la capitale. Cette fois, ce n'est plus l'abbé de La Cochère, mais François Leclerc du Tremblay, un Capucin, plus connu sous le nom du Père Joseph, qui lui sert d'introducteur auprès de la Reine-Mère. Le Père Joseph est en effet très bien vu de Marie de Médicis, dont l'appui est toujours acquis à ceux qui ont, comme lui, épousé la cause de l'Église catholique dans ses formes les plus militantes.

Le Père Joseph

François Leclerc du Tremblay, né le 4 novembre 1577, est le fils aîné de Jean Leclerc, Chancelier du duc d'Alençon et premier Président des requêtes du Palais, et de Marie de La Fayette. Du côté paternel, il descend d'une lignée de magistrats ; la famille de sa mère appartient à la noblesse terrienne. Son grand-père maternel, Claude de La Fayette, possédait quatre baronnies, dont l'une, léguée à François, lui vaudra de porter pendant quelques années le nom de baron de Maffliers.

Si la famille de La Fayette était de fort ancienne noblesse, elle était en revanche complètement désargentée. Les Leclerc, eux, étaient beaucoup plus fortunés. Le mariage, même arrangé pour des raisons d'argent, devait se révéler heureux, et François Leclerc, avec sa sœur Marie et son frère Charles, vécut dans une atmosphère familiale extrêmement unie et soudée jusqu'à la mort de son père, survenue alors qu'il avait 11 ans.

Dès sa plus petite enfance, François Leclerc du Tremblay apparaît comme un garçon très introverti et d'une intelligence exceptionnellement précoce. A l'âge de 4 ans, il apprend déjà le latin, et peu après se met au grec ; il maîtrise bientôt parfaitement les deux langues. Il n'a que 10 ans lorsque ses maîtres le choisissent pour prononcer une oraison funèbre sur Ronsard, en latin, qui dure une grande heure de temps. François Leclerc était également doté d'une très vive sensibilité. A peine âgé de 4 ans, il avait été un jour admis à table avec les grandes personnes — ses parents et quelques invités ; il demande tout à coup la parole ; on la lui donne en souriant sous cape, car on s'attend à une petite histoire puérile ; à la surprise générale, François se met à raconter la Passion, décrivant les souffrances du Christ avec une telle vivacité de peinture, une telle justesse dans le choix des termes que tous les assistants sont profondément remués tandis que lui-même, en finissant, s'effondre en larmes.

Rien ne destinait cependant François Leclerc du Tremblay à une carrière ecclésiastique. A l'âge de 8 ans, il est envoyé au collège à Paris pour suivre le cursus traditionnel des fils de la noblesse. Il fait des études brillantes. Parmi ses condisciples, Pierre de Bérulle, aussi doué que lui, avec lequel il se lie d'une amitié qui ne se démentira jamais.

Le premier appel de la vocation se manifeste alors qu'il n'a que 14 ans. François a même envisagé, un moment, de s'enfuir en pleine nuit du domicile familial pour aller s'enfermer dans un couvent. On l'en dissuade, mais il fait vœu de se consacrer désormais exclusivement à Dieu.

François Leclerc, à 18 ans, termine ses études secondaires et entre à l'Académie Pluvinel. Il obtient son brevet de gentilhomme en moins d'un an et, après quelques mois de voyage en Italie et en Allemagne, fait son entrée à la Cour. Henri IV remarque le jeune baron de Maffliers ; Gabrielle d'Estrées, la maîtresse du Roi, le surnomme « le Cicéron de la France et de son époque ». François est beau, intelligent, mais d'une extrême discrétion, et son enthousiasme naturel cède, quand il le faut, devant la prudence. Il passe une année à la Cour. Son apprentissage se poursuit par le baptême du feu qu'il reçoit en 1597, lors du siège d'Amiens. La même année 1597 le voit faire ses premières armes dans la diplomatie à l'occasion d'un voyage en Angleterre avec l'un de ses parents éloignés, envoyé en mission auprès de la Reine Élisabeth.

Le voyage d'Angleterre décide de l'orientation future de son existence. François Leclerc découvre là-bas l'insondable mystère de la grâce : ces Anglais, si agréables et si intelligents, le futur Père Joseph a brusquement la révélation qu'ils sont irrémédiablement damnés, faute d'être en communion avec l'Église catholique, apostolique et romaine. Grave débat, qui le précipite dès son retour en France chez son confesseur, le docteur André du Val, lequel, après l'avoir attentivement écouté, lui donne un petit livre paru pendant son séjour outre-Manche et qui s'intitule *Bref discours sur l'abnégation intérieure.* Son auteur : Pierre de Bérulle, l'ancien condisciple et ami de François Leclerc, présentement étudiant de théologie à la Sorbonne.

André du Val, en ce début de l'année 1598, tient une place essentielle dans le cercle de Madame Acarie, qui vient d'accueillir Bérulle. Et voici qu'après avoir lu avec émotion le *Bref discours,* François Leclerc demande à se mettre au service de Dieu. Le docteur du Val l'adresse à Madame Acarie qui devine en lui la trempe d'un mystique, mais l'affecte dans l'immédiat aux œuvres de charité les plus dures et les plus humbles. Pendant une année entière, le jeune baron évolue dans les bas-fonds de Paris, soignant les miséreux, visitant les malades et les prisonniers. Le choc est rude ; François Leclerc est un moment tenté de se retirer complètement du monde pour s'enfermer à la Chartreuse. Il résiste, cependant, et s'oriente finalement vers les Capucins. Mais il faut d'abord demander l'autorisation de Madame Leclerc mère, qui est d'autant plus hostile à ce projet qu'elle vient d'arranger un beau mariage pour son fils, un mariage qui permettrait en même temps d'améliorer la situation financière peu brillante de la famille. François doit mobiliser le Père Benoît de Canfeld, le plus grand mystique du temps, supérieur du couvent des Capucins de Paris installé rue Saint-Honoré, pour fléchir sa mère. Le 2 février 1599, il revêt l'habit de novice au couvent d'Orléans.

Une dernière épreuve l'y attend ; Madame Leclerc tente de le reprendre en se faisant délivrer une injonction royale qui ordonne aux Capucins de lui rendre son fils. François doit déployer toute son éloquence pour persuader sa mère d'y renoncer, et lui faire admettre sa vocation.

Les Capucins sont une branche détachée des Franciscains. Leur règle est restée la plus proche de la règle d'origine fixée par saint François. La pauvreté y est strictement observée. Les maisons monastiques ne possèdent aucun bien, ni ouvertement, ni de façon dissimulée. Les besoins de leurs membres sont exclusivement satisfaits par la mendicité, et les couvents ne possèdent de provisions que pour quelques jours. Aucun frère ne peut se servir d'argent. L'habit de drap gris est si rarement renouvelé que les moines sont presque toujours en haillons. On marche pieds nus ou en sandales. La discipline est rigide, les jeûnes nombreux, les pénitences sévères. Le premier sommeil est interrompu par un office de minuit. En plus des exercices canoniques, le Capucin doit consacrer deux heures par jour à la prière individuelle. A l'extérieur du couvent, il n'est pas une minute en repos, prêche, sauve des âmes, secourt les pauvres. Les Capucins apparaissent comme les grands propagandistes de la foi catholique, dans les pays de Réforme, dans les campagnes où ils luttent contre la déchristianisation, et à l'étranger parmi les infidèles. De tous les religieux, ils sont certainement ceux que la population aime le plus. L'image du bon Capucin remplace celle du moine paillard qui a marqué le XVIe siècle. Le dévouement des frères est sans limites : brancardiers, fossoyeurs, infirmiers, ils savent confectionner pendant les temps de famine une soupe avec rien, et n'ont pas leur pareil pour fabriquer des médicaments, soignant les corps en même temps que les âmes. Richelieu, dans son évêché de Luçon, fait appel à eux, comme bien d'autres prélats de son époque, pour évangéliser les paysans et ramener des âmes protestantes à la foi catholique.

En dépit ou à cause des rigueurs de la discipline, des efforts héroïques qu'elle impose à chacun, à toute heure du jour et de la nuit, l'ordre des Capucins est extrêmement bien considéré par la noblesse, et nombreux sont les enfants de gentilshommes qui, tel François Leclerc du Tremblay, y adhèrent.

Après un an de noviciat à Orléans, le Père Joseph, car c'est ainsi désormais qu'il se nomme, prononce ses vœux à Paris puis est envoyé au séminaire des Capucins de Rouen. Il accomplit en deux ans le cycle des études ordinairement couvert en quatre. Il se distingue par sa piété, par la rigueur des pénitences qu'il s'inflige. Il accomplit ses dévotions debout, pieds nus sur la dalle. Quand la fatigue le gagne, il se tient sur une seule jambe. D'aucuns le trouvent un peu exalté, mais nul ne discute ses qualités intellectuelles ni son aptitude au mysticisme. Le Père Ange de Joyeuse, un ancien Ligueur devenu l'une des personnalités les plus respectées de l'ordre, le remarque lors d'un voyage à Rouen en 1601 : « Le Père Joseph », note-t-il, « est le parfait Capucin et le religieux le plus accompli de sa province, voire de tout l'ordre. »

En 1603, le Père Joseph quitte le séminaire. Il est nommé maître de philosophie au couvent de la rue Saint-Honoré à Paris mais n'exercera que pendant un an, car il souffre de troubles de la vue qui le laisseront bientôt à demi-aveugle, et l'empêchent dès à présent de poursuivre une carrière d'enseignant et de chercheur. En 1604, il est ordonné prêtre, et se voit chargé d'animer la maison des Capucins située à Meudon. On a peine à imaginer ce que pouvait être alors cette contrée si proche de Paris. Les guerres de Religion y avaient laissé des traces profondes. Durant les sièges successifs de la capitale, la plupart des villages avaient été incendiés, les arbres coupés, beaucoup d'églises pillées. Dans certaines paroisses, il n'y avait plus de curé et ceux qui restent ne donnent guère l'exemple d'une vie bien édifiante. Le Père Joseph déploie un zèle missionnaire incomparable. Sa réputation grandit au point que les églises deviennent trop petites pour contenir les fidèles venus l'écouter ; il prêche en plein air. De Paris, on lui adresse en renfort d'autres Capucins afin d'encadrer la piété renaissante des populations.

L'année suivante, on l'envoie prêcher en province. Nommé à l'automne 1605 supérieur de la maison des Capucins à Bourges, il enseigne les différentes manières de prier, de faire monter vers Dieu ses élans, ses enthousiasmes, ses doutes aussi. « Un homme qui néglige ce devoir d'oraison est aveugle », écrit-il alors, « ne distinguant pas ses amis de ses ennemis. On ne regrette jamais assez la perte qu'entraîne cette paresseuse négligence, perte des grâces inestimables conférées à l'âme par la conversation avec Dieu. »

La réforme de Fontevrault : naissance d'une amitié

Le Père Joseph devient l'une des plus sûres valeurs de son ordre. Chaque fois que se présentent un cas difficile, une situation délicate, c'est à lui qu'on fait appel. Au début du printemps de 1606, le voici qui prêche au Mans, à Angers, à Saumur. C'est un honneur redoutable. Saumur, sous l'administration de Duplessis-Mornay, est l'un des foyers du protestantisme. Les catholiques sont minoritaires dans la ville. Le Père Joseph songe que la création d'un couvent de Capucins serait certainement de la plus grande utilité pour soutenir leur foi. Il en parle au chef de l'ordre, qui approuve le projet, en lui laissant carte blanche sur le moyen de le mener à bien. Duplessis-Mornay, qui a toujours respecté l'exercice du culte catholique à Saumur, s'est en revanche opposé avec succès à l'installation de religieux. Le Père Joseph échafaude un projet destiné à lui permettre d'emporter l'obstacle. A quelques kilomètres de Saumur, la vieille abbaye royale de Fontevrault est dirigée par une princesse du sang, Éléonore de Bourbon, tante d'Henri IV. Le Père Joseph la convainc d'intervenir auprès de Duplessis-Mornay pour qu'il autorise l'établissement d'une maison de Capucins. Duplessis-Mornay ne peut prendre le risque de se faire une ennemie de la tante du Roi, et doit s'incliner. Il s'écoulera cependant trois ans avant que les travaux de construction ne débutent mais en 1609, enfin, la première pierre est posée en présence du Père Joseph qui savoure modestement son triomphe.

L'intervention d'Éléonore de Bourbon devait avoir une conséquence imprévue sur la carrière du bon Père. L'abbesse de Fontevrault se prend en effet de sympathie pour ce jeune Capucin qui a gardé ses manières de gentilhomme tout en vivant intensément sa foi. Elle découvre que sa conversation est pleine de charme, admire son habileté consommée ; bref, elle voit en lui l'homme le plus apte à la conseiller pour la réussite de l'œuvre à laquelle elle voudrait attacher son nom avant de mourir : la réforme de l'abbaye.

Fontevrault ne figure pas parmi les couvents à scandales. Les religieuses observent le vœu de chasteté et, dans l'ensemble, celui d'obéissance. Mais, toutes issues des plus grandes familles du royaume, elles disposent de revenus importants, ont domestiques et serviteurs : le vœu de pauvreté est quotidiennement bravé. Comment s'y prendre pour ramener un peu de rigueur sans provoquer une révolte ouverte, tel est le problème auquel se trouve confrontée la digne Madame de Bourbon. D'autant qu'il existe aussi au couvent un parti d'ultras qui groupe, autour de la coadjutrice de l'abbesse, sa nièce Antoinette d'Orléans, un certain nombre de religieuses dont le rêve serait de créer à Fontevrault une communauté uniquement consacrée à la vie contemplative.

Au milieu de ces exigences contradictoires, le Père Joseph évolue avec adresse. Il élabore deux plans, l'un de réforme modérée pour Madame de Bourbon, l'autre de réforme plus radicale à l'intention de Madame d'Orléans. Avec cette dernière, les choses iront vite et une communauté s'organise autour de la jeune coadjutrice ; en 1617, elle obtiendra son autonomie sous le nom de Congrégation de Notre-Dame-du-Calvaire. Les filles du Calvaire, dont la dévotion principale consiste à revivre les souffrances de Marie, abîmée au pied de la croix où agonise son fils, représenteront toujours pour le Père Joseph l'un des pôles majeurs de son activité. Malgré les lourdes fonctions religieuses et politiques qui seront plus tard les siennes, il ne négligera jamais de les conseiller, d'orienter leur spiritualité, de les guider dans les problèmes quotidiens de la morale et de la pratique religieuse.

Avec Madame de Bourbon, les choses sont plus difficiles. Qu'elle était belle la réforme quand on pouvait la rêver de loin ! Comme elle paraît redoutable, au contraire, lorsque le terme approche et qu'il faut songer à se séparer de ses belles robes, de sa domesticité nombreuse. Le Père Joseph écoute avec douceur et patience les objections et les scrupules de ces dames, qu'il conduit pas à pas, sans jamais les contraindre, sur le chemin de la réforme. Cette tâche délicate mobilise un temps considérable. Le Père Joseph, supérieur des couvents de Capucins de Rennes, puis de Chinon et de Tours, a bien d'autres chats à fouetter, et songe un jour qu'il serait plus sage de partager ce fardeau avec quelqu'un. Il faut un homme de la même trempe que lui, c'est-à-dire habile, avec des manières aristocratiques et un zèle profond pour la réforme religieuse. Il doit en outre résider dans un rayon relativement proche de Fontevrault. Ce profil idéal ne serait-il pas celui de l'évêque de Luçon ? Lorsque le Père Joseph commence à caresser cette idée, vers la fin de l'année 1609, Armand du Plessis de Richelieu, à

24 ans seulement, est déjà l'un des évêques les plus en vue du royaume. Le brio de ses sermons, son souci permanent d'agir sur le terrain, la prédilection qu'il manifeste vis-à-vis de l'ordre des Capucins, régulièrement mis à contribution pour lui fournir les missionnaires propres à raffermir la foi de ses ouailles, semblent le désigner tout particulièrement pour aider le Père Joseph dans sa tâche de réformateur de Fontevrault. Nos deux compères se rencontrent, s'apprécient, et se lient d'une inébranlable amitié qui durera jusqu'à la mort.

Richelieu admire chez son nouvel ami la pénétrante intelligence, la patience, la persévérance, qui lui ont déjà valu tant de succès. Il s'enchante de la double nature qui se révèle en lui. L'authentique mysticisme du Père Joseph, ses talents de prédicateur un peu prophétique, lui valent le surnom d'Ézéchieli. Quand Richelieu veut au contraire mettre l'accent sur son personnage de négociateur impénétrable et de manipulateur sans égal, le Capucin devient Tenebroso-Cavernoso. Quoi qu'il en soit, le Père Joseph lui apporte un tremplin inespéré pour la réussite des grandes manœuvres qui doivent conduire l'évêque de Luçon dans les allées du pouvoir.

La réforme de l'abbaye de Fontevrault est une affaire importante, et qui passionne la Reine-Mère. Marie de Médicis accorde sans réticences au Père Joseph l'audience qu'il a sollicitée afin de l'entretenir de l'état d'avancement de l'entreprise et de lui présenter celui qui va l'aider en se chargeant à l'avenir de suivre les choses sur le terrain, Monsieur de Luçon. Richelieu profite de l'occasion pour se mettre discrètement en valeur, et rappeler au passage que le défunt Roi s'était déjà intéressé à lui. Il se retire plutôt satisfait de l'entrevue.

Premières alarmes. Un évêque qui se pousse

Lorsque Richelieu revient à Luçon, il trouve ses fidèles en ébullition. Le diocèse est à l'image de cette vaste région du Centre-Ouest de la France, profondément divisée entre catholiques et protestants : Saumur est à 100 kilomètres, La Rochelle à 40 kilomètres à peine. Après la réunion de leurs députés à Saumur, qui s'achève le 12 septembre 1611, les huguenots restent sur le qui-vive car l'évolution rapide qu'ils décèlent dans la politique étrangère menée par Marie de Médicis les plonge dans de vives alarmes. La réalisation des mariages espagnols est devenue l'objectif majeur de Marie de Médicis. Elle y voit la consécration de la mission qu'on lui a confiée en la mariant à Henri IV : amarrer solidement la France dans le camp des puissances catholiques. C'est bien ce qui inquiète les protestants.

Richelieu se garde de souffler sur le feu, mais il juge l'occasion favorable pour lui permettre de se faire remarquer comme un loyal serviteur de la cause royale. Un représentant de la couronne, Monsieur de Vic, a été envoyé à Poitiers pour régler un certain nombre de différends qui se sont élevés entre catholiques et protestants. Il n'aura pas trop du concours de toutes les bonnes volontés s'il veut mener sa mission à bien. L'évêque de Luçon lui propose son aide. En même temps, il écrit au secrétaire d'État chargé des affaires religieuses, Monsieur de Pontchartrain, pour l'informer de sa démarche, et en profite pour lui donner également des informations sur les menées des réformés dans la province. Après un éloge appuyé de la sage et prudente politique de Marie de Médicis, il termine sa lettre par cette adroite sollicitation : « Si vous jugez à propos de faire entendre à la Reine ce que je vous mande, parce qu'elle me commanda, lorsque je partis, de l'avertir de ce qui se passerait par-deçà, vous en userez comme vous le jugerez bon. »

On ne sait si Pontchartrain a répondu à l'attente de Richelieu, mais il est clair que la savante campagne que mène Monsieur de Luçon pour se rapprocher de la Reine-Mère commence à produire ses fruits. Le voici en effet revenu à Paris lors des fêtes de Carême de 1612. Il prêche en l'église Saint-André-des-Arts, et il a cette fois le bonheur de voir le Roi, la Reine-Mère, les personnalités les plus en vue de la Cour, se presser autour de sa chaire.

Au cours des mois qui se sont écoulés depuis son précédent séjour dans la capitale, le climat politique s'est considérablement assombri. Si le rapprochement de Marie de Médicis avec l'Espagne inquiète les protestants, il préoccupe tout autant les Grands. Ceux-ci avaient pris l'habitude, pendant les guerres de Religion, de regarder du côté de Madrid ; l'intervention de l'Espagne dans les affaires françaises a été maintes fois sollicitée, voire encouragée, par nombre d'entre eux, car elle leur offre la possibilité de pressions sans fin sur un gouvernement faible. La mort d'Henri IV est une chance providentielle pour eux. Encore faut-il que le gouvernement de la régence réponde à leurs espérances, en se montrant hors d'état de résister à leurs exigences matérielles (des pensions, des charges fructueuses) et morales (un partage du pouvoir) ; si l'entente de la Reine-Mère avec Madrid les prive du moyen de chantage que constitue la menace d'en appeler à l'Espagne, rien ne va plus.

Après un premier temps de flottement, les Grands réagissent. Ils recommencent à mettre en cause la légitimité de la régence, réclamant la réunion des États-Généraux, seule instance capable d'avaliser et de consacrer de son autorité les pouvoirs que la Reine-Mère s'est arrogés. Et ils ajoutent qu'une décision de l'importance des mariages espagnols doit, elle aussi, être soumise à l'accord de cette assemblée. Convocation des États-Généraux pour légitimer la fonction de Marie de Médicis, convocation des États-Généraux pour décider des orientations de la politique étrangère de la France telles qu'elles s'expriment à travers les mariages espagnols, voilà désormais le terrain sur lequel se place la revendication des princes.

Quelles qu'en soient les motivations, cette argumentation n'est pas sans fondement, et elle trouve un réel écho dans l'opinion. Marie de Médicis, confrontée à ce défi, se montre tour à tour habile et maladroite. D'un caractère autoritaire, mais mal préparée à l'exercice du pouvoir, elle a peu de goût pour les actions suivies, qui réclament constance et persévérance. Elle se livre parfois à des démonstrations de fermeté qui sont du plus heureux effet. En d'autres circonstances, au contraire, elle se désintéresse tellement des affaires que tout part à vau-l'eau.

A la fin de l'année 1611 et jusque dans les premiers jours de janvier 1612, des centaines, des milliers de gentilshommes se pressent à Paris. C'est en effet le moment où l'on arrête la liste des pensions. Ils sont ainsi plus de six mille à la Cour, cherchant à obtenir le maintien des avantages acquis, et si possible une augmentation. Des bagarres se produisent, au cours desquelles on voit s'affronter par clients interposés les deux grands clans dont l'antagonisme se dessine avec netteté, le parti des Guise, qui apporte un appui sans nuance à la Reine dans sa politique d'alliance avec l'Espagne catholique, et celui des Bourbons, dont les chefs de file, les trois princes du sang, Condé, Conti et Soissons, défendent des orientations plus nationales.

Conclusion des mariages espagnols

La Reine, pour couper court à l'effervescence grandissante et gagner ses ennemis de vitesse, décide de brusquer les événements en procédant, le 26 janvier 1612, à l'annonce officielle des mariages espagnols. Elle a convoqué le Conseil pour ce jour-là et prévenu ses membres qu'il doit donner lieu à une importante communication. Ils sont tous présents, les ministres, les princes du sang, les grands officiers de la couronne. La Reine passe aussitôt la parole au Chancelier. Celui-ci rappelle les engagements contractés à l'égard du duc de Savoie qui prévoyaient le mariage de son fils avec la fille aînée du Roi de France. Mais les temps ont changé, explique-t-il, et la Reine s'est trouvée conduite à revenir sur la promesse autrefois donnée par Henri IV. Elle entend, en effet, remettre à son fils quand il sera devenu majeur un royaume paisible au-dedans et au-dehors, et elle a considéré que le mariage de sa fille Élisabeth avec l'héritier de la couronne d'Espagne constitue le plus sûr moyen d'y parvenir. Nul ne soulève d'objection. Quelques jours plus tard, on s'arrange pour que l'ambassadeur d'Espagne rencontre, par un hasard bien organisé, dans un couloir du Louvre, Marie de Médicis et Madame Élisabeth. L'ambassadeur s'agenouille devant Madame Élisabeth, et lui baise la main comme à sa future Reine. Le prince de Condé, Soissons, d'Épernon, le duc de Guise, la plupart des ministres, bien d'autres personnages importants, assistent à la scène. L'effet de surprise, la solennité du lieu, un réel sentiment de satisfaction chez beaucoup de ceux qui sont là : aucun murmure ne s'élève ; Marie de Médicis a gagné la première manche.

Les princes ne sont pas neutralisés pour autant. Condé reste le plus dangereux. N'osant exprimer ouvertement sa mauvaise humeur contre les mariages projetés, il s'en prend à Concini, accusé de soutenir les Guise et leur politique pro-espagnole. Il accompagne ses propos de menaces telles que Concini, soit réelle inquiétude, soit feignant la peur, s'entoure d'une garde nombreuse et armée jusqu'aux dents. Condé s'en offusque, se déclare offensé, et quitte brusquement Paris.

Soissons attaque sur un autre front en demandant la communication des livres de dépenses pour l'année écoulée. Marie de Médicis est d'avis de la lui refuser, mais ses ministres suggèrent plutôt de proposer au prince de venir au Louvre prendre connaissance des registres en leur présence. Soissons éclate en clameurs indignées : il ne réclame pas l'octroi d'une faveur, proteste-t-il, mais la satisfaction de ses droits, car les ministres ont vis-à-vis des princes du sang, qui sont collectivement tuteurs du jeune Roi mineur, une obligation permanente de rendre compte. Et, tout en faisant le procès du gouvernement, il met en cause, une nouvelle fois, la légitimité de la régence : « Quand nous allons au Conseil, on ne nous montre que trois ou quatre méchantes lettres, et la gazette, et tout le reste qui est important se fait en secret, sans qu'on nous dise quoi que ce soit jusqu'au moment où les choses sont acquises... On marie le Roi et on nous en rend compte après coup ; le Grand Chancelier doit s'occuper des affaires de justice, Villeroy doit donner des conseils et écrire ce qu'on lui commande ; les ministres n'ont pas à prendre des décisions et à agir de leur propre mouvement. Et si la Reine est Régente, je ne sais pas de quelle manière elle l'est, car je ne sache pas que les États-Généraux se soient réunis pour l'élire ; je ne sache pas que le Roi Henri ait laissé des instructions par testament, et encore moins que le Parlement ait autorité pour l'élire ; je sais fort bien le contraire [1]. » La conclusion logique de tels propos s'imposait d'elle-même : nul n'est surpris d'apprendre, quelques jours plus tard, que le comte de Soissons se retire dans ses terres.

Condé et Soissons hors de Paris, et prêts à ouvrir une crise de

---

1. Dépêche de l'ambassadeur florentin Matteo Botti, 26 février 1612.

régime, la menace est sérieuse. Afin de ne pas perdre les avantages initiaux que sa détermination lui a valus, Marie de Médicis précipite sa course en avant : elle décide de donner un caractère officiel et public aux projets de mariages espagnols qui n'ont agité jusque-là que les chancelleries et un cercle restreint d'initiés. Le 25 mars, à 10 heures du soir, dans la grande galerie du Louvre, en présence de toute la Cour, des princes sauf Condé et Soissons, des Grands, des gentilshommes de tout rang, des ministres, des maréchaux de France, des grands dignitaires des différentes Maisons royales et princières, l'ambassadeur d'Espagne, après avoir fait sa révérence à Louis XIII, s'incline profondément devant Madame Élisabeth. La future Reine de Madrid est habillée à la mode espagnole d'une robe de toile d'argent couverte d'une garniture d'or. Le chapeau à la main, l'ambassadeur lui adresse son compliment, restant selon l'usage espagnol constamment agenouillé à ses pieds. C'est un événement, qui marque le retour de la France dans le concert des nations catholiques. Sa signification n'échappe à personne.

Le grand public, le peuple de Paris, s'y trouvent peu après associés. Marie de Médicis fait préparer un vaste programme de fêtes et de réjouissances populaires. Les 5, 6 et 7 avril un somptueux carrousel déroule ses fastes dans le décor imposant de la Place Royale, l'actuelle Place des Vosges, dont les travaux viennent tout juste de s'achever. Le thème en est la lutte pour une construction d'allure moyenâgeuse édifiée sur la place, le Château de la Félicité. Un parti de chevaliers défend le château, un autre prétend s'en emparer. Les Guise, les Grands de la Cour, sont au premier rang des combattants. Un prince du sang est là, dans les tribunes, le prince de Conti, que ses infirmités empêchent de participer aux joutes. Chaque soir, les rues de Paris sont illuminées, le Roi et la Reine-Mère défilent sous les acclamations de la foule. Un ambassadeur trône à la place d'honneur, le représentant de Madrid. Le dernier jour, la fête s'achève dans l'embrasement du Château de la Félicité au milieu d'un superbe feu d'artifice.

Marie de Médicis a besoin, cependant, d'obtenir l'adhésion explicite de Condé et de Soissons aux mariages espagnols. Par l'esprit de décision dont elle a fait preuve, elle les a convaincus du caractère illusoire d'une opposition de principe ; mais ils n'en sont que plus déterminés à marchander leur accord au plus haut prix. Villeroy et le Chancelier de Sillery aboutissent après d'âpres discussions à la mise sur pied d'un compromis, connu sous le nom de Pacte de Montigny. Dans ce document, qui porte la date du 26 mai 1612, Condé et Soissons, en leur qualité de co-tuteurs de Louis XIII et de Madame Élisabeth, acceptent de signer le traité de mariage concernant ces deux enfants. Marie de Médicis, en échange, promet de ne plus rien faire à l'avenir sans leur consentement, et chacun d'eux se voit octroyer une place forte à titre de place de sûreté. Le 31 mai, Condé et Soissons reviennent à Paris et, deux jours plus tard, gagnent Fontainebleau avec le reste de la Cour. Leur adhésion entraîne celle du prince de Conti.

Le 7 juillet 1612, le duc du Maine part pour Madrid ; il emporte avec lui le projet de contrat de mariage. Le 23 juillet, le secrétaire d'État Puisieux se met également en route pour lui apporter le renfort de son expérience. Quelques jours plus tard, le duc de Pastrana, ambassadeur extraordinaire de Philippe III, quitte Madrid en direction de Paris. Il fait, le 13 août, une entrée fastueuse dans la capitale. Le 16 août, il est officiellement présenté à Louis XIII, à Marie de Médicis et aux enfants royaux. Le 25 août 1612, jour de la saint-Louis, le contrat est solennellement signé ; les princes du sang ne mettent aucune difficulté à apposer leur paraphe sur le texte.

De grandes fêtes saluent l'importance de l'événement. Le 26 août, la première femme d'Henri IV, Marguerite de Valois, donne un bal dont l'éclat frappe les imaginations. Louis XIII y assiste, et les journaux de l'époque, les gazettes, s'extasient sur sa noble prestance et sur l'élégance de sa tenue. Madame Élisabeth est resplendissante, avec sa robe de satin vert que couvrent des broderies d'or, et une infinité de diamants semés sur sa tête et son corset.

Quelques jours plus tard, on reçoit de Madrid une dépêche annonçant que Philippe III, son fils aîné le prince des Asturies, futur Philippe IV, l'Infante Anne d'Autriche, promise à Louis XIII, et les grands officiers de la couronne d'Espagne, ont signé de leur côté le projet de contrat qu'avaient emporté le duc du Maine et Monsieur de Puisieux. Le 9 septembre 1612, le duc de Pastrana prend congé du Roi et de la Cour pour regagner son pays.

Trouble fin d'année 1612.
Monsieur de Luçon poursuit sa progression

Richelieu est rentré dans son évêché. Les allées du pouvoir, il y évolue maintenant à son aise. Il a noué d'utiles relations avec Concini et Leonora Galigaï, et trouvé en diverses circonstances l'occasion de se placer bien en vue sous le regard de la Reine-Mère. Il approuve hautement la politique que mène la Régente, en prenant soin de faire en sorte que ses propos soient rapportés à l'intéressée. Il est intimement persuadé, d'ailleurs, que l'alliance avec l'Espagne représente le parti de la sagesse, et qu'elle recueille l'approbation d'une grande majorité de la population. Au demeurant, il a compris, devant le spectacle de la rue parisienne, que le sentiment monarchique revêt une force irrésistible et que, face aux menées des princes, l'opinion reste foncièrement attachée à la personne du souverain.

Ce qui se passe au même moment chez les protestants lui en donne une nouvelle preuve. Rohan, mal content de la Reine en raison d'un conflit qui l'oppose à elle au sujet de la lieutenance de Saint-Jean-d'Angély, position-clé sur la Charente et l'une des principales places de sûreté accordées aux protestants par l'Édit de Nantes, convoque brusquement une assemblée politique des réformés pour le 20 octobre à La Rochelle. La réunion est justifiée par l'inquiétude que provoque l'orientation pro-espagnole du régime — l'union matrimoniale entre les couronnes de France et d'Espagne est principalement visée. Mais on souhaite aussi arracher au gouvernement l'autorisation de tenir des conseils provinciaux périodiques, l'exemption de la taille pour les pasteurs et la suppression du mot « prétendue » dans la formule « religion prétendue réformée » qui qualifie le protestantisme dans les actes officiels. Faute d'un accord préalable de la Reine sur la convocation de l'Assemblée de La Rochelle, celle-ci est illégale. Marie de Médicis, dont l'autorité se trouve directement bravée, s'efforce de gagner le duc de Rohan et, surtout, de détacher les villes protestantes d'un mouvement largement inspiré et animé par une minorité de grands seigneurs, qui se servent de la religion pour la satisfaction de leurs intérêts. De fait, ces villes se révèlent contentes du gouvernement de la Régente, profondément attachées à l'autorité monarchique, et avant tout soucieuses de paix civile. C'est une constatation on ne peut plus encourageante pour Marie de Médicis et pour ceux qui, tel Richelieu, sont épris d'ordre et de loyalisme. Ce devrait être un avertissement pour les trublions et les factieux.

Le plus remuant d'entre eux, le plus dangereux pour la Reine-Mère, disparaît précisément sur ces entrefaites. Richelieu reçoit à Luçon la nouvelle de la mort subite du comte de Soissons, survenue le 31 octobre 1612. Le comte est mort de la petite vérole, mais sa disparition apparaît comme trop providentielle pour qu'on n'accuse pas les Florentins de l'entourage de la Reine de l'avoir quelque peu facilitée. Le clan des Bourbons perd son meilleur chef : Condé est un homme plus colérique que vraiment intelligent ; quant au malheureux prince de Conti, son état de santé lui interdit de jouer un rôle actif. Richelieu, bien qu'il ait épousé le parti de la Reine-Mère, ne manque pas d'écrire à la veuve du comte de Soissons une belle lettre de condoléances. Mais il multiplie parallèlement ses offres de service à l'égard des gens en place, le duc d'Épernon en particulier, colonel général de l'infanterie, dont les sentiments catholiques et pro-espagnols ne se sont jamais démentis et qui, de surcroît, est un peu le voisin de Richelieu puisqu'il est gouverneur de l'Angoumois.

L'année 1612 s'achève dans un calme relatif. D'aucuns s'inquiètent de la puissance croissante des Guise. Va-t-on voir revenir le temps des guerres de Religion ? Le jeune duc de Guise s'efforce de démentir de telles insinuations par un comportement d'une exemplaire loyauté vis-à-vis de la Reine-Mère. Mais le véritable problème est celui des finances. En 1611, les pensions atteignent le chiffre respectable de 4 millions de livres ; en 1612, elles dépassent les 5 millions. Les réserves constituées par Henri IV ne sont pas inépuisables, et l'on peut prévoir qu'à ce rythme les caisses de l'État seront vides d'ici la fin de l'année 1613. Or, sans argent, comment tenir, face aux revendications des Grands ? Comment mener en même temps une politique étrangère indépendante ?

Succession et guerre de Mantoue, 1613

A l'extérieur, précisément, de graves événements se produisent en Italie du Nord. Vincent de Gonzague, duc de Mantoue, beau-frère de Marie de Médicis par son mariage avec sa sœur aînée Éléonore, meurt en mars 1612. Son fils François lui succède sans encombre, bien que son voisin, le duc de Savoie, ait jugé l'occasion propice pour avancer des revendications sur le Montferrat, dépendance de Mantoue située dans la plaine du Pô, à cheval sur le fleuve. Les alarmes que l'on a pu nourrir un moment se calment cependant, lorsque le duc François à son tour meurt subitement, le 22 décembre 1612. Il laisse une veuve, Marguerite, qui est la fille du duc de Savoie, et une fillette de quatre ans, Marie. Le frère du défunt duc, le cardinal Ferdinand de Gonzague, assure la régence de la principauté en attendant que l'on sache si Marguerite, qui se dit enceinte, donnera le jour à un garçon ou à une fille. Dans le premier cas, Ferdinand se bornerait à assister Marguerite dans la régence du duché, dans le deuxième, il deviendrait lui-même duc de Mantoue, en abandonnant la dignité cardinalice. Or, à la fin du mois d'avril 1613, Marguerite avoue qu'elle n'est pas enceinte, déclare qu'elle est prête à épouser Ferdinand, puis sur un coup de tête se rend quelques jours plus tard auprès de son père le duc de Savoie. Ce dernier, sans crier gare, se jette sur le Montferrat dont il occupe les villes principales, à l'exception de la citadelle de Casal, position très forte au sud du Pô, sur la grande route qui mène de Gênes aux riches plaines de Lombardie et du Piémont.

A Paris, on est pris de court. Personne ne s'attendait à l'attaque brusquée du duc de Savoie. La Reine réagit avec passion. Ferdinand est son neveu, elle n'éprouve qu'antipathie pour le Savoyard. On peut d'ailleurs se demander si le duc, tout en satisfaisant ses appétits territoriaux, n'a pas un peu cherché à tirer en même temps vengeance de la manière dont Marie de Médicis l'a traité dans les premiers temps de la régence. Mais les ministres, et Villeroy tout le premier, montrent à la Reine-Mère l'impossibilité d'une intervention militaire, qui coûterait fort cher et risque de mécontenter Philippe III devenu, depuis le début de 1611, une sorte de protecteur du duc de Savoie. On s'enquiert donc prudemment auprès de Madrid de la position du gouvernement espagnol. Le 5 mai 1613, le gouverneur de Milan informe la Reine-Régente que l'action du duc de Savoie a été conduite à son insu, et qu'il mobilise ses troupes pour remettre les choses en l'état antérieur. Villeroy et les ministres sont ravis : cette dépêche dispense Paris d'intervenir, puisque ce sont les Espagnols qui vont se charger, sans qu'il en coûte rien à la France, de rétablir le statu quo. Marie de Médicis est partagée entre la déception de n'avoir pu cueillir quelques lauriers faciles aux dépens du duc de Savoie, et la satisfaction de montrer à ses détracteurs que les mariages espagnols, avant même d'avoir été célébrés, sont d'ores et déjà une bonne affaire pour la France.

La Reine-Mère, cependant, n'est pas très satisfaite de Villeroy. Elle trouve qu'il a un peu trop tendance à mener sa propre politique de préférence à celle de la Régente. Concini, en sous-main, l'entretient dans ce sentiment. A l'occasion de l'affaire de Mantoue, Marie de Médicis a pu constater que Villeroy la servait en traînant les pieds. Or, la crise, que l'on croyait sur le point de se régler, ne l'est pas du tout. Le gouverneur de Milan ne se presse pas de faire mouvement contre le duc, qui multiplie ses efforts pour venir à bout de la résistance de Casal. Villeroy nie la complicité désormais évidente entre la Savoie et l'Espagne, et continue de s'en tenir à la doctrine de la non-intervention. Concini en revanche est favorable à l'envoi d'une armée de secours à Ferdinand de Gonzague — mais à condition d'en être le chef. Contre cette prétention, Villeroy mobilise tous ceux que rend jaloux la fulgurante ascension du favori florentin, et Dieu sait s'ils sont nombreux. Bref, le gouvernement est totalement paralysé.

En définitive, ce sont les gentilshommes français qui vont sauver la situation. Des milliers d'entre eux se précipitent à Mantoue comme volontaires. Ceux qui ne partent pas exercent une pression croissante sur le ministère, taxé de pusillanimité, voire de lâcheté. Face aux Guise, gênés par leur alignement systématique sur la politique espagnole, Condé saisit l'occasion de gagner à bon compte une popularité facile. Il se rend à Fontainebleau, où séjourne la Cour et, devant le Conseil convoqué à sa demande, préconise une intervention militaire. Marie de Médicis est ravie. Son avis l'emporte ; contre Villeroy et contre le duc de Guise, le Conseil adopte à une large majorité le principe d'une expédition forte de 20 000 fantassins et 1 000 cavaliers, placée sous les ordres de trois généraux ; habilement, Condé propose de réserver à un membre de la famille de Guise l'un des postes de ce triumvirat. Le plus heureux de cette décision, avec Marie de Médicis, est sans conteste Louis XIII, qui déclare à sa mère à la sortie du Conseil : « Madame, je suis bien aise, il faut faire la guerre. »

Mis en échec, Villeroy ne s'avoue cependant pas battu. Il retarde le rassemblement de la force d'intervention en objectant à Marie de Médicis le manque d'argent. Lorsque Condé suggère de faire appel au trésor de la Bastille, qui a précisément été constitué par Henri IV et Sully afin de supporter les frais d'un conflit éventuel, Villeroy s'y oppose avec détermination. Pendant que se déroulent à Paris ces querelles de sérail, l'afflux des volontaires français fait pencher la balance sur le terrain en faveur du duc de Mantoue. Madrid en prend acte et, à la mi-juin, donne enfin l'ordre au gouverneur de Milan d'entrer en campagne contre le duc de Savoie. Celui-ci est obligé de lâcher prise. Quelques mois plus tard, un traité rétablit la situation antérieure et jette les bases d'une paix que l'on espère durable.

La crise de Mantoue se dégonfle aussi vite qu'elle était apparue. Condé, plein de rancœur, se juge frustré du bénéfice de la croisade qu'il avait entreprise en faveur d'une politique de fermeté. Quant à Marie de Médicis, toute son attention est de nouveau concentrée sur les problèmes intérieurs.

Effervescence à la Cour

Il en est d'agréables comme celui qui consiste à se pencher sur la réforme du couvent de Fontevrault. Éléonore de Bourbon s'est éteinte, chargée d'années et de vertus. Sur la proposition du Père Joseph, la Reine-Mère nomme aux fonctions d'abbesse une très grande dame, d'une piété et d'une vertu irréprochables, la duchesse de Lavedan.

Marie de Médicis est incontestablement séduite par les qualités de cœur et l'intelligence du Père Joseph. Comme tous les Italiens, elle ressent une vénération particulière pour les Capucins. Le Père Joseph n'est-il pas d'autre part l'un des éléments les plus remarquables de ce foyer de vie religieuse qui s'est constitué autour de Madame Acarie avec Benoît de Canfeld, Bérulle, d'autres encore ? La Reine-Mère, chez qui politique et religion se mêlent étroitement, prend plaisir à sauter, dans ses entretiens avec le bon Capucin, de la réforme de Fontevrault au projet de croisade contre les Turcs — le rêve du Père Joseph. Un nom revient souvent dans leurs propos : celui de l'évêque de Luçon, pour qui le Père Joseph professe une vive admiration, et dont l'intervention s'avère si utile à Fontevrault. Marie de Médicis se souvient parfaitement de sa mince silhouette droite et sèche, de ses yeux brillants. Elle écoute le Capucin, s'habitue à entendre louer Monsieur de Luçon. En elle s'insinue la conviction qu'il faudra, un jour, faire quelque chose de cet évêque si doué. Ainsi, dans l'ombre du Père Joseph, l'idée fait son chemin d'un Richelieu promis aux tout premiers rôles.

Il existe malheureusement d'autres sujets beaucoup moins stimulants, comme l'effervescence qui s'empare de la Cour au milieu de novembre 1613. Concini en est, une nouvelle fois, la cause. Le maréchal de Fervacques, lieutenant de la Reine en Normandie, meurt dans la seconde semaine de novembre. La dignité de maréchal laissée vacante par cette disparition est immédiatement conférée au Florentin qui prête serment le 19 novembre. Voici Concini maréchal de France ; déjà titulaire du marquisat d'Ancre, il se fait désormais appeler du nom de maréchal d'Ancre. Des milliers de gentilshommes se jugent lésés, humiliés. L'homme n'a jamais porté les armes. Sa noblesse est douteuse. Et que dire du parfum d'affairisme et de magie noire qui flotte autour du couple formé par le nouveau maréchal et sa Galigaï de femme ! Les princes, qui n'ont même pas été prévenus, sont ulcérés. On peut compter qu'ils s'efforceront à la première occasion d'en tirer vengeance.

L'évêque de Luçon, pour sa part, constate que la faveur du personnage est décidément à son comble, et juge qu'il est temps de se rappeler à son bon souvenir : « Monsieur, honorant toujours ceux à qui j'ai une fois voué du service, je vous fais cette lettre pour vous en continuer les assurances ; car j'aime mieux vous témoigner la vérité de mon affection aux occasions importantes que de vous en offrir, hors le temps, les seules apparences. Je vous supplierai seulement de croire que mes promesses sont toujours suivies de bons effets, et pendant que vous me ferez l'honneur de m'aimer, que je vous saurai toujours très dignement servir. » Peu importe la platitude de l'offre de service, l'important, pour Richelieu, c'est qu'elle attire sur lui l'attention de Concini.

De toute cette agitation, une conclusion se dégage pour Marie de Médicis : il devient urgent de rendre effectives les promesses de mariage échangées entre la famille royale espagnole et la famille royale française, car au-delà de ses vertus propres, la double union matrimoniale peut constituer une utile diversion face à la montée des mécontentements.

Les difficultés financières de la monarchie dominent maintenant le paysage politique. On avait bien prévu qu'à la fin de 1613 le Trésor royal serait vide. Cette sombre prédiction se trouve hélas réalisée. Il faut recourir à des expédients afin de se procurer l'argent destiné à l'achat du magnifique bracelet de diamants de 450 000 livres que l'on adresse à l'Infante Anne d'Autriche en cadeau de fiançailles. Lorsque paraît la liste des pensions au début de l'année 1614, personne n'y trouve son compte. La noblesse est mécontente, les Grands sont furieux. Dès le 13 janvier, Condé manifeste sa mauvaise humeur en quittant, une fois de plus, la Cour. La situation, cependant, est plus grave que par le passé, car il entraîne dans sa protestation la plupart des princes, le duc de Nevers, le duc de Longueville, le duc du Maine, le duc de Bouillon. Seuls les Guise et le duc d'Épernon restent fidèles à Marie de Médicis. L'heure est grave pour la Reine-Mère.

Les Grands décident en effet de définir une attitude commune et tiennent dans ce but une réunion générale. Ils arrêtent ainsi un ensemble de résolutions destinées à servir de base à leurs relations futures avec la Reine-Mère. Constatant tout d'abord qu'ils n'ont pas une part suffisante au gouvernement du pays (c'est d'ailleurs à leurs yeux la raison pour laquelle tout va mal), ils attendent de Marie de Médicis qu'elle pratique une réelle concertation à leur égard. La Reine a évoqué la possibilité de faire proroger sa régence : de fait, la majorité légale fixée à 13 ans n'a pas grande signification, et l'on voit mal le jeune Louis XIII diriger seul à cet âge le char de l'État. Les Grands ne sont pas hostiles à cette prorogation, mais en échange ils demandent deux choses : que Condé, premier prince du sang, soit nommé lieutenant général du royaume, et que le nouveau système de gouvernement qui sera institué reçoive l'aval des États-Généraux. Enfin, les princes considèrent que la France s'aligne outrageusement sur les moindres désirs de l'Espagne ; ils souhaitent que la Reine se sépare des ministres les plus favorables à Madrid, au premier rang desquels figure Villeroy, et qu'elle sollicite également l'avis des États-Généraux sur les orientations de la politique extérieure du pays.

Richelieu, spectateur de cette effervescence, commentera plus tard dans ses *Mémoires* : « Ce temps était si misérable que ceux-là paraissaient les plus habiles parmi les Grands qui étaient les plus industrieux à faire des brouilleries ; et les brouilleries étaient telles, et il y avait si peu de sécurité en l'établissement des choses, que les ministres étaient plus occupés aux moyens nécessaires pour leur propre conservation qu'à ceux qui étaient nécessaires pour le bien de l'État. »

Quand Marie de Médicis prend connaissance des revendications des princes, elle ordonne la levée immédiate de 6 000 Suisses. Et pour bien montrer que les protestations des Grands ne changeront rien à sa détermination, elle annonce qu'elle compte très prochainement se diriger, avec Louis XIII et Élisabeth, vers la frontière espagnole, où doit s'effectuer l'échange des princesses, Madame Élisabeth poursuivant son voyage jusqu'à Madrid, tandis que Marie de Médicis et Louis XIII ramèneront Anne d'Autriche à Paris. Dans le climat d'insécurité que fait peser la dissidence des princes, il faut se munir d'une solide escorte, d'où le recrutement de ces milliers de mercenaires.

Mais du coup, les protestants s'inquiètent car ils se demandent si cette armée, en passant par le Poitou et la Guyenne, pays de forte implantation réformée, ne risque pas d'être utilisée contre eux. — Condé n'est pas tout à fait étranger aux rumeurs qui circulent à ce sujet et, bien que de religion catholique, il ne se ferait pas trop prier pour devenir le chef du parti huguenot. C'est bien malgré lui que les réformés, plus sages qu'il ne le souhaiterait, restent en définitive dans l'obéissance à la Reine-Mère.

RÉVOLTE DU DUC DE NEVERS
ET TRAITÉ DE SAINTE-MENEHOULD (15 mai 1614)

La situation se tend brusquement quand on apprend, à la mi-février, que le duc de Nevers, gouverneur de la ville de Mézières, s'est emparé de la citadelle, dont le commandant relevait directement du Roi. Pour parvenir à ses fins, le duc n'a pas hésité à faire tirer le canon. Sitôt maître de la citadelle, il écrit à la Reine afin de l'assurer qu'il reste son loyal serviteur, et que sa conduite était exclusivement inspirée par le souci des intérêts du Roi, en raison des doutes que lui inspirait la fidélité du commandant de la place. En recevant cette lettre pleine d'impudence, Marie de Médicis décide d'entrer en campagne au plus vite, avec toutes les troupes qu'on aura pu rassembler. Le commandement de l'expédition est confié à ses deux plus fermes soutiens, le duc de Guise et le duc d'Épernon, tandis que l'on dépêche un gentilhomme au duc de Nevers afin de l'inviter à se soumettre avant qu'il soit trop tard. Par mesure de précaution, Marie de Médicis ordonne à tous les gouverneurs de mettre en alerte les forces dont ils disposent. Elle confère même une dimension internationale à la crise en informant les ambassadeurs présents à Paris de la situation. Le frère de Sully, Monsieur de Béthune, est envoyé auprès des principaux chefs du parti protestant afin de les dissuader de se joindre aux rebelles.

Mais le duc de Nevers manifeste d'autant moins d'empressement à restituer la citadelle de Mézières qu'il est assuré du soutien de Condé et de la plupart des autres princes. Dès le 21 février, Condé fait remettre à la Reine-Mère une lettre qu'il présente comme reflétant l'opinion d'une très large majorité parmi les Grands. A côté du catalogue des revendications habituelles, ce document énonce deux demandes bien précises, formulées sur un ton comminatoire : réunion des États-Généraux, suspension des mariages espagnols.

Marie de Médicis, bien conseillée par le maréchal d'Ancre, montre alors l'habileté manœuvrière dont elle est capable. Tout en poursuivant la concentration de troupes importantes en Champagne, elle déclare, deux jours seulement après avoir reçu la lettre de Condé, qu'elle accepte la réunion des États-Généraux, affirmant même qu'elle entend la provoquer dans les plus brefs délais ; en satisfaisant ainsi la principale exigence des princes, elle fait apparaître leur agitation comme désormais sans objet.

Comment expliquer une volte-face aussi spectaculaire ? Les raisons de Marie de Médicis, en réalité, sont très simples. Autant la Reine-Mère se devait d'être hostile à une réunion des États-Généraux qui aurait eu pour objet d'examiner la légitimité de ses pouvoirs de Régente, autant, à présent, elle a intérêt à ce qu'une telle assemblée se tienne. Louis XIII, en effet, atteindra l'âge de 13 ans le 27 septembre 1614, dans sept mois ; Marie de Médicis est déterminée à faire proroger sa régence : les circonstances étant ce qu'elles sont, il n'est pas concevable de procéder autrement qu'en faisant avaliser une telle prorogation par les États. Le problème n'est pas un problème juridique — il n'existe aucune règle en la matière, aucun précédent — mais un problème d'opportunité : obtenant l'investiture d'une instance indiscutable, comme le sont les États-Généraux, Marie de Médicis a toutes chances de désamorcer la crise et d'asseoir son autorité sur des bases renforcées.

Les princes se retrouvent à Sedan, chez le duc de Bouillon, afin de décider de l'attitude à adopter. Le gouvernement de la Reine-Mère a proposé l'ouverture de négociations dans la ville de Soissons, à peu près à mi-chemin entre les deux camps. Les princes ne peuvent qu'accepter. Au début du mois d'avril, les discussions commencent alors que les armées adverses, à quelques kilomètres de distance, s'observent placidement. Marie de Médicis est restée à Paris ; le Président Jeannin, qui a toute sa confiance, a été préféré à Villeroy pour diriger la délégation royale. Le 8 avril, d'entrée de jeu, il propose la convocation des États-Généraux et le report des mariages espagnols. Les princes sont évidemment d'accord, mais ils voudraient aussi obtenir le licenciement immédiat des forces du Roi. Marie de Médicis rejette cette exigence. Devant l'insistance des princes et prévoyant l'échec possible des pourparlers, elle procède à la mobilisation des esprits à Paris. On lève des troupes supplémentaires, que l'on fait passer en revue par Louis XIII en personne. Celui-ci est follement acclamé, et cette démonstration spontanée d'attachement fait réfléchir les rebelles. Transmettant à la Reine-Mère de nouvelles propositions, ils renoncent à leur demande de désarmement de l'armée royale. Le 16 avril, Paris en est informé et, dans les rues, les bourgeois pavoisent.

Pourtant, aucun traité n'a encore été signé, et l'accord sur les principes ne rend pas moins ardues les discussions relatives aux modalités. Marie de Médicis juge utile à ce stade de faire intervenir Concini aux côtés du Président Jeannin. Le Florentin agit en véritable marchand de tapis et s'entend parfaitement à diviser le camp des princes en jouant des rivalités et des jalousies qui les opposent.

Il offre par exemple 360 000 livres d'indemnité à Condé, tout en lui refusant la place d'Amboise qu'il avait également demandée, tandis que le duc de Bouillon reçoit de son côté d'alléchantes promesses. L'apparente unité des princes se lézarde. Ainsi se déroulent deux négociations parallèles, l'officielle que mène le Président Jeannin et qui est à son image, toute carrée et de bonne foi, pendant que Concini agit en sous-main, multipliant les réunions clandestines et maniant l'équivoque à merveille, au point que personne ne sait plus au juste ce qui a été promis et ce qui ne l'est pas.

On signe finalement le 15 mai 1614 le Traité de Sainte-Menehould dans une totale confusion ; la plupart des princes tablent sur l'existence d'accords non écrits passés avec Concini. Mézières, qui avait été l'origine du conflit, voit le duc de Nevers enlever la garnison qu'il y avait mise, à l'exception de cent hommes, invités à prêter serment de fidélité au Roi. L'armée des princes est licenciée. L'indemnité versée à Condé s'élève à 400 000 livres ; une clause secrète lui promet le gouvernement d'Amboise. La paix est rétablie, mais à quel prix !

Dès que la nouvelle de la conclusion du traité parvient à Luçon, Richelieu se hâte de l'annoncer en chaire à ses diocésains en prenant grand soin d'insister sur le rôle déterminant de la Reine-Mère, « dont la sagesse et la prudence avaient veillé pour le repos de tous ».

Condé trublion. Le voyage de Nantes

Mais la paix ne ramène pas le calme pour autant, notamment en Poitou où de vifs incidents éclatent peu après. Condé, ayant reçu son argent, pris possession d'Amboise et licencié ses troupes, s'est en effet rendu dans la maison qu'il possède à Rochefort-sur-Creuse, non loin de Poitiers. La municipalité de Poitiers décide, comme à l'accoutumée, d'aller le saluer. Mais cette démarche protocolaire heurte les sentiments d'une majorité de la population, qui avait été vivement choquée par la révolte des princes. L'évêque de la ville, Monseigneur de La Roche-Posay, prend fait et cause pour ses paroissiens et, voyant dans la démarche des membres de la municipalité un geste de défiance à l'égard de Marie de Médicis, décide de s'y opposer. Une violente polémique se déclenche. Condé exige des excuses de la part de l'évêque. Celui-ci, dont le caractère est réputé pour son intransigeance, s'obstine, fait fermer les portes de Poitiers à Condé venu se plaindre des mauvais traitements infligés aux siens, et dirige personnellement, pistolet au poing, des tirs d'arquebuse en direction du prince. Humilié et furieux, Condé en appelle à l'arbitrage de la Reine-Mère.

En dehors d'une petite partie de la noblesse, tout le Poitou prend fait et cause pour les habitants de Poitiers et pour Monseigneur de La Roche-Posay. Richelieu soutient énergiquement l'irascible prélat, dont le personnage d'évêque botté et casqué, faisant le coup de feu pour défendre l'autorité royale, lui présente comme un reflet de lui-même.

D'ailleurs, l'attitude de Condé était loin d'être claire. Il avait promis à Marie de Médicis de lui prêter main-forte pour mettre à la raison celui des Grands que tout le monde s'était entendu à laisser en dehors du bénéfice de la paix, le duc de Vendôme, réfugié dans son gouvernement de Bretagne. Mais quand Marie de Médicis fait avancer 3 000 Suisses en direction de Nantes, Condé, prié de joindre ses forces aux siennes et de manifester par sa présence son loyalisme à l'égard de la Reine-Mère, s'entête à rester à Rochefort-sur-Creuse, sous prétexte de régler d'abord son différend avec l'évêque de Poitiers. Alors, le 2 juillet 1614, la Reine-Régente prend une décision hardie. Elle donne l'ordre aux troupes envoyées vers la Bretagne de rebrousser chemin et de revenir à Orléans. Le 4 juillet, le Roi annonce au Parlement et à la municipalité de Paris qu'il va se mettre en route pour mater en personne la rébellion de Monsieur de Vendôme.

Louis XIII arrive le 8 juillet à Orléans. En ajoutant aux 3 000 Suisses sa garde personnelle, les milices de la province d'Orléans et quelques régiments des provinces voisines, le Roi se trouve à la tête d'une armée tout à fait respectable de 20 000 hommes. Condé se précipite à Orléans pour faire acte d'allégeance, et demander à la Reine-Mère de châtier l'évêque et les habitants de Poitiers qui ont poussé l'outrecuidance jusqu'à chasser de la ville la municipalité taxée d'une excessive complaisance à l'égard du prince. L'armée royale quitte Orléans le 14 juillet pour Chambord, Blois et Tours. Condé, furieux de s'être vu refuser le soutien de la Régente, se rend à Châteauroux afin d'y rencontrer Sully qu'il espère intéresser à sa querelle. Quand Louis XIII et Marie de Médicis arrivent à Tours, ils voient venir à leur rencontre Monseigneur de La Roche-Posay qu'accompagnent deux cents habitants de Poitiers ; las des exactions de Condé, ils protestent de leur attachement à la monarchie et de leur espoir de voir le Roi se rendre sur place pour punir les factieux comme ils le méritent. La Reine-Mère décide alors de changer de route et, au lieu de pousser directement sur la Bretagne, accepte la requête de Monseigneur de La Roche-Posay en se dirigeant vers Châtellerault et Poitiers.

Richelieu se félicite d'avoir soutenu l'évêque de Poitiers dans sa querelle contre Condé. Faut-il rejoindre le Roi ? Richelieu hésite, et se persuade finalement que cette démarche est inutile. Marie de Médicis et Louis XIII, d'ailleurs, ne s'attardent guère à Poitiers ; après six jours employés à calmer les esprits et à manifester la majesté royale, l'expédition reprend la direction de Loudun, puis de Saumur.

Malgré l'approche de Louis XIII, le duc de Vendôme s'obstine d'abord dans la résistance. L'armée royale arrive à Angers, Ancenis, et Nantes, le 12 août 1614. La ville et les États de Bretagne réservent un accueil enthousiaste au jeune souverain. Le duc de Vendôme, se rendant enfin compte que la partie est perdue, vient faire sa soumission le 26 août. Louis XIII le reçoit avec une froideur marquée ; tandis que Vendôme s'empêtre dans ses excuses, le Roi coupe sèchement : « Servez-moi mieux pour l'avenir que vous n'avez fait par le passé et sachez que le plus grand bonheur que vous ayez au monde c'est d'être mon frère. »

Le voyage de Louis XIII et de Marie de Médicis a fortement resserré les liens de fidélité monarchique tout au long des régions traversées. Des milliers de hobereaux qui n'avaient jamais mis les pieds à la Cour sont accourus pour voir leur suzerain éminent. Par villages entiers, les paysans sont venus s'agenouiller sur son passage, contemplant cet être mythique : le Roi de France. Celui-ci, grâce à sa seule présence, a pacifié les deux provinces de Poitou et de Bretagne.

Les États de Bretagne supplient Marie de Médicis de retirer son gouvernement au duc de Vendôme. La Régente, après quelques hésitations, décide sagement de ne pas faire droit à cette demande, afin d'éviter de ressouder la coalition des princes. Les États, un peu déçus, votent un don de 400 000 livres à Louis XIII, de 50 000 livres à Marie de Médicis. Puis la Reine-Mère et le Roi regagnent Paris.

Majorité de Louis XIII.
Marie de Médicis, Chef du Conseil (2 octobre 1614)

Pendant le voyage de Louis XIII, le prince de Conti était mort le 13 août à Paris. Il ne laissait pas d'enfant. Après la disparition deux ans plus tôt du comte de Soissons, le clan des Bourbons s'amenuisait singulièrement. Mais il restait Condé, toujours à l'affût de circonstances qui lui permettraient de revenir sur le devant de la scène. Louis XIII fait son entrée à Paris le 16 septembre. Condé y arrive le 29, à temps pour assister à la séance du Parlement qui doit constater la majorité légale du souverain.

Le 27 septembre 1614, Louis XIII a atteint l'âge de 13 ans. La régence de Marie de Médicis s'achève. La Reine a eu pour obsession de maintenir la paix, et elle y a, dans l'ensemble réussi, contre les Grands, contre ceux qui auraient voulu entraîner le parti protestant dans une dissidence armée, contre ceux qui souhaitaient que la France adopte une politique extérieure plus active. Certes les finances sont épuisées, certes la Régente n'a pu empêcher l'agitation de renaître sporadiquement. Mais son bilan est, pour l'essentiel, positif. Elle compte bien s'en prévaloir afin de faire proroger sa mission ; elle ne sera plus désormais la tutrice du Roi, mais un chef du gouvernement aux pouvoirs élargis, une sorte de lieutenant général du royaume — c'est-à-dire le rôle même que le prince de Condé avait sans cesse prétendu lui disputer.

La cérémonie de proclamation solennelle des 13 ans du Roi a été fixée au 2 octobre 1614. Aucune formalité particulière n'est prévue par la coutume, mais Marie de Médicis a décidé de donner le plus d'éclat possible à l'événement. Le Roi quitte le Louvre tôt le matin. Il porte des vêtements tissés d'or et couverts de diamants. Son chapeau est également semé de diamants ; autour du cou, un collier d'une valeur de 900 000 livres que l'on a fait faire pour l'Infante Anne d'Autriche, sa future femme. Derrière lui, Gaston duc d'Anjou, son jeune frère, puis Condé, qui a pu mesurer dans les rues son impopularité. Suivent les autres princes, les ducs et pairs, les maréchaux de France, les officiers de la couronne, et plus d'un millier de cavaliers, tous revêtus d'habits magnifiques. Arrivé au Palais, notre actuel Palais de Justice, Louis XIII met pied à terre devant l'escalier d'honneur de la Cour de Mai où l'attend sa mère ; après la messe à la Sainte-Chapelle, ils se rendent ensemble dans la Salle dorée où le Parlement est réuni au grand complet.

Le Roi prend place sur un trône édifié dans un angle de la salle et constellé de fleurs de lys, sous un dais également fleurdelysé. Sur les degrés qui mènent au trône s'asseoient les assistants, dans l'ordre fixé par les préséances. Sur la partie gauche de l'estrade se tiennent les cardinaux ; ils sont quatre : Messeigneurs de Sourdis, de La Rochefoucauld, du Perron et de Bonzi. En face du trône, le long des murs de la salle, s'alignent plusieurs rangées de sièges où sont installés les membres du Parlement, les conseillers d'État et les ministres.

La Reine-Mère, s'agenouillant en face de son fils, ouvre la cérémonie. D'une voix ferme, où l'accent italien n'a pas disparu, elle déclare lui remettre la charge de la régence. Louis XIII répond d'un ton assuré malgré le léger bégaiement dont il est affligé, la remerciant de son bon gouvernement et de la sagesse avec laquelle elle a administré la France pendant le temps de sa minorité. Il annonce qu'il prend désormais le gouvernement de son royaume, et nomme sa mère Chef de son Conseil, entendant bien qu'elle continue à l'assister comme elle l'a fait jusqu'à ce jour. La Reine se relève, salue le Roi, et regagne sa place.

L'acte essentiel est accompli, mais la cérémonie n'est pas terminée pour autant. On procède dans les formes analogues à celles d'un lit de justice, c'est-à-dire d'une séance solennelle du Parlement tenue en présence du Roi. Le Chancelier prend place dans une petite chaire édifiée au pied du trône, et répète les propos de Marie de Médicis et de Louis XIII. Pour ne pas se borner à cette paraphrase, il ajoute quelques considérations de son cru sur les objectifs du gouvernement : conserver la paix civile, administrer une bonne justice, réprimer les duels, interdire le blasphème, défendre aux sujets du Roi d'accepter, sauf permission expresse, des pensions d'un prince étranger, renouveler l'Édit de Nantes. On rédige aussitôt un arrêt contenant ces dispositions, dont un conseiller, succédant au Chancelier, donne ensuite lecture.

Cela fait, Marie de Médicis se lève à nouveau et, en sa double qualité de mère du Roi et de Chef de son Conseil, rend grâces à Dieu d'être arrivée à ce jour où son fils est en mesure de prendre lui-même le gouvernement du royaume. Elle se félicite de laisser les affaires dans un état bien plus pacifique que celui où elles se trouvaient lorsqu'elle en a reçu la charge — critique implicite de la politique belliciste menée par le feu Roi à la veille de sa mort, et éloge tout à fait clair de sa propre action. Le Chancelier reprend alors la parole et, s'adressant à chacun des assistants dans l'ordre hiérarchique en commençant par la Reine, lui demande s'il approuve les termes de la déclaration mise en forme d'arrêt. Il constate l'unanimité du vote. Marie de Médicis, qui était restée debout pendant tout ce temps, se tourne vers Louis XIII, le remercie brièvement de l'avoir nommée Chef de son Conseil et va se rasseoir.

Il reste encore à entendre l'avocat général du Roi et le premier Président. C'est à qui trouvera les flatteries les plus obséquieuses à l'égard de la Reine-Mère. La référence à Blanche de Castille est ordinaire ; nul ne doute désormais que la régence de Marie de Médicis surpasse en gloire celle de la mère de Saint Louis. Que de difficultés surmontées grâce à sa prudence ! Le royaume est en paix avec ses voisins, son indépendance est assurée, l'autorité royale est respectée. Certains croient voir passer une ombre sur le visage de Condé quand les orateurs évoquent les rébellions dont le prince a été si souvent l'animateur.

La cérémonie est maintenant terminée. Louis XIII remonte dans son carrosse et rentre au Louvre, tandis que l'on publie la déclaration royale au son des canons rassemblés à l'Arsenal qui tirent tous en même temps. A la nuit tombante, des feux de réjouissance s'allument dans les rues de la ville. La régence en apparence continue comme avant, mais la source du pouvoir est désormais passée de Marie de Médicis à Louis XIII.

Convocation des États-Généraux.
Comment se gagnent des élections

La Reine-Mère n'a eu garde pour autant d'oublier sa promesse de réunir les États-Généraux. Elle y a le plus grand intérêt puisqu'elle compte faire avaliser par les États sa nomination comme Chef du Conseil afin de prévenir le retour des contestations soulevées par la proclamation brusquée de sa régence dans les heures qui ont suivi l'assassinat d'Henri IV. Marie de Médicis avait d'ailleurs initialement prévu d'organiser cette réunion avant que Louis XIII atteigne ses 13 ans et, dès le début du mois de juin 1614, les convocations avaient été lancées afin de permettre aux États-Généraux de commencer leurs travaux le 10 septembre à Sens. Mais la date avait dû être reportée à la fin octobre en raison de difficultés matérielles multiples.

Il ne s'agit pas d'une mince affaire, en effet. Chacun des trois Ordres qui composent l'Assemblée — le Clergé, la Noblesse et le Tiers-État — doit élire ses députés. Les élections ne se déroulent pas suivant des règles uniformes pour chacun des Ordres. En principe, les députés du Clergé et ceux de la Noblesse sont élus dans le cadre des circonscriptions territoriales de base que sont le bailliage et la sénéchaussée. Le nombre d'élus varie d'une circonscription à l'autre : la sénéchaussée de Poitou, dont dépend l'évêché de Luçon, élit deux représentants du Clergé, mais trois de la Noblesse. Celle du Loudunois n'a qu'un député du Clergé, mais deux de la Noblesse. Le gouvernement de La Rochelle et de l'Aunis n'a droit à aucun représentant du Clergé — sans doute en raison de l'importance de l'implantation protestante. Mais il a droit à trois sièges au titre de la Noblesse. Une même personne peut être désignée par plusieurs circonscriptions ; elle détiendra dans ce cas autant de droits de vote que de mandats de député.

Les députés du Tiers-État sont élus suivant des modalités complexes. Le premier degré d'élection se situe au niveau de la paroisse ; les élus des paroisses se réunissent ensuite au siège du bailliage ou de la sénéchaussée et choisissent en leur sein leurs représentants aux États-Généraux. Mais parfois un échelon supplémentaire s'interpose entre la paroisse et le bailliage, tandis qu'à l'inverse certaines villes désignent directement leurs députés sans passer par l'étape du bailliage.

Il y a enfin quelques députés qui sont désignés d'office sur invitation de la couronne ; c'est le cas des cardinaux.

La France de 1614 n'est pas un pays où des principes identiques puissent s'appliquer d'un bout à l'autre du territoire. Aussi le pouvoir central en la personne du Roi se borne-t-il à charger baillis et sénéchaux d'organiser les élections dans leur ressort « suivant les coutumes » et en se référant, chaque fois que nécessaire, aux formes observées lors de la dernière réunion des États-Généraux, celle de 1588. C'est en substance ce que disent les lettres de convocation qui partent début juin sous la signature de Louis XIII.

Tous les baillis et sénéchaux reçoivent également une deuxième lettre, signée de Marie de Médicis. La Reine-Mère leur adresse de fermes recommandations quant au choix des personnes qui vont représenter leur circonscription aux États-Généraux : « Je vous prie de vouloir bien exhorter les uns et les autres d'apporter dans cette action un esprit de paix et d'obéissance avec une bonne inclination et entière disposition de n'avoir autre but que celui que de bons et fidèles sujets doivent porter à ces occasions. Vous prendrez aussi soigneusement garde à ce que le choix de l'élection de ceux qui doivent être députés soit fait de personnages d'honneur, qui soient recommandables tant par leur probité et intégrité que par leur affection au service du Roi Monsieur mon fils, et au bien et repos de ses sujets. » C'est le règne de la candidature officielle, contre Condé et les manœuvres auxquelles il est supposé se livrer pour que soient désignés des députés favorables à sa cause. — Supposé seulement, car on découvre avec un certain étonnement que, pas plus lui que les autres membres du parti des princes n'ont eu l'air de penser que des élections se gagnent généralement grâce à un travail politique de fond. Se considérant comme les leaders normaux, institutionnels, de l'opinion, ils s'étaient tout naturellement persuadés que la majorité des Français pensait comme eux et que les élections verraient un raz-de-marée en leur faveur, sans qu'ils aient besoin de s'en donner la peine.

Marie de Médicis et son entourage déploient au contraire une activité débordante. Ces élections qui leur ont été imposées, ils sont décidés à les remporter en usant de tous les moyens que leur donne le contrôle de l'appareil d'État. Le voyage de Nantes en est une bonne illustration. Le choix des étapes n'est nullement innocent : l'itinéraire suivi par le Roi et la Reine-Mère correspond très exactement aux régions dans lesquelles l'implantation de Condé est la plus forte. Et sur son passage, Marie de Médicis se tient soigneusement informée du choix des députés, multipliant libéralités et promesses — avec lesquelles les princes sont hors d'état de rivaliser.

Quand il le faut, la Reine-Mère descend dans l'arène. Ainsi, le prince de Condé a fait élire comme député de la Noblesse dans le bailliage de Berry Henri de La Châtre, comte de Nançay. Marie de Médicis écrit au nouvel élu qu'elle lui dépêche un important personnage, Guillaume Pot, seigneur de Rhodes et Grand-Maître des Cérémonies, pour l' « aider » à rédiger le cahier de doléances qu'il doit établir comme tous les députés dans le ressort de leurs circonscriptions respectives. On ne sait trop comment Nançay prend la chose. Ce qui est sûr, en revanche, c'est que peu de temps après, son élection est cassée, et un nouveau député élu à sa place, qui n'est autre que Guillaume Pot.

Face à ce genre de pratiques, Condé et ses amis réagissent en déposant des recours devant le Conseil d'État. La tactique de Marie de Médicis, qui est celle du fait accompli, se révèle la plus payante : en attendant l'arrêt du Conseil, c'est le député à la dévotion de la Reine qui occupe le siège contesté.

Les choses n'allaient cependant pas toujours aussi loin et, en règle générale, le pouvoir se décharge sur ses fidèles au plan local du soin de faire pour le mieux. On voit ainsi se mobiliser tout un réseau de gens sur qui la Reine-Mère sait pouvoir compter. Parmi eux, Richelieu. Le 23 juin, Sully, en sa qualité de gouverneur du Poitou, annonce la réunion des États-Généraux (que Richelieu a du reste déjà apprise directement par Paris) et demande à l'évêque de Luçon de convoquer les électeurs dans le ressort de son diocèse : « Monsieur, ayant été particulièrement informé de Leurs Majestés du saint désir qu'elles ont d'établir un bon ordre au maniement des affaires de la justice, de la police et des finances, et pour cet effet de convoquer les États-Généraux au dixième de septembre prochain en la ville de Sens, m'ayant aussi ordonné de faire rassembler les trois Ordres de mon gouvernement pour aviser aux moyens de parvenir à une si bonne fin et aussi au soulagement de tous leurs sujets, je vous en ai bien voulu donner avis et vous prier de faire convoquer tout le Clergé de votre diocèse pour aviser avec les deux autres Ordres aux expédients, propositions et remontrances qu'il sera nécessaire de faire, tant pour le service du Roi que pour le bien et utilité de son royaume. » Mais, sur instruction de la Reine-Mère, Sully ajoute : « Vous tiendrez s'il vous plaît la main à ce que toutes choses se fassent avec douceur, et en tant que vous pourrez, qu'il soit député une personne de chaque Ordre, de probité, qualité et pouvoir suffisants, convenables au sujet, pour se trouver au temps susdit en une si digne assemblée. » Richelieu est manifestement considéré comme quelqu'un sur qui le pouvoir peut s'appuyer. Sully, qui n'est pas tout blanc vis-à-vis de Marie de Médicis, sait être réaliste quand il le faut, et le puissant gouverneur du Poitou glisse à la fin de sa missive, juste avant la formule de politesse, quelques mots un peu appuyés : « Pour votre regard, je vous prie de croire que j'honore votre vertu et fais état de votre amitié, comme je vous conjure de vous assurer de la mienne. » L'évêque de Luçon n'est plus n'importe qui.

Richelieu prend son rôle très à cœur. Il fait proclamer la lettre de Sully à son de trompe sur les places publiques des bourgs et des villages, en adresse copie aux curés, abbés et prieurs, qu'il invite à la lire au prône dans les églises et chapelles des diverses communautés. Le 10 août, les habitants convoqués au son des cloches dans chaque paroisse élisent les délégués du Tiers-État destinés à se rendre à l'assemblée préparatoire qui se réunira à Poitiers. Le 24 août, les délégués ainsi désignés pour le Tiers-État, les membres du Clergé, ceux de la Noblesse, se retrouvent à Poitiers en vue de l'élection définitive — il serait plus exact de dire en vue *« des »* élections définitives car chaque Ordre se réunit séparément afin de désigner ses représentants. Les deux députés du Clergé au titre du bailliage de Poitou sont Armand-Jean du Plessis, évêque de Luçon, et Philippe Cacand, doyen de Saint-Hilaire-le-Grand de Poitiers. Notons que Richelieu réussit un joli doublé en se faisant également désigner comme le délégué (il n'y a qu'un siège à pourvoir) du Loudunois. Quelle revanche sur la déception de l'Assemblée du Clergé de 1610 !

Richelieu député. Au service de la Reine-Mère

Sitôt élu, le député Richelieu déploie autant de zèle qu'il en a montré pendant la campagne électorale. Il s'attelle immédiatement à la confection du cahier de doléances du Clergé, sans oublier de négocier avec les représentants des deux autres Ordres afin qu'ils donnent à leurs propres cahiers des formulations similaires à la sienne. Son action est couronnée de succès. Les textes finalement adoptés révèlent la part déterminante de sa contribution, reprenant l'essentiel de ses idées en matière de privilèges ecclésiastiques, au sujet de la proclamation des décrets du Concile de Trente comme loi du royaume, ainsi que sur la nécessité d'une meilleure instruction et formation des prêtres et sur la lutte contre les duels.

En décidant de reporter la date de convocation des États-Généraux du 10 septembre aux premiers jours d'octobre, Marie de Médicis avait en même temps transféré le lieu de réunion de Sens à Paris. C'était un sage calcul, car le pouvoir, immédiatement informé des délibérations de l'Assemblée et des états d'âme éventuels de ses membres, serait ainsi en mesure de réagir avec la promptitude nécessaire.

L'ouverture des États-Généraux a été fixée au 22 octobre mais, les préparatifs n'étant pas achevés à temps, la séance solennelle d'ouverture n'aura lieu finalement que le 27. Dès le début d'octobre, cependant, les députés ont commencé d'affluer à Paris, et les travaux préparatoires des assemblées s'engagent sans cérémonie à partir du 14 au couvent des Augustins, dont les vastes bâtiments s'élèvent sur la rive gauche de la Seine, à peu près à la hauteur du Pont-Neuf. Il s'agit, en principe, d'une installation provisoire, en attendant de pouvoir siéger dans les salles qui ont été initialement prévues : l'Hôtel-de-Ville pour le Tiers-État, le couvent des Cordeliers pour la Noblesse, seul le Clergé devant se réunir aux Augustins. Mais en définitive, les députés des trois Ordres se trouvent bien aux Augustins et demandent à la Reine l'autorisation d'y rester. Après quelques hésitations, Marie de Médicis donne son accord, jugeant au fond plus commode d'avoir tout le monde sous la main en un même lieu.

Richelieu est arrivé parmi les premiers. Il s'emploie à faire connaissance avec ses collègues, tâtant la température, précisant les contours de la géographie politique de l'Assemblée. Bien que de nombreux députés manquent encore à l'appel, particulièrement parmi les représentants de la Noblesse, il lui est aisé de constater que le gouvernement de la Reine-Mère peut être assuré d'une confortable majorité. L'ambassadeur florentin Bartolini, dans une dépêche envoyée au Grand-Duc de Toscane le 5 novembre, est du même avis : « Sa Majesté la Reine a pris précaution de tenir la main à ce que fussent élus des sujets capables par-dessus tout, et particulièrement au sein des États, d'exécuter leur commission ; qui fussent désintéressés et aussi peu indépendants que possible des gouverneurs et lieutenants de leurs provinces, mais avant tout serviteurs de leur Roi, parce que avec ces qualités requises il ne leur arriverait pas de sortir des matières qu'ils avaient à traiter et ne cesseraient de s'attacher au service de Sa Majesté, lequel consistait uniquement dans le bien et le repos de ses sujets. » Faut-il pour autant partager l'optimisme qui s'exprime dans sa conclusion : « Les choses s'étant passées de cette manière selon la bonne et droite intention de la Reine, on ne peut faire sur l'issue des événements un autre jugement si ce n'est que tout se passera pour le mieux et qu'on tirera de ces États le fruit qu'en espèrent tous les gens de bien » ? Les élus de la nation, pour la plupart novices en politique, ne sont pas à l'abri, en effet, des pièges où peuvent les entraîner de subtils manœuvriers comme les princes de Condé, de Nevers ou de Bouillon. Parmi les 464 députés que comptent, au total, les États-Généraux (140 représentants du Clergé, 132 élus de la Noblesse et 192 délégués du Tiers-État), le parti le plus important, sans doute, est celui d'un « marais » foncièrement loyal à l'égard de Marie de Médicis mais dont le zèle réformateur, à la mesure de son inexpérience, peut causer de graves soucis au gouvernement.

Avoir gagné les élections ne suffit pas : la Reine-Mère va devoir jouer très serré pour que la réunion des États-Généraux serve ses désirs sans lui exploser entre les doigts. Elle n'aura pas trop du concours de quelques chiens de garde de haute volée pour que le troupeau ne s'égare pas. Richelieu a vite compris de quoi il retourne : en décidant de mettre tout son talent, qui est grand, au service de Marie de Médicis, Monsieur de Luçon a fait le bon choix. A défaut de pouvoir remédier aux vices du régime, les États-Généraux seront le marchepied où le jeune évêque appuiera son ambition afin de se propulser vers les sommets. Le tumultueux forum qui va envahir l'actualité et maintenir les esprits en ébullition du 27 octobre 1614 au 23 février 1615 ne restera dans l'histoire que comme le décor bien involontairement dressé par ses protagonistes pour mettre en scène l'irrésistible ascension d'Armand-Jean du Plessis de Richelieu.

CHAPITRE VII

Les États-Généraux et le désordre des Finances

Ouverture des États-Généraux

Le 27 octobre 1614 s'ouvrent officiellement les États-Généraux. Leur dernière réunion en 1588 — 26 ans plus tôt — s'était effectuée dans des circonstances tragiques, au plus fort des déchirements provoqués par les haines religieuses. La moindre des choses étant de solliciter le bon Dieu afin qu'il éclaire l'esprit des députés et fasse en sorte que la seule préoccupation du bien public inspire leurs travaux, une cérémonie grandiose a lieu la veille, 26 octobre, pour préparer une Assemblée dont tous attendent d'heureuses conséquences.

Convoqués pour huit heures du matin, les députés se rassemblent dans le cloître du couvent des Augustins. Le Roi et la Cour arrivent à dix heures. Entouré de sa mère et des princes du sang, Louis XIII s'assied sous un dais devant le portail de la chapelle. Un à un, les députés défilent devant Leurs Majestés en faisant une profonde révérence. Afin que l'on n'oublie pas que son obstination est à l'origine de la convocation des États-Généraux, le prince de Condé, qui se tient debout à côté de la Reine-Mère, a chargé l'un de ses gentilshommes de glisser tout bas à l'oreille de chaque député, au moment où il arrive à sa hauteur : « Saluez Monsieur le prince. »

On s'ébranle ensuite vers Notre-Dame. La foule a pris possession des rues et des fenêtres, toutes tendues de tapisseries, où elle s'entasse. Entre le quai des Augustins et le Pont Notre-Dame, le duc d'Épernon, colonel général de l'infanterie, a disposé une double haie de soldats du régiment des gardes, revêtus d'un magnifique costume mi-orange mi-violet, et portant le mousquet sur l'épaule. Résistant comme ils peuvent à la poussée des badauds, ils ont bien du mal à dégager la partie centrale de la chaussée où doit défiler le cortège.

Une troupe de loqueteux, d'estropiés et de mendiants ouvre la marche. C'est la Cour des Miracles exposée au grand jour, sous le regard indifférent des Parisiens ; quelques bonnes âmes leur jettent une pièce de monnaie. On sait bien qu'ils ont déjà reçu un peu d'argent sur la cassette du Roi en échange de leur participation. Celle-ci est de tradition dans les grandes occasions de ce genre : les pauvres et les misérables ne sont-ils pas plus proches de Dieu ? Qu'on ne s'étonne pas de voir les Ordres mendiants leur succéder, Carmes, Augustins, Dominicains, Franciscains. Ils sont suivis par le clergé des différentes paroisses de Paris, les corporations portant insignes et bannières, et les bourgeois, plus ou moins martialement équipés pour la circonstance. Une compagnie d'archers encadre le Grand Prévôt à cheval, accompagné par ses lieutenants en robe longue, également à cheval. Viennent après les cent gentilshommes de la Maison du Roi, tenant d'une main la demi-hallebarde ou bec de corbin, dans l'autre portant une torche de cire jaune allumée, puis les chapitres de la Sainte-Chapelle et de Notre-Dame, en lourde chape brodée, et l'Université, régents en tête suivis par les recteurs et les docteurs des quatre facultés.

C'est maintenant le tour des députés. En tête, les élus du Tiers. Ils sont en vêtements noirs et défilent par bailliage, en rangs par quatre. Les officiers de justice portent la robe longue et le bonnet carré, les gens de finances la robe courte. Tous tiennent en main un cierge de cire blanche que la Maison du Roi leur a fait distribuer à l'instant du départ. Les représentants de la Noblesse les suivent. Ils défilent à pied, l'épée au côté, la tête coiffée d'un chapeau à plumes et le manteau de cour sur les épaules.

Vient enfin le Clergé. Les simples religieux marchent en tête de la délégation. Ils sont en soutane, la tête nue, tenant à la main le bonnet carré. Eux aussi vont en rangs par quatre. Derrière eux, les évêques et les archevêques ; en tête, les plus récents dans cette dignité, que suivent de proche en proche les plus anciens. Ils vont deux par deux, les évêques d'abord, les archevêques ensuite, et fermant la marche, trois cardinaux, Sourdis, La Rochefoucauld et Bonzi. Au dernier rang, l'archevêque de Paris, portant le Saint-Sacrement sous un dais dont les quatre coins sont tenus par Gaston, frère du Roi, par le prince de Condé, le duc de Guise et le prince de Joinville.

Et voici Louis XIII. Lui aussi s'avance sous un dais. Il est en costume de satin blanc et précède de quelques pas sa mère, en voiles noirs, qui donne la main à son Chevalier d'honneur, le Commandeur de Sillery. A côté de Marie de Médicis, Élisabeth de France, fiancée à l'Infant d'Espagne. La présence de la petite princesse aux côtés de sa mère rappelle au public, s'il en était besoin, que le problème de son mariage est l'un de ceux qui vont être soumis parmi les premiers à la sagacité des États-Généraux. Les dames de la Cour se pressent derrière elles. En tête la première princesse du sang, l'épouse de Condé, née Charlotte de Montmorency — le dernier amour d'Henri IV. Puis les dames de la Maison de Guise, la vieille duchesse douairière de Guise, veuve du « Balafré », et sa belle-fille, femme du duc de Guise actuellement vivant. Ensuite, les princes, les ducs et pairs, les maréchaux de France, les chevaliers de l'Ordre du Saint-Esprit, et les gentilshommes de la Cour.

Le défilé n'est pas terminé. Le Parlement lui aussi est présent ; derrière une nuée d'huissiers, de notaires et de greffiers, le premier Président de Harlay en manteau d'hermine précède les présidents à mortier et les conseillers en robe d'écarlate. Le gouverneur de Paris, la municipalité de la Ville, les officiers du Châtelet suivis d'une centaine d'archers, ferment la marche. Il s'écoule près de deux heures entre le moment où l'interminable cortège quitte les Augustins et celui où ses derniers rangs pénètrent sous le porche de Notre-Dame.

La cathédrale a été magnifiquement décorée pour la circonstance. Dans le chœur sont installés des fauteuils pour le Roi et la Reine-Mère, des bancs pour les simples députés. La messe est célébrée par l'archevêque de Paris, mais c'est au cardinal de Sourdis que revient le soin de prononcer le sermon. L'orateur rappelle que le régime monarchique constitue la forme de gouvernement de la France. Il évoque la puissance redoutable de la royauté. D'inspiration divine, elle tire sa force de la protection que Dieu étend sur elle. Malheur à qui prétend la braver, car c'est Dieu qui, relevant le défi, terrasse l'imprudent.

La séance d'ouverture civile a lieu le lendemain 27 octobre, dans la grande salle de l'Hôtel de Bourbon, tout proche du Louvre — ce bâtiment aujourd'hui disparu s'élevait à peu près sur l'emplacement de la partie sud de la colonnade et de la place du Louvre. Le long des murs, tendus de velours semé de fleurs de lys d'or, s'alignent plusieurs rangées de bancs destinées aux députés. Dans un angle, un trône élevé de cinq marches a été aménagé. C'est là que le Roi va s'asseoir sous un dais de velours violet. A sa droite, la Reine-Mère, puis Marguerite de Valois et Élisabeth de France. A gauche du souverain, son frère Gaston et ses deux autres sœurs. Sur la première marche du trône, Monsieur de Mayenne, le survivant de la Ligue, Grand Chambellan. Il souffre de la goutte, ce qui lui vaut de se tenir à demi couché sur un coussin de velours. Puis viennent les grands officiers de la couronne, le Chancelier, les quatre secrétaires d'État.

Les portes de la salle sont à peine ouvertes qu'une indescriptible bousculade se produit. Des courtisans, des curieux de toutes conditions sociales et de toutes origines, se ruent à l'intérieur, s'emparant des places qui avaient été prévues pour les députés. Quand ceux-ci se présentent, ils trouvent leurs sièges déjà occupés. L'un d'entre eux, Florimond Rapine, qui nous a laissé de précieux souvenirs, contient à grand-peine son indignation : « Bientôt toutes les loges, tant hautes que basses de ladite salle, étaient remplies d'hommes et de femmes, comme aussi le parterre de ladite salle ; ce qui apportait une grande confusion de voir que toute sorte de personne était là reçue indifféremment, au lieu qu'il n'y devait seulement avoir que les députés et autres personnes servant l'État. Cependant tout était plein de dames et de damoiselles, de gentilshommes et autre peuple comme si l'on se fût transporté là pour avoir le divertissement de quelque comédie. La plupart des députés étaient mécontents de ce désordre et disaient que la France était incapable d'ordre. » Dans la confusion, les représentants du peuple perdent leur calme. Excédé par les récriminations, le Grand-Maître des Cérémonies se laisse aller à gifler un député de la Noblesse venu se plaindre de n'avoir pu trouver sa place. Il se trouve que c'était l'un de ses cousins, mais les relations de parenté n'empêchent pas les antagonistes de s'empoigner comme des chiffonniers. L'intervention de Condé stoppe leurs ardeurs guerrières et les réconcilie avant l'arrivée du Roi. Bagarres également entre les archevêques et les évêques d'une part, les conseillers d'État de l'autre. Les prélats, dont l'esprit naturellement pacifique n'a pas résisté à l'humeur belliqueuse qui semble gagner tout le monde, occupent de vive force les sièges assignés aux conseillers. Là aussi, on en vient aux mains. En principe, tous les députés devaient avoir gagné leurs sièges pour midi. Quand le Roi et la Reine entrent à une heure de l'après-midi dans la salle, la bataille fait rage. Sa Majesté, priée d'arbitrer le conflit séance tenante, consulte le Grand-Maître des Cérémonies, les secrétaires d'État, les dignitaires, et rend un jugement à la Salomon qui ramène progressivement la paix.

La réunion peut enfin commencer. Le Grand-Maître des Cérémonies, d'une voix forte, ordonne le silence et fait mettre chapeau bas à l'assistance. Le Roi ouvre les débats : « Messieurs, j'ai désiré de vous cette grande et notable Assemblée au commencement de ma majorité pour vous faire entendre l'état présent des affaires, pour établir un bon ordre par le moyen duquel Dieu soit servi et honoré, mon pauvre peuple soulagé, et que chacun puisse être maintenu et conservé en ce qui lui appartient sous ma protection et autorité. Je vous prie tous et vous conjure de vous employer comme vous devez pour un si bon œuvre ; je vous promets saintement de faire observer et exécuter tout ce qui sera résolu et avisé en cette Assemblée ; vous entendrez plus amplement ma volonté par ce que vous dira Monsieur le Chancelier. »

Madame Mère

Louis XIII, en dépit de la magnificence de sa mise et des bijoux dont il est couvert, fait médiocre impression. Il a la mâchoire inférieure proéminente, le visage morne, le regard terne. Rien qui rappelle les traits vifs et souriants de son père le Béarnais. Il ne passe d'ailleurs pas pour un esprit extrêmement élevé. Le chroniqueur Pierre de L'Estoile écrit la même année qu'il s'agit d'un « enfant enfantissime, esprit fuyant et ne tenant à rien ». Malherbe, poète officiel de Marie de Médicis après avoir été celui d'Henri IV, se doit d'honorer le jeune Roi de quelque compliment de circonstance. En trois lignes, il définit très exactement la personnalité de cet adolescent mal dégrossi : « Il a toute son inclination à la guerre, ne prenant plaisir qu'aux armes et aux chevaux. Il est d'un naturel du tout porté au bien et extrêmement jaloux de sa grandeur. »

Malherbe voit juste. Louis XIII, malgré ses 13 ans, n'éprouve de goût que pour la guerre et pour ce sport qui rappelle de si près les fatigues du combat : la chasse. Faire évoluer ses gardes, échafauder de savantes combinaisons, scruter jusqu'à la minutie les moindres détails de l'art militaire, voilà son occupation préférée. Quand il ne fait pas manœuvrer des hommes, il joue avec ses soldats de plomb. Il pratique la chasse avec passion et se montre capable de courir pendant des heures derrière le gibier, qu'il pleuve, qu'il vente ou qu'il neige. Le dressage des oiseaux de proie est une autre de ses spécialités. Rien n'est trop beau pour le cabinet des oiseaux du Roi — en d'autres termes sa volière. D'ailleurs, le maître de ce cabinet est un personnage considérable ; Charles d'Albert de Luynes, qui est le titulaire de cette charge, est le confident de Louis XIII et deviendra, dans moins de trois ans, son premier ministre.

Richelieu a tout loisir de scruter la physionomie du jeune Roi. Il n'y découvre aucune grâce, aucun charme, aucun rayonnement. Quelle puissance en revanche dans la figure un peu lourde mais tellement assurée de Marie de Médicis ! Elle est toujours enveloppée de voiles noirs qui rappellent à tous qu'elle est la veuve, la veuve du Bon Roi. Dépositaire perpétuelle de la pensée posthume d'Henri IV, elle fait parler le mort quand l'exigent ses intérêts du moment. Qu'on l'admire ou la craigne, la respecte ou la méprise, elle concentre sur sa personne toute la force du sentiment monarchique. D'ailleurs, elle ne se borne pas à un rôle de figuration ; elle gouverne vraiment et, en dépit des rébellions sporadiques et des crises de mauvaise humeur qui agitent les Grands, elle a su maintenir la paix civile. Cette réunion des États-Généraux, Richelieu est trop fin pour ne pas savoir qu'elle va en définitive tourner à l'avantage de Marie de Médicis, bien qu'elle ait été à l'origine réclamée par le prince de Condé qui comptait s'en servir comme d'une machine de guerre contre l'autorité de la Reine-Mère.

Au pied de l'estrade où se tiennent Louis XIII et sa mère, le gouvernement a piètre allure. Comme Richelieu voudrait, à cette heure, siéger à l'une des places qu'occupent le Chancelier de Sillery et les quatre secrétaires d'État ! Il s'indigne tout particulièrement de voir la charge prestigieuse de Chancelier tenue par Sillery, un petit vieillard tout maigre, perdu dans sa barbe et sa toge à fourrure, dépourvu de caractère et d'éloquence, dont il stigmatisera sans indulgence dans ses *Mémoires* « le cœur de cire et la lâcheté qui lui faisaient chercher en toutes occurrences les accommodements et les conseils moyens que César dit être nuls dans les grandes affaires ». C'est pourtant à lui qu'il appartient maintenant de faire entendre la volonté du Roi une fois que celui-ci a, par sa courte allocution, ouvert les débats.

Sillery parle pendant plus d'une heure. Son discours est pâteux, sans consistance, médiocre. Dans un pays où l'on aime le verbe, les députés sont déçus. Le brouhaha des conversations particulières vient couvrir la voix basse et monocorde de l'orateur. On devine vaguement qu'il parle des mariages espagnols, de la situation dans l'Empire, des affaires d'Italie, et qu'il complimente Marie de Médicis des heureux effets de sa régence, en y ajoutant ses vœux pour le succès de sa nouvelle mission de Chef du Conseil. Après avoir assuré les députés que le Roi est disposé à les écouter et à satisfaire leurs demandes pourvu qu'elles soient justes et conformes au bien du royaume, le Chancelier se tourne vers Louis XIII et lui demande s'il souhaite compléter les propos qu'il vient de tenir. Un rapide conciliabule se déroule sur l'estrade entre Sillery, Louis XIII et Marie de Médicis. Le Chancelier avait effectivement oublié quelque chose. Revenant à la tribune, il rappelle aux membres de l'Assemblée que, par ordre du Roi, les États doivent rédiger des cahiers de doléances généraux faisant la synthèse des propositions contenues dans les cahiers de doléances de chaque province et renouvelle l'assurance que le souverain tiendra le plus grand compte des suggestions émises.

Après le Chancelier, chacun des orateurs choisis par les trois Ordres défile à la tribune.

L'orateur du Clergé est Monseigneur de Marquemont, archevêque de Lyon, primat des Gaules, qui occupe à ce titre le premier rang dans l'Église de France. Il prononce son discours debout, les yeux constamment fixés sur le Roi. Il souligne d'abord les avantages que l'on doit attendre de la tenue des États-Généraux. Monseigneur de Marquemont est un prélat plein de science et d'éloquence. Il a l'art de tourner en quelques phrases un compliment bien senti à l'égard de Marie de Médicis. Quelle superbe envolée ! « Une veuve gouverne heureusement l'époque, une veuve envoie les armées, une veuve choisit les capitaines, une veuve marche en campagne, une veuve ordonne les triomphes. » Traitant des problèmes politiques, il considère qu'un seul objectif doit dominer toute autre considération : le rétablissement de l'ordre et de la paix civile dans le royaume. Le discours de l'archevêque promet à Marie de Médicis et à Louis XIII le soutien sans faille du Clergé : « Votre royale autorité appliquée avec effet aux plaintes et supplications des États fera un baume très excellent dont l'odeur et la fragrance [c'est-à-dire le parfum] fera courir et redoubler l'amour et l'obéissance de vos sujets et la vertu guérira et consolidera toutes les plaies et blessures que les troubles et désordres passés ont laissées encore en votre État. » Un petit mot pour appeler à la croisade, et l'orateur regagne sa place, laissant la tribune au représentant de la Noblesse.

Celui-ci est le baron du Pont-Saint-Pierre, un noble du Midi de la France, à l'accent prononcé, sonore. Aucun talent pour l'art du discours, bien que Monsieur du Pont-Saint-Pierre ait fait un gros effort. Les phrases sont ampoulées, le malheureux s'empêtre dans ses périodes, mélange les feuillets de son texte et provoque les rires de l'Assemblée. Le propos ne brille pas par la qualité des visions politiques et semble se ramener à une longue litanie de louanges à l'égard de la Reine-Mère : « Vous êtes, Madame, cette seconde Reine Blanche, mère de Saint Louis, qui par votre prudence et sage conduite, vous êtes si dignement acquittée de la régence qui vous avait été commise, que vous avez mérité comme elle d'être nommée sans contredit la plus sage princesse de votre siècle. » Le compliment culmine dans une belle image de rhétorique. Monseigneur de Marquemont avait évoqué le parfum de l'autorité royale ; le baron du Pont-Saint-Pierre en appelle au langage des fleurs : « Ces belles fleurs de lys qui vous avaient été baillées comme en dépôt n'ont pas flétri en vos mains. Vous les rendîtes l'autre jour, aussi fraîches et aussi verdoyantes qu'elles furent jamais. » Délicate allusion à l'achèvement de la régence exercée par la Reine-Mère. Sa mission n'est pas terminée pour autant, estime l'orateur, qui suggère, au nom de ses collègues, que Marie de Médicis continue auprès du Roi devenu majeur le rôle éclairé de guide qu'elle avait assumé auprès du Roi mineur. Louis XIII peut être, dans tous les cas, assuré de la fidélité de sa Noblesse, toujours prête, déclare en conclusion le baron du Pont-Saint-Pierre, à faire au souverain le don « de son cœur, de son courage, de son zèle, de ses biens, de ses armes, de son sang et de sa vie ».

Voici le tour du porte-parole du Tiers-État, le Prévôt des Marchands, Robert Miron. L'étiquette est sévère à son égard : il prononce son discours non pas debout mais à genoux. Il n'empêche que ses propos, eux, sont sévères pour le régime. Il s'acquitte lui aussi de l'éloge rituel de la Reine-Mère et de l'inévitable évocation de Blanche de Castille. Mais ensuite, il attaque de front le problème central des États-Généraux, c'est-à-dire la remise en ordre du royaume. L'orateur énumère les abus dans lesquels se débat pour l'heure le gouvernement : les exactions des hommes d'armes, celles des financiers, les abus d'un trop grand nombre de nobles, les exemptions d'impôts injustifiées, l'impunité garantie aux fauteurs de troubles, les pensions exorbitantes accordées aux Grands, le règne des favoris. Qui donc est responsable de cet état de choses ? Robert Miron n'hésite pas à désigner le coupable : c'est la faiblesse du gouvernement, c'est-à-dire de la Reine. La conclusion de son discours, pour être habile, n'en est pas moins nette : « Qui croira ce paradoxe, trop véritable néanmoins, que les vertus aient engendré les vices et que l'excès de la bonté, facilité, et clémence de Votre Majesté ait causé, par importunité, l'audace, l'impunité et l'impiété, et, à leur suite, une infinité de maux, une contravention publique à toutes ordonnances divines et humaines, et enfin un dévoiement général de toutes règles en tous les Ordres et professions de ce royaume ? » Robert Miron se relève. Le lourd silence qui, pendant toute son allocution, a régné dans la salle, se prolonge de longues minutes encore après qu'il a fini de parler. Quelqu'un réclame-t-il la parole ? La plupart des regards se tournent vers le prince de Condé. Il serait normal, en sa qualité de premier prince du sang, qu'il donne son avis. N'est-ce pas lui, au surplus, qui a demandé la réunion de ces États-Généraux ? Eh bien non, le prince de Condé n'a rien à dire, le prince de Condé se tait. Le Chancelier, alors, revient à la tribune et déclare qu'il est mis fin à la séance.

Il est six heures passées, l'obscurité envahit la salle et tout le monde sort dans un invraisemblable désordre. Dans l'ensemble, les députés sont contents. Ils commentent avec faveur les propos tenus par Monseigneur de Marquemont lorsque, évoquant les précédents historiques de cette réunion, il a déclaré : « La saison ne fut jamais si opportune à bien faire ; car, Dieu merci, cette Assemblée n'est pas comme ont été quasi toutes les précédentes, un remède nécessaire à la violence d'un grand et pesant mal. C'est plutôt un bon vent qui arrive à une douce et tranquille navigation, ajoutant les effets à l'espérance, la constance au bonheur et la sûreté au repos. » En effet, quand on a, dans le passé, convoqué les États-Généraux, c'était plutôt pour faire face à des événements graves que pour se pencher simplement sur l'amélioration de l'administration du royaume ; si importants soient-ils, on ne saurait soutenir que des problèmes comme la prorogation de la régence de Marie de Médicis ou les mariages espagnols mettent en péril l'unité du pays — quoi qu'aient pu en dire des princes aujourd'hui devenus étonnamment muets. La foule se disperse en ovationnant le Roi. Les députés rentrent chez eux ou vont souper entre amis, conscients de la tâche qui les attend car dès le lendemain les choses sérieuses commencent.

Au travail

La déroute de Condé semble complète. Ses partisans sont écrasés sous le nombre, perdus dans la masse. Le pouvoir use de toutes les ressources de la procédure pour annihiler l'opposition.

Votera-t-on par bailliage ? Dans ce cas, les amis de Condé, qui tiennent certains bailliages, pourraient faire entendre leur voix. Marie de Médicis tranche : on votera par gouvernement. Le 23 octobre, l'élection du président de la Noblesse se déroule suivant cette règle. Le baron de Senecey l'emporte par 11 gouvernements sur 12. Le chef de l'opposition, Louis de Montmorency, seigneur de Bouteville, provoque un incident en dénonçant Monsieur de Senecey comme le candidat de la Reine. Ce sont là des choses qui ne se disent pas, et l'Assemblée se récrie bruyamment.

Le 25 octobre, le Conseil d'État décide de rattacher le bailliage de Nevers, qui fait partie du gouvernement du Lyonnais, à la province de l'Orléanais : il s'agit, en regroupant l'essentiel des opposants dans une seule circonscription, de rendre « sauvable » le Lyonnais, ainsi débarrassé d'un paquet de votes hostiles. — Qui osera soutenir que le charcutage électoral est une invention de notre époque ?

Le 15 novembre, un décret royal fixe l'ordre du vote par gouvernement en se référant, dit-il, à la tradition et à la date d'entrée de chaque province dans le royaume de France : Ile-de-France, Bourgogne, Normandie, Guyenne, Bretagne, Champagne, Languedoc, Picardie, Dauphiné, Provence, Lyonnais, Orléanais. La tradition, en fait, a bon dos : il s'agit uniquement de faire voter en dernier les gouvernements peu sûrs du Lyonnais et, surtout, de l'Orléanais, les seuls où les princes soient susceptibles de faire prévaloir leurs vues.

Un autre point de procédure est soulevé par le Clergé qui propose, dans une délibération en date du 6 novembre, que les problèmes les plus importants soient débattus en commun par les trois Ordres. Le Tiers-État soupçonne le Clergé de vouloir faire prévaloir ainsi la reconnaissance des décrets du Concile de Trente comme loi du royaume en noyant les votes hostiles du Tiers dans l'ensemble des votes favorables du Clergé et de la Noblesse réunis. La décision du Roi de rejeter cette demande est accueillie avec soulagement ; 1614 n'est pas 1789. Les trois Ordres continueront donc, comme par le passé, à délibérer séparément et, comme par le passé, leurs propositions devront être formulées en des termes identiques par chacune des trois Assemblées pour pouvoir être prises en considération par le Roi.

Il importe, par conséquent, de mettre au point les formules qui donneront la meilleure efficacité au va-et-vient des textes entre les différentes Assemblées, à ce que l'on pourrait appeler le système des navettes en empruntant cette expression au langage parlementaire d'aujourd'hui. L'analogie, d'ailleurs, dépasse largement le simple stade des mots : la Constitution de la Ve République ne connaît certes que deux Assemblées parlementaires, l'Assemblée nationale et le Sénat, mais, comme en 1614, une loi ne peut être considérée comme adoptée que lorsqu'elle a été votée dans les mêmes termes par les deux Assemblées ; il est vrai que la Ve République est moins égalitaire, sur ce plan, que l'Ancien Régime : après deux navettes, en effet, le dernier mot revient à l'Assemblée nationale, tandis qu'en 1614, aucune Assemblée n'avait le pouvoir de forcer l'opposition des deux autres.

Revenons donc aux États-Généraux. Dans une société aussi hiérarchisée que celle de la France du XVIIe siècle, il est très important que soient respectés un certain nombre de signes extérieurs auxquels se reconnaissent les différences de statut social. On a donc fixé avec la plus grande minutie la composition et la forme des ambassades qui vont, d'une Assemblée à l'autre, porter les communications et défendre les textes proposés. Voici ce qui avait été décidé après de laborieuses discussions.

Quand le Tiers-État porte une communication au Clergé, il lui envoie cinq membres qui sont reçus et reconduits jusqu'à la porte de la salle des délibérations du Clergé par trois députés de cette Assemblée, un évêque et deux non-évêques.

Quand c'est le Clergé qui porte une communication au Tiers-État, il lui envoie trois députés, qui sont reçus en grande cérémonie par cinq députés du Tiers.

La Noblesse envoie au Clergé des ambassades composées de quatre membres. Ceux-ci sont accueillis quelques pas avant la porte de la salle des délibérations par quatre membres de l'Assemblée du Clergé, deux évêques et deux non-évêques.

Les députés du Clergé envoyés à la Noblesse, également au nombre de quatre, devaient être accueillis bien en avant de la porte de la salle et reconduits de même.

Telle est la procédure selon laquelle vont désormais se dérouler les travaux des trois Assemblées. On comprend que le fait qu'elles siègent dans les mêmes bâtiments, au couvent des Augustins, rend à peu près viable un système que sa complexité et sa lourdeur devraient condamner à la paralysie. Il est vrai, aussi, que l'ardeur au travail anime l'ensemble des députés, et qu'avec de la bonne volonté, on fait des miracles.

Ardeur au travail, bonne volonté, les trois Ordres en ont à revendre. Dans l'Assemblée du Clergé, un député a senti le vent. Il propose la motion suivante au vote de ses collègues : « Les députés prêteront le serment solennel de travailler saintement à la rédaction des cahiers pour la gloire de Dieu, le service du Roi et le soulagement des peuples, et de ne révéler de façon quelconque ce qui serait délibéré et avisé en chacune des chambres. Ils s'engageront à venir travailler deux fois le jour au couvent des Augustins, le matin de huit à onze heures, et à la relevée de deux à quatre heures, sauf le jeudi et le samedi après dîner. » L'auteur de cette résolution : Richelieu, évêque de Luçon. On reconnaît sa patte dans l'esprit de précision qu'elle dénote : dates et horaires rigoureusement fixés des séances, sens du secret. Ses collègues réservent le meilleur accueil à son idée et adoptent à l'unanimité la motion qu'il propose. Reste à la soumettre aux deux autres Assemblées. Messieurs du Clergé trouvant normal que l'auteur de ce texte aille le défendre lui-même, Richelieu est désigné pour faire partie des députations envoyées à la Noblesse et au Tiers. Ceux-ci trouvent l'initiative heureuse, votent dans les mêmes termes la motion présentée par l'Assemblée du Clergé. Bonne occasion pour Richelieu de se mettre en avant sur une proposition raisonnable, et couronnée de succès.

Les travaux vont enfin pouvoir s'engager. A l'ordre du jour figuraient la confirmation de Marie de Médicis comme Chef du Conseil du Roi et responsable du gouvernement du royaume, les mariages espagnols, les difficultés financières de l'État. C'était du moins ce qu'en attendait le prince de Condé. Or, l'orientation des débats des États-Généraux va être tout autre en pratique. Le rôle de Marie de Médicis ? On n'en parle plus. Tout se passe comme si la prorogation de sa régence était définitivement acquise, de même que les mariages espagnols, qui semblent ne plus donner prise à la discussion. En revanche, chaque Ordre se concentre sur quelques problèmes qui le préoccupent plus particulièrement. Le Clergé consacre ainsi le meilleur de ses énergies à l'adoption comme loi du royaume des décrets du Concile de Trente. La Noblesse et le Tiers-État s'attachent, pour leur part, au problème de la remise en ordre des finances publiques et, à l'intérieur de celui-ci, à deux thèmes : la vénalité des offices, les pensions versées aux Grands.

Les décrets du Concile de Trente

Sur les 140 députés de l'Assemblée du Clergé, on compte 5 cardinaux, 7 archevêques, 47 évêques et 2 chefs d'ordre, les abbés de Cîteaux et de Clairvaux. François de Joyeuse, cardinal-archevêque de Rouen et doyen du Sacré Collège, est élu président de l'Assemblée. Dès la première séance officielle de travail tenue après l'ouverture des États-Généraux, une vive querelle s'élève entre les abbés commendataires et les représentants des églises cathédrales sur une question de préséance. Chacun des deux camps désigne un champion, qui défend sa cause devant l'Assemblée. L'abbé d'Étampes, aumônier du Roi et abbé de Bourgueil, plaide pour les premiers ; Charles de La Saussaye, doyen d'Orléans, pour les seconds. C'est un match nul ; l'Assemblée, perplexe, ne parvient pas à trancher ce délicat problème. Renvoyant les adversaires dos à dos, elle adopte une formule de compromis : on supprime toute distinction de hiérarchie entre les sièges disposés dans la salle ; chacun se placera comme il l'entendra, sans préjudice de ses droits.

On pouvait ainsi commencer à rentrer dans le vif du sujet. Les Assemblées sont maîtresses de leur ordre du jour et fixent à leur convenance le programme de leurs délibérations. Pour le Clergé, le plus urgent paraît être de faire recevoir comme loi du royaume les décrets du Concile de Trente. C'était une demande rituelle de l'Église de France, à laquelle le Roi répondait rituellement d'une manière encourageante — et totalement dilatoire. A chaque Assemblée de l'Église, la question revenait sur le tapis. La réunion des États-Généraux constitue une opportunité à saisir afin d'essayer, avec le concours des deux autres Ordres, de vaincre une bonne fois pour toutes la mauvaise volonté du pouvoir. Discussion passionnée parmi les membres de l'Assemblée du Clergé. Le 7 novembre, on décide d'inscrire dans le cahier de doléances du Clergé un article « contenant très humble supplication et instance au Roi à ce qu'il lui plaise d'ordonner que ledit Concile sera reçu, publié et gardé par tout son royaume ». Le lendemain, la nuit portant conseil, on convient cependant d'ajouter un membre de phrase : « sans préjudice des libertés de l'Église gallicane et des exemptions de juridiction et autres privilèges des chapitres des églises cathédrales et collégiales et autres personnes ecclésiastiques ». Mais tous ne sont pas d'accord sur la portée de cette réserve, et l'on arrête que le Concile de Trente ne devra être reçu comme loi du royaume que pour autant que le Pape aura au préalable solennellement confirmé les libertés de l'Église gallicane. Bref, c'est seulement le 19 février 1615 que le texte de la résolution proposée par le Clergé peut enfin être soumis à la Noblesse et au Clergé. La Noblesse, après s'être fait quelque peu prier, finit par donner son accord. Le Tiers-État, dont les relations avec le Clergé sont alors devenues des plus mauvaises, refuse de s'associer à la proposition.

Essentiellement préoccupée par les questions ecclésiastiques, l'Assemblée du Clergé s'intéresse peu aux autres questions à débattre par les États-Généraux, et particulièrement à celles qui touchent aux difficultés financières de la couronne. Dans ce domaine, l'initiative revient à la Noblesse et au Tiers-État.

Pour rétablir l'équilibre des finances publiques, il n'y a que deux possibilités : réduire les dépenses, augmenter les recettes. Il faudra bien, par conséquent, que certaines catégories de la population consentent des sacrifices. Abandonner une partie de ses privilèges est ce qu'il y a de plus dur au monde, hier comme aujourd'hui ; peut-être cependant est-ce plus difficile au XVIIe siècle qu'à notre époque dans cette société française tellement cloisonnée et hiérarchisée, où les droits et les privilèges d'une catégorie déterminée n'apparaissent pas seulement comme source d'avantages économiques, mais en même temps et plus encore comme les signes d'un statut social. Dans ces conditions, la bonne entente de façade entre les trois Ordres affichée au début des travaux des États-Généraux n'a guère de chance de durer bien longtemps, chaque Ordre retrouvant très vite la pente de ses intérêts particuliers.

LES FINANCES ROYALES

En dépit d'une organisation administrative extrêmement perfectionnée, qui comporte des prévisions budgétaires annuelles, une distinction rigoureuse entre les agents chargés de la perception des impôts et les trésoriers payeurs, en dépit d'un système de contrôle théoriquement parfait, le désordre des finances reste le *problème numéro un* de la monarchie. La détresse financière de l'État et les remèdes qu'elle a suscités favorisent le développement de l'administration, mais expliquent aussi les difficultés politiques auxquelles le régime est sans cesse confronté : le gouvernement royal n'est pas libre, en effet, d'instituer et de lever les impôts à sa fantaisie, il doit se soumettre à l'accord préalable des Parlements, qui constituent autant de butoirs opposés à sa toute-puissance.

Ces problèmes ne sont pas propres à la France. L'Espagne, malgré les énormes quantités d'or reçues d'Amérique, a connu la banqueroute à la fin du règne de Philippe II et se débat depuis lors dans d'insurmontables difficultés ; la pénurie chronique de ressources dont souffre la Cour de Madrid explique en grande partie l'échec de l'immense empire espagnol face à la rébellion des minuscules Provinces-Unies. L'Angleterre est rongée par le même mal ; le contrôle parlementaire se renforce à mesure qu'augmentent les besoins d'argent du gouvernement royal ; passant du plan technique au plan politique, le Parlement de Londres prétend juger du bien-fondé des demandes que le pouvoir soumet à son agrément ; le conflit va bientôt dégénérer en guerre civile et aboutira en 1649 à l'exécution du Roi Charles Ier.

Tous comptes faits, la France se trouve même, par rapport à ses deux voisins, dans une situation plutôt privilégiée. La gestion très prudente d'Henri IV et de Sully a permis au gouvernement royal de réussir un véritable tour de force : non seulement le budget ordinaire se trouve constamment en excédent de 1600 à 1610, mais les finances royales s'offrent le luxe de réussir en même temps à financer la guerre menée aux frais du Roi de France contre l'Espagne par un certain nombre d'États amis et clients (la Hollande, les princes protestants d'Allemagne, pour ne citer que les plus importants), et à épargner plusieurs millions de livres en pièces d'or entassées dans les souterrains de la Bastille, trésor de guerre destiné à supporter les frais d'un conflit armé dans lequel la France serait directement impliquée.

Mais la mariée était trop belle et, à la mort d'Henri IV, les problèmes traditionnels reparaissent. Les libéralités de Marie de Médicis à l'égard des princes vident le trésor de la Bastille et mettent en péril l'équilibre budgétaire, en attendant que les besoins des guerres de Louis XIII rendent inévitable un sensible accroissement de la pression fiscale avec le cortège d'abus qui l'accompagne.

Disons un mot du cadre administratif. La France est découpée en circonscriptions financières, les généralités, dont les limites ne coïncident qu'exceptionnellement avec celles des provinces. Leur nombre varie ; au début du XVIIe siècle, on en compte 10 en moyenne. Chaque généralité est administrée par un trésorier général qu'assiste un receveur général plus particulièrement chargé, comme son nom l'indique, de la recette des impôts. Les généralités sont à leur tour découpées en deux catégories de subdivisions : les *élections* pour la levée des impôts directs, et les *greniers à sel* pour l'impôt sur le sel, ou gabelle, qui est le plus important des impôts indirects. Le système est en apparence relativement simple, mais, dans la pratique, les choses se gâtent : les modes de répartition et de recouvrement sont disparates, les impôts indirects ne sont pas perçus par le fisc royal mais concédés, les abus et les détournements sont monnaie courante.

Les recettes

Les recettes proviennent d'abord des *revenus du domaine royal*. Le domaine comprend tous les biens dont le Roi est directement propriétaire : des forêts, des terres, des bois, des moulins auxquels s'ajoutent des péages et des droits féodaux de toutes sortes. Le domaine royal peut se réduire par voie d'aliénation. Ainsi Henri IV, pendant les guerres de Religion, avait emprunté de fortes sommes au duc de Wurtemberg ; devant l'énormité de sa dette, il a préféré lui abandonner en compensation les seigneuries de Coutances et de Saint-Lô. Il arrive aussi, à l'inverse, que le domaine royal s'accroisse, par succession ou par le jeu des déshérences, sans parler des confiscations de biens attachées à certaines condamnations (crimes de lèse-majesté). Aux temps les plus reculés de la monarchie, le domaine royal se confondait avec le Trésor public. L'augmentation des besoins d'argent de la monarchie a conduit à dépasser ce principe et les Français se sont habitués à payer des impôts sous les deux formes que nous connaissons toujours : impôts directs, impôts indirects.

Au seuil des Temps Modernes, ces sources de revenus sont déjà devenues beaucoup plus substantielles pour le Trésor royal que les recettes du domaine.

Le principal impôt direct est la taille, qui est un impôt de répartition. Cela signifie qu'il n'y a pas, comme dans notre impôt moderne sur le revenu, une contribution représentant un certain pourcentage des revenus des particuliers plus ou moins modulé suivant les catégories professionnelles et les tranches de ressources, mais une somme forfaitaire dont on fixe chaque année le montant et que l'on répartit ensuite en cascade entre les provinces, les villes, les villages, et, en dernier ressort, entre les foyers. Le recouvrement de la taille est assuré, soit directement par les fonctionnaires royaux qui portent les titres de trésoriers de France et d'Élus, soit par les soins des assemblées provinciales dans celles des provinces qui ont su défendre leur autonomie financière en la matière. La distinction est d'ailleurs si importante du point de vue des libertés locales qu'elle permet d'opposer deux groupes de provinces : les pays d'élections où la perception de la taille est directement assurée par l'administration royale, et les pays d'États où la répartition interne à la province et le recouvrement des sommes dues sont laissés à la responsabilité des Cours souveraines ou États.

L'inconvénient de la taille est qu'elle ne pèse que sur les non-nobles. C'est l'impôt roturier par excellence : qui paie la taille se reconnaît comme roturier. D'où un appétit d'évasion formidable dans les couches supérieures de la bourgeoisie, désireuses d'accéder à la Noblesse ou de se faire passer pour nobles. Le Roi lui-même avait accepté d'entrer dans ce système d'évasion en accordant l'exemption de la taille à certaines villes et à certains grands domaines laïques ou ecclésiastiques, en échange d'une sorte d'abonnement annuel. En définitive, la taille n'est supportée que par les très pauvres gens et les paysans, chez qui la mauvaise volonté pour payer un impôt qu'ils sont les seuls à acquitter devient une sorte de sport ; au stade de la répartition, on minimise les signes extérieurs de richesse dans l'espoir d'être taxé au niveau le plus bas possible ; et quand vient le collecteur d'impôts, on s'efforce de le payer en bonnes paroles, en pièces dévaluées, ou en promesses. Chez beaucoup de paysans, l'endettement fiscal finit par atteindre des sommes considérables, supérieures, parfois, à la valeur de l'exploitation agricole. Dans tous les foyers, la simplicité de vie, qui est déjà de tradition à la campagne, devient une nécessité absolue si l'on veut éviter d'attirer sur soi l'attention des répartiteurs et des collecteurs. On s'y tromperait quand on voit les tableaux que peignent les frères Le Nain vers la fin du règne de Louis XIII : les gens vont pieds nus, les vêtements ressemblent à des guenilles, et la table est frugale, un bout de pain et un peu d'eau coupée de vin ; ce sont toutes les apparences de la misère ; et pourtant, nous sommes chez les paysans les plus aisés, ceux qu'on appelle des laboureurs, dans les régions fertiles de l'Aisne et du Soissonnais.

Les retards considérables qu'enregistre le recouvrement des impôts conduisent à instituer un système qui a en partie subsisté jusqu'à nos jours : les receveurs sont responsables sur leurs deniers propres des sommes qu'ils doivent faire rentrer dans les caisses de l'État. Ce principe, appliqué au XVIIe siècle dans toute sa rigueur logique, aboutit à faire avancer à l'État, par les soins du trésorier, les sommes que celui-ci n'a pas été en mesure de recouvrer. Sa caisse relaie les besoins de l'administration, engendrant un système pernicieux dans lequel le collecteur est sans cesse en compte avec l'État. On fait des avances, on se rémunère sur le contribuable avec usure. Dans la confusion qui s'instaure entre les deux comptabilités, le trésorier, en général, s'y retrouve largement.

Les problèmes de trésorerie du Roi ont une autre conséquence. Le principe, on l'a dit, est celui de la séparation entre les services collecteurs et les services payeurs. Ces derniers sont coiffés par ce qu'on appelle l'Épargne, qui correspond à notre actuel Trésor public, et comportent une hiérarchie analogue à celle que nous connaissons aujourd'hui avec les trésoriers payeurs généraux et les trésoriers payeurs. Les règlements s'effectuant en espèces et la lenteur des transports étant ce qu'elle est, le Roi, pour gagner du temps, impute certaines dépenses sur telle ou telle recette provinciale ou locale. Si la recette en question a été normalement recouvrée, tout va pour le mieux. Mais si tel n'est pas le cas, la mécanique se grippe : il n'y a pas d'argent dans la caisse, or le Roi a donné un ordre de paiement, par principe urgent, et cela suppose que le trésorier règle sur l'heure la solde d'un régiment, les gages d'un officier, la pension consentie à un grand seigneur, etc., etc. Une seule solution : le trésorier fait la soudure en avançant à l'État le montant des sommes qu'il a reçu ordre de payer. Cette avance, bien entendu, ne saurait être gratuite, elle constitue un prêt portant intérêt. Pas besoin d'être grand clerc afin de deviner la suite : il suffit au trésorier de prétendre que les caisses sont vides pour payer systématiquement à l'aide de prêts dont la source est constituée par des recettes fiscales non encore comptabilisées ; on prête à l'État son propre argent ! L'opération est absolument sans risque et assure un bénéfice confortable.

Évidemment, il existe des contrôles. Ils sont multiples. Les comptabilités sont vérifiées par le Trésorier de l'Épargne, la Cour des Comptes, le Conseil des Finances. Mais les comptabilités se truquent facilement, et les contrôles aboutissent rarement à déceler les manœuvres frauduleuses. En règle générale, la vérification des comptes ne s'achève jamais car il manque toujours une pièce, et les choses, à force de traîner, s'enlisent. Il y a même des cas, à vrai dire exceptionnels, comme celui de Sully : à la mort d'Henri IV on s'aperçoit que le Roi l'avait totalement dispensé de l'obligation de soumettre ses comptes à révision !

De temps à autre, le Roi se fâche et décide de donner un grand coup de balai. A quatre reprises au cours de son règne, Henri IV a institué des Chambres de justice extraordinaires pour juger les prévaricateurs. La première a siégé de mai à juin 1597, la seconde de novembre 1601 à octobre 1604, la troisième de janvier 1605 à septembre 1607 ; la dernière, instituée en janvier 1607, avant même que la troisième ait fini ses travaux, se sépare comme elle en septembre 1607. L'effet de ces juridictions est avant tout psychologique : les plus compromis prennent les devants et retrouvent miraculeusement, avec la mémoire, des bordereaux oubliés et des sommes non comptabilisées qui font retour au Trésor public. Mais on ne poursuit que le menu fretin ; les gros poissons restent hors d'atteinte. En septembre 1624, Richelieu, qui songe à recommander la création d'une Chambre de ce type, fait dresser plusieurs mémoires destinés à rechercher les précédents et à en retracer les résultats. Ceux-ci sont édifiants. La Chambre de justice de 1597 permet de récupérer 336 000 livres ; mais ses frais s'élèvent à 42 000 livres. Celle de 1601 à 1604 rapporte 1 million de livres, qui ne laissent net, une fois déduits les frais, que... 17 000 livres ! La Chambre de justice instituée en janvier 1607 permet de récolter 1 million de livres mis à l'Épargne, et 27 000 pistoles remises aux mains du Roi. Mais sur ce million, 200 000 livres sont accordées aux dénonciateurs, 19 000 livres aux juges qui composent la Chambre, 120 000 livres aux trésoriers de France ; bref, la recette finale, tous frais déduits, s'élève à 668 000 livres. Richelieu ne donne pas les comptes de la Chambre de justice instituée en janvier 1605. Le tableau de chasse, en tout cas, n'est pas bien brillant, puisqu'il n'aura rapporté net que 979 000 livres [1].

Les impôts indirects constituent la troisième catégorie de recettes.

---

1. A. E., *Mémoires et documents,* France, Vol. 779, f° 122-123, Copie. Cité par Pierre Grillon, *Les papiers de Richelieu,* T. I (1624-1626), Paris, Pedone, 1975, p. 113 et suivantes.

Leur mode de perception en fait une source permanente d'abus. Le nom qu'ils portent vient de ce qu'ils ne sont pas perçus directement par l'administration royale ou provinciale mais par des intermédiaires spécialisés, que l'on appelle suivant les cas des *fermiers* ou des *traitants*; le terme de partisan s'imposera plus tard, par allusion aux partis, c'est-à-dire aux associations formées par un certain nombre de fermiers ou traitants pour la perception des impôts les plus importants.

Le schéma du système est le suivant. On crée un impôt : impôt sur la boisson ou aide, impôt sur le sel ou gabelle, droit d'octroi aux portes des villes, péages sur la Seine et sur les principaux fleuves, droit de port dans les cols, droit de quai dans les villes maritimes, pour ne citer que les plus courants. On estime la recette théorique que doit procurer le nouvel impôt, et on procède à une adjudication. La recette escomptée constitue la mise à prix, et l'on invite les financiers intéressés à se faire connaître. Leurs offres sont enregistrées et comparées. Celles qui sont inférieures à la mise à prix sont écartées. On ne retient que les propositions « au-dessus de la barre ». En principe, le plus fort enchérisseur emporte l'affaire, et se voit octroyer le bail de la ferme. Le contrat qu'il passe avec l'État s'appelle un traité, d'où le nom de traitant qu'on donne souvent à l'adjudicataire. La signature du traité engage le fermier (qui est souvent, non pas une personne physique, mais une association de financiers, un syndicat dit-on aussi) à payer à l'État le montant fixé dans l'adjudication, à charge pour lui de le percevoir sur les contribuables, en y ajoutant bien entendu ses frais de perception et un honnête bénéfice.

On discerne aisément les défauts de cette façon de procéder. Il y a d'abord le risque de l'entente, qui fausse le jeu de la concurrence. Heureusement, les fermes sont considérées, à tort ou à raison, comme tellement lucratives qu'elles attirent sans cesse de nouveaux venus qui, pour emporter un marché, n'hésitent pas à faire des surenchères et rendent les ententes inopérantes.

Il y a aussi le risque de la sous-estimation des recettes. Il arrive en effet que le rendement d'un impôt soit très largement supérieur à ce qu'en attend le Trésor. Celui-ci ne doit pas trop compter sur le fermier pour qu'il le lui signale. L'État se trouve ainsi frustré de sommes parfois considérables, qui permettent aux financiers de réaliser des super-bénéfices. Vers la fin du règne d'Henri IV, le financier Paulet amasse en l'espace de deux ans une fortune d'un million de livres. Pour apprécier l'importance de la somme, il faut rappeler que le budget annuel de l'État s'élève alors à 20 millions environ. Mais le financier n'est pas toujours gagnant, et il arrive que des contrats d'affermage soient abandonnés en cours d'exécution parce que le bénéficiaire s'aperçoit qu'il est en train de se ruiner. Le Trésor en subit le contrecoup et supporte la moins-value qui résulte de la rupture de la concession.

Parfois le Roi concède l'affermage d'un impôt indirect à quelqu'un qui n'est pas de la partie — un grand seigneur, par exemple. Le résultat est généralement catastrophique. Le bénéficiaire n'a aucune idée du produit qu'il est réellement en droit d'attendre de cette concession, et oscille entre la rapacité et l'impéritie, la seconde étant d'ailleurs la plus fréquente. Henri IV a ainsi concédé au connétable de Montmorency le produit de certains impôts indirects levés dans le Languedoc. Le connétable en tire 27 000 livres par an. Sully, qui s'étonne de la modicité de la somme, procède à une enquête. Celle-ci révèle que la recette devrait se situer aux alentours de 150 000 livres. Elle montre aussi que l'écart entre les deux chiffres ne cache ni scandale ni prévarication, mais résulte simplement de l'ignorance de Monsieur de Montmorency en matière financière et de la négligence de ses agents.

Le cas du connétable de Montmorency devient la règle dès lors qu'il s'agit d'étrangers. A titre de garantie, et pour s'acquitter de certaines de ses dettes, Henri IV a concédé le recouvrement de quantité d'impôts à des créanciers étrangers. L'un de ses plus gros prêteurs, le Grand-Duc de Toscane, s'est vu attribuer une partie importante des péages de rivières, des droits d'octroi et des gabelles. Le Grand-Duc est un professionnel, mais en Toscane. Quelle est, en France, la valeur des impôts à percevoir, quels sont les frais de perception, les délais normaux de recouvrement, les modes d'évasion fiscale à combattre? Autant d'éléments qui lui échappent totalement. Son ignorance est une aubaine pour les mauvais payeurs et pour les fraudeurs de tout poil ; Sully finit par s'apercevoir que le Grand-Duc retire de ces impôts 2 millions de livres de moins qu'il ne devrait. C'est autant d'argent qui échappe en définitive au Trésor.

La dernière catégorie de recettes est constituée par les *parties casuelles*, c'est-à-dire les recettes procurées par la vénalité des offices, dont nous allons parler plus loin. Entre 1605 et 1610, elles rapportent une moyenne de 2 millions de livres par an.

Les dépenses

Les dépenses comprennent d'abord toutes les charges qu'entraînent l'exercice de la souveraineté et la défense de l'indépendance nationale : l'armée en premier lieu, la marine, les ambassades, à quoi s'ajoutent les pensions payées à un certain nombre de chefs d'État ou de gouvernements amis. Henri IV versait des subsides réguliers à la famille princière de Savoie et aux États de Hollande. L'ensemble se monte, en moyenne, à 5 millions par an.

Les dépenses d'équipement, qui constituent dans les États modernes un poste important, existent déjà dans le budget de la France à cette époque mais pour une part relativement faible, généralement inférieure à un million de livres. Ces dépenses concernent essentiellement les routes, les ponts et les canaux. La régence de Marie de Médicis se fait gloire du démarrage des travaux de l'aqueduc d'Arcueil, commencés en 1613, et qui ne dureront pas moins de dix ans.

Mais les charges les plus importantes sont engendrées par la Cour. Certes, son existence même, le développement que lui donnent Henri IV puis Marie de Médicis, se justifient par ses fonctions politiques, économiques et sociales. Il reste qu'elle mobilise des sommes énormes : 3 millions de livres pour son fonctionnement proprement dit, 2 millions pour les pensions, 4 à 5 millions pour le « comptant du Roi », comprenant les dépenses somptuaires du souverain, ses libéralités, les subsides exceptionnels, les travaux de construction (Henri IV apporte de nombreux embellissements au Louvre qui représentent tout de suite des sorties de 200 000 à 300 000 livres sur une seule année), les achats de mobilier, les commandes de bijoux et de pièces d'orfèvrerie, les cadeaux. Henri IV a fait exhumer les règlements anciens sur l'organisation de la Maison du Roi et de la Maison de la Reine. Par esprit d'économie, il a diminué les effectifs, rogné sur certaines charges, mais, dans l'ensemble, il a maintenu les deux Maisons à un niveau de standing comparable à celui atteint sous les Valois et, en tout cas, fort coûteux : près de 500 personnes et 400 000 livres de budget annuel pour la Maison de Marie de Médicis du vivant d'Henri IV, un millier de personnes et environ 600 000 livres de budget pour la Maison du Roi.

L'addition de ces différents postes nous conduit aux alentours d'un total annuel de 15 à 16 millions de dépenses, ce qui ne constitue pas, à tout prendre, un montant déraisonnable. Aussi bien le problème n'est-il pas là : il se situe essentiellement dans l'existence de dépenses exceptionnelles qui, d'une année sur l'autre, peuvent bouleverser l'économie du budget le mieux conçu. Il y a la guerre : le prix d'une expédition militaire peut aller de 300 000 livres à plus de 2 millions suivant l'importance du recrutement étranger (les mercenaires, qu'ils soient Wallons ou Suisses, se paient à prix d'or), la durée de la campagne, la taille du parc d'artillerie, la difficulté des approvisionnements, etc. N'oublions pas, non plus, la guerre indirecte, celle que l'on fait par personne interposée, en finançant les frais de campagne du Roi de Suède ou des princes protestants allemands de l'Union Évangélique ; ce sont encore des millions qui s'envolent.

C'est dans cette irrégularité et cette imprévisibilité des dépenses que se situe le vrai drame des finances royales.

Un difficile exercice d'équilibre

L'ensemble des sommes versées par la nation pour les besoins du Roi s'élève à 26 millions de livres en 1609-1610. Sur ce total, 6 millions sont payés par prélèvement direct chez les trésoriers, et n'arrivent donc pas dans les caisses de l'Épargne, qui reçoit la différence, soit 20 millions.

L'évolution des recettes au cours du règne d'Henri IV est intéressante à suivre. On observe que les parties casuelles augmentent jusqu'en 1605, puis restent à un niveau à peu près constant, aux alentours de 2 millions de livres, à partir de cette date. Le produit des impôts indirects augmente fortement : de 3 097 344 livres en 1600, il passe à 6 088 102 en 1608, et 6 138 291 en 1609 ; l'augmentation du chiffre des recettes résulte de deux actions menées parallèlement par Sully : un effort d'amélioration des conditions de perception de ces impôts, et la chasse à l'évasion fiscale. Restent les impôts directs, c'est-à-dire la taille. Les chiffres sont étonnants :

1598	18 millions
1599	16,2 millions
1600	14,6 millions
1602	13,5 millions
1609	15,2 millions
1610	15,6 millions

Ainsi, la taille a diminué, passant de 18 millions en 1598 à un minimum de 13,5 millions en 1602, pour remonter en 1609 et 1610 (ce sont les besoins de la guerre qui se font sentir) tout en restant inférieure à 16 millions. Nous trouvons là l'effet de la politique d'Henri IV et Sully à l'égard du monde paysan, dont nous avons relevé plus haut les grands axes[2].

Et les dépenses ? Outre les 6 millions payés par prélèvement, le Roi dépense environ 10 millions, charges de la dette non comprises. Il lui reste donc 10 millions pour payer la dette, dégager les portions du domaine qui ont été aliénées, et amasser le trésor de la Bastille, qui se monte à 5 millions en 1610 en plus d'une réserve d'encaisse de 11,5 millions.

Ce beau résultat incite à rendre hommage à l'œuvre de redressement accomplie par Henri IV et Sully, mais il reste d'une extraordinaire fragilité. Les prévisions de Sully pour la guerre sur le Rhin, entre janvier et juillet 1610, s'avèrent trop faibles de 3 500 000 livres alors que le conflit se résume, en définitive, à l'expédition de

---

2. Voir ci-dessus Chapitre II.

Juliers : le total des dépenses militaires pour l'année 1610 dépasse les 9 millions de livres. Elles tombent à 4 millions en 1611, mais remontent régulièrement au cours des années suivantes pour atteindre 9 millions en 1614 (en raison, notamment, du voyage de Nantes) ; elles s'élèveront à 12 millions en 1615 !

Comment faire face à ces poussées de fièvre dépensière ? En sollicitant les parties casuelles, c'est-à-dire les recettes procurées par la vénalité des offices, dont le potentiel de croissance est considérable : sans être illimitées, les possibilités de création de charges et d'offices sont très importantes et ne se heurtent pas aux mêmes limites physiques et psychologiques que des augmentations de la taille ou de l'impôt sur la consommation.

Vénalité et hérédité des offices

On se tromperait sur les origines et le sens de la vénalité des offices en y voyant uniquement l'invention imprudente ou perverse d'une monarchie aux abois. Elle résulte d'abord de conditions inhérentes à la société française post-médiévale. La vénalité organisée exprime au premier chef un effort de la couronne pour canaliser à son profit les abus existants, afin d'en retirer les avantages financiers et politiques.

Quand un important personnage réussit à obtenir une charge pour l'un de ses protégés en le recommandant auprès du souverain, la coutume veut qu'on l'en remercie par un cadeau, qui consistera dans le versement d'une somme plus ou moins proportionnelle au revenu de la charge. En d'autres termes, il reçoit une commission. Cet usage est tellement répandu que le Roi trouve là un moyen élégant de distribuer de l'argent sans que cela lui coûte un sou : en accordant à celui qu'il veut obliger le droit de lui recommander les candidats à une nomination dans telle ou telle catégorie d'emplois, il lui assure une source de revenus stable.

Pourquoi le Roi se priverait-il de procéder de même pour son propre compte ? Au cours du XVIe siècle, par exception d'abord, puis par habitude, il commence à tirer profit des nominations, bref, à vendre des charges. Le premier qui ait pratiqué en grand la vénalité des offices est François Ier, qui crée en 1522 le Bureau des parties casuelles destiné à recevoir les sommes provenant de ce trafic. Pendant les guerres de Religion, le procédé devient systématique. En 1586, Henri III fait dresser la liste des offices vénaux : elle est impressionnante. On trouve par exemple tous les offices des Chambres des Comptes, ceux de trésorier de la Maison du Roi, de trésorier des guerres, d'officier des bureaux de finances, d'officier des greniers à sel, tous les offices de receveurs, tous les offices des eaux et forêts, ceux de procureurs, d'huissiers, de notaires, de sergents, de contrôleurs de foin, de mesureurs de blé, de maîtres jurés maçons, etc.

La vente des offices par le Roi comporte également des avantages politiques. Dans une société fondée sur la solidité des liens de fidélité personnelle, elle permet de retirer aux clans nobiliaires une source de clientèle : en vendant les offices, le Roi fait des bénéficiaires de la vente ses propres obligés, les officiers du Roi, dont nous avons noté plus haut la force. Les pouvoirs publics sont d'autre part plus à même d'exercer un certain contrôle sur la compétence des nouveaux titulaires ; à une époque où les concours n'existent pas, ce sont les officiers qui se chargent, pour l'honneur du corps qu'ils représentent, de donner à leurs fils ou leurs neveux, futurs titulaires de leur charge, la meilleure préparation possible à l'exercice de celle-ci.

Avec la paulette, on passe de la vénalité à l'hérédité. Tirant son nom du financier Paulet, ami d'Henri IV, qui lui en soumet l'idée, elle consiste en un droit annuel qui permet aux officiers de finance et de judicature, moyennant le paiement chaque année d'un soixantième de la valeur de leurs charges, d'en devenir propriétaires, en leur donnant la possibilité d'échapper à la « clause des quarante jours » — règle prévoyant qu'un office devenait vacant si son titulaire mourait moins de quarante jours après l'avoir résigné. L'arrêt de 1604 qui institue le droit annuel l'assortit, il est vrai, d'un certain nombre de correctifs. Les charges de premiers Présidents, de procureurs et avocats généraux dans les Parlements, échappent au système et restent réservées à la nomination du Roi. Pour tous les offices soumis au droit annuel, le souverain conserve la faculté, quand ils deviennent vacants, de les racheter aux héritiers en exerçant une sorte de droit de préemption : redevenu propriétaire de la charge, il en dispose à sa guise, soit qu'il la vende à quelqu'un d'autre, soit qu'il la supprime purement et simplement.

Ces garde-fous ne suffisent pas à endiguer les dangers que recèle la paulette. Une politique de facilité élargit sans cesse le champ d'application du droit annuel et Richelieu observe avec raison que son extension, après la mort d'Henri IV, aux charges de lieutenants généraux des provinces permet le développement de véritables tyrannies locales.

La vénalité « simple », par la menace qu'elle laisse planer sur la transmission de l'office au moment du décès de son titulaire, permet de « tenir » dans une certaine mesure les officiers. Le jour où ceux-ci se voient à l'abri du risque de la non-transmission, ils deviennent quasiment inamovibles, oublient allègrement la notion de service attachée à la détention des charges, et se montrent tout prêts à exercer leur indépendance contre l'autorité et les intérêts du Roi.

Supprimer la paulette...

La paulette, entre 1610 et 1614, rapportait à l'État bon an mal an entre 1 500 000 livres et 1 800 000. Elle n'a cessé d'être critiquée dans l'opinion comme immorale. A la fin de 1614, elle fait l'objet d'une attaque en règle. Le 18 septembre, les États de Normandie réclament sa suppression et, d'une manière plus large, celle de toute la vénalité des offices. Le 13 novembre, l'Assemblée de la Noblesse aux États-Généraux demande à son tour que l'on suspende son application pour l'année 1615, en attendant une décision définitive. Le 5 décembre, le Roi lui donne satisfaction.

Le Tiers-État est bien embarrassé. La suppression de la paulette porte un coup sensible à la valeur des charges et, par conséquent, à la fortune des gens de robe. A l'inverse, les détenteurs de charges ne peuvent nier que le droit annuel, en rendant les offices héréditaires, a augmenté leur valeur au point de les rendre inaccessibles à beaucoup de personnes de qualité, gentilshommes peu fortunés ou hommes nouveaux, qui se voient ainsi refuser toute possibilité de s'élever dans la hiérarchie sociale. Le système revêt également un aspect peu reluisant dans la mesure où, les salaires et appointements attachés aux charges n'ayant pas augmenté, les acquéreurs d'offices sont en quelque sorte contraints de prévariquer afin de se rembourser des prix de plus en plus élevés qu'ils ont payés pour s'en rendre propriétaires.

L'Assemblée du Tiers-État est bien obligée de se rallier, en définitive, à la suppression de la paulette. L'Assemblée du Clergé emboîte le pas à la Noblesse.

... et les pensions des Grands

Mais la paulette ne constitue qu'un élément à l'intérieur du problème beaucoup plus général des finances de l'État. Si l'on prive la monarchie des recettes qu'elle procure, il faut rechercher les postes de dépenses qui pourront être parallèlement comprimés. Pour le Tiers-État, il n'est pas nécessaire de porter bien loin ses regards : les pensions versées aux nobles, et particulièrement aux Grands, atteignent des sommes colossales et représentent quelque chose comme 30 % du budget de l'État. La bourgeoisie de robe est toute prête à se sacrifier sur l'autel de la patrie à condition que la Noblesse fasse de même. L'Assemblée du Tiers n'a guère de peine à se mettre d'accord sur le principe de l'abolition des pensions.

L'un de ses meilleurs représentants, Savaron, président du bailliage d'Auvergne, est chargé de défendre le projet devant le Roi. Il donne une belle leçon de gouvernement au souverain, dépeignant la misère des peuples et suggérant qu'une comparaison entre le règne d'Henri IV et les premières années de celui de Louis XIII ne tournerait pas forcément à l'avantage du second : « Le peuple, ce sont les enfants du Roi, des créatures raisonnables et non pas des animaux. Le souverain est leur père, leur tuteur et leur protecteur. Or, que diriez-vous, Sire, si vous aviez vu dans vos pays de Guyenne et d'Auvergne les hommes paître de l'herbe à la manière des bêtes ? Cette nouveauté et misère inouïe en votre État ne produirait-elle pas en votre âme royale un désir digne de Votre Majesté pour subvenir à une calamité si grande ? » Pourquoi toute cette misère ? En raison des dépenses excessives de l'État. On souhaite la suppression de la paulette ? D'accord, mais à condition de supprimer en même temps les pensions, qui grèvent abusivement le budget. « On vous demande, Sire, que vous abolissiez la paulette, c'est-à-dire que vous retranchiez de vos coffres seize cent mille livres que vos officiers vous paient tous les ans. Mais l'on ne vous parle point de supprimer l'excès des pensions qui sont tellement effrénées qu'il y a de grands et puissants royaumes qui n'ont pas tant de revenus que celui que vous donnez à vos sujets pour acheter leur fidélité. N'est-ce pas ignorer et mépriser la loi de nature, de Dieu et du royaume, de servir son Roi à prix d'argent ?... Quelle pitié qu'il faille que le pays fournisse par chacun an cinq millions six cent soixante mille livres à quoi se monte l'état des pensions qui sortent de vos coffres ! Si une telle somme était employée au soulagement de vos peuples, n'y aurait-il pas de quoi bénir vos royales vertus ? »

De tels propos sont évidemment injurieux pour la Noblesse. Prétendre que celle-ci ne sert le Roi que contre argent est attentatoire à son honneur. Dans l'Assemblée de la Noblesse, certains parlent de bâtonner Savaron, d'autres estiment qu'il faut le tuer sans autre forme de procès. Le Clergé offre sa médiation. Richelieu fait partie de l'ambassade chargée de négocier avec les deux autres Ordres.

Il va d'abord trouver les représentants du Tiers, qu'il invite « à donner quelques satisfactions pour le bien de la paix en faisant entendre à la Noblesse que Savaron n'avait parlé que dans une bonne intention et sans vouloir offenser personne ». Quel beau talent de diplomate chez le jeune évêque de Luçon ! Savaron est tout prêt à faire des concessions et déclare « que ni de fait, ni de volonté, ni de parole, il n'estimait avoir offensé Messieurs de la Noblesse », tout en ajoutant que les menaces proférées contre lui ne l'impressionnent nullement et que, « ayant porté de lui-même les armes avant de servir le Roi comme officier de justice, il était prêt à répondre à quiconque sur quelque terrain que ce fût ».

L'important c'est que, sur le fond, le Tiers-État soit d'accord pour se raccommoder avec la Noblesse. On juge préférable, cependant, d'écarter Savaron de la délégation qui va être envoyée à la Noblesse et de faire appel, pour la diriger, à un homme pondéré et nuancé, le lieutenant civil de Mesmes.

Hélas ! soit maladresse, soit manque de discernement, Monsieur de Mesmes, en conclusion du discours chargé d'offrir à Messieurs de la Noblesse les apaisements convenus, prononce quelques paroles malheureuses ; et voilà la polémique qui, loin de s'éteindre, rebondit de plus belle ! Qu'a dit le lieutenant de Mesmes ? Que les Assemblées devraient dépasser les querelles d'amour-propre et se montrer solidaires, comme il convient entre des Ordres qui sont « trois frères, enfants de leur mère commune, la France ». Et pour bien faire comprendre à ses interlocuteurs que les excuses qu'il apporte ne constituent nullement une reddition sans condition de la part de son Ordre, il ajoute « que le Tiers avait toujours reconnu la Noblesse comme élevée de quelques degrés au-dessus de lui, mais qu'à son tour la Noblesse devait reconnaître le Tiers comme un frère, et ne pas le mépriser au point de le compter pour rien ». Bien des gentilshommes froncent le sourcil en entendant ces propos, qui prétendent nier le fossé, l'abîme, qui sépare un roturier d'un noble. Ils donnent libre cours à leur indignation quand Monsieur de Mesmes, continuant la comparaison, croit devoir observer « qu'il se trouvait dans les familles que les aînés ruinaient la maison et que les cadets la relevaient » ! L'orateur voudrait-il insinuer que la Noblesse coûte cher à l'État tandis que la bourgeoisie, par son activité et son industrie, remplit les coffres du Trésor public ?

L'Assemblée de la Noblesse est en ébullition, ses membres protestent « qu'il n'y avait aucune fraternité entre eux-mêmes et les membres du Tiers ; qu'ils ne voulaient pas que des enfants de cordonniers et de savetiers les appellassent frères, qu'il y avait autant de différence entre eux et les autres comme entre le Maître et le Valet ». Leur colère est telle que les nobles au grand complet se rendent en corps auprès de Sa Majesté afin d'émettre une protestation solennelle. Le baron de Senecey, président de l'Assemblée de la Noblesse, condamne avec vigueur « ceux qui, méconnaissant leur condition sans l'aveu de ceux qu'ils représentaient, osaient se comparer à l'Ordre supérieur. Et non contents de se dire nos frères, ils s'attribuent la restauration de l'État, à quoi on sait assez qu'ils n'ont aucunement participé. Ainsi chacun connaît qu'ils ne peuvent en aucune façon se dire nos parents, et qu'une prétention aussi mal fondée est insupportable. Rendez-en le jugement, Sire, et faites rentrer ceux du Tiers en leur devoir ». Le Roi, protecteur naturel de sa Noblesse, est cependant très embarrassé pour répondre à une telle demande.

On décide d'en rester là et de ne plus parler de l'incident, mais les esprits demeurent fort aigris. Richelieu, dans ses *Mémoires*, estime que l'affaire Savaron a sans doute constitué le tournant de la réunion des États-Généraux en ruinant toute possibilité d'entente loyale et sans arrière-pensée entre les trois Ordres.

En attendant, il fallait bien s'intéresser de nouveau à l'essentiel, c'est-à-dire au problème de l'équilibre des finances. Le Roi n'avait pas répondu à la demande du Tiers de réduire ou de supprimer les pensions, mais le principe de la suppression de la paulette et, de manière plus générale, celui de l'abolition de la vénalité des offices, avaient été, eux, bel et bien retenus. Encore fallait-il organiser la mise en œuvre de cette réforme. Première constatation : elle allait coûter très cher à l'État, en raison de la valeur parfois considérable atteinte par les charges. On propose un remboursement étalé sur douze ans. Au terme de cette période, la totalité des offices serait revenue entre les mains du Roi, qui aurait toute liberté d'en réduire le nombre. On suggérait même d'en profiter pour augmenter les gages des titulaires afin de mettre un terme à la pratique des épices, c'est-à-dire de ces compléments de salaire immoraux mais universellement tolérés que les officiers se faisaient payer par les usagers et les justiciables.

Le Clergé et la Noblesse acceptent ce schéma, mais le Tiers-État refuse de s'y joindre. Du coup, faute de l'unanimité indispensable, l'ensemble de la réforme est bloqué.

Les trois Ordres se retrouvent d'accord, au contraire, pour recommander au Roi l'établissement d'une Chambre de justice destinée à faire rendre gorge aux financiers. L'argent provenant de cette récupération serait employé, soit au remboursement des offices créés en surnombre au cours des dernières années, soit au rachat des portions du domaine de la couronne qui ont dû être engagées en garantie des emprunts contractés par Henri IV. La réduction du nombre des offices est une mesure à laquelle tiennent particulièrement les nantis du Tiers, car elle permet de sauvegarder, voire d'augmenter la valeur des charges existantes. Quant au dégagement du domaine, il constitue un principe auquel le Clergé et la Noblesse sont très attachés. Sur la proposition ainsi formulée, les trois Ordres pouvaient donc retrouver leur unité, et ils n'y manquèrent pas.

Le gouvernement devait se montrer beaucoup moins enthousiaste. Des Chambres de justice exceptionnelles, nous l'avons vu, il y en avait déjà eu quatre au cours du règne d'Henri IV ; elles n'ont pas donné lieu à la mise en évidence de gros scandales, et les récupérations qu'elles ont permises sont restées modestes. En revanche, avec ces commissions d'enquête extraordinaires, on ne sait jamais comment les choses peuvent finir, et la Cour hésite à donner son aval à une procédure qui risquerait de remonter jusqu'à des personnages très haut placés — par exemple Concini et Leonora Galigaï.

C'est donc bien à contrecœur que la Reine-Mère accepte en définitive la constitution de cette Chambre de justice.

Les États-Généraux avaient ainsi réussi à préserver leur unité. En apparence, le bilan de leurs réflexions sur le désordre des finances royales n'était pas négligeable. La suppression de la paulette et de la vénalité des offices, les recommandations relatives au freinage des pensions, la constitution d'une Chambre de justice destinée à faire rendre gorge aux professionnels du pillage des deniers publics : toutes ces mesures ne brillent peut-être pas par leur originalité ou leur caractère révolutionnaire, mais elles sont réalistes et composent un ensemble plutôt cohérent. Le problème, en fait, est de les appliquer, et cela, c'est une autre affaire, qui réclame volonté et continuité de la part des pouvoirs publics. Nous verrons plus loin ce qu'il en adviendra. Nous verrons aussi comment les États-Généraux, à la clôture de la session, s'efforceront de mettre en place une délégation permanente chargée de suivre l'exécution par le gouvernement royal des promesses que celui-ci a dû concéder aux députés : si la Reine-Mère avait laissé faire, c'était le germe d'un contrôle de type parlementaire sur les actes du pouvoir, et le point de départ d'une évolution que nous ne pouvons qu'imaginer après coup, mais qui aurait assurément tourné le dos à l'Ancien Régime absolutiste qui s'est institué et renforcé tout au long du XVIIe siècle.

La nature du pouvoir royal était au centre du débat. Prenons-y garde : les gens de cette époque étaient parfaitement conscients de l'enjeu. On commettrait une lourde erreur en les voyant sous la forme de semi-barbares uniquement avides de jouir et soumis sans contrepoids aux seules impulsions primaires de l'intérêt individuel. Ces déconcertants personnages qui s'empoignent comme des gamins des rues pour l'emplacement de leurs sièges à l'Assemblée se montrent capables de tenir des discours parfaitement argumentés et de proposer des réflexions profondes sur l'ordre politique et social du monde ou sur la spécificité de la nation française.

A cet égard, les États-Généraux de 1614-1615 sont marqués par une contradiction que l'on n'a pas assez mise en lumière jusqu'à présent. Les mêmes députés qui veulent soumettre le gouvernement du Roi à un certain contrôle exaltent sans mesure les thèses de l'absolutisme monarchique. Ils tendent en somme au souverain les verges pour se faire battre. Étonnant paradoxe, mais qui s'explique. Le Roi, c'est le ciment de la France, c'est même avant cela, le symbole de son existence en tant que nation indépendante. Fragile indépendance, ô combien menacée par l'ennemi de l'extérieur et minée par l'adversaire intérieur qui prête inconsciemment son aide aux Habsbourg et à leurs suppôts. Priorité, donc, à la patrie. Rassemblement autour de la personne sacrée de nos Rois ! Attelés à la rude tâche de la réforme interne du régime, les États-Généraux seront en même temps l'occasion d'une spectaculaire grand-messe de l'unité nationale à travers la défense et illustration de l'absolutisme royal.

CHAPITRE VIII

« Empereur en son royaume »

L'article du Tiers

Pendant que se déroulaient les débats sur les problèmes financiers, l'Assemblée du Clergé poursuivait ses travaux sur les décrets du Concile de Trente. Le Tiers-État les observe avec une vigilance inquiète. Il estime que le problème de l'acceptation de ces décrets est beaucoup plus important qu'il n'y paraît et dépasse en tout cas la simple technique religieuse car il met en cause la nature même des rapports entre la Papauté et les princes temporels. Sollicité d'accepter le vœu émis par le Clergé (et approuvé par la Noblesse) en faveur de la réception de ces décrets comme loi du royaume, le Tiers-État refuse. Oui ou non, l'Église de France admet-elle que le Pape ou le Concile délient les sujets de leur serment de fidélité à l'égard de leur souverain si ce dernier est reconnu coupable de félonie ou d'hérésie ? Le Concile de Trente ne s'était pas prononcé sur ce point, qui demeurait ouvert à la libre discussion. L'Église de France avait, pour sa part, une position souple : tout en admettant que le Roi ne tenait sa couronne que de Dieu, elle considérait comme inadmissible pour la conscience des catholiques français l'existence d'un Roi protestant.

Le Tiers-État défend en revanche avec rigueur le principe de l'indépendance absolue du pouvoir temporel. Devant les atermoiements et les hésitations d'une Assemblée du Clergé divisée, le Tiers, persuadé que les doctrines établissant la supériorité du Pape ont armé le bras de Ravaillac et provoqué les multiples attentats précédents contre Henri IV, juge de son devoir de codifier en forme de loi fondamentale du royaume la doctrine lentement élaborée au cours des siècles par les légistes, qui voit dans le Roi de France un « Empereur en ses États ». Il y attache tellement d'importance qu'il décide d'en faire l'article premier de ses cahiers de doléances.

A l'issue de savants débats, l'Assemblée du Tiers adopte, le 15 décembre 1614, le texte suivant :
« Pour arrêter le cours de la pernicieuse doctrine qui s'introduit depuis plusieurs années contre les Rois et puissances souveraines, établies de Dieu, par des esprits séditieux, qui ne tendent qu'à les troubler et subvertir, le Roi sera supplié de faire arrêter en l'assemblée de ses États, pour loi fondamentale du royaume, qui soit inviolable et notoire à tous, que, comme il est reconnu souverain en son État, ne tenant sa couronne que de Dieu seul, il n'y a puissance en terre, quelle qu'elle soit, spirituelle ou temporelle, qui ait aucun droit sur son royaume, pour en priver les personnes sacrées de nos Rois, ni dispenser ou absoudre leurs sujets de la fidélité et obéissance qu'ils lui doivent, pour quelque cause et prétexte que ce soit. Que tous les sujets, de quelque qualité et condition qu'ils soient, tiendront cette loi pour sainte et véritable, comme conforme à la parole de Dieu, sans distinction, équivoque ou limitation quelconque ; laquelle sera jurée et signée par tous les députés des États et dorénavant par tous les officiers et bénéficiers du royaume, avant que d'entrer en possession de leurs bénéfices et d'être reçus en leurs offices ; tous précepteurs, régents, docteurs et prédicateurs, tenus de l'enseigner et publier ; que l'opinion contraire, même qu'il soit loisible de tuer ou déposer nos Rois, s'élever et rebeller contre eux, secouer le joug de leur obéissance, pour quelque occasion que ce soit, est impie, détestable, contre vérité et contre l'établissement de l'État de la France, qui ne dépend que de Dieu. »

Des indications sur le contenu de cet article avaient commencé à filtrer alors qu'il était encore seulement à l'état d'ébauche. L'Assemblée du Clergé s'émeut de constater que le Tiers discute de problèmes de foi et de dogme, prérogative essentielle de l'Église. Souhaitant éviter que l'on réveille la querelle de la prééminence du Pape sur les Rois, elle fait pression sur l'Assemblée du Tiers pour qu'elle renonce à son projet. Une députation dirigée par l'évêque de Montpellier, Pierre de Fenouillet, est envoyée à cet effet mais le Tiers n'en démord pas, et tout ce qu'obtient l'évêque c'est que le texte de l'article du Tiers soit communiqué, dès qu'il sera prêt, au Clergé et à la Noblesse.

Quand le Clergé reçoit enfin le fameux projet d'article, une discussion très serrée s'engage. Le cardinal du Perron prend le premier la parole. Refusant d'aborder le fond du problème, il se borne à exposer que les États-Généraux n'ont pas compétence pour traiter d'une question doctrinale. Le cardinal de La Rochefoucauld l'approuve, et ajoute que Rome, contrairement à ce qu'on laisse souvent entendre, rejette le tyrannicide. Rien, dans la doctrine de l'Église, n'incite à attenter à la vie d'un souverain ; au contraire, le Concile de Constance en 1414 a formellement condamné le régicide, quelles qu'en soient les raisons. Un livre qui défendait cette thèse a été censuré le 3 janvier 1613 à Rome ; le cardinal de La Rochefoucauld qui se trouvait alors dans la Ville Éternelle a conservé une copie de la décision de censure, dont il donne lecture à ses collègues.

Les membres de l'Assemblée du Clergé se mettent d'accord pour demander au Tiers de retirer son projet d'article. Mais ils reconnaissent qu'il faut condamner avec fermeté l'idée qu'il puisse être légitime de tuer un tyran et, pour ce faire, ils proposent que les États-Généraux reprennent le texte du décret rendu contre cette erreur par le Concile de Constance.

Le cardinal du Perron est chargé d'aller expliquer aux députés du Tiers-État la position prise par l'Assemblée du Clergé : « Il leur dit », rapporte Richelieu dans ses *Mémoires*[1], « qu'en leur article dont il s'agit, et lequel ils baptisent du nom de loi fondamentale, il y a trois points.

« Le premier, que, pour quelque cause que ce soit, il n'est pas permis d'assassiner les Rois ; qu'à cela toute l'Église souscrit, voire elle prononce anathème contre ceux qui tiennent le contraire.

« Le deuxième, que nos Rois sont souverains de toute sorte de souveraineté temporelle dans leur royaume ; que ce deuxième point, là encore, est tenu pour certain et indubitable, bien qu'il ne le soit pas d'une même certitude que le premier, qui est un article de foi.

« Le troisième, qu'il n'y a nul cas auquel les sujets puissent être absous du serment de fidélité à leur prince ; que ce troisième point est contentieux et disputé en l'Église... ; savoir est que, quand un prince vient à violer le serment qu'il a fait à Dieu et à ses sujets de vivre et mourir en la religion catholique par exemple, non seulement se rend arien ou mahométan, mais passe jusqu'à forcer ses sujets en leurs consciences, et les contraindre d'embrasser son erreur et infidélité, il peut être déclaré déchu de ses droits, comme coupable de félonie envers celui à qui il a fait le serment de son royaume, c'est-à-dire envers Jésus-Christ, et les sujets peuvent être absous au tribunal ecclésiastique du serment de fidélité qu'ils lui ont prêté. »

Le cardinal du Perron fait ensuite trois observations quant à la forme.

Tout d'abord il conteste le droit, pour le Tiers-État, de baptiser son article « loi fondamentale du royaume », car c'est reconnaître que « les fondements [de l'État] seraient bien mal assurés, si on les appuyait sur une proposition incertaine et problématique ».

En second lieu, il met en garde l'Assemblée du Tiers contre les risques de schisme que son projet contient en germe ; tous ceux qui

---

1. Richelieu, *Mémoires*, Éd. Michaud et Poujoulat, Paris, Firmin Didot, 1837, T. I, p. 80.

prêteraient serment à l'article du Tiers dans la forme où il se présente se sépareraient du Pape et du reste de l'Église catholique, et se rendraient donc schismatiques et hérétiques.

Enfin, il n'appartient pas à une autorité laïque de juger des choses de la religion et d'imposer à l'Église l'obligation de jurer et prêcher une doctrine qui n'aurait pas été arrêtée et décidée par elle.

Le Tiers-État est ébranlé par l'argumentation du cardinal du Perron. Mais il ne peut plus revenir en arrière, car la maîtrise de l'affaire lui échappe. Le Parlement de Paris a toujours été friand d'interventions dans le domaine religieux. Il ne saurait se priver d'une si belle occasion de manifester son intérêt pour ce type de problèmes. Le 2 janvier 1615, il rend donc un décret en faveur de l'article du Tiers, sur réquisition de l'avocat général Servin. Ainsi, l'article du Tiers n'est pas loi fondamentale du royaume, puisqu'il est clair que le Clergé, et par conséquent la Noblesse qui calque son attitude sur lui, ne le voteront pas. Mais le Parlement lui a donné la force d'une loi ordinaire ! L'Assemblée du Clergé indignée porte plainte auprès de la Cour contre l'arrêt du Parlement. Le 5 janvier, elle accepte le décret du Concile de Constance condamnant le tyrannicide, qu'elle décide d'inclure dans son cahier de doléances, et demande au Roi de casser l'arrêt du Parlement, d'imposer un silence absolu sur les questions soulevées par l'article du Tiers, et d'enjoindre à Servin de ne plus mêler le Parlement aux affaires de la religion.

La querelle de l'article du Tiers va mettre Richelieu une nouvelle fois en vedette. L'évêque de Luçon s'est bien gardé d'intervenir jusque-là, laissant le cardinal du Perron et le cardinal de La Rochefoucauld diriger les débats de l'Assemblée du Clergé. Mais voici que l'on cherche des ecclésiastiques diplomates pour solliciter l'adhésion des deux autres Ordres à la motion du Clergé. Il ne fallait guère compter que le Tiers-État y souscrive. La Noblesse, en revanche, devait être plus facile à convaincre si l'on savait s'y prendre adroitement. C'est cette tâche que l'on confie à Richelieu, flanqué de son collègue l'évêque de Laodicée.

Le discours de Monsieur de Luçon est plein d'habileté. Dès l'entrée en matière, le ton est donné ; les membres de l'Assemblée du Clergé « nous ont envoyés vers vous, pour vous demander de vous joindre de nouveau avec eux, en la plainte qu'ils veulent faire à Sa Majesté de certains arrêts qui, depuis peu de jours, ont été donnés par la Cour » ; en effet, ces arrêts du Parlement « blessent grandement l'autorité de l'Église », mais en même temps ils « portent préjudice aux États ». Les prétentions du Parlement ne concernent pas la seule Assemblée du Clergé, elles insultent la dignité de l'ensemble des trois Ordres, et donc également la Noblesse ; le moment a été particulièrement bien choisi, explique Richelieu, car Messieurs du Parlement « se sont ingérés de résoudre un point, pendant que vous l'agitez, afin que leur résolution vous serve de loi, et vous impose silence mal à propos ». Voilà pour la forme. Quant au fond, l'argumentation de Richelieu se concentre sur deux points : « Il n'appartient qu'aux dispensateurs des mystères de Dieu », c'est-à-dire aux ecclésiastiques, « de décider ce qui concerne la foi et la doctrine de l'Église » ; d'autre part, « pour ce qui est de l'autorité des États, qui représentent la Majesté de toute la France, chacun sait que leur puissance est supérieure à toute autre, fors celle du Roi ».

Quand Richelieu et l'évêque de Laodicée se retirent, ils ont cause gagnée. Une députation de la Noblesse vient peu après déclarer à Messieurs du Clergé qu'elle adhère à la motion proposée et qu'elle est prête à participer à la délégation chargée de la porter au Roi.

Richelieu ne fait pas partie de cette députation commune qui se rend le 5 janvier 1615 auprès de Louis XIII. Un témoin est frappé par la virulence avec laquelle l'un des représentants du Clergé, Miron, évêque d'Angers, proteste contre l'article du Tiers ; ce digne ecclésiastique aurait en effet parlé au Roi avec une « insolence extraordinaire ». Il est vrai, d'ailleurs, qu'un certain nombre de députés s'en prennent violemment aux membres du gouvernement. Agacés de la passivité manifestée par le Roi, ils en rendent responsables l'entourage, les ministres. Miron dénonce « ces personnes puissantes qui, sous le nom du Roi et de la Reine sa mère, disposent de toutes choses comme il leur plaît, souvent au préjudice de l'État et de la religion », et demande « s'il ne se trouverait pas un prélat ou un gentilhomme vraiment français [admirons la délicate allusion à Concini] pour parler ouvertement du mal que chacun sait, dit et déplore en particulier ». La conclusion du discours de l'évêque d'Angers déborde largement le sujet de l'article du Tiers. Évoquant le rétablissement des finances, l'orateur déclare qu'il n'est possible que grâce à un contrôle sévère du fonctionnement interne de la machine administrative et à une réforme fondamentale des Conseils du Roi. Aux yeux de Miron, il est essentiel, en particulier, que des ecclésiastiques, personnages connus pour leur pondération et leur désintéressement, y soient désormais admis, et que la place faite à la Noblesse dans les instances du gouvernement devienne également beaucoup plus grande.

L'opinion défendue par l'évêque d'Angers reflète probablement les vues d'un bon nombre de députés, mais la véhémence avec laquelle elle s'est exprimée heurte la plupart des membres de l'Assemblée du Clergé. La Reine-Mère ayant été mise en cause par ces propos, l'Ordre décide de voter une motion de soutien à Marie de Médicis, et adopte une résolution dans laquelle il déclare « qu'il trouvait fort mauvais qu'on voulût séparer et diviser l'autorité du Roi et celle de sa mère, qu'il témoignait un grand ressentiment de ce que Leurs Majestés fussent ainsi offensées, et qu'il protestait envers elles de toutes sortes d'obéissance, de services et de fidélité ». Qui charge-t-on de présenter cette communication devant la Noblesse et d'obtenir que cet Ordre joigne sa voix à celle du Clergé ? Richelieu, une fois de plus. L'habileté avec laquelle il s'acquitte de sa mission, le succès qui la couronne, l'importance qu'elle revêtait pour la Reine-Mère à titre personnel, font que l'on commence à prononcer avec faveur le nom de Monsieur de Luçon à la Cour. Le tout-puissant maréchal d'Ancre daigne faire savoir qu'il s'intéresse à un homme aussi doué. Richelieu n'a pas 30 ans.

L'article du Tiers, cependant, embarrasse le gouvernement. Pas sur le fond, puisqu'il sert la cause du pouvoir, mais en raison des remous qu'il soulève parmi les deux autres Ordres et dans les principales capitales du monde catholique, Rome et Madrid. Finalement, le Roi suspend l'arrêt du Parlement et évoque l'affaire. Il décidera — de ne rien décider : l'article du Tiers ne sera jamais ni condamné, ni approuvé ; sa place restera en blanc en tête des cahiers de doléances du Tiers-État. Mais même s'il n'a jamais reçu force de loi, ce texte apparaît dans l'esprit public comme la formulation exemplaire du principe de l'indépendance absolue de la monarchie française à l'égard de tout autre pouvoir, et singulièrement de celui du Pape. Le Saint-Père, pour ce qui le concerne, ne s'y trompe pas. Tout en félicitant le Clergé et la Noblesse par un bref du 31 janvier 1615, il les invite à redoubler de vigilance contre toute tentative de remettre la question sur le tapis.

Les relations du Tiers-État avec les deux autres Ordres étaient arrivées à un point de quasi-rupture. Aucune proposition de ces deux Assemblées ne trouvait grâce aux yeux du Tiers. Quand le Clergé le sollicite le 19 février 1615 de s'associer à la demande qu'il compte présenter au Roi en vue de la publication des décrets du Concile de Trente, le Tiers réclame d'abord des explications, puis déclare que le problème posé est trop complexe pour pouvoir être discuté au sein d'une assemblée politique. Il ajoute aussi — réponse du berger à la bergère — que les décrets du Concile de Trente touchent à des questions ecclésiastiques et ne sauraient être, par conséquent, de sa compétence !

Fin de session

On s'acheminait tout doucement vers l'achèvement des travaux. Aux yeux des observateurs exercés, il était clair que rien de bon ne sortirait de la poursuite des États-Généraux. La constitution d'une Chambre de justice exceptionnelle, la pression qui s'exerce pour que des ecclésiastiques et des nobles entrent en nombre dans les

Conseils du Roi, sont de nature à gêner très sérieusement Marie de Médicis et son gouvernement s'ils n'y prennent garde. La Noblesse, dont l'Assemblée se montre la plus perméable à la propagande de Condé et des princes, devient agressive ; le seul nom de Concini suffit à mettre en transes les plus modérés parmi les députés, prompts à voir en toutes choses la corruption et la magouille. La Reine-Mère réagit avec habileté en décidant, de son propre chef, une réforme substantielle de la haute administration financière du royaume. Le « Conseil de Direction » qui en constitue l'instance suprême est remplacé par un « Conseil des Finances » dont les princes sont membres de droit. Sans se dessaisir du pouvoir, elle donne une satisfaction de forme aux princes ; ceux-ci se trouveront en outre associés dans l'avenir aux abus et aux irrégularités qu'ils auront couverts de leur autorité.

Marie de Médicis est heureusement servie par l'insigne maladresse de Condé. Dans les tout premiers jours de février, la fâcheuse affaire Marsillac détourne l'attention des travaux des États-Généraux, tout en jetant une lumière peu flatteuse sur le caractère et les méthodes de Monsieur le prince. Condé remâchait sans cesse ses déceptions et ses rancœurs. Les élections avaient tourné à son désavantage, la Reine-Mère venait de réaliser un coup de maître avec la refonte de l'organisation des finances royales. C'est à croire que Marie de Médicis sait tout ce qui se passe chez Condé, et dispose, dans l'entourage du prince, d'un informateur bien placé, qui la renseigne sur ses faits et gestes.

Naturellement porté au soupçon, Condé mène son enquête, et démasque en effet un gentilhomme de sa Maison, du nom de Marsillac ; celui-ci, très lié avec son favori Rochefort, était honoré par lui de confidences régulières et précises sur Condé, ses propos, ses pensées, et rapportait fidèlement à la Reine-Mère tout ce qu'il avait entendu et appris. Marsillac est chassé. Mais, à la grande indignation du prince, Louis XIII lui donne aussitôt une charge de gentilhomme ordinaire dans sa propre Maison aux appointements de 2 400 livres par an, et le nomme capitaine dans une compagnie de ses gardes. Condé, furieux, proclame qu'il va bâtonner Marsillac. Le 3 février 1615, la Reine-Mère le fait mettre en garde contre toute action irréfléchie. Le 5 février, Rochefort accompagné de deux ou trois gentilshommes et de quelques laquais, tombe sur Marsillac en pleine rue Saint-Honoré et le roue de coups. Le lendemain, Condé, sommé par la Reine de s'expliquer, revendique hautement le mérite de cette action d'éclat, en soutenant que Marsillac n'a fait que recevoir le juste châtiment de son indigne conduite. Louis XIII est outré ; il veut imposer silence au prince, sa mère s'interpose, et tandis que Condé quitte la pièce en claquant la porte, on peut entendre ce jeune Roi de 13 ans et demi s'exclamer bien haut : « Ah

Madame, vous m'avez fait grand tort de m'avoir empêché de parler. Si j'eusse eu mon épée, je la lui eusse passée au travers du corps ! »

Condé, sitôt digéré son premier mouvement de colère, comprend qu'il joue un jeu dangereux, et cherche le moyen de se raccommoder avec la Reine-Mère. Mais Marie de Médicis a tout intérêt, au contraire, à exploiter l'incident à fond en vue de discréditer le prince. Elle charge le cardinal de Sourdis de mener l'enquête. Sourdis dresse un procès-verbal dont la Reine donne communication aux présidents des trois Ordres convoqués tout exprès. Le rapport de Sourdis est accablant pour Condé. Au lieu de s'incliner, le prince, une fois de plus piqué au vif, a la malencontreuse idée de saisir le Parlement de sa querelle. Il en attend une condamnation de Marsillac, cet espion, ce traître. Or, si Messieurs du Parlement sont flattés d'être pris pour arbitres, ils n'en ont aucune reconnaissance à Condé. La décision qu'ils prennent est même une véritable catastrophe pour lui : ils ordonnent l'arrestation de Rochefort !

Condé n'a plus qu'à solliciter Louis XIII et Marie de Médicis de lui accorder la grâce de son favori et d'oublier toute l'affaire. Louis XIII pardonne, mais ne résiste pas au plaisir d'admonester le prince : « Mon cousin, à l'avenir, conduisez-vous mieux. » Venant ensuite s'excuser auprès de Marie de Médicis, Condé, une fois de plus, rejette sur Marsillac l'entière responsabilité de l'incident. La Reine-Mère l'interrompt au milieu de ses explications, et lui conseille de mieux garder son calme désormais, ajoutant que s'il devait bâtonner tous ceux qui disent du mal de lui, il aurait fort à faire tant le nombre en est grand.

Depuis le 8 février, la neige tombe sans discontinuer sur Paris. Elle est si abondante qu'on ne peut plus circuler en voiture : « Il ne suffit pas pour cela d'avoir six chevaux », se plaint l'ambassadeur de Florence. Le blanc manteau qui s'étend sur la ville calme les ardeurs. On remarque d'autant plus l'audace de ce député de la Bourgogne qui proclame subitement qu'il a fait de grandes découvertes et que, s'il osait, il aurait bien des révélations à publier sur le compte du Chancelier et sur celui de Concini. Il repart dès le lendemain dans sa province natale avec le confortable viatique que lui assure une pension toute neuve de 6 000 livres. « Ainsi lui a servi de parler peu et à temps », commente philosophiquement le représentant à Paris du Grand-Duc de Toscane.

Il faut en finir ! Le samedi 14 février, une délégation des trois Ordres se rend chez la Reine pour réclamer l'institution immédiate de la Chambre de justice, l'acceptation formelle du plan relatif à la suppression par étapes de la vénalité des offices, et la prorogation des États-Généraux jusqu'à ce que la monarchie ait répondu à toutes les questions exposées dans les cahiers de doléances. Marie de Médicis l'accueille courtoisement, mais sa réaction ne laisse place à aucune équivoque. Le Roi, dit-elle, entend recevoir les cahiers de doléances pour le jeudi suivant 19 février. Il appartiendra au Conseil de décider si les États-Généraux continueront à siéger après la remise des cahiers et jusqu'à ce que ceux-ci aient fait l'objet d'une réponse. Mais que les États soient assurés que la commission chargée d'étudier les cahiers sera composée de personnes choisies de telle manière qu'ils n'auront pas à s'en plaindre.

Le 17 février, la Reine-Mère se laisse un peu fléchir et, accordant quelques jours de plus aux députés, accepte de reporter au lundi 23 février la clôture des États-Généraux.

Clôture des États-Généraux

Comme la séance d'ouverture, la cérémonie de clôture a lieu dans la grande salle de l'Hôtel de Bourbon. Elle ressemble trait pour trait à celle qui s'était déroulée le 27 octobre, près de quatre mois plus tôt : même disposition des lieux, même désordre, même bousculade. La confusion est telle que Marie de Médicis menace de quitter la salle si l'on ne parvient pas à rétablir un minimum d'ordre. C'est encore le Chancelier de Sillery qui ouvre les débats. Son discours est cependant plus bref, puisqu'il ne s'agit plus de tracer le plan de travail des États-Généraux, mais d'entendre les propositions de chacun des trois Ordres de la bouche de leurs orateurs respectifs.

Pour Richelieu, le grand moment arrive, la consécration de bien des années d'efforts. Sa notoriété, son habileté, les services rendus à Marie de Médicis, ont conduit la Reine-Mère à suggérer que l'évêque de Luçon soit chargé de présenter les cahiers de doléances du Clergé. Après s'être diplomatiquement excusé sur son jeune âge de ne pouvoir accepter un tel honneur, Richelieu a fini par se rendre aux sollicitations de ses collègues. La remarquable harangue qu'il prononce en ce 23 février 1615 va porter sa réputation aux quatre coins du pays.

Dite d'un ton modéré, elle est, sur le fond, très ferme et très habile. Il faut restreindre les prodigalités inutiles pour diminuer les charges fiscales qui écrasent le peuple, réduire le nombre des bénéficiaires d'exemptions d'impôts, relever la situation matérielle et morale du Clergé. Sombre tableau que celui de l'Église de France brossé par Richelieu : « L'Église se trouve en même temps privée d'honneurs, dépouillée de biens, frustrée d'autorité, profanée » ; l'incapacité où elle est de remplir correctement sa mission « tire après soi la perte d'un nombre infini d'âmes dont la vôtre », dit-il en s'adressant directement au Roi stupéfait, « répondra un jour devant le souverain Juge des humains ». Quels remèdes propose l'évêque de Luçon au nom de l'Assemblée du Clergé ? Il y en a essentiellement quatre :

— Assurer la participation d'ecclésiastiques à la direction des affaires du royaume. C'était l'un des points du manifeste de Condé. C'était l'une des revendications du Clergé. Les historiens ont fait des gorges chaudes de ce qu'ils ont voulu considérer comme un plaidoyer *pro domo*. Il est bien vrai qu'avec un peu de savoir-faire l'ambitieux évêque de Luçon compte être l'un de ces ecclésiastiques appelés à siéger dans les Conseils du Roi. Mais on oublie, quand on lui fait ce reproche, que Richelieu n'est ici que l'interprète de son Ordre. En homme féru d'histoire, Monsieur de Luçon appuie cette revendication sur des arguments solides, constatant « qu'ès siècles passés, en toutes les nations du monde, soit pendant qu'elles ont été attachées au culte de fausses divinités, soit depuis qu'elles n'ont suivi et adoré que le vrai Dieu, les personnes consacrées au ministère de la religion ont, auprès du prince souverain, tenu les premiers rangs, non seulement dans le domaine spirituel, mais en ce qui regarde le gouvernement civil et politique ». Pourquoi faut-il, alors, que le gouvernement de la France en cette année 1615 semble considérer les ecclésiastiques comme inaptes à conseiller honorablement le Roi ? C'est là se priver du concours des hommes les plus capables de servir dignement l'État : « Ces hommes sont en effet dépouillés plus que tous autres d'intérêts particuliers qui perdent souvent les affaires publiques, attendu que, gardant le célibat comme ils font, rien ne leur survit que leurs âmes, qui, ne pouvant thésauriser sur terre, les obligent à ne penser ici-bas, en servant leur Roi et leur patrie, qu'à s'acquérir pour jamais là-haut au ciel une glorieuse et toute parfaite récompense. »

— Deuxième mesure indispensable pour restaurer la situation de l'Église : l'exempter d'impôts — « Le vrai tribut que l'on doit tirer de ses membres, c'est la prière. »

— Troisième condition : protéger l'Église contre les violences et les agressions dont elle est l'objet, tant de la part des justices laïques que de la part des huguenots enragés. Contre ceux-ci, il faut des châtiments exemplaires, mais en s'appliquant à ne pas y comprendre les protestants paisibles et bons citoyens : en ce qui concerne ces derniers, « nous ne pensons à eux que pour désirer leur conversion et l'avancer par nos exemples, nos instructions et nos prières, qui sont les seules armes par lesquelles nous les voulons combattre ». Remarquable exemple de tolérance.

— Si le Roi, enfin, s'inspirait de la doctrine évangélique dans le gouvernement du royaume, on verrait « le règne de la raison puissamment établi », la justice recouvrant « l'intégrité qui lui est due » par l'abolition de l'hérédité des charges et de la vénalité des offices. « Le mal recevant punition, le bien ne sera pas sans récompense. Les lettres et les arts fleuriront. Les finances, vrais nerfs de l'État, seront ménagées avec épargne, les dépenses retranchées, les pensions réduites, ainsi que nous le demandons, au terme où Henri le Grand votre illustre père les avait établies. La religion, elle aussi, fleurira de nouveau. » Encore quelques mots sur le rétablissement de la Noblesse dans ses prérogatives, sur la nécessité d'abolir les duels et de soulager le peuple des oppressions et outrages dont il est la victime, et c'est la péroraison.

Richelieu s'adresse maintenant à la Reine-Mère. Quel hommage, quel brio dans la flatterie : « Heureux le Prince à qui Dieu donne une mère pleine d'amour pour sa personne, de zèle envers son État et d'expérience pour la conduite de ses affaires. » Suit un panégyrique des actions de Marie de Médicis sur le plan intérieur, ainsi que de sa politique extérieure fondée sur la pierre angulaire des mariages espagnols. Au passage, l'orateur du Clergé donne la bénédiction de son Ordre aux projets de la Reine-Mère, félicitée d'avoir « voulu comme attacher pour jamais la paix à cet État du plus doux et du plus fort lien qui se puisse imaginer, étreignant par les liens sacrés d'un double mariage (dont nous souhaitons et requérons l'accomplissement) les deux plus grands royaumes du monde, qui n'ont rien à craindre, étant unis, puisque, étant séparés, ils ne peuvent recevoir de mal que par eux-mêmes ».

Qu'il paraît rapide, en comparaison, le souhait brièvement exprimé « que Sa Majesté Louis Treizième règne longuement et glorieusement pour être la consolation de ses sujets et la terreur de ses ennemis ! » Le flatteur en revanche porte la botte décisive en exhortant Marie de Médicis à poursuivre, alors même que le Roi est maintenant majeur, une régence si heureusement commencée : « Vous avez beaucoup fait, Madame, mais il n'en faut pas demeurer là : en la voie de l'honneur et de la gloire, ne s'avancer et ne s'élever pas, c'est reculer et déchoir » ; aussi Richelieu prie-t-il la Régente d'écouter « la supplication très humble et très ardente que nous faisons à Votre Majesté de telle sorte que vous puissiez ajouter au titre glorieux de mère du Roi, celui non moins beau de mère de son royaume ». Quel éloge !

Après le discours de Richelieu, celui du baron de Senecey, au nom de la Noblesse, semble terne et sans éclat. Nous avons affaire à un militaire, qui parle brièvement, et à un courtisan, qui insiste plus sur les louanges qu'appelle le gouvernement de la Reine que sur le programme proposé par la Noblesse pour réformer les maux dont il souffre. Au demeurant, l'exemplaire du cahier de doléances préparé par la Noblesse est en tous points semblable à celui que Richelieu a déposé avant lui au nom du Clergé. Le baron de Senecey, en soulignant l'importance des mariages espagnols et leur utilité pour la France, consacre l'échec subi par Condé : Monsieur le prince, reconnaissant par avance sa défaite, s'est abstenu d'assister à cette ultime séance des États-Généraux.

Il reste à entendre l'orateur du Tiers. C'est toujours Robert Miron. Comme lors de la séance d'ouverture, il parle à genoux. Et comme le 27 octobre 1614, il cherche moins à manier l'éloge qu'à énoncer quelques dures vérités. Les compliments rituels à la Reine-Mère sont vite expédiés, et Robert Miron s'attache bien davantage à décrire les misères du peuple, pas celui que prétendent représenter les députés des trois Ordres, mais le petit peuple des campagnes, celui qu'on ne voit jamais paraître à la Cour, bête de somme de l'élite sociale : « Le pauvre peuple travaille incessamment, ne pardonnant ni à son corps, ni quasi à son âme, c'est-à-dire à sa vie pour nourrir l'universel du royaume. Il laboure la terre, l'améliore, la dépouille, met à profit ce qu'elle rapporte : il n'y a saison, mois, semaine, jour ni heure, qui ne requière son travail assidu ; en un mot, il se rend ministre et quasi médiateur de la vie que Dieu nous donne et qui ne peut être maintenue sans les biens de la terre. » C'est le labeur du peuple qui nourrit la France, le peuple seul est créateur de richesses. Il faut que tous s'en convainquent, et le Roi le premier. Robert Miron apostrophe sans ménagements la bourgeoisie du Tiers, la Noblesse, le Clergé, le souverain lui-même : « La nourriture de Votre Majesté, de tout l'état ecclésiastique, de la Noblesse, du Tiers-État est assignée sur ses bras. Sans le labeur du pauvre peuple, que valent à l'Église les dîmes, les grandes possessions à la Noblesse, leurs belles terres, leurs grands fiefs ; au Tiers-État leurs maisons, leurs rentes et leurs héritages ? Qui donne à Votre Majesté les moyens d'entretenir la dignité royale, fournir aux dépenses nécessaires de l'État, tant dedans que dehors le royaume ? Qui donne le moyen de lever les gens de guerre ? Qui ? Le laboureur... »

Le Roi reçoit sans chaleur l'exemplaire du cahier de doléances que Robert Miron lui présente au nom du Tiers, et prononce quelques mots de remerciements à l'adresse des députés pour le mal qu'ils se sont donné dans l'intérêt du royaume. Si l'on en croit le *Journal* d'Héroard, son médecin, Louis XIII avait commencé dès le 11 février à répéter son discours : « Messieurs, je vous remercie de vos tant bonnes volontés. Je ferai paraître par les réponses qui vous seront faites le désir que j'ai de servir Dieu et soulager mon peuple, de protéger un chacun, de rendre la justice à tous mes sujets et de faire en sorte que vous soyez tous contents. » La séance est aussitôt levée.

Et après ?

Les États-Généraux sont maintenant terminés. Quelques députés qui ne l'ont pas encore compris se présentent le lendemain au couvent des Augustins. Ils y trouvent porte close. La plupart prennent le chemin du retour, après s'être fait payer, non sans difficulté, les défraiements et indemnités qui leur sont dûs. Un petit nombre restent à Paris afin de suivre le sort réservé aux propositions des cahiers de doléances par la commission nommée à cet effet. Parmi eux, les membres des bureaux des trois Ordres, et quelques attardés, comme Richelieu, qui espère recevoir le prix des services rendus à la Reine-Mère.

Un mois après la séance de clôture, le 24 mars 1615, le Roi convoque les représentants des trois Ordres. Il s'engage devant eux à supprimer la paulette, abolir la vénalité des charges, diminuer les pensions, faire juger les financiers prévaricateurs et mettre les autres problèmes à l'étude ; cela fait, il les congédie fort courtoisement et les autorise à rentrer chez eux. Richelieu, qui n'a pas réussi à attirer concrètement l'attention de Marie de Médicis, n'a plus, lui aussi, qu'à quitter Paris. Il regagne son diocèse, et la fin du mois de mars le trouve de nouveau à Luçon.

Plus personne ne s'intéresse aux États-Généraux. La famille royale est très affectée par la mort de Marguerite de Valois qui s'est éteinte dans la nuit du 24 au 25 mars. Louis XIII l'aimait beaucoup. Elle lègue d'ailleurs toute sa fortune au Roi. On la savait malade depuis quelque temps ; elle n'avait pu participer à la cérémonie de clôture du 23 février. Mais on avait fini par la croire indestructible, et sa disparition est ressentie avec beaucoup d'émotion.

Restent les grands problèmes, et en particulier l'abolition de la vénalité des charges et de la paulette. On s'aperçoit tout à coup qu'il est impossible de les supprimer dans l'immédiat, en raison d'engagements pris antérieurement. Un édit du 13 mai 1615 confirme donc pour trois ans la vénalité des charges et la perception du droit annuel. La nouvelle est accueillie avec un immense soupir de soulagement par la bourgeoisie de robe et les membres des Parlements. Quant aux actions contre les financiers, elles se perdent dans les sables. De la grande espérance des États-Généraux, de toutes ces réunions, de tous ces incidents qui ont émaillé les délibérations des Assemblées, que va-t-il ressortir sur un plan pratique ? Pas grand-chose, en définitive : un Richelieu glorieux mais provisoirement déçu, l'amertume de Condé qui remâche sa déconvenue, la satisfaction de la Reine-Mère qui a souverainement réussi à renvoyer sur le camp des princes le coup qu'ils avaient pensé lui assener.

Richelieu portera un jugement sans complaisance sur le grand show des États-Généraux : « La proposition en avait été faite sous de spécieux prétextes, sans aucune intention d'en tirer avantage pour le service du Roi et du public, et la conclusion en fut sans fruit, toute cette Assemblée n'ayant eu d'autre effet, sinon que de surcharger les provinces de la taxe qu'il fallut payer à leurs députés[2]. » L'ambassadeur de Florence n'est pas loin de partager cette opinion : « Voilà les États terminés ; et lorsque le Roi leur aura répondu, ils pourront se dire entièrement finis. On ne voit pas que ces députés aient à partir après avoir rien conclu de bon, c'est-à-dire d'utile pour leurs provinces. » Mais il ajoute aussitôt, dans la dépêche du 24 février 1615 où il fait part au Grand-Duc de Toscane de cette réflexion désabusée : « La Reine, à sa grande réputation et louange, a conduit à bon port une affaire bien grave. »

Encore Condé !

Marie de Médicis est sans conteste la grande triomphatrice des États-Généraux. Condé n'a tenu la vedette que lors de la triste affaire Marsillac, d'où il est sorti déconsidéré. L'approbation des mariages espagnols et la confirmation sans conditions des pouvoirs de Marie de Médicis constituent de graves échecs pour le prince. Mais celui-ci ne veut pas s'avouer battu, et tente de regagner le terrain perdu en reprenant l'offensive sur un autre front.

Condé décide d'agir d'abord à l'intérieur du Parlement de Paris, où il dispose d'amis sûrs, parmi lesquels le plus en vue est le président Le Jay, un homme intelligent et influent. La manœuvre consiste à rendre le Parlement juge de l'exécution par le gouvernement des promesses faites aux députés des États-Généraux. Les parlementaires se prêtent avec ravissement au rôle que le prince leur propose de jouer. Ils insistent pour que les poursuites contre les prévaricateurs soient menées avec diligence, et réclament une enquête générale sur les finances du royaume.

Condé porte aussi son action sur la place publique. Monsieur le prince fait dans les rues de Paris une véritable campagne de porte à porte et de contacts. Il serre les mains, entre familièrement chez les commerçants pour bavarder de leurs affaires, déjeune et dîne fréquemment chez l'un ou chez l'autre, participe à des assemblées, se mêle aux processions, anime des réunions. Il occupe ainsi le ter-

---

2. Richelieu, *Mémoires*, Éd. Michaud et Poujoulat, Paris, Firmin Didot, 1837, T. I, p. 92.

rain pendant que la Reine, elle, ne se soucie guère que d'aller passer tranquillement le mois d'avril à Fontainebleau. N'est-il pas dangereux de laisser le champ libre à Condé ?

Marie de Médicis en est bien convaincue, mais elle estime que plus rien ne peut mettre en cause la réalisation de la grande pensée de sa régence, les mariages espagnols, pour lesquels elle a obtenu l'accord des États-Généraux. Un seul objectif désormais ; le voyage de la Cour et de la famille royale à Bordeaux, où doit se dérouler le mariage de Louis XIII avec Anne d'Autriche.

Richelieu, pendant ce temps, a quitté Luçon pour son prieuré de Coussay, où il compte passer le mois de mai. Une lettre de l'évêque de Bayonne l'informe qu'on commence à nommer les membres de la Maison de la future Reine de France. On a prononcé le nom de l'évêque de Luçon pour remplir les fonctions d'aumônier auprès d'Anne d'Autriche. Qu'en pense Monsieur de Luçon ? Richelieu répond qu'il ne demande pas mieux, mais il ne veut surtout pas faire acte de candidature, et laisse à l'évêque de Bayonne le soin de manœuvrer à sa guise. De toute manière, la réalisation éventuelle du projet prendra du temps, car ce n'est pas une mince affaire, à une époque où l'on voyage à la vitesse honorable de 40 kilomètres par jour, de mener à la rencontre l'une de l'autre les deux Cours de France et d'Espagne, que séparent des décennies de méfiance, et dont la susceptibilité exacerbée exige qu'aucun détail, si infime soit-il, ne vienne rompre la stricte égalité qui doit régner entre elles.

Paris et Madrid se sont mis d'accord sur un cérémonial très précis dont la partie maîtresse est constituée par l'échange simultané des princesses au milieu du lit de la Bidassoa, le fleuve qui marque la frontière entre les deux royaumes. La date de l'échange est fixée pour le courant du mois d'août. Mais Marie de Médicis ne peut prendre le risque d'entreprendre le long et fatigant voyage qui va la mener depuis Paris jusqu'au fin fond du Sud-Ouest en laissant les princes libres de poursuivre derrière elle leurs intrigues et leurs menées contre le gouvernement royal. Il faut donc absolument que Condé fasse partie du cortège, ou que l'on s'assure de ses intentions pacifiques.

Ainsi s'engagent, parallèlement aux discussions entre Paris et Madrid, des négociations entre la Reine-Mère et Condé. Elles se déroulent dans un climat détestable, car chacun est persuadé que l'autre veut le duper. Le 21 mai, Condé manifeste son désir de ne plus discuter avec le gouvernement, et, rompant les pourparlers, quitte Paris pour se retirer dans ses terres. Il est coutumier du fait, et personne ne songerait à s'en formaliser si, au même moment, le Parlement de Paris ne prenait le relais, donnant à la Reine l'impression d'un véritable coup monté.

Les parlementaires sollicitent de la Reine l'autorisation de lui envoyer dans les plus brefs délais une députation chargée de l'entretenir de questions importantes et urgentes. Un peu étonnée, Marie de Médicis y consent cependant, et voit venir à elle une forte délégation de quarante conseillers porteurs d'une note écrite qui lui est destinée. La démarche est inhabituelle, l'effectif de la délégation l'est plus encore. La Reine se fait lire la note, explose littéralement de fureur. Il s'agit d'un véritable acte d'accusation. Où sont passés les millions de la Bastille, demande le Parlement de Paris ? On a donné à des étrangers sans mérite des places et des charges. Les ministres trafiquent. Les financiers prévariquent à qui mieux mieux. L'enquête sur les circonstances de la mort d'Henri IV n'a pas été conduite sérieusement. L'administration du pays croule sous l'incapacité et l'incompétence. Le gaspillage est institué en système de gouvernement. Les alliances traditionnelles de la France sont abandonnées ou trahies. Enfin, on trompe le peuple et l'opinion en l'abreuvant d'informations inexactes.

Marie de Médicis étouffe de colère, elle ne peut plus parler, et laisse aux ministres le soin de réfuter, plus calmement, mais en termes d'une sévérité appropriée à la gravité de l'affront, les différents points énoncés dans ce document. Les prétentions du Parlement de Paris à se mêler de l'action gouvernementale sont condamnées sans équivoque. Son rôle, son seul rôle est d'administrer la justice. Les nobles présents interviennent à leur tour, chacun s'ingéniant à trouver les paroles les plus blessantes pour les parlementaires. Si les choses ne vont pas bien, n'est-ce pas avant tout parce qu'il y a dans le royaume de France trop de gens qui veulent s'occuper de ce qui ne les regarde pas ? Le comportement du Parlement de Paris est à la fois typique et inadmissible ; avant de parler de réforme de l'État, il faudrait peut-être bien songer à réformer le Parlement.

Condé était évidemment l'instigateur de ce document. Il n'avait jamais pensé que Marie de Médicis réagirait autrement qu'elle ne l'avait fait, mais espérait, en provoquant une renaissance de l'agitation politique, l'inquiéter suffisamment pour qu'elle se voie obligée de différer le voyage de Bordeaux.

Le prince n'hésite pas, dans l'espoir de faire monter encore un peu plus la température, à jouer sur les sentiments des protestants, toujours aux aguets devant ce qui pourrait menacer le libre exercice du culte réformé. Il écrit aux principaux chefs des huguenots en leur demandant d'exercer toutes les pressions possibles sur le gouvernement de la Régente afin qu'il renonce au voyage de Bordeaux. Il insinue en effet que celui-ci sera l'occasion, pour les fanatiques du parti catholique, de tourner contre le protestantisme, dans les régions traversées, les forces de l'armée qui escortera le Roi. De fait, les huguenots s'inquiètent. Ils accordent peu de crédit aux propos de Condé, mais appréhendent l'influence que l'entourage espagnol de la nouvelle Reine pourrait exercer sur la politique religieuse du gouvernement. D'autant que des bruits fort inquiétants se font entendre depuis Madrid. On dit notamment que Philippe III a tenu à faire assister Anne d'Autriche à une procédure et un supplice de l'Inquisition, afin de lui montrer comment il convient de procéder contre les hérétiques ou les catholiques tièdes. Cela augure bien mal de l'avenir et les protestants demandent l'autorisation, pour en discuter, de tenir une Assemblée à Grenoble.

La majorité des réformés, malgré les efforts de Condé, refuse de se laisser entraîner sur la voie de la dissidence. Le plus influent de leurs chefs, le vieux Duplessis-Mornay, les persuade de ne pas écouter Monsieur le prince, qu'il dépeint sous les traits d'un ambitieux sans scrupules. Il montre à ses coreligionnaires que, de toute façon, les mariages espagnols se feront, et que la seule ambition de Condé est de se servir des protestants quitte, le moment venu, à les trahir en concluant avec le gouvernement, sur leur dos, un arrangement uniquement avantageux pour ses intérêts personnels. Seul le duc de Rohan résiste aux exhortations apaisantes de Duplessis-Mornay. Il a des raisons personnelles d'en vouloir à la Reine-Mère. Gendre de Sully, il épouse aussi les griefs de son beau-père, qui considère qu'il n'a pas été honoré comme il convenait lors de sa retraite en janvier 1611. Pour ce qui le concerne lui-même, Rohan estime qu'il n'a pas obtenu une part suffisante des largesses distribuées par Marie de Médicis aux Grands. Un certain nombre de gentilshommes huguenots suivent ses appels à la résistance ; 3 000 à 4 000 hommes vont se retrouver bientôt mobilisés sous son autorité en petits détachements répartis tout le long de la route du Sud-Ouest, depuis le Poitou jusqu'à la frontière avec l'Espagne. Leur but : faire obstacle par tous les moyens au voyage de Bordeaux, et donc aux mariages espagnols.

Dans l'épreuve de force qui se trouve engagée entre Marie de Médicis et Condé, l'opinion publique constitue un objectif important, et chacun des camps s'applique à l'entraîner de son côté. Le prince déclenche une vive campagne de presse contre les mariages, avec le concours d'un polémiste de talent, l'auteur anonyme de *La Cassandre française*. La politique de rapprochement avec l'Espagne est violemment critiquée à travers l'évocation des malheurs que la France a subis, par le passé, du fait de Madrid. On dénonce le danger que représentent la puissance de la Maison de Habsbourg en Europe, l'alliance sans faille qui unit les deux branches de cette famille en Espagne et en Autriche, l'aide sans nuance qu'elles reçoivent du Pape. Le public est pris à témoin des incompatibilités psychologiques qui opposent les nations française et espagnole : « Vous faites des feux de joie, vous passez les nuits en ballets et en danses, en espérance de ces prétendus mariages. Et que pensez-vous faire ? Accorder deux peuples du tout ennemis ? Plutôt l'eau et le feu se mêleraient ensemble, et mêlés produiraient leurs effets que le Français peut compatir avec l'Espagnol. Le coq est du tout contraire au lion, et à sa seule voix lui fait montrer les talons, et rabattre le feu de son courroux. Mais je me trompe, je lui fais trop d'honneur : ce n'est point un lion, c'est un renard qui est toujours au guet pour attraper votre coq ; tenez-vous donc sur vos gardes et ce plutôt quand il fera le doux[3]. »

Naturellement, les polémistes catholiques ne restent pas inactifs. L'un d'entre eux, de Lyon, se félicite d'une alliance si utile à la cause de l'Église catholique : « Il est donc vrai que les deux plus grands monarques du monde, les deux plus fermes puissantes colonnes de l'Église apostolique et romaine, soutiendront de mieux en mieux le Saint-Siège et appuieront si bien la chaire de Saint-Pierre que les plus rudes secousses des vents de l'hérésie ne la pourront non seulement déplacer mais pas même tant soit peu ébranler[4]. »

LE TRÉSOR DE LA BASTILLE

Marie de Médicis poursuit ses préparatifs sans relâche. Le grand moment approche. La Reine se préoccupe de rassembler les fonds nécessaires. Il reste de l'argent à la Bastille. Les besoins du voyage étaient estimés à 1 200 000 livres. La Chambre des Comptes, dont l'autorisation est nécessaire, est convoquée au Louvre : elle refuse d'accepter ce nouveau prélèvement, arguant que les sommes déposées à la Bastille sont spécifiquement réservées pour le cas de guerre. Sommée à trois reprises d'y consentir, elle persiste dans son refus. Un arrêt du Conseil décide le 14 juillet de passer outre. Le 15 juillet 1615, vers cinq heures du soir, la Reine en compagnie du Roi, des princes, des maréchaux de France, du Chancelier, et d'une foule de hauts dignitaires, se rend à la Bastille afin d'en retirer les 1 200 000 livres nécessaires. Il faut quarante charrettes pour emporter la somme. Marie de Médicis surveille personnellement l'acheminement des fonds, et ne quitte la Bastille que lorsque la dernière charrette est partie.

Il y avait encore 1 200 000 livres dans les caves de la Bastille. On espérait bien ne pas en avoir besoin dans l'immédiat.

Le budget du voyage paraît énorme, et l'on peut se demander à quoi correspond une somme aussi importante.

Il faut d'abord faire face aux dépenses de route. On va se déplacer pendant des mois, aller de Paris à la frontière espagnole. Les frais de la vie de tous les jours sont considérables. La Cour, en

---

3. *La Cassandre française*, Paris, 1615, p. 22.
4. *Les vœux sacrés et les ardents désirs des bons chrétiens*, Lyon, 1615, p. 3.

effet, ce n'est pas seulement le Roi, la Reine-Mère et Madame Élisabeth, c'est aussi la Maison qui assure le service de chacune de ces Majestés. La Maison de Marie de Médicis, par exemple, compte 500 personnes, celle de Louis XIII plus de 1 000. Ajoutons-y la masse des princes, des Grands, des gentilshommes qui les accompagnent. Quelques milliers de personnes, par conséquent, qui attendent le vivre, le coucher, le couvert aux gîtes d'étape. Puis il y a les montures, les chevaux, les mules et tout le petit personnel qui gravite autour de cette immense cohorte.

N'oublions pas enfin le coût du long séjour prévu à Bordeaux, où doit être célébrée la cérémonie du mariage entre Louis XIII et Anne d'Autriche.

Il faut aussi penser à l'escorte armée. On attend des provinces qu'elles fournissent des contingents levés et soldés par leurs soins, mais Marie de Médicis, par précaution, a décidé de constituer une force permanente de 1 500 soldats afin d'assurer sa sécurité et celle de ses enfants. On doit bien convenir qu'il ne s'agit guère là d'un chiffre excessif, et qu'il fallait pouvoir compter sur la bonne volonté ou la passivité des princes afin de ne pas le dépasser.

Or, c'est là que l'inconnue demeure. Condé poursuit ses manœuvres. Va-t-il passer de l'agitation verbale à la rébellion armée ? Marie de Médicis voudrait crever l'abcès. Elle n'a aucune intention de renoncer au voyage : le fait d'être allée chercher l'argent nécessaire à la Bastille montre bien que sa décision est arrêtée. Mais elle accepte de le retarder de quelques jours afin d'utiliser ce délai pour essayer de négocier un accord avec Condé. A raison de 40 kilomètres par jour, on peut se rendre de Paris à la frontière espagnole, à 800 kilomètres de là, en un mois. L'échange des princesses devait avoir lieu en août. Paris et Madrid conviennent d'en reporter la date au mois de septembre. Le nouveau calendrier est ainsi fixé : départ dans les premiers jours d'août ; arrivée à Bordeaux vers la mi-septembre ; échange des princesses avant la fin septembre.

Marie de Médicis envoie en même temps à Condé des émissaires de haut rang, Villeroy, Pontchartrain, Sillery, Concini. Il s'agit d'amadouer le prince afin d'obtenir sa participation au voyage. Mais Condé reste ferme dans sa bouderie. La date fixée pour le départ approche, Marie de Médicis perdrait la face en la reculant une nouvelle fois. Elle fait un suprême effort, et dépêche Villeroy, dont les relations personnelles avec Condé sont bonnes, auprès du prince au château de Coucy où il se trouve présentement. Condé a justement décidé de se réunir là avec les ducs du Maine, de Longueville, de Bouillon et le comte de Saint-Pol pour arrêter une position. Villeroy tombe inopinément au milieu de la petite fête de famille, et en retire la très nette impression que le seul but des princes est de faire traîner les choses en longueur. Sur ce, Pontchartrain arrive à l'improviste, porteur d'une lettre de Louis XIII à

Condé. Cette lettre, datée du 26 juillet, est très pressante à l'égard du prince ; le Roi lui rappelle qu'il l'a déjà plusieurs fois invité à l'accompagner dans son voyage, qu'il n'a pas encore été informé de ses intentions exactes, et qu'il le prie de bien vouloir lui faire connaître sans retard sa décision afin qu'il puisse, de son côté, prendre les résolutions nécessaires. Louis XIII souligne que, de toute manière, il n'entend pas différer son départ au-delà de la date qu'il s'est fixée. Condé prend prétexte de cette lettre pour mettre un terme à toute discussion et profite de la présence des autres princes à Coucy pour rédiger une réponse commune. Ces Messieurs considèrent qu'il ne leur est pas possible de se rendre à l'invitation du Roi aussi longtemps que le gouvernement n'a pas décidé de donner satisfaction aux remontrances des États-Généraux et du Parlement de Paris. Ils jugent déraisonnable de se lancer dans ce long, coûteux et hasardeux voyage alors que l'on n'a rien fait pour remédier aux défauts beaucoup plus urgents de l'administration du royaume. Ils trouvent inconvenant que ne soient pas poursuivis les responsables des malheurs du royaume, c'est-à-dire le maréchal d'Ancre et sa femme, le Chancelier et le Commandeur de Sillery, ainsi que deux autres ministres, Bullion et Dolet. C'est la rupture.

Le Conseil du Roi se réunit le 31 juillet. On commence par se chamailler. Villeroy, le duc d'Épernon, d'autres encore, se montrent partisans d'un accommodement avec le prince de Condé, et prennent violemment à partie Concini, qui a eu l'idée de la lettre du Roi et en a inspiré le libellé. Concini se défend, cherche à justifier sa position. Tous doivent convenir que, de toute façon, la Reine-Mère ne peut pas reporter le voyage, car elle y perdrait sa réputation. On pense d'ailleurs que le prince n'osera pas poursuivre son opposition par la force une fois que le Roi se sera mis en route. Comme on ne saurait prendre, cependant, assez de précautions, on arrête, à toutes fins utiles, un certain nombre de mesures nouvelles. Une ordonnance est expédiée à toutes les villes du royaume leur faisant défense d'admettre à l'intérieur de leurs murs quiconque se présenterait à leurs portes avec plus de forces que n'en comptent les garnisons et les milices de ces villes.

L'effectif des compagnies ordinaires qui doivent accompagner le Roi et la Reine est augmenté, les gouverneurs et lieutenants royaux qui se trouvent à la Cour (ceux du moins dont la fidélité semble assurée) sont renvoyés dans leurs provinces.

On se préoccupe par ailleurs d'assurer la défense de l'arrière, une fois que la famille royale et le gouvernement auront quitté Paris, en principe le 6 août. Gaston, qui n'est pas du voyage, est installé au château de Vincennes, une place très forte. On y rassemble une partie de l'artillerie de l'Arsenal, trop exposée à un éventuel coup de main populaire. On ramène à proximité de Paris deux régiments de 600 fantassins chacun.

Il fait très chaud pendant cet été 1615. Héroard note dans son *Journal* : « Il faisait une des plus excessives et des plus étouffantes chaleurs qu'on eut senties de mémoire d'homme. » La Reine-Mère est souvent souffrante, et s'efforce de combattre les effets de la canicule par des bains prolongés. Louis XIII en revanche fait preuve d'une endurance extraordinaire et supporte les fortes températures sans en être incommodé, continuant à chasser et à courir la bague. Mais tout le monde est malade à la Cour, Concini, la petite princesse Henriette, Gaston, Christine. Marie de Médicis, après un bain, boit de l'eau glacée et mange une quantité de fruits. La dysenterie apparaît aussitôt. La Reine-Mère doit s'aliter pendant cinq jours, en proie à de violents accès de fièvre. Quand elle se relève, elle est plus décidée que jamais à partir pour Bordeaux, malgré les troubles qui éclatent maintenant de-ci de-là.

Les princes, en effet, ont insidieusement engagé les hostilités. Ils soufflent sur le feu à Amiens, où de graves émeutes ont éclaté contre le gouverneur, qui n'est autre que Concini. Le duc du Maine se fortifie dans Soissons ; ayant appris qu'une partie des habitants s'apprête à l'expulser de la ville, il y fait entrer des renforts. Le duc de Bouillon procède de même à Sedan. Le duc de Luxembourg rassemble des armements supplémentaires. Quant à Condé, il s'enferme à Coucy en attendant l'arrivée des troupes qu'il a fait lever. Cette agitation trouve vite ses limites, cependant. La seule chose qui pourrait vraiment inquiéter le régime serait l'envoi aux rebelles de secours étrangers. Or à cet égard, hormis peut-être l'Angleterre, ni la Savoie, ni la Hollande, ni l'Espagne ne sont disposées à aider les princes. Comme l'indique l'ambassadeur vénitien dans une dépêche du 4 août 1615, la dissidence du prince de Condé n'apparaît pas très redoutable : « Il n'a ni argent, ni suite suffisante pour faire obstacle aux résolutions du Roi ; dès que Sa Majesté se trouvera en chemin, il sera abandonné de tous. Comme il n'aura point d'endroit où se retirer et qu'aucune forteresse n'est en son pouvoir, il lui conviendra, en fin de compte, d'implorer humblement son pardon. »

Le principal sujet d'inquiétude pour la Cour ne vient pas des princes mais de l'attitude du peuple de Paris. Celui-ci a fini par prendre en grippe les mariages espagnols, qu'il considère maintenant comme une tentative de diversion menée par un gouvernement qu'il déteste de plus en plus en vue d'éluder les vrais problèmes. La propagande de Condé n'est évidemment pas étrangère au développement de cet état d'esprit. L'ambassadeur de Venise, dans une dépêche du 13 juillet 1615, décrit à l'intention de la République Sérénissime l'ampleur du phénomène de rejet que l'on peut observer dans l'opinion à l'égard des mariages espagnols : « Le peuple, la noblesse, les princes et tout le monde généralement les abhorre. Il n'y a pour les appuyer que ceux-là seuls, et ils sont en petit nombre, qui sont continuellement auprès de Sa Majesté ; ceux-là, pour ne pas lui déplaire, n'ont pas le cœur de la contredire. » A la Cour, on délibère sur ce qu'il convient de faire, et finalement, on décide de s'en remettre à la municipalité du soin de maintenir l'ordre. En laissant Gaston sous la sauvegarde des Parisiens, on pense que la population, dans sa grande majorité, refusera de pactiser avec les factieux. Mais en même temps, on se préoccupe d'éloigner de la capitale les principaux trublions. C'est ainsi que le Roi fait savoir au président Le Jay, très lié, on l'a vu, à Condé, et qui jouit au Parlement d'un crédit considérable, qu'il désire l'avoir auprès de lui pendant son voyage. Le Jay répond en s'excusant sur ses infirmités de ne pouvoir accompagner le Roi. Alors, dans la nuit qui précède le départ, des archers se présentent chez lui, et le font monter de force dans un carrosse bien gardé qui l'emmène hors de la capitale.

La situation nouvelle créée par l'agitation des princes obligeait la Reine-Mère à prendre des précautions accrues — et donc à rechercher des moyens financiers supplémentaires. Les 1 200 000 livres déjà retirées de la Bastille ne peuvent plus suffire pour faire face aux dépenses qu'implique le recrutement de 9 000 hommes de plus pour l'escorte royale et d'un contingent d'un effectif égal destiné à renforcer l'armée de Paris. On se résout donc à aller rechercher dans le trésor constitué par Sully la somme d'un égal montant qui s'y trouve encore. Le jour de la fête de la Madone, le jeune Roi, après avoir communié, touche les écrouelles sur trois cents malades qui sont venus se presser auprès de lui. Le lendemain, il se rend en compagnie de sa mère à la Bastille et préside en personne au départ des charrettes qui emportent les derniers restes du trésor de guerre de son père.

EN ROUTE POUR BORDEAUX !

A la dernière minute, Marie de Médicis se voyait l'objet d'une proposition quasi miraculeuse : l'Assemblée de l'Église de France réunie à Paris avait décidé d'offrir au gouvernement de Sa Majesté le dixième des revenus de l'Église de France. C'était une belle somme, mais la proposition des évêques comportait malheureusement une contrepartie : il ne s'agissait de rien moins que de l'introduction en France du Concile de Trente, que l'Assemblée cherchait en quelque sorte à arracher par ce moyen. Le procédé n'était ni très délicat, ni très adroit. Richelieu, fort heureusement pour la suite de ses relations avec la Reine-Mère, ne prend aucune part à cette opération malencontreuse. Ses *Mémoires* racontent l'accueil réservé par Marie de Médicis au malheureux abbé de Saint-Victor, coadjuteur de Rouen, dépêché par l'Assemblée du Clergé auprès de Louis XIII et de sa mère pour leur faire entendre cette proposition : « La harangue qu'il fit à Leurs Majestés sur ce sujet fut fort mal reçue d'elles, et Monsieur le Chancelier lui témoigna que Sa Majesté ayant intérêt à la réception dudit Concile pour les choses qui concernaient la discipline extérieure de l'Église, elle ne se pouvait ni ne se devait faire sans elle [5]. » L'abbé de Saint-Victor avait eu la maladresse de faire imprimer son discours. Par sentence du Châtelet, sa harangue est supprimée, l'imprimeur condamné à 400 livres d'amende et banni, l'abbé lui-même convoqué par la justice.

Le 17 août, on se met enfin en marche. Le Roi part en tête, quittant Paris à cinq heures du matin. A neuf heures, c'est le tour de sa mère, tandis qu'on fait partir Madame Élisabeth après le déjeuner. Avec le Roi voyagent le duc de Guise, le Chancelier, et le duc d'Épernon, les trois chefs de l'expédition. Marie de Médicis a toute confiance en eux. Le duc de Nevers et le duc de Vendôme ont cheminé auprès de Louis XIII jusqu'aux limites de Paris. Arrivés là, ils s'en retournent sous des prétextes divers. En fait, ils sont de mèche avec Condé et s'apprêtent à joindre leurs troupes aux siennes. Leonora Galigaï, dont la santé est délicate, aurait bien voulu rester à Paris. Mais Marie de Médicis, en lui montrant à quel point son impopularité l'expose à un mouvement de foule qui pourrait lui faire un mauvais parti, la persuade de l'accompagner.

En partant, le Roi confie le commandement de l'armée qui reste aux environs de Paris au maréchal de Boisdauphin. Les forces dont dispose le maréchal ont été assemblées près de Dammartin. Leur mission est double : barrer la route aux princes s'ils s'avisent de faire route en direction du sud ; surveiller Paris. Afin d'amadouer les Parisiens, on leur consent une ultime concession (qu'ils ne demandaient pas) en faisant raser les citadelles de Melun et de Mantes, les deux verrous qui commandent l'axe de la vallée de la Seine en amont et en aval de la capitale.

Sans que personne y ait pris garde, la guerre civile a commencé. Les États-Généraux n'ont réglé aucun des problèmes de fond qui leur étaient soumis : l'habitude s'est prise, chez des générations d'historiens, d'y voir la cause lointaine de la Révolution française. De manière beaucoup plus immédiate, par l'amertume qu'en ont retirée les Grands et l'inquiétude que ceux-ci ont réussi à semer chez une partie des protestants, l'agitation si magistralement jugulée par Marie de Médicis dans l'enceinte du couvent des Augustins va se déplacer sur le terrain. Pendant le reste de la régence de

---

5. Richelieu, *Mémoires*, Éd. Michaud et Poujoulat, Paris, Firmin Didot, 1837, T. I, p. 100.

Marie, pendant tout le règne de Louis XIII (et même au-delà, si l'on évoque la Fronde) la paix civile va disparaître du royaume de France. Le règne réparateur d'Henri IV ? Une parenthèse, qui fait d'autant mieux comprendre l'extraordinaire développement du mythe du Bon Roi. Par comparaison, les trois personnages qui incarnent la loi et l'ordre, Marie de Médicis jusqu'en 1631, Richelieu depuis son entrée au gouvernement en 1624 jusqu'à sa mort en 1642, et Louis XIII, font triste figure dans la mémoire collective de notre peuple.

A titre individuel, d'abord. Marie de Médicis est une virago stupide, Richelieu un névrosé manipulateur et avide, Louis XIII un sinistre fantoche quasi impuissant, un pédéraste qui s'ignore (peut-être).

En ce qui concerne, ensuite, leur programme politique. Rétablir l'ordre, réduire les particularismes, briser les factions des Grands, supprimer le parti protestant comme organisation militaire : chacun de ces points paraît odieux, entaché de la tare jugée infamante du centralisme niveleur et stérilisant.

Injuste procès dans un insoluble débat.

En quittant Paris le 17 août 1615 en direction de Bordeaux pour marier Louis XIII avec Anne d'Autriche, Marie de Médicis déclenchait un processus qui allait, bien des années plus tard, l'écraser dans sa marche inexorable, fabriquant la grandeur de Richelieu et donnant, à travers les chevauchées, les souffrances et la guerre, sa forme moderne à la France et à son État.

CHEMIN FAISANT

Parti de Paris le 17 août, le cortège royal, qui chemine sous une chaleur écrasante, gagne Orléans le 20 ; il lui faut encore une dizaine de jours pour arriver à Tours. C'est là que les députés de l'Assemblée protestante de Grenoble viennent présenter leurs revendications à la Reine-Mère. La majorité d'entre eux a refusé de se laisser entraîner dans la rébellion dirigée par le duc de Rohan. La motion adoptée par l'Assemblée demande que l'article du Tiers soit approuvé comme loi du royaume, que l'on reprenne l'enquête sur l'assassinat d'Henri IV, que la couronne s'engage à maintenir son refus de recevoir les décrets du Concile de Trente, et enfin, que l'on surseoie au mariage du Roi avec une princesse espagnole.

Cette démarche n'a évidemment aucune suite, et l'on quitte Tours en direction de Poitiers. En cours de route, Marie de Médicis avait aussi vu venir vers elle des émissaires des princes. A Orléans, à Blois, un agent du duc de Bouillon lui avait demandé audience. La position de Marie de Médicis est inchangée : décidée à continuer son voyage, elle se borne à faire savoir aux princes que s'ils viennent se joindre à la Cour, ils y seront bien reçus. La Cour, en attendant, poursuit sa marche, forçant l'allure malgré la canicule qui sévit et oblige à rechercher les heures plus fraîches de l'aube et du début de la matinée. La traversée du plateau de Sainte-Maure, entre Tours et Poitiers, sous une aveuglante lumière blanche qui se réfléchit intensément sur les étendues crayeuses, provoque de nombreux cas d'insolation. A Poitiers, où l'on arrive le 31 août, le cortège compte une victime de marque : Madame Élisabeth, la petite fiancée de l'Infant d'Espagne, tombe gravement malade. Prise de violents accès de fièvre, elle est un moment au plus mal et Marie de Médicis, craignant le pire, s'apprête à faire chercher à Paris sa deuxième fille, Christine, qu'elle proposerait de substituer à Élisabeth en cas de malheur pour permettre à la double union entre les couronnes de France et d'Espagne de se réaliser quand même.

Élisabeth, bientôt, va mieux. Elle a vraisemblablement eu la petite vérole ; son visage, en tout cas, n'en conserve que de faibles traces, qui disparaîtront complètement dans les semaines suivantes. Marie de Médicis met à profit le séjour forcé à Poitiers pour faire prendre une déclaration désignant le prince de Condé et ses adhérents comme criminels de lèse-majesté. Signée le 10 septembre, la déclaration sera enregistrée dès le 18 au Parlement de Paris. Richelieu n'a garde de laisser passer l'occasion du passage de la Cour si près de Luçon et, surtout, de Coussay. Il se rend à Poitiers pour présenter ses devoirs à la Reine-Mère, s'assurant qu'elle est toujours dans les mêmes dispositions en ce qui concerne sa nomination comme aumônier d'Anne d'Autriche quand celle-ci sera devenue Reine de France.

Le 17 septembre, le cortège s'ébranle à nouveau. Une partie de l'escorte armée part en avant-garde, suivie par Élisabeth. Mais il faut annuler l'ordre de départ, et ramener tout le monde à Poitiers car c'est Marie de Médicis, maintenant, qui est malade. Elle a une fluxion, de l'érésipèle. Le séjour de Poitiers se prolonge ainsi jusqu'au lundi 28 septembre. Ce jour-là, Louis XIII et sa mère quittent la ville en direction d'Angoulême — mais Madame Élisabeth, de nouveau souffrante, doit rester en arrière ! La petite princesse n'est pas très malade, seulement un peu fatiguée. On ne peut la laisser seule à Poitiers. A qui la confier ? Eh bien, c'est évident, à l'évêque de Luçon ! Richelieu s'acquitte parfaitement de la courte mission qui lui échoit. Il en rend compte ponctuellement à Marie de Médicis : « Son esprit », écrit-il en parlant d'Élisabeth, « est plus travaillé de l'impatience qu'elle a d'être auprès de Vos Majestés que son corps du mal qui l'arrête. Ainsi elle est malade de deux maux que je tiens lui être fort avantageux, puisque l'un est marque assurée de son bon naturel, et que l'autre, selon le jugement des médecins, étant sans excès et sans autre accident, est plutôt signe d'une plus grande santé à l'avenir que maladie présente. » Bientôt rétablie, Élisabeth se met en route à son tour, tandis que Richelieu revient à Coussay, plutôt satisfait, mon Dieu, de l'évolution des événements.

La suite du voyage s'effectue sans autre incident jusqu'à Angoulême, malgré les inquiétudes et les rumeurs sur les troupes protestantes aux ordres de Rohan. La Cour reste trois jours à Angoulême, et gagne Bordeaux en passant par Bourg-sur-Gironde, au lieu de suivre la route normale par Libourne. Le bruit court en effet que 6 000 huguenots concentrés aux alentours de la ville s'apprêtent à barrer la route au cortège royal. Le changement d'itinéraire a pour seul effet de blesser dans sa dignité le maréchal de Roquelaure, gouverneur de Bordeaux, qui avait envoyé à Libourne des forces nombreuses, et constate ainsi le peu de confiance dont témoignent Leurs Majestés à l'égard des dispositions qu'il a prises.

Le 7 octobre, les souverains arrivent à Bordeaux. L'ambassadeur de Venise, qui les y rejoint peu après, témoigne de l'inanité des craintes relatives au comportement des protestants : « Ce n'est pas une petite affaire que la peine, la préoccupation avec laquelle il m'a fallu cheminer le reste de ce voyage, parce que, si j'arrivais dans un endroit ou une ville, je recevais l'avis du soulèvement de tout le pays et de la prise d'armes faite par chacun ; les huguenots, disait-on, couraient toutes les routes avec de la cavalerie pour empêcher qui le voudrait de passer à la Cour... Mais loué soit le Seigneur Dieu ! Je me suis conduit sans aucune mauvaise rencontre, bien que j'aie traversé les provinces du Poitou et de la Saintonge, lesquelles sont, pour la majeure part, habitées par ceux de la religion et où ils se trouvent les plus forts et les plus puissants. Je suis entré dans leurs forteresses. Les gouverneurs sont venus au-devant de moi ; j'ai reçu leurs visites et ils m'ont fait des démonstrations de haute estime qui se doivent aux ministres qui représentent Votre Sérénité. J'ai trouvé leurs places en excellent état, et avec de bonnes garnisons, comme à l'ordinaire ; mais je n'ai pas vu d'autre levée extraordinaire de gens de guerre ; dans les conversations qu'ils ont tenues avec moi, ils m'ont dit expressément qu'ils ne désiraient rien de plus que la paix et le bon service du Roi, à la volonté duquel ils ne voudraient jamais faire opposition, désirant au contraire se porter avec toutes leurs forces à ce qui pourrait contribuer le plus à sa satisfaction [6]. » La vision donnée par l'ambassadeur de Venise, si elle ramène les choses à leurs justes proportions, est en revanche un peu trop idyllique par rapport à la réalité. Le duc de Rohan n'avait pas investi Libourne, mais il avait cependant massé des forces non négligeables dans la région, afin de tenter un coup de main contre le cortège royal au moment où, si près de Bor-

---

6. Pietro Contarini, dépêche du 10 octobre 1615.

deaux, la vigilance de ses chiens de garde se serait sans doute relâchée. Sa manœuvre déjouée, Rohan se replie plus au sud, et, contournant Bordeaux par l'est, va s'établir avec ses troupes sur la moyenne vallée de la Garonne, bien placé pour essayer de couper la route des Landes quand Madame Élisabeth se rendra de Bordeaux à la frontière espagnole.

Accueillie avec enthousiasme par la municipalité et la population de Bordeaux, Marie de Médicis n'a qu'une idée : en finir au plus vite. Après les éprouvantes semaines de voyage qu'elle a subies, et tandis que la polémique autour des mariages se poursuit, elle échange d'incessants messages avec la Cour d'Espagne installée à Burgos afin d'arrêter les derniers détails des mariages. On convient que ceux-ci auront lieu simultanément à Bordeaux et à Burgos le 18 octobre. Au jour dit, l'Infant Philippe, futur Philippe IV d'Espagne, représenté par le duc de Guise, épouse par procuration Élisabeth de Bourbon, sœur du Roi de France. La princesse est rayonnante, Louis XIII ne cache pas son émotion, tandis que le cardinal de Sourdis, archevêque de Bordeaux, célèbre la messe puis donne la bénédiction nuptiale. Les réjouissances, commencées dès la fin de la cérémonie, se prolongent durant deux jours ; spectacles de ballets, joutes nautiques, feux d'artifice, tournois, rien ne manque à la fête : la ville de Bordeaux a eu à cœur de bien faire les choses.

Le 20 octobre, Louis XIII passe en revue la petite armée qui a été constituée pour escorter Madame Élisabeth jusqu'à la frontière et ramener Anne d'Autriche à Bordeaux. Le duc de Guise, qui la commande, dispose de 4 000 fantassins, 400 cavaliers et 4 canons, contre les entreprises éventuelles du duc de Rohan ; celui-ci tient la quasi-totalité des places du Gers, et vient de surprendre la ville de Lectoure.

Le lendemain 21 octobre, vers midi, Madame Élisabeth se met en route. Les adieux de Louis XIII et de sa sœur sont déchirants, on pleure beaucoup, mais il faut bien finir par sécher ses larmes, et le voyage de la petite princesse se poursuit sans autre incident jusqu'à Bayonne. Les précautions prises par le duc de Guise, qui mène son affaire avec compétence, s'avèrent efficaces : le duc de Rohan, constatant qu'il est trop faible pour lui disputer le passage, se tient à distance. L'échange des princesses était fixé au 1er novembre, mais l'arrivée à Bayonne ayant lieu précisément ce jour-là, on décide de se retrouver le 5 novembre aux bords de la Bidassoa. Un nouveau contretemps survient alors. Cette fois, c'est le Roi d'Espagne et le duc de Lerme, son favori, qui en sont responsables ; retenus à Burgos par une légère indisposition, ils demandent que l'ultime formalité de l'échange soit reportée au 9 novembre.

L'ÉCHANGE DES PRINCESSES

Tout se passe enfin comme prévu, au terme d'un scénario minutieusement réglé. Élisabeth et Anne d'Autriche arrivent simultanément sur les rives du fleuve, mettent pied d'un même élan sur les planches du pavillon édifié au milieu de la Bidassoa et remontent en même temps dans les bateaux qui emportent chacune d'elle vers sa nouvelle patrie. Anne d'Autriche, qui a été unie par procuration à Louis XIII, représenté par le duc de Lerme, en la cathédrale de Burgos, est impatiente de rejoindre à Bordeaux ce Roi de France qu'on lui a depuis tant d'années promis comme époux. Mais la prudence du duc de Guise, qui veut éviter toute mauvaise surprise, ralentit le rythme à l'extrême et il ne faudra pas moins de deux semaines pour se rendre de Bayonne à Bordeaux ! Le Roi, lui aussi impatient de voir sa femme, lui avait envoyé un messager, son plus proche serviteur et ami, Charles d'Albert de Luynes, Maître du Cabinet des Oiseaux du Roi. Après le compliment d'usage, Luynes remet une lettre de Louis XIII et une autre de Marie de Médicis à la jeune Reine. Celle-ci, instruite sans doute par avance de l'ascendant que le messager exerce sur le Roi, griffonne aussitôt sur ses genoux un billet affectueux destiné à Louis XIII, et réserve à Luynes un traitement exceptionnel : durant son souper, elle fait prendre un plat devant elle et le lui envoie. Dans l'étiquette espagnole, il n'est pas de faveur plus grande qu'un membre de la famille royale puisse faire à qui que ce soit.

L'arrivée d'Anne est enfin annoncée à Bordeaux pour le 22 novembre. Louis XIII, dévoré de curiosité, n'y tient plus ; le 21 novembre il quitte la ville de grand matin, et se porte au-devant d'Anne d'Autriche. Il la rejoint à quelques lieues au sud de Bordeaux, vers trois heures de l'après-midi. Les futurs époux se dévisagent en silence. Louis XIII, gaiement, met fin à cette rencontre muette en s'écriant : « *Io son incognito, Io son incognito* », avant de repartir au grand galop pour Bordeaux. Ils se retrouvent officiellement le même soir, vers huit heures, à l'archevêché. Moment d'émotion pour ces deux adolescents de 14 ans à peine, dont le mariage, depuis tant d'années, est l'enjeu de la guerre ou de la paix entre leurs pays et, pour le présent, la cause ou le prétexte, comme on voudra, de la guerre civile qui se rallume en France. Pour Marie de Médicis, c'est l'heure du triomphe, le couronnement d'une politique, la découverte d'une jeune femme gracile et sûre d'elle-même, dont la beauté, déjà, s'épanouit.

Le 22 novembre, vers une heure de l'après-midi, Louis XIII va rendre visite à la petite Reine, qui est en train de s'habiller. « Elle eut besoin d'une plume incarnate pour mêler avec une blanche ; le Roi lui présente son chapeau où il avait des deux, lui disant qu'elle en prît ce qu'elle en voudrait. Elle le fait, le lui rend, et soudain il lui dit : Il faut que vous me donniez aussi un de vos nœuds, qui étaient incarnats. Elle, en souriant, le lui donne ; il l'applique en façon d'enseigne, au pied de sa plume. » Cette scène gracieuse que rapporte Héroard [7] laisse bien augurer de la suite des rapports entre les jeunes époux.

La célébration du mariage avait été fixée au 25 novembre, jour de la Sainte-Catherine. Le cardinal de Sourdis devait présider la cérémonie ainsi qu'il l'avait fait six semaines auparavant lors du mariage par procuration d'Élisabeth. Or, le 17, le cardinal disparaît à la suite d'une affaire qui, par-delà son aspect anecdotique, en dit long sur les mœurs du temps et la force des clans nobiliaires qui constituent l'un des éléments les plus solides, les plus résistants, de la trame des relations sociales. Un gentilhomme protégé par Sourdis, Monsieur de Hautcastel, avait été « pour crimes énormes » condamné à mort par le Parlement de Bordeaux. Le Roi, sollicité de grâcier le coupable, maintient la peine sur les instances du Parlement. L'exécution est prévue pour le 17 au soir. Le Jésuite chargé de confesser le sieur de Hautcastel déclare qu'il a tant de crimes sur la conscience qu'il faut attendre le lendemain. Il laisse ainsi le temps au cardinal de Sourdis d'accourir. Précédé par une croix brandie haut et fort, suivi par plusieurs gentilshommes de sa Maison, Sourdis se présente à la prison, brise les serrures, rompt les fers qui immobilisent Hautcastel. On tue au passage le geôlier. Sourdis conduit lui-même Hautcastel jusqu'à la Garonne, le fait mettre dans un bateau. Le condamné à mort n'a plus qu'à disparaître dans la nature, muni du précieux viatique des bénédictions de Sourdis et de quelques gardes chargés de l'escorter. Le Parlement, courroucé, décrète l'arrestation du cardinal. Celui-ci avait pris les devants en se sauvant à son tour. Le 25 novembre, c'est l'évêque de Saintes qui, en ses lieu et place, unit Louis XIII et Anne d'Autriche.

Noces

Après la messe et les traditionnelles distributions d'aumônes, la Reine-Mère garde Anne d'Autriche à souper, tandis que Louis XIII, fatigué et ému, regagne sa chambre et soupe au lit. Laissons à Héroard le soin de raconter la suite : « Monsieur de

---

7. Jean Héroard, *Journal*, Éd. Eud. Soulié et Éd. de Barthélémy, Paris, Firmin Didot, 1868, T. II, p. 186.

Gramont et quelques jeunes seigneurs lui faisaient des contes gras pour l'assurer; il avait de la honte et une haute crainte, enfin, ils l'assurent. Il demande ses pantoufles et prend sa robe et va à la chambre de la Reine à huit heures, où il fut mis au lit auprès de la Reine sa femme, en présence de la Reine sa mère; à dix heures un quart il revient après avoir dormi environ une heure et fait deux fois, à ce qu'il nous dit; il y paraissait le guillery rouge[8]. » Les renseignements donnés par Héroard ès qualité de premier médecin du Roi sont scrupuleusement consignés dans un procès-verbal publié sous le titre de *Ce qui s'est passé lors de la consommation du mariage du Roi* et largement diffusé. L'union du Roi et de la Reine étant désormais « parfaite », suivant l'expression consacrée, aucune contestation ne pouvait plus s'élever à ce sujet.

Une autre tâche attendait la Reine-Mère avec la constitution de la Maison d'Anne d'Autriche. Elle se heurte en l'occurrence à des difficultés imprévues car la jeune Infante est arrivée dans sa nouvelle patrie en compagnie d'une suite importante : 60 dames et 100 officiers, alors que les conventions passées entre Paris et Madrid prévoyaient qu'Anne d'Autriche, comme Madame Élisabeth, ne conserverait auprès d'elle que 30 de ses compatriotes. La Cour de France proteste auprès du gouvernement espagnol contre cette violation des accords entre les deux pays. Une liste des « supernuméraires », entendons des personnes en surnombre à renvoyer de l'autre côté de la Bidassoa, est remise à l'ambassadeur d'Espagne. Le mémoire qui expose les griefs de la France est éloquent : on trouve pêle-mêle confesseurs, aumôniers, demoiselles d'honneur, femmes de chambre, médecins, apothicaires, échansons, gardiens d'oiseaux, chefs et aides de cuisine, porte-clés, maîtres ès vol de faucon, valets de pied, balayeurs de chambre. Mais la diplomatie espagnole connaît l'art d'éluder les questions embarrassantes : le mariage d'Anne d'Autriche est l'occasion d'une relève du personnel diplomatique, l'ambassadeur actuellement en poste en France, don Inigo de Cardenas, cédant son poste au duc de Monteleone. Ce dernier objecte qu'il n'a pas les pouvoirs pour traiter une affaire aussi importante, et les choses restent en l'état. L'affaire de la suite de la Reine, ou plus précisément des dames espagnoles de sa Maison, car c'est sur elles que se concentre bientôt l'animosité de la Cour, n'a pas fini de défrayer la chronique. Il s'agira bien vite, hélas, de tout autre chose qu'un simple prétexte à ragots, car les relations entre Louis XIII et Anne d'Autriche s'en trouveront durablement affectées. Quant à Anne d'Autriche elle-même, par la manière dont elle défendra ses compatriotes, par la

---

8. Jean Héroard, *Journal*, Éd. Eud. Soulié et Éd. de Barthélemy, Paris, Firmin Didot, 1868, T. II, p. 186.

raideur toute castillane dont elle fait preuve à l'égard du Roi son mari, elle n'allait pas tarder à se rendre suspecte d'agir davantage en Espagnole qu'en Reine de France. Richelieu, plus tard devenu premier ministre, se chargera plus d'une fois de le lui faire durement sentir.

Nous n'en sommes pas encore là, mais notre évêque de Luçon est d'ores et déjà plongé dans le plus vif embarras, car l'organisation de la Maison de la jeune Reine dans laquelle il devait s'intégrer est du coup remise en question. Certes, Marie de Médicis n'a pas l'intention de s'incliner devant le fait accompli, et avant la fin du mois de novembre, elle écrit à Richelieu pour lui confirmer sa nomination comme aumônier d'Anne d'Autriche. L'évêque de Luçon remercie la Reine-Mère avec effusion : « Je supplierai cependant Votre Majesté de me permettre de lui faire voir en trois lignes que n'ayant point de paroles assez dignes pour lui rendre grâce de l'honneur non mérité qu'il lui a plu encore me faire en mon absence, résistant de son propre mouvement à ceux qui me voulaient priver du fruit de ses promesses, je dédie toutes les actions de ma vie à cette fin, suppliant Dieu qu'il accroisse mes années pour allonger les vôtres, que, sans me priver de sa grâce, il me comble de misères pour combler Votre Majesté de toutes sortes de prospérités. » Qui sont ces personnes qui voulaient le priver de cette charge ? Mystère, mais il est clair que Monsieur de Luçon a beaucoup d'ennemis — caractéristique qui poursuivra Richelieu jusqu'à sa mort.

Le 17 décembre, la Cour reprend le chemin de Paris, regagnant la capitale à petites étapes après les ultimes festivités qui ont mis un point final à son long séjour à Bordeaux. Le froid est aussi rigoureux que la chaleur avait été éprouvante lors du voyage d'aller. Par les chemins gelés, on avance à pas comptés, car pendant que Marie de Médicis s'attardait dans le lointain Sud-Ouest à marier son fils, la situation militaire avait considérablement empiré sur ses arrières. C'était comme un vaste incendie de révoltes, d'escarmouches et de dissidences qui débordait les agents de la couronne, gagnait villes et campagnes, embrasant le nord, franchissant la Loire, soulevant le Berry, le Limousin, le Poitou et venant se dresser, menaçant, sur la route qui ramenait Louis XIII vers sa capitale.

« Empereur en son royaume. » — Quel son dérisoire rend cette orgueilleuse affirmation du pouvoir absolu du Roi de France, enjeu de la bataille qui continue à faire rage autour de l'article du Tiers ! Piètre monarque, dont le règne s'étend sur un trésor à sec et qui ne peut prendre femme que sous la protection de milliers de mercenaires en armes. La France semble n'être plus que le champ clos où s'affrontent les appétits des clans. Où donc est l'autorité qui tiendra les Grands dans le respect de l'obéissance due à leur souverain ? Voici venir le temps des troubles, ultime convulsion d'une régence décriée, terrain propice au premier envol du seul homme d'État que l'époque ait su faire surgir, Armand-Jean du Plessis de Richelieu.

CHAPITRE IX

Le temps des troubles

ÉCHEC AU ROI

Le maréchal de Boisdauphin, chargé de protéger Paris et de tenir Condé en respect en l'absence du Roi et de la Reine-Mère, a réussi sur le premier point, et complètement manqué sa mission pour ce qui est du second. Le prince, en effet, s'était d'abord dirigé vers la Champagne, s'emparant sans difficulté de Château-Thierry puis d'Épernay. Il se proposait de marcher sur Paris, mais force lui est de constater que la capitale est solidement défendue ; aux soldats de l'armée de Boisdauphin sont venus s'ajouter des contingents importants de Lyon, de Provence et de Bretagne. Pendant que Condé hésite, certains de ses partisans, se rendant compte de l'impasse où il s'est fourvoyé, abandonnent son camp. Le prince sort de son indécision pour choisir la fuite en avant ; il néglige Paris et entreprend de contourner la capitale vers l'ouest afin de traverser la Loire et de joindre, quelque part entre le Berry et le Poitou, ses armes à celles du duc de Rohan. De Vitry-le-François, Condé passe à Châlons-sur-Marne et se dirige vers Sens. Il trouve aux environs de cette ville un passage qui lui permet de franchir l'Yonne. Le maréchal de Boisdauphin ne parvient pas à l'en empêcher, mais remporte quand même un demi-succès en capturant 600 cavaliers du parti des princes. Le but du prince est maintenant de traverser la Loire. Une tentative sur Gien échoue, de même qu'une autre à La Charité-sur-Loire, puis une autre encore devant Jargeau. Condé finit cependant par forcer le passage à Neuvy, tout près d'Orléans.

Pour les armées du Roi, c'est un grave échec, qui aurait sans doute pu être évité. La gloire du maréchal de Boisdauphin n'en sort pas grandie. Henri de Richelieu, qui exerce la charge de maître de camp auprès du maréchal, est encore sous le coup de l'indignation lorsqu'il écrit, quelques jours plus tard, à son frère l'évêque de Luçon : « J'ai eu tant de honte et de déplaisir d'avoir vu Monsieur le prince passer la rivière de Loire à la vue des troupes royales que depuis cette heure-là je n'ai pas eu le courage de vous écrire, sachant bien qu'il ne peut y avoir d'excuse valable pour justifier cette action, et qu'en de telles occasions, où il s'agit d'un salut de l'État, de la réputation des armes d'un grand Roi, et de la gloire qu'on y eut particulièrement acquise, les trop timides et trop prudentes considérations doivent être mises sous les pieds. Malheureusement les conseils de plusieurs autres aussi bien que les miens ont toujours été combattus d'une autorité souveraine et la volonté que tous avaient de combattre retenue absolument. » Condé, après avoir passé la Loire, s'installe en Berry. Il choisit de s'établir lui-même à Châteauroux tandis que ses forces se dispersent aux alentours. Sa cavalerie est excellente, mais son infanterie ne dépasse pas 4 000 hommes. Le maréchal de Boisdauphin jouit d'une nette supériorité numérique. Le Roi, d'ailleurs, peut maintenant compter sur plusieurs armées, toutes plus nombreuses et mieux équipées que celles des rebelles. Le prince de Joinville est en train de recruter 5 000 hommes et 800 cavaliers pour s'acheminer vers la Saintonge où il doit faire sa jonction avec l'escorte royale. Le duc d'Épernon, gouverneur de l'Angoumois, est chargé pour sa part de fournir 6 000 fantassins et 500 cavaliers. Il n'est pas jusqu'aux protestants loyalistes du Dauphiné qui ne proposent de venir prêter main-forte au Roi avec 10 000 fantassins et 1 000 cavaliers.

Mais il est clair qu'à la Cour un fort parti travaille en faveur d'un accommodement. Henri de Richelieu, écœuré, le confirme dans une nouvelle lettre à son frère : « Notre armée est capable d'entreprendre et d'exécuter, de combattre et de vaincre : mais quelques fois, les meilleures raisons étant combattues de l'autorité, le temps se passe et les occasions se perdent. » Le maréchal d'Ancre, autrement dit Concini, qui n'a jamais passé pour un grand chef de guerre, remporte à la tête des troupes levées dans son gouvernement de Picardie un net succès à Clermont-sur-Oise sur les troupes laissées par Condé : n'est-ce pas la preuve qu'avec un peu de détermination la révolte pourrait être facilement écrasée ? Comme son frère, Richelieu doit convenir que cette détermination fait défaut.

Monsieur le prince doit avoir lui aussi son idée sur la question car le voici qui, tout à coup, s'enhardit. En apprenant le départ de Louis XIII de Bordeaux, il quitte Châteauroux pour s'établir à Jarnac. Il est ainsi tout près de La Rochelle, foyer d'un protestantisme remuant, dont il pourrait éventuellement recevoir quelques renforts. Il est surtout en mesure de couper le chemin du retour au Roi, à qui il fait hypocritement porter ses offres de soumission, le suppliant « de donner la paix à son royaume tant nécessaire et tant désirée par tous ses sujets, faisant pourvoir s'il lui plaisait aux remontrances des États-Généraux et de la Cour de Parlement à Paris ». Autour du Roi, la plupart des conseils vont dans le même sens : il faut traiter. On montre à Louis XIII la désolation des campagnes, ravagées par les armées antagonistes : « Combien grande est la destruction de ce pays », écrit l'ambassadeur de Venise le 12 janvier 1616, « la misère des peuples, la désolation des villages et lieux ouverts, il paraît impossible de pouvoir le représenter. On n'entend que les larmes de malheureuses gens qui ont abandonné leurs demeures et s'en vont par les routes en criant à l'aide. » L'armée du Roi compte 10 000 hommes d'infanterie et 2 000 cavaliers, celle du prince 6 000 fantassins et 3 000 chevaux. Quelle est réellement leur valeur guerrière ? Toujours d'après l'ambassadeur vénitien, « les armées sont au plus mal conduites ; car on trouve une grande quantité de soldats indisposés ; beaucoup meurent tous les jours ; et ceux qui restent sont fatigués à l'excès par les factions, par ce que la proximité de l'ennemi ne laisse pas place au repos, outre qu'ils sont extrêmement battus du froid et incommodés du mauvais chemin. On croit que si l'on ne prend à cet égard aucun expédient, le gros des milices, aussi bien d'un côté que de l'autre, se débandera de lui-même ».

Le parti de la paix est conduit par Villeroy, auquel s'opposent le duc de Guise et le Chancelier de Sillery, partisans, eux, d'une poursuite vigoureuse de la guerre. Le 6 janvier, le duc de Guise remporte d'ailleurs le seul succès militaire notable de cette campagne. Ayant appris que 2 000 fantassins du prince de Condé s'apprêtaient à prendre leurs quartiers dans les faubourgs de Saint-Maixent, il se porte sur la ville avec 300 à 400 cavaliers. La surprise est complète. Une cinquantaine de soldats du prince restent sur le terrain, plusieurs centaines d'autres sont faits prisonniers, d'autres dépouillés de leurs armes. Mais tout ce que les amis de Villeroy retiennent de cette action, c'est la mort au combat du gouverneur de Lusignan, homme de grand courage et de vieille noblesse, alors que parmi les mercenaires de Condé tués dans l'affaire ne figure aucun personnage de qualité.

La Conférence de Loudun

Le 13 janvier, le parti de la paix l'emporte. Marie de Médicis fait appeler auprès d'elle Villeroy. Elle lui ordonne d'aller trouver le Commandeur de Sillery, son Chevalier d'honneur, c'est-à-dire le plus haut dignitaire de sa Maison. Le rôle du Chevalier d'honneur consiste à rester constamment auprès de la Reine-Mère, chevauchant à la hauteur de la portière de son carrosse quand elle se déplace en voiture, lui tenant la main quand elle marche. Le Commandeur de Sillery est avant tout le frère du Chancelier de Sillery, et, avec lui, l'un des principaux adversaires de Condé, l'un des hommes les plus déterminés à en finir une bonne fois pour toutes avec les mauvaises humeurs et les prises d'armes du prince. Marie de Médicis a décidé de le disgracier. Villeroy, le grand rival du Chancelier, est chargé de dire au Commandeur d'avoir à se retirer immédiatement de la Cour, comme étant la cause principale de toutes les brouilleries qui s'y produisent. Villeroy exécute sa mission avec empressement, tout en s'excusant auprès du Commandeur d'avoir à lui porter un message aussi désagréable. Le pauvre Chevalier d'honneur, abasourdi, réplique qu'il s'incline devant les ordres de Sa Majesté mais qu'il aurait bien voulu pouvoir parler à la Reine-Mère, afin d'essayer de se justifier auprès d'elle. Marie de Médicis n'y tient nullement, et lui fait dire d'avoir à partir avant le 15 janvier. Où doit-il aller, demande le Commandeur de Sillery ? La réponse de la Reine-Mère est dépourvue d'ambiguïté : qu'importe sa destination, pourvu qu'il s'établisse le plus loin possible de la Cour. Le Chancelier de Sillery se sent indirectement visé et offre sa démission à Marie de Médicis. Celle-ci la refuse, mais fait tomber sur ces entrefaites une deuxième tête en congédiant Bullion, que Condé avait également désigné comme l'un des ennemis de l'État.

Il ne restait plus, après ces satisfactions substantielles données au prince, qu'à ouvrir avec lui des négociations de paix. Villeroy, qu'accompagne le maréchal de Brissac, est chargé de les conduire. Ils se rendent tous deux à Niort à la rencontre de Condé. Celui-ci se borne à rappeler ses conditions, toutes contenues dans les manifestes qu'il a successivement publiés depuis la fin des États-Généraux. Le 21 janvier, Villeroy et Brissac sont de retour à Châtellerault, où ils rendent compte à Louis XIII de leurs entretiens avec Condé. Afin d'instaurer un climat propice aux négociations, on décide une suspension d'armes destinée à permettre l'ouverture d'une conférence de paix dans la ville de Loudun. Le début des conversations est fixé au 10 février, mais un accident survenu le 25 janvier à l'Hôtel de La Bourdaisière que la Reine-Mère occupe à Tours retarde de quelques jours l'ouverture des pourparlers : une partie du plancher de la chambre de la Reine s'effondre subitement pendant une séance du Conseil ; Villeroy et quelques autres seigneurs sont précipités un étage plus bas ; la plupart d'entre eux ne sont que légèrement blessés. Villeroy s'en tire avec quelques égratignures, et se trouve bientôt en état de partir pour Loudun.

La conférence s'engage enfin le 21 février. Les plénipotentiaires conviennent de se réunir dans la maison qu'occupe à Loudun la princesse de Soissons. On décide de se rencontrer trois ou quatre fois par semaine, à raison de 8 heures par jour, jusqu'à ce que l'on arrive à un accord. Dès le 25 février, Villeroy, considérant que des progrès sensibles ont été accomplis, juge nécessaire d'en informer le Roi.

Les demandes des princes, qui ne comptent pas moins de

31 rubriques, se répartissent en trois catégories. Il y a celles qui ne posent aucun problème, comme la demande de réouverture de l'enquête relative à l'assassinat d'Henri IV, ou la confirmation des libertés de l'Église gallicane. D'autres, telles que la réduction des pensions et la suppression de la vénalité des offices, ne peuvent recevoir du Roi que des réponses de principe. L'une des demandes des princes s'avérait embarrassante pour le souverain ; ils désiraient en effet qu'il promette de ne plus jamais admettre d'étrangers dans aucune charge ni dignité. Cette revendication vise directement le couple Concini. Louis XIII répond habilement qu'il en usera sur ce point de la même manière que ses ancêtres — qui ne s'étaient pas fait faute d'engager des étrangers à leur service. Deux demandes, en revanche, sont franchement inacceptables. Les princes veulent que l'article du Tiers soit reçu comme loi fondamentale du royaume. Céder sur ce point, c'est se brouiller avec le Pape. Le nonce, qui assiste à tous les Conseils du Roi, jette les hauts cris. Deuxième revendication de Condé et de ses amis : voir agréer par le Roi les requêtes présentées par les protestants. Parmi celles-ci figure la confirmation des Édits de pacification, et notamment de l'Édit de Nantes, ce qui ne soulève aucune difficulté ; mais les protestants ont évoqué, au cours des derniers mois, tant d'autres problèmes souvent très complexes que le gouvernement, fort logiquement, ne peut que les mettre à l'étude sans se prononcer sur le fond.

L'élaboration du mémoire contenant les réponses du Roi progresse cahin-caha. Le 14 mars enfin, la conférence de Loudun reprend ses travaux.

Richelieu suspect ?

Et Richelieu ? Il est l'aumônier d'Anne d'Autriche, et sa présence auprès de la jeune Reine paraîtrait normale : or, notre évêque ne bouge pas de son diocèse. Est-ce l'affaire de la suite espagnole qui l'empêche d'aller prendre ses fonctions ? Ou le souci de ne pas se compromettre trop ouvertement avec le régime de la Reine-Mère, qui apparaît soudain plus fragile ? Ou, comme le répètent des générations d'historiens, la crainte de mystérieux ennemis, toujours à l'œuvre dans l'entourage de Marie de Médicis ? Le fait est que Richelieu ne donne aucun signe d'une quelconque intention de quitter le prieuré de Coussay où il réside la plupart du temps, pour Tours où la Cour s'est établie.

En revanche, Richelieu fait visiblement flèche de tout bois afin d'être admis à Loudun. De Coussay à Loudun, il n'y a que quelques lieues, et l'on sent que l'évêque de Luçon est prêt à faire litière de toute fierté si tel est le prix dont il doit payer sa participation aux négociations de paix. Il adresse au cardinal de Guise une lettre d'un ton fort humble pour proposer ses services : « Monseigneur, ayant su que Monsieur l'abbé de Marillac s'en retournait vous trouver, je ne l'ai pas voulu laisser aller sans qu'il emportât avec lui de nouvelles assurances du service très humble que je désire vous rendre. Ce me serait un contentement indicible, si j'étais si heureux, que de vous en rendre des preuves plus fortes que par des paroles. » Cette démarche ne rencontre aucun succès. Richelieu cherche alors à tourner l'obstacle. Madame de Richelieu mère a dû loger sur ses terres des troupes de Condé, qui ont commis toutes sortes d'excès. L'évêque de Luçon aussi a eu à souffrir, dans son prieuré de Coussay, des exactions des gens du prince. Bonne occasion, pense-t-il, pour se glisser à Loudun. Il imagine d'écrire à Potier, l'un des secrétaires d'État : « Je vous supplie très humblement de savoir de Leurs Majestés s'ils ne trouveront point mauvais que j'aille trouver à Loudun Messieurs de Brissac et de Villeroy, pour leur représenter toutes les contraventions aux articles de la trêve et faire en sorte que, par leur entremise, je puisse être rétabli en mon bien. » Comme la précédente, cette lettre n'obtient pas de résultat.

Il devait effectivement y avoir à la Cour un fort parti de gens opposés à l'évêque de Luçon et à la somme d'ambitions que l'on sentait en lui. C'est en tout cas ce qui ressort d'une correspondance à demi-chiffrée que Richelieu fait parvenir à son secrétaire Charpentier, envoyé à Tours afin de renseigner son maître sur l'état des esprits dans l'entourage des souverains : « Vous qui êtes sur les lieux, souvenez-vous qu'avant de partir il vous faut faire le plus d'efforts que vous pourrez. Je sais que l'on fait une enquête sur les raisons de votre séjour. Mais vous en avez une plausible qui doit paraître satisfaisante. On vient de m'écrire qu'il est question de m'établir en la place d'un colosse froid comme un marbre [on ne sait quel personnage se dissimule derrière cette formule]. Il faut surveiller cela de très près. »

SIGNATURE DU TRAITÉ DE LOUDUN, 3-8 mai 1616

Les discussions de Loudun s'éternisent. Condé s'obstine à vouloir obtenir satisfaction sur la question de l'article du Tiers, et présente maintenant des revendications supplémentaires. Il propose un plan détaillé de réforme du Conseil du Roi prévoyant l'obligation de soumettre à son contreseing tous les mandements royaux, et limitant le nombre de ses membres à douze afin que la Reine-Mère n'utilise pas la recette éprouvée consistant à gonfler son effectif, qui transformerait cette instance en une assemblée bavarde et dépourvue de pouvoir. Les rebelles ont aussi des exigences en matière d'argent et de postes de gouverneurs. Condé réclame ainsi une indemnité de 300 000 livres à lui payer sur trois ans, à laquelle s'ajouterait le gouvernement du Berry, avec la capitainerie de la ville de Bourges et de la grosse tour de cette ville. Il demande en outre la ville et le château de Chinon, plus une compagnie de 200 hommes soldés aux frais du Roi. Le duc de Mayenne veut pour sa part une gratification de 300 000 livres, à quoi s'ajouterait l'entretien de 500 hommes de pied. Et la liste des revendications s'allonge encore : 100 000 livres pour le duc de Vendôme, 500 000 livres pour Monsieur de Luxembourg, 200 000 pour Rohan, 300 000 pour Sully. Les demandes des villes protestantes sont modestes en comparaison : 40 000 livres au total. Même Rochefort, le favori de Condé qui avait bâtonné Marsillac, n'est pas oublié : on réclame pour lui un don de 36 000 livres.

La situation paraît complètement bloquée. Villeroy prêche vigoureusement en faveur de l'acceptation sans réserve de toutes les demandes des rebelles. Le nonce s'y oppose avec résolution : pas question de laisser passer l'article du Tiers, pas question non plus de donner satisfaction aux protestants ; en revanche, les exigences financières des princes et celles relatives à la réforme du Conseil du Roi le laissent indifférent. Marie de Médicis ne peut qu'opiner dans son sens. Villeroy s'incline tout en prédisant que l'intransigeance de la Cour conduit directement à l'échec des négociations. A la surprise des prophètes de malheur, Condé accepte les contre-propositions de la Reine-Mère. Il renonce à l'article du Tiers et lâche allégrement ses alliés protestants, se satisfaisant des concessions de Marie de Médicis sur le plan financier et dans le domaine de l'organisation gouvernementale.

Deux problèmes, cependant, restent en suspens : celui de la citadelle d'Amiens, qui appartient à Concini mais que le duc de Longueville revendique ; la demande du duc de Vendôme d'obtenir le château de Nantes. Sur ces deux points, Marie de Médicis reste inflexible et tout le mois d'avril s'écoule en discussions stériles. Villeroy, sur ces entrefaites, tombe malade, tandis que Concini accepte tout à coup de renoncer sans indemnité à Amiens au profit de la Reine-Mère, libre à celle-ci d'en gratifier qui elle voudra. Condé ne peut faire autrement que de se montrer accommodant en sacrifiant les revendications du duc de Vendôme sur le château de Nantes. La voie est libre pour la conclusion d'un accord. Le Traité de Loudun est signé le 3 mai par Condé et ses amis, le 8 mai par Louis XIII et Marie de Médicis.

Un lâche soulagement

Richelieu, dans sa retraite de Coussay, observe mélancoliquement que la ténacité du nonce s'est révélée payante ; la pusillanimité de Villeroy coûte aux finances royales 20 millions de livres — une année de recettes normales de l'État — montant total des indemnités accordées aux rebelles alors qu'un peu d'énergie aurait suffi pour mater la révolte aux moindres frais. C'est la faiblesse de ses adversaires qui a permis à Condé de l'emporter ; mais quels que soient à cet égard les sentiments de Richelieu, le souci de son avenir politique lui impose de complimenter le vainqueur. Dès le lendemain de la signature du Traité de Loudun, il adresse à Condé une plate lettre de félicitations : « Je vous prie de croire que nul n'a été touché plus profondément que moi du contentement qu'il a plu au Roi de vous procurer, l'affection que j'ai à votre service ne me pouvant permettre de céder à qui que ce soit le titre que je conserverai soigneusement toute ma vie de votre très humble serviteur. »

Le 9 mai, la Cour prend la route de Paris. Tout le long du trajet, la foule acclame la famille royale à qui elle sait gré d'avoir mis fin à la guerre civile. L'entrée solennelle de Louis XIII à Paris le 16 mai donne lieu à des scènes d'enthousiasme populaire ; la journée s'achève en apothéose avec un Te Deum chanté à Notre-Dame dans une atmosphère d'exceptionnelle ferveur. La réforme du gouvernement de la France paraît, aux yeux de tous, devoir inaugurer une ère nouvelle. Le droit pour Condé de signer les arrêts sonne le glas, pense-t-on, de l'autorité sans partage de Concini. Mis à l'écart du gouvernement, le maréchal d'Ancre n'a-t-il pas été contraint de renoncer en outre à la citadelle d'Amiens, l'une des bases de sa puissance, et l'une des cibles favorites de ses adversaires ?

Concini n'est pas le seul perdant du Traité de Loudun. Tous ceux qui ont préconisé une politique de fermeté contre Condé sont éliminés. Le Chancelier de Sillery est la victime la plus en vue de cette épuration. Dès le 30 avril, alors que l'accord avec les princes n'est pas encore signé, Marie de Médicis lui fait dire d'avoir à remettre les Sceaux et de quitter immédiatement la Cour. En dépit d'une vive résistance, le Chancelier est bien obligé de s'exécuter ; il part le 2 mai. Villeroy devient sans contestation possible le grand homme du gouvernement, et sa proposition de nommer comme garde des Sceaux le Président du Vair, un juriste intègre et tout à sa dévotion, est acceptée sans difficulté par la Reine-Mère. Marie de Médicis aussi est l'une des grandes perdantes de Loudun. Sa politique a été désavouée, les gains de l'heureuse conclusion des États-Généraux sont annulés. Condé semble parvenu à ses fins, en réussissant à s'imposer comme une sorte de chef en second du Conseil auprès d'elle — voire contre elle. L'alliance entre Villeroy et Condé paraît indestructible, et définitive l'éviction de Concini.

Pour Richelieu, qui depuis quelques années cherchait à se rapprocher du gouvernement en se poussant dans les faveurs de la Reine-Mère et en s'appuyant sur le couple Concini, il s'agit d'un grave échec, de la ruine, pour longtemps peut-être, de ses ambitions. Un brusque coup de théâtre allait tout remettre en question, et offrir à l'évêque de Luçon la chance qu'il n'osait plus espérer.

Le 30 mai, Marie de Médicis invite le Président Jeannin, un des soutiens les plus sûrs de Villeroy au sein du gouvernement où il exerce les fonctions de contrôleur des Finances, à se défaire de cette charge au profit de Barbin. Claude Barbin, un ancien courtier de banque, doit à la faveur de Leonora Galigaï une carrière fulgurante qui l'a conduit jusqu'à la Surintendance de la Maison de la Reine-Mère. Il est à juste titre considéré comme une créature des Concini, et l'opinion publique ne se trompe pas en interprétant sa nomination au sein du gouvernement comme une éclatante revanche du couple de Florentins. Le 6 juin, d'ailleurs, Concini quitte Amiens, dont il a abandonné le gouvernement, mais c'est pour se voir attribuer dès le 13 à titre de dédommagement une magnifique compensation avec la lieutenance générale du gouvernement de Normandie, qui appartient à la Reine, et les places fortes de Caen, Pont-de-l'Arche et Quillebeuf.

CONCINI FAIT LE MÉNAGE

Villeroy tente d'organiser la résistance. A son instigation, le Président du Vair fait mine de refuser de sceller la nomination de Barbin. Marie de Médicis, d'un ton sec, l'invite à s'exécuter. Du coup, les Concini jugent le moment venu pour faire place nette au gouvernement. Barbin est chargé par la Reine-Mère de porter à Villeroy — quelle injure pour celui-ci de recevoir de cet homme les instructions de Marie de Médicis ! — l'ordre de retirer ses fonctions à Puisieux, secrétaire d'État aux Étrangers, qui est à la fois le fils du Chancelier de Sillery, évincé quelques semaines auparavant, et le gendre de Villeroy. L'intention de la Régente est de nommer à sa place le sieur Mangot. C'est un magistrat qui passe également pour une créature de Concini, et que le maréchal d'Ancre vient d'ailleurs tout juste de faire nommer premier Président à Bordeaux. Villeroy, à cette nouvelle, ne peut cacher sa colère. Faute de pouvoir s'opposer ouvertement à la volonté de la Reine-Mère, il imagine un stratagème. Affirmant que la charge de Puisieux lui appartient en réalité, il fixe à 500 000 livres le prix auquel il consent à la vendre. Si risquées que soient les comparaisons monétaires, 500 000 livres représentent en valeur-or l'équivalent de 50 millions de francs d'aujourd'hui[1] ; c'est dire le prix auquel on estimait à cette époque le maroquin de ministre des Affaires étrangères. La somme est en tout cas jugée excessive par la Reine-Mère, qui devine sans peine le subterfuge échafaudé par Villeroy pour éliminer Mangot : celui-ci ne dispose en effet que de 300 000 livres, correspondant à la valeur de sa charge de premier Président. Agacée, Marie de Médicis fixe d'autorité à 400 000 livres le montant de l'indemnité à régler à Villeroy, dont Mangot paiera 300 000 livres, les 100 000 livres restantes étant fournies par la cassette personnelle de la Reine-Mère.

Villeroy s'incline. Il reste nominalement chef du gouvernement, mais il est clair que son heure est passée. Cette subite redistribution des cartes ouvre à Richelieu des perspectives toutes nouvelles. L'évêque de Luçon n'hésite pas un instant ; afin d'être mieux à même de manœuvrer, il décide de quitter Coussay pour s'installer à Paris. La fidèle Madame de Bourges est une foie de plus invitée à mettre en état le logement qui sera désormais le sien, rue des Mauvaises Paroles — ce nom ne s'invente pas ! La rue des Mauvaises Paroles, aujourd'hui disparue, s'étendait entre la rue des Lavandières Sainte-Opportune et la rue des Bourdonnais. Richelieu y résidera jusqu'en 1617. A peine arrivé, il écrit à la Reine-Mère pour l'assurer de son dévouement. S'excusant sur sa mauvaise santé de ne pouvoir se rendre immédiatement auprès d'elle (en fait, personne ne le lui demande), il trouve le moyen d'adresser à Marie de Médicis un compliment d'une adroite flagornerie : « Le déplaisir que j'en ai est indicible, mais ce qui me console est la connaissance que j'ai de n'être pas seulement utile à Votre Majesté, mais qui plus est nécessaire, le secours qu'elle tire en ses affaires de sa propre tête étant plus que suffisant et le meilleur qu'il puisse y avoir pour les faire réussir. »

Marie de Médicis ne se soucie guère, pour l'heure, de la présence à Paris de Monsieur de Luçon. Il est un personnage, en revanche, dont l'absence de la capitale l'inquiète au plus haut point, le prince de Condé. Celui-ci ne se hâte pas, en effet, de rejoindre la Cour. Pourtant, la Reine-Mère s'est appliquée à exécuter scrupuleusement et avec la plus grande célérité les engagements souscrits à son égard par le Traité de Loudun. Dès le 15 juin, Condé a pu prendre possession de son gouvernement du Berry. Les indemnités promises sont ponctuellement payées. Le 26 juin, la Reine-Mère exécute une promesse verbale qui avait été faite au prince en marge du Traité de Loudun, en libérant le comte d'Auvergne, emprisonné à la Bastille. Le comte était le fils naturel de Charles IX et de Marie

---

[1]. Sur les équivalences monétaires, voir la note relative à ce problème placée à la fin du livre.

Touchet, et le demi-frère par sa mère d'Henriette d'Entragues, la favorite d'Henri IV ; condamné à mort en 1604 pour sa participation trop voyante à la conspiration d'Entragues qui visait à assassiner le Roi, il avait vu sa peine commuée en réclusion perpétuelle. Après la mort d'Henri IV, Marie de Médicis, personne rancunière s'il en fut, ne voyait aucune raison pour mettre en liberté le demi-frère de la d'Entragues, cette « poutane » dont elle avait eu tellement à se plaindre. Condé demandait sa libération ? La Reine avait accepté, mais parce qu'elle pensait pouvoir compter un jour, si nécessaire, sur la reconnaissance de l'ancien prisonnier de la Bastille, que l'on s'accordait à considérer comme un général remarquable. « De cette libération on parle diversement » rapporte Matteo Bartolini au Grand-Duc de Toscane[2]. « Ceux qui disent que Leurs Majestés l'ont mis en liberté sous la caution de l'amiral [l'amiral de Montmorency, chaud partisan de la libération du comte] et qu'il servira pour contrebalancer le parti du prince, qu'il sera en somme un bon serviteur du Roi, ne blâment pas entièrement la résolution de Leurs Majestés. Mais ceux qui se rappellent comme autrefois il trahit le Roi disent qu'il ne fallait pas se fier davantage à lui maintenant, pas même avec la sûreté de l'amiral, et qu'au bout de quatre jours, il ferait comme les autres. » Louis XIII rend son épée au comte d'Auvergne. L'avenir montre qu'il en usera avec compétence et détermination pour le seul service du Roi. Condé, pendant ce temps, joue l'Arlésienne.

Première mission pour Monsieur de Luçon

Le prince prend un malin plaisir à retarder sans cesse son retour à Paris. Ses anciens démêlés avec les habitants de Poitiers et l'évêque de cette ville, Monseigneur de La Roche-Posay, lui fournissent un nouveau prétexte. Cette querelle, qui date de plus de deux ans, n'est toujours pas réglée. Les anciens membres de la municipalité de Poitiers, expulsés de la ville par ses habitants et par l'évêque en raison de l'attitude déférente qu'ils avaient observée à l'égard de Condé, n'ont pas été réintégrés dans leurs fonctions. Marie de Médicis est tellement soucieuse d'ôter au prince toute raison de prolonger son séjour en province qu'elle envoie le 7 juillet à Poitiers le maréchal de Brissac et deux autres grands seigneurs de la Cour afin qu'ils veillent à lui donner satisfaction.

La Reine-Mère, au demeurant, est excédée par les propos peu flatteurs tenus sur son compte. On se permet en effet les plaisanteries les plus osées sur ses rapports supposés avec Concini. L'inca-

---

2. Matteo Bartolini, dépêche du 30 juin 1616.

pacité de Marie de Médicis à modérer l'ambition du favori ne peut avoir que deux explications : ou bien elle est envoûtée, ou bien elle est sa maîtresse. Un jour, comme la Reine-Mère demande qu'on lui apporte son voile, un courtisan, le comte du Lude, répond insolemment : « Un navire qui est à l'ancre n'a pas autrement besoin de voiles[3]. » A quelque temps de là, un prédicateur se déchaîne en public, proclamant qu'il est temps « de jeter la déesse dans la mer avec une ancre d'or attachée au col[4] ». Elle songe sérieusement à se retirer des affaires, et parle d'aller vivre soit à Blois, soit en Italie, où elle négocie l'attribution de la petite principauté de la Mirandole ou, à défaut, l'usufruit du duché de Ferrare. Mais, auprès d'elle, Concini veille à combattre ce sentiment de découragement. Le plus urgent, dans l'immédiat, c'est le problème que pose l'attitude de Condé. Le Florentin a une idée : il charge Richelieu de se rendre auprès du prince pour le persuader, grâce aux trésors de son éloquence, qu'on sait fort brillante, de revenir dans la capitale. Marie de Médicis se laisse aisément convaincre. « La Reine crut », dit Richelieu, « que j'aurais assez de fidélité et d'adresse pour dissiper les nuages de la défiance que les mauvais esprits lui donnaient d'elle contre la vérité ; ce qui me réussit, non sans peine, assez heureusement[5]. »

A la veille de partir pour le Berry, l'évêque de Luçon écrit au prince : « Je vous dirai, Monseigneur, sans crainte de m'avancer trop, que vous trouverez Leurs Majestés mieux disposées que vous ne sauriez l'imaginer, et vous avouerai que Madame la maréchale d'Ancre vous y a soigneusement servi, désirant comme elle le fait avec passion votre présence à la Cour. » Il était difficile de désigner plus clairement la personne de qui Richelieu tenait sa mission.

On ne sait trop quels arguments Richelieu utilise lors de ses entretiens à Bourges avec Condé. Peut-être s'attribue-t-il un peu abusivement le mérite de la mission du maréchal de Brissac à Poitiers, qui semble avoir persuadé le prince de la pureté des intentions de la Reine-Mère. Quoi qu'il en soit, Condé, se laissant convaincre, quitte brusquement le Berry le 17 juillet, et fait son apparition le 28 juillet à Bourg-la-Reine, où son arrivée surprend ses amis. Le prince a la sagesse de refuser l'entrée solennelle dans la capitale que ses fidèles voudraient lui réserver. Richelieu est sans doute à l'origine de cette attitude qui le conduit en même temps à modérer l'enthousiasme de ses partisans : ceux-ci ne parlaient-ils pas d'organiser à l'occasion de son retour une manifestation contre la Reine-Mère ?

---

3. Tallemant des Réaux, *Historiettes*, Éd. Monmerqué et Paulin Paris, Paris, J. Techener, 1854, T. I, p. 198.
4. Duc de La Force, *Mémoires*, Éd. La Grange, T. II, p. 449.
5. Richelieu, *Mémoires*, Éd. Michaud et Poujoulat, Paris, Firmin Didot, 1837, T. I, p. 112.

Le 29 juillet 1616, Condé se rend directement au Louvre et va s'incliner devant la Reine-Mère. Tout le monde note qu'elle lui fait bon visage et que la conversation se déroule sur un ton d'évidente cordialité. Lorsque survient le Roi, celui-ci fait fête au prince et l'embrasse à deux reprises. Condé n'a plus qu'à regagner sa maison du faubourg Saint-Germain, l'ancien Hôtel de Gondi que Marie de Médicis lui a donné en 1610[6]. Comme le dit Richelieu, « les Parisiens témoignèrent de sa venue plus de contentement qu'on n'eût voulu et qu'il n'eût été à propos pour lui-même[7] ».

Une véritable cour commence dès le lendemain à défiler auprès de Condé. Les hommages qui fusent, l'empressement que chacun montre auprès de lui, lui montent à la tête. Même les ambassadeurs se rendent en sa résidence, comme s'il était le véritable détenteur du pouvoir. Alors, la tête fragile du prince n'y tient plus — il est vrai qu'on se laisserait griser à moins. Condé parle. Il parle d'abondance, il parle trop. Voici les propos qu'il tient en présence de l'ambassadeur de Florence, et que celui-ci s'empresse de consigner dans une dépêche au Grand-Duc de Toscane[8] : « Je suis venu appelé par le peuple, désiré par la Noblesse, prié par de nombreux princes ; je suis la troisième personne du royaume ; et puisque d'autres n'ont aucun soin de son bien, puisque le Roi est encore, on peut le dire, en minorité, c'est à moi qu'il appartient de penser à y pourvoir. Les Espagnols ont fait ici tant de progrès, que la Reine, le maréchal et la maréchale d'Ancre, Villeroy et divers autres ont toujours à leurs oreilles l'ambassadeur d'Espagne et le cardinal nonce, qui sont des heures entières à traiter avec eux et qui gouvernent le monde à leur mode. »

Dans les propos du prince de Condé s'expriment les deux problèmes majeurs de la politique de l'époque. L'un est celui de Concini, l'autre le problème du Roi.

Concini, ou comment s'en débarrasser

La lutte contre Concini a mobilisé les forces des Grands depuis plusieurs mois déjà. Elle est devenue le symbole de la volonté de réforme du gouvernement du royaume, et, dans l'opinion, elle s'est avérée populaire. Le Français est toujours un rien xénophobe, et il

---

6. Voir ci-dessus Chapitre V. L'Hôtel de Condé, qui a donné son nom à une rue du VIe arrondissement, s'étendait sur l'emplacement de l'actuel Théâtre de l'Odéon et de la Place de l'Odéon, ainsi que sur une partie des terrains adjacents.
7. Richelieu, *Mémoires*, Éd. Michaud et Poujoulat, Paris, Firmin Didot, 1837, T. I, p. 113.
8. Dépêche de Matteo Bartolini, 30 juillet 1616.

lui plaît au surplus que l'on ramène des problèmes de fond à des questions de personnes. Le match Condé-Concini résume l'affrontement entre deux volontés politiques. Celle du prince reprend, de manière souvent vague, l'idéal d'une participation active au pouvoir des corps traditionnels, l'Église, la Noblesse, les Parlements. Elle préfigure un peu les idées d'un Saint-Simon, à la fin du règne de Louis XIV, et davantage peut-être celles de Montesquieu. Mais Condé regarde vers le passé, vers la vision idéalisée d'une époque où l'État était en quelque sorte une copropriété entre la famille royale et les grands clans nobiliaires. Concini, originaire d'un État, la Toscane, où le pouvoir absolu comme doctrine et comme pratique a réalisé des progrès considérables, travaille au renforcement de la monarchie ; qu'il y trouve personnellement son compte est certain ; mais le fait est que, non sans intelligence, il s'efforce de grignoter les privilèges des individus et des catégories qui mettent obstacle à l'exercice absolu du pouvoir par la royauté.

L'opinion publique ne s'y trompe pas, et voit à juste titre dans le maréchal d'Ancre le symbole d'une certaine gestion. Son impopularité grandissante fait le lit de Condé. Au moment où le prince réapparaît dans la capitale, celle-ci commence à peine à retrouver son calme après les graves remous provoqués par l'affaire Picard.

Tout a commencé le Samedi saint. Concini habite un Hôtel situé rue de Tournon[9], donc en dehors de l'enceinte de Paris. Étant entré dans la capitale pour y faire ses dévotions et rendre visite à la Reine-Mère au Louvre, il est arrêté, au moment d'en ressortir, par les sentinelles de la garde bourgeoise à la Porte de Buci. Qu'y a-t-il ? Ce sont les ordres et ils s'appliquent à tout le monde. Concini se met en colère, prétend passer quand même, ses gentilshommes tirent l'épée, les sentinelles, au commandement de leur chef, le cordonnier Picard, prennent les armes, tandis que la foule, reconnaissant le carrosse du maréchal d'Ancre, s'enfle de minute en minute et devient houleuse. Concini doit hâtivement se réfugier dans une maison voisine. Le lundi de Pâques, la même scène se répète, mais comme le maréchal d'Ancre a pris la précaution de se faire délivrer, pour lui et ses gentilshommes, des passeports signés du gouverneur, on finit par le laisser passer, non sans difficultés. « Un seigneur français, né en un climat plus bénin, eût oublié ces injures ; mais elles tenaient à cœur au maréchal, qui, s'en voulant venger, remit à le faire quand le Roi serait de retour à Paris, auquel temps il y aurait plus de sûreté pour lui », note brièvement Richelieu[10].

L'heure de la vengeance sonne le 19 juin. Picard tombe dans un

---

9. Au numéro 10 de la rue. Il est occupé aujourd'hui par une caserne de la Garde Républicaine.
10. Richelieu, *Mémoires*, Éd. Michaud et Poujoulat, Paris, Firmin Didot, 1837, T. I, p. 113.

guet-apens. Rudement bâtonné, il reste fort mal en point sur le terrain. L'enquête menée avec diligence par la police parisienne, le guet, permet de retrouver deux des auteurs de l'attentat : ils appartiennent à la Maison de Concini, et ne tardent pas à avouer qu'ils ont reçu leurs ordres du premier Maître d'hôtel du maréchal d'Ancre. Concini ne peut rien pour les malheureux. Il renonce vite à faire pression sur le Parlement, se rendant compte de l'inutilité de sa tâche. Seule sa qualité empêche qu'il soit impliqué dans l'affaire comme instigateur de l'agression. Le 2 juillet, une foule immense assiste à la pendaison des deux coupables. L'impuissance de Concini à sauver ses valets montre les limites de son pouvoir.

Les développements de l'affaire Picard, la victoire remportée sur le maréchal d'Ancre, mettent le peuple de Paris en ébullition. Le 18 juillet, il se presse tumultueusement devant l'Hôtel-de-Ville parce que le bruit a couru que le Roi voulait proroger les fonctions de Robert Miron comme Prévôt des Marchands, au lieu de procéder à l'élection de son successeur. L'ambassadeur de Venise, en relatant les faits, commente sobrement : « Tel est le mécontentement et la haine à l'égard du maréchal d'Ancre, de sa femme, et de tous ceux de leur Maison, qu'il leur convient de procéder avec la plus grande circonspection et d'être sous bonne garde pour ne pas tomber dans quelque périlleuse aventure[11]. »

« LE PEU D'APPLICATION DU ROI AUX AFFAIRES DE L'ÉTAT »

Le Roi constitue un problème d'une tout autre nature puisque c'est au contraire son inexistence politique qui préoccupe Condé de même qu'elle intrigue sérieusement, depuis quelques mois, le grand public. L'entourage des souverains a son opinion sur la question : la Reine-Mère, avec son clan de Florentins, maintient délibérément Louis XIII dans une sorte d'enfance prolongée afin de perpétuer le pouvoir exercé en son nom. Vers le 20 juillet, le duc de Guise, l'un des plus fidèles soutiens de la Régente, dans un long entretien avec Marie de Médicis, lui expose les raisons du mécontentement de la Noblesse et du peuple. Parmi celles-ci, l'attitude qu'elle observe à l'égard du jeune Roi : « On le laissait se perdre en basses et viles occupations et en amusements puérils[12]. »

Louis XIII, qui est né le 27 septembre 1601, aura bientôt 15 ans. C'est un grand adolescent, dépourvu de grâce, à la figure un peu morne, et affligé d'un bégaiement qu'il a les plus grandes peines du monde à surmonter. Il est d'une robustesse incroyable et

---

11. Pietro Contarini, dépêche du 19 juillet 1616.
12. Matteo Bartolini, dépêche du 25 juillet 1616.

chasse pendant des heures quel que soit le temps. Son esprit, assez peu appliqué à l'étude, est surtout orienté vers les préoccupations de l'art militaire. Il passe d'interminables heures à faire manœuvrer les soldats de sa garde, prenant son tour de veille comme un sans-grade. Quand il ne fait pas manœuvrer des hommes, il joue avec des petites figurines de bois ou de plomb. Ce comportement agace au plus haut point Marie de Médicis, qui en a depuis longtemps tiré la conclusion définitive que son fils est un idiot. Elle ne cache d'ailleurs pas ses préférences pour le plus jeune de ses fils Gaston, duc d'Anjou[13]. A lui l'éducation la plus soignée, les marques de faveur, les cris d'admiration sur sa beauté, sa grâce, sa faconde.

A mesure qu'il sent se développer la sourde hostilité de la Reine, Louis XIII s'enfonce dans le mutisme. Il ne peut réprimer, pourtant, de brusques accès de colère, qui inquiètent Marie de Médicis. Il paraît excessivement jaloux de son autorité, ne supportant pas qu'on lui manque de respect, ou qu'on manque de respect, d'ailleurs, à sa mère : Régente du royaume, elle tient ses pouvoirs du Roi ; qui offense Marie de Médicis offense en même temps Louis XIII. Il en veut tout particulièrement aux Grands et aux princes rebelles, dont les entreprises, dirigées contre la Régente, constituent de fait autant d'atteintes à son autorité de Roi.

Marie de Médicis est toujours sur le qui-vive avec lui, et s'attache à épier chaque mouvement de son fils, l'entourant de créatures à sa dévotion. Mais, depuis quelques mois, Louis XIII s'est entiché d'un petit noble provençal, Charles d'Albert de Luynes, qu'il a fait Maître du Cabinet des Oiseaux, c'est-à-dire chef de sa volière. Luynes n'a pas son pareil pour le dressage des oiseaux, et il passe d'interminables heures aux côtés du Roi à discuter patiemment avec lui de détails futiles. Louis XIII finit par lui accorder sa confiance, s'attache passionnément à lui, et l'accable maintenant de faveurs. En 1615, il lui donne le gouvernement d'Amboise, qu'avait un moment revendiqué Condé. Le cadeau est tellement énorme que Marie de Médicis décide de se débarrasser de Luynes. Elle lui interdit pour commencer l'accès de la chambre de Louis XIII. C'était faire bon marché des sentiments du jeune Roi. Livide de colère, Louis XIII oblige sa mère à battre en retraite. La Reine est fixée sur l'étroite amitié qu'entretiennent Luynes et son fils ; elle a surtout compris que Louis XIII, sous des dehors de benêt, cache une volonté de fer. Elle sait qu'il faut désormais compter avec lui.

C'est une situation nouvelle qui s'ébauche, à laquelle les princes

---

13. C'est le troisième fils d'Henri IV et de Marie de Médicis, né en 1608, après un petit Nicolas, duc d'Orléans, né en 1607 et mort prématurément en 1611. Gaston reçoit en 1626 le titre de duc d'Orléans sous lequel il restera dans l'histoire.

ne sont nullement insensibles car elle leur ouvre peut-être des possibilités de manœuvre insoupçonnées. Le duc de Guise est sans doute dépourvu d'arrière-pensées quand il fait grief à Marie de Médicis de l'état d'abêtissement où elle tient le Roi. Pour Condé, pour Bouillon, pour Nevers, c'est un merveilleux prétexte dont ils vont user sans retenue. En appeler du Roi mal informé au Roi mieux informé a toujours été l'un des jeux favoris du Moyen Age, l'un des moteurs des rébellions et des révoltes. En l'occurrence, la partie est encore plus facile dans la mesure où il s'agit d'en appeler du Roi tenu en tutelle au Roi devenu majeur et véritablement maître d'assumer la plénitude de ses pouvoirs. Quelle magnifique opportunité pour Condé s'il délivrait Louis XIII de la tyrannie de sa mère et prenait à ses côtés la place d'un sage mentor !

Les ambassadeurs des puissances étrangères ont eux aussi perçu les menaces que cet état de choses fait peser sur la stabilité du régime. Dans une dépêche du 14 avril 1614, l'ambassadeur de Venise observait : « Ce qui préoccupe plus que tout la Reine et les ministres c'est la crainte où ils sont que puisse être mise en péril l'autorité de la souveraine qu'ils exercent en ce moment, puisque, pour quelques années encore, le Roi ne se montrera pas capable d'une aussi importante tâche, en raison de son peu d'application aux affaires de l'État. On a eu soin, à dessein, de l'en tenir éloigné, ainsi que d'ôter auprès de lui tous ceux doués de quelque esprit qui auraient pu lui donner quelque lumière sur ces matières, de façon qu'il soit maintenu dans le plus grand respect et la plus grande obéissance envers sa mère. » L'année suivante, revenant sur le sujet, il dépeint un Roi constamment épié, que l'on dissuade par mille moyens de s'intéresser trop activement aux affaires de l'État : « On ne donne pas au Roi une connaissance complète de toutes les affaires ; on s'emploie avec beaucoup de zèle à le tenir le moins possible occupé aux choses du gouvernement bien qu'on fasse en apparence le contraire », écrit-il le 17 mars 1615, ajoutant : « On lui permet d'aller autant qu'il le veut à la chasse, pour laquelle il montre beaucoup d'ardeur... Tous ceux qui l'assistent dépendent absolument de sa mère, qui les choisit de capacité médiocre, d'esprit modéré, pour qu'ils ne suscitent point chez le Roi des pensées trop vives. Il faut qu'il reste vis-à-vis d'elle dans l'obéissance. »

Mais en 1616, la défiance s'est définitivement installée au cœur de la Reine-Mère. Le Roi a porté une vigilante attention à tout ce qui s'est passé au cours de la conférence de Loudun, même si, de temps à autre, l'envie le prenant subitement d'aller à la chasse, il quittait Tours pendant quelques jours afin d'aller se livrer à son plaisir favori dans les forêts des environs de Chambord et d'Amboise, en compagnie de Luynes. Dès le lendemain de la signature du Traité de Loudun, Marie de Médicis va voir son fils et lui offre sa démission. Louis XIII refuse tout net. Il flaire sans doute un piège dans la proposition de sa mère, et, au demeurant, on comprend très bien que la perspective de passer subitement du néant à la responsabilité totale du pouvoir le fasse reculer. Pendant l'été 1616, Marie de Médicis songe de nouveau à la retraite. Les effets du Traité de Loudun sont favorables, le peuple est farouchement attaché à la paix, mais la Reine-Mère mesure la force de l'animosité passionnée qu'elle suscite. Au début du mois de juillet, elle manifeste l'intention de se retirer à Blois. Le Roi l'accompagnera-t-il ou pas, peu importe, le fait est qu'elle ne veut plus remettre les pieds à Paris. Dans la capitale, l'émotion est à son comble, les Parisiens affirment qu'on veut les brimer, les punir. Quelques-uns avancent même l'hypothèse que le retrait de la Cour à Blois ne ferait que préluder à un retour offensif de l'armée royale venant mater le peuple indocile de Paris. La Reine-Mère renonce, mais elle est de plus en plus amère, acerbe et véhémente.

Il s'agissait de toute façon d'un problème insoluble aussi longtemps que Concini resterait le maître des destinées du royaume.

LA CONSPIRATION DE CONDÉ

Dans un contexte aussi favorable, les Grands se persuadent qu'ils ne risquent rien à tenter un coup de force. Celui-ci aurait avant tout pour objet de se défaire des Concini, mais il est bien évident qu'en filigrane se pose aussi le problème du sort de Marie de Médicis et du degré d'autonomie à laisser à Louis XIII. Le duc de Bouillon organise ainsi chez lui plusieurs réunions des princes, auxquelles participe même le duc de Guise, qui était jusqu'à présent le plus ferme soutien de la Reine-Mère.

Lors de la première réunion, qui se tient avant le retour de Condé à Paris, Bouillon suggère de profiter du séjour dans leur maison de Lésigny, à quelques kilomètres de Paris, de Concini et de sa femme, pour les y attaquer et les exécuter à coups de pistolet. Il souhaite que le meurtre s'effectue avant l'arrivée de Condé, afin que celui-ci n'en porte pas la responsabilité aux yeux de l'opinion. Les scrupules du duc de Guise, qui ne veut pas se rendre coupable d'un tel forfait, retardent la réalisation du projet. Condé revient. Bouillon lui expose son idée et lui demande de s'associer à l'entreprise commune. Mais avant même que le prince ait pu fixer sa position, le maréchal d'Ancre, une fois de plus, défraie l'actualité, posant cette fois un grave problème au gouvernement de la Reine-Mère.

Concini, on s'en souvient, avait renoncé à Amiens et s'en était vu, du reste, largement dédommagé. Mais il avait conservé un certain nombre de places en Picardie, dont celle de Péronne. Cette situation est source de conflits avec le duc de Longueville, gouverneur de la province. Sentant le vent favorable dans l'opinion publique, et particulièrement dans la population picarde, qui ne porte pas Concini dans son cœur, Longueville surprend au début du mois d'août la place de Péronne. Il s'empresse bien évidemment d'écrire au Roi qu'il a uniquement agi en considération de ses intérêts : s'il a pu s'emparer sans plus de difficultés de Péronne, c'est bien parce que la place était mal gardée. Comment faut-il réagir ? La question est évoquée en Conseil. Les princes qui participent à la réunion estiment qu'il n'y a pas lieu de discuter de l'entreprise du duc de Longueville avant d'avoir en main tous les éléments d'une enquête approfondie. Condé insiste pour que l'on recueille d'abord les explications du duc, et se dit persuadé que celui-ci se pliera sans murmurer à la décision finale du Roi. On constitue donc une ambassade que dirigent le comte d'Auvergne et le maréchal de Bouillon ; dans l'immédiat, tout le monde donne tort à Concini : puisqu'il était responsable de la sûreté de la place, il devait la prémunir contre toute mauvaise surprise. Ce nouveau coup du sort accable Marie de Médicis : « La Reine est si affectionnée à la maréchale », écrit l'ambassadeur de Venise, « qu'elle ne vise en rien au bien du royaume. Et pour le cas survenu dans la cité de Péronne, occupée par le duc de Longueville, comme c'est une place qui se trouve sous le gouvernement du maréchal d'Ancre, la Reine-Mère est tombée dans un tel découragement que voilà quatre jours qu'elle ne se laisse pas voir [14]. » L'affaire de Péronne montrait que les princes ne désarmaient pas dans leur hostilité à l'égard de Concini, et laissait présager, à n'en pas douter, de bien plus graves désagréments.

Le caractère de Marie de Médicis, tout en sautes d'humeur, ne la pousse cependant pas à baisser définitivement les bras, bien au contraire. Sortant de son état d'abattement, elle se prépare à réagir. Mais en attendant, son apparente inaction déconcerte ses adversaires. Condé ne sait que faire. Recourir à la force contre Longueville ? En rester là ? Appuyer au contraire Longueville et profiter de l'occasion pour porter le coup de grâce à Concini ? Il flotte, sollicite des avis à gauche et à droite. L'ambassadeur de Venise a une longue conversation avec lui, dont il consigne la teneur dans une dépêche du 30 août 1616. Le grand problème du prince semble être, pour le moment, d'obtenir le concours du duc de Guise. Comment s'en prendre en effet à ceux qui prônent une politique pro-espagnole (comme les Concini et la Reine-Mère) si l'on ne bénéficie pas de la caution inattaquable de la Maison de Guise, symbole de la cause du catholicisme militant ? Condé y est disposé, mais n'a qu'une médiocre confiance dans la solidité d'une telle alliance de

---

14. Dépêche du 30 août 1616.

circonstance : « Je doute que je puisse me promettre tout du duc de Guise parce que nous sommes Français. Aujourd'hui nous promettons, demain nous manquons à notre parole. Nous ne sommes pas comme vous, Italiens, stables et fermes dans une pensée. Dieu nous a faits ainsi et voilà pourquoi il faut que nous vivions toujours en travail. » Le jugement est peu flatteur pour le tempérament national. Il s'applique en tout cas parfaitement au caractère de Condé, comme celui-ci allait en donner une éclatante confirmation quelques semaines après.

Toujours aussi perplexe, Condé sollicite un entretien avec la Reine-Mère en précisant qu'il veut lui parler en tête à tête. Marie de Médicis accepte, et écoute sans mot dire les stupéfiantes déclarations de son interlocuteur. Le prince lui donne l'assurance qu'il entend la servir et se tenir auprès d'elle. Mais la Reine-Mère ne doit pas se dissimuler qu'une telle attitude déplaît souverainement aux autres princes. S'il accorde un soutien ostensible à Marie de Médicis, tout le parti des princes se séparera de lui, se coalisera contre lui, sans aucun profit pour les intérêts de Sa Majesté. Il faut donc qu'elle accepte qu'il donne le change, c'est-à-dire qu'il critique ouvertement sa manière de gouverner tout en sachant que, sur le fond, il n'aspire qu'à l'aider. Qu'elle lui garde donc sa confiance en dépit des apparences et qu'elle reste assurée de sa fidélité : comment ne serait-il pas reconnaissant à la Reine-Mère de ses multiples témoignages de bonne volonté à son égard, des largesses qu'elle lui a faites, et de cette part considérable d'autorité qu'elle a consenti à lui donner au sein du Conseil du Roi ? Marie de Médicis, après ce long discours, répond au prince « qu'il pouvait être sûr d'elle ; que quant au Roi son fils et à elle-même, personne n'avait à entrer dans leurs rapports ; et cela d'autant plus qu'elle n'avait d'autre pensée, d'autre souci que le bien du Roi et du royaume, d'autres occupations que de le maintenir en paix ». Condé n'est qu'à moitié satisfait de cette réponse. Il voudrait savoir, à charge de revanche pour la franchise avec laquelle il a parlé, ce que la Reine-Mère compte faire en l'état présent des affaires du royaume — en clair, quelle est la riposte qu'elle entend opposer à l'entreprise du duc de Longueville sur Péronne ? Marie de Médicis reste impénétrable.

Quelques jours plus tard, le prince de Condé va trouver l'occasion de donner à la Reine-Mère un gage de sa bonne volonté.

REMUE-MÉNINGES CHEZ LES GRANDS

Le duc de Bouillon, toujours aussi déterminé à débarrasser la France des Concini, prend l'initiative d'inviter les princes à se réunir chez lui pour discuter en commun des moyens d'y parvenir. On connaît au moins quatre de ces réunions plénières, tenues clandestinement, bien après dîner, au fort de la nuit.

Au cours de la première réunion, le duc de Bouillon propose aux autres princes présents d'assaillir nuitamment le maréchal et la maréchale d'Ancre dans leur hôtel et de les conduire devant le Parlement de Paris pour leur faire leur procès. Tout le monde est d'accord, et notamment les membres de la Maison de Guise.

Quelques jours plus tard, une seconde réunion se tient chez le maréchal de Bouillon. Celui-ci fait part de ses hésitations au sujet de la proposition adoptée quelques jours plus tôt. Il pense en effet que le procès devant le Parlement ne servira à rien, parce que le maréchal d'Ancre et sa femme seront simplement condamnés à s'en retourner en Italie, où ils jouiront en paix du fruit de leurs rapines, se moquant éperdument de la France, des Français et de leurs princes. Il propose par conséquent des mesures plus radicales : les poignarder, les étrangler, les jeter à la rivière. Tout le monde est d'accord, y compris Messieurs de Guise. Pour Condé, pour Bouillon, c'est un point très important.

Quel démon pousse donc le maréchal de Bouillon, lors d'une troisième réunion, à tout gâcher en voulant aller trop loin ? Le plan pour l'exécution des Concini est mis au point, tous les détails sont minutieusement arrêtés, les princes, déjà, se congratulent, lorsque Bouillon, tout à coup, s'avise, d'un air faussement innocent : « Lorsque vous aurez supprimé les maréchaux, voulez-vous être gouvernés par un Mangot, par un Barbin ? » Il faut tarir la source du mal, dit-il à ses complices. Et la source du mal c'est Marie de Médicis. Pourquoi ne pas l'écarter du pouvoir et la reléguer dans un monastère, à Moulins par exemple ? Ainsi, l'on se rendrait maîtres du Roi, qui serait à merci et se plierait aux volontés des princes. D'ailleurs, Bouillon rappelle tous les doutes qui planent sur la validité du mariage de Marie de Médicis et d'Henri IV et, par conséquent, sur la légitimité de Louis XIII comme Roi de France. Et, se tournant vers Condé, il ajoute : « Ce sera le véritable moyen de vous mettre la couronne en tête. » Alors là, le duc de Guise ne suit plus. Certes, son père, le « Balafré », a été assassiné sur l'ordre d'Henri III à Blois, mais il n'est pas question pour lui de se départir de l'attitude d'absolu loyalisme qu'il s'est une fois pour toutes fixée. Il refuse de participer plus longtemps à la réunion, et la quitte, entraînant avec lui les autres membres de sa famille, ses frères le cardinal de Guise et le prince de Joinville, son neveu le duc du Maine.

On pouvait craindre désormais que le duc de Guise ne dénonce toute l'affaire à la Reine-Mère. Condé décide de prendre les devants. Dès le lendemain matin, il va voir Marie de Médicis. Nous sommes le 30 août. Le prince raconte les choses par le menu, demandant pardon à la Reine d'avoir paru cautionner par sa présence de tels conciliabules. S'il l'a fait, insiste-t-il, c'est uniquement pour rester fidèle à la ligne de conduite dont il est convenu avec elle et trahir à son aise les autres princes. La Reine le remercie avec chaleur. Monsieur le prince n'en reste pas là : en sortant du Louvre, il fait prévenir Concini de l'attentat préparé contre lui.

La conspiration a totalement échoué, et Marie de Médicis a tout lieu d'être satisfaite de l'attitude de Condé. D'autant plus que Sully, quelques jours plus tôt, l'avait avertie, en termes couverts, qu'il se tramait quelque chose. La Reine-Mère n'y avait pas prêté attention, mais les révélations de Condé lui montrent, rétrospectivement, que l'affaire était des plus sérieuses. Une chose paraît certaine, en tout cas, c'est l'assurance de pouvoir compter sur l'appui du prince.

Le soir même, une nouvelle conférence se réunit chez le duc de Bouillon. C'est la quatrième. Les membres de la famille de Guise ont boycotté la réunion. Bouillon considère que leur abstention présente un gros risque, et oblige les conjurés à agir sans tarder. A quelle date fixe-t-on l'assassinat de Concini, demande-t-il en se tournant vers Condé ? A la surprise générale, celui-ci déclare qu'il est profondément choqué par ce qui vient d'être dit, et qu'il souhaite ne plus entendre parler, pour ce qui le concerne, d'assassinats, de meurtres et de complots. L'assemblée est médusée. Après le silence qui suit d'abord ces propos, les princes éclatent, s'interpellent, se bousculent autour de Condé. Dans le brouhaha, l'un de ses confidents va de l'un à l'autre pour dire que le seul but du prince, en s'associant aux réunions convoquées par le duc de Bouillon, était d'inquiéter la Reine-Mère afin d'obtenir le gouvernement du Bourbonnais et l'autorisation de dissoudre son mariage avec Charlotte de Montmorency. Monsieur le prince considère qu'il est prêt d'avoir satisfaction, et qu'il n'y a donc plus lieu de continuer des réunions désormais sans objet. Et la couronne de France, lui lance-t-on, la déchéance de Louis XIII, sa proclamation comme Roi à la place du fils d'Henri IV ? Bien sûr, répond Condé, la couronne de France justifie bien des ambitions, mais pas au point que l'on se lance dans des intrigues qui mènent au crime et à la guerre civile.

Le lendemain matin, mercredi 31 août, le prince revoit Marie de Médicis. Il ne lui dit pas un mot de la réunion de la veille. Or, quelques heures plus tard, la Reine-Mère reçoit un rapport détaillé sur l'assemblée des princes — détaillé, mais fragmentaire, car il ne précise pas que le prince de Condé a formellement refusé de s'associer au projet d'assassinat de Concini et à l'exil de la Reine-Mère dans un monastère de Moulins. Tout ce que retient Marie de Médicis, c'est que Condé, le matin même, est venu la voir et qu'il ne lui a parlé de rien. Persuadée que le prince a voulu la jouer, elle décide de réagir sur-le-champ.

Un petit conseil de guerre est aussitôt réuni autour de la Reine-Mère. Il ne rassemble que des proches, les fidèles entre les fidèles. Richelieu y tient un rôle essentiel. Barbin, Mangot, l'évêque de Luçon, fortifient la résolution de la Reine d'agir vite et de s'assurer de la personne des comploteurs. Au cours de la soirée et jusque fort avant dans la nuit, toutes les dispositions sont prises à cet effet. On entasse des armes derrière le cabinet de la Reine, et l'on convoque ceux sur qui on sait pouvoir compter, en particulier Monsieur de Thémines, chevalier de l'Ordre du Saint-Esprit. Louis XIII est également mis dans la confidence. Il soutient sa mère sans réserve ni arrière-pensée : son autorité personnelle, peut-être même sa vie, sont en balance. Le Roi fait prier les Dix-sept seigneurs, ces arbitres des élégances qui constituent en même temps une sorte de garde d'honneur formée de volontaires triés sur le volet, de se présenter au Louvre le lendemain matin dès le point du jour.

L'ARRESTATION DE CONDÉ

Le 1er septembre, à l'aube, de furtives allées et venues animent les couloirs du palais. Les Dix-sept seigneurs répondent à la convocation du Roi ; au fur et à mesure qu'ils arrivent, on les fait entrer dans un cabinet avec interdiction d'en ressortir, sans leur donner un mot d'explication. La Reine a fait venir de bonne heure Bassompierre et Créqui : l'un est colonel général des Suisses, le second commande les autres troupes ; elle les charge de donner les ordres nécessaires aux portes du Louvre ; on double les gardes et l'on interdit que quiconque sorte du Louvre, quelle que soit sa qualité.

Prises dans la plus grande discrétion, ces dispositions échappent à ceux qui ne sont pas dans la confidence. Condé, la conscience tranquille participe à une séance du Conseil des Finances. Au sortir de la réunion, il se rend chez Marie de Médicis qu'il prie de bien vouloir le recevoir. Pendant qu'il attend dans l'antichambre, Louis XIII apparaît, aborde joyeusement Condé avec qui il engage la conversation. Déjà passé maître dans l'art de dissimuler, il lui dit qu'il compte entendre d'abord la messe aux Feuillants, avant d'aller courir le cerf : le prince aimerait-il l'accompagner ? Condé s'excuse de ne pouvoir le faire : le temps est bien mauvais, et il souhaite, au surplus, s'entretenir avec la Reine. Vous allez voir ma mère ? lui dit en substance le jeune Roi, qu'à cela ne tienne, je vais la prévenir moi-même, et il quitte Condé pour entrer dans la chambre de Marie de Médicis.

Quelques instants plus tard, un gentilhomme sort du cabinet de la Reine. C'est Monsieur de Thémines, que ses deux fils, soudain jaillis de nulle part, viennent rejoindre. Ils s'approchent de Condé. Monsieur de Thémines lui annonce que la Reine ne pourra l'entendre ce matin, étant fort occupée. « Ce sera pour une autre fois » lance le prince, qui s'apprête à repartir. Mais Thémines l'arrête dans son élan : Louis XIII et Marie de Médicis ont à traiter avec lui d'affaires très importantes et lui demandent de ne pas s'éloigner. Le prince, qui commence à perdre contenance, s'inquiète : « Ne pourrai-je donc parler à la Reine ? » Thémines lui répond simplement qu'elle est toujours en conférence dans son cabinet avec le Roi, qu'il le prie de ne point s'en aller, et qu'il a ordre de l'en empêcher s'il le faut. Condé, à ces mots, fait deux pas en arrière, met la main à son épée. D'un geste vif, Thémines s'approche, lui saisit le bras et, s'excusant, lui retire son épée avec l'aide de ses deux fils. Condé se débat comme un beau diable, mais les trois Thémines lui tiennent solidement les bras ; le prince a peur, et crie : « N'ai-je donc point ici des amis qui m'ont promis de m'assister et qui puissent voir comment on traite un premier prince du sang ? » Le jeune duc de Rohan qui se trouvait là par hasard est resté sans broncher pendant toute la scène. Regardant Condé droit dans les yeux, il lui dit simplement : « Le Roi est le maître. »

Condé, alors, cesse de résister et, se tournant vers Thémines, lui dit que « si on voulait le faire mourir, on le lui fît savoir, car il voulait mourir en bon chrétien et avec courage ». Thémines avec ses fils le conduit, par un escalier dérobé, dans une petite pièce dépendant de l'appartement de la Reine-Mère. Par une involontaire ironie du sort, Condé est enfermé dans la chambre même où Henri de Navarre, le futur Henri IV, avait été retenu prisonnier lors de la Saint-Barthélemy. Vingt archers de la garde du Roi sont postés pour empêcher toute tentative d'évasion, et l'on constitue une garde supplémentaire de six gentilshommes, amis personnels de Thémines. L'endroit ne paraît pas assez sûr, cependant, et l'on transfère peu après le prince dans une petite chambre située tout au sommet du palais.

Condé continue de trembler de tous ses membres, et demande sans cesse à un valet de chambre de la Reine-Mère si sa maîtresse a l'intention de le faire mourir. Le valet le rassure comme il peut.

L'arrestation des autres conjurés avait également été décidée, mais tous parviennent à s'échapper. Le duc du Maine essaie de convaincre Bouillon de rassembler avec lui deux cents cavaliers afin de tenter un soulèvement dans Paris, mais Bouillon l'en dissuade : un prince n'est à l'aise que dans ses terres, au milieu de ses fidèles, loin du pouvoir central, de ses sbires et de son appareil répressif. Déjouant les recherches d'une police encore rudimentaire, ils se glissent hors de Paris et se trouvent bientôt réunis, avec leurs suites respectives, à Soissons.

La Reine-Mère a marqué un point en arrêtant Condé, et sa détermination a frappé les esprits. Mais en ne réussissant pas à mettre la main sur les autres membres du parti des princes, elle les a laissés libres de battre la campagne et de rassembler, contre le pouvoir royal, les forces d'une coalition redoutable. La monarchie contre les Grands. La balance semble inégale, et le régime sérieusement en péril. Un homme va surgir, habile à exploiter les circonstances et galvaniser les énergies, qui donnera — trop tard — aux derniers mois de la régence de Marie de Médicis un deuxième souffle, une vigueur et un lustre que l'on n'attendait plus.

CHAPITRE X

Ministre de Concini

La paix en balance

Les deux camps se préparent à la guerre. Marie de Médicis fait rassembler une armée de 10 000 hommes, composée de 6 000 Suisses, 2 000 Allemands et autant de Français, dont elle confie le commandement au comte d'Auvergne. Par mesure de précaution, des troupes supplémentaires sont acheminées aux alentours de Paris, afin de surveiller la capitale où l'agitation grandissante inquiète fort le gouvernement. Tous les parents et alliés des conjurés sont priés à son de trompe de quitter la ville. Aucune exception ; la mère de Condé, comme les autres, doit s'exécuter et se rendre sur ses terres. Les membres des Maisons de Condé, de Bouillon, de Vendôme, du Maine, se voient également contraints de sortir de Paris.

Le duc de Guise hésite, et ne sait encore à quel parti se rallier. La Reine-Mère souhaite vivement reconquérir son appui et lui fait demander de venir la voir. Sur le chemin qui le mène au Louvre, le duc se demande tout d'un coup si la Reine ne lui réserve pas le sort de Condé, ou pire — on est pas impunément le fils du « Balafré », assassiné sur l'ordre d'un précédent Roi de France. Le duc rebrousse aussitôt chemin, quitte Paris et se réfugie dans ses terres de Guise.

La méfiance du duc de Guise n'était peut-être pas si mal fondée, car Condé, dans sa captivité, parlait beaucoup. Craignant toujours que Marie de Médicis ne médite de le faire tuer, il se montre prolixe en détails sur le pourquoi et le comment de la conjuration, chargeant les autres au maximum. Dans sa version, deux hommes ont tout mené, tout manigancé : le duc de Bouillon et le duc de Guise. En s'enfuyant de Paris, ce dernier ne signe-t-il pas l'aveu de sa culpabilité ?

La Reine-Mère tient absolument à regagner le duc de Guise, quelles qu'aient pu être ses responsabilités. Il est un pilier du parti catholique, il l'a toujours aidée, son nom signifie encore quelque chose dans le royaume. Pour apaiser ses craintes, elle lui propose des garanties, celles du Pape que transmet le nonce, celles du Roi d'Espagne par l'intermédiaire de son ambassadeur à Paris. Elle offre également au duc de Guise le commandement de l'armée royale, le gouvernement de Lyon pour son fils et, pour son frère le cardinal de Guise, une alléchante nomination aux fonctions d'intendant des Finances. Les propositions de la Reine ne sont pas à dédaigner. Le duc, un moment, semble prêt de se laisser tenter. Mais, tout bien considéré, il ne donne pas cher des chances de Marie de l'emporter sur la coalition des princes, et c'est vers celle-ci qu'il incline finalement.

Confrontée à l'hostilité unanime des princes, Marie de Médicis semble à la veille de voir s'ouvrir contre elle un deuxième front, celui de Paris. La mise à sac de l'Hôtel du maréchal d'Ancre, rue de Tournon, survient fin septembre dans un climat très lourd. Sur la rumeur que Concini se trouve chez lui, occupé à préparer des poisons, une grande foule s'amasse. Concini, en fait, se trouvait à Caen, et Leonora était sortie quelques instants auparavant. Les émeutiers demandent l'accès de l'Hôtel, qui leur est refusé par les deux gardiens postés aux portes. Ceux-ci sont promptement tués, la maison est envahie et complètement saccagée — meubles brisés, tapisseries lacérées, tableaux transpercés à coups d'arquebuse. Les émeutiers, ayant emporté tout ce qui pouvait l'être, entreprennent séance tenante de démolir l'immeuble. La police attend que les esprits se soient un peu calmés pour disperser avec ménagement les manifestants. Cette nouvelle preuve de l'impopularité de Concini atteint gravement le prestige de la Reine-Mère. Mais Marie de Médicis démontre une fois de plus que c'est lorsqu'elle est acculée qu'elle est la plus redoutable.

Sur son ordre, l'armée royale se concentre à Villers-Cotterêts, prête à donner l'assaut à Soissons, où sont rassemblés les princes. Ceux-ci ne se sentent pas de taille à résister et proposent l'ouverture de négociations avec le gouvernement royal. Le duc de Bouillon est bien décidé à ne plus déposer les armes avant l'éviction complète de Concini et de Marie de Médicis : les pourparlers doivent seulement lui permettre de gagner du temps. Le duc de Guise, en revanche, se trouve mal à l'aise dans un rôle de trublion et de rebelle qu'il n'a jamais assumé auparavant, et pousse à la roue pour que l'on trouve un accommodement avec la Reine-Mère. Il y met tant de persuasion que les princes conviennent de le choisir comme négociateur unique, chargé de défendre l'ensemble de leurs intérêts. Le 24 septembre, le duc retourne à la Cour. Dès le 29, le voici revenu à Villers-Cotterêts, porteur de réponses qui satisfont la quasi-totalité des demandes des princes. Ceux-ci sont d'autant plus mal placés pour s'obstiner dans leur bouderie que Concini, tout en renforçant les places fortes de son gouvernement de Normandie, a entrepris de recruter plusieurs milliers de mercenaires wallons et allemands. Les princes décident de traiter ; ils signent le 6 octobre 1616 le document par lequel Marie de Médicis s'engage à respecter les accords de Loudun et énumère les menues satisfactions que le Roi veut bien accorder aux princes. Parmi ceux-ci, un seul refuse de s'incliner, le duc de Nevers.

Monsieur de Nevers, seul contre tous

L'évêque de Luçon, dont les qualités de diplomate avaient fait merveille quelques mois auparavant avec Condé, est une nouvelle fois mobilisé. Il se rend auprès de Monsieur de Nevers, parlemente, argumente, mais doit finalement repartir bredouille : le duc ne rentrera dans la légalité que lorsque Condé aura été libéré. Constatant l'échec de sa mission de bons offices, Richelieu déclare « qu'il n'y avait plus qu'à le mettre à la raison ». D'autant que le duc de Nevers, loin de se calmer, semble au contraire vouloir faire parler la poudre. Il cherche à surprendre la ville de Reims, échoue, et y gagne seulement de voir le Roi renforcer la garnison en la plaçant sous les ordres d'un homme énergique, le marquis de La Vieuville, qu'on sait entièrement dévoué à la monarchie. Le 14 novembre, la duchesse de Nevers prend la relève, et se présente aux portes de Reims avec une escorte considérable de cavaliers. Le marquis de La Vieuville veut bien laisser entrer la duchesse, mais avec une suite réduite. Madame de Nevers tempête, menace, écume ; le marquis, intraitable, l'oblige à passer la nuit en dehors de la ville, dans une maison des faubourgs. Pour venger l'affront infligé à sa femme, le duc de Nevers met la main sur le château de Sy-en-Rethelois qui appartient à La Vieuville.

La Vieuville demande justice au Roi, qui soumet l'affaire à son Conseil. Mangot et Barbin plaident pour la fermeté ; l'attitude du duc de Nevers est inadmissible, car elle porte atteinte à l'ordre public, et constitue une agression délibérée contre un homme dont le seul tort est de s'être montré fidèle serviteur du Roi. Le garde des Sceaux du Vair propose, en revanche, que l'on renvoie l'affaire au Parlement : c'est une manière déguisée de noyer le poisson. Du Vair, comme Villeroy, qui l'a soutenu tout au long de sa carrière, est totalement acquis aux vues des princes. Lorsque la Reine-Mère tranche en faveur d'une riposte énergique, du Vair montre une telle mauvaise humeur que, le soir même, Marie de Médicis lui fait rendre les Sceaux, qu'elle donne à Mangot.

Richelieu ministre !

Le départ forcé de du Vair provoque un remaniement gouvernemental. Mangot devenu garde des Sceaux, le portefeuille ministériel qu'il détenait, comprenant les Affaires étrangères et la Guerre, est disponible. La Reine-Mère, sur le conseil de Concini, désigne Richelieu à ce poste. Pour l'évêque de Luçon, voici enfin concrétisés les patients efforts déployés depuis tant d'années pour se placer dans la faveur de la Régente. Il est ministre — ministre de Marie de Médicis, mais en réalité ministre de Concini.

Dans ses *Mémoires*, Richelieu n'a pas cherché à minimiser le rôle de Concini dans sa nomination. Peu de jours avant d'entrer au gouvernement, raconte-t-il, « j'avais été nommé pour aller en Espagne, ambassadeur extraordinaire, pour terminer plusieurs affaires, auxquelles le comte de La Rochefoucauld fut désigné après moi. Par mon inclination, je désirais plutôt la continuation de cet emploi, qui n'était que pour un temps, que celui-ci, la fonction duquel était ordinaire. Mais outre qu'il ne m'était pas honnêtement permis de délibérer en cette occasion, où la volonté d'une puissance supérieure me paraissait absolue, j'avoue qu'il y a peu de jeunes gens qui puissent refuser l'éclat d'une charge qui promet faveur et emploi tout ensemble. J'acceptai donc ce qui me fut proposé en ce sujet par le maréchal d'Ancre de la part de la Reine, et ce d'autant plus volontiers que le sieur Barbin, qui était mon ami particulier, me sollicitait et m'y poussait extraordinairement[1]. »

Quelques jours plus tôt, la mère de Richelieu était morte, à peine âgée de 60 ans. La mère et le fils étaient restés très liés et sa disparition provoque chez l'évêque de Luçon une réelle émotion qui, malgré les conventions du style, transparaît dans la lettre qu'il écrit à son frère Alphonse, le Chartreux, pour lui annoncer la nouvelle : « J'ai bien du regret qu'il faille que vous sachiez par cette lettre la perte commune que nous avons faite de notre pauvre mère. En sa mort, Dieu lui a départi autant de grâces, de consolations et de douceurs qu'elle avait reçu en sa vie de traverses, d'afflictions et d'amertume. Pour moi, je prie Dieu qu'à l'avenir, ses bons exemples et les vôtres me puissent si utilement toucher que j'en amende ma vie. » Trop occupé par son installation dans ses nouvelles fonctions, Richelieu n'assistera pas aux obsèques.

Le nouveau ministère est constitué le 25 novembre 1616. La commission de l'évêque de Luçon est datée du 30, mais il n'a pas

---

1. Richelieu, *Mémoires*, Éd. Michaud et Poujoulat, Paris, Firmin Didot, 1837, T. I, p. 131.

attendu pour remercier comme il convient le maréchal d'Ancre : « Cette lettre », lui écrit-il, « est un titre authentique de la reconnaissance que je vous dois et de l'affection inviolable à votre service. Je ne prétends pas pouvoir jamais me décharger de la moindre des obligations que vous avez acquises sur moi, mais bien de vous faire paraître par la suite de mes actions que j'aurai perpétuellement devant les yeux les diverses grâces que j'aurai reçues de vous et de Madame la maréchale ».

Dans l'opinion, l'équipe Barbin, Mangot, Richelieu est aussitôt qualifiée de « Ministère Concini ». Mais la nomination de Richelieu est généralement bien reçue. Le *Mercure Français,* organe officieux du pouvoir, ne peut exprimer qu'un jugement flatteur : « Celui qui a été fait secrétaire d'État est un prélat si plein de gloire pour l'innocence de sa vie, par l'éminence de son savoir et l'excellence de son esprit, que tous ceux qui savent son mérite avoueront aisément que Dieu l'a destiné pour rendre de grands et signalés services à Leurs Majestés au milieu des tempêtes de leur État. »

Le nouveau promu passe pour très favorable à une alliance étroite avec le Pape et avec l'Espagne. Le nonce s'en félicite vivement : « A la place de Mangot, on a mis l'évêque de Luçon, Monsieur de Richelieu, prélat qui, quoique jeune, est, comme le sait Votre Sainteté, un des plus éminents de la France par ses connaissances, son éloquence, sa vertu et son zèle pour la religion. Nous pouvons espérer que ce changement nous sera favorable : car le garde des Sceaux, quoi qu'il fût très instruit et très intègre, n'était point fort attaché aux choses de la religion, et comme secrétaire d'État, on ne pouvait rien désirer de mieux que l'évêque de Luçon. » Le Pape connaît bien le nouveau ministre : c'est en effet ce même Paul V qui a accordé en 1607 à Richelieu la dispense d'âge nécessaire pour lui permettre de se faire sacrer évêque. Depuis, le jeune abbé de Richelieu a fait du chemin, et le Saint-Père se réjouit d'une promotion qui devrait servir les intérêts de l'Église. Sachant à qui en revient le mérite, il charge le nonce de transmettre au maréchal d'Ancre tous ses remerciements pour l'entrée de l'évêque de Luçon dans l'équipe gouvernementale.

L'ambassadeur du Roi d'Espagne est tout aussi satisfait. Le duc de Monteleone écrit à Madrid : « Monsieur de Richelieu, évêque de Luçon, est mon ami intime. Il n'en existe pas deux, je crois, en France, aussi zélés pour le service de Dieu, de notre couronne et du bien public. Et quand il n'aurait pas toutes ces qualités, son zèle pour le service de la Reine-Infante nous permet de tout attendre de lui. J'ai d'ailleurs la preuve formelle de son dévouement à notre cause. » Comme en écho, l'ambassadeur de Venise écrivait de son côté : « Il nous revient, en effet, qu'il est du parti espagnol ; d'ailleurs il est Grand Aumônier de la Reine régnante. Il fréquente habituellement à l'ambasade d'Espagne. » Et d'ajouter ces quelques mots, qui expliquent peut-être ce dévouement dont le duc de Monteleone affirme détenir la preuve : « On dit même que Madrid lui paie pension. »

Les débuts de Richelieu au gouvernement ne sont pas exempts de tous soucis. Dans les jours qui suivent sa nomination, l'évêque de Luçon s'oppose à Concini. Celui-ci voudrait en effet qu'il abandonne son diocèse. Richelieu refuse, car il sait trop la fragilité des fonctions gouvernementales et ne souhaite pas se dessaisir d'une position qui constitue une base éventuelle de repli en cas de malheur. Mais toutes les raisons que l'évêque de Luçon oppose à Concini ne peuvent arriver à le convaincre, et le maréchal d'Ancre ne cache pas son déplaisir devant la résistance de cet homme qu'il croyait être sa créature. Pour consoler Richelieu de l'animosité que lui témoigne dès lors Concini, Barbin, qui connaît bien le Florentin, lui explique amicalement que le maréchal « ne serait pas satisfait s'il ne venait à ses fins, parce que son intention était, en me dépouillant de ce que j'avais, de me rendre plus nécessairement dépendant de ses volontés. En quoi il témoigna être véritablement mon ami, en me fortifiant sous main dans la résolution que j'avais prise de ne me défaire pas de mon évêché[2]. »

Barbin est effectivement devenu très ami avec Richelieu. Celui-ci le décrira plus tard comme « un homme courageux et aux mains nettes ». Le nonce dit de lui : « Tant par son titre de contrôleur général que par la faveur de Concini, il a le maniement de toutes les finances du royaume. D'aspect rigide et dur, il est détesté autant à cause de sa puissance que parce qu'il la tient de celui qui est haï de tout le monde. » Au moment de la constitution du nouveau gouvernement, Concini ne cache pas qu'il le considère comme le véritable chef du ministère. Le nonce encore : « Le maréchal d'Ancre fait beaucoup de cas du sieur Mangot et de Monsieur de Luçon. Mais il me dit que celui qu'il estime le plus c'est Barbin, qui, par sa pratique des grandes affaires, peut vraiment passer pour le maître des deux autres. » Barbin, cependant, n'attache aucune importance pour ce qui le concerne aux questions de préséance, et donne la première place à l'évêque de Luçon en raison de son rang épiscopal.

Il fait aussi en sorte que cet évêque sans fortune puisse avoir les moyens de mener une vie décente et de faire figure en lui accordant une pension annuelle de 17 000 livres. Ce n'est pas le Pérou et, si Richelieu peut enfin prendre quelques distances avec les soucis d'argent qui constituent depuis des années le lot de son existence quotidienne, il doit continuer de gérer son budget avec parcimonie. Son logement, toujours rue des Mauvaises Paroles, reste modeste,

---

2. Richelieu, *Mémoires,* Éd. Michaud et Poujoulat, Paris, Firmin Didot, 1837, T. I, p. 132.

de même que sa mise : robe de prélat dans les cérémonies publiques, costume sobre « de cavalier et de gentilhomme » dans son travail.

Trois collaborateurs seulement. Un commis nommé Beauclerc pour la charge de la Guerre. Deux secrétaires, Charpentier et Le Masle, qui le suivent depuis Luçon. Le premier lui sert de « secrétaire de la main », c'est-à-dire qu'il est capable d'imiter son écriture, le soulageant ainsi d'une partie de son immense tâche. Car toutes les lettres et instructions, tous les mémoires que nous avons conservés, et qui témoignent de l'énormité du labeur fourni, sont de la main de Richelieu. Pas de dactylos ni de sténos. Le rôle des collaborateurs est de rédiger les lettres courantes à partir des brèves instructions en forme de note que leur donne le ministre. Pour le tempérament hypernerveux et impatient de Richelieu, c'est une rude épreuve de se colleter avec la lenteur de l'écriture manuelle, cette inertie opposée par la matière à l'agilité de sa pensée.

La commission royale qui fixait les attributions de Richelieu précisait qu'il était nommé secrétaire d'État « pour faire signer et délivrer toutes les lettres et autres expéditions concernant les affaires de Sa Majesté tant au dedans qu'au dehors du royaume » avec l'administration de la Guerre « en ce qui concerne également l'ordinaire et l'extraordinaire avec toutes les autres fonctions qui dépendent dudit office ». En fait, les affaires intérieures mobilisent immédiatement toutes les énergies du nouveau responsable de la Guerre, faisant passer au second plan la conduite de la diplomatie pour laquelle Richelieu montrait déjà un vif penchant.

La guerre

Le duc de Nevers, après avoir fortifié Rethel et Mézières, les deux principales places fortes de son gouvernement de Champagne, décide d'étendre le territoire qu'il contrôle en s'emparant par surprise, le 1er décembre 1616, de Sainte-Menehould. La possession de cette place avait l'avantage de joindre sa zone d'influence aux terres du duc de Bouillon, tout en lui permettant de s'ouvrir largement sur les voisins immédiats de la France, le Luxembourg (dépendant des Pays-Bas espagnols) et l'Allemagne. Les deux princes rebelles entament d'ailleurs aussitôt une active campagne diplomatique auprès du gouvernement de Bruxelles et de plusieurs chefs d'État allemands dans l'espoir d'obtenir un appui politique et matériel, ainsi que l'autorisation de recruter des mercenaires.

Afin de bien montrer qu'il ne s'effacera pas facilement, Concini, après s'être fait grassement indemniser pour les dégâts causés lors du saccage de l'Hôtel de la rue de Tournon, obtient du Roi et de la Reine-Mère que son marquisat d'Ancre soit érigé en duché-pairie. Il n'y avait pas de plus sûr moyen pour irriter les princes, qui voyaient l'intrigant Concini désormais devenu l'un des leurs. La morgue du favori est telle que le Roi en tombe malade. Certains murmurent que la dépression où il sombre n'aurait pas que des causes naturelles. Si l'on en croit Richelieu, c'est de ce moment que datent les premières insinuations de Luynes contre Concini. Il affirme en effet « que Luynes prit occasion de là de dire au Roi que l'on tramait quelque chose contre lui », lui laissant entendre au surplus « que tous ces princes n'étaient persécutés que pour l'amour du maréchal d'Ancre, qu'ils étaient passionnés pour Sa Majesté et qu'ils avaient témoigné un déplaisir indicible de sa maladie[3] ». Ces propos exercent une impression profonde sur Louis XIII, qui fait savoir aux princes qu'il se trouve en réalité en totale sympathie avec eux, et qu'il a même envisagé de se désolidariser de Marie de Médicis en quittant Paris pour Compiègne, où il aurait demandé aux rebelles de venir se joindre à lui. Il les incite en tout cas à se « maintenir bien unis ensemble, et quoi qu'on leur pût dire, n'entendre à aucune réconciliation avec lui[4] ».

L'attitude du Roi ne peut qu'encourager les princes à pousser leurs préparatifs militaires. Mais ils vont se trouver cette fois en face d'une volonté au moins aussi ferme que la leur. Le nouveau ministre de la Guerre se consacre à sa tâche avec une belle impétuosité. Le 26 décembre, il reprend Sainte-Menehould, chassant de la place les troupes du duc de Nevers. Cette action rondement menée donne d'autant plus de poids à la note rédigée par Richelieu à l'intention des États étrangers : « Monsieur de Nevers ayant levé un assez bon nombre de gens, grossi ses garnisons, muni ses villes et écrit au Roi en fort mauvais termes, a donné, par ces procédés, de grands et justes sujets de plaintes à Sa Majesté, laquelle, par la Grâce de Dieu, est en état de se faire obéir. » Richelieu ajoute qu'on ne peut prévoir si cette affaire se terminera « doucement ou par les armes. Si toutefois Leurs Majestés sont obligées de mettre mon dit sieur de Nevers à la raison, elles y sont résolues comme envers tous autres qui voudraient s'élever contre leur autorité ».

Janvier 1617 arrive. Le gouvernement est en proie à une activité fébrile. Barbin fait flèche de tout bois pour rassembler les fonds nécessaires, Richelieu bat le rappel des troupes disponibles, en même temps que se prépare un dossier destiné au Parlement et retraçant les griefs qui peuvent être retenus contre le duc de Nevers. « Il se tient sans cesse ici des Conseils d'une extrême

---

3. Richelieu, *Mémoires*, Éd. Michaud et Poujoulat, Paris, Firmin Didot, 1837, T. I, p. 133.
4. Richelieu, *ibid*.

importance », écrit à son gouvernement l'ambassadeur de la République de Venise. « On est décidé à quitter la politique antérieure des Rois qui dirigeaient les peuples par la douceur et la tolérance. On recourra s'il le faut à la force. » On sent qu'une main de fer préside désormais à la conduite des affaires de l'État. D'où vient ce ton nouveau ? L'ambassadeur de Venise en donne la clé en précisant : « Nous tenons ceci de la bouche même de l'évêque de Luçon qui nous a dit que c'était une chose décrétée. »

Le 17 janvier, le Parlement enregistre une ordonnance royale déclarant le duc de Nevers coupable du crime de lèse-majesté s'il ne vient pas dans les quinze jours demander son pardon au Roi. Il n'était pas maladroit de s'en prendre au seul duc de Nevers, en feignant d'ignorer les autres princes qui, jusqu'à nouvel ordre, n'avaient pas fait acte de rébellion. Le jour même où le Parlement publie cette ordonnance, le *Mercure Français* reproduit le texte d'une lettre de Louis XIII au duc du Maine dont l'inspiration est visiblement soufflée par Richelieu. Le duc prétendait qu'on voulait le déposséder de ses biens et qu'on aurait même médité d'attenter à sa vie ; le Roi le met en garde : « Je ferai châtier le coupable s'il le mérite et je ne souffrirai pas qu'on pratique en mon État telle méchanceté. Mais je ne permettrai pas davantage qu'on entreprenne sur les places que me gardent mes sujets que sur leurs vies... Les témoignages que vous me rendez dans votre lettre de désirer chercher votre repos dans l'innocence de vos actions me réjouiraient grandement si les effets ne semblaient contrevenir à vos paroles, ne pouvant concevoir que l'innocence puisse compatir avec les intelligences et pratiques qui sont de tous les jours entre vous et ceux qui veulent troubler le repos de mon État. »

Cette lettre semble avoir pour seul résultat de souder étroitement le parti des princes, qui se mettent d'accord pour publier un manifeste commun adressé au Roi, dans lequel, attaquant Marie de Médicis et le maréchal d'Ancre, ils demandent l'éviction du « Ministère Concini » et le retour aux affaires de la précédente équipe gouvernementale : « On voit la faveur prodigieuse d'un étranger donner les gouvernements de vos places, destituer les anciens et principaux officiers de votre Conseil, leur ravir des mains les titres d'honneur que leur âge, leurs vertus et leurs mérites leur avaient acquis, pour mettre en leur place ces créatures, personnes indignes, inexpérimentées à la conduite d'un État et gens nés dans la servitude. » Ces derniers mots ne sont pas très gentils pour l'évêque de Luçon.

Ainsi pris à partie dans le manifeste des princes, Richelieu, piqué au vif, rédige lui-même une cinglante réponse qu'il fait paraître sous le titre de *Déclaration du Roi sur le sujet des nouveaux remuements de son royaume*. Ce texte, répandu à profusion dans tout le pays, contient quelques fortes phrases. Par exemple : « Des sujets désirent-ils la paix lorsqu'ils la demandent à main armée ? Les Rois la procurent quelquefois ainsi, mais non les sujets. » Il rappelle plus loin les trois traités successifs consentis par la couronne pour acheter aux rebelles la tranquillité du royaume : « En vain la prudence de la Reine-Mère avait-elle tâché de retenir par des chaînes d'or ces esprits remuants ; ils s'étaient joué de sa libéralité. »

Richelieu détaille comme à plaisir les sommes énormes encaissées par les Grands. Le prince de Condé a reçu en six ans 3 millions de livres, le duc du Maine 2 millions, le duc de Guise 1 700 000, le duc de Nevers 1 600 000, le prince de Conti et sa femme 1 400 000, le duc de Longueville 1 200 000, le duc de Bouillon près d'1 million. Sans compter quelques moindres bénéficaires qui émargent pour des sommes encore fort respectables, tels le duc d'Épernon (700 000 livres pour lui et ses enfants), ou le duc de Vendôme qui a reçu 600 000 livres au total.

Et Richelieu de conclure : « Qui ne voit enfin que le seul moyen qui reste à Sa Majesté pour empêcher les rébellions trop fréquentes dans son royaume est de punir sévèrement ceux qui en sont les auteurs, et reconnaître ses fidèles sujets qui demeurent en l'obéissance qu'ils lui doivent ? Si la douceur dont Sa Majesté a usé jusqu'à cette heure ne fait autre chose que les endurcir,... Sa Majesté, touchée des sentiments d'un vrai père, animée du courage d'un grand Roi, sera contrainte, quoique à regret, de châtier ces perturbateurs et de punir leur rébellion comme elle le mérite. »

Il ne semble pas que Richelieu, dans la belle fermeté dont il fait étalage, soit entièrement assuré de ses arrières, c'est-à-dire de la détermination de Marie de Médicis. En effet, pendant ce même mois de janvier au cours duquel l'évêque de Luçon déploie tant d'énergie, la Reine-Mère est de nouveau saisie par le découragement. Les pamphlets qui inlassablement l'attaquent, de façon ordurière, sur ses relations supposées avec Concini, finissent par user sa volonté de lutter. Elle revient une fois de plus à la charge auprès de Louis XIII en lui offrant d'abandonner les rênes du gouvernement. Voici comment Richelieu relate la scène : « Maintenant qu'il [Louis XIII] était majeur et marié, elle se considérait comme hors de charge. Elle demanda au Roi de venir avec elle au Parlement pour lui donner solennellement à la fois le quitus de l'administration du royaume et le congé dont elle voulait jouir pour terminer ses jours dans le repos. » Craignant une manœuvre, ou désireux peut-être de laisser la Reine jouer sa partie jusqu'au bout, Louis XIII refuse la démission de sa mère : « Quelque insistance qu'elle ait pu faire, il ne voulut jamais lui accorder d'abandonner le gouvernement des affaires. Il l'assura qu'il était très satisfait de son administration. Toutefois, il ne s'ouvrit pas à elle du mécontentement qu'il commençait à avoir du prodigieux élèvement du maréchal d'Ancre. »

L'insuccès de cette démarche persuade en tout cas Marie de Médicis qu'il n'est pas possible d'éviter l'affrontement avec les princes. Elle laisse donc les coudées franches à Richelieu, qui continue de déployer une activité prodigieuse.

Diplomatie de combat

Le péril pouvant venir de l'extérieur si les princes trouvent les secours qu'ils ont sollicités auprès de divers États protestants, Richelieu dépêche des agents chargés à la fois de faire échec à ces menées, et d'obtenir pour le Roi de France l'autorisation de lever des mercenaires. Il envoie ainsi le comte de Schomberg en Allemagne, Monsieur de La Noue en Hollande, le baron du Tour auprès du Roi d'Angleterre, Monsieur Miron en Suisse. Chacun d'eux reçoit des instructions détaillées et fortement argumentées. Ils doivent ainsi expliquer à leurs interlocuteurs que le prince de Condé paie, par son arrestation, une longue suite de perfidies. Qu'ils rappellent les circonstances de la conjuration ; elles justifient surabondamment la mesure prise à son égard.

Trois autres thèmes de nature politique sont plus particulièrement traités.

Les mariages espagnols d'abord, que les princes accusent de diviser la France. Richelieu demande à ses ambassadeurs extraordinaires d'expliquer qu'ils ont au contraire pour effet de garantir le repos de la France contre la couronne d'Espagne « qui auparavant s'était souvent portée à fomenter nos divisions et même à les faire naître ». Intéressante réflexion, qui montre que Richelieu, même s'il est l'ami du duc de Monteleone, même s'il fait inconstestablement partie du clan pro-espagnol à la Cour, n'est cependant nullement inféodé à Madrid. Lucide sur le rôle de l'Espagne dans les guerres de Religion qui ont ravagé la France et sur ses ambitions en Europe, il croit nécessaire de maintenir avec elle les meilleures relations, sans pour autant, comme il l'écrit par ailleurs, « nous rendre Espagnols en France ». Faut-il diminuer la portée de ces considérations en notant qu'elles sont destinées à des princes protestants ? Richelieu, à notre avis, a écrit ces lignes en partant du principe que de tels documents sont fatalement destinés à tomber un jour dans le domaine public ; il en a lui-même repris la substance dans ses *Mémoires* : ils constituent bien, par conséquent, le reflet exact de l'idée qu'il se faisait, dès le début de 1617, des relations entre la France et l'Espagne.

Richelieu évoque ensuite l'un des thèmes les plus abondamment rebattus par les rebelles, ce qu'ils appellent la « profusion des finances » — en d'autres termes le gaspillage. Il a beau jeu de rappeler les sommes énormes reçues à titre de gratifications par les princes, auxquelles il faudrait ajouter les dépenses imposées à l'État par la nécessité de maintenir des troupes nombreuses sur le pied de guerre. Richelieu calcule que les libéralités consenties aux Grands s'élèvent à 17 millions de livres, et estime à plus de 9 millions les dépenses d'entretien de gens de guerre entraînées par leur agitation. Si la couronne éprouve des difficultés financières, c'est donc d'abord au comportement des princes qu'elle le doit.

Reste le problème posé par l'insolente faveur de Concini, dont les princes se servent sans retenue pour justifier leur rébellion. Richelieu ne cherche pas à éluder le fait, mais il tient à rappeler que l'histoire en fournit plusieurs exemples. La France de Marie de Médicis n'est pas, au demeurant, une terre tellement libérale aux étrangers : Concini est le seul dont la fortune ait été avancée à ce point, et il convient de souligner, par ailleurs, qu'il ne s'est pas servi de son crédit pour introduire dans la place d'autres étrangers. En somme, il n'y a pas de « clan Concini », alors qu'on peut observer, ajoute Richelieu, que Jacques Ier d'Angleterre, qui était Roi d'Écosse avant de succéder en 1603 à la Reine Élisabeth sur le trône d'Angleterre, ne gouverne à Londres qu'en s'appuyant sur des Écossais.

Ces instructions, qui frappent par leur très grande liberté d'expression, par la clarté et la fermeté du ton, révèlent un Richelieu sans complexes — ce qui ne veut nullement dire cynique. Il a d'emblée endossé toutes les responsabilités qui lui ont été confiées lors de son entrée au gouvernement ; Richelieu donne l'impression d'aborder ses nouvelles fonctions avec un enthousiasme sans réserve. On le sent indigné par la mise au pillage des finances, scandalisé par la mauvaise foi des arguments que les rebelles utilisent. Mettre les factieux au pas fait partie, certes, du programme du gouvernement auquel il appartient, mais Richelieu vit cet objectif comme une responsabilité personnelle, une mission sacrée, une ardente obligation à laquelle il ne saurait se dérober et qui exige de lui, désormais, le sacrifice de toute vie privée, ainsi que celui de sa santé.

Une affaire rondement menée

Une telle énergie fait bientôt sentir ses effets. La solde des troupes est versée régulièrement, les parcs d'artillerie sont reconstitués. On a pu mobiliser les officiers de la noblesse et remettre sur le pied de guerre les vieux régiments, seul noyau permanent de l'armée royale avec quelques Suisses et les hommes des gardes françaises. Des milliers de mercenaires affluent d'Allemagne, de Hollande, des Pays-Bas espagnols. Outre les garnisons, dont les effectifs ont été considérablement augmentés, et les régiments laissés en réserve auprès des principales villes du royaume, trois armées opérationnelles ont pu être constituées en moins de deux mois. La première compte 30 000 hommes appuyés par 40 pièces de canons ; elle est massée en Champagne sous le commandement du duc de Guise, qui a définitivement rallié la cause royale. Une deuxième armée se trouve dans le Perche sous les ordres du comte d'Auvergne. Le maréchal de Montigny, avec 4 000 fantassins et 500 cavaliers, est chargé de reprendre le contrôle du Berry et du Nivernais ; le marquis de Richelieu, frère aîné de l'évêque, sert auprès de lui en qualité de maréchal de camp.

La campagne débute à la mi-février. Le duc de Guise, parti le 17 février, investit le château de Richecourt-sur-Aisne le 11 mars ; il y entrera le 15 et, suivant les instructions de Richelieu, le fera raser. Mais Richelieu le presse de pousser son offensive sans attendre. Le duc de Guise s'empare dès le 10 mars de la forteresse de Rosoy, à trois lieues de Vervins. Le 15, il met le siège devant Château-Porcien ; la ville tombe le 29, le château le 30. Le 8 avril, il assiège Rethel. Le duc de Nevers s'y trouvait. Le duc « qui était si brave en paroles » selon le jugement méprisant de Richelieu[5] », préfère s'échapper de la ville avant qu'il ne soit trop tard. Le 16 avril, Rethel tombe aux mains du duc de Guise, qui se dirige vers Mézières avec mission de prendre la ville et d'empêcher l'entrée en France de 2 000 mercenaires allemands levés par le parti des princes, et dont on signale l'arrivée en Lorraine.

Le comte d'Auvergne ne perd pas non plus son temps ; parti du Perche, il nettoie la province du Maine et passe en Ile-de-France. Crépy-en-Valois tombe entre ses mains, puis Pierrefonds, qui se rend le 2 avril. Le duc de Mayenne n'a plus qu'à s'enfermer dans la ville de Soissons, avec 1 200 hommes de pied et 300 cavaliers. Le 12 avril, l'armée du comte d'Auvergne investit la ville.

Quant à la troisième armée, celle du maréchal de Montigny, elle avait entrepris, aux dires de Richelieu, de faire tomber une place par jour. Le maréchal s'empare notamment de Clamecy, Donzy, Antrains, et assiège Nevers, où Madame de Nevers, bloquée, entame des pourparlers en vue d'une capitulation honorable.

---

5. Richelieu, *Mémoires*, Éd. Michaud et Poujoulat, Paris, Firmin Didot, 1837, T. I, p. 148.

Mézières, Soissons, Nevers, c'est tout ce qui reste au parti des princes lorsque l'assassinat de Concini, le 24 avril 1617, mettra subitement un terme aux opérations.

Richelieu en campagne

Depuis le début de la régence, on n'avait jamais vu campagne si rondement menée. Les succès remportés par les armées royales ne sont évidemment pas le fait du hasard et, dans les méthodes de gouvernement de l'évêque de Luçon en 1616-1617, on sent déjà le caractère, la trempe, du grand cardinal.

Il faut voir les relances perpétuelles dont Richelieu fatigue, harasse, accable les chefs militaires — mais qui lui permettent de se faire obéir. Voici par exemple comment il écrit à Monsieur de Montigny dans un message qu'il lui adresse fin janvier : « Par votre lettre du 22, j'estimais que les régiments de Bourg et de Chappes fussent arrivés. Par celle du 24, j'apprends qu'ils sont encore près de Dijon, dont je suis fort étonné, leur ayant écrit au moins quatre lettres coup sur coup pour les faire avancer, et se rendre aux lieux qui leur avaient été assignés. Quant à la cavalerie, je ne sais à quoi il tient que vous n'ayez pas les compagnies de Messieurs de Verneuil, de Joinville et de Saint-Aignan votre gendre. Il faut confesser que le Roi est fort mal servi. Je vous prie d'apporter de votre part tout ce que vous pourrez pour les diligenter, et quand ils seront une fois au lieu où Sa Majesté vous a établi son lieutenant général, vous gouverniez en sorte que ceux qui se dévoient de leur devoir connaissent par effet que vous les y saurez bien ranger. » Après une telle semonce, on comprend que Monsieur de Montigny, maréchal de France, et vétéran un tantinet fatigué des guerres d'Henri IV, se sente pousser des ailes.

Monsieur de Vitry, pour sa part, capitaine d'une compagnie des gardes de Sa Majesté, et très proche de Louis XIII en raison de ses liens d'étroite amitié avec Luynes, est rappelé à l'ordre dans cette dépêche signée du Roi en des termes qui ne souffrent aucune discussion : « J'ai été fort étonné d'apprendre que vous n'avez point encore fait acheminer votre compagnie au lieu où j'avais ordonné qu'elle se rendît. C'est pourquoi je vous fais cette lettre à ce qu'incontinent vous l'aurez reçue vous ne manquiez pas de la faire partir en toute diligence pour joindre mon armée de Champagne. » Afin de ménager l'amour-propre de Monsieur de Vitry, Richelieu a mis ces injonctions à la signature de Louis XIII. Mais cette délicatesse ne doit pas abuser son destinataire sur la nécessité de donner le meilleur de lui-même au service du Roi.

Toute la capacité des chefs de guerre doit être tendue vers la guerre, et la discipline est une des qualités essentielles qu'on leur demande de maintenir dans les troupes placées sous leur commandement. Le capitaine de Couberon en fait l'expérience à ses dépens : « Ayant su les désordres qui se formaient dans le prieuré de Saint-Gond », lui écrit Richelieu, « et comme on y rendait contribuables les habitants du pays, j'avais donné charge au sieur de Vitry de l'aller assiéger afin de châtier ceux que, par les actes qu'ils commettaient, j'estimais être les ennemis du Roi. Maintenant que j'ai appris que c'est vous qui êtes dans cette place, je vous fais la présente pour vous dire combien je trouve mauvais les comportements dont vous avez usé et que vous vous gardiez bien à l'avenir de faire de semblable. » On peut être le duc de Longueville, Grand de ce royaume, gouverneur de la Picardie, et s'attirer la même volée de bois vert. Richelieu apprend que des soldats d'une unité que celui-ci commande maraudent et pillent les maisons d'honnêtes citoyens des environs de Corbie. Ils se sont même emparés d'un château, à partir duquel ils dirigent leurs raids de pillards. Le duc de Longueville s'attire une sèche mise en garde de Louis XIII : « J'ai bien voulu vous faire cette lettre à ce que non seulement vous fassiez sortir promptement ces gens dudit château, mais en outre que vous vous opposiez à ces désordres, en sorte que je n'en aie à l'avenir aucun sujet de plainte. »

Rien n'échappe à la vigilance de ce diable d'évêque de Luçon. La solde des troupes est un éternel sujet de préoccupation. Il y a des siècles que cela dure, mais c'est la première fois que l'on voit un ministre apporter autant d'attention à ce problème. Les chevau-légers, soldats d'élite, se plaignent d'avoir été payés avec retard. Richelieu leur écrit sous la signature du Roi : « Pour donner satisfaction à ma cavalerie légère, lui ôter tout sujet de plainte et lui donner occasion de servir comme elle le doit, non seulement je l'assigne de ce qui lui est dû du passé, mais en outre je la paye du présent, selon qu'elle le désire. » Cela étant, que ces messieurs de la cavalerie légère ne se fassent pas d'illusion, une telle ponctualité à les payer doit avoir sa contrepartie : « Par là, vous connaîtrez que, comme je suis soigneux de bien payer mes gens de guerre, aussi est-il raisonnable que j'en sois servi de même, ce que je me promets par votre soin et vigilance. »

Une autre fois c'est une affaire de canons qui retient l'attention sourcilleuse de Richelieu. Il a écrit au marquis de Rosny, gouverneur de Châlons-sur-Marne, d'envoyer quatre canons à l'armée de Champagne. Mais ceux-ci n'ont pas donné satisfaction. Le Roi écrit au duc de Guise, qui commande cette armée : « Je vous dirai que je suis aussi aise de la diligence dont vous avez usé pour mettre mon canon de Châlons en état de servir comme j'ai eu de déplaisir en apprenant les pièces qui sont éventées. Pour suppléer à ce défaut, vous prendrez dès cette heure le canon de Rocroi. »

Comment Richelieu ministre de la Guerre s'entendait-il avec Louis XIII ? Nous savons que le secrétaire d'État aux Étrangers et à la Guerre ne se souciait guère de ce souverain qui ne l'était que de nom. Il le traite avec une déférence polie, mais sans se préoccuper davantage de ce qu'il peut penser. Nous savons pourtant par divers témoignages que le Roi n'a jamais rechigné à signer les dépêches que Richelieu lui soumettait. Il est fort possible que Louis XIII, tout en haïssant secrètement un homme qui ne devait son ascension qu'à la faveur de Concini, lui ait su gré de ce souci du détail, de ce perfectionnisme, de cette conscience professionnelle, qui allaient tellement dans le sens de son propre caractère.

Comme tout grand capitaine, Richelieu a l'art des ordres clairs, brefs, précis. Mais c'est aussi un impatient. Le 4 mars 1617, le ministre adresse ses instructions au commandant de l'armée de Champagne, le duc de Guise. Il ne prend même pas la peine de les rédiger. Quelques mots laissés à son secrétaire Charpentier : « Que Monsieur de Guise joigne promptement ses forces, que l'ayant fait, il attaque sans désemparer Château-Porcien ou Rethel. On le prie de mettre ses armes en réputation pour le siège d'une desdites places. » Ce n'est peut-être pas assez net. On envoie donc séance tenante une deuxième dépêche, tout aussi lapidaire : « Il verra la volonté du Roi à laquelle je ne peux rien ajouter, mais seulement veux-je lui témoigner particulièrement combien Sa Majesté désire qu'il assiège ces places. » Et si le duc de Guise ne comprenait pas l'urgence de la chose ? Richelieu se souvient que Monsieur de Thémines, qui a gagné ses galons de maréchal de France en arrêtant le prince de Condé le 1er septembre 1616, sert dans l'armée de Champagne. Il va donc recevoir lui aussi les instructions de Richelieu, toujours dans la même forme sèche et rapide : « La même chose que Leurs Majestés désirent passionnément qu'il assiège les places et que véritablement il est temps. » Et ce n'est pas fini ! Monsieur de Marillac exerce les fonctions d'aide maréchal de camp auprès du duc de Guise. C'est un fidèle de la Reine-Mère. Il a droit à un message un peu plus circonstancié mais tout aussi impérieux : « Qu'il presse faire le siège Château-Porcien ou Rethel, qu'il y va de la réputation du Roi et du bien de ses affaires, qu'il connaît bien l'humeur de Monsieur de Guise, plein de courage mais un peu paresseux, que si l'on se diligente, les ennemis ne seront pas en état de pouvoir résister, que si on leur donne du temps, leurs forces peuvent croître. » Quatre dépêches en un jour ! Il faut croire cependant que les résultats ne répondent pas à l'impatience de Richelieu. Un autre officier de l'armée de Champagne, Monsieur de Cures, maréchal général des logis, devient à son tour la cible de l'exigeant ministre : « Nous attendons tous les jours la prise de Rethel et de

Château-Porcien. Je vous prie de presser en cela plus que vous pourrez, et de suivre l'exemple de Monsieur le maréchal de Montigny », l'homme « qui prend une place tous les jours ». On se demande où Richelieu trouve le temps d'écrire ses lettres, de préparer celles qu'il met à la signature du Roi ou de la Reine-Mère, et en même temps de veiller à se tenir informé de tout.

Car s'il y a une chose dont l'évêque de Luçon a horreur, c'est de ne pas savoir. Nous avons vu comment il utilisait déjà, quelques mois plus tôt, son brave Charpentier pour se tenir informé de ce qui se disait à Tours, lieu de séjour de la Cour. Il se rendra célèbre, quelques années plus tard, par la qualité inégalée de son réseau d'informateurs et d'espions. Le 15 mars 1617, le duc de Guise s'est emparé de Richecourt. C'est une très forte position située à quelques kilomètres de Laon. Richelieu apprend la chute de la place avant d'en recevoir la nouvelle par le duc de Guise lui-même. Aussitôt, une lettre au duc, où le Roi, par la plume de Richelieu, s'étonne que Monsieur de Guise n'ait pas eu comme premier réflexe de lui adresser son rapport : « Bien que j'aie appris par bruits communs que Richecourt est pris, je n'en ai rien su de votre part. Je vous fais cette lettre pour vous prier de me mander incontinent ce que vous avez fait, en quel état sont mes forces, quelles troupes ont mes ennemis, en quels lieux ils sont, et ce que vous aurez découvert de leurs desseins. »

Prompt à fustiger les défaillances, Richelieu se montre habile également dans l'art de manier l'éloge. Monsieur de Montigny vient de prendre Clamecy. Il reçoit les félicitations de la Reine-Mère : « Mon cousin, les preuves que vous rendez de jour à autre de la vigilance que vous avez en ce qui concerne Monsieur mon fils et le bien de son État me convient à vous donner de nouveaux témoignages de la joie particulière que j'ai, voyant de quelle façon vous vous comportez à l'avancement de ses affaires. » Marie de Médicis est d'ailleurs généreuse de sa prose — en fait, de celle de Richelieu, qui joue des différents registres : le Roi pour presser et blâmer, la Reine-Mère pour cajoler. Ainsi du duc de Guise après Richecourt. Il s'est fait tancer par Louis XIII ? Les compliments de Marie de Médicis lui mettront un peu de baume sur le cœur : « Le Roi, Monsieur mon fils, vous témoignant de la joie qu'il a de la prise de Richecourt [hum !], j'ai bien voulu accompagner la lettre qu'il vous écrit de celle-ci pour vous faire voir la part que je prends au sentiment qu'il a de ce que chacun sait que vous avez fait en cette occasion. Je me promets que ce n'est qu'une arrhe de ce que lui et moi devons attendre et de votre valeur et de l'affection que vous avez en ce qui concerne le bien de nos affaires. »

A côté de la conduite de la guerre, il y a aussi le souci de toutes sortes de petits problèmes — des petits problèmes qui deviennent parfois des montagnes, comme ceux que fait surgir à chaque instant la susceptibilité sourcilleuse de la noblesse française. La considération du point d'honneur ne quitte jamais un gentilhomme, même au combat, et peut-être plus encore à l'armée qu'à la Cour. Les brouilles incessantes entre officiers nuisent au service du Roi. Richelieu s'agace de devoir, pour un oui pour un non, faire intervenir Louis XIII ou Marie de Médicis. Un incident a surgi entre Messieurs d'Alincourt et de Saint-Chamond. Richelieu n'a pas réussi à les réconcilier malgré trois lettres successives. Il faut donc monter d'un cran et mobiliser Louis XIII : « Monsieur de Saint-Chamond, j'ai vu ce que vous m'écrivez touchant le différend que vous avez avec le sieur d'Alincourt. Sur quoi je vous dirai que je donnerai ordre plutôt à le composer de sorte que vous viviez à l'avenir en aussi bonne intelligence comme depuis quelque temps vous viviez avec froideur. » Mais Monsieur de Saint-Chamond semble être du genre vieillard irascible, et la lettre d'un jeunot de 15 ans, tout Roi de France qu'il est, ne l'impressionne pas. Alors Richelieu fait donner la garde et demande à Marie de Médicis d'intervenir à son tour auprès de Saint-Chamond pour le presser de s'accommoder : « Il est important que le service du Roi Monsieur mon fils soit préféré à un différend particulier entre le sieur d'Alincourt et vous. Je vous prie de croire que Sa Majesté et moi nous vous en saurons gré. »

Une philosophie de l'action

De l'inlassable activité déployée par Richelieu se dégage une philosophie, fondée sur deux grands principes.

Tout d'abord, la diligence dans l'action. Le comte d'Auvergne, qui est pourtant un bon chef de guerre, s'est attardé devant Pierrefonds après avoir battu les troupes du duc de Mayenne dans le Perche. Résultat : le duc de Mayenne parvient à trouver refuge à Soissons. Les lenteurs de Monsieur d'Auvergne ne sont pas excusables. Richelieu le lui fait écrire par le Roi : « Je suis un peu étonné de voir que jusqu'ici vous n'ayez point encore investi Soissons, comme je vous avais témoigné le désirer. Il ne peut y avoir de considérations qui puissent être mises en balance avec l'avancement que recevront mes affaires de l'exécution de ce dessein. Je ne vois pas que vous deviez vous arrêter à Pierrefonds vu que, ne pouvant l'emporter à la longue, vous perdriez beaucoup de temps. En de telles occasions, la diligence est ce qui peut le plus préjudicier à mes ennemis. » Pour bien mettre les points sur les i, Richelieu ajoute au bas de la lettre du Roi un mot de sa main : « Il vous importe grandement d'avancer votre siège, le bien des affaires du Roi et votre gloire requérant que vous usiez de diligence. »

Il faut aussi voir loin. Gagner la guerre, tel est le but immédiat de

Richelieu, mais tirer du mal présent tout le bien possible pour l'avenir est un objectif au moins aussi impérieux. Or, quelle est l'origine des troubles qui ravagent le pays ? C'est la terrible turbulence des nobles, et les facilités dont elle dispose. Parmi celles-ci, les systèmes de fidélité entre grandes familles, auxquels Richelieu, pour le moment, ne peut rien. Mais aussi ce formidable réseau de demeures seigneuriales fortifiées, hérissées de tours et de remparts, qui permet à la noblesse de se rebeller impunément. Si le souverain réagit en venant les assiéger et saluer les murailles du canon, on résiste quelques heures ou quelques jours, on engage des pourparlers, et l'on négocie une reddition avantageuse : le Roi vous pardonne, vous promettez de ne plus recommencer, votre garnison s'en va la tête haute, et l'on en est quitte pour repartir sous un nouveau prétexte quelques mois plus tard. Il faut que cela cesse : Richelieu décide que désormais chaque place capturée, chaque forteresse qui se rendra, seront impitoyablement rasées.

Dans la mentalité de l'époque, ce sont des choses qui ne se font pas. Les tours crénelées, les murailles ceintes de douves, les donjons, sont le symbole de l'éminente dignité du noble. On rase les murailles « à hauteur d'infamie » dans les cas les plus graves — condamnation à mort pour parricide, par exemple ; la destruction de ses fortifications constitue, pour un gentilhomme, une sorte de mort — une mort dans le déshonneur. La démarche de Richelieu est tellement choquante qu'il doit faire signer ses instructions par le Roi lui-même, et revenir inlassablement à la charge afin d'être — un peu — obéi.

Le 4 mars, une note est adressée à Monsieur de Montigny, lui donnant instruction de « raser Cuchy, déclarant une fois pour toutes que le Roi entend non seulement cette place, mais toutes les autres qui seront prises sur ceux qui se sont déclarés ses ennemis ». C'est clair. Pourtant, Monsieur de Montigny semble ne pas comprendre. On lui fait donc écrire par le Roi, après la chute de Clamecy, pour lui rappeler qu'il s'agit d'une instruction formelle, permanente : « Je désire que vous fassiez raser non seulement les places qui ont enduré le canon, mais aussi celles qui, tenant contre mon service, pourraient causer du dommage au pays. » Ce n'est sans doute pas encore assez limpide, car le 12 mars, Richelieu se voit obligé d'envoyer une nouvelle note au maréchal : « Qu'il fasse raser toutes les places qu'il prendra où il y aura quelque chose à raser, tant pour empêcher qu'elles ne puissent plus faire aucun mal que pour marque de leur rébellion. » Et que Monsieur de Montigny ne demande pas des instructions cas par cas : le secrétaire d'État lui enjoint de « n'attendre plus, aux occasions, la volonté de Sa Majesté, lui ayant envoyé une commission scellée pour raser toutes les places qu'il prendra ».

La même consigne s'applique au duc de Guise. Il s'est emparé de

Richecourt, fort bien. La place, maintenant, doit être détruite, et cela sans retard. Le Roi est formel : « Je ne veux pas oublier à vous faire savoir qu'aussitôt que la présente vous aura été rendue, je désire que vous fassiez raser Richecourt, tant pour me délivrer du soin de cette place que pour donner terreur aux autres qui voudraient attendre l'effet de mes armes. »

C'est un procédé un peu facile de rechercher dans les actions d'un personnage historique en sa jeunesse la préfiguration de ce qu'il fera plus tard. A cet égard, peut-on vraiment dire que Richelieu, ministre de Concini en 1616-1617, annonce déjà le grand cardinal, le premier ministre de Louis XIII qu'il sera de 1624 à sa mort ? Eh bien oui, sans conteste. Avec des moyens réduits, au sein d'un gouvernement déconsidéré, l'évêque de Luçon agit avec le même enthousiasme, la même détermination qu'il montrera plus tard. Que tout cède devant le service du Roi. Pour cela, Richelieu ne ménage ni sa peine ni celle des autres. Cet ecclésiastique de petite noblesse brave allègrement la rancœur, l'animosité, la hargne des grands seigneurs. A 31 ans, Richelieu est déjà en pleine possession de sa doctrine, de ses idées, de ses convictions foncières. Il arrive à ce novice en politique de commettre des erreurs, par ignorance ou par présomption. Mais sur les grandes orientations, aucun doute ne l'effleure.

Principes de la politique étrangère

La conduite de la guerre accapare la plus grande partie des efforts de Richelieu. Mais il n'oublie pas pour autant les affaires étrangères et, dans ce domaine aussi, démontre les mêmes qualités : clarté de jugement, goût de la précision, souci pointilleux de la grandeur et de la réputation de la France. Il devra hélas constater que les moyens ne sont pas à la hauteur des ambitions et que le royaume de France est tombé bien bas dans l'Europe de 1617.

Un fait majeur domine la situation de l'Europe chrétienne à cette époque : la précarité de l'équilibre religieux. Depuis la Paix d'Augsbourg en 1555, un principe a été retenu : la religion du prince emporte nécessairement celle des sujets. La morale du temps n'admet pas l'objection de conscience. Si les sujets ne sont pas satisfaits de leur sort, qu'ils s'en aillent. La stabilité en Europe est fondée sur la solidarité des princes, qui doit leur permettre de jouir paisiblement de leurs possessions ancestrales. Une principauté, un État, sont la propriété personnelle de la famille régnante. Même l'opinion des gens qui y vivent, leurs croyances religieuses, leurs convictions les plus intimes, appartiennent aux princes. Moyennant quoi, un relatif équilibre s'est instauré. Certes, il a failli être remis en cause par la difficile succession de Clèves et de Juliers, qui avait été l'occasion, pour Henri IV, de resserrer ses alliances avec les princes protestants et de préparer le grand branle-bas de combat d'où allait peut-être sortir une guerre européenne. Mais Henri IV a été assassiné. Il le doit essentiellement à une attitude consistant à « laïciser » les relations internationales, et qui voyait le Roi de France officiellement catholique conclure une alliance avec des souverains protestants contre les trois piliers de l'ordre apostolique et romain que sont l'Espagne, les Habsbourg de Vienne et le Pape. Pour les bons catholiques de France, une telle alliance était scandaleuse et ne pouvait s'expliquer que par l'inclination secrète d'Henri IV, Roi mal converti, pour le protestantisme.

Grâce à Marie de Médicis, la guerre naissante a été rapidement liquidée. Après la prise de Juliers, où l'armée française a fait cause commune avec les forces protestantes (mais la Reine-Mère a eu grand soin de choisir un chef catholique, le maréchal de La Châtre), la France se retire du conflit. La paix n'est d'ailleurs pas trop désavantageuse pour ses alliés : Juliers sera protestant, Clèves catholique, et chacun s'estime plus ou moins content. A partir de ce moment, la politique européenne de la France change du tout au tout. Un principe de base l'inspire : suivre en toutes circonstances la ligne définie par Madrid. Les mariages espagnols, véritable obsession du gouvernement de la Régente, en sont la manifestation la plus évidente, mais non la seule. L'ambassadeur d'Espagne siège, avec le nonce du Pape, au Conseil du Roi ! Quand survient la crise de Mantoue, Marie de Médicis, au nom de ses liens de famille avec les Gonzague, veut lancer ses troupes contre le duc de Savoie, coupable d'avoir envahi le Montferrat, dépendant de Mantoue. Villeroy calme son ardeur belliqueuse ; il faut d'abord demander à Madrid si l'Espagne soutient le duc. L'attitude de Paris est suspendue à la réponse de Madrid. Quand celle-ci arrive enfin, elle suscite un profond soupir de soulagement au sein du gouvernement français : non seulement l'Espagne n'approuve pas le duc de Savoie, mais elle entend même recourir si nécessaire à la force pour l'obliger à lâcher sa proie.

Une telle docilité confine à la servilité et c'est bien ainsi que l'interprètent les autres États européens. Les princes protestants n'ont plus aucune confiance dans la France. Le royaume d'Angleterre, les Provinces-Unies, les protestants allemands, observent avec une inquiétude grandissante l'évolution de la politique française. Les Grands ont eu beau jeu de les fortifier dans cette conviction. Condé, le duc de Bouillon (qui est lui-même un réformé), en faisant des mariages espagnols l'une des cibles essentielles de leurs critiques contre le gouvernement de Marie de Médicis, ont réussi à susciter les alarmes des protestants à l'intérieur du royaume, mais également hors de France. Or, un régime conscient de ses responsabilités, à Paris, ne peut se laisser durablement couper des États protestants d'Europe qui sont les seuls à pouvoir l'aider en vue de contrebalancer ensemble la puissance écrasante des Habsbourg.

Richelieu, membre actif du clan pro-espagnol, et soucieux de se comporter en toutes occasions comme un véritable prélat, attentif à ce qui se dit et se pense à Rome, est sans aucun doute sincèrement convaincu qu'il n'y a point d'autre possibilité pour la France que de se ranger résolument dans le camp catholique. Mais il est trop réaliste pour considérer qu'il suffit de s'en remettre à la bonne volonté des Habsbourg, trop pénétré du sentiment de la fierté nationale pour vouloir que la France se borne à faire de la figuration, ravalée au rang d'une quelconque nation de deuxième ordre derrière Vienne et Madrid. Il faut donc exister, ce qui ne signifie nullement la guerre contre les Habsbourg, mais implique qu'il y ait une politique indépendante du royaume. Toutes proportions gardées, la France d'aujourd'hui ne se pose-t-elle pas vis-à-vis des États-Unis d'Amérique en alliée fidèle, mais déterminée à avoir sur les grands problèmes du monde sa propre vision, sa propre politique, et prête le cas échéant à se comporter en partenaire indocile et rétif quand elle juge de son intérêt de ne pas chausser les bottes du grand frère U.S. ? Il est vrai qu'il n'y a point de frontière commune entre la France et les États-Unis, et cela constitue déjà une énorme différence par rapport à la situation de la France face à la puissance des Habsbourg au début du XVIIe siècle.

Le ministère de Richelieu sera trop bref pour lui permettre de lancer une grande politique européenne. Deux préoccupations majeures guident malgré tout sa démarche : rassurer les princes protestants, et manifester de façon courtoise mais ferme l'indépendance de la France à l'égard des grandes puissances catholiques d'Espagne et d'Autriche.

Les débuts du nouveau ministre des Affaires étrangères sont quelque peu laborieux. Ses prédécesseurs sont partis en emportant toutes leurs archives, et Richelieu se voit obligé de demander aux anciens commis de Villeroy et aux ambassadeurs de France à l'étranger qu'ils lui envoient copie des documents en leur possession. Inévitablement, il commet des maladresses. L'ambassadeur de France à Venise lui en fait la remarque sans trop se gêner : « Vous me permettrez de vous dire que voilà deux ordinaires passés que je n'ai reçu aucune réponse du Roi à mes lettres, ce qui désoriente et met en peine mes ministres qui servent au-dehors. La coutume est d'écrire à ceux-ci une lettre au nom du Roi et une au nom de la Reine sa mère. Il est à propos d'accuser en icelle réception auxdits ministres. » Richelieu n'est pas susceptible, et il sait gré de la leçon à Monsieur de Léon, cet ambassadeur à cheval sur les formes : « Je vous remercie de ce que, non seulement content de satisfaire au désir que j'ai de prendre connaissance du sujet de votre ambassade, vous avez voulu, par un excès de bonne volonté, me prescrire comme quoi je me dois gouverner en toutes les autres. » Le flottement qui suit sa prise de fonction n'échappe pas à l'œil exercé des diplomates étrangers en poste à Paris. L'ambassadeur d'Espagne, le duc de Monteleone, un ami, croit devoir l'en excuser dans ses rapports à Madrid : « Vraiment, outre que Monsieur de Luçon est nouveau dans les affaires, le pauvre homme en a pris la conduite dans un temps de tourmente. »

Les occasions de mettre à l'épreuve le savoir-faire de Richelieu ne manquent pas, en effet, et les événements qui se produisent alors en Europe exigent du ministre français des Affaires étrangères, à peine nommé, des réactions quasi immédiates.

Encore le Montferrat

Au cours de l'été 1616, l'affaire de Mantoue connaissait un rebondissement inattendu : le duc de Savoie se jetait une nouvelle fois sur le Montferrat. Aucune connivence entre le duc de Savoie et l'Espagne, au contraire, car Madrid avait, depuis la précédente alerte, pris le duc de Mantoue sous sa protection. Le gouverneur du Milanais réagit avec brutalité, et riposte à l'attaque du duc de Savoie contre le Montferrat en envahissant le Piémont. Il remporte de tels succès que le duc de Savoie sollicite l'aide de Louis XIII : le Roi de France, défenseur des droits du duc de Mantoue, appelé au secours par son agresseur le duc de Savoie, contre l'Espagne qui est à la fois l'alliée de Mantoue, de la Savoie et de la France, quel imbroglio[6] !

Le changement de gouvernement survenu en novembre trouve les choses en l'état, et Richelieu, dès son entrée en fonctions, est mis en demeure de trancher rapidement le dilemme : la France doit-elle et peut-elle aider le duc de Savoie par les armes, au risque de se heurter aux troupes espagnoles stationnées en Italie ? Doit-elle au contraire s'en remettre à l'Espagne du soin de régler le problème à sa guise, en abandonnant le duc à son triste sort ? L'embarras est à son comble, et l'évêque de Luçon embourbé dans d'insolubles réflexions, quand une bonne étoile vient à point nommé apporter la

---

6. Que l'on veuille bien nous pardonner de hasarder une nouvelle comparaison avec notre époque : la crise de l'été 1616, c'est la crise des Malouines en 1982. L'Angleterre tient le rôle de Mantoue, et les Malouines sont le Montferrat. Le duc de Savoie, c'est l'Argentine. L'Espagne, ce sont les États-Unis. Et la France... c'est la France. Tout le monde est membre de la même alliance, l'Alliance atlantique ; la France et l'Angleterre sont en outre unies par des liens particuliers (l'appartenance à la Communauté européenne), comme Louis XIII et le duc de Mantoue l'étaient par la solidarité familiale.

solution : Philippe III d'Espagne fait savoir à Paris qu'il est disposé à ouvrir des négociations avec le duc de Savoie.

Du coup, Richelieu, tirant parti de la situation, exige du duc de Savoie qu'il évacue le Montferrat : la France veut bien s'entremettre en sa faveur auprès du Roi d'Espagne, mais à condition qu'il retire ses troupes des territoires qu'elles occupent dans les possessions héréditaires du duc de Mantoue, allié de Louis XIII. La démarche de Philippe III permet à la diplomatie française de s'attribuer le beau rôle. Il n'est guère difficile, dès lors, de parler haut et fort dans les instructions que le Roi de France adresse à son ambassadeur auprès du duc de Savoie : « Je désire que vous lui fassiez plainte de ma part et que vous lui témoigniez le mécontentement que j'ai de voir qu'on est contrevenu à la parole qu'il m'avait donnée de n'apporter aucun dommage aux terres et aux sujets de mon cousin le duc de Mantoue. Vous ménagerez cette occasion en sorte qu'elle vous donne moyen de disposer mondit cousin le duc de Savoie à faire retirer toutes ses troupes dudit pays de Montferrat. »

On semble ainsi s'acheminer vers une solution diplomatique équitable lorsqu'en décembre 1616, un coup de théâtre se produit. Le gouvernement du Dauphiné est détenu par le maréchal de Lesdiguières. Lesdiguières, vieux compagnon d'Henri IV, et l'un des chefs éminents des réformés du royaume, est aussi un grand féodal, dont la fidélité à la couronne est inébranlable, mais qui fait un peu ce qu'il veut dans sa province. Peu sensible aux finesses de la politique menée par Richelieu, il ne voit qu'une chose : les Espagnols sont en train de conquérir méthodiquement le Piémont. Il suffit que le duc de Savoie, avec lequel il entretient des liens d'amitié fort étroits, lui demande son aide à titre personnel pour que Lesdiguières rassemble des troupes, quitte Grenoble le 19 décembre, franchisse les Alpes et déboule en Italie. La surprise des Espagnols est telle que la petite armée de 7 000 fantassins et 500 chevaux hâtivement levée par Lesdiguières les bouscule et permet au duc de Savoie de récupérer les places que le gouvernement du Milanais lui avait enlevées. En quelques semaines, il n'y avait plus un Espagnol sur le territoire du Piémont.

L'initiative intempestive de Lesdiguières commence par plonger Richelieu dans une franche colère. Il le désavoue de la manière la plus formelle. Et puis, comme la guerre privée du vieux maréchal tourne à la gloire des armes françaises, Richelieu s'empresse, au bout du compte, d'en empocher les bénéfices : le Piémont est libéré, le gouverneur espagnol du Milanais a reçu une bonne leçon ; quant au problème du Montferrat, il est immédiatement réglé, le duc de Savoie n'ayant d'autre solution que d'évacuer les places dont il s'était emparé. Richelieu n'y était pour rien, la chance avait fait l'essentiel du travail, mais la France semblait de nouveau présente en Italie du Nord.

Ainsi débarrassé de ce souci, le ministre des Affaires étrangères pouvait se consacrer à l'objectif auquel la révolte des princes donnait la priorité : resserrer les liens entre la couronne de France et les États protestants d'Europe en dissuadant ceux-ci de prêter main-forte aux rebelles.

Mission auprès des États protestants

Richelieu fait appel au comte de Schomberg. Le comte est issu d'une noble famille allemande entrée depuis plusieurs générations au service des Rois de France : « C'est un gentilhomme qui fait profession d'être fidèle et tient cette qualité de sa nation ; avec moins de pointe d'esprit que de solidité de jugement, il est homme de grand cœur, de bonne foi, et de générosité. » Sa mission le conduit chez les princes protestants d'Allemagne auprès desquels il a instruction de rétablir, dans toute la mesure du possible, la réputation du Roi de France. Il faut combattre l'idée que Marie de Médicis a bradé les anciennes alliances conclues du temps d'Henri IV, persuader au contraire ces princes « que nous faisons un extrême cas de leurs alliances, que nous avons un soin indicible de les conserver et qu'en toutes occasions ils recevront notre assistance ».

L'attitude du régime de la Reine-Mère à l'égard des protestants français traduit-elle une modification dans la politique gouvernementale ? Nullement. Les édits de tolérance ont été régulièrement confirmés, et les garanties accordées aux fidèles de la « Religion prétendue réformée » restent aussi solides que par le passé. Richelieu est formel : le Roi de France entend les observer religieusement. S'il est vrai que tout être ait pour ambition de convertir les autres à la foi qui l'anime, la France rejette formellement l'idée que cela puisse être réalisé par la force. Il faut citer en entier le passage où Richelieu affirme — en février 1617 ! — ce principe, pierre angulaire de la laïcisation des relations internationales dont le cardinal, en digne continuateur d'Henri IV, se fera paradoxalement l'apôtre : « *Autres sont les intérêts d'État qui lient les princes, et autres les intérêts du salut de nos âmes, qui, nous obligeant pour nous-mêmes à vivre et mourir en l'Église en laquelle nous sommes nés, ne nous astreignent au respect* [c'est-à-dire « à l'égard »] *d'autrui qu'à les désirer, mais non pas à les y amener par la force et la contrainte*[7]. » Ce que le Roi rejette, en revanche, c'est une certaine

---

7. *Instruction de Monsieur Schomberg, comte de Nanteuil, conseiller du Roi en son Conseil d'État, lieutenant général de Sa Majesté ès-pays de Limousin, haute et basse Marche, pour son voyage d'Allemagne.* Dans Richelieu, *Mémoires*, Éd. Michaud et Poujoulat, Paris, Firmin Didot, 1837, T. I, p. 140.

forme de confusion entre la religion et la politique qui conduit une fraction des huguenots à vouloir se doter d'une organisation militaire et à créer un État dans l'État. Les princes protestants doivent être assurés que le Roi très chrétien entend respecter les croyances de ceux de ses sujets qui ne pensent pas comme lui ; mais il faut qu'ils se convainquent que le Roi veut « en même temps maintenir son autorité au point où elle doit être, sans permettre jamais qu'aucuns sujets se rendent arbitres des affaires qu'il a à démêler avec d'autres élevés contre lui ».

Les mariages espagnols ont été invoqués pour prédire l'avènement, sous la pression de l'Espagne, d'une nouvelle forme de relations entre le pouvoir et les huguenots, marquée par une entreprise de reconquête des esprits au moyen de la force. Richelieu voudrait que les princes protestants allemands se persuadent que la politique d'entente avec l'Espagne répond exactement au but inverse et doit consolider la paix religieuse au lieu de la mettre en péril. La France vit sous une hantise permanente : la division intérieure. Les mariages espagnols permettent d'écarter le spectre de la guerre civile : Madrid étroitement uni à la couronne de France s'abstiendra désormais d'intervenir dans les affaires intérieures du royaume en prêtant l'oreille aux sollicitations de tel ou tel groupe de factieux. N'est-il pas remarquable, de fait, que pendant les démêlés du gouvernement de Marie de Médicis avec les princes, l'Espagne soit restée sourde à tous les appels des trublions ?

L'ambassade du comte de Schomberg est dans l'ensemble un succès. Les principaux souverains allemands rencontrés sont satisfaits d'avoir quelques éclaircissements sur une politique française qu'ils ne comprenaient plus très bien, et se déclarent sensibles à la volonté exprimée par le Roi de France de maintenir ses alliances traditionnelles. L'ennui, c'est que le royaume serait bien incapable de répondre effectivement à une demande de secours, et il faut prier le ciel qu'aucune crise internationale ne survienne pour mettre à l'épreuve les bonnes paroles distribuées par Richelieu.

Tel est en substance le langage que tiennent les Provinces-Unies à Monsieur du Maurier, ambassadeur du Roi de France à La Haye. Richelieu ne cherche-t-il pas précisément à recruter 4 000 mercenaires parmi les citoyens de ce pays, en vue de renforcer les troupes royales ? C'est l'aveu manifeste de sa faiblesse. Au demeurant, les Hollandais se laissent beaucoup moins facilement convaincre que les princes protestants allemands des intentions pacifiques du Roi à l'égard de ses sujets réformés. Ils reçoivent en effet sur la situation politique en France un flot régulier d'informations en provenance de La Rochelle, où ils ont des négociants établis à demeure, et dont les navires de commerce viennent souvent faire relâche à Amsterdam. Or, de la place forte du calvinisme dans l'Ouest de la France arrivent des échos on ne peut plus pessimistes sur l'attitude du gouvernement royal à l'égard des adeptes de la religion réformée. On dénonce les facilités accordées aux évêques pour développer une intense activité missionnaire. Monsieur de Luçon, fortement engagé dans cette action à l'intérieur du diocèse dont il a la charge, aux portes même de La Rochelle, est personnellement considéré comme un prélat militant, dont la conduite se conforme étroitement aux consignes venues de Rome et de Madrid. Sedan, à la limite de la France et de l'Allemagne, est une autre plaque tournante du protestantisme. Or, le duc de Bouillon est prince souverain de Sedan, et Monsieur de Bouillon, l'un des meneurs du parti des princes contre la Reine-Mère, est par ailleurs allié à la famille de Nassau dont les chefs assurent, depuis le début de la révolte des Provinces-Unies, le commandement des armées hollandaises. On se doute que les rapports transmis par le duc sur la politique religieuse de Marie de Médicis ne sont pas précisément bienveillants à son égard. Ce n'est assurément pas un hasard si le prince de Nassau fait ouvertement campagne contre l'ambassadeur de France et s'oppose avec succès à la demande de Paris d'être autorisé à recruter des mercenaires.

L'Angleterre est le troisième pilier sur lequel s'appuyait le réseau des alliances protestantes constitué par Henri IV. La Reine Élisabeth a puissamment aidé le Béarnais dans sa reconquête du trône de France. Jacques Ier, le successeur de la Reine Vierge, est à la fois Roi d'Angleterre et Roi d'Écosse, et représente de ce fait une puissance accrue, avec laquelle il faut compter. Or, depuis la fin des guerres de Religion, les relations entre Paris et Londres, si excellentes autrefois, se sont progressivement dégradées. Les mariages espagnols ont été très mal pris par Jacques Ier. Certes, on a échafaudé de part et d'autre un projet de mariage franco-anglais destiné à contrebalancer l'effet de l'alliance matrimoniale entre la France et l'Espagne, mais il semble qu'un mauvais sort s'acharne contre cette union. Après de laborieuses négociations, on avait pratiquement arrêté à l'automne 1612 les modalités du mariage entre Henri, prince de Galles et héritier de Jacques Ier, 18 ans, et Christine, deuxième fille d'Henri IV et de Marie de Médicis, 5 ans et demi, lorsque le futur, après une brève maladie, mourait subitement le 16 novembre 1612. Son frère cadet, Charles, devenu prince de Galles à sa place, n'avait que 4 ans. On convenait alors de garder présente à l'esprit l'idée d'une union entre les deux familles royales, mais d'en renvoyer l'exécution à plus tard.

Jacques Ier, qui suit avec une méfiance sourcilleuse les progrès réels ou supposés de l'influence espagnole à Paris, s'était mis à prêter une oreille fort complaisante aux demandes d'aide présentées par les protestants français. Ses relations sont devenues tellement étroites avec les chefs du parti huguenot que Richelieu convoque un beau jour l'ambassadeur d'Angleterre à Paris pour lui faire savoir « qu'il entendait que le Roi Jacques ne fît pas en France ce qu'il ne souffrirait que le Roi de France fît en Angleterre, c'est-à-dire appuyer et soutenir des sujets révoltés ». La diplomatie de Richelieu s'applique cependant à persuader plus qu'à menacer, et le baron du Tour, que le Roi de France dépêche à Londres, réussit à apaiser provisoirement les inquiétudes de Jacques Ier en obtenant que le souverain reste à l'écart du conflit qui oppose le gouvernement de Louis XIII aux princes rebelles.

Rebuffade à Venise

L'activité du ministre des Affaires étrangères ne peut être dissociée, cependant, de l'image que l'on se fait à l'étranger de la situation intérieure du pays. Or, cette image n'est pas bonne, et les difficultés de la monarchie française ôtent une grande partie de leur efficacité aux démarches et aux initiatives de Richelieu. C'est en Italie que la faiblesse du Roi de France va apparaître sous son jour le plus cru.

La République de Venise, alliée traditionnelle de la France, est en conflit avec l'Archiduc Ferdinand de Styrie, prince de la Maison de Habsbourg, et héritier désigné de la dignité impériale. La Sérénissime a recruté des mercenaires dans les Cantons suisses de Berne et de Zürich, mais ceux-ci ne peuvent gagner Venise qu'en empruntant les passages des Alpes que contrôlent les Grisons. Cette petite République, qui ne fait pas partie de la Confédération des Cantons suisses, mais qui lui est alliée, a signé bien des années auparavant avec Henri IV un traité par lequel elle s'engage à refuser le passage à toute force armée autre que celles de la France, sauf autorisation de Paris. La France va-t-elle donner à Venise le feu vert qu'elle demande, au grand dam des Habsbourg de Vienne et, par conséquent, de leurs cousins de Madrid ? Richelieu laisse traîner les choses. L'ambassadeur de Venise à Paris insiste, revient à la charge. Le ministre, mal à l'aise, visiblement déchiré entre des options contradictoires, finit, sous la pression de Madrid, par refuser le passage aux Vénitiens après leur avoir un moment donné l'impression qu'il penchait en leur faveur. Et quand les diplomates de Venise viennent s'en étonner, Richelieu avoue naïvement l'impuissance de son gouvernement, sa faiblesse intérieure qui lui interdit toute action un peu ferme sur le plan international : « Nous sommes dans une situation misérable. Les Espagnols ne sont pas contents de nous. Nous ne sommes pas bien avec les États de Hollande. Le duc de Savoie est mal satisfait, nos propres sujets soulevés contre nous, de sorte que, pour vouloir faire le bien, nous souffrons de maux sans nombre. »

Le ministre s'efforce d'apporter une solution diplomatique à la crise entre Vienne et Venise. Se prévalant des bonnes relations de la France avec l'Espagne, il dépêche à Madrid un ambassadeur extraordinaire, le comte de La Rochefoucauld, pour obtenir que Philippe III fasse pression sur les Habsbourg de Vienne en vue d'un règlement pacifique de leur différend avec Venise. Les Vénitiens comprennent que la clé du problème ne se trouve pas à Paris mais à Madrid et sollicitent la médiation de l'Espagne.

Richelieu ne peut cacher sa déception et sa colère. Il fait signer par le Roi une lettre à son ambassadeur à Vienne, dans laquelle s'exprime tout le dépit que provoque à Paris l'attitude des Vénitiens. Louis XIII s'y plaint amèrement de la Sérénissime qui semble vouloir, « s'exemptant de reconnaissance envers moi, me priver de la gloire qui m'était due pour la conclusion d'une si bonne œuvre en la transférant à un autre ». Richelieu convoque les ambassadeurs de Venise à Paris. Il leur parle sans ménagements : « Nous sommes trop intimes avec le Roi d'Espagne pour nous plaindre de voir la paix se traiter à Madrid et non ici. Mais vous, c'est donc désormais au Roi d'Espagne que vous vous adresserez quand vous aurez des difficultés avec l'Italie ? Pouvait-on s'attendre à pareille conduite de la part de la République ? N'est-ce pas elle qui avait eu recours au Roi de France contre l'Espagne ? C'est un manque d'égards inouï dont Sa Majesté se souviendra. » Et Richelieu d'ajouter, menaçant : « Pour le moment, il est faible c'est vrai, mais il n'est pas si bas que son royaume ne reprenne en peu de temps son ancienne vigueur, et pour qu'il impose autour de lui le respect auquel il a droit. »

En attendant, Richelieu est la risée du monde diplomatique, et son coup de colère a pour seul effet de mettre en joie les railleurs. Le nonce lui-même se range parmi ceux-ci : « Les ambassadeurs Vénitiens m'ont dit que Monsieur de Luçon leur a fait au nom de la Reine-Mère une grosse querelle au sujet de la négociation que la République a transportée à Madrid. » Il pense d'ailleurs que les Français ne sont pas au bout de leurs peines, car le règlement des affaires du Piémont va également leur échapper. Malgré l'aide reçue du maréchal de Lesdiguières contre le gouverneur espagnol du Milanais, le duc de Savoie considère en effet lui aussi que la France ne constitue pas un médiateur crédible vis-à-vis de Madrid dans la négociation qui doit s'ouvrir pour régler son conflit avec l'Espagne. L'intercession du Pape lui paraît beaucoup plus efficace. Résultat : c'est à Rome que se dérouleront les pourparlers. Le nonce pavoise de façon peu charitable en évoquant la « honte [des Français] de se voir entièrement exclus des affaires d'Italie dont ils prétendaient être les arbitres ».

Pour Richelieu, la rebuffade est rude. Il s'en prend aux ambassadeurs de France à Venise et à Rome, Monsieur de Léon et Monsieur de Fresnel, rappelés à Paris pour s'entendre vertement reprocher de n'avoir su mieux défendre les intérêts de leur maître. La vraie raison de l'échec est ailleurs. A n'en pas douter, il faut d'abord mettre de l'ordre dans les affaires intérieures du pays avant de prétendre parler haut sur la scène internationale.

CHAPITRE XI
Plus dure sera la chute

La morgue de Concini

Vers la mi-avril, il semble que les armées royales soient à la veille d'obtenir un succès décisif sur les princes rebelles. Le duc de Mayenne, bloqué dans Soissons, demande à traiter. Barbin et Richelieu, partisans de la manière forte, exigent une capitulation sans conditions. Le temps, pensent-ils, travaille pour eux.

Mais, à la Cour, l'atmosphère est de plus en plus lourde. La morgue de Concini, ses manières dictatoriales, le mépris qu'il affiche à l'égard de Louis XIII, ont atteint un degré insupportable pour la dignité, l'autorité, et peut-être la sécurité même du jeune Roi.

Concini a mis sur pied un véritable réseau d'espions destiné à repérer ses ennemis et à traquer les auteurs des pamphlets qui le traînent dans la boue. Cette espèce de milice privée ne se gêne pas pour procéder à des interrogatoires arbitraires, enlever et séquestrer des suspects. Pensant impressionner la population parisienne, Concini fait ériger sur le Pont-Neuf et aux principaux carrefours de la capitale cinquante potences qui montrent le sort réservé à ceux qui oseraient défier sa toute-puissance.

Maître du gouvernement de Normandie, Concini a entrepris de fortifier Quillebeuf. La place n'en a nul besoin, et il apparaît trop clairement que ces travaux sont uniquement destinés à procurer au maréchal d'Ancre une citadelle inexpugnable pour le cas où il lui faudrait quitter la Cour. Richelieu cherche à l'en dissuader, et convainc Marie de Médicis de lui écrire en ce sens. Concini le prend mal, rentre immédiatement à Paris et apostrophe violemment l'évêque de Luçon : « Par Dieu, Monsieur, j'ai à me plaindre de vous. Vous me faites écrire là-dessus par la Reine. Que voulez-vous que cela me fasse, la Reine, vous et tous les diables ? » Et Concini retourne en Normandie afin d'accélérer les travaux tout en pressant les négociations qu'il a entreprises pour acquérir les gouvernements de Meulan, Pontoise et Corbeil, trois places d'une grande importance stratégique au voisinage de Paris.

Le maréchal d'Ancre devenu duc et pair ne cache pas son intention d'être maintenant nommé connétable. Le nonce s'effraie de cette ambition insatiable, qui nuit à la pauvre Reine-Mère, et dissimule mal la volonté du Florentin de « régner seul à la Cour ». Concini est déjà bien plus puissant que le Roi. Ayant recruté 3 000 mercenaires en Brabant, il propose leurs services au Roi dans une lettre largement diffusée par ses soins, et qui se signale par une rare insolence.

Celle-ci, d'ailleurs, semble devenue la règle du comportement de Concini à l'égard de Louis XIII. Il garde son chapeau sur la tête en présence du souverain. Il siège au Conseil des Dépêches, où il n'a que faire, occupant la chaire du Roi et menant les travaux à la baguette. Il sait bien que Louis XIII réagit maladivement. Concini n'en a cure, déclarant publiquement que s'il le voulait il lui ferait donner le fouet. En attendant, il a décidé de le soumettre à une surveillance de chaque instant, et d'épurer son entourage de tous ceux qui pourraient éventuellement l'aider à se rebeller.

Deux personnes au moins s'inquiètent du développement de ces relations conflictuelles : Leonora Galigaï et Richelieu.

La femme de Concini considère qu'il est grand temps de quitter la France. La montée palpable de la haine autour d'elle et de son mari lui paraît imposer une sage retraite. La mort de sa fille, survenue le 2 janvier 1617, est à ses yeux un clair avertissement du ciel. Il faut sans tarder retourner en Italie, regagner Florence avec les richesses accumulées. Devant le refus obstiné de Concini, elle supplie Marie de Médicis de joindre ses instances aux siennes, l'avertit solennellement du danger que Concini représente désormais pour elle : « Madame, souvenez-vous qu'il se perdra et en se perdant il vous perdra, et moi quant et quant[1]. » Marie de Médicis l'écoute comme toujours, mais se laisse persuader par Concini que ce serait un aveu de faiblesse : le pouvoir ne doit pas donner l'impression de reculer devant la révolte des princes, qui a fait de l'éviction du maréchal d'Ancre l'un de ses principaux objectifs. D'ailleurs, n'est-on pas sur le point de remporter, grâce au « Ministère Concini », une grande, une éclatante victoire ? Concini, le plus sûr rempart de la Reine-Mère : ce serait folie pour celle-ci de s'en séparer maintenant.

Richelieu est de plus en plus inquiet. Les menaces du maréchal d'Ancre à son égard ne sont évidemment pas agréables. Il ne faut pas être grand clerc pour comprendre que Concini n'a plus confiance en lui ni en ses collègues. « L'unique péché qu'ils avaient

---

1. Nicolas Pasquier, *Lettres,* 1623, p. 558.

commis », écrira plus tard Richelieu, « était qu'ils avaient la réputation de bien servir le Roi, dont quelques flatteurs prirent occasion de lui dire qu'on ne parlait plus de lui par la France, mais qu'ils avaient l'honneur de tout[2]. » On pourrait soupçonner Richelieu d'arranger après coup la vérité afin de se démarquer de Concini. Mais Pontchartrain, qui faisait partie du Conseil du Roi et n'éprouvait aucune sympathie particulière pour Richelieu, confirme ses dires dans ses propres *Mémoires* : « Le maréchal d'Ancre faisait des affronts aux uns et aux autres, il était toujours en dessein de faire chasser et congédier les secrétaires d'État qui ne dépendaient pas entièrement de lui. »

La situation devient tellement intenable pour Barbin et Richelieu qu'ils vont offrir leur démission à la Reine-Mère. Celle-ci, en colère, la refuse en déclarant à ses ministres « qu'elle ne gouverne pas par la fantaisie » de Concini et de Leonora. Belle déclaration d'indépendance qui ne repose malheureusement sur rien.

Et tandis que le maréchal d'Ancre, bien décidé maintenant à se débarrasser des membres indociles de « son » gouvernement, entame, auprès de Marie de Médicis, une tenace campagne de calomnies, allant jusqu'à insinuer que Mangot, Barbin et Richelieu méditent de la faire empoisonner, nos trois pauvres secrétaires d'État voient grandir sans cesse dans l'opinion l'impopularité que leur vaut l'aveugle soumission dont ils sont censés faire preuve vis-à-vis de Concini.

Pontchartrain aussi, pourtant témoin de l'attitude méprisante du maréchal à l'égard des secrétaires d'État, ne peut s'empêcher de mettre tout le monde dans le même sac : « Bref, la tyrannie de son gouvernement et des trois ministres susnommés Barbin, Luçon et Mangot était telle qu'aucun des Grands ne la pouvait tolérer. »

Comment sortir de cette tenaille ? Richelieu, à tout hasard, croit utile de prendre ses distances à l'égard de Concini en faisant transmettre des offres de service personnelles à Louis XIII. Son beau-frère du Pont de Courlay va discrètement trouver Luynes de sa part : « Monsieur de Luçon a pris la charge de secrétaire d'État dans le dessein de servir le Roi préférablement à toute autre personne. Il voit avec un extrême déplaisir que les choses vont mal et que Sa Majesté n'est pas satisfaite. Feu Monsieur de Richelieu le père a servi les Rois prédécesseurs avec beaucoup de zèle et de fidélité. Si Sa Majesté veut bien agréer les services du fils et le garder au nombre de ses ministres, vous serez, Monsieur, exactement servi de toutes les délibérations qui se prendront dans le Conseil secret de la Reine. » Richelieu propose tout bonnement de trahir Concini et la Reine-Mère au profit du Roi. Luynes, saisi de cette

---

2. Richelieu, *Mémoires*, Éd. Michaud et Poujoulat, Paris, Firmin Didot, 1837, T. I, p. 152.

offre, répond poliment qu'il en prend bonne note « comme émanant de la tête la plus saine du Conseil ».

Mais la clé du problème est toujours, jusqu'à nouvel ordre, entre les mains de Marie de Médicis. Richelieu, convaincu que les insinuations de Concini ont porté leurs fruits et « qu'il avait quasi persuadé l'esprit de la Reine » contre Barbin et lui, décide d'aller pour la deuxième fois lui offrir sa démission ; il est déterminé, dira-t-il plus tard, à passer outre à un éventuel refus de sa part. Voici le récit qu'il donne, dans ses *Mémoires,* de cette entrevue cruciale avec Marie de Médicis : « J'allai au Louvre, je parlai à la Reine, lui fis instance de permettre à Barbin et à moi de nous retirer. La Reine me répondit qu'il était vrai qu'elle avait quelque chose en l'esprit qu'on lui avait dit contre nous, qu'elle me promettait et me jurait de me le dire dans huit jours, et me priait que nous eussions patience jusque-là [3]. »

Cette entrevue a-t-elle effectivement eu lieu ? On en est à peu près sûr. S'est-elle déroulée comme Richelieu le rapporte ? Nul n'en sait rien. Si ce que dit Richelieu est vrai, la réponse dilatoire de la Reine serait en tout cas largement responsable des malheurs qui vont bientôt s'abattre sur l'évêque de Luçon : en effet, « cela m'arrêta et m'empêcha d'aller parler au Roi que ces huit jours ne fussent expirés, avant lesquels le maréchal fut tué ». Voire. Car Richelieu, comme toute la Cour d'ailleurs, devait totalement se laisser surprendre par le « coup d'État de Louis XIII » qui voyait, le 24 avril 1617, l'assassinat de Concini et l'éviction de Marie de Médicis du pouvoir.

Le petit Conseil du Roi

Écarté des affaires de l'État, en proie au sentiment frustrant de ne tenir qu'un rôle de figurant, Louis XIII, vers la fin de l'année 1616, s'est constitué une sorte de petit Conseil personnel, qu'il réunit le soir avant d'aller se coucher. Ce Roi de 15 ans, malhabile et novice, s'exerce ainsi à raisonner avec le secours de gens de petite extraction, vis-à-vis desquels il peut sans gêne ni fausse réticence exprimer des idées parfois sensées mais parfois puériles, dire tout haut ses hésitations devant une situation embrouillée, et recevoir des avis sans se sentir ni humilié ni lié par eux.

Réunions sans protocole, où il n'y a ni chef ni ordre du jour. Le pilier des séances est naturellement Charles d'Albert de Luynes. De petite noblesse provençale, il est né en 1588, et, monté très jeune à

---

3. Richelieu, *Mémoires,* Éd. Michaud et Poujoulat, Paris, Firmin Didot, 1837, T. I, p. 153.

Paris avec ses deux frères, Messieurs de Brantes et de Cadenet, il est promu en 1611 responsable de la volière du Roi sous le titre de Maître du Cabinet des Oiseaux. Depuis, il a fait son chemin. Devenu le confident de Louis XIII, il est nommé en janvier 1615 gouverneur d'Amboise et, en 1616, Capitaine du Louvre, ce qui lui donne le privilège de loger dans une chambre située juste au-dessus de l'appartement du Roi. Un escalier dérobé permet d'y accéder directement, à l'abri des regards indiscrets. Luynes, bel homme, toujours mis avec élégance, plein de faconde et de volubilité, exerce sur Louis XIII une grande influence. Concini s'en inquiète, et la Reine-Mère partage ses alarmes : l'homme à abattre, c'est bien Monsieur de Luynes. Mais celui-ci se tient sur ses gardes et, comme le courage n'est pas son fort, il cherche plutôt à apaiser les choses qu'à souffler sur le feu, s'efforçant de convaincre Louis XIII de « tenter le plus doux, plutôt que d'en venir aux extrêmes », selon le témoignage de Claude Guichard-Déageant.

Curieux personnage que ce Déageant. Secrétaire ordinaire de la Reine-Mère, il est devenu le premier commis de Claude Barbin quand celui-ci s'est vu charger des finances à l'intérieur du « Ministère Concini » en novembre 1616. Originaire du Dauphiné, c'est un esprit pratique et clair, qui avait certainement l'étoffe d'un homme de gouvernement. Il instruit utilement le jeune Roi des mystères de la gestion financière, lui donne sur l'économie du pays des aperçus solides. Placé comme il l'est dans les allées du pouvoir, il est à même d'analyser pour Louis XIII les forces dont dispose la Reine-Mère, les états d'âme de celle-ci, les hauts et les bas des relations entre le maréchal d'Ancre et les ministres.

Un autre professionnel de qualité fait partie du Conseil personnel de Louis XIII, le juriste Louis Tronson. Introduit là par Luynes, qui a la plus grande confiance en lui, c'est un homme compétent, efficace et honnête. Il est surtout extrêmement discret. Tronson parle peu, pèse ses mots avant de donner son avis, et sait garder le secret.

Guichard et Tronson sont les deux têtes du petit Conseil du Roi, même si Luynes s'efforce toujours d'en apparaître, aux yeux de Louis XIII, comme le véritable animateur. Un esprit avisé constaterait qu'il se borne le plus souvent à suivre l'opinion dominante. Auprès de lui, deux autres personnages dont il a fait les confidents du Roi jouent un peu le rôle de la claque ; Messieurs de Modène et de Marsillac sont avant tout chargés d'applaudir aux brillantes intuitions de Luynes. Ils n'ont pas grand-peine à cela, ne possédant guère de sens politique par eux-mêmes et devant à Luynes la faveur que leur témoigne le Roi. Monsieur de Modène est d'ailleurs son cousin, et Marsillac l'un de ses amis les plus fidèles.

Les relations avec Concini constituent évidemment le sujet principal des discussions de ce petit cénacle. Louis XIII ne peut s'empêcher de faire part de « son sentiment de déplaisir qu'il avait de la forme dont on gouvernait, spécialement du peu de compte que l'on tenait de sa personne et de ce qu'on ne lui laissait aucune part aux affaires importantes de son royaume ». Il faut réagir, et Luynes se demande si le plus simple n'est pas d'essayer d'abord d'amener Concini à une attitude un peu plus conciliante.

Mais les ouvertures effectuées auprès du maréchal d'Ancre se heurtent à un refus méprisant : « Il y a si loin de Monsieur de Luynes à moi que nous n'avons pas sujet de nous craindre. » En fait, Concini est décidé à prendre contre Luynes des mesures d'autorité, et n'hésite pas à le laisser deviner au Maître du Cabinet des Oiseaux : « Monsieur de Luynes, je m'aperçois que le Roi ne me fait pas bonne mine, mais vous m'en répondrez. »

Ces propos menaçants relancent l'idée d'un départ du Roi qui avait déjà été un moment envisagée. Louis XIII ne veut en aucun cas d'une fuite. Il voit plutôt les choses de la manière suivante : le Roi quitterait Paris pour rejoindre le quartier général du duc de Guise, à la tête de l'armée de Champagne ; une fois là, le souverain demande au duc sa protection contre le maréchal d'Ancre, et un appel est lancé aux princes afin qu'ils unissent leurs forces à celles du Roi.

Or, au début du mois de février 1617, le gouvernement prépare en effet un déplacement du Roi auprès de l'armée du duc de Guise, afin d'encourager les troupes, et de permettre à Louis XIII de tirer un bénéfice personnel du succès prochain des opérations. La date du voyage est plusieurs fois reportée, avant que le projet ne soit définitivement annulé le 8 avril. Officiellement, on explique que la chute imminente de Soissons rend le voyage désormais inutile. La vraie raison réside ailleurs, ainsi que l'indique Pontchartrain : « Ceux qui étaient dans le secret assuraient que la Reine-Mère avait eu avis que le Roi, qui se voyait de jour en jour plus méprisé, avait résolu, après avoir fait une ou deux journées de route, de prendre quelques-uns de sa suite les plus confidents, de s'en aller lui-même en son armée se loger dans le quartier de ses gardes et d'y prendre la résolution de ce qu'il avait à faire pour s'ôter du gouvernement et de l'autorité de la Reine sa mère et de la tyrannie du maréchal d'Ancre. » Ainsi, le projet de Louis XIII avait été éventé.

Entre-temps, les conversations, à l'intérieur du petit Conseil, s'étaient orientées dans une direction nouvelle : pourquoi ne pas aborder avec Marie de Médicis elle-même le problème de Concini et de la condition humiliée dans laquelle le Roi ne supportait plus d'être maintenu ? Mais on n'attaque pas la Reine-Mère sur un sujet aussi grave sans précautions car nul ne peut prévoir ses réactions.

Déageant, avec l'accord de Louis XIII et des autres membres de l'entourage, commence par envoyer des lettres anonymes à la Reine-Mère, l'invitant par exemple « à faire sans plus de remise agir le Roi au maniement de ses affaires, que c'était chose qu'il désirait bien qu'il n'en fît aucun semblant ». Par les fonctions qu'il tient auprès de Marie de Médicis, Déageant peut observer la Reine-Mère à loisir ; il constate que les lettres font mouche. Alors, franchissant un pas de plus dans les travaux d'approche, on convient de charger un ambassadeur officieux de parler à la Reine. Avec l'accord du Roi, Luynes obtient de l'évêque de Carcassonne, Monsieur de L'Estang, qu'il expose à Marie de Médicis les raisons impérieuses pour lesquelles il faudrait qu'elle se sépare sans retard de Concini et remette à son fils le gouvernement du royaume.

La Reine est sensible aux propos de Monsieur de L'Estang, et en parle à Leonora. Celle-ci, approuvant sans réserve les suggestions de l'évêque, encourage vivement la Reine à les suivre. Le maréchal d'Ancre est en Normandie, mais un message de Marie de Médicis et de Leonora l'informe des dispositions d'esprit des deux femmes. Concini annonce son retour à Paris. Peut-être est-ce dans l'attente de la conversation qu'elle compte avoir dès son arrivée avec le maréchal d'Ancre que la Reine-Mère demande à Richelieu, venu présenter sa démission et celle de Barbin, de patienter encore huit jours.

Concini arrive à Paris le 17 avril. Il est furieux, et bien décidé cette fois à en finir avec tous ses ennemis, à commencer par ceux qui peuplent l'entourage du Roi. Les espions qui surveillent Louis XIII et lui ont déjà permis de déjouer le projet de départ auprès du duc de Guise, lui apportent maintenant les preuves du complot monté par les gens du « petit Conseil » afin de l'évincer du pouvoir. Le maréchal d'Ancre n'hésite pas à dire que, s'il exclut de s'en prendre à la personne du Roi, il compte bien le tenir désormais étroitement « resserré » — en d'autres termes prisonnier — à l'intérieur du Louvre.

Les propos de Concini jettent l'affolement parmi les proches de Louis XIII. Luynes presse le Roi de fuir avant qu'il ne soit trop tard. Mais Louis XIII repousse cette suggestion avec dédain : il voulait bien, quand les ministres en avaient fait le projet, s'en aller prendre la tête de ses troupes, ainsi qu'il convient au souverain. Mais envisager de fuir comme le propose Luynes lui paraît indigne. Après tout, n'est-il pas Roi de France, et n'a-t-il pas, à ce titre, le pouvoir d'arrêter Concini dans les formes légales, à Paris, en son Palais du Louvre, pour le faire ensuite juger dans un procès régulier par le Parlement ?

Le seul inconvénient de cette idée, mais il est de taille, c'est que Louis XIII n'a aucune prise sur les rouages du gouvernement et de l'administration. Il faut donc organiser l'arrestation de Concini comme une embuscade. Dans le plus grand secret, on approche le baron de Vitry, capitaine des gardes du Roi, un parent de Luynes. Vitry accepte la mission que le Roi lui confie, et, avec l'accord de

Louis XIII, décide de faire appel à trois hommes sûrs pour l'épauler : son propre frère, son beau-frère et l'un de ses meilleurs amis.

Tout n'est cependant pas réglé pour autant : que se passera-t-il si Concini ne se laisse pas arrêter en douceur ? Et que faire d'autre part si l'opération échoue ? Dans la première hypothèse, Déageant exprime l'opinion qu'il faut recourir aux solutions les plus simples, les plus expéditives : si Concini fait mine de résister, qu'on le tue. Louis XIII répugne à donner un tel ordre. Vitry insiste : « Mais, Sire, s'il se défend, que veut Sa Majesté que je fasse ? » Louis XIII gardant obstinément le silence, c'est Déageant qui lance à Vitry : « Le Roi entend qu'on le tue. » La question est donc tranchée. Et en cas d'échec ? Le Roi persiste à ne pas vouloir s'enfuir. Au cas où les choses tourneraient mal, Louis XIII se rendrait à Meaux, dont Vitry est gouverneur.

L'ASSASSINAT DE CONCINI

Marie de Médicis, déchirée entre l'attitude brutale de Concini et le sentiment profond qu'elle a de la nécessité d'en finir une bonne fois avec les problèmes que soulève sans cesse le maréchal d'Ancre, est agitée, nerveuse. Elle dort mal. Dans la nuit du 19 au 20 avril, elle rêve qu'on la traîne en justice et qu'au terme de son procès, on la condamne à mort. Elle ne sait pas que les conjurés ont maintenant tout mis au point et que la date de l'arrestation de Concini a été fixée au 23 avril.

Luynes, que la peur tenaille, s'efforce à la dernière minute de faire renoncer le Roi à son projet, insistant à nouveau pour qu'il s'enfuie auprès de l'armée de Champagne. Louis XIII, lui, a définitivement fait son choix. Le 23 avril est un dimanche. Tout est prêt. Un messager doit aborder Concini dès qu'il arrivera au Louvre, où il se rend chaque matin. Il le priera de venir voir Louis XIII, qui l'attendra dans son petit cabinet des armes ; là, Vitry et les siens, sur un mot du Roi, procéderont à son arrestation. Mais la pluie qui tombe remet tout en question. Concini est en retard, et quand il franchit enfin les portes du Louvre, le messager le manque. Concini se rend directement auprès de Marie de Médicis avec qui il a un bref entretien et repart aussi vite qu'il est venu.

On décide alors de renvoyer le coup au lendemain, mais Vitry fait accepter par Louis XIII, afin d'éviter que la même mésaventure ne se reproduise, un plan plus simple prévoyant l'arrestation de Concini dès son arrivée au Louvre, au moment où il passera par l'entrée du palais située face à Saint-Germain l'Auxerrois[4]. Sauf

---

4. Sur l'emplacement de l'actuelle colonnade du Louvre.

exception, on n'accède en effet qu'à pied à la cour du Louvre, et c'est pendant que Concini empruntera le pont-levis réservé aux piétons que Vitry se saisira de lui.

Le 24 avril, après une attente anxieuse, l'arrivée de Concini est signalée alors que 10 heures et demie sonnent. Vitry, qui se tenait dans la salle des gardes située près de l'entrée, se précipite sur le pont-levis et fait fermer la porte extérieure du palais, séparant ainsi le maréchal d'Ancre de son escorte. Concini, qui lit une lettre tout en marchant, ne prend pas garde au manège de Vitry et sursaute quand celui-ci le saisit par le bras en lui lançant d'une voix forte : « De par le Roi, je vous arrête. » Surpris, le Florentin, fait mine de dégainer son épée. Vitry crie à ses camarades d'intervenir. Trois décharges de pistolet atteignent Concini entre les deux yeux, à la gorge et dans l'œil. Il est tué sur le coup. Du pied, Vitry retourne le corps et s'assure que l'homme est bien mort en le lardant de quelques coups de dague. On dépouille ensuite le cadavre que l'on transporte dans une petite pièce attenante au corps de garde.

Dans la salle de billard où Louis XIII attendait les nouvelles de l'opération en faisant partie après partie, on a entendu les coups de feu. Très calme, le Roi prend sa carabine et, l'épée à la main, sort de la salle, incertain de ce qui s'est passé. Il tombe sur Monsieur d'Ornano, colonel des gardes corses, qui courait à sa rencontre. D'Ornano lui lance : « Sire, c'est fait », et, le saisissant dans ses bras, le hisse jusqu'à l'une des fenêtres qui donnent sur la cour intérieure du Louvre, où une foule dense se met à acclamer Louis XIII. Celui-ci ne sait que répéter, dans son trouble : « Merci ! Grand merci à vous ! A cette heure, je suis Roi. »

En apprenant la mort de Concini, Leonora Galigaï commente simplement : « S'il a été tué, c'est que le Roi l'a fait tuer. » Quand le baron de Vitry fait irruption dans la chambre qu'elle occupe pour se saisir de ses papiers et de ses bijoux, elle proteste à peine.

La Reine-Mère réagit au contraire à la nouvelle de l'assassinat avec un mélange d'abattement et de fureur. Entendant les coups de pistolet, puis la rumeur de la foule, elle envoie l'une de ses femmes de chambre s'informer de ce qui se passe ; elle tombe sur Vitry, qui lui lance : « Le maréchal est mort, pour avoir voulu résister au commandement du Roi. » Marie de Médicis comprend que sa régence s'achève vraiment maintenant : « J'ai régné sept ans, je n'attends plus qu'une couronne au ciel. » Lorsqu'un serviteur de Leonora, le nommé La Place, vient un peu plus tard la solliciter d'accorder sa protection à la Galigaï, la Reine-Mère laisse éclater sa colère contre les Concini : « Qu'on ne lui parle plus de ces gens-là ! Elle le leur avait bien dit... Il y avait longtemps qu'ils eussent dû être en Italie. »

Richelieu n'était pas au Louvre au moment de l'assassinat de Concini. « Lorsque cet accident arriva, j'étais chez un des recteurs de la Sorbonne, où la nouvelle en fut apportée par un de ses confrères qui venait du Palais ; j'en fus d'autant plus surpris, que je n'avais jamais prévu que ceux qui étaient auprès du Roi eussent assez de force pour machiner une telle entreprise[5]. » Admirons l'euphémisme qui qualifie d' « accident » le meurtre du maréchal d'Ancre, et semble d'ailleurs donner crédit à la thèse selon laquelle Concini n'aurait pas été tué de propos délibéré, mais parce qu'il tentait de résister à Vitry. Quel aveu, en tout cas, de la part de cet homme que l'on présente comme toujours si perspicace, si prodigieusement informé de ce qui se passe, et qui reconnaît humblement avoir été totalement surpris par l'événement. Pire encore, il a sous-estimé le Roi et son entourage. Et il est vrai que pour les contemporains, le secret qui a entouré la conjuration jusqu'au bout était une chose extraordinaire, tant on avait l'habitude de voir tout le monde trahir tout le monde.

Certains voudront y voir un signe surnaturel et le témoignage manifeste de la protection accordée par Dieu à Louis XIII. Pour Richelieu, l'explication est plus triviale : le complot a réussi parce que le Roi a employé des gens de basse condition — considération pas très obligeante pour les personnes de qualité, ainsi cataloguées comme plus bavardes (et sans doute aussi plus vénales) : « Dieu permit qu'ainsi que l'expérience fait connaître que souvent la fidélité que les larrons se gardent entre eux, surpasse celle que les gens de bien ont aux meilleurs desseins, celle qui fut gardée en cette occasion fut si entière que, bien que beaucoup de personnes connussent ce projet, il fut conservé secret plus de trois semaines, en attendant une heure propre pour son exécution[6]. »

Richelieu rentre au Louvre en toute hâte, et rejoint ses collègues Barbin et Mangot chez le Premier Écuyer de la Reine-Mère. Comme Leonora, ils vont demander à Marie de Médicis quelques conseils, façon déguisée de solliciter en réalité son aide. La Reine-Mère fait répondre qu'elle s'efforcera d'intervenir en faveur de Barbin, mais qu'elle ne peut rien dire en ce qui concerne les autres. C'est sur Marie de Médicis, pourtant, que repose le seul espoir de Richelieu. « Dès le jour même, je fis savoir à la Reine, par Roger, son valet de chambre, la douleur que je ressentais de son malheur, auquel certainement je la servirais selon toute l'étendue de mon pouvoir[7]. » En attendant, et se jugeant garanti par sa dignité épiscopale contre un éventuel guet-apens, Richelieu décide de se rendre dans la salle où se tient le Roi. En cet après-midi du 24 avril,

---

5. Richelieu, *Mémoires*, Éd. Michaud et Poujoulat, Paris, Firmin Didot, 1837, T. I, p. 156.
6. Richelieu, *Mémoires*, Éd. Michaud et Poujoulat, Paris, Firmin Didot, 1837, T. I, p. 155.
7. Richelieu, *Mémoires*, Éd. Michaud et Poujoulat, Paris, Firmin Didot, 1837, T. I, p. 159.

des centaines de gens affluent au Louvre pour complimenter Louis XIII. Les délégations se succèdent, composées des personnages les plus divers, nobles, religieux, simples bourgeois. Luynes fait monter le Roi sur un billard, afin que la foule puisse mieux le voir. Richelieu ironise sur l'initiative du confident du Roi : « On lui dit depuis que c'était comme un renouvellement de la coutume ancienne des Français, qui portaient leurs Rois à leur avènement à la couronne, sur leurs pavois à l'entour du camp, pour être vus et recevoir plus aisément les acclamations de joie de toute l'armée... Il fut bien aise de se servir de cela, et faire croire qu'il l'avait fait à dessein. Mais le Roi étant au bas âge qu'il était et lui n'ayant jusqu'à cette dernière journée fait autre métier auprès de lui que de le servir en ses passe-temps, et lui siffler des linottes, il semble qu'il eût été à propos qu'il eût choisi un autre lieu pour l'élever[8]. »

« EH BIEN, LUÇON, ME VOILÀ DÉBARRASSÉ DE VOTRE TYRANNIE »

Richelieu peut bien railler, la mort du favori l'a entraîné dans une chute brutale. L'arrivée de l'ancien ministre de Concini auprès du billard où se tient Louis XIII fait sensation. Comment réagit le Roi ? Brienne, dans ses *Mémoires*, écrit simplement : « L'évêque de Luçon ayant paru eut l'ordre de se retirer. » Certains mémorialistes affirment que le Roi l'aurait apostrophé avec rudesse : « Eh bien, Luçon, me voilà débarrassé de votre tyrannie — Allez, Allez, Monsieur, ôtez-vous d'ici. » Le récit qu'en donne Richelieu est très différent : « Il [Louis XIII] m'appela, et me dit qu'il savait bien que je n'avais pas été des mauvais conseils du maréchal d'Ancre, et que je l'avais toujours aimé (il usa de ces mots), et été pour lui aux occasions qui s'en étaient présentées, en considération de quoi il me voulait bien traiter[9]. » Luynes aurait ajouté : « Allez-vous-en au lieu où sont assemblés ces Messieurs du Conseil, afin qu'on voie la différence avec laquelle le Roi traite ceux qui vous ressemblent et les autres qui ont été employés en même temps[10]. » Le favori lui aurait même offert de demeurer au Conseil en conservant ses appointements. Cette version est rejetée d'office par la plupart des historiens, qui en font des gorges chaudes. Elle est pourtant corroborée par Déageant, qui indique dans ses *Mémoires* que « le Roi

---

8. *Ibid.*
9. Richelieu, *Mémoires*, Éd. Michaud et Poujoulat, Paris, Firmin Didot, 1837, T. I, p. 156.
10. Richelieu, *Mémoires*, Éd. Michaud et Poujoulat, Paris, Firmin Didot, 1837, T. I, p. 157.

déclara son intention être que l'évêque de Luçon continuât l'exercice de sa charge ».

Si sa dignité d'évêque, ses offres réitérées de quitter le « Ministère Concini » et les ouvertures faites à Luynes par du Pont de Courlay ont assurément protégé Richelieu contre une disgrâce brutale, il n'en reste pas moins que sa participation au gouvernement était fort compromise. Peut-être Luynes, avec le tempérament accommodant qui était le sien, a-t-il un peu enjolivé les intentions réelles de Louis XIII à l'égard de l'évêque de Luçon. On peut se poser la question quand on voit la réponse qu'obtient Richelieu à une nouvelle démarche qu'il fait faire, quelques heures plus tard, auprès du Roi. Un intermédiaire obligeant ayant glissé à l'oreille de Sa Majesté que Richelieu, quinze jours auparavant, « avait demandé son congé en voyant le désordre où allaient les choses » et « présentement désirait savoir ce que le Roi lui voulait commander », Louis XIII se borne à répondre « que pour lui, il pouvait être encore dans son Conseil si bon lui semblait, ou comme évêque ou comme conseiller, mais pour la charge de secrétaire d'État, il en avait disposé et l'avait rendue à Monsieur de Villeroy, et qu'à cette fin Monsieur de Luçon eût à aller quérir tous ses papiers et les remettre à son successeur ».

Louis XIII avait en effet décidé de rappeler les anciens ministres de son père, ceux qu'on appelait avec dérision les barbons. Après l'assassinat de Concini, on va chercher Villeroy, le Président Jeannin, du Vair, Sillery, bientôt suivis de Messieurs de Loménie et de Pontchartrain. « C'est par eux que je veux me gouverner désormais » proclame Louis XIII, qui, apercevant Villeroy, tombe dans ses bras en lui disant : « Mon père, je suis Roi à présent, ne m'abandonnez point ! » Ces Messieurs se distribuent aussitôt les dépouilles. Jeannin reprend la surintendance des Finances, du Vair retrouve les Sceaux, Villeroy et Puisieux se partagent la charge qu'exerçait Richelieu. Un seul homme neuf dans cette équipe, Déageant, qui est nommé intendant des Finances en récompense du rôle qu'il a tenu au sein du petit Conseil du Roi. Ainsi constitué, le gouvernement se met aussitôt au travail. Il y a beaucoup à faire. On écrit au Parlement, aux grandes villes, aux gouverneurs, pour relater les circonstances de l'assassinat de Concini et déclarer que l'action du baron de Vitry a été conduite sur l'ordre du Roi. Vitry est fait le même jour maréchal de France, tandis que son beau-frère Persen obtient la lieutenance de la Bastille et son frère Du Hallier la charge de capitaine des gardes.

La réconciliation avec les princes s'effectue sans tarder. Les nouveaux ministres dépêchent au nom du Roi des envoyés chargés d'informer officiellement les rebelles de la disparition du maréchal d'Ancre, et les priant de se rendre dans les plus brefs délais à la Cour, « les assurant qu'ils seraient très bien venus ». Et Richelieu, qui donne ces détails, d'ajouter : « Ces messieurs les nouveaux ministres, ou plutôt le sieur de Luynes, commencèrent leur gouvernement par prendre le contrepied de ce que faisaient ceux qui avait gouverné devant eux, et firent dessein de rappeler auprès du Roi tous ceux qu'ils croyaient être ennemis de la Reine[11]. »

Exécutant à la lettre les instructions de Luynes, Richelieu se présente avec ses documents à la porte de la salle où siège le gouvernement. Dès le seuil, il est accueilli d'un ton glacial par Villeroy qui lui demande ce qu'il vient faire là. Sans mot dire, Richelieu tire de sa serviette les dossiers des affaires en cours, les tend à Villeroy et, après avoir salué les ministres à la ronde, se retire. Il reste quelques instants indécis et finalement s'éloigne, comprenant qu'il ne servirait à rien de s'obstiner. Puis il rentre chez lui, afin de réfléchir aux résolutions qu'il convient de prendre.

SCÈNES D'HYSTÉRIE

Le lendemain 25 avril, Richelieu décide de se rendre chez le nonce, afin de s'entretenir avec lui, et peut-être d'en obtenir quelque conseil utile. Fatale imprudence, qui aurait très bien pu lui coûter la vie. En franchissant le Pont-Neuf, il se trouve pris dans une foule immense. Quelques heures auparavant en effet, ayant appris que le corps de Concini avait été enterré nuitamment à Saint-Germain l'Auxerrois, un grand concours de peuple s'était assemblé devant l'église, conspuant les prêtres qui avaient osé donner une sépulture chrétienne au maréchal d'Ancre. Les plus hardis s'avancent jusqu'à la pierre tombale, crachent dessus, la piétinent. La pierre est bientôt descellée et brisée, le corps de Concini déterré. Le Grand Prévôt, arrivé sur place avec ses archers, tente de calmer les esprits, mais la foule est si houleuse et menaçante qu'il juge préférable de se retirer. Le cadavre de Concini, attaché à une corde, est traîné jusqu'au Pont-Neuf pour y être pendu par les pieds à la potence que le maréchal d'Ancre avait fait ériger pour intimider la population de Paris. C'est le moment qu'avait malencontreusement choisi Richelieu pour s'engager sur le pont, et quand son cocher commence à se prendre de bec avec quelques émeutiers, le ministre déchu comprend instantanément dans quel péril il se trouve. « Pour me tirer de ce mauvais pas, je leur demandai, après avoir menacé mon cocher extraordinairement, ce qu'ils faisaient : et m'ayant répondu selon leur passion contre le maréchal d'Ancre, je

---

11. Richelieu, *Mémoires*, Éd. Michaud et Poujoulat, Paris, Firmin Didot, 1837, T. I, p. 160.

leur dis : " Voilà des gens qui mourraient au service du Roi ; criez tous Vive le Roi ! " Je commençai le premier, et ainsi j'eus passage[12]. »

Les scènes d'hystérie devaient durer toute la journée et toute la nuit du 25. La pendaison posthume de Concini paraissant un traitement trop doux, les émeutiers « lui coupèrent le nez, les oreilles et les parties honteuses, et jetèrent les entrailles dans l'eau, et faisaient à ce cadavre toutes les indignités qui se pouvaient imaginer... Du Pont-Neuf ils le traînèrent par les rues jusqu'à la Bastille, et de là par toutes les autres places de la ville, jusqu'à ce qu'ils le fissent brûler devant sa porte au faubourg Saint-Germain, et traînèrent ce qui en restait encore sur le Pont-Neuf, où ils le brûlèrent derechef puis enfin en jetèrent les os dans la rivière[13]. »

L'évêque de Luçon avait bien de la chance, en tout cas, de rester libre de ses mouvements. Mangot et Barbin, en effet, sont reconduits chez eux et priés de n'en pas bouger. Quant à la Reine-Mère, elle est prisonnière en son appartement du Louvre. Dans l'incertitude où elle est de son sort, elle n'a plus qu'une idée : voir son fils coûte que coûte. Quelques heures après la mort de Concini, elle envoie au Roi son Premier Écuyer, Monsieur de Bressieux. Louis XIII refuse de lui parler. Deux fois, Monsieur de Bressieux, sur l'ordre de Marie de Médicis, retourne auprès du Roi ; sans plus de succès. La Reine-Mère a une idée : puisque Louis XIII repousse son Premier Écuyer, pourquoi ne pas essayer du charme des dames ? La princesse de Conti est restée auprès de la Reine, en compagnie de qui elle se trouvait au moment de l'assassinat de Concini. Le Roi l'aime beaucoup : il faut qu'elle aille le voir pour intercéder en faveur de la Reine-Mère. La princesse fait appeler Luynes et lui demande de s'entremettre auprès du Roi afin qu'il la reçoive. Mais Louis XIII reste inflexible : il n'a pas l'intention de voir sa mère. Ne voulant pas encore s'avouer battue, la Reine demande à sa Dame d'honneur, Madame de Guercheville, de faire une ultime tentative. Guettant le Roi sur son passage lorsqu'il sort de la salle de billard, Madame de Guercheville se jette à ses pieds, suppliante. Louis XIII la relève avec douceur, lui donne l'assurance qu'il traitera toujours Marie de Médicis comme sa mère bien qu'elle ne l'ait pas traité comme fils. La recevoir présentement, il n'en est pas question car il est fort occupé. Pour ce qui est de son sort futur, il en décidera dans les prochains jours.

Marie de Médicis n'a plus qu'à attendre, cloîtrée chez elle, sous la garde étroite des archers qu'a postés le baron de Vitry. Aucune

---

12. Richelieu, *Mémoires*, Éd. Michaud et Poujoulat, Paris, Firmin Didot, 1837, T. I, p. 160.
13. Richelieu, *Mémoires*, Éd. Michaud et Poujoulat, Paris, Firmin Didot, 1837, T. I, pp. 159-160.

visite ne lui est accordée. Bien plus, afin de lui interdire toute idée d'évasion, on fait abattre dès le soir du 24 avril, sur l'ordre du Roi, le pont qui lui permettait d'accéder aux jardins qui longent la Seine. L'appartement de la Reine avait trois portes ; deux d'entre elles sont murées, sur les instructions personnelles de Louis XIII. Pendant toute la journée du 25, Marie de Médicis entend les cris de la foule qui s'en prend au cadavre de Concini, et chansonne de façon outrageante la Reine-Mère, dont la disgrâce a suivi la mort du favori.

Quatre jours durant, Marie de Médicis reste enfermée. Cette situation ne peut pas s'éterniser. Louis XIII et Luynes, décidés à éloigner la Reine, ne savent trop en quel lieu lui fixer désormais sa résidence. Le Roi songe à Moulins, mais on s'accorde en définitive sur Blois. C'est le moment pour l'évêque de Luçon de refaire surface : à la demande du nonce Bentivoglio et de l'ambassadeur de Florence Bartolini, il est choisi comme intermédiaire entre le Roi, c'est-à-dire essentiellement Luynes, et la Reine-Mère. Pour commencer, il obtient que l'on adoucisse la réclusion à laquelle Marie de Médicis est soumise. En signe de bonne volonté, on l'autorise à recevoir ses enfants, puis son Premier Écuyer, et Monsieur de Villesavin, qui exerce dans sa Maison les fonctions de Secrétaire aux commandements.

Dans un climat un peu apaisé, on peut ainsi discuter des modalités du départ de la Reine et des conditions de son séjour à Blois.

Il est convenu que la Reine partira le 3 mai, après des adieux publics à Louis XIII — Marie de Médicis avait fait de cette rencontre avec son fils la condition sine qua non de son accord. Marie de Médicis, à Blois, aura l'autorité sur le château et conservera tous ses revenus. Elle aurait voulu que Christine et Henriette, ses deux filles non encore mariées, viennent s'installer avec elle. Louis XIII refuse, mais en contrepartie consent à sa mère le droit de se faire suivre par les officiers de sa Maison et par une partie de ses gardes.

Les adieux de la Reine-Mère

Le jour fixé pour le départ, Louis XIII se rend dans l'antichambre de l'appartement de sa mère, en compagnie de son jeune frère Gaston, du prince de Joinville, de Bassompierre et de Luynes, et suivi par les princes, les Grands, les ambassadeurs. La Reine arrive. Dès qu'elle apparaît, le Roi se dirige vers elle. D'après Brienne, qui assistait à la scène, « le Roi ne fit que dire un mot à la Reine, ensuite de quoi il se retira tant de Luynes appréhendait que le monarque ne se laissât attendrir par les larmes de la princesse ». Ce récit semble un peu lapidaire, et si l'on en croit d'autres témoins oculaires, comme Bassompierre et Richelieu, la scène aurait duré un peu plus longtemps.

Richelieu et Luynes étaient convenus des termes de deux courtes allocutions que devaient échanger le Roi et la Reine. D'une voix monocorde, Louis XIII récite le texte qu'on lui a fait apprendre : « Madame, je viens ici pour vous dire adieu et vous assurer que j'aurai soin de vous comme de ma mère. J'ai désiré de vous soulager de la peine que vous preniez en mes affaires ; il est temps que vous vous reposiez et que je m'en mêle : c'est ma résolution de ne plus souffrir qu'un autre que moi commande en mon royaume. Je suis Roi, à présent. J'ai donné ordre à ce qui est nécessaire pour votre voyage et commandé à La Curée de vous accompagner : vous aurez de mes nouvelles étant arrivée à Blois. Adieu, Madame, aimez-moi et je vous serai bon fils. »

Richelieu avait préparé à l'intention de Marie de Médicis un véritable petit discours, plaidoyer pour sa conduite passée et discrète mise en garde pour l'avenir. Il en donne le texte dans ses *Mémoires*, mais la Reine-Mère, dans son émotion, oublie les périodes bien balancées dues à la plume de l'évêque de Luçon. Au lieu de dire à Louis XIII : « Monsieur mon fils, le tendre soin avec lequel je vous ai élevé en votre bas âge, les peines que j'ai eues pour conserver votre État, les hasards où je me suis mise, etc. », elle balbutie avec peine quelques mots d'excuse et de contrition : « Monsieur, je suis très navrée de n'avoir gouverné votre État pendant ma régence et mon administration plus à votre gré que je n'ai fait, vous assurant que j'y ai néanmoins apporté toute la peine et le soin qu'il m'a été possible, et je vous supplie de me tenir toujours pour votre très humble et très obéissante mère et servante. » Ce n'était plus l'orgueilleuse Reine-Mère et Régente, si soucieuse de son autorité, mais une pauvre femme déchue de son piédestal. Et comme pour achever de rater sa sortie, voilà que Marie de Médicis, au moment où le Roi prend congé d'elle, s'avise de le solliciter en faveur de Barbin. Au milieu des larmes, elle supplie son fils d'autoriser l'ancien ministre à la suivre à Blois. La demande n'avait pas été prévue, et Louis XIII garde le silence. Marie de Médicis alors insiste : « Ne me refusez point cette seule prière que je vous fais. » Toujours pas de réponse. « Peut-être est-ce la dernière que je vous ferai jamais. » Le Roi reste de glace, et Marie de Médicis, comprenant que tout est fini, va rapidement vers lui, l'embrasse. Louis XIII s'incline devant elle et se retire. Tandis qu'il s'éloigne, Marie de Médicis fait une dernière tentative en faveur de Barbin auprès de Luynes qui la salue. D'un ton impérieux, Louis XIII rappelle à l'ordre le Maître du Cabinet des Oiseaux : « Luynes ! Luynes ! Luynes ! » Le nouveau favori s'empresse d'accourir à ses côtés, sans répondre à la Reine-Mère.

Marie de Médicis n'a plus qu'à partir elle aussi. Elle quitte à son tour l'appartement, appuyée sur le bras de son Premier Écuyer. Les carrosses attendent dans la cour du Louvre. En tête, celui de la Reine, où Mesdames de Soissons, de Guise et de Longueville vont monter avec elle ; les trois princesses lui tiendront compagnie jusqu'à Bourg-la-Reine. Autour du carrosse caracolent les chevau-légers du Roi commandés par Monsieur de La Curée. Derrière, s'étire une longue théorie de voitures : celle du Premier Écuyer, que suivent le grand carrosse et le petit carrosse de la Reine, les voitures de Mesdames de Soissons, de Guise et de Longueville, qui les ramèneront de Bourg-la-Reine à Paris, puis les carrosses de Mesdames de Guercheville et de Bressieux. Dans la dernière voiture, la plus modeste, ont pris place l'évêque de Chartres, Philippe Hurault, et l'évêque de Luçon, Armand du Plessis de Richelieu, que la Reine-Mère vient de nommer Chef de son Conseil. Ainsi s'éloigne du Louvre le cortège qui emporte les illusions brisées de la Reine-Mère et de Monsieur de Luçon.

A Bourg-la-Reine, on se sépare. Marie de Médicis ne verse pas une larme. « Les uns l'attribuaient à l'ébahissement et à l'horreur du coup qu'elle avait reçu, qui liait en elle le sentiment de la douleur, et tarissait la source de ses larmes ; les autres l'interprétaient à dissimulation assez accoutumée à celles de sa nation ; ceux qui la favorisaient davantage l'imputaient à vertu et à force d'esprit[14]. » La Reine-Mère a 44 ans. Ce n'est guère l'âge de la retraite. Après sept années d'un pouvoir sans partage, subitement brisé par un humiliant échec, une seule pensée peut habiter l'esprit de Marie de Médicis : la volonté de revanche.

Au fond du cortège, un homme remâche les mêmes rancœurs : Richelieu. Pouvait-il rester à Paris ? L'immunité dont il a joui après le coup d'État, le rôle de trait d'union qu'il a tenu entre Luynes et la Reine, semblent suggérer que, même considéré avec méfiance, il aurait peut-être, au contact des puissants du jour, retrouvé quelque influence. Peut-être... Mais il s'était fait tant d'ennemis ! La perspective de se retrouver seul à Paris, sans la protection de ses anciens appuis, exposé aux railleries et aux mesquineries de tous ceux qu'il avait désobligés, ne lui laissait guère le choix. Et pourtant, quelle chute ! Voici l'orgueilleux ministre ravalé au rang de Chef du Conseil d'une Reine sans royaume ! Même si cette dignité lui confère le premier rang dans la Maison de l'exilée de Blois, et le privilège de l'entretenir sans témoin, ce sont là de bien minces consolations. « Je préférai l'honneur de suivre la Reine-Mère dans son affliction à toute la fortune qu'on me faisait espérer. » Voire. Rongeant son frein, l'impatient va céder à la tentation de se rétablir au pouvoir en trahissant sa compagne d'infortune. Seul parmi les

---

14. Richelieu, *Mémoires*, Éd. Michaud et Poujoulat, Paris, Firmin Didot, 1837, T. I, p. 163.

anciens ministres à avoir obtenu le droit de rester auprès de la Reine-Mère, il songe déjà à tirer profit de sa position de confident. Trop pressé, Richelieu. Le double jeu n'est jamais très élégant, et il est rare qu'il serve celui qui le pratique ; l'intrigant ne tardera pas à en faire la douloureuse expérience.

Quelques années auparavant, Richelieu, évêque en vogue à la Cour, avait brusquement décidé d'abandonner la capitale afin de mener à Luçon l'existence d'un pasteur exemplaire. Il quitte à nouveau Paris, mais cette fois vers une retraite sans gloire. Ce deuxième départ marque le début d'une longue mise à l'écart. Il ne faudra pas moins de sept ans pour que Richelieu réussisse à revenir au gouvernement, sept rudes années pendant lesquelles les épreuves ne vont pas manquer. L'homme est plein d'habileté mais cela ne suffit pas. C'est en apprenant la persévérance et la force d'âme que Richelieu trouvera en lui-même les ressources nécessaires pour résister à la cabale et au découragement, et remonter avec Marie de Médicis la pente qu'ils ont brutalement descendue ensemble en ces douloureuses journées d'avril-mai 1617.

Blois

De Paris à Blois, la route est bien mélancolique. Sur le passage de la Reine, la foule ne se gêne pas pour accabler de quolibets et de paroles irrespectueuses l'ancienne Régente. L'accueil de la ville d'Orléans, où la Reine est reçue avec de grandes marques d'honneur, lui met un peu de baume au cœur. Mais Dieu que l'arrivée à Blois est sinistre ! La municipalité a décidé de s'épargner les frais d'une entrée solennelle. Quant au château, la Reine le trouve incommode et insuffisant pour loger toute sa suite.

Car ils sont nombreux, en définitive, ceux qui ont lié leur sort à celui de la Reine-Mère. En dehors de Richelieu, on compte déjà deux autres évêques, Philippe Hurault, aumônier de la Reine, et l'évêque de Béziers, Bonzi, un Italien d'origine. Les Italiens sont d'ailleurs nombreux, qu'il s'agisse du chapelain Geronimi, du tailleur Zoccoli, des femmes de chambre. La Maison de la Reine compte aussi deux importants personnages, le Premier Écuyer, Monsieur de Bressieux, un homme d'âge tout pénétré de la dignité de sa charge, et surtout Monsieur de Villesavin ; Secrétaire aux commandements de la Reine, il est responsable de sa correspondance, et admis par conséquent dans sa confidence. Il déteste Richelieu, dont il n'aime pas l'onction ecclésiastique, et avec lequel s'engage aussitôt une sévère lutte d'influence. Monsieur de Villesavin traque littéralement Richelieu et le dénonce auprès de Marie de

Médicis comme un personnage peu sûr, qui pourrait bien être un agent placé dans sa familiarité par Louis XIII et Luynes afin de l'espionner et de diriger son esprit selon leurs volontés.

Le Secrétaire aux commandements ne manque pas de jugement car Richelieu, en quittant Paris, a de sa propre initiative pris l'engagement vis-à-vis de Luynes de le tenir fidèlement au courant des dispositions de la Reine-Mère. Son but avoué : effacer les plaies du passé dans l'esprit de Marie de Médicis. Pour le moment, il ne faut pas songer à une quelconque réconciliation entre la mère et le fils. Le Roi est trop content d'être enfin Roi, et ceux qui, comme le cardinal du Perron, s'avisent de plaider auprès de lui en faveur d'un apaisement, se font répondre un peu rudement d'avoir à s'éviter cette peine. Mais Richelieu s'attelle tout de suite à l'ouvrage, et cet homme qui écrivait sans relâche quand il était dans son diocèse de Luçon, puis ensuite à Paris comme ministre, recommence à inonder la capitale depuis Blois d'une correspondance intarissable. Dès le 8 mai, alors qu'on vient à peine d'arriver à Blois, il écrit à Luynes pour lui raconter par le menu les circonstances du voyage et l'installation de la Reine-Mère dans sa nouvelle résidence. Il s'avance un tantinet en assurant le favori du Roi « que la mémoire des choses passées n'a déjà plus lieu en l'esprit de la Reine ». C'est aller un peu vite en besogne, et Richelieu pèche sans doute par imprudence puisque « quelques-uns ont déjà fort travaillé contre l'évêque de Luçon ». Luynes répond en disant sa satisfaction « que les choses s'arrangent selon le désir des gens de bien ». Il envoie même à Richelieu un chiffre destiné à permettre de préserver le secret de sa correspondance avec lui.

Richelieu lui récrit aussitôt. Il n'a pas assez de mots pour remercier Luynes et l'assurer de la fidélité que le Roi peut attendre de lui : « Je vous rends mille grâces des bons offices que de plus en plus vous continuez journellement à me départir, et particulièrement de la confiance qu'il a plu au Roi de me témoigner par votre moyen, en agréant l'honneur que la Reine-Mère a voulu me faire Chef de son Conseil et en me mettant ses affaires entre les mains. » Richelieu semble avoir, décidément, une conception un peu particulière du service qu'il rend à la Reine. Que penser de ce véritable rapport de police qu'il adresse quelque temps plus tard à Luynes : « Elle a voulu écrire à la maréchale d'Ancre, car j'ai su qu'un soir elle a fait sortir une de ses femmes de chambre et a demandé de l'encre et du papier ; mais certainement elle n'a pas écrit » ?

Un Villesavin, d'autres aussi sans doute, tels que Bonzi, Chanteloube, ont deviné le jeu de Richelieu. Il n'est guère étonnant que chacune des lettres de Monsieur de Luçon à Luynes fasse état des soupçons que sa conduite éveille : des expressions comme « En dépit de mes envieux », « Nonobstant mes ennemis et mes envieux », reviennent régulièrement sous sa plume. Mais Richelieu, soit aveuglement, soit désir de se donner de l'importance aux yeux de Luynes, se targue d'avoir en quelque sorte pris possession de l'esprit de la Reine-Mère : « La confiance qu'on a désirée que je prisse auprès de la Reine est établie » ; ou encore : « Je veux mourir si le Roi et vous en particulier n'avez contentement de la Reine, et si vous n'avouez un jour que j'ai fait auprès d'elle ce que doit faire un homme de bien ». « L'esprit de la Reine-Mère est et sera tel qu'ils [le Roi et Luynes] le sauraient désirer. »

Monsieur de Luçon enjolive la réalité. Il n'est d'ailleurs pas totalement dupe de ses propres rodomontades et, prudent, écrit un jour au favori de Louis XIII : « Je m'engage au Roi, sur ma tête, d'empêcher toutes cabales, menées, et monopoles, ou si je ne le puis, non seulement je m'oblige à lui en donner avis, mais à le faire à temps pour permettre de porter remède. » Qu'on ne lui en veuille donc pas s'il échoue dans ses efforts pour disposer l'humeur de la Reine dans le bon sens : à défaut d'y réussir, il est prêt à se faire délateur.

Il est clair que Monsieur de Richelieu en fait un peu trop, une fois de plus. L'excès même de son ardeur à servir les nouveaux détenteurs du pouvoir le dessert auprès d'eux. Luynes, qui était prêt au début, semble-t-il, à lui faire crédit, ne peut se défendre maintenant d'une invincible méfiance à son égard. Il se dit dans Paris que la duplicité constitue la seconde nature de Richelieu. Un homme très proche de Louis XIII et de Luynes avertit avec franchise l'évêque de Luçon qu'on l'accuse de trahir tout le monde : la Reine-Mère qu'il espionne sans vergogne, et le Roi qu'il abreuve de sornettes sur l'action qu'il mène à Blois. Cet homme n'est autre que Déageant, évidemment fort bien placé. D'ailleurs, le petit réseau d'amis et d'agents qui, de Paris, renseigne également Richelieu sur l'opinion de la Cour à son égard, ne tarde pas à confirmer ces propos alarmants. Comme l'écrit le nonce, « Monsieur de Luçon est odieux parce qu'il est trop habile » (*di troppo spirito,* dit le texte italien ; littéralement : « parce qu'il a trop d'esprit »). L'entourage du Roi s'exaspère du bouillonnement d'intrigues qu'il devine en Richelieu. Luynes n'est pas dupe : il a compris à quel point la position de l'évêque de Luçon auprès de la Reine-Mère reste fragile.

Face aux rumeurs, face aux mises en garde qui lui parviennent, Richelieu ne sait pas se taire. Maladroitement, il cherche à se justifier en déversant sur Paris d'interminables plaidoyers, de véhémentes protestations de bonne volonté. « Quant aux bruits qu'on fait courir des brouilleries et menées qui se traitent » à Blois, écrit-il, plus affirmatif que jamais, à l'un de ses correspondants, « je vous supplie de croire, quoi qu'on dise, que jamais on n'aura but ni dessein ici que le contentement du Roi ». Mais Luynes est maintenant définitivement prévenu contre lui. Richelieu a beau plaider son innocence et l'assurer que les résultats de ses bons offices feront mentir ses ennemis, le 6 juin le favori du Roi lui adresse une lettre pleine de menaces. Les milieux bien informés considèrent que Richelieu a perdu la partie. Marie de Médicis n'a plus confiance en lui et Louis XIII s'apprête à lui notifier un ordre d'exil. Le nonce n'hésite même pas à annoncer la chose comme faite : « Il se confirme que Monsieur de Luçon a reçu l'ordre de se retirer » écrit-il à Rome ; et il ajoute : « Il était déjà en dissentiment avec la Reine-Mère, car il s'était chargé de l'épier et de rapporter toutes ses actions au Roi. Le pauvre homme a bien perdu de sa réputation et de son autorité dans ces événements. »

Quel renversement de situation ! « Le pauvre homme » : l'ancien ministre si envié et si jalousé fait maintenant pitié. Quand on lit sa correspondance, on est d'ailleurs saisi, frappé par l'impression de désarroi qui s'en dégage. L'adversité ne réussit pas à Richelieu. Notre homme broie du noir, se ronge, s'enfonce sans parvenir à trouver d'issue. Il l'avoue sans fard à Déageant : « Je suis le plus malheureux de tous les hommes sans l'avoir mérité. Si je n'eusse pensé être garanti de l'envie et de la rage par l'appui que vous savez, je ne me fusse pas embarqué au vaisseau où je suis. Sa Majesté jugera ce qu'elle doit faire. Rien ne me changera en quelque lieu où je sois. Partout je servirai le Roi si ingénument et avec tant de passion que mes ennemis en recevront la confusion. »

Monsieur de Luçon prend la fuite

Il est des cas où la fuite seule permet de se sortir d'une situation inextricable. C'est le choix auquel se rallie finalement Richelieu. Le 11 juin 1617 il disparaît purement et simplement de Blois, sans un mot, sans une explication. Son départ manque singulièrement d'élégance. Les membres du Conseil de la Reine-Mère sont réunis comme à l'accoutumée pour le souper dans la salle commune du château. On attend Marie de Médicis qui attend elle-même que Monsieur de Luçon daigne se joindre à ses collègues. Au bout de deux heures, toujours pas de Monsieur de Luçon. La Reine-Mère finit par demander aux convives de commencer à dîner seuls ; faute de Richelieu, elle soupera dans sa chambre.

Le lendemain, on apprend que Richelieu a quitté Blois sans rien dire à personne. Marie de Médicis, bouleversée, est agitée de tremblements de fièvre, et les médecins doivent la saigner. Un serviteur de Richelieu, resté sur place, se présente à la Reine pour la prier d'excuser la conduite de son maître : celui-ci, la veille, a reçu une lettre de son frère, le marquis de Richelieu, l'avertissant que le Roi avait décidé de le renvoyer dans son évêché ; Richelieu, préférant prendre les devants, était aussitôt parti pour regagner le prieuré de Coussay.

On peut s'interroger sur la valeur de l'explication ainsi donnée. On n'a jamais retrouvé en effet dans les papiers de Richelieu la lettre que son frère est censé lui avoir écrite. On possède en revanche un autre message d'Henri de Richelieu parvenu à Blois après le départ de son frère, et dans lequel le marquis se lance dans des explications embarrassées : « Je suis au désespoir de vous avoir donné l'avis de ce que je vous ai mandé, bien qu'il fût vrai et que je l'eusse appris de Monsieur de Châteauneuf, lui-même présent à la résolution qui fut prise. Cela m'avait été confirmé par une personne de plus grande qualité et par plusieurs autres encore. Mais depuis, les choses avaient changé et celle-là aussi qui était bien vraie. Excusez mon affection et la passion que j'ai à votre service. » En somme : le Roi avait décidé d'exiler Richelieu ; le marquis en avise son frère ; celui-ci quitte Blois aussitôt ; le marquis lui écrit pour lui dire que ce n'est qu'une fausse alerte. Tout cela, en vérité, sent furieusement le coup monté. Bien sûr, la lettre du nonce prouve que l'exil de Richelieu était très sérieusement envisagé, probablement décidé. Mais Richelieu est parti de son propre chef, avant qu'aucun ordre d'exil lui ait été notifié, afin de se tirer du réseau de contradictions, de mensonges et de trahisons où il s'était empêtré. Peut-être espère-t-il aussi que Luynes le suppliera de reprendre auprès de la Reine-Mère un service somme toute bienfaisant, puisqu'il prétend s'exercer dans l'intérêt de Louis XIII.

Quoi qu'il en soit, Marie de Médicis est folle de rage. Elle envoie message sur message à Coussay : Richelieu ne répond pas ; terré dans son prieuré, il attend la suite des événements. Bonzi prend le relais. Le 15 juin, il écrit à Richelieu de la part de la Reine-Mère : « Elle est en extrême colère contre le marquis de Richelieu et le sera de même contre vous si vous ne vous mettez en route incontinent. » Un carrosse de la Reine est dépêché à Tours, à la disposition de Richelieu, afin de lui permettre de regagner au plus vite Blois où la Reine l'attend avec une folle impatience. Bonzi annonce en même temps qu'il doit bientôt se rendre à Paris pour obtenir de Luynes que la menace qui pèse sur Richelieu soit définitivement écartée.

C'est à Paris, en effet, que se trouve la clé de l'affaire et Marie de Médicis, sitôt passé le premier choc, est intervenue avec la plus grande énergie auprès de Louis XIII et de Luynes. Quels que soient ses sentiments à l'égard de Richelieu, il y va de sa dignité : « Si la qualité de mère a du pouvoir à l'endroit d'un fils », écrit-elle à Louis XIII, « je vous supplie de tout cœur de ne me dénier pas la continuation de la faveur que vous m'aviez faite de garder Monsieur de Luçon auprès de moi ». Dans la lettre qu'elle adresse parallèlement à Luynes, elle ne mâche pas ses mots : « Après avoir mis le Roi au monde, l'avoir élevé, avoir travaillé sept années à son établissement, je suis réduite à voir mes ennemis, même mes domestiques, me faire tous les jours des affronts. Je deviens la fable du peuple. Éloigner l'évêque de Luçon, c'est témoigner qu'on ne me traite plus en mère, mais en esclave. » Et puis, les grands mots : « On veut donc m'e forcer à quitter le royaume. » — Un thème que Marie de Médicis utilisera bien souvent au cours des années à venir. Et comme il a dû lui en coûter d'écrire cette simple phrase : « Puisque le Roi, Monsieur, a confiance en vous, c'est à vous de lui remontrer qu'il ne doit pas craindre de déplaire à quelques particuliers pour donner entièrement contentement à sa mère ! » Luynes, arbitre de la situation : qu'il est loin le temps où l'humble Maître du Cabinet des Oiseaux de Louis XIII devait se faire couleur de muraille pour donner le moins de prise possible aux soupçons de l'autre favori, Concini, solidement appuyé sur l'autorité de la Reine-Mère !

Richelieu écrit lui aussi à Luynes : « J'ai supplié la Reine de me permettre de me retirer, lui demandant congé pour quinze jours [nous savons que c'est faux]. Vous saurez comme le tout s'est passé, quels sont mes desseins et mes intentions, et je m'assure que toutes mes actions vous feront connaître que l'envie et la rage de tous ceux qui me traversent ne peuvent rien altérer en un homme de bien comme moi. On me veut, Monsieur, faire perdre l'honneur. Je me suis mis en votre protection pour ne rien considérer que le service du Roi, de la Reine-Mère et le vôtre. » C'est bien la retraite-manœuvre qui se dessine ici, une retraite dont Richelieu fixe même indirectement le terme : quinze jours. Quinze jours pour revenir triomphalement à Blois, à la prière et avec les bénédictions de tout le monde.

Richelieu assigné à résidence

Encore faut-il ne pas trop en faire et éviter d'offrir, par excès d'humilité, une facile victoire à ses adversaires. En écrivant à Louis XIII : « Je prie humblement Votre Majesté de me prescrire pour demeure tel lieu qu'il lui plaira, où je puisse vivre sans calomnie, comme je suis de coulpe, l'assurant que en quelque lieu que ce soit, je m'estimerai grandement heureux s'il me garantit de la perte de ses bonnes grâces », Richelieu se met à la merci de ses ennemis à la Cour. L'occasion est trop belle, et Luynes ne va pas la laisser passer. Sitôt reçue l'imprudente lettre de Richelieu, le Roi, le 15 juin, lui écrit qu'il est bien aise de la résolution qu'il a prise de se rendre dans son diocèse, et le prie d'y rester jusqu'à nouvel ordre « pour y faire les devoirs de sa charge et pour exhorter ses diocésains à se conformer aux commandements de Dieu et aux miens ».

Cette fois, c'est l'ordre d'exil. Richelieu s'est laissé piéger. De deux choses l'une : ou bien Luynes, depuis le début, a superbement mené l'intrigue, conduisant Richelieu exactement là où il voulait le mener, en « intoxiquant » habilement son frère le marquis ; ou bien Luynes, velléitaire, parlait d'abondance de l'exil de Richelieu sans oser sauter le pas, et c'est l'évêque de Luçon qui est allé au-devant de ses désirs en abandonnant le service de la Reine-Mère. Richelieu, dans ses *Mémoires,* rend involontairement hommage à ses adversaires en constatant que « leur ruse suppléa à leur défaut de hardiesse ».

Dans l'immédiat, il ne peut que s'incliner. La brève missive qu'il adresse au Roi en réponse à son ordre d'exil est respectueuse et digne : « Sire, n'ayant jamais eu ni ne pouvant avoir autre intention que de servir Votre Majesté et d'obéir à ses commandements, je n'ai rien à répondre à la lettre qu'il lui a plu de me faire l'honneur de m'écrire, sinon que j'observerai si religieusement ce qui est de ses volontés que cette action, comme toutes celles de ma vie, feront connaître à tout le monde que je suis véritablement, Sire, de Votre Majesté, le très fidèle et très obéissant serviteur. » Il n'en est que plus libre pour prêcher la résignation à la Reine-Mère, une Reine-Mère qui ne voit désormais dans l'évêque de Luçon qu'une innocente victime.

Mettant en application les conseils de modération de Richelieu, Marie de Médicis se résigne à l'exil de son conseiller — ce qui ne l'empêche pas de tirer de toute l'affaire un motif supplémentaire de rancune à l'égard de Luynes : « Il semble que le sieur de Luynes se veuille maintenant dédire de la promesse qu'il m'a faite », écrit-elle à Richelieu. « Je ne pense pas qu'il puisse agir ainsi, s'il considère que ce n'est pas de la sorte qu'il faut traiter la mère de son Roi. Si ceux qui vous travaillent [c'est-à-dire " qui travaillent contre vous "] étaient aussi affectionnés à Sa Majesté que je sais que vous êtes, ils vous traiteraient autrement qu'ils ne font. Il faut avoir patience. Je la prends de ma part. Prenez-la aussi de votre côté, je vous en prie, et croyez que je ne vous oublierai jamais. Votre bonne amie, Marie. » Elle ne manque pas, d'ailleurs, de faire savoir à Luynes ce qu'elle pense de son comportement : « Je suis fort étonnée qu'on ne m'ait point voulu donner de contentement sur le sujet de Monsieur de Luçon, car cela me fait croire qu'on ne se méfie pas seulement de lui, mais de moi. »

Perdant sa liberté de mouvement avec le petit crédit moral dont il disposait initialement auprès de Luynes, Richelieu, à l'inverse, a totalement regagné la confiance de Marie de Médicis. L'avenir va en montrer tout le prix mais en attendant, la Reine-Mère reste l'idole abattue, décriée, dont la fréquentation trop assidue n'est guère recommandable, et Richelieu, prudent, répond avec un empressement très limité aux assurances d'amitié, voire d'affection de Marie de Médicis. Par principe, il garde le silence, jusqu'aux limites de l'incorrection. Aucun des lettres que lui envoie la Reine-Mère n'est honorée d'une réponse. On mesure le chemin parcouru dans les bonnes grâces de Marie de Médicis en constatant comment celle-ci, loin de se formaliser, en tire de nouveaux motifs d'attachement. C'est avec une sollicitude inquiète qu'elle lui écrit : « Je vous prie de ne pas vous montrer si paresseux à me faire savoir de vos nouvelles. C'est chose que vous pourrez faire librement sans craindre que le Roi le trouve mauvais. » Richelieu finit quant même par répondre, et sa lettre, si longtemps désirée, comble d'aise la Reine-Mère : « Madame, les jours que je suis sans voir Votre Majesté m'étant des siècles, la passion que j'ai à son service ne me permet pas de différer plus longtemps de lui témoigner que, si je suis absent d'elle, je ne laisse pas d'y penser comme je dois et ainsi que sa bonté m'y oblige. »

La lettre est plus que courtoise, affectionnée même. Elle scelle la confiance réciproque entre Marie de Médicis et Richelieu qui, de ce moment, se range décidément, même si c'est par raison et par obligation, dans le « clan de la Reine-Mère », parmi ses « créatures ». Le double jeu lui ayant mal réussi, Richelieu lie exclusivement son sort à celui de la Reine-Mère. Il faut bien convenir, cependant, qu'il ne s'agit pas là d'une situation très enviable.

LES MILLE ET UNE INTRIGUES DE LA REINE DÉCHUE

Marie de Médicis, laissée à elle-même et privée des conseils, peut-être intéressés, mais orientés vers l'apaisement, de Richelieu, ne songe plus qu'à se venger. Est-elle sincère, ou se borne-t-elle à exploiter un thème qu'elle considère comme payant ? Le fait est qu'elle dénonce avec une vigueur grandissante l'existence d'un complot destiné à la renvoyer en Italie, et dont l'exil de son principal conseiller ne serait que le signe précurseur. L'entourage de la Reine-Mère, d'ailleurs, la pousse dans ce sens. La plupart des membres de la Maison de Marie de Médicis n'aimaient pas Richelieu. Mais maintenant que Luynes l'a fait exiler, et quelles que soient les circonstances qui ont entouré le départ de l'évêque de Luçon, personne ne doute qu'il faille voir en lui une victime expiatoire, la première peut-être d'une longue série qui n'épargnera même pas la Reine-Mère au bout du compte. Les fidèles de Marie de Médicis, sans autre perspective dans l'existence que de continuer à la servir, dans un univers étroitement circonscrit au périmètre du château de Blois et du domaine qui l'entoure, développent une véritable psychose. Et comme pour donner davantage de crédit à leurs alarmes, voici que Luynes décide de soumettre tout ce petit monde à un impressionnant dispositif de surveillance militaire et policière.

Les abords de Blois sont gardés avec un surcroît de vigilance. La ville est pleine de soldats, chargés de contrôler les allées et venues, de s'assurer que la Reine ne reçoit pas de messagers suspects. On filtre les entrées et les sorties du château. Des postes de contrôle s'échelonnent le long des routes qui mènent à Blois. Pour Marie de Médicis, le problème de l'offense à sa dignité est dépassé, c'est sa propre sécurité qui paraît en jeu désormais. Entre Blois et Paris, chacun s'accuse des plus noirs complots. Pendant que Marie proteste contre le traitement indigne auquel elle est soumise, Luynes s'inquiète des manœuvres auxquelles, il en est sûr, se livrerait la Reine-Mère. Jour après jour, il guette les signes qui, à Blois, à Luçon, ou ailleurs, trahiraient l'existence d'une conspiration dont Marie de Médicis tiendrait les fils. Il introduit des espions dans l'entourage de la Reine, fait intercepter ses lettres, qui sont soigneusement copiées avant d'être acheminées à leurs destinataires.

Bonzi, évêque de Béziers, remplit auprès de la Reine le rôle de confident que Richelieu a tenu pendant quelques semaines. C'est un esprit brouillon, agité, qui pousse Marie de Médicis aux résolutions les plus violentes. Comme pour donner corps aux soupçons de Luynes, voici que des bruits concordants font état d'étranges allées et venues dans les environs de Blois. D'insaisissables messagers sont signalés ici et là. L'Espagne s'intéresse au sort de Marie de Médicis. Le duc de Monteleone, représentant de Philippe III à Paris, demande à plusieurs reprises l'autorisation de se rendre à Blois. Le gouvernement s'inquiète de tant d'insistance ; quant à Marie de Médicis, elle montre assez de sens politique pour décider de refuser la visite de l'ambassadeur. De fait, elle correspond secrètement avec lui. Le Roi d'Espagne ne peut oublier que Marie de Médicis est l'artisan des mariages espagnols et l'inébranlable pilier de la cause du catholicisme le plus militant ; par ailleurs, l'inexpérience politique de Louis XIII, les inquiétudes que soulève la nature de ses rapports avec Anne d'Autriche, le retour au pouvoir des anciens ministres d'Henri IV, constituent autant de facteurs qui le conduisent à se montrer fort attentif au sort de la Reine-Mère.

Richelieu pour sa part s'absorbe dans les devoirs pastoraux et dans l'étude, s'efforçant de donner le moins de prise possible aux soupçons. C'est peine perdue. L'atmosphère de suspicion qui s'épaissit autour de lui le fait sortir de sa réserve. En septembre 1617, il s'adresse au Roi dans l'espoir de faire justice de la campagne de calomnies dont il est victime : « J'ai vécu en ma maison, priant Dieu pour la prospérité de Votre Majesté, et recherchant parmi les livres une occupation conforme à ma profession. On m'a toujours témoigné que la volonté de Votre Majesté était que, dans quelque temps, je retournasse auprès de la Reine sa mère. Même, il lui a plu me mander qu'elle-même en était assurée de bonne part : sur cela, j'ai attendu l'honneur de ses commandements. Je croyais, Sire, qu'en me gouvernant de cette façon, non seulement demeurerais-je exempt de blâme, mais même que mes actions seraient approuvées de ceux qui me voudraient le moins de bien. » Quelle erreur ! La cabale qui s'est formée contre Richelieu est si présente, si puissante, que ni le Roi ni Luynes ne daignent répondre à Monsieur de Luçon.

En cette période de détresse, rares sont les amis demeurés fidèles à l'évêque en disgrâce. L'abbé Bouthillier de La Cochère reste d'un précieux secours, mais il ne pèse pas d'un grand poids auprès des nouveaux maîtres. Ah, si le Père Joseph était là ! Mais le projet de la croisade contre les Turcs l'habite entièrement et le conduit pour l'heure à Rome, où il s'attarde pendant de longs mois au moment même où l'ami Richelieu aurait le plus besoin de ses conseils éclairés.

La croisade du Père Joseph

Le duc de Nevers est à l'origine de la mission du Père Joseph dans la Ville Éternelle. Charles de Gonzague, duc de Nevers, est un personnage bizarre. L'un de ses serviteurs prétend qu'il dormait les yeux ouverts et que ceux-ci lançaient des rayons si effrayants que son entourage n'avait jamais pu s'y habituer. Le duc de Nevers incarne au plus haut point le cosmopolitisme de la grande noblesse européenne. Son éducation et son titre en font un gentilhomme français. Mais sa naissance le rend originaire d'Italie, de Grèce et d'Allemagne. Sa mère est une princesse de la Maison de Clèves. Son père est un Gonzague, de la famille régnante de Mantoue, et comme le duc de Nevers n'hésitait pas à l'écrire à Marie de Médicis, « il était notoire que les Gonzague avaient été princes bien avant que les Médicis fussent même des gens de condition ». Sa grand-mère maternelle est issue de la famille des Paléologue, qui a fourni ses derniers empereurs à Byzance, avant sa chute sous les coups des Turcs en 1453.

C'est l'ascendance grecque du duc qui détermine sa vocation pour la croisade. Il y a plus de 150 ans que l'Empire byzantin a disparu, mais nombreux sont les Grecs qui rêvent de secouer la domination ottomane. Les plus remuants sont les montagnards, particulièrement ceux qui vivent en Morée, le Péloponnèse de la Grèce antique. Des délégations viennent demander au duc de Nevers, en sa qualité de descendant des Paléologue, d'accepter de se mettre à la tête des Grecs, à condition de fournir les munitions nécessaires à la réussite du soulèvement. Le duc est extrêmement flatté, mais suffisamment conscient, aussi, des difficultés de l'entreprise, et se convainc sans peine que rien ne peut être tenté sans le concours de la Papauté et des grandes puissances chrétiennes. Pendant les négociations de Loudun en 1616, il a l'occasion d'entretenir le Père Joseph de ses espérances, de ses projets. Par passion personnelle, mais aussi parce que les Capucins sont une branche de la grande famille franciscaine qui fait de la croisade l'une de ses raisons d'être, le Père lui prête une oreille attentive. Bientôt son imagination s'enflamme. Dans la situation présente d'une Europe où la multiplication des conflits locaux donne tout lieu de craindre une conflagration générale, le Père Joseph estime qu'un tel projet, en mobilisant contre le Turc l'énergie guerrière des nations chrétiennes, permettrait de maintenir la paix en Occident tout en reconquérant sur l'infidèle ce bassin de la Méditerranée orientale qui a vu fleurir les premiers rameaux du christianisme.

Le Père Joseph s'emploie d'abord à emporter l'adhésion de Marie de Médicis. L'attachement de la Régente à la cause du militantisme chrétien l'incline tout naturellement à prêter une oreille favorable au projet de croisade. Auprès d'elle, l'évêque de Luçon, l'ami du Père Joseph, voit grandir son étoile ; or, au lieu d'appuyer sans réticence les efforts du Capucin, le voici au contraire qui oppose à son projet les plus vives réserves. Richelieu, en effet, se montre avant tout préoccupé par la faiblesse intérieure du royaume, par la guerre qui sévit de façon endémique en Italie du Nord, par les divisions religieuses de l'Allemagne. Son esprit réaliste l'incline à trouver quelque peu suranné et un tantinet fumeux l'élan qui emporte le Père Joseph. Mais le mot de croisade a toujours sa place dans le vocabulaire des chancelleries, Richelieu est d'Église, et le Père Joseph a une telle force de persuasion ! Richelieu finit par se laisser convaincre à son tour, et le Capucin, nanti d'une lettre de recommandation chaleureuse de la Reine-Mère, prend la route de Rome afin de solliciter le patronage officiel du Pape Paul V. Celui-ci, d'abord réticent, fait en définitive bon accueil au projet, et conseille au Père Joseph de prendre contact avec l'Espagne, chef de file de l'Europe catholique, dont la participation à l'entreprise lui paraît une condition essentielle à sa réussite.

Au printemps 1617, le Père Joseph quitte Rome pour l'Italie du Nord et Madrid. Arrivé à Turin, il y apprend de bien fâcheuses nouvelles. En décembre de l'année précédente, le duc de Nevers a repris les armes contre Marie de Médicis. Richelieu, devenu secrétaire d'État aux Affaires étrangères et à la Guerre, a fait diligence contre les rebelles, mais au moment où l'écrasement de la révolte semblait imminent, voici que l'assassinat de Concini, le 24 avril 1617, a subitement renversé le régime. Plus de Reine-Mère, plus de

Richelieu pour appuyer les efforts du Père Joseph, mais une nouvelle équipe gouvernementale dirigée par un inconnu, Charles d'Albert de Luynes. Le Père Joseph pense plus sage de remettre son voyage à Madrid et de rentrer directement à Paris.

Le retour du Capucin dans la capitale précipite Richelieu sur son écritoire. Il en sort une longue missive en forme de plaidoyer : « Mon Père », écrit Richelieu, « je veux vous témoigner par cette lettre que j'ai de la confiance en vous, puisque, bien qu'il y ait plus d'un an et demi que nous ne nous soyons vus, je veux vous écrire avec la même franchise que si nous n'avions point bougé d'ensemble. Je suis si gros de déplaisir que je vous veux ouvrir mon cœur. » Et Richelieu de se lancer dans un récit détaillé de ce qui s'est passé depuis dix-huit mois, depuis que le Père Joseph est parti pour Rome. Il lui raconte d'abord les circonstances qui l'ont conduit à attirer sur lui l'attention de Marie de Médicis, avant de le faire entrer dans le gouvernement constitué en novembre 1616. Il expose ensuite avec un luxe de précisions les actions qu'il a menées comme ministre, insistant sur le fait qu'elles étaient uniquement orientées vers le bien de l'État, sans aucune complaisance à l'égard des Concini ou d'autres intérêts privés. Puis vient le récit de la mort de Concini, celui de l'éviction de Richelieu du gouvernement constitué par Louis XIII, le départ pour Blois, la retraite à Coussay. A travers cette longue missive, plaidoyer *pro domo*, évidemment, on sent pourtant un tel accent de sincérité qu'elle force la conviction du lecteur d'aujourd'hui — comme elle a dû forcer celle du Père Joseph.

Qu'en attendait au juste Richelieu ? Rien d'autre, sans doute, qu'un peu de réconfort de la part de son ami. Le Père Joseph, d'ailleurs, ne voyant pas trop ce qu'il peut faire pour lui, et l'esprit fort occupé par son projet de croisade, reprend bientôt son bâton de pèlerin. Le duc de Nevers, l'un des principaux artisans de la chute de la Reine-Mère, semble particulièrement bien en cour auprès du jeune Louis XIII et en profite pour aller, avec l'appui diplomatique du Roi de France, prêcher la croisade chez les principaux princes allemands. Si l'on en croit les lettres qu'il adresse au Père Joseph, l'accueil rencontré est amical et encourageant. Mais une conclusion, aussi, s'impose : rien n'est possible sans la participation de l'Espagne. Allons, Père Joseph, il faut aller à Madrid, en utilisant la recommandation que le Pape vous avait donnée plus d'un an auparavant. Au fort de l'été 1618, sous la canicule, le Père Joseph trottine par les grands chemins, en compagnie de deux autres Capucins qui mourront d'épuisement avant d'avoir rejoint Madrid. Arrivé dans la capitale espagnole, le Père Joseph est cordialement reçu par le duc de Lerme, qui approuve le projet de croisade, mais s'oppose au Capucin au sujet de l'organisation de l'expédition. Pour le Père Joseph, le duc de Nevers en est le chef tout désigné. Pour le duc de

Lerme, la direction de l'entreprise revient tout naturellement à l'Espagne. Après quatre mois de discussions infructueuses, le Père Joseph repart sans avoir rien obtenu et, renonçant provisoirement à ses projets de croisade, reprend son activité de prédicateur dans les régions de l'Ouest de la France.

RICHELIEU POLÉMISTE

Pendant que le Père Joseph s'en allait vers Madrid, Richelieu s'était remis à l'étude. Une excellente occasion d'aiguiser ses talents de polémiste lui est fournie par la dégradation du climat religieux en France. Le 27 mai 1617, les députés du synode protestant de Vitré viennent trouver le Roi et lui font part de la joie qu'ils éprouvent de la mort de Concini. L'état de grâce dure peu. Le 2 juin, l'évêque de Mâcon, à l'occasion de l'Assemblée générale du Clergé de France qui se tenait aux Augustins, fait remontrance au Roi de la situation lamentable du catholicisme en Béarn. Nous avons vu comme Henri IV s'était montré peu empressé de faire rentrer l'Église catholique dans ses droits. Marie de Médicis, malgré tout son zèle à l'égard de la foi catholique, avait elle aussi reculé devant des mesures qui lui paraissaient, à tort ou à raison, de nature à provoquer de graves troubles religieux. Louis XIII, lui, n'hésite pas. Malgré les supplications des réformés, un arrêt du 25 juin ordonne le rétablissement du culte catholique en Béarn et la restitution à l'Église des biens dont elle a été spoliée ; en contrepartie, le Roi promet de prendre en charge sur sa cassette les frais d'entretien des pasteurs et des écoles protestantes.

Les réformés du Béarn s'émeuvent, tiennent une assemblée houleuse. Au mois de septembre 1617, un nouvel arrêt du Roi ordonne l'exécution immédiate des décisions prises trois mois plus tôt. Dans ce contexte, une vilaine atmosphère de guerre de religion n'a pas tardé à resurgir. Un sermon du confesseur du Roi, le Père Arnoux, contient des propos assez peu iréniques sur la confession de foi des huguenots. Les quatre pasteurs du temple de Charenton, celui que fréquentent les huguenots de Paris, répliquent par une vigoureuse adresse au Roi. Trop vigoureuse, sans doute, car le Roi, par arrêt du Conseil en date du 5 août, condamne la préface. Richelieu se lance dans la bagarre. Il rédige en six semaines une réfutation de la lettre des quatre pasteurs, qu'il diffuse largement et qui est bientôt publiée à Poitiers sous le titre : *La défense des principaux points de la foi catholique contre la lettre des quatre ministres de Charenton.* Sa réputation y gagne assurément mais certainement pas sa tranquillité.

« Je ne cherche que le repos », avait écrit Richelieu dans sa longue lettre au Père Joseph. *La défense des principaux points de la foi catholique* va exactement à l'encontre de cette aspiration. En ramenant l'attention sur l'évêque de Luçon, elle ravive les haines ; plus s'élèvent les murmures flatteurs qui saluent la publication de son essai, plus la jalousie et l'envie se donnent libre cours. La gloire littéraire ne l'absout pas, au contraire : « Bien qu'il fût aisé à connaître par là qu'aucuns desseins de la Reine n'occupaient point mon esprit, mes ennemis ne laissèrent pas néanmoins de le craindre, et ne me firent pas donner permission de retourner la trouver [15]. »

Il est de bon ton, chez les historiens, de railler la sincérité des propos que tient périodiquement Richelieu au sujet de son désir de retraite. Nous voyons déjà se dessiner dans le caractère de Monsieur de Luçon cette propension aux crises d'abattement, de mélancolie, que nous retrouverons si souvent, par la suite, chez le cardinal-premier ministre ; quoi de plus naturel si Richelieu, en ces moments de doute, songe tout à fait sérieusement à renoncer à une activité politique qui le dévore sans profit ? Gardons-nous de céder à ce travers qui conduit nombre d'auteurs, quand ils songent au destin ultérieur de Richelieu, à mettre en doute sa bonne foi lorsqu'il affirme, en octobre 1617, n'aspirer à rien d'autre qu'au repos. Nul ne sait, évidemment, ce qui pouvait se passer dans le cœur de Richelieu à cette époque. Mais il n'est pas interdit, pour en avoir une idée, de raisonner sur des faits, et uniquement sur des faits.

Ceux-ci nous montrent un homme de 32 ans, donc dans la force de l'âge ; il a goûté au pouvoir, et il n'y a pas trop mal réussi, si l'on excepte la chute finale, dont il n'est guère responsable. Il est légitime de penser que cet homme a envie d'être quelque chose dans la suite de son existence, de revenir aux affaires sous une forme qu'il ne peut certes deviner, mais d'y revenir. Voilà pour l'ambition.

Mais cet homme est cruellement éprouvé. Il a maladroitement trahi tout le monde. La Reine-Mère ? Il y a peu d'apparence qu'elle revienne avant bien longtemps dans les allées du pouvoir. Et si cela devait un jour se produire, qui oserait soutenir qu'elle ramènerait Richelieu dans ses bagages ? Le réalisme, pour l'évêque de Luçon, lui commande de renouer avec la carrière d'universitaire, de théologien, de polémiste qu'il avait brillamment inaugurée. Fi de la politique politicienne ! Place à l'ermite de Coussay, pourfendeur de l'hérésie et phare du catholicisme militant.

Il faut éviter de juger le passé à travers le prisme de l'avenir. Bien sûr, nous savons, nous, aujourd'hui, que Richelieu est revenu au pouvoir, qu'il est devenu cardinal et premier ministre de Louis XIII. Mais une telle perspective était à proprement parler

---

15. Richelieu, *Mémoires*, Éd. Michaud et Poujoulat, Paris, Firmin Didot, 1837, T.I, p. 174.

impensable au cours de ce sombre automne 1617 où Richelieu, perdu dans son diocèse, reçoit de Paris, jour après jour, les échos les plus inquiétants sur les dispositions de Luynes et de Louis XIII à son égard. Une seule attitude apparaissait raisonnable, disons même concevable : faire le gros dos en priant le ciel que les orages à venir ne l'éclaboussent pas trop.

CHAPITRE XII

Au fond de l'abîme

Les succès de Luynes

La nouvelle équipe gouvernementale animée par Luynes et dont les principaux maîtres d'œuvre sont Villeroy et le Président Jeannin, enregistre coup sur coup deux beaux succès en politique extérieure.

La chute de Concini a provoqué, dans un premier temps, de gros déboires pour les intérêts français en Italie du Nord. Lesdiguières, dès qu'il a appris la mort du maréchal d'Ancre, a regagné précipitamment son gouvernement du Dauphiné dans la crainte de troubles éventuels. Sa retraite a laissé le duc de Savoie isolé face aux Espagnols qui, le 25 juillet, lui ont infligé un grave revers en lui prenant la ville de Verceil. La possession de cette ville donne aux Espagnols une excellente entrée en Piémont, et le duc de Savoie, une fois de plus, appelle la France au secours.

Pendant le siège de Verceil, qui dure deux mois, le duc de Monteleone a réussi à convaincre Louis XIII de ne pas bouger, en lui expliquant que la chute de la ville permettrait de rabattre l'orgueil du duc de Savoie, et rendrait plus aisée la conclusion d'une paix durable entre le duc et son voisin de Mantoue. Au demeurant, les Espagnols ne poursuivaient aucun but de conquête, le duc de Monteleone en donnait formellement l'assurance. L'ennui, c'est que la prise de Verceil, loin de marquer le terme de l'offensive espagnole, lui insuffle un nouvel élan : le gouverneur de Milan entreprend en effet d'assiéger Asti. Louis XIII, se sentant joué, ordonne au maréchal de Lesdiguières de repasser les Alpes ; il lui envoie en outre le renfort, sous le commandement du duc de Rohan et du comte de Schomberg, d'un régiment de lansquenets qui avait été levé contre les princes dans les toutes dernières semaines du « Ministère Concini ». Avec l'appoint de quelques centaines de gentilshommes français volontaires pour faire le coup de feu contre l'Espagnol, c'est une force respectable de 10 000 fantassins et 2 000 cavaliers qui s'oppose maintenant aux troupes du gouverneur de Milan. Celles-ci subissent un premier revers le 1er septembre, qui les oblige à desserrer leur étreinte autour d'Asti. Le 2, puis le 4, puis encore le 7, les Français remportent de nouveaux succès, qui transforment l'offensive espagnole en une retraite sans gloire. Madrid comprend qu'il vaut mieux traiter. Les choses sont rondement menées : le 9 octobre, le Traité de Pavie décide la restitution mutuelle de tous les territoires indûment occupés, et le désarmement des armées antagonistes de Savoie et d'Espagne. C'est un beau succès pour la diplomatie française.

Et, comme par un fait exprès, un deuxième succès vient dans le même temps compléter celui-ci : l'Archiduc Ferdinand de Styrie accepte de s'accommoder avec les Vénitiens, qui reçoivent satisfaction sur l'essentiel.

Richelieu, beau joueur, applaudit à ces résultats qui récompensent une politique de fermeté en tous points conforme à sa manière de gouverner. Mais il ne peut se défendre d'une certaine amertume en constatant que la chance sourit à ses successeurs et adversaires là où lui-même avait auparavant échoué.

Sur le plan intérieur aussi, le nouveau régime vole de succès en succès. Les Grands, rudement étrillés par Richelieu, ont été sauvés à la dernière minute d'une déroute totale par la mort de Concini. Ils regagnent la Cour battus sur le champ de bataille, mais en position de s'associer sans réticence au triomphe des nouveaux maîtres : n'ont-ils pas constamment affirmé qu'ils avaient pris les armes dans le seul dessein de libérer le Roi de la dictature de Concini ? La mort du maréchal d'Ancre et l'exil de Marie de Médicis, c'est donc un peu leur victoire. Ceux du parti de la Reine sont évidemment moins heureux, tel le duc d'Épernon qui s'enferme dans une bouderie rageuse à Metz. Quant au prince de Condé, le Roi n'a garde de le retirer de la Bastille ; philosophe, le prince continuera donc de réfléchir sur les risques auxquels on s'expose à trop vouloir braver l'autorité des souverains. Louis XIII, en revanche, pardonne aux rebelles de la veille, qui reparaissent à Paris aussitôt après la mort de Concini. Mais les circonstances font qu'il n'y a pas, comme lors des précédents raccommodements de Sainte-Menehould ou de Loudun, de grandes distributions de largesses : on tourne la page, on se réjouit ensemble, et voilà tout. Luynes sent, dans ces conditions, la nécessité de donner quelque chose aux Grands, et c'est ainsi que l'idée lui vient de convoquer une Assemblée des notables — instance bien plus légère et plus maniable que les États-Généraux, puisqu'elle ne compte que 54 députés au total (13 membres du Clergé, 16 de la Noblesse, et 25 représentants des Cours souveraines).

L'Assemblée se réunit à Rouen, en présence du Roi et des ministres, du 4 au 26 décembre 1617. La réunion est endeuillée par la mort de Villeroy survenue le 12 novembre précédent. Agé de 74 ans déjà, il avait été appelé au gouvernement pour la première fois en 1566, sous Charles IX — 51 ans plus tôt ! Villeroy, servant tous les régimes, avait survécu à toutes les vicissitudes politiques. Avec Sillery, Puisieux (qui n'est autre que le fils du Chancelier de Sillery) et le Président Jeannin, il trustait littéralement les fonctions gouvernementales. Unie, la bande des quatre tenait tête à n'importe qui. Leurs divisions seules les avaient, pour quelques mois, écartés du pouvoir entre novembre 1616 et avril 1617. Richelieu reconnaissait à Villeroy du jugement, fruit de son expérience, mais lui reprochait un manque total de culture. Même dénué de science, Villeroy avait cependant le grand mérite d'être conscient de ses insuffisances ; en Conseil, il parlait par monosyllabes, donnant à croire qu'il en savait beaucoup plus qu'il ne voulait bien le dire. Pendant son agonie, il répétait sans cesse : « O, monde, que tu es trompeur ! », paroles qui, aux yeux d'un Richelieu jusqu'au bout malveillant, « témoignaient plutôt son erreur que sa sagesse ».

La disparition de Villeroy permet à Luynes de mener désormais à sa guise la politique du royaume. L'Assemblée des notables ne consacre que des séances de pure forme aux grands problèmes restés pendants depuis la fin des États-Généraux. La suppression de la paulette et la réduction du montant des pensions font une fois encore l'objet de résolutions présentées par les députés qui ne parviennent pas à se mettre d'accord sur un véritable plan de réforme des finances royales ; l'abolition de la paulette est prononcée par décret en Conseil du Roi au tout début de 1618. Il importe bien davantage à Luynes que les notables, réunis à Rouen dans son tout nouveau gouvernement de Normandie, l'applaudissent dès la séance d'ouverture, approuvent l'assassinat de Concini et l'éloignement de la Reine-Mère, et se séparent en votant une motion de félicitations à son adresse. « Comme toutes les autres », écrit Fontenay-Mareuil, « cette Assemblée demeura sans effets. Mais aussi, comment verrait-on ôter les discordes d'un lieu où il y a un favori qui ne subsiste que par le désordre et qui en est lui-même le plus grand de tous ? »

LE SUPPLICE DE LA GALIGAÏ : UNE MORT QUI RAPPORTE

La dictature de Concini semble n'avoir disparu que pour laisser place à celle de Luynes. Le duc de Bouillon, fort peu de temps après l'assassinat du maréchal d'Ancre, constatait joliment que la taverne était toujours la même, le bouchon seul [c'est-à-dire l'enseigne] ayant changé. Luynes s'est fait attribuer les dépouilles de Concini : les 2 millions de livres de créances trouvées dans sa poche au moment de sa mort, le gouvernement de la Normandie, les places de Quillebœuf et de Pont-de-l'Arche. Cependant, le plus gros de la fortune des favoris italiens appartenait à Leonora, qui était mariée sous le régime de la séparation de biens ; Luynes, pour se l'approprier, a besoin d'un jugement de condamnation à mort avec confiscation de biens contre la Galigaï. Il va s'y employer, essayant tour à tour différents motifs de condamnation : ingérence, haute trahison, prévarication, sorcellerie. L'instruction du procès, qui débute le 9 mai — quelques jours après le départ de Marie de Médicis pour Blois — éclabousse tous les dignitaires de l'ancien régime : la Reine-Mère, dont les manipulations financières sont dévoilées et jetées en pâture au grand public, les ministres Richelieu, Mangot et Barbin, qui apparaissent comme étroitement inféodés au maréchal d'Ancre et à sa femme.

Dans les papiers de Concini, on saisit 9 lettres compromettantes de Richelieu. C'est une arme contre l'ancien ministre — et l'une des bonnes raisons qui le déterminent à servir Luynes en trahissant Marie de Médicis comme nous l'avons vu faire pendant son bref séjour de Blois. Sa réputation souffre également des témoignages qui établissent la complaisance dont il a fait preuve à l'égard des favoris durant son passage au ministère.

Les juges de Leonora, interrogeant le dénommé Jean Desdiguière, dit Laplace, serviteur fidèle de la maréchale, l'amènent à reconnaître le rôle qu'elle a joué dans la nomination des nouveaux ministres de 1616 : « Vous verrez que le Conseil du Roi ira beaucoup mieux depuis l'établissement de nos nouveaux ministres », avait-elle affirmé à Laplace, qui ajoute dans sa déposition : « [Elle] disait qu'elle et son mari avaient établi les ministres, qu'ils servaient fidèlement le Roi et qu'ils n'étaient pas sujets à l'argent. » Cette dernière précision disculpe au moins Richelieu du soupçon d'avoir trempé dans les opérations véreuses de Leonora. Laplace, d'ailleurs, insiste sur le fait que la maréchale ne parlait avec les ministres que de ses affaires domestiques et non des affaires de l'État — mais nul n'en croit un mot : l'ingérence directe des Concini dans la politique par le biais d'un gouvernement à leur dévotion est suffisamment attestée par ailleurs pour que la cause soit entendue.

Ce n'est pas, cependant, un motif suffisant pour faire couper la tête à Leonora, et l'accusation de sorcellerie qui conduit immanquablement au bûcher ceux qui sont reconnus coupables d'intelligences avec le Diable est infiniment plus redoutable et efficace. Dès le 10 mai, une dépêche de l'ambassadeur vénitien informe le gouvernement de la Sérénissime du sort qui attend la pauvre maréchale d'Ancre : « La vie de celle-ci apparaît fort sinistre et on découvre qu'il est possible de la convaincre de sorcellerie. Toutefois, si ce délit venait à être reconnu et puni, cela rejaillirait sur la réputation de la Reine-Mère, en raison des faveurs extraordinaires qu'elle accorda et qui sont très mal interprétées. » Ajoutons que Richelieu est tout aussi exposé que Marie de Médicis, à ceci près que sa qualité d'homme d'Église le rend particulièrement vulnérable.

Leonora est trop habile pour donner à ses juges les preuves et les aveux qu'ils recherchent. Mais les pressions que Luynes exerce sur la Cour de justice sont telles que la Florentine finit par être déclarée coupable et criminelle « de lèse-majesté divine et humaine » — expression suffisamment vague pour permettre d'englober l'accusation de sorcellerie, même si celle-ci ne peut être formellement établie.

En fait, comme l'indiquera Richelieu, l'arrêt de mort prononcé le 8 juillet 1617 « fit voir à tout le monde qu'ils [Luynes et son clan] n'avaient poursuivi cette pauvre affligée que pour couvrir leur pauvreté de ses biens ». La fortune des Concini, évaluée à 15 millions de livres (les 3/4 du budget annuel de l'État), est confisquée par le Roi et attribuée le 12 août à Luynes par lettres patentes de Louis XIII. La Cour des Comptes ayant émis quelques réserves sur le procédé, le Roi lui ordonne le 23 septembre d'enregistrer purement et simplement le don en question, « celui-ci étant fondé sur des raisons très considérables et fait avec mûre délibération à une personne que nous avons grande occasion d'aimer pour les signalés services qu'il nous a rendus et rend journellement ». La Cour s'incline et, le 26 septembre, enregistre les lettres patentes, bientôt imitée par le Conseil d'État qui, le 14 octobre, met Luynes en possession de tous les biens de Leonora.

Le 11 septembre, Luynes avait épousé Marie de Rohan, fille du duc de Montbazon, l'un des plus grands noms de France ; ce n'est pas exactement ce qu'il avait souhaité, mais Mademoiselle de Vendôme, fille d'Henri IV et de Gabrielle d'Estrées, sur laquelle il avait d'abord jeté son dévolu, avait refusé avec hauteur une pareille mésalliance.

Tempête à Blois. L'affaire Barbin

A Blois, Marie de Médicis vit partagée entre la colère et la crainte. Le procès et la condamnation de Leonora lui font redouter le pire, c'est-à-dire la relégation en Italie. Le gouvernement traite la Reine déchue en suspecte. Roissy est dépêché à Blois pour remplir en pratique les fonctions de Chef du Conseil de Marie de Médicis laissées vacantes par le départ de Richelieu. Il soumet la Reine à une surveillance de tous les instants, s'arrogeant le droit de lire son courrier et de filtrer les demandes d'audience.

Aucune avanie n'est épargnée à la pauvre Marie. Le mariage de sa fille Christine avec le prince de Piémont, héritier du duc de Savoie, est conclu sans qu'on lui ait demandé son avis. On remplace le gouverneur qu'elle avait autrefois choisi pour son fils Gaston, Monsieur de Brèves, toujours sans lui demander son avis.

Luynes imagine de lui extorquer une lettre dans laquelle elle confesserait avoir mal géré les affaires de l'État pendant les sept années où elle en a eu la charge. Son beau-frère Modène est envoyé à Blois afin d'obtenir la signature de Marie de Médicis au bas du document qu'on a préparé tout exprès ; mais la Reine-Mère, indignée du procédé, met à la porte Monsieur de Modène, qui revient bredouille à Paris.

Le favori décide alors, pour avoir raison de sa résistance, de monter un piège assez odieux où Barbin va servir d'appât. Le malheureux était à la Bastille, soumis à un traitement de rigueur. On instruisait son procès sans cacher que l'on s'acheminait soit vers une condamnation à mort, soit, au mieux, vers un bannissement à perpétuité. Marie de Médicis, qui aime beaucoup Barbin et sait au moins rester solidaire de ses fidèles dans l'adversité, intervient autant qu'elle le peut en sa faveur. A l'automne 1617, Luynes semble tout à coup se laisser fléchir par ses prières et fait donner davantage de liberté à Barbin. On lui laisse même le moyen d'écrire, et on l'autorise à correspondre avec l'extérieur, et notamment avec Marie de Médicis. Correspondance anodine, évidemment, car les lettres, interceptées et remises à Luynes, sont soigneusement recopiées avant d'être transmises à leurs destinataires. Mais le Roi n'a pas été informé. Et c'est ce qui va permettre à Luynes de faire éclater, au moment qu'il jugera le plus opportun, une grave « affaire Barbin ». Ce moment arrive au printemps de 1618.

L'opinion publique, en effet, s'émeut des mauvais traitements infligés à la Reine-Mère. Oublieuse de Concini et des désordres financiers de la régence, elle constate que le gouvernement Luynes n'est somme toute guère plus efficace. Les Grands, qui n'ont rien obtenu, pas même la libération de Condé, commencent à manifester quelque mauvaise humeur. Marie de Médicis leur paraît pouvoir constituer un porte-drapeau tout à fait acceptable ; un an après l'avoir si vigoureusement combattue, les voici qui « font dessein de la faire retourner auprès du Roi pour y tenir le même rang qu'elle y avait auparavant[1] ». Il en est parmi eux qui touchent de très près à Luynes, comme son propre beau-père, le duc de Montbazon. Le

---

1. Richelieu, *Mémoires*, Éd. Michaud et Poujoulat, Paris, Firmin Didot, 1837, T.I, p. 179.

duc de Rohan s'indigne bien haut des procédés utilisés à l'encontre de Marie de Médicis. Quelques-uns en viennent même à penser qu'elle devrait faire un geste spectaculaire, par exemple quitter le château de Blois nonobstant les gardes postés dans la ville, et venir hardiment à la rencontre de Louis XIII à Paris pour lui parler, s'expliquer une bonne fois avec lui, et conclure ensuite une paix définitive. Ces bruits viennent forcément aux oreilles de Luynes, qui décide de mettre obstacle par n'importe quel moyen à un projet qui signifierait la ruine de son pouvoir sans partage sur le Roi.

Dans les premiers jours d'avril 1618, Luynes présente à Louis XIII l'ensemble des lettres échangées entre Barbin et la Reine-Mère. Cette révélation soudaine fait sur le Roi l'effet qu'en attendait le favori. Louis XIII éprouve le sentiment de découvrir sous ses pieds l'abîme d'une vaste conspiration ourdie contre son autorité. Il ordonne sans hésiter à Luynes de sévir avec la dernière rigueur contre tous les coupables sans exception.

Richelieu exilé en Avignon

Richelieu est l'une des premières victimes. Il n'était pour rien dans la correspondance entre Barbin et Marie de Médicis et, dans ses relations avec la Reine-Mère, il avait toujours eu soin de faire preuve d'une prudence extrême. Mais Luynes se méfiait de lui et n'attendait qu'une occasion pour l'éloigner encore davantage. L'affaire Barbin la lui fournit. Le 7 avril 1618, Louis XIII, s'appuyant sur « les avis qu'il recevait des allées et venues et diverses menées qui se faisaient au lieu » où réside Richelieu, c'est-à-dire dans son diocèse, lui donne l'ordre de quitter sans délai le royaume pour fixer sa résidence en terre pontificale, en Avignon. Si Richelieu s'exécute, on lui en saura gré ; s'il tarde à s'incliner devant le désir du Roi, qu'il sache bien que ce dernier ne manquera pas d'« y pourvoir par autre voie ». Une dépêche du 21 avril 1618 de l'ambassadeur de Venise nous apprend que Richelieu était fortement soupçonné de s'être rendu sous un déguisement dans une abbaye située à 6 lieues de Blois, afin d'y rencontrer secrètement Marie de Médicis. Luynes, exaspéré, avait parlé de l'envoyer à Rome. Il s'était ensuite ravisé, préférant le séjour d'Avignon où il serait plus facile de surveiller l'exilé.

Richelieu ne songe pas un seul instant à discuter l'ordre du Roi. Il indique dans ses *Mémoires* qu'il n'a d'ailleurs pas été trop surpris en le recevant, « ayant toujours attendu de la lâcheté de ceux qui gouvernaient, toutes sortes d'injustes, barbares et déraisonnables traitements ».

Le marquis de Richelieu, son frère, et le sieur du Pont de Courlay, son beau-frère, reçoivent le même commandement. Quarante-huit heures plus tard, Richelieu est sur la route. C'est le Vendredi saint. Malgré la résignation qu'affiche l'évêque de Luçon, l'atmosphère est triste, lugubre même. La pluie tombe sans discontinuer pendant les trois semaines du voyage. Richelieu arrive à destination le 12 mai. Son secrétaire Le Masle loue un petit hôtel dans un quartier calme d'Avignon près du couvent des Minimes. La présence de son frère et de son beau-frère adoucit la rigueur de l'exil dans une ville où Richelieu se trouve fort dépaysé. Beaucoup d'Italiens et de Levantins, une forte odeur de trafics en tout genre, et puis, au-dessus de la tête de l'évêque de Luçon, la perspective peu réjouissante d'un procès.

Les protestations véhémentes de la Reine-Mère contre la mesure qui le frappe sont une maigre consolation. Car Richelieu apprend de bonne source qu'on songe fort sérieusement à l'inculper. Les papiers d'État qu'il a laissés en quittant le pouvoir ainsi que ses papiers personnels sont examinés avec soin, et Luynes laisse entendre qu'il pourrait bien en sortir quelques révélations désagréables, comme la preuve d'indélicatesses financières au profit de Concini, ou même d'actes de haute trahison.

Richelieu prépare sa défense. Il se plonge avec frénésie dans la rédaction d'une sorte de plaidoyer politique qu'il intitule le *Caput apologeticum*. « Qui a jamais ouï parler que des civilités fussent des crimes ? Si c'est un crime, qui en est exempt ? Quel seigneur, quel officier, quel prince n'est point tombé dans cette faute ? » Ainsi commence le *Caput apologeticum*, faisant allusion aux lettres obséquieuses envoyées par Richelieu à Concini. Mais ce grief est évidemment loin d'être le seul, et Richelieu passe tour à tour en revue les différentes accusations qui sont portées contre lui.

On lui reproche d'avoir servi Marie de Médicis. L'ex-Régente est bien déchue aujourd'hui, mais en 1616-1617 ne représentait-elle pas le pouvoir légitime ? « J'ai obéi à la Reine, il est vrai, mais de qui tout le monde recevait-il les volontés du Roi que de sa bouche ? Les particuliers, petits et grands, les communautés ne les ont point prises d'autre qu'elle. » En servant la Reine-Mère, il servait le Roi qui lui avait confié la charge de gouverner en son nom. D'ailleurs, ajoute Richelieu, il n'y a rien dans tout ce que lui a demandé Marie de Médicis qui lui soit apparu comme contraire à l'intérêt du souverain : « Jamais je n'ai rien fait que je n'aie cru certainement, en ma conscience, être avantageux au Roi, et je puis dire devant Dieu avoir toujours eu une passion très grande de lui complaire. »

La politique étrangère suivie par l'évêque de Luçon pendant son passage au gouvernement fait, elle aussi, l'objet de vives critiques. On lui reproche de s'être montré trop inféodé à Madrid et Richelieu est personnellement considéré comme l'un des durs du clan pro-espagnol en France. « De m'accuser, moi et mes compagnons d'être espagnols, parce que nous avons ménagé l'intelligence entre les deux Cours, comment le peut-on sans en convaincre ceux qui en ont fait et conseillé l'alliance ? » Ceci vise directement Villeroy, artisan principal de l'alliance espagnole avec l'accord, du reste, d'une bonne partie des ministres aujourd'hui ramenés au pouvoir par la mort de Concini.

Richelieu se voit de même reprocher d'avoir été le farouche ennemi des princes. Il répond que l'antagonisme entre ceux-ci et le gouvernement de la Reine-Mère a eu précisément les mariages espagnols comme point de départ. Or, « aux oppositions des princes contre ce dessein », Villeroy et la plupart de ses collègues au gouvernement « ont toujours répondu qu'elle [l'union entre Paris et Madrid] était nécessaire au bien de cet État et au repos de nos voisins », et n'ont pas ménagé leurs efforts, jusqu'en 1616, pour en imposer l'acceptation à Condé. L'accusation, par conséquent, ne tient pas debout : si Richelieu est coupable de ce chef, les actuels ministres de Louis XIII le sont au moins autant.

Le *Caput apologeticum* n'est pas un document rédigé. Richelieu avait jeté sur le papier des notes éparses, qu'il aurait utilisées en les développant au cours d'un éventuel procès. Il rappelle, par exemple, que son père était déjà un fidèle serviteur de la monarchie. Lui-même l'a été dès le temps de sa jeunesse. Henri IV lui a marqué sa faveur en le faisant évêque avant qu'il ait atteint l'âge requis. A Rome, le Pape a rendu hommage à ses qualités en lui donnant la bulle de dispense à 22 ans. La Sorbonne l'a reçu parmi ses membres. « En tous lieux où il a vécu, il s'est comporté avec estime. » Richelieu a rempli avec zèle ses devoirs d'évêque : « Il a remis en état plusieurs églises, avancé le bien de la religion. » Et puis, deux lignes qui sont bien intéressantes, car elles décrivent un Richelieu conciliant sans difficulté sa qualité de prélat catholique avec l'esprit de tolérance sur lequel se fonde (ou se fondait) la politique royale : « Dans son diocèse, il faisait sa charge sans donner lieu de plainte aux huguenots. » Quelle volonté d'irénisme, quel souci de montrer qu'on peut être bon évêque et respecter en même temps les opinions de ceux qui ne pensent pas comme vous !

Le Pape avait mal accepté la décision de bannissement prise à l'encontre de Richelieu. Le Saint-Siège n'admet pas qu'un Roi puisse délibérément empêcher un évêque de remplir les devoirs de sa charge. Paul V convoque l'ambassadeur de France à Rome, Monsieur de Marquemont, pour lui dire son déplaisir de la mesure qui frappe Richelieu : « Que dira le monde de voir l'évêque de Luçon interdit d'aller où son devoir l'oblige, et que deviendra son évêché en son absence ? » Puisieux, qui a succédé à Richelieu comme ministre des Affaires étrangères, répond en termes fort secs au compte rendu que Monsieur de Marquemont lui a envoyé de cette audience : « Sa Sainteté le Pape le prend un peu bien haut, se scandalisant de la retraite de Monsieur de Luçon. Si celui-ce se fût contenté de faire le bon évêque dans son diocèse, au lieu de pratiques préjudiciables au service du Roi, il n'en serait pas où il est. Mais ce sont esprits qui s'emportent bien loin au-delà du devoir et très dangereux en un désordre public. » Richelieu ne méritait pas un tel jugement et, quand il apprend la teneur de la dépêche de Puisieux, il sombre dans la mélancolie.

Ne pouvant faire rapporter l'ordre d'exil, les autorités pontificales s'emploient à rendre le séjour d'Avignon aussi agréable que possible à Richelieu. Dès le 30 mai 1618, le cardinal Borghese, secrétaire d'État, c'est-à-dire ministre des Affaires étrangères du Saint-Siège, écrit au nonce à Paris de faire le nécessaire afin que l'évêque de Luçon reçoive en terre d'Avignon un traitement marqué des plus grands égards. Richelieu écrira plus tard au vice-légat d'Avignon : « Je ne puis oublier les courtoisies que j'ai reçues de vous durant le séjour que j'ai fait en vos quartiers. »

Malgré la sollicitude pontificale, Richelieu, comme le souhaitait Luynes, est soumis à une surveillance de tous les instants. Les archives ont conservé des documents adressés à Luynes et qui constituent de véritables rapports de police. Des personnages de tout poil renseignent le favori du Roi sur les moindres faits et gestes de Richelieu. L'un d'eux, un moine, écrit le 20 août 1617 : « J'ai vu et su que Monsieur de Luçon, Messieurs de Richelieu son frère et du Pont son beau-frère, sont en cette ville logés sous le même toit et souvent visités par personnes de diverses conditions ; mais ils se tiennent avec une grande retenue, ayant la plupart de telles visites suspectes, à raison, dit Monsieur de Luçon, que le Roi les fait veiller et garder de toutes parts. » Et il ajoute : « Je me suis informé si Monsieur de Richelieu était sorti de cette ville pour quelque temps, mais n'en ai rien su apprendre de certain. » Visiblement, Richelieu est sur ses gardes.

D'ailleurs, la rédaction du *Caput apologeticum* lui a fait du bien et lui permet de voir les choses avec plus de sérénité. Il se replonge dans l'étude, reprend la rédaction de l'*Instruction du chrétien*. Comme il le dit dans une lettre à l'abbé de La Cochère : « Il n'y a personne qui regarde maintenant plus indifféremment les choses du monde, ni qui en ait moins de crainte, sachant bien, pour l'avoir appris par expérience, que les orages passent, que la vérité se connaît, et que mon innocence ne peut rien avoir de commun avec le crime des autres, en cas qu'il y en ait. »

Vise-t-il Barbin, voire Marie de Médicis dans ces derniers mots ? Ce n'est pas impossible. Le fait est que l'orage, délaissant provisoirement Avignon, s'acharne maintenant sur les prisonniers de la Bastille et de Blois.

L'ÉTAU SE RESSERRE

Le procès de Barbin s'engage à grand fracas. On donne à l'affaire des proportions considérables. Un habile amalgame permet de frapper les esprits. Un poète de deuxième ordre nommé Durand est rompu et brûlé avec ses écrits en place de Grève, un autre, qui avait le seul tort d'être Florentin, subit le même sort. On pend, on décapite, on embastille. La vie de Barbin semble ne tenir qu'à un fil. Ses juges, cependant, malgré les pressions dont ils sont l'objet, refusent de le condamner à mort et se contentent d'un bannissement simple. De rage, Luynes, contre tous les usages, fait aggraver la peine par le Roi, qui commue le bannissement en une prison rigoureuse.

La coupe est pleine, et le gouvernement se divise ; le Chancelier, le garde des Sceaux, Jeannin, voudraient qu'on fasse preuve d'un peu plus d'égards vis-à-vis de Marie de Médicis. Celle-ci, placée sous une étroite surveillance, demande ou bien que cette surveillance cesse, ou bien, si on la croit coupable, qu'on lui fasse un procès en bonne et due forme. Il existe certes une troisième solution : la fuite. Dès le mois de mai 1618, le bruit en courait à Paris. Louis XIII fait renforcer encore davantage les contrôles dont sa mère est l'objet. « Si cela continue », écrit alors le nonce, « le gouvernement finira par enfermer la Reine-Mère à Amboise ou la renvoyer en Italie. » Quelques jours plus tard, revenant sur le sujet, il écrit : « On voudrait bien mettre l'ancienne Régente dans la nécessité de demander elle-même à sortir du royaume pour se retirer à Florence. »

C'est mal connaître la Reine-Mère que de penser qu'elle puisse s'avouer si aisément battue. Elle cherche des appuis à l'extérieur ; à Paris, on apprend que le duc d'Épernon entretient une correspondance suivie avec Marie de Médicis. Rien d'étonnant si l'on songe aux liens qui unissent le duc et la Reine-Mère, depuis le 14 mai 1610 et la proclamation de Marie de Médicis comme Régente après la mort d'Henri IV. D'Épernon est l'un de ses fidèles, un allié parfois incommode mais sur qui elle a toujours su pouvoir compter. Louis XIII fait donc également surveiller d'Épernon. Gouverneur à la fois d'Angoulême et de Metz, le moindre de ses déplacements entre ces deux villes fait naître les soupçons.

Le pouvoir durcit son attitude tous les jours. L'ambassadeur du Grand-Duc de Toscane sollicite l'autorisation d'aller voir Marie de Médicis à Blois : Louis XIII refuse et, fait sans précédent, jette sous un prétexte quelconque son secrétaire en prison. On arrête beaucoup en cette année 1618. Le fils de l'ambassadeur du duc de Lorraine, soupçonné d'être un agent de liaison auprès de Marie de Médicis, fait lui aussi connaissance avec les geôles du Roi. Il est vrai que la Lorraine est toute proche de Metz, et Luynes craint fort que son duc ne joue les intermédiaires entre d'Épernon et la Reine-Mère.

Luynes renforce les troupes qui gardent le château de Blois. Des compagnies de cavalerie sont cantonnées tout autour de la ville afin de mieux surveiller les routes et d'empêcher un départ inopiné de la Reine-Mère. Monsieur de Roissy prend au sérieux la mission qu'on lui donne de « veiller sur les actions de ceux qui l'approchaient » et mure les petites portes du château de Blois par où, d'après la rumeur publique, s'effectuaient chaque nuit de mystérieuses allées et venues. Il notifie à la Reine-Mère l'interdiction de sortir de la ville pour quelque raison que ce soit, et lui demande, pour les promenades limitées qu'elle reste autorisée à faire, de lui en communiquer par avance l'itinéraire. Marie de Médicis ne peut plus recevoir personne sans son autorisation.

Dans une lettre pathétique à son fils, Marie souligne le péril que ces traitements font désormais courir à sa santé. Elle aurait besoin de prendre les eaux, mais les mesures de rigueur de Monsieur de Roissy l'en empêchent : « Il y a fort longtemps que j'eusse pris la résolution de voyager pour ma santé si je n'eusse été retenue par un commandement que Monsieur de Roissy me dit venir de votre part de ne partir d'ici sans permission signée de votre main. » Mais Louis XIII n'en a cure. Monsieur de Modène est une nouvelle fois dépêché auprès d'elle ; il la menace : si la Reine ne s'engage pas de la manière la plus formelle à renoncer à toute activité politique, on est prêt à l'expulser du royaume.

Le gouvernement poursuit deux objectifs en agissant avec cette brutalité. D'une part, déjouer les complots dont la trame se tisse autour de Blois. D'autre part, comme l'a bien senti le nonce, démoraliser la Reine-Mère au point de la pousser à solliciter d'elle-même l'autorisation de se retirer en Italie. « La Reine-Mère ne voulait pas croire au commencement », dira plus tard Richelieu, « toutes les menaces qui lui étaient faites de l'envoyer hors du royaume ou de l'enserrer dans un monastère. » Et pourtant, la question a bel et bien été débattue lors d'un important Conseil réuni au mois d'août pour examiner les différentes éventualités relatives au sort de la Reine-Mère. On rejette l'idée d'enfermer Marie de Médicis dans un couvent, mais en revanche, on décide de rechercher très sérieusement la possibilité de lui ménager une retraite en Italie. Des démarches sont effectuées auprès du Grand-Duc de Toscane afin de le sonder sur un retour de Marie de Médicis à Florence. Le Grand-Duc, il est vrai, répond par une fin de non-recevoir, et le gouvernement français n'insiste pas, d'autant plus que Louis XIII avait personnellement manifesté sa répugnance à l'égard de cette mesure extrême.

Marie de Médicis, lorsqu'elle prend connaissance de cette manœuvre, tombe malade. Luynes veut éviter qu'un mouvement de compassion de Louis XIII ne le décide à se rendre au chevet de sa mère ou à la rappeler à Paris. En août 1618, le Père Arnoux est chargé d'assurer la Reine-Mère de l'affection et du respect que lui porte le Roi son fils. Mais ce n'est pas là l'objet véritable du voyage qui a lieu dans la première quinzaine de septembre : le Père Arnoux a pour mission en réalité d'obtenir de Marie de Médicis la promesse « de renoncer et désavouer toutes pratiques, menées et intelligences que l'on pourrait avoir faites et formées sous son nom ». Il n'hésite pas, afin de la convaincre, à employer un argument fort spécieux, en montrant à Marie de Médicis que, si elle regagne Paris, Louis XIII sera obligé de libérer Condé pour lui faire pièce ; l'antagonisme entre la Reine-Mère et le prince recommencerait alors, engendrant inévitablement la ruine de l'État.

Marie de Médicis promet tout ce qu'on veut dans une belle lettre au Roi. « Dieu opéra tellement dans le cœur de cette bonne princesse que nous ne trouvâmes aucune résistance à tout ce qu'on proposait », écrit naïvement à Pierre de Bérulle le Père Suffren, confesseur de la Reine-Mère et partie prenante aux discussions avec le Père Arnoux[2].

Marie de Médicis a bien joué. La mission du Père Arnoux semble un succès pour Luynes : sa réussite inespérée va se retourner contre le favori du Roi. De retour à la Cour, le confesseur de Louis XIII se montre intarissable. Dès son arrivée, si l'on en croit le Père Suffren, « le Roi quoique déjà couché le voulut voir ; il l'entretint une heure seul à seul, et puis ayant appelé Monsieur de Luynes lui dit la joie incroyable qu'il recevait de la venue et du rapport du Père et de la lettre et des saintes résolutions de la Reine. Le lendemain, il assembla le Conseil. Lors le Père, en présence du Roi et de tout le Conseil, fit le narré de son ambassade, mit au jour les bonnes dispositions de la Reine à toutes les volontés du Roi, les assurances divines et humaines qu'elle nous en avait données, telles que nous avions demandées ou pouvions demander contre toutes les craintes qui avaient jusqu'alors retenu les esprits, la sincérité de son cœur et de ses paroles, etc. Bref, il fit tellement que Dieu donnant force à sa voix et bénédiction à ses paroles, on vit un changement admirable, tous se portant à donner contentement à la Reine.[3] »

---

2. Lettre du Père Suffren à Pierre de Bérulle, le 14 octobre 1618. Dans Jean Dagens, *Correspondance du cardinal Pierre de Bérulle*, Paris, Desclée de Brouwer/Louvain, Bureaux de la Revue, 1937, T. I (1599-1618), p. 308.
3. *Ibid.*, p. 309.

Comment résister à ce torrent de bons sentiments ? Luynes parle plus fort que tout le monde en faveur de Marie de Médicis. Persuadé que les choses sont définitivement rentrées dans l'ordre, Louis XIII décide de rappeler Monsieur de Roissy, d'éloigner les compagnies de cavalerie stationnées autour de Blois et d'autoriser à nouveau les visiteurs éventuels à se rendre auprès de Marie de Médicis. En octobre, le Père Suffren encourage le Roi à persévérer dans la voie de l'apaisement. « La Reine », assure-t-il, « a grande confiance en Dieu ; elle fait redoubler les oraisons et les prières. » Toute idée de brouille et d'intrigue semble à jamais bannie de son esprit.

Une certaine détente se manifeste ainsi dans les rapports entre les nouveaux maîtres de la France et l'équipe précédente. Elle ne va pourtant pas durer et, dès la fin octobre, les relations s'enveniment derechef.

Le désenchantement de l'évêque de Luçon

Le marquis de Richelieu, en partant pour Avignon, avait laissé dans le château familial sa jeune femme enceinte. Elle accouche le 15 octobre après une grossesse difficile. La naissance est laborieuse. L'enfant, qui paraît chétif, survit cependant, mais la marquise de Richelieu meurt quelques heures plus tard. Apprenant la nouvelle, le marquis demande au Roi l'autorisation de revenir provisoirement en France pour s'incliner sur la tombe de sa femme, faire la connaissance de son fils et s'occuper de la situation matérielle de la famille. Celle-ci est fort précaire. Les créanciers s'impatientent, font mettre les scellés, et menacent même de saisir les maigres biens du marquis. Mais Luynes se fait tirer l'oreille. Quand le marquis de Richelieu et Monsieur du Pont de Courlay obtiennent enfin la permission de se rendre à Richelieu, c'est pour apprendre que le nouveau-né est mort à son tour au début décembre. Le 20 décembre, l'évêque de Luçon, accablé par les malheurs qui frappent les siens et dans l'espoir que le Roi saura se montrer magnanime, sollicite l'autorisation de rejoindre son frère et son beau-frère : « Je ne doute pas, Sire, que Votre Majesté ne m'accorde ma très humble requête. » L'ancien ministre promet de renoncer à l'action politique pour se consacrer exclusivement à l'apologétique et à la controverse, « ne tirant autre contentement, outre celui d'obéir à vos commandements, qu'être parmi les livres pour faire une réplique à la réponse que quelques ministres de la religion prétendue réformée ont faite au livre que j'ai eu l'honneur de dédier à Votre Majesté l'année passée ». Louis XIII refuse.

Richelieu se sent bien seul en Avignon. La réponse du Roi le jette à nouveau dans de sombres pensées. Certes, on ne parle plus de procès, et le *Caput apologeticum* restera à jamais inachevé ; mais l'attitude de Louis XIII montre que la méfiance contre les gens de l'ancien régime est toujours aussi tenace. Aucun espoir de quitter ce séjour que les rigueurs de l'hiver rendent sinistre. Richelieu tombe malade. Le temps exceptionnellement humide provoque angines et rhumatismes. La détresse morale se nourrit des misères physiques et mine cet homme de 34 ans, qui sent son avenir à jamais derrière lui. Le 8 janvier 1619, Richelieu rédige son testament.

L'évêque de Luçon confie ses dernières volontés aux chanoines de son église cathédrale : « Messieurs, nul ne sachant quel doit être le cours de la vie, et ne pouvant prévoir, en mon particulier, comme il plaira à Dieu de disposer de moi, le désir que j'ai de ne pas quitter le monde sans vous laisser des témoignages de mon affection me fait dresser ces lignes pour vous être mises entre vos mains en cas que je sois privé du bonheur de me trouver moi-même parmi vous devant que de passer de cette vie dans une autre meilleure. » Il entend que son corps demeure en l'église de Luçon, pour être enseveli au-dessus du pupitre des chantres. A l'église, Richelieu laisse son argenterie, ses ornements, et trois tapisseries des Flandres : ce sont là toutes ses richesses. Quelle sourde amertume dans l'exhortation qu'il adresse à ses chanoines : « Le premier bien que je vous souhaite est de vivre tous avec le plus de connaissance qu'il vous sera possible de votre condition, vous remettant sous les yeux que le monde n'est que tromperie, et qu'il n'y a contentement ni profit qu'à servir Dieu qui ne manque point à ceux-là qui le servent. » Richelieu ne peut s'empêcher également de dessiner en quelques touches rapides le profil du successeur qu'il leur souhaite : « Je vous désire un évêque qui m'égalant en affection me passe en toutes autres qualités. Je le conjure, quiconque soit-il, de résider avec vous, visiter son diocèse, échauffer par son exemple et son instruction ceux qui sous lui ont charge d'âmes. » Cette belle définition, qui s'applique au Richelieu des premiers temps, n'est pas exempte d'une discrète autocritique de la part du prélat mondain et politicard qu'il est devenu par la suite. Face à la mort, l'évêque de Luçon se souvient qu'une de ses ambitions les plus nobles consistait à former en nombre suffisant les prêtres qualifiés qu'exige le soin des âmes de ses fidèles : aussi lègue-t-il au séminaire qu'il a fondé toute sa bibliothèque ainsi qu'une somme de 1 000 livres.

Les finasseries de la Reine-Mère

L'hiver 1618-1619 ne se montrait pas plus clément pour la recluse du château de Blois. A la fin du mois d'octobre, le Père Arnoux revient auprès de Marie de Médicis. Il a emporté dans ses bagages une lettre soigneusement rédigée par Luynes, qu'il se propose de faire signer à la Reine-Mère. Celle-ci, reconnaissant ses erreurs passées, s'engagerait à ne revenir à la Cour qu'avec l'accord du Roi. La dernière phrase du texte donne la mesure de sa grandiloquence : « Nous finirons par une vérité tirée de notre cœur qui est que, si la conservation du Roi, notre dit seigneur et fils, dépendait de notre perte, nous y consentirions, pour lui témoigner que nous l'honorons plus que nous ne nous aimons nous-même. » Il s'agit évidemment de se prémunir, en liant Marie de Médicis par sa signature, contre la tentation de ce retour brusqué à Paris dont on parle depuis plusieurs mois.

La Reine-Mère fait semblant d'hésiter. En fait, elle est maintenant décidée à quitter Blois, et il s'agit uniquement pour elle de donner le change. Le 3 novembre, elle signe enfin, à la plus grande joie du Père Arnoux. Marie de Médicis promet « de n'avoir aucune volonté de revenir à la Cour que lorsque le Roi l'ordonnerait, désirant, non seulement en cela mais en toutes autres choses, observer religieusement ses commandements ». Voilà donc écartée la menace d'un voyage impromptu dans la capitale. La Reine-Mère précise d'ailleurs : « Si nous avons souhaité avec passion ce voyage, ç'a été pour avoir l'honneur de le voir [Louis XIII] et pour lui faire connaître, par nos déportements pleins de respect et obéissance, que l'on nous avait blâmée sans sujet, n'ayant eu aucun désir de nous mêler d'affaires, comme l'on avait voulu faire accroire au Roi, notre dit seigneur et fils, qui doit régner seul. » Elle s'engage en outre à n'avoir aucune correspondance préjudiciable à son fils, et même, à dénoncer quiconque prétendrait parler en son nom.

Marie de Médicis a cependant négocié sa signature en obtenant que le Roi lui confirme au préalable par écrit qu'elle n'était pas prisonnière à Blois et qu'elle pouvait en sortir quand elle le voudrait. La lettre de Louis XIII est du 30 octobre 1618. C'est du donnant donnant.

De nouveau, la tension semble se réduire. On discute d'une éventuelle visite de Louis XIII à Blois pour le printemps 1619. En novembre-décembre 1618, Marie de Médicis, afin de bien montrer qu'elle est désormais libre de ses mouvements, dresse des plans pour se rendre à Moulins. A Paris, nul n'en prend apparemment ombrage.

Mais la Reine-Mère ne part pas et, dès le mois de janvier 1619, recommence à gémir sur « la misère extrême dans laquelle on la faisait vivre ». Elle écrit à gauche et à droite pour se plaindre d'être indignement traitée en prisonnière. Le gouvernement royal rétorque qu'elle a en main la permission écrite du Roi, qu'elle envisageait quelques semaines plus tôt de se rendre à Moulins et que nul ne l'en a empêchée. Marie de Médicis ne se laisse pas démonter pour si peu, et dénonce avec une véhémence croissante la réclusion à laquelle elle serait soumise. Le 7 février 1619, elle écrit à la duchesse de Guise après une visite que celle-ci a pu lui faire : « Je vous dirai que quand vous m'avez laissée, vous avez emporté tout mon bonheur avec vous. » Diable !

Les lettres envoyées par Marie de Médicis pour plaider sa cause reçoivent des réponses plutôt décevantes dans l'ensemble. Ni le Roi d'Espagne, ni le duc de Rohan, ni Lesdiguières, ni Sully, ne manifestent la moindre intention de bouger en sa faveur. Tous, au contraire, ont à cœur de communiquer au Roi, en même temps que leur réponse, les messages reçus de la Reine-Mère. La lettre de Sully à Marie de Médicis ne manque pas de sel : « Vous me demandez conseil : comme ce sont affaires, Madame, qui non seulement passent ma compétence mais aussi ma capacité, je ne sais point sur quoi les fonder, les conseils ne pouvant donner bien juste quand on ignore les principes sur lesquels on agit[4]. »

Un complot bien monté

Les protestations indignées de la Reine-Mère s'inscrivent en fait dans une opération parfaitement orchestrée pour préparer l'opinion publique à l'évasion de Marie de Médicis de Blois. Mais pourquoi s'évader, objectera-t-on, puisqu'elle est désormais libre de partir quand elle le veut ? Justement, en s'échappant de façon spectaculaire de Blois, Marie de Médicis cherche à frapper les imaginations par un coup d'éclat dans l'espoir d'imposer son retour au gouvernement. Il ne lui suffit pas d'être pardonnée du passé, elle exige de retrouver une place éminente dans les Conseils du Roi. La lettre qu'elle enverra le 28 février au duc de Bellegarde ne laisse là-dessus aucune place au doute : « Le véritable et principal motif qui m'a obligée de me mettre en lieu de sûreté est pour pouvoir informer et faire entendre au Roi beaucoup de choses considérables et fort importantes au bien et avantage de ce royaume, lequel est en manifeste péril, s'il n'y est promptement remédié, puisque je le vois à la veille de tomber en de grands désordres. » Elle ne dit pas autre

---

4. *Lettre de Sully à Marie de Médicis* du 16 février 1619.

chose dans une lettre qu'elle adresse le 1er mars au Roi : « Je vous supplie de m'envoyer quelque personne sans reproche et affectionnée au bien de votre État à qui je ferai ouverture des moyens que je juge propres pour remettre vos affaires et rétablir votre autorité. » Enfin Richelieu apporte s'il en était besoin une autre confirmation encore de la manœuvre de la Reine-Mère lorsqu'il explique que la fuite de Blois est due « plus que tout autre encore, à la mauvaise conduite des affaires du Roi et le péril auquel se trouvait son État dont elle le voulait informer ».

Ainsi donc, Marie de Médicis s'apprête à quitter Blois sans crier gare. Il y a des mois, en réalité, qu'elle prépare son évasion ; les criailleries contre Monsieur de Roissy, les sourires au Père Arnoux, les lettres signées théâtralement, ont servi à couvrir une vaste intrigue avec d'Épernon, que Luynes soupçonnait depuis longtemps, mais qu'il n'a jamais réussi à déjouer. L'âme du complot est un petit abbé de l'entourage de la Reine, l'Italien Ruccelaï. Issu d'une bonne famille de banquiers florentins, il a rendu quelques services à Luynes au lendemain de la mort de Concini, mais s'est ensuite réfugié auprès de Marie de Médicis qui lui a fait bon accueil. Après le départ de Richelieu, il prend une influence considérable au sein du Conseil de la Reine-Mère. C'est lui qui mène de main de maître les tractations avec d'Épernon en vue d'organiser la fuite de Marie de Médicis.

Le duc d'Épernon est un grand seigneur d'humeur autoritaire et impérieuse. Il compte parmi les personnages les plus puissants du royaume. Colonel général de l'infanterie, il commande le principal noyau des forces permanentes de l'armée. Son caractère difficile en fait un partenaire peu commode pour n'importe quel gouvernement. Les dispositions pacifiques du garde des Sceaux du Vair ne l'ont pas empêché de se disputer avec lui à propos d'une question de préséance à Saint-Germain l'Auxerrois. D'Épernon provoque un esclandre en chassant du Vair de cette église. Comprenant mais un peu tard qu'il est sans doute allé trop loin, le duc court se réfugier dans son gouvernement de Metz. C'est là que Ruccelaï vient le trouver sous un déguisement. Il apporte des messages secrets de Marie de Médicis, ainsi que l'assurance de sympathies actives dans plusieurs Cours étrangères : l'Espagne, le Saint-Siège, la Toscane. Pour l'animateur résolu du parti catholique qu'est le duc d'Épernon, ce sont là des arguments de poids.

De fiévreuses négociations se déroulent alors entre Metz et Blois. En décembre 1618 et janvier 1619, c'est un incessant va-et-vient d'émissaires que les espions de Luynes ne parviennent pas à prendre sur le fait. On nage dans le rocambolesque : embuscades au coin d'un bois, messagers capturés, habits décousus, traîtres démasqués et tombant dans le piège, rien n'y manque. A chaque fois, la chance favorise le duc d'Épernon et Marie de Médicis.

Dans les premiers jours de janvier 1619, tout est prêt. Le duc d'Épernon sollicite selon l'usage l'autorisation du Roi pour se rendre de son gouvernement de Metz à celui d'Angoulême où, paraît-il, des affaires urgentes le réclament. Louis XIII, vaguement inquiet, refuse, le 11 janvier, son accord, invoquant la situation en Allemagne qui rend la présence de d'Épernon nécessaire à Metz. Mais le duc prétend savoir mieux que le Roi où sont les véritables priorités : soutenant qu'elles l'appellent au plus vite à Angoulême, il passe, le 17 janvier, le commandement de Metz à son fils, le duc de La Valette, et se met en route le 31 janvier à la tête d'une petite troupe de 120 cavaliers. Dijon, Roanne, Vichy : c'est bien la direction d'Angoulême. Mais arrivé à Confolens, au lieu de poursuivre son chemin par l'itinéraire le plus direct, le duc d'Épernon oblique brusquement au nord, prenant la route de Loches. Un envoyé quitte la petite troupe pour Blois afin d'avertir la Reine-Mère de son approche. Nous sommes le 21 février 1618.

Le moment était bien choisi car Louis XIII, exaspéré par la campagne de plaintes exhalées par Marie de Médicis, avait décidé d'aller lui rendre visite à Blois. Ne valait-il pas mieux prendre le taureau par les cornes et s'efforcer une fois pour toutes de voir sur place quelle valeur avaient les griefs de la Reine-Mère, et quel était ce message politique de la plus haute importance qu'elle entendait délivrer à son fils ? L'autorité grandissante dont Louis XIII commence à faire preuve convainc Luynes de ne pas s'opposer à ce voyage : il était sûr, désormais, que Marie de Médicis ne parviendrait pas à reprendre barre sur le Roi. La Reine-Mère, en revanche, ne veut pas perdre le bénéfice de l'évasion spectaculaire qu'elle a préparée. Le 15 février, Louis XIII annonce son prochain départ. La Reine-Mère précipite le mouvement. Le duc d'Épernon prévoyant d'arriver à Loches le 22 février, Marie de Médicis fixe son évasion à la nuit du 22 au 23.

Marie de Médicis s'évade de Blois

L'opération est menée dans le plus grand secret. Les personnes dans la confidence se comptent sur les doigts de la main. Le Premier Écuyer, Monsieur de Brenne, est avisé d'avoir à tenir prêt un carrosse attelé de six chevaux pour le lendemain matin à cinq heures. Le carrosse est posté au bout du pont de la Loire, sur la rive gauche du fleuve, presque en face du château. Quelques préparatifs, tard dans la soirée du 22, dont seule une femme de chambre italienne, Catherine, est témoin. Marie de Médicis rassemble ses bijoux. A minuit, on frappe à sa fenêtre : Duplessis, le secrétaire du duc d'Épernon, informe la Reine de l'arrivée du duc à Loches. Il fait encore nuit lorsque à six heures le lendemain matin, enjambant l'appui de la fenêtre de son appartement qui donne sur la terrasse orientée vers l'ouest, elle entreprend de descendre aux barreaux d'une échelle de corde. Mais ce n'est pas aussi facile qu'il y paraît ; la Reine-Mère, engoncée dans ses vêtements, encombrée de cassettes, perd plus ou moins le contrôle des choses et atterrit sans douceur sur la terrasse intermédiaire. Refusant avec l'énergie du désespoir de poursuivre par le même moyen sa descente, qui doit ensuite la mener jusqu'au pied du mur du château, elle accepte de se laisser rouler dans quelques couvertures solidement attachées au bout d'une corde et de glisser ainsi le long d'une pente douce de trente à quarante mètres d'éboulis : par un heureux hasard, on procédait alors à des travaux de réfection du mur du château. Dans l'aventure, Marie de Médicis a perdu une cassette de bijoux ; un serviteur la retrouvera le lendemain.

Sans s'attarder, la Reine-Mère, à pied, gagne la rive gauche de la Loire. Encadrée par Monsieur de Brenne et par Duplessis, Marie de Médicis marche d'un bon pas dans la fraîcheur du petit matin. Des paysans, venus vendre à Blois les produits de leurs champs, la croisent tandis qu'elle traverse le pont. Croyant sans doute à quelque bonne fortune, ils plaisantent en termes égrillards cette belle femme qui dissimule soudain ses traits derrière ses voiles. « Ils me prennent pour une bonne dame », confie la Reine-Mère en riant à Duplessis. Elle rit un peu moins lorsque, arrivés au débouché du pont sur la rive gauche, on cherche en vain le carrosse dépêché par Monsieur de Brenne. Ce moment d'émotion, heureusement, ne dure pas. Le carrosse, invisible dans la nuit toujours profonde, n'était pas bien loin. Marie de Médicis monte dans la voiture et, à grande vitesse, se met en route vers Montrichard, à mi-chemin entre Blois et Loches, où l'attend Monseigneur de La Valette, archevêque de Toulouse, troisième fils du duc d'Épernon. Avec une escorte de 30 à 40 cavaliers, il accompagne la Reine-Mère jusqu'à Loches, auprès du duc.

Le lendemain, à cinq heures du soir, Louis XIII, revenant de la chasse où il s'était rendu en forêt de Saint-Germain, apprend la nouvelle de l'évasion de sa mère par un courrier spécial du gouverneur de Blois. L'émotion est considérable à la Cour où l'on était seulement occupé des fêtes somptueuses données pour les noces de la deuxième fille de Marie de Médicis, Christine, avec le prince de Piémont, célébrées le 10 février. Louis XIII tient immédiatement Conseil au château de Saint-Germain-en-Laye et, dès le lendemain à l'aube, part pour Paris afin d'y retrouver l'ensemble de ses ministres.

D'autres dépêches lui parviennent bientôt, qui donnent des

détails supplémentaires sur l'affaire. Dans le lot, une lettre très circonstanciée de Marie de Médicis, datée de Loches du 23 février. Refusant d'admettre l'évasion de la Reine-Mère, le gouvernement royal échafaude une fiction dont il fait la version officielle de l'affaire : Marie de Médicis a été enlevée à l'instigation du duc d'Épernon ! Le responsable, c'est lui. Le Roi déclare bien haut qu'il punira personnellement cet indigne personnage qui a osé priver la mère du Roi de la liberté dont elle jouissait paisiblement au château de Blois. Dans une déclaration publique, Louis XIII, quelques jours plus tard, confirme : « Je suis résolu de donner à Monsieur d'Épernon tout le châtiment qu'il mérite pour une action de cette nature que je ne me serais jamais persuadé qu'il eût la hardiesse de penser et même d'oser entreprendre. »

Pourtant, la lettre du 23 février envoyée par Marie de Médicis à son fils a été mûrement réfléchie et contient un exposé tout différent des circonstances de l'affaire et des raisons pour lesquelles la Reine a cru devoir s'enfuir de Blois. Le Roi, affirme-t-elle, est mal conseillé et voit son autorité compromise. Elle-même, elle a craint pour sa vie, car elle sait que sa franchise à l'égard de son fils porte ombrage à certaines personnes de l'entourage royal. Il était essentiel qu'elle se mette à l'abri, afin d'être en mesure de parler librement avec Louis XIII. Quel drôle d'enlèvement, en vérité ! D'ailleurs, le duc d'Épernon n'est pas seul : Marie de Médicis affirme avoir pris le parti de s'échapper de Blois « selon que les plus Grands de votre royaume et du dehors encore m'ont avec mille protestations conseillée ».

On peut voir dans cette phrase sur l'appui des Grands soit l'aveu d'un complot beaucoup plus vaste qu'on ne le croyait, soit l'expression d'une atmosphère de profond mécontentement en France et dans certains pays voisins. Que veut dire au juste la Reine-Mère quand elle écrit au duc de Mayenne : « J'ai été, par l'espace d'un an tout entier, sollicitée par plaintes et prières générales dedans et dehors le royaume, de faire entendre au Roi Monsieur mon fils, le péril évident de son autorité » ? Louis XIII et Luynes, devant la qualité des personnes mises en cause, se demandent si l'entreprise de la Reine-Mère ne bénéficie pas du soutien occulte de l'Espagne et des huguenots, notamment dans le Centre-Ouest. D'ailleurs, Marie de Médicis et le duc d'Épernon sont allés s'installer à Angoulême, au milieu des milices fidèles dont dispose le duc en son gouvernement d'Angoumois. Louis XIII veut réagir vite et fort. Dans l'immédiat, il a donné ordre de bloquer le château de Blois et de n'en laisser sortir personne. Une lettre aux gouverneurs de provinces et de villes leur enjoint de se tenir sur leurs gardes. Que faut-il faire de plus ? Au sein du gouvernement, une majorité se dégage en faveur d'une action énergique : Mayenne, Vendôme, Longueville, Guise et Luynes, notamment, tandis que Jeannin, Sillery, Puisieux, prêchent la prudence. Mais Louis XIII se sent une âme de va-t-en guerre. Il annonce qu'il a l'intention de prendre lui-même le commandement des troupes chargées de châtier le duc d'Épernon.

L'État n'a pratiquement pas d'armée permanente — et la malchance veut que son chef principal soit précisément le duc d'Épernon, colonel général de l'infanterie et instigateur de la rébellion. On doit donc recruter des mercenaires, Français et étrangers, et pour cela on a besoin d'argent. Le Conseil réuni le 25 février décide de rétablir la paulette afin de réunir les 1 200 000 écus (3 600 000 livres) nécessaires. Moyennant quoi, le Roi fixe son départ au samedi suivant 2 mars.

L'HOMME PROVIDENTIEL : RICHELIEU RAPPELÉ D'EXIL

En son lointain exil d'Avignon, Richelieu suivait avec la plus grande attention ce qui se passait à Blois. La lecture de ses *Mémoires* montre qu'il était parfaitement informé des états d'âme de la Reine-Mère et des péripéties du complot monté grâce à Ruccelaï entre Marie de Médicis et le duc d'Épernon. Il était sûrement prévenu du projet d'évasion du château de Blois ; on ne peut s'expliquer autrement l'étrange prescience qui conduit Richelieu, avant la fin de janvier 1619, quelques jours seulement après avoir dicté son testament, à résilier le bail de l'hôtel qui lui sert de résidence en terre d'Avignon.

La fuite de Marie de Médicis à Angoulême offre à l'évêque de Luçon une chance inespérée de sortir du triste exil où il se morfond. Mise-t-il vraiment sur la réussite de la rébellion de la Reine-Mère ? C'est peu probable. Richelieu est profondément légaliste et sait bien que le Roi, seule source du pouvoir dans le régime monarchique, a toujours le dernier mot. Son but est essentiellement de reprendre, mais de façon plus fine, avec cette fois l'auréole du martyre que lui confère son sévère bannissement, le rôle de conciliateur qu'il a maladroitement essayé de jouer en mai 1617, quelque deux ans auparavant. Richelieu constate que la Reine-Mère, sous l'influence de son entourage, se porte aux résolutions extrêmes : un homme de compromis et d'entregent, agréé par les deux parties, voilà le seul moyen de sortir de l'impasse actuelle. Cet homme, pourquoi ne serait-ce pas Richelieu ?

Encore faut-il que la Cour en convienne.

Les deux plus anciens et plus fidèles amis de Richelieu sont aussitôt mobilisés : l'abbé Bouthillier de La Cochère et le Père Joseph. Le plan est tout simple. Il s'agit de convaincre le gouvernement que le plus qualifié pour faire revenir Marie de Médicis à de meilleurs sentiments est son ancien Chef du Conseil. Si on l'avait laissé aux côtés de la Reine-Mère à Blois, rien de tout ce qui se passe aujourd'hui ne serait arrivé. Maintenant que le mal est fait, il est peut-être en mesure de réparer les dégâts. Ensemble, l'abbé de La Cochère et le Père Joseph vont voir Déageant, l'ancien animateur du « petit Conseil du Roi », qui occupe aujourd'hui des fonctions importantes auprès du souverain. Déageant adopte leur suggestion, parle à Luynes, à Louis XIII. On se dit à la Cour qu'on ne perd pas grand-chose à essayer d'une médiation Richelieu. Il est évident que l'entourage de Marie de Médicis joue un rôle malfaisant. L'évêque de Luçon devrait se montrer plus modéré qu'un Ruccelaï ou un Chanteloube. Au pire, son retour auprès de Marie de Médicis aura au moins pour effet d'aviver les rivalités et les brouilleries dans le camp rebelle.

Louis XIII se décide et fait rédiger par Déageant une lettre ordonnant à Richelieu de se rendre sans délai à Angoulême. Le Roi y ajoute quatre ou cinq lignes de sa propre main. Devant l'urgence de la situation, le propre frère du Père Joseph, Charles Leclerc du Tremblay, se charge de porter la missive à Richelieu : il parcourt d'une traite les 700 kilomètres qui séparent Avignon de Paris. Monsieur du Tremblay arrive à destination le 7 mars 1619 dans la matinée. Deux heures plus tard, Richelieu était sur la route d'Angoulême, bien déterminé à ne plus retomber dans les erreurs qui lui ont valu tant de déboires au cours des 22 mois presque jour pour jour qui se sont écoulés depuis sa retraite de Blois.

CHAPITRE XIII

Rebelle malgré lui

BRANLE-BAS DE COMBAT

Trois armées ont été mises sur pied par le gouvernement de Louis XIII. L'une, en Champagne, a pour but de réduire la rébellion du duc de La Valette à Metz. Une deuxième, en Guyenne, doit tenir en respect les huguenots, très agités par l'affaire du Béarn et soupçonnés de vouloir pêcher en eau trouble en prêtant main-forte à la Reine-Mère. Quant à la troisième armée, celle que dirige personnellement le Roi, elle porte le poids de l'offensive principale en direction du Poitou et de la Saintonge. En tout, Louis XIII dispose de 30 000 hommes de pied et de 6 000 cavaliers.

Dans une lettre à sa mère, le 10 mars 1619, Louis XIII annonce son intention de venir à Angoulême la délivrer des griffes du duc d'Épernon : « Je n'estimais pas qu'il y eut homme, quel qu'il fût, qui, en pleine paix, eût l'audace, je ne dis pas d'exécuter mais de concevoir la résolution d'entreprendre sur la liberté de la mère de son Roi : je châtierai si puissamment cette injure que le mal en tombera sur ceux qui se veulent couvrir de votre nom et qui cherchent leurs avantages dans la ruine de mon peuple et dans la diminution de mon autorité[1]. » La fiction de l'enlèvement est destinée à éviter que la mère du Roi apparaisse comme une rebelle. Le Parlement, à la demande du gouvernement, enregistre un arrêt déclarant criminels de lèse-majesté tous ceux qui prendraient les armes sans un ordre exprès (on dit alors une « commission ») du Roi.

Le public, qui n'entre pas dans les finasseries sur le pseudo-enlèvement de la Reine-Mère, condamne, en général, l'attitude de Marie de Médicis. Une *Lettre des bons Français envoyée à la Reine-Mère du Roi,* sans doute sollicitée par Luynes et ses amis, reflète

---

1. *Lettre de Louis XIII à Marie de Médicis* du 12 mars 1619, BN, Ms. fr. 20742, fol. 5 v°.

assez fidèlement, cependant, l'opinion de la plupart des gens :
« Vous avez si fort scandalisé le monde que même les personnes
qui vous sont du tout acquises disent que votre résolution a prévenu toute sorte de bon naturel conseil. Vous vous attirez la haine
du peuple et la malédiction de Dieu[2]. » Marie de Médicis commence à s'inquiéter à l'idée d'avoir mal calculé son coup. Dans
son entourage, à côté d'un Ruccelaï et d'un Chanteloube qui prêchent la guerre à outrance, le duc d'Épernon affiche un pessimisme croissant sur les chances de succès de l'entreprise. Deux
jours avant la lettre de Louis XIII, Marie de Médicis avait écrit à
son fils sur un ton presque suppliant : « Je meurs, maintenant, par
la force de la douleur ou des armes que l'on vous fait prendre. La
tache que l'on donnera à votre nom en toute la postérité, d'une
prodigieuse violence et la désolation de vos peuples qui en arrivera, vous fera plus de tort que la fin de ma vie ne m'en saurait
apporter ; de sorte que me prosternant à vos pieds, je vous supplie
et conjure très étroitement de contremander promptement tous les
susdits préparatifs de guerre[3]. » Elle n'est pas la seule à s'émouvoir de la tournure prise par les événements. Sur instruction du
Pape, le nonce va voir Louis XIII : pourquoi ces troupes, cette
artillerie, ce branle-bas de combat, contre une mère que la loi de
nature lui commande de révérer et de chérir ? Le jeune Roi répond
qu'il rendra toujours à sa mère l'honneur et le respect auxquels
elle a droit, mais qu'il entend châtier ceux qui oublient la déférence et la soumission qu'ils doivent à leur souverain. Il accède
cependant aux désirs du nonce en décidant d'envoyer à Angoulême une mission de bons offices constituée du comte de Béthune,
frère de Sully, et du Père Bérulle qui l'accompagne en qualité de
représentant personnel du nonce.

Dans une lettre qu'il adresse le 12 mars à Marie de Médicis
pour lui faire part de la mise sur pied de la mission, le nonce
insiste, respectueusement mais fermement, pour que la Reine-Mère
fasse preuve d'esprit de conciliation. Mais Béthune et Bérulle, en
arrivant à Angoulême, trouvent une ville en pleine effervescence.
Marie de Médicis ne veut pas discuter avant que le Roi ait licencié
ses troupes — prétention évidemment inacceptable pour
Louis XIII. Il est clair que l'entourage de la Reine-Mère pousse à
la guerre. Malgré ses réticences, le duc d'Épernon est bien forcé de
suivre le mouvement. La Reine-Mère et lui franchissent un degré
dans l'escalade en enlevant les recettes des impôts royaux chez les
receveurs et trésoriers des finances et en procédant à des levées de

---

2. *Lettre des bons Français envoyée à la Reine-Mère du Roi*, 1619, B N, Ms. fr. 20742, fol. 59 r°.
3. *Lettre de Marie de Médicis à Louis XIII* du 10 mars 1619, B N, Cinq Cents Colbert, 98, p. 109.

troupes. D'Épernon dispose bientôt de 5 000 à 6 000 hommes de pied et de 800 à 900 cavaliers recrutés dans son gouvernement d'Angoumois.

Marie de Médicis multiplie les démarches auprès des Grands, auprès des ministres. Sans plus de succès que le mois précédent. Il faut bien reconnaître qu'elle ne se montre pas toujours très adroite. Est-il de bonne politique d'écrire au Chancelier, au garde des Sceaux, au Président Jeannin : « Je vous somme de représenter au Roi l'importance et le péril de ce qu'on lui fait faire » ? Cette façon de donner de Louis XIII l'image d'une marionnette est aussi blessante pour le souverain que pour les membres de son entourage. « Il ne faut point penser, Madame », lui répond du Vair, « qu'on peut rendre au Roi le coup moins sensible pour l'en frapper au travers de quelques-uns qui sont près de sa personne. » Jeannin est encore plus net : « Le Roi n'a nul besoin de votre conseil, Madame, pour rechercher avec soin et affection le moyen de vous réconcilier. »

La Reine-Mère s'obstine. Elle imprime ses lettres, essaie de favoriser la diffusion de libelles en sa faveur. Le gouvernement est obligé d'agir de même. Monsieur de Béthune ne manque pas de faire reproche à la Reine-Mère de s'être engagée sur une pente aussi dangereuse, « ces sortes de voies choquant fort, dans une monarchie, l'autorité du prince[4] ».

Richelieu à Angoulême

Richelieu, pendant ce temps, roule vers Angoulême, par des chemins défoncés, souvent couverts de neige. Son départ a été si soudain qu'à Lyon, le gouverneur de la ville, Monsieur d'Alincourt, pas encore informé de la décision de Louis XIII d'envoyer Monsieur de Luçon à Angoulême, croit que Richelieu s'enfuit, le fait arrêter et le maintient quelques heures en détention jusqu'à ce que l'évêque ait eu la possibilité de s'expliquer. Près de Limoges, nouvelle alerte. Monsieur de Schomberg, à la tête d'un petit détachement, bat la campagne, traquant d'éventuels renforts en route pour le camp rebelle. Le passage d'une voiture dans la région avec, qui plus est, un personnage de qualité à son bord, lui paraît a priori suspect. Quand il apprend de surcroît que le mystérieux passager serait un prélat, Schomberg pense aussitôt à l'archevêque de Toulouse, Monseigneur de La Valette, et lance ses cavaliers à sa poursuite. Mais Richelieu, qui a opportunément changé d'itinéraire, ne sera pas rattrapé.

4. *Lettre du comte de Béthune à Louis XIII* du 21 mars 1619.

En chemin, Monsieur de Luçon dépêche un émissaire à Marie de Médicis, afin de la préparer au message qu'il a l'intention de lui délivrer dès son arrivée. La réconciliation entre le Roi et sa mère est ce à quoi le royaume aspire le plus. La Reine doit donc « chercher tout bon moyen pour approcher le Roi et aider à ses bonnes intentions pour accroître la dignité de son règne ». Ne pas se cantonner, par conséquent, dans une opposition stérile. « La Reine devra s'écarter des conseils qui ne sont pas tous désintéressés. D'autres fomenteront les méfiances et les haines, et tout cela pour tirer des avantages particuliers. » Assurément, si le traitement que l'on réserve à Marie de Médicis est indigne de sa qualité et de son rang, la Reine-Mère a le devoir de se rebeller. Mais elle doit, d'une manière générale, se conformer à un principe et un seul : aimer le Roi, en s'appliquant à ne point se laisser séparer de lui.

Les conseils donnés par Richelieu sont de bonne opportunité. Ce sont également les principes directeurs d'une politique qui s'est déjà exprimée quand il était ministre et qui ne se démentira guère par la suite : service du Roi, souci de la grandeur de son règne, repos de l'État. Rien ne prouve cependant que la Reine-Mère soit prête à se laisser convaincre. L'abbé Bouthillier de La Cochère est à Angoulême ; il est venu informer Marie de Médicis de la mission dont Richelieu est investi par le Roi, et la rendre sensible aux avantages qu'elle peut en retirer. Mais avant même que la Reine-Mère ait eu le temps d'exprimer une opinion, tout le monde, autour d'elle, a spontanément fait bloc contre l'intrus. D'Épernon, Ruccelaï, Chanteloube, d'autres encore qui se jalousent et se haïssent, se trouvent du jour au lendemain miraculeusement unis pour s'opposer à Richelieu. Quand celui-ci entre dans Angoulême le 27 mars, mercredi de la Semaine sainte, il tombe en pleine tempête.

En voyant tout le monde se détourner de lui, à l'exception de la bonne Madame de Guercheville, Richelieu devine aussitôt la situation. Il se fait annoncer à Marie de Médicis. Celle-ci était en train de délibérer avec son Conseil. N'osant faire entrer l'évêque de Luçon, la Reine l'accueille hors de la salle. Elle observe une impassibilité totale. Aucune émotion apparente. Après quelques civilités, Richelieu se retire, et Marie regagne la réunion. Les ennemis de l'évêque engagent la Reine à se méfier de lui, et surtout à ne pas l'admettre dans son Conseil. La séance une fois levée, Marie de Médicis accorde audience à Richelieu. Le tête-à-tête dure longtemps, deux bonnes heures. La Reine-Mère et l'évêque ont bien des choses à se raconter, bien des points à éclaircir et à préciser. Marie de Médicis, pressée de questions, avoue l'opposition unanime à laquelle Richelieu se heurte parmi ses conseillers.

Le lendemain, la Reine-Mère reçoit à nouveau Richelieu. Toute sa petite Cour est là, guettant avidement le moment où le fourbe va se démasquer. Marie demande à l'évêque de Luçon quelle est la conduite qu'il conviendrait à son avis d'observer vis-à-vis de Louis XIII. Richelieu, sans ménagements, lui répond « qu'il n'avait nul goût de se mêler des affaires qui étaient pour lors sur le tapis parce qu'il lui paraissait raisonnable que ceux qui les avaient commencées les poursuivissent jusqu'à leur perfection », ajoutant que son intention est de se tenir en dehors du Conseil. Ces propos plongent l'entourage de Marie de Médicis dans une grande inquiétude. Le calcul de Richelieu est en effet très simple et fort habile. Restant en dehors du Conseil, il désarme par avance tous ceux qui suspectent son ambition, et conserve une totale liberté de critique. D'autre part, en échappant aux discussions futiles et aux paroles interminables qui constituent l'ordinaire de ces réunions, il se réserve pour d'utiles tête-à-tête avec la Reine-Mère. Du coup, ceux qui voulaient l'exclure du Conseil insistent maintenant pour qu'il y assiste. Le duc d'Épernon, que l'évêque a su cajoler comme il convenait, se déclare son ami. Sollicité de se joindre au Conseil, Richelieu se fait prier, avant de céder aux instances de la Reine-Mère. Mais il surprend à nouveau ses adversaires en s'appliquant à ne pas ouvrir la bouche !

Et les négociations entre Marie de Médicis et les deux envoyés du Roi ? Eh bien, elles sont au point mort. Le comte de Béthune est sensible à la froideur marquée qu'on lui témoigne : « J'ai trouvé la Reine-Mère dans de grandes défiances », écrit-il à Louis XIII, « et quoique, vraisemblablement, elles puissent être suggérées de divers endroits, elle ne laisse pas avec cela d'être fort soupçonneuse et d'avoir l'esprit assez entier. » Bérulle est mieux reçu ; Marie de Médicis le connaît bien, et puis, n'est-il pas le représentant du nonce ? Bérulle pense qu'il y a là un moyen de débloquer la situation. Le 30 mars, revenu auprès de Louis XIII, il lui suggère d'envoyer en renfort à Monsieur de Béthune un homme d'Église de haut rang, le cardinal de La Rochefoucauld. La proposition est approuvée par le Conseil du Roi du 8 avril 1619, en même temps que les termes d'une nouvelle et pressante lettre de Louis XIII à Marie de Médicis : « Je vous fais dire, Madame, par personne de condition et de probité et d'autant plus digne de créance, que je veux et entends que vous ayez pleine et entière sûreté ; que tout l'honneur et le respect qui vous sont dûs vous soient rendus en quelque lieu qu'il vous plaira d'aller dans mon royaume, sans rien excepter : je vous en confirme la parole devant Dieu, devant tous les Rois de la terre et tous mes peuples que j'appelle pour témoins de l'offre et protestation que je vous en fais[5]. »

Le comte de Béthune, resté à Angoulême, cherche à persuader la Reine-Mère de se montrer conciliante. Mais l'entourage de Marie de Médicis met obstacle à la conclusion de la paix. La liberté

---

5. *Lettre de Louis XIII à Marie de Médicis* du 8 avril 1619.

d'aller et venir ne lui paraît pas suffisante, il faut en outre que la Reine-Mère retrouve une place éminente au sein du gouvernement royal. Le pauvre Béthune mène un combat sans espoir. Tenez bon, lui lance, depuis la Cour, le Père Arnoux : « Écrivez, s'il vous plaît, confidemment, tout ce que vous jugerez qui se puisse faire par moi pour empêcher la rupture et par conséquent la guerre ; on prend au lieu où vous êtes trop peu de confiance, ce me semble, où il n'y a nul péril et c'est ce qui altère et cabre les esprits de deça[6]. » Et ce diable de Richelieu qui continue de se taire !

Le 9 avril, Bérulle et le cardinal de La Rochefoucauld ont pris la route d'Angoulême. Mais le Roi, irrité par les atermoiements de sa mère, ordonne au duc de Mayenne d'avancer vers Angoulême par le nord, tandis que Schomberg attaque à l'est, s'empare d'Uzerche et manque de peu, dans son élan, d'enlever par trahison la citadelle d'Angoulême. La situation des rebelles devient critique. Richelieu sort alors de sa réserve. Il montre que la modestie des forces dont dispose la Reine-Mère l'oblige à rechercher un arrangement ; un affrontement avec les troupes du Roi est voué à l'échec. Les discussions sont vives, mais l'avis de Richelieu l'emporte contre celui de Ruccelaï qui, dépité, décide de bouder désormais le Conseil. Le duc d'Épernon, de son côté, est ravi de la position prise, et appuie hautement l'évêque de Luçon.

Dès l'arrivée de Bérulle et de La Rochefoucauld, Richelieu s'abouche avec eux. C'est entre gens d'Église que vont se dérouler les pourparlers. Richelieu est à son affaire. Il pousse à une réconciliation effective entre Louis XIII et sa mère, en s'efforçant d'arracher le maximum de garanties pour l'avenir. Il faudra que la Reine obtienne une résidence libre et sûre, dont elle soit entièrement maîtresse. En échange, ni brouillons ni brouilleries. Il faudra qu'elle puisse à tout moment accéder au Roi, mais avec amour et confiance réciproques. En trois jours, l'accord est conclu. Bérulle repart le 27 avril d'Angoulême auprès de Louis XIII pour lui remettre un exemplaire du projet. Le 30 avril 1619, Marie de Médicis signe le Traité d'Angoulême que le Roi accepte à son tour le 2 mai.

C'est le triomphe de Richelieu. Un concert d'éloges flatteurs s'élève pour célébrer les vertus du grand homme. Le nonce, si plein de commisération quelques mois auparavant, écrit au cardinal Borghese à Rome : « Vous connaissez les éminentes qualités de l'évêque de Luçon, et dans cet accommodement, vous ne sauriez croire quelles louanges il a méritées. » Le duc d'Épernon ne peut faire moins que de lui adresser « ses compliments parfaits ». Richelieu reçoit même un hommage inattendu, celui du prince de Condé qui, de sa prison, lui écrit « pour le remercier des services qu'il lui avait rendus auprès de la Reine » ! L'évêque de Béziers, Bonzi, qui ne

---

6. BN, Cinq Cents Colbert 97, fol. 198 r°.

portait pas Richelieu dans son cœur, se montre beau joueur :
« Puisque Dieu m'en a fait l'occasion, je l'embrasse de tout cœur,
vous protestant que je ne retiens du passé que ce que j'ai eu de
pures résolutions à votre service, et que je vous honorerai toujours
à l'égal de votre qualité, et pour tout dire en peu de mots, à l'égal
de votre mérite. » Il paraît que Rome retentit de louanges à
l'adresse de Richelieu. L'abbé Bouthillier, qui s'y trouve (par quel
hasard ?), en recueille les échos : « L'évêque de Luçon, la fleur de
nos amis, est sans contredit tenu ici pour le plus digne et le plus
accompli prélat de France. »

Le Traité d'Angoulême. Une paix boiteuse

La Paix d'Angoulême accorde à Marie de Médicis le gouvernement de l'Anjou avec les places fortes d'Angers, de Chinon et des Ponts-de-Cé, en échange du gouvernement de Normandie auquel elle renonce. La Reine-Mère conserve par ailleurs tous ses revenus, charges et dignités, et le Roi lui paie ses dettes évaluées à la somme de 600 000 écus (1 800 000 livres). Le duc d'Épernon est pardonné et rétabli dans ses divers gouvernements et offices.

Tout n'est pas réglé pour autant. Chaque camp a ses irréductibles ; dans celui du Roi, par exemple, on note l'animosité du cardinal de Retz qui, dans une lettre du 15 mai, reproche à Bérulle son rôle de conciliateur. Il faut une prodigieuse somme de patience pour obtenir, le 31 mai, que Luynes et Marie de Médicis échangent des promesses d'amitié mettant officiellement un terme à deux années d'affrontements passionnés ! Les parties parviennent enfin, le 11 juin 1619, à s'accorder sur l'ensemble des clauses d'application du Traité d'Angoulême. Marie de Médicis ira d'abord prendre possession de son gouvernement d'Angers avant de rejoindre la Cour ; elle a également obtenu le droit de désigner elle-même les commandants des places dont le gouvernement lui a été donné.

Les efforts de Bérulle, relayés par les bons offices de Richelieu, se sont révélés payants. C'est vers lui, d'ailleurs, que vont la plupart des éloges, tandis que l'évêque de Luçon semble, cette fois-ci, quelque peu relégué au second plan. Les conventions négociées par Bérulle n'apportent du reste pas à Richelieu toutes les satisfactions personnelles qu'il se croyait en droit d'attendre. Richelieu pense en effet que le moment est venu de briguer le chapeau de cardinal. La Reine-Mère n'y voit aucune objection et le recommande auprès du Roi. Mais Luynes réserve une réponse évasive à cette démarche. La seule chose qu'obtienne l'évêque de Luçon est la capitainerie d'Angers pour son frère aîné, le marquis de Richelieu ; pour ce qui le concerne, il devra se contenter de recevoir confirmation de ses fonctions de Chef du Conseil de la Reine-Mère.

La promotion du marquis de Richelieu devait d'ailleurs lui être bientôt fatale. Le commandement d'Angers était brigué par plusieurs gentilshommes éminents de la suite de Marie de Médicis. Le plus déçu de se voir évincé est Monsieur de Thémines, fils du capitaine des gardes qui avait arrêté le prince de Condé le 1er septembre 1616 ; il tient des propos particulièrement injurieux pour l'honneur de l'aîné des Richelieu, qui demande réparation par les armes. Marie de Médicis calme provisoirement les esprits. Mais Ruccelaï souffle sur le feu, et l'apaisement apparaît fort précaire. Le 8 juillet, dans une petite rue d'Angoulême, les deux rivaux se trouvent soudain face à face ; d'un même mouvement, ils tirent l'épée, se ruent l'un vers l'autre. Au premier engagement, le marquis de Richelieu blesse Thémines au bras ; celui-ci, se baissant brusquement, glisse son épée sous la lame opposée et touche son adversaire d'un coup en plein cœur. Henri de Richelieu n'a que le temps de murmurer : « Mon Dieu, pardonnez-moi » avant d'expirer, ayant de justesse reçu l'absolution des mains de Bérulle qui passait providentiellement sur les lieux. Pour la famille de Richelieu, c'est une perte irréparable. Avec Henri, seul héritier du nom, disparaît la postérité directe de la Maison.

L'évêque de Luçon avait pour son frère une profonde affection. Son chagrin est immense : « Jamais je ne reçus une plus grande affliction que par la mort de ce frère chéri. Ma propre perte ne m'eut pas causé plus de déplaisir. La séparation du corps et de l'esprit ne se peut faire sans un grand effort de la nature et celle de deux esprits qui ont toujours vécu ensemble en étroite amitié ne se fait pas avec une moindre peine. » Quel amer pied-de-nez du destin que cette mort stupide, à l'issue d'une querelle futile, alors que Richelieu, dans son diocèse de Luçon, n'avait cessé de dénoncer cette sanglante institution du duel où la noblesse de France perdait ses enfants les plus valeureux ! Peu d'évêques s'étaient comme lui acharnés à rechercher sans cesse des accommodements, des terrains d'entente entre gentilshommes pointilleux, afin de les empêcher d'aller vider leur querelle sur le pré. La mort du frère apportait un argument de plus, terriblement personnel cette fois, à l'appui de toutes les raisons que Richelieu pouvait déjà avoir pour lutter sans merci contre les duels.

La succession d'Henri de Richelieu laissait également à l'évêque de Luçon la charge d'affaires financières bien embrouillées. Le marquis mourait couvert de dettes. Richelieu est confronté à une situation des plus difficiles alors qu'il souffre lui-même d'un tragique manque d'argent. Il ne trouvera pas d'autre solution, en définitive, que de faire casser le testament du défunt, qui avait légué à tort et à travers des sommes considérables dont il ne possédait pas le premier sou.

Le poste de commandant de la place d'Angers étant ainsi devenu vacant, Richelieu s'attache à le maintenir dans la famille en le faisant donner à son bon oncle Amador de La Porte. Pour compléter le réseau d'amitiés fidèles dont il veut entourer la Reine-Mère, il obtient que soit désigné aux fonctions de gouverneur des Ponts-de-Cé un homme qui lui est tout dévoué, Monsieur de Béthancourt. Le gouvernement du château de Chinon échoit à Chanteloube ; Richelieu ne s'y oppose pas : il pense se ménager ainsi un homme qui avait été parmi ses plus farouches adversaires à Blois, puis à Angoulême. Son autre ennemi juré, Ruccelaï, disparaît en revanche de la scène : la mort du marquis de Richelieu oblige le petit abbé florentin à quitter définitivement l'entourage de Marie de Médicis.

L'évêque de Luçon semble tout-puissant dans l'esprit de la Reine-Mère. Il a peuplé sa Maison d'amis sûrs, lui rédige ses lettres, détient son sceau personnel. Il y a une chose, cependant, qu'il n'arrive pas à obtenir : que Marie de Médicis accepte de regagner la Cour. Louis XIII se rend à Angers pour y préparer l'installation de sa mère. Il propose de venir au-devant d'elle, de la rencontrer à Tours, par exemple, ou même à Angoulême si elle le souhaite. Mais la Reine-Mère, malgré toutes les pressions de Richelieu, malgré les sollicitations de Louis XIII et de Luynes, s'y refuse obstinément. Le 17 juillet, Luynes manifeste son impatience : « Madame, j'ai beaucoup de déplaisir de ne voir que des espérances du retour de Votre Majesté, et qu'il faille encore quelques jours pour nous faire recevoir ce parfait contentement. » Le 25 juillet, c'est au tour du cardinal de Retz d'intervenir auprès de Bérulle[7] afin que la Reine reprenne sa place auprès du Roi : « Maintenant que je puis dire que le Roi le désire avec affection de fils et ceux qui sont près de lui ardemment, je vois qu'elle recule ; je vous avoue que cela me travaille, et d'autant plus que les remèdes que je vois qui sont par-delà jugés nécessaires, ne peuvent à mon avis que nuire et fortifier le mal. »

Richelieu seul paraît en mesure de convaincre la Reine-Mère. On attend beaucoup de lui : « Que Monsieur de Luçon fasse quelque coup de miracle pour un sujet si important » écrit ainsi le cardinal de Retz, qui ajoute qu'il compte sur le Père Joseph pour encourager Richelieu dans cette voie. Monsieur de Luçon, un peu agacé, charge ses amis à la Cour d'assurer Louis XIII et Luynes de ses bonnes intentions. Voici les instructions qu'il adresse à l'un d'eux : « Si on lui demande ce qu'il estime touchant le voyage de la Reine

---

7. Dans Jean Dagens, *Correspondance du cardinal Pierre de Bérulle*, Paris, Desclée de Brouwer/Louvain, Bureaux de la Revue, T. II (1619-1624), 1937, p. 5.

à la Cour, il répondra, en général, que tous les gens de bien l'y désirent ; si on s'enquiert de savoir ce qu'estime l'évêque de Luçon sur ce sujet, il dira que c'est le lieu où la Reine doit être, mais que c'est un conseil qui doit venir d'elle [8]. »

La résistance obstinée de la Reine finit cependant par susciter des doutes sur la sincérité de Richelieu. Le 30 juillet, le nonce rapporte une conversation qu'il vient d'avoir avec Luynes au cours de laquelle le favori du Roi a nettement accusé Monsieur de Luçon de chercher à tenir Marie de Médicis éloignée de son fils. Ainsi mis en cause, Richelieu juge nécessaire de rencontrer le Roi. Il veut en finir avec les tergiversations, arrêter une bonne fois pour toutes les modalités des indispensables retrouvailles entre Louis XIII et sa mère. Il considère également que cette rencontre avec le Roi peut lui permettre de progresser dans ses bonnes grâces et faire avancer le projet qui lui tient le plus à cœur : l'obtention du chapeau de cardinal.

Richelieu se fait précéder d'une lettre à Luynes dans laquelle il décrit avec flamme les efforts qu'il ne cesse de déployer en faveur de la réconciliation de la mère et du fils : « N'ayant jamais désiré avec tant de passion que de voir une étroite intelligence entre le Roi et la Reine sa mère, il m'est impossible de vous exprimer ma joie de voir qu'elle s'avance tous les jours, de telle sorte qu'on doive espérer la voir bientôt à sa perfection. La Reine est tellement portée par son inclination à voir le Roi qu'il n'est besoin d'aucune persuasion envers elle. Je vous supplie de croire que de mon côté je ne manque jamais de rendre au Roi et à l'État ce à quoi je suis obligé par mon honneur et ma conscience, les plus forts liens qui soient au monde. »

Richelieu rejoint Louis XIII et Luynes à Tours. Il voudrait bien mettre dans la balance, en face de sa bonne volonté, ce chapeau de cardinal tant convoité. Mais la démarche est prématurée, et l'évêque de Luçon se rend compte sur place de la méfiance qu'il continue d'inspirer. Mieux vaut dissimuler provisoirement l'ambition qui le dévore, et paraître un peu moins impatient. Le Chef du Conseil de la Reine-Mère applique dès lors tous ses efforts à mettre au point avec Luynes les détails de l'entrevue qui doit marquer la fin de la longue brouille entre l'ex-Régente et son fils.

Couzières ou la réconciliation manquée

Le 5 septembre 1619, Marie de Médicis [9] et Louis XIII se rencontrent dans les jardins du château de Couzières, propriété du duc de

---

8. Avenel, *Lettres de Richelieu*, T. VII, p. 464.
9. Elle avait quitté Angoulême le 29 août.

Montbazon, beau-père de Luynes, située à trois lieues de Tours. Toute la Cour est là, ainsi que d'innombrables curieux venus des villes voisines. Les badauds sont juchés jusque dans les arbres. Louis XIII et Marie de Médicis s'avancent l'un vers l'autre, échangeant quelques paroles banales, sous l'œil attentif de leurs deux mentors respectifs, Luynes et Richelieu. Aux yeux de l'opinion, la réconciliation publique est scellée. Des vivats éclatent, quelques branches cassent, précipitant leur charge humaine sur le gazon. La « guerre de la mère et du fils » est officiellement terminée. Oubliées, l'évasion de Blois et la rébellion de la Reine-Mère. La concorde entre Louis XIII et Marie de Médicis est rétablie, la douloureuse parenthèse ouverte par la mort du maréchal d'Ancre se referme à jamais. Voici le Roi et sa mère de nouveau réunis d'une même âme, d'une même volonté, pour le plus grand bien du royaume.

Cela, c'est l'apparence, et le langage que l'on tient aux gazettistes. Car la réalité est bien différente et, pour tout dire, le cœur n'y est pas. Au soir de l'entrevue de Couzières, la mère et le fils se rendent ensemble à Tours où ils vont séjourner quelques semaines. Il fait terriblement chaud. Marie de Médicis est de mauvaise humeur. Elle trouve que Louis XIII la délaisse, se contentant vis-à-vis d'elle d'effusions convenues. Le plus clair de son temps, le Roi le consacre à sa jeune épouse Anne d'Autriche, à de longues baignades dans la Loire et à la chasse qui, comme toujours, mobilise une bonne part de ses énergies.

Peut-être l'étoile grandissante de sa belle-fille irrite-t-elle particulièrement Marie de Médicis. Ainsi donc, elle aurait maintenant une rivale en cette jeune femme, autrefois si effacée, et dont les relations conjugales avec le Roi ont tour à tour défrayé la chronique et alarmé les Cours d'Europe. Eh bien, le mariage semble heureux, les jeunes époux vivent en pleine lune de miel, dans une affection sans nuages, et Anne d'Autriche, rayonnante, est sans conteste la première dame de la Cour.

Richelieu, lui, a d'autres préoccupations. Il s'attache aux pas de Luynes, mesurant la cote du favori auprès du Roi, et s'efforçant de lui plaire. L'entrevue de Couzières, c'est leur œuvre commune. Luynes multiplie les marques extérieures d'une vive amitié à l'égard de Richelieu. Celui-ci est-il dupe ? Ce n'est pas impossible quand on lit la réflexion désabusée qui figure dans ses *Mémoires* au sujet du favori : « Jamais personne ne fut trompeur au degré de Monsieur de Luynes. Sa bouche ne s'ouvrait jamais à faire quelque promesse que sa volonté ne fût résolue à ne pas l'observer et que son esprit ne méditât le moyen de n'en rien faire. » Les ministres au moins, comme Sillery et du Vair, ne se donnent pas la peine de prendre des gants. Ils ne manifestent que froideur et méfiance à l'égard de l'évêque de Luçon, soupçonné d'avoir pour seul dessein de provoquer de nouvelles brouilles. Et pourtant, Richelieu fait tout ce qu'il peut afin de persuader Marie de Médicis de suivre la Cour à Paris.

Monsieur de Luçon vise deux objectifs.

Richelieu veut d'abord obtenir que la Reine-Mère revienne aux affaires, qu'elle reprenne sa place dans le Conseil du Roi. C'était bien là le but essentiel de son évasion de Blois. Or, on lui a rendu sa liberté, ses dignités, ses revenus, on l'entoure de respect, mais on ne se hâte pas de solliciter ses avis sur le gouvernement du royaume. Pour Marie de Médicis, il s'agit d'une revendication fondamentale, et Richelieu a tout intérêt à ce qu'elle soit satisfaite. Mais Luynes se montre intraitable. Ayant pu apprécier l'influence que Richelieu exerce sur Marie de Médicis, il sait très bien qu'admettre la Reine-Mère au Conseil reviendrait à y faire entrer en même temps l'évêque de Luçon. Et cela, le favori n'est aucunement disposé à le tolérer.

L'autre ambition de Richelieu, c'est ce chapeau de cardinal qu'il souhaite ardemment se voir octroyer. On lui a laissé entrevoir la possibilité d'une démarche du Roi auprès du Pape. Mais là aussi, Luynes se montre déterminé à ne rien faire qui puisse contribuer à l'élévation de Monsieur de Luçon. En sous-main, au lieu de solliciter le chapeau de cardinal pour Richelieu, il le demande pour l'archevêque de Toulouse. Ce n'est pas bête : Monsieur de Toulouse est l'un des fils du duc d'Épernon ; en faire un cardinal constitue un excellent moyen de sceller l'accommodement définitif avec l'ancien rebelle ; au surplus, Richelieu est personnellement en termes très amicaux avec lui.

Lorsque Richelieu apprend la proposition d'élévation de l'archevêque de Toulouse au cardinalat, il ne peut s'empêcher de laisser paraître son dépit même dans le message de félicitations qu'il adresse à son heureux rival : « Vous n'attendez pas de moi des paroles qui vous témoignent mon affection : aussi n'entreprends-je point de vous en donner. » Mais il est surtout furieux contre Luynes, qui l'a joué comme un enfant.

Dès lors, Richelieu ne voit plus trop quel intérêt il aurait à continuer de faire pression sur Marie de Médicis afin qu'elle se rende à Paris. Tous deux estiment qu'il importe avant tout de prendre possession du nouveau gouvernement de l'Anjou conféré à la Reine-Mère par le Traité d'Angoulême. Tandis que Louis XIII et Anne d'Autriche regagnent la capitale, Marie de Médicis s'achemine vers Angers. Richelieu, considérant sa tâche comme provisoirement terminée, retourne dans son diocèse de Luçon. Retraite définitive ? Luynes l'espère bien, et Richelieu n'est peut-être pas éloigné de le penser. Décidément, la politique ne lui réserve que désillusions.

Combien le service du Seigneur est plus calme et plus satisfaisant ! Monsieur de Luçon jure de ne plus songer désormais qu'à « Dieu et au salut des âmes ».

LUYNES LA GAFFE

Marie de Médicis, à petites étapes, se rend d'abord à Chinon, puis à Angers. Louis XIII a donné toutes instructions afin que la ville réserve une entrée véritablement fastueuse à la Reine-Mère. Le 16 octobre, rien ne manque pour que Marie de Médicis reçoive un accueil royal : arcs de triomphe, banderoles, tapisseries aux fenêtres. Mais Louis XIII a aussi cru plus sage de faire vider les magasins de la citadelle d'Angers de toutes les armes et munitions qui pouvaient s'y trouver. Le procédé n'est pas très délicat à l'égard de la Reine-Mère. Celle-ci, outrée, tient désormais un compte précis de tous les manquements à son égard.

Elle constate par exemple avec ressentiment qu'un certain nombre de ses fidèles, qui s'étaient vu priver de leurs charges et offices lors de sa rébellion, ne sont toujours pas rétablis dans leurs anciennes dignités. Autre grief : le comte du Lude, responsable de l'éducation de son plus jeune fils, Gaston, meurt subitement ; Louis XIII et Luynes décident de le remplacer par le maréchal d'Ornano ; ils se contentent d'en informer après coup Marie de Médicis. « Elle se tient offensée et du choix de la personne et de la forme qu'on y a tenue [10]. »

Mais ce qui va mettre le comble à ses contrariétés, c'est la libération de Condé. Depuis le 1er septembre 1616, l'ancien factieux avait été tenu dans une étroite réclusion. Des petites pièces situées tout en haut des bâtiments du Louvre, on l'avait transféré au château de Vincennes. Ni la mort de Concini, ni les démêlés de Louis XIII et de sa mère, ne lui avaient valu d'en sortir. Mais après le Traité d'Angoulême, tout le monde s'accorde à considérer que la page de l'après-régence est définitivement tournée ; le prince de Condé a droit lui aussi à l'amnistie. Louis XIII en parle à Marie de Médicis, qui donne son accord à la mise en liberté du prince. Sur le fond, par conséquent, pas de problème. Ce qui va en revanche provoquer l'amertume et la colère de la Reine-Mère, c'est la façon dont s'y prend la Cour.

Le 17 octobre 1619, le Conseil du Roi décide la libération de Condé. Louis XIII écrit le même jour à Marie de Médicis pour lui en communiquer personnellement la nouvelle. Il prend soin de lui

---

10. Richelieu, *Mémoires,* Éd. Michaud et Poujoulat, Paris, Firmin Didot, 1837, T. I, p. 204.

Richelieu au travail *(Bibliothèque nationale)*

Louis XIII *(Bibliothèque nationale)*

Marie de Médicis
(Bibliothèque nationale)

Le Père Joseph *(Bibliothèque nationale)*

D'Épernon
(Bibliothèque nationale)

Condé
(Bibliothèque nationale)

Gaston d'Orléans
(Bibliothèque nationale)

Buckingham
(Bibliothèque nationale)

Le Roi harangué par le Prévôt des Marchands *(Bibliothèque nationale)*

Ferdinand II
(Bibliothèque nationale)

Gustave-Adolphe
(Bibliothèque nationale)

Olivares
(Bibliothèque nationale)

Wallenstein
(Bibliothèque nationale)

Les restes de la guerre (*Bibliothèque nationale*)

Exécution de Chalais *(Bibliothèque nationale)*

Exécution de Montmorency *(Bibliothèque nationale)*

Richelieu et la barque de l'État

(Bibliothèque nationale)

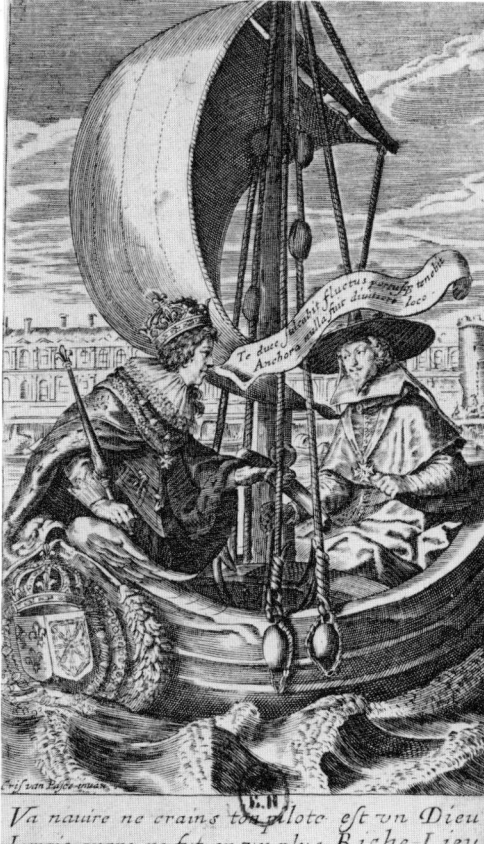

Va nauire ne crains ton pilote est vn Dieu
Iamais ancre ne fut en vn plus Riche Lieu

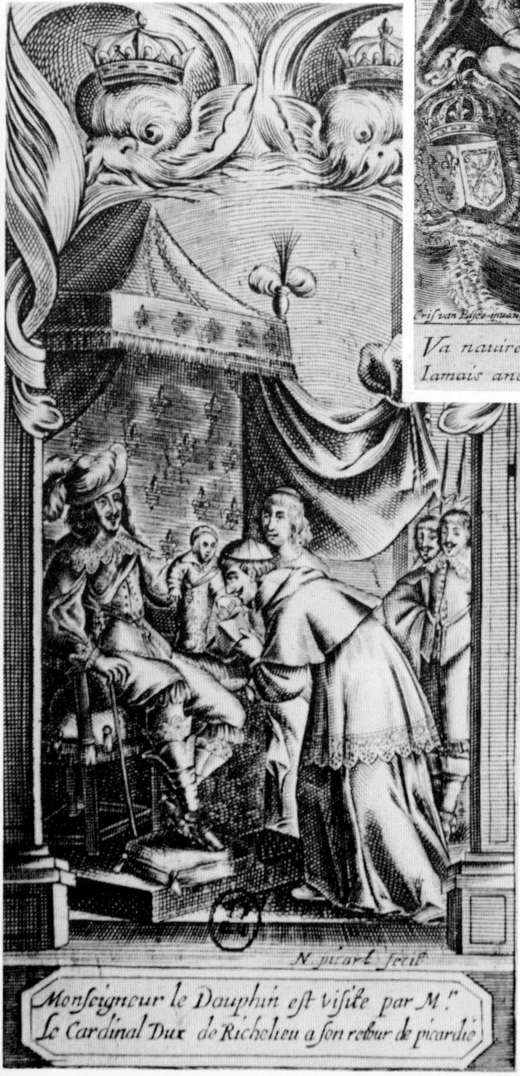
N picart fecit
Monseigneur le Dauphin est visite par Mr
Le Cardinal Dux de Richelieu a son retour de picardie

Le cardinal aux pieds du Dauphin
(Bibliothèque nationale)

Anne d'Autriche et ses fils *(Bibliothèque nationale)*

"Nul ne peut égaler l'immortel Richelieu" *(Bibliothèque nationale)*

rappeler qu'il s'agit là d'une décision préalablement convenue entre eux. Quand il reçoit le 20 octobre le prince venu faire amende honorable et le remercier de sa délivrance, il en informe scrupuleusement Marie de Médicis. Rien que de très normal jusque-là. Mais l'intervention de Luynes va transformer cette mesure d'apaisement en un nouveau brûlot. Le favori insinue à Condé que la Reine-Mère a lutté jusqu'au bout pour le maintenir en prison. Il persuade par ailleurs le souverain de la nécessité de publier une déclaration officielle à l'occasion de la mise en liberté du prince. Luynes rédige ainsi un texte que Louis XIII signe sans trop y prendre garde.

La déclaration royale du 9 novembre est profondément blessante pour l'ancienne Régente. Elle expose que l'innocence de Condé a été enfin reconnue ; son emprisonnement prolongé était le seul fait de personnes qui, sous couvert de l'autorité royale, poursuivaient des objectifs particuliers ; après une enquête approfondie sur les raisons de la détention du prince, Sa Majesté « avait trouvé qu'il n'y en avait eu autres que les mauvais desseins de ceux qui voulaient joindre à la ruine de cet État celle dudit sieur prince, les actions et déportements duquel avaient toujours tendu à l'affermissement de son autorité et de sa grandeur ».

C'était un peu gros. Comme l'écrira plus tard Richelieu, la déclaration royale n'était guère à l'honneur de Louis XIII : ainsi, ayant pris le pouvoir le 24 avril 1617, il avait eu besoin de deux ans et demi pour décider la remise en liberté de Condé ! Ou bien le Roi a péché par légèreté, ou bien l'innocence du prince n'était pas aussi évidente qu'on le prétend aujourd'hui. Le 7 décembre, la Reine-Mère écrit à Louis XIII afin de lui faire part, en termes mesurés certes, mais fermes, du déplaisir qu'elle ressent. Le Roi lui répond en regrettant qu'un malentendu ait pu se faire jour à propos de la déclaration du 9 novembre, et en assurant sa mère qu'il ne faut y voir aucun désaveu de son action passée : « Si je me fusse seulement imaginé qu'il y eut eu quelques termes douteux et capables de porter les esprits les plus subtils à une interprétation qui pût vous être préjudiciable, j'eusse plutôt dénié absolument ce que mon cousin [c'est-à-dire le prince de Condé] requérait de moi à cet égard, que de le lui accorder en vous laissant quelque sinistre soupçon ainsi qu'il semble que vous avez reçu. *Vous n'êtes nullement intéressée en ladite déclaration.* » La lettre de Louis XIII, qui porte la date du 24 décembre, est aussi chaleureuse et affectueuse qu'on peut l'espérer, et la Reine-Mère s'en satisfait. La libération de Barbin contribue à lui mettre du baume sur le cœur : l'ancien ministre de la Reine-Mère est grâcié ; aussitôt expulsé de France, il ne sera jamais autorisé à y revenir et finira ses jours à l'étranger.

Richelieu, toujours à Luçon, s'efforce inlassablement de persuader Marie de Médicis de revenir à Paris. Après le règlement de l'incident Condé, il croit toucher au but et va jusqu'à écrire au Père

Arnoux que la Reine vient enfin de céder à ses instances. « Je ne vous dis point la joie que j'en ai » ajoute-t-il. Richelieu pavoisait un peu tôt, car dans la petite Cour d'Angers, la plupart des membres de l'entourage de la Reine-Mère, entraînés par Chanteloube, étaient convaincus qu'un retour de Marie de Médicis à Paris, sans qu'elle ait au préalable obtenu de réintégrer le Conseil du Roi, apparaîtrait comme une capitulation déguisée ; méprisée, tenue à l'écart, la Reine-Mère serait l'otage de la Cour. Mieux valait, par conséquent, rester à Angers. Soumise à un feu roulant de pressions et d'exhortations contradictoires, Marie de Médicis flotte, hésite, et les discussions sur l'opportunité de revenir dans la capitale s'éternisent. La balance penche tour à tour dans un sens puis dans l'autre. Mais quand le Père Arnoux annonce le 21 décembre à Richelieu que l'on est en train de préparer au Louvre l'ancien appartement de Marie de Médicis, la Reine-Mère déclare que l'idée même de remettre les pieds dans les lieux où elle a été tenue prisonnière après la mort de Concini ne peut susciter en elle que « du dégoût ». Le voyage à Paris semble définitivement compromis.

Un vent de révolte

Richelieu s'inquiète de voir l'esprit de la Reine-Mère lui échapper, et croit plus sage de quitter son diocèse pour la rejoindre à Angers. Il mesure ainsi la force du parti qui pousse Marie de Médicis à refuser tout compromis avec Louis XIII. Réaliste, Richelieu, au début de 1620, décide de ne plus s'opposer aux Chanteloube et autres jusqu'auboutistes. Il y va de sa crédibilité auprès de la Reine-Mère.

Richelieu continue, certes, à chercher inlassablement un arrangement, un moyen terme, un terrain d'entente. Le billet qu'il adresse à l'abbé de La Cochère, dépêché à la Cour par ses soins, ne laisse place à aucune ambiguïté : « Au nom de Dieu », lui écrit-il, « prenez le temps de représenter à Monsieur de Luynes combien il lui est honorable de faire que la Reine soit contente... Il est fort aisé d'accommoder toutes choses... Si j'étais cru, elles le seraient ; mais entre vous et moi j'ai bien connu depuis peu que je suis suspect, ce que je puis dire être sans cause, vu que vous savez, dans le service de la Reine, quelles sont mes intentions[11]. » Mathieu de Morgues, fidèle de la Reine-Mère et membre de sa Maison, confirmera plus tard que « tout l'effort du cardinal en cette guerre était de porter de l'eau où les autres auraient apporté le feu[12] ».

---

11. *Catalogue of the collection of Morrison*, T. V, p. 261.
12. Mathieu de Morgues, *Avis d'un théologien sans passion*, 1626, in-8°, p. 23.

Mais Richelieu doit aussi prévenir le retour d'une situation analogue à celle de Blois. Pour ne pas se faire accuser d'être un espion à la solde de Luynes, le voici obligé de prendre la tête des partisans de la lutte : « Le torrent m'emportait », expliquera-t-il ainsi dans ses *Mémoires,* « de telle sorte que vouloir persuader mon opinion ne servait à autre chose qu'à me perdre sans avancer le service de la Reine... Je fus par prudence contraint de revenir à leurs pensées et, à l'imitation des sages pilotes, de céder à la tempête [13]. » L'attitude n'est peut-être pas très courageuse, mais « on est souvent obligé de suivre les opinions qu'on approuve le moins. Je voyais bien qu'il y avait beaucoup à espérer pour la Reine dans la Cour, et rien dehors : mais, parce qu'il y avait beaucoup à craindre dans la puissance des favoris, j'aimai mieux suivre les sentiments de ceux qui la détournaient d'aller trouver le Roi, que de faire valoir mes raisons [14] ».

Fini, le prélat modérateur et temporisateur. C'est au contraire lui qui anime tous les préparatifs de la révolte. Pour mieux « tenir » l'appareil politique et administratif installé à Angers, Richelieu fait écarter Monsieur de Villesavin, Secrétaire aux commandements de Marie de Médicis, et le remplace par Claude Bouthillier, frère du fidèle abbé de La Cochère. Il fait nommer aux fonctions d'intendant de justice de l'Anjou un autre de ses amis, Michel de Marillac, dont le frère Louis reçoit mission de coordonner la préparation des opérations militaires.

Luynes supporte assurément une bonne part de responsabilités dans le déclenchement de la guerre par son refus de consentir les quelques concessions qui auraient permis d'éviter le pire ; il s'estime pourtant trahi par Richelieu, et le considère comme le principal responsable du branle-bas de combat dont on recueille les échos à la Cour.

Entre les deux favoris, rien ne va plus. On a l'impression d'assister à un règlement de comptes personnel entre Luynes et Richelieu par Reine-Mère et Roi interposés. Ils sont comme deux fauves qui se mesurent à pas comptés puis, le moment venu, se déchirent sans retenue. Suivons-les quelques instants au travers de la correspondance qu'ils échangent. La haine est physiquement palpable. Aucun ménagement, aucune fleur de rhétorique. Les deux antagonistes sont engagés dans une lutte à mort. Richelieu ouvre le feu, écrivant à Luynes : « Je ne doute point, comme il vous plaît me mander, qu'il ne se trouve partout des gens qui voudraient brouiller

---

13. Richelieu, *Mémoires,* Éd. Michaud et Poujoulat, Paris, Firmin Didot, 1837, T. I, p. 206.
14. Richelieu, *Mémoires,* Éd. Michaud et Poujoulat, Paris, Firmin Didot, 1837, T. I, p. 207.

les cartes. Mais, ainsi que vous êtes sûr de votre part, assurez-vous aussi, s'il vous plaît, de la nôtre. » En d'autres termes : balayez devant votre porte avant de venir me chercher noise. La suite est plus grave, car elle contient une accusation formelle de duplicité à l'encontre du favori du Roi : « Au commencement, la Reine a été satisfaite et a cru fermement que vous vouliez prendre confiance en elle : ensuite de quoi, ce qui s'est passé a troublé son contentement et lui a fait appréhender de s'être méprise. Vous savez, Monsieur, que je ne suis ni d'humeur, ni de condition, de tromper personne, et que, désirant passionnément le service du Roi et de la Reine, je suis véritablement votre serviteur. Le but de la Reine est de vivre ici en paix et en repos : rien ne la peut détraquer du bon chemin, ni apporter de changement en ce dessein. »

Luynes ne peut laisser passer ce genre de propos sans réagir. En avril 1620, il dépêche à Angers son beau-père, le duc de Montbazon, chargé de faire connaître à Marie de Médicis et à l'évêque de Luçon le profond déplaisir du Roi. Les instructions données au duc sont sévères pour Richelieu : « Dire au sieur de Luçon que le Roi trouve fort étrange la procédure de la Reine et que l'on n'en peut attribuer la cause qu'à lui seul. La Reine n'a que deux moyens de se justifier envers Sa Majesté : ou de venir promptement à la Cour, ou, si elle n'y vient point, de publier au-dehors du royaume le contraire de ce qu'on y fait entendre en son nom. Ce faisant, l'évêque de Luçon pourra tout espérer de la bonté du Roi... » Luynes adresse à Richelieu une lettre où perce la menace : « Tout dépend de vous », lui écrit-il, « car pour la Reine, nous sommes trop assurés de ses bonnes et saintes intentions, pourvu que les vérités aillent jusqu'à ses oreilles : nous avons jusques à cette heure cru de vous ce que l'on doit d'un homme de bien. » Richelieu ne se laisse pas impressionner, même quand Louis XIII parle de le réexpédier en exil : le duc de Montbazon est en effet habilité à dire à la Reine-Mère « qu'elle donnait trop de créance aux avis de Monsieur de Luçon et que s'il continuait le Roi pourrait bien la supplier de l'éloigner d'elle ». Mais Richelieu reste insensible à toutes ces pressions, et rétorque sans ambages à Monsieur de Montbazon qu'elles ne peuvent avoir d'autre résultat que de redoubler son ardeur à servir la Reine.

Dans l'espoir de hâter le retour de sa mère à la Cour, Louis XIII quitte Fontainebleau en direction d'Angers. Il ne dépassera pas Orléans : Marie de Médicis lui fait savoir qu'elle considère ce voyage comme un geste inamical et une menace pour sa sécurité. Sans insister, le Roi rentre à Paris. En mai 1620, il envoie Monsieur de Blainville auprès de la Reine. Blainville est un homme calme et pondéré, mais ses efforts ne rencontrent pas plus de succès que ceux de Monsieur de Montbazon. Il fait trois fois le voyage d'Angers. En vain : la Reine-Mère refuse toute discussion, se plaignant « que l'on n'envoyait point vers elle des personnes en qui elle pût prendre confiance ». Le Roi remplace Blainville et adresse à Marie de Médicis une imposante délégation comprenant les ducs de Montbazon et de Bellegarde, l'archevêque de Sens et le Président Jeannin. « Faites mes recommandations à la Reine-Mère », dit Louis XIII à l'archevêque de Sens avant son départ pour Angers. « Assurez-la que j'aurai toujours le cœur et les bras ouverts pour la recevoir, que je ne laisserai pas de la prier de venir auprès de moi ni de la faire honorer dans la Cour et par tout mon royaume [15]. »

Richelieu est à son affaire ! Comme à l'époque où il était ministre dans le dernier gouvernement Concini, c'est lui qui s'occupe de tout, rassemble l'argent nécessaire, ordonne les levées, fortifie les places, rédige les manifestes. Une seule différence, mais elle est de taille : autrefois, l'évêque de Luçon faisait la guerre aux princes factieux, aujourd'hui, il sert la dissidence de l'ex-Régente. Cela lui vaudra d'être publiquement dénoncé à l'opinion comme le grand instigateur de la rébellion. Le 16 juillet 1620, Louis XIII porte ses turpitudes à la connaissance des divers Parlements du royaume : « La Reine a ordonné par le sieur évêque de Luçon un commandement verbal aux commis de nos fermes de ne délivrer les deniers d'icelles destinés au public et à la conservation de la monarchie que par ses ordonnances... Avec douleur nous ressentons toutes ces choses [16]. » Richelieu détournant les deniers publics, on aura tout vu ! Saisir les impôts du Roi représente en principe l'ultime degré dans l'escalade, avant le déclenchement de la guerre ouverte.

Le mouvement de rébellion de la Reine-Mère s'inscrit dans un contexte tout à fait différent de celui de l'évasion de Blois. Marie de Médicis est beaucoup moins isolée aujourd'hui, et tous ceux qui, deux ans auparavant, ont accueilli ses missives avec froideur, se précipitent cette fois à Angers, l'assurant de leur dévouement et de leur adhésion à sa cause. Le comte de Soissons, deuxième du nom, fils du comte mort en 1612, est de ceux-là. Ses raisons sont puériles. Condé, en sa qualité de premier prince du sang, possède le droit de présenter la serviette au Roi quand celui-ci est à table. Le comte de Soissons, son jeune cousin, avait exercé cette prérogative à sa place pendant la captivité du prince. Lorsque Condé revient, il revendique avec hauteur la restitution de ce droit. L'honneur blessé de Soissons ne résiste pas à la morgue avec laquelle le prince s'adresse à lui. Ulcéré, le comte se retire de la Cour, va chercher refuge à Angers. Il y est bientôt rejoint par le duc de Rohan ; celui-ci ne supporte pas de voir Luynes revendiquer la charge de connétable qu'il brigue lui aussi. Le duc de Longueville, le Grand-

---

15. *Véritable relation de ce qui s'est passé de jour en jour au voyage du Roi — 1620,* Paris, 1620, in-12º, p. 28.
16. BN, Ms. Dupuy 92, fol. 178 vº.

Prieur de Vendôme, agitent la Normandie, la Bretagne. Quant au duc d'Épernon, fidèle à son indéfectible amitié pour la Reine-Mère, il mobilise en Saintonge, aussitôt imité par le duc du Maine, gouverneur de la Guyenne.

Deuxième guerre de la mère et du fils

Le parti de la Reine-Mère est considérable et tient, sur le papier, une bonne partie du royaume. Cela explique certainement l'assurance non dépourvue d'arrogance que Richelieu manifeste à l'égard de Luynes. Le favori, exaspéré, lui écrit drôlement un jour de juin 1620 : « Si nous pensions en vous envoyant la châsse de sainte Geneviève vous toucher le cœur nous le ferions tant nous désirons la paix. Pour moi, après avoir fait ce que j'ai fait, j'en suis quitte devant Dieu, justifié devant mon Roi et hors d'accusation devant les hommes. »

La lutte est près de s'engager. Mais Richelieu se révèle un adepte avant la lettre du précepte de Clausewitz qui voit dans la guerre la continuation de la paix par d'autres moyens. Au moment où les adversaires se préparent à dégainer, il prêche la prudence et, dans le Conseil de la Reine-Mère, fait valoir que « de Luynes, en sa conduite, avait l'avantage d'être à l'ombre de l'autorité royale, que la raison était inutile contre la puissance, que les peuples qui souffraient le plus des maux de la guerre se déclareraient contre ceux qui la déchaîneraient sur le pays, enfin qu'avant d'entrer dans une affaire, il fallait considérer comment on en pourrait sortir ». Quelle leçon de politique ! Quelle lucidité, également, lorsque Richelieu laisse entendre à Marie de Médicis que le conflit risque de la rendre prisonnière des Grands, et que « pour éviter un tyran en la personne de Luynes elle risquait d'en rencontrer d'autres en certains seigneurs qui prétendaient la servir et ne cherchaient qu'à se servir eux-mêmes [17] ». Il voudrait en fait utiliser la position de force que détient le parti de la Reine pour obliger Luynes à négocier. Mais à l'intérieur du Conseil de Marie de Médicis, seuls Marillac et le Père Suffren, confesseur de la Reine-Mère, partagent les vues de Monsieur de Luçon. Tous les autres se déclarent pour la guerre.

Richelieu arrête alors les grandes lignes d'un plan de campagne. Le centre de la rébellion est en Anjou, principal bastion du parti de Marie de Médicis. On s'appuiera au nord sur la Normandie, où Rouen et Le Havre sont tenus par des alliés de la Reine-Mère. La Bretagne fournit également un réservoir d'hommes et de places

---

17. Richelieu, *Mémoires*. Éd. Michaud et Poujoulat, Paris, Firmin Didot, 1837, T. I, p. 218.

fortes. Le passage des Ponts-de-Cé sur la Loire commande les communications avec la Saintonge, où règne le duc d'Épernon, qui donne la main au Poitou, à la Guyenne, et même au Languedoc, dont le gouverneur, le duc de Montmorency, se rallie *in extremis* à la cause de Marie de Médicis. Les protestants restent dans l'expectative, mais inclinent vers le parti de la Reine-Mère, tandis que, sur la frontière est du royaume, Metz, dont le gouverneur est un fils du duc d'Épernon, le marquis de La Valette, permet de disposer d'une porte vers l'Allemagne, d'où peuvent venir d'éventuels renforts. Richelieu s'est choisi un chef d'état-major en la personne de Louis de Marillac, qu'il fait nommer maréchal général de l'armée rebelle. L'évêque de Luçon donne les directives, Marillac traduit ses instructions en ordres et en plans d'opérations. Humblement, d'ailleurs, Marillac reconnaîtra la part essentielle de Richelieu : « Tout ce qui se peut faire de préparatifs se fit par les soins de Monsieur de Luçon. Pour la conduite générale des affaires et pour le maniement des bons et des mauvais esprits, il avait tout le faix sur les épaules. »

Mais il se passait maintenant ce que Richelieu avait prévu depuis le début : le principe de l'autorité royale mobilise l'opinion autour de Louis XIII. Le *Mercure Français* aura beau jeu, en août 1620, d'ironiser sur la puissance apparente du parti de la Reine-Mère qui « tenait une filière de provinces depuis Dieppe en Normandie jusqu'au-delà de la Garonne, c'est-à-dire près de deux cents lieues de long : parti où l'on voyait les plus grands seigneurs de ces provinces, ceux de la religion prétendue réformée et plusieurs bons capitaines avec de fortes places sur toutes les rivières », en constatant la facilité déconcertante avec laquelle le Roi vient à bout de cette vaste coalition. Et Nicolas Pasquier reflète les sentiments de l'immense majorité de ses concitoyens quand il écrit : « J'estime qu'il n'y a rien de plus malheureux en un royaume que les auteurs de factions et conjurations, puisqu'ils sont les vrais nourriciers de toutes sortes de misères, de maux et de calamités. Cette nouvelle ligue en son progrès et en sa fin enfantera elle-même sa défaite. »

Dans l'entourage de Louis XIII, Luynes et Condé s'opposent. Le prince connaît par expérience la force du principe monarchique ; il est pour une riposte vigoureuse. Luynes, en revanche, toujours égal à lui-même, hésite à engager les hostilités et cherche un compromis. Les vieux ministres partagent l'avis de Luynes. Fin juin, Condé insiste en Conseil du Roi pour qu'on adopte une politique offensive ; il n'est pas suivi. Mais le 2 juillet, on apprend à Paris que la Normandie est entrée en dissidence. Le gouvernement est convoqué pour le lendemain en réunion d'urgence. Cette séance du 3 juillet est décisive. Condé plaide à nouveau pour une action immédiate : « Le Roi ne connaît pas sa force ; qu'il marche, qu'il se montre seulement dans sa province rebelle et tout pliera devant lui. » Les ministres, au contraire, sont plus réticents que jamais ; quitter Paris, c'est « exposer la personne royale sans troupes suffisantes et sans préparation sérieuse » ; rien ne garantit que l'on prendra la Normandie, mais si l'on perd la capitale, on est assuré de tout perdre. Condé revient à la charge, prédit que l'expédition ne sera qu'une promenade militaire. Dans le débat qui s'aigrit entre les tenants de chaque option, Louis XIII, tout à coup, sortant de son mutisme, fait véritablement acte de Roi. Le jeune souverain tranche : « Parmi tant de hasards qui se présentent, il faut marcher au plus grand et au plus proche, et c'est la Normandie. J'y veux aller tout droit, et n'attendre pas à Paris de voir mon royaume en proie à la rébellion et mes fidèles serviteurs opprimés. » Les partisans d'un compromis ravalent leurs objections, tandis que l'on s'affaire à mettre la dernière main aux préparatifs de l'expédition.

Le 7 juillet à l'aube, Louis XIII se met en route, à la tête de son armée, flanqué de son jeune frère Gaston et du prince de Condé. Il emmène 400 cavaliers et 6 000 hommes de pied, placés sous le commandement de trois chefs de guerre éprouvés, Schomberg, Praslin et Créqui. Avançant à marches forcées, il arrive aux portes de Rouen dans la matinée du 8. Le duc de Longueville, renonçant à lui disputer la ville, s'éclipse discrètement. Le Roi s'aperçoit que l'ennemi a déguerpi et entre tout simplement dans la place. Il est follement acclamé. Ému au plus profond de lui-même, convaincu d'être redevable vis-à-vis de son peuple de la tranquillité publique, il y puise une certitude décuplée dans la justesse de sa cause.

Louis XIII accélère le mouvement. Le duc de Longueville et le Grand-Prieur de Vendôme se sont repliés à Caen. Les fortifications sont bonnes, les troupes nombreuses. Mais à l'approche du Roi, les chefs rebelles évacuent la ville avec la plupart de leurs forces, ne laissant sur place qu'un petit détachement sous les ordres d'un capitaine qui passe pour énergique. Le 15 juillet, Louis XIII arrive en vue de Caen. Les habitants ont envoyé une délégation pour l'assurer de leur fidèle soumission : « Je ne veux point de cérémonie », leur répond-il, « continuez donc à me bien servir et je vous serai bon Roi. » La ville s'ouvre à lui, la population l'acclame. Reste le château. Le commandant laissé en place par le Grand-Prieur de Vendôme fait mine de résister. Mais ses subordonnés ne l'entendent pas de cette oreille : officiers et soldats n'ont aucune envie de faire figure d'insoumis. Le lendemain, Louis XIII reçoit les clefs de la forteresse.

A Angers, les mauvaises nouvelles en provenance de Rouen et de Caen jettent le trouble au quartier général de la Reine-Mère. On n'a pas de mots assez durs sur le compte du duc de Longueville et du Grand-Prieur de Vendôme, taxés de lâcheté. Tout le monde est très belliqueux en paroles, et, parmi les Grands, chacun se dispute l'honneur de commander l'armée qui va faire face au Roi, dont on annonce qu'il marche sur Angers. « La division se mit dans les conseils », écrit Richelieu, « ils voulaient tous être le maître. Ils s'opposaient qu'on fît venir Monsieur du Maine, à la réputation duquel ils auraient été obligés de céder. Tous réclamaient de l'argent et prétendaient faire des merveilles : ils prirent l'un, manquèrent l'autre, et ne trompèrent personne parce qu'on n'avait rien à attendre d'eux. » Quelle cruauté ! Richelieu, une fois de plus, prend la mesure de la fiabilité des Grands, de leurs promesses et de leurs rodomontades. Personnages ô combien fragiles, en vérité, baudruches qu'un souffle un peu assuré disperse dans l'instant. Les premiers succès remportés par le Roi ont complètement renversé la situation. De Saintonge, du Midi, du Languedoc, Angers reçoit d'inquiétants rapports sur l'attitude de Messieurs d'Épernon, de Rohan, de Montmorency. Si décidés quelques semaines auparavant, ces messieurs se montrent beaucoup plus réservés à présent sur la nature et l'ampleur du soutien promis à Marie de Médicis. Il est clair qu'ils attendent de voir de quel côté va basculer le sort des armes pour embrasser le parti du vainqueur.

Richelieu pouvait se féliciter de la juste prescience qui l'avait conduit à prononcer devant la Cour de Marie de Médicis réunie au château d'Angers, une bien singulière harangue le 3 juillet, c'est-à-dire le jour même où Louis XIII décidait de courir sus aux rebelles. L'évêque de Luçon, alors que la rupture était consommée, tentait un ultime effort pour ouvrir les yeux de la Reine-Mère : « Madame, il y va de votre conscience, et il ne se trouvera aucun de vos fidèles sujets qui vous conseille de vous bander contre votre fils, ni de maintenir les mécontents en leurs opinions... Jusques ici, votre France a eu le renom d'être la fleur de tous les royaumes, et le sceptre de toutes les couronnes. Quel regret vous serait-ce, Madame, de l'avoir acheminée à son occident, et par une malheureuse catastrophe la conduire au tombeau de ses trophées !... Voici, Madame, ce que mon devoir avait à vous communiquer et puisqu'il a plu à Votre Majesté de m'élire en sa personne, il lui plaira de me pardonner et considérer que les armes ni la force ne triompheront jamais d'un Roi qui a les anges de Dieu pour gardes. » Il n'avait réussi qu'à déclencher les murmures de protestation de ses adversaires et se faire accuser, une fois de plus, d'être de mèche avec Luynes. De fait, Luynes aussi, comme Richelieu, cherche désespérément un accommodement. Alors même que l'offensive du Roi remporte ses premiers succès, le favori demande au nonce d'intervenir et envoie à Angers, pour discuter, encore et toujours, le Président Jeannin, le duc de Bellegarde et l'archevêque de Sens. Inquiet de l'emprise sur Louis XIII qu'une réussite trop éclatante pourrait donner à Condé, apôtre d'une réaction énergique, Luynes partage tout à fait le sentiment d'un Richelieu écrivant, au lendemain de la campagne de Normandie : « Il eut fallu être aveugle de passion pour ne pas voir qu'il ne pouvait y avoir de si mauvaise paix qui ne valût mieux qu'une guerre civile dont l'événement était si incertain. » Mais les plénipotentiaires de Luynes ne rencontrent à Angers que visages fermés et partisans de la guerre à outrance en dehors d'un Richelieu totalement isolé dans sa croisade pour la paix. Le 2 août, Richelieu, dans une lettre au cardinal de Sourdis, ne peut que constater l'échec de ses efforts : « Toute espérance de traiter est rompue : ces messieurs n'en veulent point ouïr parler. »

Le Roi est ivre de combats. Le 2 août, il entre au Mans, qui s'est rendu à l'annonce de son arrivée. Louis XIII est à la fois grisé et frustré par une campagne qui n'a été marquée, jusqu'à présent, par aucun affrontement sérieux. A mesure qu'il approche d'Angers, l'envie d'en découdre s'accroît furieusement. Il proclame, à l'intention des rebelles, qu'il va venir les « épousseter comme il faut ». Le 4 août, il fait déployer la cornette blanche qu'Henri IV arborait à Fontaine-Française en 1595, et passe en revue 8 000 soldats que Bassompierre vient de lui amener de Champagne. Il dispose maintenant d'une armée de 12 000 hommes et 1 200 chevaux, avec laquelle il s'établit à La Flèche. Une fois de plus, les troupes du parti de la Reine-Mère ont prudemment décampé devant le Roi.

La drôlerie des Ponts-de-Cé

La lutte décisive va bientôt s'engager. Les forces de Marie de Médicis concentrées près d'Angers s'élèvent en principe à 30 000 hommes et 3 000 chevaux. La Reine-Mère a donc une nette supériorité numérique ; elle possède également l'avantage de la position ; le château d'Angers est très solide et les Ponts-de-Cé, point de passage obligé sur la Loire, ont d'excellentes défenses. Mais la discorde s'est installée parmi les Grands. Certains des contingents attendus n'arrivent pas, d'autres se dispersent ; en trois jours, l'armée rebelle fond littéralement : la Reine-Mère, au moment décisif, ne dispose plus que de 6 000 hommes. La guerre des chefs fait rage. Le commandement — théoriquement dévolu à Louis de Marillac — est disputé entre le duc de Vendôme, le duc de Nemours, le maréchal de Boisdauphin et le comte de Soissons.

Le 6 août au matin, le Roi se porte à trois kilomètres au sud d'Angers, en un point surélevé d'où il lui est facile d'observer les fortifications et l'armée de la Reine. Il s'inquiète de possibles mouvements de troupes du côté d'Angers, d'où pourrait venir une éventuelle attaque sur ses flancs. Mais comme rien ne bouge dans cette direction, il fait avancer son infanterie vers les Ponts-de-Cé, tandis que sa cavalerie, amorçant un mouvement d'enveloppement, entre dans l'eau pour franchir le premier bras de la Loire. Des escarmouches s'engagent ; les gens de la Reine se replient derrière leurs retranchements, et demandent des instructions à Marie de Médicis : la Reine-Mère ordonne de défendre la position, mais en évitant de rien faire qui puisse mettre en péril la personne du Roi. Le duc de Retz, qui voit bien à quel point l'armée royale est vulnérable, déclare, furieux, qu'il n'est pas venu pour parer les coups, et se retire avec les 1 500 fantassins qu'il avait emmenés avec lui. Son départ jette le désarroi parmi les troupes de la Reine-Mère. Louis XIII en profite pour accentuer sa pression. Son avant-garde pousse droit sur les ouvrages qui défendent l'accès des ponts sur la rive droite de la Loire ; les défenseurs lâchent pied et, reculant en désordre, s'enfuient vers le sud en empruntant les ponts successifs qui enjambent le large lit du fleuve. La cavalerie du Roi tente de leur couper la retraite ; on se bat le long du parapet ; la plupart des morts sont des fuyards qui, tombant par-dessus bord, périssent noyés dans la Loire. Après trois heures de combat, Louis XIII est maître des Ponts-de-Cé. Les deux armées comptent au total 600 tués et blessés. La faiblesse des pertes fait brocarder la bataille, qui restera dans les chroniques du temps sous le nom de « drôlerie des Ponts-de-Cé ».

Le Traité d'Angers

Dans la petite Cour de Marie de Médicis à Angers, on attend les nouvelles avec anxiété. Le duc de Vendôme apparaît soudain ; il s'est enfui à grand peine ; couvert de poussière, le teint livide, il déclare d'une voix d'outre-tombe en arrivant devant la Reine-Mère : « Je voudrais être mort ! » Comme l'humour, même dans les heures les plus graves, ne perd jamais ses droits, l'une des filles d'honneur de Marie de Médicis fait observer à Monsieur de Vendôme qu'il lui aurait suffi pour cela de rester sur le champ de bataille. La confusion, en fait, est à son comble. L'évêque de Luçon note avec un détachement ironique le comportement de tous ces grands seigneurs, de ces valeureux chefs de guerre : « Chez tous, la peur était si absolument maîtresse du cœur qu'il n'y avait plus place pour la raison. » Au milieu de la panique qui s'empare de chacun, Richelieu fait remarquer que les forces du parti de la Reine sont à peine entamées, qu'il reste au sud de la Loire d'importantes provinces dont les gouverneurs ont promis leur aide ; il propose à Marie de Médicis de se laisser conduire sur l'autre rive du fleuve sous la protection de 600 cavaliers sûrs afin de rejoindre le duc d'Épernon à Angoulême. Mais la Reine-Mère est comme frappée de stupeur et, incapable d'aucune résolution, attend des événements qu'ils décident pour elle.

C'est le moment que choisissent les plénipotentiaires du Roi pour refaire leur apparition. Leur arrivée semble tellement providentielle qu'on accusera l'évêque de Luçon d'avoir tout manigancé depuis le début. Pour l'heure, Richelieu se moque bien des racontars et court s'enfermer dans une petite pièce avec les représentants du pouvoir royal afin de jeter les bases d'un plan de réconciliation acceptable par tous. La Reine-Mère n'ayant à son avis guère le choix, il s'agit somme toute de capituler en y mettant les formes. Marie de Médicis acquiesce aux propositions arrêtées entre Richelieu et les envoyés de son fils. Dès le lendemain, une petite délégation dirigée par l'évêque de Luçon ayant à ses côtés le cardinal de Sourdis, se rend au camp du vainqueur. Les deux prélats reçoivent le meilleur accueil de Louis XIII, de Luynes et du prince de Condé. Tout le monde, visiblement, aspire à la paix.

Richelieu le rebelle devenu l'homme au rameau d'olivier ; pour les Chanteloube et autres excités de l'entourage de Marie de Médicis, sa trahison est patente. Aux yeux des jusqu'auboutistes, il porte toute la responsabilité de l'échec ; certains l'accusent même de l'avoir délibérément provoqué. Richelieu laisse dire, et, en deux jours, met au point les derniers détails de l'accord. Sitôt conclu, sitôt signé. Le 10 août 1620, le Traité d'Angers est publié. Il confirme le statu quo et renouvelle toutes les clauses du Traité d'Angoulême pour ce qui concerne Marie de Médicis et ses partisans. Ceux qui ont embrassé la cause de la Reine-Mère se voient accorder l'amnistie, la restitution des places qui leur ont été prises et la réintégration dans leurs charges et dignités. Quant à Marie de Médicis, on lui rend les Ponts-de-Cé, en lui promettant une indemnité de 300 000 livres comptant « pour payer ses dettes » avec la promesse d'une somme égale l'année suivante. Enfin Louis XIII, dans une déclaration publique, reconnaissait « que tout ce qu'avaient fait sa mère et ceux qui s'étaient joints à elle n'avait eu d'autre but que le bien de son service et de son État ».

Alors, ni vainqueurs ni vaincus, sauf les quelques malheureux qui sont restés sur le carreau lors de la drôlerie des Ponts-de-Cé ? Louis XIII, satisfait d'avoir gagné sans grand péril, a laissé faire les partisans du compromis et de l'arrangement. Décidément, un petit tour de dissidence s'avère toujours aussi payant dans le doux royaume de France. On voit mal pourquoi le même manège ne se reproduirait pas année après année.

Par rapport au Traité d'Angoulême, le Traité d'Angers contient deux clauses nouvelles, qui témoignent de l'habileté de Richelieu. L'une concerne Marie de Médicis. La Reine-Mère s'engage à vivre désormais en bonne intelligence avec la Cour et en particulier avec Monsieur de Luynes. En contrepartie, elle se voit donner l'assurance d'un retour dans les Conseils du Roi ; il ne faut pas qu'elle se montre trop pressée, cependant : la chose se fera le moment venu, quand Louis XIII estimera que les blessures du passé sont suffisamment cicatrisées pour que la participation de la Reine-Mère au gouvernement s'effectue sans provoquer de drames. Le deuxième point est celui qui, entre tous, tient le plus à cœur à Richelieu : le chapeau de cardinal. Notre homme considère qu'il s'est fait berner lors de la Paix d'Angoulême ; cette fois, il ne se satisfera pas de bonnes paroles, il exige des assurances écrites. Elles lui sont accordées. Dès le 22 août, la demande officielle d'élévation de Richelieu au cardinalat est adressée à Rome. Le texte de la lettre au Pape avoue ingénument les motifs de cette requête : il s'agit bien d'une nomination politique, commandée par le désir d'être agréable à la Reine-Mère et par la reconnaissance du rôle de l'évêque de Luçon dans le règlement des dissentiments entre Marie de Médicis et son fils. Louis XIII évoque ainsi le « parfait amour » qu'il porte à « la Reine Madame ma mère », et insiste sur son souci de récompenser ceux qui l'ont aidé « à la bonne intelligence qui est entre nous, comme a fait le sieur évêque de Luçon ». Le Roi de France, pour bien montrer l'urgence de cette nomination et marquer le prix qu'il y attache, dépêche auprès de Sa Sainteté un gentilhomme de sa Maison tout spécialement chargé de lui remettre sa demande.

Les formalités de la réconciliation publique entre la mère et le fils sont rondement expédiées. Le 13 août, Marie de Médicis et Louis XIII se retrouvent au château de Brissac, près d'Angers. L'entrevue a beaucoup moins tardé à venir qu'après la Paix d'Angoulême ; mais les derniers événements ont laissé des traces. La Reine-Mère et le Roi affichent une mine morose et débitent de façon mécanique les propos de circonstance que leurs conseillers respectifs ont rédigés à leur intention. Cela fait, chacun repart de son côté. Louis XIII se dirige vers Poitiers : mis en goût par la chevauchée facile qui lui a permis de liquider à peu de frais la rébellion de Marie de Médicis, il a décidé de tourner ses forces contre les protestants du Sud-Ouest, et singulièrement ceux qui défient son autorité en Béarn. La Reine-Mère reste provisoirement à Angers, s'en remettant à Richelieu du soin d'organiser son retour à la Cour. Le futur cardinal, en effet, n'est nullement au bout de ses peines : la Paix d'Angers, à ses yeux, n'est pas un aboutissement mais un point de départ.

L'analyse de la situation est vite faite. Deux éléments en ressortent. Luynes d'abord. Il est clair qu'il a tout pouvoir sur l'esprit du Roi. Le réalisme impose par conséquent de s'entendre avec lui. Richelieu met au point un pacte de famille, unissant des proches des deux favoris, celui du Roi, celui de la Reine-Mère. Il a l'adresse de faire formuler par Luynes la proposition, qu'il se donne les gants de n'accepter que sur l'amicale insistance de Marie de Médicis : Monsieur de Combalet, neveu de Luynes, épousera donc

Mademoiselle du Pont de Courlay, nièce de l'évêque de Luçon. On se promet, bien sûr, amitié, alliance et franchise. Le second point concerne l'attitude à observer vis-à-vis du pouvoir en place. Là, Richelieu constate qu'on a frôlé le pire. Incontestablement, il s'en est bien tiré, mais il ne faut pas tenter deux fois le sort. « Je reconnus en cette occasion », écrira-t-il plus tard, « que tout parti composé de plusieurs corps qui n'ont aucune liaison que celle que leur donne la légèreté de leurs esprits qui, leur faisant toujours improuver le gouvernement présent, leur fait désirer du changement sans savoir pourquoi, n'a pas grande subsistance, que ce qui ne se maintient que par une autorité précaire n'est pas de grande durée. » Pas de coalition des mécontents : leurs buts sont hétérogènes, et le simple fait d'être contre n'assure aucune cohésion. Mais, ce qui est plus important encore, c'est l'observation « que ceux qui combattent contre une puissance légitime sont à demi défaits par leur imagination ; que les pensées qui leur viennent... leur représentent des bourreaux au même temps qu'ils affrontent les ennemis rend la partie fort inégale, y ayant peu de courages assez serrés pour passer par-dessus ces considérations avec autant de résolution que s'ils ne les connaissaient pas [18] ».

Plus jamais rebelle, toujours du côté du pouvoir, telle est la maxime que Richelieu se fixe pour l'avenir, et à laquelle il se conformera sans en dévier d'un pouce.

---

18. Richelieu, *Mémoires*, Éd. Michaud et Poujoulat, Paris, Firmin Didot, 1837, T. I, pp. 226-227.

DEUXIÈME PARTIE

Le pouvoir

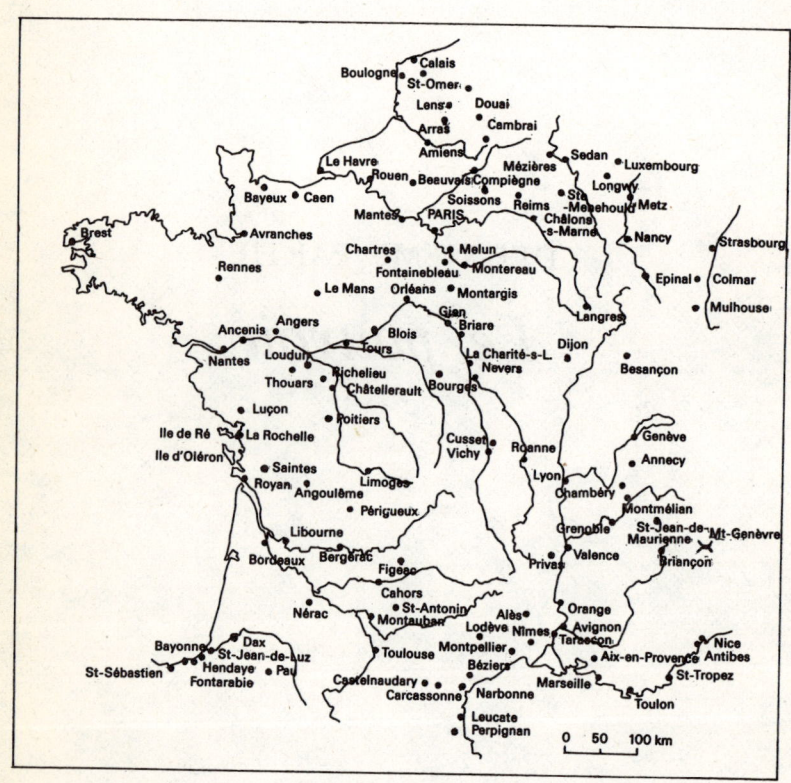

LA FRANCE

CHAPITRE XIV

Sur les marches du palais

Patience et longueur de temps

En cette année 1620, Richelieu peut se dire qu'il revient de loin. Reste maintenant à préparer son retour au pouvoir, car tel est, malgré ses dénégations, le seul but que poursuit désormais l'évêque de Luçon. Après la terrible leçon des épreuves traversées, notre ambitieux a réfléchi, et modifié en conséquence sa façon de faire.

Ses réflexions s'ordonnent autour de trois thèmes.

Le premier concerne Louis XIII. Quoi qu'on pense de lui, de ses talents ou de ses faiblesses, c'est sa personne et elle seule qui est la source du pouvoir. S'en approcher par Luynes interposé constitue une évidente nécessité puisque le jeune Roi n'éprouve aucune sympathie, au contraire, envers l'évêque de Luçon. Mais il ne s'agit là que d'un moyen en vue d'atteindre l'unique objectif qui vaille : conquérir les bonnes grâces et la confiance du souverain.

Pour y arriver, Richelieu n'a qu'un véritable allié : Marie de Médicis. Les mécomptes essuyés depuis la fin brutale de sa régence devraient pousser la Reine-Mère à la sagesse et à la modération. Mais elle garde, à 47 ans, une furieuse soif d'autorité et de puissance. Richelieu est le Chef de son Conseil, c'est-à-dire son confident le plus proche. Il est décidé à coller à elle, à ne plus s'en laisser séparer, afin de revenir à la Cour avec la Reine-Mère dans la position la plus favorable pour les intérêts de l'un et de l'autre.

Troisième leçon tirée des événements : savoir ne pas aller trop vite, admettre que le temps perdu ne l'est qu'en apparence. Richelieu a la dangereuse réputation d'un homme trop intelligent. Cela veut dire que les médiocres le jalousent ; mais cela signifie également que ses rivaux s'en défient comme de la peste et que chacun de ses faits et gestes sera scruté à la loupe ; dans ses démarches les plus simples, les plus anodines, on s'efforcera de découvrir le mobile secret, la manœuvre, l'embrouille. Il faut donc absolument endormir les préventions en dissimulant une ambition qui demeure toujours aussi dévorante que par le passé.

Luynes : un médiocre ?

La longue marche de Richelieu vers le pouvoir se heurte au formidable obstacle que lui oppose le personnage de Luynes. La réussite du coup d'État contre Concini, dont le favori de Louis XIII a empoché tout le bénéfice, n'a pas changé sa véritable nature, celle d'un être pusillanime et prodigieusement avide d'honneurs et d'argent. Luynes est devenu immensément riche. Son mariage avec Marie de Rohan-Montbazon l'a fait entrer dans le cercle des Grands. Il a placé les membres de sa famille et ses amis les plus fidèles à des postes clefs. Le voici, maintenant, qui brigue la dignité de connétable. Le parcours qu'il suit ressemble étrangement à celui de Concini, à deux réserves près : il est Français, et il s'appuie sur la faveur du Roi. Mais, même parvenu au faîte des honneurs, Luynes reste perpétuellement inquiet car il n'est pas sûr de lui. Le Roi lui témoigne, il est vrai, une aveugle confiance, lui déléguant la quasi-totalité de ses pouvoirs. C'est Luynes qui reçoit les ambassadeurs, Luynes qui donne les instructions aux ministres. Louis XIII se satisfait d'être informé après coup par son favori des grandes décisions gouvernementales. En temps de paix, la chasse, son sport préféré, absorbe une bonne part de ses énergies. Depuis la deuxième guerre qui l'a opposé à la Reine-Mère, il rêve cependant sans cesse combats, chevauchées, et victoires faciles. Avec Anne d'Autriche, Louis XIII vit une idylle en apparence parfaite, et qui l'occupe fort.

Le caractère de Luynes n'est hélas pas à la mesure des pouvoirs immenses qui lui sont dévolus. Le favori, esprit flottant, plus enclin au compromis qu'aux décisions tranchées, ne parvient pas à donner au gouvernement les directions claires et nettes qui s'imposent. Après les premiers succès enregistrés par la politique royale dans la foulée du meurtre de Concini, la barque de l'État se trouve engagée dans une navigation périlleuse, où le manque de fermeté de l'homme qui tient la barre va faire sentir toutes ses conséquences.

Le problème le plus grave est sans conteste celui des finances royales. Elles sont toujours dans le même état de désordre. Les deux guerres de la mère et du fils ont coûté très cher. Les Grands sont plus avides que jamais de pensions et de bénéfices. Pour trouver le moyen de satisfaire aux besoins grandissants du Trésor royal, on recourt aux bonnes recettes du passé, dont le temps a prouvé l'efficacité. La première et la plus sûre est la création d'offices nouveaux. Oubliées la suppression de la paulette, l'extinction progressive de la vénalité des offices. La paulette se porte mieux que jamais, et l'on crée à tour de bras des charges supplémentaires.

Car la nécessité de dégager des ressources accrues, loin de se stabiliser, voire de diminuer après le Traité d'Angers, prend un caractère aigu avec les nouvelles urgences auxquelles le pouvoir doit faire face aussi bien à l'intérieur qu'à l'extérieur. Sur le plan de la politique intérieure, c'est le danger, réel ou supposé, mais insupportable pour Louis XIII, d'une renaissance du parti protestant organisé de façon autonome et doté d'une base militaire qui lui soit propre. Sur le plan international, c'est l'explosion d'un conflit majeur qui embrase l'Europe quasi simultanément en Allemagne, en Italie et en Hollande.

Le Béarn

Les affaires du Béarn, qui revêtent des proportions très partielles, très marginales au départ, vont provoquer le déchaînement en France d'une nouvelle vague de luttes confessionnelles auxquelles les historiens ont à juste titre donné le nom de « guerres de Religion de Louis XIII ». Elles dureront près de dix ans.

Après l'entrevue de Brissac, l'armée royale fait route vers le Sud-Ouest. L'objectif du Roi : le Béarn, et l'application dans cette terre lointaine, l'un des berceaux de sa famille, des édits royaux ordonnant la restitution à l'Église catholique des droits qui lui ont été confisqués par Jeanne d'Albret. La résistance des pasteurs du Béarn irrite au plus haut point un Roi fervent catholique et imbu de son autorité. Louis XIII ne tolérera pas que le défi que lui lancent les protestants du Béarn demeure sans réponse. Il a maté la révolte des Grands, contraint sa mère à rentrer dans le chemin du devoir. Il ne laissera pas quelques troupes de paysans et de gentilshommes sans avoir se permettre de braver impunément la souveraineté royale.

Un commissaire a été envoyé à Pau afin d'assurer l'exécution des édits rendus par Louis XIII. Le malheureux, qui s'appelle Renard, se heurte à de bruyantes manifestations de jeunes dans les rues de la ville, aux cris de « Au Renard ! Au Renard ! » Le commissaire quitte la place sans avoir pu remplir sa mission et se plaignant bien haut de la mollesse des autorités locales. Pour comble de disgrâce, les pasteurs béarnais répandent aux quatre coins de l'Europe des libelles sarcastiques sur les événements de Pau... Bref, la majesté royale paraît bafouée. Louis XIII, outré, annonce son intention de se rendre lui-même en Béarn pour y établir par la force si nécessaire les droits de l'Église et le respect dû à la personne du monarque.

Comme à l'accoutumée, les principaux conseillers du Roi tergiversent. Luynes et les vieux ministres prêchent la modération. Les gens d'Église qui entourent le souverain se montrent au contraire fort belliqueux ; le cardinal du Perron, le Père Joseph, le Père Arnoux, Richelieu, prêchent pour l'intervention armée. L'évêque de Luçon s'est fait dans son diocèse une image de prélat libéral vis-à-vis des protestants ; il se sent d'autant plus à l'aise pour défendre en Béarn les droits des catholiques privés de toute possibilité d'exercer leur culte. Quelle plus belle cause que celle de la tolérance ? Louis XIII ne demandait qu'à suivre de tels avis. En outre, il peut mesurer, pendant son séjour en Poitou, la répugnance d'une majorité de protestants à porter les armes contre leur souverain légitime. Alors, le Roi décide d'aller de l'avant.

Le 19 septembre 1620, la Cour arrive à Bordeaux. Les conseils de prudence se multiplient. Louis XIII se montre plus résolu que jamais. Le maréchal de La Force, gouverneur protestant du Béarn, le duc du Maine, Luynes, ne réussissent pas à entamer sa détermination. Lorsque le Roi quitte Bordeaux le 7 octobre en direction des Pyrénées, Luynes, pour bien montrer sa désapprobation, refuse de le suivre.

Le 14 octobre, Louis XIII est à Pau. Tout est calme. Pas une échauffourée, pas une mousquetade. Les membres du Conseil souverain viennent faire leur soumission. Louis XIII rétablit le culte catholique, destitue les gouverneurs qui ont défié son autorité. La réunion du Béarn et de la Navarre à la couronne de France, arrêtée dans son principe par Henri IV mais jamais réalisée dans les faits, est rendue effective avec l'institution d'un Parlement à Pau. Le 18 octobre, la grand-messe est célébrée dans la principale église de la ville rendue au culte catholique. Le 20, le Roi assiste à une procession solennelle. Il ne lui reste plus qu'à regagner Bordeaux, où il retrouve Luynes le 25 octobre, puis Paris qui, le 7 novembre 1620, l'acclame follement pour son double succès sur le parti de la Reine-Mère et sur les pasteurs béarnais. Tout semble sourire au jeune Roi. En réalité, les difficultés avec les protestants ne font que commencer.

La facile expédition du Béarn va servir de détonateur. Les réformés, inquiets, décident d'envoyer des députés à La Rochelle, afin de procéder à un examen de la situation et d'envisager les mesures à prendre pour y faire face. Cette Assemblée, dont la réunion débute le 24 décembre 1620, n'a pas été autorisée par le Roi ; elle est donc illégale. Ce qui est beaucoup plus grave, ce sont les conclusions auxquelles elle aboutit : les députés conviennent en effet de se doter d'une organisation militaire. Désormais, les huguenots font peser sur le royaume le risque d'une division profonde, et l'on peut craindre très sérieusement qu'ils n'aspirent à constituer un véritable État dans l'État. D'ailleurs, l'Assemblée de La

Rochelle n'hésite pas à solliciter du secours à l'étranger : en Angleterre surtout, mais également en Hollande et auprès des princes protestants d'Allemagne. Elle demande à Louis XIII dans des termes presque insultants d'annuler les mesures qu'il a prises en Béarn et, en vue de se procurer des ressources, lève pour son propre compte les impôts royaux dans les régions de forte implantation protestante. Louis XIII riposte en déclarant les décisions de l'Assemblée de La Rochelle nulles et non avenues, et en proclamant coupables de lèse-majesté les députés membres de cette Assemblée ainsi que tous ceux qui se prêteraient à l'exécution de ses décisions. Les huguenots durcissent leurs positions. Dans les derniers jours de février 1621, un détachement protestant s'empare de Privas par surprise. Les troupes royales du Languedoc cherchent à reprendre la ville : elles essuient un piteux échec.

Toutes les tentatives d'accommodement ayant avorté, Louis XIII décide d'aller lui-même châtier les rebelles à la tête d'une importante armée. Luynes est élevé à la dignité de connétable : le favori sera donc le chef des forces royales. Auprès de lui, Lesdiguières devient maréchal général de camp ; le gouverneur du Dauphiné est protestant, mais il est de ceux qui mettent le loyalisme au-dessus des intérêts particuliers. Il apporte au jeune souverain l'expérience d'un chef de guerre éprouvé ainsi qu'une précieuse caution morale garantissant que le conflit revêt un caractère politique et non pas religieux.

Le 3 avril — encore ces éternelles questions d'argent ! — Louis XIII augmente la gabelle, obtenant ainsi des financiers chargés d'en assurer le recouvrement une avance de 2 millions de livres d'argent frais pour financer la guerre.

DE SAINT-JEAN-D'ANGÉLY À MONTAUBAN

Malgré Luynes, malgré les membres du gouvernement qui prêchent toujours la conciliation, le Roi pousse les préparatifs. Le 18 avril, il quitte Fontainebleau pour Saumur. Une forte concentration de troupes protestantes sous les ordres de Monsieur de Soubise tient Saint-Jean-d'Angély. Au mois de mai, l'Assemblée de La Rochelle adopte un règlement découpant la France protestante en huit circonscriptions militaires. Richelieu voudrait que Marie de Médicis soit auprès de son fils. Cédant à ses prières, la Reine-Mère accepte en maugréant d'accompagner Louis XIII qu'elle rejoint à Saumur. De fait, le Roi se méfie d'elle. Afin de parer à toute éventualité, il charge le duc de Montbazon, beau-père de Luynes, du commandement de Paris et de l'Ile-de-France, tandis que l'un des frères de Luynes reste également, à toutes fins utiles, à Paris.

Le Roi entre à Saumur le 14 mai. Dans cette ville réputée protestante et austère, l'enthousiasme de la foule est tel que Louis XIII sort de sa réserve habituelle et, brandissant son chapeau, répond aux acclamations en criant : « Vive mon peuple ! » L'investissement de Saint-Jean-d'Angély commence le 16 mai. Le 2 juin, le Roi fait sommer Soubise de lui rendre la place. Soubise répond par une insolence : tout en se disant fidèle sujet et serviteur du Roi, il affirme ne pouvoir remettre à Louis XIII une place qu'il garde au nom de son frère le duc de Rohan. Esprit de famille, quand tu nous tiens !

Le siège, donc, commence, sous la direction inexperte de Luynes. A ceux qui lui reprochent son ignorance, le connétable répond légèrement qu'il apprendra l'art militaire après son retour de la guerre. L'étoile du favori perd de son éclat, celle de l'évêque de Luçon grandit. Le Père Arnoux écrit le 2 juin à Richelieu : quand Luynes « vous aura donné sa place définitivement, personne n'en sera plus aise (je n'excepte pas même le Père Joseph, à qui je cède dans vos affections) que moi ».

Face aux protestants, l'esprit de décision du Roi porte cependant ses fruits. Plusieurs villes du Poitou font acte d'allégeance : Fontenay-le-Comte, Saint-Maixent, Maillezais, Marans, Niort. Dans l'Orléanais, les forces royales se rendent maîtresses de Jargeau et de Sancerre ; en Bretagne, Châtillon et Vitré se donnent à Louis XIII. Les huguenots sont désarmés à Blois, Tours, Rouen, Le Havre, Caen, Dieppe, Saint-Quentin, Vitry ; dans la Beauce, le Vendômois et le Dunois, de petits combats les opposent aux armées du Roi, qui en viennent facilement à bout.

Saint-Jean-d'Angély n'est pas une forteresse de grande valeur ; le 23 juin, la place est canonnée sans répit. Le lendemain 24 juin, Soubise capitule et sollicite son pardon, qui lui est volontiers accordé. On conseille au Roi de s'en tenir là, et de tourner son attention vers la situation internationale, qui est de plus en plus préoccupante, mais Louis XIII répond qu'il se trouve « sur le chemin de devenir Roi de France et ne s'arrêtera qu'après le châtiment complet des rebelles ». Marie de Médicis, poussée par Richelieu, manifeste son désaccord en abandonnant l'armée pour regagner Tours. Tous deux s'alarment en effet des nouvelles d'Allemagne et redoutent, égoïstement, qu'une campagne triomphale ne consolide à l'excès le pouvoir de Luynes.

Louis XIII fait route maintenant vers le Sud-Ouest. Le 28 juin, il s'empare de la ville de Pons, tandis que le duc d'Épernon entreprend le blocus de La Rochelle. En Guyenne, le duc de La Force, qui commande l'une des armées protestantes, abandonne la place de Nérac au duc du Maine ; la ville, tombée le 5 juin aux mains des rebelles, est reprise le 9 juillet ; sa chute entraîne la reddition de Casteljaloux et la soumission de tout le duché d'Albret. Louis XIII, après Saint-Jean-d'Angély, poursuit son offensive vers le sud. Il est le 11 juillet à Castillon, le 12 à Sainte-Foy, le 13 à Bergerac ; quelques jours plus tard il entre à Bordeaux, où l'Assemblée du Clergé vote un don d'un million de livres. Arrivé à Tonneins le 20 juillet, il décide d'assiéger Clairac, une petite place située sur le Lot, dont l'investissement débute le 23 juillet. La résistance acharnée des défenseurs suspend la progression des armées du Roi. Clairac capitule le 4 août seulement : la saison est maintenant avancée, et l'objectif que l'on s'était fixé, la prise de Montauban, risque fort de ne pouvoir être atteint avant le début des pluies d'automne, qui rendent les chemins impraticables, gâtent les fourrages et pourrissent les vivres.

La campagne si heureusement commencée va connaître une suite lamentable. Luynes se révèle un piètre commandant. Le duc d'Épernon ne reçoit pas des forces suffisantes pour établir efficacement le blocus de La Rochelle. La principale armée royale, éprouvée par les opérations précédentes, est trop peu nombreuse pour mener avec de bonnes chances de succès le siège de Montauban, entamé le 17 août. En septembre, d'importants secours, trompant sa surveillance, réussissent à entrer dans la ville. Les intempéries favorisent les fièvres, la dysenterie. L'armée royale, affaiblie et décimée, se voit rudement étrillée fin octobre lors d'une sortie brusquée des assiégés. L'arrivée au camp du Roi de 5 000 à 6 000 hommes conduits par le duc de Montmorency ne suffit pas à renverser une situation qui se dégrade au fil des jours.

Luynes, fatigué, malade, en proie au doute, multiplie les maladresses. Le 17 septembre, le duc du Maine, qui commande l'une des armées royales, est tué d'un coup de mousquet tiré des murailles de Montauban tandis qu'il faisait visiter ses tranchées au duc de Guise. Luynes, pour toute oraison funèbre, déclare qu'il s'agit là d'un juste châtiment du ciel contre un factieux impénitent. Le duc du Maine était gouverneur de la Guyenne. Le Parlement de Bordeaux, ayant appris les propos tenus par Luynes sur le compte du défunt, envoie une délégation auprès de Louis XIII pour lui demander de désigner au poste de gouverneur un homme dont la naissance et les mérites soient égaux à ceux du duc du Maine : c'était une façon déguisée de rejeter par avance la nomination du duc de Chaulnes, frère de Luynes, que celui-ci voulait faire nommer à ce poste. Ces messieurs de Bordeaux ajoutent même insolemment qu'ils conjurent le Roi de gouverner ses affaires lui-même, le priant de « considérer par Montauban combien les places fortes étaient préjudiciables en d'autres mains que les siennes » ; l'impéritie de Luynes éclatait aux yeux de tous. Plusieurs localités tombées au pouvoir du Roi, mal gardées, se donnaient à nouveau aux rebelles. Lesdiguières, à qui Luynes, n'appréciant pas ses critiques, avait chichement mesuré le droit de participer aux opérations du siège de Montauban, doit quitter l'armée royale : l'agitation qui se développe dans sa province du Dauphiné sert de prétexte au favori pour obtenir l'éloignement de ce vieux soldat compétent et grognon.

Paris aussi est en pleine effervescence. Le duc du Maine y était populaire. La nouvelle de sa mort provoque une émeute le 26 septembre ; la foule brûle le temple de Charenton, malmène les réformés. Le Parlement de Paris, pour maintenir l'ordre public et de peur que ces événements ne jettent les protestants loyalistes dans les bras des révoltés, réagit avec vigueur ; plusieurs émeutiers sont arrêtés, deux d'entre eux pendus. Mais les troubles reprennent le mois suivant, avec l'incendie du Pont-Marchand et du Pont-au-Change ; on accuse les huguenots d'être à l'origine du sinistre. D'aucuns se mettent à penser que seule la présence du Roi pourrait rétablir le calme dans la capitale.

La situation dans la région de La Rochelle tourne pendant ce temps au plus grand dam des intérêts de la couronne. Deux vaisseaux de l'armée de mer du Roi sont capturés par les Rochelais, ainsi que des dizaines de navires marchands. Sur ces entrefaites, deux autres navires armés par le duc de Nevers en prévision de « sa » croisade et mis à la disposition de Louis XIII, s'échouent à proximité de La Rochelle ; ils sont conduits sous bonne escorte dans le port protestant. Les Rochelais tentent même un coup de main contre Brouage, leur grande rivale ; afin de rendre son port inutilisable, les marins de La Rochelle coulent dans le chenal d'accès une vingtaine de bateaux ; la plupart pourront être retirés à temps et les dommages resteront limités. Mais les Rochelais sont bel et bien maîtres de la mer, et multiplient les prises de navires marchands, perturbant gravement le commerce maritime sur toute la côte atlantique.

Luynes décide, malgré l'opposition de Louis XIII, de négocier avec les rebelles. Le 4 octobre, il oblige le Roi à recevoir mylord Hay, ambassadeur extraordinaire de Grande-Bretagne, qui veut bien s'entremettre auprès des assiégés de Montauban. Quelle humiliation : faire appel à un étranger pour solliciter la paix auprès de ses propres sujets ! La confiance de Louis XIII en Luynes s'effondre. Voyant mylord Hay, après avoir pris congé de lui, se rendre chez Luynes, le souverain ne peut s'empêcher de glisser à Bassompierre et à Puisieux : « Il va prendre l'audience du Roi Luynes ! » Le 8 octobre à 4 heures du matin, Luynes rencontre le duc de Rohan. La nouvelle se répand comme une traînée de poudre. Bérulle annonce que Dieu s'est détourné du connétable, et qu'il ne croit pas que la Providence veuille se servir d'un si mauvais instrument pour exterminer les hérétiques. Avec le Père Arnoux, il se tourne vers Richelieu, en qui beaucoup voient maintenant le successeur de Luynes. Ce dernier, ulcéré, ne rêve que vengeance.

Bérulle et Richelieu étant hors de portée, il parvient seulement à obtenir de Louis XIII la tête du Père Arnoux, c'est-à-dire son éviction des fonctions de confesseur du Roi. Le Père lui adresse une lettre dont la tranquille insolence montre à quel point le favori s'est discrédité : « Le plus grand péché que j'aie commis en Cour », écrit-il ainsi, « a été l'excès d'affection que je vous ai portée et dont j'ai été blâmé quasi universellement, chacun ne sachant pas la pureté de mon dessein. L'opinion toute contraire que vos ennemis plus que les miens ont imprimée à votre esprit pour parvenir à leur fin, sans avoir égard à votre intérêt, m'a causé un bien que je tiens du ciel et que je vous ai déjà dit être l'un des effets de ma prédestination ».

Luynes se révèle aussi piètre diplomate que médiocre chef de guerre. Rohan laisse traîner les discussions en longueur, puis finit par les rompre, en déclarant qu'il ne considère pas Monsieur de Luynes comme un interlocuteur convenable. Le 28 octobre, mylord Hay vient porter ce message au Roi. Luynes éclate de colère impuissante. Il ne reste plus qu'à s'en retourner sans gloire. Le 6 novembre, on démonte l'artillerie et on commence à plier bagage. Le 10 novembre, le siège de Montauban est levé tandis que Louis XIII se rend à Toulouse. Le Roi passe une dizaine de jours dans la ville rose avant d'en repartir le 24 novembre. Pendant tout ce temps, des concerts de récriminations s'élèvent contre le connétable, fortifiant le Roi dans sa rancœur vis-à-vis d'un homme qu'il supporte de plus en plus malaisément. « Sa patience est sur le point de lui échapper », notent les membres de son entourage. Le connétable, pour redorer son blason, assiège la petite ville de Monheurt, située entre Agen et Marmande, sur la rive gauche de la Garonne. Les défenseurs capitulent le 12 décembre. L'armée royale, après la reddition, incendie la ville et massacre les habitants. Piètre vengeance, qui ternit la réputation du Roi. Quant à Luynes, il meurt le 14 décembre 1621, victime de la fièvre pourpre.

Le connétable avait fini par devenir odieux à Louis XIII. Son ambition ne connaissait plus de bornes. Du Vair étant mort durant le siège de Clairac, Luynes avait décidé de garder les Sceaux ; il cumulait ainsi tous les pouvoirs civils et militaires. Devant Monheurt, il écrit : « Je ne crains ni cette femme [c'est de Marie de Médicis qu'il s'agit], ni ses brigues, car l'homme [c'est Louis XIII qui est visé] me craint tellement qu'il ne saurait rien faire que je ne sache. Après la prise de Monheurt, je ferai la paix et m'accommoderai si bien que je ne craindrai plus rien. » Richelieu, qui ne fait grâce de rien, colporte complaisamment des rumeurs désobligeantes, insinuant que Luynes aurait eu recours à des charmes afin de maintenir le Roi dans des dispositions favorables à son égard, et qu'il menait en sous-main des tractations peu honorables avec les huguenots.

La Bohême

Échec à l'intérieur, débâcle à l'extérieur : la politique de Luynes n'avait pas été plus heureuse sur les divers fronts de la politique étrangère du royaume.

De graves événements déchirent l'Empire d'Allemagne. Ils ont pour origine les affaires de Bohême. En 1617, l'Empereur d'Allemagne Mathias, qui appartient à la famille de Habsbourg, sentant venir sa mort prochaine, se préoccupe d'assurer sa succession. N'ayant pas de fils, il choisit pour héritier l'un de ses proches parents, l'Archiduc Ferdinand de Styrie, que nous avons vu aux prises avec la République de Venise à l'époque où Richelieu dirigeait les Affaires étrangères au sein du « Ministère Concini ». L'Archiduc est un ancien élève des Jésuites, déterminé à tout faire pour permettre à l'Église de reconquérir les positions qu'elle a perdues dans l'Empire au profit de la Réforme. Au sein des États héréditaires des Habsbourg, c'est-à-dire essentiellement l'Autriche, Mathias est libre de transmettre son héritage à qui lui plaît, et la désignation de Ferdinand ne pose aucun problème. Il n'en va pas de même dans deux autres États également contrôlés par les Habsbourg, mais où la couronne est élective : le royaume de Bohême et le royaume de Hongrie. Or, l'élection ne se réduit pas à une simple formalité ; et, au surplus, c'est du vote de la Bohême que dépend l'attribution de la dignité d'Empereur d'Allemagne, elle aussi élective.

La couronne de Bohême représente donc un enjeu capital. Elle est traditionnellement décernée par une assemblée censée représenter le peuple tout entier, qui porte le nom d'États de Bohême. En fait, ses députés sont essentiellement issus de la noblesse et de la bourgeoisie urbaine. Déchirée depuis des siècles par les luttes religieuses, la Bohême, en 1617, est en majorité protestante. Mais au grand soulagement de Mathias, les États ne font aucune difficulté pour reconnaître l'Archiduc Ferdinand comme héritier du royaume. La tradition recommande, il est vrai, la désignation d'un Habsbourg ; et puis, le catholicisme militant de Ferdinand n'effraie personne : le protestantisme ne bénéficie-t-il pas de garanties substantielles aux termes de la Lettre de Majesté accordée par Rodolphe II, le prédécesseur de Mathias ?

Le fait de détenir la couronne de Bohême donne à Ferdinand une sérieuse option sur son élection comme Empereur. Le collège impérial comprend en effet sept Électeurs : trois ecclésiastiques, qui votent nécessairement pour un candidat catholique, trois princes protestants qui sont l'Électeur de Saxe, l'Électeur de Brandebourg, l'Électeur Palatin, et enfin le Roi de Bohême. Une fois qu'il aura été intronisé comme souverain de Bohême, Ferdinand, par conséquent, a toutes les chances d'être également élu Empereur. Mais voici qu'un grain de sable imprévu vient subitement enrayer cette belle mécanique.

Un litige mineur, surgi du problème posé par la construction de deux temples protestants sur des domaines appartenant à l'Église catholique, provoque, le 23 mai 1618, la Défenestration de Prague : deux nobles catholiques, considérés comme particulièrement intransigeants, Martinic et Slawata, sont hués par une foule de manifestants réformés au château royal de Prague, bloqués dans une embrasure de fenêtre et finalement précipités dans les fossés. Ils se relèveront sans trop de mal, mais l'échauffourée donne le signal d'une véritable révolte de la Bohême protestante contre son souverain légitime et catholique. Mathias cherche d'abord à négocier, puis doit se résoudre, à contrecœur, à faire entendre le langage des armes. Sous-estimant la puissance du sentiment autonomiste en Bohême, il envoie contre l'insurrection des forces insuffisantes, qui doivent se replier piteusement. A Prague, les rebelles mettent en place un Directoire de trente membres pour assurer le gouvernement de la Bohême ; l'ensemble des territoires du royaume échappe bientôt à Mathias, qui meurt sur ces entrefaites, en mars 1619. Logiques avec eux-mêmes, les États de Bohême refusent de reconnaître Ferdinand comme leur Roi. Le trône est déclaré vacant, et proposé à un prince protestant, l'Électeur Palatin Frédéric V.

Cette décision est extrêmement grave. Si Frédéric V accepte, les protestants vont prendre la majorité au sein du collège électoral de l'Empire. Et puis, c'est l'autorité de tous les princes légitimes ou considérés comme tels qui est mise en cause par les événements de Bohême. Aucun d'entre eux, quelles que soient ses opinions et ses croyances religieuses, ne peut souscrire à la démarche des États de Bohême. Ni le Roi d'Angleterre (protestant), ni les princes réformés d'Allemagne, ne soutiennent, de fait, la révolte de leurs coreligionnaires de Bohême. Seuls les huguenots français, en délicatesse avec leur souverain légitime, Louis XIII, applaudissent à l'exemple d'insubordination donné à Prague. Les Hollandais, qui sont toujours, aux yeux des Habsbourg, des sujets rebelles du Roi d'Espagne, suivent naturellement avec sympathie ce qui se passe en Bohême.

Frédéric V hésite longuement. La plupart des chefs d'État, et notamment le Roi de France, font pression sur lui pour qu'il refuse la couronne de Bohême. Mais sa femme veut être Reine. Frédéric finit donc par accepter l'offre des États de Bohême ; il est élu le 26 août 1619. Deux jours plus tard se déroule l'élection à la dignité impériale. Contre toute attente, le vote est acquis sans difficulté et le scrutin du 28 août 1619 voit sortir de l'urne le nom de Ferdinand, désigné comme Empereur à l'unanimité des sept Électeurs ! Les trois ecclésiastiques ont évidemment voté pour lui, ainsi que les deux Électeurs de Brandebourg et de Saxe ; Ferdinand, qui se considère comme le Roi légitime de Bohême, s'est donné sa propre voix ; quant au représentant de Frédéric V (le Palatin a jugé préférable de ne pas paraître en personne) il a voté comme les autres en faveur de Ferdinand ! En fait, tout cela s'explique fort bien. Les Électeurs protestants ont choisi la légitimité contre l'aventurisme ; ils ne veulent pas s'exposer, en reconnaissant le Palatin comme Roi de Bohême, à se trouver un jour dans la situation de Ferdinand, dépossédé de ses biens par une insurrection. Quant à l'Électeur Palatin, qui n'est pas toujours très conséquent, il a pensé qu'il valait mieux ne pas pousser Ferdinand à bout et qu'à tout prendre la couronne impériale consolerait sans doute l'Archiduc de la perte de la Bohême.

C'était en tout cas une lourde faute, car, devenu Empereur, Ferdinand est en mesure, au nom de la légitimité, de battre le rappel de toutes les forces susceptibles de l'aider à reconquérir la Bohême. Naturellement, ce sont surtout des troupes catholiques qui accourent à son appel, fournies par l'Espagne et la Bavière, financées par le Pape et le Grand-Duc de Toscane. Mais le Roi de Pologne offre également son aide et, parmi les protestants d'Allemagne, les uns restent neutres, tandis que d'autres, tel l'Électeur de Saxe, apportent leur appui à l'Empereur. Face à cette vaste coalition, l'Électeur Palatin reçoit l'aide des Provinces-Unies, ce qui ne saurait évidemment surprendre. Il obtient également l'appui de la Hongrie, qui a refusé elle aussi de voter en faveur de Ferdinand et s'est donné pour Roi un membre de sa noblesse, Bethlen Gabor, prince de Transylvanie. Bref, c'est le parti des rebelles contre celui des princes légitimes.

Le gouvernement français avait d'abord cherché à calmer les esprits. Frédéric V, dont les possessions héréditaires s'étendent en partie dans la région de Rhénanie, proche des frontières du royaume, est considéré comme un ami de la France. Il est également le gendre de Jacques Ier d'Angleterre. Le Palatin sait bien que, sans l'appui de la France et celui de l'Angleterre, il n'a guère de chance de conserver sa couronne toute neuve : or tous deux lui sont refusés et c'est sans grande conviction que Frédéric V prend le chemin de Prague où il entre solennellement le 31 octobre. Ses nouveaux sujets le trouvent sympathique, et le couronnement du Palatin et de sa femme comme souverains de Bohême le 4 novembre 1619 se déroule dans une atmosphère chaleureuse. Hélas, les uns et les autres déchantent bien vite. La femme du Palatin, Élisabeth, fille de Jacques Ier, ne sachant pas un mot de tchèque et ne faisant aucun effort pour apprendre quelques rudiments de la langue de sa nouvelle patrie, s'isole dans un silence hautain parmi ses suivantes anglaises. Et dans la guerre qui s'engage, la balance des forces est cruellement défavorable aux rebelles et au Roi qu'ils se sont donné.

L'Espagne, après être restée quelque temps dans l'expectative, a décidé d'aider le cousin de Vienne. La Trêve de Douze Ans conclue en 1609 entre Madrid et les Provinces-Unies doit expirer bientôt, et Philippe III pense que le renforcement des Habsbourg d'Allemagne mettra les Espagnols en meilleure position face aux Hollandais. En janvier 1620, 20 000 hommes sont levés pour occuper le Bas-Palatinat, c'est-à-dire les possessions rhénanes de Frédéric V ; leur chef, le Génois Ambrogio de Spinola, est un général aux talents déjà éprouvés, qui va se révéler l'un des meilleurs stratèges de son temps.

Ferdinand II avait également sollicité l'aide de la France. Le gouvernement de Louis XIII est divisé. Certes, la révolte de Bohême porte un coup sévère à la Maison d'Autriche, mais les échos soulevés chez les huguenots par la Défenestration de Prague inquiètent ceux qui appréhendent les effets de contagion en France du triomphe éventuel de l'insurrection de Bohême. On s'achemine vers une offre de médiation lorsque, à la fin de décembre 1619, un véritable coup de théâtre se produit : Louis XIII promet tout à trac à l'ambassadeur impérial le concours militaire de la France pour l'aider à châtier ses sujets rebelles ! Le gouvernement de Ferdinand II n'en espérait pas tant. A Paris, le nonce éclate d'une joie sans mélange, tout comme l'ambassadeur d'Espagne. Le retour de la France dans le giron des puissances catholiques s'inscrit, pour les militants de la Contre-Réforme, dans un climat d'union sacrée. Dépassées, les petites rivalités qui ont jadis opposé le Roi de France aux Habsbourg de Madrid et de Vienne. « L'affaire d'Allemagne regarde le bien général de la Chrétienté », écrit ainsi Bérulle, dans les tout premiers jours de janvier 1620, au prince de Piémont, devenu le beau-frère de Louis XIII par son mariage avec la deuxième sœur du Roi de France, Christine. Et Bérulle ajoute : « C'est un effort que l'hérésie fait en son dernier temps pour ébranler l'état de la religion en Europe, c'est un orage qui semble menacer la Chrétienté sous le prétexte de la Maison d'Autriche, c'est une ligue forte et puissante qui tend à couronner l'hérésie et à appuyer la puissance et la souveraineté d'Angleterre, d'Hollande, d'Allemagne et du Turc, pays ou conjoints ou voisins, et suffisants dans nos malheurs pour endormir ou épouvanter le reste. *Je considère la Maison d'Autriche sans autre intérêt que du bien public, qui y semble maintenant conjoint par incident.* »

Puisieux parvient tant bien que mal à obtenir de Louis XIII qu'il revienne sur sa promesse : l'aide armée de la France fait place à une médiation. Une mission extraordinaire est envoyée à Ulm. Les négociateurs français ont pour instruction de limiter le conflit afin de le circonscrire au seul territoire de la Bohême. Cet objectif correspond d'ailleurs aux opinions qu'exprime sur le sujet le Père Joseph dans un document largement diffusé, le *Discours sur les affaires de Bohême*.

LA MONTAGNE BLANCHE

L'ambassade française atteint le but qui lui avait été fixé : le 3 juillet 1620, le Traité d'Ulm neutralise l'Allemagne. A Paris, ce résultat est salué comme un grand succès de la diplomatie royale. Nul n'avait songé, semble-t-il, aux retombées d'un tel accord. Dans l'esprit du duc d'Angoulême, qui dirigeait la mission française, le Traité d'Ulm constituait la première étape d'une négociation générale qui comprendrait la Bohême. Mais Ferdinand II ne l'entend nullement ainsi : la médiation de la France, en l'assurant de ne pas être inquiété sur ses arrières en Allemagne, lui permet de concentrer la totalité de ses forces contre la Bohême. Quand le duc d'Angoulême arrive à Vienne pour jeter les bases de cette négociation générale, il s'entend répondre que l'Empereur juge toute discussion inutile, « sa résolution étant prise de vouloir une obéissance entière de ses sujets, de laquelle il ne pouvait se voir assuré s'il ne l'acquérait pas par l'épée ».

Tandis que les troupes de Spinola conquièrent la quasi-totalité du Bas-Palatinat entre août et novembre, une grande armée catholique se regroupe en Autriche sous le commandement de Maximilien de Bavière assisté par le Belge Tilly. Elle comprend des Espagnols, les Allemands de la Ligue Catholique, des Wallons, des Flamands. Les moines, nombreux dans l'expédition, lui donnent une allure de croisade. Les forces impériales comptent environ 25 000 hommes, contre 20 000 au Roi de Bohême, dispersés entre trois corps. L'armée catholique marche droit sur Prague. Elle arrive, aux premières heures du 8 novembre, face aux hauteurs de la Montagne Blanche, la Bila Hora, qui dominent la ville. Tilly ne veut pas laisser aux forces de Frédéric V le temps de se regrouper. On célèbre la messe, puis le signal du combat est donné. La lutte ne dure guère plus d'une heure. La victoire des troupes catholiques est totale. Les vaincus refluent en désordre vers Prague, talonnés par l'armée impériale, qui entre à l'aube du 9 novembre dans la ville tandis que Frédéric V la quitte en toute hâte.

Le Palatin avait régné un an à peine. Son équipée lui coûte la Bohême, mais aussi ses possessions héréditaires, confisquées par l'Empereur. Une complainte court l'Allemagne, chantant le « Roi d'un hiver » :

« Ô toi, pauvre Roi d'un hiver,
Qu'as-tu fait ?
Comment as-tu poussé la rébellion
Jusqu'à prendre à l'Empereur sa couronne ?
Maintenant tu feras bien de fuir
Tes terres électorales et la Bohême,
Et par ta faute tu seras dans la détresse
Et tu souffriras la raillerie et la honte[1]. »

Le duc d'Angoulême assiste impuissant, de Vienne, à l'effondrement de la Bohême. Ferdinand II ordonne de procéder à une répression féroce. Un lieutenant général de l'Empereur, le prince de Liechtenstein, la dirige. De nombreuses confiscations frappent les rebelles au profit du Trésor impérial ; les nobles restés fidèles à Ferdinand II comme Martinic et Slawata, les défenestrés, sont grassement récompensés. Un tribunal d'exception est institué en février 1621. Il prononce de nombreuses condamnations à mort ; le 21 juin 1622, les têtes de 27 chefs de la rébellion tombent sur la place de la Vieille Ville à Prague ; le tribunal prononce également des condamnations à mort par contumace et 18 peines d'emprisonnement de longue durée.

Les Jésuites sont rentrés en Bohême dans les bagages de l'armée impériale. Ils persuadent sans peine leur ancien élève Ferdinand II d'abolir la Lettre de Majesté : on peut toujours la voir aux archives de Prague, lacérée de deux coups de poignard. Les calvinistes sont proscrits ; en octobre 1622, les protestants de toutes obédiences sont persécutés et pourchassés ; en 1627, le culte catholique devient la seule confession autorisée. De nouvelles constitutions sont prises en 1627 pour la Bohême, en 1628 pour la Moravie, déclarant la couronne héréditaire dans la famille de Habsbourg et supprimant tous les privilèges antérieurs.

La germanisation accompagne la Contre-Réforme : la diffusion de l'allemand soutient les efforts massifs en faveur de l'extinction des hérésies de toute sorte.

La victoire de la Montagne Blanche marque le déclenchement d'une offensive généralisée des champions de la cause catholique contre le protestantisme en Europe centrale. Le conflit de Bohême fait tache d'huile. A l'expiration de la Trêve de Douze Ans, Madrid reprend les hostilités ; les premiers succès remportés par les Espagnols dans la Flandre et le Brabant permettent de nourrir l'espoir d'en finir une bonne fois pour toutes avec la rébellion des Hollan-

---

1. Cité par Georges Pagès, *La guerre de Trente Ans*, Paris, Payot, 1972, p. 71, d'après *Deutsche Lieder auf den Winterkönig*, herausg. von Wolkan, Prague, 1899.

dais. Le nouveau premier ministre espagnol, Olivares, favori de Philippe IV, qui succède en 1621 à Philippe III sur le trône d'Espagne, veut rétablir et affirmer la prépondérance espagnole en Europe. La mort de l'Archiduc Albert, gouverneur des Pays-Bas espagnols, en juillet 1621, permet de placer ces provinces sous le contrôle étroit de Madrid. La veuve d'Albert, l'Infante Claire-Isabelle-Eugénie, reste gouvernante des Pays-Bas, mais la conduite de la guerre ne dépend plus d'elle : Spinola est à présent le véritable chef des opérations. Toute la rive gauche du Rhin est jalonnée de garnisons espagnoles, qui facilitent le passage des renforts d'Italie vers la Franche-Comté et les Pays-Bas.

Ferdinand II reconquiert aussi la Hongrie : en 1622, Bethlen Gabor dépose les armes et retourne dans sa Transylvanie d'origine. L'Électeur Palatin est mis au ban de l'Empire, ses biens sont confisqués. Ceux qui l'ont suivi, les princes d'Anhalt, de Jaegerndorf, de Hohenlohe, connaissent le même sort. En février 1623, le triomphe de l'Empereur semble total : Frédéric V est complètement battu, tous ses territoires sont aux mains des Habsbourg ; le 23 février, Ferdinand II retire au Palatin sa dignité d'Électeur, qu'il attribue au duc de Bavière en récompense de ses bons et loyaux services. L'équilibre confessionnel de l'Allemagne bascule nettement en faveur des catholiques, qui détiennent désormais cinq voix contre deux aux protestants dans le Collège électoral d'Empire.

On assiste à une véritable vague de fond d'élan et de ferveur catholiques. A Rome, une église s'élève pour commémorer le souvenir de la Montagne Blanche, Santa Maria della Vittoria. En face, les princes protestants d'Allemagne semblent étrangement passifs. Le pacte de l'Union Évangélique expirait en mai 1621 ; ses membres sollicitent l'aide de Louis XIII ; devant le mutisme du Roi de France, ils décident de ne pas renouveler leur alliance. L'Électeur de Saxe, l'un des plus puissants parmi les princes protestants d'Allemagne, s'est fait l'allié de l'Empereur ; il y a gagné de substantiels avantages territoriaux.

Au vrai, la grande affaire des princes allemands, en ces années-là, n'est pas la Bohême mais la conquête des évêchés au profit des grandes familles nobiliaires, qu'elles soient catholiques ou protestantes. Il faut bien caser les cadets et l'Église semble en fournir à point nommé le moyen. Un fils de famille catholique deviendra sans trop de peine évêque ou archevêque. Un protestant aussi peut être élu évêque par le chapitre de l'église cathédrale du diocèse, mais il n'obtiendra pas l'investiture spirituelle : il sera l'administrateur du diocèse, c'est-à-dire qu'il en encaissera les revenus. N'est-ce pas la seule chose qui compte ?

L'erreur de Ferdinand II est de ne pas comprendre la puissance des intérêts en jeu. L'Allemagne réformée n'a pas trop murmuré après l'écrasement de la Bohême car cette guerre n'était pas la sienne. Mais l'Empereur ne sait pas s'arrêter. Les Jésuites, ses confidents, le poussent à poursuivre l'œuvre de reconquête catholique et lui prédisent qu'il restera dans l'histoire comme l'homme qui aura extirpé l'hérésie. En mettant le holà à l'annexion rampante de certains évêchés par des familles protestantes, Ferdinand II oblige celles-ci à réagir, et l'année 1624, qui marque en apparence le triomphe de l'Empereur, voit une redoutable coalition se former contre lui. Dès l'hiver 1623-1624, Bethlen Gabor reprend les armes. Les émigrés tchèques s'organisent. En décembre 1625, l'Angleterre, les Provinces-Unies, une partie des princes protestants d'Allemagne, et surtout le Roi protestant de Danemark Christian IV, s'unissent contre Ferdinand II. Christian IV est prince d'Empire en tant que duc de Holstein ; l'un de ses fils, Frédéric, est administrateur des évêchés de Verden et de Halberstadt, et convoite les évêchés voisins de Brême et d'Osnabrück. Le Danois cherche également à étendre sur toute l'Allemagne du Nord le pouvoir qu'il exerce déjà sur les ports de la Baltique en sa qualité de gardien des détroits du Sund. La cause de la religion réformée coïncide, pour le Roi du Danemark, avec celle de ses intérêts commerciaux. Quelles qu'en soient les motivations, en tout cas, l'alliance des nations protestantes qui se constitue en 1624-1625 s'apprête à remettre en cause l'écrasante hégémonie autrichienne et catholique que Ferdinand II semblait avoir réussi à imposer.

Face à tout ce remue-ménage, le gouvernement de Louis XIII ne sait comment réagir. L'attachement foncier du Roi de France à la cause du militantisme catholique paralyse les velléités d'un Puisieux, ou même d'un Luynes, qui voudraient mener une politique étrangère un peu autonome par rapport aux Habsbourg. La régence de Marie de Médicis est terminée, mais la politique d'alignement systématique sur Madrid et Vienne, pratiquée du temps de la Reine-Mère, survit à son éviction du pouvoir. La France se trouve ainsi progressivement mise hors du jeu diplomatique dans la partie capitale qui débute, et dont le prix sera ou bien l'institution d'un « leadership » conjoint du Pape et des deux branches des Habsbourg, ou bien la préservation du droit à une existence autonome pour les puissances petites et moyennes comme le royaume de France. La passivité du gouvernement, la fausse manœuvre de la médiation d'Ulm, ont très largement contribué à donner à Ferdinand II le formidable avantage de la Montagne Blanche ; et cela, sans aucune contrepartie pour la France ni pour ses alliés.

Peu inspirée en Allemagne, la diplomatie de Luynes ne s'était guère montrée plus adroite à l'occasion de l'affaire de la Valteline, en Italie du Nord.

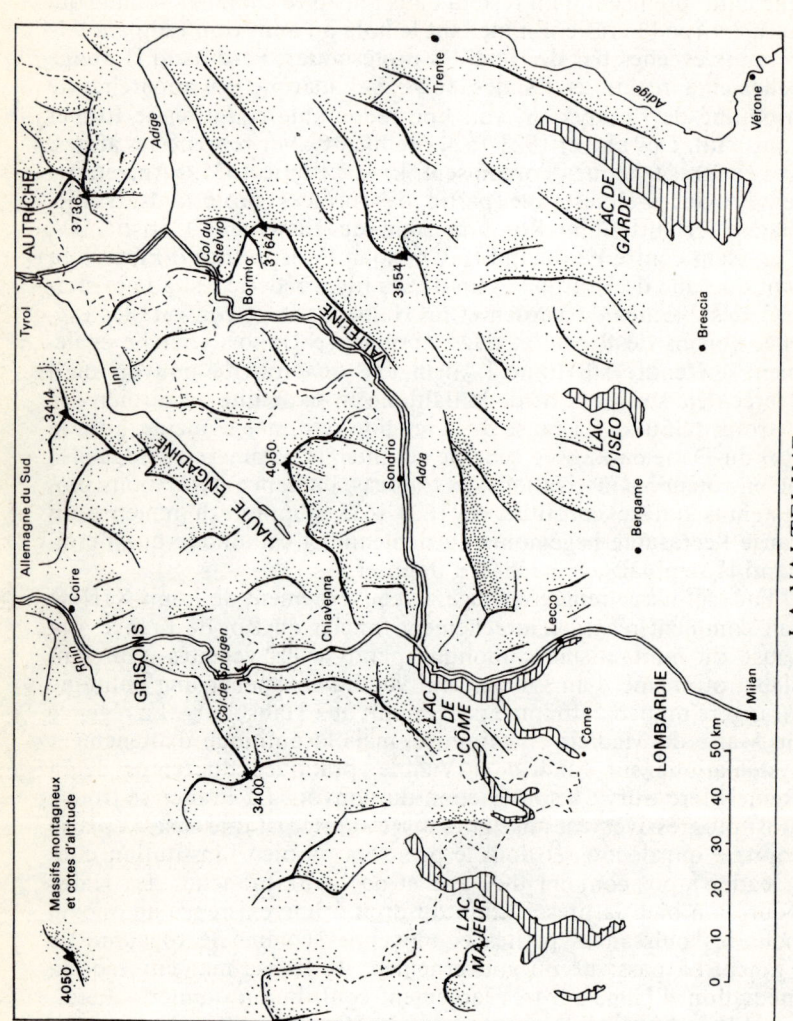

LA VALTELINE

La Valteline

La Valteline désigne la haute vallée de l'Adda avant le débouché de ce fleuve dans le Lac de Côme. Elle a une importance capitale pour les liaisons des deux branches de la famille de Habsbourg, car elle permet de passer du Milanais en Autriche par le Tyrol, et ouvre une excellente voie de communication entre l'Italie du Nord et l'Allemagne du Sud par le Splügen et la haute vallée du Rhin. Mais la Valteline constitue aussi un casse-tête politico-religieux, car sa population, de langue italienne et de religion catholique, relève depuis le XVIe siècle de la suzeraineté des Ligues Grises, ancêtres de l'actuel canton suisse des Grisons, qui sont protestants et de langue allemande.

En 1617, les Valtelins catholiques se révoltent. Les Ligues Grises, pour mater la rébellion, commettent toutes sortes d'excès. Du coup, les Valtelins appellent à leur secours le gouverneur espagnol du Milanais au nom de la défense du catholicisme. Or, la France est partie prenante à cette affaire, car Henri IV, depuis 1603, s'est lié par traité avec les Cantons Suisses et avec la République des Grisons, se faisant notamment reconnaître le monopole d'utilisation des passages des Alpes. C'est d'ailleurs en invoquant ce traité que Richelieu avait refusé à la République de Venise le transit qu'elle sollicitait lors de son conflit avec l'Archiduc Ferdinand, en 1616-1617. Il s'agissait alors de rester en bons termes avec l'Espagne. Mais Madrid aujourd'hui se soucie bien peu de rendre la pareille au Roi de France. Les troubles intérieurs qui secouent le royaume de Louis XIII vont être mis à profit : au printemps de 1620, le gouverneur du Milanais entreprend la conquête systématique de la Valteline, coordonnant son action avec celle d'une armée autrichienne qui s'assure le contrôle de l'Engadine, c'est-à-dire le débouché de la Valteline en direction du Tyrol. En quelques mois, toute la vallée est occupée. Pour bien marquer leur volonté de perpétuer leur mainmise sur la Valteline, les Espagnols construisent quatre forts. Les Grisons sont purement et simplement évincés.

La défense de la religion avait servi de prétexte à l'intervention. Mais en l'occurrence, l'Espagne ne s'était pas comportée autrement que l'Électeur Palatin, donnant son appui à des rebelles en lutte contre leur suzerain légitime. Aussi Philippe III, taraudé sur son lit de mort par des scrupules de conscience, fait-il jurer à son fils et successeur, Philippe IV, de rendre la Valteline aux Grisons. Et Philippe IV, après tout, n'est pas autrement désireux de mettre dans l'embarras son beau-frère Louis XIII, alors que celui-ci est fort occupé à ramener, par de dures campagnes, ses sujets protestants dans leur devoir d'obéissance. Il se prête donc de bonne grâce à la négociation demandée par le gouvernement français. Le 5 avril 1621 est signé le Traité de Madrid, qui prévoit le rétablissement de la suzeraineté des Grisons sur la Valteline et l'évacuation de leurs positions par les Espagnols en échange de l'octroi de garanties précises pour l'exercice du culte catholique par les Valtelins.

Mais il faut des semaines pour aller de Madrid à Milan. Il est vrai aussi que la lenteur des communications a quelquefois bon dos. Quoi qu'il en soit, la signature du Traité de Madrid tarde à se concrétiser sur le terrain, et le duc de Féria, qui gouverne le Milanais au nom du Roi d'Espagne, poursuit imperturbablement l'occupation de la Valteline. En septembre 1621, les Grisons s'impatientent, reprennent les armes. Ils sont battus, et les forces espagnoles et autrichiennes portent la guerre sur le territoire des Ligues Grises elles-mêmes. Celles-ci ne peuvent faire autrement que d'accepter de nouvelles conditions de paix qui leur imposent de renoncer à leur suzeraineté sur la Valteline d'où le protestantisme est désormais banni, et d'entrer dans une alliance étroite avec l'Espagne. Signé en janvier 1622, le Traité de Milan annule et remplace le Traité de Madrid.

La diplomatie française est humiliée. Le Pape s'inquiète du tort que ce grave revers cause au prestige de Louis XIII. Craignant en outre que la puissance des Habsbourg ne se développe à l'excès en Italie, il intervient auprès de Philippe IV afin qu'il repousse le Traité de Milan. Mais la passivité du gouvernement français atteint un degré tel que le Pape se décourage et finit par laisser faire l'Espagne ; le Traité de Milan est ratifié. Aucune concession ne viendra sauver la face du Roi de France.

Affaires du Béarn, reprise des guerres de Religion, déboires répétés de la France à l'extérieur, autant d'occasions pour Richelieu de se situer en se démarquant de Luynes et des ministres de Louis XIII. Autant de terrains de manœuvre dans son entreprise patiente pour organiser le retour au pouvoir de Marie de Médicis et, avec elle, de son fidèle conseiller. Autant de sujets de réflexion, enfin, pour lui permettre d'affiner et de préciser ses propres idées politiques.

Richelieu et Luynes

Tandis que Louis XIII faisait route vers le Béarn, Richelieu pouvait se flatter d'avoir réussi à bâtir sur des fondements solides l'entente qu'il a cherché à établir avec Luynes. « Les réconciliations sont entières », écrit-il. « Je crois que, comme la raison les a faites, elle les maintiendra. Nous avons vécu en espérance d'un accommodement parfait, c'est-à-dire d'une confiance réciproque et assurance que chacun ne voudrait pas faire du mal à son compagnon. » Luynes se montre tout aussi positif en insistant sur le gage que la demande officielle du chapeau de cardinal pour l'évêque de Luçon représente de sa part : « Vous devez être assuré, par les dernières paroles que je vous ai tenues, que mes promesses vous devront être comme titre très assuré. » En tout cas, Richelieu observe toutes les apparences d'un loyalisme sans failles à l'égard du favori. Il fait en sorte que Marie de Médicis accompagne Louis XIII jusqu'à Poitiers, et appuie, comme on l'a vu, la politique énergique du Roi dans les affaires du Béarn.

Pour quelle raison Luynes en est-il venu à retrouver son ancienne méfiance à l'égard de Richelieu ? Est-ce parce que Marie de Médicis, invoquant les fatigues du voyage, a rebroussé chemin à Poitiers, regagnant Paris par petites étapes, tandis que Richelieu retournait dans son diocèse de Luçon ? Est-ce parce que la Reine-Mère et son conseiller ont soutenu avec trop d'enthousiasme la cause de la fermeté contre les pasteurs béarnais alors que Luynes était partisan d'une action plus nuancée ? Toujours est-il que le favori, pendant le séjour de la Cour à Poitiers, convoque le nonce Bentivoglio et lui tient cet étrange propos : « Le Roi a désigné Monsieur de Luçon pour le chapeau de cardinal. La Reine-Mère est tellement engouée de cette idée qu'on n'a pu lui opposer un refus. Mais, de vous à nous, il faut qu'il soit bien entendu que cette proposition n'est que de pure forme. Notre ambassadeur à Rome lui-même ignore et doit ignorer notre véritable pensée. Nous le laissons faire les démarches, mais vous, sachant la vérité, vous pouvez l'écrire au Saint-Siège : le Roi entend empêcher à tout prix cette nomination. » Et pour donner encore plus de poids à ses dires, Luynes indique qu'un émissaire du Roi, un gentilhomme nommé Monsieur de Chazon, a été dépêché secrètement à Rome avec des lettres manuscrites de Louis XIII établissant de façon formelle les intentions du souverain. Pourquoi donc cette animosité, cette hargne, cet acharnement contre Richelieu ? Luynes s'en explique sans détours : « Cet évêque est fou ! C'est lui qui a mis le royaume sens dessus dessous : il est la cause de tout le mal. De son exil d'Avignon, il fomentait cette terrible révolte dont nous avons eu tant de peine à venir à bout, et ce serait lui qui recueillerait maintenant tout le bénéfice ! Et quelle ingratitude à mon égard ! J'ai tout fait pour lui. Je l'ai sauvé au moment de la mort du maréchal d'Ancre, je l'ai maintenu auprès de la Reine-Mère, et il reste malgré tout mon plus dangereux ennemi. » Le favori veut bien admettre que l'évêque de Luçon manifeste présentement de meilleures dispositions. Aussi se déclare-t-il prêt à lui faire crédit. S'il apparaît que Richelieu s'amende, il sera toujours temps de le faire cardinal. D'ici là, qu'il patiente : « Le Roi en a assez de récompenser toujours les plus brouillons parmi ses sujets. »

Le nonce n'avait pas été autrement surpris par les propos de Luynes, même si ce dernier s'exprime avec une grande exubérance et beaucoup d'agitation. Le secrétaire d'État aux Affaires étrangères, Puisieux, lui avait déjà fait comprendre la même chose. Et Bentivoglio, à titre personnel, considère que l'intervention que la Reine-Mère a demandé au Roi d'effectuer auprès du Saint-Père est tout à fait excessive : « C'est une extravagance », écrit-il à Rome, « que la proposition concernant l'évêque de Luçon. Il faut que la Reine soit hors de sens. Quant à lui, c'est le plus effréné des ambitieux, Dieu le mortifiera. Quel déboire quand il se verra exclu ! » Luynes tient par-dessus tout à ce que l'évêque de Luçon ne soit pas fait cardinal. C'est, pour lui, une affaire de la plus grande importance. En novembre 1620, l'un de ses amis, Monsieur de Marsillac, se rend à Rome. Il a officiellement mission de remercier le Pape des félicitations qu'il a adressées à Louis XIII après l'heureuse conclusion des affaires de Béarn. En réalité, Marsillac est surtout chargé de lui remettre une lettre confidentielle de Luynes dans laquelle celui-ci insiste pour que Richelieu ne soit pas nommé.

Toutes ces démarches n'empêchaient nullement le favori de multiplier, auprès de Monsieur de Luçon, cajoleries et protestations d'amitié. Le 17 octobre 1620, il lui écrit : « Je suis extrêmement content de quoi vous aurez reconnu le soin que j'ai pris de vous servir en votre affaire de Rome... Nous continuerons à faire les mêmes instances que nous avons faites. » En novembre 1620, le mariage entre Antoine du Roure de Combalet, parent de Luynes, et Marie-Madeleine de Vignerot, fille de Françoise de Richelieu et de Monsieur du Pont de Courlay, est célébré avec faste. Une alliance de famille n'est-elle pas, suivant les normes du temps, la manière la plus efficace de consolider la paix et de s'unir pour l'avenir ? En apparence, tout le monde est en droit de conclure de ce mariage qu'il scelle le rapprochement entre Luynes et Richelieu. Faut-il y voir la raison pour laquelle Luynes change une fois de plus d'attitude et désormais soutient l'élévation de l'évêque de Luçon au cardinalat ? Le voici, en tout cas, qui écrit à Marsillac qu'il ne faut plus faire obstacle à cette nomination. C'est à n'y rien comprendre. Le nonce y perd son latin. Il insiste pour être reçu par Luynes afin qu'il lui explique les raisons de ce revirement spectaculaire. Luynes se dérobe à la requête de Bentivoglio et lui dépêche le duc de Montbazon, son beau-père, et le ministre Puisieux. Le nonce s'étonne de l'effarante instabilité de Luynes. C'est pour s'entendre répondre par Puisieux que le gouvernement, lui, demeure opposé à la nomination de Richelieu. Quel imbroglio ! A Rome, l'administration pontificale est totalement désorientée. L'évêque d'Orléans, Monsieur de L'Aubépine, est un ami de Richelieu. Ce dernier l'a prié de profiter d'un voyage qu'il effectue dans la Ville Éternelle pour aller aux nouvelles. Elles ne sont guère encourageantes : « Vous ne trouverez pas mauvais d'être averti qu'un Chevalier de l'Ordre m'a dit hier que votre promotion n'est pas encore assurée, et que le Pape est informé de deux choses qui peuvent vous nuire : que durant votre charge de secrétaire d'État vous auriez fait contre le Saint-Siège le pis que vous avez pu ; et que nouvellement vous avez recherché les huguenots pour prendre les armes et servir avec la Reine-Mère contre le Roi. »

Le cardinal Borghese, secrétaire d'État du Saint-Siège, tient pour acquise l'opposition du gouvernement français à la nomination de Richelieu. D'ailleurs Marsillac et Chazon, qui ne sont pas au courant de la dernière volte-face de Luynes, maintiennent que le Roi est formellement opposé à cette nomination. Le nonce Bentivoglio, ayant enfin réussi à approcher Luynes, écrit à Rome, désabusé : « Monsieur de Luynes change d'avis tous les jours, un jour il veut, un autre il ne veut plus. » Le fond de la pensée de Luynes résiderait en définitive en ces quelques mots : « Si on nomme cardinal Monsieur de Luçon, ce sera bien. Si on ne le nomme pas, ce sera mieux. »

Eh bien, Monsieur de Luçon ne sera pas nommé. Le 11 janvier 1621, paraît la promotion des cardinaux. L'archevêque de Toulouse, lui, est nommé, conformément à la demande expédiée il y a près de deux ans par Louis XIII. On constate au passage que le nonce Bentivoglio devient lui aussi cardinal. Richelieu, le premier moment de dépit passé, avale la couleuvre. L'épreuve de l'exil n'a pas été inutile. Dans les notes qu'il accumule au jour le jour et qui serviront plus tard à la confection de ses *Mémoires*, l'évêque de Luçon constate avec philosophie : « En France, le meilleur remède qu'on puisse avoir, c'est de la patience. »

La duplicité de Luynes était évidente. Tout en sauvegardant les apparences, Richelieu entreprend patiemment, avec la même duplicité, de lui rendre coup pour coup. Une fois de plus, on mobilise la Reine-Mère. Son attitude est le plus fidèle baromètre des humeurs de Monsieur de Luçon. Or, cette attitude, insensiblement, s'infléchit. Voici que Marie de Médicis se met à réclamer son retour dans les Conseils du Roi ; elle le fait avec tout le respect dû à la majesté du souverain, mais aussi avec un rien d'agressivité. Et puis, la voici maintenant qui fait part de ses inquiétudes devant le risque d'une réouverture des guerres de Religion ; elle avait certes approuvé l'expédition du Béarn en son temps ; mais aujourd'hui, elle demande au Roi de se montrer plus souple dans son zèle de catholique militant. La voici aussi qui se sépare de Luynes sur la politique extérieure ; alors que le favori accorde la priorité au règlement des problèmes internes du royaume, déclarant notamment à l'ambassadeur de Venise : « Il nous faut d'abord nous débarrasser des affaires domestiques et contenir les huguenots ; après quoi on se mettra vigoureusement aux affaires du dehors », Marie de Médicis défend la thèse inverse ; adepte inconditionnelle de la cause catholique, elle n'en est que plus qualifiée pour demander que la France ne pratique pas une politique d'abandon devant les succès répétés obtenus par les Habsbourg ; l'attitude du Pape, lui-même inquiet, et conseillant à Madrid de faire preuve d'un peu de modération vis-à-vis de la France à propos de la Valteline, donne d'autant plus de poids à l'opinion exprimée par l'ancienne Régente.

Ces prises de position successives ne doivent évidemment rien au hasard. Naturellement inspirées par Richelieu, elles suivent une gradation dosée avec soin et dont le but est de miner progressivement le crédit de Luynes. Mais en elles, l'opportunisme rejoint de plus en plus des préoccupations d'homme d'État ; durant ces années où Richelieu, écarté du pouvoir, ronge son frein, la traversée du désert que subit l'ex-ministre de Concini est mise à profit pour lui permettre d'affermir les thèses qui deviendront celles de son retour aux affaires. Richelieu consolide et systématise les options qu'il avait esquissées lors de son rapide passage au gouvernement en 1616-1617. On peut être bon catholique et garder ses distances à l'égard de l'Espagne ; au-dessus des intérêts de la religion, il y a ceux de la patrie. Il faut, avant tout, que vive la nation française. C'est à elle que se doivent ses enfants.

Une campagne de pamphlets

Des pamphlets circulent, de plus en plus violents, contre Luynes. Ils dénoncent la rapacité du favori, son ambition insatiable. Sa politique, aussi, est prise à partie. Richelieu sent que le moment est venu d'entrer à son tour dans la danse, et que la défense de l'intérêt national est un bon thème, qui « mord » dans l'opinion. Avec une pléiade de « plumes » souvent talentueuses, il entreprend d'inonder le public de libelles qui ajoutent de nouvelles attaques aux précédentes, mettent en forme le procès intenté au favori et dénoncent systématiquement les responsabilités qui sont les siennes dans les désastres de la politique extérieure du royaume.

Vérités chrétiennes au Roi très chrétien s'adresse à Louis XIII : « Croyez, Sire, qu'il y a beaucoup plus de favoris ingrats que de mères sans amour pour leur enfant. » L'auteur en est sans doute Mathieu de Morgues, prédicateur de la Reine-Mère. Il paraît que Richelieu avait grandement approuvé ce pamphlet.

Chanteloube, autre membre de l'entourage de Marie de Médicis, écrit de son côté le *Comtadin provençal*, qui traîne Luynes dans la boue. Le favori n'a pas moins de six vices majeurs : l'incapacité, la lâcheté, l'ambition, l'avarice, l'ingratitude et la fourberie.

Au printemps de 1621, la guerre contre les protestants s'est rallumée. La bataille des pamphlets redouble. Deux d'entre eux, particulièrement remarquables, laissent sans trop de peine reconnaître la patte de Richelieu.

Discours salutaire et avis de la France mourante. Adjuration au Roi et appel à tous les bons Français met en scène le Chancelier de L'Hôpital et le Chevalier Bayard au chevet de la France malade. Ils ont en commun le même souci : l'agonie de la patrie — un mot rarement utilisé jusqu'alors, mais que l'on trouve bien souvent dans la prose de Richelieu. Pauvre France, dont la mort est avidement guettée par l'Espagne et par les favoris qui l'ont saignée sans vergogne ! Il y a pourtant des gens qui pourraient l'aider à se guérir, l'évêque de Luçon et la Reine-Mère, pour ne citer que ces deux-là, mais ils sont trop modestes et « si accommodants qu'ils n'osent parler ». Que faire pour sauver la France ? Le Chancelier de L'Hôpital donne des avis pleins de sagesse : « Éloignez de vos Conseils tous ceux que l'on soupçonne pour émissaires de la faction étrangère, réglez vos finances, obviez aux factions des Grands, fuyez comme la mort la guerre civile. Jetez les fondements d'une ferme paix et pour y parvenir, travaillez à ce que le Roi et la Reine sa mère se conservent en parfaite intelligence. »

La *Chronique des favoris* grimpe d'un ton dans l'escalade verbale. Les favoris coupables sont expressément désignés, Luynes en tête. Le réquisitoire est implacable : « En faveur de Castille [c'est-à-dire de l'Espagne], de Luynes a négligé toutes les vieilles alliances de la couronne. Il a laissé perdre les Grisons et le Palatinat afin de se rendre l'Espagne favorable. Et en traquant les huguenots dans le royaume nous sommes bien les soldats de l'Espagne. » Une pareille accusation ne mérite qu'un nom : trahison. Luynes et ses séides sont des traîtres. Accusation terrible, langage nouveau, aussi, car pour qu'il y ait des traîtres, il faut qu'il y ait une patrie. La *Chronique des favoris* laisse cependant une porte de sortie à Luynes. Peut-être, dans cette affaire, est-il surtout manipulé par l'Espagne, dont il ne voit pas qu'elle reste l'ennemi traditionnel de la France, et que « sous le prétexte de la religion catholique, elle poursuit obstinément sa campagne pour la domination universelle ». Le pamphlet a sans doute été rédigé sous la supervision directe de l'évêque de Luçon, par un chanoine de Saint-Germain l'Auxerrois, le sieur de Fancan, dont la plume va servir, des années durant, les intérêts de Richelieu.

En attendant, Richelieu et Marie de Médicis, afin de bien marquer leur refus de cautionner la politique de Louis XIII à l'égard des protestants, regagnaient leurs provinces respectives. La Reine-Mère s'établit à Angers, Richelieu à Luçon ou dans son cher prieuré de Coussay. Mais, Chef du Conseil de la Reine-Mère, il va fréquemment la voir, entretient avec elle une active correspondance. Partant pour la guerre, Louis XIII gagne Orléans et descend la Loire en bateau jusqu'à Tours. La Reine-Mère est venue à la rencontre de son fils pour le saluer. Louis XIII et Luynes souhaitent vivement que Marie de Médicis accompagne l'armée royale. La Reine-Mère hésite, car ce serait s'interdire de critiquer la campagne contre les protestants, et prendre le risque à la fois de renier ses idées et de rehausser le triomphe de Luynes. Sur l'insistance du Roi, elle se résigne à le suivre, mais de loin, tandis que Richelieu reste obstinément enfermé dans son diocèse. Quittant Tours, le Roi entre à Saumur, dont le vieux chef protestant Duplessis-Mornay lui ouvre les portes sans difficulté. La Reine-Mère le rejoint. Puis, tandis que l'armée royale s'avance vers Saint-Jean d'Angély, Marie de Médicis fait halte au prieuré de Coussay, sur l'invitation de Richelieu. L'hospitalité de l'évêque de Luçon est pleine d'égards, chaleureuse. Jamais l'union de la Reine-Mère et de son conseiller n'aura été plus étroite. Pendant ce temps, Saint-Jean d'Angély résiste, le siège de la place se prolonge. Marie de Médicis part retrouver son fils quelques jours avant que Saint-Jean ne capitule. Elle décide d'arrêter là son voyage. Laissant Louis XIII s'enfoncer dans le Sud-Ouest, elle retourne auprès de Richelieu et convient avec lui qu'ils adopteront tous deux une attitude de silence boudeur. Marie de Médicis regagne alors Angers, et Richelieu son diocèse de Luçon où des tâches urgentes, paraît-il, requièrent sa présence.

Luynes, fort inquiet du comportement de la Reine-Mère, comprend que le désaveu constitué par son abstention présente un réel danger pour lui. Il s'efforce vainement d'obtenir que Marie rejoigne l'armée, ou, à défaut, qu'elle envoie Richelieu. Rien n'y fait ; Richelieu reste sourd aux appels du connétable, fussent-ils proférés sur un ton pathétique, comme dans cette lettre du 9 juillet 1621 où Luynes lui écrit : « Je voudrais avoir donné de mon sang et que vous fussiez avec nous. »

A PETITS PAS VERS LE POUVOIR

Les difficultés rencontrées par l'expédition royale et l'échec final devant Montauban donnent raison après coup au scepticisme exprimé par Marie de Médicis et Richelieu. Celui-ci médite sur la conduite à adopter lorsque lui parvient la nouvelle subite de la mort de Luynes. Louis XIII prend la peine d'en informer lui-même sa mère. Cette disparition ne lui est assurément pas indifférente, mais « l'affection que j'ai pour vous », lui écrit-il, « plus forte que tout autre ressentiment, ne souffre pas que mon esprit demeure davantage en ses tristes pensées ». Du reste, il exprime sa hâte de rejoindre Marie de Médicis qui se trouve à présent à Paris. Manifestement désemparé, Louis XIII est à la recherche d'un nouveau mentor. Le moment paraît propice à Richelieu pour tenter de revenir sur le devant de la scène, sous couvert de la Reine-Mère.

A la Cour, bien des esprits avisés considèrent que son heure est maintenant venue. Le premier à lui écrire pour lui faire part de la mort de Luynes est le comte de Schomberg, suivi de peu par Bérulle. Pour ce dernier, la mort du connétable est à l'évidence un « coup de justice et de miséricorde ». Le Père Arnoux, se faisant lui aussi l'interprète de la volonté divine, estime que la Providence a clairement désigné Richelieu pour prendre en main les destinées du pays. A Coussay, où affluent tous ces témoignages flatteurs, Richelieu décide d'abord de ne pas se laisser griser. Le plus urgent est de savoir à quoi s'en tenir sur la pensée du Roi. Sur son conseil, Marie de Médicis envoie Louis de Marillac auprès de Louis XIII.

Rejoignant le Roi à l'armée, Marillac reçoit de lui le meilleur accueil qui soit. Tandis que le gouvernement et la Cour sont déchirés par les rivalités entre le clan des Luynes et ses adversaires, Louis XIII déclare « que pour l'avenir le désir de la Reine était accompli, que jamais il ne tâtera plus de favori ni de connétable, qu'il agira par lui-même pour les affaires de son État, ainsi qu'il commence à le faire ». Marillac note aussi que le regain d'affection de Louis XIII vis-à-vis de sa mère semble profond, et que le Roi paraît véritablement impatient de gagner Paris afin d'y retrouver Marie de Médicis.

Les rapports de Marillac sont analysés à la loupe par Richelieu, qui fait signer à la Reine-Mère une lettre dont chaque mot a été pesé avec soin. En renouvelant à son fils l'assurance de son affection, Marie de Médicis lui recommande instamment de gouverner par lui-même et de mettre en place « un bon Conseil auprès de lui ». Pas un mot sur le désir qu'elle aurait d'y prendre part, pas une allusion non plus à Richelieu, dont le nom n'est pas prononcé.

La partie n'est pas facile en effet, et la mort de Luynes n'a pas supprimé les obstacles qui se dressent encore sur le chemin du pouvoir. Il ne manque pas d'ambitieux personnages tout prêts à combler le vide laissé par la disparition du favori. Le prince de Condé, d'abord, qui s'empresse de quitter son gouvernement du Berry, où il résidait depuis plusieurs mois, pour rejoindre le Roi en route vers Paris. Des ministres, également, parmi lesquels le vieux Chancelier de Sillery, un vétéran des ministères, et son fils Puisieux, qui a la charge des Affaires étrangères. Tous deux dressent un tir de barrage contre les ambitions de Richelieu et, sachant que celui-ci ne peut accéder au pouvoir que par Marie de Médicis, font l'impossible pour empêcher que les retrouvailles du Roi et de sa mère ne débouchent sur un retour de Marie de Médicis dans les instances du gouvernement.

Quand le Roi passe par Orléans, il reçoit la visite de Richelieu, venu le saluer au nom de Marie de Médicis. Louis XIII se montre fort aimable, mais rien ne permet de deviner quelles sont les intentions qu'il nourrit dans le secret de son cœur à l'égard de l'évêque de Luçon. Dans les derniers jours de janvier 1622, le Roi et la Cour arrivent à Paris. Richelieu a suivi, faisant bon visage à chacun et s'efforçant d'éviter de se mettre trop en avant. A Paris, la première visite de Louis XIII est pour Marie de Médicis. En retrouvant sa mère, le souverain (il a 20 ans à peine) manifeste une joie très vive, et lui tient quelques paroles sibyllines, prédisant « qu'il lui fera paraître par les effets que jamais fils n'aima ni n'honora mieux sa mère ». Est-ce enfin l'annonce du retour tant espéré dans les Conseils du Roi ?

Louis XIII en discute avec ses ministres. Sillery et Puisieux sont les premiers consultés, mais aussi le Président Jeannin et Monsieur de Vic, qui a succédé à du Vair comme garde des Sceaux. « On proposa d'abord si la Reine aurait entrée dans les Conseils. On dit au Roi qu'il était à propos qu'il eût confiance en elle, mais qu'il ne devait pas l'appeler au maniement de ses affaires parce que l'amour qu'on avait pour elle ferait que bientôt elle partagerait avec lui l'autorité. » La Reine en est naturellement informée et Richelieu est chargé de plaider sa cause auprès des membres du gouvernement. Peut-être le fait-il avec une flamme excessive, une impatience trop visible ? Toujours est-il, comme il le rapporte lui-même dans ses *Mémoires*, que « les ministres ne se laissèrent pas convaincre. Rien ne put les émouvoir. Il est vrai qu'ils ne s'y opposaient point tant par l'aversion qu'ils eussent contre elle que par crainte qu'y étant une fois établie, elle voulût m'y introduire ».

C'est bien là le fond du problème, ainsi que le confirme une dépêche du successeur de Bentivoglio, le nonce Corsini : « A l'égard de la Reine-Mère, le Roi est plein de soupçons qu'elle ne veuille l'assujettir comme du temps de Concini. Lorsqu'on voit auprès d'elle l'évêque de Luçon, on peut redouter qu'il ne prenne pied trop avant : car sa cervelle est ainsi faite qu'il est capable de tyranniser la mère et le fils. » La cervelle de Monsieur de Luçon était surtout celle d'un homme supérieurement intelligent. Il n'y a nulle vanité, nulle forfanterie, rien que la conscience de sa vraie valeur dans le constat que fait Richelieu analysant les raisons pour lesquelles tant de gens, et notamment les ministres, manifestent une telle animosité à son égard : « Ils connaissaient en moi quelque force de jugement, ils redoutaient mon esprit, craignant que si le Roi venait à prendre quelque connaissance particulière en moi, il en vînt à me commettre le principal soin de ses affaires. »

Alors, Richelieu tourne son énergie vers cet autre but, qu'il ne voudrait pas voir lui échapper à présent que Luynes est mort : l'obtention du chapeau de cardinal. Marie de Médicis attaque Puisieux de front. Lui déclarant qu'elle est pleinement informée des intrigues que Luynes avait déployées contre la nomination de Richelieu, elle le met en demeure d'intervenir maintenant loyalement en faveur de l'évêque de Luçon, faute de quoi il ne devra s'attendre à aucune bienveillance de sa part. Puisieux cherche une parade. Il croit la trouver en expliquant à Marie de Médicis que Richelieu aurait d'autant plus de chances d'être nommé qu'il irait à Rome plaider sa cause lui-même. La manœuvre est grossière. Richelieu n'a guère de peine à se montrer plus malin que Puisieux. Il fait mine de préparer son départ. Puisieux adresse au Saint-Siège une demande officielle. Richelieu le remercie platement : « Je vous supplie de croire que je cesserai plutôt de vivre que de manquer à embrasser soigneusement toutes les occasions que je pourrai pour me revancher des obligations que je vous ai » — et se garde bien de partir pour Rome. Entre-temps, du reste, la situation intérieure et extérieure s'aggrave, et les ministres sentent qu'ils auraient tort de laisser la Reine-Mère hors du Conseil du Roi, avec pleine liberté de critiquer à loisir l'action du gouvernement. On la fait donc enfin admettre au Conseil mais sans droit de vote. Rentrée discrète, par la petite porte, que Richelieu engage cependant Marie de Médicis à accepter, car il considère que le moment n'est plus très éloigné où l'on sollicitera ses avis.

Les événements n'allaient pas tarder à lui donner raison. Dès le mois de mars, en effet, Louis XIII demande à sa mère quelle conduite elle propose d'observer dans l'affaire de la Valteline. Richelieu, qui s'y attendait, avait préparé à toutes fins utiles une note que Marie de Médicis n'avait qu'à réciter : « Il faut faire tenir aux Espagnols la parole donnée pour la Valteline. Il est très important pour la grandeur et la réputation du Roi qu'il ne soit pas si enfermé dans son royaume qu'il n'ait plus une porte pour en sortir. » Deux impératifs : faire respecter les traités, éviter l'encerclement de la France sur sa frontière est. C'était le langage du bon sens. La plupart des ministres approuvent Marie de Médicis, et Puisieux se voit chargé de protester solennellement auprès de Madrid et de Rome.

Mais ces manifestations verbales, pour énergiques qu'elles paraissent, sont destinées à rester platoniques aussi longtemps que la France ne se montre pas disposée à les faire respecter par la force si nécessaire. Or Louis XIII, encouragé dans ce sens par Condé, ne songe qu'à venger l'échec de Montauban, mettre les réformés définitivement à la raison. Quand le principe d'une expédition dans le Midi est examiné en Conseil, Marie de Médicis combat fermement les projets du Roi. Elle n'est pas suivie. Le 21 mars 1622, le Roi part à la tête de son armée pour mater le parti huguenot. La Reine-Mère l'accompagne, malgré les réserves qu'elle a soulevées : il lui paraît plus important de rester auprès de Louis XIII afin de continuer à le voir, de lui parler et, si possible, de l'influencer. Après Nantes cependant, Marie de Médicis, fatiguée, laisse son fils s'avancer sans elle en Poitou.

Mieux préparée que l'année précédente, la campagne du Roi obtient de bien meilleurs résultats. Les troupes protestantes subissent un premier échec à l'Ile de Riez. Le 10 juin, Négrepelisse, à quelques kilomètres de Montauban, est prise d'assaut après une farouche résistance ; toute la population est massacrée. La ville de Tonneins connaît le même sort, tandis que Louis XIII, négligeant Montauban, se dirige à marches forcées vers le Languedoc. La lutte se circonscrit bientôt aux environs de Montpellier. Les défenses de la ville sont faibles, mais malgré la supériorité numérique de l'armée royale, les qualités tactiques du duc de Rohan, qui dirige les forces protestantes, empêchent Louis XIII de venir à bout de la résistance des réformés. On se décide à négocier. Signée le 18 octobre 1622, la Paix de Montpellier renouvelle l'Édit de Nantes, réitère l'interdiction des assemblées politiques et ne laisse aux protestants que deux places fortes : La Rochelle et Montauban. Les chefs du parti huguenot se voient, selon l'habitude, grassement dédommagés. Rohan, à lui seul, reçoit 450 000 livres avec les gouvernements de Nîmes, Uzès et Castres. Des mois de conflit, des milliers de morts et de blessés, les ravages habituels de la guerre sur une vaste étendue de territoires, pour en arriver là, alors que la situation internationale ne cesse de se dégrader.

RICHELIEU CARDINAL

Louis XIII, en quittant le Languedoc pour regagner Paris, commençait à se dire que les avis de Richelieu, les mises en garde qu'il lui avait adressées par la bouche de Marie de Médicis, n'étaient sans doute pas si mal fondés. Les échos qui en parvenaient à Richelieu ne pouvaient que lui être agréables, en lui démontrant la justesse de la conduite qu'il s'était fixée. Un autre sujet de satisfaction était venu combler, quelques jours plus tôt, les vœux de Monsieur de Luçon. Tandis que la guerre battait son plein, le Roi s'était plusieurs fois soucié du sort réservé par le Pape à la demande concernant la nomination de Richelieu comme cardinal. Au mois de juin, puis en juillet, il revient à la charge, manifestant sa hâte d'aboutir. Le 4 septembre, Marillac qui une fois de plus suit le Roi pas à pas, écrit à Richelieu : « Sa Majesté a parlé au nonce très fortement, et en termes plus exprès qu'il n'avait point encore fait. » Tant d'insistance avait fini par porter ses fruits : le 5 septembre 1622, Richelieu était fait cardinal. La nouvelle en parvenait officiellement à

Louis XIII le 14 septembre ; Richelieu recevait l'annonce de sa promotion quelque part entre Coussay et Lyon, où il se rendait pour rejoindre Marie de Médicis.

Richelieu déborde de plaisir, de satisfaction. Il a 37 ans. La pourpre cardinalice qui, pour tant d'autres, serait une sorte de fin de carrière, une consécration, va au contraire l'aiguillonner, décupler l'énergie qu'il déploie afin d'accéder à de plus hautes fonctions encore, les seules qu'il ambitionne vraiment : la direction des affaires de la France. L'heureux élu ne manque pas, conformément à une habitude éprouvée, de remercier avec effusion tous ceux qui ont peu ou prou contribué à son élévation, les ministres, et notamment Puisieux, l'ambassadeur de France à Rome qui n'est autre, d'ailleurs, que le frère de Sillery, et surtout le Roi. La reconnaissance de Richelieu manque assurément de simplicité dans l'expression, mais on ne peut dénier à la lettre qu'il adresse à Louis XIII un ton de réelle et profonde sincérité :

« Sire, Dieu comblant ses créatures de ses Grâces, non pour en recevoir aucune chose puisque de Soi-même il possède tout, mais seulement pour les rendre plus parfaites et plus capables d'accomplir ses volontés, Votre Majesté, qui en est sa plus vivante image, ne trouvera pas étrange si, pour actions de grâces de l'honneur auquel sa bonté m'a élevé, je ne puis autre chose que protester une entière et religieuse obéissance à ses commandements, et l'assurer que j'aimerais beaucoup mieux ne vivre pas que de manquer à employer à son service ma vie et la dignité dont je reconnais lui être redevable, comme de tout ce que je possède.

« Je supplie Dieu qu'il me fasse la grâce d'être si heureux en ce dessein que toutes mes actions me signalent encore plus que la pourpre dont il vous a plu de m'honorer.

« Lors, Sire, le contentement que je commence à recevoir sera parfait puisque la seule passion qui me reste au monde est de vous faire plutôt voir que croire que je suis, de Votre Majesté, le très humble, très obligé et très obéissant sujet et serviteur.

De Lyon, ce 23 septembre 1622
Le cardinal de Richelieu. »

Quelle fierté de pouvoir apposer au bas de sa lettre cette signature toute neuve : « Le cardinal de Richelieu » !

Dans un élan de joie naïve, Richelieu quitte Lyon à la rencontre de Louis XIII qu'il rejoint à Tarascon. De l'avis de tous, le nouveau cardinal est promis à un bel avenir. Le Pape le lui écrit sans réticences, en mettant l'accent sur « les grands et importants services que l'Église romaine attend et exige de lui ». Le fidèle Bouthillier de La Cochère lui mande de Rome où il veillait sur ses intérêts : « Il faut bien que Dieu ait destiné Monsieur de Luçon à la continuation des grandes actions auxquelles il s'est déjà plusieurs fois employé, puisqu'il l'a élevé à la dignité qu'il mérite contre les plus puissants empêchements qui se soient peut-être jamais rencontrés en pareille occasion. » De son Angoumois natal, l'écrivain Guez de Balzac adresse à l'heureux promu comme un écho des sentiments d'admiration un peu gauches, mais ô combien sincères, que lui porte la France profonde : « C'est de gens sages et capables de gouverner l'État que la stérilité est grande, et sans mentir, pour en voir encore un pareil à vous, il est besoin que toute la nature travaille et que Dieu le promette longtemps aux hommes, avant que de le faire naître. »

En Valteline, Sire !

De Tarascon, qu'elle quitte le 16 novembre, la Cour remonte lentement vers le nord. Lorsqu'elle arrive en Avignon, elle trouve là le duc de Savoie, impatient de voir Louis XIII et de s'entretenir avec lui. L'heure paraît suffisamment grave au duc pour qu'il ait jugé nécessaire de quitter ses États afin de mettre le Roi de France au pied du mur. Un Conseil d'une extrême importance se réunit. Le duc de Savoie est invité à y prendre part. Avec lui ont été également conviés l'ambassadeur de Venise et le maréchal de Lesdiguières, qui vient d'être fait connétable. Quand arrive son tour de prendre la parole, le duc déclare fermement que si le Roi de France accepte de relever le défi que Madrid lui jette en Valteline, nombreux sont les États qui joindront leurs forces aux siennes. Sinon, le pire est certain, et l'échec que subit présentement la diplomatie française ne va pas tarder à se transformer en une déroute aux conséquences dramatiques.

Au cours des semaines qui précèdent, la situation, en effet, s'est brusquement aggravée. Poussés à bout par les Espagnols, les Grisons ont recommencé les hostilités. Ils ont été battus, une fois encore, mais les choses sont allées beaucoup plus loin. Les troupes des Habsbourg ont envahi le territoire des Ligues Grises qu'elles ont réussi à occuper dans sa totalité. Les vaincus se voient imposer un nouveau traité. Par la convention de Lindau, ils doivent consentir à l'annexion au profit de l'Autriche d'une partie de leur pays. Ce qui en reste est soumis à un étroit protectorat espagnol et autrichien. Ce beau succès consolide la position des Habsbourg, et leur assure un véritable boulevard pour leurs communications entre l'Italie et l'Allemagne.

Malgré les accents émouvants que trouve le duc de Savoie, malgré l'intervention de l'ambassadeur de Venise, Louis XIII décide de ne rien décider ; le Conseil se sépare sans qu'aucune résolution ait été prise. L'étonnante passivité du Roi inquiète, intrigue ou scandalise, suivant les cas. A la Cour, un véritable parti s'est constitué en faveur d'une expédition armée en Valteline. Lesdiguières et Schomberg en sont les animateurs ; un homme aussi pondéré que le vieux Président Jeannin, qui est tout le contraire d'un va-t-en-guerre, les appuie de son autorité. Sur le passage du Roi, des gentilshommes, un jour, crient tout haut : « En Valteline, Sire, en Valteline ! » De Rome, un cardinal français écrit que la situation n'a jamais été aussi propice, car les Espagnols se sont engagés à fond dans les affaires d'Allemagne et dans la guerre contre les Hollandais ; ces derniers auraient persuadé les corsaires d'Afrique d'assaillir, sur un signe de leur part, les côtes de l'Espagne. La détresse financière du gouvernement de Madrid est sans remède : « Ils sont sans argent ; ils n'en peuvent plus trouver, n'ayant aucun crédit. » L'autorité des ministres de Philippe IV s'amenuise de jour en jour : « Leur gouvernement est mal dirigé et mal obéi. » L'occasion est donc on ne peut plus favorable pour la France. Quel malheur de la laisser échapper ! Et notre cardinal de conclure, amer : « Jamais nous n'aurions cru qu'à la Cour de France on ne saurait se prévaloir de tels avantages. » Puisque la Paix de Montpellier a mis fin à la guerre à l'intérieur, qu'attend le Roi pour envoyer son armée vers l'Italie ? Lesdiguières dispose de plusieurs milliers d'hommes prêts à entrer en campagne, à envahir le Milanais où les garnisons espagnoles, occupées à tenir les Grisons en respect, se trouvent réduites au minimum. Mais Louis XIII se tait toujours.

A Lyon, où la Cour arrive maintenant, le Conseil débat une nouvelle fois des affaires de la Valteline. Marie de Médicis y participe activement. Ses propos sont fermes. La Reine-Mère insiste sur l'urgence d'une intervention, montrant la facilité de l'entreprise et recommandant au Roi de procéder avec autant de prudence que de hardiesse : il n'est pas question, dit-elle, de faire la guerre à l'Espagne, ni de laisser se dégrader la bonne intelligence qui existe entre les deux couronnes depuis longtemps — depuis la politique de rapprochement qu'elle a elle-même initiée dès le tout début de sa régence ; mais il faut mobiliser, concentrer des troupes, proférer un peu moins de menaces, et montrer davantage de résolution. « La Reine-Mère ne se désiste pas de la poursuite de ce dessein », écrira plus tard Richelieu, « mais ses raisons profitent de peu. » Le gouvernement des barbons semble à bout de souffle. « La vieillesse des ministres était si grande » note Richelieu, impitoyable, « que, appréhendant la longueur des voyages où tels desseins pourraient les embarquer, ils donnèrent des conseils conformes à la faiblesse de leur âge. »

Le 22 décembre 1622, avant que la Cour ne quitte Lyon en direction de Paris, Louis XIII remet solennellement le chapeau de cardinal à Richelieu. La cérémonie se déroule dans la chapelle de l'archevêché, en présence de Marie de Médicis, d'Anne d'Autriche, et de tous les Grands du royaume.

Richelieu exprime sa gratitude à Louis XIII : « Sire, l'extrême gravité d'un bienfait ne paraît jamais plus clairement que celui qui le reçoit se trouve du tout incapable de le reconnaître même de pensée. » L'ambitieux se dévoile dans l'offre de service que le nouveau cardinal glisse au milieu de ses remerciements. Avec ses capacités, c'est sa vie même que Richelieu propose de mettre à la disposition du Roi : « Je l'emploierai [ma vie] Sire, d'autant plus volontiers pour Votre Majesté que la pourpre dont il vous a plu m'honorer m'oblige particulièrement à ne refuser aucune occasion de me rougir de mon sang pour la gloire de Dieu, l'avancement de son Église, la grandeur de votre dignité royale et le service particulier de votre personne sacrée. » Richelieu n'a garde, cependant, d'oublier dans l'expression de sa reconnaissance celle à qui il doit d'abord cette ascension si ardemment recherchée ; ayant débité son compliment au Roi, il se dirige vers Marie de Médicis et dépose la barrette rouge à ses pieds, s'écriant : « Madame, cette pourpre dont je suis redevable à la bienveillance de Votre Majesté me fera toujours souvenir du vœu solennel que j'ai fait de répandre mon sang à son service. » La Reine-Mère se montre vivement émue de cet hommage appuyé. Le soir, un magnifique festin réunit, sous la présidence de Marie de Médicis, la fine fleur de la Cour de France.

Richelieu se prépare pour remplir les nouvelles fonctions qui, à n'en pas douter, l'attendent au sein du gouvernement. Depuis l'année précédente, il a résolu les problèmes posés par l'épineuse succession de son frère Henri. Le château et la seigneurie de Richelieu ont été mis en vente aux enchères ; l'évêque de Luçon les a rachetés pour une somme de 79 000 livres. C'est une bonne opération. Elle dégage la famille des soucis où les prodigalités d'Henri l'avaient plongée. Devenu cardinal, Richelieu considère que l'évêché de Luçon n'est plus nécessaire à la conduite de sa carrière, et risque au contraire de le gêner par les devoirs pastoraux qu'il lui impose. Il décide donc de s'en défaire et le cède à Émeric de Bragelongue, en échange du doyenné de Saint-Martin de Tours et de l'abbaye de Notre-Dame de Saint-Wast ; tout lien n'est cependant pas rompu avec Luçon, puisque Richelieu se réserve une pension de 5 000 livres par an sur les revenus du diocèse. Richelieu possédait également depuis 1619 la charge de Grand Aumônier de Marie de Médicis ; il l'abandonne aussi, estimant que la fonction de Chef du Conseil de la Reine-Mère suffit à sa peine. Par une sage économie, Richelieu s'efforce de ménager ses dépenses, de se débarrasser de tout ce qui n'est pas strictement nécessaire à son existence quotidienne ; les effets et meubles qui lui viennent de l'héritage de sa mère sont ainsi triés avec soin et, en grande majorité, vendus au meilleur prix. Malgré tout, le nouveau cardinal ne roule pas sur l'or, et les soucis d'argent restent toujours présents.

CHAPITRE XV

Premier ministre, enfin !

EN RÉSERVE DE LA RÉPUBLIQUE

Richelieu se tient prêt à répondre à l'appel de Louis XIII, mais celui-ci tarde à venir. Quoi qu'il fasse, notre ambitieux reste suspect, et son élévation au rang de cardinal ne lui ouvre pas pour autant les portes du Conseil du Roi. L'homme fort du gouvernement est le vieux Sillery, qui concentre tous les moyens dont il dispose sur un objectif : barrer la route à Richelieu. Ce qui nous vaut une mélancolique réflexion dans les *Mémoires* du futur premier ministre de Louis XIII : « J'ai eu ce malheur en ces temps médiocres que ceux qui ont pu beaucoup dans l'État m'en ont toujours voulu, non pour aucun mal que je leur eusse fait, mais pour le bien qu'on croyait être en moi. Ce n'est pas d'aujourd'hui que la vertu nuit à la fortune, que les bonnes qualités tiennent lieu de crime. On a remarqué de tous temps que sous de faibles ministres, la trop grande réputation est aussi dangereuse que la mauvaise, et que les hommes illustres ont été en pire condition que les coupables. » Tout le monde en est d'ailleurs parfaitement conscient, à commencer par le nonce qui adresse à Rome un rapport sur la froideur des relations entre Richelieu et les ministres en place : « Le cardinal de Richelieu ne pourra jamais s'entendre avec eux, tant ils redoutent son talent, son intelligence, et son cerveau trop puissant. »

Mais l'âge et les malheurs de l'existence ont beaucoup appris à Richelieu : « Il n'y avait qu'à laisser faire le temps et à se consoler dans cette attente. » L'ambassadeur de Venise, bon observateur, note que « le cardinal affecte de plus en plus de s'éloigner du gouvernement ». Le temps suffira-t-il cependant à calmer les appréhensions qui subsistent, non seulement chez les ministres, mais aussi dans l'esprit de Louis XIII, à faire disparaître chez le Roi cette vieille méfiance qui le pousse à maintenir le trop brillant prélat en dehors du cercle étroit du pouvoir ? L'ambassadeur de Florence donne son opinion sur ce point : « Il est très certain qu'il n'y a plus de mésintelligence entre la Reine-Mère et son fils. Mais le Roi voudrait bien qu'elle acceptât que le cardinal s'en allât pour quelque temps à Rome, car il ne peut s'empêcher d'avoir en tête certains scrupules relatifs, non à la fidélité, mais à l'esprit altier et dominateur de Monseigneur de Richelieu. » Toujours ce diable de caractère, qui ne cesse de lui jouer de mauvais tours ! Suspect aux ministres, tenu à distance par le Roi, Richelieu a aussi trouvé le moyen de se faire haïr par tout le petit personnel de la Maison de la Reine. Écoutons encore l'ambassadeur de Florence : « Les femmes, l'apothicaire, tous les autres domestiques italiens de la Reine-Mère sont venus se condouloir ici de la domination superbe et intéressée du cardinal de Richelieu, lequel, soit par ambition, soit par avarice, veut tenir bas tous les autres serviteurs de la princesse. »

Gaspillant son talent et son énergie dans ces minables intrigues, Richelieu se désespère de voir ainsi le temps s'écouler sans profit pour personne tandis que le navire France fait eau de toutes parts. Le cardinal a conscience d'être le seul apte, par ses capacités, par la volonté farouche qui l'anime, à redresser la situation du pays. Richelieu se ronge. Sa santé, fort mauvaise depuis toujours, ne s'est en rien améliorée durant l'exil d'Avignon. Mais aujourd'hui, cette attente anxieuse à laquelle il se voit contraint, l'effort qu'il est obligé de s'imposer pour n'en rien laisser paraître, le plongent dans de terribles migraines. Elles sont plus fortes que jamais. Son secrétaire, le fidèle Charpentier, est pris à témoin des souffrances supportées. Richelieu, un jour, lui confie : « Je n'écris point à la Reine, me mourant de la tête. » Un autre jour : « Mon mal de tête me tue. » Quand la douleur franchit un certain seuil, la belle mécanique intellectuelle s'enraye et Richelieu se retrouve prostré dans son lit, enfermé dans sa chambre, incapable d'écrire, de travailler, de dicter, alors que les pensées se bousculent en désordre dans cette malheureuse tête.

Quel remède adopter ? Le bézoard que lui avait autrefois adressé à Luçon le général des Chartreux s'est finalement montré d'une efficacité réduite. Les diverses médications qu'il essaie ne réussissent pas mieux. Y a-t-il un saint, quelque part, dont l'intervention puisse le soulager, le délivrer de ses souffrances ? Saint Jean peut-être, se dit Richelieu, qui fait vœu, « s'il plaît à la bonté divine, par l'intercession du bienheureux et bien-aimé saint Jean me renvoyer ma santé et me délivrer dans huit jours d'un mal de tête extraordinaire qui me tourmente, de fonder en ma maison de Richelieu une messe qui se célébrera tous les dimanches de l'année, et pour cet effet, de donner à un chapelain le revenu annuel de trente-six livres pour les messes qui seront célébrées en actions de grâce ». Pour cet homme peu fortuné, trente-six livres, c'est une somme. Mais l'importance du sacrifice proposé n'émeut pas saint Jean, qui reste sourd aux prières de Richelieu. Il faut donc vivre avec ces migraines, et s'en accommoder comme on pourra.

Elles ne sont hélas pas les seules à miner la santé du cardinal. Richelieu souffre également d'hémorroïdes et de crises périodiques de rétention d'urine. Quand ses visiteurs viennent le voir au lendemain de ces crises, ils sont frappés par son teint couleur de terre, sa figure profondément ravinée par les rides que la souffrance a creusées et les yeux que la fièvre rend encore plus brûlants que d'ordinaire. Bien que de taille plutôt petite, Richelieu avait toujours paru fort bien proportionné. Il est maintenant devenu très maigre, d'une maigreur sèche et qui pourrait presque être qualifiée d'ascétique, si le cardinal, dans sa robe pourpre, ne gardait le fier comportement d'un gentilhomme, dominateur et sûr de lui.

Chez cet homme qui ne semble vivre qu'à force d'énergie, ni la maladie, ni l'opposition des gens en place ne constituent des motifs suffisants pour se laisser aller à l'abattement. Patience n'est nullement synonyme de résignation, et Richelieu va dépenser des trésors d'intelligence et d'habileté pour conquérir de haute lutte ce pouvoir qu'on prétend lui refuser. Décidé à ne pas se mettre personnellement en avant, et fidèle à la tactique d'apparente abstention qu'il a adoptée, Richelieu agit en sous-main. Une fois de plus, c'est par la plume qu'il va jouer, comptant sur la mobilisation de l'opinion publique en sa faveur pour forcer les portes du Conseil du Roi. Richelieu écrit volontiers lui-même, trace des canevas, donne les thèmes et laisse amis et collaborateurs, selon leur talent et leur inspiration, faire le reste. Des alliés se déclarent aussi, que personne n'avait sollicités, tel ce poète inconnu qui proclame un jour :

« Monseigneur de Luçon, vous êtes la lumière,
C'est vous qui par sagesse et qui par bonne foi
Vos offices rendant nous donnerez la loi. »

Une lettre ouverte qui semble directement inspirée par Richelieu se montre plus précise dans son argumentation. Le texte se présente comme une adresse au Roi dans laquelle on détaille les raisons qui militent en faveur de l'entrée du cardinal au gouvernement : « Pour le cardinal de Richelieu, les courtisans le tiennent raffiné jusqu'à vingt-deux carats et les clairvoyants ont opinion que son naturel courageux l'engagera à bien faire pour s'acquérir de la gloire. Issu d'un père bon Français, il imitera un si brave cavalier. Sans s'arrêter aux intérêts de l'Espagne ni des cagots, il embrassera ceux de Votre Majesté comme un autre cardinal d'Amboise, afin de relever cet État menacé de ruine évidente. Sa prudence et sa dextérité incomparable au maniement des affaires ont été les échelons qui l'ont fait monter à ces hauts degrés d'honneur et de gloire qu'il tient en l'Église et en l'État. » Les traits essentiels du portrait que cette lettre ouverte trace de Richelieu ont visiblement été choisis et définis par lui-même ; patriote, bon Français et généreux, c'est un homme au jugement solide et dont la vivacité d'esprit n'est plus à louer. Et que dire de cette note finale qui sent furieusement son témoignage intime, lorsque l'auteur précise que Richelieu, prêt à consacrer à l'État « le fruit de son travail et de ses veilles... ne fait que ruiner le peu de santé qu'il a comme une hostie immolée pour le salut public » ?

La campagne ainsi orchestrée ne crée pas l'opinion, elle rejoint, conforte et amplifie un authentique courant qui s'exprime en faveur de l'accession du cardinal au pouvoir. Si les sondages d'opinion avaient existé, ils auraient placé Richelieu très largement en tête de la cote de popularité des hommes politiques. Deux témoignages spontanés parmi d'autres. Celui du Père Arnoux, d'abord. L'ex-confesseur du Roi, qui n'a plus rien à attendre de personne, ne cède à aucune sollicitation, aucune pression, le jour où il écrit à Richelieu : « Quand donc prendrez-vous le timon ? » L'autre témoignage est celui de Malherbe. On pourrait se demander si celui-ci, poète officiel de la Reine-Mère, n'est pas trop bon courtisan pour être vraiment sincère. Il est surtout trop bon courtisan pour ne pas suivre avec la plus grande vigilance les mouvements qui se produisent à la Cour, préparent la disgrâce de l'un, l'avènement de l'autre. Perspicace, il a deviné depuis longtemps chez Richelieu une force de caractère exceptionnelle. Dans une lettre à son ami Racan, il dit son admiration pour l'homme, les espoirs qu'il place en lui : « Vous savez que mon humeur n'est ni de flatter, ni de mentir, mais je vous jure qu'il y a chez ce cardinal quelque chose qui excède l'humanité, et que si notre vaisseau doit jamais vaincre la tempête, ce sera tandis que cette glorieuse main tiendra le gouvernail. »

Pauvre Louis XIII

En Valteline, rien ne va plus. L'insistance du duc de Savoie, de la République de Venise, et maintenant de la Confédération des Cantons Suisses, oblige le gouvernement à faire semblant d'agir. Alors, on parle d'une Ligue, et le 7 février 1623, on signe même un traité d'alliance offensive ayant pour objectif la restitution aux Grisons de la Valteline et des autres territoires qui leur ont été arrachés. Cette Ligue rassemble la France, la Savoie, Venise, et la Confédération suisse. Les alliés s'engagent à mobiliser si nécessaire un total de 45 000 hommes. On parle même d'étendre le pacte à l'Angleterre et aux princes protestants d'Allemagne. Mais Sillery et Puisieux sont bien déterminés à ne jamais se placer dans le cas de devoir satisfaire aux conditions de caractère militaire inscrites dans le traité. Une idée germe dans leur esprit, qui leur paraît le meilleur moyen d'arriver sans conflit à un règlement négocié. On chargerait le frère de Sillery, qui est ambassadeur à Rome, de suggérer au Pape d'offrir sa médiation. Selon le schéma proposé, les forts espagnols construits en Valteline seraient remis à la garde des troupes pontificales (qui agiraient en somme à la manière des Casques bleus d'aujourd'hui) et le Saint-Père rendrait son arbitrage sur les différentes questions pendantes. Les membres du gouvernement sont unanimes à trouver cette idée lumineuse, et l'on se hâte de la soumettre au principal intéressé, c'est-à-dire au Pape. Celui-ci se montre absolument ravi, interroge Madrid, qui saute sur l'occasion, estimant que rien ne pourrait mieux servir ses intérêts. L'Espagne considère comme assuré d'avance que l'arbitrage du Pape lui sera favorable, et, pour ce qui est des troupes pontificales, leur faiblesse fait d'elles un admirable paravent : sous la bannière du Pape, ce sont toujours les Espagnols qui contrôleront la Valteline.

Les forts espagnols et, pour faire bonne mesure, les forts autrichiens édifiés sur le territoire des Grisons, sont prestement remis au Pape. Quand la nouvelle est publiée, elle déclenche une belle colère parmi les partenaires de la France, au sein de la Ligue mise sur pied le 7 février 1623. Cette colère fait place à l'indignation lorsque l'on apprend que c'est la France elle-même qui est à l'origine de cette riche idée.

Dans toute l'Europe, auprès des chefs d'État catholiques comme des protestants, le Roi de France est déconsidéré. Le comportement personnel du souverain paraît d'ailleurs fort étrange, et plonge tout le monde dans une extrême perplexité. Les ambassadeurs accrédités à Paris notent que Louis XIII semble se désintéresser complètement de la conduite des affaires du gouvernement. Il montre une mine de plus en plus sombre, de plus en plus renfermée, passant d'interminables journées à chasser comme un forcené ; tout gibier lui est bon, le sanglier, le renard, les oiseaux : la volière du Roi avait permis à Luynes d'entrer dans les bonnes grâces du souverain ; la fauconnerie reste, en cette année 1623, le premier centre d'intérêt de Louis XIII. Fi donc de la Valteline ! Le plus grand amusement du Roi consiste à tirer les moineaux dans les bosquets des Tuileries, sans souci des promeneurs éventuels. Fait-il exprès d'envoyer un jour du menu plomb dans la chevelure d'Anne d'Autriche ? La jeune Reine en est quitte pour une belle peur, mais elle est folle furieuse. Un psychiatre, aujourd'hui, serait tenté de voir dans l'apparente maladresse d'un Roi généralement bon tireur un acte manqué. — La vérité est que rien ne va plus dans le ménage royal.

L'idylle entre Louis XIII et Anne d'Autriche, qui avait tant contrarié Marie de Médicis en septembre 1619 lors de l'entrevue de

Couzières puis pendant le séjour de la famille royale à Tours, appartient désormais à un passé révolu. La jeune Reine a fait deux fausses couches depuis lors. La première a profondément ému le Roi, qui s'est ingénié, par une infinité d'attentions délicates, à adoucir la peine de son épouse. Celle-ci, quelques mois plus tard, s'est trouvée de nouveau enceinte. Toute la Cour était dans l'espérance d'un Dauphin. Louis XIII, ayant dû partir sur ces entrefaites à la guerre contre les protestants du Midi, marque la confiance qu'il possède dans sa femme en lui confiant la régence du royaume au nord de la Loire. Or, au lendemain de la conclusion de la paix boiteuse de Montpellier, tandis qu'il regagne Paris en remontant la vallée du Rhône, il apprend que la Reine vient de faire une autre fausse couche, survenue dans les conditions les plus stupides. Entraînée par son amie Marie de Rohan, la jeune veuve de Luynes, Anne d'Autriche s'est lancée dans une joyeuse glissade sur le sol inégal de la grande galerie du Louvre. S'empêtrant dans sa robe, elle tombe rudement, se fait bien mal, et, quarante-huit heures plus tard, perd l'enfant qu'elle portait.

Louis XIII, cette fois, est furieux, et laisse libre cours à sa colère. Il blâme sans retenue la jeune Reine, sa frivolité. Mais il en veut bien plus encore à celles qui sont à l'origine de l'accident, ses confidentes, ses amies. Sans attendre, il fait porter à la Reine sa décision de les voir quitter son service. Anne d'Autriche se braque. Louis XIII veut être obéi, même par la Reine. Il imposera donc sans plus de ménagement sa volonté. Anne d'Autriche ne peut que s'incliner, mais la fière Castillane en garde la rage au cœur. Lorsque Louis XIII la retrouve à Lyon, tout le monde remarque la froideur de l'accueil que se réservent les deux époux. De griefs en bouderies et en rancunes, les relations conjugales à l'intérieur du couple royal se dégradent à vive allure. Jusqu'au jour où le hasard — mais n'était-ce que le hasard ? — fait d'Anne d'Autriche la cible d'un coup de fusil mal ajusté.

La mésentente qui s'installe dépasse très largement les limites d'un fait divers pour presse du cœur : le couple n'ayant pas encore d'enfant, le problème devient un problème dynastique. La rumeur indique en effet que les rapprochements entre les deux époux se font de plus en plus rares, réduisant à peu de chose l'espoir de voir naître un Dauphin prochainement. Le plus jeune frère du Roi, Gaston, duc d'Anjou, héritier présomptif de la couronne, voit donc grandir ses chances de le rester et de monter un jour sur le trône de France. Au drame personnel de Louis XIII voici que s'ajoute maintenant la lourde hypothèque de sa succession, avec toutes les menaces qu'elle fait peser sur la stabilité du royaume. Pour ce Roi de 20 ans, si conscient de ses devoirs à l'égard de ses sujets, si exigeant vis-à-vis de lui-même, une telle situation constitue une croix bien lourde à porter. Dieu aurait-il décidé de détourner son regard du sort de la dynastie ? Louis XIII n'a pas un caractère assez solidement trempé pour faire front. La Valteline, la brouille avec sa femme, l'agitation huguenote, la Bohême et l'Allemagne, les jeux féroces de la classe politique — c'en est trop. Le Roi se désintéresse de tout cela, s'abandonnant au courant qui l'emporte, et s'en remettant à la Providence de mener la France au naufrage, ou au port.

Les ministres ont la bride sur le cou. Rien de ce qu'ils peuvent dire ou faire ne semble retenir l'attention du Roi. Alors, ils s'enhardissent, et prennent l'habitude de n'agir qu'à leur guise. Sillery et Puisieux contrôlent de plus en plus étroitement la machine gouvernementale. Tout ce qui fait mine de leur résister doit être balayé. En 1619, les fonctions de surintendant des Finances avaient été confiées au comte de Schomberg. C'est un gentilhomme dévoué, fidèle, et qui plus est, intègre. Sillery et Puisieux décident de l'éliminer. Ils obtiennent sans difficulté d'un Louis XIII amorphe l'éviction de Schomberg et son remplacement par le marquis de La Vieuville. Celui-ci ne possède pas la moindre expérience des choses de l'argent, mais c'est un soldat confirmé, et il détient, en outre, la charge de Grand Fauconnier de la couronne, qui lui vaut d'accompagner tous les jours Louis XIII à la chasse. Honoré de l'estime du Roi pour ses capacités cynégétiques, La Vieuville est surtout un ami très proche de Sillery et de Puisieux, qui comptent sur lui pour les aider à verrouiller solidement tous les accès au pouvoir.

Celui contre qui l'opération est principalement dirigée est évidemment Richelieu. Rongeant son frein, le cardinal s'efforce de ne rien laisser paraître de ses sentiments. Mais en vérité, son apparente modestie ne trompe personne, et surtout pas le Roi, qui confie un jour au maréchal de Praslin : « Voilà un homme qui voudrait bien être de mon Conseil, mais je ne puis m'y résoudre après tout ce qu'il a fait contre moi. » Cela étant, les déboires de la politique extérieure obligent les ministres à tenir compte des avis de la Reine-Mère, c'est-à-dire, en fait, de l'opinion de son conseiller. Et même si la porte du Conseil du Roi demeure obstinément close pour Richelieu, il arrive malgré tout qu'on le consulte officieusement. Le Roi lui-même, en dépit de ses préventions contre l'homme, ne peut se défendre d'être sensible à la justesse des avis qu'il lui glisse de temps à autre à l'oreille. L'ambassadeur de Venise a bien vu l'importance de ce qui est en train de se passer, et mande à son gouvernement : « Monsieur le cardinal de Richelieu est ici le contrepoids de tout ce que font les ministres. Il met toute son étude à s'élever dans l'esprit du Roi, à s'assurer de son affection, en lui suggérant des idées de grandeur et de gloire pour la couronne. » Richelieu n'est certes pas un familier de Louis XIII, mais chaque fois que l'occasion lui est donnée de l'entretenir, il sait trouver le ton juste pour faire vibrer le Roi ; gloire, autorité, grandeur, voilà les seuls mots qui comptent vraiment pour Louis XIII. Patiemment,

Richelieu tisse sa toile, persuadé que l'orgueil du Roi, un jour, va se cabrer et que, lorsque la coupe des avanies supportées en Italie et ailleurs sera bien pleine, Louis XIII sortira de sa passivité. Tous ceux qui aspirent à un tel changement viennent le voir, l'interroger, solliciter éventuellement un conseil, un appui. L'ambassadeur de Venise est l'un de ceux qui demandent ainsi à être reçus par Richelieu. Les propos que lui tient le cardinal le remplissent d'espoir : ce dernier, en effet, lui a promis de trouver avec la Reine-Mère l'occasion de parler à Sa Majesté et de lui faire comprendre toute l'importance des passages de la Valteline « car le jour viendra certainement où la France montrera sa puissance ».

Le ministère La Vieuville

A la fin de décembre 1623 éclate soudain une grave crise gouvernementale. La cause : le scandaleux accaparement du pouvoir par le clan Sillery-Puisieux. La Vieuville, dans ses nouvelles fonctions de ministre des Finances, avait entrepris, comme chacun de ses prédécesseurs, de faire la chasse aux dépenses inutiles. Démarche classique. Ce qui l'est moins, c'est l'effet de boomerang des investigations ordonnées par La Vieuville. L'enquête permet en effet de découvrir l'existence de détournements de fonds importants. Les registres de l'État font mention de pensions qui n'arrivent jamais à leurs bénéficiaires théoriques. Le Trésor paie de même des soldes imaginaires, règle des achats de munitions et d'équipements militaires qui ne correspondent à aucune fourniture réelle. En creusant un peu plus, le surintendant des Finances s'aperçoit que les organisateurs et les bénéficiaires de ce vaste trafic ne sont autres que Sillery et Puisieux. La Vieuville est certes leur ami, mais il a eu l'imprudence de parler au fur et à mesure de ses découvertes, avant de connaître le fin mot de l'histoire. Il est trop tard pour reculer, pour couvrir ses collègues. Et puis La Vieuville, comprenant qu'il tient maintenant leur sort entre ses mains, se sent pousser de grandes dents et décide de profiter de la situation pour se propulser au premier plan. Il met le Roi au courant. Louis XIII, le 1er janvier 1624, chasse Sillery et Puisieux. Le jour même, La Vieuville est nommé premier ministre.

Un nouveau gouvernement est constitué. La Vieuville va vite. Il donne les Sceaux à d'Aligre. Quant aux Affaires étrangères, le poste que, de notoriété publique, brigue Richelieu, il partage les attributions jusque-là détenues par Puisieux entre quatre secrétaires d'État ! Le nom de Richelieu n'a même pas été prononcé. Ni Marie de Médicis ni le cardinal ne cachent leur déception. Pour bien manifester son mécontentement, la Reine-Mère décide de ne plus participer aux réunions du Conseil.

La Vieuville est plongé dans le plus profond embarras. L'affaire de la Valteline, en effet, s'envenime. On apprend que les Espagnols ont conservé la garde de certains des forts qu'ils étaient censés remettre au Pape. La France adresse à Rome une protestation solennelle. Mais voici que le Pape prétend n'exercer son arbitrage qu'à la condition que les Grisons se convertissent d'abord au catholicisme. Autant dire que l'Espagne et l'Autriche se voient ainsi pérennisées dans leurs acquisitions.

Le conflit de la Valteline dépasse le simple cadre de l'Italie du Nord et de la Suisse. Le contrôle de ce passage-clé des Alpes permet à l'Espagne d'acheminer commodément des renforts à partir de la péninsule ibérique, en direction du nord-ouest vers l'Alsace, la Rhénanie et les Pays-Bas, ou en direction du nord-est vers le Tyrol, l'Autriche et l'Allemagne du Sud. Or, la guerre embrase ces régions, et l'issue des conflits en cours dépend largement de la possibilité pour Madrid de faire passer ses troupes, unanimement considérées comme les meilleures du monde.

Depuis 1621, à l'expiration de la Trêve de Douze Ans entre les Provinces-Unies et l'Espagne, les opérations militaires ont repris. Elles ne sont pas favorables aux Hollandais. Dure guerre de sièges où, place après place, les Espagnols marquent des points. La lutte se cristallise autour de Breda. Spinola bloque la ville. L'investissement de la place, commencé au début de l'été 1623, se prolonge. Les Hollandais semblent avoir perdu l'élan qui les rendait indomptables dans les premiers temps de leur révolte contre Madrid. Douze années de paix, le prodigieux enrichissement de la bourgeoisie commerçante, les schismes qui déchirent le protestantisme hollandais, les rivalités entre les républicains et la Maison d'Orange qui ne dissimule plus son ambition de s'adjuger le pouvoir, ont contribué à affaiblir la détermination au combat des Provinces-Unies. Le risque ne peut plus être exclu de voir une forme d'accommodement s'instituer entre Madrid et ses sujets révoltés, qui rétablirait la souveraineté espagnole en échange d'une large autonomie sous le principat de la famille d'Orange.

Précisément, une ambassade hollandaise se trouve présentement à Paris. Les Provinces-Unies ont le plus grand besoin d'hommes et d'argent. Les ambassadeurs de Hollande réclament des subsides ; ils souhaitent que le Roi de France autorise des gentilshommes français de toutes confessions à servir comme volontaires contre l'Espagne sous la bannière des Provinces-Unies.

Au même moment, une offre alléchante est transmise à la Cour de France par le comte de Mansfeld. Ce prince protestant dispose d'une armée privée de quelque 20 000 mercenaires, qui sert avec succès pour le compte de l'Union Évangélique allemande ; profitant d'une accalmie des opérations militaires en Allemagne, il offre à Louis XIII d'aller porter secours aux assiégés de Breda.

La vaste partie d'échecs qui se développe sur le théâtre européen comporte un autre élément dont le jeu n'est ni simple, ni limpide. Il s'agit des projets matrimoniaux échafaudés par Jacques Ier, Roi d'Angleterre et d'Écosse, pour son fils Charles, prince de Galles et futur héritier de la couronne sous le nom de Charles Ier. Le vieux projet de mariage entre Charles et une princesse française élaboré dans les premiers temps de la régence de Marie de Médicis s'est enlisé, et le Roi Jacques, contre toute logique, et contre les intérêts de la France en tout cas, s'est mis dans la tête de marier son fils à une Infante espagnole. Trouvant que les négociations ne vont pas assez vite, le prince de Galles se rend incognito à Madrid, passant le Channel et traversant la France en compagnie de son favori, le duc de Buckingham.

Entrera, entrera pas ?

Les choses évoluent vite, réclamant des décisions rapides. Or, le malheureux La Vieuville est débordé par tous les choix à faire. Comme Luynes autrefois, comme Sillery et Puisieux par la suite, il croit s'en tirer en multipliant les missions diplomatiques, qui permettent de gagner du temps et donnent l'illusion de l'action. L'objectif principal de ces missions est constitué par les princes protestants d'Allemagne. L'ambassadeur extraordinaire qu'on leur dépêche, Monsieur de Marescot, est chargé de leur proposer d'adhérer à la Ligue constituée l'année précédente à Paris pour le rétablissement des droits des Grisons. Singulière suggestion, car s'il est clair que le sort de la Valteline ne saurait laisser ces princes indifférents, la guerre, dans l'immédiat, se déroule d'abord au nord, autour de Breda et en Allemagne. Aussi La Vieuville éprouve-t-il le besoin de solliciter la caution de Marie de Médicis pour la politique qu'il préconise. Mais, pour commencer, il faudrait que la Reine-Mère consente à reprendre sa place au sein du Conseil du Roi. Après bien des hésitations, La Vieuville finit par se résoudre à effectuer auprès de Marie de Médicis l'humiliante démarche. D'avance, il en connaît le prix : la Reine-Mère ne changera d'attitude que le jour où Richelieu sera enfin admis au Conseil.

C'est donnant donnant. La Vieuville pense s'en tirer en imaginant de créer un Conseil des dépêches dont la direction serait confiée à Richelieu. Flatteuse promotion dans l'apparence ! Mais ce Conseil ne serait en fait composé que de subalternes n'approchant jamais la personne du souverain, et resterait en tout état de cause distinct du Conseil du Roi proprement dit, auquel Richelieu ne participerait pas. La manœuvre est un peu grosse, et Richelieu la déjoue sans peine en refusant l'offre de La Vieuville. Première raison, l'inexpérience du cardinal, jointe à sa mauvaise santé : « La proposition faite ne serait pas utile au service du Roi vu le peu de connaissances que j'ai des affaires étrangères passées depuis quelques années, et vu la faible complexion de ma personne, ce qui me porte à préférer une vie particulière à un si grand emploi. » Deuxième argument, l'organisation projetée n'est pas viable : « Pour y travailler, il faut prendre des résolutions si généreuses et si prudentes, qu'elles ne peuvent être attendues que du Roi ou du Conseil de Sa Majesté. » Autrement dit, ou bien Richelieu entre au Conseil du Roi, le vrai, le seul, ou bien La Vieuville devra se passer de sa collaboration.

Le malheureux La Vieuville fait une ultime tentative de diversion en offrant à Richelieu de le nommer ambassadeur de France à Madrid ou à Rome. Ne serait-il pas alors au cœur de l'action ? Mais Richelieu rejette cette nouvelle proposition. La Vieuville va voir la Reine-Mère pour obtenir qu'elle fasse plier Richelieu ; n'y parvenant pas, c'est lui qui capitule : puisque Marie de Médicis se montre inébranlable, il ira donc demander à Louis XIII l'entrée de Richelieu au Conseil. Marie de Médicis exulte. En prenant congé d'elle, La Vieuville, amer, lui lance : « Madame, vous voulez une chose qui causera infailliblement ma ruine », ajoutant avec une singulière prescience : « Je ne sais si Votre Majesté ne se repentira pas un jour d'avoir tant avancé un homme qu'elle ne connaît pas bien encore. »

La Vieuville a perdu la partie, mais il ne sait apparemment pas ce que c'est que d'être beau joueur. Comme il l'avait promis à Marie de Médicis, il s'en va donc voir Louis XIII. Il lui explique la situation, et toutes les raisons qui militent en faveur de l'entrée de Richelieu au Conseil : l'intransigeance de la Reine-Mère, la cohésion nécessaire de l'équipe gouvernementale, l'ampleur de la campagne d'opinion qui réclame l'arrivée de Richelieu aux affaires. La Vieuville, jamais à court d'idées, pense qu'on peut cependant ménager la chèvre et le chou de la façon suivante : Richelieu assisterait aux séances, mais il n'aurait que voix consultative. Le Roi n'est pas très content de cette proposition, qu'il n'accepte qu'à contrecœur. De deux choses l'une, en effet : ou bien Richelieu est un dangereux personnage, et il faut résister aux pressions, ou bien on l'admet au Conseil, et dans ce cas, il doit y siéger à part entière.

Richelieu a le vent en poupe. Son meilleur atout demeure la Reine-Mère car, dans son désarroi sentimental, le Roi va sans cesse lui rendre visite. Et puis, l'insuffisance de La Vieuville est manifeste, et commence à troubler le souverain. Richelieu, dans ses *Mémoires*, affirme que, sentant le moment venu de parler haut et fort, il décida alors de poser ses conditions au Roi, lui demandant, dès lors qu'il le faisait entrer au Conseil, de lui donner toutes les attributions de son rang, « d'avoir agréable que, vaquant concurremment avec ceux de son Conseil aux affaires qui concernent le général de son État, il soit délivré des visites et des sollicitations de particuliers qui, faisant consommer inutilement le temps qu'on doit employer à son service, achèveraient de ruiner entièrement sa santé », assurant enfin le Roi, que s'il est vrai que ce dernier « a eu quelque ombrage de lui dans le passé », il doit être aujourd'hui persuadé que le cardinal est résolu à n'avoir « d'autre dessein que la grandeur et la prospérité de son État ».

La vérité semble en fait avoir été quelque peu arrangée. Il est certain qu'on assiste, en ce moment crucial, au heurt de deux volontés. Celle de Louis XIII, qui s'est à la longue laissé persuader que Richelieu peut être un auxiliaire utile, mais qu'il convient de le tenir en laisse ; celle du cardinal, qui ne veut à aucun prix d'un simple strapontin. Louis XIII se décide soudain. Il agit avec un art consommé de la dissimulation. Dans le plus grand secret, il fait avertir Richelieu d'avoir à se trouver le dimanche 28 avril, à la nuit, sur la terrasse qui longe les fenêtres de la chambre du Roi dans le château de Compiègne, où séjourne alors la Cour. Richelieu est exact au rendez-vous. Le Roi parle en maître. Il est résolu, désormais, à le faire entrer au Conseil, avec voix délibérante. Mais il y met deux conditions : que Richelieu ne s'occupe ni de la justice, ni des finances ; qu'il ne traite en aucune manière d'affaires particulières. Le cardinal ne pouvait que s'incliner. Au demeurant, l'essentiel, pour lui, était d'entrer au Conseil.

De bonne heure, le lendemain, lundi 29 avril, Louis XIII va voir Marie de Médicis dans sa chambre. La Reine-Mère est encore au lit. Le Roi vient lui faire part de sa décision. La Reine l'accueille avec un enthousiasme délirant, assurant son fils que le cardinal n'aura d'autre but que de travailler à la gloire du règne. S'étant bien congratulés, la Florentine et le Roi son fils décident de garder la nouvelle secrète jusqu'au Conseil dont la réunion était prévue pour le même jour, à deux heures de l'après-midi. Lorsqu'arrive le moment d'entrer en Conseil, Louis XIII prie Richelieu de pénétrer avec lui dans la salle ; l'effet de surprise est total. La Vieuville, les ministres, les Grands, les nobles, sont pétrifiés. L'importance de l'événement n'échappe à personne. Adversaires ou amis, tous pressentent qu'une ère nouvelle commence. Nous sommes le 29 avril 1624.

Richelieu ministre : le bon choix

La promotion de Richelieu n'étant pas nécessairement du goût de tout le monde, le Roi et l'intéressé se hâtent d'écrire aux personnalités les plus en vue du monde politique. Les archives, les papiers de Richelieu en particulier, gardent la trace de certaines de ces correspondances. Elles montrent où se situent les points de résistance que le nouveau ministre doit neutraliser et, si possible, ramener dans son camp. Louis XIII et le cardinal se donnent ainsi beaucoup de mal pour amadouer Condé. Le prince est d'abord informé par le Roi, qui lui dépêche un envoyé spécial. Richelieu de son côté lui écrit deux fois, peut-être trois, en l'espace de quinze jours, pour lui prodiguer l'assurance de son dévouement. Condé n'est-il pas le deuxième dans l'ordre de succession au trône, après Gaston ? Le clan des Bourbons, qu'il anime, représente toujours une force — ou un danger potentiel, comme on voudra.

Le clan des Luynes est également une réalité ; même privé de son chef, il est resté, après la mort du connétable, un centre de richesse et de pouvoir. Le plus jeune des trois messieurs de Luynes, Henri d'Albert, seigneur de Cadenet, devenu duc de Chaulnes en 1621, est le maître du réseau d'influence sur lequel s'appuie le clan. Lieutenant général du Roi en Picardie, il exerce des responsabilités importantes pour la sécurité du royaume — la Picardie est une province frontière, face aux Pays-Bas espagnols. Dans les jours qui suivent la nomination de Richelieu, la cause semble entendue : le cardinal et le duc de Chaulnes ont décidé de faire alliance. Enterrées, les inimitiés du temps du connétable. Dans une lettre du 9 mai 1624, le duc remercie Richelieu de lui promettre tout l'appui de sa bonne volonté, et l'assure de ses dispositions les plus favorables.

Un autre clan nobiliaire important se déclare en faveur de Richelieu, celui des Montmorency. Le chef du clan, le brillant Henri II de Montmorency, scelle avec Richelieu une alliance durable, qui ne prendra fin qu'en 1632 lorsque le duc se laissera entraîner dans la malheureuse équipée de Castelnaudary par Gaston d'Orléans, mettant un terme tragique à une existence jusque-là vouée au succès. En 1624, Montmorency est l'un des plus chauds partisans du cardinal, et la lettre qu'il adresse le 10 mai de Béziers au nouveau ministre est touchante par l'enthousiasme spontané, presque naïf, qu'elle exprime : « Monsieur, je ne me contente pas de vous faire savoir la part que je prends à la joie commune de tous ceux qui ont de la passion au service du Roi et au bien de l'État de vous voir avec tant de mérite dans la direction de ses affaires. La profession expresse que je vous fais d'être votre serviteur demande le témoignage d'un sentiment plus particulier, lequel est à ce point qu'aucunes paroles ne vous le peuvent représenter. J'ai de l'impatience de m'aller réjouir avec vous de ce digne choix que Sa Majesté a fait avec tant de raison pour son avantage et de satisfaction pour moi, qui ai pour son service l'amour égal à mon devoir, et aussi de vous continuer mes obéissances avec tant de soin et de fidélité que vous serez obligé de m'aimer, ce que j'ai jusques-ici obtenu de votre seule courtoisie, et de me croire, Monsieur, votre très humble et obéissant serviteur, Montmorency. »

L'édition des *Papiers de Richelieu* par Pierre Grillon, qui publie ce document, contient un grand nombre de semblables lettres de félicitations adressées tout au long des mois de mai et juin 1624 au cardinal. L'origine de ces lettres est bien intéressante. Il y a les Grands — en petit nombre, il faut le souligner, et surtout protestants : le prince de Soubise, Henriette de Rohan, la duchesse de Bouillon, par exemple. Des évêques, aussi, un peu plus nombreux : l'évêque d'Aire, celui de Saintes, celui de Bazas, tous du Sud-Ouest, et anciens collègues de Richelieu lorsqu'il était évêque de Luçon ; à côté d'eux, les évêques de Sisteron et de Carpentras, d'autres ecclésiastiques aussi comme Bérulle, ce qui ne saurait surprendre, et Alphonse de Richelieu, le frère du cardinal. Il y a par ailleurs ceux qu'on pourrait appeler des hauts fonctionnaires : Schomberg, d'Effiat ; ils sont nobles, mais le service de l'État est leur métier ; on retrouvera leurs noms tout au long du ministère de Richelieu. Enfin, une dernière catégorie, dont l'importance est sûrement très significative : des officiers et des corps de ville. On découvre ainsi pêle-mêle un conseiller à la Cour de Dijon, le maire de Poitiers, un premier Président au Parlement de Toulouse, un second Président au Parlement de Dijon, le Parlement de Pau, les échevins de la ville d'Angers. Il s'en dégage l'impression que c'est la bourgeoisie des officiers, la bourgeoisie urbaine, qui se réjouit le plus « de ce bon choix duquel les gens de bien espèrent pour le général de la France ».

Bataille pour la première place

Que l'avalanche des félicitations ne nous cache pas, cependant, les résistances que soulève l'entrée de Richelieu au Conseil. Le jour même de son installation, un sévère incident est provoqué par Lesdiguières, qui a succédé à Luynes dans la dignité de connétable, et s'est farouchement opposé à la nomination de Richelieu. Quand le cardinal fait son apparition au Conseil, dans le sillage du Roi, le 29 avril 1624 sur le coup de deux heures de l'après-midi, Lesdiguières ne peut maîtriser sa colère. Celle-ci va éclater sous la forme d'une querelle de préséance provoquée par le connétable contre le cardinal. Question futile en apparence, à nos yeux d'hommes du XXe siècle, mais qui avait une importance capitale au XVIIe siècle. La préséance était une part essentielle des droits attachés à un titre, à une fonction, et comportait donc, au-delà de son aspect honorifique, une valeur réelle en tant que parcelle de pouvoir. Aussi la question soulevée par Lesdiguières concernant la place à laquelle doit siéger Richelieu apparaît-elle d'emblée comme une lutte pour la suprématie.

La table autour de laquelle le Conseil du Roi se réunit a la forme d'un long rectangle. Le « haut bout » est la place du président : le Roi quand il est présent, sinon le Chancelier. La Reine-Mère se tient à la droite du Roi. Les autres membres du Conseil sont placés ensuite alternativement à droite et à gauche selon leur rang. Lorsque Richelieu est admis au Conseil, en avril 1624, cette instance compte déjà 9 personnes : les 5 membres du Conseil étroit comprenant la Reine-Mère, le connétable de Lesdiguières, le garde des Sceaux d'Aligre, le surintendant des Finances La Vieuville et le cardinal de La Rochefoucauld ; et d'autre part, les 4 secrétaires d'État qui se répartissent les dossiers sur une base géographique, traitant de l'ensemble des affaires concernant les provinces qui ont été attribuées à chacun de leurs « départements », ainsi que les affaires ayant trait aux pays étrangers attenants. L'éclatement des Affaires étrangères et de la Guerre entre les 4 secrétaires d'État a suivi, on l'a déjà vu plus haut, la disgrâce de Puisieux qui concentrait auparavant ces attributions entre ses mains. On note, d'autre part, l'absence du Chancelier qui fait normalement partie du Conseil étroit : en avril 1624, Sillery, qui détient cette fonction, est en disgrâce ; il ne siège donc plus au Conseil, mais, comme le Chancelier est inamovible, il a conservé sa charge, et c'est d'Aligre qui, à sa place, « garde les Sceaux » (d'où son titre) dont il se sert pour authentifier les décisions prises en Conseil.

Entre les membres du Conseil étroit et les secrétaires d'État, il existe une petite différence hiérarchique ; celle-ci se marque dans l'emploi du titre de « principal ministre » donné aux premiers. Cette expression n'est donc nullement l'équivalent de « premier ministre » : on compte 5 « principaux ministres » en avril 1624, qui deviennent 6 avec l'arrivée de Richelieu. La préséance qui ne se marque pas dans le titre se traduit dans l'ordre qui régit les places autour de la table ; cet ordre est très important, car il détermine celui dans lequel s'expriment les membres du Conseil. C'est un principe séculaire de la monarchie française que le souverain ne peut gouverner qu'avec son Conseil — même s'il tranche contre l'avis unanime de ses membres. Mais le rituel est essentiel, et entraîne pour conséquence que chaque membre doit prendre la parole à son tour et, sur toute affaire débattue en Conseil, donner son avis. Chaque question fait ainsi l'objet d'un tour de table, qui se déroule dans l'ordre inverse de la hiérarchie, les moins élevés en grade ou les plus récemment installés parlant en premier. Les grands officiers de la couronne, comme le connétable et le Chancelier, ont le pas sur les autres ; La Vieuville a obtenu par brevet spécial de siéger en qualité de surintendant des Finances aussitôt après eux. Quelle est la place d'un cardinal ? C'est le problème soulevé par Lesdiguières dès l'arrivée de Richelieu, un Lesdiguières qui réclame sans ménagements la préséance sur lui.

Richelieu défend la dignité de la pourpre romaine. Il produit un mémoire établi par des juristes en 1622, lors de l'entrée au Conseil du cardinal de La Rochefoucauld, et qui avait justifié l'octroi de la première place à ce prélat, aussitôt après Condé qui, prince du sang, fait partie de la famille royale. Richelieu demande donc pour lui-même les mêmes droits que ceux reconnus deux ans plus tôt au cardinal de La Rochefoucauld, sous cette réserve qu'étant plus jeune dans cette dignité, il doit passer après lui.

On délibère sur cette grave affaire. Les membres du Conseil se partagent. Lesdiguières annonce qu'il quittera la Cour plutôt que de céder. Le Conseil s'en remet au jugement personnel du Roi, qui convoque le connétable dans son cabinet ; plus sensible peut-être aux instances de sa mère qu'aux arguments juridiques, Louis XIII donne tort à Lesdiguières et décide que Richelieu siégera aussitôt après le cardinal de La Rochefoucauld et avant le connétable. Ce dernier s'incline, tout en faisant consigner dans un procès-verbal dressé à cet effet « que cela ne serait point tiré à conséquence à l'encontre de lui ni de ses successeurs connétables ». Le procès-verbal est daté du 9 mai 1624.

Ce premier succès sera bientôt suivi, pour Richelieu, d'un second. L'ordre hiérarchique établi au mois de mai sera renforcé, et en quelque sorte pérennisé au mois d'août de la même année avec l'attribution de numéros : La Rochefoucauld et Richelieu sont tous deux premiers ministres, le garde des Sceaux est deuxième ministre, le surintendant devenant le troisième ministre. Comme le cardinal de La Rochefoucauld, davantage occupé de fondations pieuses que des affaires de l'État, ne vient guère au Conseil, Richelieu se trouvera donc ainsi, dans les faits, seul « premier ministre », titre qui ne lui sera jamais conféré officiellement, mais que l'usage va très vite consacrer en le faisant entrer dans les mœurs.

RICHELIEU AU TRAVAIL

Pendant ce temps, l'actualité n'attend pas, elle court, elle galope : la Valteline, la guerre en Hollande, la guerre en Allemagne, l'attitude à observer à l'égard de l'Angleterre. La Vieuville ne sait plus où donner de la tête. Faut-il ou non mobiliser sur la frontière des Alpes, envoyer une armée de secours aux assiégés de Breda, prêter main-forte à l'Électeur Palatin qui tente de récupérer ses terres héréditaires ? Comment négocier avec le Roi d'Angleterre qui vient de rompre avec Madrid sur le projet de mariage de son fils avec une Infante espagnole et sollicite la main d'Henriette de France, la plus jeune sœur de Louis XIII — mais à condition que celui-ci s'engage activement aux côtés des princes protestants affrontés à la Maison d'Autriche ? Richelieu retrousse ses manches, s'attelant à une tâche qu'il poursuivra désormais sans relâche, jusque sur son lit de mort.

Ce serait une erreur de croire que Richelieu, d'entrée de jeu, rassemble tous les fils entre ses mains, du moins pour ce qui concerne les Affaires étrangères et la Guerre : les secrétaires d'État gardent leurs attributions et Richelieu ne se hasarde en aucune manière à les court-circuiter. Celui sur qui repose la lourde charge des affaires d'Espagne, de Suisse, de Valteline, de Malte et du Levant, est Phélypeaux d'Herbault. De 1624 à 1627, il expédie près de 5 000 lettres au nom du Roi dans ces différents pays : pas une qui porte la moindre trace de l'intervention de Richelieu. Mais lorsqu'à la fin du mois de mai 1624, à l'issue d'un important Conseil consacré aux difficiles problèmes de la Valteline et des Grisons, Louis XIII fait convoquer à Compiègne l'ambassadeur du duc de Savoie et celui de Venise, il désigne pour les recevoir La Vieuville, d'Aligre, Richelieu et Phélypeaux d'Herbault. La réunion se tient chez Richelieu, et c'est lui qui dirige en fait les débats, de sorte que les deux ambassadeurs se déclarent ensuite « émerveillés » par sa clairvoyance et confient qu'ils voient bien que le Roi a décidé de lui donner la primauté sur tout autre.

Pour parler haut et clair, et a fortiori pour trancher, il faut cependant être informé. Richelieu n'intervenant pas dans les courriers diplomatiques, qui relèvent des secrétaires d'État, le cardinal organise pour son usage personnel une intense correspondance privée avec tous ceux qui paraissent susceptibles de le renseigner. Il s'adresse d'abord aux ambassadeurs, tout en spécifiant que les lettres échangées restent des lettres personnelles : seules les correspondances qui passent par le canal des secrétaires d'État ont une valeur officielle. Mais ces missives privées n'en sont pas moins communiquées au Roi ! Système compliqué qui s'explique par l'organisation gouvernementale en vigueur au moment de l'arrivée du cardinal, et par la volonté de Louis XIII, en la maintenant sans y rien changer, d'éviter de laisser le champ libre à une extension sans limites des pouvoirs de Richelieu.

Les ambassadeurs ne sont pas les seuls correspondants du cardinal. Celui-ci s'adresse aussi aux chefs d'État et aux princes étrangers — le duc de Lorraine, Mansfeld, par exemple. Il fait appel à des informateurs officieux. Parmi eux, un grand nombre d'ecclésiastiques, tel Monseigneur de Marquemont, archevêque de Lyon, envoyé en mission à Rome, et avec lequel, en août et septembre 1624, Richelieu entretient une intense correspondance chiffrée. Les Capucins, cependant, apparaissent d'emblée comme les agents de renseignement privilégiés de Richelieu. Dès son entrée au Conseil, celui-ci fait appel au Père Joseph. La lettre qu'il lui adresse est spécialement portée par son frère, Charles Leclerc du Tremblay — celui-là même qui s'était rendu quelques années plus tôt à bride abattue en Avignon pour tirer Richelieu de son triste exil. Le Capucin règne sur une véritable armée de confrères, le Père Alexandre d'Alais qui a pris la Bavière pour terre d'élection, le Père Hyacinthe de Casal avec l'Empire pour domaine, le Père Ange de Raconis en Allemagne également, et bien d'autres encore.

Le tableau ne serait pas complet si l'on omettait les négociants et les simples voyageurs qui, de manière quasi systématique, sont priés de fournir au cardinal-ministre notations, informations et rapports qui lui permettront très vite d'être certainement l'homme le mieux renseigné de la planète.

Face à cette sûreté dans l'analyse, à cette autorité grandissante, La Vieuville apparaît en chute libre. L'entrée de Richelieu au Conseil lui a fait perdre toute assurance ; La Vieuville s'empêtre comme à plaisir dans chaque affaire, les petites autant que les grandes. Son souci semble moins de gouverner que d'empêcher le cardinal de prendre sa place, tout en travaillant, fort positivement, à l'accroissement de sa fortune personnelle. Dans ses *Mémoires,* Richelieu observe d'un œil narquois ce processus d'autodestruction : « Son esprit n'était occupé qu'aux moyens de se maintenir, et le pauvre homme prenait en tout des voies capables de le perdre ; il prenait jalousie de son ombre et il était haï de toute la Cour. »

Richelieu a-t-il aidé La Vieuville à descendre la pente savonneuse de la disgrâce, ou s'est-il borné à le laisser se détruire lui-même ? La plupart des historiens considèrent que Richelieu est à l'origine d'une véritable entreprise de déstabilisation contre La Vieuville. Louis Batiffol, dans une étude très documentée, soutient l'inverse. Deux images du cardinal ainsi s'opposent : Richelieu-Machiavel, Richelieu-le-pur.

La thèse de Louis Batiffol ne manque pas de bons et solides arguments — du moins dans l'apparence. Que reproche-t-on à Richelieu ? On l'accuse d'être à l'origine de la terrible campagne de pamphlets qui se déclenche contre La Vieuville. Pour blanchir le cardinal, Batiffol observe que deux des libelles les plus célèbres, le *Mot à l'oreille* et la *Voix publique au Roi*, s'en prennent à Richelieu en même temps qu'à La Vieuville. Le *Mot à l'oreille* soupçonne Richelieu d'être uniquement entré au Conseil afin de soutenir La

Vieuville. La *Voix publique au Roi* considère que Richelieu n'a rien fait pour changer les méthodes de gouvernement de La Vieuville, et note que, depuis son arrivée aux affaires, « on ne remarque pas que les choses aillent beaucoup mieux ».

Si l'on y regarde d'un peu plus près, cependant, le ton de ces pamphlets a de quoi faire douter de l'innocence de Richelieu. Le cardinal n'y est pas vraiment égratigné. On exalte ses qualités, ses capacités, et on l'incite à les mobiliser davantage, dans l'intérêt du Roi, nonobstant les médiocres et les malhonnêtes. Un tel raisonnement sert trop bien les calculs de Richelieu pour qu'à l'inverse de Louis Batiffol on ne pense pas qu'il a inspiré ou, du moins, approuvé les pamphlets en question.

Louis Batiffol s'appuie d'autre part sur un deuxième argument. La Vieuville, dans les mois qui suivront sa disgrâce, va faire appel à la pitié de Richelieu et celui-ci manifestera de la sympathie à l'égard de son ancien collègue. Le cardinal répondra ainsi à l'une des sollicitations dont il sera l'objet : « Pour la liberté de La Vieuville, je la voudrais... Je le favorise autant que je le puis » mais « il faut changer le cœur du Roi et universellement de la France, pas autrement ! » Il faut être naïf, à notre avis, pour ne pas deviner, dans cette réponse, la marque d'une habileté, ou plutôt, disons le mot, d'une hypocrisie consommée. Richelieu, homme d'Église, homme suprêmement intelligent, vient d'accéder au pouvoir par une porte latérale ; il s'y est fait sa place, en ferraillant contre Lesdiguières ; il a dû accepter une limitation de ses pouvoirs, il connaît toutes les préventions du Roi à son égard. Richelieu veut le pouvoir, tout le pouvoir. Mais il ne peut décemment pas commencer par régler ouvertement des comptes et jouer aux quilles avec les têtes de ses confrères qui lui jettent de l'ombre, La Vieuville en premier. Il va donc manœuvrer, et montrer d'autant plus d'attachement à l'égard de La Vieuville qu'il lui porte, sous la table, les coups les plus rudes. L'onction ecclésiastique, la douceur et la mansuétude, servent de masque à une action menée avec une rigueur quasi mathématique en vue de l'élimination de ses rivaux.

Alors, votre Richelieu, c'est donc un maître ès dissimulation, un fourbe, un hypocrite ? Eh oui, il faut en prendre son parti, Richelieu est tout cela, et le restera même une fois arrivé au faîte des honneurs. Ce comportement est l'arme des faibles ? Peut-être ; aussi bien Richelieu n'est-il qu'une « créature » entre les mains de qui l'emploie, la Reine-Mère aujourd'hui, et, depuis le 29 avril 1624, le Roi avec elle. Il leur doit leur élévation ; ils peuvent également le replonger dans le néant sur un simple froncement de sourcils. Comment la dissimulation, dans ces conditions, ne deviendrait-elle pas une règle élémentaire de survie ?

L'exemple, d'ailleurs, vient de haut car Louis XIII est un véritable professionnel dans l'art de déguiser ses sentiments. Il l'a prouvé au moment de la préparation du complot contre Concini. — Il est vrai qu'à cette époque il n'était pas en position de force. Mais il continue aujourd'hui, alors qu'il est le maître incontesté, et il va en donner un nouvel exemple avec l'éviction de La Vieuville.

L'ÉLIMINATION DE LA VIEUVILLE

Une intense campagne de presse, dès le mois de juin 1624, se déclenche contre La Vieuville. Les attaques volent bas. On se moque de son humeur bizarre et bourrue, de son esprit léger et malfaisant, de son agitation perpétuelle et stérile. Son équilibre mental est mis en cause : « Il ne faut qu'un fou, dit le proverbe, pour troubler toute la fête. La cervelle de cet homme ne peut concevoir que du vent. » On dénonce au Roi sa volonté de monopoliser le pouvoir : « La Vieuville fait le maréchal d'Ancre, le de Luynes et le Puisieux tout ensemble, présumant tant de lui que, dans votre Conseil, il entreprend de résoudre tout. » Soit dit en passant, comment l'auteur de cette accusation peut-il savoir ce qui se passe au Conseil s'il n'est pas renseigné par l'un de ceux qui y siègent ?

La Vieuville avait eu d'autre part l'imprudence d'épouser la fille de Bouhier de Beaumarchais, l'un des plus riches traitants de l'époque. Beaumarchais fait partie de ces financiers qui bâtissent leur fortune grâce à l'État sur le dos des contribuables. Il n'en faut pas davantage pour monter en épingle les mauvaises fréquentations de La Vieuville, et l'accuser de prévarication. C'est d'ailleurs un thème qui est largement utilisé contre les rivaux éventuels de Richelieu — car il ne suffit pas de se débarrasser de La Vieuville, il faut aussi que nul ne vienne à sa place contrecarrer l'ambition du cardinal. Un pamphlet paraît sous le titre de *La chasse aux larrons.* Tout le monde en prend pour son grade, le duc de Mayenne, le duc du Lude, le maréchal de Vitry, le maréchal de Thémines, et même le cardinal de La Rochefoucauld, dont la pourpre pourrait peut-être jeter quelque ombrage à celle de Richelieu.

La campagne s'achève en point d'orgue, avec une lettre ouverte au Roi dans laquelle on reconnaît sans peine le style de Fancan, la plus talentueuse des plumes dont se sert Richelieu. Elle dénonce l'impéritie et la malhonnêteté de La Vieuville : « Il n'y aura dans le Conseil ni la gravité, ni l'unité, ni l'autorité, tant qu'il sera dirigé par un homme qui n'a ni sens ni conduite, qui n'entend rien aux affaires extérieures, qui n'a d'accointance qu'avec les traitants, qui pille le prince et le trésor. » Elle dénonce l'ingérence permanente dans le gouvernement de la France d'intérêts étrangers à la monarchie, celle par exemple du nonce : il devrait être clair pourtant que celui-ci a pour mission de servir le Pape, et non le Roi de France.

Elle dénonce, enfin, le confusionnisme et le mélange des genres qui semblent devenus la règle dans un régime de plus en plus cahotique : « Si chacun ne se mêlait que de son métier, les vaches seraient bien mieux gardées. »

La politique de la France, il est vrai, se trouve totalement discréditée. L'ambassadeur du duc de Savoie le dit sans ambages à Richelieu : « La plus grande tâche que puisse avoir le Conseil du Roi est de restaurer la réputation de foi et fermeté ès résolutions et promesses que Puisieux et La Vieuville lui ont fait perdre. » La mission de Monsieur de Marescot en Allemagne n'a obtenu que de piètres résultats. Certains princes allemands ont tout bonnement refusé de le recevoir. D'autres ont été plus courtois, mais leur accueil s'est parfois situé aux limites de l'injure. L'Électeur de Saxe demande ainsi à Marescot s'il existe encore un Roi de France. L'ambassadeur ayant répondu un peu platement que : « Son Altesse électorale ne pouvait ignorer un prince aussi grand et aussi puissant », le prince de Saxe réplique : « Il est étrange qu'il puisse y avoir en France un grand et puissant Roi et que depuis quatre ans nous n'ayons pas entendu parler de lui. »

Au début de l'été 1624, Richelieu remet au Roi un mémoire relatif à la Valteline. Il insiste sur l'importance de ce passage pour la sécurité de la France, et rappelle la manière dont les Espagnols ont systématiquement violé leurs engagements. Il faut à la fois restaurer l'indépendance de la France mise en péril sur l'ensemble de sa frontière orientale et obliger Madrid à respecter la parole donnée. L'affaire de la Valteline n'est qu'une étape, en effet, dans les projets hégémoniques des Habsbourg : « On ne peut douter que les Espagnols n'aspirent à la domination universelle. » Les passages des Alpes constituaient jusqu'à présent un double obstacle à cette ambition. D'une part, parce qu'ils coupaient en deux les possessions de la Maison d'Autriche, d'autre part parce qu'ils interdisaient aux Espagnols l'accès aux Cantons Suisses, abondant réservoir de braves et solides soldats. En laissant aux Habsbourg la maîtrise de la Valteline, on leur permet de réaliser la continuité territoriale qui leur faisait gravement défaut, et on leur abandonne le contrôle de la principale source de mercenaires en Europe.

Louis XIII est maintenant convaincu de l'incapacité de La Vieuville. Les maladresses du ministre semblent se multiplier comme à plaisir. « Ses extravagances devinrent si grandes que toutes ses entreprises se contredisaient l'une l'autre » écrira plus tard Richelieu. La démarche de La Vieuville ressemble à s'y méprendre à celle de l'ivrogne, tant elle se montre hésitante et titubante. Dans les premiers jours d'août 1624, Louis XIII appelle le cardinal en consultation. Richelieu répète son analyse de la situation en Valteline et propose au souverain un plan d'action. Louis XIII, décidément frappé par sa clarté de jugement, son assurance, sa maîtrise, lui propose la direction du gouvernement avec totale liberté de constituer à sa guise l'équipe qu'il animerait. Richelieu fait mine pour la forme de refuser, alléguant son inexpérience, sa mauvaise santé. Ce sont des arguments qui ne trompent plus personne. Pas le Roi, en tout cas, qui insiste. Richelieu, alors, s'incline, et accepte l'offre du souverain. Il y était préparé depuis fort longtemps. La meilleure preuve, c'est qu'il ne tarde pas une seconde à soumettre à l'approbation de Louis XIII la composition du gouvernement qu'il aimerait diriger : Schomberg, Marillac, Champigny, Molé. Ils sont tous hommes de bonne réputation, honnêtes, travailleurs et dévoués au Roi. Louis XIII approuve sans hésitation l'ensemble de la liste.

Richelieu a gagné. Mais cela ne lui suffit pas. Il entend occuper le terrain totalement, non seulement dans l'immédiat, mais encore pour l'avenir. Il veut que le Roi s'engage à son égard. Richelieu lui montre ainsi le tort qu'il se crée par ses changements perpétuels de favoris et de premiers ministres ; l'instabilité dans les Conseils nuit fort à la réputation du Roi de France. « Je lui représentais », écrira-t-il dans ses *Mémoires,* « que si à l'avenir, en l'établissement de son Conseil, il faisait encore pareille faute, celle-ci serait cette fois sans remède ; qu'il était facile de détruire mais plus difficile d'édifier. » C'est une constatation d'évidence, et Louis XIII n'a rien à y objecter. En choisissant Richelieu comme chef de son gouvernement, le Roi passe avec lui un contrat moral, véritable contrat de mariage, qui se révélera plus solide que les doutes, les intrigues et les crises, et ne s'achèvera qu'à la mort du cardinal, le 4 décembre 1642, cinq mois seulement avant celle de Louis XIII.

Le Roi n'a plus maintenant qu'à se débarrasser de La Vieuville. Il va le faire avec un raffinement de dissimulation qui trahit en même temps la cruauté dont Louis XIII est capable. La Vieuville sentait bien que sa position était des plus menacée. Quand il apprend que le cardinal a été reçu en tête à tête par Louis XIII, il va le trouver, le supplie de lui dire s'il a été question de lui au cours de cet entretien. Richelieu a promis un silence absolu au Roi, mais, homme d'Église, il ne saurait mentir ; il s'emploie donc à rassurer La Vieuville en jouant sur les mots. La Vieuville, devinant la gravité de la situation, se fait conduire à Rueil auprès du Roi. « Je connais bien, Sire, que Votre Majesté ne veut plus se servir de moi », lui lance-t-il, pathétique. Louis XIII ne répond pas. La Vieuville insiste, offre sa démission. Le Roi la refuse. Louis XIII a en effet décidé, en son for intérieur, de donner le plus d'éclat possible à la disgrâce de La Vieuville. Au moment où celui-ci se retire, le Roi lui enjoint de revenir le voir le lendemain à Saint-Germain-en-Laye. Le lendemain, La Vieuville est là, ponctuel, devant le Roi. Pendant toute la nuit, il a remué de sombres pensées ; ne doutant plus de l'intention de Louis XIII de le congédier, il l'accable d'un torrent de paroles, où se mêlent les reproches et l'étalage de ses mérites ; appelant tous ses ancêtres à la rescousse, La Vieuville vante leur désintéressement, l'ampleur des services rendus à la monarchie et fait si bien que Louis XIII, excédé à la fin, lui donne l'ordre de se retirer. Pendant que La Vieuville traverse la cour du château, le comte de Tresmes, capitaine des gardes du corps, l'aborde ; vingt-cinq archers l'accompagnent ; Monsieur de Tresmes prie La Vieuville, au nom du Roi, de le suivre. Il le fait monter dans un carrosse à six chevaux qui l'emmène à vive allure jusqu'à Amboise. La Vieuville y restera treize mois prisonnier. Nous sommes le 13 août 1624, peu avant huit heures du matin. Louis XIII, pendant ce temps, fait rassembler les secrétaires d'État et les membres du Conseil étroit. Il les informe de la disgrâce de La Vieuville et des raisons qui l'ont conduit à le décider. Richelieu était le seul dans la confidence avec Marie de Médicis et le garde des Sceaux d'Aligre. Nul ne dit mot. Louis XIII poursuit. Son intention est d'ouvrir un procès en malversation contre La Vieuville en y impliquant Beaumarchais et un grand nombre de financiers véreux. Et puis, table rase ayant été ainsi faite du passé, quelques mots sur le présent et l'avenir, les mots que chacun, au fond de lui-même, connaît d'avance : le remplaçant du ministre disgracié est le cardinal de Richelieu.

Richelieu seul maître à bord

La parole est maintenant au cardinal. C'est la première fois que Richelieu parle en chef. Son discours est soigneusement composé. Après les compliments d'usage et une énumération rapide des fautes de La Vieuville, vient la partie positive, véritable programme de gouvernement. Deux temps dans celui-ci : d'une part les grandes options de la politique intérieure et extérieure du nouveau gouvernement ; d'autre part, les obligations qui vont incomber à Louis XIII et l'attitude que Richelieu l'invite à adopter s'il veut régner vraiment et laisser dans l'histoire de France le souvenir d'un grand Roi.

A l'extérieur, il faut d'abord régler les affaires de la Valteline. Pour cela, ne pas agir comme ce pauvre La Vieuville qui, au moment même où l'on fait mine d'armer, s'empresse de négocier et donne en sous-main à l'adversaire l'assurance que l'on est prêt à toutes les concessions. Il faut d'autre part resserrer les liens d'amitié traditionnels avec l'Angleterre, et activer à cet effet les discussions relatives au mariage entre le prince de Galles et Henriette de France ; mais, là aussi, il ne faut s'engager qu'avec la ferme volonté d'aboutir.

A l'intérieur, il y a beaucoup de choses à réformer. Les Grands constituent l'un des problèmes les plus importants du régime. Le Roi ne doit ni les abaisser systématiquement, ni leur assurer une impunité automatique quelles que soient leurs fautes ; les Grands, comme les petits, doivent être récompensés pour les services qu'ils rendent au Roi, et punis en cas de manquement.

Le deuxième volet du programme de Richelieu concerne le comportement personnel du Roi. Le souverain va devoir modifier de façon très substantielle ses façons de faire. Garder le secret à l'égard des membres de son gouvernement est inadmissible. Ne se confier qu'à un seul est également intolérable. Tous les membres du Conseil doivent être informés de tout, à charge pour eux de ne rien révéler de ce qu'ils auront appris ; s'ils violent cette règle, ils seront impitoyablement sanctionnés. Un ministre qui se prête à la pratique des confidences chuchotées à l'insu des autres trahit par là ses mauvaises intentions ; il ne peut donc plus faire partie de l'équipe gouvernementale.

Exigeant à l'égard de ses ministres, Louis XIII a cependant de fortes obligations vis-à-vis d'eux. « Votre Majesté écoute trop facilement ceux qui lui veulent parler contre les ministres. » Le Roi doit être imperméable aux médisances. La règle que lui fixe Richelieu sera désormais la suivante : Louis XIII écoutera tout le monde, remerciera ceux qui, par leurs propos, rendent service au Roi, et punira sans pitié ceux qui n'auront fait que colporter des calomnies.

Être un grand Roi, enfin, cela consiste également à assurer l'avenir de la dynastie. Richelieu touche à l'intimité du couple royal en remontrant à Louis XIII « que le plus de familiarité que Sa Majesté pouvait avoir avec la Reine sa femme était le meilleur ; car, outre que Dieu bénit ceux qui vivent bien, comme Sa Majesté faisait, en mariage, un Dauphin était nécessaire à la France et à la sûreté de sa personne ».

On se demande ce qu'il faut admirer le plus, la franchise de Richelieu ou la force de caractère de Louis XIII.

Courage de Richelieu d'abord. Certes, il a sur le souverain la supériorité de l'âge : 39 ans, tandis que Louis XIII n'en a que 24. Mais Louis XIII est le Roi, c'est-à-dire un personnage quasi divin par essence ; au surplus, il s'est habitué, depuis sept ans, c'est-à-dire depuis la mise à mort de Concini, à parler et agir en maître. Le Roi ne supporte pas qu'on lui manque. Certes, il semble parfois se désintéresser des affaires. Mais ne nous fions pas à l'eau qui dort. Toute la Cour redoute sa dissimulation. En 1620, pendant la campagne contre les protestants, Louis XIII se trouve à Blaye. Le duc du Maine et le duc d'Épernon sont mandés auprès de lui. Dans l'antichambre, ils se heurtent à des Suisses en armes. Tout de suite une question : le Roi les a-t-il fait appeler pour les arrêter ? Et si oui, pour quel motif ? Bassompierre, colonel du régiment des Suisses, passe par là. « Nous va-t-on coffrer ? » lui demandent-ils. « Je ne le crois pas », répond Bassompierre, « car je n'en sais rien et je serais infailliblement un des violons qui vous feraient danser si cela était. » Ainsi, l'entourage n'est jamais sûr de ce qui peut arriver. Et voilà ce blanc-bec de Richelieu, d'infime noblesse et de nulle fortune, qui se permet, au premier jour où se réunit le nouveau gouvernement, d'admonester Louis XIII avec la plus grande fermeté.

Courage aussi de Louis XIII. Chez ce Roi si imbu de lui-même et de son autorité, aucun sursaut de révolte de l'orgueil blessé. Dans les propos de Richelieu, Louis XIII rejette tout ce qui pourrait être perçu comme une insulte ou une offense au principe monarchique qui s'incarne en sa personne. Quand le cardinal a fini de parler, Louis XIII se lance à son tour dans une longue allocution. A lire le compte rendu qu'en donne Richelieu dans ses *Mémoires*, on est presque pris d'un peu de pitié à l'égard de Louis XIII. Car le Roi se justifie. Oui, c'est vrai, il est coupable, et tout ce qu'a dit le cardinal est exact. Mais ce n'est quand même pas de sa faute. Et voici que, sous le masque royal, perce soudain l'adolescent prolongé, mal dans sa peau, et si manifestement marqué par l'échec d'un début de règne raté. S'il est apparu parfois rigoureux, cruel, fantasque à l'égard des Grands, c'est la faute de Luynes, de La Vieuville, de Puisieux. Ainsi se défend ce pauvre souverain. Mais le Roi, bientôt, se ressaisit. Il parle de l'avenir, de sa détermination à régner vraiment et, remerciant Richelieu des conseils qu'il vient de lui donner, il l'assure de sa volonté profonde d'en faire son profit, lui promettant « qu'il verrait dorénavant ses affaires et avec plaisir, puisqu'elles seraient conduites avec ordre ».

Le changement intervenu au sein du gouvernement de la France revêt une portée considérable. Richelieu veut que tous en soient conscients et fait approuver par le Conseil l'envoi d'une lettre aux provinces, aux gouverneurs, aux Parlements, aux ambassadeurs du Roi, pour les informer des événements qui viennent de se produire et les éclairer sur la signification qu'ils revêtent. On convient également de faire un effort particulier auprès des ambassadeurs étrangers en poste à Paris ; les secrétaires d'État sont priés de les voir afin de bien leur expliquer qu'ils assistent à un tournant décisif dans la conduite des affaires du royaume.

L'avenir, nous le savons, devait vérifier cette assurance, cette prédiction. Richelieu ne se bornait pas à donner un ton nouveau au langage de la France : les semaines qui suivent son arrivée au pouvoir sont employées à procéder à une immédiate reprise en main du pays, pour le plus grand bien des intérêts du Roi. Tant d'habitudes de laisser-aller, de prévarications et d'indiscipline avaient été prises que les intérêts lésés, aussitôt, se cabrent. La lourde poigne du cardinal, alors, s'abat. La France de Richelieu fait l'apprentissage douloureux des progrès du centralisme moderne, tandis que Louis XIII, voyant son autorité renforcée à l'intérieur et le renom du royaume rétabli à l'extérieur, s'attache au cardinal par tous les fils de la reconnaissance et de la gratitude. Au contrat de confiance lucide et froidement objectif d'abord passé entre le Roi et son ministre, s'ajoutent ainsi peu à peu tous les liens d'une amitié profonde, voire d'une complicité sentimentale et affective qui n'est pas l'un des aspects les moins étranges du couple que vont désormais former, durant plus de dix-huit années, Louis XIII et Richelieu.

CHAPITRE XVI

Reprise en main

RÈGLEMENT DES AFFAIRES DE LA VALTELINE

La tâche la plus urgente pour Richelieu consiste à régler l'affaire de la Valteline. C'est elle qui a été directement à l'origine de son accession au pouvoir, en raison de l'incapacité montrée par ses prédécesseurs à résoudre la crise de façon convenable. Mais il y va maintenant de la réputation du nouveau chef du gouvernement de trouver rapidement une solution.

Richelieu a opté pour une politique de fermeté. Sur ses instructions, Annibal d'Estrées, marquis de Cœuvres, est parti en Suisse afin d'obtenir l'accord de la Confédération Helvétique sur les termes du Traité de Madrid signé en 1621 entre l'Espagne et la France, comportant l'engagement du gouvernement de Madrid d'évacuer la Valteline, en échange de garanties de la part des Cantons Suisses et des Ligues Grises pour le libre exercice de la religion catholique par les habitants de la vallée. Le marquis de Cœuvres est également chargé d'une autre mission : il dispose des fonds nécessaires pour lever en Suisse 4 000 hommes aux frais du Roi de France et financer un soulèvement des Grisons contre les armées étrangères qui occupent leur territoire. En France même, une petite armée est rassemblée près de la frontière afin d'aller prêter main-forte aux Ligues Grises.

Les Suisses et les Grisons agréent les termes de l'accord proposé par le marquis de Cœuvres. Le 25 novembre 1624, ce dernier signe le traité qui confirme l'alliance traditionnelle entre la France et les Grisons, et promet le pardon général des Ligues Grises à leurs sujets rebelles de Valteline. Le lendemain 26 novembre, les Grisons se révoltent contre les Autrichiens. Le marquis de Cœuvres, à la tête des contingents suisses et français dont il dispose, entreprend d'occuper méthodiquement, l'un après l'autre, les forts remis à la garde des troupes pontificales.

Ces dernières n'étaient guère en mesure d'offrir une résistance efficace, et la diplomatie du Saint-Siège se met aussitôt en campagne pour obtenir l'arrêt de l'offensive et le retrait des troupes du marquis de Cœuvres. Mais Richelieu oppose à toutes les demandes du nonce, puis de l'ambassadeur extraordinaire qu'on lui dépêche de Rome, une fin de non-recevoir, affirmant sa résolution de rétablir les choses dans leur état antérieur. Sans se départir du respect dû à Sa Sainteté, le cardinal s'étonne que le Pape ne veuille pas reconnaître un point de droit fondamental : les Grisons sont les suzerains légitimes de la Valteline, celle-ci doit être replacée sous leur autorité. Certes, un problème de conscience se pose puisque les Valtelins catholiques ont été opprimés, dans le passé, à raison de leurs convictions religieuses. Mais que le Pape se rassure : Richelieu y veille, et considère qu'il a reçu des Grisons tous les apaisements nécessaires ; ceux-ci se sont formellement engagés vis-à-vis de la couronne de France à autoriser le libre exercice du culte catholique par leurs sujets de Valteline. Le marquis de Cœuvres remplira donc sa mission jusqu'au bout. Les garnisons pontificales sont expulsées l'une après l'autre. Les forces franco-suisses arrivent maintenant au sud de la vallée, face aux positions espagnoles. Les troupes dont dispose le gouverneur du Milanais sont insuffisantes en nombre et en qualité. A la fin du mois de février 1625, les Grisons étaient entièrement libérés et les Espagnols chassés de la Valteline. Madrid s'inclinait sans mot dire.

La diplomatie ne perdait pas ses droits pour autant. Mais, pour la France, elle passait désormais par l'offensive.

Les liens traditionnels avec Venise sont resserrés.

Le duc de Savoie, en échange de subsides français, et avec l'appui de Lesdiguières, s'en va attaquer Gênes, qui commande les communications maritimes du gouvernement de Madrid avec l'Italie du Nord.

L'alliance sollicitée par les Hollandais est conclue. Les Provinces-Unies reçoivent d'abord 1 200 000 livres qui représentent l'arriéré des subsides antérieurement promis, et qu'on avait négligé de leur régler. Pour l'avenir, le gouvernement français leur garantit le versement d'une subvention substantielle ; les Hollandais s'engagent en échange à ne pas conclure la paix avec l'Espagne sans l'accord du Roi de France.

L'entente traditionnelle avec l'Angleterre, un moment compromise, est rétablie ; Richelieu met toute la bonne volonté nécessaire pour faire aboutir les pourparlers relatifs au mariage d'Henriette de France avec le prince de Galles. La date des fiançailles est arrêtée : elles auront lieu en mai 1625.

Mais le cardinal de Richelieu n'a garde de se brouiller avec le

Saint-Siège. Il prend grand soin d'expliquer sa politique, en montrant qu'elle dissocie les intérêts de la religion de ceux des États. Pour faire bonne mesure, il désavoue les méthodes du marquis de Cœuvres, déplorant la rudesse dont il semble avoir fait preuve lors de l'occupation des forts de la Valteline.

Le Père Joseph se rend à Rome au printemps. Il va rester quatre mois dans la Ville Éternelle. Le Pape le reçoit deux fois par semaine en audience privée. Motif : on parle de la croisade, chère au cœur de tout chrétien. La conversation du bon Père charme le Souverain Pontife. Quand il repart de Rome, le Capucin porte le titre de Commissaire apostolique aux missions. Il va pouvoir accentuer ses efforts pour évangéliser les terres désolées par l'hérésie. D'aucuns l'accusent de se servir désormais des Capucins comme d'une sorte de cinquième colonne au service du Roi de France. Ce qui est certain, c'est qu'il a profité de son passage à Rome pour défendre la politique de Richelieu.

Sans relâche, il a fait écho aux propos du cardinal affirmant que les Français ont constamment eu le droit pour eux. D'ailleurs, le silence de la Cour de Madrid sur cette affaire ne montre-t-il pas que les Espagnols sont parfaitement conscients de n'avoir jamais eu le beau rôle en ces circonstances ? Le beau rôle, en revanche, Richelieu continue de se le donner en annonçant sa décision de neutraliser la Valteline à l'avenir, c'est-à-dire de renoncer volontairement au bénéfice du droit de passage exclusif que la France s'est fait reconnaître par ses accords avec les Cantons Suisses et les Ligues Grises. Aucune force armée, désormais, ne pourra plus transiter par la Valteline.

L'Espagne est obligée de faire contre mauvaise fortune bon cœur. En acceptant d'entrer dans les vues du cardinal, elle donne à l'indéniable succès remporté par sa politique les dimensions d'un véritable triomphe. Le 5 mars 1626, par le Traité de Monçon signé entre le Roi de France et le Roi d'Espagne, le gouvernement de Madrid souscrit à la neutralisation de la vallée, s'engage à ne plus faire passer quelque troupe que ce soit par la Valteline, et consent à la démolition des forts qu'il y avait établis. Le catholicisme, dont la défense avait fourni le prétexte à son intervention initiale, est la seule religion autorisée en Valteline et garantie comme telle, mais les Grisons sont reconnus comme les suzerains incontestables de la vallée, dont les habitants leur verseront un tribut annuel de 25 000 écus.

Le résultat obtenu est très important. La Maison d'Autriche ne sort pas humiliée de l'affaire, mais le prestige de la France est incomparablement grandi.

Sur le plan intérieur, l'heureuse issue de la crise de la Valteline favorise le renforcement de l'autorité royale.

L'AGITATION PROTESTANTE, 1625-1626

Le Traité de Montpellier signé en 1622, malgré les garanties religieuses accordées aux protestants, malgré les largesses consenties aux chefs rebelles, et notamment aux Rohan, n'avait pas supprimé l'agitation politique dans les régions où les huguenots disposaient d'une forte implantation. Bien au contraire, le duc de Rohan, persuadé que le but ultime de Louis XIII et de son gouvernement est l'élimination du protestantisme, ne voit d'autre solution, pour préserver la cause des églises réformées, que dans la constitution de véritables républiques autonomes, placées sous la sauvegarde des grandes puissances, et notamment de l'Espagne et de l'Angleterre. Les gouvernements de ces deux pays considèrent avec intérêt une politique qui ne peut manquer d'affaiblir le Roi de France, et ne marchandent pas leur appui au duc, qui s'efforce de constituer dans le Centre-Ouest un vaste ensemble de territoires contrôlés par les protestants. Les principaux points stratégiques de l'Ile de Ré, de l'Ile d'Oléron et des provinces du Bas-Poitou et de Saintonge, sont placés sous l'autorité de parents et d'alliés de la famille de Rohan.

Dans les premiers jours de 1625, le duc de Rohan adresse à Louis XIII de vives doléances contre la non-exécution de certaines des clauses du Traité de Montpellier. Il existe sans aucun doute à Paris une faction qui pousse le Roi à l'intransigeance afin de provoquer la rupture avec les protestants. Louis XIII rejette les demandes de Rohan et donne instruction à Toiras, qui commande le Fort Louis construit aux portes de La Rochelle, de réprimer sans pitié une éventuelle sédition des Rochelais. Le frère de Rohan, le prince de Soubise, répond en attaquant les îles. L'occupation de l'Ile de Ré est chose faite avant la fin janvier, celle d'Oléron ne tarde guère, et devient effective le mois suivant. L'amiral que se sont donné les Rochelais, Guiton, inflige de lourdes pertes à la flotte royale. Mais la réaction est vigoureuse. Le duc de Montmorency, amiral de France, vient devant La Rochelle avec des forces supérieures et bat Guiton. Soubise subit une grave défaite dans les eaux d'Ars-en-Ré devant la flotte hollandaise de l'amiral Haultain, venue renforcer la marine du Roi de France. Beau résultat obtenu par l'active diplomatie de Richelieu, qui persuade l'Angleterre et l'Espagne de demeurer en dehors du conflit. Les insurgés, réduits à leurs seules forces, courent tout droit à l'échec.

Sur l'entremise du Roi d'Angleterre, la paix est signée le 5 février 1626. Le Roi de France n'a rien cédé sur l'essentiel : il maintient la citadelle du Fort Louis, plus que jamais chargée de surveiller La Rochelle, et place des garnisons royales dans l'Ile de Ré et l'Ile d'Oléron. La Rochelle doit accepter l'installation d'un commissaire royal, restituer un certain nombre de biens de l'Église indûment saisis, s'engager à respecter désormais le libre exercice du culte catholique. Symbole de la fierté ombrageuse de la ville, le Fort Tadon, pièce maîtresse de ses défenses, est démoli. Il reste cependant que la paix a été conclue grâce aux bons offices du Roi d'Angleterre, un souverain étranger, venu jouer le rôle d'arbitre entre le Roi de France et ses sujets révoltés. Il reste aussi que la rébellion est sans doute responsable de l'incapacité de la France à secourir efficacement ses alliés hollandais qui, en 1625, ont dû se résoudre à la capitulation de Breda.

Ainsi, l'agitation protestante est pour l'instant apaisée ; mais un problème de fond demeure : celui que pose la volonté de certains chefs réformés de donner au protestantisme français une base territoriale homogène. Louis XIII et Richelieu ne peuvent l'admettre, et sont déterminés à l'empêcher. La question, cependant, est provisoirement mise entre parenthèses car d'autres soucis plus pressants assaillent Richelieu et le gouvernement de la France.

MADAME DE CHEVREUSE SE VENGE

Depuis 1622, les relations entre Louis XIII et Anne d'Autriche se sont considérablement altérées. Le Roi ne pardonne toujours pas à sa femme l'imprudente glissade dans la grande galerie du Louvre. Il lui pardonne encore moins l'insistance hautaine avec laquelle elle a cherché à conserver auprès d'elle ses amies bannies de la Cour sur ordre du Roi, et particulièrement la plus chère à son cœur, Marie de Rohan-Montbazon, veuve de Luynes, que Louis XIII considère comme la grande responsable de ce qui est arrivé. Chassée de l'entourage d'Anne d'Autriche au début du mois d'avril 1622, Marie de Rohan réussit à y revenir en triomphatrice trois mois plus tard.

L'instrument du destin est le duc de Chevreuse, Claude, troisième fils d'Henri de Guise le « Balafré », assassiné par Henri III à Blois en 1588. Du vivant de Luynes, Claude de Chevreuse et Marie s'étaient engagés dans une liaison si voyante que la Cour tout entière en avait jasé d'abondance ; Luynes paraissait le seul à ne se rendre compte de rien, jusqu'au jour où, peu charitable, Louis XIII s'était chargé de lui ouvrir les yeux, au grand dam de Bassompierre s'exclamant que « c'était péché que de mettre ainsi mauvais ménage entre le mari et la femme ». Sur ces entrefaites, Luynes meurt en décembre 1621, et les deux amoureux s'affichent sans contrainte. Quand, en avril 1622, Louis XIII fait dire à Marie d'avoir à regagner ses terres, celle-ci ne voit qu'un moyen pour faire revenir le Roi sur sa décision : épouser le duc de Chevreuse. Il a tous les atouts dans son jeu ; membre de la famille des Guise, il bénéficie de l'immense prestige de cette branche de la Maison de Lorraine et de la crainte respectueuse que ce nom continue d'inspirer ; en sa qualité de duc il a droit à l'appellation « mon cousin » de la part du Roi qui lui doit aussi un minimum de considération ; enfin, Claude de Chevreuse jouit personnellement auprès de Louis XIII d'une faveur exceptionnelle, justifiée par les services qu'il n'a cessé de lui rendre, par sa réelle bravoure, et par une fidélité sans failles. Détail qui a évidemment son importance, le duc de Chevreuse était toujours célibataire. Il avait été jadis question de le marier avec Mademoiselle de Vendôme, fille naturelle d'Henri IV, puis avec Mademoiselle du Maine ; mais aucun de ces projets n'avait abouti.

Marie de Rohan, une fois que l'idée de l'union avec le duc s'est imposée à son esprit comme le seul moyen de se tirer d'affaire, n'hésite pas bien longtemps ; trois jours après la sommation que lui a faite le Président Jeannin de quitter la Cour, elle envoie un émissaire au duc de Chevreuse pour lui proposer de l'épouser. Elle ne cherche d'ailleurs pas à dissimuler les raisons d'opportunité qui l'amènent à presser le duc d'y consentir. Claude de Chevreuse, sur le conseil de ses amis, commence par refuser : il hésite à épouser une femme à laquelle il est attaché, certes, mais dont la disgrâce risque de rejaillir sur lui-même. Il ne faut pas une semaine à la belle Marie pour le retourner ; le 20 avril 1622, le mariage est célébré dans l'intimité. Luynes était mort depuis quatre mois seulement.

Le Roi, mis devant le fait accompli, entre dans une violente colère contre Marie mais n'en tient pas rigueur au duc ; et puis, n'était-il pas conforme à la morale que deux êtres dont la conduite avait fait scandale rentrent dans les chemins de la décence en régularisant leur liaison ? Peu après, le duc de Chevreuse rejoint Louis XIII dans sa campagne contre les huguenots du Midi, et son courage, sa bonne humeur, les témoignages renouvelés de son dévouement vis-à-vis du souverain, finissent par avoir raison des préventions du Roi : le 3 juillet, Louis XIII consent, par égard pour le duc, précise-t-il avec insistance, à autoriser le retour de la nouvelle duchesse de Chevreuse à la Cour et dans l'intimité d'Anne d'Autriche.

Revenue à Paris, Marie de Chevreuse, sur qui pèse de façon tangible, presque offensante, l'animosité de Louis XIII, cherche avant tout à se faire oublier. Mais elle est également déterminée à se venger. L'occasion va bientôt lui en être offerte avec le mariage de la plus jeune sœur du Roi, Henriette, et du prince de Galles.

Délaissée par un mari qui affecte ostensiblement de lui préférer les rudes plaisirs de la chasse à courre et de la fauconnerie, Anne d'Autriche, en compagnie de la duchesse de Chevreuse, promène son ennui de cérémonie en cérémonie, de représentation en représentation. Elle a 24 ans, elle est très belle, la plus belle femme d'Europe dit-on couramment. Qui donc n'en tomberait aussitôt amoureux ? Les plus grands seigneurs, avec tout le respect dû à la femme de leur souverain, ne peuvent s'empêcher de lui faire la cour. Tel le duc de Bellegarde, ce vieux beau, qui déclare un jour sa flamme en clamant que s'il n'est aimé d'elle, il en mourra sur-le-champ. « Alors vous êtes mort », lui répond spirituellement Anne d'Autriche. Mais qu'ils soient jeunes ou vieux, beaux ou laids, aucun de ces platoniques soupirants ne peut aspirer à devenir l'amant d'une Reine de France, dont la vertu est sévèrement gardée, et que son éducation castillane met à l'abri de la tentation. A moins que la duchesse de Chevreuse, dont l'influence est considérable, ne s'en mêle un jour. Or, Madame de Chevreuse, elle, est loin d'être sage. Ses amants ne se comptent plus. En 1624, elle est devenue la maîtresse de Lord Holland, un diplomate anglais envoyé à Paris pour négocier les conditions du mariage entre Henriette de France et le prince de Galles. Lord Holland est l'ami du duc de Buckingham, le beau Buckingham, favori du Roi Jacques Ier d'Angleterre et ami intime du prince de Galles. Il accompagnait Buckingham et le prince dans l'équipée romanesque qui les a menés quelques mois plus tôt à Madrid. Londres et la couronne d'Espagne envisageaient alors un mariage entre le prince de Galles et l'Infante espagnole Dona Maria, la plus jeune sœur d'Anne d'Autriche ; le prince de Galles a fait scandale : il voulait voir de près Dona Maria et, pour cela, a sauté le mur qui abritait le jardin où la jeune princesse accomplissait sa promenade quotidienne. Conduite outrageante aux yeux des Espagnols si attachés à l'étiquette ! Quelle merveilleuse aventure, soupire Madame de Chevreuse. Le mariage espagnol ne s'est pas conclu. Quittant Madrid, le prince de Galles, toujours incognito, a regagné l'Angleterre en passant par Paris. Dans la capitale française, Buckingham, Holland et lui ont assisté à un bal donné à la Cour. Ils ont remarqué la radieuse beauté d'Anne d'Autriche. Pauvre Reine de France, observe Madame de Chevreuse. Son mari lui bat froid, n'accomplit le devoir conjugal qu'à regret, comme une obligation dont il lui pèse de s'acquitter. Louis XIII serait-il l'homme des amitiés masculines ? « Un garçon de nul mérite, venu en une nuit comme un potiron » (Richelieu dixit), François de Baradas, s'empare, au début de 1625, de l'affection royale. Anne d'Autriche, plus que jamais, est un cœur en jachère, un corps à prendre.

Pendant ce temps, le duc de Chevreuse, qui n'est au courant de rien, déploie les plus grands efforts en faveur de la conclusion du « mariage anglais ». Apparenté à la famille royale anglaise et comptant Outre-Manche de nombreux amis, il ne ménage pas sa peine pour faire aboutir le projet. Ses soins sont bientôt couronnés de succès. Le 24 juillet 1624, Jacques Ier d'Angleterre lui donne acte de la part importante qu'il a eue dans la réussite de l'entreprise : « Nous ne savons si nous devons plus priser la constance de votre affection ou la bonté et franchise de votre contribution en faveur de cette négociation si nécessaire pour la Chrétienté, si propre pour les deux couronnes, si égale pour les personnes. » A l'automne, le mariage est décidé, les clauses du contrat sont arrêtées. Jacques Ier meurt sur ces entrefaites, et le prince de Galles devient Roi sous le nom de Charles Ier. Plus question pour lui de quitter son royaume : le mariage sera donc célébré par procuration. Qui représentera le nouveau souverain ? Le duc de Chevreuse, précisément !

La cérémonie a lieu le 11 mai 1625. Moment d'émotion pour le duc de Chevreuse. Première étape de la revanche pour la duchesse qui savoure une sorte de triomphe public : elle figure en bonne place dans le cortège nuptial, et, lors du banquet donné le soir de la cérémonie, elle est assise à quatre places de Louis XIII. La deuxième étape de la revanche ne va pas tarder : elle doit débuter le 24 mai, soit exactement treize jours plus tard, avec l'arrivée à Paris du duc de Buckingham.

De confidence en confidence, Lord Holland et la duchesse de Chevreuse en sont venus à échafauder le projet d'une merveilleuse intrigue d'amour entre Anne d'Autriche et Buckingham, entre la plus belle femme du monde et le plus bel homme du monde. L'intérêt n'est nullement absent de cette idée folle. Pour la duchesse de Chevreuse, faire connaître à son amie Anne d'Autriche les plaisirs des amours défendues est un devoir sacré, en même temps qu'une occasion en or pour tirer une vengeance éclatante de la manière dont Louis XIII l'a chassée, il n'y a pas si longtemps, de la Cour. Lord Holland, lui, pense à l'avantage politique que présenterait pour l'Angleterre une aventure entre Buckingham et la Reine de France.

La Rochefoucauld, qui devait lui aussi devenir, plus tard, l'amant de Madame de Chevreuse, raconte dans ses *Mémoires* comment Lord Holland et la belle duchesse, ayant ainsi décidé « de faire une liaison d'intérêt et même de galanterie entre la Reine et le duc de Buckingham », s'emploient chacun de son côté à préparer la réussite de leur projet. Holland, de retour en Angleterre, entretient Buckingham d'Anne d'Autriche, de sa beauté. Il ne lui parle pas de la conquérir, bien au contraire, il vante sa noble pudeur, sa réserve, sa vertu farouche. Il n'en faut pas davantage pour que Buckingham se sente mis au défi. Avec la fatuité qui est la sienne, le bel Anglais n'a plus qu'un désir : emporter d'assaut cette citadelle réputée imprenable.

Quant à Anne d'Autriche, elle avait surpris la liaison entre Madame de Chevreuse et Lord Holland. La Reine s'en amuse et, entrant dans le jeu, favorise les rencontres, les rendez-vous galants à l'insu du duc de Chevreuse. Croyant diriger l'intrigue sentimentale entre la duchesse et le diplomate anglais, elle est en réalité prise au piège. La duchesse, lorsqu'elle se trouve en compagnie d'Anne d'Autriche, ramène sans cesse la conversation, par d'habiles détours, sur Buckingham. Entre elles, il n'est bientôt plus question que de son charme, de ses qualités exceptionnelles ; on se montre des portraits ; et l'imagination d'Anne d'Autriche, peu à peu, s'oriente dans le sens voulu par la duchesse de Chevreuse. Madame de Motteville, suivante d'Anne d'Autriche et très amie de la duchesse, rapportera plus tard cette confidence : « Madame de Chevreuse m'a dit, me contant les égarements de sa jeunesse, qu'elle forçait la Reine à penser à Buckingham, lui parlant toujours de lui et lui ôtant les scrupules qu'elle en avait. »

Ainsi, sans se connaître, Buckingham et Anne d'Autriche volent l'un vers l'autre. Le roman devance la réalité, lui trace le chemin qu'elle doit emprunter. Étrange histoire ? Ce serait oublier qu'en ce premier XVIIe siècle, les aventures qui nous paraissent aujourd'hui les plus rocambolesques semblent alors monnaie courante. Un abîme sépare l'existence des grands personnages de celle du commun des mortels. Les lois qui la régissent ne sont pas les mêmes que celles du monde ordinaire, et s'affranchissent des frontières habituelles entre le réel et la fiction. Pour les Grands, la vie n'est que fête, une représentation permanente, un théâtre où tout est permis une fois que l'on a sacrifié aux seules obligations imposées par le respect dû à Dieu.

BUCKINGHAM

Charles Ier, pour honorer sa future femme, a confié à son favori Buckingham la mission de la ramener de France en Angleterre. Buckingham entre à Paris le 24 mai 1625. Il est éblouissant de beauté, d'élégance, de faste, aussi, et fait littéralement pleuvoir les diamants autour de lui. Il va se présenter au Roi, à la Reine. Le voici devant Anne d'Autriche. « Elle lui parut encore plus aimable que son imagination ne lui avait pu représenter, et il parut à la Reine l'homme du monde le plus digne de l'aimer », confiera plus tard La Rochefoucauld. On s'entretient d'affaires politiques, mais les assistants remarquent bientôt que les inflexions de la voix se font tendres, presque langoureuses. La duchesse de Chevreuse et le comte de Holland exultent. A force de s'entendre parler d'amour, Anne d'Autriche et Buckingham sont dès leur première rencontre tombés amoureux l'un de l'autre.

Louis XIII est informé. Marie de Médicis s'emploie aussitôt à le mettre en garde. Elle exerce une immense influence sur l'esprit de son fils et n'aime pas Anne d'Autriche. Quelle magnifique opération ce serait si elle pouvait prendre sa belle-fille au piège ! Certes, l'honneur de la famille royale française ne doit pas être terni, mais quelle merveilleuse occasion pour ruiner définitivement la position d'Anne ! Quant à Richelieu, tout dévoué à Marie de Médicis, il épouse en même temps ses inimitiés, voire ses haines ; on remarque, en ces derniers jours du mois de mai 1625, qu'il fait sa cour avec une insistance appuyée auprès de la Reine-Mère, et semble presque fuir Anne d'Autriche. Il est clair, d'ailleurs, qu'il n'aime pas beaucoup la jeune Reine. Les raisons en sont multiples. Le cardinal sent Anne plus castillane, plus espagnole que française, et redoute que l'influence qu'elle pourrait avoir ne s'exerce au bénéfice de Madrid. L'avenir montrera que ce jugement sur les sympathies profondes de la Reine était parfaitement fondé. Mais il y a peut-être plus que cela. La Rochefoucauld, la duchesse de Chevreuse, d'autres encore, prétendront que Richelieu est également amoureux d'Anne d'Autriche, et donc jaloux du trop facile succès de Buckingham. Il est tout à fait probable, en effet, que le cardinal a été lui aussi sensible au charme, à la beauté de la Reine de France ; rien d'étonnant à cela. Mais elle est intouchable ; il est d'Église, elle est la femme du Roi. Objet d'attirance, elle représente encore et surtout un danger potentiel considérable. Quel risque que les confidences sur l'oreiller ! à moins qu'elles ne soient favorables au cardinal — ou qu'il n'y ait pas de confidences, faute d'entente entre le Roi et la Reine. Richelieu est sûrement moins déçu de ne pas plaire comme homme qu'irrité de l'antipathie qu'Anne d'Autriche éprouve à son égard. Comme l'écrit finement La Rochefoucauld, « tout ce qui n'était pas soumis à ses volontés était exposé à sa haine ».

En attendant, l'intrigue sentimentale entre Anne et Buckingham se développe. Le scandale est devenu public. Le chansonnier Voiture l'évoque en termes à peine voilés :

> « L'astre de Roger
> Ne luit plus au Louvre ;
> Chacun le découvre,
> Et dit qu'un berger
> Arrivé de Douvres,
> L'a fait déloger. »

C'est avec soulagement que Louis XIII, Marie de Médicis et Richelieu voient arriver la date du 2 juin fixée pour le départ de Buckingham et d'Henriette de France. L'étiquette a cependant prévu qu'Anne d'Autriche escorterait le cortège jusqu'à Boulogne-sur-Mer. Le secrétaire d'État Brienne, peut-être spontanément, peut-être sur la suggestion de Richelieu, conseille à Anne d'Autriche de renoncer à ce voyage ; elle pourrait par exemple prétexter la nécessité de rester auprès de Louis XIII, malade. Elle préfère ignorer ces conseils de prudence. Louis XIII et Richelieu, alors, modifient les dispositions prises. Buckingham et Henriette de France partiront par une route, Anne d'Autriche, flanquée de Marie de Médicis, suivra un itinéraire différent. Les deux cortèges ne se rejoindront qu'à Montdidier. L'écuyer et le porte-manteau de la Reine reçoivent de sévères instructions pour empêcher toute rencontre entre Buckingham et Anne.

Le 5 juin, les cortèges, comme convenu, se retrouvent à Montdidier où l'on reste deux jours. Le 7, ils sont à Amiens. Il n'était pas prévu de séjourner dans cette ville, mais Marie de Médicis tombe malade, et du coup, on s'attarde. Le gouverneur d'Amiens, pour tromper l'ennui de tous ces éminents personnages, se sent tenu de donner des fêtes qui s'avèrent très réussies. Un soir, la duchesse de Chevreuse propose une promenade. On loge à l'archevêché, dont les beaux jardins descendent jusqu'à la Somme. La duchesse, au bras de Holland, ouvre la marche, tandis que Buckingham accompagne Anne d'Autriche. Un hasard bien organisé, alors que l'obscurité s'est faite, laisse Buckingham et Anne seuls, au détour d'un bosquet. Que se passe-t-il au juste ?

D'après certains, la vertu d'Anne d'Autriche est mise à mal. D'après d'autres, en revanche, Buckingham se montre entreprenant, un peu trop, et se heurte à la résistance de la Reine. Le valet de chambre d'Anne, qui n'était pas loin, dira plus tard que Buckingham « s'émancipa fort insolemment jusqu'à vouloir caresser la Reine ». Quoi qu'il en soit, Anne d'Autriche, à un certain moment, crie, appelle ses femmes. Celles-ci accourent. La Reine tourne le dos à Buckingham, laissant voir, comme le dit La Rochefoucauld, « une partie du trouble et du désordre où elle était ». La princesse de Conti, questionnée par Louis XIII, répondra plus tard qu'elle peut garantir la vertu de la Reine des pieds à la taille, en précisant cependant : « Jusqu'à la taille seulement. »

Marie de Médicis, mise au courant, appelle Anne d'Autriche et l'exhorte à vivre comme il convient à une Reine de France, c'est-à-dire sans scandale. Buckingham voudrait voir Anne, mais celle-ci s'y refuse. Le 16 juin, Henriette et Buckingham quittent Amiens pour Boulogne-sur-Mer ; Marie de Médicis a tout fait pour hâter ce départ. Anne d'Autriche les accompagne en carrosse jusqu'à la sortie de la ville. Là, au point convenu, on se sépare, et Buckingham fait ses adieux à la Reine. Arrivé à la portière de sa voiture, il fond soudain en larmes, incapable de prononcer une parole.

L'histoire ne se termine pas là. Buckingham, le soir même, revient à Amiens au grand galop. Sous un vague prétexte, il demande à rencontrer Anne d'Autriche. Celle-ci est au lit, souffrante, et lui interdit d'abord sa porte. Mais Marie de Médicis adresse de vives remontrances à sa belle-fille : ce n'est pas parce qu'une femme est alitée qu'elle doit se montrer discourtoise ; qu'elle veille seulement à ce que l'entrevue se tienne dans les limites de la bienséance. Buckingham est donc admis dans la chambre d'Anne. Quelques instants plus tard, tout protocole oublié, il se jette au pied du lit en pleurant. La Reine est incapable d'articuler un mot. Les assistants, fort mal à l'aise, finissent par prier Buckingham de quitter la pièce. Il se retire à regret, pleurant toujours. Il passera la nuit à Amiens, reviendra prendre congé d'Anne d'Autriche le lendemain matin, avant de repartir pour Boulogne.

A Paris, Richelieu et Louis XIII se tiennent quotidiennement informés de ce qui se passe. Ils apprennent avec soulagement que, le 22 juin, Buckingham et Henriette de France, en compagnie de Monsieur et Madame de Chevreuse, ont enfin pris la mer en direction de l'Angleterre. Anne d'Autriche et Marie de Médicis sont revenues à la Cour. La Reine-Mère est priée de faire un compte rendu aussi précis et détaillé que possible des événements. D'après ce que nous en savons, son récit manquait singulièrement de bienveillance. Louis XIII se sent la risée du public. Les sanctions tombent : la plupart des membres de la suite d'Anne d'Autriche sont congédiés ; aux yeux du Roi, ils sont complices, ou coupables d'un grave défaut de vigilance. Entre les époux, la méfiance est plus grande que jamais. Louis XIII adresse à peine la parole à sa femme et, quand il le fait, on croirait qu'il n'a d'autre but que de l'humilier. Richelieu, lui, profite du renouvellement du personnel de la Maison de la Reine pour truffer l'entourage d'Anne d'espions à sa dévotion. Anxieux de savoir comment va se poursuivre maintenant l'affaire Buckingham, il cherche également des informateurs en Angleterre.

Il trouve un espion ou, pour être exact, une espionne, remarquablement placée. Il s'agit de la comtesse de Carlisle, qui a été la maîtresse de Buckingham, et ne lui pardonne pas ses infidélités. La comtesse accepte de devenir l'agent du cardinal à la Cour de Londres dont elle est l'une des dames les plus en vue. La comtesse de Carlisle, c'est la Milady des *Trois Mousquetaires* d'Alexandre Dumas. Tout porte à croire que la fameuse histoire des ferrets de la Reine est vraie. Lady Carlisle remarque que Buckingham, depuis son retour de France, porte des ferrets de diamant qu'elle ne lui connaissait pas auparavant. Elle parvient à les lui dérober, un soir, au cours d'un bal. Buckingham, rentré chez lui, s'aperçoit du larcin, donne ordre de bloquer dans les ports tous les navires à destination de la France dans l'espoir de récupérer les bijoux, et en fait exécuter immédiatement six copies parfaites par le meilleur orfèvre de Londres. Puis il envoie ces copies à Anne d'Autriche avec une lettre d'explication. Ce sont peut-être là les « six ferrets de diamant prisés ensemble 700 livres » qui sont mentionnés dans l'inventaire effectué après le décès d'Anne d'Autriche.

Buckingham est-il vraiment amoureux de la Reine ? Qu'il le soit ou pas, tous les prétextes sont bons pour retourner en France. Henriette, à qui l'air du pays manque bientôt, aimerait faire un saut à Paris. Buckingham voit aussitôt le parti qu'il peut en tirer et s'offre à persuader Charles Ier de donner son autorisation à sa femme, à condition que ce soit lui, Buckingham, qui l'accompagne. Le Roi d'Angleterre écrit à la Cour de France. Marie de Médicis et Louis XIII refusent : plutôt renoncer à voir Henriette que de permettre au Buckingham de revenir. Du coup, la politique volant au secours de l'amour (ou de l'orgueil) blessé, Buckingham infléchit la diplomatie anglaise dans un sens de plus en plus hostile à la France. Le mariage qui devait sceller la bonne entente entre les deux couronnes semble au contraire multiplier les points de friction, les divergences. La pauvre Henriette est victime de mille vexations, on l'isole, on la rend suspecte à l'opinion anglaise en présentant son entourage comme un foyer de propagande papiste. Les liens de Londres avec les protestants français deviennent plus étroits. En 1627, Buckingham est enfin de retour en France — mais à la tête d'une flotte anglaise venue prêter main-forte aux habitants de La Rochelle soulevés contre leur souverain légitime.

Dans l'immédiat, les répercussions de l'affaire Buckingham vont également se révéler très lourdes de conséquences pour la stabilité du régime. Louis XIII s'était fait d'Anne d'Autriche une ennemie irréconciliable. La Reine est prête à tout contre le Roi et contre ce cardinal de Richelieu, créature servilement dévouée à son mari et à sa belle-mère, un homme qu'elle hait, qu'elle méprise et qu'elle redoute à la fois. Pour permettre à Anne d'assouvir son ressentiment, la duchesse de Chevreuse, une fois de plus, propose ses services. Il ne faut que quelques semaines à l'ingénieuse Chevrette, comme la surnomme maintenant le cardinal, pour monter une redoutable conspiration contre Richelieu et Louis XIII.

Faut-il marier Gaston ?

En 1626, Gaston, duc d'Anjou, frère du Roi, atteint sa 18e année. Louis XIII n'ayant pas d'enfant, Gaston est l'héritier présomptif de la couronne et doit le rester aussi longtemps que le ménage royal n'aura pas donné naissance à un Dauphin. Or, les rapports notoirement mauvais de Louis XIII et d'Anne écartent peut-être définitivement l'éventualité d'une telle naissance, et Gaston apparaît de plus en plus comme le successeur probable de Louis XIII. Au demeurant, Monsieur, frère du Roi, ne manque ni de séduction ni de charme. Doté d'une belle prestance, il est élégant, bon cavalier, spirituel. Sa familiarité le rend sympathique, et sa nature primesautière en a fait, dès son jeune âge, le préféré de sa mère et un prince adulé par tout ce que la Cour comporte de plus brillant. Très ami avec la duchesse de Chevreuse, il s'entend bien, par ailleurs, avec sa belle-sœur Anne d'Autriche. Il semble, d'après les aveux de Gaston à son frère en 1626, que l'on ait évoqué dès 1624, dans des conversations entre lui-même, la duchesse de Chevreuse et Anne, ce qui pourrait se passer en cas de disparition de Louis XIII. Et la duchesse de Chevreuse avait émis l'idée qui paraissait la plus raisonnable : si Anne d'Autriche, ce qu'à Dieu ne plaise, se trouvait veuve, elle devrait épouser Gaston. Jusque-là, rien de bien criminel, même s'il n'est guère agréable pour le Roi que l'on organise ainsi par avance le remariage de celle qui reste jusqu'à nouvel ordre sa femme.

L'affaire Buckingham devait donner à cette idée un tour bien différent. Dans leur animosité contre Louis XIII, Anne d'Autriche et la duchesse de Chevreuse, à partir de l'été 1625, franchissent un pas capital dans leur raisonnement : et si, au lieu de prévoir ce que l'on ferait dans le cas de la disparition du Roi, on essayait de hâter celle-ci ? Oh ! peut-être pas nécessairement en allant jusqu'au crime, mais ne pourrait-on envisager de le déposer pour un motif ou un autre ? Avec son humeur chagrine, son mauvais caractère, cette façon qu'il a d'en passer par toutes les fantaisies de son nouveau favori, le cardinal de Richelieu, Louis XIII présente tous les signes de l'hypocondrie, voire d'un déséquilibre mental, qui ne devraient pas rendre très difficile de le faire déclarer inapte à remplir correctement sa fonction de Roi.

On en est là des réflexions quand brusquement on apprend que Gaston va épouser Mademoiselle de Montpensier, héritière de l'une des plus grosses fortunes du royaume. C'est une vieille idée de Marie de Médicis, mais elle se heurtait aux hésitations et aux réticences de Louis XIII. La pensée que Gaston puisse avoir des enfants avant lui était fort désagréable au Roi ; une telle situation aurait en outre pour inconvénient, sur le plan politique, de donner à son frère une position incomparablement plus forte et le mettrait en situation de diriger avec succès des intrigues particulièrement dangereuses pour son trône. On avait tant hésité et tant tergiversé que le projet de mariage avait un moment paru abandonné, et d'autres prétendants à la main de Mademoiselle de Montpensier, pensant la voie désormais libre, s'étaient mis sur les rangs ; parmi eux, le comte de Soissons. Au printemps de 1626, le Conseil du Roi délibère sur l'éventuel mariage de Gaston. Marie de Médicis expose qu'il est impossible de vouer Monsieur au célibat et que la dot considérable de Mademoiselle de Montpensier risque, si l'on attend trop, d'aller enrichir le comte de Soissons. Richelieu hésite, mais finit par se rallier à l'opinion de la Reine-Mère et parvient à persuader Louis XIII de donner son accord aux fiançailles de son frère.

Dès que la nouvelle est connue se forme à la Cour un parti de l'« aversion au mariage ». Le comte de Soissons en est l'un des membres les plus virulents, par dépit de voir Mademoiselle de Montpensier et son immense fortune lui échapper. Condé lui non plus n'apprécie guère le projet : le premier prince du sang vient, dans l'ordre de succession au trône, aussitôt après Gaston ; chaque fils que pourrait avoir Monsieur l'éloignerait de la couronne. La duchesse de Chevreuse entre à son tour aussi dans le complot, entraînant avec elle Anne d'Autriche. Celle-ci, en effet, a de quoi être consternée : si Louis XIII meurt, Gaston lui succède, mais ce n'est plus elle qui sera Reine, ce serait la Montpensier. L'idée lui est intolérable, et c'est un triste spectacle que celui d'Anne d'Autriche en proie à d'aussi sombres pensées. « Ah ! pauvre prince », dit l'un de ses proches, Monsieur de Marsillac, en parlant de Louis XIII, « pauvre prince, que le Roi est mal conseillé ! Qu'un Roi de vingt-cinq ans qui n'a point d'enfants marie un frère de dix-huit ou vingt ans qui, au bout d'un an, pourra avoir des enfants, combien de maux cela peut-il faire ! Et cette pauvre princesse [il s'agit d'Anne d'Autriche] que deviendra-t-elle ? » Heureusement, la duchesse de Chevreuse est là, et elle est femme de ressource. La clé du problème est entre les mains de Gaston : s'il refuse d'épouser Mademoiselle de Montpensier, tout reste possible, sous réserve que l'on se hâte ensuite de pourvoir à la mise à l'écart de Louis XIII.

Cela étant, l'inconstance de Gaston est bien connue, et le parti de l'aversion au mariage sent qu'il a besoin de quelqu'un qui ait de l'influence sur lui pour l'engager à une ferme attitude de refus. Le maréchal d'Ornano semble le plus indiqué pour cela. Corse d'origine, il exerce depuis 1619 les fonctions de gouverneur de Gaston. C'est un homme énergique et décidé, qui jouit auprès de Monsieur d'un immense prestige et qui, en flattant ses passions et sa vanité, s'est acquis une grande autorité sur le jeune prince. Son arrogance n'avait pas de bornes, et il venait de déclencher une tempête dans un verre d'eau pour obtenir le droit d'assister au Conseil, debout derrière Gaston.

En fait, le maréchal d'Ornano est parfaitement indifférent au mariage Montpensier. Mais la duchesse de Chevreuse lui ouvre les yeux sur toutes les perspectives qui pourraient s'offrir au cas où le mariage ne se ferait pas, et d'Ornano se dit qu'à tout prendre il est plus avantageux de gouverner l'esprit d'un Roi régnant que celui d'un simple héritier du trône ; après en avoir parlé avec sa femme qui l'y encourage vivement, il décide de se joindre au complot. Flatté d'être ainsi sollicité, la tête un peu tournée par les cajoleries de la duchesse de Chevreuse, le maréchal se jette dans les vues de la duchesse et d'Anne d'Autriche et s'engage à déployer tous ses efforts pour que jamais Monsieur ne consente au mariage proposé.

Sur ses conseils, Gaston refuse de se marier. Ses raisons : il n'a pas d'aversion pour la personne de Mademoiselle de Montpensier, mais il « appréhende de se lier ». Richelieu va le voir ; Gaston accepte alors à condition qu'on lui donne un bel apanage. En coulisse, la duchesse de Chevreuse, Anne d'Autriche elle-même, poussent d'Ornano à le faire revenir sur cette acceptation ; l'inconsistance de Gaston fait que d'Ornano a peu de peine à provoquer un nouveau revirement. Richelieu, que ce petit monde a grand tort de sous-estimer, se rend compte que le prince est manipulé et, grâce aux intelligences qu'il a dans la place, découvre le rôle clé joué par le maréchal d'Ornano. Il demande alors à Louis XIII l'autorisation de le faire arrêter. Le Roi donne son accord. Le 4 mai 1626, d'Ornano est appréhendé, transféré au château de Vincennes où débute aussitôt l'instruction de son procès. Gaston remplit la Cour de plaintes véhémentes, tandis que Marie de Médicis s'efforce de le ramener à un peu de modération. Le prince veut savoir qui est à l'origine de l'arrestation de son gouverneur. Il interroge le Chancelier d'Aligre qui se trouble, balbutie qu'il n'y est pour rien : un ministre doit être en toutes circonstances solidaire du gouvernement auquel il appartient, et Richelieu, devant ce manquement, remplacera quelques jours plus tard d'Aligre par Michel de Marillac. Quant à lui, le cardinal proclame bien haut qu'il a personnellement conseillé au Roi d'arrêter le maréchal d'Ornano, considérant cette mesure non seulement comme utile mais indispensable à la sûreté de l'État en raison des obstacles qu'il mettait à l'union entre Gaston et Mademoiselle de Montpensier.

Le complot voit grossir les troupes sur lesquelles peut s'appuyer le parti de l'aversion au mariage. Comme au bon vieux temps de la régence de Marie de Médicis, comme lors des deux guerres de la mère et du fils, les Grands se mobilisent. Le prétexte est tout trouvé : c'est l'accaparement du pouvoir par un ministre trop puissant, Richelieu, auquel on associe la Reine-Mère. Éternel alibi de tous les mécontents, subterfuge qui permet de ne pas paraître incriminer la personne même du Roi, mais autorise toutes les menées, et en dernier ressort la prise d'armes contre les troupes royales au nom du bien public ! Le comte de Soissons, le duc de Nevers, le duc de Longueville, sont prêts à fournir de l'argent et des soldats. Mais les plus excités sont les deux Vendôme, César, duc de Vendôme, et Alexandre, Grand-Prieur de France, fils naturels d'Henri IV et de Gabrielle d'Estrées, qui ne se sont jamais bien entendus avec Louis XIII. Il paraît qu'on leur a causé du tort, et tous deux se plaignent que Marie de Médicis et Louis XIII leur aient fait « toutes sortes d'injustices » depuis la mort d'Henri IV.

Le duc de Vendôme n'hésite pas à dire qu'il verrait plus volontiers la couronne sur la tête de Gaston que sur celle de Louis XIII.

Les conjurés négocient avec l'étranger. Avec l'Espagne en premier lieu, qui se montre ravie de cette occasion d'affaiblir la France. Mais aussi avec l'Angleterre, où l'on trouve une oreille complaisante chez Buckingham. C'est d'ailleurs d'Angleterre que viendront les échos les plus alarmistes. Le 4 juillet 1626, l'ambassadeur de France à Londres signalera « les discours que Monsieur a faits, si pleins de haine et de mépris pour le Roi que, par respect, on n'ose les écrire » ; et l'évêque de Mende, qui a accompagné Henriette à Londres en qualité d'aumônier, de renchérir : « Le Roi d'Angleterre attend de grands effets de l'intelligence qui est entre Monsieur et la Reine et que presque toute la Cour conspire à ce dessein. » Voilà Anne d'Autriche encore une fois mise en cause ! On est plus surpris de trouver les Hollandais également impliqués dans le complot ; mais il est vrai que depuis la conclusion du Traité de Monçon, qui leur paraît trop favorable à l'Espagne, ils se méfient de Richelieu.

CHALAIS

Les chefs du parti de l'aversion décident l'élimination physique du cardinal. Un premier projet est échafaudé. Gaston doit se rendre à l'improviste, en compagnie de quelques gentilshommes, dans la maison de campagne que Richelieu possède à Fleury, près de Fontainebleau. Sous un prétexte quelconque, on commencerait à s'échauffer au cours du dîner et les convives en viendront aux mains. On aura vite fait, ensuite, de tirer l'épée ; et, dans la confusion, un coup malheureux, et en principe mortel, serait porté au cardinal. Qui est volontaire pour le meurtre ? Madame de Chevreuse croit avoir trouvé l'homme idoine.

La duchesse compte parmi ses admirateurs un jeune noble de bonne famille, Henri de Talleyrand-Périgord, marquis de Chalais. Agé de 27 ans, riche, bien marié, titulaire de la charge de Maître de la Garde-Robe du Roi qui lui donne à tout moment accès à la personne royale, élevé dans l'intimité de Gaston avec lequel il est resté très lié, Chalais est tombé amoureux de la duchesse de Chevreuse qui a promis de se donner à lui s'il entrait dans le complot. Trop bavard, Chalais raconte tout à son oncle, le Commandeur de Valençay. Celui-ci lui reproche vivement d'avoir accepté de participer à l'entreprise, et le somme de tout révéler à Richelieu. Le 10 mai, le Commandeur de Valençay accompagne son neveu chez le cardinal, qui accueille ses révélations avec calme. Le coup devait avoir lieu le lendemain, 11 mai. Dans la nuit du 10 au 11, des gentilshommes de la suite de Gaston débarquent à Fleury afin d'avertir Richelieu de la prochaine arrivée de leur maître. Le cardinal, protégé par une forte escorte de chevau-légers du Roi, se met aussitôt en route pour Fontainebleau où séjourne la Cour, Gaston compris. Il y arrive au point du jour, tandis que le prince dort encore. Le cardinal se présente à lui dès son réveil, et lui dit combien il a été désolé de n'avoir pas été plus tôt informé de son désir de se rendre à Fleury. Il met en tout cas sa résidence à la disposition de Monsieur, et pour ne pas le déranger, il va s'installer dans une autre de ses maisons de campagne. Gaston a été joué. Il comprend que le cardinal a éventé le complot en apprenant que Louis XIII a décidé de lui accorder une garde militaire.

Quelques jours plus tard, Gaston vient rendre visite à Richelieu. Celui-ci lui parle d'un ton paternel, lui remontrant qu'il suit de mauvais conseils, et l'invitant à ne pas introduire la discorde dans la famille royale. L'allusion était transparente. Gaston l'assure de sa bonne volonté et lui promet tout ce qu'il veut. Pourquoi donc ne pas traduire, propose alors le cardinal, ces heureuses dispositions de manière tangible, en en faisant, par exemple, l'objet d'un engagement écrit ? Gaston, pris au piège, ne peut qu'accepter. Le 31 mai 1626, Louis XIII, Marie de Médicis et le jeune prince, de retour à Paris, signent le document préparé par Richelieu dans lequel tous trois jurent de vivre dans la plus étroite union. Aux protestations de bonne conduite souscrites par Gaston fait écho la promesse de Louis XIII de traiter son jeune frère comme son propre fils. Quant à Marie de Médicis, elle se porte garante des bons sentiments réciproques des deux frères. Le même jour, Condé se réconcilie officiellement avec Richelieu, proclamant qu'il n'y a point de plus grand homme d'État que lui.

La conjuration n'est pas matée pour autant car les Vendôme, eux, sont toujours en dissidence, bien fortifiés dans la province de Bretagne dont César est le gouverneur. Le 1er juin, Louis XIII annonce au Conseil qu'il se met en route, dès le lendemain, pour Nantes. Le 2 juin, comme prévu, le Roi quitte Paris en direction de Chartres. Le 6 au soir, il est, à Blois, l'hôte de Marie de Médicis.

Richelieu, malade, est resté en arrière, à Limours. Le doute s'est emparé de lui. Il sait, par les rapports que lui font ses espions, que la duchesse de Chevreuse n'a pas désarmé. Assassiner Richelieu et détrôner le Roi demeure, plus que jamais, son objectif. Le plan de la duchesse consiste à kidnapper Gaston, avec son accord, bien entendu, pour le faire sortir du royaume, provoquer un soulèvement et, à la faveur des troubles, s'assurer de la personne de Louis XIII : celui-ci est alors déclaré incapable de régner, Gaston devient Roi, on fait annuler le mariage entre Louis XIII et Anne d'Autriche pour cause d'impuissance, et on remarie la Reine avec

Monsieur. Richelieu est tenté de tout abandonner. A deux reprises, il offre sa démission à Louis XIII. Le 9 juin, de Blois, le Roi lui répond par une très belle lettre, qui montre la force de l'attachement qu'il éprouve maintenant pour le cardinal. Ce texte mérite d'être cité dans son entier :

« Mon cousin,
« J'ai vu toutes les raisons qui vous font désirer votre repos, que je désire avec votre santé plus que vous, pourvu que vous le trouviez dans le soin et la conduite principale de mes affaires.
« Tout, grâce à Dieu, y a bien succédé depuis que vous y êtes ; j'ai toute confiance en vous, et il est vrai que je n'ai jamais trouvé personne qui me servît à mon gré comme vous. C'est ce qui me fait désirer et vous prier de ne point vous retirer, car mes affaires iraient mal. Je veux bien vous soulager en tout ce qui se pourra, et vous décharger de toutes visites, et je vous permets d'aller prendre du relâche de fois à autre, vous aimant autant absent que présent. Je sais bien que vous ne laissez pas de songer à mes affaires.
« Je vous prie de n'appréhender point les calomnies ; l'on ne s'en saurait garantir à ma Cour. Je connais bien les esprits, et je vous ai toujours averti de ceux qui vous portaient envie, et je ne connaîtrai jamais qu'aucun ait quelque pensée contre vous que je ne vous le dise. Je vois bien que vous méprisez tout pour mon service. Monsieur et beaucoup de Grands vous en veulent à mon occasion ; mais assurez-vous que je vous protégerai contre qui que ce soit, et que je ne vous abandonnerai jamais. La Reine, ma mère, vous en promet autant.
« Il y a longtemps que je vous ai dit qu'il fallait fortifier mon Conseil ; c'est vous qui avez toujours reculé de peur des changements, mais il n'est plus temps de s'amuser à tout ce qu'on en dira ; c'est assez que c'est moi qui le veux. Au reste si ceux que j'y mettrai n'ont habitude avec vous, ils ne suivront pas vos avis, principalement vous étant quelquefois absent, à cause de vos indispositions.
« Ne vous amusez point à tout ce qu'on vous en dira : je dissiperai toutes les calomnies que l'on saurait dire contre vous, faisant connaître que c'est moi qui veux que ceux qui sont dans mon Conseil aient habitude avec vous. Assurez-vous que je ne changerai jamais, et que, quiconque vous attaquera, vous m'aurez pour second.
Louis. »

Cette lettre qu'il envoie de Blois, au cardinal, souffrant à Limours, Louis XIII l'a écrite seul, en toute liberté, hors de toute pression. De même, c'est tout seul, sans y être poussé par personne, que le Roi modifie la composition du Conseil et règle le sort des Vendôme.

Le gouvernement est donc remanié, dans un sens tout à la fois plus dur et plus cohérent autour de Richelieu. Marillac, devenant garde des Sceaux, abandonne la surintendance des Finances, qui est donnée au marquis d'Effiat. Deux fidèles du cardinal reçoivent également de nouvelles fonctions, Schomberg, et Claude Bouthillier, Secrétaire aux commandements de Marie de Médicis et membre de cette famille Bouthillier que de vieilles attaches unissent à Richelieu.

Contre les Vendôme, Louis XIII agit avec hardiesse et rapidité. De fait, le Roi est excédé du rôle de comploteurs impénitents que jouent depuis des années ses demi-frères de Vendôme. Alexandre, Grand-Prieur de France, est à Blois, mais César se terre dans son gouvernement de Bretagne. Le Grand-Prieur se laisse enjôler par Louis XIII, qui le persuade d'aller chercher son frère pour le ramener à Blois, sur la promesse ambiguë qu'il « ne lui fera pas plus de mal qu'à lui-même ». Le 11 juin, les deux Vendôme arrivent à Blois. César proteste de sa fidélité, tandis que Louis XIII, impénétrable, lui répond : « Mon frère, j'étais en impatience de vous voir ! » Pendant 48 heures, le Roi les cajole, endort leur méfiance. Et puis, le 13 juin, à trois heures du matin, il commande de les faire arrêter et conduire sous bonne garde à Amboise. Le duc de Vendôme est déchu de son gouvernement de Bretagne. Pour sauver leurs têtes, Alexandre et César révèlent tout ce qu'ils savent sur la conjuration qui menace Richelieu et Louis XIII.

Il est temps que le cardinal rejoigne son maître. Un mot impérieux de Louis XIII, ce même 13 juin, l'appelle à Blois :

« Mon cousin, ayant trouvé bon de faire arrêter mes frères naturels, les duc de Vendôme et Grand-Prieur, pour bonnes et grandes considérations importantes à mon État et repos de mes sujets, j'ai bien voulu vous en donner avis et vous prier de vous rendre près de moi le plus tôt que votre santé le pourra permettre. Je vous attends en ce lieu et prie Dieu de vous avoir toujours, mon cousin, en sa sainte protection.

Louis. »

Nantes. Mariage de Monsieur et exécution de Chalais

La Cour semble frappée de stupeur. Quand Richelieu arrive à Blois, tout est calme. Louis XIII confirme son intention irrévocable de procéder au mariage de Gaston avec Mademoiselle de Montpensier. Le 27 juin, Louis XIII, Richelieu et la famille royale quittent Blois pour Tours, puis Nantes, où le cortège fait son entrée le 3 juillet. Le Roi préside comme convenu la réunion des États de Bretagne qui le remercient chaleureusement d'avoir délivré la province des exactions du duc de Vendôme. Louis XIII désigne comme gouverneur un personnage qui n'est ni prince ni duc, mais simplement un bon serviteur de l'État : le maréchal de Thémines. C'est Richelieu qui a proposé cette nomination ; il a bien du mérite : n'est-ce pas un Thémines qui a tué en duel son frère aîné, Henri de Richelieu ?

Mais la duchesse de Chevreuse n'a pas désarmé. Gaston semble résigné à épouser Mademoiselle de Montpensier. La duchesse voit Chalais, le questionne, se convainc de sa trahison — et le retourne en un rien de temps. Chalais va revoir Gaston, qui revient alors sur son acceptation, et proclame qu'il n'est plus décidé à se marier ! Incroyables palinodies ! Richelieu ne met pas bien longtemps à deviner d'où vient le coup ; il interroge Chalais qui s'empêtre dans ses dénégations et ses assurances de fidélité. Le pauvre garçon voudrait faire plaisir à tout le monde à la fois. Incapable d'y parvenir, il ne voit plus qu'une solution : la fuite. Gaston, ballotté de même d'un parti à l'autre, est d'accord pour partir avec lui. Nos deux écervelés perdront un temps précieux tandis que les charges s'accumulent contre eux. Roger de Gramont, comte de Louvigny, sur une brouille qu'il a avec Chalais, se rend auprès du Roi pour lui révéler que le Maître de la Garde-Robe projette de l'assassiner. Gaston et Chalais fixent au 9 juillet dans la matinée le moment de fuir Nantes vers Blois, Chartres puis Paris. Mais le 8 juillet 1626, au lever du jour, Chalais est arrêté, mis au secret au château de Nantes. L'instruction commence aussitôt.

Les deux protagonistes de la conjuration se montrent pitoyables. Chalais, que Richelieu interroge lui-même, pense se sauver en dénonçant Gaston, la duchesse de Chevreuse, Anne d'Autriche. Gaston demande à Marie de Médicis d'intercéder auprès du Roi pour qu'il fasse grâce à Chalais, mais accable celui-ci.

Gaston ne peut faire autrement, à présent, que d'accepter d'épouser Mademoiselle de Montpensier. Celle-ci arrive à Nantes le 2 août, protégée par une forte escorte afin de prévenir toute tentative d'enlèvement.

Le Roi convoque le Conseil, y appelle son frère, et lui confirme sa décision de lui donner en apanage le duché d'Orléans, ainsi qu'une forte pension, à l'occasion de son mariage. Devant un Gaston balbutiant, Louis XIII insiste ; il veut que l'accord de son frère soit clair et net, sans ces équivoques dont il a si souvent usé. Gaston, alors, réitère son oui, et, pour faire bonne mesure, ajoute sous la foi du serment qu'il donne sa parole loyalement, sans aucune réserve ni restriction. C'est fini. Le parti de l'aversion au mariage tire ses dernières cartouches. Le soir, dans la chambre d'Anne d'Autriche, la duchesse de Chevreuse, Anne elle-même, essaient de faire revenir Gaston sur sa position ; selon les confidences de Gaston, plus tard, elles « s'étaient mises à genoux devant moi pour me prier de n'épouser point Mademoiselle de Montpensier ». Cette scène se renouvelle dans les jours qui suivent : d'après Gaston d'Orléans toujours, « la Reine régnante l'avait prié par diverses fois en trois jours de ne pas achever le mariage ». Le 5 août, on signe le contrat de mariage et on célèbre les fiançailles. Le lendemain, 6 août, c'est la cérémonie des noces, dans le cabinet du Roi, au château de Nantes. La messe est dite devant une assistance des plus réduites. Richelieu unit lui-même les jeunes époux — tant il est vrai qu'on n'est jamais si bien servi que par soi-même. La cérémonie terminée, il prend la parole. Ce n'est plus le ministre, mais l'homme d'Église, le prélat qui, au nom de Dieu, admoneste la famille royale. La Reine-Mère n'a nul besoin de ses réprimandes, il exalte au contraire sa sagesse. Il en est de même pour le Roi, qu'il adjure cependant de montrer bon visage à son frère. Gaston en revanche est l'objet d'une respectueuse mais ferme algarade. Le jeune prince, mis en face de ses responsabilités, est vivement prié de ne plus alimenter par son comportement des divisions préjudiciables à la famille royale et au royaume lui-même.

Reste à régler le sort du malheureux Chalais. En apprenant la conclusion du mariage, Chalais, dans sa cellule, ne peut s'empêcher de s'exclamer : « Ô, grand Roi et trois fois heureux d'avoir un si grand ministre ! » Il était assez lucide, malgré sa tête folle, pour savoir ce qui allait arriver. Gaston d'Orléans dirait partout que le cardinal était un homme fort habile, et l'on se bornerait à pleurer sur le sort de Chalais. Celui-ci fait en effet une victime idéale ; il est suffisamment noble pour que sa condamnation soit considérée comme un exemple, et n'étant pas de sang royal, il va payer pour l'intouchable Gaston.

La mère de Chalais, accourue à Nantes, essaie de fléchir Louis XIII, le cardinal, utilise toutes les ficelles juridiques possibles. Mais Gaston d'Orléans, interrogé par le Roi en présence de Marie de Médicis, de Richelieu et du garde des Sceaux, a tout avoué, dénonçant le rôle de Chalais, impliquant la duchesse de Chevreuse, plusieurs princes, Anne d'Autriche. Tous les tenants et aboutissants du complot sont clairs. Un seul point demeure obscur : a-t-il été question, oui ou non, de l'assassinat de Louis XIII ? C'est pour faire parler Chalais de ce projet que Richelieu va le voir, à trois reprises, dans sa cellule. Le malheureux veut bien admettre tout le reste, c'est-à-dire l'enlèvement de Gaston, l'organisation d'un soulèvement, la déposition de Louis XIII. Mais il nie farouchement avoir jamais songé au crime, abominable entre tous, du régicide. Peu importe, au fond, car les charges contre Chalais sont largement suffisantes, malgré ses dénégations, pour permettre à la Commission spéciale mise sur pied pour le juger de rendre contre lui un verdict de mort. Chalais sera décapité, son cadavre dépecé, sa postérité déclarée ignoble et roturière. Louis XIII adoucit la peine, le condamnant seulement à être décapité, et décrétant que son corps serait rendu à sa mère afin d'être enseveli en terre chrétienne. Le verdict est rendu le 18 août, l'exécution doit avoir lieu dès le lendemain.

Le 19 août, au matin, tout est prêt, place du Bouffay, où Chalais doit être exécuté. Il ne manque qu'une chose : le bourreau, que les amis du condamné, avec peut-être la complicité de Gaston d'Orléans, ont réussi à enlever. Ils ne sauveront pas Chalais ; simplement, son supplice va se transformer en une véritable boucherie. La justice du Roi doit passer, et rien ne saurait l'arrêter. On tire de prison un cordonnier de Tours, qui devait être pendu pour ses crimes. On promet de le grâcier s'il remplace le bourreau. Il accepte. Mais la hache ayant elle aussi disparu, on donne à l'exécuteur improvisé une épée. Peu expert au maniement de cette arme, il n'arrive qu'à taillader le cou du malheureux Chalais qui, ensanglanté, tombe à côté du billot. Le cordonnier demande un instrument qui lui soit plus familier. On lui passe une doloire de tonnelier. Il se remet alors au travail, sous les hurlements et les supplications d'une foule horrifiée, tandis que Chalais gémit : « Jésus, Maria ! » C'est seulement au bout de vingt-neuf coups que la tête est enfin détachée du tronc.

ÉPILOGUE D'UNE CONJURATION

Que deviennent les autres conjurés ? Le maréchal d'Ornano a le bon goût de mourir subitement dans sa prison du château de Vincennes après une brève maladie le 2 septembre ; les esprits malintentionnés soutiendront qu'il a été empoisonné, mais rien ne le prouve. Les deux Vendôme sont à leur tour conduits à Vincennes ; le Grand-Prieur va finir ses jours en captivité en 1629 ; le duc ne sortira de prison qu'en 1630, après la Journée des Dupes. Quant à la duchesse de Chevreuse, elle est une nouvelle fois exilée ; assignée à résidence en Poitou, dans un château appartenant à son frère, elle préfère quitter le royaume et se réfugie dans les terres du duc de Lorraine. La colère s'empare d'Anne d'Autriche quand elle apprend la nouvelle de l'exil de son amie. La Reine éclate en furieuses imprécations contre le Roi, contre le cardinal accusé de tous les péchés. D'après les témoignages du temps, « elle jeta feu et flammes, elle tint force mauvais discours par lesquels elle témoignait aimer mieux n'avoir jamais d'enfant que d'être séparée de cette créature » (c'est-à-dire Madame de Chevreuse). Anne d'Autriche était trop compromise pour sortir indemne de l'affaire Chalais.

La Cour repart de Nantes le 24 août. Par Châteaubriant, Vitré,

Laval, Le Mans, Chartres, Rambouillet, Versailles, on regagne Paris, où le cortège fera son entrée le 17 septembre. Les séquelles de la conjuration n'ont pas fini de se faire sentir. Les procès-verbaux d'interrogatoires mettant en cause Anne d'Autriche ont été séparés du dossier du procès, mis à part. Le 10 septembre 1626, Anne était convoquée devant un Conseil étroit présidé par le Roi. Elle, Reine régnante de France ! On lui inflige la lecture de tous les procès-verbaux qui la concernent. Louis XIII préalablement chapitré par Richelieu prend la parole une fois la lecture terminée pour donner l'ordre que toutes ces pièces soient détruites. Comme le précise l'ambassadeur de Venise, dans une dépêche qu'il envoie le lendemain à son gouvernement en relatant les faits, le Roi estima « que la correction qu'elle venait de subir devant le Conseil était suffisante pour la sœur du Roi catholique ». La Reine-Mère, prenant la parole, engagea sa belle-fille à « vivre comme les autres Reines de France avaient vécu et lui promit toute son affection et toute sa bonne volonté, ce qu'elle avoua n'avoir pas fait entièrement jusque-là ». Anne d'Autriche a beau déclarer qu'elle n'aurait pas gagné au change en épousant Gaston d'Orléans, Louis XIII, blessé dans sa dignité, restera toujours persuadé que sa femme a trempé dans le complot. En 1643, alors que Louis XIII est sur le point de mourir, Anne d'Autriche lui enverra l'un de ses proches pour le « supplier de ne pas croire qu'elle fût entrée dans l'affaire d'Ornano ni qu'elle eût jamais trempé dans le dessein d'épouser Monsieur ». Louis XIII se contentera de répondre : « En l'état où je suis, je dois lui pardonner, mais je ne la dois pas croire. »

Quant à Anne d'Autriche, elle ne pourra jamais oublier qu'elle vit auprès d'un homme qu'habite cette effrayante certitude.

Le triumvirat

La désunion qui s'installe dans le ménage royal, durable, définitive, contribue à modifier l'équilibre politique au sommet du pouvoir. En s'écartant de sa femme, Louis XIII, qui ressent d'autant plus vivement le besoin de s'appuyer sur quelqu'un, s'est complètement réconcilié, maintenant, avec Marie de Médicis, en même temps qu'une véritable amitié l'unit au cardinal de Richelieu. Celui-ci est assuré de l'entière confiance du Roi, qui consolide lui-même en toutes occasions sa prééminence et son autorité. Le 28 septembre 1626, le connétable de Lesdiguières meurt, chargé de gloire et d'années — il avait 83 ans ; la dignité de connétable est supprimée. La veille, Louis XIII, inquiet des fanfaronnades de Gaston d'Orléans qui se targue de pouvoir enlever le cardinal quand il le voudra, a décidé d'augmenter la garde de Richelieu de

50 mousquetaires. En octobre, le cardinal achète la charge de gouverneur du Havre. Richelieu peut même se flatter de régner sans partage sur les affections du Roi, par favori interposé. En décembre, Baradas est disgracié. Claude du Rouvroy, seigneur de Saint-Simon, le remplace. « Ce petit punais », comme Bassompierre l'appelle avec mépris, est tout dévoué à Richelieu, qu'il va servir fidèlement auprès du souverain.

Ainsi commence l'époque faste du « triumvirat » qui, pendant quelques années sans nuage, gouverne en étroite union le royaume de France : Louis XIII, Marie de Médicis, Richelieu. Au Conseil du 10 septembre 1626 qui accable Anne d'Autriche, la Reine-Mère peut se montrer magnanime avec sa belle-fille : elle a gagné sur toute la ligne. Gaston a épousé Marie de Montpensier ainsi qu'elle en avait décidé, et cela malgré les réticences initiales de Louis XIII, les volte-face de l'intéressé et l'opposition farouche de la Reine régnante. Celle-ci est bien déchue de l'autorité et du prestige dont elle jouissait il n'y a pas si longtemps. Finie, l'époque où elle avait le pas sur Marie de Médicis. Terminée, la lune de miel des années 1619-1621 où la jeune Reine triomphait tandis que la Reine-Mère n'en finissait plus de traverser son désert. Aujourd'hui, c'est Marie de Médicis qui triomphe. Elle a retrouvé tout son ascendant sur le Roi. Bien conseillée par Richelieu, dont elle a fait le principal ministre de Louis XIII, elle joue un rôle majeur dans les affaires du pays. Avec l'ancien évêque de Luçon, l'entente est parfaite. Richelieu, d'une fidélité éprouvée, lui doit tout : son chapeau de cardinal, sa présence dans les Conseils du Roi, l'appui sans défaillance de la Reine-Mère face aux jaloux et aux envieux. Il le dit, et sait le reconnaître. Louis XIII, au demeurant, n'en prend aucunement ombrage. Nulle mésentente avec sa mère, qu'il chérit profondément. Et quelle admiration pour ce Richelieu qu'anime une obsession : l'affirmation de l'autorité du Roi et la mise au pas de tous ceux qui prétendent la braver !

L'Assemblée des notables

Après l'exécution de Chalais et le châtiment des comploteurs, le moment semble venu de s'atteler à une réforme profonde de l'organisation administrative du royaume.

Au début de l'année 1626, Louis XIII avait créé la fonction de « Grand Maître et Surintendant général du commerce et de la navigation ». Confiée à Richelieu, elle rendait inutiles les deux charges d'Amiral du Ponant et d'Amiral du Levant, que possédaient alors le duc de Montmorency et le duc de Guise ; Richelieu les leur rachète. De Nantes, le Roi précise dans un édit le sens de la nouvelle institution, qui a pour but, sous l'autorité directe du souverain, de permettre la mise en place d'une politique active du commerce maritime. La suppression, en septembre, de la connétablie, renforce également le pouvoir du Roi sur l'armée : plus personne, désormais, ne s'interposera entre lui et les commandements militaires.

Ces réorganisations ne constituent cependant, dans l'esprit de Richelieu, que le prélude au lancement d'un vaste programme de réformes de grande portée. L'objectif poursuivi est extrêmement ambitieux. Il ne s'agit plus seulement de chercher, comme on le fait toujours, à améliorer le fonctionnement de la justice ou l'assiette et le rendement de l'impôt : par son ampleur, le plan proposé rejoint les ambitions de la Révolution française, du léninisme, ou du New Deal de Roosevelt.

Richelieu se méfiant des États-Généraux, on décide de convoquer une instance plus réduite, dont l'usage remonte d'ailleurs à la nuit des temps, une Assemblée des notables. Convoquée à la fin du mois de décembre 1626, elle siégera jusqu'au 24 février 1627. Dans son discours d'ouverture, Richelieu souligne son importance : « Cette Assemblée doit être courte quant à sa subsistance, mais perpétuelle quant à la durée du fruit qu'elle produira. »

Michel de Marillac, à qui le cardinal passe ensuite la parole, trace d'abord un tableau des vices du royaume. Il rappelle le poids des charges de l'État qui, depuis 1620, atteignent annuellement 40 millions de livres, alors que les recettes ne dépassent pas 16 millions. Il faut faire des économies partout où cela est possible. La guerre civile est désignée comme la principale responsable de l'extravagante croissance des dépenses publiques. Afin de remettre de l'ordre à l'intérieur, on démolira systématiquement les forteresses susceptibles d'être utilisées par les rebelles, qu'on entretient à grand-peine et qu'on doit munir de garnisons toujours trop faibles et cependant infiniment coûteuses. On supprimera un certain nombre de grandes charges, comme celle de connétable abolie depuis septembre. On allégera le service de la dette, en négociant avec les créanciers de l'État de meilleurs taux d'intérêt. Mais il faut aussi améliorer le rendement de l'impôt, et pour cela, encourager le développement du commerce. Diminuer les importations de produits étrangers, stimuler les exportations, sont deux moyens assurés pour augmenter la quantité d'or en circulation dans le royaume, et, par conséquent, les recettes du Trésor.

Schomberg, succédant à Marillac, expose les raisons et les orientations d'une refonte de l'organisation militaire. Le royaume a besoin d'être efficacement défendu. Une restructuration de l'armée s'impose afin d'augmenter son efficacité. Il faut améliorer la discipline, entretenir de façon plus régulière les places fortes aux frontières, veiller à la qualité du parc d'artillerie.

L'Assemblée des notables se met au travail avec zèle. Le 11 janvier 1627, Richelieu lui adresse un mémoire en treize points qui résume l'essentiel des propositions gouvernementales. Ce document esquisse les grandes lignes de plans de réorganisation du commerce, du système judiciaire, de l'armée, du système fiscal. Il contient aussi un projet de réforme de l'enseignement auquel Richelieu attachait beaucoup d'importance. Le cardinal s'y montre partisan d'une sélection qui dirige davantage d'élèves vers les enseignements techniques et scientifiques. Il lui faut « plus de maîtres ès arts mécaniques que de maîtres ès arts libéraux pour enseigner les lettres ». Trop d'étudiants s'orientent vers l'étude du droit ou des lettres, trop peu s'orientent vers le commerce. Au surplus, l'art de la discussion l'emporte dans l'enseignement sur la formation morale alors que « l'expérience nous fait connaître combien il importe d'avoir en tous lieux des gens capables d'instruire les peuples de leur salut et de résister à l'hérésie ».

L'Assemblée des notables approuve l'ensemble du programme proposé par Richelieu. Celui-ci se donne six ans pour le réaliser, six années au terme desquelles il escompte que l'on verra « la fin et la perfection de cet ouvrage ».

Halte aux duels ! Bouteville et Des Chapelles

Louis XIII voulait être obéi et si les membres de la famille royale, les princes du sang, pouvaient se dire qu'ils étaient à l'abri d'un sort comparable à celui du malheureux Chalais, la noblesse dans son ensemble était invitée à se comporter de manière fidèle et obéissante. Or, il y avait un domaine dans lequel l'autorité du souverain était sans cesse bafouée, c'était l'épineuse question des duels. De nombreux édits royaux les avaient interdits, du temps d'Henri IV comme dans les premières années du règne de Louis XIII. Mais ils n'étaient pas observés. Au début de 1626, Richelieu les fait adoucir, mais jure qu'ils seront désormais appliqués. Les dispositions essentielles sont les suivantes : lorsqu'il n'y aurait pas mort d'homme, les deux adversaires seraient privés de leurs charges et de leurs pensions, et le provocateur serait banni pour trois ans ; mais la peine capitale serait infligée à ceux qui auraient tué et à ceux qui se seraient fait assister de seconds.

Quelques bannissements et quelques privations de charges illustrent la détermination de Richelieu. Mais en 1627, l'autorité du premier ministre, donc celle du Roi, est ouvertement bravée par la provocation de Montmorency-Bouteville. Ce personnage, l'un des plus redoutables bretteurs du temps, avait déjà violé 21 fois les édits contre les duels. En 1624, il avait tué l'un de ses adversaires, Thorigny, et s'était réfugié en Flandre pour fuir la justice du Roi. Un ami de Thorigny, le marquis de Beuvron, voulait venger sa mort. Bouteville relève le défi. Plein de mansuétude, Louis XIII l'avait autorisé à regagner la France, mais avec interdiction de se rendre à Paris. Bouteville n'en a cure ; il décide de se battre à Paris, en pleine Place Royale. Par pure provocation. Le 14 mai 1627, il affronte donc le marquis de Beuvron.

Les témoins, selon l'usage, se battent également. L'un d'entre eux, qui assistait Beuvron, Bussy d'Amboise, bien que malade, ne saurait cependant manquer une telle fête ; il sort de son lit, et, dans le combat qui l'oppose au comte Des Chapelles, témoin de Bouteville, tombe blessé à mort.

Bouteville et Des Chapelles s'enfuient aussitôt après. On les rattrape en Champagne, ils sont ramenés à la Bastille, et le Parlement est chargé d'instruire leur procès.

Toute la noblesse se mobilise en leur faveur, les Montmorency, les Condé, d'autres encore et non des moindres. La comtesse de Bouteville se poste sur le passage du Roi, au sortir d'une messe où le souverain vient de communier. Elle le supplie par le Christ de faire preuve de clémence. Louis XIII passe son chemin sans répondre ; il confie à son entourage : « La femme me fait pitié, mais je veux et dois conserver mon autorité. »

Comme l'indique Richelieu : « On pouvait dire qu'il n'avait jamais rien fait contre les lois de l'honneur du monde, ni pensé seulement à violer celles de l'humanité, vu qu'il n'avait jamais exercé aucune cruauté contre ceux sur qui le sort des armes lui avait donné l'avantage. » Mais « il était impossible de lui donner la vie, sans ouvrir la porte au duel et à toutes sortes d'infractions des lois ». Et Richelieu d'ajouter à l'intention de Louis XIII : « Il est question de couper la gorge au duel ou aux édits de Votre Majesté. La punition de ces messieurs sera un moyen convenable, quoique non infaillible, pour le premier effet, et la grâce un moyen infaillible pour le second. » Les deux coupables sont condamnés à avoir la tête tranchée en place de Grève. La princesse de Condé, les duchesses de Montmorency, d'Angoulême, de Ventadour, tentent un suprême effort pour sauver Bouteville et Des Chapelles. Ensemble, elles viennent s'agenouiller aux pieds du Roi. Avec elles, la comtesse de Bouteville. Celle-ci est enceinte d'un enfant qui sera illustre sous le règne de Louis XIV, le maréchal de Luxembourg, que ses victoires feront surnommer le « tapissier de Notre-Dame[1] ». Louis XIII reste inflexible. A la princesse de Condé, il dit simplement : « Leur perte m'est aussi sensible qu'à vous, mais ma conscience me défend de leur pardonner. »

Le souverain veille lui-même aux préparatifs de l'exécution,

---

1. En raison du nombre des drapeaux pris à l'ennemi et, selon l'usage, suspendus sous les voûtes de la cathédrale de Paris.

choisissant personnellement les régiments chargés d'occuper la place de Grève. L'exécution a lieu le 22 juin, à cinq heures du soir. Bouteville et Des Chapelles meurent bravement, sous les cris de la foule qui implore vainement la grâce du Roi.

Dans son *Testament Politique*, Richelieu écrira plus tard : « J'avoue que mon esprit ne fut jamais plus combattu qu'à cette occasion, où à peine pus-je m'empêcher de céder à la compassion universelle. » Dans ce texte, rédigé à l'intention de Louis XIII, Richelieu, cependant, observe : « Mais des ruisseaux de sang de votre noblesse, qui ne pouvaient être arrêtés que par l'effusion du leur, me donnèrent la force de résister à moi-même et d'affermir Votre Majesté à faire exécuter pour l'utilité de son État ce qui était quasi contre le sens de tout le monde et contre mes sentiments particuliers. » Protecteur naturel de la noblesse, Louis XIII était déchiré à l'idée de devoir ainsi verser son sang. Et Richelieu, par ses origines, est également solidaire de cette manière de voir. Mais un nouvel âge se préparait, mettant le service du Roi au-dessus de tout et faisant de la raison d'État la règle suprême qui doit s'imposer désormais au souverain comme à ses sujets.

L'exécution de Chalais, celles de Bouteville et Des Chapelles, la froide résolution que manifeste le cardinal en toutes circonstances, ont décuplé la haine qu'il suscite. A chaque instant, sa vie est maintenant menacée. Une garde nombreuse l'escorte dans ses déplacements, le suit pas à pas dans son existence de tous les jours. « C'est une fâcheuse chose », écrit-il à Bouthillier, « d'être contraint de se faire garder, étant certain que, dès l'heure qu'on est réduit à ce point, on peut dire adieu à sa liberté. Cependant, s'il fallait refaire encore les choses que j'ai faites pour y être obligé, je les referais de très bon cœur, et plus ils chercheront ma vie, plus chercherais-je à servir le Roi[2]. » Nécessité fait loi, le service du Roi avant toutes choses.

La même nécessité oblige Richelieu, avant même que s'achève le printemps de cette année 1627, à mettre sous le boisseau le plan de réformes qu'il a fait adopter quelques mois plus tôt par l'Assemblée des notables.

La paix est une condition indispensable à la réussite de ce vaste programme. Or la guerre, à l'intérieur comme à l'extérieur, se rallume, ruinant toutes ses chances et conduisant le cardinal à renvoyer à des jours meilleurs sa mise en application.

Les historiens se sont depuis longtemps demandé quelles pouvaient être les causes profondes de la volte-face de Richelieu. Pourquoi, en particulier, prend-il le risque d'une nouvelle lutte contre les protestants ? Pour les uns, le risque de voir les huguenots consti-

---

2. *Lettre à Claude Bouthillier*, 8 septembre 1626.

tuer un État dans l'État était devenu tellement grand que le cardinal se devait de réagir comme il l'a fait en allant mettre le siège devant le « nid de guêpes » de La Rochelle. D'autres estiment en revanche que ce péril n'existait pas, ou du moins ne revêtait pas la gravité qu'on lui a attribuée ; Richelieu, à leurs yeux, a provoqué les protestants, sans doute sous la pression du parti de la cause catholique militante qu'animent le Père Joseph, Bérulle, et surtout Marie de Médicis. Le fait est qu'un parti protestant existe, bénéficiant de garanties politiques et militaires, et contenant en germe tous les éléments d'un certain séparatisme. Fallait-il l'affronter comme on l'a fait ? Fallait-il le faire en 1627 ? Autant de questions insolubles. Plutôt d'ailleurs que des raisons doctrinales, peut-être faudrait-il rechercher en l'occurrence la part de considérations de pure opportunité, et admettre, comme le suggère Victor-Lucien Tapié, que la pensée de Richelieu fut « hésitante, contradictoire et beaucoup plus soumise aux événements qu'elle ne prétendit les provoquer ».

CHAPITRE XVII
La Rochelle

PERFIDE ALBION.
OÙ L'ON RETROUVE LA MAIN DE BUCKINGHAM

Les nouvelles en provenance d'Angleterre causent bien du souci au cardinal de Richelieu en ce début d'année 1627. Le mariage d'Henriette de France avec Charles Ier n'a pas eu les effets escomptés. Le ton monte à la Cour de Londres et Bassompierre, envoyé à l'automne 1626 auprès du Roi d'Angleterre, est tout étonné de s'entendre demander par le souverain s'il a pour mission de lui déclarer la guerre. Buckingham, Grand Amiral de la flotte anglaise, entreprend de renforcer celle-ci, poussant les préparatifs d'une expédition militaire dont la France apparaît comme la cible. On a beaucoup dit que Buckingham, ce faisant, obéissait aux ressentiments provoqués par l'échec de son roman d'amour avec Anne d'Autriche — échec dont il rendait Richelieu responsable. Nous savons tous à quel point sentiments et politique peuvent être mêlés ; mais ce qui est sûr, c'est que l'Angleterre ne devait à aucun prix laisser la France devenir une grande puissance maritime, ainsi que le gouvernement de Paris en affichait l'intention.

Pour améliorer les chances de la guerre préventive qu'elle projette, l'Angleterre a besoin d'alliés. Aussi paradoxal que cela puisse paraître, elle les trouve d'abord en Espagne. Madrid, en effet, a les mêmes intérêts que Londres. L'Espagne est encore une grande puissance commerçante, même si elle est engagée sur la voie d'un profond déclin. Maîtresse de l'Amérique centrale et du Sud, elle a dû céder une part du fructueux trafic avec ses colonies d'Outre-Atlantique aux Anglais et aux Hollandais et elle voit d'un mauvais œil la France en revendiquer une part à son tour. Quant à la solidarité religieuse entre Paris et Madrid, qui n'empêche nullement Louis XIII d'accorder son aide aux Provinces-Unies contre l'Espagne et aux princes protestants d'Allemagne contre l'Empereur, elle n'interdit pas davantage aux dirigeants espagnols de chercher à lui rendre la monnaie de sa pièce.

Le gouvernement anglais, cependant, voudrait avant tout s'assurer des appuis à l'intérieur du royaume de France. Si les souvenirs de la guerre de Cent Ans s'éloignent peu à peu, ceux des luttes menées en commun par les protestants anglais et français restent au contraire bien vivaces. Les liens avec La Rochelle et les communautés réformées d'entre Loire et Gironde sont étroits. Et c'est tout naturellement à Londres que s'est réfugié l'un des principaux personnages du parti huguenot, le prince de Soubise, frère du duc de Rohan. Le prince, qui a gardé des intelligences en Aunis et en Saintonge, constitue un précieux trait d'union entre l'Angleterre et les protestants du Centre-Ouest de la France.

Or, l'inquiétude règne chez les réformés de cette vaste région. D'abord parce que le gouvernement royal ne paraît pas décidé à tenir ses promesses de tolérance et de modération envers les huguenots. Ensuite, parce que Richelieu semble vouloir s'en prendre directement à la puissance commerciale de La Rochelle.

En se faisant nommer Grand Maître de la navigation, Richelieu pouvait aisément prévoir que ses nouvelles fonctions allaient porter ombrage aux ports traditionnels du royaume. Le pouvoir général qu'on lui donne sur l'ensemble des côtes de France met de toute évidence en péril les libertés et franchises de ces villes qui se sont habituées, depuis des siècles parfois, à pratiquer la navigation et le commerce sans entrave ni contrôle de la part de l'administration. Richelieu s'efforce de convaincre les communautés marchandes de la pureté de ses intentions. Afin de répondre, par exemple, à l'inquiétude des habitants de Saint-Malo, il charge le gouverneur de cette ville, le 20 février 1627, de leur porter la bonne parole : « Tant s'en faut que je veuille diminuer vos privilèges, qu'au contraire je tâcherai de les augmenter en tout ce qui me sera possible. » Les préoccupations des Malouins catholiques ne sont guère différentes de celles des habitants, en majorité protestants, de Marans, dans le Marais Poitevin, ou de La Rochelle. Le 12 février 1627, Richelieu écrivait à Guron, gouverneur de Marans, pour lui demander de rassurer la population de la ville. Le 16 février, il adressait les mêmes recommandations à Le Doux, son agent à La Rochelle. Mais à la différence des Malouins, les Rochelais, instruits par la longue expérience de leurs démêlés souvent sanglants avec le Roi très chrétien, ont appris à regarder, au premier signe de danger, du côté de leurs coreligionnaires hollandais, allemands et anglais pour en attendre d'éventuels secours. Le gouvernement de Londres sait que la montée des périls ne peut que les inciter à se tourner vers lui.

Pendant tout le mois de février 1627, Richelieu reçoit des informations alarmantes sur les préparatifs qui s'accélèrent dans les ports anglais de la Manche. Il fait renforcer les gardes côtières tout au long du littoral atlantique, donne instruction de rassembler et d'armer les bateaux civils. Sur le plan diplomatique, il s'efforce de resserrer les liens du gouvernement royal avec celui des Provinces-Unies, et s'applique à empêcher la conclusion d'une alliance entre l'Angleterre et l'Espagne. A Madrid, une véritable course-poursuite s'engage entre agents anglais et français pour gagner l'amitié espagnole. Philippe IV choisit en définitive de traiter avec Paris en signant avec le Roi de France un accord qui, pour la première fois, organise une véritable alliance offensive et défensive. La conclusion du Traité de Madrid, en avril 1627, est saluée comme une victoire considérable par le parti catholique pro-espagnol à Paris. Richelieu est plus sceptique, car il considère que les Espagnols veulent uniquement donner le change et souhaitent au fond d'eux-mêmes la victoire de l'Angleterre dans le conflit qui ne peut manquer de l'opposer à la France.

Aux yeux des protestants français, le traité avec l'Espagne annonce le déclenchement d'une nouvelle vague de persécutions contre eux. La propagande de Soubise trouve à La Rochelle un terrain on ne peut plus favorable. Richelieu met en garde les Rochelais, les invite à résister aux sollicitations des mauvais bergers : « Ils gagneront autant par ce procédé comme ils perdraient par la voie que le sieur Soubise voudrait bien qu'ils embrassent. »

A la mi-juin, 90 vaisseaux sont prêts à appareiller de Portsmouth. Buckingham, en sa qualité de Grand Amiral, prend le commandement de la flotte, qui emporte un corps expéditionnaire de 8 000 à 10 000 hommes. Le départ a lieu le 27 juin. Officiellement, la destination de la flotte reste secrète, et la France n'est théoriquement pas plus visée que quelqu'autre pays que ce soit. Aucune déclaration de guerre n'a été prononcée, aucune plainte sur un sujet quelconque formulée auprès de la Cour de France. Mais les instructions de Charles Ier à Buckingham sont tout à fait claires ; Londres est décidé à réagir contre l'intention du Roi de France « d'étendre sa monarchie sur l'Océan et d'arracher à l'Angleterre cette souveraineté en ces mers auxquelles les royaumes de Grande-Bretagne ont donné leur nom et dont tous ses ancêtres ont joui de temps immémorial ».

Bataille pour l'Ile de Ré

Quelques jours plus tard, la flotte anglaise est signalée au large de la Bretagne. Richelieu, hors d'état de deviner en quel point de la côte elle se propose d'aborder, fait à tout hasard concentrer quelques milliers d'hommes en Poitou, et recommande à chacun de redoubler de vigilance. Le 25 juillet les voiles anglaises apparaissent au large de l'Ile de Ré. Le gouverneur de l'Aunis, le maréchal de Toiras, se trouvait dans l'île à la tête d'une petite garnison n'atteignant pas 3 000 hommes, et répartie entre deux forts, le Fort Saint-Martin et le Fort de La Prée. Le 26 juillet, Buckingham, qui emmène Soubise avec lui, débarque à la pointe de Sablanceaux. Toiras lui oppose une vive résistance, mais doit bientôt se retirer sous le nombre ; il met le gros de ses forces à l'abri des murailles du Fort Saint-Martin, que l'armée anglaise entreprend aussitôt d'assiéger. Une guerre d'usure s'engage entre Français et Anglais, Buckingham comptant davantage sur l'épuisement des vivres que sur un assaut trop coûteux en vies humaines pour obtenir la reddition de Toiras.

D'actives négociations se déroulent pendant ce temps avec les Rochelais. De La Rochelle, 800 hommes partent comme volontaires auprès de Buckingham. Mais la municipalité, exprimant sans doute l'opinion d'une partie de la population, des bourgeois, des officiers surtout, refuse d'autoriser Soubise à entrer dans la ville. Il faut l'intervention passionnée de la mère du prince de Soubise, la duchesse douairière de Rohan, pour lui permettre de se faire entendre. De leur côté, les agents de Richelieu multiplient leurs efforts afin de maintenir la ville dans son devoir.

A la fin du mois de juin, Louis XIII s'était mis en route pour rejoindre l'armée constituée en Bas-Poitou et en prendre le commandement, provisoirement confié au duc d'Angoulême. Deux jours après son départ, il est victime, à Villeroy-en-Brie, d'une fièvre si violente que l'on craint pour sa vie. C'est là que Richelieu reçoit la nouvelle du débarquement de l'Ile de Ré. Auprès du Roi mourant, le cardinal se dépense sans compter, fait face à tout par ses propres moyens. L'État n'a pas le sou. Richelieu, sur son crédit personnel, emprunte 1 500 000 livres, et obtient de financiers amis des concours pour un total de 4 millions de livres.

Tous ses efforts se concentrent sur un objectif prioritaire : secourir Toiras. On dirige sur les côtes proches de l'Ile de Ré les nombreux bateaux réquisitionnés tout le long du littoral atlantique. Richelieu fait promettre 30 000 livres au marin qui mènera le premier 50 tonneaux de vivres à Saint-Martin-en-Ré. Dix mille hommes de troupe sont rassemblés sur le littoral, à la fois pour passer dans l'île dès qu'il sera possible de forcer le blocus anglais, et pour dissuader les Rochelais d'écouter la propagande de Soubise.

Pendant tout le mois d'août, on assiste à d'intenses marchandages entre les agents de Richelieu et la municipalité de La Rochelle. Mais celle-ci veut mettre au plus haut prix la fidélité de la ville, et les prétentions émises, telle la demande relative à la destruction du Fort Louis, apparaissent inacceptables au gouvernement royal, qui ne peut que les rejeter. Alors, le 10 septembre, les Rochelais ouvrent le feu sur l'armée du Roi. Louis XIII, dont la santé s'est rétablie, arrive le surlendemain aux abords de la ville et, prenant personnellement le commandement de l'armée, fixe son quartier général à Aytré. Ainsi commence le siège de La Rochelle, qui n'est pour le moment qu'un simple blocus terrestre. Tout reste subordonné d'ailleurs à la reconquête de l'Ile de Ré.

Au mois de septembre, les premiers secours en vivres destinés à Toiras parviennent à passer. Mais le chef des assiégés du Fort Saint-Martin fait savoir qu'il ne pourra tenir au-delà du 8 octobre s'il ne reçoit pas d'ici là des secours substantiels. Une importante expédition est mise sur pied. La tentative aura lieu dans la nuit du 7 au 8 octobre. Qu'elle réussisse ou qu'elle échoue, elle n'est qu'une étape dans une guerre qui promet d'être longue. L'armée campée autour de La Rochelle compte 20 000 hommes, mais il faut aussi faire face à un deuxième foyer de rébellion qui s'est allumé en Languedoc, où le duc de Rohan a réussi à mobiliser une partie des protestants du Midi. Richelieu, invoquant le traité d'alliance signé au mois d'avril, demande à l'Espagne d'envoyer en renfort sa flotte de Dunkerque. Le prince de Condé est nommé à la tête de l'armée royale qui va être dirigée contre les protestants du Languedoc. Richelieu lui explique le 6 octobre l'enjeu du combat : « Il faut ruiner les huguenots. Si Ré se sauve, facile. S'il se perd, plus difficile mais faisable et nécessaire comme l'unique remède de la perte de Ré. Autrement, les Anglais et les Rochelais seraient unis et puissants. Que Ré se perde ou se sauve, il sera nécessaire de porter la guerre en Angleterre, vu que par là on empêchera les Anglais de la reporter au-dedans. » Il y va, en effet, de l'autorité du Roi de France. Pour tous les factieux en puissance, le siège de La Rochelle devient un symbole. « Nous serions des sots », déclare Bassompierre, « de prendre La Rochelle. » Louis XIII présent, il faut s'incliner et faire preuve de loyalisme, au moins en apparence, ce qui d'ailleurs n'empêche nullement la noblesse française de continuer à se livrer à son passe-temps favori : les querelles de préséance. Celle qui éclate entre le duc d'Angoulême, Bassompierre et Gaston d'Orléans met l'armée en émoi, et le Roi doit jeter tout son poids dans la balance pour apaiser le conflit.

Qu'il est agréable, au contraire, de travailler avec des religieux, et particulièrement ces Capucins que dirige et anime le Père Joseph ! Ce dernier s'est modestement installé dans une masure à demi-ruinée, fréquemment inondée par la montée des eaux du marais. Il y reçoit un incessant va-et-vient d'espions et de transfuges, qui lui transmettent de précieux renseignements sur le moral des Rochelais, les dissensions qui les agitent, l'état de leurs forces.

Mais il faut d'abord sauver Toiras. L'expédition de la dernière chance réussit à faire passer les 2/3 des secours qu'on lui destinait.

Pour les assiégés du Fort Saint-Martin, c'est un nouveau et précieux répit, tandis que les Anglais sont saisis par le découragement. Le manque de vivres, le mauvais temps, favorisent l'apparition des fièvres, qui déciment les hommes de Buckingham. En octobre, mois de la vendange, les soldats se ruent sur le raisin ; la dysenterie fait des ravages dans le camp anglais. Le 20 octobre, pour sortir ses troupes d'une pernicieuse inaction, Buckingham tente d'emporter de front les fortifications françaises. L'attaque échoue, après de lourdes pertes. A la fin du mois d'octobre, le blocus anglais est une nouvelle fois forcé. Avec des approvisionnements et des munitions en abondance, c'est aussi une armée de 1 200 hommes commandée par Schomberg qui se jette dans l'île. Certes, Buckingham a réussi à entraîner les Rochelais dans la révolte, mais il est comme pris au piège dans cette Ile de Ré d'où il ne parvient pas à déboucher sur le continent.

La balance des forces penche désormais du côté des Français. Tentant le tout pour le tout, Buckingham, au matin du 6 novembre, donne l'assaut aux Forts Saint-Martin et de La Prée. En vain. Ce nouvel échec coûte plus de 600 hommes au corps expéditionnaire anglais. Le lendemain, Buckingham évacue l'île tout en faisant porter aux Rochelais la promesse de revenir avec une armée plus nombreuse. Durement harcelé pendant que les troupes rembarquent par l'étroite chaussée de Loix, le corps expéditionnaire perd encore 1 500 à 1 600 hommes Ce n'est plus un insuccès mais une vraie défaite. Buckingham n'aura de cesse qu'il l'ait effacée par une revanche éclatante.

L'Ile de Ré délivrée, toutes les forces disponibles peuvent être maintenant concentrées contre La Rochelle. Sommée de capituler, la municipalité, à l'instigation de Guiton, décide de poursuivre la lutte.

La Rochelle assiégée

Richelieu, qui exerce le commandement effectif des troupes pour le compte de Louis XIII, doit arrêter le plan le plus apte à permettre d'obtenir la reddition de la place rebelle. Ce n'est pas la première fois, en effet, que La Rochelle affronte l'armée royale. Or, toutes les tentatives précédentes ont échoué, démontrant que la ville ne peut être réduite que si le siège par terre est complété par un blocus maritime efficace. Après avoir hésité sur le choix des méthodes, Richelieu trouve dans la culture classique acquise du temps de ses études au Collège de Navarre le modèle à suivre. S'inspirant du récit que l'historien latin Quinte-Curce donne du siège de Tyr par Alexandre, Richelieu décide la construction d'une digue suffisamment éloignée de la ville pour être à l'abri de ses batteries, mais suffisamment protégée pour décourager toute tentative de forcer le blocus aussi bien de l'intérieur de la rade qu'en provenance de la haute mer.

Aux retranchements édifiés du côté terrestre, qui se déploient sur une longueur de douze kilomètres, va donc s'ajouter une digue destinée à fermer le chenal d'accès au port de La Rochelle. Les problèmes techniques ne sont cependant pas simples à résoudre ; il faut notamment tenir compte des marées. Après avoir examiné différents plans, Richelieu donne son aval à celui que présente Clément Métezeau, ingénieur et architecte du Roi, dont l'exécution sera supervisée par Jean Thiriot, maître-maçon. Il consiste à édifier, à l'abri d'une ceinture de bateaux coulés, un mur en pierres sèches, c'est-à-dire posées et assemblées les unes sur les autres sans mortier, en laissant au milieu de l'ouvrage une ouverture assez large pour permettre le passage du flux et du reflux.

Les travaux commencent le 30 novembre sous la direction de Bassompierre, décidément résigné à servir sans défaillance l'accroissement du pouvoir monarchique. Le Roi, Richelieu, mettent eux-mêmes la main à la pâte. Pour hâter les choses, on fait appel à des soldats volontaires, à qui l'on donne vingt sous par jour. Au début de février 1628, le général Ambrogio de Spinola, qui se rend de Flandre en Espagne en passant par la France, vient visiter l'ouvrage ; sincèrement impressionné, il ne ménage pas ses compliments, qui vont droit au cœur de Louis XIII et de Richelieu. Malgré les tempêtes d'équinoxe, le gros de la construction est achevé à la fin du mois de mars. Richelieu a voulu presser le mouvement car on s'attend à tout moment à voir apparaître la flotte de secours promise par Buckingham aux Rochelais lorsqu'il a dû évacuer l'Ile de Ré.

La digue est couverte du côté du large par quelque deux cents bateaux enchaînés les uns aux autres et coulés, chargés de pierres, de mortier et de gravier. Ils constituent une première protection contre les navires anglais et aussi contre les coups de boutoir de la mer. La digue elle-même, haute d'une vingtaine de mètres et surmontée de talus et de caniveaux destinés à amortir le choc des vagues, s'étend sur une longueur totale de 1 500 mètres environ. Elle comprend deux branches qui s'appuient l'une sur la pointe de Chef-de-Baie au nord, l'autre sur la pointe des Minimes au sud. Au milieu de l'ouvrage s'ouvre un goulet dont la largeur, théoriquement, ne dépasse pas 30 toises — environ 60 mètres ; elle est en fait beaucoup plus grande en raison de la violence du courant de marée qui érode sans cesse les extrémités de la digue, malgré le perpétuel travail de consolidation auquel se livrent les soldats-ouvriers de Richelieu.

Le point faible du dispositif est en effet la passe, par laquelle de petits bateaux peuvent encore se glisser, et qu'une grosse escadre pourrait peut-être forcer. Elle est pourtant défendue par des canons qui battent le goulet et hérissée de pieux plantés en quinconces à l'intérieur du chenal et reliés par des poutres ; on les surnomme « les chandeliers ». Des tonneaux, réunis les uns aux autres par des anneaux de fer, flottent à la surface de la mer. Afin de se prémunir contre une attaque, on a construit au sommet de l'ouvrage des retranchements tournés aussi bien face au large que face à la ville ; des tours carrées les renforcent de place en place. A l'ancre derrière la digue, 26 navires prêtent main-forte aux troupes qui y stationnent en permanence. Même si le barrage n'est pas totalement hermétique, même si quelques barques parviennent, de nuit et par gros temps, à gagner le port, La Rochelle ne pourra pas résister indéfiniment — à moins que l'Angleterre n'envoie les secours promis. Pour Richelieu, tout le problème consiste à se montrer plus tenace que les Rochelais et les Anglais.

Le siège promettant d'être long, il faut être sûr du nerf de la guerre. On fait appel à l'Assemblée du Clergé, qui se réunit le 6 février 1628 à Poitiers d'abord, puis à Fontenay-le-Comte. Ses travaux se prolongent, car l'Église ne manifeste pas un enthousiasme forcené pour participer aux frais. L'Assemblée siégera jusqu'au 24 juin 1628 ; avant de se séparer, elle finit par voter en maugréant une subvention extraordinaire de 3 millions de livres.

Tenir n'est pas seulement une question d'argent, mais aussi un problème de moral. On fait massivement appel aux secours de la religion. Les prêtres, les Capucins — auxiliaires favoris du cardinal — pullulent littéralement dans le camp de l'armée royale. Ils contribuent au maintien de l'ordre et à la bonne tenue des troupes : les cabarets sont autorisés, mais l'accès en est réglementé, et Richelieu punit avec fermeté les soldats qui s'enivrent ; les prostituées sont bannies, et l'on organise de nombreuses messes. Afin d'éviter que l'inaction ne provoque des actes d'indiscipline, les soldats sont maintenus en haleine grâce à de fréquents exercices.

Richelieu ne ménage pas pour autant les plaisirs profanes. L'argent coule à flots, le cardinal dépense largement ; fêtes et réjouissances se succèdent. Elles ont l'avantage d'occuper les soldats, et l'on compte en outre que les échos qui en parviendront aux malheureux assiégés contribuent à leur saper le moral. Une ode de Racan décrit cet étrange spectacle :

> « Parmi les sanglants exercices
> De tant de bataillons épais,
> On jouit comme en pleine paix

De l'abondance et des délices.
Ils ne nous ont jamais quittés.
Paris et ses commodités
Nous suivent par toute la terre
Et semble qu'il ne soit permis
Aux malheurs qu'apporte la guerre
De nuire qu'à nos ennemis. »

Tout n'est cependant pas pour le mieux dans le meilleur des mondes. En effet, Louis XIII quitte l'armée le 10 février 1628. Officiellement, son état de santé déficient réclame un changement d'air. En fait, il s'ennuie, la chasse au renard lui manque, et il manifeste une envie irrésistible de regagner Paris. Il laisse les troupes sous le commandement de Richelieu, nommé lieutenant général. Cette fonction avait été confiée, au début des opérations, à Gaston d'Orléans. En la conférant au cardinal, Louis XIII fait bénéficier d'une distinction inouïe un homme qui ne descend après tout que d'une famille de petite noblesse. Une majorité de courtisans s'accorde à trouver scandaleuse une faveur aussi considérable, et l'on murmure contre l'ambition irrésistible dont elle témoignerait chez Richelieu.

Le départ du Roi de l'armée est cause, pour le cardinal, d'une autre sorte d'alarmes, car le souverain, à Paris, se trouve désormais exposé sans contrepoids à toutes les pressions que peuvent exercer sur lui les ennemis du siège de La Rochelle. Et ils sont nombreux ! Au premier rang figurent paradoxalement les chefs du parti catholique. Ils devraient applaudir à l'œuvre de salubrité menée par le cardinal ; mais la méfiance qu'inspire son autoritarisme est si forte qu'ils insistent auprès du Roi afin qu'il mette un terme aux opérations. Quant à Marie de Médicis, l'un des plus fermes soutiens de Richelieu au début du siège, elle demande maintenant la conclusion rapide d'un accommodement, même boiteux, avec les rebelles ! Son attitude semble d'ailleurs étrangement proche de celle du gouvernement espagnol qui, lui aussi, prêche pour un compromis. Certes, il s'est engagé à fournir les secours que le Roi de France lui a réclamés en application du Traité de Madrid. Mais Dieu que ceux-ci tardent à venir ! On attend toujours la venue de la flotte de Dunkerque, dont l'appareillage, sous des prétextes variés, est sans cesse retardé. Pendant ce temps, les informations provenant d'Angleterre montrent que Charles Ier et Buckingham, de leur côté, font diligence pour mettre sur pied une nouvelle expédition dirigée contre la France.

Les Anglais tournent bride. L'assassinat de Buckingham

Le souverain anglais a modérément goûté les sarcasmes qui ont suivi l'échec de son équipée dans l'Ile de Ré. On colporte à Londres les propos tenus par Louis XIII à l'ambassadeur de Savoie en poste à Paris : « Hélas, si j'avais su que mon frère d'Angleterre convoitât l'Ile de Ré, je la lui aurais vendue pour la moitié du prix qu'elle a coûté. » Les pamphlétaires parisiens, qui n'y vont pas de main morte, suggèrent que Buckingham, à défaut de conquérir l'Ile de Ré, s'en aille plutôt prendre la tour de Londres, davantage à sa portée. Bref, les Français n'ont pas le triomphe modeste, et le Roi Charles, blessé dans son orgueil, ne songe qu'à venger son honneur gravement atteint.

Les justifications politiques de son attitude sont toujours les mêmes. Ainsi, dans une dépêche en date du 2 janvier 1628, l'ambassadeur de Venise à Londres relate la conversation qu'il vient d'avoir avec le Roi d'Angleterre. Que lui a confié celui-ci ? Que c'est la faute de Louis XIII s'il se voit contraint d'offrir sa protection aux huguenots : « Il est résolu à prendre La Rochelle », dit en effet Charles Ier, « et moi, je suis résolu à ne pas supporter cela. »

L'opinion anglaise cependant ne comprend pas très bien l'utilité de cette expédition, malgré les sentiments de solidarité qui l'attachent à la cause des protestants français. Charles Ier doit se résoudre à convoquer le Parlement pour essayer d'obtenir de lui l'argent nécessaire. Car les caisses sont dramatiquement vides. En janvier 1628, il y a dix mois que les marins de Portsmouth n'ont pas touché leur solde ; ils se mutinent, parlent de marcher sur Londres pour se faire payer leur dû.

Entre Richelieu et ses adversaires, une course de vitesse est engagée. Le cardinal appréhende par-dessus tout un enlisement de la guerre qui ne pourrait, pense-t-il, que lui être fatal. Sur la foi de renseignements recueillis grâce au réseau d'informateurs du Père Joseph, il tente contre La Rochelle une attaque brusquée. Richelieu a appris qu'il était possible de passer, par des chenaux bourbeux, sous l'une des portes de la ville, la Porte Maubec. On décide de la faire sauter afin de pratiquer une brèche par où l'armée royale pourrait s'engouffrer. L'attaque aura lieu dans la nuit du 12 au 13 mars 1628. Mais une mauvaise coordination entre les différents groupes qui prennent part à l'opération fait échouer l'entreprise.

Il faut donc se résigner à poursuivre le siège, et se préparer à faire face à la flotte de secours envoyée par les Anglais.

Richelieu a raflé tous les bateaux disponibles, depuis Bayonne jusqu'à l'embouchure de la Somme. On pousse au maximum les travaux de mise en état de 30 vaisseaux de haut bord destinés à la marine royale et présentement en construction dans les arsenaux. Des agents du cardinal se rendent en Hollande pour acheter des navires qui sont ensuite conduits devant La Rochelle.

En Angleterre, la fin du mois d'avril voit l'achèvement des préparatifs. Le gouvernement de Londres est parvenu à payer les marins, à armer les vaisseaux, mais la flotte anglaise, si elle a fière allure, ne compte que 53 voiles. Encore n'y a-t-il sur ce total que 8 vaisseaux de la marine royale à côté de 27 bateaux marchands réquisitionnés et de 20 navires auxiliaires. L'objectif essentiel étant de forcer le blocus de La Rochelle, on emporte une quantité de vivres nécessaire pour assurer la subsistance de 10 000 à 12 000 personnes pendant six mois.

L'expédition anglaise quitte Portsmouth le 8 mai 1628. La navigation est rapide, et dès la mi-mai la flotte, sous les ordres de Lord Denbigh, apparaît en vue de La Rochelle. Ce personnage est un parent de Buckingham, lequel, malgré son désir, n'a pas pu en prendre lui-même le commandement car son impopularité qui croît de jour en jour lui fait juger plus sage de rester à Londres. L'amiral anglais arrivant devant les fortifications édifiées par l'armée royale les trouve beaucoup plus redoutables qu'il ne le pensait. Les attaquer de front lui semble une folie. Il les canonne de loin, avec zèle et application, mais sans grand dommage pour la digue. Les batteries françaises ripostent. Louis XIII, revenu à l'armée depuis la mi-avril, sert comme simple canonnier. Le 16 mai, Lord Denbigh essaie d'incendier la digue en envoyant à marée montante un brûlot et une chaloupe. L'opération échoue. On s'attend à de nouvelles tentatives lorsque, le 18 mai, les Français stupéfaits voient la flotte anglaise virer de bord et faire voile vers le large. Lord Denbigh s'en retourne tout bonnement en Angleterre.

Cette retraite incompréhensible a suscité toutes sortes d'interrogations. D'après Lord Denbigh lui-même, elle est due à un malentendu ; quelques bateaux de La Rochelle qui l'accompagnaient, ayant mal compris ses ordres, se seraient éloignés en direction de la haute mer ; Lord Denbigh se voyait obligé de les suivre afin de ne pas diviser ses forces. Voltaire affirmera plus tard que Buckingham est responsable de l'ordre de départ ; il l'aurait fait à la suite d'une intervention personnelle effectuée auprès de lui par Anne d'Autriche sur l'injonction de Louis XIII. Il n'existe aucune preuve en ce sens : s'il est vrai qu'Anne d'Autriche a écrit quelques mois plus tôt à Buckingham, sous la pression de son mari, afin de dissuader le favori du Roi d'Angleterre de poursuivre la réalisation de ses projets, on a également pu constater que Buckingham n'en avait tenu aucun compte. Enfin, les diplomates hollandais prétendaient, quant à eux, que les fonds secrets avaient fait merveille : Richelieu aurait tout simplement soudoyé Lord Denbigh et ses collaborateurs.

Quoi qu'il en soit, les Anglais s'en vont, alors que, selon certains observateurs étrangers, une entreprise en force contre la passe ménagée au milieu de la digue aurait pu permettre à Lord Denbigh, sinon de rompre l'investissement de La Rochelle, du moins de faire entrer dans le port quelques secours en vivres, prolongeant d'autant la résistance des assiégés. Comme le note l'ambassadeur de Venise dans une dépêche qu'il adresse à son gouvernement le 12 juin 1628, le goulet s'est élargi à la suite de fortes tempêtes, et les extrémités de la jetée qui le délimitent sont maintenant distantes de mille pas ; dans ces conditions, les défenses du goulet seraient insuffisantes pour « arrêter quiconque serait résolu à entrer, pas plus que les toiles d'araignées ne peuvent arrêter les aigles, ni les filets enchaîner les vents ». Les Anglais n'ont pas su oser.

Dès que la flotte de Denbigh aborde à Portsmouth, le gouvernement de Sa Gracieuse Majesté décide de la renvoyer à La Rochelle. On admet cependant la nécessité de la renforcer au préalable. Mais la situation politique en Angleterre est marquée par l'assaut général que lancent contre Buckingham tous les adversaires de la politique absolutiste de Charles Ier ; à tort ou à raison, le favori est considéré comme le mauvais génie du Roi. Du coup, l'armement et l'approvisionnement des navires ne progressent pas aussi vite qu'on le voudrait à la Cour de Londres. Fin juillet, Buckingham se rend à Portsmouth afin de se rendre compte par lui-même de l'état d'avancement des choses ; il ne peut cacher son dépit : « Je ne trouve rien de plus difficultueux et de plus incertain que les préparatifs que l'on fait ici en vue de l'expédition de La Rochelle. Chacun dit que tout ce dont il est responsable est prêt et cependant tout reste à un point d'arrêt. » Richelieu, parfaitement renseigné par ses espions sur les difficultés rencontrées par le gouvernement anglais, se réjouit d'avoir déjà remporté la première bataille, celle de l'efficacité.

Vers le 20 août, Buckingham pense toucher enfin au but. Le départ de l'expédition, dont il a décidé de prendre lui-même le commandement, est imminent. Mais le 23 août au soir, alors qu'il se lève de table après le dîner, un homme, au milieu de la foule qui l'entoure, s'approche de lui, le frappe de deux coups de couteau : Buckingham s'écroule. Nul n'a rien vu, et tandis que le favori du Roi expire, des cris s'élèvent dans la salle : « C'est un Français, c'est un Français. » Se voyant frustré du bénéfice de son geste, le meurtrier s'avance pour revendiquer l'honneur de son acte. C'est un Anglais, un puritain nommé Felton, qui entendait, paraît-il, punir en Buckingham le débauché, le corrompu. Il avait également des raisons personnelles de lui en vouloir : servant comme soldat dans l'expédition de l'Ile de Ré, il avait sollicité de Buckingham sa promotion au grade de lieutenant, et essuyé un cinglant refus.

Agonie d'une ville

Une partie de la population de La Rochelle s'interroge sur l'opportunité de poursuivre un combat qui semble désormais voué à l'échec. Mais ce sont les partisans de la lutte à outrance qui l'emportent. Guiton a été élu maire le 30 avril 1628. Un programme simple : lutter jusqu'au bout. Pour illustrer sa détermination, le nouveau maire plante son poignard dans la table autour de laquelle sont réunis les membres du conseil municipal, jurant de l'enfoncer avec la même énergie dans le cœur du premier qui parlera d'engager des pourparlers avec le gouvernement du Roi. L'arrivée de la flotte commandée par Lord Denbigh avait soulevé un immense espoir. Les cloches des églises sonnent à toute volée, et l'on sort les plus belles tapisseries pour en orner les façades des maisons en prévision de l'entrée triomphale des Anglais. L'échec de l'expédition de secours plonge la population dans l'abattement. Guiton fait décider le 24 mai l'expulsion des bouches inutiles. Pendant des jours, des semaines parfois, femmes, enfants, vieillards vont agoniser entre les murailles de la ville, qui restent obstinément closes, et les lignes de l'armée royale, qui a reçu l'ordre de les repousser. Horrible spectacle que ces milliers de spectres pitoyables, errant le long des fossés, grattant le sol à nu pour en arracher la racine, le ver de terre, qui leur permettront de survivre quelques heures encore.

Les défenseurs de la ville sont à peine mieux lotis. Dès le mois de juin, toutes les réserves de provisions sont épuisées. On mange les chevaux, les chiens, les chats ; même les souris se font rares. Dans la baie, on trouve des petits poissons, des crevettes, des coquillages qui viennent améliorer l'ordinaire de limaces et d'herbes. La duchesse de Rohan, dans sa vaisselle d'argent, sert le cuir des harnais et des bottes. Les femmes confectionnent du « pain chaudi » avec des racines de chardon. On se passe des recettes. Saviez-vous que le cuir et le parchemin bouillis sont presque mangeables si vous les additionnez de cassonade ? Tenir jusqu'à l'arrivée de la troisième expédition anglaise ; lancinante obsession qui permet à ce peuple d'ombres de continuer à monter la garde sans défaillance.

L'été venu, Richelieu perd courage. A l'heure qu'il est, tous les habitants de la ville maudite devraient avoir rendu l'âme depuis longtemps. Et pourtant, ils résistent. Des déserteurs, il y en a certes. Mais ils sont aussitôt pendus haut et court — ce qui ne constitue peut-être pas le meilleur moyen pour inciter leurs camarades à en faire autant. Des agents s'introduisent dans la ville, couvrent les murs de placards accusant les riches de s'engraisser sur le dos des pauvres ; Guiton échappe à plusieurs attentats. Le baron de Feuquières, cousin du Père Joseph, capturé par les Rochelais lors d'une escarmouche, est traité avec les honneurs dus à son rang : tous les jours, à l'heure du déjeuner, ses gardiens lui apportent le somptueux repas confectionné dans les cuisines royales à son intention ; des messages du Père Joseph et de Richelieu accompagnent le bœuf rôti et les desserts de fraises destinés au noble captif, ainsi promu au rôle de négociateur officieux. La résolution de Guiton et du conseil municipal reste inébranlable ; ils attendent sans broncher l'aide de Dieu et de la flotte anglaise.

L'assassinat de Buckingham n'a pas entamé la détermination de Charles Ier. L'envoi de sa flotte au secours de La Rochelle est une affaire où son honneur personnel est engagé. Le temps de nommer un nouveau commandant en la personne de Lord Lindsey et, le 17 septembre, on quitte Portsmouth. Le 28, les Anglais sont en vue d'Olonne, le 29 ils mouillent en face de Saint-Martin-en-Ré, et le 30 septembre à Chef-de-Baie. Qu'elle a fière allure, la flotte de Lindsey, avec ses 150 voiles ! Le cœur des Rochelais vibre d'allégresse. A nouveau, les cloches sonnent à toute volée tandis que l'on s'apprête au combat. Un homme, au moins, ne partage pas cet optimisme : c'est Lord Lindsey ; vues du large, les fortifications qui hérissent la digue apparaissent redoutables ; au surplus, la flotte anglaise porte un corps expéditionnaire de 5 000 soldats seulement, alors que l'armée de Louis XIII en compte plus de 20 000. Pendant quelques jours, l'amiral anglais observe la digue, le comportement des troupes françaises, tandis que l'enthousiasme, peu à peu, s'éteint dans La Rochelle en proie au doute le plus affreux. A deux reprises, Lord Lindsey offre le combat à la flotte du Roi, qui refuse de s'engager. Alors, le 3 octobre, il entreprend de bombarder la digue. Les batteries françaises, comme au mois de mai, ripostent : avec efficacité ; Louis XIII qui, une fois de plus, sert le canon, met au moins un coup au but. Cinq mille boulets sont ainsi échangés.

Le lendemain, le combat recommence. Lord Lindsey lance contre la digue des brûlots que masque la fumée dégagée par des navires chargés de fumier frais auxquels on a mis le feu. L'attaque échoue. Estimant qu'il a fait son devoir et qu'à l'impossible nul n'est tenu, Lindsey envoie un émissaire au cardinal pour lui demander, au nom du Roi d'Angleterre, d'inciter Louis XIII à la clémence envers ses sujets rebelles. Aux Rochelais, il donne le conseil de négocier avec leur souverain légitime.

La troisième expédition anglaise tourne bride à son tour pour regagner son pays. La lutte de La Rochelle arrive à son terme. Dans la ville exsangue, les forces manquent aux survivants pour ensevelir les morts. Le 18 octobre, on compte 400 cadavres abandonnés par les maisons et par les rues. Des scènes de folie se produisent. Deux femmes sont surprises alors qu'elles mangeaient des morceaux de chair humaine découpés sur un cadavre. La municipalité comprend qu'il n'y a plus d'issue. Le 27 octobre, les députés de la ville se présentent devant Richelieu. Celui-ci les entend avec surprise énoncer des conditions. Il n'y a rien à négocier, coupe-t-il brutalement, et le Roi de France ne veut accepter qu'une reddition pure et simple. Retournés auprès des leurs, les émissaires rapportent les propos du cardinal. Le lendemain 28 octobre, les voici de nouveau face à Richelieu, au château de La Sauzaie où il est installé : ils sont venus lui remettre la capitulation de la ville. L'acte est immédiatement porté à Louis XIII, qui se trouve à Surgères, à une trentaine de kilomètres de La Rochelle. Le souverain signe la grâce qui accorde aux habitants de la ville la vie sauve et la liberté d'exercice du culte protestant.

La chute de La Rochelle

Le 29 octobre, Richelieu, faisant défense à Guiton « sur peine de la vie » de s'intituler désormais maire, se prépare à entrer dans La Rochelle. Les premiers détachements prennent possession le 30 octobre des fortifications. Nous connaissons l'effectif des gens de guerre qui les défendaient : 64 Français et 90 Anglais ; c'était là le dernier carré de la résistance rochelaise. On nettoie les rues des morts qui les jonchent avant l'entrée du Roi, prévue pour le 1er novembre. De 28 000 habitants au début du siège, la population est tombée à 5 500. Richelieu est impressionné par le spectacle qui l'attend : « On trouva la ville toute pleine de morts, dans les champs, dans les maisons, et dans les rues et places publiques ; la faiblesse de ceux qui restaient étant venue à tel point, et le nombre de ceux qui mouraient étant si grand, qu'ils ne se pouvaient enterrer les uns les autres et laissaient leurs morts gisant où ils avaient expiré, sans que pour cela l'infection en fût grande dans la ville, pour ce qu'ils étaient si atténués de jeûne, qu'étant morts ils achevaient plutôt de se dessécher qu'ils ne pourrissaient. »

Le 1er novembre au matin, le cardinal célèbre la messe dans un temple protestant rendu au culte catholique. Au début de l'après-midi, le Roi fait son entrée dans la ville.

La reddition de La Rochelle ne donne lieu à aucune scène de pillage ou de violence. Richelieu y voit l'effet des sages dispositions qu'il a prises pendant les mois de siège, et notamment de l'action des religieux.

Soucieux de bien marquer que « cette guerre était un fait d'État et non de religion », le Roi confirme le libre exercice du culte protestant. La magnanimité du Roi à l'égard des personnes mérite d'être soulignée. Louis XIII accorde un pardon général, dont ne sont exclus que Guiton, cinq de ses collègues du conseil municipal, et la vieille duchesse de Rohan, tous priés de quitter la ville. Mais même à l'égard de Guiton, la vengeance du cardinal et de Louis XIII reste bénigne. Retiré à Tonnay-Boutonne, l'ancien maire de La Rochelle reviendra bien souvent dans sa cité natale au cours des années suivantes. En 1636, on le retrouve comme officier dans la marine royale, et l'on relève sa présence en bonne place parmi les troupes qui s'emploient à reprendre les Iles de Lérins occupées par les Espagnols. En 1638, il s'illustre tout particulièrement dans les combats qui donnent la victoire à la flotte française sur celle de Madrid au large de Guétary, en Pays Basque espagnol. Guiton mourra paisiblement à La Rochelle le 16 mars 1654, à l'âge de 69 ans.

La ville, en revanche, est durement punie. Le culte catholique est rétabli. Louis XIII propose au Père Joseph le titre d'évêque de La Rochelle. Le Capucin, touché par cette marque d'estime, refuse l'offre du Roi : il se contentera d'organiser, avec un autre Capucin, le Père Ange de Mortagne, l'œuvre des missions destinées à réimplanter la foi catholique dans la « Mecque du protestantisme ». La mairie et l'administration locales sont supprimées, les franchises de la ville abolies. Les fortifications seront rasées, sauf les tours de Saint-Nicolas, de la Chaîne et de la Lanterne, ainsi que les remparts du front de mer, qui permettent de protéger La Rochelle contre une éventuelle attaque venant de l'Océan.

La vieille rivale catholique de La Rochelle, Brouage, est l'objet de toute la sollicitude du cardinal, qui fortifie puissamment la ville et entreprend d'y aménager un grand port de commerce et de guerre. Richelieu a besoin de ranimer l'activité maritime sur cette partie de la façade atlantique de la France, ravagée par tant de rudes conflits. Brouage la fidèle paraît toute désignée pour jouer, à cet égard, un rôle de premier plan. Les murailles de la ville, construites sur pilotis et fascines par un spécialiste, le maître-maçon Thiriot, qui a réalisé la digue de La Rochelle, sont flanquées de sept puissants bastions ; de larges fossés les entourent. Les parapets, munis d'embrasures, ont deux mètres d'épaisseur. L'ensemble a la forme d'un rectangle irrégulier d'environ 300 mètres de long sur 90 mètres de large. De vastes magasins et arsenaux complètent le dispositif. Brouage est pratiquement une création du cardinal, qui n'hésite d'ailleurs pas à faire graver ses armes au-dessus de l'écusson royal.

La Rochelle ayant enfin cédé, il reste à exploiter à fond le succès remporté sur la sédition. Richelieu entend que la leçon serve contre tous les factieux en puissance. Il donne l'ordre de faire systématiquement raser, dans la région, les fortifications qui pourraient être utilisées contre l'autorité royale par d'éventuels rebelles, qu'ils soient catholiques ou protestants. L'Ile de Ré n'est pas épargnée : on abat le Fort Saint-Martin, ne laissant subsister que le Fort de La Prée. Richelieu décide la démolition des donjons de Loudun, de Saint-Maixent, de Talmont, de Parthenay. Les ambassadeurs étrangers ne comprennent rien à cette rage de détruire et accusent Louis XIII de dégarnir dangereusement la défense des côtes entre Loire et Gironde. Le Roi, pour mieux contrôler désormais la docilité de ces régions du Centre-Ouest, nomme un intendant de justice, police et finances relevant directement de lui, et dont l'autorité s'étend sur tout le Poitou et la Saintonge. Ce nouvel agent du pouvoir s'établit à La Rochelle.

La puissance du cardinal semble à son comble. Louis XIII, en faisant connaître à son peuple la prise de La Rochelle, prend soin de mettre en valeur le rôle joué dans cette victoire par le « conseil, singulière prudence, vigilance, et laborieux service de son très cher et bien-aimé cousin, le cardinal de Richelieu ».

Le grand débat

Le gouvernement du Roi est maintenant à la croisée des chemins. Si l'on considère la situation intérieure, il doit encore faire face à un foyer de rébellion, celui qu'entretiennent les protestants du Midi sous la direction du duc de Rohan. Depuis des mois, les huguenots du Languedoc opposent une résistance farouche à l'armée envoyée contre eux sous le commandement du prince de Condé. Que faire aussi du programme de réformes arrêté lors de l'Assemblée des notables de 1627, dont l'application a été suspendue en raison de l'expédition de l'Ile de Ré et du siège de La Rochelle ? Sur le plan international, par ailleurs, de nombreux événements se sont produits en Europe pendant que Louis XIII et Richelieu étaient immobilisés devant La Rochelle ; dans ce domaine encore, il devient urgent de prendre position, de trancher. Un grand débat de politique générale de la France va ainsi s'ouvrir, occupant tout le mois de décembre 1628 et les premiers jours de janvier 1629.

Deux camps s'affrontent. Chacun affûte ses arguments, précise ses options, fourbit ses armes. Marie de Médicis, avec l'appui de Bérulle et des frères Michel et Louis de Marillac (Michel de Marillac est garde des Sceaux, Louis est l'un des principaux chefs de l'armée), juge nécessaire d'en finir une fois pour toutes avec l'hérésie réformée et d'aller l'extirper du Midi par les armes. Ces animateurs du parti de la cause catholique voudraient qu'à l'extérieur on établisse des relations confiantes avec l'Espagne, et qu'à l'intérieur, dès le règlement du problème protestant, on s'attaque aux réformes pendantes. Richelieu, visiblement, hésite. En poussant les huguenots à bout, en attaquant et en réduisant La Rochelle, il a donné un gage irrécusable à la cause catholique et à ses défenseurs, tant en France qu'à l'étranger. Le Pape le félicite chaleureusement et, dans toute la Catholicité, on exalte le grand cardinal, le valeureux soldat qui a écrasé l'hydre sans cesse renaissante de l'hérésie. Les princes protestants d'Allemagne ne s'y sont d'ailleurs pas trompés, et leurs rapports avec la France sont plus que médiocres en ce moment. Faut-il poursuivre dans la même voie et, sur le plan international, s'amarrer étroitement au môle ultra que représentent les Habsbourg dans le monde catholique ? Faut-il au contraire réagir devant une évolution de la balance des forces qui a vu la position du royaume de France en Europe se dégrader dangereusement pendant qu'il était aux prises avec ses difficultés internes ? Mais cela signifierait alors des frictions, des conflits, peut-être, avec Madrid et avec Vienne, et le risque de nouvelles perturbations en France même.

A l'intérieur, la rébellion du duc de Rohan s'était consolidée dans le Languedoc. En décembre 1627, on avait envoyé le prince de Condé réprimer cette révolte. Condé, malgré les instructions de Richelieu et au lieu de se borner à contenir Rohan, avait entrepris d'assiéger une par une toutes les places qui s'étaient données à lui. Tâche colossale, où le prince gaspillait un temps considérable pour la réduction de petites villes sans aucune importance stratégique, dont la prise s'avérait follement coûteuse en vies humaines et en argent. Rohan, pendant ce temps, s'activait sur les arrières de l'armée royale ; il s'en faut de bien peu qu'il ne réussisse à s'emparer par surprise de Montpellier. Au bout de quelques mois, la tactique de Condé avait complètement fait faillite. Après un cuisant échec devant Saint-Affrique à la fin de mars 1628, le prince ne commande plus qu'une armée fantôme alors que sa cruauté a jeté les hésitants dans les bras de Rohan.

Tout était donc à refaire. Le duc de Rohan, qui avait pensé pouvoir bénéficier de secours anglais, savait qu'il ne pouvait plus rien attendre de Charles Ier après les échecs successifs de l'Ile de Ré et de La Rochelle. Mais il recherche en revanche le soutien de l'Espagne. Et le plus fort, c'est qu'il trouve à Madrid une oreille attentive ! Comment Philippe IV, beau-frère très catholique de Louis XIII, lié au Roi de France par le traité d'alliance d'avril 1627, qui avait à ce titre, avec mollesse il est vrai, envoyé quelques vaisseaux devant La Rochelle, et applaudissait maintenant à la reddition de la ville, pouvait-il envisager dans le même temps d'aider Rohan, chef des protestants rebelles du Midi ? Le gouvernement de Madrid montrait qu'il avait en l'occurrence parfaitement maîtrisé le débat entre politique et religion ; préoccupé avant toutes choses de défendre et si possible d'accroître sa prépondérance en Europe, il était prêt à utiliser sans scrupule n'importe quelle circonstance favorable pour diminuer les forces de la France, principal obstacle à ses ambitions.

Il y avait un autre foyer de crise, où la France n'était pas directement impliquée, mais dont l'enjeu paraissait au moins aussi important à Richelieu, bien que situé hors des frontières du royaume. Souvenons-nous de l'affaire de la succession de Mantoue qui avait éclaté durant la régence de Marie de Médicis en 1613. Le cardinal Ferdinand de Gonzague avait en définitive recueilli l'héritage de son frère le duc Vincent Ier, beau-frère de Marie de Médicis, un peu grâce à l'appui du gouvernement royal, beaucoup grâce à celui spontanément fourni par une foule de gentilshommes français volontaires pour défendre Mantoue contre le Savoyard. Douze ans plus tard, la succession de Mantoue s'ouvre à nouveau. Le duc régnant Vincent II meurt le 26 décembre 1627. Son plus proche parent est un cousin, le chef de la branche française des Gonzague, Charles, duc de Nevers. Avant de mourir, Vincent II prend toutes les précautions possibles afin d'assurer dans le calme la transmission du pouvoir. Il confie au fils aîné du duc de Nevers, le duc de Rethelois, qu'il fait venir à Mantoue, la fonction de lieutenant général de la principauté. De surcroît, il fait épouser à ce dernier, dans la nuit du 25 au 26 décembre, quelques heures avant d'expirer, sa nièce Marie. Quand le duc de Nevers arrive à Mantoue le 17 janvier 1628 pour prendre possession du duché, il est reçu au milieu des acclamations de la foule, et tout semble devoir se passer sans difficulté.

Mais les causes immédiates de la crise de 1613, c'est-à-dire les prétentions du duc de Savoie sur le Montferrat, qui fait partie de l'héritage du duc de Mantoue, subsistent.

Le Savoyard décide de ne pas rééditer l'erreur qui l'avait alors obligé à se retirer piteusement, faute de s'être assuré l'appui des Espagnols. Cette fois, il met Madrid dans son jeu, et passe avec le gouvernement de Philippe IV un accord aux termes duquel les deux complices conviennent de se partager le Montferrat : au duc de Savoie les terres situées sur la rive gauche du Pô, à Philippe IV la ville de Casal, sur la rive droite, qui commande la route entre Milan et Gênes, c'est-à-dire l'itinéraire stratégique qui mène d'Espagne vers l'Italie du Nord et, de là, vers l'Autriche, l'Allemagne et les Pays-Bas.

Mantoue étant un fief impérial, le duc de Nevers sollicite l'investiture de l'Empereur. Celui-ci, Ferdinand II, chef des Habsbourg de Vienne, la refuse, à l'instigation de son cousin de Madrid, et proclame, à titre conservatoire, la mise sous séquestre du duché. Qui va-t-il désigner comme gardien de la principauté et responsable du séquestre vis-à-vis de lui ? Eh bien, parbleu, c'est tout simple : le gouverneur du Milanais espagnol ! Celui-ci, obéissant à l'Empereur, n'a plus qu'à faire marcher ses troupes tandis que le duc de Savoie se fait un devoir d'occuper le Montferrat.

Le duc de Nevers ainsi attaqué sur deux fronts n'est cependant pas totalement isolé. Chef de la Milice Chrétienne, qui s'est donné pour but la croisade contre les Turcs, il a l'appui moral d'une grande partie de la noblesse catholique d'Europe. Au surplus, il semble pouvoir compter sur le soutien de Venise et du Saint-Siège, qui s'inquiètent de voir les Espagnols marquer tant de points en Italie du Nord. Le Pape, en particulier, s'il se réjouit toujours de recevoir, pour la défense des intérêts de l'Église, l'appui de la famille de Habsbourg, glaive de la Catholicité, souhaite que ce glaive ne soit pas trop proche de ses propres possessions.

Que va faire la France ? On pourrait s'attendre qu'elle intervienne elle aussi en faveur du duc de Nevers : n'est-il pas l'un des Grands du royaume, à l'intérieur duquel il dispose d'une clientèle abondante, de nombreux amis et alliés ? Au surplus, la famille régnante de Mantoue ayant été précédemment unie à Marie de Médicis par des liens de parenté fort étroits, il paraît logique de rechercher le maintien de l'amitié traditionnelle entre les deux pays.

Or, Paris suit une attitude ambiguë. Certes, le siège de La Rochelle paralyse toute action possible de la France. Mais il est vrai aussi que le clan pro-espagnol mobilise contre le duc de Nevers. Marie de Médicis, si impatiente de voler au secours de Mantoue en 1613, prend au contraire parti, cette fois, contre le duc de Nevers.

Ses raisons sont multiples. L'alignement systématique sur l'Espagne joue sans doute un rôle important. Mais il y a aussi des motifs d'ordre personnel — et, compte tenu du caractère de Marie de Médicis, ce sont peut-être les plus impérieux. Le duc de Nevers, en effet, est ce même personnage dont l'opiniâtreté en 1616-1617 a donné à la révolte des princes l'ampleur qui a été la sienne et fini par conduire Louis XIII à se débarrasser de la tutelle de sa mère. Aux yeux de Marie, c'est déjà une faute inexpiable. Or, le duc vient d'en commettre une deuxième en laissant se développer l'idylle ébauchée quelques mois plus tôt entre sa fille, Marie-Louise de Gonzague, et Gaston d'Orléans. Monsieur est veuf : Mademoiselle de Montpensier qu'on lui avait fait épouser en 1626 à Nantes est morte en donnant naissance à une fille, la future Grande Mademoiselle. Il est donc loisible d'envisager pour Gaston un nouveau mariage. La Reine-Mère a son idée sur la question, et voudrait unir son fils avec une princesse de Florence ; les tendres sentiments de Monsieur pour Marie-Louise de Gonzague la plongent dans un incroyable état de rage.

Aussi, lorsqu'éclate la crise de Mantoue, Louis XIII adopte-t-il une position d'attente. Il autorise cependant les nobles français qui le souhaitent à aider, à titre privé, le duc de Nevers, et encourage celui-ci à résister jusqu'à ce que la fin du siège de La Rochelle redonne au Roi de France la latitude nécessaire pour agir.

Le duc de Savoie s'étant rapidement emparé de la plupart des villes du Montferrat, la lutte se circonscrit bientôt autour de Casal, que ses troupes assiègent avec l'aide de contingents fournis par le gouverneur du Milanais. Au début du mois de décembre 1628, il apparaît clairement que la résistance de Casal approche de son terme. Le gouvernement royal se trouve au pied du mur : va-t-il laisser faire sans réagir ? Va-t-il s'efforcer d'obtenir par la voie diplomatique la levée du siège de Casal ? Va-t-il appuyer ses démarches diplomatiques de la menace d'une intervention militaire en faveur du duc de Mantoue ?

Ignorant les subtilités de la politique espagnole, c'est vers le Languedoc que les membres du parti catholique, Marie de Médicis, Bérulle, les Marillac, voudraient voir Louis XIII porter d'abord ses efforts. Tout dépend de Richelieu. Le cardinal est profondément hésitant. Un flot de libelles, de lettres ouvertes, de pamphlets, l'encense pour le rôle déterminant qu'il a joué dans la victoire de La Rochelle, et l'engage à poursuivre la lutte contre le protestantisme en allant mettre à la raison les rebelles du Midi. A l'inverse, la duplicité des Espagnols lui semble désormais évidente. Par ses émissaires, ses agents, ses espions, il est informé des intentions de Philippe IV, de sa volonté d'établir sur des bases solides et durables l'hégémonie espagnole en Europe. Il n'a garde de sous-estimer les capacités de son homologue de Madrid, le comte-duc d'Olivares, favori du Roi d'Espagne, aussi intelligent, aussi dissimulé, aussi retors que le premier ministre du Roi de France.

La décision que le cardinal s'apprête à prendre est lourde de conséquences. Écraser maintenant les protestants du Midi, c'est laisser perdre Casal en abandonnant le duc de Mantoue et toute l'Italie du Nord aux Espagnols et à leurs alliés. Intervenir à Casal signifie peut-être la guerre contre l'Espagne, avec ses conséquences incalculables et, dans l'immédiat, la rupture du front uni des catholiques en France, un conflit possible entre Richelieu et Marie de Médicis, sa bienfaitrice, celle à qui il est d'abord redevable de sa fortune et de son pouvoir.

Est-il envisageable de concilier les deux : débloquer d'abord Casal, et se retourner ensuite contre le duc de Rohan ? La réussite d'un tel pari est des plus hasardeuses. C'est pourtant la formule à laquelle Richelieu, tentant le tout pour le tout, finit par se rallier ; dans le mémoire qu'il adresse à Louis XIII le 10 décembre 1628, le cardinal préconise ainsi une intervention militaire rapide en faveur du duc de Mantoue : « Je ne suis pas prophète, mais je crois pouvoir assurer Votre Majesté que, ne perdant point de temps dans l'exécution de ce dessein, vous aurez fait lever le siège de Casal et donné la paix à l'Italie dans le mois de mai. Et, revenant avec votre armée dans le Languedoc, vous réduirez tout sous votre obéissance et y donnerez la paix dans le mois de juillet. De sorte que Votre Majesté pourra, comme je l'espère, revenir victorieuse à Paris dans le mois d'août. »

Cette option, on s'en doute, n'est pas du goût de tout le monde. Tandis que le Roi, sans se prononcer encore sur le fond, autorise Richelieu à entreprendre, à titre conservatoire, les préparatifs d'une expédition éventuelle, Marie de Médicis, avec l'appui de Bérulle et de son confesseur, le Père Suffren, demande que l'on explore d'abord toutes les chances d'une solution négociée. Louis XIII ne peut qu'y consentir. Mais les nouvelles adressées de Madrid par l'ambassadeur extraordinaire dépêché auprès du gouvernement espagnol, le comte de Bautru, ne sont pas très encourageantes. Olivares, en effet, refuse de discuter de Casal. Ou plutôt, il entend lier la crise de Casal au problème de l'aide apportée par le Roi de France aux Provinces-Unies : « Quittez vos Hollandais », dit-il à Bautru, « et vous nous donnerez un blanc-seing sur lequel vous mettrez tout ce qui vous plaira, tant pour les affaires d'Italie que pour notre union, qui ne peut être bonne tant que cette pierre d'achoppement durera. » L'ambassadeur français, et c'est de bonne guerre, lui rétorque : « Rendez-nous Naples, Milan, la Navarre et l'Artois. » Chacun s'entêtant sur ses positions, on s'achemine vers la rupture.

Mourir pour Casal.
L'« Avis au Roi » du 13 janvier 1629

Louis XIII se persuade que l'intervention constitue pour lui un devoir moral. Comme dans l'affaire de la Valteline, la France se doit de soutenir le bon droit, elle refuse de le laisser impunément bafouer. Qu'importe alors la puissance militaire de l'Espagne : « Le Roi n'était secouru en la terre que de son épée et de son conseil ; mais la justice de sa cause mettait Dieu de son côté, qui environnait son camp d'une garde de feu, et lui donnait des escadrons invisibles de combattants, contre lesquels ses ennemis ne pouvaient faire de défense[1]. » Ainsi s'exprime Richelieu lorsque, dans les premiers jours de janvier 1629, il sollicite le feu vert du Roi

---

1. Richelieu, *Mémoires*, Éd. Michaud et Poujoulat, Paris, Firmin Didot, 1837, T. I, pp. 573-574.

pour le déclenchement de l'intervention militaire. Louis XIII le lui donne et fixe au 15 janvier son départ pour l'armée, car il a l'intention de faire lever lui-même le siège de Casal.

C'est une décision capitale. Le Roi, et le Roi seul, en prend la responsabilité. Mais, pour que les choses soient bien claires, il accepte, à la demande de Richelieu, de participer le 13 janvier à une réunion avec Marie de Médicis, le Père Suffren et le cardinal. C'est l'occasion pour ce dernier de présenter un véritable exposé de politique générale, appuyé sur une analyse extrêmement précise de la situation de la France en Europe et des problèmes du fonctionnament interne du gouvernement. L' « Avis au Roi » rédigé par le cardinal pour la circonstance occupe plusieurs pages dans ses *Mémoires* et ses papiers diplomatiques. Il est de la plus grande importance pour qui veut comprendre l'action de Richelieu, car il contient tous les principes qui vont désormais régir la politique de la France pendant les treize années qui nous séparent de la mort du cardinal, et pour bien des années après.

A l'intérieur, le programme est simple. Il s'agit avant tout de maintenir la paix. Le Roi doit réprimer sans faiblesse les révoltes de ses sujets, quand bien même elles s'abriteraient derrière des raisons confessionnelles, comme ce fut le cas pour les protestants de La Rochelle, maintenant réduits à l'obéissance, et comme c'est encore le cas de ceux du Languedoc, toujours en rébellion. Il convient aussi de réprimer avec la plus grande fermeté les révoltes qui auraient des justifications civiles, telles que l'appétit des Grands ; c'est dans cette perspective que se situe la nécessité de raser toutes les places qui ne sont pas indispensables à la sécurité du royaume. Il faut de même abaisser les titulaires d'offices, qui prétendent exercer une souveraineté qu'ils n'ont fait qu'acheter ; la vénalité et l'hérédité des charges limitent l'autorité royale : Richelieu considère l'abolition de la paulette comme un objectif prioritaire, qu'il croit possible de réaliser dans un délai d'un an. Il faut également améliorer la gestion financière du domaine royal, afin de redonner les coudées franches à l'action gouvernementale. Enfin, comme on ne saurait concevoir de politique suivie si les forces morales font défaut, le Roi doit s'appliquer à ne mettre à la tête des évêchés que des personnes sages et capables.

A l'extérieur, un seul objectif, mais il est essentiel, vital même pour la survie du royaume : « Arrêter le cours du progrès d'Espagne. » Car cette nation ambitionne la domination universelle, et la France est condamnée à s'y opposer. Comment cela ? D'abord en se fortifiant en elle-même. Ensuite, en poursuivant sur ses frontières terrestres une action méthodique visant à « bâtir et s'ouvrir des portes pour entrer dans tous les États de ses voisins, et les pouvoir garantir de l'oppression d'Espagne quand les occasions s'en présenteraient ». Phrase capitale, qui montre en Richelieu non pas, comme on l'a prétendu plus tard, un adepte de la politique dite des frontières naturelles, mais un opportuniste, s'obligeant à saisir toutes les circonstances favorables en vue de ménager aux armées du Roi des boulevards d'accès vers les pays voisins. Obsession de l'encerclement de la France par la Maison d'Autriche, souci majeur de Richelieu. Ce qui est vrai sur terre l'est également pour les frontières maritimes du royaume : l'indépendance de la France dépend aussi de sa puissance sur mer, qui est un moyen de se donner entrée à tous les États du monde.

Richelieu énumère quelques-uns des territoires qui pourraient, à plus ou moins long terme, donner au royaume de France de bonnes portes vers les États voisins. Il faut d'abord fortifier Metz, possession française, mais ancienne terre d'Empire, dont la situation juridique reste contestée. Richelieu pense souhaitable d'aller au-delà en s'avançant jusqu'à Strasbourg pour se ménager une entrée de premier ordre en Allemagne. La ville de Genève doit être soumise au pouvoir du Roi de France ou, à défaut, liée par des traités solides. La souveraineté de Neuchâtel, qui semble pouvoir être acquise sans trop de mal, permettrait également de prendre pied en Suisse. En ce qui concerne l'Italie du Nord, il faudrait songer à récupérer le marquisat de Saluces, jadis cédé au duc de Savoie. Restent la Navarre et la Franche-Comté, territoires qui dépendaient autrefois du Roi de France ; dans la mesure où ces provinces sont contiguës au royaume, elles devraient être faciles à conquérir « toutes fois et quantes que nous n'aurions point autres choses à faire ». Mais, ajoute le cardinal, « ce serait imprudence d'y penser si premièrement ce qui était ci-dessus [c'est-à-dire les objectifs précédents] n'avait réussi, par ce, en outre, qu'on ne le pouvait faire sans allumer une guerre ouverte avec l'Espagne, ce qu'il fallait éviter autant qu'on pourrait ».

Richelieu aborde ensuite les problèmes que pose le système de gouvernement. La personne du Roi est au centre du débat. Le souverain possède d'immenses qualités, mais également des défauts considérables. Le premier, c'est son manque de constance. Vient ensuite le caractère excessivement soupçonneux et jaloux d'un homme toujours prêt à écouter les ragots qu'on colporte sur ceux qui le servent. L'attitude peu fraternelle qu'il observe à l'égard de son jeune frère Gaston ne peut avoir pour résultat que d'aigrir celui-ci et le pousser à conspirer sans cesse contre son aîné. Que le Roi ne se laisse pas gouverner, non plus, par une aversion instinctive vis-à-vis de certaines personnes, qui sont cependant ses fidèles serviteurs. Qu'il se contraigne à faire bon accueil aux Grands, même si les sentiments qu'il éprouve à leur égard sont empreints de méfiance ou d'hostilité ; ils existent, en effet, et il faut les supporter avec patience car c'est aussi une « prérogative de la royauté d'avoir des personnes de cette qualité sous lui ».

Surtout, surtout, que Louis XIII se garde de son manque de ténacité. « Beaucoup pensent, et non sans sujet, que Sa Majesté, de son naturel, ne s'appliquait pas volontiers aux affaires, et qu'elle se dégoûtait aisément de celles qui étaient de longue haleine, quoiqu'elles fussent de très grand fruit. » Il faut qu'il se corrige s'il veut que son règne atteigne les objectifs de grandeur qu'il s'est fixés. Le Roi ne doit pas souffrir que son autorité soit bafouée. Quand on l'a bravée, que ce ne soit pas impunément. Mais il faut faire justice sans cruauté, sans « passion », sous peine de la rendre injuste et criminelle.

Il convient enfin d'évoquer le problème que pose la Reine-Mère. Son plus grand défaut est d'être beaucoup trop portée à écouter favorablement médisances et faux bruits. Son naturel ombrageux la pousse souvent à se poser en victime d'offenses imaginaires, et à considérer comme manquements à l'égard de sa personne des choses qui n'en sont pas. C'est le cas vis-à-vis d'un certain nombre de serviteurs du Roi, et c'est peut-être aussi le cas vis-à-vis du cardinal lui-même, dont elle devrait pourtant connaître par expérience le dévouement et la fidélité.

Il faut que tout soit bien clair. Richelieu est prêt à démissionner, à se retirer du service du service du Roi et de celui de la Reine-Mère, si les principes qu'il a définis, les critiques qu'il a exprimées, ne recueillent pas l'accord de Louis XIII et de Marie de Médicis, un accord confiant et dénué d'arrière-pensées.

Louis XIII et Marie de Médicis se récrient, font connaître à Richelieu leur adhésion sans réserves sur tout ce qui vient d'être dit, et l'on se sépare, en apparence du moins, dans l'union la plus totale. Mais Marie a franchi un pas dans l'aversion que lui inspire maintenant le cardinal. Elle est ulcérée par la manière dont il l'a admonestée. La Reine-Mère, cependant, n'en montre rien. Par une longue habitude de dissimulation, et comprenant que le siège de son fils est fait d'avance, elle préfère ne pas s'opposer au cardinal et à la campagne d'Italie : il est tellement clair que Louis XIII grille d'impatience d'aller en découdre que tout ce qu'elle pourrait objecter ne servirait à rien. Le cardinal espère établir son pouvoir sur la guerre ? Il va trouver Marie de Médicis sur son chemin.

Richelieu l'emporte cette fois, mais il ne perd rien pour attendre. Il a suggéré à Louis XIII de confier la régence du royaume, pendant son absence, à la Reine-Mère. Piètre consolation pour celle-ci, qui ne désarmera plus. Que les circonstances, un jour prochain, s'y prêtent, et elle fera tout pour régler son compte à celui qu'elle considère désormais comme un traître et un danger public.

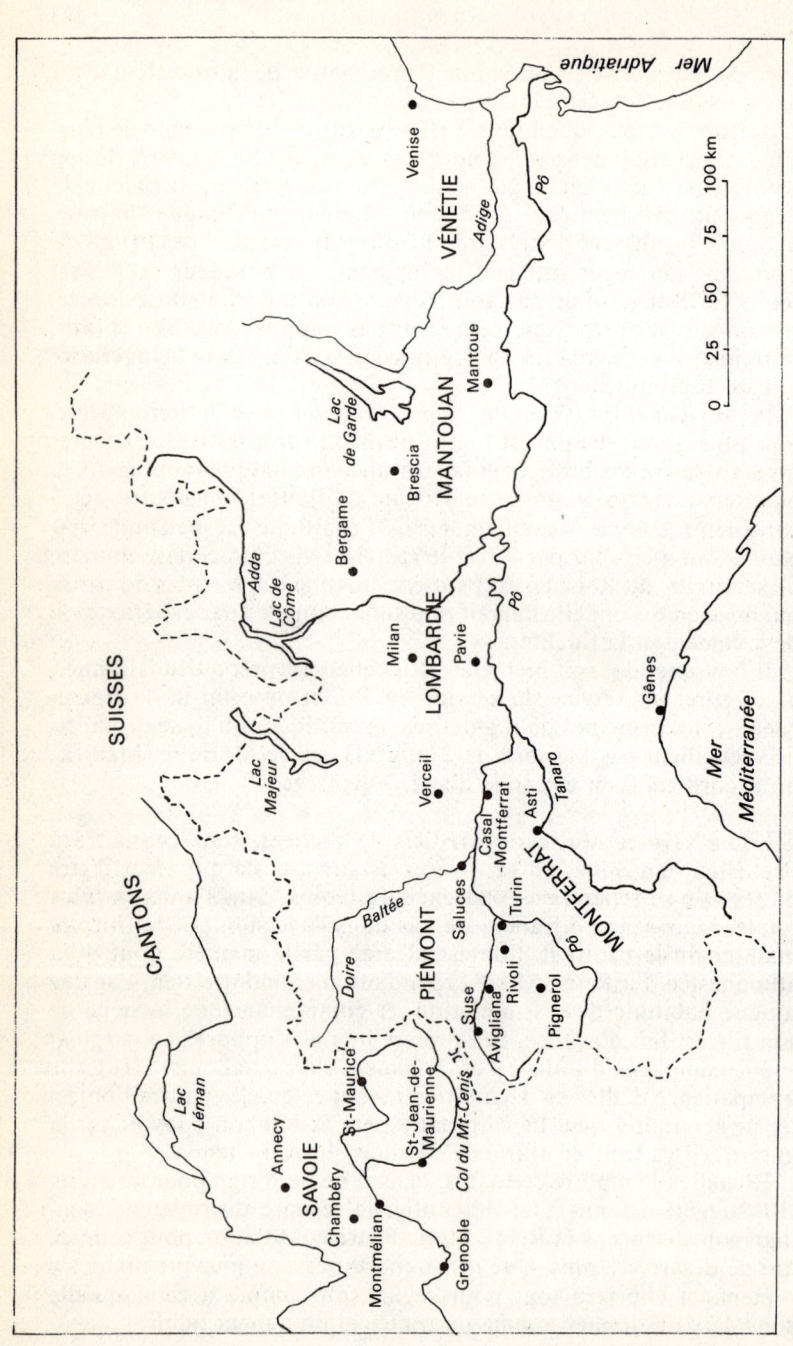

LA SAVOIE ET L'ITALIE DU NORD

CHAPITRE XVIII

La crise

LE PAS DE SUSE

Avant de quitter Paris, le Conseil adopte un vaste plan de réformes préparé par Michel de Marillac. Connu sous le sobriquet de « Code Michau », d'après le prénom de son auteur, il prolonge les décisions arrêtées par l'Assemblée des notables de 1627. Tout y passe : la justice, l'enseignement, la famille, la religion, le droit civil, le commerce. Ample catalogue de mesures généreuses, le « Code Michau », s'il avait été suivi d'effet, aurait pu introduire de profonds changements dans la situation économique, sociale et politique de la France. Mais voilà : personne n'y a cru, hormis son auteur et ses amis du parti catholique.

Marie de Médicis, pourtant, se bat pour surmonter le scepticisme de Richelieu. Elle se bat pour vaincre les résistances du Parlement de Paris, usant des pouvoirs de Régente que lui a conférés Louis XIII avant son départ en Italie. Malgré ses efforts, le « Code Michau » ne sera jamais considéré par les Cours souveraines comme une des lois du royaume. Il heurtait trop d'habitudes et d'intérêts, et réclamait une volonté tenace que ni Louis XIII ni Richelieu n'entendaient mobiliser alors que la guerre accapare tous leurs soins.

Partis le 15 janvier 1629 de Paris, Louis XIII et Richelieu font route vers le sud. Le cardinal goûte autant que le Roi cette chevauchée par les chemins malaisés que balaient les tourmentes de l'hiver, les bourrasques de vent mêlées de pluie. Vive la guerre ! Le Roi de France, à la tête de ses gentilshommes, se hâte vers la frontière de Savoie. Il arrive à Grenoble le 14 février. Là, deux dépêches lui parviennent. L'une, de Marie de Médicis, l'informe que l'on vient d'apprendre par l'ambassadeur d'Espagne à Paris la conclusion d'un accord entre Olivares et Bautru. L'autre, de Bautru lui-même, annonce au Roi qu'il quitte Madrid, constatant l'inutilité des conversations qu'il poursuit depuis trois mois avec Olivares.

La duplicité de l'Espagne ne pouvait mieux éclater. Elle pousse Louis XIII à accélérer le mouvement. Le 22 février, il quitte Grenoble pour le Mont-Genèvre où il arrive le 28. Casal est à bout de forces. Le 1er mars, Louis XIII passe la frontière, et le 6 mars 1629, bouscule au Pas de Suse les défenses élevées par le duc de Savoie. Trois retranchements hauts de sept mètres, larges de quatre et renforcés de barricades et de fossés, barrent d'un bout à l'autre l'étroit défilé. Au sommet, le fort de Gelase, bourré d'armements, que gardent 2 700 soldats d'élite. Contre l'avis du Conseil, qui souhaite temporiser, négocier avec le duc de Savoie, Louis XIII décide de monter à l'assaut. C'est lui-même qui découvre le sentier par lequel une partie de l'armée va tourner les défenses du fort, lui-même encore qui mène l'attaque frontale contre les retranchements à la tête du gros de ses troupes. L'impétuosité française bouscule les Savoyards. En moins d'une heure, le duc et ses soldats sont mis en débandade et détalent à travers la neige. La ville de Suse est occupée dans la foulée, avec ordre et discipline.

Les plaines du Piémont sont à la merci de l'armée française. On suggère au Roi de foncer sur Turin. Sagement, Louis XIII se borne à dépêcher un important détachement en direction de Casal. Dans le même temps, il offre au duc de Savoie de traiter. Le 11 mars, le prince de Piémont, fils aîné du duc et mari de Christine de France, se rend à Suse. Il promet le retrait des troupes savoyardes du Montferrat, s'engage à faciliter le ravitaillement de l'armée française, et donne en gage la forteresse de Suse. Quelques jours plus tard, les Espagnols lèvent le siège de Casal.

Louis XIII, pendant tout le mois d'avril, reçoit à Suse les ambassadeurs de Venise et des principaux États italiens. Le 19 avril, un pacte est conclu avec Venise et la Savoie afin de constituer une ligue défensive contre l'Espagne. La France est ainsi revenue avec éclat dans les affaires d'Italie.

Cinq jours après cet accord, Richelieu obtenait un nouveau succès diplomatique : Charles Ier d'Angleterre ressuscitait l'alliance franco-britannique et, par le Traité de Paris signé le 24 avril, promettait de se désintéresser du sort des huguenots français.

Il ne restait plus à Louis XIII qu'à confier au maréchal de Toiras, le vaillant défenseur de l'Ile de Ré contre Buckingham, le soin de garder Casal. Le Roi, maintenant, peut regagner la France pour s'attaquer au deuxième volet de l'action décidée en décembre précédent : réduire la rébellion protestante du Languedoc.

Dernière guerre de Religion de Louis XIII et Grâce d'Alès

Le 28 avril 1629, Louis XIII est à Valence, point de départ de l'offensive qu'il va mener contre le duc de Rohan. Celui-ci, depuis plus d'un an, agissait en véritable chef d'État. Les méthodes du prince de Condé, en poussant à bout les modérés, avaient abouti à souder, bon gré mal gré, la quasi-totalité des protestants autour du duc. Rohan a mis sur pied une armée d'une dizaine de milliers d'hommes, pour la plupart des montagnards originaires des Cévennes, bons marcheurs et durs à la fatigue. Devant l'armée du Roi, cependant, les rebelles ne sont pas en mesure de résister bien longtemps sans appuis extérieurs : le duc signe le 3 mai 1629 un traité d'alliance avec l'Espagne. C'était la faute à ne pas commettre, car cet acte donne à la révolte du Midi protestant une dimension politique grave.

Le traité entre Rohan et l'Espagne ne servira à rien sur le plan militaire, en raison de la rapidité des opérations menées par Louis XIII. Mais il constitue, à deux titres, un magnifique cadeau pour Richelieu. D'abord parce qu'il fait apparaître la révolte des protestants du Midi comme une révolte politique, minant l'État de l'intérieur, ainsi que le répète sans relâche le gouvernement royal. Ensuite, parce qu'il justifie de manière éclatante le procès instruit par Richelieu contre l'Espagne, en montrant comment cette puissance est prête à passer par-dessus les différences de religion dans le seul but de nuire au Roi de France.

L'ambiguïté des positions de Rohan est d'ailleurs fortement ressentie chez les protestants du Midi. Ceux qui hésitaient entre les deux camps, les « encombarnats », que la cruauté de Condé avait poussés à serrer les rangs autour de Rohan, se retournent maintenant vers le Roi et implorent sa miséricorde.

Les opérations des forces royales sont rondement menées. Elles ne dureront pas plus de six semaines, de la mi-mai à la fin juin 1629. Le siège de Privas débute le 14 mai. Le 28 mai, la ville est prise et mise à sac. Louis XIII laisse Condé s'en donner à cœur joie. La dureté de la répression sert d'exemple : un grand nombre de places protestantes préfèrent se soumettre. Le 16 juin, Alès tombe à son tour. A l'instigation de Louis XIII, les Églises protestantes, réunies en assemblée à Anduze, cherchent les bases d'une paix durable avec le Roi. Tout en continuant à se battre, le duc de Rohan prend à son compte les propositions de l'assemblée d'Anduze. Entre Richelieu et lui, on se met vite d'accord : le 28 juin 1629, Louis XIII signe l'Édit de Grâce d'Alès.

Les temps ont bien changé depuis le début des guerres de Religion de Louis XIII. Cette fois, le Roi n'a pas traité avec ses sujets révoltés, il n'a rien discuté, rien concédé. C'est de lui-même, avec la plénitude de son autorité, qu'il octroie la paix : « Autrefois on faisait des traités avec les huguenots, maintenant le Roi accorde sa grâce » commente avec satisfaction le cardinal de Richelieu.

L'Édit de Grâce d'Alès ferme l'interminable chapitre des guerres de Religion. Désormais sujets loyaux du Roi de France, les réformés ne vont plus bouger jusqu'au jour où Louis XIV commettra la faute de révoquer l'Édit de Nantes. Les clauses de la paix sont simples. Sur le plan religieux, les protestants obtiennent gain de cause. Une amnistie générale leur est accordée et l'exercice du culte est autorisé partout où le prévoyait l'Édit de Nantes. Les écoles protestantes sont rétablies, le Roi s'engage à contribuer financièrement à leur entretien. Enfin, même sur le plan moral, satisfaction est donnée aux protestants : on ne parlera plus de la « religion prétendue réformée », et il sera interdit d'appeler par dérision ses adeptes du nom de huguenots ou de parpaillots. Mais les clauses politiques de l'Édit de Nantes sont définitivement supprimées. Les protestants perdent le droit de tenir des assemblées autres que religieuses et doivent renoncer à leurs dernières places de sûreté. La Grâce d'Alès marque la fin du parti protestant en tant que tel.

Bien que les opérations militaires ne soient pas tout à fait terminées, car il subsiste des irréductibles, Louis XIII repart à Paris. La chaleur lui pèse, et maintenant que l'acte essentiel de la guerre paraît joué, la ténacité lui manque pour rester jusqu'au bout. Il confie donc son armée et ses pouvoirs à Richelieu, chargé d'achever la pacification du Midi. En quelques semaines, les dernières positions rebelles sont emportées, et le 20 août 1629, Richelieu fait son entrée à Montauban aux cris de « Vivent le Roi et le grand cardinal ».

Nombreux, parmi les membres du parti catholique, étaient ceux qui auraient souhaité que l'on ne s'en tienne pas là. Bérulle, les frères de Marillac, d'autres encore, insistaient pour que l'écrasement militaire des protestants soit mis à profit afin d'extirper l'hérésie du royaume de France. Richelieu pour sa part rétorque que la fin du parti protestant, la suppression des garanties militaires et politiques contenues dans les clauses annexes de l'Édit de Nantes, vont entraîner à coup sûr l'effondrement de la religion réformée ; dans un délai de deux ans, prédit-il, le protestantisme aura disparu du royaume. A quoi bon, dans ces conditions, se donner la peine d'un militantisme inutile ? Laissons faire les missions, les Capucins notamment, pour obtenir des conversions. Tous les moyens sont bons aussi longtemps que l'on n'exerce pas de violences sur les consciences. Regardez faire le Père Joseph : par les cajoleries, les promesses de charges et de pensions, il obtient de spectaculaires adhésions à la foi catholique parmi les notables, gentilshommes ou membres des classes bourgeoises. Mais n'allons pas au-delà.

Richelieu ne croit pas aux conversions forcées. Une fois atteint le but essentiellement politique qu'il s'est fixé, rien ne justifierait la poursuite d'une guerre inexpiable. Qu'il est loin, Richelieu, des militants zélés de la cause catholique ! Et quel paradoxe quand on songe que c'est un prêtre de l'Église romaine, revêtu de la dignité de cardinal, qui raisonne ainsi ! Mais c'est un paradoxe qui se révélera payant au plan qui, seul, compte pour Richelieu, celui de l'unité nationale. On va bientôt voir des protestants convaincus, tels le duc de Rohan, Guiton, l'ancien maire de La Rochelle, Turenne, le fils de cet éternel comploteur qu'était le duc de Bouillon, au tout premier rang des fidèles et loyaux sujets du Roi. Dans la partie difficile qui se joue maintenant, le cardinal sait qu'il n'est plus temps de gaspiller les forces de la France.

Dès juillet 1629, alors que les opérations contre les protestants du Midi ne sont pas encore terminées, Richelieu prévoit déjà que « pour être en état d'empêcher que les affaires d'Italie n'aillent mal, il fallait être prêt à entrer, soit en Savoie, soit en Piémont, selon que l'occasion le requerra ». En effet, tout est à refaire en Italie, et la victoire de Casal semble être restée sans lendemain. L'Empereur n'a toujours pas accordé l'investiture de Mantoue à Charles de Nevers, tandis que le duc de Savoie se pose en victime du Roi de France. Quant aux Espagnols, ils n'ont pas renoncé à s'emparer de la forteresse de Casal, et nomment à la tête des troupes dont ils disposent dans le Milanais le célèbre général Spinola. Une nouvelle fois, Richelieu entreprend les préparatifs d'une expédition militaire en Italie. Mais en attendant, il faut revenir à Paris, où l'appellent les profonds dissentiments qui déchirent le gouvernement et, ce qui est plus grave, la famille royale elle-même.

Richelieu et Marie de Médicis : c'est la rupture

La cabale qui, depuis plusieurs mois déjà, s'est organisée contre la politique du cardinal, se déchaîne maintenant, profitant de son absence pour s'efforcer de circonvenir Louis XIII. A la tête de cette cabale, Marie de Médicis, avec qui la rupture est pratiquement consommée. Auprès d'elle, Bérulle et les Marillac. En septembre 1629, Richelieu rejoint la Cour, établie à Fontainebleau. Il est l'objet, de la part de Louis XIII, des plus grandes marques de reconnaissance et d'affection : le Roi vient au-devant du cardinal et l'accueille le 14 septembre à Nemours avec des transports d'effusion. Mais quand Richelieu se présente à la Reine-Mère, celle-ci lui tourne ostensiblement le dos, témoignant par une froideur calculée du déplaisir que lui cause sa présence. Tout le monde s'attend à une véritable crise de gouvernement. « C'est assez de gloire au Roi », déclare Bérulle le 15 septembre, en Conseil, pour condamner l'intervention en Italie.

Richelieu, qui doit son accession au pouvoir à la protection de la Reine-Mère et s'est fait une règle de gouverner en étroite intelligence avec Louis XIII et Marie de Médicis, ne peut que donner sa démission dès lors que l'un de ses « patrons » lui a retiré sa confiance. C'est ce qu'il fait aussitôt, écrivant en ce sens au Roi et à la Reine-Mère. Mais Marie de Médicis considère l'offre de Richelieu comme une manœuvre, et clame sans retenue son indignation contre ce grand fourbe, doublé d'un ingrat. Louis XIII est bouleversé par la furieuse colère qui anime sa mère et la brouille qui éclate ainsi entre elle et son premier ministre. Il refuse la démission de Richelieu, s'emploie à le raccommoder avec Marie de Médicis. La mort de Bérulle, survenant brusquement le 2 octobre, apparaît à beaucoup comme une disparition providentielle. Certains y voient le doigt de Dieu, d'autres, plus prosaïques, y devineraient plutôt la main du cardinal.

Dans l'attitude de Marie de Médicis, tout se mêle. Elle traduit d'abord une prise de position politique : une guerre contre l'Espagne serait le reniement de tous les buts que la Reine-Mère s'est fixés depuis son arrivée en France et son mariage avec Henri IV. D'autres raisons plus immédiates interviennent, comme l'idylle entre Gaston d'Orléans et Marie-Louise de Gonzague. Marie de Médicis s'est apparemment laissé persuader que Richelieu, en intervenant en faveur du duc de Mantoue, cherchait à favoriser le mariage de Gaston et de la fille du duc. Pendant l'absence de Louis XIII, en campagne pour forcer Suse et débloquer Casal, Marie de Médicis, en vertu de ses pouvoirs de Régente, a fait arrêter Marie-Louise et l'a emprisonnée au château de Vincennes. Richelieu a multiplié les pressions, obtenant que la princesse soit remise en liberté ; il n'en fallait pas davantage pour que Marie de Médicis accuse le cardinal de l'avoir trahie.

L'affaire de la princesse de Gonzague devait avoir une autre conséquence, que personne n'avait prévue : Gaston d'Orléans, mécontent de voir ses amours contrariées, décide sur un coup de tête de quitter le royaume et se réfugie chez le duc de Lorraine. La fuite de l'héritier de la couronne dans un pays étranger fait l'effet d'une bombe, et l'on s'entremet aussitôt pour le persuader de revenir. Le duc de Bellegarde, gouverneur de Bourgogne et ami de Gaston, est prié d'intervenir. Marie de Médicis, en promettant au fugitif le pardon sans réserve du Roi (lequel est furieusement agacé par le comportement irresponsable de son frère), obtient le retour de

Gaston ; le 2 janvier 1630, le prince d'Orléans se raccommode avec Louis XIII et revient en France.

Entre-temps, la situation en Italie s'est considérablement dégradée ; lorsque Gaston d'Orléans fait son apparition à la Cour, Richelieu est déjà en route pour l'Italie.

Dans les semaines qui ont précédé, il a reçu de Louis XIII des témoignages éclatants de confiance. Le 21 novembre 1629, le Roi l'a nommé principal ministre d'État : Richelieu reçoit officiellement le titre de premier ministre dont il exerçait en fait les fonctions depuis cinq ans. Le 26 novembre, la terre de Richelieu est érigée en duché-pairie ; satisfaction d'amour-propre à laquelle Richelieu n'est pas insensible, et façon pour le Roi de montrer que le cardinal est désormais égal en noblesse aux seigneurs les plus éminents du royaume. Son frère Alphonse, l'ancien Chartreux devenu par la volonté d'Armand archevêque d'Aix puis de Lyon, est fait cardinal. Fin novembre, enfin, Richelieu est chargé de diriger lui-même l'armée d'Italie, avec le titre de « lieutenant général du Roi représentant sa personne en Italie ». Il est le second du souverain. Beaucoup évoquent les précédents de Concini, de Luynes. Les mauvaises langues prétendent que le Roi ne s'est réservé que le pouvoir de guérir les écrouelles. Mais la présence de Louis XIII à Paris est indispensable, en raison des intrigues de Marie de Médicis, des négociations en cours avec Gaston d'Orléans, ainsi que du médiocre état de santé du souverain.

Richelieu quitte Fontainebleau le 29 décembre et arrive le 18 janvier 1630 à Lyon. Une armée a été rassemblée sous les ordres du maréchal de La Force. Le duc de Savoie, aux termes du Traité de Suse, doit aide et assistance aux armées françaises. Or, si le duc accepte d'accorder le passage au maréchal de La Force en route vers l'Italie du Nord, il ne se hâte nullement, en revanche, de fournir les approvisionnements nécessaires. En février 1630, Richelieu reçoit des informations sur les tractations qui se nouent entre le duc de Savoie et Spinola. Un risque sérieux existe de voir le duc, de mèche avec les Espagnols, couper les arrières des armées françaises pendant qu'elles seront occupées devant Casal. Le cardinal presse Louis XIII de le rejoindre : « Si le Roi veut faire progrès en Italie, il faut par nécessité attaquer la Savoie sans délai. » A tout hasard, il concentre des troupes dans la Bresse et le Bugey. Louis XIII, malgré sa santé toujours déficiente, se met à son tour en route vers Lyon, emmenant avec lui la Cour et la famille royale.

Pendant ce temps, les troupes du maréchal de La Force, placées sous le commandement suprême de Richelieu, ont passé les Alpes et opèrent en Piémont. Elles se dirigent vers Turin, où l'armée du duc de Savoie s'est enfermée. La France n'est pas en guerre avec la Savoie. Mais Richelieu et le maréchal de La Force prennent la petite ville de Rivoli, à une vingtaine de kilomètres de Turin. Le duc de Savoie, alarmé, craint une offensive contre la capitale du Piémont, et rameute les garnisons de toutes les places environnantes afin de renforcer les défenses de Turin. Apprenant que la citadelle de Pignerol n'est plus gardée que par une poignée d'hommes, Richelieu néglige Turin dont la conquête éventuelle ne présente aucun intérêt et fonce vers le sud, vers Pignerol, dont il s'empare le 29 mars. L'armée royale se trouve ainsi maîtresse d'une place dont la valeur stratégique est considérable : la possession de Pignerol donne au Roi de France la possibilité d'entrer à tout moment en Piémont, pour se diriger de là à sa guise vers le Milanais, vers Gênes, ou vers la Suisse. Ni la Savoie ni les Habsbourg ne peuvent laisser sans réagir une telle carte entre ses mains. Pignerol devient ainsi l'enjeu d'une lutte diplomatique et peut-être militaire sans merci.

« IL FAUT QUITTER TOUTE PENSÉE DE REPOS »

Richelieu et Louis XIII sont à la croisée des chemins. Ils peuvent négocier la restitution de Pignerol au duc de Savoie en échange du départ des troupes de Spinola de Casal, qu'elles encerclent. Mais il faudrait aussi obtenir l'investiture de la principauté de Mantoue pour le duc de Nevers. Or si la levée du siège de Casal paraît possible (sous réserve que l'Espagne garantisse qu'elle ne renouvellera pas ses entreprises contre la ville), l'Empereur en revanche ne paraît nullement disposé à accorder son investiture au duc de Nevers puisqu'il a même envoyé une puissante armée assiéger Mantoue, sous le commandement d'un de ses généraux les plus réputés, Collalto. Poursuivre l'offensive semble donc la seule possibilité raisonnable ; encore faut-il que des renforts substantiels parviennent en Italie.

Le 13 avril 1630, Richelieu adresse un mémoire à Louis XIII afin d'exposer les éléments du choix fondamental auquel est confronté le gouvernement de la France. Si l'on conserve Pignerol, le Roi se trouve l'arbitre des affaires d'Italie, mais alors c'est la guerre, et « il faut quitter toute pensée de repos, d'épargne et de règlement du dedans du royaume ». En d'autres termes, ajourner indéfiniment les vastes projets de réforme dont les principes ont été définis lors de l'Assemblée des notables de 1627, et dont les bases ont été fixées par le « Code Michau », à peine un an plus tôt. Si le Roi, au contraire, choisit la paix, il doit savoir qu'il renonce à Casal et à Mantoue car l'Espagne ne lui fera aucun cadeau, persuadée qu'elle est de l'incapacité de la France à soutenir un conflit prolongé en Italie ; dans ce cas, « il faut quitter les pensées pour l'avenir ».

Le 26 avril 1630, Louis XIII, en route pour Lyon, fait étape à

Dijon ; il y reçoit le mémoire du cardinal. Ce dernier a quitté l'Italie pour Grenoble, où se rassemble une armée de 15 000 hommes destinée à renforcer les troupes du maréchal de La Force, si le Roi donne son accord. Louis XIII, arrivé à Lyon, laisse dans cette ville la Cour, Marie de Médicis, Anne d'Autriche, les membres du gouvernement, et rejoint Richelieu à Grenoble.

Le 10 mai, le Roi et son premier ministre se retrouvent à Grenoble au moment même où les ambassadeurs du duc de Savoie et un représentant personnel du Pape, nommé Jules Mazarin, y arrivent également. Ils sont venus proposer la conclusion d'un arrangement. On demande à la France d'évacuer Suse et Pignerol et de retirer de Casal le maréchal de Toiras, en échange de quoi les Espagnols et les Impériaux condescendraient à la conclusion d'un armistice au cours duquel les droits du duc de Nevers sur Mantoue et le Montferrat seraient soumis à un arbitrage. Tel est le prix à payer pour la paix : si le Roi accepte de se dessaisir des gages qu'il détient et s'il abandonne la cause du duc de Nevers, les Habsbourg veulent bien le tenir pour quitte et laisser ses troupes regagner leurs bases de départ sans être inquiétées. Louis XIII, Richelieu, les maréchaux présents à Grenoble, conviennent de considérer ces propositions comme inacceptables.

Mais les rejeter peut signifier la guerre ouverte avec l'Espagne et l'Autriche, et une décision si lourde de conséquences ne peut être prise sans qu'on en ait débattu en Conseil, avec Marie de Médicis, les autres membres du gouvernement et tous ceux qui font partie de cette instance. Richelieu se rend donc à Lyon au soir du 10 mai, et dès le 11, présente à la Reine-Mère et aux ministres un rapport sur la situation de la France qui conclut à la nécessité de ne déposer les armes que lorsque l'on aura obtenu des conditions de paix satisfaisantes. Les maréchaux l'appuient. Le garde des Sceaux, Marillac, fait en revanche connaître son désaccord. Il y a des semaines, des mois peut-être, qu'il fourbit ses arguments. Il a préparé un mémoire très solide, dans lequel il évoque les « misères et afflictions du peuple de France qui languit sous de très grandes et incroyables pauvretés ». Même si les armées du Roi sont dans un premier temps victorieuses, il prédit que l'arrière ne tiendra pas, que les finances du royaume ne seront pas suffisantes pour soutenir l'effort de guerre, et qu'en définitive on ne pourra sauver ni Casal ni Mantoue tandis que la France se trouvera engagée dans un conflit majeur avec l'Espagne et la Maison d'Autriche. Marillac comptait sur l'appui de Marie de Médicis. Mais un coup de théâtre se produit. Avant même que Marillac ait pris la parole, la Reine-Mère déclare qu'elle est convaincue par Richelieu. C'est donc pour la seule satisfaction de défendre sa thèse jusqu'au bout que Marillac déploie son éloquence en présentant son mémorandum devant le Conseil.

La cause est entendue : c'est oui à la guerre en Italie, avec tous les risques qu'elle comporte.

On s'est demandé pour quelles raisons Marie de Médicis avait si brusquement décidé d'abandonner les positions qu'elle soutenait depuis tant de temps. Deux explications peuvent être avancées.

L'une est relative à l'état de santé déficient de Louis XIII. Depuis le début du voyage, le Roi, malade, subit stoïquement purgations et saignées, sans parvenir à faire baisser la fièvre qui s'est emparée de lui, minant ses forces et rongeant son moral. Il paraît dès lors peu probable que Louis XIII soit en mesure de conduire l'expédition militaire jusqu'à son terme. Ainsi, l'accord donné par Marie de Médicis au principe de cette campagne ne lui coûterait en définitive pas grand-chose.

L'autre raison possible serait la suivante. Marie de Médicis est persuadée, comme Louis XIII, comme Richelieu, comme la France entière, de la supériorité des armées espagnoles. Un Collalto, un Spinola, sont à juste titre considérés comme les plus grands généraux du temps. Peut-être, dans l'esprit de la Reine-Mère, vaut-il mieux dans ces conditions laisser faire Louis XIII, laisser faire Richelieu. Qu'ils aillent donc en Italie ! Les revers, les défaites, ne tarderont pas à leur montrer combien ils ont eu tort d'adopter cette politique belliqueuse. Le Roi comprendra que Richelieu est son mauvais génie, et ce sera la fin de la toute-puissance du cardinal.

Richelieu, sans illusion sur le soutien apparent que lui a donné Marie de Médicis, se sait sur le fil du rasoir, condamné à gagner car le premier faux-pas lui serait fatal. Dès le 12 mai, il est de retour à Grenoble, apportant au Roi la nouvelle de l'assentiment de la Reine-Mère. On se met aussitôt en route. Un conseil de guerre a fixé le plan de campagne : on attaquera successivement Chambéry, Montmélian, et le fort de Charbonnières qui défend l'axe de la Maurienne. Chambéry capitule le 14 mai. Le 21, l'armée royale quitte la ville pour s'emparer d'Annecy. Avant la fin du mois de mai, la quasi-totalité des États du duc de Savoie sur le versant français des Alpes est occupée par l'armée de Louis XIII. Seule la forteresse de Montmélian continue à résister, mais elle ne présente aucun danger pour les mouvements des troupes françaises. Le 3 juin, Louis XIII est à Saint-Maurice tandis que Richelieu s'avance jusqu'à Saint-Jean-de-Maurienne, où l'on a décidé de fixer les bases arrière du corps expéditionnaire.

Mauvaises nouvelles

Soudain, tout tourne mal ; les mauvaises nouvelles s'accumulent, donnant une éclatante confirmation aux sombres prédictions de Marillac et justifiant le calcul de Marie de Médicis.

L'investissement de Casal par Spinola est totalement réalisé depuis le 30 mai. La ville tombe peu après aux mains des Espagnols et seule la citadelle, sous les ordres de Toiras, résiste encore. Les renforts français ont de la peine à passer les Alpes, en raison de l'inorganisation des approvisionnements et du mauvais état sanitaire de l'armée, qui souffre de la dysenterie. Le Roi lui-même, de plus en plus malade, doit renoncer à diriger personnellement l'expédition d'Italie. Le 18 juillet, enfin, c'est le coup de grâce : Collalto s'est emparé par surprise de Mantoue. Quels peuvent être désormais les buts d'une guerre qui a ainsi perdu son principal objet ? Il est vrai que l'armée française a réussi à prendre au duc de Savoie la ville de Saluces, position importante au pied des Alpes sur le versant italien ; le duc Charles-Emmanuel Ier en meurt de chagrin le 26 juillet ; son fils Victor-Amédée Ier, mari de Christine, lui succède ; on peut raisonnablement espérer qu'il appliquera une politique moins hostile à la France. Ce sont là, cependant, de piètres consolations à la chute de Mantoue.

En attendant, la vie du Roi de France paraît en danger. Sa maladie s'est aggravée, et la peste qui sévit à Saint-Jean-de-Maurienne fait courir des risques inutiles au souverain. Richelieu voudrait garder Louis XIII auprès de lui, Marie de Médicis et ses alliés au sein du Conseil s'appliquent à faire revenir le Roi à Lyon, où il devrait être plus sensible aux pressions de ceux qui réclament la paix à cor et à cri. Les progrès de l'épidémie obligent Richelieu à se rendre à l'évidence : il faut que Louis XIII parte au plus vite de l'armée. Le 25 juillet, le Roi quitte Saint-Jean-de-Maurienne pour Grenoble puis Lyon, tandis que Richelieu reste sur place afin de superviser la conduite des opérations. Les revers encouragent les critiques contre la politique de Richelieu, qui finit par sortir de ses gonds : « Si vos souhaits avaient lieu », écrit-il un jour, exaspéré, à Marillac, « que les épis fussent convertis en bons soldats, nous ferions des merveilles, particulièrement si la peste était convertie en santé, la nécessité en abondance, l'inconstance des Français en fermeté » et, constatation lourde de menaces : « si l'on n'avait pas depuis trois mois tant témoigné désirer la paix que nos ennemis nous croient incapables de la guerre ». Après de tels propos, il faut que l'abcès crève.

Parvenu à Lyon, le Roi est l'objet d'une vigoureuse offensive de la part de Marie de Médicis. Elle veut la tête de Richelieu, dont l'ambition personnelle serait la grande responsable des maux du royaume : les désastres à l'extérieur, les émeutes qui ravagent en ce moment même la Bourgogne et la Provence. Le cardinal, enjeu de ces discussions perpétuelles entre Marie de Médicis et Louis XIII, est cloué à Saint-Jean-de-Maurienne. Ses fonctions de généralissime lui imposent de rester au milieu de ses troupes, mais il ne peut se résoudre pour autant à passer en Italie alors que ses adversaires, il le sait, se démènent à Lyon. L'honneur lui interdisant d'abandonner sans ordre du Roi l'armée dont il a la charge, il demande à ses créatures d'intervenir auprès de Louis XIII afin qu'il le rappelle.

Ce n'était en fait guère nécessaire car, informé des progrès de la peste, le Roi commande à Richelieu de venir le trouver à Lyon. Le cardinal tardant à quitter l'armée, Louis XIII lui envoie le 19 août 1630 une lettre pressante qui témoigne de l'affection réelle, profonde, qu'il éprouve pour son ministre :

« Mon cousin,

« Vous ayant mandé par ma dernière que vous partissiez le plus tôt que vous pourriez pour me venir trouver, ne pouvant souffrir que vous fussiez plus longtemps dans le danger de la peste, je vous ajouterai ce mot pour vous dire que vous ne vous arrêtiez en aucun lieu, ayant grande impatience de vous voir près de moi. Ce qu'attendant, je prierai le bon Dieu qu'il vous tienne en sa sainte garde.

Louis. »

Dès le 17, Richelieu avait fait ses bagages et, par Grenoble, gagnait Lyon où il arrivait le 22 août, laissant derrière lui une armée démoralisée par les revers et par les ravages de l'épidémie de peste. Qu'il ressemble peu, ce voyage à Lyon, au retour triomphal de Richelieu vers Paris moins d'un an auparavant après les succès du Pas de Suse et de la campagne contre les protestants du Midi ! Richelieu craindrait-il pour sa vie ? Il disperse ses gens et ses bagages en leur faisant emprunter des itinéraires distincts. Luimême, à Lyon, se fait longuement désinfecter.

Bientôt l'espoir renaît, pourtant. Richelieu n'a jamais cessé de négocier et, à la fin du mois de juillet, il entrevoyait la possibilité d'un assouplissement des conditions mises par Vienne et par Madrid au rétablissement de la paix. L'envoyé du Pape, Jules Mazarin, fait merveille. Richelieu l'a subjugué par sa forte personnalité et Mazarin ne peut se défendre d'une secrète sympathie pour la cause du Roi de France. Grâce à lui et aux bonnes dispositions du nouveau duc de Savoie, une trêve est conclue le 8 septembre. Valable jusqu'au 15 octobre, elle permet à Toiras de souffler et laisse aux négociateurs le temps de trouver une solution. Des pourparlers s'engagent dans la ville allemande de Ratisbonne, entre les envoyés du Roi de France et ceux de l'Empereur, en vue de jeter les bases d'un accord général de paix.

Louis XIII à l'article de la mort

A Lyon, cependant, la santé du Roi s'aggrave brusquement ; une forte fièvre se déclare le 22 septembre et se complique, à partir du 27 septembre, d'une violente dysenterie. L'organisme est épuisé, mais les médecins ne connaissent pas d'autres remèdes que les purgations et les saignées : six saignées successives conduisent Louis XIII au seuil de la mort. Le 29 septembre, il est considéré comme perdu. Dans toutes les églises du royaume, on prie pour le salut de son âme. Le Roi se confesse, communie et s'apprête à la mort.

Et Richelieu ? Le fier cardinal est l'image même du désespoir, tandis qu'il erre inutilement entre le chevet de son maître et les bureaux silencieux où la mécanique gouvernementale, d'un seul coup, s'est arrêtée. A quoi bon faire semblant d'administrer, de gérer, d'ordonner, alors qu'un nouveau régime se prépare ? Louis XIII mort, la couronne échoit à Gaston d'Orléans. Quelle agitation autour de celui qui dans quelques heures va devenir Gaston Ier, Roi de France ! Un nouveau gouvernement est virtuellement constitué avec Marillac pour chef et Bassompierre comme ministre des Affaires étrangères ou de la Guerre. Anne d'Autriche fait savoir à Gaston que, devenue veuve de Louis XIII, il ne lui déplairait pas d'épouser son successeur de frère. On discute du sort de Richelieu. Dans l'entourage de Marie de Médicis, la plupart sont partisans de faire subir au cardinal le même traitement qu'à Concini : dès l'avènement du nouveau souverain, Monsieur de Tréville, capitaine des mousquetaires, procédant à l'arrestation de Richelieu par ordre du Roi, l'abattrait à coups de pistolet pour tentative de résistance et rébellion. Mais la Reine-Mère répugne à inaugurer le règne de Gaston par un meurtre, fût-il paré d'un semblant de légalité. Le souci de la continuité monarchique recommande d'obtenir le renvoi du cardinal de la bouche même de Louis XIII avant qu'il ne meure. S'emparer de la personne de Richelieu, lui faire son procès et le condamner au bannissement ou à la peine capitale n'apparaîtrait plus comme un règlement de comptes, mais comme l'obéissance à la volonté suprême du défunt Roi. Et puis, quelle volupté pour la Reine-Mère de savourer l'humiliation, la déchéance progressive, véritable mort à petit feu, de l'ex-favori déchu ! Les têtes pensantes qui s'apprêtent à diriger le futur gouvernement approuvent Marie de Médicis ; il faut que le nouveau pouvoir revête toutes les formes du légalisme.

Alors, on se relaie autour du lit où Louis XIII agonise. Anne d'Autriche, Marie de Médicis, tour à tour l'implorent, l'adjurent; on ne lui demande qu'un mot : je le renvoie. Mais ce mot ne vient pas. Étonnant Louis XIII qui, à la veille de rendre son âme à Dieu, résiste aux supplications et aux pressions morales qu'exercent sur lui sa mère et sa femme. Et pourquoi cela ? Pour une « créature », pour un homme dont le sort, de toute évidence, est déjà scellé par les maîtres de demain. Eh bien, non seulement Louis XIII ne cède pas, mais il va plus loin et, quelques heures avant le moment fixé pour sa mort, fait appeler le duc de Montmorency qu'il charge de ce message à l'adresse de Gaston : « Qu'il lui recommandait la Reine, sa femme, et la personne du cardinal de Richelieu, si Dieu venait à le retirer du monde, comme toutes sortes d'apparences le faisaient appréhender[1]. » Dérision du destin : le puissant ministre qui faisait trembler l'Europe, le tombeur de La Rochelle, le bourreau de Chalais, n'est plus qu'une pauvre chose dont la vie désormais dépendra du bon vouloir de Gaston le capricieux. Montmorency offre à Richelieu l'asile plus sûr de son gouvernement du Languedoc. Le cardinal hésite. Le dicton n'affirme-t-il pas que tant qu'il y a de la vie, il y a de l'espoir ? Richelieu s'abîme en prières, conjurant Dieu, la Vierge, toutes les saintes et tous les saints du paradis, de sauver la vie du Roi.

Et soudain, dans l'après-midi du 30 septembre 1630, le miracle se produit. On s'apprête à administrer au mourant l'extrême-onction avec une septième saignée quand l'abcès intestinal qui était à l'origine de l'infection crève de lui-même et se vide par les voies naturelles. Aussitôt soulagé, Louis XIII va mieux. La fièvre disparaît, l'agonisant reprend vie. Quelques heures après, Richelieu, encore sous le choc, écrit à son ami Schomberg ces quelques lignes où éclatent sa joie, son anxiété, aussi, de voir revenir le mal : « Je ne sais si je suis mort ou vif, tant je suis moi-même encore hors de moi pour avoir vu ce matin le plus grand et le plus vertueux des Rois et le meilleur des maîtres du monde en tel état que je n'espérais pas le voir vivant le soir. Il a plu à Dieu, en sa bonté, nous délivrer maintenant de cette crainte. Je vous avoue que, quelques paroles que donnent les médecins, mon esprit n'est point encore revenu des appréhensions incroyables que j'ai eues. » Qu'il a raison de rester sur ses gardes ! Car Marie de Médicis n'a pas désarmé. Louis XIII est sauvé, soit. Mais à quand la prochaine rechute ? Beaucoup de pseudo-astrologues prédisent que le souverain ne passera pas la fin de l'année. Et la Reine-Mère, au chevet du convalescent, est toujours aussi pressante. Elle se multiplie, se déchaîne. Elle fait le siège de son fils. Ce qui vient de lui arriver est un signe du ciel, un

---

1. Simon Ducros, *Histoire du duc de Montmorency,* T. IV, p. 235, édition de 1643.

avertissement de Dieu : que Louis XIII ôte de ses Conseils le cardinal de Richelieu dont les crimes sont une tache sur l'honneur du Roi. La guérison quasi miraculeuse du souverain pourrait bien n'être qu'un simple répit : qu'il se hâte de se mettre en paix avec sa conscience, et disgracie Richelieu avant d'avoir à se présenter devant Dieu pour rendre des comptes.

Louis XIII résiste. Afin de se débarrasser de l'importune insistance de Marie de Médicis, il finit par lui dire qu'il n'était « ni en lieu ni en l'état de pouvoir prendre résolution sur une chose si importante[2] ».

Le Roi n'a plus qu'une idée en tête : regagner Paris avant l'hiver. Le voyage du retour lui fera du bien et permettra à chacun de réfléchir à loisir. Dès son arrivée dans la capitale, c'est promis, Louis XIII réglera définitivement le problème Richelieu.

La paix ! La paix !

De même qu'un malheur, dit-on, ne vient jamais seul, de même les bonnes nouvelles, sur ces entrefaites, se succèdent. Spinola est mort brusquement le 23 septembre ; le nouveau général nommé pour lui succéder, don Gonzalvo de Cordoue, est fort loin de posséder son autorité et ses talents militaires. L'épidémie de dysenterie terminée, l'armée française, reconstituée, rééquipée, est prête à affronter une reprise des opérations militaires. Le 13 octobre, les deux envoyés du Roi de France à Ratisbonne, le Père Joseph et Brûlart de Léon, signent un accord de principe pour le règlement général des conflits dans lesquels la France est intéressée, en Allemagne comme en Italie. En ce qui concerne la succession de Mantoue, le traité prévoit que l'Empereur accorderait dans les deux mois son investiture au duc de Nevers ; en attendant, les Français évacueraient la citadelle de Casal, tandis que les Espagnols quitteraient simultanément la ville de Casal ; le duc de Savoie, pour sa part, récupérerait les territoires occupés par la France, à l'exception de Pignerol et de Suse, que les forces de Louis XIII pourraient conserver.

Le texte du projet de traité arrive le 20 octobre entre les mains de Louis XIII, alors qu'il est sur le point de partir de Lyon. Richelieu se donne deux jours avant de fixer sa position. Le 22, contre toute attente, il décide de désavouer ses négociateurs et refuse la paix arrêtée dans les formes prévues à Ratisbonne. La trêve ayant expiré le 15 octobre, l'armée française stationnée à Saint-Jean-de-Maurienne s'est mise en route dès le 17 en direction de l'Italie. Riche-

---

2. Fontenay-Mareuil, *Mémoires*, Éd. Michaud, T. V, p. 229, col. 1

lieu dépêche courrier sur courrier au maréchal de La Force, qui exerce le commandement des troupes, lui enjoignant de forcer l'allure pour gagner Casal au plus vite. Le Conseil qui se tient le 24 octobre à Roanne est le théâtre d'une scène d'une rare violence. Marie de Médicis apostrophe Richelieu, qui refuse de céder et maintient obstinément la position qu'il a prise. Le 26 octobre, l'armée de secours se trouve en vue de Casal, faisant face aux troupes espagnoles qui occupent la ville et bloquent la citadelle toujours aux mains de Toiras. Les dispositions de combat sont prises, les premiers coups de feu éclatent lorsque, dans un nuage de poussière, surgit tout à coup un cavalier : « Halte ! Halte ! » crie-t-il, « La paix ! la paix ! » C'est Jules Mazarin, qui apporte aux Français de nouvelles propositions de l'adversaire. L'armée espagnole de don Gonzalvo de Cordoue est disposée à quitter sans délai la ville de Casal, avant que les Français n'évacuent pour leur part la citadelle. Ville et citadelle seraient aussitôt remises au duc de Nevers, qui se verrait assurer séance tenante l'investiture impériale pour Mantoue et le Montferrat.

Le maréchal de La Force prend sur lui de conclure l'accord sur ces bases ; elles sont plus avantageuses que celles du Traité de Ratisbonne et représentent la limite des concessions que l'ennemi est en mesure d'accepter. La politique de fermeté décidée par Richelieu s'est révélée payante, comme le reconnaît le maréchal de La Force dans la lettre qu'il envoie au cardinal afin de lui rendre compte : « Je ne doute point que vous ne jugiez très bien sur l'état auquel étaient les affaires que ni la paix de Ratisbonne, ni l'exécution qui devait s'en faire, n'eussent rencontré de bien plus grandes difficultés sans votre prudente résolution à faire valoir les armes du Roi. Les artifices et longueurs qu'ils [les Espagnols et les Impériaux] ont apportés de tous côtés pouvaient laisser les choses en grand doute. Mais ayant suivi les commandements du Roi, nous sommes venus jusque devant Casal, sans que les allées et venues de Mazarin nous aient retardés d'une heure. Ce qui nous avait toujours été désiré [c'est-à-dire contesté] nous a été accordé à la tête de l'armée de Sa Majesté, tout en bataille à la portée du mousquet de la leur, prêts à faire sonner la charge : action véritablement fort avantageuse à la réputation des armées du Roi, car outre qu'elle donne un grand avancement et suite aux affaires, c'est avec tant d'honneur et de gloire qu'il n'y a guère d'exemple de pareille chose. » Richelieu entérine l'accord passé devant Casal. La guerre est gagnée.

La Cour revient à Paris. Au fil des étapes, la santé de Louis XIII se rétablit. Parti en litière, le Roi termine son voyage à cheval, et c'est sous les acclamations enthousiastes de la foule qu'il rentre dans sa capitale. Pendant ce temps, suivant ses instructions, Richelieu est resté avec Marie de Médicis. La plus grande partie du voyage s'effectue en bateau, depuis Roanne jusqu'à Briare. Il faut à tout prix que le cardinal parvienne à séduire la Reine-Mère, à restaurer leur ancienne entente. Tous deux échangent sourires et protestations d'amitié en de longs tête-à-tête, où le cardinal déploie tous ses talents de charmeur pour retrouver avec Marie de Médicis cette vieille complicité qui a fait leur force. Mais le cœur n'y est pas, et chaque instant qui passe creuse un peu plus le fossé entre les deux alliés de naguère, que sépare désormais un antagonisme irréductible, dont les bases sont à la fois politiques et personnelles. Face à Richelieu-la guerre, Marie de Médicis-la paix. Mais surtout, face à la Reine-Mère qui prétend dicter à son ancienne « créature » ses comportements et ses pensées, un ministre du Roi qui brandit les exigences de la raison d'État et de la suprématie du principe monarchique sur les liens de fidélité personnelle. Deux politiques s'affrontent, et avec elles deux conceptions des rapports sociaux. L'affaire de Lyon n'était qu'une escarmouche. Voici venir maintenant le moment décisif, le moment où s'engage une lutte à mort dont l'issue doit logiquement se solder par l'élimination du vaincu de la scène politique française.

Les partisans de Marie de Médicis, pendant tout le voyage de retour et dès l'arrivée à Paris, multiplient les conciliabules, les allées et venues mystérieuses. On s'affaire à constituer contre Richelieu un véritable dossier d'accusation, comme pour préparer un éventuel procès. De fait, c'est bien son procès que l'on ouvre devant la Cour et devant l'opinion. On reproche au cardinal son avidité effrénée, le népotisme qui lui fait attribuer des charges de toute première importance à ses parents ou alliés. La Reine-Mère ne cache pas que Madame de Combalet, nièce de Richelieu, qui exerce dans sa Maison les fonctions de dame d'atour, n'a plus sa confiance ; bien pire, elle la considère comme une espionne placée auprès d'elle pour épier ses faits et gestes.

Devant cette campagne qui s'enfle, Richelieu décide une nouvelle fois d'offrir sa démission. Le Roi la refuse, de même d'ailleurs que Marie de Médicis ; la Reine-Mère a ses raisons ; elle veut le départ de Richelieu, mais elle veut surtout que son ancienne créature soit l'objet d'une disgrâce éclatante. Tant il est vrai qu'il y a bien des manières, pour un personnage politique, d'abandonner la scène. Au début du mois de novembre, le cardinal demande à Marie de Médicis de faire au moins justice des griefs qu'elle peut avoir à son égard, quitte à ce qu'il résigne ses fonctions après l'ultime explication qu'il souhaite avoir avec elle : « Madame, j'ai su comme mes ennemis ou plutôt ceux de l'État, non contents de m'avoir décrié auprès de Votre Majesté, veulent encore rendre suspecte ma demeure auprès du Roi... J'espère en la divine bonté que leur malice sera reconnue, que mes déportements seront bientôt justifiés et que mon innocence triomphera de la calomnie. » Richelieu sait bien que la Reine-Mère a en fait décidé sa perte. Aussi poursuit-il en ces termes : « Je souscris à mes malheurs, et ne veux point disputer contre ma souveraine maîtresse ni lui demander raison de ce qu'elle a fait. Je ne pense pas non plus à me fortifier de l'appui du maître ni de ses officiers ni de la mémoire de mes services passés contre le cours de votre indignation. » Mais que la Reine-Mère veuille au moins l'entendre, qu'elle « vide son sac » une bonne fois pour toutes, avant que Richelieu se retire, soit quelque part en province, soit même à Rome.

Marie de Médicis néglige de répondre à cette lettre. Elle n'éprouve nullement le besoin d'expliciter sa position. Richelieu est un infidèle, un ingrat, un parjure : ce sont là raisons suffisantes. Et puis, n'est-elle pas la Reine-Mère ? Que pèse en face d'elle une misérable créature, dont le Roi lui a, de surcroît, plus ou moins promis la tête ? Les événements se précipitent, Marie de Médicis passe à l'offensive : « A peine a-t-elle le loisir de voir le Roi », écrira plus tard Richelieu dans ses *Mémoires*[3], « qu'elle lui déclare le 10 novembre (qui depuis a été appelé la *journée des dupes*) qu'elle ne veut plus aimer le cardinal, ni le voir en sa maison, ni aucun de ses parents ou amis, auxquels elle donne incontinent congé, et non seulement à eux, mais jusqu'au moindre de ses officiers qui lui avaient été donnés de sa main. Elle passe outre, elle refuse au Roi de se trouver dans ses Conseils tandis que le cardinal y assistera, et nulle prière du Roi ne la peut détourner de cette volonté. »

La Journée des Dupes

Les contemporains ont donné de nombreux récits, parfois contradictoires, de la crise. Une critique serrée[4] des différentes versions permet aujourd'hui de se faire une idée plausible du déroulement des trois journées des 10, 11 et 12 novembre 1630, qui constituent incontestablement un tournant de l'histoire de France.

Le 10 novembre, le Roi tient Conseil au Palais du Luxembourg, dans la chambre de la Reine-Mère. Cela fait des années que Louis XIII, par déférence à l'égard de Marie de Médicis, réunit ainsi des Conseils dans sa chambre, aussi bien à Paris qu'à l'endroit où est installée sa mère lorsque la Cour se déplace. Le

---

3. Richelieu, *Mémoires*, Éd. Michaud et Poujoulat, Paris, Firmin Didot, 1838, T. II, p. 308.
4. Voir notamment Georges Mongrédien, *10 novembre 1630. La journée des Dupes*, Paris, 1961, Pierre Chevallier, *Louis XIII*, Paris, 1979, et notre *Marie de Médicis*, publié en 1981.

Louvre est d'ailleurs indisponible en raison des travaux d'aménagement qu'on est en train d'y effectuer, et Louis XIII séjourne en ce moment à l'Hôtel des Ambassadeurs, rue de Tournon, l'ancien hôtel de Concini et de Leonora Galigaï. Quant à Richelieu, il habite lui aussi à deux pas puisqu'il occupe le Petit Luxembourg — c'est ainsi qu'on appelle l'ancien Hôtel de Luxembourg, antérieur au Palais construit par Marie de Médicis[5]. La Reine-Mère en a fait cadeau quelques années auparavant à celui qui était alors le plus fidèle et le plus apprécié de ses serviteurs.

Au cours de la réunion du Conseil, Richelieu, qui cherche toutes les occasions de se montrer agréable à Marie de Médicis, propose la nomination de Louis de Marillac, frère du garde des Sceaux Michel de Marillac, comme commandant en chef de l'armée d'Italie. Sa proposition est acceptée, mais la Reine-Mère garde jusqu'à la fin de la séance un silence boudeur. Le Conseil s'achève, les ministres sortent, et Richelieu s'apprête à prendre congé de Marie de Médicis. Mais celle-ci lui demande de rester quelques instants avec elle : elle lui annonce qu'elle a décidé de lui retirer les fonctions qu'il détient dans sa Maison, à savoir les charges de Surintendant de la Maison de la Reine et de Chef de son Conseil. Elle lui déclare en outre qu'elle a également décidé de se séparer de toutes les personnes qui ont été introduites dans sa Maison sur la recommandation du cardinal, à commencer par Madame de Combalet. Richelieu tente de protester ; Marie de Médicis lui tourne le dos. L'entretien est terminé.

Dans les heures qui suivent, la nouvelle se répand comme une traînée de poudre. La Cour est en ébullition et Louis XIII, informé par la rumeur, décide de provoquer pour le lendemain une rencontre d'explication entre Marie de Médicis, lui-même et Richelieu. Il ne désespère pas d'arriver à éviter la brouille ouverte ; il voudrait empêcher en tout cas que les ressentiments personnels de sa mère à l'égard du cardinal rejaillissent sur les fonctions politiques exercées par celui-ci. Le Roi, cependant, est profondément troublé, et il semble bien qu'il envisage de demander à Richelieu de se retirer quelques jours à Pontoise, le temps que s'apaise la colère de la Reine-Mère. Dans les milieux de la Cour, l'étoile de Richelieu pâlit à grande vitesse. Le retrait des charges qu'il détenait au sein de la Maison de Marie de Médicis est considéré par nombre de bons esprits comme le prélude à son éviction du gouvernement. Tout le monde connaît en effet la promesse faite par Louis XIII à sa mère, au moment où il renaissait à la vie après sa maladie de Lyon, de réfléchir au problème de la position de Richelieu, et l'on pense qu'il n'exclut sans doute pas la possibilité de se séparer de lui.

---

5. Il sert aujourd'hui de résidence au Président du Sénat, dont le Cabinet est également installé sur place.

Aussi, quand on apprend que le Roi songe à lui demander de se retirer à Pontoise, la plupart des courtisans considèrent que le sort du cardinal est scellé, et les plus avisés, se détournant de celui dont la puissance semble désormais comptée, vont porter leurs hommages à la Reine-Mère et aux membres de son clan.

L'entrevue décidée pour le lendemain 11 novembre doit avoir lieu en fin de matinée. Richelieu quitte le Petit-Luxembourg peu avant onze heures et, quelques instants plus tard, arrive dans l'antichambre des appartements de la Reine-Mère afin de gagner ensuite la chambre de Marie de Médicis où il est prévu de se réunir. Quelle n'est pas la surprise du cardinal quand l'huissier qui garde la porte de la chambre lui dit qu'il a instruction de lui en défendre l'accès. Richelieu n'a jamais été l'objet d'un pareil affront. Il insiste, mais l'huissier lui oppose un ferme refus : le Roi et la Reine-Mère sont en conférence et ne veulent être dérangés par personne. Richelieu bat en retraite, quitte l'antichambre, et s'efforce de passer par une galerie attenante. Là aussi le passage est gardé, et le cardinal doit rebrousser chemin. Il reste un seul moyen pour arriver à la chambre de la Reine : à partir de la chapelle qui se trouve au rez-de-chaussée, un escalier dérobé ménagé dans un pilier donne accès à la chambre, située au premier étage. — L'escalier existe toujours ; la chambre de Marie de Médicis abrite aujourd'hui le bureau de tabac du Sénat. On imagine aisément la surprise de la Reine-Mère en voyant pour ainsi dire surgir du mur, telle la statue du commandeur, Armand du Plessis, cardinal de Richelieu. Marie de Médicis avait apparemment oublié de tirer le verrou de la porte, ou alors, comme on l'a également affirmé, Richelieu a bénéficié de la complicité d'une servante qui possédait la clef. Quoi qu'il en soit, notre homme débouche brusquement, sur le coup de onze heures et quart, dans la chambre où Marie de Médicis est en train de parler à Louis XIII avec la plus grande animation.

De fait, le cardinal a bien de l'audace. On comprend que la Reine-Mère, d'abord muette de stupéfaction, s'empourpre de colère lorsque Richelieu lui demande, accusateur, si c'est sur lui que portait l'entretien. « Non », s'exclame-t-elle pour se reprendre l'instant d'après et rétorquer que c'est bien de lui qu'elle parlait en effet, « comme du plus ingrat et du plus méchant des hommes. » Les mots se bousculent maintenant sur les lèvres de la Reine-Mère, au comble de la fureur. Elle va de long en large dans la pièce, criant qu'elle ne reviendra pas sur sa décision d'exclure Richelieu de toutes les charges de sa Maison. Elle est résolue à ne jamais revoir ce personnage et, s'adressant au Roi, elle l'avertit que si par hasard il entend maintenir le cardinal dans ses Conseils, alors elle n'y remettra plus les pieds. Pendant ce temps, Richelieu, écroulé aux pieds de la Reine-Mère et versant des flots de larmes, baise le bas de sa robe et la supplie de lui pardonner les fautes qu'il a pu commettre à son égard. Loin d'apitoyer Marie de Médicis, la posture du cardinal redouble sa colère, et la Reine-Mère se met à hurler qu'elle ne sera pas dupe de ses procédés de comédien car elle sait bien, comme toute la Cour, qu'il est capable de faire jaillir ses larmes à volonté.

Louis XIII, outré devant l'offense que cette scène constitue pour lui, pour sa dignité de Roi, s'efforce de ramener sa mère à un peu plus de mesure. N'y parvenant pas, il ordonne à Richelieu de se retirer. Celui-ci s'exécute, quitte la pièce et se poste au bas du grand escalier qui mène à la chambre de la Reine-Mère. Quelques minutes plus tard, Louis XIII, ayant pris congé de Marie de Médicis, sort à son tour de la chambre et descend l'escalier. Il a le visage blême, le regard dur et fixé dans le lointain. Quand il arrive à la hauteur de Richelieu, celui-ci s'incline profondément, mais le Roi n'esquisse pas un geste, pas un signe dans sa direction, et passe sans paraître le voir. Aucun doute : la disgrâce est consommée. Richelieu regagne aussitôt le Petit-Luxembourg, décidé à prendre la fuite au plus vite. Il fait fiévreusement préparer ses bagages. Direction : Le Havre, dont il est le gouverneur.

La scène qui s'est déroulée au bas du grand escalier a eu de nombreux témoins. Tous sont maintenant convaincus de la chute du cardinal. La nouvelle embrase la Cour. Marie de Médicis, que le départ de Louis XIII avait plongée dans la perplexité car le Roi, en la quittant, n'avait rien laissé deviner de ses intentions, est portée par la vague. Elle a gagné ! Tandis que les femmes s'emploient à remettre un peu d'ordre dans sa toilette, la Reine-Mère ne cache plus sa joie. Michel de Marillac, à ses côtés, fait figure de premier ministre. Comme à Lyon, le 30 septembre, pendant l'agonie de Louis XIII, on discute de la composition du futur gouvernement et l'on débat du sort qu'il conviendra de réserver à Richelieu.

Entre-temps, le Roi, remonté dans son carrosse, n'a eu que quelques mètres à faire pour se retrouver rue de Tournon. Il est dans un tel état d'agitation qu'en voulant ouvrir son pourpoint afin de respirer un peu, il fait sauter tous les boutons. Son écuyer, Saint-Simon, est auprès de lui, s'efforçant de le calmer. Encore sous le coup de l'émotion, Louis XIII lui annonce qu'il part à Versailles, et lui demande d'aviser Richelieu d'avoir à l'y rejoindre. Au Petit-Luxembourg, le cardinal achève ses préparatifs de départ quand l'un des rares amis qui lui restent, le cardinal de La Valette (à qui d'ailleurs son amitié pour Richelieu a valu de la part de son père, le duc d'Épernon, le sobriquet de « cardinal-valet »), arrivant sur ces entrefaites, s'indigne de tant de pusillanimité. Il est en train de lui faire honte, de lui expliquer que le souci de la plus élémentaire dignité lui impose d'aller au moins prendre congé du Roi, et qu'au surplus rien n'est encore joué alors que « qui quitte la partie la perd », lorsque Saint-Simon transmet à Richelieu l'ordre du Roi.

Le cardinal s'incline. Puisque Louis XIII le mande, c'est que tout espoir n'est pas mort. Richelieu embrasse avec effusion le cardinal de La Valette, et prend la route de Versailles.

Dans le petit pavillon de chasse, le Roi, tandis que la soirée s'achève, reçoit seul à seul le cardinal. Nous sommes bien renseignés, grâce aux *Mémoires* de Richelieu et aux confidences ultérieures du Roi, soigneusement rapportées par les ambassadeurs et les mémorialistes du temps, sur ce qui se passe alors. Le cardinal s'incline devant le souverain et lui renouvelle l'offre de sa démission, sollicitant la faveur d'être autorisé à se retirer dans son château. Louis XIII répond qu'il a décidé de le garder comme premier ministre. Richelieu lui montre alors la gravité de cette décision, en lui rappelant que la Reine-Mère s'est juré, comme elle l'a catégoriquement déclaré dans sa chambre au cours de la scène de la matinée, de ne plus remettre les pieds au Conseil si Richelieu n'était pas disgracié. Elle tiendra parole. Louis XIII réplique qu'il est prêt à faire face à cette éventualité et que son choix est maintenant définitivement arrêté. Richelieu insiste : Louis XIII a, vis-à-vis de Marie de Médicis, des devoirs qui sont ceux-là mêmes qu'un fils a vis-à-vis de sa mère. Réponse de Louis XIII : le Roi est « plus obligé à son État qu'à sa mère ».

Tout est dit. Louis XIII fait sans désemparer convoquer à Versailles les ministres et secrétaires d'État restés à Paris, sauf le Chancelier de Marillac qui reçoit l'ordre de se rendre au petit village de Glatigny, à proximité de Versailles. Le Chancelier comprend aussitôt la signification de cet ordre : la victoire qu'il croyait acquise lui a échappée ; Richelieu l'emporte et c'est lui, Michel de Marillac, que frappe la disgrâce royale. Il brûle en hâte des papiers personnels et, en pleine nuit, gagne Glatigny. Pendant ce temps, le reste du gouvernement se retrouve à Versailles. Il est à peu près minuit. Louis XIII prend la parole. Il expose qu'il est déterminé à mettre un terme aux intrigues qui, depuis plus d'un an, se multiplient contre le cardinal, et empoisonnent l'atmosphère politique. Le Chancelier de Marillac est à ses yeux l'un des grands responsables de cet état de choses. C'est pourquoi le Roi, tout en rendant hommage à sa piété et à sa conscience professionnelle, a décidé de se séparer de lui. Monsieur de Châteauneuf exercera désormais les fonctions de garde des Sceaux. Louis de Marillac, nommé la veille commandant en chef de l'armée d'Italie, sera destitué de ses fonctions et décrété d'arrestation.

L'aube du 12 novembre est en train de poindre. Les premières heures de la matinée apportent à Paris de bien singulières nouvelles : le cardinal, que tous croyaient politiquement mort, a fait un incroyable rétablissement. Le Roi l'a confirmé dans ses fonctions et ce sont ses ennemis, les partisans de Marie de Médicis, la Reine-Mère elle-même, qui ont perdu la partie alors qu'ils pensaient tenir la victoire. Le 11 novembre 1630 restera pour eux la journée des dupes.

LA FAMILLE ROYALE EN FOLIE

Le Roi charge le surintendant des Finances Bullion d'avertir la Reine-Mère des décisions qu'il a prises à Versailles et de lui exposer les raisons pour lesquelles il a été conduit à garder Richelieu. Louis XIII fait également demander à Marie de Médicis d'oublier les paroles excessives qu'elle a pu prononcer lors de l'entrevue du 11 novembre, et de continuer à siéger dans ses Conseils. Le Roi comprendrait fort bien qu'elle ne veuille pas manifester une sympathie débordante à l'égard de Richelieu ; rien ne l'oblige, d'ailleurs, à lui rendre les charges qu'elle lui a enlevées, pas plus qu'à ceux de ses parents ou de ses proches qu'elle a chassés en même temps de sa Maison. Qu'elle se contente simplement de manifester une indifférence polie à l'égard du cardinal et le Roi se déclarera satisfait.

Mais Marie de Médicis n'a aucune intention de se plier aux demandes du Roi. Sa volonté est ferme et irrévocable. Le 19 novembre, Louis XIII et la Reine-Mère se rencontrent à Saint-Germain. Marie de Médicis confirme à son fils qu'elle entend ne jamais revoir Richelieu. Le conflit dépasse les limites de la Cour. Le 21 novembre, une délégation du Parlement de Paris est reçue par le Roi. Louis XIII fait un historique détaillé de la crise, pour conclure : « Vous savez où l'animosité a porté la Reine ma mère contre Monsieur le cardinal. Je veux honorer et respecter ma mère, mais je veux assister et protéger le cardinal contre tous. »

La répression a déjà commencé contre ceux qui avaient cru abattre le Richelieu. Dès le 12 novembre, Michel de Marillac a été prié de restituer les Sceaux. Il reste pour le moment à Glatigny, sous bonne garde. Au mois de février 1631, le Roi le fera transférer à Châteaudun, où le Chancelier déchu, rongé par le chagrin, mourra deux ans plus tard. Son frère Louis de Marillac sera encore plus durement sanctionné. Un courrier lui apportait le 20 novembre, au camp de l'armée d'Italie, l'annonce de sa nomination comme commandant en chef. Un autre courrier, le lendemain 21 novembre, porte au maréchal de Schomberg, qui la veille avait été placé en second sous l'autorité du maréchal de Marillac, l'ordre de l'arrêter. Stupeur, puis colère : Louis de Marillac, ainsi ballotté d'un extrême à l'autre, ne comprend plus. On l'interne d'abord au château d'Avigliana, près de Rivoli, avant de le conduire sous bonne garde à Lyon, puis à Sainte-Menehould, où il arrivera le 9 février 1631. Pour le cardinal de Richelieu, il va constituer le plus précieux des otages vis-à-vis de la Reine-Mère. Sa mise en jugement, sa condamnation à mort et son exécution au printemps de 1632, ouvrent la longue série des procès politiques, toujours iniques, parfois révoltants, au moyen desquels le cardinal de Richelieu, jusqu'aux derniers jours de son existence, va s'efforcer de terroriser ses adversaires.

Pour le moment, nous n'en sommes pas là et, à l'approche de Noël, la situation semblerait plutôt se détendre. Le nonce du Pape réussit à organiser le 23 décembre au Luxembourg une entrevue entre la Reine-Mère et Richelieu. On se salue poliment en évitant d'échanger des paroles désagréables. Dans la nuit de Noël, puis le jour même de Noël, le nonce récidive et obtient des résultats apparemment encourageants. Pendant le mois de janvier 1631, Marie de Médicis assiste à certains Conseils, en affectant de ne pas remarquer la présence de Richelieu. Mais, durant ce même mois de janvier, elle s'abstient de paraître aux spectacles officiels de la Cour, marquant ainsi son ressentiment à l'égard de Louis XIII. On comprend le distinguo : Richelieu est au fond un non-être, et peu importe, après tout, sa présence dans la même pièce que la Reine-Mère puisqu'il n'existe pas ; le Roi, en revanche, mérite tous les reproches possibles, car il a résisté aux objurgations de sa mère.

Imitant l'attitude de Marie de Médicis, Anne d'Autriche aussi boude les cérémonies de la Cour. Comme la Reine-Mère, et peut-être plus encore qu'elle-même, la Reine régnante considère Richelieu comme son ennemi juré ; le contentieux n'a cessé de s'alourdir entre eux, depuis l'affaire Buckingham, en passant par le complot de Chalais, le conflit avec l'Espagne, la maladie du Roi à Lyon. Mais elle en veut surtout à Louis XIII, le vrai responsable de cette situation, et qui donne à sa femme un nouveau motif d'animosité en renvoyant à Madrid la dizaine d'Espagnoles qui faisaient toujours partie de sa Maison : le Roi vient d'apprendre l'offre transmise par Anne d'Autriche à Gaston d'Orléans, pendant l'agonie de Louis XIII, d'épouser Monsieur quand elle serait devenue veuve ; il se venge en coupant les derniers liens qui rattachaient encore sa femme à son Espagne natale.

La famille royale tout entière serait-elle prise de folie ? Gaston d'Orléans, lui aussi, s'agite. Il est troublé par les pressions que sa mère exerce sur lui afin qu'il soutienne sa cause. Anne d'Autriche l'entreprend sans cesse. On fait grand cas des prévisions astrologiques qui annoncent la mort de Louis XIII comme imminente. Gaston est d'ailleurs presque quotidiennement l'objet de nouvelles avanies de la part de son frère dont la rancune, pour ne pas dire la haine à son égard, s'accroît visiblement de jour en jour. Le 30 janvier 1631, Gaston se livre à un ahurissant coup de tête. Escorté par une suite nombreuse, il se rend à l'Hôtel que Richelieu se fait construire rue Saint-Honoré, le Palais-Cardinal (l'actuel Palais-Royal) ; le premier ministre s'y est établi afin de ne pas rester au

Petit-Luxembourg où sa présence pourrait inutilement heurter la Reine-Mère. Richelieu, bien que surpris par l'arrivée inopinée de Gaston, lui réserve bon accueil ; c'est pour s'entendre adresser une véritable déclaration de guerre : « Il lui dit qu'il venait rétracter la parole qu'il lui avait donnée peu de jours auparavant d'être son ami, lui déclarer au contraire qu'il n'était pas pour demeurer sans ressentiment qu'un homme de la sorte se fût tant oublié que de mettre toute la famille royale en combustion ; que devant sa fortune et toute son élévation à la Reine sa bienfaitrice, au lieu de lui en témoigner sa gratitude, ce qu'un homme sage et un fidèle serviteur eût fait, il fût devenu au contraire son plus grand persécuteur, continuant par ses artifices ordinaires à la noircir dans l'esprit du Roi : et comme à son égard, tant s'en faut qu'il lui eût non plus gardé le respect, qu'il n'en eût usé encore avec plus d'insolence, qu'aussi n'aurait-il pas tant attendu de l'en réprimer s'il n'en eût été retenu par la qualité de prêtre. » Étonné sans doute par sa propre audace, Gaston d'Orléans tourne les talons, remonte en selle, et prend prestement la direction d'Orléans.

Louis XIII reçoit à Versailles la nouvelle de l'algarade. Il rentre aussitôt à Paris et se rend auprès d'un Richelieu encore bouleversé, auquel il promet publiquement sa protection contre tous ses adversaires sans exception, fût-ce même contre son propre frère. Les adversaires du cardinal maudissent la maladresse de Gaston qui vient de souder encore davantage la solidarité entre Louis XIII et son premier ministre. Le Roi, en effet, est maintenant déterminé à sévir contre tous ceux qui ont comploté contre Richelieu. Le duc de Guise, qui depuis quelques mois n'avait pas de mots assez durs pour stigmatiser ce qu'il appelait la volte-face de Richelieu vis-à-vis de l'Espagne, est prié de s'expliquer. Prudent, le duc sollicite du Roi l'autorisation d'aller en pèlerinage à Notre-Dame-de-Lorette. Il se retirera définitivement en Italie. D'Épernon, qui a pourtant si souvent épousé la cause de Marie de Médicis, préfère cette fois s'abstenir de tout geste susceptible d'attirer sur lui les foudres royales. Seul l'incorrigible comploteur qu'est le duc de Bouillon, protégé par sa qualité de prince souverain de Sedan, fait mine de prêter une oreille favorable aux plaintes de la Reine-Mère.

L'expérience des vingt dernières années est là pour montrer à Louis XIII qu'un foyer d'agitation isolé peut, en l'espace de quelques mois, si l'on n'y prend garde, s'étendre à plusieurs provinces ; nul ne peut exclure que la guerre civile se rallume. Il faut donc mettre un terme à la bouderie de Marie de Médicis.

Avant de faire quoi que ce soit, Louis XIII, pour calmer ses scrupules, consulte des théologiens. Quelle attitude doit observer le Roi de France ? Les théologiens le rassurent : les devoirs du Roi vis-à-vis de son peuple, dans l'intérêt de la tranquillité publique, l'emportent sur les obligations que la nature lui impose à l'égard de sa mère. Rien n'interdit à Louis XIII d'aller jusqu'à se séparer, s'il le faut, de Marie de Médicis.

Compiègne

Le Roi se met en route pour Compiègne et demande à sa mère de l'y retrouver ; il veut procéder avec elle à une ultime clarification. Le 12 février 1631, Louis XIII est à Compiègne. Marie de Médicis l'y rejoint bientôt. Ses dispositions n'ont pas changé, et ses récriminations contre Richelieu sont toujours aussi fortes, aussi véhémentes. Louis XIII ne sait à quel saint se vouer. Il demande au Père Suffren, confesseur de Marie de Médicis, de mettre son poids dans la balance pour essayer de fléchir l'irascible Reine-Mère. Le médecin de la Reine s'appelle Vautier ; c'est un homme que Louis XIII méprise profondément ; mais il lui revient que Vautier, perspicace, s'inquiète d'une éventuelle rupture entre la Reine-Mère et son fils, qui ne pourrait que nuire à ses ambitions personnelles et à son appétit d'argent ; lui aussi se voit alors prié d'intervenir afin d'amener sa maîtresse à composition. Schomberg, le garde des Sceaux Châteauneuf, le Père Suffren, Vautier, reviennent tour à tour à la charge auprès de Marie de Médicis. En vain.

On suggère alors un arrangement qui permettrait à chacun de sauver la face. Richelieu protesterait publiquement auprès de la Reine-Mère de sa bonne volonté et de sa fidélité à son égard. Tous deux conviendraient de n'avoir en vue pour le futur que le bien de l'État. Marie de Médicis reprendrait sa place au Conseil et signerait un écrit adressé au Roi par lequel elle s'engagerait à renoncer désormais à toute intrigue. Quant aux personnes que la Reine a chassées de son service, elles en resteraient exclues.

La Reine-Mère veut bien signer tout ce que l'on voudra, mais à une seule condition, évidemment inacceptable pour le Roi : que Richelieu disparaisse. C'est lui ou moi, dit en somme la Reine-Mère.

Or Louis XIII, au fond de lui-même, a choisi. Le 22 février, le Conseil se réunit, hors la présence de Marie de Médicis, qui boycotte par principe toutes ses réunions. A l'ordre du jour, l'attitude que le Roi doit tenir vis-à-vis d'elle. Richelieu prend la parole en dernier. Il présente les différentes solutions possibles compte tenu de la volonté exprimée par la Reine-Mère de ne plus participer au Conseil aussi longtemps que Richelieu continuera d'en faire partie. Elles sont, à son avis, au nombre de cinq.

La première consiste à conclure tout de suite une paix générale avec les pays étrangers en conflit avec la France — comprenons, avec la Maison d'Autriche. C'est impossible, constate Richelieu, car la conclusion instantanée d'un traité de paix implique que l'on abandonne les alliés du royaume, et donc que l'on fasse « une paix qui, étant honteuse, ne serait pas un remède, mais un mal, ne serait pas une paix, mais un commencement de nouvelle guerre [6] ».

Deuxième moyen : s'accommoder avec Gaston d'Orléans. C'est encore une vue de l'esprit, car les membres de l'entourage du prince ont amplement démontré que tous les bienfaits et les honneurs qu'on peut leur faire sont incapables de les maintenir dans l'obéissance au Roi ; leur ambition les pousse à rechercher la possession du pouvoir. Richelieu multiplie les exemples ; la conjuration de Chalais, le comportement de Gaston d'Orléans lors du siège de La Rochelle, son attitude pendant l'expédition de Casal et durant la maladie de Louis XIII, prouvent que rien n'a pu calmer l'agitation sans cesse renaissante de cette clique. Plus on donne, et plus on aiguise son appétit. Voilà pourquoi ce moyen est lui aussi impraticable.

On aborde maintenant de front le problème de la Reine-Mère. La troisième solution envisagée par Richelieu consiste à conclure un arrangement avec Marie de Médicis. Solution « souhaitée et désirée plus que nulle autre » mais dont la réalisation paraît très difficile « vu que les femmes d'ordinaire sont vindicatives, que la Reine était fort dissimulée, qu'elle était d'un pays et d'une Maison où l'on pardonne peu à ceux que l'on offense [7] ». — Quelle admirable rosserie dans cette définition du caractère de Marie de Médicis ! Inutile de s'étendre, poursuit Richelieu, car la conclusion s'impose d'elle-même : ce moyen est impraticable aussi longtemps que l'on ne donnera pas satisfaction à la Reine-Mère en lui accordant ce qu'elle veut, c'est-à-dire l'éviction de Richelieu et sa propre mainmise sur le gouvernement ; or le Roi ne peut accepter de se dessaisir du pouvoir.

Ne pourrait-on imaginer cependant un moyen terme, par lequel on écarterait Richelieu du gouvernement sans pour autant remettre la direction de celui-ci à Marie de Médicis ? C'est la quatrième possibilité qu'envisage le cardinal, et c'est la première qui lui paraisse avoir quelque chance de réussir — la question étant pour le Roi de savoir si « ayant ôté quelques chiens de la bergerie, on n'attaquerait point le troupeau et ensuite le pasteur [8] ».

Reste une dernière solution : éloigner la Reine-Mère de la Cour. C'est une formule extrême, que Richelieu s'interdit de retenir pour ce qui le concerne, car il est lui-même l'enjeu du débat, et parce que

---

6. Richelieu, *Mémoires*, Éd. Michaud et Poujoulat, Paris, Firmin Didot, 1838, T. II, p. 317.

7. Richelieu, *Mémoires*, Éd. Michaud et Poujoulat, Paris, Firmin Didot, 1838, T. II, p. 317.

8. Richelieu, *Mémoires*, Éd. Michaud et Poujoulat, Paris, Firmin Didot, 1838, T. II, p. 318.

Marie de Médicis étant la mère de Louis XIII, son départ éventuel pose à la conscience du Roi un problème que lui seul peut résoudre.

Au terme de cette analyse, Richelieu considère qu'il n'y a en réalité que deux possibilités : ou bien autoriser le cardinal à démissionner, ou bien éloigner Marie de Médicis de la Cour jusqu'au moment où les cabales dont la Reine-Mère est le foyer auront cessé.

La réponse du Roi ne se fait pas attendre : Louis XIII sans manifester la moindre hésitation clôt la réunion du Conseil en déclarant qu'il a décidé de choisir le cinquième moyen, et donc de se séparer de sa mère pour quelque temps « afin que cependant [c'est-à-dire " pendant ce temps "] son esprit eût loisir de se désabuser, et éloigner d'elle pour toujours ceux qui étaient les auteurs de ses maux, pour les empêcher de les entretenir et de lui en faire de semblables à l'avenir [9] ».

Le lendemain 23 février 1631, Anne d'Autriche est mise au courant par le Roi. Elle conseille à Louis XIII d'aller embrasser sa mère une dernière fois ; il refuse. Alors, elle se glisse elle-même dans la chambre de la Reine-Mère afin de lui apprendre la nouvelle. Les deux Reines, naguère en si mauvais termes, sont aujourd'hui réconciliées dans une même haine à l'égard de Richelieu ; le mauvais sort qui frappe Marie de Médicis semble les toucher toutes deux. Désormais, comme le constate Saint-Simon, rien ne pourra jamais « les déprendre le moins du monde l'une de l'autre, non pas même leur séparation forcée à Compiègne depuis laquelle elles ne se voient plus, mais sans cesser de s'entendre et de persévérer dans la même union [10] ».

En fin de matinée, Louis XIII quitte Compiègne emmenant avec lui Anne d'Autriche et sa suite. Derrière lui, huit compagnies de gardes françaises, soit environ 1 500 hommes, investissent la ville. A leur tête, le maréchal d'Estrées ; il vient dire à Marie de Médicis qu'il a désormais ordre de rester auprès d'elle et de veiller sur sa personne, aussi bien au château que dans les promenades et déplacements qu'il plairait à la Reine de faire. Marie de Médicis est bel et bien prisonnière. Ses amies, la princesse de Conti, les duchesses d'Ognano et d'Elbeuf, la connétable de Lesdiguières, sont priées de quitter la Cour et de se retirer dans leurs terres. L'abbé de Foix, le maréchal de Bassompierre, sont emprisonnés à la Bastille. Vautier, arrêté à Sens, va également les rejoindre quelques jours plus tard. Le plus en vue parmi les victimes de ce coup de balai est sans

---

9. Richelieu, *Mémoires,* Éd. Michaud et Poujoulat, Paris, Firmin Didot, 1838, T. II, p. 319.
10. Saint-Simon, *Parallèle des trois premiers Rois Bourbons,* Éd. M.P. Faugère, Paris, Hachette, 1880, p. 326.

conteste Bassompierre. Il avait eu le tort de comploter ouvertement contre Richelieu, ne faisant pas mystère de son ambition de devenir, sinon le chef du gouvernement, du moins l'un des principaux membres de l'équipe constituée après l'éviction du cardinal. Il demeurera douze ans prisonnier à la Bastille, et n'en sortira qu'au mois de janvier 1643, quelques semaines après la mort de Richelieu.

Que faire de la Reine-Mère ?

Il reste à décider du sort de la Reine-Mère. Compiègne paraît trop proche de Paris, et l'on opte pour une résidence plus éloignée. On pense à Blois, à Angers, mais ces villes évoquent de fâcheux souvenirs. Moulins en revanche semble offrir le maximum d'avantages, et c'est à cette solution qu'on se rallie. Monsieur de La Ville-aux-Clercs est envoyé auprès de Marie de Médicis afin de la lui suggérer. Si elle accepte, on lui rendra Vautier, et le Roi s'engage à lui verser ponctuellement l'intégralité de sa pension. Nous sommes le 24 février, et Marie de Médicis, tout à sa rancune, accueille le plus mal possible Monsieur de La Ville-aux-Clercs. Ce ne sont qu'imprécations furibondes, protestations véhémentes. Moulins est à ses yeux la première étape de sa relégation en Italie, but ultime du cardinal, elle le sait bien.

Cependant, le premier orage passé, Marie se ravise et écrit à Louis XIII une lettre empreinte de docilité et d'esprit de soumission : « Je me suis résolue de vous rendre l'entière obéissance que vous demandez de moi et de me retirer à Moulins, en attendant que Dieu, protecteur de mon innocence, vous ait touché le cœur et fait reconnaître le tort que la séparation d'avec vous me fait, non seulement dans votre royaume, mais aussi par toute la Chrétienté. » Pendant qu'on préparera le château de Moulins pour la recevoir, la Reine-Mère sollicite la faveur de s'établir à Nevers. Louis XIII saute aussitôt sur l'occasion, ordonne que l'on sorte Vautier de sa prison et qu'on l'envoie à la rencontre de Marie de Médicis dès que celle-ci se sera mise en route pour Nevers.

La Reine-Mère, hélas, change bientôt d'attitude. Certes, elle ne se ravise pas, mais elle reporte indéfiniment son voyage. D'abord, c'est le manque d'argent qui l'empêche de quitter Compiègne. Puis, quand cette question est réglée, une nouvelle exigence apparaît : il faut que Vautier rejoigne Marie de Médicis à Compiègne, avant qu'elle se mette en route. Louis XIII refuse, Marie de Médicis n'insiste pas. Entre-temps, les aménagements du château de Moulins sont terminés et l'on peut donc faire l'économie de l'étape de Nevers ; mais l'itinéraire proposé ne convient pas à la Reine-Mère.

L'itinéraire est modifié : Marie de Médicis invoque à nouveau le manque d'argent pour justifier le report de son voyage.

Louis XIII s'impatiente, et donne ordre au maréchal d'Estrées, pour faire pression sur la Reine-Mère, de rendre la surveillance dont elle est l'objet plus étroite, plus tracassière. Les huit compagnies de gardes royales sont remplacées par douze compagnies du régiment de Navarre, et le contrôle auquel Marie de Médicis est soumise devient plus voyant. La Reine ne se laisse pas impressionner, et s'obstine dans son refus de quitter Compiègne.

Désespérant de résoudre ce problème dans l'immédiat, Louis XIII décide alors de s'attaquer à celui que représente son frère Gaston. Le prince en effet, réfugié à Orléans depuis sa scène avec Richelieu, quelques mois auparavant, se comportait en véritable rebelle. Il rassemblait des fonds et des vivres, et levait maintenant des troupes en Poitou et dans le Limousin. Il est temps d'en finir. Louis XIII sans crier gare prend la tête d'une petite armée. Il arrive le 11 mars à Étampes. Il peut être le lendemain à Orléans. Gaston prend peur et s'enfuit vers la Bourgogne, dont le gouverneur, le duc de Bellegarde, est son ami. Sur le chemin de Dijon, des villageois bien étonnés verront ainsi passer quelques cavaliers somptueusement habillés criant avec conviction : « Vivent Monsieur et la liberté du peuple ! », suivis, à quelques lieues de distance, par le Roi de France en personne caracolant à la tête des troupes qui poursuivent Monsieur son frère. Gaston voudrait bien apparaître aux yeux de l'opinion comme le défenseur du pauvre peuple opprimé face à la dictature de fer qu'exerce le cardinal de Richelieu sous le couvert de Louis XIII. Mais le peuple ne bouge pas et l'armée royale talonne le prince. La Bourgogne ne lui offrant pas l'asile escompté, Gaston ne fait que traverser la province et se retrouve un beau matin en Franche-Comté, c'est-à-dire en terre espagnole. Louis XIII, arrivé le 26 mars à Dijon, fait déclarer Bellegarde, le duc d'Elbeuf, le duc de Roannès, le comte de Moret (son demi-frère), ainsi que les confidents et fidèles de Gaston d'Orléans, coupables du crime de lèse-majesté. Pour le moment, il ne peut rien de plus, et regagne Fontainebleau, bien déterminé à faire plier Marie de Médicis.

Le 20 mai, Louis XIII envoie le maréchal de Schomberg et Monsieur de Roissy, doyen du Conseil d'État, à Compiègne pour proposer à Marie de Médicis de s'établir à Angers, puisqu'il est clair que le séjour de Moulins lui inspire une invincible répugnance. On lui donnerait le gouvernement de la ville avec celui de toute la province d'Anjou : les souvenirs de la deuxième guerre de la mère et du fils cèdent devant le souci du Roi de trouver une solution. Mais cette nouvelle tentative ne débouche sur rien. Marie de Médicis déclare aux envoyés de son fils qu'elle a décidé de ne plus quitter Compiègne, quand bien même on lui offrirait de s'installer dans son château de Montceaux-en-Brie ou dans son Palais du Luxembourg à Paris, car elle est convaincue qu'une fois qu'elle se serait mise en route, on lui ferait prendre la direction de Florence. Désormais, dit-elle, afin de s'opposer à toute tentative de départ brusqué, voire d'enlèvement, car elle considère que Richelieu est capable de tout, elle entend ne plus sortir de sa chambre. Le 24 mai, Schomberg et Roissy repartent bredouilles à Paris. Le 25, Marie de Médicis confirme à Louis XIII dans une lettre pleine d'amers reproches son refus de s'en aller de Compiègne.

La réponse de Louis XIII lui parvient le 1er juin, en forme d'ultimatum. Le Roi donne quinze jours à sa mère pour choisir l'une des retraites qu'on lui a proposées. En signe de bonne volonté et « afin qu'on connaisse le respect dont je veux user en votre endroit », Louis XIII fait retirer à deux lieues de la ville les troupes qui bloquent Compiègne. Venu prendre congé de la Reine-Mère le 15 juin, le maréchal d'Estrées la supplie de se montrer plus compréhensive. Il lui dépeint l'exaspération du Roi, à la mesure de la très vive affection qu'il lui porte. Il lui confie que Louis XIII s'est déclaré prêt à la rencontrer, soit à Nantes, soit à Chartres, quand elle fera route vers Angers. — Encore faut-il que Marie de Médicis accepte cette solution. Or rien ne permet d'espérer un changement dans le refus obstiné qu'elle lui oppose ; le maréchal d'Estrées dépense en vain son éloquence. Le 14 juillet encore, la Reine-Mère proclame haut et fort que si son fils veut la voir, il n'a qu'à venir à Compiègne.

Marie de Médicis est en réalité décidée à quitter la ville, mais à ses conditions : elle s'apprête à rééditer le coup de son évasion spectaculaire du château de Blois. Comme en 1619, il lui faut un refuge et une épée. Le duc d'Épernon, cette fois, reste sourd à toutes les sollicitations, mais la Reine-Mère a trouvé une oreille complaisante auprès du gouverneur de la place forte de La Capelle, à proximité de la frontière des Pays-Bas espagnols, près de la Somme. Le gouverneur de la place est le jeune marquis de Vardes, qui vient d'épouser Jacqueline de Bueil. Celle-ci est l'ancienne maîtresse d'Henri IV et la mère du comte de Moret, demi-frère de Louis XIII et de Gaston d'Orléans : une étroite amitié lie Gaston au comte de Moret, qui vient de le suivre dans son équipée et y a gagné d'être déclaré coupable de lèse-majesté. Monsieur de Vardes, en épousant Jacqueline de Bueil, épouse les intérêts et les querelles du clan qu'animent Gaston et sa mère. Il promet à Marie de Médicis tout le concours qu'elle peut souhaiter. Il lui ouvrira les portes de la forteresse afin qu'elle puisse, à l'abri de ses murailles, lancer un manifeste dénonçant la tyrannie du cardinal et appelant les mécontents à se rallier autour de la Reine-Mère. La proximité de la frontière constitue un autre atout : par les Pays-Bas espagnols, on pourra recevoir des mercenaires, et peut-être même des auxiliaires discrètement fournis par la Maison d'Autriche.

Un vaste complot s'est en effet noué au cours des semaines précédentes. L'Infante Claire-Isabelle-Eugénie, qui gouverne les Pays-Bas espagnols au nom de Philippe IV, a pris sur elle de promettre une aide. Gaston d'Orléans, qui a quitté en avril la Franche-Comté pour passer en Lorraine, trouve à Nancy tout à la fois un asile et l'amour : s'étant épris de Marguerite de Vaudémont, la plus jeune sœur du duc de Lorraine (elle a 15 ans à peine), Gaston se voit offrir par le duc la main de sa sœur et une aide matérielle. Monsieur entreprend de lever des troupes. Le duc de Lorraine veut bien lui assurer un concours plus actif contre Louis XIII et Richelieu, mais à condition que Marie de Médicis parvienne à mobiliser également ses trois gendres, le Roi d'Angleterre, le duc de Savoie et le Roi d'Espagne. C'est précisément ce qu'elle compte faire dès qu'elle aura gagné l'abri de La Capelle.

L'ÉVASION DE MARIE DE MÉDICIS

L'évasion de la Reine-Mère a été fixée à la nuit du 18 au 19 juillet. L'entreprise n'est guère difficile : depuis le retrait des troupes ordonné par Louis XIII, le château de Compiègne n'est plus gardé que par un concierge. Celui-ci, sur le coup de minuit, est réveillé par un petit groupe de gentilshommes de la Maison de la Reine-Mère entourant une femme qui se cache sous de grands voiles sombres ; on lui dit qu'il s'agit d'une dame d'honneur de la Reine, qui va se marier secrètement dans un ermitage voisin. Le concierge s'empresse d'ouvrir la porte. La femme voilée n'est autre que Marie de Médicis. Elle marche d'un bon pas, avec les quatre fidèles qui l'accompagnent, jusqu'à la sortie de Compiègne où les attend un carrosse. Fouette cocher ! Et l'on fonce à toute bride vers le petit village de Rosny situé à proximité de La Capelle.

Deux gentilshommes dépêchés à sa rencontre par le jeune marquis de Vardes l'y attendent, porteurs de bien mauvaises nouvelles : le père du jeune marquis est arrivé au point du jour à La Capelle, s'est fait remettre les clefs de la citadelle, et a prié son fils d'en sortir, ne lui laissant d'autre ressource que d'aller se réfugier à Avesnes, en terre espagnole. Que s'est-il passé ? Le jeune Monsieur de Vardes, depuis son mariage avec Jacqueline de Bueil, était discrètement surveillé par les sbires de Richelieu. Peu avant la date fixée pour l'évasion de Marie de Médicis, il avait brusquement quitté la Cour en direction de La Capelle sans solliciter l'autorisation de règle en la circonstance. Il n'en fallait pas davantage pour alerter la méfiance du cardinal qui avait demandé au vieux marquis de Vardes, un homme dont le dévouement au Roi n'était plus à prouver, d'aller voir ce que manigançait son fils. Monsieur de Vardes père avait galopé jusqu'à La Capelle, et une fois sur place, avait « confessé » son fils et découvert toute l'affaire. La garnison de la forteresse, mise au courant, jurait fidélité à Louis XIII et contraignait le jeune marquis à quitter les lieux.

Marie de Médicis est atterrée. Revenir à Compiègne est totalement exclu. Il ne reste d'autre solution que la fuite en avant. Ayant fait atteler des chevaux frais, elle passe la frontière et, au soir du 19 juillet, couche à Estoeung, un petit village situé à une lieue d'Avesnes, sur le territoire des Pays-Bas espagnols. Le 20 juillet 1631 dans l'après-midi, elle est à Avesnes et, de là, dépêche l'un de ses gentilshommes à Bruxelles, afin d'informer l'Infante Claire-Isabelle de sa présence. Un autre galope vers Paris, porteur d'une lettre à remettre en mains propres à Louis XIII, dans laquelle la Reine-Mère expose les raisons de son départ.

Marie de Médicis ne devait plus revoir la France et c'est en terre étrangère, à Cologne, que la mort allait la surprendre, onze ans plus tard. Sa fausse manœuvre était une erreur pour la cause qu'elle défendait, une véritable aubaine pour le cardinal : la sortie de Marie de Médicis hors de France « fut comme une purgation salutaire du royaume », devait-il commenter par la suite. Certes, l'infatigable Reine-Mère, même en exil, allait animer jusqu'à sa mort d'innombrables conjurations et complots contre Richelieu et contre le régime — mais du moins, les choses étaient claires, et l'ennemi travaillait à visage découvert, en terre étrangère, ce qui simplifiait grandement la situation.

Montée du nationalisme

Le départ de la Reine-Mère place son différend avec Richelieu dans une perspective toute nouvelle. En réclamant la paix immédiate, Marie de Médicis fait le jeu des Espagnols ; elle le sait fort bien, et ne se cache nullement de considérer que le « leadership » du monde catholique revient de droit aux Habsbourg. En face d'elle, Richelieu et Louis XIII défendent le principe de l'indépendance nationale, qui refuse de subordonner la politique française à des impératifs autres que ceux des intérêts du royaume. D'un côté, l'idéal mystique de la robe sans couture du Christ, c'est-à-dire de l'unité chrétienne ; de l'autre, l'exaltation de l'égoïsme national.

La grande crise de 1630-1631 est beaucoup plus qu'un affrontement personnel entre Marie de Médicis et Richelieu, elle ouvre un véritable débat idéologique. Deux conceptions de l'État s'affrontent : celle de la Reine-Mère et des Marillac, attachée à l'alliance espagnole, qui confond les intérêts spirituels et les intérêts temporels ; celle de Richelieu, fondée sur le divorce entre les intérêts spirituels et temporels. La position de Richelieu est l'aboutissement logique des guerres contre les protestants. Le siège de La Rochelle ne se termine pas par la conversion massive et forcée de ses habitants, mais par leur soumission en tant que sujets loyaux. Leur fidélité au Roi n'est pas fondée sur la religion mais sur la notion nouvelle de droit naturel. Il y a sécularisation de la politique intérieure dès lors que ce n'est plus la religion du prince qui fonde l'obligation de loyalisme. Cette thèse, cette doctrine, devient celle des « bons Français ».

Il y a des générations que se poursuit, sous des formes diverses, le même conflit entre le spirituel et le temporel, entre les zélateurs de l'unité des chrétiens et les tenants de la spécificité nationale. Le bon peuple aspire à l'unité — et cependant, il est emporté par la montée irrésistible de personnalités de plus en plus accusées, qui font le Français différent de l'Espagnol, de l'Allemand, de l'Italien ou de l'Anglais. Des mots nouveaux apparaissent, tel le mot de patrie qui se rencontre sans cesse sous la plume de Richelieu.

Dans ce débat jalonné de conflits plus sanglants les uns que les autres, les nationalismes l'ont emporté. Des générations d'historiens, sous la bannière de Michelet (formé au moule d'un patriotisme exacerbé), ont accablé à qui mieux mieux Marie de Médicis. Ce bel acharnement est à la fois injuste et mal venu : la Reine-Mère, par ses origines, par sa formation, par la vocation qui lui a été assignée et à laquelle elle se montre fidèle, incarne tout bonnement l'idéologie dominante de l'époque, celle qui pousse à la croisade et fait du gain des âmes à la vraie foi (que ce soit par la controverse, la conversion forcée ou la guerre sainte) la seule cause qui vaille vraiment en ce bas monde. Richelieu, dans cet esprit, est un traître ; traître au parti qui l'a élevé aux fonctions de principal ministre — mais c'est peu de choses, en définitive, au regard de l'essentiel : Richelieu est surtout traître à l'idéal de l'unité des chrétiens et de l'expansion universelle de la religion catholique que ce prince de l'Église devrait être l'un des premiers à défendre.

Pendant onze années, une lutte sans merci oppose les deux adversaires. Marie de Médicis succombe la première, précédant Richelieu de cinq mois dans la mort. Michelet s'indigne de voir le cardinal, au plus fort de la guerre contre l'Espagne, obligé de consacrer une part aussi importante de son énergie à déjouer les machinations de la Reine-Mère. Mais c'est que l'enjeu est capital ! La France, sur le plan matériel comme sur le plan moral, est encore indécise, ses gouvernants sont hésitants, remplis de scrupules — Richelieu tout le premier, qui tente une politique nationale en 1624, redevient un adepte du catholicisme militant en 1628, et ne se convertit pour de bon qu'en 1629 à une orientation résolument hostile à la Maison d'Autriche : il y a quatre ans qu'il est premier ministre. Il est facile après coup de déceler les éléments qui, dans la vie économique et sociale du pays, portaient en quelque sorte la politique du cardinal dans la direction qui devenait désormais la sienne. Le moins qu'on puisse dire est que, sur le moment, la chose n'était pas particulièrement évidente.

CHAPITRE XIX

La guerre couverte

Marie de Médicis et Richelieu :
duel à la face de l'Europe

La fuite de Marie de Médicis hors du royaume à partir du 19 juillet 1631 confère à Richelieu une stature nouvelle. Jusqu'à présent, les bisbilles entre la Reine-Mère et le cardinal restaient une affaire interne au gouvernement d'une nation qui apparaît un peu comme la première des puissances moyennes de son époque. L'éphéméride des chassés-croisés et des disgrâces fait les délices de la Cour, mais n'intéresse les ambassadeurs étrangers que juste ce qu'il faut pour se tenir en alerte sur les possibles renversements de la politique française.

En s'exilant aux Pays-Bas espagnols, Marie de Médicis place son différend avec le cardinal sous les yeux de l'opinion publique internationale. Celle-ci découvre en Marie l'un des personnages-clés de l'Europe chrétienne. La Reine n'est pas seulement la mère de Louis XIII et de ce cavalier charmant qui porte le nom de Gaston d'Orléans, héritier de la couronne de France, présentement en exil comme Marie de Médicis, mais aussi celle d'Élisabeth, de Christine et d'Henriette, mariées à trois des plus grands princes de la Chrétienté, puisqu'ils président aux destinées de l'Espagne, de la Savoie et de l'Angleterre. L'étroite imbrication entre les solidarités familiales et les intérêts politiques, si caractéristique de l'esprit du temps, aboutit ainsi à internationaliser le conflit personnel entre le cardinal et la Reine-Mère. La division qui s'est mise entre les membres de la famille royale française excite la sensibilité des gens. Les pamphlétaires s'en donnent à cœur joie. La bonne Marie va-t-elle pouvoir un jour rentrer dans ses foyers contre le méchant homme qui cache son ambition sous la robe cardinalice, demandent les uns ? D'autres au contraire ridiculisent l'imposante virago, la Florentine machiavélique qui veut imposer le joug de l'Inquisition espagnole aux patriotes français. Le personnage du cardinal suscite la curiosité. Les feuilles de chou hollandaises et allemandes s'interrogent, perplexes : le bourreau des réformés de La Rochelle et de Privas est-il bien le même qui tient la dragée haute aux Espagnols à Casal et aide en sous-main les protestants d'Allemagne ?

Dans le conflit qui oppose Marie de Médicis à Richelieu, la Reine-Mère, au fil des ans, cède du terrain. Certes, elle reste pour le cardinal un danger permanent, mais c'est Richelieu qui, de plus en plus, attire les regards sur la scène européenne. Il y tient l'un des tout premiers rôles, bientôt le premier. Un Gustave-Adolphe, un Wallenstein, font trois petits tours et puis s'en vont, marionnettes entre les mains de l'homme vêtu de pourpre, haï, détesté, mais toujours redouté. Ceux-là passent, lui demeure, dominant de sa stature peuples et événements. On se tourne vers Richelieu pour obtenir son alliance ou sa neutralité, et plus d'un prince connaît des nuits d'insomnie à se demander ce que lui réserve l'esprit inventif du cardinal.

Pourtant, pendant plus d'un an, entre sa fuite de Compiègne et le mois de septembre 1632, Marie de Médicis a semblé faire jeu égal avec Richelieu. Son exil volontaire remue l'opinion. La nature du patriotisme n'est pas telle, à cette époque, que l'on s'indigne de voir la Reine-Mère réfugiée chez les Espagnols : d'abord, la France n'est pas officiellement en guerre avec Madrid ; ensuite, Élisabeth, fille aînée de Marie de Médicis, est Reine d'Espagne : qu'elle accueille sa mère n'a donc rien que de normal. On aurait plutôt tendance à plaindre la Reine-Mère, obligée de s'expatrier pour se mettre à l'abri des menées de Richelieu. C'est d'ailleurs sur ce registre que Marie de Médicis va d'emblée placer sa querelle après son départ de France.

Polémique

La lettre qu'elle fait porter à Louis XIII dès son arrivée à Avesnes, le 20 juillet 1631, constitue un véritable manifeste. Si la Reine-Mère s'est vue contrainte de quitter Compiègne, c'est parce que sa vie était menacée : « J'y ai souffert ce qu'une femme de moindre condition que moi aurait bien de la peine à souffrir avec patience. L'on m'a arrêtée en criminelle dès le commencement pour n'avoir pas voulu obéir aux volontés du cardinal ; depuis, l'on m'a traitée comme la plus grande ennemie de la France. » Comprenant que l'intention de Richelieu était de la faire mourir entre quatre murs, Marie de Médicis a dû se résoudre à accepter l'offre du marquis de Vardes d'aller chercher refuge à La Capelle.

La réponse de Louis XIII parvient à Avesnes le 26 juillet. Elle est froide et sèche : « Madame, je suis d'autant plus fâché de la résolution que vous avez prise de vous retirer de mes États que vous n'en aviez point de véritable sujet. La prison imaginaire, les persécutions supposées dont vous vous plaignez, et les appréhensions que vous témoignez avoir eues à Compiègne de votre vie, n'ont pas plus de fondement que la poursuite que vous mettez en avant vous avoir été faite en votre retraite. »

Marie de Médicis renvoie aussitôt une nouvelle massive. Thème : les choses s'arrangeraient parfaitement entre la mère et le fils si le cardinal de Richelieu ne se dressait entre eux, véritable fauteur de discorde. « Tout n'aboutit qu'à vous demander justice d'un mauvais serviteur et à vous faire voir ses crimes et ses desseins contre votre État. » La Reine-Mère, cependant, n'est pas rancunière : « Si vous voulez que je lui pardonne, je le ferai de bon cœur pour l'amour de vous ; mais comme je suis sortie de la France pour sauver ma vie et me mettre à couvert de sa persécution, quand bien même je voudrais derechef pour votre service l'hasarder entre ses mains, je ne lui puis relâcher l'intérêt de mon honneur ; il faut auparavant s'il vous plaît qu'il soit juridiquement condamné ; et lors, si vous lui donnez la vie, je lui rendrai aussi volontiers tous mes ressentiments. »

Louis XIII n'est pas d'humeur à poursuivre cette polémique où son autorité a tout à perdre. Dès le 25 juillet, devant les représentants du Parlement de Paris convoqués au Louvre, il lit une brève déclaration destinée à fixer sa position dans le conflit qui l'oppose à Marie de Médicis : « Vous avez entendu comme la Reine ma mère était sortie du royaume pour aller trouver mon frère et se mettre tous deux entre les mains des Espagnols ; mais je ne les crains pas et empêcherai bien qu'ils me fassent du mal. Ils disent que Monsieur le cardinal veut chasser la Maison royale ; cela est faux, je me suis toujours bien trouvé de ses conseils. Si j'eusse cru ceux que l'on me voulait donner, toutes mes affaires seraient ruinées ; quiconque l'aimera, m'aimera et je le saurai bien maintenir. » Pour Louis XIII, le départ de Marie de Médicis est définitif. Il autorise sa mère à faire prendre à Compiègne ses bijoux et sa garde-robe, et permet à tous ses serviteurs et officiers de sa Maison, à l'exception de son trésorier, Monsieur d'Argouges, et de son médecin Vautier, de la rejoindre. Huit carrosses et vingt-deux mulets lourdement chargés prennent ainsi la direction d'Avesnes.

Philippe IV d'Espagne est en fait très contrarié de l'arrivée de sa belle-mère sur ses territoires. Prétextant un possible coup de main des Français contre Marie de Médicis, il lui propose de s'installer à Mons, moins proche de la frontière qu'Avesnes. En réalité, il voudrait la persuader de chercher un autre pays d'accueil. Mais Marie de Médicis ne l'entend nullement de cette oreille. Elle se flatte d'ailleurs de pouvoir bientôt rentrer victorieuse en France, grâce au concours des ducs de Guise, d'Épernon et de Bouillon, appuyés sur l'armée que Gaston d'Orléans est en train de rassembler. Comptant également sur l'adhésion à sa cause de nombreux gentilshommes français, elle se dit en mesure de disposer de 15 000 fantassins et 2 500 chevaux. Tout ce qui lui manque, ce sont les moyens financiers qu'elle invite Madrid à lui procurer.

Préparatifs d'invasion

La Cour de Bruxelles a désigné, pour représenter le gouvernement de l'Infante auprès de Marie de Médicis, le peintre Rubens. Ce dernier connaît bien la Reine-Mère depuis qu'il a peint pour elle, entre 1622 et 1625, la série fameuse de l'« Histoire de la vie de Marie de Médicis », vingt-quatre superbes tableaux exposés au Palais du Luxembourg. Rubens, que le personnage de Marie de Médicis a semble-t-il toujours impressionné, prend pour argent comptant les propos de la Reine-Mère. Le gouvernement de Madrid est moins enthousiaste, pourtant, et le premier ministre de Philippe IV, le comte-duc d'Olivares, se montre infiniment sceptique sur la valeur des assurances fournies par Marie de Médicis que Rubens retransmet comme paroles d'Évangile : « On promet le concours des ducs de Guise et d'Épernon, on nous dit que le duc de Bouillon livrera Sedan à Monsieur. Tout cela me paraît fort peu fondé et uniquement parole de Français [sic]. Mais lors même qu'il en serait ainsi, il n'y aurait pas encore là de bien sérieux motifs d'espérer un succès et il est à prévoir qu'après avoir fourni comme on nous le demande 400 000 écus en deux mois, nous serons aussi avancés que si nous les avions jetés par les fenêtres. De plus, nous aurions irrité le Roi de France et la Reine-Mère nous restera sur les bras, sans moyen de nous en débarrasser[1]. » Et de suggérer que Marie de Médicis aille plutôt s'établir dans quelque ville d'Allemagne, à Aix-la-Chapelle par exemple. Telle est en définitive la décision de Philippe IV, qui la notifie le 23 août au gouvernement de l'Infante.

Mais les distances entre Madrid et Bruxelles jouent un mauvais tour à la politique espagnole. Tandis qu'à Madrid on délibérait du cas de Marie de Médicis, celle-ci, le 29 juillet, avait quitté Avesnes pour Mons ; elle y demeurait quinze jours à peine, et de là se rendait à Bruxelles, sur l'invitation de l'Infante Claire-Isabelle-Eugénie. Ce n'était évidemment pas du tout ce qu'attendait Madrid, qui

---

1. Archives de Simancas, Estado, f° 25.

s'irrite en outre de la qualité de l'accueil réservé, sur ordre de l'Infante, à la Reine-Mère : Claire-Isabelle lui accorde en effet l'honneur d'une entrée solennelle dans la capitale des Pays-Bas espagnols et lui attribue pour résidence l'ancien palais des ducs de Brabant, l'une des plus prestigieuses demeures de la ville.

Bruxelles devenait le haut-lieu de l'émigration française, le quartier-général de l'opération politico-militaire qui se prépare, à l'initiative de Marie de Médicis et de Gaston d'Orléans, contre Richelieu et Louis XIII. Dès le 5 août, Gaston est venu rejoindre sa mère à Mons avant de la suivre à Bruxelles. Il repart de la capitale des Pays-Bas espagnols nanti de 100 000 écus accordés par l'Infante, avec la promesse d'une aide beaucoup plus importante pour le jour où il prendra les armes contre la France. Ce concours financier et les encouragements prodigués par Claire-Isabelle donnent des ailes à Gaston, qui s'emploie activement à recruter des soldats dans les régions de Montbéliard et de Besançon. Au début du mois de septembre, il a déjà réuni 800 cavaliers, qu'il cantonne à Luxeuil sous le commandement du marquis de Bressieux — l'un des principaux dignitaires de la Maison de la Reine-Mère. D'autre part, ainsi que l'avait espéré Marie de Médicis, les volontaires affluent, au moment même où le duc de Lorraine décide de mettre à la disposition du prince rebelle (toujours aussi épris de la jeune Marguerite de Vaudémont) une armée importante, puisqu'elle ne compte pas moins de 18 000 fantassins et 2 050 cavaliers. Prenant enfin contact avec Wallenstein, Marie de Médicis se voit proposer une force de 25 000 fantassins et 4 000 cavaliers pour une durée de trois ans, à condition d'abandonner à l'illustre chef de guerre toutes les places dont il s'emparerait en France. Autant de nouvelles qui plongent la Reine-Mère dans l'exaltation et la fortifient dans la certitude d'un très prochain retour triomphal à Paris.

Devant les menaces qui s'accumulent, Louis XIII et Richelieu ne restent pas inactifs. Le premier souci de Richelieu est de neutraliser le duc de Bouillon, le seul sur qui Marie de Médicis puisse compter parmi les Grands du royaume, et le duc de Lorraine, particulièrement dangereux en raison de la longue frontière commune de ses États avec la Champagne, route éternelle des invasions vers Paris. Charles IV de Lorraine est au surplus un bon général, efficace et d'autant plus redoutable qu'il n'a ni foi ni parole.

Une forte armée française se trouve bientôt concentrée à proximité de la Lorraine et l'on peut s'attendre à un prochain engagement des combats quand un coup de théâtre, à l'est, bouleverse soudain les cartes, servant au-delà de toute espérance les desseins de Richelieu. Le 17 septembre 1631, le Roi de Suède Gustave-Adolphe remporte à Breitenfeld, près de Leipzig, une éclatante victoire sur les troupes impériales. Ferdinand II bat le rappel de ses fidèles. Le 18 septembre, le duc de Lorraine quitte Nancy à la tête de toutes les forces dont il dispose, laissant ses possessions sans défense face aux armées françaises.

SITUATION DE L'ALLEMAGNE

Il faut ici faire un retour en arrière, et rappeler les événements qui se sont déroulés en Allemagne depuis 1624. L'Empereur Ferdinand II, victorieux de l'Électeur Palatin, a saisi ses territoires et, le déclarant déchu de tous ses droits et dignités, attribué son siège d'Électeur au duc Maximilien de Bavière. Cinq catholiques contre deux protestants dans le collège électoral d'Empire, la cause semble définitivement entendue au profit du catholicisme.

C'était compter sans la capacité de résistance des protestants allemands. Ceux-ci font appel à tous les alliés susceptibles de leur apporter leur concours au nom de la communauté de religion. L'Angleterre, sollicitée, accepte d'intervenir. Le Roi Jacques Ier, dont la piété et l'attachement à la confession réformée sont connus, se trouve être, de surcroît, le beau-père du malheureux Palatin. Quelques milliers de soldats anglais sont envoyés en Allemagne. Mais, démunis des équipements nécessaires et mal payés, ils ne brillent pas particulièrement dans les combats.

Beaucoup plus efficace, en revanche, apparaît l'aide fournie par le Roi de Danemark, Christian IV. Luthérien convaincu, celui-ci s'allie à l'Angleterre, aux princes protestants de Basse-Saxe, aux Provinces-Unies, et entreprend la conquête des évêchés de la Weser. Parmi ceux qui combattent à ses côtés, un excellent général : Mansfeld, qui parvient à se doter d'une importante armée personnelle grâce aux subsides anglais et français.

Ferdinand II se trouve un moment en fâcheuse posture. Les résultats acquis en Bohême après la victoire de la Montagne Blanche vont-ils être remis en question ? Face à Christian IV et à Mansfeld, un homme se révèle, dont l'habileté, l'intelligence, le génie militaire, renversent à nouveau la fortune des armes, annulant tous les succès obtenus par les forces protestantes. Albrecht von Wallenstein est né en Bohême en 1583, de famille réformée. Orphelin très jeune, il est recueilli par l'un de ses oncles dont l'influence le conduit à embrasser la religion catholique en 1606. Il voyage, observe, guerroie, apprend beaucoup. Un riche mariage, la faveur de l'Archiduc Ferdinand de Styrie avant que celui-ci ne monte sur le trône impérial sous le nom de Ferdinand II : la carrière de Wallenstein est toute tracée. Quand surviennent la Défenestration de Prague et la révolte de la Bohême contre Ferdinand, il est l'un des rares gentilshommes qui restent fidèles au souverain légitime. Son dévouement à la cause impériale

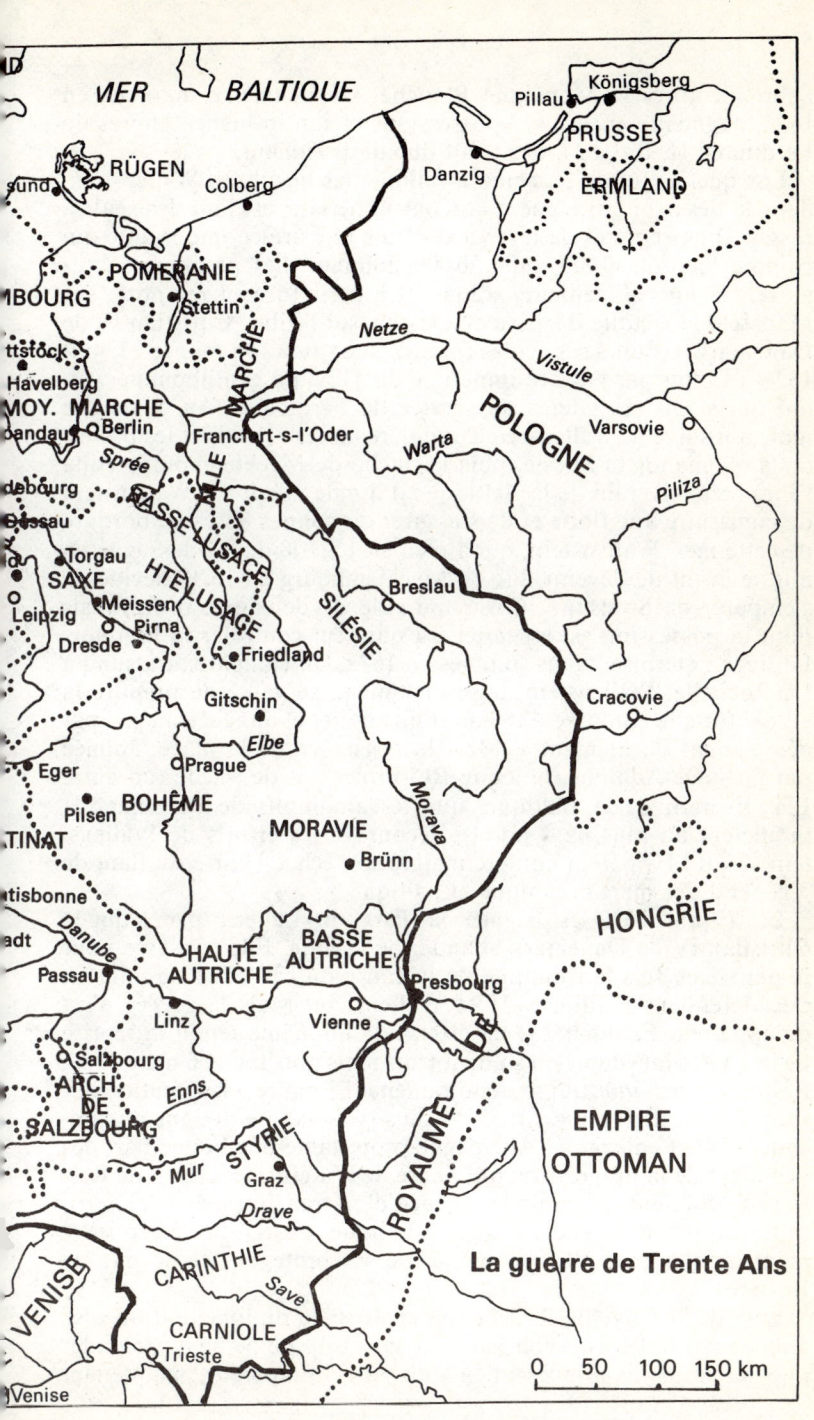

l'enrichit après la Montagne Blanche. Un deuxième mariage, en 1623, augmente encore ses possessions et son influence auprès de Ferdinand II. En 1624, il est fait duc de Friedland.

Lorsque le Roi de Danemark rallume les hostilités, Wallenstein, dans le désarroi qui règne à la Cour impériale, est l'un des seuls à réagir. Il entreprend de lever à ses frais une armée importante qui compte bientôt 30 000, puis 50 000 hommes. Ses premiers succès attirent à lui les meilleurs soldats. En avril 1626, il remporte sur Mansfeld la victoire décisive de Dessau, sur l'Elbe ; Christian IV de Danemark, réduit à ses seules forces, est battu à son tour le 27 août 1626 à Lutter par l'armée impériale de Tilly, un gentilhomme wallon qui a mis ses talents au service de Ferdinand. Au cours des mois qui suivent, Wallenstein conquiert sur les Danois et les protestants allemands la Silésie, puis le duché de Mecklembourg. Voilà l'Empereur riverain de la Baltique ; il donne mission à Wallenstein de construire une flotte et de s'assurer de bonnes bases en bordure de cette mer. Wallenstein, qui a reçu en 1627 le duché de Sagan en Silésie avant de devenir duc de Mecklembourg en 1629, décide de s'emparer de Stralsund. C'est une ville de deuxième ordre, mais dont la possession est essentielle à qui veut contrôler la Baltique. Le siège s'éternise. Nous sommes en 1628. On compare Stralsund à La Rochelle. Wallenstein, imprudemment, se vante de prendre la ville « fût-elle entourée d'une muraille de fer et attachée au ciel par des chaînes de diamant ». Mais la résistance de la place, animée par Gustave-Adolphe, le jeune Roi protestant de Suède (un autre État riverain de la Baltique, que les ambitions de Ferdinand II inquiètent au plus haut point), décourage les efforts de Wallenstein, à qui l'Empereur confère malgré son échec le titre ronflant de « général des mers océanique et baltique ».

Le 7 juin 1629 est signée la Paix de Lübeck par laquelle Christian IV de Danemark abandonne la lutte. Elle consacre pour la deuxième fois le triomphe de la cause du catholicisme militant que défendent Ferdinand II et Wallenstein. Mais le succès n'est qu'apparent. Ferdinand II en effet a de lui-même rendu la reprise de la guerre inévitable en signant trois mois plus tôt, le 6 mars 1629, l'*Édit de Restitution* qui prétend ramener l'Empire à la situation territoriale et religieuse de 1555 — plus de soixante-dix ans auparavant ! C'était enlever à l'Allemagne protestante une bonne part des bénéfices de la progression ultérieure de la Réforme. L'Édit de Restitution contient en germe la menace d'un transfert massif de territoires au profit de l'Allemagne catholique, c'est-à-dire essentiellement de son chef, l'Empereur, et de ses protégés, tels le duc de Bavière.

Lors de la Diète de Ratisbonne en 1630, la diplomatie française animée par le Père Joseph parvient sans trop de peine à persuader une majorité de princes allemands que l'Empereur, maintenant qu'il a atteint tous ses objectifs, n'a plus besoin de conserver sur le pied de guerre des forces aussi importantes, sous peine de trahir, en les gardant, d'inacceptables visées expansionnistes. Ferdinand II s'incline. Wallenstein, congédié comme un laquais, remâche en silence son amertume. Plein d'admiration pour le modeste Capucin qui s'est joué de tout le monde, il nourrit désormais une haine mortelle contre cet Empereur qui l'a ignominieusement chassé. Se considérant comme délié de tout engagement à son égard, Wallenstein est ouvert à d'autres propositions d'où qu'elles viennent — celles de Marie de Médicis, peut-être, mais pourquoi pas aussi les offres qui pourraient lui être faites par Richelieu ou même par Gustave-Adolphe, son adversaire du siège de Stralsund ?

A Paris, on s'intéresse beaucoup au jeune Roi de Suède. Dès 1628, Richelieu a discerné à travers les rapports de son ambassadeur en Allemagne, le sagace Hercule de Charnacé, les atouts que donne à la diplomatie française la puissance toute neuve de Gustave-Adolphe. Le 23 janvier 1631, Charnacé conclut à Bärwald un traité d'alliance avec le Roi de Suède, prévoyant, du 1er mars 1631 au 1er mars 1636, le versement par la France d'un million de livres chaque année, contre la promesse du Suédois d'entretenir 36 000 hommes et de respecter le culte catholique partout où il le trouverait établi. Le Roi de Suède accepte de tenir pour neutre la Ligue catholique, qui groupe la plupart des États allemands catholiques de Rhénanie et la Bavière. Richelieu cherche à tout prix à se concilier cette dernière ; au cours des négociations entre Charnacé et Gustave-Adolphe, le Suédois, devant l'insistance de son interlocuteur à maintenir la Bavière en dehors des objectifs fixés à ses entreprises militaires, se serait un jour exclamé : « Je vois bien que celui qui n'est pas l'ami de la Bavière, n'est pas non plus le vôtre ! »

La guerre suédoise

Au début de l'été 1630, Gustave-Adolphe, ayant pris pied dans l'Ile de Rügen, face aux côtes de Poméranie, débarque dans cette principauté dont le duc se place aussitôt sous sa protection. En juillet, il s'empare de Stettin, à l'embouchure de l'Oder, et engage des pourparlers avec les deux principaux princes protestants d'Allemagne, l'Électeur de Saxe et l'Électeur de Brandebourg. Ceux-ci hésitent devant les hasards d'une nouvelle guerre et s'efforcent d'abord de parvenir à un accord avec Ferdinand II : abolissez l'Édit de Restitution, lui disent-ils en substance, si vous voulez éviter l'entrée en lice du Roi de Suède. Gustave-Adolphe pousse patiemment ses pions pendant que les discussions entre l'Empereur et les deux Électeurs protestants s'éternisent ; Ferdinand II, en conscience, ne juge pas possible de revenir sur l'Édit de Restitution. La conclusion du Traité de Bärwald, le 23 janvier 1631, fournit à Gustave-Adolphe l'argent dont il avait besoin, et le rend plus pressant vis-à-vis des Électeurs de Saxe et de Brandebourg. Ceux-ci, réunis avec l'ensemble des princes protestants à Leipzig, en Saxe, offrent à Ferdinand II l'alliance de l'Allemagne protestante contre les Suédois, à condition qu'il annule l'Édit de Restitution. Tandis que l'Empereur cherche à gagner du temps, Gustave-Adolphe s'empare le 13 avril de Francfort-sur-l'Oder. Le 20 mai, le sac de Magdebourg par les troupes affamées et indisciplinées de Tilly — derniers vestiges de l'armée impériale démantelée après la Diète de Ratisbonne — révolte par son horreur les consciences protestantes, qui n'ont plus d'autre choix que de se jeter dans les bras des Suédois. Le 22 juin 1631, l'Électeur de Brandebourg traite avec Gustave-Adolphe, mettant à sa disposition toutes ses ressources ainsi que ses deux forteresses de Spandau et de Küstrin. Le 11 septembre, c'est le tour de l'Électeur de Saxe, dont les États viennent d'être attaqués par les forces de Tilly. D'autres princes les imitent, tel Bernard de Saxe-Weimar, qui possède une principauté minuscule, mais va bientôt devenir l'un des meilleurs lieutenants de Gustave-Adolphe. Le 17 septembre 1631, l'armée suédoise, accourue à l'aide de l'Électeur de Saxe, rencontre près de Leipzig l'armée de Tilly et remporte sur elle l'écrasante victoire de Breitenfeld.

La cause impériale semble désespérée. Tout le monde l'abandonne, y compris Wallenstein qui a pris, dès le début de l'été 1631, de discrets contacts avec Gustave-Adolphe pour lui proposer une action conjointe contre Ferdinand II et un partage de ses territoires.

Sur le plan militaire, la supériorité du Roi de Suède est indiscutable. Gustave-Adolphe s'est doté d'une armée dont la rudesse, la foi calviniste intense et l'excellente organisation, font un instrument d'une redoutable efficacité. Le Roi, un colosse toujours drapé dans sa légendaire peau d'ours, dort comme ses soldats à même le sol, partage leur nourriture et mène la charge au premier rang. A son allant, à sa chaleur entraînante, à son intelligence des situations, Gustave-Adolphe allie le sens de la préparation technique et une science d'organisation dont l'étonnant modernisme permet à ses troupes de surclasser toutes leurs rivales du temps.

L'infanterie est recrutée sur la base, unique pour l'époque, du service militaire obligatoire. De 18 à 20 ans, une partie des hommes, surtout dans les campagnes suédoises, doit un service de trois ans dans les armées, au nom de la foi et du Roi. Placés sous les ordres personnels du souverain, ces soldats ne relèvent en principe que de lui. Chaque régiment comprend 8 compagnies de 144 hommes, les uns armés de piques, les autres de mousquets ; tous portent l'uniforme, une large casaque de couleur doublée d'une peau de mouton en hiver. Les piquiers, manœuvrant en ligne ou en masses profondes, dressent une infranchissable muraille de piques derrière laquelle s'abrite l'infanterie légère des mousquetaires ; ceux-ci ont pour mission, en débouchant par les ailes, de harceler l'ennemi en ordre dispersé afin de jeter le trouble dans ses rangs.

La cavalerie suédoise est également soumise à une organisation très étudiée. Les régiments comprennent 8 escadrons ; chacun de ceux-ci est à son tour composé de 2 pelotons de 32 ou 33 chevaux. On distingue les cuirassiers, protégés par une demi-cuirasse et un casque, armés d'une longue épée et de deux pistolets, et les dragons qui, à leurs côtés, jouent le rôle d'une cavalerie légère. Les cavaliers se forment sur trois rangs. Ils n'ont pas pour objectif d'attaquer de front les lourdes masses de cavalerie puissamment protégées qui sont de règle dans les armées adverses, mais recherchent d'abord l'encerclement par les flancs.

Gustave-Adolphe croit au rôle de l'artillerie, qu'il a rendue particulièrement efficace en utilisant des canons légers projetant des boulets de 4 livres. La réputation de la métallurgie suédoise est déjà bien établie, et le Roi dispose d'excellents tubes de canons. Il les entoure souvent d'une enveloppe de cuir qui permet de les transporter aisément ; l'ensemble pèse moins de cent kilos : deux hommes suffisent pour le traîner et le servir. Wallenstein n'a jamais compté plus de 80 canons dans son armée, Tilly 30. Gustave-Adolphe, en revanche, emporte couramment plus de 100 tubes ; un régiment d'infanterie possède au minimum une batterie de 6 à 8 canons.

Le Roi de Suède se préoccupe aussi de l'intendance. Le paiement de la solde est assuré avec une rare ponctualité. Gustave-Adolphe, du coup, n'a que l'embarras du choix pour étoffer ses effectifs en sélectionnant les meilleurs éléments parmi les milliers de volontaires qui demandent à s'enrôler sous sa bannière. Il existe même un service de santé, comprenant quatre chirurgiens et un médecin-chef pour chaque corps d'infanterie ou de cavalerie.

Le Roi ne veut voir ni femmes ni valets traîner sur les arrières de son armée. Point de femmes : la guerre est une croisade qui exige la continence. Quant aux valets, le Roi les juge inutiles car il considère qu'un soldat peut parfaitement porter ses bagages lui-même ; au surplus, les Suédois, qui ont une patrie, un village, une famille, et ne servent que pour un temps limité, n'ont aucune raison d'emmener toutes leurs richesses avec eux comme le font les soldats professionnels qui composent les armées de leurs adversaires.

La guerre suédoise redistribue les cartes sur le plan politique. Les succès de Gustave-Adolphe ont comme premier résultat de jeter la Bavière dans l'alliance avec la France. Un traité est signé dès le

8 mai à Munich, et contresigné à Fontainebleau le 30. La Bavière semble ainsi garantie contre toute tentative du Suédois. Mais la suprématie du Roi de Suède est grosse de dangers, même pour la France. Clairvoyant, le Père Joseph, principal artisan, avec Charnacé, du Traité de Bärwald, avait perçu les dangers de l'accord passé avec Gustave-Adolphe : « Il faut se servir de ces choses ainsi que des venins, dont le peu sert de contre-poison et le trop tue. » Or précisément, fin 1631, le raz-de-marée suédois, qui emporte tout sur son passage, commence à inquiéter la diplomatie française par son ampleur irrésistible. Tilly, général prudent mais vieilli, n'a plus d'armée à opposer aux Suédois et à leurs alliés. Parmi ceux-ci, l'Électeur de Saxe pénètre sans résistance en Bohême. Le Roi de Suède occupe pour sa part la Thuringe et la Franconie, entre à Erfurt, Würzbourg et Francfort-sur-le-Main. Ses lieutenants s'emparent de l'archevêché de Mayence, que gardaient des troupes espagnoles ; celles-ci prennent la fuite — ou demandent leur incorporation dans les forces suédoises ! Les contingents emmenés par le duc de Lorraine pour renforcer les garnisons de Worms et Heilbronn se débandent au premier choc. Gustave-Adolphe se présente en libérateur de l'Allemagne, affectant de traiter avec courtoisie les religieux des couvents et annonçant bien haut qu'il interdit le pillage. Incapable en réalité d'imposer la discipline à une armée qui se grossit jour après jour de mercenaires de tout poil, d'abord avides de butin, il ne peut empêcher que tout soit saccagé sur son passage. Devant l'impuissance de l'Empereur, c'est vers la France que les États rhénans se tournent maintenant. Après de longues hésitations, Richelieu se décide enfin à bouger.

Sedan et Verdun

Le cardinal a choisi de diriger d'abord ses forces contre Sedan. De nombreux avis lui étaient parvenus sur le complot du duc de Bouillon et le concours qu'il avait promis à Marie de Médicis et à Gaston d'Orléans ; pour ne pas se compromettre trop ouvertement, le duc laissait discrètement entrer à Sedan, par petits paquets, des hommes à la solde de Gaston. Sans crier gare, les troupes du maréchal de La Force se présentent le 17 novembre 1631 devant la ville. Le coup est bien calculé : le duc est absent, et sa mère, la duchesse douairière de Bouillon, n'ose prendre la responsabilité d'engager un combat inégal. Le maréchal reçoit sa soumission et, au nom de Louis XIII, recueille le serment de la garnison. Quant aux soldats de Gaston, pris au piège, ils sont internés.

Laissant la place de Sedan sous bonne garde, le maréchal de La Force s'en va rejoindre Louis XIII à Verdun. L'armée française

LA GUERRE COUVERTE

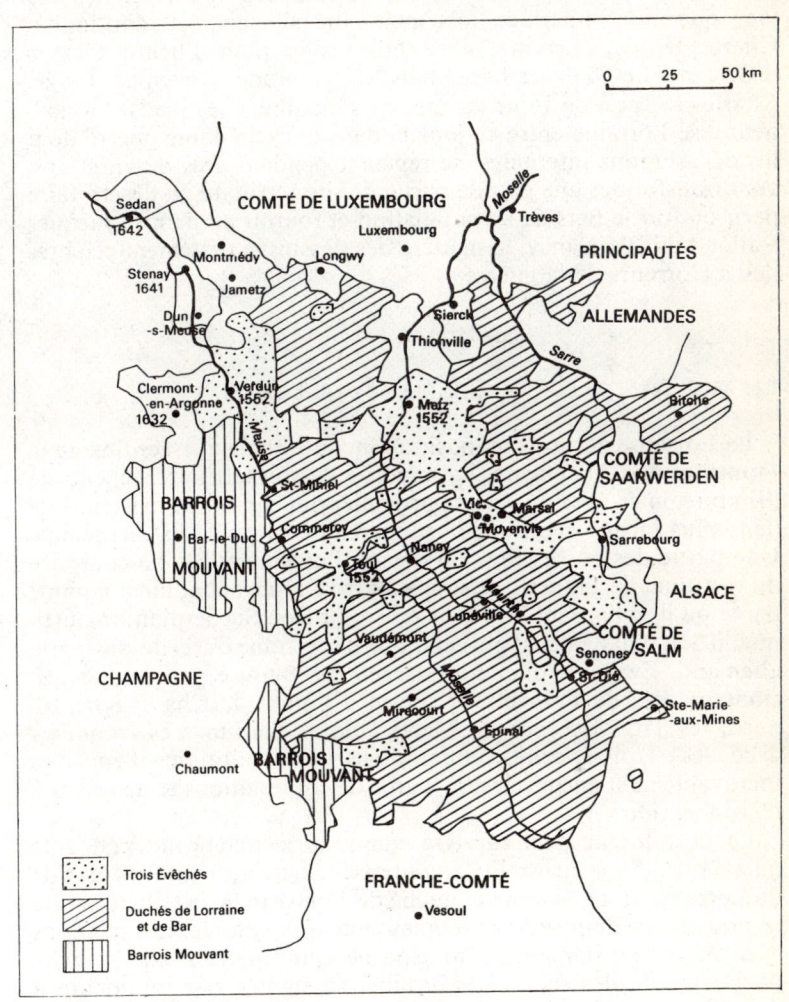

LA LORRAINE

s'approche de la frontière allemande : Richelieu pense qu'une présence militaire de la France aux portes de la Rhénanie doit permettre de contenir les appétits de Gustave-Adolphe dans cette région. Mais il se donne aussi comme but de récupérer le fort de Moyenvic, que les Impériaux occupent illégalement, et d'intimider Charles IV de Lorraine, chez qui réside pour l'heure Gaston d'Orléans. Le 25 décembre, Louis XIII reprend Moyenvic. Le 26, Charles IV, prié de venir le trouver, s'humilie à ses pieds. La malheureuse Lorraine entre ce jour-là dans le cycle d'une guerre dont les dévastations infernales, se répétant pendant près de vingt ans, vont transformer une grande partie de son territoire en désert, faire périr ou fuir le tiers de sa population et fournir au peintre Jacques Callot, natif de Nancy, la matière des dessins si tristement célèbres des « Horreurs de la guerre ».

Les jeux dangereux de Charles IV de Lorraine

La Lorraine occupe une position inconfortable aux confins de la France et de l'Allemagne. La majorité de son territoire dépend de l'Empire, mais avec un statut particulier qui consacre l'existence de liens plus lâches que pour la plupart des autres États allemands. Une partie des possessions du duc de Lorraine relève au contraire du royaume de France : c'est le « Barrois mouvant », ainsi nommé parce qu'il appartient à la mouvance du Roi. Sur le plan linguistique, il y a deux Lorraines, celle qui parle français, celle qui parle allemand. Enfin, le duché est largement entouré par des possessions du Roi de France : au sud et à l'ouest, la Champagne, au nord, les Trois-Évêchés de Metz, Toul et Verdun. Les frontières avec les Trois-Évêchés comportent une multitude d'enclaves incroyablement enchevêtrées, source de contestations et de litiges à n'en plus finir.

La Lorraine ne peut survivre comme principauté indépendante qu'au prix d'une neutralité rigoureuse. Jusqu'au règne d'Henri II de Lorraine, qui gouverne le duché de 1608 à 1624, la balance entre la France et l'Empire reste soigneusement équilibrée. Les relations avec Paris sont bonnes. La Maison de Guise, qui est une branche de la famille des ducs de Lorraine, se signale par sa fidélité à l'égard de la Régente, puis de Louis XIII. Henri IV avait même envisagé de marier le petit Dauphin à la fille d'Henri II de Lorraine, la princesse Nicole. Le projet avait ensuite été abandonné par Marie de Médicis au profit du mariage avec Anne d'Autriche. La volte-face de Marie de Médicis va d'ailleurs se trouver indirectement à l'origine des malheurs de la Lorraine.

En Lorraine, en effet, les femmes héritent. Nicole, fille unique d'Henri II, doit normalement recueillir tous ses droits. Mais c'est compter sans le frère cadet d'Henri II, François II de Vaudémont : il exerce une telle pression sur le duc Henri que celui-ci se résout, après l'abandon du projet de mariage avec Louis XIII, à unir Nicole au jeune Charles, fils aîné de François II. Henri II, méfiant, stipule que Charles et Nicole gouverneront en commun, et lorsqu'il meurt en 1624, le nouveau couple ducal, apparemment uni, accède conjointement au pouvoir. Mais en 1625, la mésentente s'installe dans le ménage. François II de Vaudémont convoque les États-Généraux de Lorraine, obtient d'eux l'annulation du testament d'Henri II et la déchéance de Nicole en faisant déclarer les femmes impropres à exercer la dignité ducale avant l'extinction de toute descendance masculine. Le plus proche parent mâle du défunt Henri II de Lorraine n'est autre que François II, qui se fait proclamer duc par les États-Généraux. Il suffit qu'il abdique, peu de temps après, en faveur de son fils Charles, pour que celui-ci lui succède et redevienne duc, mais seul cette fois, sous le nom de Charles IV de Lorraine. Grâce à cet ingénieux tour de passe-passe, la pauvre Nicole se trouve proprement éliminée et, en 1626, Charles IV, comme si de rien n'était, fait son entrée solennelle à Nancy.

Tout cela n'aurait guère d'importance, au fond, si Charles IV s'était attaché à poursuivre la politique d'équilibre entre la France et l'Allemagne menée par ses prédécesseurs. Or très vite, par maladresse beaucoup plus que par calcul, il suscite la méfiance, puis l'hostilité du gouvernement français. Au lendemain de l'exécution de Chalais, en 1626, Charles IV offre asile à la duchesse de Chevreuse ; en soi, cela n'a rien d'anormal ni de répréhensible : la duchesse, par son mariage avec le duc de Chevreuse, membre de la famille de Guise, se trouve être cousine par alliance de Charles IV, et la solidarité familiale justifie le geste du duc. Mais voilà : Madame de Chevreuse s'avère incapable de se tenir dans un sage exil à Nancy ; il faut aussitôt qu'elle transforme la capitale de la Lorraine en un foyer d'intrigues dont les ramifications s'étendent sur l'Espagne, l'Allemagne et l'Angleterre. Richelieu s'inquiète, fait renforcer les garnisons de Metz, Toul et Verdun. Il soupçonne la duchesse de Chevreuse d'avoir trempé dans la préparation de l'expédition dirigée par Buckingham contre l'Ile de Ré ainsi que dans les manœuvres de Soubise qui ont abouti au soulèvement des protestants de La Rochelle. Un hasard bien inspiré le met sur la trace d'un gentilhomme anglais nommé Montagu. Celui-ci s'avère être l'agent de liaison entre Buckingham et la duchesse de Chevreuse. La police du cardinal le suit à la trace. L'un des voyages de Montagu auprès de la duchesse de Chevreuse le fait passer par le Barrois mouvant, à proximité de la frontière avec la France. Un commando d'une douzaine d'hommes pénètre en territoire lorrain, s'empare de Montagu et le ramène à Paris. Charles IV proteste contre la violation de sa souveraineté. Mais les protestations font bientôt place aux plus vives alarmes car l'examen des papiers saisis sur l'agent anglais révèle à la fois tous les détails d'un vaste complot et la participation du duc de Lorraine aux projets échafaudés entre Madame de Chevreuse et Buckingham, entre Nancy et Londres.

Les explications embarrassées de Charles IV n'y changeront rien. Le gouvernement français se considère maintenant comme définitivement édifié sur le compte d'un prince classé une fois pour toutes dans la catégorie des fourbes. Les nécessités de la lutte contre le corps expéditionnaire anglais débarqué dans l'Ile de Ré et les lenteurs du siège de La Rochelle, en paralysant la politique de la France, diffèrent l'exécution des représailles que Richelieu a persuadé Louis XIII d'exercer contre le duc félon. Mais Charles IV ne perd rien pour attendre. L'asile qu'il accorde à Gaston d'Orléans aggrave son cas, car à la différence de Madame de Chevreuse, le frère cadet de Louis XIII n'a aucun lien de parenté avec le duc de Lorraine. A tort ou à raison, le duc est en outre soupçonné d'avoir, en 1630, favorisé l'occupation par les Impériaux des villes de Vic et de Moyenvic, deux importantes places fortes situées dans l'évêché de Metz.

L'année 1631 voit la fin de l'inaction de la France à l'est. Après la débâcle qu'il a subie devant les Suédois, le duc de Lorraine doit se préoccuper d'urgence du sort de ses États face aux armées françaises soudain devenues dangereusement proches. Les mouvements de troupes ordonnés par Richelieu retentissent comme un signal d'alarme. Dès le 23 octobre 1631, Charles IV de Lorraine se rend à Château-Thierry pour y rencontrer Louis XIII. Le Roi de France le reçoit durement ; il ne croit visiblement pas un mot de ce que lui raconte le duc, qui repart sans avoir obtenu aucun des apaisements qu'il souhaitait. Quelques semaines plus tard, Louis XIII reprend Vic et Moyenvic aux troupes impériales. De Moyenvic, le Roi de France n'est qu'à une journée de marche de Nancy. Il dicte ses conditions au duc de Lorraine. Charles IV ne peut que céder à ses exigences. Le 6 janvier 1632, il signe avec Louis XIII le Traité de Vic aux termes duquel il s'oblige à pratiquer vis-à-vis de la France une politique d'amitié et promet d'expulser de sa Cour et de ses États toute personne qui serait convaincue de menées hostiles à l'égard du gouvernement royal — cette clause visant évidemment Gaston d'Orléans. Et, « parce qu'il avait souvent manqué de parole à Sa Majesté et qu'elle ne voulait pas se fier à lui », le duc de Lorraine remet en gage au Roi de France la citadelle de Marsal pour une durée de trois ans.

Gaston d'Orléans n'a plus qu'à quitter Nancy. Mais le duc de Lorraine a réservé auparavant à Louis XIII un dernier tour de sa façon en faisant secrètement célébrer, le 3 janvier 1632, le mariage de l'héritier de la couronne de France avec Marguerite de Vaudémont.

Gaston persiste.
Henri de Montmorency, duc et rebelle

Accompagné d'une poignée de fidèles, Gaston d'Orléans va s'établir à Longwy. Il hésite sur le choix à faire : regagner les Pays-Bas espagnols et solliciter de l'Infante Claire-Isabelle-Eugénie l'exécution de ses promesses d'aide, ou revenir en France en s'accommodant avec le Roi ? De fait, les propositions de Louis XIII en échange du retour de son frère sont fort alléchantes. Le Roi promet naturellement son pardon à Gaston comme à tous ceux qui l'ont suivi. Il n'oblige même pas le prince à revenir en France si ce séjour lui déplaît, et se déclare disposé à lui permettre de s'installer aussi longtemps qu'il le voudra soit en Lorraine, soit à Bâle, soit à Montbéliard. Dans cette hypothèse, Gaston recevrait chaque mois une pension de 50 000 livres pour ses dépenses d'entretien et ses frais de séjour. Malgré leur intérêt pour le prince, ces propositions présentent cependant une grave lacune : comment Gaston d'Orléans va-t-il justifier devant l'opinion les raisons pour lesquelles il mettrait fin à son équipée ? Il avait prétendu soulager les misères du peuple : aucun signe encourageant, à cet égard, ne vient poindre à l'horizon. Il avait fait de l'éviction de Richelieu l'un des objectifs de son action : le cardinal semble plus solide que jamais. Faute de pouvoir obtenir des satisfactions morales substantielles, Gaston, encouragé par les siens, décide donc finalement de poursuivre son mouvement de rébellion. De Longwy, il passe au Luxembourg, et de là se rend à Bruxelles, où l'Infante lui ménage une entrée solennelle et l'accueille avec les honneurs habituellement réservés aux Rois.

Tout semble maintenant prêt pour une action d'envergure contre Richelieu et contre le gouvernement de la France. Marie de Médicis met en gage ses pierreries afin de se procurer de l'argent. Le duc de Lorraine lève une nouvelle armée. L'Infante donne 20 000 écus, fournit des armes et des munitions. L'Espagne sort de la réserve qu'elle observe depuis quelques mois et concentre dans le Palatinat de bonnes troupes placées sous le commandement de don Gonzalvo de Cordoue. On arrête un plan de campagne combiné. Dès que Gaston d'Orléans aura pénétré en France, les forces espagnoles entreront elles aussi à l'intérieur du royaume, soit par la Champagne soit par la Bourgogne. Gaston s'efforcera de soulever une région proche de l'Espagne afin de recevoir directement de celle-ci des secours en hommes et en argent. Madrid lui fait d'ores et déjà parvenir 100 000 écus et promet de lui verser une somme égale payable à raison de 20 000 écus par mois pendant les cinq mois à venir.

Le 18 mai 1632, Gaston d'Orléans quitte Bruxelles pour l'Allemagne et rejoint Trèves où sa petite armée se trouve rassemblée. Cependant, l'étroite alliance passée avec le gouvernement espagnol n'est pas du goût de tout le monde, et certains fidèles du prince refusent de le suivre sur ce terrain. Deux d'entre eux, notamment, Le Coigneux et Monsigot, choisissent de s'accommoder avec le cardinal et rentrent en France avec le pardon de Richelieu. Le duc de Bellegarde, lui aussi, se récuse ; on comptait sur lui pour ranger la Bourgogne aux côtés de Gaston. Cette défection est heureusement compensée par un ralliement de marque, celui du duc de Montmorency, gouverneur du Languedoc.

L'attitude de ce dernier semble a priori tout à fait inattendue. Le duc n'a jamais figuré jusque-là parmi les ennemis du cardinal. Bien au contraire, c'est à lui que Louis XIII agonisant en septembre 1630 à Lyon recommande de veiller après sa mort sur Richelieu ; Montmorency, on l'a vu, avait même offert au cardinal de lui donner asile dans telle place forte du Languedoc qui lui conviendrait au cas où sa sécurité serait menacée après la disparition du Roi. Mais précisément, le duc considère qu'il a été bien mal récompensé de sa fidélité à l'égard de Richelieu. Sa femme est une ambitieuse ; née Marie-Félicie des Ursins, elle est apparentée à la Reine-Mère. Elle aiguillonne sans cesse son mari, lui montre le peu de considération que le cardinal doit avoir pour lui : pas de pension ni de gratifications, aucune velléité d'accorder à Montmorency l'épée de connétable autrefois détenue par son père, et un refus sans nuance lorsque le duc demande la citadelle de Montpellier, gardée par une garnison relevant directement du Roi. Autant de froissements d'épiderme que les sarcasmes de la duchesse transforment en offenses insupportables. Montmorency est bientôt mûr pour embrasser le parti de Gaston et de Marie de Médicis, dont l'agent sur place est l'actif évêque d'Albi, Monseigneur d'Elbène, frère de l'abbé d'Elbène, l'un des serviteurs les plus dévoués de Gaston.

Le complot se noue pendant les premiers mois de 1632. Il bénéficie de l'agitation qui règne depuis deux ans en Languedoc. Le gouvernement, dans le souci d'augmenter les recettes fiscales de la couronne, s'efforce d'étendre le régime des Élus qui confie à des agents du Roi la perception de l'impôt direct[2]. Après la Bourgogne et la Provence, le Languedoc est à son tour en ébullition. Pas question, disent les États, d'accepter une réforme qui constitue une atteinte aux libertés fondamentales de la province. Or, dans ces circons-

---

2. Voir plus haut, pp. 183-184.

tances difficiles, l'attitude de Montmorency n'apparaît pas très claire. Richelieu l'informe loyalement des rapports qui lui parviennent à son sujet, mais le duc nie tout — et précipite ses négociations avec Gaston.

Montmorency convient finalement avec le duc d'Orléans que le prince quittera Trèves à la fin du mois d'août et se dirigera vers le Languedoc après avoir soulevé la Bourgogne sur son passage. La révolte du Languedoc et de la Bourgogne doit coïncider avec la livraison de Calais par son gouverneur entre les mains des Espagnols : la possession de ce port donnerait une excellente base à la flotte de Madrid pour opérer contre les côtes atlantiques du royaume.

Exécution du maréchal de Marillac

Parfaitement renseigné sur tous les aspects du complot, Richelieu, pour intimider ses adversaires, décide de faire ouvrir le procès du maréchal de Marillac. Il y avait plus d'un an que ce dernier était détenu à Sainte-Menehould. En vérité, on n'avait pas grand-chose à lui reprocher en dehors du fait qu'il était le frère de l'ancien Chancelier Michel de Marillac, comme lui partisan de la cause catholique militante, et comme lui très proche de Marie de Médicis. Richelieu, craignant qu'un procès régulier mené par le Parlement de Paris ne donne pas les résultats escomptés, met sur pied une commission extraordinaire afin de juger le maréchal. On monte en épingle des prévarications, des détournements de fonds au préjudice des finances royales — peccadilles dans l'esprit du temps, et qui ne justifient pas une condamnation à mort. Marie de Médicis, de Bruxelles, s'agite, tempête, menace. Elle écrit à Louis XIII, s'adresse aux juges du maréchal en les prévenant que s'ils le condamnent « ils en répondraient de leurs biens et de leurs personnes et qu'elle les prendrait à partie en leurs propres et privés noms, comme complices du cardinal de Richelieu et adhérents au parti qu'il avait formé contre le Roi et contre l'État[3] ». Les juges prennent peur et finissent par accéder aux désirs de Richelieu, votant le 8 mai 1632 la peine capitale à la courte majorité de treize voix contre dix. En recevant l'annonce du jugement, Richelieu commentera cyniquement : « Je ne savais pas qu'il y eût motif à condamner le maréchal à mort. » Marillac est décapité le 10 mai.

Pas plus que les menaces de Marie de Médicis n'avaient pu empêcher la condamnation de Marillac, le procès et l'exécution de ce dernier ne changent la détermination de Gaston d'Orléans et de

---

3. *Lettre de Marie de Médicis* du 2 mars 1632.

ceux qui le suivent. Mais ils poussent le prince à commettre une faute dont les conséquences vont peser très lourd sur la suite de ses entreprises. Marie de Médicis, en effet, dans les semaines qui précèdent le jugement, nourrit le fol espoir de devancer le cours de la justice et fait pression sur Gaston pour qu'il hâte ses préparatifs. Elle le lance ainsi en campagne beaucoup plus tôt que prévu. Tandis que l'effervescence règne chez les conjurés, Richelieu, sans crier gare, prend les devants.

D'abord Calais, dont il décide de régler le sort en premier. Le 10 mai, le jour même de l'exécution de Marillac, Louis XIII et Richelieu quittent Paris afin d'inspecter les places de la frontière nord du pays, aux confins de la Picardie. Ils se rendent à Abbeville, Montreuil-sur-Mer, Boulogne. Partout, les garnisons et les armements sont renforcés. Le 22 mai, tout naturellement, le Roi et le cardinal arrivent à Calais. Une fois sur place, Louis XIII manifeste son intention de racheter sa charge au gouverneur de la ville pour la confier à quelqu'un d'autre. Pas de crise, pas d'affrontement, rien qui puisse laisser penser un seul instant que le cardinal et le Roi savaient à quoi s'en tenir sur la fidélité du gouverneur. Celui-ci ne peut que déférer aux désirs du souverain. Le cardinal vient de déjouer l'un des volets essentiels du plan mis au point par les rebelles et par les Espagnols.

C'est maintenant le tour de la Lorraine. L'attitude du duc, les forces qu'il a rassemblées, la menace conjointe que les troupes espagnoles du Palatinat font peser sur la sécurité du royaume, imposent, là aussi, une action rapide. Dès la fin avril, Richelieu fait préparer l'invasion des possessions de Charles IV. Malgré les protestations de fidélité de ce dernier, et sans déclaration de guerre, le Roi donne ordre aux troupes du maréchal de La Force et du maréchal d'Effiat d'entrer en campagne. Elles s'emparent le 31 mai de Saint-Wendel puis entreprennent la conquête méthodique de la Lorraine. Les opérations des Français ont été combinées avec celles des Hollandais : le 1er juin le prince d'Orange, chef des troupes des Provinces-Unies, attaque les Pays-Bas espagnols, prenant dès les premiers jours de la campagne Venlo et Roermond, et mettant le siège devant Maastricht qui capitulera le 24 août. Du coup, les troupes espagnoles des Pays-Bas et du Palatinat, fort occupées à essayer d'endiguer la poussée hollandaise, se trouvent hors d'état de fournir la moindre assistance au duc de Lorraine et à Gaston d'Orléans. Ce dernier manque d'ailleurs de peu d'être lui-même pris au piège en raison de la rapidité de la progression française. Alors que les forces royales s'apprêtent à verrouiller complètement la frontière entre la Lorraine et l'Allemagne, Gaston d'Orléans, le 4 juin, fait précipitamment quitter Trèves à son armée, s'accorde vingt-quatre heures pour aller à Nancy embrasser sa femme, et

rejoint ses troupes au moment où elles pénètrent en territoire français.
Il s'en est fallu de peu. A la mi-juin, Charles IV capitule. Par le Traité de Liverdun signé le 26 juin 1632, il livre à Louis XIII les places de Stenay et Jametz ainsi que le comté de Clermont-en-Argonne. La capitulation du duc de Lorraine libère plusieurs armées françaises. Tandis que les troupes du maréchal de La Force et du maréchal d'Effiat se dirigent vers l'Allemagne, une armée placée sous les ordres du maréchal de Schomberg se lance à la poursuite de Gaston d'Orléans, qui fonce vers le sud.

EXPÉDITION DE GASTON D'ORLÉANS EN LANGUEDOC
ET BATAILLE DE CASTELNAUDARY (1er septembre 1632)

Le prince publie dans la bourgade d'Andelot, le 13 juin, le manifeste dans lequel il expose ses buts de guerre. Ceux-ci sont très simples : Gaston se présente en libérateur face à la tyrannie de Richelieu et au joug que celui-ci fait peser sur Louis XIII et la population de la France. L'accueil de cette même population, dans les régions traversées par le prince, ne répond cependant pas à son attente. La petite armée hétéroclite rangée sous la bannière de Gaston se comporte comme en pays conquis : « Les Allemands, Croates et Napolitains faisaient de grands désordres et le plus souvent dévalisaient les gens même de Monsieur, allant et venant à la provision. L'ordre n'était guère mieux observé par les Français [4]. » Langres refuse d'ouvrir ses portes. Une déception de taille à Dijon : dans cette province de Bourgogne qui s'était embrasée lors de l'introduction de la réforme des Élus et dont l'ancien gouverneur, le duc de Bellegarde, était un ami personnel du prince, Gaston comptait recevoir aide et assistance ; or le gentilhomme envoyé pour parlementer avec la municipalité est reçu à coups de canon par les Dijonnais, qui manquent de peu d'atteindre le prince lui-même.

Gaston d'Orléans accélère alors sa marche vers le Languedoc. Quittant la Bourgogne, il passe par le Charolais, franchit la Loire à Digoin et entre dans le Bourbonnais, où il reçoit un fort décourageant message du duc de Montmorency dans lequel celui-ci « se plaint de la précipitation de Monsieur et dit qu'il lui ôte le moyen de le servir, supplie Son Altesse de voir si elle ne pourra point mieux faire ses affaires en une autre province [5] ». Ainsi, même Montmorency semble se raviser ! Gaston d'Orléans, démoralisé par

---

4. Gaston d'Orléans, *Mémoires*, Éd. M. Petitot, Paris, Foucault, 1824, p. 134.
5. Gaston d'Orléans, *Mémoires*, Éd. M. Petitot, Paris, Foucault, 1824, p. 135.

les difficultés d'une entreprise qu'il imaginait plus aisée, s'arrête une quinzaine de jours dans la région de Vichy, où sa petite armée multiplie les pillages afin de refaire ses forces.

Montmorency, cependant, déjà trop compromis dans le complot et toujours poussé par sa femme, décide finalement de se montrer fidèle aux promesses qu'il avait faites à Gaston. Ce dernier se remet en route, gagne le Rouergue qui lui apporte le ralliement de quelques nobles, puis Millau, et enfin Lodève, première ville du Languedoc. Nous sommes au début du mois d'août. Trois jours de repos, et l'on se dirige vers Pézenas, où le duc de Montmorency accueille Gaston d'Orléans avec tous les témoignages de l'amitié et du respect. Le 20 juillet, Montmorency a franchi le Rubicon et basculé dans le camp de la rébellion ouverte en donnant l'ordre d'arrêter les commissaires royaux chargés de préparer l'introduction des Élus, ainsi que l'archevêque de Narbonne, un fidèle de Richelieu. Le 22 juillet, les États du Languedoc, travaillés par ses agents, lui ont demandé de s'unir à eux pour le soulagement de la province et l'ont prié de prendre des mesures militaires de sauvegarde. La province est en réalité divisée. Béziers, Albi, Alès se joignent aux rebelles tandis que Beaucaire, Nîmes et Montpellier affirment leur loyalisme à l'égard de la couronne ; dans ces terres où la présence protestante est importante, les souvenirs douloureux de la répression conduite par les armées du Roi ne suffisent pas à balancer les sentiments de méfiance qu'inspirent Gaston d'Orléans, Marie de Médicis et leurs partisans, si fortement engagés dans l'alliance militante avec l'Espagne et la Maison d'Autriche.

Louis XIII prend très au sérieux l'expédition de Gaston d'Orléans et le danger que représente la jonction de ses forces avec celles de Montmorency. Schomberg est maintenant aux portes de la province rebelle, qu'il aborde par l'ouest, en suivant la route de Toulouse à Narbonne, mais Louis XIII décide en outre de retirer d'Allemagne l'armée du maréchal de La Force afin de la diriger aussi vers le Languedoc, par la vallée du Rhône, de manière à envelopper les rebelles par l'est. Le Roi et Richelieu accompagnent cette armée dont l'intervention sera en définitive inutile, car le premier choc entre les troupes de Schomberg et celles de Montmorency et Gaston va décider du sort de la campagne.

Les rebelles ont choisi de se tourner d'abord contre Schomberg dont les forces, peu nombreuses et fatiguées par une course épuisante à travers la France, semblent une proie facile. Quittant Pézenas, ils font route à sa rencontre par Béziers et Narbonne, en direction de Toulouse. Schomberg arrive le 1er septembre à l'aube en vue de Castelnaudary, venant de l'ouest, au moment même où l'armée du duc de Montmorency et de Gaston d'Orléans, venant de l'est, parvient aux portes de la ville. Les troupes royales ne comptent que 3 000 cavaliers et 1 500 mousquetaires montés à cheval, alors que Montmorency et Gaston d'Orléans disposent d'environ 10 000 hommes. Mais Schomberg commande à des soldats aguerris, ayant déjà l'expérience du combat, ce qui n'est pas le cas de ses adversaires.

Le manque de sang-froid va provoquer la perte des rebelles. Devant l'évidente disproportion des forces, c'est à qui attaquera le premier. Suivant les pires traditions de la guerre féodale, Antoine de Bourbon, comte de Moret, fils d'Henri IV et de Jacqueline de Bueil, fonce sur les cavaliers de Schomberg. Il est tué net. Montmorency, entendant les coups de feu, ne veut pas demeurer en reste et se jette lui aussi dans la bataille. Il traverse les lignes royales jusqu'au septième rang, est blessé plusieurs fois, fait prisonnier. Guerre civile ou pas, on se ménage entre grands seigneurs — c'est ce qu'on appelle les mœurs chevaleresques. Tandis que Montmorency, perdant du sang par la bouche, échange encore de grands coups d'épée avec les cavaliers du Roi qui le serrent de près, Schomberg et ses officiers, se tenant un peu à l'écart, tardent à s'assurer de sa personne afin de donner aux siens le temps de secourir leur chef. Il est vrai, aussi, qu'on aimerait mieux éviter la capture d'un personnage aussi encombrant, par sa haute naissance, que Monsieur de Montmorency. Mais enfin, les troupes du duc se débandent et il faut bien se résoudre à le faire prisonnier.

La mort de Montmorency aurait bien arrangé Louis XIII et Richelieu, mais après quelques jours de soins à Castelnaudary, la santé du duc se rétablit. On ouvre son procès. L'issue ne faisait aucun doute : la révolte est patente, et Louis XIII est lié par la politique de fermeté qu'il a adoptée dès le début de l'expédition de Gaston. Sur son chemin, il a déjà fait tomber les têtes de trois des principaux fidèles de la Reine-Mère qu'un mauvais sort a mis entre ses mains, le sieur de Capestan, décapité à Lyon, le vicomte de Lestrange, exécuté à Pont-Saint-Esprit, et enfin, le 12 octobre, à Béziers, des Hayes de Courmenin : ce brillant diplomate, ayant choisi le parti de la Reine-Mère, avait été capturé quelques mois plus tôt en Allemagne tandis qu'il se rendait auprès de Ferdinand II pour le compte de Marie de Médicis.

Le Traité de Béziers et l'exécution du duc de Montmorency

C'est également à Béziers que Louis XIII reçoit la reddition de Gaston d'Orléans. Le prince, réfugié aux alentours de Narbonne, hésite d'abord sur la conduite à tenir. La capture du duc de Montmorency anéantit d'un coup toute possibilité d'aide de la part de la province du Languedoc ; les villes se soumettent en hâte, montrant par là combien les racines de la révolte étaient, en définitive, fragiles. Gaston peut compter sur l'aide espagnole : il lui suffirait de se réfugier en Roussillon et de préparer à l'abri de la frontière une revanche qui disposerait d'atouts non négligeables. Mais la duchesse de Montmorency supplie Gaston de ne pas abandonner son mari, de tout faire pour obtenir sa grâce. En outre, le favori de Gaston, le sieur de Puylaurens, approché par les agents de Richelieu, se convainc qu'il a tout à gagner à la conclusion d'un accommodement. Gaston entame alors des négociations avec Louis XIII. Les conditions du Roi lui sont présentées le 26 septembre. La paix proposée ne comprend ni Marie de Médicis ni le duc de Montmorency. Gaston d'Orléans va-t-il se rebiffer, lier sa cause à celle de la Reine-Mère, intercéder en faveur du duc qui s'est compromis pour lui ? Point du tout. Lâchant tout le monde, Gaston donne une nouvelle preuve de son peu de sens moral en acceptant en bloc les exigences du Roi. Le Traité de Béziers signé le 29 septembre 1632 ne ménage guère, pourtant, la dignité du prince, qui doit promettre :

« Premièrement de renoncer à toute intelligence avec l'Espagne, la Lorraine et la Reine-Mère.

« Deuxièmement de demeurer en tel lieu que le Roi aurait agréable.

« Troisièmement de ne se point intéresser au châtiment que le Roi ferait de ceux qui l'auraient suivi, à la réserve de ses domestiques étant lors près de lui.

« Quatrièmement que les étrangers se retireraient six jours après dans le Roussillon.

« Cinquièmement que Monsieur ne recevrait aux principales charges de sa Maison que des femmes agréables et nommées par Sa Majesté.

« Sixièmement que Monsieur éloignerait ceux qui seraient désagréables au Roi.

« Septièmement que le sieur de Puylaurens avertirait le Roi de tout ce qui avait été traité avec les étrangers contre le service du Roi et le bien de l'État et contre les personnes principales qui servaient Sa Majesté en ses affaires [la périphrase désigne essentiellement Richelieu] à peine d'être déchues de sa grâce.

« Huitièmement que Monsieur commanderait à tous les siens d'avertir le Roi de tout ce qu'il connaissait se passer au contraire, et que ceux que Sa Majesté désirerait en feraient le serment. »

Rétabli dans toutes ses charges et dignités, Gaston d'Orléans quitte le 1er octobre Béziers pour Tours, où il a été assigné à résidence. Les deux frères ne se sont pas rencontrés : Louis XIII, ne pouvant cacher la répugnance que lui inspire l'attitude de Gaston, refuse de se prêter au rite formel d'une réconciliation.

Le Roi se rend à Toulouse, où le Parlement de la ville est chargé d'instruire le procès du duc de Montmorency. Le Parlement de Toulouse avait refusé de se joindre à la révolte des États du Languedoc, et l'on ne pouvait attendre de lui aucune indulgence pour le gouverneur factieux. En politiques habiles, d'ailleurs, Louis XIII et Richelieu ne tiennent pas rigueur à la province de la rébellion de quelques-uns : les privilèges des États sont maintenus, et l'on supprime même la réforme des Élus qui avait été à l'origine du mouvement (il est vrai qu'en contrepartie, la province accepte d'augmenter très sensiblement sa contribution).

Henri II de Montmorency portait l'un des plus grands noms de la noblesse française. A 37 ans, il était dans la force de l'âge, beau, brillant. Henri IV avait été son parrain. Sa sœur, Charlotte de Montmorency, la dernière passion du Vert-Galant, était princesse de Condé. Tout ce qui compte en France, à l'étranger, se ligue pour obtenir de Louis XIII la grâce du coupable. Marie de Médicis, bien sûr, mais aussi le duc de Savoie, le Pape, en appellent à la pitié du Roi. A Toulouse, d'incessantes manifestations se déroulent sous les fenêtres de l'archevêché où Louis XIII est descendu. « Grâce ! grâce ! miséricorde ! » crie la foule.

Le dernier interrogatoire a lieu le 30 octobre. Le jugement est vite rendu : c'est la mort immédiate et la confiscation des biens du rebelle. Un capitaine des gardes du Roi, Monsieur de Charlus, est chargé de retirer au duc ses décorations et son bâton de maréchal de France pour les rapporter à Louis XIII. Il en profite pour se jeter aux pieds du souverain et tenter, par cette suprême démarche, de fléchir Louis XIII : « Ah Sire, que Votre Majesté fasse grâce à Monsieur de Montmorency, ses ancêtres ont si bien servi les Rois ses prédécesseurs, faites-lui grâce, Sire. » Mais Louis XIII reste inflexible : « Non, il n'y a point de grâce, il faut qu'il meure. »

Par égard pour le duc et afin d'éviter le risque de mouvements de foule, le lieu de l'exécution est fixé dans la cour de l'Hôtel de Ville et non en public, selon l'usage. Henri II de Montmorency meurt avec courage. La duchesse se fera religieuse. Louis XIII condescend à lui faire remettre le corps du supplicié, mais ne fera pas grâce d'une livre et poursuivra jusqu'au bout la prise de possession des biens de Montmorency, parmi lesquels le château d'Écouen, qui deviendra l'une de ses résidences favorites.

L'exécution du duc de Montmorency a un énorme retentissement à l'étranger. A Madrid, le premier ministre espagnol, le comte-duc d'Olivares, est impressionné par la fermeté du Roi de France. Et celle-ci a probablement servi d'exemple à Ferdinand II dans les démêlés qui vont bientôt l'opposer à Wallenstein.

Gustave-Adolphe et Wallenstein

Revenons-en précisément aux affaires d'Allemagne.

Au début du mois de janvier 1632, le gouvernement de Louis XIII se trouve une fois de plus à la croisée des chemins. Le 6 janvier, le jour même de la signature du Traité de Vic, le Roi réunit son Conseil. L'enjeu est capital : la Lorraine soumise, quel doit être le prochain objectif ? La plupart des ministres sont d'avis de profiter de la situation favorable aux armes du Roi pour s'emparer de l'Alsace. Le Père Joseph s'y oppose violemment. Le Roi ferait bien mieux, à son avis, d'employer ses forces à protéger les Électeurs catholiques d'Allemagne et empêcher le Roi de Suède de se tailler dans l'Empire un domaine à sa mesure. C'est la sagesse qui inspire les propos du Père Joseph, car il n'est pas de l'intérêt de la France de laisser s'installer sur sa frontière orientale une puissance aussi redoutable que celle de Gustave-Adolphe ; elle rejoint en l'occurrence la cause du catholicisme allemand, en bien fâcheuse posture face à l'écrasante prépondérance des États protestants. Aucune décision n'est prise à l'issue du Conseil, Louis XIII et Richelieu s'accordant vingt-quatre heures de réflexion. Le lendemain, le cardinal annonce que le Roi a décidé de ne pas pénétrer en Alsace et de consacrer tous ses efforts à la conclusion d'un accord de neutralité réciproque entre Gustave-Adolphe et les princes catholiques de Rhénanie.

Une mission est envoyée à Mayence où réside alors le Roi de Suède. On a fait appel à Charnacé, l'un des meilleurs diplomates dont dispose Richelieu, et que Gustave-Adolphe considère un peu comme un ami. Le marquis de Brézé, beau-frère de Richelieu, l'accompagne. Les instructions données aux ambassadeurs leur prescrivent de persuader Gustave-Adolphe d'attaquer Ferdinand II dans ses possesssions héréditaires, en Autriche, en Bohême. On pense que le Roi de Suède demandera en contrepartie à la France de porter sa part du poids des combats en prenant l'offensive en Alsace et en Italie — perspective qui ne saurait déplaire au gouvernement français. En même temps, il faut convaincre les Électeurs catholiques de s'allier à la France : Louis XIII les prenant sous sa protection, Gustave-Adolphe promettrait de renoncer à toute action contre leurs territoires. Richelieu prêche par-dessus tout la prudence. Dans un avis daté du 1er février 1632, il insiste sur la nécessité absolue de ne rompre avec personne et de conserver des forces sur pied dans le seul but de profiter du temps et des opportunités. Manifestement, le cardinal reste très circonspect devant une situation changeante et fluide et n'a pas encore arrêté sa doctrine pour ce qui concerne les affaires d'Allemagne.

Ce sont les événements et le comportement de Gustave-Adolphe qui vont se charger de préciser les orientations de la politique française dans cette partie de l'Europe. Fort de ses succès, le Roi de Suède estime qu'il n'a plus besoin du Roi de France. Il n'a en tout cas aucune intention de se laisser contraindre par lui à observer une attitude de neutralité vis-à-vis des États catholiques. Le séjour de Mayence lui convient ; Gustave-Adolphe songe sérieusement à s'attribuer quelques territoires dans ces régions si agréables de Rhénanie. Aussi réserve-t-il le plus mauvais accueil à Brézé et Charnacé, les apostrophant, au moment où ils se présentent à lui, pour leur demander s'ils apportent la paix ou la guerre, et accusant les princes qui appartiennent à la Ligue catholique (dont le chef est le duc de Bavière) de n'être que des fourbes s'abritant derrière la diplomatie française afin de préparer dans les meilleures conditions la reprise des combats.

Les ambassadeurs gardent leur sang-froid, mais le Roi de Suède avait raison. En effet, les troupes de la Ligue catholique, reconstituées et confiées à Tilly, reprennent bientôt l'offensive. Le 28 février 1632, Tilly s'empare de Bamberg, chassant de la place la garnison suédoise qui l'occupait sous les ordres de Horn. Quelques jours plus tard, Gustave-Adolphe quitte Mayence, confiant la surveillance de ses conquêtes rhénanes à Bernard de Saxe-Weimar. Il marche vers le cœur de l'Allemagne, face à Wallenstein dont Ferdinand II a réussi à obtenir le concours. Livrés à eux-mêmes, les Électeurs rhénans n'ont d'autres ressources que de se tourner vers le Roi de France. Au mois de juillet, l'archevêque de Trèves place ses possessions sous la protection de Louis XIII, qui lui envoie l'armée du maréchal d'Effiat afin de poster des garnisons dans les principales villes de sa principauté.

Au début de janvier 1632, Ferdinand II, lui aussi, se trouvait à la croisée des chemins. La Bohême est occupée par les troupes de l'Électeur de Saxe, allié de Gustave-Adolphe, tandis que les Suédois règnent en maîtres sur l'Allemagne centrale ; la Ligue catholique, sur la défensive, regarde vers la France. L'Empereur n'aperçoit aucune autre planche de salut que Wallenstein. Celui-ci, congédié en 1630, qui garde des contacts sporadiques avec le Roi de Suède et passe même pour avoir, par ses comportements défaitistes, facilité la chute de Prague entre les mains de l'Électeur de Saxe, va évidemment mettre au plus haut prix son retour au service de l'Empereur. Qu'importe. Nécessité fait loi, et Ferdinand II accepte toutes les conditions de Wallenstein : la remise de ses dettes à l'égard du fisc, la promesse de nouveaux domaines en Bohême et dans l'Empire, l'octroi du duché de Glogau. Moyennant quoi, Wallenstein accepte de reprendre dans les trois mois le commandement suprême de l'armée impériale. Il se voit reconnaître l'entière liberté de ses mouvements, et les pleins pouvoirs pour négocier éventuellement avec la Saxe.

Wallenstein essaie de trouver un terrain d'entente avec l'Électeur de Saxe, mais comme les pourparlers traînent, il faut bien passer à l'action. Au printemps 1632, il prend l'offensive et chasse les Saxons de Bohême, sans chercher à pousser ses avantages. Tandis que Wallenstein campe sur ses positions, Tilly supporte de plein fouet le choc de l'attaque suédoise. Gustave-Adolphe force le passage du Lech et ravage impunément les riches terres de Bavière, s'emparant d'Augsbourg puis de Munich. Frédéric V, l'ancien Électeur Palatin déchu de ses biens par Ferdinand II, parade aux côtés du Roi de Suède, savourant sa vengeance sur le duc de Bavière qui a été l'artisan de sa défaite et en a recueilli le prix, notamment en le remplaçant dans sa dignité d'Électeur.

Mort de Gustave-Adolphe.
Gaston d'Orléans repart à Bruxelles

Gustave-Adolphe ne s'attarde pas en Bavière. Remontant vers le nord en direction de Nuremberg, il se heurte aux troupes de Wallenstein, fortement retranchées. Les Suédois ne parviennent pas à emporter leur résistance et des conversations s'engagent entre les deux camps. Gustave-Adolphe étudie avec Wallenstein les conditions d'une paix générale dans l'Empire, dont l'Empereur ferait les frais. Mais les discussions s'éternisent et, au début du mois de novembre, Gustave-Adolphe décide de reprendre sa marche vers le nord. Une fois de plus, Wallenstein tente de lui interdire le passage. La bataille s'engage à Lutzen le 16 novembre 1632. Les forces de Wallenstein sont mises en déroute, mais le Roi de Suède meurt en chargeant à la tête de ses troupes. Bien que Wallenstein n'ait plus d'armée, il fait figure de vainqueur. « Il n'y avait pas de place pour deux coqs sur le même fumier », commente-t-il, philosophe, en apprenant la disparition du Roi de Suède. Il est désormais l'arbitre de la situation.

La mort de Gustave-Adolphe est un coup dur pour le royaume de France, même si, dans l'immédiat, elle le débarrasse opportunément de la menace que le Suédois commençait à représenter pour lui. La nouvelle atteint Richelieu en Saintonge, où il fait étape durant son voyage de retour vers Paris, après l'exécution de Montmorency. Le cardinal prend la chose avec sang-froid, se bornant à écrire à Louis XIII le 15 décembre 1632 : « Si le Roi de Suède eût attendu six mois à mourir, il y a apparence que les affaires de Votre

Majesté en eussent été plus assurées. » En réalité, cette disparition ne pouvait survenir à un plus mauvais moment. Richelieu est très malade et l'on a même cru, un moment, que sa vie était menacée ; aux rhumatismes s'ajoutent des crises de rétention d'urine qui le torturent littéralement. Au surplus, Gaston d'Orléans vient de décider une nouvelle fois de quitter le royaume.

Quelques heures avant de mourir, le duc de Montmorency, pour libérer sa conscience, a fait informer le cardinal du mariage secret contracté par Gaston avec Marguerite de Vaudémont. Richelieu ne dit rien mais l'un des ministres alerte Gaston. Le plus inquiet est Puylaurens, qui n'avait rien révélé alors qu'aux termes du Traité de Béziers il s'était explicitement engagé à tout dévoiler sur les menées du prince et celles de ses proches. Louis XIII est en droit de retirer la grâce qu'il lui a accordée. Puylaurens, se croyant perdu, communique son affolement à Gaston et le persuade de fuir au plus vite. C'est ainsi qu'aux premiers jours de novembre le prince et son favori se glissent hors de Tours pour galoper, par des chemins détournés, jusqu'aux Pays-Bas espagnols.

Encore faut-il chercher à expliquer au bon peuple les raisons de cette nouvelle sortie du royaume : Gaston d'Orléans lance un manifeste — un de plus. Il affirme qu'on lui avait promis la grâce de Montmorency ; en le trompant là-dessus, on lui donne tout lieu de craindre pour sa propre sécurité et on l'oblige à chercher refuge à l'étranger.

Gaston reparaît à Bruxelles le 21 novembre 1632. L'accueil de l'Infante, celui de Marie de Médicis, sont beaucoup moins enthousiastes que la fois précédente. Le prince ne sait d'ailleurs pas très bien ce qu'il va faire et parle vaguement de rejoindre Wallenstein, tout auréolé de la mort de Gustave-Adolphe. Malgré l'exemple funeste de Montmorency, on s'efforce de persuader quelques Grands d'épouser la cause du prince et l'on trouve, semble-t-il, une oreille complaisante auprès du maréchal de Toiras, le héros de l'Ile de Ré, qui commande présentement la garnison française de Casal. Marie de Médicis se flatte aussi d'obtenir l'appui du prince de Condé, du duc d'Épernon, du duc de Guise. Les discussions reprennent avec Madrid, et l'on propose à Philippe IV d'établir soit à Bayonne, soit à Narbonne, une sorte de gouvernement insurrectionnel dirigé par la Reine-Mère et par Gaston.

Mais Richelieu veille à tout. Un courrier diplomatique d'Espagne est attaqué en forêt de Loches par de mystérieux individus, qui le délestent de la correspondance qu'il transportait. Celle-ci parvient sur le bureau de Richelieu, qui découvre ainsi les tractations de Gaston avec Toiras et ses négociations avec l'Espagne. Louis XIII donne aussitôt une opportune promotion à Toiras, le faisant chevalier de l'Ordre du Saint-Esprit : le nouveau dignitaire de l'Ordre quitte Casal, où l'on nomme un fidèle du Roi.

Quant au duc de Guise, que l'on présentait comme acquis à la cause de Gaston et de Marie, il assure qu'il n'est nullement disposé à entrer dans le complot. La conjuration se réduirait à peu de chose sans les discussions qui se poursuivent avec Wallenstein, dont on attend 6 000 fantassins et 1 000 cavaliers, et surtout avec Charles IV de Lorraine, qui offre de mettre 8 000 fantassins et 2 500 chevaux à la disposition de Gaston.

En fait, tout le monde trahit tout le monde. Gaston d'Orléans négocie avec Richelieu pour essayer de mettre au plus haut prix son retour en France. Wallenstein est lui aussi en train de discuter avec Richelieu et s'apprête à trahir l'Empereur. L'année 1633 qui suit la mort de Gustave-Adolphe est ainsi remplie d'intrigues et de négociations compliquées.

Négociations et intrigues

Après sa défaite de Lützen, Wallenstein avait regagné la Bohême pour reconstituer une nouvelle armée. Au printemps de 1633, le duc de Bavière le presse de l'aider à reconquérir ses États, tandis que l'Empereur lui envoie message sur message afin qu'il fasse mouvement vers la Rhénanie, où les troupes suédoises continuent d'opérer.

Car la mort de Gustave-Adolphe n'a nullement entraîné l'effondrement de la Suède. Certes, la petite Reine Christine, fille unique de Gustave-Adolphe, n'a que 6 ans. Mais le premier ministre suédois, chargé de la régence, le Chancelier Oxenstierna, est un personnage énergique, qui n'a aucune intention d'assister passivement à l'écroulement de l'œuvre de son maître. Les forces suédoises sont encore nombreuses et commandées par de bons généraux, les Suédois Horn et Baner ainsi que Bernard de Saxe-Weimar, devenu l'un des lieutenants préférés de Gustave-Adolphe.

Oxenstierna doit désormais compter, cependant, avec les deux principaux partenaires de la Suède : la France et l'Électeur de Saxe. La France, que Gustave-Adolphe avait tellement méprisée quelques mois avant sa mort, redevient un allié précieux. Oxenstierna a besoin du concours financier de Paris ; il a besoin que le gouvernement de Louis XIII, en poursuivant son aide aux Provinces-Unies, fixe dans la guerre contre la Hollande le meilleur des forces espagnoles. Il apprécie l'influence que la France exerce sur les États rhénans, et qu'elle utilise pour hâter la conclusion à Heilbronn, en février 1633, d'une Ligue entre les plus importants de ces États et la Suède. Si le Roi de France revient sans trop de résistance apparente dans l'alliance suédoise, il n'en est pas de même de l'Électeur de Saxe. La situation qui prévaut maintenant dans l'Empire lui paraît très satisfaisante. L'Électeur n'a jamais eu pour ambition de remplacer l'empire catholique par un empire protestant. Attaché à la légitimité que représente Ferdinand II, il se contente de souhaiter le rétablissement de l'équilibre entre luthériens et catholiques. L'Électeur de Brandebourg partage l'opinion de l'Électeur de Saxe. Et c'est la raison pour laquelle l'ambassadeur de Richelieu, Feuquières, sitôt signé le Pacte de Heilbronn, quitte cette ville pour Berlin, capitale du Brandebourg, puis Dresde, capitale de la Saxe.

Oxenstierna s'était rendu en hâte à Dresde dans les semaines qui avaient suivi la mort de Gustave-Adolphe. Il avait ainsi réussi à empêcher l'Électeur de Saxe de faire la paix avec Ferdinand II. Mais ce n'était que partie remise. Or précisément, au printemps 1633, d'étranges négociations se développent à Dresde. Feuquières est approché par un noble, un exilé tchèque, le comte Kinsky, apparenté à Wallenstein. Le comte lui demande si le Roi de France serait disposé à aider Wallenstein. Celui-ci, en effet, selon Kinsky, est déçu par l'opiniâtreté de Ferdinand II et considère qu'il est temps d'apporter la paix à l'Allemagne, fût-ce contre l'Empereur. On rétablirait l'indépendance de la Bohême, dont la couronne redeviendrait élective et pourrait être confiée à Wallenstein. On obtiendrait le départ des Suédois en leur abandonnant les régions riveraines de la Baltique, comme la Poméranie. Reste le cas de la Bavière, qui est actuellement aux mains des Suédois. Wallenstein, poursuit Kinsky, ne verrait aucun inconvénient à déposséder le duc. Mais celui-ci a de bonnes relations avec le Roi de France et Feuquières s'abstient de prendre position sur ce problème, se bornant à indiquer à son interlocuteur que la France pourrait bien laisser les choses suivre leur cours si le duc de Bavière s'obstinait dans le parti de l'Empereur.

Feuquières informe en juin 1633 le gouvernement français de ses conversations avec Kinsky. Le 16 juillet, un Conseil se tient à Saint-Germain-en-Laye pour examiner la réponse à adresser à Feuquières. Richelieu recueille l'unanimité en proposant la poursuite des pourparlers jusqu'à la conclusion d'un accord. Feuquières est chargé de faire savoir à Wallenstein que s'il s'engage à mobiliser 35 000 hommes contre l'Empereur, la France est prête à lui fournir un million de livres et à lui donner sa garantie ainsi que celle de ses alliés. Oxenstierna est naturellement mis au courant, et approuve la position française.

Mais Wallenstein ne réagit pas. Il a repris les opérations militaires, assez mollement il est vrai. Guerroyant contre l'Électeur de Saxe, il lui consent, à deux reprises, des suspensions d'armes ; il en profite pour lui offrir une action commune en vue de chasser de l'Empire tous les étrangers qui s'y sont introduits : Suédois, Espagnols, Français. L'Électeur de Saxe, décontenancé, ne sait que penser de l'étrange comportement de Wallenstein. A la fin du mois d'août, Feuquières constate avec Oxenstierna que les négociations avec Wallenstein n'aboutissent à rien, tandis que la guerre elle-même semble s'enliser. On dit beaucoup de choses, d'ailleurs, sur les bizarreries de Wallenstein, sur sa superstition grandissante, les amulettes dont il se couvre, les mages qui gouvernent sa pensée.

Toujours réaliste, Richelieu reste en éveil, prêt à reprendre les contacts si l'occasion s'en présente et, en attendant, profite de l'atonie des opérations militaires pour se jeter sur la Lorraine. Les possessions de Charles IV vont dédommager le Roi de France et son premier ministre du ressentiment que leur cause la fuite de Gaston d'Orléans. Depuis qu'il connaît l'existence du mariage secret célébré le 3 janvier 1632 à Nancy entre Gaston d'Orléans et Marguerite de Vaudémont, Richelieu n'a de cesse d'obtenir l'aveu de celui qui a célébré le mariage, le cardinal Nicolas-François, frère du duc Charles IV et de la princesse Marguerite. Mis au pied du mur, Nicolas-François finit par avouer, tout en prétendant que le duc n'était pas au courant. Affirmation insoutenable : certes, le duc s'est bien gardé d'assister à la cérémonie, mais Marguerite, âgée de 15 ans, n'a pu épouser Gaston que munie de l'autorisation en bonne et due forme du chef de famille, c'est-à-dire de Charles IV, et c'est en total accord avec lui que Nicolas-François a donné la bénédiction nuptiale aux époux.

Richelieu s'acharne à faire éclater la vérité et à constituer sur cette affaire un dossier solide, car il veut mettre le droit de son côté. Comme pour la Valteline, comme dans la crise de Mantoue, le cardinal, digne héritier des juristes qui peuplent son ascendance maternelle, se préoccupe du respect pointilleux des formes légales. Devant le Parlement de Paris, les responsabilités de Charles IV font l'objet d'un procès en règle ; le duc est reconnu coupable et le Parlement prononce, à titre de sanction pour sa félonie, la saisie du Barrois mouvant.

En exécution de cette décision de justice, Louis XIII occupe le Barrois et, dans la foulée, s'en va mettre le siège devant Nancy. Une fois de plus, Charles IV doit céder. Le 20 septembre 1633, par le Traité de Charmes, il renouvelle auprès de Louis XIII l'engagement de se comporter loyalement à son égard, promet de ne plus participer à la guerre en Allemagne sans l'autorisation du Roi de France et, en gage de bonne volonté, lui remet un quartier de Nancy.

Les malheurs du duc de Lorraine font réfléchir Gaston d'Orléans. Puylaurens est maintenant acheté par Richelieu, et multiplie les instances auprès du prince afin qu'il se décide à revenir en France après avoir conclu une paix honorable. Gaston d'Orléans a déjà 400 000 livres de dettes : comment peut-il songer à poursuivre la lutte ? Entre Gaston et Marie de Médicis, les relations s'aigrissent car la Reine-Mère reste irréconciliable tandis que l'on sait Gaston flottant, hésitant, mais attentif, au fond, au chant des sirènes qu'on lui fait entendre depuis Paris.

Louis XIII est beaucoup moins bien disposé vis-à-vis de Gaston que Richelieu, et ses griefs à l'égard de son jeune frère l'emportent sur les considérations de haute politique. Il s'efforce de soutenir la thèse selon laquelle le mariage de Gaston serait l'effet d'un rapt : dans ce cas, le défaut de consentement de la part de l'intéressé rend le mariage nul. Admettre une telle hypothèse revient aussi à considérer Gaston comme un imbécile — c'est bien cela d'ailleurs que Louis XIII recherche. Mais la manœuvre échoue. Marguerite de Lorraine, adroitement conseillée, fait consacrer de nouveau son union avec Gaston dans la chapelle du palais des Archiducs à Bruxelles. Louis XIII alors se résigne ; le 18 janvier 1634, devant le Parlement de Paris réuni en lit de justice, il fait enregistrer une déclaration par laquelle il promet à Gaston son pardon, son retour en grâce et la restitution de tous ses biens, à la seule condition qu'il soit revenu en France dans les trois mois.

Richelieu négocie de plus belle avec Puylaurens. Au début du mois de mars, l'accord semble pratiquement acquis. Gaston récupérera ses biens, pensions et apanages, recevra le gouvernement de l'Auvergne, et sera autorisé à lever dans les Dombes et le Bourbonnais deux compagnies de gardes de cent hommes chacune. On mettra à sa disposition 400 000 livres afin de payer ses dettes à Bruxelles, 300 000 livres dès qu'il sera arrivé en Auvergne pour financer les frais d'installation de sa Maison. Puylaurens pour sa part sera grassement payé : le gouvernement du Bourbonnais et la capitainerie de Moulins, le gouvernement de la ville et de la citadelle de Châlons-sur-Marne, le duché d'Aiguillon, et 100 000 livres payées comptant. Mais Gaston d'Orléans devra accepter que la question de la validité de son mariage soit examinée par une commission pontificale et qu'en attendant le verdict, sa femme soit assignée à résidence au château de Blois. Cette dernière condition heurte les sentiments du prince, et les négociations échouent.

MORT DE WALLENSTEIN (25 février 1634), DÉFAITE DE NORDLINGEN (5-6 septembre 1634)

L'année 1634 va d'ailleurs apporter plus de déceptions que de satisfactions à Richelieu. Elle avait pourtant fort bien débuté. Le 1er janvier, en effet, Wallenstein, qui s'est une nouvelle fois retiré en Bohême après des mois d'inaction, reprend contact avec Feuquières. C'est toujours le comte Kinsky qui sert d'intermédiaire. Cette fois, Wallenstein semble décidé à signer un accord avec la France. Louis XIII et Richelieu donnent instruction à Feuquières, au début du mois de février, de traiter.

Mais il est trop tard. Les lieutenants de Wallenstein, et en particulier les Italiens Gallas et Piccolomini, intrigués par la mollesse avec laquelle leur chef a conduit les opérations militaires pendant la belle saison de 1633, ont fait part à l'Empereur de leurs doutes sur l'aptitude de Wallenstein à remplir la mission qui lui est confiée. On ne parle en aucune manière de trahison : la Cour de Vienne se borne à envisager le cas où le déséquilibre de ses facultés mentales empêcherait le généralissime d'assurer le commandement de ses troupes. Piccolomini se fait ainsi désigner par Ferdinand II comme le remplaçant éventuel de Wallenstein. Mais les comportements de ce dernier sont de plus en plus étranges et Piccolomini, cette fois, indique à l'Empereur que de curieuses tractations avec l'ennemi semblent se dérouler. Fort inquiet, Ferdinand II envoie secrètement à Gallas les pouvoirs de commandant en chef de l'armée impériale, lui donnant l'ordre d'arrêter Wallenstein s'il le croit coupable de haute trahison et de le conduire à Vienne afin que toute la lumière soit faite sur ses agissements. Ces instructions, datées du 24 janvier 1634, autorisent Gallas à mettre Wallenstein à mort s'il le juge nécessaire.

Wallenstein se rend bientôt compte du malaise qui règne parmi ses grands officiers et, à la mi-février, décide brusquement de quitter son armée pour aller s'enfermer dans la citadelle d'Égra (Cheb aujourd'hui). C'est là qu'un petit groupe de soldats obéissant aux ordres de Piccolomini le surprend et le tue le 25 février 1634.

Libérée de cette redoutable hypothèque, l'armée impériale reprend les opérations militaires avec une conviction renouvelée. En juillet 1634, elle oblige Bernard de Saxe-Weimar à évacuer Ratisbonne. Les Électeurs de Saxe et de Brandebourg, que l'on ménage sur le terrain, semblent disposés à écouter d'une oreille favorable les ouvertures de paix de l'Empereur.

A ce grave échec pour la diplomatie de Richelieu s'en ajoute bientôt un second : Gaston d'Orléans, repris en main par les Espagnols, signe un pacte avec Madrid ! L'instrument du destin est le prince Thomas de Savoie, frère cadet du duc de Savoie, qui a mis son épée au service du Roi d'Espagne. Il a plus d'un point commun avec Gaston. Il a été pendant longtemps l'héritier du trône de Savoie, et ne se console pas de la naissance d'un garçon au foyer de son frère le duc ; cet être aigri et couvert de dettes est aussi brillant que dépourvu de cervelle. Il persuade Monsieur de suivre son exemple et de conclure comme lui un accord avec l'Espagne. Le 12 mai 1634, en présence de Puylaurens et du duc de Lerme, favori du Roi d'Espagne, Gaston s'engage pour une durée de deux ans et demi à ne pas traiter avec Louis XIII sans le consentement de Philippe IV. En échange, ce dernier met à sa disposition 3 000 cavaliers et 12 000 fantassins à partir de la fin septembre, date à laquelle le duc d'Orléans prévoit de pénétrer en France. Son action doit se coordonner avec celle de l'Espagne qui compte envahir en même temps le royaume par le sud. Les troupes fournies à Gaston seront évidemment payées par Madrid, et le traité prévoit en outre le versement à son profit d'une pension mensuelle de 45 000 livres pour lui permettre de subvenir aux besoins de son train de vie à Bruxelles.

Mais le pire reste encore à venir. Une forte armée espagnole, massée en Italie du Nord sous le commandement de don Juan d'Autriche, dit le Cardinal-Infant, frère cadet de Philippe IV, réussit à franchir les passages des Alpes et à déboucher en Allemagne. Au mois d'août, elle fait sa jonction avec les troupes impériales. Les deux armées réunies affrontent les 5 et 6 septembre à Nordlingen, à proximité de Donauwerth, l'armée suédoise d'Oxenstierna. Celle-ci subit une lourde défaite. Le triomphe des forces conjuguées de la Maison de Habsbourg évoque, par son ampleur et son retentissement, la victoire de la Montagne Blanche en 1620 et la reddition de Breda en 1625. Elle démontre aussi, dans des circonstances tragiques, combien l'insistance de Richelieu sur le rôle crucial des passages des Alpes était justifiée.

La défaite des Suédois entraîne la défection des Électeurs de Saxe et de Brandebourg. Le 24 novembre 1634, par les Préliminaires de Pirna, ceux-ci s'entendent avec Ferdinand II pour déposer les armes.

Occupation de la Lorraine et retour de Gaston

Richelieu est convaincu que l'intervention directe de la France dans le conflit est inévitable. Mais il faut d'abord régler une bonne fois pour toutes deux problèmes : l'attitude du duc de Lorraine, qui continue de faire peser une menace irritante au flanc du royaume, et le séjour de Gaston d'Orléans à Bruxelles, chez l'ennemi potentiel de la France.

Le sort de la Lorraine est rapidement scellé. Les troupes de Louis XIII attaquent tout le long de la Moselle, une autre armée, sous le commandement du maréchal de La Force, prend Épinal. Le duc de Lorraine doit se soumettre ; il accepte de remettre Nancy aux mains du Roi de France et de raser les murailles de la ville. Découragé, Charles IV abdique en faveur de son jeune frère, le cardinal Nicolas-François, qui renonce à sa dignité ecclésiastique afin de devenir duc de Lorraine. Le nouveau duc ne tarde pas à se décourager lui aussi et, abandonnant une souveraineté illusoire, quitte bientôt la Lorraine pour se réfugier en Toscane, tandis que Charles IV se met au service de l'Empereur.

Le Parlement de Paris, qui a ouvert contre Charles un procès en rapt de l'héritier de la couronne de France, réclame l'annexion de toute la Lorraine et l'établissement à Nancy d'une Cour souveraine. Louis XIII et Richelieu reculent devant le coup de force que représenterait la réunion de la Lorraine à la France, et se bornent à une occupation de fait[6] qui permet d'élargir le glacis protecteur élevé en avant des frontières du royaume.

Plusieurs villes et seigneuries d'Alsace se sont placées sous la protection du Roi de France : Montbéliard, Bouxwiller, Ingwiller, Saverne, Haguenau, Colmar. Le jour où la France sera entraînée dans un conflit avec les Habsbourg, la ligne de front se trouvera largement reportée à l'est de la Champagne, sur la Meuse et sur le Rhin. C'est la Franche-Comté espagnole qui apparaît désormais dangereusement enclavée au milieu des territoires contrôlés par le Roi de France.

Il n'en était que plus urgent, maintenant, de récupérer Gaston d'Orléans. Dès le mois de septembre, celui-ci a d'ailleurs entrepris, une fois de plus, de tourner casaque. La défaite des Suédois à Nordlingen l'a fortement ému, et il la ressent pour ce qu'elle est, c'est-à-dire un grave échec de la France. Les réjouissances qui saluent l'événement à Bruxelles lui sont insupportables ; en refusant de s'y associer, en montrant ouvertement à quel point elles lui sont pénibles, il provoque des incidents qui le conduisent à considérer sa sécurité comme menacée. Le 1er octobre 1634, Louis XIII signe à Écouen le traité de réconciliation avec son frère. Il reprend les termes du projet élaboré au mois de mars, mais l'impatience du Roi perce dans la brièveté des délais accordés à Gaston : quinze jours pour accepter ses propositions, trois semaines pour regagner la France. Le traité, porté clandestinement à Bruxelles, est aussitôt signé par Gaston.

Le prince n'ose pas quitter ouvertement les Pays-Bas espagnols. Avec l'aide de Puylaurens, Gaston organise son retour en France comme une véritable évasion. Le dimanche 8 octobre, parti de grand matin, soi-disant pour chasser en forêt de Soignes, il prend la route de Paris avec une trentaine de compagnons parmi lesquels quatre, seulement, avaient été préalablement mis dans la confidence. Le soir même, vers dix heures, il franchit la frontière et arrive aux portes de La Capelle : par une piquante ironie du

---

6. Dans le cadre des Traités de Westphalie, la France se verra obligée de restituer la Lorraine à ses princes légitimes.

sort, c'est la place même où Marie de Médicis avait voulu se réfugier le 19 juillet 1631. Le lendemain, Gaston est à Soissons ; le surintendant des Finances Bouthillier l'attend avec 45 000 écus ; la majeure partie de la somme est expédiée à Bruxelles afin de régler les dettes les plus criardes du prince et de subvenir aux besoins immédiats de Marguerite, l'épouse de Gaston, que ce dernier a laissée derrière lui sans un mot, sans une explication.

Pour sceller la réconciliation entre Gaston d'Orléans et Louis XIII, Richelieu fait de Puylaurens un allié de sa famille en lui donnant la main de sa cousine, Mademoiselle de Pontchâteau ; les nouveaux époux sont faits duc et duchesse d'Aiguillon.

Comme convenu, Gaston s'établit à Blois en attendant que l'on statue sur son mariage. Une commission ecclésiastique est constituée. Ainsi qu'on pouvait s'y attendre, elle conclura, en 1635, à la nullité d'une union contractée sans le consentement du Roi de France. Encore faut-il obtenir du Pape qu'il avalise cette décision : après des mois de tergiversations, le Saint-Père finira par admettre que le mariage de Gaston est civilement entaché d'un vice de forme, mais que cela ne l'empêche pas de demeurer valable en tant que sacrement. C'est incontestablement un camouflet pour Louis XIII ; il est vrai qu'au moment où le Pape rend sa sentence, de bien plus graves sujets de préoccupation retiennent l'attention du Roi car, de la « guerre couverte », on est désormais passé à la « guerre ouverte » entre la France et l'Espagne.

CHAPITRE XX

La guerre ouverte

LA GUERRE INÉVITABLE

Le retour en France de Gaston d'Orléans en octobre 1634 ôte aux Espagnols la possession du précieux otage que constitue la personne du prince héritier de la couronne. Débarrassé de ce souci, Richelieu se livre à une intense activité diplomatique destinée à resserrer les alliances de la France en prévision de la guerre prochaine.

L'entrée de la France dans le conflit, que Richelieu a tant voulu éviter, ne peut en effet plus être éludée. Pour l'opinion publique européenne, la défaite de Nordlingen constitue un échec majeur de la politique française. A Bruxelles, de nombreuses réjouissances ont été organisées afin de célébrer l'événement. La dernière consiste en un somptueux feu d'artifice le 1er octobre 1634 dont l'apothéose représente une fleur de lys qu'un aigle, venant fondre sur elle, enlève et jette à terre. Allusion transparente qui comble d'aise la population de Bruxelles.

La crédibilité de la France lui impose de prendre sa revanche de la défaite suédoise. Piètre raison, dira-t-on, pour justifier une décision aussi grave que l'entrée en guerre. Mais chacun sait quelle place occupent les apparences et les considérations psychologiques dans les rapports entre nations ; la dépêche d'Ems qui présentait sous une forme offensante pour l'amour-propre des Français la réponse opposée par le Roi de Prusse à une démarche effectuée auprès de lui par l'ambassadeur de Napoléon III n'a-t-elle pas constitué le détonateur de la guerre franco-allemande de 1870 ? Et de nos jours, la dissuasion nucléaire ne comporte-t-elle pas un aspect essentiellement subjectif qui voit les adversaires potentiels, chaque fois qu'ils prennent une initiative, essayer de jauger d'abord la capacité de l'autre à appuyer sur le bouton ?

Plus fondamentalement, Richelieu et Louis XIII ont pour but de casser la suprématie de la Maison d'Autriche en Europe. Il leur faut donc user méthodiquement ses forces jusqu'à ce que se crée une situation nouvelle fondée sur la notion d'équilibre européen, où les nations petites et moyennes n'auraient plus à craindre de subir la loi de Madrid et de Vienne.

Or depuis Casal et le règlement de la succession de Mantoue, le théâtre principal de la confrontation entre la France et les Habsbourg s'est déplacé d'Italie vers l'Allemagne. C'est un terrain moins familier à la diplomatie et aux armées françaises, et Richelieu s'est efforcé jusque-là de susciter des adversaires à la Maison d'Autriche en évitant le plus possible un engagement direct du royaume. La mise hors jeu des Suédois oblige le gouvernement de Louis XIII à intervenir directement dans un conflit d'une telle complexité que, d'évidence, il ne s'y sent pas trop à son aise.

La meilleure preuve en est le temps qu'il met à se jeter dans la bataille dans les mois qui suivent Nordlingen. Richelieu retarde autant qu'il le peut l'ouverture des hostilités, et n'occupe le terrain que par le moyen d'une activité diplomatique intense. Celle-ci s'exerce dans trois directions principales.

Une première négociation aboutit à la signature avec les Provinces-Unies du traité du 8 février 1635, qui établit entre la France et la Hollande une alliance offensive et défensive. Il est convenu que les deux alliés favoriseront une révolte des provinces belges contre l'Espagne. A défaut d'y parvenir, la France et les Provinces-Unies procéderaient en commun à la conquête de ces territoires, dont le sort serait fixé ultérieurement.

On négocie évidemment aussi avec la Suède. Oxenstierna, malgré la défaite de Nordlingen, n'a pas renoncé à l'Allemagne. Il lui reste d'ailleurs une armée, que commande le général Baner. Richelieu voudrait que cette armée prenne l'offensive en direction de l'Autriche, tandis que le Chancelier de Suède souhaite d'abord obtenir l'entrée en guerre de Louis XIII. Au printemps de 1635, Oxenstierna vient en France et signe à Compiègne, le 28 avril, un traité d'alliance avec le Roi de France. Il est convenu que celui-ci rompra avec les Habsbourg. La France reconnaît à la Suède l'occupation de l'archevêché de Mayence et de l'évêché de Worms, mais le traité prévoit le rétablissement du culte catholique là où les conquêtes protestantes risquent de le compromettre, et garantit la liberté du culte protestant dans les régions sous contrôle catholique. Chacun des partenaires s'estime satisfait.

Le Traité de Compiègne constitue une étape importante dans l'évolution du droit des gens dans la mesure où il rompt avec le principe traditionnel *cujus regio, ejus religio* qui, en Allemagne notamment, mais aussi dans la quasi-totalité des autres terres chrétiennes, impose aux sujets de suivre la religion de leur chef temporel ; l'Édit de Nantes a créé une brèche dans ce système, mais elle demeure longtemps limitée au royaume de France, et ô combien menacée. Richelieu a étendu l'exemple de la France à la Valteline ; reste cependant qu'il s'agit d'un tout petit pays, et qu'au surplus la Valteline n'est pas un territoire où les deux confessions sont admises : le catholicisme seul y est autorisé, sous la garantie d'un suzerain protestant, les Grisons. Or voici qu'en 1635, Richelieu prétend faire de la neutralité religieuse le principe directeur de son intervention en Allemagne, qui est donc exclusivement fondée sur des motifs politiques, à la différence de tout ce qui s'est passé jusque-là ; du coup, il impose la même règle à son allié suédois, qui menait une guerre religieuse et qui devra donner désormais une coloration politique à ses buts de guerre.

Une troisième série de négociations intéresse les États italiens, spécialement en Italie du Nord, où Richelieu voudrait obtenir la constitution d'une ligue anti-espagnole de toutes les principautés de la région. Mais les résultats sont décevants, et c'est seulement en juillet 1635 qu'est signé entre le Roi de France, le duc de Savoie et le duc de Parme, le Traité de Rivoli, qui prévoit de rassembler les forces de ces trois partenaires contre l'Espagne. Venise, Modène, le duc de Mantoue, pourtant l'obligé de la France, ont jugé plus sage de se tenir en dehors du pacte souhaité par Paris.

Reste à saisir l'occasion la plus favorable pour ouvrir les hostilités. Richelieu ne veut pas apparaître comme l'agresseur, même si ses atermoiements lui font perdre un temps précieux et permettent à la Maison d'Autriche de marquer sans cesse de nouveaux points. La vague qui porte les armées impériales et espagnoles de succès en succès semble ne plus connaître de limites. Jusqu'au jour où un grave incident, survenu le 26 mars 1635, fournit le *casus belli* tant attendu : les troupes du Cardinal-Infant surprennent Trèves, massacrant la garnison française et s'emparant de la personne de l'archevêque qui s'était placé, avec sa ville, sous la protection de Louis XIII. Il s'agit à tous égards, de la part de l'Espagne, d'un défi que le gouvernement royal se doit de relever. L'attaque délibérée de Trèves traduit les dispositions belliqueuses du Cardinal-Infant, nommé par Madrid gouverneur des Pays-Bas espagnols après le décès, survenu le 1er décembre 1633, de l'Infante Claire-Isabelle-Eugénie ; le vainqueur de Nordlingen, disposant d'une des plus fortes armées espagnoles qu'on ait vu opérer depuis bien longtemps à la frontière nord de la France, fait peser une menace redoutable sur la sécurité du royaume, sur Paris ; que cède la fragile ceinture des places de la Somme, et la route de la capitale s'ouvre devant l'invasion. C'est une situation qu'on n'avait plus connue depuis la fin des guerres de Religion et les combats pour Amiens en 1596-1597. Elle appelle, à n'en pas douter, une réaction énergique.

Un Conseil d'urgence se réunit le 1er avril à Rueil. Richelieu fait approuver la déclaration de guerre à l'Espagne. Cette décision, que le cardinal tient pour « avantageuse en son projet » et qui constitue à son avis un acte « de courage et de sagesse tout ensemble », entraîne le royaume dans un conflit qui ne trouvera sa conclusion que par les Traités de Westphalie et le Traité des Pyrénées signés en 1648 et en 1659.

Le sens du combat

La guerre qui s'ouvre doit être la revanche de 1610, de cette explication armée entre la Maison de France et la Maison d'Autriche qu'Henri IV avait préparée de son mieux et que le geste de Ravaillac l'avait empêché de conduire à son terme. Cela dit, la situation de la France et de l'Europe en 1635 est-elle vraiment comparable à celle de 1610 ?

A la fin du règne d'Henri IV, les souvenirs de l'intervention politique et militaire de l'Espagne dans le royaume pendant les guerres de Religion sont encore très présents à l'esprit de tout le monde ; il n'en est évidemment pas de même vingt-cinq ans plus tard. N'est-on pas en droit de penser que l'alliance familiale établie par les mariages croisés entre le Roi d'Espagne et le Roi de France avec leurs sœurs respectives, que la politique de conciliation menée à bien par le gouvernement de Marie de Médicis du temps de sa régence, et après elle par Luynes puis par Richelieu durant les premières années de son ministère, ont permis d'arrondir les angles et introduit davantage de confiance dans les rapports entre Paris et Madrid ? L'exil de Marie de Médicis, la disparition des Marillac, n'ont pas supprimé pour autant le parti du catholicisme militant, qui donne pour preuve de ces nouveaux rapports l'aide, timide et tardive il est vrai, mais impensable quelques années auparavant, que Philippe IV a fournie à Louis XIII pendant le siège de La Rochelle sous la forme de l'envoi d'une flotte espagnole venue prêter main-forte aux armées royales. Certes, le Roi d'Espagne n'a pas hésité, quelques mois plus tard, à signer un traité d'alliance avec le duc de Rohan, chef des protestants français du Midi en rébellion contre leur souverain légitime. Mais il était facile de le disculper au moins partiellement en montrant que l'Espagne rendait en l'occurrence la monnaie de sa pièce à la France qui aidait, de manière clandestine mais néanmoins massive, les Hollandais eux aussi en lutte contre leur souverain légitime. Les adversaires de Richelieu, en France et hors de France, ajoutent à ces différents arguments l'opinion qu'à l'intérieur de la Maison d'Autriche, la branche de

Vienne est parfaitement inoffensive pour la France, entre la pression continuelle qu'exercent les Turcs sur ses frontières orientales et la guerre qui continue de faire rage dans l'Empire entre catholiques et protestants.

Et pourtant, l'attitude de Richelieu et de Louis XIII reste profondément marquée par un sentiment obsidional, par la conviction que la Maison d'Autriche poursuit, génération après génération, un même dessein vis-à-vis de la France : l'encercler, l'étouffer sous les tentacules qu'elle étend inlassablement sur ses frontières. L'action de Richelieu répond à la certitude obsédante d'une agression permanente dirigée, depuis Madrid, contre le royaume de France, et qui prend toutes les formes, ouvertes ou insidieuses. Chaque rébellion d'un prince ou d'un grand seigneur fait le jeu de l'Espagne et reçoit, Richelieu en est persuadé, une aide morale ou matérielle de sa part. Quant à la situation dans l'Empire d'Allemagne, l'expérience montre qu'elle est à la merci de renversements spectaculaires qui, en quelques mois, voire quelques semaines, font basculer la fortune des armes. Or, depuis 1634, le balancier semble de nouveau pencher dans un sens favorable à l'Empereur. La défaite des Suédois, la réorganisation des troupes impériales, donnent à la Maison d'Autriche un mordant, une ardeur, qui ne peuvent que menacer la sécurité de la France. Au demeurant, celle-ci a des alliés, des amis, à l'égard desquels elle a pris des engagements, et qu'il est hors de question d'abandonner.

Entre les deux Maisons, c'est une formidable partie qui se joue à l'échelle de l'Europe et même sur les théâtres d'opérations extérieurs au vieux continent. Match d'échecs pour le moment, duel à fleurets mouchetés, mais sur le point de dégénérer en un pugilat où tous les coups seront permis. Les protagonistes sont deux beaux-frères, Philippe IV et Louis XIII. Malgré ces liens de famille, ils ne s'aiment pas. Une piété également poussée à l'extrême, loin de les rapprocher, les mure dans la même intransigeance. Chacun a le sentiment d'avoir le droit pour lui, chacun sent sur ses épaules le poids d'une chaîne d'aïeux qui l'observe, lui demande des comptes. Trop longue est la tradition des guerres entre la France et l'Espagne pour que la haine que leurs souverains sont condamnés à se vouer n'apparaisse pas comme une obligation héréditaire.

Mais s'il y a dans cet affrontement toutes les caractéristiques d'une affaire de famille, il faut dire aussi que Philippe IV et Louis XIII y mettent largement du leur à titre personnel. Philippe IV est batailleur. Louis XIII ne l'est pas moins. Depuis l'assassinat de Concini, il ne s'est pas passé une année où il n'ait enfourché son cheval pour guerroyer contre les protestants, contre la Reine-Mère, contre les Grands. Il réprime les mouvements d'une main de fer, il sait être dur, et peu s'en faut que la cruauté ne soit parfois sa loi. Extrêmement chatouilleux sur son honneur, obsédé par le souci de marquer son règne du sceau de la grandeur, mis en condition depuis des années par un Richelieu qui le sollicite sans cesse d'établir au-delà de ses frontières la réputation de son nom, Louis XIII a déjà montré, que ce soit au Pas de Suse ou dans la guerre pour Casal, qu'il n'hésite pas à porter ses armes en dehors des limites de son royaume dès lors qu'il convient d'assumer la mission historique et mystique à laquelle il se sent appelé. Philippe IV de la même manière est tout aussi préparé à faire parler la poudre aussi souvent que nécessaire afin de défendre les droits historiques de sa Maison et les responsabilités qu'il considère comme siennes à la face de Dieu.

Ce conflit entre deux personnalités également raides est en même temps un conflit entre deux grands propriétaires fonciers. Pourquoi les relations entre États seraient-elles fondamentalement différentes de ce qu'elles peuvent être entre simples particuliers ? Alors, comme cela arrive entre voisins, on chicane sur des querelles de bornage, des problèmes embrouillés de succession. En 1598, l'Espagne a formellement renoncé par le Traité de Vervins à toute prétention sur la Bourgogne, fleuron des propriétés de Charles le Téméraire, lointain ancêtre de Philippe IV. Mais elle conserve la Franche-Comté, l'Artois et les Flandres, qui relevaient autrefois de la suzeraineté du Roi de France, et s'est dédommagée de la perte de la Bourgogne par l'annexion de la partie de l'ancien royaume de Navarre située au sud des Pyrénées. Rancœur à Madrid, rancœur à Paris. Le rôle des revendications territoriales dans la politique menée par la France est loin d'être négligeable. L'Avis au Roi adressé par Richelieu à Louis XIII le 13 janvier 1629 indique sans fards que l'un des objectifs essentiels de la politique française doit être de récupérer Navarre, Artois, Flandres et Franche-Comté, de préférence, si l'occasion s'en présente, en évitant d'affronter ouvertement la puissance espagnole. A Paris, on ne s'est pas, non plus, consolé de la perte du Milanais, que le Roi de France s'obstine à considérer comme partie intégrante de son héritage. Maintenant tombé aux mains des Espagnols, Milan reste un objectif moins immédiat, certes, mais toujours présent dans les préoccupations françaises. Deux irrédentismes, ainsi, à Paris comme à Madrid, sont prêts à recourir aux armes pour vider leur querelle.

Ce serait cependant ramener le conflit à des dimensions médiocres, et sans rapport avec la réalité, que de le réduire au choc de deux égoïsmes. Aux litiges territoriaux se superpose en effet le choc de deux philosophies politiques qui explique et justifie la place que cette guerre et le cardinal de Richelieu continuent d'occuper dans la mémoire collective des Français.

L'Europe du XVIIe siècle est encore mal dégagée de l'héritage d'une certaine pensée médiévale qui construit le monde à l'image d'une pyramide dont le sommet remonte à Dieu et subordonne les Rois et les princes à l'Empereur, représentant et bras séculier de Dieu sur la terre. Schéma idéal, bien sûr, et qui a rarement répondu à la réalité des choses, mais schéma solide malgré tout, qui conduit une majorité d'esprits, dans l'Occident chrétien, à admettre la suzeraineté de l'Empereur sur tous les autres souverains par délégation du Pape. Le rôle éminent ainsi reconnu à l'Empereur s'étend d'ailleurs, peu ou prou, à son cousin le Roi d'Espagne. Nombreuses sont alors les théories qui reconnaissent au Pape le pouvoir, dans un certain nombre de cas tels que hérésie ou tyrannie, de déposer un prince ; que les Habsbourg se fassent les exécuteurs de la volonté pontificale n'a rien qui choque. Le Roi de France, pour ne parler que de lui, dispose ainsi, dans cette conception, d'une souveraineté limitée, et ne saurait se considérer comme propriétaire absolu du territoire sur lequel il règne et des hommes qui y vivent. Il existe une différence énorme entre les prétentions du monarque à rendre compte de sa conduite directement à Dieu, et un système qui tend à donner au Pape et aux Habsbourg un droit de regard sur ses faits et gestes. Relation directe avec Dieu, ou relation médiatisée par le Souverain Pontife avec l'aide de ses deux suppôts de Madrid et de Vienne, tel est l'enjeu. On conçoit aisément qu'il y ait pour le Roi de France quelque chose d'insupportable dans une doctrine qui s'arroge le droit de soumettre n'importe laquelle de ses actions au tribunal de Rome et de Madrid. Or, l'expérience montre qu'il ne s'agit pas d'une simple hypothèse d'école : la politique qu'il suit vis-à-vis des huguenots ses sujets, la décision qu'il prend de demander une contribution financière à l'Église de France, sont considérées par le Pape et par le Roi d'Espagne comme relevant de domaines qui les concernent également.

La tentation de l'ingérence de Rome et de l'Espagne dans les affaires du royaume constitue une donnée essentielle de la situation. Pour Louis XIII, elle n'est ni un mythe, ni un épouvantail, mais une réalité qu'il a pu voir à l'œuvre depuis qu'il est Roi ; pendant toute la régence de Marie de Médicis, le nonce et l'ambassadeur d'Espagne ont participé à toutes les délibérations du Conseil du Roi. Contre ce directoire jugé insoutenable, un courant de pensée qu'il faut bien qualifier de nationaliste s'est développé et affirmé. Et comme ce monde ne peut se passer d'inscrire toute réflexion dans une vision religieuse, le courant nationaliste prend appui sur les idées dites gallicanes, c'est-à-dire les thèses qui mettent en avant la spécificité, voire la quasi-autonomie par rapport au Pape de l'Église française. A la conception espagnole et romaine de la hiérarchie des pouvoirs s'oppose un système d'articulation différent des divers centres de pouvoir existant de par le monde, système d'inspiration et d'origine françaises.

En énonçant la formule qui fait du Roi de France un « Empereur en son royaume », les juristes gallicans minent tout l'édifice de la suprématie espagnole. C'est à cause d'eux que l'affrontement entre Louis XIII et Philippe IV n'est pas seulement l'affrontement entre deux puissances terriennes qui se jalousent et peuvent chacune faire état d'un long contentieux, mais voit également s'opposer deux conceptions du monde. Et là, l'enjeu du conflit dépasse infiniment les dimensions d'un simple duel entre Madrid et Paris. Car si le Roi de France parvient à obtenir de l'Espagne la reconnaissance de ses revendications à la souveraineté absolue, qu'est-ce qui empêche les autres princes d'Occident de réclamer le même traitement ? A aucun moment, en vérité, Richelieu et Louis XIII n'ont cherché à exporter la doctrine gallicane : c'était déjà bien assez de la faire admettre en France et de l'imposer à l'Espagne et à l'Autriche sans vouloir en même temps faire du prosélytisme à l'étranger. Mais ils ne peuvent éviter que la France, dans son effort pour défendre sa personnalité, apparaisse en Europe comme le premier des États moyens de la Chrétienté face aux deux super-puissances intimement alliées d'Espagne et d'Autriche, appuyées sur la force spirituelle du Pape. Du coup, la tentation devenait grande pour Paris d'essayer d'organiser une coalition aussi large que possible des puissances petites et moyennes afin d'opposer un contrepoids à l'axe Vienne-Madrid. A l'idée impérialiste de la domination universelle exercée par les Habsbourg sur des princes qui ne seraient à tout prendre que leurs vassaux, s'oppose ainsi l'idée d'États conçus comme autant d'entités indépendantes, ayant des droits imprescriptibles, et dont le principe régulateur serait la mise en œuvre d'un équilibre européen.

Cette conception nouvelle implique des conséquences très importantes pour les relations entre États, et cela à deux titres.

En ce qui concerne d'abord le contenu des relations internationales, il est clair qu'elle conduit tout droit au déclenchement d'une lutte inexpiable entre des pays qui sont porteurs de conceptions aussi opposées du monde et des rapports entre pays. Lutte à mort car il faut, ou bien que le royaume de France disparaisse en tant que royaume indépendant, ou bien que la Maison d'Autriche subisse de tels coups qu'elle se voie obligée de mettre une croix sur ses prétentions à la domination universelle. Ni les mots ni les déclarations de bonne volonté ne peuvent permettre de résoudre le conflit : seule une nouvelle situation territoriale en Europe est de nature à garantir cet équilibre qui est désormais le but de la politique de Louis XIII et de Richelieu.

D'autre part l'attitude de la France amorce et engage un tournant fondamental dans le style des relations internationales, et cela pour les siècles à venir, en fondant la laïcisation, la sécularisation de la politique étrangère des nations chrétiennes. Dieu, bien sûr, est toujours présent, et l'avoir à ses côtés vaut plusieurs régiments. En ce qui concerne la France, d'ailleurs, l'affirmation du caractère absolu de la monarchie renforce encore la relation du Roi à Dieu. Cela étant, dans la conception française des rapports entre États, la religion s'efface progressivement. François Ier, déjà, s'était allié aux Turcs, scandaleuse association au regard d'une vision chrétienne des relations internationales. Richelieu poursuit dans la même voie, se servant des Turcs pour miner la puissance de Vienne ; et, à l'intérieur de l'Europe chrétienne, ses partenaires privilégiés se trouvent être les princes protestants, dont les intérêts convergent avec ceux de la France. Le caractère théocratique de la politique s'efface ainsi au bénéfice d'un principe nouveau qui s'affirme avec une force croissante : le droit.

De même qu'il existe en France un droit particulier de l'État qui s'appelle la raison d'État, de même les relations entre pays répondent à un certain ordre qui est régi par des règles de droit. Que ce soit en Valteline, au Montferrat, en Rhénanie, dans le Palatinat, vis-à-vis de l'archevêque de Trèves et de tous les princes allemands en général, le Roi de France se dote d'une arme redoutable, qui va façonner durablement l'image de notre pays. Oubliés, les impératifs traditionnels de la religion : qui évoque encore de nos jours l'Espagne ou la Suède comme les champions respectifs du catholicisme et du protestantisme ? La France, en revanche, continue de justifier par la défense du droit ses interventions sur la scène internationale ; et il y a sans doute plus que l'expression d'un heureux hasard dans le fait que les caractères qui, en chinois, permettent d'écrire le nom de la France, se traduisent aussi par « le pays de la loi ».

L'enjeu de cette guerre dans laquelle la France s'apprête à s'engager ouvertement dépasse ainsi les données de circonstance et revêt une importance historique considérable, dans la mesure où elle impose progressivement une mutation complète des règles applicables aux relations entre pays, et prépare l'avènement de principes nouveaux qui sont ceux-là mêmes sur lesquels se fondent tous les avatars de l'ordre international que notre planète a connus depuis.

Match au sommet : Olivares contre Richelieu

Un dernier aspect mérite de retenir l'attention. C'est le choc de deux ambitions personnelles au service de ces conceptions de l'État et des souverains, aussi pieux que belliqueux, qui s'en font les porte-drapeaux : Olivares contre Richelieu, le premier ministre espagnol contre le premier ministre français.

Le comte-duc d'Olivares est, comme son homologue français, obsédé par la grandeur de son pays. Il sait que les bases de celle-ci s'effritent inexorablement ; minées par le manque d'hommes, en raison du déclin de la démographie espagnole, elles sont également altérées par le protestantisme qui dispute à Madrid les Provinces-Unies, riches contrées, industrieuses et commerçantes, dont les habitants s'offrent le luxe insolent de soutenir depuis cinquante ans une rébellion victorieuse contre leur souverain légitime. C'est la lutte en apparence inégale du moucheron et du lion, où le lion, cependant, ne parvient pas à prendre le dessus ; il est tentant, pour Madrid, comme pour tous les régimes confrontés à ce genre de situation, d'accuser l'étranger. Olivares n'y manque pas. A ses yeux, aucun doute : c'est la main de la France qui permet aux Hollandais de prolonger leur combat. Depuis bientôt dix ans qu'il est aux affaires, il considère la guerre avec Paris comme inévitable, et cette conviction lui est venue bien avant que Richelieu en prenne également conscience.

Olivares, comme Richelieu, estime qu'il n'y a point d'autre moyen pour permettre à son pays de retrouver les chemins de la grandeur et de la gloire que le recours à un renforcement de la centralisation. Profondément patriote, il s'irrite de voir Aragonais, Castillans ou Catalans raisonner en fonction de particularismes locaux qui lui paraissent mesquins et dépassés. Il voudrait unifier les coutumes, les lois, la fiscalité et doter l'Espagne d'une organisation militaire homogène qui mette à la disposition de Madrid une force combattante disciplinée et expérimentée, atteignant 140 000 hommes. Les ambitions de Richelieu sont plus modestes : 100 000 hommes seulement, mais elles restent cependant disproportionnées avec les possibilités réelles du pays puisque le gouvernement de Louis XIII ne dénombrera que 40 000 à 60 000 hommes en état de combattre lorsque les hostilités vont débuter. Pas plus qu'en France, d'ailleurs, l'effort de centralisation ne donnera en Espagne les résultats escomptés. Pour s'en tenir à l'aspect militaire des choses, Olivares ne parviendra à rassembler que 50 000 hommes. Il se heurte en effet à l'attitude hostile des provinces — il serait plus exact de parler des véritables principautés quasi autonomes qui constituent cette construction artificielle appelée l'Espagne. Le Portugal, la Catalogne, notamment, se considèrent comme des territoires à part, farouchement attachés à leurs privilèges, chicanant sans cesse sur le respect de leurs droits, et mesurant chichement leur concours aux entreprises du Roi d'Espagne. Il est vrai qu'au nord des Pyrénées, le Roi de France n'est pas mieux loti, même si ce sont les grands seigneurs qui lui causent le plus de souci, véritables potentats disposant d'une redoutable autorité sur les habitants des provinces qu'ils gouvernent et sur leurs fidèles vassaux, pris dans des liens de clientèle plus solides que l'obéissance théorique due au souverain.

Olivares déclare un jour à Philippe IV : « L'objectif principal de

Votre Majesté est de se rendre le véritable Roi de l'Espagne. C'est-à-dire de ne pas se contenter de rester un Roi de Portugal, d'Aragon, de Valence, comte de Barcelone, mais de veiller à intégrer dans le cadre des lois et usages administratifs de Castille, d'une manière unifiée et sans distinction, les forces partielles et variées dont se compose le concept Espagne. Une fois ce but atteint, mais seulement alors, Votre Majesté sera le plus puissant souverain de la terre. » A l'inverse, il s'efforce en même temps — et c'est évidemment de bonne guerre — d'utiliser contre le Roi de France les particularismes de son royaume. En 1634, en 1635, Richelieu intercepte des lettres d'Olivares dans lesquelles celui-ci donne instruction à l'ambassadeur d'Espagne à Paris de distribuer des subsides pour encourager le duc de Guise et le duc d'Épernon à prendre la tête d'une révolte contre le cardinal.

Le Roi et le cardinal
justifient l'entrée en guerre

La décision éventuelle d'entrer en guerre était trop grave, trop lourde de conséquences, pour que Richelieu n'en ait pas, longtemps auparavant, débattu avec Louis XIII. Le 4 août 1634 déjà, donc un mois avant la défaite de Nordlingen, Louis XIII avait noté par écrit, à la demande de Richelieu, les raisons pour lesquelles il considérait la rupture avec l'Espagne comme inévitable. Il s'agit là d'un document ultra-confidentiel, ainsi que l'indique le Roi lui-même : « Âme qui vive ne les a vues, et vous les envoie dans ce paquet. Excusez si elles ne sont en bons termes, n'ayant jamais étudié en éloquence que dans l'armée et parmi les soldats. » Les arguments énoncés par Louis XIII ne sont peut-être pas formulés suivant toutes les règles de la rhétorique, mais ils ont le grand mérite d'être exprimés en termes simples et clairs.

La déclaration de guerre est une nécessité, estime Louis XIII, car sinon, la coalition protestante s'effondre, la France se retrouve sans alliés, et le royaume reste seul face au bloc formidable constitué par les forces réunies de Madrid et de Vienne. Il faut donc entrer dans la bataille pour soutenir et encourager les alliés de la France. Aux Pays-Bas espagnols, la présence des Castillans est à la merci d'une révolte bien conduite. Philippe IV et Olivares ont envoyé en Allemagne les troupes cantonnées dans le Milanais : l'Italie du Nord est donc dégarnie, et ce n'est pas l'Empereur qui serait en état, pour le moment, d'y relayer ses cousins de Madrid. D'ailleurs, l'organisation de l'armée espagnole laisse fort à désirer, et l'empire de Philippe IV rencontre partout de graves difficultés. A l'inverse, les Hollandais constituent assurément des alliés sûrs pour la

France, mais il existe chez eux un fort parti qui souhaite un accommodement avec l'Espagne : ce parti prendra le dessus si la France déçoit ses amis.

Les raisons de la France pour déclarer la guerre à l'Espagne ne sont pas modifiées par la défaite suédoise de Nordlingen, bien au contraire. Mais la différence avec le mois d'août 1634, c'est que Nordlingen ne laisse plus le choix. Le 11 septembre 1634, 6 heures seulement après l'arrivée du courrier qui apporte la nouvelle de la bataille, Richelieu rédige un Avis au Roi qu'il fait immédiatement remettre à Louis XIII. Chaque argument y est exposé avec une concision et une netteté parfaites, et se trouve introduit par une expression que l'on rencontre très rarement sous la plume de Richelieu : « Il est certain que ».

« Il est certain que si le parti [protestant] est tout à fait ruiné, l'effort de la puissance de Maison d'Autriche tombera sur la France. »

« Il est certain encore qu'après l'échec arrivé depuis peu, le parti ne peut subsister s'il n'est soutenu d'un secours présent et notable, et d'une espérance plus grande et d'un nom puissant. »

« Il est certain encore que le pire conseil que la France puisse prendre est de se conduire en sorte qu'elle puisse demeurer seule à supporter l'effort de l'Empereur et de l'Espagne. »

Mais voilà : Richelieu estime que la France n'est pas encore prête à entrer dans la guerre ouverte. Et cet homme que ses adversaires présentent comme un va-t-en guerre impénitent, un dangereux boutefeu, conseille une fois de plus à Louis XIII de se hâter lentement. Secourir le parti protestant est une évidente nécessité. Mais comment ? Qu'il suffise pour l'instant, recommande-t-il au Roi, d'écouter les vaincus, de leur redonner du courage, de les assurer que la France est disposée à leur porter secours. Dans l'immédiat, par conséquent, ne donner que de bonnes paroles et tirer profit du temps gagné pour « se fortifier de gens de guerre et se mettre en état d'exécuter les conseils que la prudence et la nécessité obligeront de prendre ».

La guerre va coûter très cher, Richelieu ne cherche pas à se le dissimuler. Mais les charges qu'elle impose sont justifiées à son avis par la certitude que le prix d'une politique de renoncement serait infiniment plus lourd au bout du compte : « Si l'on considère la dépense en cette occasion et qu'on la veuille réduire à des termes si modérés qu'on la puisse supporter longtemps... on se trouvera d'en faire à l'avenir qui n'auront point de fin, ne produiront aucun fruit et n'empêcheront point notre ruine. »

Vers la rupture

Le 28 janvier 1635, le représentant à Paris de l'Empereur Ferdinand II, Sébastien Lustrier, chanoine d'Olmütz, fait savoir à son maître que le secret de ses communications diplomatiques ne lui paraît plus garanti, et qu'on doit s'attendre à un déclenchement prochain du conflit. Le 12 février 1635, il lui fait parvenir par des voies détournées un courrier qui dresse à son intention une description de la Cour de France, précieux instrument de travail pour Ferdinand II, ainsi mieux éclairé sur les conditions du déroulement de la guerre dès que celle-ci aura éclaté. Ce tableau fort instructif dévoile les faiblesses dont souffre le régime de Louis XIII.

Les Grands sont en permanence au bord de la dissidence : Guise, par exemple, ou Rohan. Condé et Soissons, qui sont restés en France, s'opposent au cardinal de Richelieu.

La personnalité de Louis XIII n'échappe pas au regard critique de l'ambassadeur : « Ce Roi est d'esprit très simple, peu porté à écouter, crédule, solitaire, timide, pieux ; il est de bonne conscience et opposé à la louange... de complexion froide et mélancolique. » Et, circonstance aggravante : « hostile à la Maison d'Autriche ».

Sous le poids que le gouvernement royal fait peser sur lui, le pays, écrasé de charges, est au bord de la révolte. Le problème fiscal constitue d'ailleurs le talon d'Achille du royaume. Louis XIII dispose paraît-il d'un trésor de guerre de 16 millions, mais il est à prévoir qu'il sera vite englouti dans les dépenses de la guerre et qu'on parviendra difficilement à le reconstituer.

Auprès du Roi, le cardinal de Richelieu, qui dirige absolument son esprit, est « perfide, faux, craintif, présomptueux, rancunier, vif » ; il aime les louanges, et déteste la Maison d'Autriche. De même qu'il gouverne le Roi, de même son esprit est totalement gouverné par le Père Joseph.

Un mot des chefs de l'armée : ils sont en général jeunes et inexpérimentés ; quant tout va bien, ils se montrent courageux et alertes au premier assaut, mais, inconstants par nature, ils deviennent très vite la proie de l'irrésolution.

Au début de mars 1635, la rupture entre Paris et Madrid n'est manifestement plus qu'une question de semaines. Comme, en régime monarchique, les considérations personnelles ne sont jamais totalement étrangères aux démarches politiques, Louis XIII semble déterminé à répudier Anne d'Autriche. Philippe IV en est fort éprouvé, et demande à son ambassadeur d'empêcher à tout prix le départ pour Rome de la mission diplomatique française qui serait chargée de négocier auprès du Saint-Siège la dissolution du mariage. Mais déjà la présence de l'ambassadeur espagnol à Paris n'est plus assurée. Le gouvernement français le prie de regagner son pays et lui donne un sauf-conduit, non sans que les hommes du cardinal aient au préalable fouillé consciencieusement ses bagages et épluché ses papiers.

Lorsque le Conseil se réunit à Rueil le 1er avril 1635 afin d'examiner la situation créée par le coup de force de l'armée espagnole contre Trèves, pas une voix ne s'élève pour prêcher la temporisation, la conciliation ; au contraire, c'est à qui trouvera les accents les plus belliqueux pour déclarer que le recours aux armes peut seul venger cette grave offense contre l'honneur du Roi de France. Paradoxalement, c'est Richelieu qui semble le moins pressé. L'ouverture des hostilités est décidée, et le voici pourtant qui tarde à donner l'ordre d'entrer en campagne. Il attend, il est vrai, l'issue des négociations avec la Suède.

Pour la forme, le cardinal demande le 21 avril la libération de l'archevêque de Trèves ; il sait qu'elle lui sera refusée. La signature du Traité de Compiègne, le 28 avril, lève les dernières réserves. Le « Jour J » est fixé : ce sera le 19 mai.

Mais que de temps perdu depuis Nordlingen ! Pendant l'hiver 1634-1635, les Impériaux ont réalisé des progrès substantiels face à l'armée de Bernard de Saxe-Weimar qui s'efforçait de leur interdire l'accès au Rhin. Bernard a dû battre en retraite et les opérations se déroulent maintenant sur la rive gauche du fleuve. Les Impériaux sont commandés par un excellent général, Jean de Werth, qui annonce à qui veut l'entendre qu'il peut être à Paris dans les deux à trois semaines, et pousse l'insulte jusqu'à faire frapper des pièces sur lesquelles on voit un glaive descendant des nuages qui tranche le lys français. Au moment de la défaite suédoise, la France occupait l'évêché de Bâle et le comté de Montbéliard, ainsi que les villes de Haguenau, Bouxwiller, Bischwiller et Saverne en Alsace. Sur la Moselle, elle tenait Trèves et Sierck, sur le Rhin Coblence et Ehrenbreitstein ; elle s'apprêtait à mettre une garnison à Philippsbourg. Quand la guerre éclate quelques mois plus tard, Philippsbourg, Trèves, Sierck, Coblence, Ehrenbreitstein auront été successivement perdues par les armées de Louis XIII. Une entrée en guerre plus précoce aurait sans doute permis de conserver ces positions. Mais Richelieu n'avait qu'une idée en tête : gagner du temps.

RICHELIEU TEMPORISE

Essayons d'en comprendre les raisons. Il y a au premier chef la prudence de Richelieu, qui est devenue chez lui comme une seconde nature après tous les déboires qu'il a subis, dans sa jeunesse et pendant les premières années de sa carrière ecclésiastique et politique, à cause de son impulsivité et de son excessive précipitation. Mais le cardinal sait aussi frapper vite quand c'est nécessaire, il l'a maintes fois prouvé. Aussi faut-il chercher ailleurs les causes de cette espèce d'hésitation que Richelieu montre au moment de donner l'ordre d'entrer en campagne.

Il est évident tout d'abord qu'une déclaration de guerre n'est pas un acte qu'on puisse décider à la légère.

Il faut d'autre part que la guerre du Roi de France, devant l'opinion française comme devant l'opinion internationale, apparaisse comme une guerre juste. Or, voler au secours des Suédois et des princes protestants d'Allemagne est un argument politique, ce n'est en aucun cas une justification morale. La France doit par conséquent faire comme ces joueurs de cartes qui améliorent leur main et rassemblent le maximum d'atouts avant d'abattre leur jeu. L'attaque brusquée de Trèves fournit une excellente occasion. Elle survient le 26 mars 1635 ; le gouvernement français réclame le 21 avril la libération de l'archevêque ; la guerre est déclarée le 19 mai : les délais sont vraiment réduits au plus juste.

Et puis, il s'agit d'une guerre contre l'Espagne, c'est-à-dire, certes, l'ennemi héréditaire du royaume, mais aussi le chef de file de la reconquête catholique en Europe. Chez les catholiques français, nombreux sont ceux qui s'interrogent sur la légitimité d'une action qui conduit la France à ouvrir les hostilités contre l'Espagne catholique avec les États protestants pour alliés. L'exemple d'Henri IV assassiné dans un contexte politique en tous points analogue a certainement dû faire réfléchir plus d'une fois Louis XIII et Richelieu.

D'autant plus que, sur le plan militaire, il existe une évidente disproportion des forces. Elle n'est pas tant numérique (on l'a vu plus haut) que qualitative. Les régiments d'infanterie espagnols, les « tercios », jouissent d'une réputation sans pareille. Le corps de bataille est solide, discipliné, précis, et sert sous les ordres des meilleurs chefs de l'époque. En face, l'armée française brille par la médiocrité de son commandement.

Les officiers sont indisciplinés, quittent leur compagnie quand il leur plaît, sans se soucier le moins du monde d'en demander l'autorisation. Voici ce que le maréchal de Schomberg pense, dans une lettre adressée à Richelieu en 1636, de l'encadrement d'un régiment recruté en Languedoc, province dont il est le gouverneur : « Ce n'est pas que le maître de camp ne soit brave homme ; mais il a les plus étranges officiers qui se virent jamais ; hors un ou deux de ces capitaines, tout le reste ne mérite pas de porter ce nom. »

La situation dans le commandement supérieur est tout aussi mauvaise. En 1635, tandis que l'on achève de constituer les unités combattantes, Richelieu confie ses doutes à Bouthillier : « J'appréhende fort l'âge de Monsieur de La Force et ne sais point de remède à proposer. Le Roi connaît mieux les gens de guerre que personne. Mais quand il aura fait le tour de son royaume, il n'en trouvera pas, à mon avis, tels qu'on pourrait désirer. » Le cardinal adopte une formule boiteuse, qui lui donne l'illusion de colmater les carences les plus criantes : il partage le commandement de chaque corps d'armée entre plusieurs généraux. Il s'assure ainsi contre les défaillances, mais la division des responsabilités, outre qu'elle multiplie les occasions de querelles et de brouilles, nuit à l'efficacité et à la rapidité dans la décision.

La seule supériorité dont dispose la France — mais elle est considérable — réside dans l'avantage stratégique que lui donne la forme compacte du royaume, face à la dispersion des possessions espagnoles. Certes, le Roi de France peut être attaqué sur toutes ses frontières terrestres, mais il a en contrepartie la possibilité — et il ne s'en privera pas au cours des opérations ultérieures — de transférer rapidement des troupes de Bourgogne en Picardie, de la Guyenne vers le Languedoc ou vers les frontières du nord-est. L'Espagne, en revanche, ne communique avec l'Italie du Nord que par voie de mer, et doit, pour faire passer de là ses armées en direction de la Franche-Comté et des Pays-Bas espagnols, emprunter les passages des Alpes, soumis à la bonne volonté des Suisses.

C'est pour cela que la Valteline, dont le nom a aujourd'hui disparu du vocabulaire politico-militaire, revêt une telle importance à cette époque. Comme en 1624, lorsque la situation en Valteline a ouvert les portes du pouvoir à Richelieu, celui-ci, en 1635, se préoccupe avant toute chose d'interdire aux Habsbourg le contrôle de la vallée. Dès le mois de mars 1635, le duc de Rohan, qui commandait une armée en Lorraine, se voit brusquement donner l'ordre de se diriger, à la tête de 7 régiments et 4 escadrons, vers les Grisons et la Valteline. La guerre ouverte va pouvoir s'engager.

DÉCLARATION DE GUERRE À L'ESPAGNE
ET OUVERTURE DES HOSTILITÉS, 19 mai 1635

Richelieu, dans son désir de frapper l'opinion internationale, a décidé de déclarer la guerre selon les formes traditionnelles, en ressuscitant un cérémonial qui n'avait plus servi depuis deux cents ans. Étrange incursion des mœurs féodales à l'orée d'une guerre qui fonde les types modernes de relations entre États ! Un héraut d'armes chamarré va porter au Roi d'Espagne la déclaration de guerre du Roi de France.

L'offense qui en constitue l'origine ayant été commise par les troupes du Cardinal-Infant, gouverneur des Pays-Bas pour le compte du Roi d'Espagne, c'est vers Bruxelles que se dirige le sieur Gratiollet, héraut d'armes de Sa Majesté Louis Treizième du nom.

Le 19 mai, Gratiollet fait son apparition sur la Grand'Place de Bruxelles, revêtu de sa cotte violette parsemée de fleurs de lys, et précédé d'une trompette royal. N'ayant pu obtenir d'être reçu par le maire de la ville, il dépose devant sa maison un papier sur lequel on peut lire : « Le héraut d'armes de France au titre d'Alençon soussigné, certifie à tous qu'il appartiendra être venu dans les Pays-Bas trouver de la part du Roi son maître, son unique souverain et seigneur, le Cardinal-Infant d'Espagne pour lui dire que puisqu'il a refusé de rendre la liberté à Monsieur l'archevêque de Trèves, Électeur de l'Empire, qui s'était mis sous sa protection lorsqu'il ne la pouvait recevoir de l'Empereur, ni d'aucun autre prince, et que, contre la dignité de l'Empire et le droit des gens, il retient prisonnier un prince souverain contre lequel il n'avait point de guerre, Sa Majesté lui déclare qu'elle est résolue de tirer raison par les armes de cette offense qui intéresse tous les princes de la Chrétienté. Alençon. » Un autre exemplaire de cette déclaration sera cloué par Gratiollet sur un poteau de la dernière barrière avant la frontière qui sépare les territoires soumis à l'Espagne du royaume de France.

La campagne de 1635 :
déception aux Pays-Bas espagnols

En fait, la guerre était déjà commencée. Le 8 mai, une armée française franchissait la frontière du Luxembourg, criant, pour donner le change : « Vivent les États de Hollande ! » Le 19 mai, le jour même de la déclaration de guerre, cette armée, forte de 25 000 hommes, rencontre dans les Ardennes belges, aux Avins, une partie des troupes du Cardinal-Infant placée sous les ordres du prince Thomas de Savoie. Ce dernier, bien qu'il ne dispose que de 13 000 hommes, engage imprudemment le combat. En quelques heures, il est complètement battu, laissant sur le terrain 3 000 à 4 000 hommes, tous ses canons, et 40 drapeaux. Le 27 mai, l'armée française victorieuse parvient à proximité de Maastricht, où elle fait sa jonction avec les forces des Provinces-Unies commandées par le prince d'Orange.

Après de si brillants débuts, tous les espoirs paraissent permis. L'activité de Richelieu est prodigieuse. De 60 000 hommes, les effectifs mobilisés sur l'ensemble des théâtres d'opérations passent à 160 000 hommes : 134 000 fantassins et 26 000 cavaliers. L'armée hollando-française qui porte le poids de l'offensive principale

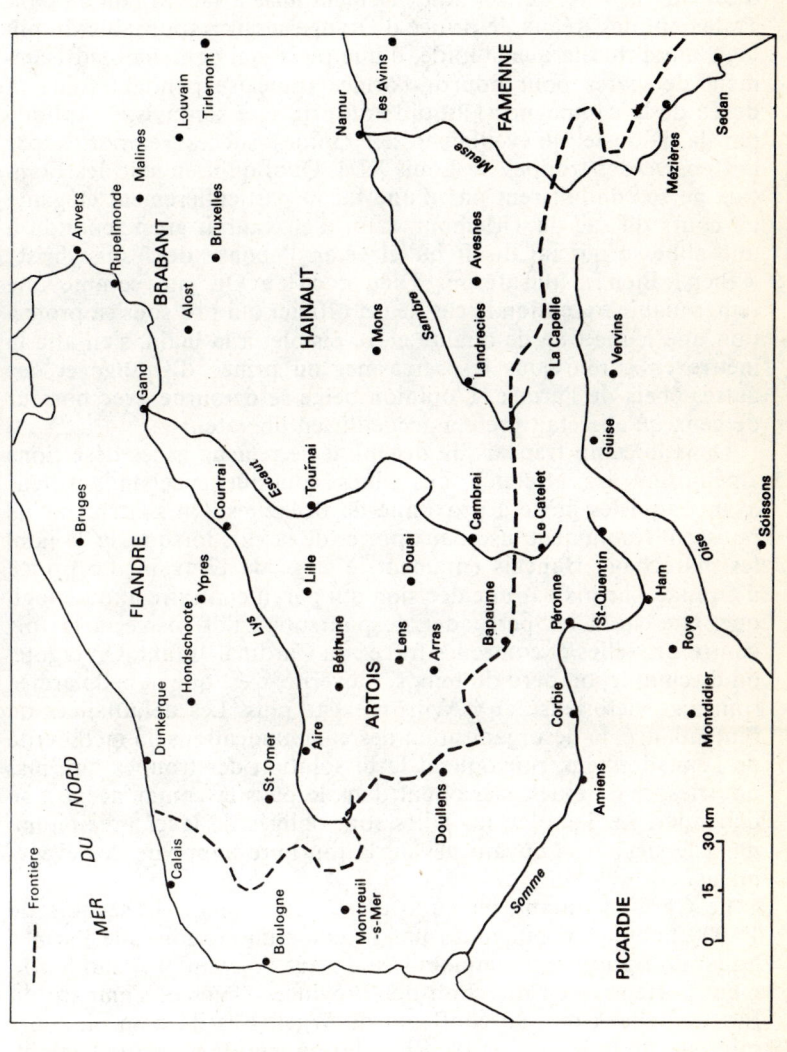

LA GUERRE À LA FRONTIÈRE DU NORD

s'ébranle le 1er juin en direction de Bruxelles. On franchit la Meuse et l'on arrive en vue de Tirlemont, où est établi le quartier général du Cardinal-Infant. Ce dernier, considérant l'infériorité numérique de ses troupes et l'impétuosité des assaillants, juge plus prudent d'évacuer la ville, qui est honteusement mise à sac. Si l'on en croit Tallemant des Réaux, le prince d'Orange serait responsable du pillage, aussi inutile que stupide, d'une place qui contenait suffisamment de vivres pour nourrir l'armée française pendant toute la durée de la campagne ; l'attitude du prince, à son avis, s'explique par la jalousie qu'éveillaient les rapides succès remportés par l'offensive des troupes de Louis XIII. Quoi qu'il en soit, les Français ne se conduisirent pas d'une façon particulièrement élégante au cours du sac de Tirlemont. L'un d'eux aurait ainsi répondu à une abbesse qui lui disait qu'elle était l'épouse de Jésus-Christ : « Bien ! Bien ! Nous ferons Dieu cocu [1]. » On cite comme une remarquable exception le cas de cet officier qui prit sous sa protection une jeune fille de qualité et, le pistolet à la main, s'en alla la mettre en sûreté sous les sarcasmes du prince d'Orange et des autres chefs de l'armée. L'opinion belge se détourne avec horreur de ceux qu'elle était prête à accueillir en libérateurs.

Dans le camp français, la discipline se relâche et les désertions amenuisent les effectifs. Les alliés continuent cependant leur avance, qui les mène à proximité de Bruxelles. On s'attend qu'ils poussent résolument jusqu'aux portes de la ville lorsque, le 24 juin, les maréchaux français entament le siège de Louvain. Le prince d'Orange, surpris par une décision qui paraît contraire à toute logique, cherche à les persuader de poursuivre l'offensive, à la fois contre Bruxelles et contre les forces du Cardinal-Infant. On ergote, on discutaille, on perd du temps. La vérité, c'est que la belle armée française victorieuse aux Avins n'existe plus. Les défaillances de l'intendance, la désorganisation des communications, la médiocrité de l'encadrement, provoquent la dissolution des troupes qui, mal nourries, mal vêtues, s'égaillent dans le pays et commencent à se débander. Le 3 juillet, les alliés sont obligés de lever précipitamment le siège de Louvain devant la tournure imprévue des événements.

Le Cardinal-Infant, en effet, a reçu entre-temps le secours de 15 000 hommes commandés par Piccolomini. Tandis que l'armée hollando-française est immobilisée devant Louvain, il prend hardiment l'offensive en direction des Provinces-Unies et s'empare du fort de Schenk qui, au confluent du Waal (c'est le nom du cours inférieur de la Meuse) et du Rhin, lui permet de menacer Utrecht, voire Amsterdam. Hollandais et Français se replient en toute hâte

---

[1]. D'après Tallemant des Réaux, *Historiettes*, Éd. Monmerqué et Paulin, Paris, J. Techener, 1854, T. I, p. 499.

vers Schenk ; le Cardinal-Infant, ayant sauvé les Pays-Bas espagnols de l'invasion, regagne ses positions de départ. Au 15 septembre, la campagne si brillamment commencée est déjà piteusement terminée. Les débris de la glorieuse armée victorieuse aux Avins sont rapatriés en France par mer grâce aux bons soins des Hollandais. « Le cœur me saigne », écrit Richelieu à Louis XIII, « d'avoir su la misère avec laquelle l'armée de Flandre est toute périe... ce qui est de plus grande conséquence qu'on ne saurait s'imaginer pour les affaires du Roi, dont on méprise la puissance par la misère avec laquelle on voit périr ses troupes [2]. »

REVERS EN ALLEMAGNE ET EN LORRAINE

L'échec de l'offensive hollando-française dans les Pays-Bas espagnols est bien ennuyeux en effet. Il aurait fallu pouvoir porter un coup décisif aux troupes espagnoles stationnées dans cette région de l'Europe avant qu'elles reçoivent le renfort des armées impériales libérées par l'arrêt progressif des hostilités dans presque toute l'étendue de l'Empire. La situation en Allemagne a évolué au cours des derniers mois d'une façon particulièrement défavorable pour les intérêts de la France, et c'est là que l'on voit à quel point l'attentisme de Richelieu, quelles qu'en soient les raisons, était porteur de risques. Les Électeurs de Saxe et de Brandebourg, par les Préliminaires de Pirna signés le 24 novembre 1634, ont conclu une trêve avec l'Empereur. A la Cour de Ferdinand II, deux partis s'affrontent, soutenant des politiques radicalement opposées. Le confesseur de l'Empereur, le Jésuite Lamormain, originaire de Franche-Comté, défend l'option d'un catholicisme intransigeant et presse Ferdinand II, après avoir terrassé les Suédois, de n'arrêter la lutte qu'une fois réalisés l'écrasement du protestantisme en Allemagne et la restauration intégrale de la religion catholique. L'autre camp, dirigé par le confesseur de l'Impératrice, Quiroga (un autre Jésuite, mais Espagnol celui-là), voudrait orienter Ferdinand II dans la voie de la conciliation en Allemagne afin de tourner toutes les forces de l'Empire, alliées à celles de l'Espagne, contre la France. C'est ce deuxième parti qui l'emporte.

L'Empereur renonce donc à extirper le protestantisme, du moins dans l'immédiat. Traitant avec l'Électeur de Saxe, il lui consent d'appréciables concessions territoriales : les Lusaces, détachées du royaume de Bohême, et quatre bailliages enlevés à l'évêché de Magdebourg. Les concessions de nature religieuse sont plus importantes encore : l'année 1627 est prise comme année de référence

---

2. Affaires étrangères, *Mémoires et documents*, France, Volume DCCCXX, f. 6.

pour le rétablissement de la situation normale des domaines dans l'Empire ; l'Édit de Restitution n'est pas formellement annulé, mais il est vidé de son contenu ; le scrupuleux Ferdinand II, tout en confirmant l'Édit, en suspend l'application pour une durée de 40 ans !

L'exemple de l'Électeur de Saxe est contagieux. La Paix de Prague, qu'il signe le 30 mai 1635 avec l'Empereur, est suivie, au mois de septembre, d'un traité analogue entre Ferdinand II et l'Électeur de Brandebourg. Les ducs de Mecklembourg, les villes libres d'Erfurt, Nüremberg, Francfort-sur-le-Main, Strasbourg, en font autant.

A l'exception d'une armée suédoise commandée par le général Baner, qui continue d'opérer en Poméranie, à l'exception des troupes françaises qui occupent la Lorraine, l'Empire se trouve libéré des forces étrangères qui l'ont parcouru et ravagé en tous sens pendant tant d'années.

1635 semble marquer la fin du terrible conflit ouvert en 1618 par la Défenestration de Prague. Les ardeurs belliqueuses de Ferdinand II n'en sont pas calmées pour autant, et c'est contre la France qu'il va maintenant mobiliser toutes ses forces, la France qu'il juge coupable d'avoir, par ses manœuvres, attiré les Suédois en Allemagne, animé la révolte des princes protestants, la France, cet État hypocrite qui se dit catholique et joint ses forces à celles des protestants. Officiellement, il n'y a pas de guerre entre la France et l'Empire : Ferdinand II ne peut engager l'Allemagne dans un conflit que sur décision de la Diète ; il va s'employer, au fur et à mesure que les traités de paix s'accumulent, à préparer la réunion de cette assemblée, la plus haute instance de l'Empire. Mais rien ne l'empêche, en attendant, d'agir contre les Français, là où ceux-ci occupent des terres relevant de l'Empire ; c'est ainsi qu'il expulse, comme nous l'avons vu, les forces de Louis XIII de la quasi-totalité des positions qu'elles détenaient en Rhénanie et en Alsace. C'est ainsi également qu'il prépare une action de grande envergure destinée à libérer la Lorraine des troupes françaises qui s'y trouvent.

L'impatience du duc de Lorraine précipite les événements. Pendant que l'offensive française aux Pays-Bas espagnols tourne court, le duc, avec l'appui de la petite armée impériale aux ordres de Gallas que Ferdinand II a consenti à lui accorder, pénètre en Lorraine. Bientôt, le maréchal de La Force et le duc d'Angoulême, qui commandent les forces royales, perdent le contrôle de la situation. De nombreuses villes se soulèvent contre l'autorité royale et se rallient à leur ancien prince. L'envoi de renforts est indispensable si l'on veut empêcher l'effondrement de la présence française. Louis XIII brûle du désir de commander lui-même l'expédition de secours afin d'aller châtier en personne une insurrection qu'il ressent comme un crime de lèse-majesté. En attendant, il donne l'ordre de punir les rebelles avec la dernière rigueur. Les soldats capturés seront soit exécutés sur-le-champ, soit envoyés aux galères. Les murailles des places qui se sont révoltées devront être abattues. Quand une ville paraît difficile à garder et risque de servir de base à une nouvelle rébellion, il faut la détruire sans hésiter : « Le plus qu'on peut raser de maisons est le meilleur, celles qu'on ne peut avoir le temps de mettre en cet état doivent être brûlées, mais bien brûlées », écrit ainsi Richelieu sur les instructions du Roi.

En septembre 1635, Louis XIII quitte Paris pour diriger la répression. Saint-Mihiel capitule au début du mois d'octobre et reçoit, pour prix de sa rébellion, un châtiment particulièrement sévère. Mais l'armée royale est trop faible pour chasser de Rambervilliers les troupes du duc de Lorraine et de Gallas. Malgré les renforts fournis par Bernard de Saxe-Weimar et les contingents que le cardinal de La Valette amène au Roi, celui-ci n'est pas en mesure d'engager la bataille dans de bonnes conditions et regagne Paris assez mortifié.

Ce sont en définitive les intempéries qui vont avoir raison du duc de Lorraine et des Impériaux. Sur ces territoires que le passage répété des armées a cruellement ravagés, il devient impossible de se procurer vivres et fourrages. Le duc de Lorraine et Gallas se trouvent ainsi obligés de faire retraite en Allemagne. Richelieu profite de l'occasion pour prendre Bernard de Saxe-Weimar à son service. L'opération plaît médiocrement à Oxenstierna, qui était jusqu'à présent l'employeur de Bernard, mais l'érosion de la puissance suédoise amène le gouvernement royal à passer outre à ses réticences. Un traité en bonne et due forme est signé au mois d'octobre 1635 entre la France et le duc de Saxe-Weimar. La France financera les troupes dont le duc garde le commandement. Elle lui reconnaît la possession des domaines qui lui appartiennent ou qu'il a conquis en Alsace. C'est d'ailleurs en Alsace qu'elle lui demande d'opérer en priorité, afin de conserver cette province qui constitue pour le royaume un glacis protecteur de première importance.

Insuccès en Italie ; seule la Valteline tient bon

En Italie, le Traité de Rivoli sert de base à deux offensives dont les acteurs principaux sont les forces du duc de Savoie et celles du Roi de France commandées par le maréchal de Créqui. On s'est fixé pour objectifs de harceler les positions espagnoles dans le Milanais et d'attaquer Gênes, l'allié le plus fidèle de l'Espagne dans le nord de l'Italie, qui lui sert de banquier et dont le port accueille soldats et équipements militaires en provenance de la péninsule ibérique. Aucun de ces objectifs n'est atteint. En revanche, les Espagnols réussissent à s'emparer par surprise en septembre des Iles de Lérins, au large des côtes de Provence, qu'elles défendent victorieusement contre toutes les tentatives françaises d'en reprendre le contrôle. Pour comble de malchance, ce même mois de septembre voit la mort du duc de Mantoue, Charles de Gonzague-Nevers ; son successeur est son petit-fils, un tout jeune enfant, et la régence de Mantoue, en attendant qu'il ait atteint l'âge de régner par lui-même, échoit à la veuve du défunt duc, qui est toute dévouée à l'Espagne.

Au milieu de tant de déceptions et de revers, une seule consolation pour la France, grâce au duc de Rohan qui, avec peu de moyens, parvient à remplir brillamment son contrat. Les passages de la Valteline sont parfaitement verrouillés, et le duc interdit aux Espagnols toute possibilité d'acheminer via l'Italie du Nord des renforts à destination de l'Allemagne. Il avait pourtant à défendre la Valteline contre deux armées qui cherchaient à le prendre en tenaille : une armée espagnole au sud, une armée impériale au nord-est, à la frontière tyrolienne. Le 27 juin et le 3 juillet 1635, Rohan bat les Impériaux. Le général de l'armée espagnole, plutôt que de l'affronter, cherche à le gagner. Rohan répond en faisant pendre le gentilhomme français porteur de ses propositions. A la fin d'octobre, Rohan attaque une nouvelle fois les Impériaux, les bat, puis se retourne aussitôt contre les Espagnols, qui sont à leur tour battus le 10 novembre. Les Impériaux, comme les Espagnols, ne bougeront plus. A l'avenir, ils s'efforceront d'obtenir par la négociation et la ruse ce qu'ils n'ont pu arracher par les armes.

Aux déceptions réservées par l'issue des combats s'ajoutait, pour Louis XIII et Richelieu une grosse déconvenue diplomatique : l'échec des diverses offensives françaises détermine le Pape à confirmer, comme on l'a vu plus haut, la validité religieuse du mariage de Gaston d'Orléans.

Tout était à reprendre.

LA CAMPAGNE DE 1636. L'INVASION

L'hiver 1635-1636 est employé à refaire les équipements de l'armée française et à mettre au point le plan des opérations qui doivent débuter à la belle saison. On décide de ne pas renouveler l'expérience malheureuse de l'année précédente et de conserver la défensive sur le théâtre des Pays-Bas espagnols. En revanche, il est prévu d'attaquer sur tous les autres fronts : en Allemagne, avec l'aide de Bernard de Saxe-Weimar, en Franche-Comté, en Suisse, en Italie, et également sur mer, grâce aux flottes commandées par l'archevêque de Bordeaux et l'évêque de Nantes, qui vont se révéler d'excellents amiraux.

Le 29 avril 1636, les Hollandais obtiennent la reddition du Fort de Schenk. Le cardinal veut y voir un heureux présage pour une campagne qu'il a préparée avec le plus grand soin. Mais les événements tournent mal et le sort des armes, une fois de plus, favorise les Impériaux et l'Espagne.

En Alsace, les déboires se succèdent et les forces au service du Roi de France ont les plus grandes peines à conserver Haguenau.

En Italie, Toiras trouve la mort au combat ; l'armée française, désemparée, se retire sur ses positions de départ.

En Franche-Comté, le prince de Condé ne parvient pas à mener à bien le siège de la ville de Dole. En revanche, l'ennemi se montre particulièrement incisif, et le succès sourit à toutes ses entreprises.

Richelieu, au mois de mai, suggère à Louis XIII de faire un vœu à la Vierge : « Je crois que plus Votre Majesté s'attachera à Dieu plus ses affaires prospéreront-elles. » Mais l'intercession divine tarde à manifester ses effets tandis que les Espagnols, sous le commandement du Cardinal-Infant, frappent vite et fort. Ils attaquent sur la frontière de Picardie, où seul un rideau de troupes, peu entraînées, peu combatives, protège les places de la Somme. La Capelle est assiégée le 3 juillet ; la place capitule le 7. Dans les jours qui suivent, le Cardinal-Infant s'empare de Vervins, de Bohain, du Catelet ; les défenses françaises s'effondrent. Le Roi demande aux évêques d'ordonner les prières des quarante heures dans toutes les églises du royaume. Mais le 4 août, la Somme est franchie, le 6, la forteresse de Corbie est investie. C'est le dernier verrou sur la route de Paris. La place ne résiste que neuf jours. Le 15 août 1636, Corbie se rend. L'armée du Cardinal-Infant fonce vers la capitale.

En Lorraine aussi, le front cède. Sous les coups de boutoir des Impériaux aux ordres de Jean de Werth, les forces françaises se volatilisent. Jean de Werth reprend le contrôle de la quasi-totalité des terres du duc de Lorraine, et poussant son offensive sans désemparer, entre en Champagne. Ses éclaireurs croates sèment la terreur dans la région de Compiègne.

Richelieu donne l'ordre d'arrêter le siège infructueux de Dole, et prélève en toute hâte sur l'armée de Condé des régiments qu'on fait revenir à marches forcées vers la capitale, afin de soutenir le front de Picardie et d'étoffer la défense de Paris. Du coup, l'assiégé devient assiégeant : sur les talons des troupes de Condé qui évacuent la Franche-Comté, les Espagnols entrent en Bourgogne et se dirigent vers Dijon. Toute la province semble perdue. La résistance miraculeuse, absurde, d'une poignée d'hommes dans l'insignifiante petite place de Saint-Jean-de-Losne, stoppe l'armée espagnole dans son élan. La ville mérite bien le surnom de « Saint-Jean-Belle-

Défense » qui lui est décerné. Grâce à elle, la Bourgogne est sauvée de l'invasion.

Mais c'est bien le seul front où les armées adverses piétinent. La Picardie, ravagée par les allées et venues des armées impériale et espagnole, est pratiquement perdue dans sa totalité. On craint à tout moment la chute d'Amiens, la seule place de quelque importance qui résiste encore. L'armée de secours envoyée, sous les ordres du comte de Soissons, pour essayer de disputer la province à l'ennemi, bat en retraite et se replie derrière l'Oise. La navigation sur cette rivière n'est plus sûre, les bateliers n'y circulent que de nuit. Paris est en danger. Le gouvernement royal donne l'ordre de rompre les ponts sur les rivières du nord de l'Ile-de-France et fait procéder à la destruction des moulins afin de gêner les approvisionnements de l'ennemi. La panique qui règne dans la capitale jette sur les routes du sud, dans une indescriptible pagaille, bourgeois, magistrats, petits artisans, gens du commun. Lamentable exode vers Orléans, Blois, Tours et la rive gauche de la Loire. Les fortifications de Paris ne sont plus en état, l'extension de la ville les a éventrées en plusieurs points. La foule gronde, on crie à la trahison, on parle de lyncher le cardinal. Un homme, alors, se révèle à la hauteur des circonstances et de la gravité de la situation : le Roi.

La patrie en danger

Le 4 août 1636, Louis XIII sollicite l'aide de tous les corps de la ville de Paris. Il demande à la municipalité, aux compagnies du Parlement, à la Chambre des Comptes, à la Cour des Aides, au Grand Conseil, aux trésoriers de France, aux marchands et artisans de Paris, au corps des marchands de vin, « l'assistance que, de leur franche volonté, ils voudraient contribuer pour aider Sa Majesté à lever et soudoyer les gens de guerre ». Tous les hommes sans emploi capables de porter les armes sont priés de s'engager dans les troupes du maréchal de La Force. Tous les privilégiés et exempts de taille sont requis de se trouver dans les six jours à Saint-Denis, montés et armés le mieux possible, sous peine de déchoir de leurs privilèges. Tous les chantiers de construction sont interrompus et les maçons, tailleurs de pierres et charpentiers fermement pressés d'aller s'enrôler à l'Hôtel de Ville. Chaque possesseur de carrosse devra céder un cheval et un laquais ou un cocher. Mais le Roi interdit de prendre les chevaux des laboureurs, des bouchers et de ceux qui amènent des vivres à Paris. Les greniers des communautés et même la galerie du Louvre sont ouverts gratuitement à ceux qui veulent bien apporter du blé. Tous les maîtres d'hôtel et gentilshommes servants du Roi qui ne sont pas de service auprès du souverain doivent se rendre dans les huit jours à l'armée de Picardie, montés et armés. Pour nourrir les soldats et la population, on permet à tout homme qui le désire de faire construire des moulins à blé sur la Seine, dans la ville, les faubourgs et les environs de Paris et d'en jouir à perpétuité, sans aucune imposition ni charge. La navigation sur l'Aisne et l'Oise n'étant plus sûre, on donne ordre de munir de gens de guerre les bateaux qui amènent par ces rivières des vivres à Paris. Afin de renforcer les fortifications de la capitale, les bourgs et villages les plus proches de Paris sont requis de fournir le tiers de leurs habitants pour travailler à élever en hâte parapets et murs de terre.

Ces mesures provoquent un sursaut dans l'opinion. A la panique, à la colère, succède maintenant une extraordinaire ambiance de ferveur nationale. Le 5 août, artisans, savetiers, selliers et cordonniers, reçus par le Roi dans la grande galerie du Louvre, lui embrassent et baisent les genoux, faisant offrande au souverain de leurs personnes et de leurs biens. Louis XIII, d'un même élan, les embrasse et, les larmes aux yeux, les assure qu'il attend de la bonne volonté du petit peuple, et d'elle seule, le salut du royaume. Infatigable, le Roi parcourt Paris à cheval, sans escorte, sans aucun appareil militaire, dialoguant avec les passants. C'est un vrai bain de foule où Louis XIII, comme au temps de sa jeunesse, renoue avec la tradition du Roi chevaucheur, omniprésent dans ses bonnes villes et ses provinces, qu'Henri IV a illustrée jusqu'aux dimensions du mythe.

En ces jours de désarroi, au contraire, Richelieu craque. Il est malade, épuisé par la nécessité de veiller à tout, de donner les ordres, de redresser les courages, de châtier, de rameuter les troupes de réserve, sans parler des séditions et des révoltes de la misère qui embrasent le tiers des provinces du royaume. Une fois de plus, il offre sa démission, ne parle que de se retirer. C'est Louis XIII qui, gardant son sang-froid, le raisonne et le ramène au sens de son devoir. Il lui conseille de faire face à l'impopularité au lieu de se terrer au fond de son palais. Richelieu se ressaisit. Malgré la foule qui gronde toujours à ses portes, il fait atteler son carrosse et, sans garde, sans escorte, avec seulement trois ou quatre personnes auprès de lui, il sort dans les rues de Paris. L'instant d'avant, chacun ne parlait que de le tuer ; l'impression de courage et d'assurance qu'il donne en impose aux plus acharnés ; ceux-ci, maintenant, se taisent et quelques-uns, émus, prient Dieu de donner bon succès au cardinal. Sur le Pont-Neuf, Richelieu, comme le Roi, s'adresse aux passants. De l'aveu même de ses adversaires, le peuple sent alors « une âme très grande et très élevée » ; les esprits s'apaisent, tandis que Richelieu reprend un peu confiance.

Un conseil de guerre réuni le 14 août condamne à mort les gouverneurs de La Capelle et du Catelet. La lâcheté d'un commandant de place équivaut à un acte de trahison, d'où le sort infamant réservé à ces incapables, qui se voient condamnés à être tirés à quatre chevaux, leurs biens confisqués, leur postérité à jamais déclarée roturière [3]. Les contributions affluent ; Richelieu, le surintendant, le Chancelier, rivalisent de générosité ; le Parlement accorde la solde de 2 000 hommes, les corporations, les communautés religieuses, apportent de l'argent, de la vaisselle précieuse dont la fonte permettra de financer la poursuite de la guerre. Dès le 12 août, les premiers détachements de volontaires, hâtivement équipés et armés, sont dirigés sur l'Oise. Avec les contingents des provinces, les régiments prélevés sur d'autres armées, on arrive à rassembler 30 000 hommes.

Tel est cependant le pessimisme de Richelieu qu'il propose de se retirer derrière la Loire avec l'armée reconstituée. La plupart des ministres suivent son avis ; quelques-uns suggèrent de poursuivre la mise en défense de la capitale et d'y attendre de pied ferme le choc des armées impériales et espagnoles. Quand chacun a parlé, Louis XIII laisse tomber : « Cet avis n'est pas le mien. Des remèdes faibles n'en sont pas à un mal pressant. » On prendra l'offensive contre l'ennemi.

Alors que la capitulation de Corbie ouvrait aux troupes espagnoles la route de Paris, l'heure du plus grand péril est, en réalité, déjà passée. Le Cardinal-Infant, malgré Jean de Werth qui le presse d'attaquer Paris le plus vite possible, est obligé de freiner son ardeur. Les lignes de communication de l'envahisseur avec ses bases arrière — les Pays-Bas espagnols, la Rhénanie — sont dangereusement étirées. La destruction des fourrages et des réserves de vivres ne facilite pas l'approvisionnement des armées dans les régions qu'elles traversent. Enfin, le prince d'Orange, cédant aux sollicitations de Richelieu, s'est décidé à rallumer les hostilités à la frontière entre les Pays-Bas espagnols et les Provinces-Unies. La situation est suffisamment sérieuse pour que le Cardinal-Infant se trouve obligé de revenir à Bruxelles afin de contenir l'offensive hollandaise.

Le 1er septembre, contre l'avis de Richelieu, le Roi quitte Chantilly pour prendre la tête des troupes. Richelieu a fait une autre erreur : le commandement de cette armée avait été auparavant confié par ses soins à Gaston d'Orléans et au comte de Soissons. Se voyant ainsi coiffés par le Roi, ces deux importants personnages se réfugient dans une bouderie haineuse. Le seul à qui ils puissent s'en prendre est Richelieu : le cardinal, qui avait cru les amadouer et les flatter en leur confiant cette responsabilité, y gagnera seulement de devenir la cible d'un nouveau complot.

---

3. Prévenus du sort qui les attend, ils prennent la fuite. Faute de mieux, Richelieu les fait écarteler en effigie.

Siège et reprise de Corbie

Traversant l'Oise le 13 septembre, les forces royales entrent en Picardie, reprennent Roye. Les Espagnols battent en retraite. Le 15 septembre, ils repassent la Somme. Début octobre, l'armée française commence l'investissement de Corbie.

Le quartier général a été fixé à Amiens. C'est là que le duc d'Orléans et le comte de Soissons sont convenus d'assassiner Richelieu. Le complot a été monté par leurs favoris respectifs, Antoine de Bourdeilles, comte de Montrésor, Grand-Veneur dans la Maison de Gaston, et son cousin Saint-Ibar, favori du comte de Soissons. A l'issue d'un Conseil qui s'est tenu dans l'Hôtel du gouverneur de la place, Richelieu reste un moment dans la cour, s'entretenant avec Gaston d'Orléans et le comte de Soissons après que Louis XIII s'est retiré. Le cardinal n'a pas un garde auprès de lui, alors que les deux conspirateurs sont entourés par Montrésor, Saint-Ibar et trois autres conjurés. On attend le signal de Gaston pour se précipiter sur Richelieu et le cribler de coups de poignard. Mais au moment suprême, Monsieur hésite, et tournant soudain les talons, court se réfugier au premier étage de l'Hôtel. Quand son favori le rattrape, il le trouve en proie à une violente crise de nerfs. Richelieu, qui n'y comprend rien, regagne son logement. Trois jours plus tard, Gaston d'Orléans, bien chapitré, se prête à une seconde tentative. Ses nerfs, une nouvelle fois, le lâchent, et le signal tant attendu ne vient pas. Il n'y aura pas de troisième tentative, car le 20 octobre, Gaston, sans donner aucune explication, quitte brusquement Amiens et se retire à Blois.

L'une après l'autre, les forteresses perdues sont reconquises, et le filet se resserre sur Corbie. Richelieu hésite devant les risques que comporte l'immobilisation, des mois durant, de forces importantes afin de reprendre la place. Mais pour Louis XIII, c'est une affaire d'honneur : il faut au plus vite débarrasser de l'occupation étrangère cette ville-symbole.

Tandis que la garnison espagnole est soumise à un siège rigoureux, Paris, délivré de la menace ennemie, pousse un immense soupir de soulagement. Pour se venger de la grande frayeur qu'avaient causée les Espagnols et les Impériaux, on s'étourdit de plaisirs. Dans l'armée qui assiège Corbie, Isaac Arnauld exerce les fonctions de colonel d'un régiment de carabiniers. C'est un familier de la marquise de Rambouillet. Le siège débute à peine, et voici que notre colonel de carabiniers obtient déjà une permission de quelques jours. Motif : désire assister à la représentation de la *Sophonisbe* de Mairet qui doit être donnée à l'occasion des fêtes de la

Toussaint au château de Rambouillet. Un de ses cousins l'accompagne, Simon Arnauld, lieutenant au même régiment : sa présence est indispensable, car il tient l'un des principaux rôles de la pièce. Un troisième membre de la famille Arnauld, prénommé Antoine, qui sert comme carabinier dans la même unité, est également de la fête. Quand vient le moment de regagner les cantonnements boueux de Corbie, on est un peu tristes et Isaac Arnauld, qui ne dédaigne pas à l'occasion de taquiner la muse, adresse quelques jours plus tard à la marquise de Rambouillet une petite pièce de vers gentiment troussée :

> « Par les chemins, en partant de chez vous,
> Mon esprit seul affligé pour nous tous,
> S'entretenait des heureuses journées
> Qu'à Rambouillet vous nous avez données,
> Dont les plaisirs feraient les dieux jaloux.
>
> Le cœur grossi d'un souvenir doux,
> Tout autre objet augmentant mon courroux,
> J'allais, pestant contre les destinées
> Par les chemins.
>
> Ha ! Je disais que carabins sont fous ;
> Depuis longtemps ils devraient être saouls
> D'user ainsi leurs plus belles années,
> Pourquoi quitter des nymphes si bien nées
> Et s'en aller la nuit comme hiboux
> Par les chemins [4]. »

Le 9 novembre 1636, la garnison espagnole offre de capituler ; le 14, Corbie est délivrée, l'armée ennemie reconduite à la frontière. En Bourgogne, les Impériaux ont été obligés d'évacuer la province et de reprendre leurs quartiers d'hiver en Franche-Comté. La Capelle est restée en possession des forces du Cardinal-Infant ; en Provence, les Espagnols tiennent solidement les Iles de Lérins, et Saint-Jean-de-Luz est également aux mains des armées de Madrid ; à ces réserves près, le territoire national est maintenant libéré. Le *Te Deum* d'action de grâces ordonné par Louis XIII en reconnaissance de la délivrance de Corbie suscite à Paris une ferveur particulière.

Mais que de désastres, que de destructions et de deuils ! Tous n'ont pas la chance de la marquise de Rambouillet et de ses fami-

---

4. Manuscrits de Conrart. Publié dans Charles Sauzé, *Inventaires de l'Hôtel de Rambouillet...*, Tours, Imprimerie Deslis Frères, 1894, p. 10.

liers, et cette seule année de guerre se solde par des dommages incalculables.

Un pays ravagé...

Le soldat, quel qu'il soit, se conduit comme en pays conquis dans les régions qu'il traverse. La Picardie, la Bourgogne, en font la douloureuse expérience, ravagées d'abord par les armées espagnoles et impériales, ravagées à nouveau par les armées royales quand elles réoccupent le terrain perdu. Tout le monde pille, tout le monde rançonne. En Picardie, des officiers de l'armée du Roi trouvent tous les villages abandonnés sur leur chemin ; les survivants ont préféré se réfugier dans les forêts voisines plutôt que de chercher à défendre inutilement leurs champs contre les armées, qu'elles soient « amies » ou ennemies. Le 1er mai 1636, Louis XIII donne bien au Chancelier Séguier les ordres les plus stricts pour arrêter les désordres. « Vous n'aurez point à craindre qu'aucune grâce arrête le cours de la justice que vous estimerez devoir être faite. » Belles paroles en vérité, mais qui s'avèrent inopérantes contre un mal fondamental, plus fort que tous les édits royaux.

Quand les troupes de Louis XIII reprennent la Picardie en septembre 1636, on découvre, dans les maisons et dans les étables, des dizaines de cadavres abandonnés d'habitants et d'animaux. Ne nous étonnons pas si la Bourgogne et la Picardie, à peine libérées de l'occupation ennemie, sont la proie d'une grave épidémie de peste. Relatant dans une dépêche en date du 25 novembre une conversation qu'il a eue avec le Roi peu après la capitulation de Corbie, l'ambassadeur vénitien Contarini note cette confidence de Louis XIII : « A mon propre quartier, neuf de mes serviteurs sont morts de la peste, dont cinq qui avaient accès à ma chambre. »

... et pressuré

Aux malheurs de la guerre s'ajoutent les exactions des agents du fisc. Les nécessités de la lutte augmentent de jour en jour les besoins d'argent de la couronne. Sous la pression croissante à laquelle elles sont soumises, les populations excédées, un beau jour, se révoltent. C'est la Guyenne qui donne le signal. Le duc d'Épernon, gouverneur de la province, avait pourtant lancé dès 1633 une solennelle mise en garde dans une lettre adressée au Chancelier Séguier : « Je puis vous assurer que la misère est si générale de tous côtés, dans toutes les conditions, qu'il est impossible, s'il n'y a désormais une relâche, que l'impuissance ne porte le peuple à quelque dangereuse résolution. » Le Chancelier s'en déclarait convaincu, mais s'excusait de ne pouvoir rien faire en invoquant les exigences du surintendant Bullion, lui-même harcelé par Richelieu et par Servien, le secrétaire d'État à la Guerre, qui réclament sans cesse plus d'écus pour les armées du Roi et la poursuite des opérations. Dans le Bordelais, la tentation est grande d'imposer le vin, principale ressource de la région, afin d'en tirer quelque nouvelle contribution. Quoi de plus simple, en théorie, qu'un impôt de ce genre qui, pesant sur la consommation et supporté par chacun, devrait paraître moins dur aux contribuables que l'alourdissement des impôts directs ? Mais l'impôt d'un écu par barrique auquel on assujettit les cabaretiers provoque l'émeute, et de graves incidents éclatent à Bordeaux en mai et juin 1635. Le premier Président d'Aguesseau, témoin des troubles, décrit au Chancelier Séguier le spectacle de la foule en armes criant « Vive le Roi » en suppliant le souverain mieux informé de supprimer l'impôt sur le vin. Les milices bourgeoises appelées à la rescousse refusent de tirer sur les émeutiers, et il faut en définitive faire appel aux forces armées de la province pour rétablir l'ordre. Richelieu cède : « L'édit des cabaretiers ne s'exécutera pas et s'il y en a quelque autre qui blesse la province, on y aura pareillement égard », écrit-il le 11 août 1635 au gouverneur. Mais si l'on exempte la Guyenne, où trouvera-t-on l'argent ?

Quand la détresse financière est à son comble, tous les moyens sont bons pour renflouer le Trésor public. L'État se fait lui-même faux-monnayeur, rognant sur le poids et le titre des monnaies. Les édits monétaires de mars et juin 1636 dévaluent la livre tournois, dont l'équivalent en argent-métal est réduit à 8,69 grammes. Le commerce se ralentit, s'arrête même complètement dans certaines régions. Le chômage, la misère s'étendent. — L'armée du Roi y trouve, il est vrai, son compte, dans la mesure où les troupes de vagabonds qui courent les routes et les grands chemins constituent une matière première abondante et peu onéreuse d'où tirer les soldats dont la France a besoin.

Un beau jour, Richelieu donne le feu vert au Père Joseph pour qu'il fournisse à un Capucin défroqué, le Père Dubois, tous les moyens nécessaires afin de mener à bien des expériences qui doivent permettre la transmutation des métaux. Après une réussite initiale qui voit l'alchimiste transformer deux balles de mousquet en un lingot d'or fin, le talent de Dubois s'émousse. Richelieu, las d'attendre, finit par le faire juger et mettre à mort.

Faute de succès dans de tels expédients, on se tourne, encore et toujours, vers la pression fiscale, vieille méthode éprouvée dont on connaît du moins les avantages et les limites. La création d'un impôt d'un sol par livre sur toutes les marchandises qui circulent dans le royaume soulève un vif mécontentement. Dans plusieurs provinces, les gouverneurs, les intendants, écrivent à Richelieu pour demander que l'on sursoie à l'application de la mesure. On murmure que c'est la mort de l'artisanat, la faillite, la misère.

Le secrétaire d'État Sublet de Noyers va se rendre compte par lui-même de la réalité des choses à Amiens. Le 9 janvier 1636, il écrit au Chancelier Séguier en tirant la sonnette d'alarme : « Pour le présent, je vous dis seulement que selon la connaissance particulière que j'ai de l'extrême misère de ce peuple et des mouvements étranges qu'elle excite dans les esprits, j'estime du service du Roi que si la nécessité des affaires veut que l'on établisse ce droit [l'impôt d'un sol par livre] au moins on le doit faire en une saison plus favorable, et où l'éloignement des maux que trois années de peste et la guerre a causés dans cette ville rende celui de cet impôt moins sensible à ceux qui, accablés des douleurs précédentes, sont presque incapables de souffrir l'effort de cette dernière. » Il ajoute que la simple annonce de la prochaine mise en vigueur de l'impôt a « déjà fait cesser la moitié du commerce et réduit plus de 3 000 ouvriers et entre iceux plusieurs à la mendicité et à la mort. Je le dis, Monseigneur, parce que je l'ai vu ». Dernière remarque, en forme de mise en garde : « On persuade difficilement des estomacs faméliques et que l'extrémité de la pauvreté a rendus déraisonnables d'observer les commandements de l'obéissance au Roi. » Richelieu fait la sourde oreille. Mais l'offensive du Cardinal-Infant, l'occupation étrangère, la reconquête, tranchent la question : l'ampleur des destructions oblige le gouvernement royal à renvoyer à des temps meilleurs la perception du nouvel impôt en Picardie.

Il n'y a guère de province où celle-ci, d'ailleurs, ne soulève de difficulté. Ainsi Richelieu constate avec irritation qu'elle sert bien souvent de prétexte à de scandaleuses augmentations des prix des produits manufacturés. Dès le mois de mars 1636, il s'en plaint amèrement au lieutenant civil du Roi à Paris : « Sous prétexte du sol par livre, une marchandise qui ne se vendait que 50 sols et qui, par conséquent, à raison de l'impôt dudit sol par livre, ne se devrait vendre que 52 sols 6 deniers, se vend 60 et 75 sols. » La fiscalité comme facteur de hausse du coût de la vie : notre époque, on le voit, n'a rien inventé.

Un autre moyen éprouvé pour se procurer de l'argent consiste à faire appel à l'Église. Le système le plus classique est celui du don, c'est-à-dire de la contribution que l'Assemblée du Clergé veut bien accorder aux finances royales à titre gracieux. Mais il existe aussi les rentes sur le Clergé, emprunts dont la garantie est constituée par les immenses domaines de l'Église de France. Elles se placent relativement bien, ce qui montre qu'il existe encore une épargne disponible en France.

La solution la plus efficace, cependant, reste la création de charges et d'offices nouveaux. Les déconvenues réservées par les opérations militaires de 1635 imposent à la monarchie un effort financier accru. Il faut une réponse qui soit à la hauteur de l'ampleur du problème. A la fin de 1635, le gouvernement du Roi ne présente pas moins de 42 édits d'un coup à l'enregistrement par le Parlement de Paris, comportant la création de 15 millions de livres de charges nouvelles. Les réticences du Parlement obligent Louis XIII à venir en personne contraindre ses membres, en lit de justice, à s'incliner. Les offices créés sont aussi divers que nombreux : charges de présidents à mortier, de conseillers, conseillers aux requêtes, maîtres des requêtes, auditeurs à la Cour des Comptes, chauffe-cire, officiers à la Cour des Monnaies, trésoriers de France, conseillers honoraires, greffiers, procureurs, etc. Les officiers en place maugréent, parce qu'ils ont peur que cette avalanche de charges nouvelles diminue la valeur des charges existantes. Et puis, en définitive, si fort est l'attrait des offices que tous les nouveaux emplois créés trouvent facilement preneurs.

Une méthode plus subtile consiste à augmenter les salaires payés aux détenteurs de charges, ce qu'on appelle leurs gages. A première vue, le procédé peut surprendre, car il est bien évident que cette augmentation de salaires accroît les dépenses qui pèsent sur le Trésor royal. Mais en fait, l'augmentation des gages entraîne automatiquement une augmentation de la valeur en capital des charges, que les officiers sont tenus d'acquitter sur-le-champ. L'opération, pour les finances publiques, se solde dans l'immédiat par un gain appréciable.

Séditions en chaîne. La révolte des Croquants

A ce jeu-là, les écus rentrent mais le nombre des mécontents grandit sans cesse. Au cours de l'été 1636, des émeutes éclatent à Rennes. La Bretagne est une province d'États, qui jouit donc du privilège de consentir librement l'impôt. Or, les États de la province, le Parlement de Rennes, rechignent à donner de l'argent au Roi. Ils n'acceptent qu'avec réticence les projets de création de charges qu'on leur soumet, et quand on leur demande de fixer eux-mêmes le montant du prêt qu'ils accepteraient de consentir au Trésor, ils répondent en proposant un chiffre ridiculement bas. L'atmosphère s'alourdit. Le bruit court tout à coup que le gouvernement du Roi, en représailles contre l'attitude de la province, songerait à y introduire la gabelle, dont elle est jusqu'à présent exempte. Aux cris de « Vive le Roi sans gabelle ! », la foule se soulève contre les commissaires du Roi. Le duc de Brissac, gouverneur de Bretagne, parvient sans trop de peine à calmer les esprits et à rétablir l'ordre. En octobre 1636, devant les États de Bretagne réunis à Vannes, les privilèges de la province sont confirmés, mais on met les Bretons en garde contre le renouvellement de telles scènes de sédition. La Bretagne, en définitive, s'en tire bien.

Il n'en va pas de même dans le Sud-Ouest, et notamment dans le Périgord et l'Angoumois, qui sont le théâtre en 1635, 1636 et 1637 de troubles extrêmement importants. Les premières émeutes éclatent en juin 1635 à Périgueux. Il y a des morts et des blessés, des barricades s'élèvent dans la ville. L'apaisement vient avec l'hiver, mais dès le mois d'avril 1636, de nouveaux troubles éclatent dans diverses localités des environs d'Angoulême, à Barbezieux, Chalais, Montmoreau, Blanzac. Des événements graves se déroulent le 6 juin à la foire de Blanzac : 4 000 paysans conduits par leurs curés font irruption dans la petite cité, hurlant à la mort contre les gabeleurs. Un chirurgien de Bergerac, dont la mine ne leur revient pas, est mis en pièces. Les paysans restent sous les armes, les recrues affluent. Les autorités locales réclament au gouvernement royal l'envoi de renforts. Richelieu les leur accorde mais avec parcimonie, car il s'agit de troupes prélevées sur l'armée de Condé après la levée du siège de Dole, alors que le gros de ses forces est destiné à renforcer le front de Picardie face à l'offensive du Cardinal-Infant.

Les paysans révoltés se sont donné un sobriquet : ils s'appellent les « Croquants » à l'image, sans doute, du croc du harpon qui ne lâche plus sa proie une fois qu'il s'est enfoncé dans sa chair. Mais s'ils se font gloire de s'appeler ainsi entre eux, ils ne tolèrent pas que les gens de la ville le fassent. Quelques jours après les troubles de Blanzac, de véritables scènes d'émeute ensanglantent le bourg de La Couronne, aux portes d'Angoulême. Un artisan d'Angoulême qui avait prononcé le nom de « Croquant » comme une injure est massacré. Ce jour-là, on évalue à 9 000 ou 10 000 hommes armés de mousquets, de fourches et de piques, l'effectif des rebelles, qui menacent d'assiéger Angoulême et de brûler dans les faubourgs les maisons des agents du fisc, mais se retirent en définitive sans avoir rien entrepris.

En juillet et en août, la révolte gagne la Saintonge, l'Aunis, le Poitou, le Limousin. Pas de bataille rangée, car les gouverneurs des villes et des provinces, comme les autorités municipales, ont pour consigne permanente d'apaiser les esprits, de négocier, de céder en douceur s'il le faut, en évitant à tout prix l'affrontement. Le cardinal, si soucieux jadis de l'autorité du Roi, serait-il en train de renier ses convictions ? Nullement, en vérité, mais Richelieu est un réaliste qui connaît trop la nécessité de « donner du mou » quand la corde est tendue à l'extrême. Ne jamais pousser les gens à bout, telle est la première règle de la sagesse en politique. Accepter des compromis pour ne pas avoir à se lancer dans une lutte fratricide qui ne pourrait servir que les intérêts de l'Espagne et de l'Autriche, apparaît comme le souci majeur du cardinal : tout, plutôt que d'immobiliser sur le front intérieur des troupes dont la présence est infiniment plus précieuse aux frontières.

RATISBONNE, septembre-décembre 1636 :
L'EMPEREUR AU ZÉNITH

D'autant plus que Ferdinand II ne perd pas son temps et, pièce à pièce, consolide ses positions en Allemagne. Les difficultés de la France, les échecs des Suédois qui sont maintenant rejetés en Poméranie, les traités de paix signés avec l'Électeur de Saxe, l'Électeur de Brandebourg et bientôt la quasi-totalité des princes protestants d'Allemagne, ont ramené dans presque toute l'étendue de l'Empire une paix que l'on espère définitive. Les champs sont de nouveau mis en culture, on relève les ruines, les autorités civiles et ecclésiastiques prennent des dispositions pour repeupler les campagnes désertées par leurs habitants, le commerce renaît. Que de progrès réalisés par l'Empereur depuis la Défenestration de Prague en 1618 ! Ferdinand II peut s'estimer satisfait du parcours accompli au cours de ces 18 dernières années. La dynastie des Habsbourg est devenue héréditaire en Bohême, et celle-ci, soumise à une germanisation systématique, a perdu ses privilèges politiques et religieux. Les États de l'Électeur Palatin ont été partagés entre l'Autriche et sa fidèle alliée la Bavière, solide pilier du catholicisme, dont le duc a également reçu en prime la dignité d'Électeur enlevée au Palatin. Les protestants ont été obligés d'abandonner une grande partie des évêchés et des biens ecclésiastiques qu'ils s'étaient appropriés.

Certes, si l'objectif était d'extirper d'Allemagne le protestantisme, alors le but est manqué : les accords conclus entre l'Empereur et les principaux princes protestants reconnaissent la division religieuse de l'Empire. Mais en contrepartie, Ferdinand II peut constater avec satisfaction qu'il s'est imposé comme le chef incontesté d'une Allemagne qui commence à prendre conscience de son unité culturelle par-delà les différences de confession. Un sentiment patriotique fait son apparition et soude les volontés autour d'un programme simple : bouter les étrangers hors d'Allemagne.

L'Empereur estime que le moment est venu de donner une forme concrète à la victoire politique et morale qu'il a remportée. Il convoque les Électeurs à Ratisbonne pour le mois de septembre 1636. Cette Diète électorale siège jusqu'au mois de décembre. Son bilan pour Ferdinand II est, dans l'ensemble, largement positif.

L'Empereur voudrait obtenir le concours de tous les princes d'Allemagne contre la Suède et contre la France.

La Suède reprend précisément l'offensive à l'automne de 1636, remportant le 6 octobre une grande victoire à Wittstock. Qu'il est loin le temps où Gustave-Adolphe marchait la main dans la main avec les Électeurs de Saxe et de Brandebourg ! Ceux-ci sont aujourd'hui les premières victimes de l'armée suédoise commandée par Baner ; ils se tournent vers Ferdinand II dont ils sollicitent l'aide, en se déclarant prêts à répondre favorablement aux propositions que leur soumet l'Empereur pour conclure une alliance contre la Suède, devenue l'ennemi commun. Baner, qui avait promis à Richelieu de pousser jusqu'en Bohême, ne peut dépasser Erfurt tandis que déjà se prépare, contre l'armée suédoise qui prend ses quartiers d'hiver en Saxe, une vigoureuse contre-offensive de l'Empereur et de ses nouveaux alliés protestants.

Vis-à-vis de la France, Ferdinand II ne parvient pas à obtenir de la Diète une déclaration de guerre en bonne et due forme au nom de l'Empire ; il devra se résoudre à la prononcer à titre personnel. Il recueille cependant l'acquiescement des Électeurs sur les conditions de paix à offrir à la France. Elles sont extrêmement simples : la France doit abandonner tous les territoires qu'elle détient à l'intérieur de l'Empire. Cela revient à exiger du gouvernement de Louis XIII qu'il abandonne ses positions en Alsace et en Lorraine, et même les Trois-Évêchés de Metz, Toul et Verdun dont la France s'est emparée sous le règne d'Henri II, au milieu du XVIe siècle. Pour l'Empereur, c'est un résultat fort appréciable. Pour la diplomatie de Richelieu et Louis XIII, c'est un incontestable revers, car le Roi de France, toujours si soucieux du droit, se trouve maintenant dénoncé comme un usurpateur, un occupant sans titre.

Ferdinand II, enfin, parachève son succès en obtenant que les Électeurs désignent comme Roi des Romains, c'est-à-dire comme héritier présomptif de la dignité impériale, son fils Ferdinand, qui porte déjà le titre de Roi de Hongrie. Le 22 décembre 1636, le jeune Ferdinand est élu à l'unanimité. La couronne impériale lui était ainsi assurée, et il succédera sans difficulté, sous le nom de Ferdinand III, à son père quand celui-ci mourra, moins de deux mois plus tard, le 15 février 1637.

La puissance de la branche autrichienne des Habsbourg est au zénith alors que la France, aux prises par ailleurs avec les Habsbourg de Madrid, semble sur le fil du rasoir.

CHAPITRE XXI

Sur le fil du rasoir

ENCORE LES CROQUANTS

Assoupie durant l'hiver 1636-1637, la révolte des Croquants se rallume au printemps de 1637. Elle couvre alors le quart, peut-être le tiers du territoire, embrasant plus de dix provinces, Gascogne, Guyenne, Périgord, Quercy, Languedoc, Limousin, Saintonge, Aunis, Angoumois, Poitou, Berry, Marche, Bourbonnais, Nivernais. Il ne faut pas se représenter cette jacquerie comme une véritable révolution, un soulèvement massif. En fait, il y a de multiples foyers d'agitation qui surgissent par-ci, par-là. Quand l'un s'éteint, un autre s'allume quelques lieues plus loin. Et sans cesse on négocie, on s'efforce de limiter les dégâts. Le gouvernement royal se décide seulement à réagir avec fermeté lorsqu'il apprend, en mai 1637, que les insurgés du Périgord se sont dotés d'une organisation cohérente, dirigée par un chef de valeur, un gentilhomme du nom d'Antoine du Puy de La Motte de La Forêt. Celui-ci assurera plus tard qu'il n'a accepté cette fonction que contraint et forcé, afin de ne pas être massacré, avec toute sa famille, par les émeutiers.

Le général des Croquants agit avec autorité. Dans ses manifestes, il explique que la révolte n'est pas dirigée contre le Roi mais contre les abus de pouvoir et les exactions des agents du fisc, perpétrées à l'insu du souverain. Antoine du Puy de La Motte rassemble 10 000 hommes qu'il soumet à une discipline sévère. Il occupe pacifiquement Bergerac et parvient à empêcher pillages et violences. Le clergé s'associe à son entreprise. Antoine du Puy de La Motte suspend naturellement le paiement des impôts, et donne une vague coloration particulariste à sa révolte en invitant les autres villes et pays de Périgord à refuser à l'avenir toute contribution qui n'aurait pas été librement consentie par leurs instances représentatives.

Richelieu demande au duc d'Épernon, qui fait face aux Espagnols dans l'extrême sud de la Guyenne, de prélever des troupes placées sous le commandement de son fils, le duc de La Valette, afin de mater la sédition. La Valette ne dispose que de 3 000 hommes, et la disproportion des forces est flagrante entre la petite armée royale et l'effectif important des Croquants. Mais sitôt que le duc arrive aux abords de Bergerac, Antoine du Puy de La Motte n'a rien de plus pressé que de demander l'ouverture de pourparlers, offrant de disperser ses troupes si l'on garantit à tous le pardon du Roi. Parmi les Croquants, certains s'indignent et, contre le chef qu'ils se sont donné, déclenchent une révolte. Un artisan nommé Magot dénonce la trahison d'Antoine du Puy de La Motte, entraînant derrière lui une partie des troupes. A La Sauvetat-du-Dropt, le 1er juin 1637, une lutte féroce se déclenche entre les amis de Magot et les Croquants restés fidèles à du Puy de La Motte, qui reçoit également l'aide des bourgeois de Bergerac. Dans la bataille, Magot est tué, 4 000 de ses partisans sont faits prisonniers, le reste se disperse. Le 8 juin, le duc de La Valette entre dans une ville pacifiée, qui s'est débarrassée des Croquants sans qu'il ait eu besoin d'intervenir. De même, La Valette n'a qu'à paraître à Cahors, à Sainte-Foy-la-Grande, à Eymet, pour que les choses rentrent dans l'ordre, l'approche de l'armée royale encourageant, comme à Bergerac, les milices bourgeoises à rétablir la légalité par leurs propres moyens.

Le duc reprend la direction du front de Saint-Jean-de-Luz. Avant de partir, il soumet à Richelieu l'idée suivante : pourquoi ne pas enrôler dans ses troupes les Croquants prisonniers ? Le cardinal, séduit, lui donne son accord, avec toutes ses félicitations.

On s'est beaucoup interrogé sur la signification profonde de ces mouvements. Un historien soviétique, Boris Porchnev, en a souligné à juste titre l'ampleur, et s'est demandé s'il ne fallait pas y voir comme une sorte de répétition, ou de signe avant-coureur, de la Révolution française. On s'accorde en général à considérer que, malgré son extension géographique, la révolte paysanne des années 1635 à 1637 n'est en fait que l'addition d'une série d'incendies localisés, qui ont tous une même cause : le caractère insupportable de la pression fiscale. Ces mouvements n'ont pas de vrai programme ; lorsqu'il existe des manifestes, comme ceux rédigés par Antoine du Puy de La Motte, on y trouve simplement une dénonciation globale des tracasseries du fisc et la vague aspiration à un mythique âge d'or dans lequel les impôts seraient moins lourds et les provinces plus libres d'accepter ou de refuser des impositions nouvelles. Beaucoup de poujadisme, dirions-nous, dans toutes ces révoltes, parfois accompagné de revendications particularistes et régionalistes, mais rien qui ressemble à la volonté de mettre en place un nouvel ordre politique et social comme ce sera le cas en 1789.

On a aussi cherché la main des Espagnols derrière les séditions du Sud-Ouest. C'est plus que douteux ; à la différence des complots des Grands, qui ont souvent bénéficié de l'appui moral de Madrid, les révoltes des Croquants, les émeutes fiscales, ne lui doivent rien. Que le gouvernement espagnol se soit réjoui de l'ampleur et de la gravité d'événements qui minent l'autorité de Louis XIII et affaiblissent ses armées tombe sous le sens. Mais ces mouvements sont trop spontanés et, une fois qu'ils ont éclaté, trop incontrôlables pour que l'Espagne, avec sa lourde administration et sa diplomatie très traditionnelle, ait jamais pu faire autre chose que de les observer avec intérêt. Ah ! si seulement ces révoltes, dégénérant en une véritable guerre civile, s'étaient étendues, organisées, exaspérées, alors, inévitablement, Madrid aurait été sollicité d'intervenir et n'aurait pas manqué de le faire. Heureusement pour le Roi de France, les consignes de mansuétude et de compréhension données par Richelieu permettent d'éteindre l'incendie. Certes, les meneurs sont jugés, condamnés à mort ou envoyés aux galères. Mais la masse des émeutiers est purement et simplement amnistiée, parfois, comme on l'a vu, en échange d'un engagement dans l'armée. Et comme pour donner raison aux fauteurs de troubles, on décide pour un an, deux ans, trois ans, de surseoir à la levée des impôts qui ont été à l'origine des soulèvements.

Négociations et tractations

En tout cas, la situation intérieure était suffisamment préoccupante pour que Richelieu accepte avec empressement les propositions de négociation qui lui sont transmises par le Pape. Le cardinal veut bien participer à un congrès qui se tiendrait à Cologne en vue de rechercher les bases d'une paix générale. Mais le Pape ne facilite pas les choses par son refus obstiné de siéger aux côtés des Provinces-Unies et de la Suède, États protestants et donc hérétiques. Richelieu, avec un certain sens de l'humour, s'efforce de le convaincre que le fait pour le Saint-Père d'amener les réformés à s'asseoir à son initiative autour de la table de négociation représenterait une incontestable victoire morale pour l'Église catholique ; Urbain VIII reste fermé à toute argumentation. En fait, ses réticences sont essentiellement provoquées par l'Espagne, qui pour rien au monde ne voudrait voir les Hollandais, qu'elle considère toujours comme des sujets rebelles, envoyer leurs plénipotentiaires à une conférence générale de paix et gagner ainsi une représentativité, une légitimité, que Madrid leur conteste. — Tant il est vrai que les problèmes de représentativité, qui donnent lieu à des mois, à des années de discussions, dans toutes les guerres de libération nationale qui ensanglantent notre pauvre monde, ne datent pas d'aujourd'hui.

Dans ces conditions, les pourparlers de Cologne ne pouvaient que traîner en longueur sans grands résultats dans l'immédiat. Richelieu attendait beaucoup plus des conversations secrètes qu'il avait engagées avec Olivares. Des contacts discrets se sont noués dès 1636, mais c'est surtout à partir de 1637 que Richelieu entreprend de discuter sérieusement ; un religieux, le Père Bachelier, sous prétexte d'aller chercher en Espagne, à l'intention d'Anne d'Autriche, des reliques de saint Isidore, se voit confier la mission d'explorer les perspectives d'une paix durable entre Paris et Madrid.

Olivares se montre tout aussi désireux que Richelieu de parvenir à un accord. L'Espagne est à bout de forces. Bien plus que la France, elle est déchirée par des particularismes comme celui des Catalans, qui se désolidarisent systématiquement des autres provinces, refusent les troupes qu'on leur demande, les subsides qu'on leur quémande. L'économie s'endort. L'or et l'argent trop faciles, affluant d'Amérique, ont au fil des ans déshabitué la population espagnole du travail de la terre, du commerce, des métiers manuels. La société reste brillante et l'Espagne est au zénith de cet âge d'or artistique et culturel qui prolonge sa prépondérance militaire par l'hégémonie sur les esprits dans la Chrétienté. Mais elle perd sa substance, c'est-à-dire sa population. Une caste militaire supérieurement entraînée au métier des armes, une prodigieuse quantité de prêtres et de moines : poids morts pour l'économie du pays. Les routes charrient une masse de pauvres, de miséreux, de vagabonds aux couleurs picaresques qui, renforçant le sentiment d'insécurité, accélèrent la désertion des campagnes et l'abandon des ouvrages d'irrigation dont l'entretien réclame une surveillance permanente. La diminution de la population, phénomène dramatique, sape les bases mêmes de la puissance espagnole, épuise les forces vives du pays. Et tout cela, tandis que se tarissent progressivement les arrivages de métaux précieux en provenance d'Amérique : les entrées annuelles, qui atteignent encore près de 5 200 000 pesos pendant la décennie 1621-1630, dégringolent à 3 340 000 pesos au cours des années 1631 à 1640. L'État espagnol, déjà lourdement endetté, ne peut bientôt même plus faire face au service de la dette. La monnaie ordinaire, le billon, alliage de cuivre mêlé d'un peu d'argent, s'est multipliée, provoquant la flambée des prix. En arrêtant brutalement la frappe monétaire du cuivre par l'édit du 31 mai 1626, Philippe IV assainit la situation monétaire, mais provoque une chute des prix qui accélère la récession économique.

Cependant, même le dos au mur, Olivares n'est prêt à traiter que sur la base du rétablissement du *statu quo*. Pas question, notamment, d'accepter que la France conserve la Lorraine alors que Richelieu voudrait bien trouver là un dédommagement au prix très lourd déjà payé pour la guerre.

Au fond, Richelieu et Olivares veulent-ils réellement et sincèrement la paix ? Un accord qui aurait arrêté les hostilités en 1637, avant que l'issue du combat ait tranché le débat fondamental qui oppose, nous l'avons vu, la France aux Habsbourg, laissait subsister toutes les conditions d'une reprise de la guerre. Force est donc de s'en remettre encore à la fortune des armes pour départager les antagonistes.

1637. Toujours la guerre

Les campagnes de 1637 voient alterner échecs et succès. La France essuie d'abord un grave revers en Valteline. Le duc de Rohan, qui réclame en vain au gouvernement royal l'argent promis pour l'entretien de son armée et pour le maintien des Grisons dans l'alliance avec la France, finit par lasser la patience de ces derniers. Olivares joue vite et bien. Ne pouvant l'emporter militairement sur Rohan, il s'emploie avec succès à le vaincre par la bande. Des agents espagnols agitent les Valtelins catholiques, que la communauté de foi a toujours fait pencher vers Madrid. Mais les Grisons protestants sont eux aussi mécontents de la France, qui ne leur envoie pas les subsides promis et qui, à trop vouloir protéger les Valtelins, est devenue suspecte aux Ligues Grises. Pendant ce temps, les ennemis du duc de Rohan à Paris ne restent pas inactifs, Richelieu écoute d'une oreille complaisante les rapports malveillants qu'ils font courir sur le compte du duc. Au lieu du million de livres promis aux Grisons, on n'envoie en définitive, et avec un retard considérable, que 200 000 livres. Quant à l'accord relatif à la Valteline qui devait être signé entre la France et les Ligues, là encore, on tarde tellement à Paris que lorsque le gouvernement de Louis XIII approuve enfin ce document, les Grisons, las de tant d'atermoiements, ont secrètement traité avec l'Espagne.

Le 18 mars 1637, les Ligues Grises se soulèvent, obligeant le duc de Rohan, huit jours plus tard, à capituler. Le duc parvient à sauver les restes de son armée au terme d'habiles tractations, évacuant, du 20 avril au 5 mai, toutes les forteresses qu'il tenait en Valteline. Reconduit à la frontière suisse, Rohan gagne Genève. Sachant trop bien qu'on lui impute à Paris la responsabilité du désastre et craignant les foudres royales, il s'abstiendra de rentrer en France ; quelques mois plus tard, il rejoindra Bernard de Saxe-Weimar en Alsace.

La pénurie d'argent n'explique pas tout. Le Père Joseph, en particulier, qui sous des prétextes divers, a systématiquement pris le contrepied de toutes les demandes du duc de Rohan, porte une lourde responsabilité dans la perte des Grisons et de la Valteline. Celle-ci ne pouvait plus mal tomber. Elle rouvre en effet aux troupes espagnoles du Milanais la route du Tyrol et de l'Allemagne alors même que la Savoie, alliée de la France, va devoir affronter les difficultés d'une régence mal assurée. Le 8 septembre 1637, Victor-Amédée meurt subitement. Sa veuve, la duchesse Christine, sœur de Louis XIII, se proclame Régente, fonction que lui contestent immédiatement ses beaux-frères, le prince Thomas et le cardinal Maurice, tous deux amis de l'Espagne. Le Piémont, jusqu'à présent base de départ française contre les forces de Madrid, devient maintenant pour celles-ci un enjeu, une cible, que les armées royales auront bien du mal à défendre.

En dehors de la Valteline et des perspectives ouvertes à Olivares par la mort de Victor-Amédée, le cours des événements durant cette année 1637 n'est cependant guère favorable à l'Espagne. Le gouvernement de Louis XIII avait décidé de consentir un effort important pour reprendre les Iles de Lérins. Les opérations de siège débutent en janvier. Pendant deux mois, la flotte de l'archevêque de Bordeaux, Monseigneur de Sourdis, parvient à maintenir un blocus suffisamment efficace pour que les troupes de Madrid soient obligées à la mi-mai d'évacuer leur conquête. Pourtant, les îles avaient été puissamment fortifiées. Mais toutes les tentatives de la marine espagnole pour rompre le blocus ont échoué. C'est la première fois que la « Royale » l'emporte sur les forces navales de Madrid. La politique maritime de Richelieu commence à porter ses fruits.

Un mois plus tard, dans l'espoir de venger la perte des Iles de Lérins, les Espagnols essaient de s'emparer de Saint-Tropez. L'expédition échoue. Les Français sont désormais suffisamment maîtres de leur espace maritime en Méditerranée pour que l'Espagne ne se hasarde plus à de nouvelles incursions.

Sur le front des Pyrénées, aussi, les forces de Madrid éprouvent pas mal de déceptions. Elles doivent évacuer Saint-Jean-de-Luz, et l'offensive qu'elles ont lancée à l'est en direction du Languedoc se brise à Leucate sur la résistance de l'humble armée de la province, commandée par le duc d'Halluin, digne fils de feu le maréchal de Schomberg ; Louis XIII, en récompense, relève au profit de Monsieur d'Halluin le titre de duc de Schomberg.

Dans le même temps, les Pays-Bas espagnols étaient la cible d'une opération de grand style. Au printemps de 1637, les armées hollandaises et françaises attaquent simultanément au nord et au sud. Le cardinal de La Valette, qui commande les troupes royales, s'empare le 26 juillet de Landrecies tandis que les Hollandais percent le front espagnol en avant de Breda ; ils reprendront le 10 octobre cette ville-symbole dont la reddition entre les mains de Spinola avait eu un tel retentissement en 1625. Cependant, même pris en tenaille entre les forces hollandaises et françaises, le Cardinal-Infant reste un redoutable manœuvrier. Tandis que l'armée du cardinal de La Valette est immobilisée par le siège de La Capelle, il lance une vigoureuse attaque sur Maubeuge ; la résistance de la ville est animée par un jeune officier français, le vicomte de Turenne, dont c'est l'un des premiers faits d'armes. Il s'en faut de peu que l'offensive du Cardinal-Infant ne réussisse. Son échec marque le retour à la guerre de positions, succession de sièges sans avancées spectaculaires. Mais quand s'achève la campagne de 1637, la prise de Landrecies et celle de Breda constituent deux incontestables succès à mettre à l'actif des Français et des Hollandais.

En ce qui concerne l'Allemagne, les plans de Richelieu comportaient des actions d'envergure en Alsace, sous la responsabilité de Bernard de Saxe-Weimar. Mais l'offensive prévue doit être annulée en raison d'une brutale attaque des forces espagnoles de Franche-Comté auxquelles s'est joint le duc de Lorraine. Débutant au printemps de 1638, elle a pour but de couper la Lorraine, toujours tenue par les Français et par Bernard de Saxe-Weimar, de la Champagne et des secours qui peuvent éventuellement venir du royaume par cette province. C'est seulement au mois d'août que Bernard parvient à stopper, à Gray-sur-Saône, l'offensive du duc de Lorraine. Celui-ci bat en retraite, poursuivi par les forces du duc de Saxe-Weimar qui, traversant la Franche-Comté, s'en va porter le combat dans le sud de l'Alsace et jusqu'aux rives du Rhin. Bernard franchit même le fleuve à Rheinau, lançant une tête de pont sur la rive droite. Percée sans lendemain, cependant, car une contre-attaque de Jean de Werth l'oblige à retraverser le Rhin et à s'établir, pour passer l'hiver, dans l'évêché de Bâle. A la fin de l'année, les positions traduisent ici aussi une certaine progression des forces françaises. Mais celle-ci apparaît bien précaire compte tenu des échecs essuyés dans le même temps par les Suédois en Allemagne du Nord et de l'Est.

En effet, alors que Baner, après les succès remportés à l'automne 1636, s'apprête à attaquer Leipzig, l'Empereur a fini de concentrer une très forte armée près de Torgau. Menacé d'être coupé de ses arrières, Baner doit battre en retraite vers le nord, c'est-à-dire le Mecklembourg et la Poméranie. Une seconde armée impériale lancée contre lui tente de lui barrer la route. La rencontre a lieu près de Landsberg. Grâce à une ruse de guerre, Baner fait croire à ses adversaires qu'il cherche à s'échapper vers l'est, en direction de la Pologne, et parvient à sauver le gros de ses forces qu'il ramène en Poméranie à l'automne de 1637. Son armée est intacte, mais tous les acquis de la victoire remportée l'année précédente à Wittstock sont perdus. Pour la Maison d'Autriche, le péril suédois, cantonné aux marges de l'Empire, a, semble-t-il, cessé de peser sur l'Allemagne. Désormais, l'effort principal va pouvoir se porter contre la France, qui ne peut plus s'appuyer en Allemagne que sur le landgrave de Hesse-Cassel, un prince protestant de second ordre, et sur Bernard de Saxe-Weimar.

La situation est d'autant plus inquiétante pour le gouvernement de Louis XIII qu'aux déceptions militaires et aux révoltes de la misère s'ajoutent les effets d'une redoutable épreuve qui secoue la famille royale et l'équipe dirigeante du pays. Au moment même où l'on découvre que la Reine Anne d'Autriche complote avec les ennemis du royaume, une profonde crise de confiance entre le Roi et son premier ministre semble à la veille de mettre un terme brutal à treize années d'étroite collaboration.

La conspiration d'Anne d'Autriche

Dans les tout premiers jours du mois d'août 1637, Richelieu découvre que la Reine correspond secrètement avec l'ennemi. La chose est déjà grave par elle-même. Mais il apparaît au surplus qu'il ne s'agit nullement d'une correspondance innocente ; Anne d'Autriche est au centre d'un complexe écheveau de tractations et de complots, dont le but avoué consiste à affaiblir la position de la France afin de contraindre le gouvernement à traiter avec les Habsbourg.

Depuis le début de l'année, Anne d'Autriche, à qui Louis XIII continue de faire obstinément mauvais figure, s'est réfugiée dans les exercices de piété et les pratiques de dévotion. Elle se rend souvent au couvent du Val-de-Grâce, rue Saint-Jacques. Épiée par les espions que Richelieu sème autour d'elle, Anne d'Autriche finit par se trahir : le cardinal acquiert bientôt la conviction que le couvent n'abrite pas seulement les prières de la Reine régnante, mais lui sert également de boîte aux lettres. Le hasard finit par diriger sur le bureau de Richelieu un message que l'ambassadeur d'Espagne à Bruxelles, le marquis de Mirabel, adressait à Anne d'Autriche. Se présentant comme une réponse à une lettre antérieure de la Reine, la missive du marquis de Mirabel révèle l'existence d'une filière de correspondance parfaitement organisée entre Anne d'Autriche et la Cour de Madrid. Visiblement, de nombreux courriers se sont déjà échangés et l'on se trouve en présence d'une véritable conjuration. Louis XIII est naturellement aussitôt informé, mais Richelieu et lui conviennent, dans l'espoir d'en savoir davantage, de ne rien laisser paraître, et se bornent à resserrer la surveillance autour d'Anne d'Autriche.

Le 10 août 1637 au soir, l'un des serviteurs de la Reine, un nommé La Porte, qui exerce la charge de porte-manteau, sort d'une maison du quartier Saint-Eustache. Un carrosse qui roulait au pas vient à sa hauteur ; plusieurs individus en jaillissent soudain, se saisissent du malheureux et le jettent dans la voiture qui prend au grand galop la direction de la Bastille. Les hommes du cardinal trouvent sur La Porte une lettre d'Anne d'Autriche à la duchesse de Chevreuse. L'affaire n'est tout de même pas d'une gravité extrême. Certes, la duchesse est exilée de la Cour et assignée à résidence dans son château de Couzières, près de Tours (celui-là même qui avait abrité la spectaculaire réconciliation du 5 septembre 1620 entre Marie de Médicis et Louis XIII), mais rien ne s'oppose à ce qu'Anne d'Autriche et sa meilleure amie continuent de s'écrire. On s'efforce d'obtenir de La Porte des indications sur le courrier qui s'échangerait entre la Reine et certains correspondants étrangers ; mais le serviteur d'Anne d'Autriche reste muet. En d'autres termes, le coup a fait long feu.

Pendant ce temps, une perquisition en règle a lieu au couvent du Val-de-Grâce sous la conduite de l'archevêque de Paris et du Chancelier Séguier en personne. Elle ne sera guère plus fructueuse. L'archevêque enjoint à l'abbesse de lui dévoiler toute la vérité. Louise de Milly, en religion mère de Saint-Étienne, originaire de Franche-Comté, c'est-à-dire d'un territoire espagnol, se dérobe. L'archevêque annonce aux religieuses qu'il la dépose dans l'instant même. Un médecin, mandé d'urgence au couvent, examine mère de Saint-Étienne et déclare que sa santé ne s'oppose point à un voyage : elle est aussitôt mise dans un carrosse qui l'enlève loin de son couvent. On procède à une fouille approfondie de tous les locaux, en s'attachant tout particulièrement au logement de l'abbesse, à la pièce où la Reine venait faire retraite, au parloir. Mais rien de bien important n'en ressort.

Le 14 août, le Chancelier Séguier se rend à Chantilly où séjourne la Cour. Avec tout juste le minimum de respect qui s'impose et sans ménagements superflus, il interroge Anne d'Autriche. Celle-ci le prend de haut, mais le Chancelier, homme brutal et de peu de manières, lui fait tout de suite comprendre que s'il faut fouiller la personne de Sa Majesté pour découvrir les papiers qu'elle voudrait cacher, il n'hésitera pas. Oui ou non, la Reine correspond-elle avec l'étranger ? En tremblant, Anne d'Autriche jure que non. Affectant de se satisfaire de cette assurance, le Chancelier Séguier la laisse en paix. La Reine est bouleversée.

Le lendemain 15 août, après avoir communié, Anne d'Autriche demande à son secrétaire d'aller trouver le cardinal. Il a pour mission de lui dire que la Reine confirme, par serment sur le Saint-

Sacrement, n'avoir jamais entretenu de correspondance défendue. Le secrétaire s'acquitte du message. Il revient auprès d'Anne d'Autriche avec de bien mauvaises nouvelles : le cardinal n'est pas convaincu et laisse entendre qu'il dispose de renseignements sûrs. Après réflexion, la Reine décide de parler elle-même au cardinal ; elle fait prier celui-ci de venir la voir.

L'entrevue de Richelieu et d'Anne d'Autriche a lieu le 17 août. C'est la Reine qui reçoit le cardinal et pourtant, elle est en position de coupable, ou à tout le moins, de suspecte. Richelieu observe scrupuleusement les signes extérieurs de la déférence qu'exige la qualité d'Anne d'Autriche, mais il montre clairement par son comportement, par le ton de ses propos, qu'il ne croit pas un mot de ses dénégations. Alors, peu à peu, Anne d'Autriche se trouble, commence à s'enferrer. Elle admet avoir échangé des lettres avec des membres de sa famille ; mais, ajoute-t-elle, il s'agissait de correspondances innocentes. Richelieu, prenant acte de ce premier aveu, lui répond simplement : « Il y a plus, Madame. » La Reine s'affole. Elle ne sait pas quels sont les éléments dont dispose le cardinal ; une fois engagée sur la voie des aveux, elle ne peut plus s'arrêter et, balbutiante, sous la pression de ce diable de cardinal qui, sans cesse, répète : « Il y a plus, Madame », elle découvre toute la vérité, accumulant les précisions, les révélations. Oui, c'est vrai, elle correspond avec son frère le Cardinal-Infant, gouverneur des Pays-Bas espagnols. Elle écrivait à la duchesse de Chevreuse, elle correspondait avec l'Angleterre. Sur les conseils de la duchesse, elle donnait des renseignements politiques, des informations. Son but vis-à-vis de la Cour de Londres ? dissuader les Anglais de conclure une alliance avec la France qui ferait dangereusement pencher la balance des forces au détriment de l'Espagne. Il est insatiable, le cardinal, il veut tout savoir, les dates, les moyens employés, les filières. Anne d'Autriche s'effondre. C'est bien le porte-manteau La Porte qui servait de facteur, remettant les lettres que la Reine écrivait dans sa cellule discrète du couvent du Val-de-Grâce à Auger, secrétaire de l'ambassadeur d'Angleterre à Paris. Celui-ci, utilisant l'immunité du courrier diplomatique, transmettait les lettres d'Anne d'Autriche à l'ambassade anglaise de Bruxelles, qui les faisait parvenir au marquis de Mirabel.

Anne d'Autriche est brisée. Elle mesure l'ampleur de la faute, sans doute également la gravité des sanctions qui l'attendent. Elle n'a pas agi en Reine de France, mais en Espagnole, contre les intérêts de sa patrie d'adoption. C'est au minimum la réclusion dans un couvent, peut-être l'ouverture d'un procès, la répudiation. Dans sa détresse, elle se cramponne à Richelieu, le supplie d'intercéder auprès de Louis XIII, de le disposer à l'indulgence. Richelieu promet son aide. Anne d'Autriche, au milieu des larmes, mais pleine d'espérance maintenant, répète convulsivement : « Quelle bonté faut-il que vous ayez, Monsieur le cardinal », cherche à lui saisir la main en témoignage de reconnaissance. Richelieu, par respect, s'y dérobe. Mais une nouvelle épreuve attend la Reine. Richelieu veut crever complètement l'abcès, il fait venir Louis XIII. Anne d'Autriche doit recommencer toute sa confession. Incapable d'affronter le regard de son mari, elle se tasse à ses pieds, tandis qu'elle reprend ses aveux depuis le début. Louis XIII écoute dans un silence de glace. Il n'a aucune intention de pardonner. Richelieu plaide pour la Reine. Louis XIII ne veut rien entendre. Richelieu insiste. Il est peut-être ému par cette malheureuse Reine, effondrée sur le sol ; mais surtout, il sait que Louis XIII n'a pas le choix. Anne d'Autriche est sa femme et rien, vis-à-vis de l'extérieur, ne doit transpirer sur ce qui constitue une affaire d'État de la plus extrême gravité. Il faut passer l'éponge et s'assurer que la Reine ne recommencera pas.

Alors, comme dans tant d'autres circonstances au cours de ces années-là, on décide de sceller la réconciliation par un traité en bonne et due forme. Anne d'Autriche, pour la troisième fois, fait sa confession, mais maintenant par écrit. Elle tient la plume sous l'œil vigilant du cardinal qui veille à ce qu'elle n'oublie rien, redresse une phrase, corrige une expression. Quand elle a fini, elle signe, et Louis XIII, de sa main, ajoute en rechignant quelques mots par lesquels il déclare pardonner à la Reine. Cet extraordinaire document a survécu aux vicissitudes de l'histoire, et un exemplaire en est parvenu jusqu'à nous ; il est précieusement conservé à la Bibliothèque nationale.

Il reste à régler le sort du malheureux La Porte. Interrogé sans relâche, il opposait des dénégations opiniâtres à toutes les questions dont on le harcelait. Même lorsqu'on lui donne des détails, qu'on utilise la confession de la Reine en prononçant le nom d'Auger et en évoquant la filière de l'ambassade anglaise, La Porte continue de nier en bloc. Anne d'Autriche lui écrit que tout est découvert. Mais La Porte se dit que la Reine a peut-être dû consentir à cette lettre sous la menace, et déclare qu'il ne parlera pas aussi longtemps qu'un officier de la Maison d'Anne d'Autriche en qui il a toute confiance ne viendra pas lui porter personnellement l'ordre de sa maîtresse. Ainsi fait-on, moyennant quoi, après avoir tout avoué à son tour, La Porte est remis en liberté.

Et la duchesse de Chevreuse ? Curieusement, on ne se presse pas de se saisir de l'un des rouages essentiels du complot. Certains historiens ont pensé que la Reine l'avait avertie de ce qui s'était passé, lui conseillant de devancer par la fuite une arrestation certaine. Il est également possible que le cardinal, qui a toujours eu la plus grande complaisance pour la belle Madame de Chevreuse, n'ait rien fait pour appréhender une dame dont la détention ne pouvait d'ailleurs rien lui apporter. De Couzières, la duchesse s'échappe, costumée en homme, jusqu'à la frontière espagnole. A quelque temps de là, elle devait quitter l'Espagne pour l'Angleterre, contribuant à faire de Londres un véritable nid d'intrigues contre le cardinal et contre la France.

Après la réconciliation formelle, va-t-on pouvoir réconcilier les cœurs ? De cela, Louis XIII ne veut à aucun prix. Certes, le cycle de ses visites rituelles à la Reine reprend, car Richelieu l'adjure de donner un Dauphin à la France. La naissance d'un héritier mâle est un devoir d'État. Aussi longtemps que Louis XIII n'a pas de fils et que Gaston d'Orléans demeure son successeur présomptif, tous les complots restent possibles. La santé déclinante du cardinal, les maladies chroniques qui affligent Louis XIII et le vieillissent avant terme, donnent à l'œuvre entreprise une incroyable fragilité. Que le Roi disparaisse et tout peut être remis en question, tout peut être balayé. Louis XIII, docilement, s'exécute. Mais ce n'est pas auprès d'Anne d'Autriche qu'il goûte ses rares moments de bonheur, c'est dans les visites qu'il rend à Louise de La Fayette, l'amie de cœur qui, depuis mai 1637, s'est enfermée pour toujours au couvent de la Visitation afin d'échapper à la tentation qui a failli faire d'elle la maîtresse du Roi.

Étrange sujet que celui des amitiés de Louis XIII, qui ont excité la verve de générations d'historiens plus ou moins bien intentionnés et qui, de fait, jouent un rôle capital dans les relations entre le Roi et le cardinal ! Complexe processus qui provoque la dégradation progressive de la confiance qui s'était instituée entre les deux hommes, et sera bien près de conduire Richelieu à sa perte, ruinant d'un seul coup toute l'œuvre entreprise. Avant La Fayette il y a eu Hautefort, après elle il y aura Cinq-Mars. Infimes intrigues amoureuses autour d'un Roi mal-aimé, enjeux politiques dans un régime de pouvoir personnel où la petite histoire, à tout moment, rejoint, influence et dérange la grande histoire.

LES AMITIÉS FÉMININES DU ROI.
HAUTEFORT LA MERVEILLE

Au début de 1630, Louis XIII s'était rapproché d'Anne d'Autriche. Le nonce, toujours soucieux du climat qui règne dans le ménage royal, note avec satisfaction que le Roi fait meilleure figure à la Reine et que l'on recommence à parler à la Cour de la naissance possible d'un héritier. Les espérances royales semblent se vérifier mais, quelques mois plus tard, Anne d'Autriche fait une fausse couche. Une fois de plus. C'est à ce moment que Louis XIII s'éprend de Mademoiselle de Hautefort.

Ce n'était certes pas le premier élan du cœur royal pour une autre femme qu'Anne d'Autriche. En 1617, quelques semaines après l'assassinat de Concini, Louis XIII avait montré une tendre inclination pour Mademoiselle de Maugiron, fille d'honneur de la Reine. Luynes avait jugé préférable d'écarter la demoiselle, à qui l'on avait fait quitter la Cour dès le mois de juillet de la même année. A quelque temps de là, Louis XIII s'était mis à manifester un vif penchant pour Madame de Luynes elle-même, la jolie Marie de Rohan-Montbazon. Mais depuis qu'il avait en 1619 consommé son mariage avec Anne d'Autriche, le Roi n'avait plus témoigné à l'égard des autres femmes que réserve ou méfiance. On connaît l'anecdote célèbre qui le montre crachant une gorgée de vin dans le décolleté trop généreux d'une jolie personne. Elle en dit long sur les sentiments qu'il porte aux femmes en général.

C'est pourquoi la faveur de Mademoiselle de Hautefort constitue un événement : « C'est avec un grand étonnement que la Cour a vu que le Roi, contrairement à l'inclination qui était la sienne jusque-là, s'est pris d'affection pour une fille de la Reine-Mère appelée Hautefort. Cet amour est connu de tous, et lui-même en a fait part, tout en changeant de visage, à la Reine-Mère. Il lui a demandé la permission de servir ladite dame et de lui parler, tout en protestant qu'il ne s'agirait jamais de mauvais desseins de sa part. Toute surprise, la Reine-Mère est devenue vermeille en écoutant cette demande. Elle a répondu au Roi qu'elle ne le croyait capable d'aucune mauvaise intention et encore moins à l'intérieur de sa Maison qu'ailleurs, que de plus il était bien permis à Sa Majesté de servir les dames et de leur parler puisqu'il était permis de le faire à tous les gentilshommes de la Cour. » Tel est le récit que donne le nonce Bagni[1] du coup de foudre ressenti par Louis XIII en apercevant à Troyes la jolie Marie de Hautefort, alors tout juste âgée de 14 ans.

La Cour constate le changement d'attitude du Roi, et met en vers les émois du souverain :

> « Hautefort la merveille
> Réveille
> Tous les sens de Louis,
> Quand sa bouche vermeille
> Lui fait voir un souris. » [souris : sourire]

Louis XIII s'abstient soigneusement de laisser le désir s'insinuer dans l'amitié qu'il éprouve pour Mademoiselle de Hautefort. Afin de mieux se garantir contre tout soupçon de ce côté, il demande à la fin de l'année 1630 à Anne d'Autriche de prendre la jeune fille dans sa Maison. Une amitié profonde unit très vite la jeune Reine

---

1. Dépêche du nonce Bagni du 22 avril 1630.

et Marie de Hautefort. Anne d'Autriche suit d'un sourire amusé et complice la cour très platonique que Louis XIII fait à sa nouvelle demoiselle d'honneur, et Marie ne se cache pas de préférer la compagnie d'Anne d'Autriche aux assiduités importunes de Louis XIII. Elle manifeste d'ailleurs à l'égard du Roi une fierté, une hauteur, qui le font souvent enrager. Une bien curieuse scène se déroule un jour dans la chambre de la Reine. Louis XIII entre dans la pièce où Anne d'Autriche et Marie de Hautefort sont en train de bavarder. Mademoiselle de Hautefort glisse dans son corsage un billet. Le Roi lui demande ce qu'est ce billet, la Hautefort refuse de le lui dire et, sur l'insistance de Louis XIII, finit par lui lancer en riant : « Venez donc le prendre à cette heure... » Anne d'Autriche, riant elle aussi, emprisonne les mains de Mademoiselle de Hautefort tandis que Louis XIII s'approche. Arrivé à côté de Marie, le Roi, qui s'apprêtait à tendre la main vers le billet c'est-à-dire vers le corsage de la jeune fille, interrompt soudain son mouvement, jette un regard circulaire dans la pièce, aperçoit dans un coin des pincettes d'argent, va les chercher et, délicatement, repêche avec ces pincettes le billet objet de sa convoitise.

L'écuyer du Roi, Claude de Saint-Simon, père du duc de Saint-Simon, mémorialiste de Louis XIV, ayant comme tout le monde remarqué l'attirance de Louis XIII pour Marie de Hautefort et constatant que le Roi ne se décide pas à sauter le pas, se dit un jour qu'il est sans doute tout simplement embarrassé pour lui faire sa proposition. Il pense pouvoir lui rendre ce service et, saisissant l'occasion d'un tête-à-tête avec Louis XIII, lui fait part de son idée, en s'offrant à transmettre à Mademoiselle de Hautefort une déclaration d'amour du Roi. Louis XIII l'écoute attentivement puis lui dit : « Vous me parlez bien là en jeune homme qui ne pensez qu'au plaisir. Il est vrai que je suis amoureux ; je n'ai pu m'en défendre, parce que je suis homme et sujet aux sens ; il est vrai que je suis Roi et que par là je puis me flatter de réussir si je le voulais ; mais plus je suis Roi et en état de me faire écouter, plus je dois penser que Dieu me le défend, qu'il ne m'a fait Roi que pour lui obéir, en donner l'exemple, et le faire obéir par tous ceux qu'il m'a soumis. Plus je suis amoureux, plus je ne puis me surmonter assez pour ne pas rechercher à voir et à parler de celle qui m'a blessé les yeux et le cœur, plus je dois faire d'efforts pour me surmonter moi-même ; et si je me permets des amusements que les occasions et l'humanité m'arrachent, plus je dois être en garde contre le crime et le scandale et demeurer le maître de moi-même. Je veux bien vous faire cette leçon et vous pardonner votre imprudence ; mais qu'il ne vous arrive jamais d'en faire une seconde de cette nature avec moi [2]. »

---

2. Saint-Simon, *Parallèle des trois premiers Rois Bourbons*, Éd. M. P. Faugère, Paris, Firmin Didot, 1880, pp. 70-71.

L'emprise de Marie de Hautefort sur l'esprit du Roi inquiète fort Richelieu. La jeune fille, en effet, s'est donné une mission : rapprocher Louis XIII d'Anne d'Autriche et ruiner le cardinal dans la confiance royale. Voici donc Richelieu qui, au milieu des soucis du gouvernement, se lance dans des combinaisons compliquées pour ternir l'étoile de Mademoiselle de Hautefort !

En définitive, c'est la coquetterie de Marie de Hautefort qui la perdra beaucoup plus sûrement que les manœuvres du cardinal. A force de hauteur et d'arrogance, elle réussit à lasser le Roi, qui se détourne progressivement d'elle.

Louis XIII n'en est pas plus pour heureux pour autant. Il sombre dans une humeur mélancolique et sauvage, se mure dans un mutisme obstiné. Richelieu, à nouveau, s'inquiète et, considérant que l'affection du Roi ne saurait rester en déshérence, cherche sur quel nouvel objet diriger sa flamme. Avec Claude de Saint-Simon, il finit par distinguer la douce Louise-Angélique de La Fayette, demoiselle d'honneur d'Anne d'Autriche. Une humeur égale et discrète, aucune attache politique connue : le choix semble idéal. Le complot est vite noué. Saint-Simon se charge d'attirer l'attention de Louis XIII sur Louise-Angélique en février 1635, lors d'un ballet donné au Louvre. Dès le mois de mars, le Roi, éperdument amoureux, se déclare. Mademoiselle de La Fayette sera désormais de toutes les réceptions et Louis XIII lui fait l'insigne honneur de la convier, aux côtés d'Anne d'Autriche, à une série de chasses qu'il donne au printemps et au début de l'été.

Louise-Angélique de La Fayette

Richelieu avait pensé conforter sa position en écartant Marie de Hautefort au bénéfice de la nouvelle passion de Louis XIII. Il devait bien vite déchanter. Louise-Angélique de La Fayette, animée d'une piété fort vive et qui songe depuis sa prime enfance à se faire religieuse, a sur la situation intérieure et extérieure du royaume des opinions personnelles qui ne correspondent nullement à celles du cardinal. Elle voit dans la guerre étrangère, qui de larvée qu'elle était jusqu'alors dégénère en conflit ouvert avec la Maison de Habsbourg, un combat engagé pour une mauvaise cause puisque la France s'y trouve alliée aux puissances protestantes contre les champions du catholicisme. Elle ressent profondément par ailleurs la misère du peuple, et pense que la paix seule peut redonner au pays l'ordre et la tranquillité dont il a si cruellement besoin. Elle n'hésite même pas à critiquer le cardinal dans ses comportements personnels en dénonçant au Roi le déploiement de forces et le luxe dont il s'entoure alors que des dizaines de milliers de gens meurent littéralement de faim.

Les réflexions politiques de Mademoiselle de La Fayette amusent Louis XIII plus qu'elles ne le convainquent et ce ne sont pas elles qui vont l'amener à modifier ses options, voire se séparer du cardinal. Mais il n'en demeure pas moins que les instances répétées de Louise-Angélique peuvent à la longue miner la confiance de Louis XIII à l'égard de Richelieu, et celui-ci décide, à la fin de l'année 1635, de se débarrasser d'une présence devenue dangereuse. Connaissant l'inclination profonde de la jeune fille pour le cloître, il fait agir le confesseur de Mademoiselle de La Fayette, le Père Carré, sur son esprit, afin de l'engager à prendre le voile. Louise-Angélique se laisse aisément convaincre et annonce à Louis XIII son intention d'entrer au couvent.

Le Roi est bouleversé. Il s'emploie par tous les moyens à dissuader la jeune fille, convaincu que son désir est moins l'effet d'une vocation profonde qu'une réaction devant les misères qu'on lui fait à la Cour. Car la pauvre Louise est l'objet de féroces sarcasmes. Un incident malheureux survenu dans la chambre de la Reine fait le tour des chansonniers et les délices des mauvaises langues de la Cour : Mademoiselle de La Fayette, pour avoir ri trop fort, s'est oubliée ! On s'esclaffe. Un esprit malintentionné met la chose en épigramme :

« Petite La Fayette,
Votre cas n'est pas net.
Vous avez fait pissette
Dedans le cabinet
A la barbe royale
Et même, aux yeux de tous,
Vous avez fait la sale,
Ayant pissé sous vous. »

Louis XIII console la malheureuse, combat son intention de prendre le voile. La Fayette sent sa résolution s'amoindrir. Richelieu mobilise à nouveau le Père Carré pour contrecarrer les efforts du Roi ; Saint-Simon, de son côté, est chargé d'insister auprès de Louis XIII afin qu'il ne décourage pas cette âme pure dans ses aspirations vers Dieu. Mais, en mars 1636, Louis XIII, triomphant, écrit à Richelieu, dont il ne soupçonne nullement le rôle dans cette affaire, qu'il pense avoir définitivement réussi à persuader Mademoiselle de La Fayette de rester à la Cour.

Les adversaires du cardinal, sentant l'importance de l'enjeu, unissent également leurs forces pour convaincre Mademoiselle de La Fayette de ne pas entrer en religion. Richelieu ne lâche pas prise. Cette fois le Père Carré exerce des pressions si vives sur

Louise-Angélique que la famille de la jeune fille décide de remplacer le confesseur. C'est un coup dur pour le cardinal. Plus grave, le Roi, mis au courant, apprécie médiocrement le comportement de Richelieu dans toute cette histoire. Mais le cardinal n'en a cure, il faut qu'il réussisse. Il trouve bientôt de nouveaux espions pour remplacer le bon Père dans l'entourage immédiat de Louise. Le messager dont elle se sert pour correspondre avec Louis XIII est un agent du cardinal. Sur instruction de Richelieu, cet homme utilise ses hautes fonctions pour susciter de petites brouilles entre les deux amants en déformant certains propos, certaines attitudes. La Fayette pleure, le Roi la console. Pendant tout l'été 1636, Richelieu fait pleuvoir sur la malheureuse des tombereaux de pamphlets et d'épigrammes. A la longue, les nerfs de Louise-Angélique n'y résistent pas et, à l'automne, elle annonce à nouveau sa résolution d'entrer en religion.

Louis XIII est atterré. Au milieu de toutes les déceptions que lui réservent les opérations militaires en cette triste année 1636, c'est peut-être l'intention de Mademoiselle de La Fayette de s'enfermer au couvent qui le touche le plus cruellement. Convenablement chapitré par son propre confesseur, le Père Caussin, qui lui aussi prend ses ordres auprès de Richelieu, le Roi se résigne ; il ne s'opposera pas, cette fois, à la vocation de Louise : « Il est vrai que je l'aime et que je la tiens bien chère pour sa vertu » avoue-t-il à son confesseur, « mais si Dieu l'appelle en religion, je n'y mettrai point d'empêchement, et si je savais que ma présence y fît quelques obstacles, je m'en irais à cette heure et ne la reverrais plus. »

Louis XIII, cependant, tient à Mademoiselle de La Fayette, et s'ingénie à retarder le moment de la séparation. Par maladresse, il va au contraire la hâter. Un changement subit dans l'attitude de Louis XIII à l'égard de Louise en est la cause. Le Roi, dont l'amitié, pour vive qu'elle fût, était jusque-là restée platonique, invite tout à coup l'amie de cœur à s'établir à Versailles, dans le rendez-vous de chasse qu'il affectionne particulièrement et où il vient de réaliser d'importants aménagements. Louis XIII entend-il par là proposer à Mademoiselle de La Fayette de devenir sa maîtresse ? C'est ainsi, en tout cas, que Louise l'interprète. Sentant le sol se dérober sous ses pas, elle informe le Roi de son intention irrévocable de prendre le voile dans les plus brefs délais. Le 8 mai 1637, Louis XIII s'incline devant cette résolution. Le 19 mai, Mademoiselle de La Fayette prend congé de la Reine, puis du Roi, et entre au couvent Sainte-Marie-de-la-Visitation, rue Saint-Antoine à Paris.

La nuit du 5 décembre

Le départ de Louise-Angélique laisse un vide. L'étoile de Saint-Simon avait bien pâli, et Richelieu, constatant le goût que Louis XIII avait manifesté pour les femmes, constatant aussi que Mademoiselle de Hautefort, toujours présente en coulisse, s'apprêtait à remettre la main sur la faveur royale maintenant que sa rivale était partie, cherche à pousser un nouveau pion en la personne de Mademoiselle de Chémerault. Mais, dans un billet daté du 4 juin 1637, Louis XIII fait savoir à Richelieu qu'il n'entend pas remplacer Mademoiselle de La Fayette par Mademoiselle de Chémerault : « Si j'avais à aimer quelque personne, j'aimerais mieux à essayer à me raccommoder avec Hautefort qu'avec quelque fille que ce soit à la Cour, mais n'étant pas mon intention de m'engager à jamais avec personne, comme je vous ai dit ci-dessus, et encore l'ayant promis à La Fayette, à laquelle je n'ai jamais manqué de parole, ni elle à moi, je persisterai jusqu'à la mort dans ledit dessein de ne m'engager à personne. » La suite était prévisible : dans les semaines qui suivent, Mademoiselle de Hautefort retrouve son influence d'autrefois.

Louis XIII, pour autant, n'oublie pas Louise-Angélique. Chaque fois qu'il est à Paris, il va lui rendre visite au couvent de la Visitation, où tous deux versent des larmes abondantes en s'entretenant, pendant des heures, au parloir. Toujours dévouée à l'Espagne et à l'Autriche, Mademoiselle de La Fayette continue d'essayer de détacher Louis XIII du cardinal et de la politique qu'il incarne pour le rapprocher d'Anne d'Autriche. Si les efforts qu'elle déploie sur le premier point restent sans effet apparent, elle connaît plus de succès pour le second, et l'on s'accorde à considérer qu'elle est directement à l'origine de la conception, dans la nuit du 5 au 6 décembre 1637, de l'héritier si longtemps attendu, le futur Louis XIV.

Le 5 décembre 1637, Louis XIII se rend auprès de Louise-Angélique. Le soir tombe, et le moment vient de se quitter. Il pleut à verse. Le Roi, qui avait décidé de s'en aller coucher à Saint-Maur où tous ses bagages ont déjà été envoyés, ne veut rien changer à ses projets. Comme le temps se gâte de plus en plus et malgré l'obstination de Louis XIII à vouloir gagner Saint-Maur, son capitaine des gardes, à force de maugréer, finit par obtenir que l'on reste à Paris. Mais où dormir puisque le lit et les affaires personnelles du Roi sont partis pour Saint-Maur ? Il y a une solution, rétorque le capitaine : au Louvre, dans la chambre de la Reine, qui ne refusera sûrement pas l'hospitalité. Louis XIII proteste, Louise de La Fayette joint ses prières à celles du capitaine des gardes ; le Roi cède. Le voici maintenant au Louvre, où il dîne en compagnie de la Reine tandis qu'un mystérieux messager fait le tour des églises et des couvents de Paris afin que s'élèvent vers le ciel les prières les plus ferventes en vue de la conception d'un Dauphin. Et le miracle se produit. Le Roi passe la nuit avec Anne d'Autriche ; six semaines plus tard, on pourra officiellement annoncer que la Reine est enceinte.

Le vœu de Louis XIII
et les intrigues du Père Caussin

La religion tient beaucoup de place au cours de ce mois de décembre 1637.

Le 10 décembre, un vœu à la Vierge, rédigé par le Père Joseph et par Richelieu, est mis à la signature de Louis XIII. Par ce vœu, le Roi déclare que le royaume de France est tout spécialement consacré à la Vierge, avec la personne du Roi, l'État, l'ensemble de ses sujets, afin de « nous inspirer une si sainte conduite, défendre avec soin ce royaume contre l'effort de nos ennemis que, quoi qu'il souffre le fléau de la guerre ou jouisse des douceurs de la paix, il ne sorte point des voies de la grâce qui conduisent à celles de la gloire ». Quand on apprendra la grossesse d'Anne d'Autriche, Louis XIII, le 10 février 1638, renouvellera son vœu en y ajoutant des prières spéciales pour la naissance d'un héritier.

Le mois de décembre 1637 est peut-être aussi le moment où les adversaires de Richelieu ont été le plus près d'obtenir sa disgrâce, à la faveur de ce qu'il est convenu d'appeler le complot du Père Caussin.

Le départ de Louise-Angélique de La Fayette de la Cour a rouvert à Mademoiselle de Hautefort le cœur du Roi. Passion assagie, qui n'en est que plus dangereuse pour le cardinal car l'impérieuse Marie de jadis a cédé la place à une jeune femme enjouée et d'humeur vive, trop entière pour se laisser manœuvrer, et dont l'attachement à l'égard d'Anne d'Autriche est sans faille. Elle prend fait et cause pour la Reine accusée de complot, et l'idée d'être celle par qui le cardinal pourrait un jour perdre le pouvoir aiguillonne sa résolution. Bref, elle constitue pour Richelieu un danger mortel, dont le cardinal ne saisit apparemment pas d'emblée toute l'étendue. Autour de Mademoiselle de Hautefort, une conjuration d'autant plus redoutable qu'elle est discrète et feutrée, cachée sous le masque de la dévotion, se donne pour but d'abattre Richelieu. Elle comprend notamment Louise-Angélique, dont l'influence, on l'a vu, continue de s'exercer même du fond de son couvent, Gaston d'Orléans l'éternel comploteur, le comte de Soissons qui hait le cardinal depuis la campagne de Corbie. Mais la cheville ouvrière du complot est un curieux personnage, pas très équilibré, parvenu grâce à Richelieu à accéder aux fonctions de confesseur du Roi, et qui se croit assez fort, une fois installé dans les bonnes grâces de Louis XIII, pour ruiner le cardinal dans l'esprit du souverain et, pourquoi pas, le remplacer un jour à la tête du gouvernement ; cet homme est le Père Caussin.

Les mauvaises nouvelles en provenance de l'armée, la flambée de révoltes qui parcourt des provinces entières, autant d'occasions qui permettent au Père Caussin d'agir sur l'âme inquiète et scrupuleuse de Louis XIII. Le Roi l'écoute ; comme il sait bien que ce genre de conversations ne plairait pas à Richelieu, il imagine, pour justifier les interminables heures qu'il passe en tête à tête avec son confesseur, de faire semblant de composer en sa compagnie de petits offices en latin. Voici treize ans que Richelieu est le premier ministre de Louis XIII ; et celui-ci, aujourd'hui, se sent obligé de chercher de pauvres subterfuges pour s'entretenir, à l'insu du cardinal, avec son confesseur d'affaires politiques ou religieuses ! Manifestement, l'ancienne confiance entre Louis XIII et Richelieu appartient désormais au passé.

Entre Richelieu et le Roi, rien ne va plus

Le malaise a commencé en 1636 lorsque, dans l'affolement qui a suivi la perte de Corbie, le cardinal s'est montré, pendant quelques jours, inférieur à sa tâche. Louis XIII a reçu cette révélation comme un choc, et de ce moment-là, il a pris conscience que l'homme qui le servait avec un tel dévouement était un individu comme les autres, avec ses faiblesses et ses défauts. C'est comme un masque qui tombe. Aux yeux du Roi, le cardinal a perdu son prestige surhumain, son charisme, son étoffe de personnage d'exception. Louis XIII discerne désormais toutes les mesquineries de Son Éminence, les petits côtés de son caractère, son ambition, sa vanité, son besoin de paraître. Il est clair que la présence même de Richelieu lui devient parfois physiquement insupportable. De plus en plus, Louis XIII s'interroge sur le bien-fondé de la politique du cardinal, non pas tant sur ses objectifs, qu'il partage, mais sur ses méthodes et sur les moyens de basse police que Richelieu, bien souvent, utilise pour parvenir à ses fins.

Il n'est pas exclu, non plus, que l'attitude du cardinal à l'égard d'Anne d'Autriche et les ragots colportés sur l'amour que Richelieu nourrissait à l'égard de la Reine aient également joué leur rôle dans l'antipathie croissante que Louis XIII éprouve à l'égard de son ministre. Ils vont en tout cas servir comme une arme entre les mains du Père Caussin.

Richelieu a toujours été accusé d'avoir un faible à l'égard d'Anne d'Autriche, mais l'affaire prend une dimension nouvelle dans les mois qui précèdent la découverte du complot de la Reine. A l'origine, un incident qui se produit à l'automne 1636 aux Tuileries. Ce jour-là, le carrosse de la Reine et celui du cardinal se croisent. « Arrête, cocher » crie Richelieu au cocher de la Reine, qui obéit. Anne d'Autriche lui ordonne de repartir. Le cardinal demande alors à la Reine s'il ne la sert pas assez bien pour qu'elle daigne l'entendre quand il a quelque chose à lui dire. La Reine lui fait répondre par l'écuyer qui l'accompagne qu'il peut venir chez elle quand il le souhaite, que la rue n'est pas un lieu de conversation et que son carrosse « n'arrête que pour le Roi ». L'opinion publique donne raison à Anne d'Autriche.

En août 1637, voici la Reine soupçonnée d'intelligences avec l'Espagne. Son fidèle serviteur La Porte est arrêté, le couvent du Val-de-Grâce fouillé ; Anne d'Autriche nie farouchement avoir eu la moindre activité interdite. Mise en cause, elle contre-attaque avec énergie. Elle demande à son confesseur, le Père Fernandez, de lui amener le Père Caussin ; au confesseur du Roi, elle laisse entendre qu'elle est victime d'une machination montée de toutes pièces par le cardinal pour se venger de la blessure que l'incident des Tuileries a infligée à sa vanité. L'écuyer de la Reine, le sieur Patrocle, colporte la même histoire dans les coulisses de la Cour, qui s'en délecte.

Finalement, nous le savons, Anne d'Autriche, à bout de nerfs, s'effondre quelques jours plus tard, reconnaît qu'elle correspondait avec l'ennemi et dévoile tous les détails de la conjuration. Mais les propos qu'elle et Patrocle ont tenus sur Richelieu laissent des traces chez les courtisans et même dans l'esprit du Roi ; nous en avons la preuve. Le cardinal, en effet, a rédigé sur l'affaire du complot de la Reine une relation soigneusement conservée dans une cassette où on l'a retrouvée après sa mort. Voici ce qu'on peut notamment y lire :

« La Reine, auparavant cette découverte [celle du complot] prenait plaisir à faire croire ou laisser croire à diverses personnes dans le monde qu'elle avait à souffrir du cardinal pour des raisons semblables *ou pires* que celles que disait Patrocle, toutes fausses comme celles qu'il mettait en avant, ainsi qu'il plut à ladite dame Reine le reconnaître par une lettre écrite au cardinal, sur la permission qu'il lui fit demander par Monsieur de Chavigny de se pouvoir justifier des calomnies qu'on lui mettait à sus. »

On n'a malheureusement pas retrouvé cette lettre qu'Anne d'Autriche aurait écrite à Richelieu pour le disculper. Elle nous aurait permis de savoir ce que contenaient au juste les propos répandus par l'entourage de la Reine : s'agissait-il uniquement de l'incident de l'automne 1636, comme l'insinuait Patrocle, ou faut-il deviner dans les raisons *pires* qu'évoque le cardinal l'accusation d'avoir manqué de respect à la Reine, de lui avoir carrément fait une déclaration d'amour ? C'est d'ailleurs à cette époque que se situe la sarabande endiablée que Richelieu danse pour la Reine dans l'espoir de la séduire.

Quoi qu'il en soit, le climat qui s'est créé autour des relations embrouillées de Richelieu avec Anne d'Autriche ne contribue guère à améliorer l'image du cardinal dans l'esprit du Roi. Que Louis XIII n'aime pas sa femme est une chose ; qu'un autre la convoite n'en est pas moins intolérable pour son orgueil, qu'il s'agisse de Richelieu aujourd'hui comme autrefois de Buckingham.

Pendant tout l'automne 1637, on peut nettement percevoir la dégradation continue des rapports entre Louis XIII et le cardinal. Les déboires de la politique extérieure blessent la fierté du Roi. Le cardinal lui paraît peu ou prou responsable de l'échec enregistré en Lorraine ; Louis XIII ressent comme une humiliation personnelle le fait de n'avoir pas réussi, faute de forces suffisantes, à mater la révolte de cette province qu'il considère comme intégrée au royaume. Entre le souverain et son ministre on n'échange plus que des courriers administratifs, des missives dénuées de cette note de chaleur et d'attachement qui caractérise les correspondances d'autrefois. Combien de temps ce vieux couple va-t-il encore résister à l'usure des années et des sentiments ?

Le complot du Père Caussin

Les visites du souverain à Louise-Angélique de La Fayette se font de plus en plus fréquentes. Auprès d'elle, le Roi trouve le réconfort que réclame sa morosité. Le Père Caussin, patiemment, tisse sa toile, attendant le moment favorable pour porter le coup décisif. La nuit du 5 décembre lui paraît-elle le signe tant espéré de la divine Providence ? Toujours est-il qu'il demande à Louis XIII une audience particulière pour l'entretenir seul à seul d'affaires de la plus haute importance.

L'entrevue a lieu le 8 décembre. D'entrée de jeu, le Père Caussin se lance dans un violent réquisitoire, systématique et circonstancié, contre Richelieu, adjurant le Roi de se rappeler tout ce qu'il doit aux siens. Il sait comment toucher Louis XIII au défaut de la cuirasse : par les sentiments de piété filiale du Roi, par l'évocation du sort de sa mère, cette malheureuse Marie de Médicis, toujours réfugiée dans son triste exil de Bruxelles ; c'est un sujet de remords lancinant pour Louis XIII. Ménageant ses effets, le Père Caussin lui tend une lettre que Marie de Médicis lui a fait parvenir secrètement. Le Roi est profondément ému. Le Père pousse ses avantages : après tant d'années, suggère-t-il, le pardon ne devrait-il pas effacer les griefs passés, ouvrir la voie d'une réconciliation de la mère et du fils ? Louis XIII demande à réfléchir.

Le lendemain 9 décembre, le Roi revoit le Père Caussin. Il lui déclare qu'il est convaincu de la nécessité de changer de cap, d'adoucir le sort du pauvre peuple, de rétablir la concorde dans la famille royale. « Je vois le désordre que vous m'avez représenté », lui dit-il. « Je reconnais l'obligation que j'ai d'y remédier. » Le Père Caussin se frotte les mains. Il croit avoir gagné. Mais les choses ne sont pas si faciles que cela. Une longue collaboration avec Richelieu, le souvenir des luttes menées côte à côte, le caractère de plus en plus impérieux et acariâtre du cardinal, rendent difficile au Roi de balayer d'un simple revers de main treize années de vie commune. Comment faire ? Humblement, Louis XIII avoue son embarras : « Il est bien vrai que j'ai de la peine à le dire à Monsieur le cardinal. » Le Père Caussin pourrait peut-être l'aider ? « Si vous voulez lui proposer la chose en ma présence, j'appuierai tout ce que vous direz et j'espère que cela profitera. » Que le Père aille donc à Rueil trouver le cardinal, et prépare la visite que le Roi compte lui rendre ensuite.

Le Père Caussin ne se dérobe pas. Il se rend auprès de Richelieu, lui parle. Le cardinal écoute, glacial, sans rien trahir de ses sentiments, le plaidoyer chaleureux du Père sur la nécessité de rétablir la paix, de remédier aux misères du peuple et de rappeler la Reine-Mère. Le Père Caussin a terminé ; il attend maintenant les réactions de Richelieu. Interloqué, il entend le cardinal, en guise de réponse, se lancer dans un grand discours sur... « l'esprit et l'artifice des femmes » ! Caussin n'y comprend goutte. Il ne peut évidemment deviner que Richelieu, une fois encore parfaitement renseigné, n'ignore pas un mot des entretiens qu'il a eus avec Louis XIII. Prompt à déjouer la manœuvre, le cardinal a fait parvenir au Roi une lettre dans laquelle il lui déclare : « Sire, sachant, il y a près de deux ans, que le Père Caussin a témoigné à diverses personnes que Votre Majesté tenait mes services à importunité, j'attendais avec grande impatience l'établissement d'une bonne paix parce que ça a toujours été l'unique fin qui s'est proposée en la guerre, que parce que aussi c'était le vrai temps, justement, auquel, offrant à Votre Majesté de me rendre misérable pour la rendre contente, je pouvais lui donner la dernière et la plus assurée preuve qu'un sujet puisse rendre à son prince de l'excès de sa passion. » Offrant par conséquent sa démission, le cardinal concluait sa lettre sur ces quelques mots : « S'il [le Père Caussin] a mieux pénétré vos intentions que moi, j'estimerais être coupable si je ne cherchais de rendre mon absence agréable, lorsque ma présence ne pourrait vous être utile. »

Voilà justement Louis XIII qui se fait annoncer. Richelieu demande au Père Caussin de le laisser en tête à tête avec le Roi. Ce n'est pas ce qu'attendait le bon Père, mais, subissant l'ascendant du cardinal, il s'exécute. Dès l'arrivée de Louis XIII, Richelieu se lance dans une réfutation méthodique des accusations qui ont été portées contre lui. Il fait appel à toutes les ressources de la théologie et du droit canon pour combattre point par point les arguments développés par le Père Caussin. La guerre contre les Habsbourg est une guerre juste, insiste-t-il, déclenchée et conduite dans le respect du droit. Quant à Marie de Médicis, il rappelle à Louis XIII, qui le sait bien au fond de lui-même, que la Reine-Mère est possédée du démon de l'intrigue et que son retour en France signifierait le recommencement immédiat des brouilleries et des complots dont elle a le génie.

Louis XIII est de nouveau sous la coupe du cardinal. Il est totalement convaincu, mieux même, il est repris sous le charme. Et le Père Caussin ? Le Roi ne voit plus la nécessité de lui parler, puisque la cause est entendue. Richelieu fait dire au Père, qui se morfond dans la pièce à côté, de regagner Saint-Germain-en-Laye, où le Roi lui annoncera lui-même ses intentions. De retour à Saint-Germain, Louis XIII reçoit en effet le Père Caussin. Qu'il se rassure : Richelieu ne lui tient pas rigueur de ses propos ; le cardinal pousse même la grandeur d'âme jusqu'à accepter qu'il conserve ses fonctions de confesseur du Roi, à condition qu'il se rallie à sa politique. Caussin s'y refuse, déclarant qu'il ne saurait trahir ce que sa conscience lui dicte. Le lendemain, le Père reçoit une lettre de cachet lui ordonnant de s'exiler à Rennes.

UN CARDINAL SANS LIMITES

Une fois encore, le complot a échoué. Les conjurés ont perdu, avec le Père Caussin, un auxiliaire précieux ; tout est à refaire. Le comte de Soissons laisse éclater son dépit et sa colère. Mais la victoire remportée par Richelieu ne rend le cardinal ni plus amène, ni plus diplomate. Au contraire. Son arrogance semble ne plus connaître de bornes. Ne donne-t-il pas l'impression de vouloir faire entrer les siens dans la famille royale elle-même ? Les mauvaises langues l'accusent de songer très sérieusement à marier sa nièce, Madame de Combalet, veuve depuis plusieurs années, au frère du Roi de France, Gaston d'Orléans soi-même. Certes, le prince d'Orléans est l'époux de Marguerite de Lorraine et la Cour de Rome s'obstine à affirmer la validité de ce mariage en tant que sacrement. Mais les mauvaises langues disent aussi que le cardinal de Richelieu est homme de ressources, et que s'il le voulait, il trouverait bien le moyen de rendre sa liberté à Monsieur afin de lui permettre de convoler en justes noces avec sa nièce. De fait, Gaston d'Orléans reçoit Madame de Combalet pendant tout l'été 1637 dans sa résidence de Blois. Serait-ce l'indice d'une idylle ? La perspective ne semble pas enchanter Richelieu si l'on en croit la lettre qu'il écrit peu après à Gaston : « Je ne sais si je dois me réjouir et vous remercier de l'honneur qu'il a plu à Votre Altesse de faire à ma nièce, étant en doute si c'est parce que vous croyez qu'elle puisse devenir telle que vous avez jusque ici témoigné désirer les dames, ou parce que vous commencez à faire cas des femmes de bien. » Cette phrase aux limites de l'insulte ne paraît pas témoigner d'un furieux désir chez le cardinal de voir Madame de Combalet devenir princesse d'Orléans.

Plus modestement, Richelieu obtient du Roi que la terre d'Aiguillon autrefois donnée à Puylaurens [3] soit enlevée à ses héritiers et érigée en duché au profit personnel de Madame de Combalet. Voici celle-ci devenue pour l'histoire Madame la duchesse d'Aiguillon. Afin que nul n'en ignore, Louis XIII, en signant les lettres patentes qui confèrent à la nièce du premier ministre sa nouvelle dignité, ne manque point de signaler que ce signe de faveur n'a d'autre objet que de récompenser « les grands et signalés services que nous a rendus, à nous et à cette couronne, notre cher et bien-aimé cousin, le cardinal de Richelieu ». L'acte est daté du 1er janvier 1638.

Ainsi s'achève cette année 1637 où le mauvais sort semble s'être ingénié à multiplier les menaces et les périls de toute nature qui ont bien failli faire voler en éclats l'œuvre entreprise par Richelieu. L'année nouvelle s'engage au contraire sur une note d'espérance. Dès la mi-janvier, la rumeur qui commençait à courir est confirmée : Anne d'Autriche est enceinte. Le 5 septembre 1638 naîtra l'enfant du miracle, le Dauphin tant espéré, Louis-Dieudonné, le futur Louis XIV. La paix, certes, se dérobe au rendez-vous, et la France va devoir continuer à se battre sur tous les fronts. Mais les succès, cette fois, l'emportent sur les échecs, et les deux années 1638 et 1639 apparaîtront après coup comme les années cruciales du grand tournant qui verra la balance des armes, lentement mais inexorablement, s'infléchir en faveur de la France.

---

3. Il est mort en 1635, quelques mois seulement après son mariage avec Mademoiselle de Pontchâteau.

CHAPITRE XXII

Le grand tournant

RHEINFELDEN

L'année 1638 s'ouvre sur l'éclatante victoire remportée par Bernard de Saxe-Weimar à Rheinfelden. Remontant la vallée du Rhin depuis l'Alsace, Bernard s'était donné comme objectif de prendre toutes les villes-têtes de pont qui s'échelonnent sur le cours supérieur du fleuve. La plus importante, Rheinfelden, était solidement gardée par Jean de Werth, le redoutable capitaine qui avait tant fait trembler Paris en 1636. Bernard de Saxe-Weimar lui donne l'assaut, mais l'attaque échoue ; au soir du 28 février 1638, Jean de Werth crie victoire. Dans le camp des Impériaux, on se réjouit et l'on festoie, remettant à plus tard la poursuite du vaincu, lorsque celui-ci, au moment où on l'attendait le moins, reparaît brusquement, tombe à bras raccourcis sur les troupes complètement désorganisées de Jean de Werth, fait main basse sur la ville, s'empare d'un nombre considérable de prisonniers et, capture de choix, s'assure de la personne de Jean de Werth lui-même. Le 2 mars 1638, Bernard de Saxe-Weimar, avant-hier battu, aujourd'hui auréolé de la gloire d'un triomphe total, mande à Paris la prise de Rheinfelden et l'envoi de Jean de Werth dans une solide cage de fer.

Exploitant son succès sans désemparer, Bernard se dirige aussitôt vers Fribourg-en-Brisgau qu'il assiège ; la place capitule le 11 avril. Une seule ville échappe encore au contrôle qu'il a établi sur la haute vallée du Rhin, Brisach, située dans le pays de Bade, face à l'Alsace. Il s'agit d'un point stratégique essentiel au croisement de deux grandes voies de passage, est-ouest entre la France et l'Allemagne, et nord-sud entre l'Europe du Nord-Ouest et l'Italie. La bataille pour Brisach devient l'un des enjeux-phares de la campagne. La ville est très fortement gardée par des troupes impériales solides et bien équipées ; le siège qu'entame Bernard de Saxe-Weimar sera l'un des plus durs et des plus longs — huit mois — de la guerre.

Place aux diplomates

En dehors des opérations menées en Alsace, les premiers mois de l'année 1638 sont surtout occupés par les efforts de la diplomatie en vue de trouver une solution pacifique au conflit. Entre Madrid et Paris, les contacts n'ont jamais vraiment cessé, mais en février 1638, l'agent officieux du gouvernement français en Espagne, le baron de Pujols, se croit en mesure de transmettre des indications encourageantes sur les intentions d'Olivares. On convient d'accueillir en France un émissaire personnel du premier ministre espagnol, Miguel de Salamanque, que recevra Richelieu lui-même en tête à tête. La rencontre entre Miguel de Salamanque et le cardinal se déroule dans des conditions romanesques à souhait, en pleine nuit, au fond d'une église de Compiègne. Après avoir échangé les banalités d'usage, les deux interlocuteurs abordent le vif du sujet, c'est-à-dire les conditions de paix. Mais tout de suite, on bute sur les obstacles. Le premier est la Lorraine ; Richelieu veut la garder, l'Espagne n'entend à aucun prix en déposséder son propriétaire légitime, le duc de Lorraine. Le deuxième est le Brésil, colonie portugaise passée sous l'autorité espagnole lorsque le Portugal a été rattaché à la couronne de Madrid ; les Hollandais s'en sont emparés quelques mois plus tôt, et l'Espagne, hors d'état de récupérer par les armes le territoire perdu, entend bien en obtenir la restitution à la table des négociations ; Richelieu, solidaire des Hollandais, n'a aucun moyen et probablement aucune intention non plus de s'engager pour eux à rendre le Brésil au Roi d'Espagne. L'entrevue, dans ces conditions, ne pouvait aboutir qu'à un constat des divergences qui séparent les deux camps. Miguel de Salamanque regagne Madrid, portant à Olivares le témoignage de l'intransigeance du cardinal.

Celui-ci se sent d'autant plus fort qu'il a le vent en poupe sur le plan diplomatique. L'entrevue de Compiègne a lieu au mois de mai. Deux mois plus tôt, en mars 1638, une habile négociation avec les Suédois a abouti à la signature du Traité de Hambourg. L'accord renouvelle l'alliance de la France et de la Suède pour une durée de trois ans. En échange d'un subside annuel d'un million de livres versé par le gouvernement royal, celui-ci obtient l'engagement formel de la Suède de ne conclure aucune paix séparée. Les deux partenaires sont d'accord pour coordonner beaucoup plus étroitement que par le passé les efforts de leurs armées respectives. Les Suédois, solidement établis en Poméranie, lanceront une vigoureuse offensive contre les États héréditaires de la Maison d'Autriche en passant par la Saxe, dont l'Électeur est devenu l'allié de l'Empereur. La France, quant à elle, promet d'attaquer l'Autriche à partir des positions qu'elle tient en Alsace.

Une négociation parallèle s'est engagée avec l'Angleterre. Les rapports avec Londres ne sont pas faciles, car Charles Ier s'inquiète d'un excessif développement de la puissance française sur le continent, et bien plus encore sur la mer. Les succès de la marine royale ne sont évidemment pas pour lui plaire. Au surplus, le souverain est l'objet d'une pression permanente de la part de sa femme.

Henriette d'Angleterre, la dernière fille d'Henri IV et de Marie de Médicis, est la préférée de sa mère et, dans l'interminable querelle qui oppose celle-ci au cardinal et à Louis XIII, elle se tient résolument aux côtés de Marie. Faute de la voir, dans l'immédiat, rentrer en France, elle voudrait que sa mère abandonne au moins son exil de Bruxelles pour venir la rejoindre à Londres. Après avoir longtemps résisté, Marie de Médicis finit par se rendre aux instances de sa fille. Depuis que le Cardinal-Infant a succédé à l'Infante Claire-Isabelle-Eugénie à la tête du gouvernement des Pays-Bas espagnols, les relations avec les autorités de Bruxelles sont moins confiantes que par le passé ; la pension versée par Madrid à la Reine-Mère est payée de plus en plus irrégulièrement, et les menues tracasseries se multiplient, montrant à l'évidence qu'aux yeux du Cardinal-Infant, Marie de Médicis est plus encombrante que réellement utile. La Reine-Mère se décide à partir. Le 10 août 1638, sous couleur d'aller prendre les eaux dans la région de Spa, elle quitte Bruxelles pour gagner la Hollande. Départ un peu cavalier vis-à-vis d'un pays qui lui a donné asile, aide et protection depuis sa fuite de Compiègne, le 19 juillet 1631, soit plus de sept ans auparavant. Marie de Médicis ne fait que traverser la Hollande, et le mois d'octobre 1638 la trouve en Angleterre, où sa fille et son gendre lui accordent une chaleureuse hospitalité.

Tout cela n'empêche point Charles Ier de rechercher un rapprochement avec la France. Il essaiera bien de convaincre Louis XIII d'autoriser Marie de Médicis à rentrer à Paris. Devant le peu de succès de son initiative, Londres se gardera d'insister.

Charles Ier voudrait surtout pouvoir compter sur la bonne volonté de la France à son égard dans le conflit qui l'oppose à ses sujets écossais ; l'Écosse puritaine s'insurge en effet contre l'intention de Charles Ier de lui imposer la tutelle de l'Église anglicane ; Richelieu pouvant être tenté d'aider en sous-main les Écossais, le gouvernement de Londres s'efforce d'obtenir une promesse de neutralité de Paris.

Le Roi Charles suit d'autre part avec vigilance les progrès accomplis par la coalition hollando-française aux Pays-Bas espagnols. Quel risque représenterait pour l'Angleterre un partage entre la France et les Provinces-Unies des dépouilles espagnoles ! Richelieu se montre tout disposé à discuter de ce sujet de manière positive avec le gouvernement anglais. Il promet que la France ne s'installerait éventuellement dans les territoires conquis aux Pays-Bas espagnols qu'avec l'accord de Londres. Il évoque la possibilité, dans cette hypothèse, de céder Dunkerque à la couronne britannique, à moins que Charles Ier ne préfère la création entre la Hollande et la France d'un État-tampon — curieuse préfiguration de la Belgique actuelle. Richelieu propose également à Londres d'assurer en commun la police de la Manche, au moyen de 30 vaisseaux de haut bord qui auraient mission d'interdire le passage aux flottes espagnoles. Charles Ier, alléché, hésite cependant à s'engager dans une alliance formelle avec la France. Le cardinal, qui n'éprouve aucune sympathie pour le Roi d'Angleterre et connaît, par ses agents de renseignement, la fragilité croissante du régime de Londres, n'en est pas autrement fâché, et se satisfait d'avoir écarté tout risque de voir l'Angleterre incliner vers l'Espagne.

Au total, c'est dans un climat beaucoup plus confiant que Richelieu aborde la campagne de 1638.

Les opérations militaires de 1638

A l'exception de la région du Rhin où les opérations se sont prolongées tout au long de l'hiver, les autres fronts commencent à s'animer plus tard que d'habitude. Richelieu a voulu attendre les résultats de son entrevue avec Miguel de Salamanque. Il s'est efforcé, aussi, de parfaire la préparation technique de la campagne. Il a toutes les raisons d'être fier. Le Roi de France dispose de cinq puissantes armées en plus de celle de Bernard de Saxe-Weimar. L'équipement des troupes a été mis en place avec un soin extrême, les services de l'intendance ont gagné en efficacité, enfin, la valeur opérationnelle d'unités comprenant des soldats qui en sont parfois à leur quatrième année de guerre est incomparablement meilleure qu'au début du conflit. La seule faiblesse des armées françaises, mais elle est de taille, réside, encore et toujours, dans la mauvaise qualité du commandement. La plupart des chefs sont vieillis, tels le duc d'Angoulême ou le maréchal de La Force, d'autres sont des incapables, comme le marquis de Brézé qui, lorsque la belle saison arrive, se montre plus impatient d'aller manger les melons de sa propriété que de marcher à la tête de ses troupes.

La médiocrité de l'encadrement va être responsable des résultats parfois très décevants obtenus par la France.

Des forces importantes avaient été massées en Picardie. Elles devaient mener contre les Pays-Bas espagnols une attaque frontale. Le marquis de Brézé, qui les commande avec le maréchal de Châtillon, n'a d'autres titres à ces hautes fonctions que le fait d'être apparenté au cardinal. Saint-Omer est assiégé, mais les opérations s'enlisent, la discipline se relâche, la dysenterie apparaît dans les rangs français. Le 8 juin, le prince Thomas de Savoie, au service des Espagnols, réussit à introduire dans Saint-Omer un secours important. Piccolomini le rejoint bientôt. Ensemble, ils forcent l'armée royale à la retraite. Le marquis de Brézé est remplacé par le maréchal Du Hallier, qui reprend les troupes en main et s'en va mettre le siège devant Le Catelet, place forte de la frontière de Picardie restée aux mains des Espagnols depuis 1636. Au lieu de l'offensive attendue, les opérations se réduisent ainsi à une guerre de siège qui ne se déroule même pas en territoire espagnol, mais sur le sol de France. Au nord, les Hollandais ne sont pas plus heureux et doivent lever le siège d'Anvers.

Sur le front d'Alsace, tous les regards sont braqués sur Brisach, dont Bernard de Saxe-Weimar poursuit le siège avec détermination. Bernard a reçu d'importants renforts pour lui permettre de résister aux armées de secours que l'Empereur et le duc de Bavière mobilisent afin de briser l'investissement de la ville. Pendant l'été et l'automne 1638, il soutient victorieusement les assauts lancés contre ses lignes et repousse l'une après l'autre toutes les tentatives adverses.

En Italie, en revanche, les revers l'emportent sur les succès. L'un des rares bons généraux dont disposait Richelieu, le maréchal de Créqui, est tué. Peu après, l'armée française perd Verceil et le Montferrat est envahi. Christine de Savoie, qui exerce la régence au nom de son jeune fils François-Hyacinthe depuis la mort, le 8 septembre 1637, de Victor-Amédée, est une femme autoritaire et impulsive qui se rend vite impopulaire ; se gouvernant au hasard des orientations politiques de ses amants, elle fait le jeu de ses beaux-frères, le prince Thomas et le cardinal Maurice de Savoie, tous deux favorables à l'Espagne. Or, en octobre 1638, le petit duc François-Hyacinthe disparaît subitement ; il laisse, il est vrai, un frère cadet qui lui succède, mais le testament de Victor-Amédée, qui avait attribué la régence à Christine jusqu'à la majorité de François-Hyacinthe, n'avait pas envisagé l'hypothèse de la mort prématurée de ce dernier. Du coup, Thomas et Maurice contestent la prétention de Christine à exercer une seconde régence. Ils sont aimés dans la population, et le gouverneur espagnol du Milanais les soutient. Pendant ce temps, Christine supporte de plus en plus mal la tutelle de Richelieu. Elle voit en lui le diviseur de la famille royale. Et puis, le cardinal lui fait tenir un peu rudement des conseils sur la manière de gouverner. Christine se braque, refuse de laisser mettre des garnisons françaises dans les principales forteresses de ses

États. Richelieu s'attend au pire. A la fin de l'année 1638, les positions des armées françaises opérant en Italie du Nord apparaissent singulièrement fragiles et menacées.

Un quatrième front avait été ouvert à l'ouest des Pyrénées. Après l'évacuation, l'année précédente, de Saint-Jean-de-Luz par les armées de Madrid, les forces antagonistes étaient revenues se fixer sur la frontière. Richelieu avait préparé pour le printemps de 1638 une audacieuse opération combinée, par mer et par terre, qui devait porter la guerre en Pays Basque espagnol. La partie maritime de l'opération réussit brillamment. Le cardinal de Sourdis surprend la flotte espagnole basée à proximité de Saint-Sébastien et la disperse dans la rade de Guétary le 22 août. Un important corps expéditionnaire débarque pour donner la main aux colonnes qui, sous les ordres conjoints du prince de Condé et du duc de La Valette, ont percé les lignes espagnoles de la frontière et sont venues mettre le siège devant Fontarabie.

Fontarabie

Prise en tenaille, Fontarabie est assiégée. La ville ne paraît pas en mesure d'offrir une longue résistance. Les murailles sont médiocres et les défenseurs ne comptent guère plus de 7 000 à 8 000 hommes face à 12 000 Français. Une brèche est bientôt pratiquée dans les fortifications, l'assaut semble imminent lorsque, contre toute attente, ce sont les Espagnols qui font irruption et, dans une sortie furieuse, bousculent les assiégeants. Ceux-ci battent en retraite ; la panique s'empare des forces royales dont les chefs se montrent incapables de réagir ; les Français, finalement refoulés jusqu'à la frontière, laissent sur le terrain des centaines de morts, de blessés et de prisonniers.

La déroute de Fontarabie, le 7 septembre 1638, provoque à la Cour et dans l'opinion une vague d'indignation. Le cardinal, qui sait ce qu'il en coûte d'efforts, d'argent et de sacrifices pour mettre sur pied une expédition comme celle dont les résultats ont été gâchés en l'espace de quelques heures, est brisé par la colère et la rage. « La douleur de Fontarabie me tue », avoue-t-il à ses collaborateurs. Décidé à ne pas passer l'éponge sur les fautes commises, il invite Condé à rendre des comptes. Le prince rejette sur le duc de La Valette la responsabilité de l'échec, l'accusant de s'être opposé de toutes ses forces à ce que l'assaut soit donné alors que la majorité des officiers était d'avis d'attaquer aussitôt après l'ouverture de la brèche. La Valette, pour justifier son refus de marcher, aurait même affirmé que ses gardes étaient payés par lui-même et non par le Roi, et qu'il entendait pour cette raison ne pas les hasarder inconsidérément. Pendant la retraite, on l'aurait vu rire à gorge déployée. Était-ce, comme il le prétendait, pour faire bonne figure afin de rassurer les hommes ? N'était-ce pas plutôt en raison du bon tour joué à Condé, que sa qualité de premier prince du sang désignait comme le chef naturel de l'expédition et qui, de ce fait, portait sur ses épaules tout le poids du désastre ?

Le duc de La Valette est à son tour prié de venir se justifier, mais au lieu de regagner la Cour, il choisit de s'embarquer à destination de l'Angleterre. Le scandale est énorme. Le duc est en effet un personnage considérable, fils du duc d'Épernon, frère du cardinal de La Valette, neveu par alliance de Richelieu. Sa fuite subite le désigne comme le responsable de la déroute. Louis XIII exige que l'on instruise séance tenante le procès du coupable. Tout étant exceptionnel dans cette affaire, le Roi ordonne de porter le cas devant un tribunal extraordinaire. Le Parlement de Paris, normalement compétent pour juger le duc, est dessaisi au profit d'une commission spéciale composée de ducs et pairs, de conseillers d'État, de présidents à mortier et du doyen du Parlement, un vieux magistrat nommé Pinon.

Louis XIII préside en personne le tribunal, assisté du Chancelier Séguier. Il mène lui-même les débats. La vérité oblige à dire qu'il n'y a, en fait, aucun débat, car le rôle des juges se bornera à entendre le long monologue de Louis XIII. Se défendant d'intervenir comme juriste, le souverain dresse en sa double qualité de soldat et de Roi un réquisitoire en règle contre le duc de La Valette. « Je dirai seulement à ma manière qu'il ne s'agit ici ni de la lâcheté du duc de La Valette, ni de son ignorance dans les fonctions de sa charge. Il l'entend fort bien et a du cœur ; je l'ai vu moi-même se comporter avec courage en plusieurs rencontres : mais il n'a pas voulu prendre Fontarabie... Il n'a donc pu se conduire comme il l'a fait que par un mouvement de jalousie, qui ne peut être justifié par aucun prétexte. » Les membres de la commission extraordinaire n'avaient pas grand-chose à ajouter. Pour le Roi, l'attitude du duc mérite une seule sentence : la mort. Pinon, que le monarque presse de donner son opinion, répond avec une respectueuse ironie : « Sire, puisque Votre Majesté me l'ordonne, je suis de l'avis des conclusions. » Il ne restait plus aux juges qu'à entériner ces propos et à voter à l'unanimité la condamnation à mort de Monsieur de La Valette. Celui-ci s'étant réfugié en Angleterre, la sentence est prononcée par contumace ; on se contentera d'exécuter le coupable en effigie.

Reprise du Catelet

En face du désastre de Fontarabie, aucun succès notable ne permettait de laver l'humiliation subie par les armes du Roi. Tous les efforts du cardinal se concentrent sur la reprise du Catelet. Richelieu s'est installé durant l'été à Saint-Quentin. De là, il est à proximité des premières lignes, pressant les énergies et sanctionnant toute défaillance sans pitié. Au début du mois de septembre, il saisit ainsi des documents compromettants qui prouvent que le propre beau-frère de Feuquières intriguait avec le Cardinal-Infant ; le coupable, sommairement jugé, sera décapité à la mi-septembre.

Le 14 septembre, Le Catelet tombait aux mains de l'armée française, mettant fin à une campagne bien décevante. Maigre bilan ! Tirant un trait sur l'ensemble des opérations, Richelieu écrira mélancoliquement à Louis XIII : « Il faut veiller plus que jamais à toutes les frontières. J'espère que le désordre qui est, cette année, dans vos armées y engendrera de l'ordre pour l'année qui vient. »

« Père Joseph, Père Joseph, Brisach est à nous ! »

Il y avait cependant deux domaines dans lesquels le cardinal pouvait se montrer satisfait. L'un était celui de la guerre maritime, l'autre les campagnes de Bernard de Saxe-Weimar.

La marine toute neuve à laquelle Richelieu avait consacré tant de soins commençait à faire ses preuves. La flotte de l'Atlantique s'était fort bien comportée lors de la bataille de Guétary. Mais celle de la Méditerranée ne demeurait pas en reste, et les galères du Roi, sous le commandement de du Pont de Courlay, neveu du cardinal, défiaient victorieusement leurs rivales espagnoles au large de Gênes, remportant sur elles un net succès. « Les victoires du Roi me ravissent », écrit Richelieu à Chavigny en ajoutant : « Ce m'est un contentement extrême de voir que ce qui est particulièrement sous ma charge fasse son devoir. »

Quant à Bernard de Saxe-Weimar, qui se cramponnait depuis des mois au siège de Brisach, il voyait son obstination enfin récompensée. L'étau qu'il avait établi autour de la place n'ayant pu être brisé par les Impériaux, les défenseurs, affamés, à court d'approvisionnements, démoralisés, étaient réduits à se rendre. La capitulation de la ville est signée le 18 décembre 1638.

Le soir de ce même 18 décembre, le Père Joseph, l'artisan de la politique allemande, l'homme qui avait conclu l'alliance avec Bernard de Saxe-Weimar, était brutalement frappé à Rueil, dans la maison de Richelieu, d'une crise d'apoplexie. Le cardinal, bouleversé, s'empresse, on mande les médecins ; mais l'Éminence grise est perdue. Tandis que le Père Joseph agonise sur l'humble lit de fer où on l'a transporté, le cardinal marche à grands pas et assiste, impuissant, à la mort de son ami le plus fidèle ; confident des bons et des mauvais jours, le Père Joseph était l'homme qu'un destin providentiel avait placé comme à plaisir sur le chemin de Richelieu pour le hisser, étape après étape, jusqu'aux marches suprêmes du pouvoir ; apôtre de la croisade, il avait été en même temps le grand maître de la diplomatie française en Allemagne. Une illumination, tout à coup, traverse l'esprit du cardinal : il sait quelle est l'ultime joie qui va pouvoir éclairer de quelques douceurs les derniers instants du Père Joseph. Sortant de la pièce où celui-ci repose, il y revient à grand fracas l'instant d'après, tenant entre ses mains un vague bout de papier qui pourrait ressembler à une dépêche ; puis, se penchant sur le mourant, il lui crie : « Père Joseph, Père Joseph, Brisach est à nous ! »

Pieux mensonge qui n'en était en fait plus un puisque la ville, quelques heures plus tôt, était tombée aux mains de Bernard. Mais par-delà l'anecdote, quelle étrange chose, en vérité, qu'au moment de perdre à jamais l'affectueuse complicité du Père Joseph, Richelieu, cardinal de l'Église romaine, ne trouve d'autre étincelle de lumière pour accompagner l'âme du Capucin dans son dernier voyage qu'un viatique de guerre et de sang !

1638, ANNÉE-TOURNANT

Seuls, le comportement de la marine et la prise de Brisach font donc que l'année 1638 ne s'achève pas sur une trop longue liste d'insuccès. D'où vient cependant, comme nous le disions plus haut, que cette année apparaisse rétrospectivement comme le tournant de la guerre ? Il y a à cela deux grandes raisons.

Tout d'abord, en cette quatrième année d'un conflit qui, dans l'esprit de chacun des adversaires, devait être de courte durée, on voit la France, malgré son inexpérience, malgré les défauts de son organisation militaire, malgré la médiocrité du matériel humain dont elle dispose, forger progressivement un instrument capable d'assener de rudes coups à l'armée espagnole. Bien sûr, la défaite de Fontarabie est honteuse, bien sûr, l'échec du siège de Saint-Omer est scandaleux. Mais à force d'opiniâtreté, on enlève Le Catelet. A force de ténacité, on a réussi à créer de toutes pièces des flottes qui prennent le meilleur sur la marine espagnole. Avec une inlassable obstination, la France, sans cesse, revient à la charge, usant peu à peu les forces de l'Espagne, et dans cette partie de bras de fer, l'année 1638 est celle où, pour la première fois, les deux antagonistes font jeu égal, avant que la France ne commence, progressivement mais décidément, à porter le combat dans le camp de l'adversaire.

La deuxième raison est d'ordre essentiellement psychologique, ce qui ne la rend pas moins importante pour autant. Dans le moral de la nation, un événement marque l'année 1638, un événement où tous les contemporains, Français ou étrangers, ont cru voir le signe évident de la bienveillance toute spéciale de la Providence à l'égard de la France : le 5 septembre 1638 naissait Louis-Dieudonné, futur Louis XIV, le Dauphin qu'on n'osait plus espérer. En supplantant Gaston d'Orléans comme héritier de la couronne, le Dauphin ne supprime pas les intrigues d'un prince qui a le démon de la brouille dans le sang ; mais cette naissance royale prive Monsieur d'un atout essentiel. Elle donne aussi l'occasion à l'opinion, durement ébranlée par l'épreuve de la guerre, de réchauffer son enthousiasme pour l'institution monarchique.

Singulière coïncidence : quelques jours après la naissance du Dauphin, un autre heureux événement survenait à Madrid avec la naissance, dans la famille royale d'Espagne, d'une petite Infante nommée Marie-Thérèse. A n'en pas douter, il s'agit là, aux yeux des contemporains, d'une autre manifestation de la volonté divine. Et voici Richelieu et Olivares eux-mêmes qui, en pleine guerre, se mettent à échafauder les plans d'une nouvelle union entre les dynasties de France et d'Espagne ! Le plus fort est que ce mariage devait effectivement se réaliser : Louis XIV épousera Marie-Thérèse en 1659. Comme le disait Chavigny dès 1639, « la coïncidence de ces deux naissances ne pourrait-elle pas causer un jour une grande union et un grand bien à la Chrétienté ? » Elle constitue, en tout cas, un stimulant pour une reprise des tractations destinées à explorer les chemins de la paix.

Menés par l'intermédiaire de Pujols, les pourparlers ne connaissent cependant aucun progrès significatif. Est-ce à dire que personne ne veut vraiment la paix ? Comme le souligne Victor L. Tapié[1], « gouvernement français et gouvernement espagnol la désireraient également, mais chacun accusait l'autre de mauvaise foi, chacun peut-être croyait sincèrement à la mauvaise foi de l'autre, tous deux se faisaient mutuellement le plus de mal possible ». Les négociations ont au moins le mérite de permettre aux adversaires de se jauger, d'apprécier plus clairement les limites du possible et de l'inacceptable. Pour le moment, place donc à la guerre, dont chacun attend qu'elle mette entre ses mains les meilleurs gages pour le

---

1. Victor-L. Tapié, *La France de Louis XIII et de Richelieu*, Paris, Flammarion, 1967, p. 387.

jour, peut-être prochain, où l'on pourra enfin s'asseoir officiellement à la même table, afin de discuter de manière sérieuse de l'établissement d'une paix durable.

La campagne de 1639. Difficultés en Italie

L'année 1639 commence mal pour la France. C'est l'Italie qui constitue le grand sujet d'inquiétude de Richelieu, et particulièrement la dégradation de la situation en Savoie-Piémont.

Les relations entre le cardinal et Madame Christine sont on ne peut plus mauvaises. La Régente est tombée sous la coupe d'un Jésuite pro-espagnol, le Père Monod, qui flatte l'orgueil de la duchesse et l'excite contre Richelieu, accusé de vouloir faire passer la principauté sous protectorat français. Déjà assurés des sympathies de Thomas et Maurice, voici les Espagnols également courtisés par Christine ! Olivares a tout lieu d'être ravi du bon tour joué à Richelieu.

Le cardinal réagit avec brutalité. Il fait arrêter le Père Monod, que l'on incarcère dans la forteresse de Montmélian. Christine se répand en récriminations et médite, contre Richelieu, représailles et vengeance. La situation est favorable aux intérêts de Thomas et de Maurice. Au printemps de 1639, tout le Piémont, en révolte ouverte contre Christine, se déclare pour ses deux beaux-frères, c'est-à-dire pour l'Espagne qui les soutient diplomatiquement et militairement. Christine s'enferme à Turin, dont le prince Thomas commence le siège le 18 avril. La ville apparaît rapidement comme indéfendable. Christine se retire dans la citadelle, où un détachement français parvient à pénétrer ; il permet à la duchesse de s'enfuir et de se réfugier de l'autre côté des Alpes, en Savoie restée calme dans l'ensemble et par ailleurs solidement contrôlée par les armées du Roi de France.

Les bases arrière des troupes françaises opérant en Italie du Nord se retrouvent ainsi aux mains de leurs adversaires. Le cardinal de La Valette, qui commande l'armée d'Italie depuis la disparition du maréchal de Créqui, juge sage de conclure avec les Espagnols une suspension d'armes de deux mois, le 14 août. L'annonce de cette trêve jette dans les plus vives alarmes Hollandais et Suédois, qui redoutent d'y voir l'amorce d'une paix séparée.

En septembre 1639, Louis XIII vient à Grenoble. Il y rencontre sa sœur. Christine, criant et pleurant, hurle sa colère contre le cardinal et repousse avec mépris les propositions du Roi. Il est vrai que celui-ci lui présente un véritable plan de mise en tutelle du duché de Savoie. La France se chargerait de l'administration intérieure et de la conduite des opérations de guerre. Plus encore, Christine remettrait à Louis XIII l'éducation du petit duc de Savoie, que le Roi de France ferait élever en même temps que son fils le Dauphin. Christine est outrée. Richelieu ne l'est pas moins de sa résistance, et déclare que, dans ces conditions, il trouve beaucoup plus avantageux d'entamer des négociations avec les princes Thomas et Maurice afin de les détacher de l'alliance espagnole.

Quand l'hiver arrive, la France se trouve pratiquement expulsée de l'Italie du Nord.

Satisfactions en Allemagne

En Allemagne, les choses allaient mieux. Bernard de Saxe-Weimar, après la prise de Brisach, avait consolidé ses positions et lançait des raids meurtriers en direction du pays de Bade et de la Franconie. Mais il devait affronter une forte opposition de la part des armées impériales. Ferdinand III, en effet, pouvait concentrer la plus grande partie de ses forces contre Bernard, et il entendait bien réduire cet abcès de fixation qui subsistait en Alsace alors que l'autorité impériale était maintenant rétablie à peu près partout ailleurs. C'est au cours de l'une de ces contre-attaques des armées de l'Empereur que Bernard de Saxe-Weimar est tué, le 16 juillet 1639.

Richelieu avait tout lieu de regretter la mort d'un bon général, le meilleur, en vérité, de ceux qui servaient le Roi de France. Mais il pouvait aussi s'estimer soulagé, comme au moment de la mort de Gustave-Adolphe, de la disparition d'un homme que ses succès avaient grisé. Bernard ne connaissait plus de bornes à son ambition et revendiquait pour lui-même la possession à titre personnel de l'ensemble des terres qu'il occupait au nom de la France. Il rêve d'être duc d'Alsace. Cela faisait fort peu l'affaire du gouvernement royal, soucieux de ne pas se lier les mains car il comptait monnayer ses conquêtes alsaciennes dans le cadre des futures discussions de paix. Le risque était grand désormais de voir Bernard de Saxe-Weimar chercher à traiter avec l'Empereur, suzerain éminent de l'Alsace, afin d'obtenir de lui qu'il légalise sa présence dans ces territoires et l'en consacre le prince héréditaire.

Dans l'immédiat, il fallait régler le sort de l'armée de Bernard qui, bien que payée par la France, était attachée à son chef par des liens de fidélité personnelle. Les candidats ne manquent pas, et en premier le prince Palatin (c'est le fils de Frédéric V, l'éphémère Roi de Bohême), qui pense trouver en Alsace un lot de consolation pour la perte du Palatinat enlevé à son père par Ferdinand II. Richelieu, devant la menace, agit vite et fort : tandis que le jeune prince traverse sans se méfier le territoire français, il le fait arrêter et l'emprisonne à Vincennes. En définitive, après des négociations compliquées, les troupes de Bernard acceptent de prendre pour chef un Français, le maréchal de Guébriant, qui jouait auprès du disparu le rôle de conseiller militaire et d'ambassadeur du Roi de France.

Entre-temps, les Suédois, à partir de leur repaire de Poméranie, avaient une nouvelle fois repris l'offensive. Baner, passé maître dans l'art de la surprise, bouscule les armées impériales ; ses succès sont foudroyants, et en l'espace de quelques semaines les armées suédoises campent au cœur de la Bohême. Tous les plans de Ferdinand III sont déjoués, le spectre de Gustave-Adolphe reparaît. En Bohême, l'œuvre de germanisation et de catholicisation entreprise depuis la Montagne Blanche, plus de vingt ans auparavant, est menacée. Les protestants expulsés, les nobles qui avaient pris les armes contre l'Empereur et qui avaient été sanctionnés par la perte de leurs domaines, reviennent avec les Suédois, revendiquant leurs possessions anciennes. La pacification de l'Allemagne, que Ferdinand III croyait acquise à la seule réserve de l'Alsace, semble bien remise en question.

Une seule consolation pour l'Empereur : l'incapacité des armées de Louis XIII à s'emparer de Thionville.

DÉSASTRE ESPAGNOL À DOUVRES

L'Espagne pendant ce temps-là connaissait de graves mécomptes sur mer. Le désastre qu'elle subit à Douvres va être lourd de conséquences.

Aussi longtemps qu'elle réussit à maintenir les passages des Alpes hermétiquement fermés aux troupes espagnoles, la France contraint Madrid à utiliser la voie de mer pour faire parvenir des renforts aux Pays-Bas espagnols. Depuis la perte de la Valteline, les Espagnols peuvent de nouveau circuler à peu près à leur guise entre le Milanais et l'Allemagne, mais cette route est infiniment plus longue et moins rapide que l'itinéraire de l'Océan. La maîtrise de ses liaisons maritimes est donc essentielle pour l'Espagne. Nous avons vu Richelieu s'efforcer sans succès d'entraîner Charles Ier dans la mise sur pied d'une force franco-anglaise chargée d'interdire la Manche aux navires espagnols. Le cardinal est plus heureux en revanche avec les Hollandais, qui décident de frapper un grand coup afin de s'assurer une bonne fois pour toutes la suprématie maritime sur Madrid.

Durant l'été 1639, une très forte escadre venue d'Espagne se heurte à la flotte hollandaise que commande le jeune amiral Tromp. Devant les habiles manœuvres de Tromp, ses adversaires jugent préférable d'aller chercher asile dans les eaux territoriales anglaises, à proximité de Douvres. Mais les Hollandais n'entendent pas lâcher leur proie, et croisent au large, hors de portée des canons de la flotte espagnole, montrant clairement qu'ils n'ont pas l'intention de la laisser sortir de ce refuge qui pourrait bien devenir un piège mortel. Les semaines passent, la belle saison s'achève, faisant place aux premiers orages de l'automne. Madrid s'impatiente et réclame la présence sur les champs de bataille des Pays-Bas espagnols de l'important corps expéditionnaire embarqué à bord des navires bloqués à Douvres. Tromp lui aussi s'inquiète car il craint que le mauvais temps ne l'oblige à quitter les parages de la côte anglaise. Alors, sans crier gare, les Hollandais pénètrent dans les eaux territoriales britanniques, attaquent les navires espagnols quasi désarmés. La flotte espagnole, surprise, hors d'état d'opposer une résistance sérieuse, est presque entièrement détruite. Rares sont les vaisseaux qui parviennent à gagner la côte flamande.

Madrid avait ainsi perdu la maîtrise de l'Atlantique. Dans la situation désespérée où se trouvent les finances de l'Espagne, il était hors de question de réparer les pertes de Douvres ; les Hollandais vont garder pendant des dizaines d'années une indiscutable supériorité maritime dans l'Atlantique et les mers froides. La bataille de Douvres, en octobre 1639, marque un tournant dans l'histoire de l'Europe.

Son importance n'échappe pas au cardinal. Il est ravi du désastre subi par les Espagnols, mais cet homme insatiable trouve que l'addition n'est pas encore assez lourde ; il faudrait aller plus loin, détruire la marine espagnole jusqu'au dernier de ses vaisseaux, l'attaquer en Amérique, sur les côtes de la péninsule ibérique. Le 22 décembre 1639, il écrit à l'ambassadeur de France à La Haye d'essayer d'en persuader Tromp, le prince d'Orange, les États-Généraux des Provinces-Unies ; qu'ils reprennent le combat et le mènent à son terme : « C'est une affaire de telle importance d'achever de ruiner l'armée navale d'Espagne, et d'empêcher les trajets qu'ils veulent faire de Flandre en Espagne et d'Espagne en Flandre pour rapporter des soldats qu'il n'y a rien qu'on ne doive faire pour en venir à bout... L'amiral Tromp avec trente vaisseaux peut aisément achever ce qu'il va commencer. Pressez-en Monsieur le prince d'Orange, Messieurs les États et l'amiral. » Que l'ambassadeur propose aux Hollandais de monter en commun une expédition en Amérique pour attaquer les positions de Carthagène, ou, pourquoi pas, la flotte espagnole elle-même lorsqu'elle effectue la croisière annuelle qui ramène sur des dizaines et des dizaines de galions les trésors des colonies d'outre-Atlantique : « On pourrait..., avec les forces de la Compagnie des Indes occidentales et une partie de celles du Roi, entreprendre quelques desseins aux Indes ou sur

Carthagène ou sur Porto-Bello, lieux où la flotte d'Espagne va tous les ans, ou sur la flotte elle-même. »

Les Hollandais ne se laissent pas entraîner jusque-là, se contentant des résultats obtenus. Ceux-ci étaient déjà bien satisfaisants, même pour Richelieu. Les Pays-Bas espagnols manquent cruellement de soldats et d'argent. Olivares ne cherche plus à dissimuler son découragement dans les lettres qu'il envoie au Cardinal-Infant. Tout ce qu'il peut faire, lui mande-t-il, c'est de le prier de tenir au maximum, avec toute l'ingéniosité dont il est capable. Piètre encouragement alors que la Franche-Comté se trouve bien isolée face aux armées du Roi de France et que Ferdinand III, sur qui l'on avait cru pouvoir compter, est trop occupé en Allemagne pour être d'un réel secours aux Espagnols.

D'ailleurs, la discorde se met chez l'ennemi. Ferdinand III rappelle des Pays-Bas le général Piccolomini, qui ne s'entend pas avec le Cardinal-Infant. Philippe IV en éprouve un vif mécontentement, témoin la lettre qu'il adresse le 9 octobre 1639 au Cardinal-Infant : « L'Empereur n'a pour ainsi dire rien fait avec tout l'argent qu'on lui a donné. Tout ce qu'on lui donnera encore peut être considéré comme perdu. »

Hesdin, Salses et Cinq-Mars

Même si rien de décisif encore ne se passe sur le front des Pays-Bas espagnols, on sent que la poussée française commence à manifester ses effets de manière irrésistible. L'année est essentiellement marquée par le siège de Hesdin, une forte position située sur la Canche, aux portes de l'Artois. Louis XIII participe en personne aux opérations. Il monte sur la brèche, a plusieurs fois l'occasion de faire montre de ses talents de canonnier qu'il avait déjà illustrés lors du siège de La Rochelle. Hesdin tombe le 29 juin 1639. C'est un verrou important qui cède sur la route stratégique menant vers Saint-Omer et les Flandres. La saison est trop avancée pour permettre d'autres actions d'envergure. Mais on a pris date en vue des opérations futures.

La prise de Hesdin efface l'échec subi par le prince de Condé en Roussillon. Une belle armée avait été pourtant mise sur pied afin de porter l'attaque au cœur de cette riche province espagnole, mal reliée à la péninsule ibérique et qui ne semble guère animée d'un farouche esprit de résistance. De fait, l'entreprise commence bien et, le 19 juillet, le prince réussit à s'emparer de la ville de Salses. Mais toutes les tentatives qu'il fait ensuite pour surprendre Perpignan ou déborder l'obstacle que la capitale du Roussillon oppose à sa progression vers le sud se soldent par des échecs. Bientôt, c'est l'inévitable contre-offensive espagnole. Condé, qui est loin d'être un génie dans l'art militaire, doit se retirer et, au mois de novembre, se voit même obligé d'abandonner Salses. La campagne, en définitive, n'a rien donné ; c'est un coup d'épée dans l'eau. Elle a cependant permis de constater la fragilité du dispositif espagnol dans ces régions, et notamment l'extrême mauvaise volonté mise par la Catalogne à participer à l'effort de guerre dans une province pourtant si proche ; tout se passe comme si les Catalans ne se sentaient aucunement concernés par l'interminable conflit entre la France et l'Espagne. Précieux enseignement, dont le cardinal saura faire son profit ; ses agents, plus que jamais, sont à l'œuvre ; leurs efforts porteront leurs fruits l'année suivante.

Le siège de Hesdin a aussi révélé l'avènement d'un nouveau favori auprès de Louis XIII, Monsieur de Cinq-Mars. Fils de l'ancien surintendant des Finances d'Effiat, disparu en 1632, Cinq-Mars a fait toute sa carrière auprès de Richelieu, à l'école des pages, d'abord, puis chez les gardes du cardinal. Poussé par son « patron » pour faire pièce aux influences pro-espagnoles qu'exercent sur le Roi Louise-Angélique de La Fayette au fond de son couvent, et Marie de Hautefort à la Cour, Cinq-Mars est à tous égards une « créature » du cardinal. Comme l'écrit le Père Griffet, historiographe contemporain de Louis XIII : « Ce ministre qui connaissait parfaitement le caractère du Roi, savait qu'il lui fallait un favori, avec qui il pût parler confidemment. Il eût bien voulu qu'il n'en eût d'autre que lui-même ; mais il avait éprouvé que ce prince voulait avoir un autre confident que son ministre et qu'en lui donnant toute sa confiance pour la conduite de son royaume, il ne pouvait se résoudre à vivre avec lui, dans cette familiarité qui fait la douceur de la vie. » Le drame de Richelieu est bien là, dans cette incapacité à devenir, malgré l'extraordinaire entente qui le lie au Roi, l'ami dont Louis XIII a si désespérément besoin. Alors le cardinal se sert d'instruments, plus ou moins bien choisis et plus ou moins fidèles.

La politique intérieure ne se résume pas à l'ascension de Monsieur de Cinq-Mars. Bien d'autres préoccupations retiennent l'attention de Richelieu. La principale est sans conteste le désordre des finances royales et ses conséquences dramatiques pour la paix civile en France.

Vers une réforme des finances : le plan de 1639

Richelieu semble croire, en 1639, à la fin prochaine du conflit qui oppose Paris aux Habsbourg. En prévision de la paix, il entreprend une réflexion sur l'organisation des finances du pays et les réfomes qu'il conviendrait d'y apporter. C'est ainsi qu'il demande à Galand, secrétaire du Conseil de direction des finances, d'établir un état des recettes et des charges du royaume dont l'analyse devrait lui permettre de définir les remèdes nécessaires. Ce mémoire, qui se présente à la fois comme un témoignage sur la situation existante vers la fin du règne de Louis XIII et l'esquisse détaillée d'un plan de réformes, constitue un document d'une grande importance.

Il nous montre un cardinal bien différent de l'imagerie traditionnelle qui le dépeint comme un cœur de pierre. Richelieu est au contraire sensible aux souffrances engendrées par le système fiscal, et notamment à l'injustice qui préside à la répartition de la taille. Ce sont en effet toujours les mêmes qui paient l'impôt roturier par excellence : les paysans et une partie du petit peuple des villes. Les nobles sont exempts, tout comme le clergé et la haute bourgeoisie qui, en intégrant la noblesse grâce à son passage dans la robe, c'est-à-dire le service du Roi, gagne entre autres privilèges celui de l'exonération de la taille. Le mode de recouvrement des impôts est à la lettre insupportable. Devant l'insolvabilité d'un nombre grandissant de contribuables, on décide de généraliser le système de la solidarité : quand on lève la taille, on fixe globalement le montant que doit supporter, par exemple, un village ; si certains de ses habitants sont incapables de s'acquitter de leur part d'impôts, qu'importe pour le fisc, les autres sont solidairement redevables et se verront réclamer, en plus de leur propre contribution, celle de leurs voisins défaillants. S'ils s'y refusent, c'est la prison ou la saisie de leurs biens.

Autre injustice, parce qu'elle repose également sur l'inégalité entre les contribuables : le système de la gabelle. Certaines provinces y sont assujetties, d'autres en sont exemptes. Même dans les régions assujetties, que d'inégalités dans la charge effective que représente l'impôt sur le sel ! La gabelle a fini par dépasser la taille en impopularité. C'est la gabelle qui, pour les gens, constitue le symbole de l'injustice fiscale, c'est contre la gabelle que l'on se révolte, ce sont les gabelous que l'on met en pièces lors des plus vives émotions populaires.

Aussi Richelieu, en dessinant le système fiscal de l'avenir, n'hésite-t-il pas à prévoir la suppression pure et simple de la taille et de la gabelle. C'est à deux impôts indirects qu'il envisage de demander l'essentiel des ressources du Roi. L'un est l'impôt d'un sol par livre qui, si son application était bien faite, devrait rapporter selon les estimations du cardinal 12 millions de livres par an. Quant au deuxième, il s'agirait également d'une imposition indirecte, établie sur le sel, mais généralisée à l'ensemble du royaume et uniquement payée sur les achats effectués à la consommation ;

Richelieu en attend un produit considérable : 30 millions de livres par an. Ainsi, plus d'injustice, chacun paie en fonction de ce qu'il consomme. Système à tout prendre bien proche des formules modernes.

Il ne s'agissait, hélas, que d'un rêve, dont Richelieu renvoyait la réalisation au rétablissement de la paix — autant dire, en fait, aux calendes, puisque la guerre allait durer beaucoup plus longtemps que ne l'espérait le cardinal.

Pour l'heure, le système fiscal existant faisait sentir tous ses effets négatifs. Pressé par le besoin, l'État recourt systématiquement aux traitants. Créant sans relâche de nouveaux impôts, il demande aux financiers qui se les voient concéder d'agir comme banquiers de l'État en fournissant par anticipation au Trésor l'équivalent de trois années, parfois même plus, du rendement escompté de ces contributions nouvelles. Ces importants personnages jouent sur le velours, accordant au prix fort leur concours aux finances royales, à charge pour eux de se rattraper sur le bon peuple de l'effort ainsi consenti — et ils ne s'en privent pas. On connaît peu de traitants qui se soient ruinés ; la plupart d'entre eux, au contraire, s'enrichissent sans mesure.

Richelieu les supporte comme un mal nécessaire, mais il est clair qu'il ne ressent que mépris à leur égard. On a de lui des lettres étonnantes par la dureté des termes employés contre les fermiers des impôts. D'ailleurs, nul n'échappe aux soupçons et aux reproches du cardinal, jusques et y compris dans l'administration des finances, en la personne même des patrons de cette administration, les surintendants des Finances. L'un de ceux-ci, Bullion, s'apprêtant au début de 1639 à marier son fils, s'avise de demander à Richelieu de solliciter pour l'occasion une gratification du Roi. Richelieu, indigné, considère que le surintendant passe les bornes de l'impudence et répond le 10 janvier 1639 par un réquisitoire implacable contre sa façon de gérer les finances publiques. Le cardinal invite Bullion, pour commencer, à borner sa fortune au niveau qu'elle a atteint et à ne pas ambitionner de l'accroître encore. Et puisqu'il a su montrer autant de capacité au service de ses intérêts personnels, qu'il en distraie une partie au bénéfice des intérêts du Roi : Richelieu lui recommande vivement de « s'appliquer aussi soigneusement à la réformation des finances et au soulagement du peuple qu'il s'est attaché à ses affaires particulières avant qu'il fût chargé des publiques. Ce dont il est prié, non seulement à raison des intérêts publics, mais en outre afin qu'il soit un jour aussi opulent au ciel qu'il l'est en terre, ce qui est le plus avantageux souhait que lui puisse faire une personne qui l'aime comme moi ». Le plus surprenant est que Bullion, en recevant cette vigoureuse algarade, n'ait ni réagi, ni démissionné.

La révolte des Va-Nu-Pieds

L'histoire ne dit pas si le surintendant avait entrepris de s'amender après la sévère mise en garde du cardinal. En revanche, on ne devait guère tarder à recueillir les fruits amers du désordre des finances royales et du cortège d'exactions dont il s'accompagne. A la fin du printemps 1639, éclate en effet en Normandie l'une des plus graves révoltes fiscales que la France ait connues, la révolte des Va-Nu-Pieds.

> « Que des gens enrichis avecques leurs impôts
> Oppressent le public par leurs conjurations,
> Qu'ils fassent des traînées avecques leurs suppôts ;
> Qu'ils vendent leur patrie avecques leurs factions,
> Et que trop glorieux ils se moquent de nous,
> Portant à nos dépens le satin et velours,
> Cela ne se peut pas sans que leur trahison
> Tout Nu-Pieds que je sois n'abaisse l'ambition. »

Ainsi commence le manifeste de haut et indomptable Capitaine Jean Nu-Pieds, général de l'armée de souffrance. Qui se cache derrière ce pseudonyme ? Pour les uns c'est un prêtre, le curé Jean Morel, desservant de la paroisse du faubourg Saint-Saturnin à Avranches. Pour d'autres, il s'agirait d'un gentilhomme, le sieur de Ponthébert. Ce qui est sûr, c'est que les paysans qui se soulèvent dans le pays d'Avranches trouvent un appui, des chefs, des cadres, parmi la noblesse et le clergé de l'Avranchin. Ce qui est sûr, c'est que toute une région se montre solidaire face aux mesures fiscales dont la rumeur enfle l'imminence et la gravité en ce mois de mars 1639. De 10 000 à 12 000 personnes voient leur gagne-pain menacé lorsque la nouvelle se répand que le gouvernement compte interdire l'usage du sel blanc et établir la gabelle. L'introduction de la gabelle, c'est la ruine des salines de la région et la perspective de perdre l'essentiel de ses moyens de subsistance au moment même où les exigences du fisc vont s'alourdissant sans cesse.

Le 16 juillet 1639, un officier de justice de Coutances qui n'avait rien à voir avec cette affaire de gabelle, Charles de Poupinel, soupçonné d'être un agent du fisc, est poursuivi, assommé, assassiné. Les pauvres hères s'acharnent sur son cadavre, les femmes lui arrachent les yeux avec leurs fuseaux. Sur sa tombe, une inscription promet le même sort à quiconque s'aviserait de venir à Avranches dans le dessein de créer de nouveaux impôts. Le gouverneur de la ville, le marquis de Canisy, n'a pas pu intervenir. Enfermé dans son château, il assiste impuissant aux progrès de l'émeute. En quelques semaines, celle-ci gagne toute la Basse-Normandie : Pontorson, Saint-Aubin, Vire, Domfront. Dans chaque village se constitue un détachement de paysans encadrés par des gentilshommes et des prêtres. Une discipline rigoureuse fixe leurs obligations. Les paysans, tout en continuant de travailler la terre, sont tenus de s'exercer au maniement des armes et de s'assembler aux lieux qu'on leur indique lorsque le tocsin les y appelle. A l'automne, les effectifs de cette armée en sabots s'élèvent à 20 000 hommes.

Ont-ils un programme ? C'est le fisc qui est visé au premier chef. Au début du mouvement, des placards annoncent que le pays sera délivré des nouveaux impôts. A mesure que la sédition s'étend, on s'enhardit à prôner l'abolition de tous les impôts établis depuis le temps d'Henri IV. Voici, extrait du florilège de chansons qui anime les cœurs des Va-Nu-Pieds, un texte significatif intitulé *A la Normandie* :

> « Mon cher pays, je n'en peux plus,
> Que t'a servi d'être fidèle ?
> Pour tant de services rendus
> On te veut bailler la gabelle.
> Est-ce le loyer attendu
> Pour avoir si bien défendu
> La couronne des Rois de France,
> Et pour avoir, par tant de fois,
> Remis leurs lys en assurance
> Malgré l'Espagnol et l'Anglois ! »

Que propose donc le chef de la révolte ?

> « Jean Nu-Pieds est votre suppôt,
> Il vengera votre querelle,
> Vous affranchissant des impôts,
> Il fera lever la gabelle. »

Mais le programme initial s'élargit, et les rebelles promettent ensuite de supprimer tous les parasites, les traitants, les agents du fisc, les représentants du Roi, tous les étrangers à la province, en fait, ces *horsains* dont vient le mal. La Normandie n'a rien perdu de ses sentiments particularistes d'autrefois et le souvenir des anciennes franchises provinciales est au centre de la seconde vague de revendications des rebelles. Voici comment, désormais, les chansons populaires présentent le Capitaine Jean-Nu-Pieds :

> « Il nous ôtera tous ces gens
> Qui s'enrichissent aux dépens

> De vos biens et de la patrie.
> C'est lui que Dieu a envoyé
> Pour mettre en la Normandie
> Une parfaite liberté. »

Vaste et généreux programme qui contribue, sans doute, à favoriser l'extension de la révolte. Celle-ci gagne Rouen. Dans la capitale de la Normandie, ce n'est pas la gabelle qui soulève les foules mais l'alourdissement des droits sur les étoffes teintes. Les teinturiers, fort nombreux dans la ville, sont directement touchés, mais tous les artisans, solidaires, font corps avec eux. On prédit le ralentissement de la production, le chômage dans les ateliers. Le duc de Longueville, gouverneur de la province, est un homme qui a de l'autorité, mais il est absent car il commande l'une des armées du Roi. Absent lui aussi le gouverneur de Rouen, le comte de Guiche, qui est assez populaire et passe pour ferme sans cruauté excessive. La seule autorité présente dans la ville est l'archevêque François de Harlay, un homme très doux, sans véritable rayonnement. Avec la petite bourgeoisie, la bourgeoisie parlementaire sent également ses intérêts menacés du fait de la récente création d'une Cour des Aides à Caen. Les procureurs déclenchent une grève de la justice, refusant de payer les taxes sur leurs offices et interrompant l'exercice des procédures. Dans ce climat de tension, les querelles locales s'exacerbent, de vieilles rancœurs cherchent à s'assouvir à la faveur de l'agitation qui se développe. Les rentiers se plaignent du receveur des gabelles, Letellier de Tourneville, qui cesse de leur payer leurs rentes faute, dit-il, de pouvoir encaisser le produit de la gabelle.

Lorsqu'apparaît le premier officier chargé d'appliquer l'édit sur les teintures, la foule le massacre sur le parvis de la cathédrale. Pendant quatre jours, du 20 au 23 août 1639, des bandes de jeunes se jettent sur les maisons des traitants (ou du moins celles que l'on qualifie de telles) et les pillent de fond en comble. La milice bourgeoise est mobilisée, mais une partie de ses membres se retourne contre ses officiers ; un capitaine est tué dans la basilique Saint-Ouen. La foule s'attaque au bureau des impôts et l'insurrection, qui se réclame maintenant de Jean Nu-Pieds, assiège la maison de Tourneville. Cette fois, c'en est trop, et les parlementaires, qui avaient suivi avec une attention amusée les débuts du mouvement, s'inquiètent de le voir se radicaliser. Ils s'interposent, permettant à Tourneville de s'échapper, et reprennent progressivement le contrôle de la situation. On arrête les plus excités. Les bourgeois, les armes à la main, défendent leurs biens et rétablissent l'ordre public.

D'autres troubles, comme en écho, ont éclaté à Caen, à Bayeux. La Normandie tout entière se laisserait-elle gagner par les appels à la révolte de Jean Nu-Pieds ? Richelieu s'en inquiète dans une lettre qu'il écrit le 28 août à Bouthillier : « J'ai su les désordres de Rouen, mais je ne sais pas le remède, étant impossible de trouver les gens de guerre qui sont demandés si on ne veut perdre toutes les affaires du Roi et abandonner la France aux étrangers. »

Au fond du pot

Aux yeux du cardinal, les grands responsables de cette situation sont les traitants et l'administration des finances, du haut en bas de l'échelle, tous gens qui ne savent répondre aux demandes d'argent du Roi que par de nouvelles exactions : « Je sais bien que Messieurs les surintendants diront aussitôt qu'on ne fait rien de rien, et que la nécessité oblige à faire beaucoup de choses qu'ils condamneraient eux-mêmes en une autre saison ; mais je les prie de croire que celles qui peuvent donner non seulement des cœurs, mais des places à nos ennemis, sont condamnables en tous temps. »

Depuis 1636 et la confrontation, au cours de son voyage en Picardie, avec l'effrayante misère du peuple victime de la guerre et du fisc, c'est un Richelieu plus humain qui se dessine devant nous. L'homme, certes, est impitoyable quand le devoir d'État lui paraît l'exiger ; mais c'est surtout vis-à-vis des Grands, des officiers du Roi, de ses collaborateurs, qu'il se montre rigoureux. Nous l'avons vu, lors de la révolte des Croquants, prêcher au contraire la négociation et l'apaisement. Ne pas pousser les gens à bout, tel est le principe auquel il entend se conformer.

Dans son personnage de premier ministre, Richelieu presse, bouscule, gourmande ses collègues du gouvernement, ses subordonnés, leur ordonne de faire flèche de tout bois. S'il survient un grain de sable, s'il apparaît que l'on a passé la limite du supportable, la foudre s'abat sur eux, ainsi que l'éprouve Bouthillier avec la volée de bois vert que lui inflige le cardinal dans la lettre du 28 août 1639 déjà citée plus haut : « Je vous avoue que je ne sais comment vous ne pensez un peu plus que vous ne faites aux conséquences des résolutions que vous prenez dans votre Conseil des Finances. »

Que faire quand on est coincé, comme Bouthillier, entre le marteau et l'enclume ? Le pauvre avoue dans une lettre adressée à son fils Chavigny au mois d'octobre : « Je ne fus jamais si outré que je suis, et avec un tel mépris des affaires, et un chagrin indicible, voyant où nous sommes... Les traitants nous abandonnent, et les peuples ne veulent rien payer, ni les droits anciens, ni les nouveaux. Nous sommes maintenant au fond du pot, n'ayant plus le moyen de choisir entre les bons et les mauvais avis. Et je crains que notre guerre étrangère ne dégénère en guerre civile. »

Ce qui irrite le plus Richelieu c'est que le Roi, en raison du comportement de ses agents, semble manquer à sa parole. En 1636 déjà, il s'indignait du mauvais tour joué aux habitants d'Abbeville. Ceux-ci avaient accepté un impôt sur le vin à condition de le lever eux-mêmes. Accord conclu. Quelques mois plus tard, on leur ôte cette faculté et l'on rend perpétuel l'impôt qui n'était en principe consenti que pour un temps limité. En 1638, le même scénario se répète à Saint-Quentin. La population de la ville a accepté de donner 50 000 livres pour les fortifications de la place en échange de l'exemption de la taxe sur le vin. Les 50 000 livres sont versées ; quelques mois après, la taxe est quand même instituée. En foi de quoi, écrit Richelieu le 21 août 1638, le Roi perd « la réputation de sa parole ; les habitants, le cœur et l'affection ; les villes, leur sûreté, et conséquemment le royaume ».

Mais le pouvoir ne peut rester sans réagir devant l'insurrection normande. Quelles que soient les responsabilités de l'administration, il faut réprimer les désordres et montrer à tous qu'on ne se soulève pas impunément contre l'autorité du Roi.

Une répression exemplaire

Le calme est revenu à Rouen, Caen, Bayeux. En revanche, la région d'Avranches est toujours sous le contrôle des Va-Nu-Pieds. On avait été trop indulgent, peut-être, dans la répression de la révolte des Croquants. La Normandie, elle, va payer, et chèrement. A Paris, on s'irrite particulièrement de l'attitude des bourgeois de Rouen, qui ont rétabli l'ordre, mais ne se montrent guère pressés de juger les séditieux et ne manifestent aucune bonne volonté pour aider le marquis de Canisy, toujours assiégé dans son château d'Avranches. Le Conseil du Roi décide d'appliquer à la province un traitement d'exception. Le Chancelier Séguier est désigné pour aller en personne infliger le châtiment exemplaire qui s'impose. Pour l'exécution de sa mission, il recevra l'appui de troupes étrangères commandées par le colonel Gassion ; on attend des reîtres allemands et wallons qui les composent en majorité qu'ils ne cèdent à aucun sentiment de pitié ou de compassion.

Gassion a tôt fait de disperser les Va-Nu-Pieds. Ceux que l'on peut saisir sont arrêtés et pendus. La ville d'Avranches est traitée en ennemie, livrée aux soldats qui pendent et pillent à loisir. Pendant ce temps, le Chancelier Séguier se rend à Rouen. Malgré les prières de François de Harlay et les supplications des échevins, il entre dans la ville le 2 janvier 1640 comme dans une place conquise. Le 4 janvier, il prononce la suspension du Parlement et de la municipalité. La justice est confiée à une commission extraordinaire formée de conseillers du Parlement de Paris, une autre commission est constituée afin d'administrer la cité. Tous les impôts contestés sont rétablis ; la taxe sur les étoffes teintes devra être acquittée avec effet rétroactif à dater de sa création le 7 juin 1639. Des troupes sont cantonnées chez l'habitant, qui doit les loger, les nourrir, et en outre payer leur solde. Rouen est mise à l'amende et condamnée au versement d'une indemnité de plus d'un million de livres. Ceux dont les logements ont été pillés ou brûlés durant les troubles seront dédommagés aux frais de la ville.

Le 8 janvier, le Chancelier prescrit le désarmement du peuple dans toute l'étendue de la Normandie. Les magistrats sont tenus personnellement responsables des retards qui pourraient être observés dans l'exécution de cette mesure.

Séguier se dirige alors vers Caen, dont il confie également l'administration à une commission extraordinaire, puis vers Bayeux, qui connaît le même sort. Mars 1640 le trouve dans le Cotentin. Il convoque la noblesse locale. Celle-ci a bien des choses à se faire pardonner, car nombre de ses membres se sont montrés fort complaisants à l'égard des Va-Nu-Pieds, quand ils n'ont pas fourni des cadres à la rébellion. Séguier le sait, et annonce aux gentilshommes présents qu'il consent à passer l'éponge sur les récents événements mais qu'à l'avenir il tiendra les nobles pour comptables de la tranquillité de la province. Son discours, au demeurant, est habile, et montre à tous ces privilégiés qu'ils ont bien plus intérêt à rester solidaires du pouvoir royal qu'à compromettre leur autorité seigneuriale en pactisant avec la populace.

La dictature des finances

A la lecture des papiers de Richelieu, on éprouve un certain sentiment de malaise en voyant le cardinal étaler ainsi son impuissance face à l'administration des finances. Est-ce une façon de se dédouaner, de rejeter toute responsabilité personnelle dans les troubles, alors que, premier ministre, il porte par définition la responsabilité politique des décisions et des actions du gouvernement qu'il dirige ? Il y a sans doute un peu de cela, mais cette explication ne suffit pas. Beaucoup plus sûrement, Richelieu, qui a toujours insisté sur le fait qu'il n'était pas un expert en matière de finances, voit les services spécialisés dans ce domaine comme un monde à part, avec ses règles, ses comportements, ses particularismes et ses rigidités. Il leur reproche d'être hermétiques à toute considération politique : quand ils arrêtent des mesures fiscales, c'est toujours au nom d'impératifs techniques qui ignorent superbement leurs éventuelles conséquences économiques et sociales.

En observant Richelieu aux prises avec cette situation institutionnelle qui lui échappe et lui résiste par sa structure même, on se croirait plongé en plein XXe siècle et l'on s'attend presque à trouver au détour d'une phrase l'expression moderne de « dictature des finances ». Formule un tantinet démagogique, certes, mais elle a le mérite de décrire cette emprise de l'administration financière qui, depuis la fin du Moyen Age, ne cesse de croître sur l'ensemble des services administratifs et, au-delà, sur la vie du pays. Les perpétuels besoins d'argent du gouvernement royal le rendent toujours plus dépendant de cette administration, de ceux qui la constituent, qui gravitent autour d'elle, qui, à l'extérieur, en vivent et la font vivre, traitants, fermiers, agents des impôts. L'inéluctable, peu à peu, s'installe. L'administration des finances conquiert son autonomie, codifie ses principes de fonctionnement, sa hiérarchie des emplois, sa doctrine, son langage. Vis-à-vis d'elle, le premier ministre n'exerce qu'une autorité de principe. Demande-t-il de l'argent ? L'administration des finances connaît les réponses. Que celles-ci s'avèrent peu politiques, voire impopulaires et engendrent finalement des révoltes qui coûteront cher par la répression qu'il va falloir conduire, sans parler des dégâts moraux qu'elles provoquent, qu'importe à des bureaux convaincus de la justesse technique des solutions proposées. Contre le pouvoir politique, les finances ont toujours raison.

A l'heure où il faut dresser les comptes, fixer l'attitude du gouvernement vis-à-vis des révoltés, Richelieu vitupère et s'efforce, en pragmatique, de panser les plaies, tantôt en cautérisant celles-ci au fer rouge, tantôt en apportant au malade le soulagement temporaire dont il a besoin. On trouve en lui, quand on le regarde à l'œuvre, un curieux mélange fait de compassion et de cruauté, de pitié devant les maux du pauvre peuple accablé et d'une froide volonté de ne pas doubler la guerre étrangère d'une guerre civile. Mais les sentiments, en définitive, doivent s'effacer devant les intérêts supérieurs du pays, et l'autorité du Roi exige qu'aucun manquement ne soit toléré. Il faut donc sévir, et durement. Telles sont les lois inflexibles de la raison d'État.

Pourvu que l'arrière tienne !

Même dans ces affaires qui semblent avant tout des problèmes d'ordre intérieur, les considérations de politique extérieure ne sont jamais absentes. Premier réflexe, chez Richelieu : quelle est la puissance étrangère dont la main se devine à l'origine des troubles ? Ses soupçons se portent sur l'Angleterre : ancienne propriétaire de la Normandie, en proie à des difficultés intérieures graves et inquiète des risques que présente pour elle une France forte, la couronne britannique a pu être tentée d'utiliser le mouvement à son profit. Il est clair, cependant, que le principal bénéficiaire de tout ce qui peut affaiblir le royaume, diminuer ses forces, altérer ses capacités offensives, est le gouvernement de Madrid. Les armées françaises prennent insensiblement le meilleur sur leurs rivales espagnoles. Chaque pays est engagé dans une formidable guerre d'usure, dont l'issue dépend au moins autant du front intérieur que des théâtres d'opérations extérieurs. « Pourvu que l'arrière tienne ! » disaient les militaires français pendant la guerre de 14-18, et leurs homologues allemands considéreront qu'ils n'ont pas été battus sur le champ de bataille mais « poignardés dans le dos » par l'effondrement des civils. Entre Olivares et Richelieu, c'est la même obsession des complots, des coups bas, qui réduisent à néant les avantages de la victoire obtenue hier par l'adversaire et jettent les bases de sa défaite de demain.

De fait, complots et coups bas composent la trame de la nouvelle phase de la guerre qui s'ouvre en 1640, sous le cliquetis des armes et le fracas des batailles qui en constituent l'aspect le plus apparent.

CHAPITRE XXIII

La France, à l'usure !

Les difficultés intérieures du royaume de France donnaient des idées à Madrid et à Vienne. Devant l'efficacité croissante des armées de Louis XIII, la supériorité qu'elles commencent à affirmer sur les armées espagnoles et impériales, Olivares est à bout de ressources. Au début de 1640, il avoue la détresse des Habsbourg : « Nous nous trouvons dans les plus grands embarras et l'Empereur est en pire état que le nôtre, sans gouvernement aucun, sans ordre, sans moyen de pouvoir en attendre, sans confiance à avoir dans la fidélité de ses vassaux, l'attention et le zèle de ses ministres. En réalité, tout est perdu. »

Olivares ne voit plus d'autre possibilité, pour renverser le cours des choses, que la déstabilisation sur le plan intérieur du régime de Paris. Le cardinal, qui n'est pas un naïf, le sait bien, et l'on assiste, pendant les années 1640-1641 et jusqu'au milieu de 1642, à une véritable course de vitesse entre Olivares et Richelieu. L'homme fort de Madrid cherche par n'importe quel moyen à se débarrasser de son rival : rébellions dans les provinces, complots, assassinat. Richelieu, sans recourir semble-t-il aux moyens extrêmes contre les dirigeants espagnols, cultive et amplifie les sentiments séparatistes des provinces qui dépendent de Madrid, et particulièrement la Catalogne et le Portugal. Qui craquera le premier ? Tel est l'enjeu de ces années cruciales.

LE MEILLEUR SUR L'ESPAGNE

Sur le plan militaire, la France prend peu à peu le meilleur. Quatre faits dominent la période qui s'ouvre maintenant.
Tout d'abord, la mer est libre. La marine espagnole est aux abois.

La marine française est maîtresse de ses mouvements en Méditerranée, et le montre en allant même faire quelques incursions sur les côtes barbaresques d'Afrique du Nord. Dans l'Atlantique, rien ne peut menacer la sécurité du royaume ; les restes de la flotte espagnole se terrent, redoutant la supériorité des Hollandais. Les Français redécouvrent le grand large, le commerce maritime et les joies de la course fructueuse contre les galions espagnols. Cette activité, avec tous les risques qu'elle comporte, procure, en cas de succès, d'énormes profits. On n'a pas assez dit l'importance de ces rentrées massives d'argent, sur lesquelles le gouvernement a sa part, pour le financement de la guerre.

L'Angleterre est hors du jeu. Charles Ier pencherait plutôt vers la France que vers l'Espagne. Mais l'influence d'Henriette est considérable et pas toujours très heureuse. Les relations se dégradent de nouveau entre Paris et Londres. En mars-avril 1639, Charles Ier est intervenu un peu maladroitement auprès de Louis XIII pour qu'il autorise le retour en France de Marie de Médicis. La révolte des Va-Nu-Pieds ne l'a pas laissé indifférent. Quand éclate en mai 1639 la première révolte de l'Écosse[1], exaspérée par la prétention de Charles Ier d'imposer aux presbytériens, ces protestants puritains qui constituent la grande majorité de la population écossaise, un bréviaire anglican un peu trop teinté de papisme, Richelieu applaudit sans beaucoup de retenue. Il y a longtemps qu'il n'attend plus d'aide d'une Angleterre empêtrée dans les difficultés intérieures croissantes qui vont la mener tout droit à la Révolution. Sa mise à l'écart, pour une durée qui promet d'être longue, garantit au moins qu'elle ne risquera pas de se mettre en travers de la politique française.

L'entente avec les Provinces-Unies, en revanche, paraît plus solide que jamais. On redoute toujours, à Paris, de voir les Hollandais décider un beau jour d'en finir avec l'interminable lutte qui les oppose à leur ancien suzerain espagnol. Le problème n'est plus tellement celui de l'indépendance des Provinces-Unies, à laquelle Philippe IV est depuis longtemps résigné. C'est en fait la situation intérieure de la Hollande qui commande son maintien ou non dans l'alliance française. Il existe en effet deux partis antagonistes. Le parti de la paix, constitué par la grande bourgeoisie hollandaise, voudrait se consacrer tranquillement aux affaires maintenant que le but principal est acquis. Face à lui, le parti de la guerre est animé par le prince d'Orange, dont le pouvoir est étroitement lié à ses fonctions de chef des armées, et qui a donc tout intérêt à la poursuite indéfinie des opérations militaires. Le prince d'Orange dispose d'un fort appui populaire car la guerre est rémunératrice : elle a permis de s'emparer d'un certain nombre de riches colonies espa-

---

1. Une deuxième suit en 1640.

gnoles, notamment le Brésil, et nourrit l'espoir de conquérir une partie des Pays-Bas espagnols. Richelieu n'aime pas la famille d'Orange, mais il craint bien davantage « Messieurs des États-Généraux », c'est-à-dire le Parlement des Provinces-Unies, dominé par la grande bourgeoisie, où le parti de la paix est toujours à la veille de l'emporter. Le renouvellement de l'alliance entre la France et les Provinces-Unies dans les premiers jours de 1640 lève l'hypothèque qu'une paix séparée des Hollandais avec les Espagnols aurait fait peser sur l'issue du combat.

La France, enfin, jette dans la bataille des forces nouvelles. A la fin de la troisième année de guerre, on a dû faire face à un sérieux problème de recrutement. Les bons soldats coûtent de plus en plus cher, et le marché se raréfie. Richelieu trouve une parade en rendant les villes responsables du recrutement d'un contingent minimum. Le 5 juillet 1639, il écrit ainsi à Bullion qu'il envisage d'imposer la levée de 2 000 hommes à la ville de Paris. C'est presque la conscription. En même temps, on cherche à rendre le métier de soldat plus attrayant, avec l'attribution d'une prime d'enrôlement de quatre écus — douze livres — ce qui est loin d'être négligeable, et en acceptant les engagements de courte durée. On s'efforce, cependant, de garder sous les drapeaux les soldats déjà formés, et Richelieu envisage d'astreindre à une troisième année de service les militaires déjà mobilisés au cours des deux années précédentes.

Le meilleur moyen, le seul qui apporte une véritable solution au problème, réside ailleurs : c'est la misère, qui précipite sur le pavé des milliers d'hommes jeunes et d'adultes dans la force de l'âge, pour qui s'enrôler dans les armées du Roi constitue la seule issue. Le système est très simple et, une fois qu'on en a compris le fonctionnement il est facile de le répéter indéfiniment ; il suffit, dans une ville ou une profession données, d'imposer des taxes nouvelles ou de décréter un nombre substantiel de jours de congé supplémentaires ; le chômage fait un bond, et les recruteurs du Roi se frottent les mains. Ainsi s'ajoute peu à peu, à l'armée de métier traditionnelle, comptant une proportion importante de mercenaires étrangers, une armée plus populaire, constituée de Français, et issue d'une sorte de service militaire obligatoire avant la lettre.

La campagne de 1640

Au début de 1640, comme au seuil de chaque année, on négocie. Mais, comme au cours des années précédentes, on le fait beaucoup plus pour tâter l'adversaire, pour donner satisfaction à l'opinion publique, au Pape, à ceux qui sont las de la guerre, que dans l'espoir de conclure un accord. Les objectifs poursuivis dans chaque camp restent par trop inconciliables. Richelieu ne veut pas entendre parler de rendre la Lorraine à son duc. Il s'indigne quand les émissaires d'Olivares offrent trois millions de livres, puis cinq millions, en échange de la restitution par les Hollandais du Brésil du Nord : de quel droit le premier ministre français traiterait-il au nom des Provinces-Unies ? De toute évidence, le cardinal ne cherche pas vraiment à discuter ; les mesures dilatoires qu'il a prises pour retarder l'ouverture des conversations (elles ne commencent effectivement qu'au mois de juin 1640) révèlent bien qu'il attend d'avoir saisi des gages substantiels sur le terrain avant de s'asseoir à la table de négociation. Or, les semaines qui suivent vont lui apporter une moisson de victoires.

Le 10 août, après plusieurs mois d'un siège difficile et éprouvant, Arras tombe aux mains des armées françaises. La portée de l'événement est considérable. La prise d'Arras est une option capitale sur la conquête de l'Artois, l'une de ces provinces qui relevaient autrefois de la suzeraineté du Roi de France et qui avaient pris le large au temps de Charles le Téméraire avec les Flandres, la Franche-Comté et la Bourgogne. On clame bien haut que l'on ne restituera jamais Arras aux Espagnols. François Ier avait obligé Charles Quint à lui reconnaître la possession de la Bourgogne. Louis XIII, en récupérant l'Artois, donne une marque de grandeur à son règne. Après la victoire d'Arras, la fierté nationale décuple, débarrassant encore un peu plus les Français de ce « complexe espagnol » qui a tant pesé sur eux jusque-là.

En Italie du Nord, aussi, la roue tourne. Turin, qui avait été arraché à la princesse Christine, est repris. Le prince Thomas, le cardinal Maurice de Savoie, n'ont pas fait preuve d'une grande opiniâtreté à aider les Espagnols : la diplomatie de Richelieu s'est montrée fort active, et les deux beaux-frères de Madame Christine ont compris que le gouvernement de Louis XIII était seul en mesure d'imposer un partage du pouvoir à la Régente de Savoie, sœur du Roi de France et totalement dépendante de sa bonne volonté et du secours de ses armes. Madame Christine jette les hauts cris. Richelieu, qui la tient en piètre estime, s'en moque éperdument, et de toute façon les résultats sont là : les Espagnols ont perdu en quelques mois les gains substantiels qu'ils avaient réalisés deux ans plus tôt en Piémont.

Ce sont de grands, d'incontestables succès. Mais là où l'habileté de Richelieu triomphe, c'est lorsque, coup sur coup, deux des plus importantes provinces qui constituent l'Espagne se soulèvent et font sécession : la Catalogne et le Portugal.

L'Espagne éclatée. La Catalogne...

Si la France nous apparaît comme un pays où les particularismes restent extrêmement marqués, que dire de la situation de l'Espagne au XVIIe siècle ! « Être espagnol » est un concept surtout vrai pour l'étranger, qui voit peu de différence entre les habitants de Lisbonne, de Madrid, de Barcelone ou de Valence. Mais ceux-ci se sentent bien plus citoyens de leurs provinces que membres d'une entité ibérique dont les racines historiques sont fort récentes, et qui a dû prendre en compte, pour s'affirmer, toutes les spécificités locales.

L'Espagne d'alors s'apparente davantage à une fédération d'États qu'à une construction unitaire. A Madrid, une assemblée spéciale gère les affaires relatives à chaque province. Il existe ainsi un Conseil d'Aragon, un Conseil de Catalogne, un Conseil de Portugal, etc. Dans la province elle-même, un vice-Roi représente le souverain ; son action s'exerce dans des limites étroitement définies. La Castille est plus directement soumise en tant que province à l'autorité royale, mais ses villes bénéficient d'un très grand nombre de privilèges, les *fueros,* qui fractionnent en quelque sorte l'exercice du pouvoir de Madrid. Les affaires qui concernent plusieurs provinces sont traitées dans le cadre d'une instance nationale, le Conseil d'État, dont la pesante mécanique est un frein à toute action rapide et véritablement efficace.

La Catalogne est l'une des provinces les plus importantes de l'Espagne, celle aussi qui jouit, avec le Portugal, de la plus grande autonomie. En 1588, les libertés et les droits catalans ont été codifiés en trois gros volumes imprimés. Ces textes sont les Constitutions de la Catalogne, qui fixent avec une minutie extrême les limites du pouvoir de Madrid. Comme pour les autres provinces, un conseil spécial siégeant dans la capitale espagnole est chargé de régler les affaires de Catalogne, tandis qu'un vice-Roi établi à Barcelone représente sur place le pouvoir royal. Qu'il s'agisse du Conseil ou du vice-Roi, les Catalans veillent avec un soin jaloux au respect scrupuleux de leurs Constitutions. L'une des règles les plus contraignantes est celle qui impose qu'à la mort d'un Roi, son successeur ne puisse ni nommer un nouveau vice-Roi, ni même confirmer le précédent, avant d'être venu sur le sol catalan jurer fidélité aux libertés de la province. Mais mille autres clauses restreignent l'autorité du pouvoir central et de son représentant à Barcelone. Ce dernier, par exemple, s'avise un jour d'interdire le port de la carabine courte parce que celle-ci peut être dissimulée sous le manteau : cette ordonnance est jugée contraire aux Constitutions, qui n'avaient pas prévu le cas. Le service militaire reste un domaine où la Catalogne jouit d'un privilège d'exemption exorbitant. Pour qu'elle soit astreinte à fournir des contingents, il faut que le Roi et lui seul vienne sur le sol catalan lancer dans des formes bien établies une proclamation appelant les villes et la province à s'armer.

C'est dire les difficultés que présente l'administration de la Catalogne pour le gouvernement de Madrid. Le pouvoir central se trouve ainsi totalement paralysé pendant cinq ans après la mort de Philippe III survenue le 31 mars 1621, car c'est le délai qui s'écoule entre l'accession de son fils Philippe IV au trône d'Espagne et le moment où, en qualité de comte de Barcelone, celui-ci se rend dans cette ville pour prêter le serment de respecter les privilèges de la province. Pendant ces cinq années, une sorte d'interrègne, de vide administratif, s'institue en Catalogne, qui permet à ses habitants de n'en faire qu'à leur tête, et notamment de rester sourds aux demandes d'argent en provenance de Madrid.

L'homme fort du gouvernement, le comte-duc d'Olivares, dont la patience ne constitue pas la qualité maîtresse, surtout lorsque l'autorité de son maître est en jeu, s'applique à tourner l'obstacle. Il recourt systématiquement au Conseil de Catalogne qui, siégeant à Madrid, est plus exposé aux pressions. Mais il est ainsi amené à violer les droits de la province, qui en prend prétexte pour refuser de reconnaître la validité des décisions arrêtées dans ces conditions. Exaspéré, Olivares finit par envisager un coup d'État légal qui unifierait réellement la péninsule ibérique. Dans un mémorandum adressé à Philippe IV le 25 décembre 1624, il suggère à son maître plusieurs moyens pour lui permettre de devenir véritablement Roi souverain de toute l'Espagne. La méthode la plus efficace à ses yeux consisterait à fomenter des troubles qui justifieraient l'envoi de troupes et l'alignement de toutes les constitutions locales sur le modèle des Constitutions de Castille, les plus favorables à l'exercice du pouvoir royal. Philippe IV laisse en suspens les suggestions d'Olivares, et le séjour qu'il effectue à Barcelone en 1626 détend un peu l'atmosphère même si rien n'est réglé sur le fond.

Le développement des conflits indirects entre l'Espagne et la France à partir de 1629 aggrave la crise latente entre Madrid et Barcelone. La Catalogne fournit chichement les contributions nécessaires au financement de la guerre en Italie du Nord et en Allemagne. L'expédition de Gaston d'Orléans en 1632, à laquelle Philippe IV avait décidé d'apporter son concours à partir du Roussillon, donne lieu à de nouvelles difficultés. La Catalogne refuse de se laisser engager dans un conflit éventuel. Philippe IV en vient même à craindre qu'un soulèvement n'éclate à Barcelone sur ses arrières pendant qu'il serait en train d'affronter les armées de Louis XIII entre Narbonne et Perpignan. La défaite de Castelnaudary, si elle est fort regrettable pour Gaston d'Orléans et pour la politique espagnole, évite probablement au gouvernement de Madrid de graves soucis en Catalogne.

Lorsque la guerre ouverte éclate le 19 mai 1635 entre la France et l'Espagne, la Catalogne, et surtout les positions avancées du Roussillon qui en dépendent, constituent une base de départ pour d'éventuelles opérations espagnoles contre les territoires français — et, à l'inverse, un objectif possible pour les armées de Louis XIII. La Catalogne veut bien se défendre si la France l'attaque, mais n'entend en aucun cas participer à une action offensive. On comprend mieux la relative passivité de Richelieu sur ce théâtre d'opérations. On comprend aussi, naturellement, l'insistance qu'Olivares met en 1635, 1636, 1637, pour obtenir une participation catalane à l'effort de guerre. Le comte-duc s'indigne de constater que, depuis l'accession au trône de Philippe IV, la province n'a fourni comme soldats que quelques dizaines de criminels graciés, alors que la province de Valence a donné 5 000 hommes rien que pour les campagnes d'Italie. Le 13 juin 1637, exaspéré par les atermoiements des Catalans, il fait proclamer la mobilisation générale par le vice-Roi. Les Catalans protestent contre cette violation de leurs privilèges. Lorsque l'armée espagnole, le 29 août 1637, franchit la frontière qui sépare le Roussillon du Languedoc, elle ne compte pas un seul soldat catalan dans ses rangs.

La piteuse défaite des Espagnols à Leucate porte la confusion à son comble. Madrid tient les Catalans pour responsables de l'échec. Le vice-Roi offre sa démission. A Barcelone, on se déclare prêt à mobiliser si les Français font mine d'attaquer la Catalogne. Mais justement, les armées françaises ne bougent pas et Richelieu, parfaitement renseigné sur l'état d'esprit qui règne à Barcelone, porte son effort principal à l'autre extrémité de la frontière des Pyrénées, en Pays Basque espagnol.

Au printemps de 1638, le gouvernement de Madrid se laisse surprendre par l'offensive des forces navales de Louis XIII, qui aboutit à la destruction d'une flotte espagnole à Guétary et au siège de la ville de Fontarabie. De toutes les régions d'Espagne affluent des volontaires pour défendre cette ville, qui prend l'allure d'un symbole de la résistance ibérique contre l'agression française. — De toutes les provinces, sauf de Catalogne, car celle-ci ne se sent nullement concernée. La délivrance de la ville et la retraite des Français sont ressenties partout comme une victoire — sauf en Catalogne, où l'on continue d'affecter une parfaite indifférence.

Dans les mois qui suivent, la situation à Barcelone et dans les autres villes catalanes se dégrade inexorablement. Un incident mineur, survenu le 7 juin 1640, se transforme en quelques heures en une insurrection générale de la province contre Madrid. Chaque année pour la Fête-Dieu, les paysans des montagnes ont l'habitude de descendre à Barcelone pour se louer comme moissonneurs dans les grandes exploitations de la plaine. Ils sont des milliers, les têtes s'échauffent, on conspue Madrid et les Castillans. On a beaucoup bu, l'agitation grandit. Soudain, un coup de feu tiré en l'air à partir d'une fenêtre du palais du vice-Roi déclenche la colère de la foule. Aux montagnards se joignent la population des quartiers pauvres et la milice bourgeoise. On donne la chasse aux Castillans, ceux que l'on peut attraper sont massacrés sur place. Le vice-Roi, qui cherchait à s'échapper, est reconnu sous son déguisement et poignardé. C'est comme un incendie qui parcourt la province. Les soldats espagnols, assaillis de toutes parts, pourchassés, harcelés, ne parviennent à garder que trois places : Perpignan, Collioure et Salses.

Les Catalans ne se considèrent pourtant pas en révolte contre Madrid, mais ils exigent que le Roi évacue l'ensemble des troupes stationnées sur leur territoire et les laisse organiser eux-mêmes leur défense contre une éventuelle agression de la France. Philippe IV, au contraire, est bien résolu à tirer vengeance du défi lancé à son autorité, et rameute toutes les forces disponibles pour ramener les Catalans au devoir d'obéissance. Alors, la province décide de ne plus le reconnaître comme comte de Barcelone. Elle demande l'aide de la France, qui signe avec elle, le 16 décembre 1640, un traité d'alliance. Les Catalans vont plus loin encore puisqu'ils offrent à Louis XIII, en février 1641, la souveraineté de la Catalogne.

Richelieu est perplexe, et ne sort de plusieurs mois d'hésitations que le 19 septembre 1641, date à laquelle le Roi de France accepte formellement de devenir comte de Barcelone. Le cardinal se montre excessivement prudent, en effet, pour tout ce qui concerne les affaires de Catalogne. Il sait apprécier l'avantage d'une révolte qui oblige Philippe IV à mobiliser des forces précieuses. Mais il sait aussi que les Français ne sont populaires à Barcelone que pour autant qu'on ne les y voit pas. C'est pourquoi l'aide militaire qu'il fournit aux Catalans reste très ponctuelle, très limitée. Les seules opérations d'envergure qu'il entreprend sont dirigées contre Perpignan, Salses et Collioure, c'est-à-dire contre les places toujours tenues par les forces de Madrid ; et puis, elles sont situées en Roussillon, dans la partie nord de la province, dont les liens avec Barcelone sont plus lâches.

Au début de 1642, la conquête du Roussillon devient le but majeur des efforts du cardinal. La prise de Perpignan permettrait de soulager la pression espagnole sur Barcelone et donnerait au Roi de France un gage d'une valeur exceptionnelle.

Olivares en est parfaitement conscient. Il faut coûte que coûte défendre Perpignan, mais comment faire alors que le Roussillon est coupé de la péninsule ibérique par la Catalogne rebelle et que la supériorité navale des Français empêche l'acheminement de renforts par mer ? La détermination du cardinal, la balance des forces favorable à la France, rendent la chute de Perpignan inévitable — à moins que l'élimination de Richelieu, brisant l'élan des armées royales et donnant le pouvoir en France aux partisans d'une paix immédiate sans annexion ni conquête entre Paris et Madrid, ne desserre l'étreinte mortelle qui pèse sur la capitale du Roussillon. La mort du cardinal apparaît comme le seul moyen de mettre un terme à la menace que la poursuite de la guerre représente pour la cohésion de l'Espagne.

Celle-ci était en effet soumise à rude épreuve ; la révolte de la Catalogne faisait tache d'huile. La province limitrophe d'Aragon, sur laquelle les Catalans fondaient de grands espoirs, n'avait guère répondu à leurs appels. L'exemple de Barcelone devait en revanche rencontrer un écho inattendu au Portugal.

... ET LE PORTUGAL

Il est vrai que le Portugal possède une vieille tradition d'indépendance, et de multiples sujets de mécontement contre Madrid. Le royaume de Portugal n'est lié aux autres provinces espagnoles que par une simple union personnelle, depuis le mariage de Philippe II d'Espagne avec Marie de Portugal, fille et unique héritière du Roi Jean III. Philippe II comme Philippe III ont largement respecté les privilèges du Portugal. Depuis l'avènement de Philippe IV, en revanche, Madrid, à l'instigation d'Olivares, ne cesse de grignoter l'autonomie portugaise. En 1635, une contribution de 5 % sur la valeur de tous les biens est instituée — véritable impôt sur la fortune destiné à financer les charges de la guerre avec la France. Olivares tarabuste les Portugais afin qu'ils lui fournissent des soldats pour les campagnes d'Italie et des Pays-Bas. Lorsque éclate l'insurrection de Catalogne, il demande au Portugal des contingents supplémentaires destinés à rétablir l'ordre dans la province rebelle.

Le Portugal comme la Catalogne est, depuis de nombreuses années, travaillé par les agents de Richelieu, qui ne manquent aucune occasion de souffler sur le mécontentement des gens. On murmure contre les impôts, les levées de soldats, la perte du Brésil. Depuis 1580, qu'a donc rapporté l'union avec l'Espagne sinon des ennuis ? C'est peut-être à l'instigation des hommes du cardinal que l'opposition se donne un chef en la personne de Jean de Bragance, membre de l'ancienne famille régnante du Portugal. Le 1er décembre 1640, un complot soigneusement préparé éclate, surprenant le gouvernement de Madrid. Les soldats castillans et allemands qui constituent la garde de la vice-Reine nommée par Philippe IV, Marguerite de Savoie, cèdent sous le nombre. La vice-Reine est reconduite à la frontière et Jean de Bragance proclamé Roi de Portugal sous le nom de Jean IV. Madrid cherche à reconquérir la province. Ses troupes essuient un grave échec, et ce sont au contraire les armées portugaises qui franchissent la frontière, pénétrant en Galice et en Andalousie. Les anciennes colonies portugaises se rallient à Lisbonne. La France, l'Angleterre, le Danemark et la Suède reconnaissent immédiatement Jean IV comme souverain légitime du Portugal. Celui-ci conclut une trêve de dix ans avec la France et les Provinces-Unies, et s'engage à ne pas négocier avec Madrid sans comprendre ses alliés dans la paix.

Les vastes possessions des Habsbourg de Madrid semblaient promises à une irrémédiable désagrégation.

Les déboires de Ferdinand III

Les choses n'allaient guère mieux pour les Habsbourg de Vienne. Les Suédois se montraient à nouveau dangereusement offensifs. Au printemps de 1640, les armées de Ferdinand III, sous les ordres de Piccolomini, expulsent les troupes dirigées par Baner de la Bohême où elles s'étaient établies l'année précédente. Mais les Suédois, au lieu de se replier une fois de plus sur la Poméranie, poursuivent leur route en plein cœur de l'Allemagne, vers l'ouest, en direction de Ratisbonne où siège justement une Diète d'Empire[2]. À l'été de 1640, en effet, Ferdinand III avait convoqué cette assemblée, instance représentative de tous les princes souverains d'Allemagne, qui ne s'était plus réunie depuis 1603. L'Empereur avait grand besoin de secours, et comptait sur la Diète pour les lui accorder. C'était mal connaître l'état d'esprit des princes allemands, qui marchandent leur aide au plus haut prix. Les protestants demandent que l'année de référence pour la restitution réciproque des biens saisis fixée à 1627 par les Préliminaires de Pirna, la Paix de Prague et les différents traités passés entre l'Empereur et les princes protestants, soit remplacée par la date de 1618. On serait ainsi revenu à la situation existant avant la rébellion de Bohême, la Montagne Blanche et la dépossession de l'Électeur Palatin. La seule chose qu'aurait conservée Ferdinand III de tous les acquis intervenus depuis lors aurait été la consolidation de ses droits (remplacement de la monarchie élective par la monarchie héréditaire) en Bohême et en Hongrie. Moyennant quoi la Diète, avant de se séparer le 10 octobre 1641, voudra bien promettre un secours à l'Empereur.

Mais même cette apparente solidarité avec Ferdinand III recou-

---

2. A ne pas confondre avec la Diète électorale, qui rassemble uniquement les Électeurs.

vre en réalité bien des failles, bien des lézardes. Le 1er décembre 1640 meurt l'Électeur de Brandebourg, l'un des principaux souverains protestants d'Allemagne. Son fils lui succède ; il a 29 ans, et incarne les aspirations d'une génération nouvelle. Frédéric-Guillaume congédie le favori de son père, Adam de Schwartzenberg, catholique, et qui inclinait fortement vers Vienne. En juillet 1641, il sépare la cause du Brandebourg de celle de l'Empereur en concluant une trêve avec la Suède. Quelques semaines plus tôt, en juin, Richelieu avait réussi à obtenir de la Suède et de la Hesse-Cassel l'engagement que ces deux États alliés de la France ne signeraient point de paix séparée avec Ferdinand III. Ainsi semble se reconstituer contre ce dernier l'entente des princes protestants qui avait existé au temps de Gustave-Adolphe.

La situation dans l'Empire paraissant évoluer dans un sens favorable aux intérêts du royaume, Richelieu croit le moment venu de faire un geste de conciliation à l'égard de l'opinion allemande. Il sait que l'occupation de la Lorraine, les ravages sans nom qu'y ont exercés les différentes armées françaises ou à la solde du Roi de France, constituent pour une grande partie des Allemands une profonde meurtrissure. La Lorraine est terre d'Empire, même si ses liens sont lâches, et l'on accepte mal le comportement du Roi de France sur son sol. A tort ou à raison, les déloyautés répétées du duc de Lorraine à l'égard de Louis XIII ne paraissent pas des raisons suffisantes pour le déposséder de ses États. Le 29 mars 1641, Louis XIII signe avec Monsieur de Lorraine le Traité de Paris aux termes duquel le duc se voit rétabli dans ses droits, se reconnaît vassal de la France pour le Barrois, abandonne définitivement Clermont-en-Argonne ainsi que les trois places de Stenay, Jametz et Dun, et consent à l'occupation provisoire de Nancy. Le duc promet de ne plus conclure d'alliance avec les ennemis de la France, et rentre en principe dans le camp français contre l'Espagne. Aux yeux de Richelieu, mieux valait s'attacher la Lorraine par ce système que par le moyen d'une occupation coûteuse et mal reçue par l'opinion allemande.

Le cardinal aurait été beaucoup moins satisfait s'il avait su que, la veille de la signature du Traité de Paris, Charles IV s'était à tout hasard réservé le moyen de ne pas tenir ses engagements en déposant chez un notaire une protestation dans laquelle il déclarait par avance que le serment qu'il s'apprêtait à passer, sous la contrainte disait-il, devait être considéré comme nul.

Si Richelieu marquait des points sur presque tous les tableaux, Olivares n'était cependant pas resté inactif, et, grâce au complot du comte de Soisson, se trouvait bien près d'annuler tous les bénéfices empochés par son rival.

Le complot du comte de Soissons

Le Cardinal-Infant, peu avant de mourir, avait écrit à Olivares : « Il n'y a qu'une ressource, se créer des partisans en France et chercher grâce à eux à amener le gouvernement de Paris à se montrer raisonnable. » Après l'attentat deux fois manqué d'Amiens à la mi-octobre 1636, le comte de Soissons, qui en était le protagoniste essentiel avec Gaston d'Orléans, craignant d'être dénoncé par celui-ci, juge plus prudent de se réfugier à Sedan. Le Cardinal-Infant se laisse persuader sans trop de peine par Marie de Médicis que le comte pourrait faire une excellente recrue. Prince du sang, il porte un nom respectable. Il est réputé bon général. Et puis, son ressentiment contre Richelieu paraît sans faille ; il en veut au cardinal d'avoir échappé à la conjuration si soigneusement montée d'Amiens ; il l'accuse de l'avoir humilié en laissant reprendre par Louis XIII le commandement de l'armée constituée pour secourir Corbie qu'il lui avait antérieurement confié ; enfin, il le considère comme le grand responsable du mariage conclu à Nantes entre Gaston d'Orléans et Mademoiselle de Montpensier, en 1626, alors qu'il était lui-même sur les rangs pour épouser cette riche héritière.

Prendre les armes contre Richelieu coûte 400 000 livres. C'est ce qu'exige le comte de Soissons. La somme est importante. Mais Marie de Médicis fait tant et si bien que le Cardinal-Infant signe, le 28 juin 1637, un accord aux termes duquel le comte se voit promettre 500 000 livres pour la levée et l'entretien d'une armée. Le pacte restera lettre morte. Le 15 juillet, le comte de Soissons dénonce le traité avec les Espagnols. Le 26 juillet, il passe un accord avec Richelieu dans lequel, en échange du pardon de Louis XIII et du rétablissement dans tous ses biens, charges et dignités, il jure « de ne se départir jamais de la fidélité et obéissance qu'il devait à Sa Majesté, ni avoir aucune pratique ou intelligence qui lui dût être suspecte, tant dedans que dehors le royaume ». Mais il reste à Sedan, ainsi que le traité signé avec le Roi l'autorise à le faire pour une durée qui ne saurait dépasser quatre ans.

Inutile de chercher à décrire la déception de Marie de Médicis. Elle est violente, à la mesure même des espoirs qu'avait pu nourrir la Reine-Mère. Celle-ci, cependant, n'avait pas si mal jugé le comte lorsqu'elle l'avait recommandé à l'attention du Cardinal-Infant. Il y a toujours, chez les Grands, des trésors de rancœurs et de susceptibilités rentrées qui, un beau jour, éclatent en gestes de révolte. Dans son séjour de Sedan, le comte de Soissons remâche son animosité contre Richelieu et fait figure de point de mire pour les mécontents. Au printemps de 1640, un véritable complot se noue autour du comte, qui s'en institue le chef avec le duc de Guise et le duc de Bouillon, prince de Sedan.

Et c'est ainsi qu'au printemps de 1641, une armée de 3 000 hommes, dont l'effectif a été doublé par le concours des Impériaux, quitte Sedan sous le commandement du comte de Soissons. Le gouvernement royal dépêche à sa rencontre le maréchal de Châtillon. Celui-ci est complètement battu le 9 juillet 1641 à La Marfée, sur la rive gauche de la Meuse. Le comte de Soissons, vainqueur, parcourt à cheval le champ de bataille. Il a chaud, il a soif, et, d'un geste qui lui est paraît-il familier, si l'on en croit les *Mémoires* du duc de Bouillon, il relève la visière de son casque avec son pistolet. Un coup de feu retentit, le comte tombe, frappé à mort. La thèse de l'accident est plausible. Mais l'opinion devait immédiatement soupçonner un espion du cardinal, glissé dans l'entourage du vainqueur de La Marfée, d'avoir saisi l'occasion favorable. Don du ciel ou hasard bien organisé, Richelieu pouvait être reconnaissant à l'auteur, quel qu'il fût, du coup de pistolet qui l'avait si opportunément débarrassé du dangereux Soissons. « Si Monsieur le comte n'eût été tué, il eût été bien reçu de la moitié de Paris », devait reconnaître l'un de ses confidents, le Père Carré. « C'est le sentiment commun de la France, et que toute la France se fût jointe à lui, à cause du sol par livre, et autres vexations que les partisans font au peuple qui est très mécontent. »

Louis XIII, qui admettait toujours aussi mal les atteintes portées à son autorité, avait pris le commandement d'une autre armée, qui s'avançait vers Mézières et Sedan. Le duc de Bouillon se précipite au-devant du Roi pour solliciter son pardon ; on le lui accorde. Le duc de Lorraine avait imprudemment jeté le masque et repris les armes contre la France ; une rapide campagne replace ses possessions sous occupation française. Louis XIII aurait voulu se venger sur le cadavre du comte de Soissons de sa rébellion et de l'échec infligé au maréchal de Châtillon ; Richelieu a les plus grandes peines du monde à l'en dissuader. Dans sa vindicte, le Roi de France n'avait pas l'art de trouver d'instinct le chemin de la vraie grandeur.

Le complot du comte de Soissons décide le gouvernement français à accentuer la pression militaire qu'il exerce sur sa frontière du nord. L'été 1641 voit la chute de plusieurs villes importantes des Pays-Bas espagnols : Aire-sur-la-Lys, Lens, La Bassée, Bapaume. Après l'Artois, la Flandre française. L'ambitieux programme fixé par Richelieu dans l'Avis au Roi de 1629 semble s'accomplir méthodiquement. Le 9 novembre 1641 meurt le Cardinal-Infant, le meilleur général que les Espagnol aient eu à opposer aux armées françaises.

Pour Olivares, pour Philippe IV, il devient vital d'abattre le cardinal. L'action du comte de Soissons ayant échoué, on se tourne à nouveau vers celui que l'on peut considérer comme toujours disponible pour n'importe quel complot : Gaston d'Orléans. Ce que l'Espagne perdait maintenant régulièrement sur les champs de bataille, elle va s'efforcer, grâce au frère du Roi, de le regagner par l'éviction ou par l'assassinat de Richelieu. Ainsi va naître la conjuration de Cinq-Mars.

Cinq-Mars : l'ascension d'un favori

Depuis la retraite de Louise de La Fayette, Marie de Hautefort a retrouvé son ancienne influence sur l'esprit du Roi. Semblant prendre moins de plaisir à tourmenter son amant platonique que par le passé, Marie se fait plus douce et par là même plus efficace. Elle poursuit maintenant un but politique, et le pouvoir qu'elle exerce sur Louis XIII, elle entend l'utiliser, en totale connivence avec Anne d'Autriche, en vue de miner le crédit de Richelieu auprès du Roi et de disposer ce dernier à une paix rapide avec la Maison d'Autriche. La faveur de Mademoiselle de Hautefort au début de 1638 est devenue si grande que le cardinal s'en inquiète sérieusement. Il ne voit pas d'autre solution que de la faire supplanter dans l'affection royale par un beau garçon, en utilisant sans vergogne les tendances homosexuelles de Louis XIII.

Richelieu choisit à cet effet le jeune Henri, marquis de Cinq-Mars, fils du défunt surintendant d'Effiat, qui avait toujours fait preuve d'un dévouement exemplaire à l'égard du cardinal. Cinq-Mars, né le 27 mars 1620, a tout juste 16 ans quand Richelieu lui donne le commandement d'une compagnie de gardes du Roi. Nous sommes en 1636. Louis XIII ne remarque pas ce jeune homme rayonnant de beauté et de jeunesse primesautière. En 1637, Richelieu, qui songe déjà à lui faire gravir les échelons dans l'amitié du Roi, offre à Cinq-Mars la fonction de Grand-Maître de la Garde-Robe du Roi. C'est une dignité éminente, mais c'est aussi un esclavage, et la perspective de devenir le confident de Louis XIII ne parvient pas à vaincre les réticences du jeune homme, qui refuse. Richelieu n'insiste pas. Mais quand, au début de 1638, il s'alarme pour de bon de l'ascendant de Marie de Hautefort sur le Roi, il revient à la charge, en expliquant très clairement à Cinq-Mars ce qu'il attend de lui : utiliser son intimité avec le souverain pour en recueillir les confidences et les retransmettre ponctuellement au cardinal ; en sens inverse, réciter au Roi les leçons que le cardinal pourrait juger nécessaire de lui faire apprendre. Cinq-Mars, une fois de plus, refuse. Richelieu, alors, se rend chez sa mère, la maréchale d'Effiat, et lui montre comment la stérile, la stupide obstination de son fils risque de ruiner le crédit de toute la famille. La maréchale s'emporte contre Cinq-Mars, se répand en invectives, mais ne réussit pas à le persuader.

Richelieu entre en scène auprès du Roi. Voici dix-huit mois que Cinq-Mars est à son service, et il ne l'a toujours pas remarqué. Le cardinal, personnellement, n'intervient pas, mais les courtisans à sa dévotion commencent à faire du jeune homme le sujet favori de leurs conversations en présence du Roi. Celui-ci jette les yeux sur Cinq-Mars, et lui trouve en effet les manières élégantes, l'esprit prévenant et un air de grande beauté. Louis XIII daigne lui adresser la parole, et constate que ses propos sont agréables et diserts. Lorsque Richelieu vient solliciter pour Cinq-Mars la charge de Grand-Maître de la Garde-Robe en reconnaissance des services rendus par le maréchal d'Effiat, le Roi n'élève aucune objection. Quant à Cinq-Mars, il se laisse enfin convaincre par sa mère d'accepter. Il est nommé le 27 mars 1638, le jour même de ses 18 ans.

Pourtant, les choses ne vont pas tout à fait dans le sens souhaité par Richelieu. Au fond du cœur de Louis XIII, ce n'est pas la folle passion. Certes, l'intimité grandit entre le Roi et son Grand-Maître de la Garde-Robe. Cinq-Mars s'acquitte de ses obligations avec conscience. Mais la différence d'âge, et bien plus encore la différence de tempérament, semblent le pousser à prendre en toutes choses l'exact contrepied des goûts du souverain. Le Roi, très friand de musique religieuse et de lectures pieuses, cherche à faire partager sa passion au jeune Grand-Maître. Celui-ci ne peut dissimuler l'ennui qu'elle provoque en lui, et l'intérêt qu'il porte, en revanche, à la compagnie de jeunes de son âge, dont beaucoup se retrouvent dans des cercles où le libertinage des mœurs rejoint le libertinage de la pensée, frisant même l'athéisme. Responsable de la garde-robe du Roi, Cinq-Mars tente un jour de renouveler les vêtements de son maître. Il s'attire les vifs reproches de Louis XIII, qui n'aime rien tant que la simplicité et trouve que la recherche vestimentaire où voudrait l'entraîner Cinq-Mars témoigne d'un esprit de prodigalité qui lui fait horreur. Cinq-Mars devient l'amant préféré de la courtisane Marion de Lorme ; il passe chez elle de longues soirées, en compagnie d'autres seigneurs de son âge, jouant aux cartes et écoutant avec ravissement la lecture de poèmes ou de romans à la mode. Le jeune marquis mène désormais une double vie. Le jour, il se montre assidu auprès du Roi comme l'exigent les devoirs de sa charge, et cela jusqu'à l'heure du coucher. Là, il disparaît, et si la Cour est à Paris ou à Saint-Germain-en-Laye, Cinq-Mars galope à bride abattue vers l'hôtel du Marais où habite Marion de Lorme pour n'en revenir qu'aux petites heures du matin, épuisé, et sombrant dans un lourd sommeil d'où le Roi parvient à grand-peine à le tirer vers midi. Quand il accompagne Louis XIII à la chasse, sa somnolence et son manque d'entrain lui attirent les remarques querelleuses du monarque.

Car le Roi devient jaloux de Cinq-Mars, et ce dernier, par intuition plus que par calcul, en joue d'une façon cruelle. Aux reproches du souverain, il répond de façon brusque et hautaine, adjurant le Roi, s'il n'est pas content de ses services, de mettre ses actes en rapport avec ses paroles en donnant sa place à quelqu'un d'autre. Il n'en faut pas davantage pour faire croître sourdement dans le cœur de Louis XIII une inclination dont ni Cinq-Mars, ni Richelieu, ni le Roi lui-même ne soupçonnent la force.

Richelieu s'impatiente. Il a tressailli d'espoir quand, au début de décembre 1638, le secrétaire d'État Chavigny lui a écrit que Marie de Hautefort était à la veille d'une disgrâce définitive. Mademoiselle de Hautefort est redevenue, il est vrai, proprement insupportable. Tout se passe comme si elle n'avait jamais eu d'autre but que d'aider Anne d'Autriche pendant le temps de sa grossesse. Durant ces neuf mois, elle a tout supporté, prenant sur elle de faire bonne figure au Roi. La naissance du Dauphin, le 5 septembre 1638, constitue la dernière étape à franchir. L'accouchement est difficile, et Marie de Hautefort folle d'inquiétude pour Anne qui souffre affreusement. Louis XIII la rappelle à l'ordre : « Ne songez qu'à l'enfant, vous aurez lieu de vous consoler de la mère. » Effrayante réflexion qui en dit long sur les sentiments que Louis XIII porte à sa femme. Marie de Hautefort se promet de la faire chèrement payer à Louis XIII. Voici paraître enfin le petit Dauphin. La délivrance s'achève. L'enfant est beau, semble vigoureux. Tout le monde se réjouit, s'extasie. Louis XIII, plus que quiconque à la Cour, sait ce que cette naissance signifie, l'assise peut-être définitive qu'elle donne à la dynastie, la fin des ambitions de Gaston, relégué à la seconde place dans l'ordre de succession au trône. C'est à cela qu'il pense, et à rien d'autre. Marie de Hautefort doit presque le traîner auprès d'Anne d'Autriche pour qu'il l'embrasse, avec une trop visible froideur.

Désormais, Mademoiselle de Hautefort n'observe plus aucun ménagement vis-à-vis de Louis XIII. Forte de sa maternité triomphante, Anne d'Autriche est devenue inexpugnable. La mère du prochain Roi de France est intouchable. Marie laisse de nouveau la bride sur le cou à son caractère railleur et tourmenteur. Le pauvre Louis XIII n'en peut plus, et les plaintes qu'il adresse sans arrêt à Richelieu sur la terrible Hautefort font peine à lire. Mais il ne peut se résoudre à s'en séparer. L'automne de 1638, puis l'hiver, s'écoulent ainsi. Chaque fois qu'il sort d'un entretien avec Mademoiselle de Hautefort, Louis XIII fait triste figure ; on croirait l'image personnifiée du malheur. Au contraire, il sourit plus volontiers maintenant aux plaisanteries, aux railleries de Cinq-Mars. Parlant de la Hautefort, Louis XIII s'écrie encore : « Je l'aime plus que tout le reste du monde ensemble ! », et le 27 mars 1639, c'est toujours d'elle qu'il s'agit dans ce billet qu'il adresse au cardinal : « L'inclination va très bien. » Mais lorsque le Roi quitte Saint-Germain-en-Laye le 25 mai 1639 pour prendre le commandement de l'armée massée à la frontière de Picardie, Cinq-Mars a de fait supplanté Marie dans son cœur.

Exit Mademoiselle de Hautefort

Du 30 mai au 3 juin, la Cour séjourne à Abbeville. C'est de ce moment que date véritablement la faveur du jeune marquis. Plus personne n'a de doute sur le penchant violent qui pousse Louis XIII vers son Grand-Maître de la Garde-Robe. Tout à sa passion, il l'appelle « Cher Ami », familiarité sans précédent dans les habitudes de la Cour. Quand Cinq-Mars est présent, il est pratiquement le seul à qui le Roi adresse la parole. Quand il est absent, pas une conversation où Louis XIII ne ramène sa pensée vers lui. L'esprit du Roi semble habité par le nouveau favori. Et peut-être pas seulement l'esprit... Les commérages vont bon train sur la nature des relations qui unissent Louis XIII à Cinq-Mars.

Tallemant des Réaux, mauvaise langue s'il en fut, ne laisse aucune ambiguïté planer sur le fait. Il est vrai que les deux anecdotes qu'il rapporte à ce sujet dans ses *Historiettes* sont de deuxième, voire de troisième main.

Voici la première : « De Fontrailles dit qu'étant entré une fois à Saint-Germain brusquement dans la chambre de Monsieur le Grand[3], il le surprit comme il se faisait frotter depuis les pieds jusqu'à la tête d'huile de jasmin, et, se mettant au lit, il lui dit d'une voix peu assurée : " Cela est plus propre. " Un moment après, on heurte, c'est le Roi. Il y a apparence, comme le dit le fils de feu L'Huillier, à qui on contait cela, qu'il s'huilait pour le combat. » Fontrailles, le fils de feu L'Huillier : cela en fait des intermédiaires entre Tallemant et les héros de l'histoire ! Quant à Fontrailles, le premier cité, nous verrons plus loin son rôle dans la conspiration de Cinq-Mars : on ne peut pas attendre de lui un jugement impartial sur Louis XIII. Difficile, par conséquent, d'accepter sans réserve ces assertions...

Le deuxième récit que Tallemant consacre aux relations particulières qui auraient uni Louis XIII à Cinq-Mars n'est guère plus solide : « On m'a dit aussi qu'en je ne sais quel voyage, le Roi se mit au lit dès sept heures. Il était fort négligé ; à peine avait-il une coiffe à son bonnet. Deux grands chiens sautent aussitôt sur le lit, le gâtent tout en se mettant à baiser Sa Majesté. Il envoya déshabil-

---

3. C'est le nom sous lequel sera désigné Cinq-Mars quand il aura été fait Grand Écuyer.

ler Monsieur le Grand, qui revient paré comme une épousée : " Couche-toi, couche-toi ", lui dit-il d'impatience. Il se contenta de chasser les chiens sans refaire le lit, et ce mignon n'était pas encore dedans qu'il lui baisait déjà les mains. Dans cette grande ardeur, comme il ne trouvait pas que Monsieur le Grand correspondît trop, car il avait le cœur ailleurs, il lui disait : " Mais cher ami, qu'as-tu ? Que veux-tu ? Tu es tout triste. De Nyert, demande-lui ce qui le fâche ; dis-moi, as-tu jamais vu une telle faveur ? " » Là encore, le flou des références (« on m'a dit aussi », « en je ne sais quel voyage ») fait que la scène alléguée reste sujette à caution, et ne peut être donnée comme un indice certain de l'existence de relations homosexuelles.

On ne saura évidemment jamais la vérité. Qu'il suffise d'admettre que la présence de ce jeune garçon, les caresses ni vraiment coupables ni parfaitement innocentes qu'il échangeait avec Louis XIII, mettaient en émoi la sensibilité de ce Roi vieillissant et prude, et fondaient l'extraordinaire faveur du Grand-Maître de la Garde-Robe, qui prend son essor en ce printemps fou de 1639.

Richelieu est pressé d'en recueillir les fruits et de savourer enfin la disgrâce définitive de Marie de Hautefort. Pour le moment, les opérations militaires dictent leur loi. D'Abbeville on va faire la guerre en Artois, avant de se rendre dans les Ardennes, en Champagne où l'on séjourne jusqu'à la fin août, puis en Savoie pour soutenir Madame Christine. Le cardinal rejoint Louis XIII à Dijon. Déjà informé par ses espions, il peut constater personnellement le niveau fort élevé atteint par la faveur de Cinq-Mars. Docile, le jeune homme suit les conseils de son patron le cardinal. Celui-ci lui ordonne d'obtenir la tête de Marie de Hautefort. Cinq-Mars s'exécute. Au fur et à mesure qu'on se rapproche de Paris, il commence à se plaindre à Louis XIII de la Hautefort. Il feint d'appréhender ses prochaines retrouvailles avec le souverain qui vont permettre à la blonde Marie de reprendre son empire sur le Roi et de l'éclipser, lui Cinq-Mars, dans l'affection de Sa Majesté. Le Roi s'ingénie à calmer ses inquiétudes, lui fait cadeau de la coquette somme de 1 500 écus, lui laisse espérer la charge de Premier Écuyer. Mais rien de tout cela n'apaise les alarmes du pauvre Cinq-Mars, qui demande à Louis XIII, exige presque de lui, qu'il promette « de ne plus regarder Madame de Hautefort ». Il faut choisir. « Quoiqu'il ne soit pas incompatible d'avoir ensemble une maîtresse et un ami », comme l'écrit Montglat, ceci n'était pas dans les habitudes de Louis XIII. Louis XIII choisit Cinq-Mars : « Je vous ai donné mon cœur et je vous promets qu'il ne sera point partagé. » A la Cour, chacun estime que le cardinal a bien joué. Richelieu exulte, son entourage partage sa satisfaction. Chavigny écrit à Mazarin, qui vient d'entrer au service de Richelieu : « Nous avons un nouveau favori à la Cour qui est Monsieur de Cinq-Mars, dépendant tout à fait de Monseigneur le cardinal. »

Ce bel optimisme est bien excessif, car Richelieu, déjà, n'a plus vraiment barre sur Cinq-Mars. Celui-ci, maintenant qu'il a obtenu l'élimination de Marie de Hautefort, ne connaît pas de bornes à son ambition. Le Roi lui avait promis sa nomination comme Premier Écuyer ? Ce n'est pas assez : il veut devenir Grand Écuyer ou rien. Comme Louis XIII tarde à satisfaire cette nouvelle exigence, sa mine une fois de plus s'assombrit. La charge appartient au vieux duc de Bellegarde, et c'est l'une des plus importantes du royaume ; Louis XIII sent bien que la demande de son favori est démesurée, excessive, mais que faire pour dérider Cinq-Mars, dont l'humeur déteint sur la sienne ? Richelieu, quant à lui, est furieux de l'outrecuidance de Cinq-Mars, inquiet de le voir ainsi jouer avec le feu, car Marie de Hautefort est toujours là, même si le Roi a promis de rompre avec elle. Le cardinal tente d'expliquer à Cinq-Mars qu'en revendiquant la charge de Grand Écuyer, il court le risque de pousser Louis XIII à bout et de réussir uniquement à obtenir que le Roi, se ravisant, le sacrifie en définitive à Marie de Hautefort. Mais le favori s'entête. Il a raison, car c'est lui qui gagne. Le 7 novembre, il est auprès de Louis XIII à l'instant décisif où le Roi, s'approchant de Marie, lui déclare : « Madame, mes affections sont toutes désormais pour Monsieur de Cinq-Mars. J'ai appris que vous preniez plaisir à dire du mal de lui. J'en suis très mécontent. Si vous continuez, vous aurez sujet de vous en repentir. » Louis XIII tourne le dos à la Hautefort folle de rage. Le lendemain matin 8 novembre, un officier se rend très tôt chez elle pour lui remettre une lettre du Roi lui ordonnant de ne plus se montrer à la Cour. L'ex-favorite déchire en petits morceaux la missive de Sa Majesté et, se postant sur le passage de Louis XIII, l'aborde au pied du grand escalier du château de Fontainebleau au moment où il s'apprête à monter en carrosse. Elle lui fait une véritable scène ! Louis XIII tient bon, et c'est lui qui a le mot de la fin : « Mariez-vous, je vous ferai du bien. »

Le 10 novembre, le monarque se rend à Versailles. Cinq-Mars et quelques intimes l'accompagnent. Le favori est d'une humeur délicieuse, le Roi aussi. Le 13 novembre 1639, le duc de Bellegarde, après une farouche résistance, consent à renoncer à sa charge de Grand Écuyer. Deux jours plus tard, Cinq-Mars prête serment dans ses nouvelles fonctions. Il sera désormais Monsieur le Grand.

Cinq-Mars n'a pas 20 ans. Sa vertigineuse ascension le grise. Il l'a emporté sur tout le monde, Marie de Hautefort, le duc de Bellegarde, et même Richelieu qui lui avait prédit qu'il courait à sa perte. Vis-à-vis du cardinal, il se considère comme délié de tout engagement, de toute obligation de reconnaissance, puisqu'il a gagné sans lui, voire contre lui, ses galons de favori tout-puissant en arrachant sans aucune aide extérieure, par la seule force de son emprise sur le Roi, son élévation à la dignité prestigieuse de Grand Écuyer. Richelieu en est parfaitement conscient et se demande maintenant s'il n'a pas joué la mauvaise carte. Mais il est trop tard.

SCÈNES, BROUILLERIES ET BLESSURES D'AMOUR-PROPRE

Vis-vis du Roi aussi, Cinq-Mars ne connaît plus de bornes. Huit jours après sa victoire, une première scène éclate entre le souverain et le favori. Cinq-Mars s'est offert un carrosse doré. Louis XIII le lui reproche, et lance à la figure du jeune homme son ostentation, ses dépenses sans frein, ses débauches. Que n'a-t-il pas dit ! Louis XIII a révélé en cet instant qu'il n'est qu'un pauvre homme taraudé du démon de la jalousie. Cinq-Mars s'emporte à son tour, criant qu'il n'a nulle intention de perdre sa jeunesse en se laissant cloîtrer auprès de ce valétudinaire confit en dévotions. Le Roi, fou de chagrin, fait appel à Richelieu : n'est-ce pas lui qui a placé Cinq-Mars dans son entourage, n'est-il donc pas en quelque sorte responsable de ce qui vient d'arriver ? Le cardinal a d'ailleurs toujours été le confident de ses joies et de ses peines, et il est normal que le Roi sollicite son intervention.

Richelieu convoque Cinq-Mars, le morigène vertement. Monsieur le Grand s'incline, s'excuse, s'humilie. Et le cardinal, de même qu'il avait autrefois réconcilié le Roi et sa mère, le Roi et son frère, le Roi et sa femme, réconcilie aujourd'hui le Roi et son favori. Sous la dictée de Richelieu, chacun signe l'extraordinaire papier que voici :

« Nous, ci-dessous signés, certifions à qui il appartiendra être très contents et satisfaits l'un de l'autre et n'avoir jamais été en si parfaite intelligence que nous sommes à présent. En foi de quoi nous avons signé le présent certificat : Louis.

Par mon commandement : Effiat de Cinq-Mars.

Fait à Saint-Germain le 26 novembre 1639. »

Afin que nul n'en ignore, la bonne nouvelle est aussitôt publiée à la Cour. Louis XIII est reconnaissant au cardinal du succès de sa démarche : « Je vous remercie du soin que vous prenez d'envoyer savoir de mes nouvelles », lui écrit-il peu après. « Je me suis trouvé un peu mal cette nuit, ce qui me contraint de prendre ce matin un petit remède. Peut-être prendrai-je médecine ce soir. Vous verrez par le certificat que je vous envoie en quel état est le raccommodement que vous fîtes hier ; en vous mêlant d'une affaire, elle ne peut mal aller. » Touchant témoignage de gratitude de la part du Roi, qui ne se doute pas encore du cycle infernal dans lequel il se trouve désormais engagé.

L'hiver 1639, le printemps et l'été 1640, sont traversés d'orages passionnels de plus en plus fréquents. Le 23 janvier 1640, Louis XIII écrit à Richelieu : « Je m'en vas à la chasse, étant dans un tel chagrin que je ne prends plaisir à rien. La Reine se porte toujours bien et espère-t-on plus que jamais qu'elle sera grosse. Je me raccommodais hier au soir avec Monsieur le Grand. J'espère qu'il sera plus sage à l'avenir. » Mais le 29 janvier, Henri Arnauld rapporte au président de Barillon : « Monsieur le cardinal a été deux jours à Paris. Il s'y est trouvé mal. Il s'en retournera vendredi pour raccommoder le Roi et Monsieur le Grand qui ont eu une nouvelle brouille, outre deux grandes qu'ils avaient eues depuis quinze jours. Il arrivera à la fin désordre. »

Cinq-Mars entend moins que jamais sacrifier ses goûts personnels aux contraintes de la faveur royale. Il a cessé d'accompagner Louis XIII à la chasse, dépense sans compter, multiplie les dettes. Les remarques du Roi le trouvent plus rétif, blessant même, comme le jour où il jette, en réponse à l'une d'entre elles : « Pensez plutôt à vos armées qu'à la manière dont vous pouvez me torturer du matin au soir. » Inlassablement, Richelieu, à la prière de Louis XIII, intervient. Le 9 mai 1640, tandis que la campagne de printemps est engagée, une scène violente éclate à Soissons où se trouve le quartier général du Roi ; la brouille semble sérieuse, le cardinal a bien du mal à rabibocher Louis XIII et Cinq-Mars. Pour sceller la réconciliation, il leur fait signer un nouveau pacte : « Sa Majesté a eu agréable de promettre à Monsieur le Grand que de toute cette campagne elle n'aura aucune colère contre lui ; et que, s'il arrivait que ledit sieur le Grand lui en donnât quelque léger sujet, la plainte en sera faite par Sa Majesté à Monsieur le cardinal, sans aigreur, afin que, par l'avis de Son Éminence, ledit sieur le Grand se corrige de tout ce qui pourrait déplaire au Roi, et qu'ainsi toutes ses créatures trouvent leur repos dans celui de Sa Majesté. » La position d'arbitre dans laquelle Louis XIII place Richelieu est grosse de risques, car elle va inévitablement concentrer sur la personne du cardinal l'animosité et l'esprit de vindicte de Cinq-Mars. Le favori ne supporte plus la domination et l'autorité de Richelieu. Et ce dernier est résolu à remettre ce jeune blanc-bec à sa place chaque fois qu'il en aura l'occasion.

Entre les deux hommes, les relations se détériorent rapidement. Le 2 août 1640, pendant le siège d'Arras, une armée de secours espagnole tente de rompre l'encerclement de la ville. La situation des armées françaises est un moment difficile, et l'on engage toutes les réserves afin de repousser l'attaque, faisant même appel à la garde personnelle du Roi. Cinq-Mars, qui commande une compagnie, trouve naturel d'aller au combat à la tête de ses hommes. Le maréchal de Châtillon, chef de l'armée, le retient, de peur qu'il arrive malheur au favori. Celui-ci marque un temps d'hésitation. Un jeune noble de l'entourage de Louis XIII raille : « Au bal, il a meilleure mine qu'au feu. » Piqué au vif, Cinq-Mars se lance dans la bataille, où il fait bonne figure. La *Gazette* publie sur cette affaire un récit élogieux pour Cinq-Mars : « Nos volontaires étaient conduits par le Grand Écuyer de France, lequel s'y prêta de si bonne grâce qu'il n'y avait qui, le voyant affronter les escadrons ennemis, ne le jugeât digne d'hériter des titres comme des vertus de ce généreux maréchal [son père, le maréchal d'Effiat]. »

Quelques jours se passent, et dans les journaux paraît la relation officielle du siège d'Arras. Aucune allusion, dans cette seconde version, au rôle du favori. Richelieu a personnellement veillé, en donnant lui-même les instructions nécessaires au directeur de la *Gazette*, Théophraste Renaudot, à faire disparaître le nom de Cinq-Mars du compte rendu. Le *Mercure Français* va plus loin : le duc d'Enghien, fils du prince de Condé et futur vainqueur de la bataille de Rocroi en 1643, est présenté comme le chef des volontaires. Et le cardinal, non plus par journal interposé, mais en tête-à-tête avec Louis XIII, dénonce au souverain la lâcheté de Cinq-Mars.

Richelieu, maintenant, contrecarre systématiquement les ambitions du jeune homme. Cinq-Mars se doute bien que le cardinal est pour quelque chose dans les refus auxquels se heurtent auprès du Roi ses demandes de cadeaux, de faveurs, de charges. Il réclame le gouvernement de Verdun. C'est non. Il exige celui des troupes stationnées devant Arras. C'est encore non. Il entre dans la salle où se trouve réuni le Conseil du Roi. Richelieu, devant Louis XIII qui ne dit mot, lui ordonne sans ménagements de sortir sur-le-champ.

La plus grande blessure d'amour-propre reste à venir. Cinq-Mars, qui semble avoir été très près d'épouser Marion de Lorme, s'en est vu empêché au moment où le Roi lui a donné la charge de Grand Écuyer. Il l'aime toujours, mais d'un amour désormais sans espoir et, puisqu'il faut bien songer à s'établir, il tourne ses regards dans une autre direction. La princesse Marie-Louise de Gonzague, fille de Charles de Nevers, duc de Mantoue, lui paraît un objet digne d'attacher ses affections. Elle a neuf ans de plus que lui, mais n'a-t-elle pas été aimée de Gaston d'Orléans soi-même ? Pour le jeune d'Effiat, ce mariage serait la consécration de son ascension. Marie-Louise est prête à répondre à sa flamme. Atteignant la trentaine, elle voit les possibles partis princiers se faire plus rares. Mais elle a également la tête politique et, farouche ennemie de Richelieu à qui elle fait porter l'entière responsabilité de l'échec de son ancienne idylle avec Gaston d'Orléans, elle aperçoit le parti qu'elle peut tirer des déclarations d'amour de Cinq-Mars. Oui, elle veut bien être à lui, à condition qu'il exécute ses volontés et débarrasse la France du tyran qui l'opprime. Va-t-il l'écouter ? Il balance, il hésite, jusqu'au jour où, étant allé faire part au cardinal de son intention d'épouser la princesse de Gonzague, il se heurte au refus méprisant et brutal de Richelieu, qui tranche : « Elle n'est pas pour un aussi petit monsieur. » Propos immédiatement répété et complaisamment colporté.

Cinq-Mars contre Richelieu

Cette fois, c'en est trop. Cinq-Mars va s'attaquer à Richelieu. Le contexte paraît favorable, car il est clair que le Roi n'a plus dans le cardinal la même confiance qu'autrefois. L'esprit dominateur de Richelieu lui est beaucoup plus insupportable que par le passé. Un jour, alors qu'ils sortent tous deux du cabinet du Roi, Louis XIII aurait dit à Richelieu : « Passez le premier, puisqu'on dit que vous êtes le vrai Roi. » Le cardinal, avec une admirable présence d'esprit, empoigne un chandelier et, passant hardiment devant le souverain, rétorque : « Oui, Sire, pour vous éclairer et vous ouvrir la route. » Louis XIII se laisse aller plus d'une fois à prendre le Grand Écuyer à témoin de l'irritation que lui causent les méthodes autoritaires de Richelieu ; quand Cinq-Mars se hasarde à tâter le terrain plus avant, parlant de l'oppression fiscale, des misères du peuple, le Roi soupire, se plaint de ce que cette guerre interminable, à laquelle on ne voit point d'issue, l'oblige à tolérer les exactions faites en son nom. Pourquoi ne pas rétablir la paix ? demande candidement Cinq-Mars. Le cardinal voudra-t-il ? lui répond Louis XIII en soupirant.

Le meilleur ami de Cinq-Mars, François-Auguste de Thou, pousse à la roue. François-Auguste est le fils de Jacques de Thou, un membre éminent de la noblesse de robe, qui a contribué autrefois à réconcilier Henri III et Henri de Navarre, le futur Henri IV ; il a aussi figuré parmi les ministres de Marie de Médicis et publié une remarquable *Histoire de son temps*. François-Auguste, à peine âgé de 19 ans, fait ses débuts au Parlement de Paris comme conseiller, avant d'être nommé peu après conseiller d'État. C'est un esprit libre, objectif, volontiers railleurs, ce qui l'empêche d'accéder aux tout premiers rôles. Il n'aime guère le cardinal dont il critique en termes acerbes la politique étrangère, si néfaste aux intérêts bien compris de la France.

Aux conversations avec Marie-Louise de Gonzague répondent, comme en écho, les longues discussions avec François-Auguste de Thou. Cinq-Mars, qui n'était jusque-là qu'un bel écervelé, commence à se former à la politique. En janvier 1641, il marque un point sur Richelieu. Celui-ci, sans cesse sollicité par Louis XIII d'intervenir dans les brouilleries entre le souverain et son favori, dit à qui veut l'entendre combien il regrette d'avoir introduit Monsieur le Grand dans la familiarité de Louis XIII. Cinq-Mars, de sa plus belle plume, propose de le prendre au mot : « Plutôt que de recourir à une longue et inutile justification », écrit-il à son ancien protecteur, « j'aime mieux me confesser coupable, quoique ma faute me soit inconnue. Par là, Monseigneur, je demande à Votre Éminence qu'elle n'écoute plus sa bonté pour moi et que, préférant son repos à mon propre avantage, elle se laisse aller à toute la complaisance que la colère du Roi peut désirer. » Dans une autre lettre qu'il adresse simultanément au secrétaire d'État Sublet de Noyers, l'hypocrite renchérit : « Je vous conjure, par tout ce que vous avez eu d'amitié pour moi, de consentir que la vie misérable que je mène finisse. Voyez avec Son Éminence ce que je dois faire pour m'en tirer et pour empêcher que l'aversion du Roi ne me vienne persécuter. C'est tout ce que je demande, c'est tout ce que je désire. » Le piège est parfaitement monté. Richelieu sait fort bien que le Roi ne supporterait jamais que Cinq-Mars le quitte, quels que soient les griefs qu'il peut nourrir contre lui. Et voilà le cardinal obligé d'intervenir lui-même auprès de Cinq-Mars pour le prier de retirer son offre de démission !

Monsieur le Grand a su se rendre indispensable. Totalement émancipé de la tutelle de Richelieu, il montre aux yeux de tous qu'il est désormais autonome et qu'il faudra compter avec lui. Tandis que le cardinal fait entrer Mademoiselle de Brézé, sa nièce, dans la famille royale elle-même, en la mariant au duc d'Enghien, un prince du sang, Cinq-Mars mène auprès du Roi un patient travail de sape. Il raille le faste de ce du Plessis qui n'est après tout que le rejeton d'une lignée d'humble noblesse provinciale, il brocarde son ardeur à éclabousser par l'éclat de sa puissance les prélats, les Grands, les Parlements. Quelques considérations de haute politique se glissent dans ses propos, reflet des sages conseils de la princesse de Gonzague et de François-Auguste de Thou. Louis XIII les remarque et, agréablement surpris, commence à penser que Cinq-Mars a plus de jugeote qu'il ne l'avait soupçonné au départ.

Au printemps de 1641, le Roi considère Cinq-Mars comme un possible successeur de Richelieu. Monsieur le Grand le devine. Il juge le moment venu de demander à Louis XIII son entrée au Conseil. Le Roi, qui n'estime pas nécessaire d'en informer le cardinal, donne directement au favori l'autorisation souhaitée. Le jour où Cinq-Mars fait son apparition dans la salle des délibérations, Richelieu n'a garde d'émettre la moindre protestation.

CHAPITRE XXIV
Le dernier combat

« LA GRANDE AVERSION QUE MON FILS ÉPROUVE À MON ÉGARD »

Cinq-Mars avait déjà été approché à diverses reprises par des conspirateurs en puissance. Une première fois, au début de 1640, le comte de Soissons avait fait tâter le terrain par un de ses amis, le comte de Fiesque. Maladroit, ce dernier avait plutôt indisposé Monsieur le Grand. Début août, après l'affaire d'Arras où l'amour-propre de Cinq-Mars s'est trouvé si cruellement blessé, un autre émissaire du comte de Soissons rétablit le contact. Il est plus heureux ou plus habile ; Alexandre de Campion rend compte le 20 août du succès de sa mission : « Monsieur le Grand est fort satisfait de ce que j'ai joint les compliments de Monsieur de Bouillon aux vôtres. Il m'a chargé de lui en faire beaucoup de sa part et surtout de vous assurer que c'est tout de bon quand il vous a protesté par moi qu'il est votre humble serviteur. Il est assuré du dessein qu'a eu Monsieur le cardinal de le perdre : vous devez juger par là de ses intentions. »

Quand le duc de Bouillon et le comte de Soissons prennent les armes au printemps 1641, Cinq-Mars n'est pas vraiment membre de la conjuration, mais il fait partie des sympathisants dont celle-ci dispose à Paris. La nouvelle de la victoire remportée par le comte de Soissons à La Marfée le remplit de joie, comme tous les adversaires du cardinal. Mais il a une réaction bizarre. Alors que tous, comme lors de la Journée des Dupes, comme au moment de la chute de Corbie, se détournent d'un Richelieu effondré, Cinq-Mars va le voir, l'encourage et lui propose ses services, lui disant « de ne pas se mettre en peine et qu'il l'arrêterait bientôt [le comte de Soissons] ». Gaspard de Chavagnac, qui décrit la scène dans ses *Mémoires*, assure que le cardinal l'embrassa avec effusion. Lorsqu'on apprend, trois heures plus tard, la mort du comte de Soissons, Cinq-Mars ne parvient pas à dissimuler sa détresse :

Richelieu triomphant, c'est le retour sous la lourde férule du cardinal et l'anéantissement de tout espoir d'épouser Marie-Louise de Gonzague.

Monsieur le Grand est mûr pour tomber entre les griffes de l'astucieux Louis d'Astarac, marquis de Fontrailles, « homme de qualité du Languedoc, bossu devant et derrière et fort laid de visage ». Entièrement dévoué au duc d'Orléans et au comte de Soissons, Fontrailles est animé d'une haine inépuisable contre le cardinal, qui le lui rend bien et ne se fait pas faute de l'humilier en toutes circonstances sur son physique. Le bossu avait compris dès l'origine le rôle que Richelieu voulait faire jouer à Cinq-Mars auprès du Roi, et il avait décidé de se placer dans le sillage du favori pour profiter de son ascension. Il était devenu son ami, son confident. Après la mort du comte de Soissons, il n'a plus qu'une idée en tête, le venger. Il faut quelqu'un qui le remplace, il faut susciter une nouvelle conjuration. Aucun doute à ses yeux : Cinq-Mars est son homme. Il n'a pas grand-peine à lui montrer que sa démarche auprès du cardinal est une faute majeure qui l'a sûrement trahi aux yeux d'un homme aussi perspicace que Richelieu. Cinq-Mars est épouvanté. Fontrailles le persuade qu'il n'a plus qu'une ressource, la fuite en avant, et lui conseille, pour commencer, de se confier sans réserves à François-Auguste de Thou. Mis au courant, ce dernier entre avec enthousiasme dans les vues de Fontrailles car au désir de débarrasser la France du tyran qui l'opprime s'ajoute celui, d'inspiration toute chevaleresque, de sauver Anne d'Autriche du sort qui la menace.

En effet, la naissance du Dauphin, suivie deux ans plus tard de celle d'un deuxième garçon, le futur Philippe d'Orléans, n'a rien changé aux sentiments ni aux comportements de Louis XIII : le monarque continue de voir en Anne l'Espagnole, celle qui a voulu le trahir en tant qu'homme et en tant que Roi de France. Or Louis XIII se sent maintenant blessé aussi dans son orgueil de père et envisage tout à fait sérieusement de retirer à la Reine la garde du Dauphin. S'il met sa menace à exécution, Anne perd le gage le plus précieux et tout redevient possible contre elle, y compris la répudiation ou la relégation dans un couvent.

C'est en septembre 1640 que toute l'affaire a commencé. Louis XIII est allé rendre visite à la Reine, qui est près d'accoucher — elle va donner naissance à Philippe d'Orléans le 21. Le Dauphin fête ses deux ans ; c'est un bel enfant robuste et sain. Mais ce court séjour à Saint-Germain-en-Laye, au lieu d'être une fête, se tourne en cauchemar. Le 10 septembre, Louis XIII écrit à Richelieu : « J'ai le profond regret de devoir vous donner des nouvelles de la grande aversion que mon fils éprouve à mon égard. Elle va si loin qu'il crie comme si on l'écorchait dès qu'il me voit traverser la cour de sa fenêtre ; il suffit qu'on prononce mon nom pour qu'il devienne tout rouge. Je l'ai visité deux fois dans sa chambre depuis que je vous ai écrit, sans l'approcher de trop près ; dès qu'il m'aperçoit, il pousse des braillements de colère. » Louis XIII est persuadé que l'animosité de l'enfant à son égard est téléguidée, cultivée par sa mère qui le mignarde et le cajole sans cesse. « Je ne pourrais supporter de voir cet enfant dégénéré la dévorer de caresses, n'avoir que son nom à la bouche, tandis qu'il abhorre le mien. Je ne pourrais le supporter, et c'est pourquoi je vous prie, vous le meilleur ami que je possède au monde, de me conseiller, de me dire ce que je dois faire en ce cas. Mon intention est d'enlever le garçon sur l'heure et de le conduire à Chantilly ou n'importe où ailleurs, afin qu'il ne voie plus la Reine ni toutes ces femmes qui l'adulent et le flattent toute la journée. » Avant même de recevoir cette lettre du Roi, Richelieu avait été informé par ceux qui, dans l'entourage immédiat des souverains, le renseignent. Anne d'Autriche, effondrée, demande son aide. Le cardinal, sans intervenir directement, lui fait conseiller d'y mettre du sien et d'obtenir de son fils qu'il manifeste un peu plus de tendresse vis-à-vis de Louis XIII. Le conseil, semble-t-il, n'était pas mauvais, puisque Louis XIII renonce pour le moment à priver Anne d'Autriche de ses enfants.

Mais la Reine vit dès lors sous une véritable épée de Damoclès. A la Cour, les plus nombreux, toujours serviles, courbent la tête. Le duc d'Épernon, en revanche, François-Auguste de Thou, quelques autres encore, s'indignent et, voyant dans Richelieu le responsable de la situation, s'inquiètent des moyens de le lui faire payer. Le cardinal a vent du complot qui s'ébauche. Le duc d'Épernon est exilé à Loches. De Thou semble trop jeune pour faire l'objet d'une mesure de rigueur : Richelieu le tolère à la Cour ; c'est une erreur, car il peut ainsi impunément poursuivre ses intrigues et, ce qui est beaucoup plus grave, y associer Cinq-Mars. Un Cinq-Mars d'autant plus réceptif que la faveur dont il jouit est à son comble alors même que Richelieu semble s'ingénier à tout propos à blesser son orgueil.

BOUILLON ET CINQ-MARS. LE COMPLOT SE NOUE

La mort du comte de Soissons laissait à découvert son complice, le duc de Bouillon. Sur les conseils du cardinal, Louis XIII agit avec détermination. Il prend en personne le commandement de l'armée, franchit l'Aisne, atteint la Meuse. Richelieu l'accompagne. Le 28 juillet 1641, on arrive à Mézières. Louis XIII réunit son Conseil. Cinq-Mars, comme à l'accoutumée, s'apprête à entrer dans la salle où on délibère lorsqu'un gentilhomme, lui barrant la route, lui déclare de la part du cardinal que celui-ci « ne trouvait pas bon qu'il lui marchât toujours sur les talons quand il était auprès de Sa Majesté et qu'il avait à l'entretenir d'affaires qui ne requéraient point sa présence ». Cinq-Mars, interloqué, s'apprête à rebrousser chemin quand Richelieu surgit et, sans lui permettre de placer un seul mot, déverse sur lui un tombereau d'injures, l'accusant d'être un ingrat, un perfide, un être inintelligent et stupide, et lui faisant défense à l'avenir de participer au Conseil. Richelieu conclut en conseillant vigoureusement à Cinq-Mars d'aller demander au Roi s'il partage l'avis du cardinal. Le favori se doute bien que Richelieu ne s'est pas lancé dans cette affaire sans avoir assuré ses arrières. Il ravale son humiliation, se garde de dire quoi que ce soit au Roi. Dans les jours qui suivent, Louis XIII, comme pour se faire pardonner, multiplie les prévenances et les marques de gentillesse à l'égard de Monsieur le Grand.

Le 5 août, l'armée royale a commencé l'investissement de Sedan ; le duc de Bouillon juge plus sage d'apporter sa soumission et sauve sa vie en plaçant Sedan, jusque-là principauté indépendante, dans la vassalité du Roi de France. Louis XIII, on l'a vu, entendait tirer vengeance sur le cadavre du comte de Soissons du défi lancé par le prince contre l'autorité royale, de la bataille de La Marfée, et du trouble dans lequel la révolte avait plongé la France. Richelieu se donne beaucoup de mal pour convaincre le Roi de laisser rendre à ce prince du sang, même rebelle, l'hommage posthume qui lui est dû. Mais le mal était fait. Le duc de Bouillon, en état de choc et persuadé que Louis XIII ne lui a pardonné que du bout des lèvres, se considère comme un mort en sursis, condamné à prendre sa revanche s'il ne veut connaître un jour un sort analogue à celui du malheureux Soissons.

Le 10 août, le duc de Bouillon dîne chez Cinq-Mars. Bonne occasion pour tâter le terrain. Le duc évite de découvrir ses batteries, mais retire de la conversation le sentiment que Cinq-Mars pourrait un jour prochain se faire son allié. Fontrailles et de Thou sont persuadés, quant à eux, qu'une alliance objective peut être nouée entre le duc de Bouillon et Monsieur le Grand, également meurtris, également menacés, également impatients de se venger. Les circonstances leur apportent sur ces entrefaites le renfort d'une recrue de choix en la personne de Gaston d'Orléans. Le 18 août, celui-ci rejoint son frère à Amiens. Louis XIII et Richelieu sont parfaitement édifiés sur les manœuvres du prince et sur sa connivence avec Soissons et Bouillon. Le Roi l'accueille de façon glaciale, lui notifiant de prime abord sa décision de ne plus l'admettre au Conseil. Fontrailles se hâte d'apporter à Gaston d'Orléans humilié l'assurance du zèle que Cinq-Mars veut déployer à son service. Une nouvelle conjuration se noue alors que la précédente vient à peine d'être écrasée. Anne d'Autriche, bientôt mise au courant, fait connaître qu'elle suit avec sympathie les développements du complot, et encourage elle-même Marie-Louise de Gonzague et Cinq-Mars à aller jusqu'au terme de leur entreprise.

Si le but est clair, à savoir l'éviction de Richelieu, reste à en définir les moyens. Cinq-Mars, qui constate qu'il jouit toujours de la même faveur dans l'esprit de Louis XIII, se hasarde à explorer plus franchement les sentiments véritables de son maître à l'égard du cardinal. Il lui est facile de constater que l'ancienne confiance entre le souverain et son ministre a disparu. Louis XIII se rend bien compte que la politique de Richelieu a porté ses fruits sur le terrain, que les armées françaises sont partout présentes, que le royaume espagnol et l'Empire craquent de toutes parts. Mais il est toujours agité de scrupules, se demande si un accord n'aurait pas pu se dégager plus tôt, s'il ne serait pas temps, maintenant que l'on détient tant de gages, de pousser hardiment la négociation en vue de la conclusion d'une bonne et solide paix. Certes, il y a de façon permanente des contacts avec Madrid, avec Vienne, des conversations plus ou moins officielles. Elles n'aboutissent à rien. Si l'on en croit Richelieu, c'est la faute à Olivares, à la mauvaise foi des Habsbourg. Mais faut-il croire le cardinal, insinue Cinq-Mars ? Et si c'était Richelieu lui-même qui, sachant son pouvoir lié à la poursuite de la guerre, mettait obstacle à la réussite des négociations ?

Comme Cinq-Mars a changé dans son attitude vis-à-vis du Roi ! Il l'écoute avec patience, compatit à ses peines, s'inquiète de ses malaises physiques comme de ses troubles de conscience. Louis XIII trouve un plaisir sans cesse renouvelé à s'épancher auprès de son Grand Écuyer, à soulager son cœur de l'amertume qui l'emplit contre les manières despotiques de Richelieu. A chaque entretien, le Roi ajoute une touche nouvelle, un chapitre supplémentaire à l'énoncé de ses griefs. Pitoyable escalade verbale ! Celle-ci arrive un jour, sans que Louis XIII paraisse y prendre garde, à son terme ultime, à ces paroles qui sonnent comme la sentence de mort du cardinal : « Je voudrais qu'il y eût un parti contre lui en France comme il y en avait eu un autrefois contre le maréchal d'Ancre ! » Cinq-Mars sursaute. Oui, à n'en pas douter, il vient de recevoir le feu vert pour tuer Richelieu comme on a autrefois abattu Concini.

Monsieur le Grand veut tout de même en avoir le cœur net. Le lendemain, il revient à la charge, interroge Louis XIII : « Sire, vous êtes le maître. Que ne renvoyez-vous le cardinal ? » « Tout beau, n'allez pas si vite », répond le Roi qui ajoute : « Le cardinal est le plus grand serviteur que la France ait eu. Je ne saurais me passer de lui. Le jour où il se déclarerait ouvertement contre vous, je ne pourrais même pas vous conserver ! » Cinq-Mars est un instant décontenancé. Mais il se persuade bien vite que Louis XIII, sous le joug de Richelieu, est trop prisonnier de son ministre pour pouvoir le congédier ; en revanche, une initiative qui viendrait l'en débarrasser rencontrerait le plus cher de ses vœux.

S'il suffit de quelques hommes décidés pour assassiner Richelieu, Cinq-Mars ne croit pas possible de provoquer un changement de régime sans avoir à sa disposition une armée solide. Or, l'expérience a montré, depuis l'échec de la révolte de Montmorency en 1632, qu'il ne faut rien attendre d'un soulèvement intérieur s'il est livré à ses propres ressources ; milices sans enthousiasme, noblesse réticente : l'œuvre de domestication de la nation française patiemment entreprise par Richelieu porte ses fruits. Pour réussir, il faut être en mesure, comme l'avait compris le comte de Soissons, de s'appuyer sur une armée étrangère qui suscite, stimule, encourage la rébellion dans le royaume. Forts de cette analyse, Cinq-Mars, Bouillon, Gaston d'Orléans, de Thou, Fontrailles, mettent au point en décembre 1641 un projet de traité avec l'Espagne.

Qui l'a rédigé, Bouillon ou Cinq-Mars ? Plus tard, la conjuration ayant été dévoilée, chacun rejettera la faute sur l'autre, et il est douteux qu'on parvienne jamais à établir la part exacte des responsabilités.

Après les fêtes du jour de l'an, les conjurés conviennent de le montrer à Anne d'Autriche. Moment décisif. Anne est la mère du futur Roi, la Régente du royaume pour le cas, infiniment probable, où Louis XIII disparaîtrait avant que son fils atteigne l'âge de la majorité : nous sommes en janvier 1642, le Dauphin est âgé de 3 ans à peine, Louis XIII n'a plus que seize mois à vivre. Anne d'Autriche n'hésite pas une seconde. Elle donne son accord, prodigue ses encouragements, s'emploie même à recruter des complices. La Rochefoucauld, dans ses *Mémoires*, raconte comment de Thou vint le trouver de la part de la Reine pour lui apprendre « sa liaison avec Monsieur le Grand et qu'elle lui avait promis que je serais de ses amis » ; et La Rochefoucauld ajoute : « Monsieur de Thou me fit aussi beaucoup d'avances de Monsieur le Grand, et je me trouvai dans ses intérêts sans l'avoir presque jamais vu. »

Mais quelques jours après, Anne d'Autriche convoque le Père Carré. C'est une créature de Richelieu, celui-là même dont le cardinal s'était servi pour persuader Mademoiselle de La Fayette d'écouter l'appel de la vocation et de s'enfermer au couvent. Anne d'Autriche lui demande son intercession en faveur de Marie de Hautefort, toujours exilée, le priant d'intervenir auprès de Richelieu afin qu'elle soit autorisée à regagner la Cour. Mais le sort de la Hautefort n'est qu'un prétexte, et la conversation, insensiblement, glisse sur un tout autre sujet. Après un éloge bien senti du cardinal, Anne d'Autriche prononce tout à coup le nom de Cinq-Mars. La Reine est vraiment désolée de l'ingratitude dont Monsieur le Grand fait preuve à l'égard de Richelieu, qui l'a protégé et élevé au degré de puissance qui est le sien. « Je ne l'aime point, si mal lui arrive il ne sera plaint de personne. » Le Père Carré s'empresse de rendre compte de ce long entretien dans une lettre circonstanciée au cardinal.

Ainsi, quoi qu'il advienne, Anne d'Autriche était sûre de se trouver dans le camp du vainqueur.

Le traité avec l'Espagne

Là-dessus, Louis XIII tombe malade. La vie du souverain paraît un moment menacée, et les conjurés suspendent leurs projets. Puis la nature robuste du Roi reprend le dessus. Louis XIII, encore squelettique, le teint cireux, se remet au travail, et prépare avec le cardinal les plans de campagne pour l'année. Sur le conseil de Richelieu, il a décidé de confier au duc de Bouillon le commandement d'une armée en Italie : c'est un excellent moyen pour l'isoler des intrigues éventuelles. Par ailleurs, Louis XIII s'est laissé persuader de prendre lui-même le commandement des unités qui doivent opérer en Roussillon pour s'efforcer d'assurer au Roi de France la possession de Perpignan. Cinq-Mars tente d'en dissuader le souverain. Il se rend bien compte que Louis XIII, une fois sur le front des troupes, se montrera plus ouvert aux sollicitations de la gloire des armes qu'aux insinuations en faveur d'une paix de compromis. En outre, Monsieur le Grand, obligé par ses fonctions de suivre son maître en Roussillon, va se trouver très loin d'Anne d'Autriche, et bien plus encore de Marie-Louise de Gonzague, dont les conseils se sont révélés tellement avisés jusque-là. Il essaie de susciter un mouvement de protestation à la Cour, insinue que le cardinal mettrait sciemment en danger la vie du Roi en lui imposant un tel voyage. Richelieu, plus habile, feint de prendre à son compte les inquiétudes de l'entourage et déconseille à Louis XIII d'aller en Roussillon, tout en faisant vibrer la corde sensible du devoir royal et des servitudes de la grandeur. Plus on le met en garde et plus le Roi s'entête à vouloir prendre le commandement de l'armée. Richelieu finit par s'incliner devant tant d'obstination. Cinq-Mars, qui n'a rien compris, multiplie les objections et les objurgations ; il y gagnera seulement d'indisposer Louis XIII et de se faire rabrouer d'importance, au point que certains croient même déceler le début d'une disgrâce.

Pour les conjurés, il est d'autant plus urgent de traiter avec l'Espagne. Ils se hâtent de mettre la dernière main au projet d'accord. Madrid doit fournir à Gaston d'Orléans une armée de 12 000 fantassins et 5 000 cavaliers. Le duc d'Orléans n'intervient plus comme prétendant au trône mais en qualité de lieutenant général du royaume, c'est-à-dire de représentant de son frère, considéré comme empêché par la dépendance où le tient le cardinal. L'aide espagnole doit lui permettre de s'emparer du pouvoir en liquidant les hommes de Richelieu et de mater les oppositions éventuelles. Dès qu'il aura réussi, Gaston s'engage à conclure la paix entre Madrid et Paris, chaque pays restituant à l'autre ses conquêtes. La France abandonnerait à leur sort la Suède, la Hollande, les princes réformés d'Allemagne. Comme de bien entendu, les conjurés protestent de la pureté de leurs intentions à l'égard du Roi. Ils précisent également que leur action ne doit non plus porter préjudice « contre les droits et autorité de la Reine très chrétienne régnante ; mais au contraire on aura soin de les maintenir ». C'était établir de manière formelle la complicité d'Anne d'Autriche.

Les mauvaises nouvelles, cependant, s'accumulent pour Cinq-Mars et ses amis. L'armée impériale commandée par Lamboy vient d'être écrasée à Kempen par le maréchal de Guébriant, le successeur de Bernard de Saxe-Weimar. Le duc de Bouillon en perd l'espérance ; il se rend auprès de Gaston d'Orléans au Luxembourg afin de lui faire part de son découragement : après une pareille défaite, à son avis, les Espagnols auront besoin de toutes leurs forces pour essayer de garder les Flandres et on ne devra donc plus trop compter sur eux. Mais Cinq-Mars a définitivement coupé les ponts de la retraite et s'est condamné à la fuite en avant. Il ne peut empêcher que le cardinal ait vent de pourparlers, de conciliabules en catimini ; un jour, un fidèle de Richelieu surprend une conversation entre Louis XIII et Cinq-Mars au cours de laquelle on disait pis que pendre du cardinal. Monsieur le Grand va devoir gagner Richelieu de vitesse et se dévoiler peut-être plus vite que la prudence ne le voudrait. — Heureusement pour le Grand Écuyer, le premier ministre réagit de façon maladroite. Il cherche à faire confier à Cinq-Mars le gouvernement de la Touraine, qui l'écarterait du service du Roi. Toujours bien conseillé par Marie-Louise de Gonzague, Cinq-Mars refuse poliment, persuadant Louis XIII de donner cette faveur à plus digne que lui. Richelieu revient à la charge, et se fait proprement éconduire par le Roi. Cinq-Mars est grisé par sa victoire. Il est en passe de s'imposer comme le chef du parti des anti-Richelieu. Des contacts s'établissent avec Marie de Médicis qui tressaille d'aise à l'idée de pouvoir enfin rentrer en France sur les débris de l'ancienne faveur du cardinal.

Le Roi et la Cour quittent Fontainebleau pour Perpignan le 3 février dans la matinée. Anne d'Autriche reste à Paris avec ses deux fils. Dès le départ, Cinq-Mars s'emploie à montrer au Roi la misère des campagnes, s'efforçant de marteler dans son esprit l'idée que la paix est à portée de la main et que seule l'ambition personnelle du cardinal empêche qu'elle se réalise. Louis XIII doute, hésite. Il est vrai qu'il aspire à la paix, mais il ne peut croire que Richelieu se livre à un calcul aussi machiavélique que l'affirme

Cinq-Mars. Celui-ci, alors, soumet une proposition à Louis XIII ; pour éprouver la justesse de son analyse, pourquoi ne pas charger une sorte d'ambassadeur officieux de se rendre discrètement à Rome et à Madrid afin de savoir ce qu'il en est au juste de ces négociations dont seul le cardinal, jusqu'à présent, rend compte au souverain ? C'est François-Auguste de Thou qui a conseillé à Cinq-Mars de présenter cette suggestion au Roi. Et Louis XIII mord à l'hameçon. Il est évidemment moins grave pour sa conscience de court-circuiter Richelieu que de prêter la main à son assassinat, même si ce n'est pas très élégant. Louis XIII, ayant accepté le principe, demande à Cinq-Mars qui pourrait se charger de cette mission : le nom qui vient à l'instant sur les lèvres de Monsieur le Grand est, comme par hasard, celui de François-Auguste. Telle est la réputation d'indépendance et d'intégrité du jeune homme que le Roi l'accepte immédiatement. De Thou est charmé quand Cinq-Mars lui fait part de cette bonne nouvelle, mais il exige un ordre écrit du souverain. Louis XIII s'exécute et remet ses instructions en deux exemplaires à Cinq-Mars et à de Thou.

Assassiner Richelieu ?

En agissant ainsi, le Roi, indéniablement, tend un piège à son premier ministre. C'est la preuve formelle que Louis XIII n'a plus confiance en Richelieu. Les amis de Cinq-Mars en sont bien conscients et font le siège du favori pour qu'il donne son feu vert au projet d'assassinat du cardinal, lui montrant que le Roi, dans les dispositions d'esprit où il se trouve maintenant, n'y verrait sûrement rien à redire. L'occasion ne tarde pas à se présenter. A Briare, où le cortège fait halte, Richelieu travaille tard le soir avec Louis XIII. Il est seul, nul ne l'accompagne, il suffirait que quelques hommes déterminés se précipitent dans la chambre et le poignardent à la face même du Roi : les circonstances du meurtre permettraient de lui donner, vis-à-vis du public, la caution de Louis XIII. Mais Cinq-Mars refuse : il veut un ordre explicite du Roi. Faute de l'obtenir, il donne rendez-vous à ses partisans à Lyon, comptant sur la présence simultanée dans cette ville du duc d'Orléans et du duc de Bouillon pour faciliter l'accomplissement du projet.

Le voyage se poursuit. Quelques jours plus tard, on vient de dépasser Moulins, Cinq-Mars, lors d'une halte, pénètre dans la chambre du Roi que Richelieu quitte à l'instant. Il trouve un Louis XIII furieux, et se plaignant avec véhémence « de l'esclavage où son ministre l'avait réduit ». « Chassez-le donc », rétorque Cinq-Mars, hautement approuvé par Monsieur de Tréville, gentilhomme de la garde, qui fait aussi partie du complot et assiste par hasard à la scène. Louis XIII, une fois de plus, plaide la difficulté de se séparer de Richelieu, un si bon ministre, excellent serviteur de la France et de l'État. Cinq-Mars revient à la charge, insiste, et finit par lui dire « que la voie la plus courte et la plus sûre était de le faire assassiner quand il viendrait dans son appartement où les gardes du cardinal n'entraient pas ». Le Roi est stupéfait, Cinq-Mars se mord les lèvres de son audace. Après un lourd silence, Louis XIII répond enfin : « Il est cardinal et prêtre, je serais excommunié. » Devant cette étrange réponse, Tréville entre dans le jeu et explique au Roi qu'il se fait fort, dans une telle éventualité, d'aller lui-même à Rome lui obtenir l'absolution. Mais Louis XIII n'ajoute plus rien.

Il y a deux façons de comprendre la petite phrase du Roi. Ou bien, en cet instant, il désirait réellement l'assassinat de Richelieu, et sa réponse, par la faiblesse même de l'objection qu'elle allègue, constitue l'accord tant attendu par les conjurés. C'est ainsi que Cinq-Mars et Tréville l'interprètent. Ou bien il s'agit de l'une de ces boutades dont Louis XIII avait l'habitude, et qui étaient une manière de clore une discussion qu'il ne voulait pas poursuivre.

Quoi qu'il en soit, Cinq-Mars, Tréville et les conjurés de plus en plus nombreux qui gravitent autour d'eux décident d'exécuter le coup à Lyon.

L'entrée dans la ville a lieu le 17 février. Louis XIII et Richelieu travaillent sans relâche à la préparation des opérations militaires, à la poursuite d'une guerre qui a déjà apporté sa moisson de victoires et dont les résultats, pour l'année 1642, se présentent sous les meilleurs auspices. Cinq-Mars hésite à agir, ses amis le pressent. Profitant d'un moment où Louis XIII est seul, Cinq-Mars se précipite auprès de lui, et tous deux se lancent à voix basse dans une conversation fort animée, qu'ils interrompent brusquement lorsque Richelieu, accompagné de son capitaine des gardes, survient à l'improviste. « Ils demeurèrent l'un et l'autre si embarrassés que le cardinal connut bien qu'ils agitaient une question qui le regardait. » Décontenancé par cette apparition subite, Monsieur le Grand se retire piteusement. Les conjurés qui l'attendent insistent pour qu'il donne le signal ; ils sont prêts à se ruer dans la chambre, Richelieu et son capitaine vont être écrasés sous le nombre, mais Cinq-Mars ne peut s'y résoudre et, comme pour Gaston d'Orléans dans des circonstances identiques en octobre 1636 à Amiens, le courage lui manque.

Perpignan

Une telle occasion ne se représentera plus. Richelieu et Louis XIII se dirigent vers Perpignan par des chemins différents. En passant par Valence, le Roi remet la barrette de cardinal à Mazarin, dont chacun sait qu'il est le successeur désigné de Richelieu — à moins que... Louis XIII arrive le 11 mars à Narbonne, où Richelieu le rejoint le 13. Par son attitude autoritaire et acariâtre, le premier ministre en titre entend montrer qu'il ne se soucie guère de tout ce que l'on raconte sur les menées du Grand Écuyer, et qu'il se sent assuré de son pouvoir sur l'esprit de son maître. Mais il y a dans son comportement quelque chose de grinçant, d'excessif ; tout le monde, à la Cour, n'est pas dans la confidence du complot, mais tout le monde a compris qu'une épreuve de force décisive est engagée entre Cinq-Mars et Richelieu : la plupart parient sur la défaite du cardinal. On n'avait plus vu cela depuis la crise de la Journée des Dupes, les 10 et 11 novembre 1630.

Pendant que se développe ce jeu cruel, la campagne, bien engagée maintenant, fait apparaître la supériorité des armées françaises. La situation est critique pour l'Espagne et Olivares n'attend son salut que de la conspiration qui s'est nouée en France, mais dont il ignore encore les détails essentiels. Fontrailles s'est mis en route pour Madrid, apportant le projet de traité. Olivares le reçoit dès son arrivée. L'émissaire des conjurés voudrait taire les noms de Bouillon et de Cinq-Mars. Sur l'insistance d'Olivares, il finit par les dire. Le 13 mars, le traité est signé, et Fontrailles présenté à Philippe IV. Il prend aussitôt le chemin du retour, emportant, soigneusement cousus dans son pourpoint, un exemplaire du traité et une lettre personnelle de Philippe IV à Gaston d'Orléans dans laquelle le Roi d'Espagne adresse tous ses vœux de succès à son jeune beau-frère. Avant la fin du mois de mars, les troupes françaises achèvent l'investissement de Collioure. L'étau se resserre sur Perpignan.

Nous savons aujourd'hui que le cardinal avait été informé de la mission de Fontrailles, et qu'il l'avait fait suivre à distance, à l'aller comme au retour. Pourtant, il n'agit pas : mauvaise coordination entre ses agents, désir de laisser le complot se développer afin d'en remonter complètement la filière, ou désarroi d'un homme miné par le doute ? Quelles qu'en soient les raisons, Fontrailles parvient à rejoindre Cinq-Mars et à lui remettre sans être inquiété les documents dont il est porteur. Monsieur le Grand est au comble de la joie, plein d'une espérance immense. Fontrailles, plus bossu et cassé que jamais, a la peur au ventre. Il a le sentiment d'avoir été suivi pas à pas, il trouve qu'on a beaucoup trop tardé, que l'heure est passée. La Providence, cependant, semble favoriser les desseins des conspirateurs. La chute de Collioure permet au Roi d'entamer le siège de Perpignan, tandis que Richelieu, malade, dévoré d'abcès, se voit contraint de demeurer à Narbonne. Cinq-Mars reste seul auprès du Roi ; le flot de ses partisans s'enfle sans cesse.

Anne d'Autriche, en revanche, est sur le point de tout perdre. Au mois d'avril, Louis XIII, à qui l'on ne saurait dénier de la suite dans les idées, décide à nouveau d'enlever la garde de ses enfants à la Reine. Celle-ci s'affole. Le 30 avril, elle écrit à Richelieu en le suppliant d'intervenir : « Me séparer de mes enfants dans la tendresse de leur âge m'a fait une douleur si grande que je n'ai pas assez de force pour y résister. » Le cardinal ne répond pas. La Reine cède à la panique. De quel prix payer le concours de Richelieu ? Prête à n'importe quoi pour se sauver, pour gagner les quelques mois qui feront d'elle une femme libre et la Régente du royaume, elle décide de révéler ce qu'elle sait sur la conspiration et sur ses ramifications.

Les cinq dernières minutes

Sous les murs de Perpignan, Cinq-Mars était en train de perdre d'un coup tout le crédit si patiemment accumulé. Le Roi est de plus en plus malade, de plus en plus exigeant. Le favori, trop éloigné peut-être de l'influence bénéfique de Marie-Louise de Gonzague, ne sait pas feindre. Il s'impatiente de nouveau de la présence tâtillonne du Roi. « Il reprit avec le Roi ses allures d'autrefois et plus ce monarque le désirait auprès de sa personne, plus il cherchait les occasions de s'en éloigner », rapporte Tallemant des Réaux, qui ajoute : « Il disait à ses amis qui lui conseillaient d'être assidu auprès de son maître, qu'ils lui donnaient des conseils utiles, mais qu'il ne pouvait souffrir la mauvaise haleine qui sortait de la bouche du Roi. » Il se prend bêtement de querelle avec La Meilleraye[1], le vainqueur de Collioure, en prétendant lui donner des leçons d'art militaire. Le Roi, agacé, enjoint à Monsieur le Grand de se taire : « C'est bien à vous, qui n'avez jamais rien vu, à disputer contre un homme qui fait la guerre depuis si longtemps ! » Au lieu de se le tenir pour dit, Cinq-Mars a la sottise de répondre : « Sire, quand on a du sens et de la lumière, on sait les choses sans les avoir vues ! » avant de se réfugier dans une bouderie opiniâtre.

Le secrétaire d'État Sublet de Noyers, que Richelieu envoie

---

1. La Meilleraye est à la fois un cousin de Richelieu et le beau-frère de Cinq-Mars, dont il a épousé la sœur Marie.

auprès du Roi afin de l'informer, constate que Louis XIII est dans des dispositions détestables à l'égard du cardinal : « J'arrivai ici hier 28 [avril] où je trouvai que les brouillards des Pyrénées étaient descendus jusque sur la Cour. » Mais Sublet ne désespère pas ; il suffirait que Richelieu reparaisse pour que tout rentre dans l'ordre : « Plût à Dieu que le soleil [c'est-à-dire Richelieu] de qui les clartés en ont dissipé tant d'autres fût en état de se montrer, il ferait bientôt renaître le serein. » Il est vrai que la cote de Cinq-Mars semble en chute libre. Quelques jours plus tard, à la suite d'une nouvelle scène avec Monsieur le Grand, Louis XIII confie à Fabert : « Il n'y a pas d'homme plus perdu de vices, ni si peu complaisant ! C'est le plus grand ingrat du monde ! Il m'a fait attendre quelquefois des heures entières dans mon carrosse tandis qu'il crapulait ! Un royaume ne suffirait pas à ses dépenses. Il a, à l'heure actuelle que je vous parle, 300 paires de bottes. Il y a six mois que je le vomis. » Conclusion bien excessive, mais le moment est arrivé où, chez le Roi, l'exaspération l'emporte sur la crainte de perdre celui qu'il aime.

Richelieu, cependant, ne vient pas rejoindre Louis XIII devant Perpignan, malgré l'insistance de Sublet de Noyers, malgré les objurgations de ses amis. Il donne toutes les apparences de l'homme qui n'y croit plus, qui ne poursuit que par la force de l'habitude un combat qu'il sait perdu d'avance. Il va quitter Narbonne, mais pour prendre la direction opposée à celle de Perpignan. Richelieu s'enfuit. S'étant fait dire par ses médecins que le climat de Narbonne ne lui convenait plus, il dicte son testament le 23 mai, puis avertit le Roi qu'il se voit obligé de changer de résidence. Louis XIII n'y met pas obstacle. Richelieu a décidé de gagner Tarascon, dont la forteresse est solide, et qui se trouve proche de la principauté pontificale d'Avignon. Quel étonnant retour en arrière : 24 ans après avoir pris sur l'ordre du jeune Louis XIII, poussé par Luynes, la route de l'exil en terre d'Avignon, voici que cette même ville devient le hâvre où le premier ministre plus qu'à demi-déchu songe à se réfugier, exilé volontaire devançant la disgrâce royale. Dans un ultime sursaut, il s'efforce de régler ses derniers comptes. Il écrit à Louis XIII, remet aux secrétaires d'État d'abondantes instructions sur la conduite à tenir vis-à-vis du Roi. Il leur demande d'exposer franchement au souverain tous les indices qu'on possède sur la vaste conjuration qui s'est ébauchée : les échos venus de Paris, les articles qui paraissent dans les gazettes de Bruxelles et d'Allemagne, les avis provenant d'Espagne, et même les préparatifs que fait Marie de Médicis à Cologne, achetant litières et mulets en prévision de son prochain retour en France. Richelieu joue à pile ou face : s'il perd, c'est la chute ; la fuite vers Tarascon montre à quel point il la croit probable. C'est qu'il lui manque toujours la pièce maîtresse qui permettrait de passer des soupçons aux certitudes : une copie du traité passé avec l'Espagne.

Au début du mois de juin, Louis XIII tombe malade. Cinq-Mars, que François-Auguste de Thou a rejoint depuis avril, voudrait, sur le conseil de son ami, ramener le Roi à Paris. Il craint les effets de l'ardeur belliqueuse du monarque qui ne paraît plus disposé à entendre parler de paix immédiate quand il est à la tête de ses armées — surtout lorsque celles-ci remportent victoire sur victoire. Il voudrait aussi marquer le changement de régime en faisant libérer les victimes de la vindicte de Richelieu, comme Bassompierre, emprisonné à la Bastille. Le Parlement tient par ailleurs une place importante dans le scénario de la mise en place d'un nouveau gouvernement. Enfin, c'est à Paris qu'il faut être pour le jour où Louis XIII mourra, laissant le champ libre à la régence d'Anne d'Autriche, avec qui Cinq-Mars et de Thou croient toujours avoir partie liée.

« DIEU ASSISTE LE ROI PAR DES DÉCOUVERTES MERVEILLEUSES »

C'est apparemment le 7 juin qu'Anne d'Autriche les trahit en remettant à un gentilhomme de sa Maison, afin qu'il le porte à Richelieu, un exemplaire du fameux traité. On racontera bien des choses par la suite sur la manière dont ce document capital est tombé en possession du cardinal : une barque providentiellement échouée sur la côte, l'habileté du baron de Pujols, représentant officieux de Richelieu à Madrid, ou encore le courrier d'Espagne dont les lettres sont régulièrement interceptées par la police secrète du cardinal.

Fontrailles avait une autre version, que Brienne rapporte dans ses *Mémoires*. Interrogé sur la manière dont le cardinal aurait eu le traité passé avec l'Espagne, le bossu devait confier, longtemps après les événements : « On n'a jamais bien su par quelle voie ce traité vint si à propos dans ses mains ; l'on a soupçonné l'abbé de La Rivière[2], depuis évêque de Langres, d'avoir fait cette trahison à son maître. Cela pouvait bien être : il en était capable ; mais l'opinion la plus vraisemblable, vous allez en être bien surpris, c'est que le comte-duc d'Olivares envoya lui-même ce traité au cardinal de Richelieu. Depuis longtemps ils entretenaient ensemble une correspondance secrète. S'il faut vous dire encore ce qui détermina le ministre espagnol, ce fut, d'une part, le peu de foi qu'il avait dans les promesses du duc d'Orléans, principal agent de cette intrigue, et de l'autre, la crainte que le traité ne fût plus onéreux qu'utile à l'Espagne. » Que penser de cette hypothèse ? Elle n'est pas absurde quand on sait les sentiments d'estime réciproque que Richelieu et Olivares, par-delà l'implacable rivalité qui les opposait,

---

2. Il est alors le favori de Gaston d'Orléans.

avaient fini par nourrir l'un pour l'autre : Fontrailles, encore lui, en fournit un indice lorsqu'il raconte comment Olivares, dès la première entrevue qu'il lui accorda, l'entretint « avec estime et respect de la personne de Monsieur le cardinal ».

Cela étant, et quoiqu'il n'en existe pas de preuve absolue, c'est probablement Anne d'Autriche qui fait passer le texte du traité à Richelieu pour sauvegarder sa régence qu'elle sait imminente et conserver auprès d'elle ses deux fils qui en sont le gage le plus sûr.

Jamais courrier ne voyagea plus vite que le porteur du précieux document. Il ne lui fallut que 48 heures pour galoper de Paris jusqu'à Arles où Richelieu venait d'arriver. Nous sommes le 9 juin 1642, et le cardinal qui, depuis Narbonne, dans sa lourde litière rouge, gémit à chaque cahot du chemin tandis que les abcès qui couvrent ses bras multiplient leurs tortures, semble revivre d'un seul coup. Il déploie une prodigieuse activité tout en poursuivant son voyage vers Tarascon. Pendant deux jours, sans relâche, du fond de la litière que portent 24 robustes valets, puis dans la chambre du château de Tarascon où il s'installe, il dicte, dicte, dicte. Chavigny, fidèle entre les fidèles (il est le fils de Bouthillier, mais certains, à la Cour, insinuent que son véritable père n'est autre que... Richelieu), le rejoint, puis repart le 11 juin pour Narbonne. « Dieu assiste le Roi par des découvertes merveilleuses », écrit Richelieu à Sublet de Noyers. Chavigny emporte une copie du traité. Le 12 juin à l'aube, il arrive à Narbonne où Louis XIII est entré la veille au soir, ayant quitté le siège de Perpignan en raison de son état de santé et peut-être convaincu, sur les instances de Cinq-Mars, de regagner Paris par petites étapes. Les hommes du cardinal n'ont pas un instant à perdre. Au petit matin, Chavigny et de Noyers se rendent au lever du Roi ; dès qu'il le put, raconte Tallemant des Réaux, Chavigny « tira le Roi par la basque, ce qu'il avait coutume de faire quand il avait quelque chose à lui dire en particulier ». Louis XIII se rend avec lui dans une pièce voisine. Cinq-Mars veut les suivre, mais Chavigny l'éconduit fermement.

Chavigny, avec de Noyers qui l'a rejoint, révèle au Roi l'étendue du complot. Cinq-Mars, de l'autre côté de la porte, convient avec Fontrailles que tout est découvert. Fontrailles s'enfuit immédiatement ; il quittera la ville sous un déguisement et ne sera pas rattrapé. Les deux secrétaires d'État n'ont pourtant pas la partie facile car Louis XIII, hors de lui, commence par leur dire qu'il s'agit d'une nouvelle machination de Richelieu et qu'il ne se laissera pas duper si facilement. Mais l'accumulation des preuves, la lecture du traité, finissent par balayer les doutes. Le Roi ordonne d'arrêter Cinq-Mars, de Thou, et deux de leurs complices et fait dépêcher un gentilhomme à Casal afin de s'assurer du duc de Bouillon.

Louis XIII, pris de remords, a-t-il tenté de prévenir Cinq-Mars ? Celui-ci reçoit un billet portant seulement ces quelques mots : « On en veut à votre personne. » Il hésite sur le parti à prendre, cherche son salut dans la fuite et veut sortir de Narbonne ; ne parvenant pas à trouver une porte ouverte, il finit par se réfugier chez une dame qui avait eu quelques bontés pour lui. Dans la matinée, Louis XIII fait publier à son de trompe une déclaration présentant Monsieur le Grand Écuyer comme criminel et interdisant de le cacher. Aussitôt après, le Roi part pour Béziers : il va rejoindre Richelieu. Quelques heures plus tard, le favori déchu est dénoncé et arrêté. Ses complices n'ont pas plus de chance.

Richelieu avait envoyé d'importants renforts de troupes sur Narbonne, et c'est sous une imposante escorte que Cinq-Mars est conduit à la forteresse de Montpellier. Réalisant alors seulement ce qui l'attend, il s'écrie, mais un peu tard : « Ah, faut-il mourir à 22 ans ! Faut-il conspirer contre sa patrie d'aussi bonne heure ! »

Gaston d'Orléans faisait également partie des conjurés et Louis XIII, qui le haïssait plus que jamais, accepte sans l'ombre d'une hésitation de lui tendre le piège suggéré par Richelieu. En même temps qu'il lui écrit pour lui annoncer l'arrestation de Cinq-Mars, coupable de lui avoir manqué de respect, il lui fait dire qu'il a décidé de le nommer chef de l'armée de Champagne que l'on constitue à la hâte en vue de barrer la route aux Espagnols vainqueurs à Honnecourt. Gaston d'Orléans s'y laisse prendre. Dans la lettre qu'il écrit le 17 juin à Richelieu afin de le remercier d'une nomination qu'il sait lui devoir, il ne peut s'empêcher de vilipender le favori déchu : « Le Roi mon Seigneur m'a fait l'honneur de m'écrire quel a été enfin l'effet de la conduite de ce méconnaissant Monsieur le Grand. C'est l'homme du monde le plus coupable de vous avoir déplu après tant d'obligations. Les grâces qu'il recevait de Sa Majesté m'ont toujours fait garder de lui et de tous ses artifices. » Gaston d'Orléans, il est vrai, reste fidèle à sa nature, à l'attitude qu'il a toujours eue vis-à-vis de ceux qui ont imprudemment lié leur sort au sien et, comme Henri de Montmorency, comme tant d'autres encore, y ont perdu la vie.

Louis XIII, pendant ce temps, a bien de la peine à comprendre ce qui s'est passé. Il voudrait, contre toutes les apparences, disculper Cinq-Mars, le sauver de l'échafaud, sanction automatique pour le crime de haute trahison. Relisant la liste des conjurés annexée au traité avec l'Espagne, et qui contient en bonne place le nom du favori, le Roi demande tristement : « Est-ce qu'on a pas mis un nom pour un autre ? » avant de répéter mécaniquement, comme incrédule : « Quel saut a fait Monsieur le Grand ! Quel saut a fait Monsieur le Grand ! »

Marie-Louise de Gonzague, avertie de l'arrestation de son « fiancé », va s'humilier auprès de la nièce du cardinal, la duchesse d'Aiguillon, qui s'entremet pour lui faire rendre les lettres qu'elle avait adressées à Cinq-Mars.

C'est le 21 juin que la *Gazette* annonce au public la découverte du complot. Il est hors de doute que la nouvelle jeta la consternation dans une grande partie de la population tant la politique de Richelieu était haïe. En dehors du cardinal, une personne affiche une joie sans mélange : Anne d'Autriche, qui vient de recevoir une lettre affectueuse de Louis XIII dans laquelle celui-ci l'exhorte à bien s'occuper des enfants. Sachant reconnaître à qui elle doit ce message salvateur, Anne d'Autriche se hâte d'assurer Richelieu de sa gratitude.

La justice du Roi frappe. Gaston d'Orléans, à Moulins, reçoit la visite de Chavigny, venu l'informer de la découverte du complot. Le prince, en proie à la terreur la plus vive, signe sa culpabilité en prenant la fuite dans les monts d'Auvergne. Pour dégager sa responsabilité, il accable Cinq-Mars, de Thou, le duc de Bouillon. Ce dernier, arrêté à Casal, est conduit en France. Il ne se montre pas plus courageux que Gaston et souscrit à toutes les exigences de Richelieu, sauvant sa vie en échange de la cession définitive de Sedan au Roi de France. A Cologne, Marie de Médicis est mourante ; elle n'aura pas la satisfaction de voir Richelieu disparaître avant elle. L'Espagne est une nouvelle fois battue sur mer : le 28 juin, la seule flotte qui aurait pu secourir Perpignan est entièrement détruite par la marine du Roi de France sous les ordres du marquis de Brézé.

C'est également le 28 juin que Louis XIII et Richelieu se revoient pour la première fois depuis trois mois. Étonnantes retrouvailles de deux êtres que tout sépare désormais. Ce sont deux grands malades qui n'ont même plus la force de se lever. On a posé leurs litières côte à côte. Louis XIII et Richelieu se parlent. Nul n'assiste à ce long, ce pathétique tête-à-tête. Le Roi, brisé dans ses affections, rend sa confiance à Richelieu. La présence du cardinal lui apporte un indéniable réconfort et quand il reprend le lendemain la route de Lyon, il lui envoie quelques lignes qui ferment en principe la parenthèse Cinq-Mars : « Je ne me trouve jamais que bien de vous voir. Je me porte beaucoup mieux depuis hier... J'espère qu'avec l'aide de Dieu tout ira bien. » D'habiles propos de la part de courtisans dévoués à Richelieu, comme le marquis de Mortemart, père de la future favorite de Louis XIV, Madame de Montespan, contribuent à exciter la haine du Roi pour Cinq-Mars. Louis XIII mesure à quel point il a été trahi, encore plus comme homme que comme souverain.

Il reste cependant, pour Louis XIII et Richelieu, à subir le choc de la dernière révélation, la plus terrible : l'attentat manqué de Lyon et les paroles ambiguës du Roi. Début juillet, l'interrogatoire de Cinq-Mars commence. L'accusé a-t-il voulu attenter à la vie du cardinal ? Oui, répond-il en substance, mais je n'ai jamais rien voulu faire sans l'accord du Roi. Et de retracer, aussi fidèlement que possible, les différentes conversations qu'il a eues sur ce sujet avec Louis XIII. La nouvelle s'abat sur Richelieu qu'elle accable : ainsi le Roi a pu, même un instant, paraître donner son acquiescement à l'assassinat de son premier ministre ! Louis XIII, informé avec ménagements des propos de Cinq-Mars, est pris d'une très grande émotion. Il reconnaît avoir prêté l'oreille aux paroles de Monsieur le Grand, mais se défend d'avoir

jamais voulu y répondre favorablement. Pitoyable monarque !
Louis XIII croit se dédouaner en attaquant avec grossièreté son ancien
favori, « le plus grand menteur du monde », et en insistant pour qu'il
reçoive le châtiment exemplaire que réclame l'énormité de son crime.

La mort à Lyon

L'issue ne faisait guère de doute. Le simple fait d'avoir traité avec
l'Espagne suffisait à justifier une condamnation à mort. Le Roi, de
Fontainebleau où il est maintenant arrivé, se croit obligé de signer une
longue déclaration contre Cinq-Mars dans laquelle le malheureux souverain se montre sous un jour bien triste, affirmant n'avoir paru prêter
l'oreille aux propos du favori que pour contraindre celui-ci à se dévoiler. Le procès de Cinq-Mars se prépare. Le cardinal a décidé qu'il
aurait lieu à Lyon, sous la présidence du Chancelier Séguier en personne. Le 17 août, Richelieu quitte Tarascon en bateau, remontant le
Rhône pour gagner Lyon, où Cinq-Mars est à son tour conduit sous
une garde renforcée, à la suite d'une tentative d'évasion manquée.
L'instruction est rondement menée. Dès le 11 septembre on dresse
l'échafaud. Ce n'est pourtant que le 12, à partir de huit heures du
matin, que commence le jugement proprement dit. Mais le sort de
Cinq-Mars était scellé. Au moment même où s'ouvre la séance du tribunal, le cardinal sort de Lyon dans sa litière rouge. La sentence
tombe après quelques heures de débats : Cinq-Mars à l'unanimité est
condamné à mort. Le même verdict est rendu contre de Thou, mais par
onze voix sur treize.

Richelieu n'a parcouru que deux lieues à peine lorsqu'un courrier le
rejoint pour lui remettre l'arrêt signé par le Chancelier Séguier. Quelques instants auparavant, un autre messager était venu lui annoncer
que les troupes espagnoles de Perpignan, à la suite de la capitulation
signée le 29 août, ont évacué la place le 9 septembre ; le
duc d'Enghien, sous les acclamations de la population, a aussitôt
pris possession de la ville au nom de Louis XIII. La coïncidence
de ces deux nouvelles plonge le cardinal dans la joie. Un billet,
d'abord, pour le fidèle Chavigny : « Ces trois mots vous apprendront
que Perpignan est ès-mains du Roi et que Monsieur le Grand et Monsieur de Thou sont en l'autre monde où je prie Dieu qu'ils soient heureux. » Une lettre ensuite pour Louis XIII : « Votre Majesté aura tout à
la fois deux nouvelles bien différentes. L'une est la reddition de Perpignan qui est la plus belle et la plus considérable place de la terre pour
la France. L'autre est la condamnation et l'exécution de Monsieur le
Grand et Monsieur de Thou qui se sont trouvés si coupables au jugement de tous leurs juges qu'ils ne virent jamais un procès si clair. Ces
deux événements font voir combien Dieu aime Votre Majesté. » Si

l'unanimité des juges s'était réalisée pour condamner Cinq-Mars, tel n'était pas le cas, on l'a vu, pour de Thou. Mais ne chicanons pas Richelieu sur ce point, pas plus que sur le fait qu'au moment où il écrit, la condamnation a certes été rendue, mais non encore exécutée.

Plusieurs heures s'écoulent entre le verdict et l'instant où Cinq-Mars et de Thou vont gravir les marches de l'échafaud. Il y a d'abord, en effet, un simulacre de torture, auquel Richelieu a demandé que l'on soumette Cinq-Mars afin, sans doute, qu'il révèle le rôle d'Anne d'Autriche dans la conspiration ; même transi de peur, Cinq-Mars prend grand soin de disculper la Reine. Ensuite, pendant plus d'une heure, il se confesse, puis écrit à sa mère pour régler quelques détails matériels, la priant, notamment, de faire payer ses dettes. Monsieur le Grand est maintenant prêt à mourir.

On prévoyait que l'exécution de ce beau jeune homme, ancien favori de Sa Majesté, parvenu au faîte des honneurs, attirerait une foule immense ; 1 200 soldats ont été mobilisés pour tenir la foule à distance. Les spectateurs sont innombrables et remplissent entièrement la place des Terreaux où l'échafaud a été installé. Comme s'il se prêtait à une représentation de Cour, Cinq-Mars gravit les marches d'un pied ferme, salue impeccablement le public, et meurt sans une plainte. François-Auguste de Thou lui succède avec un égal courage. La foule émue prend fait et cause pour les deux malheureux jeunes gens, dont l'exécution fait franchir au cardinal un nouveau degré dans l'exécration et dans la haine.

Richelieu n'en a cure. Son seul souci, pour l'heure, est d'anéantir jusqu'à la mémoire de Cinq-Mars après lui avoir ôté la vie. Jouant sur l'avarice de sa mère, il obtient que la valeur de la charge de Grand Écuyer, estimée à 100 000 écus, ne soit pas utilisée à éteindre les dettes laissées par le supplicié. C'est finalement le Roi qui sortira discrètement de sa cassette personnelle les 30 000 ou 40 000 écus nécessaires. On laisse trois-quatre semaines à la maréchale d'Effiat pour vérifier les dettes de son fils et mettre sa succession en ordre, puis on l'envoie en Touraine. Les tours du château de Cinq-Mars et les forêts qui entourent la demeure sont coupées « à hauteur d'infamie ». Richelieu exige aussi du Chancelier Séguier qu'il lui révèle les noms des deux juges qui n'ont pas voté la mort de François-Auguste de Thou.

L'HOMME ROUGE RÈGLE SES COMPTES

Le cardinal fait promptement occuper Sedan que Bouillon a cédé au Roi. Le 29 septembre, les troupes françaises sous le commandement de Mazarin entrent dans l'ancienne principauté.

Le sort de Gaston d'Orléans était resté en suspens. Ici encore, la vengeance de Richelieu, lorsqu'elle se déclenche, va être terrible. Le prince n'obtient son pardon définitif qu'en échange de l'abandon de tous ses droits sur la succession au trône : « Nous nous tiendrons déjà pour bien traités et donc pour obligés s'il devait plaire à Sa Majesté de nous laisser vivre comme de simples personnes privées dans son royaume, sans disposition d'aucun gouvernement, d'aucune compagnie de gendarmes ou de chevau-légers, sans réclamer jamais de charges ou de postes administratifs ni en accepter qui pourraient nous être offerts, de quelque nature qu'ils soient et en quelque occasion que ce soit. » Gaston signe avec empressement, trop heureux d'avoir sauvé sa vie. Malgré la haine qu'il lui porte, Louis XIII le relèvera, quelques jours avant de mourir, de cette déchéance : un fils de France ne peut renoncer aux droits imprescriptibles qu'il tient de sa naissance.

Louis XIII était arrivé le 23 juillet à Fontainebleau. Anne d'Autriche vient le saluer le lendemain ; elle est accueillie dans les termes les plus froids. Le Roi, d'ailleurs, est d'humeur sinistre. La nouvelle de la mort de Marie de Médicis survenue le 3 juillet à Cologne l'agite de sombres pensées. Le remords d'avoir laissé sa mère finir ses jours en terre étrangère, dans un dénuement proche de la misère, le tourmente. Quels qu'aient été les torts de Marie et la constance avec laquelle elle a comploté contre lui sous couleur de s'attaquer à Richelieu, le Roi ne peut s'empêcher de considérer qu'il s'est conduit vis-à-vis d'elle comme un mauvais fils, au regard des hommes ainsi qu'au jugement de Dieu. Mais c'est surtout Cinq-Mars qui l'obsède. Quand il en parle, c'est toujours en termes grossiers, agressifs, grinçants, qui déguisent mal la douleur qui l'obsède, l'affection qui demeure. Il aurait dit le jour de l'exécution : « Je voudrais bien voir la grimace que Monsieur le Grand doit faire à cette heure. » L'anecdote a peu de chances d'être vraie, et c'est très certainement par la lettre de Richelieu que Louis XIII a appris la nouvelle de la condamnation et de la mort de Cinq-Mars.

Tallemant des Réaux décrit en des termes hallucinants le voyage du cardinal depuis Lyon jusqu'à Paris. Sa litière est une énorme machine que l'on ne peut faire entrer dans les maisons où il loge qu'en rompant les murs ou en passant par les fenêtres. Une partie du trajet s'effectue en bateau ; une véritable flotille accompagne Richelieu. La duchesse d'Aiguillon a son propre navire, ainsi que la plupart des dignitaires de la Maison du cardinal. Sur les berges, deux compagnies de cavalerie escortent le cortège, l'une en avant de la flotte, l'autre en arrière-garde. Tout doit céder devant la volonté de Richelieu. Lorsqu'on arrive au canal de Briare, les eaux sont trop basses pour permettre le passage. Qu'à cela ne tienne : Richelieu ordonne d'ouvrir les écluses.

La litière du cardinal hante l'imagination par-delà les barrières du temps, telle la saisissante évocation qu'en donne Victor Hugo dans *Marion Delorme*[3] :

---

3. Acte V, Scène I.

> « Moi, j'ai vu la machine un soir, par temps sombre,
> Qui marchait... On eût dit Léviathan dans l'ombre. »

Le cardinal arrive le 13 octobre à Fontainebleau, où il s'installe à l'Hôtel d'Albret. Taraudé par l'obsession de l'assassinat, il refuse de se rendre auprès du Roi. Richelieu devine que Louis XIII ne se console pas de la mort de Cinq-Mars ; il le croit capable de demander à un Tréville, par exemple, qui est resté dans son entourage, de prendre la relève de Monsieur le Grand et de faire subir à Richelieu le sort de Concini. C'est donc Louis XIII qui se déplace et vient à l'Hôtel d'Albret pour rencontrer le cardinal. Les deux hommes restent en tête-à-tête durant trois heures d'horloge. La dernière fois, c'était à Tarascon, quatre mois plus tôt, avant les terribles révélations de Cinq-Mars. Dès que l'entretien se termine, Richelieu prend soin d'envoyer à Louis XIII un mémorandum qui en retrace les principaux thèmes ; nous connaissons ainsi la teneur de ce qui fut la plus pénible des confrontations entre deux hommes qui ont totalement perdu confiance l'un dans l'autre.

Le cardinal tient à réfuter les accusations portées contre lui par Cinq-Mars au sujet des négociations de paix, s'efforçant de démontrer qu'il n'a négligé aucune occasion pour rechercher un accord avec Madrid et Vienne. Il félicite le Roi d'avoir su, malgré la pression morale à laquelle il a été continuellement soumis pendant deux ans de la part de son favori, donner le pas aux intérêts de l'État sur ses propres passions. Parmi toutes les victoires remportées par Louis XIII, la plus belle, lui dit Richelieu, est celle qu'il a remportée sur lui-même en laissant faire la justice, en « post-posant ce qui était de votre inclination à la raison ». Mais la rancune de Richelieu n'est pas entamée, et c'est avec amertume qu'il rappelle les difficultés rencontrées pour arriver à ce résultat : « Il est vrai qu'il y eut beaucoup de peine à vous faire voir l'injustice de ses desseins, préjudice que vous receviez en votre personne et en vos affaires, mais enfin Dieu vous éclaira de telle sorte que vous mîtes sous les pieds l'ancienne inclination que vous aviez pour lui, vous surmontâtes la mauvaise impression qu'il vous donna de vos vieux serviteurs. »

Entre ces deux grands malades, il n'y a plus place pour la sympathie, le réconfort. Le cardinal, qui se doute qu'il a de grandes chances de disparaître le premier, est pressé de laisser une situation nette derrière lui. Il n'a ni le temps ni l'envie de chercher à reconquérir l'amitié du Roi. Il veut régler ses comptes et préparer l'avenir immédiat, c'est-à-dire le sort de la guerre et la mise en place de la régence.

Richelieu ne s'attarde pas à Fontainebleau. Dès le 17 octobre, le voici de nouveau à Paris, dans la sécurité que lui donne le séjour du Palais-Cardinal. Vis-à-vis de Louis XIII, il ne prend pas de gants. Le 25 octobre, il lui adresse une véritable mise en demeure. Offrant une nouvelle fois sa démission, il énumère les conditions nécessaires pour qu'il consente à rester au service du Roi. Tout d'abord, « que Sa Majesté n'ait pas d'autre favori que le bien de ses affaires qui, seul, lui doit occuper l'esprit ». Garder toute sa confiance à ses ministres, et en particulier ne rien leur cacher de tout ce qui peut être dit contre eux, conserver un secret inviolable sur les délibérations de son Conseil, commander qu'on lui parle avec une entière liberté, « nettoyer de temps en temps la Cour des esprits malintentionnés, la raison voulant qu'ils ne soient pas plus tôt connus que bannis pour prévenir l'effet de leur malice qui produit souvent des maux presque irrémédiables (ainsi qu'il a paru en l'affaire du sieur le Grand) quand on est négligent à y apporter remède ».

Pour bien manifester son déplaisir, Louis XIII ne répond pas. Les neuf jours de silence qui suivent l'envoi de cette lettre sont, pour le cardinal, neuf jours de terrible angoisse. Richelieu, pourtant si près de la mort, rassemble toutes ses énergies et, le 5 novembre, adresse au souverain un nouveau mémorandum, encore plus dur : « Sa Majesté saura, s'il lui plaît, qu'on a appris beaucoup de choses de Monsieur le Grand dont jusqu'ici on n'a pas voulu lui donner connaissance. » C'est du chantage pur et simple. Si l'on a décidé de ne pas faire torturer Cinq-Mars, insiste Richelieu, c'est « de peur qu'il dît en public ce qu'il avait fait connaître en particulier ». Et son confesseur a eu bien de la peine, ajoute-t-il, à l'empêcher de parler sur l'échafaud.

L'ingrate mission de porter cette lettre au Roi en l'accompagnant des commentaires appropriés revient à Chavigny. A la lecture de ce factum, l'orgueil du Roi se cabre et Sa Majesté répond « qu'elle eût fort désiré que Monsieur le Chancelier lui eût laissé dire [à Cinq-Mars] tout ce qu'il voulait contre elle ; cela eût confirmé tout le monde dans la croyance de sa méchanceté et de son ingratitude ». Piètre défense de la part du Roi, qui sait bien qu'aux yeux du cardinal il est entièrement et à jamais coupable. En attendant, il persiste à ne pas répondre à Richelieu, ce qui est une manière de repousser ses exigences.

Les 5 et 6 novembre, Chavigny revient à la charge mais ne parvient pas, malgré l'incessante pression qu'il exerce sur Louis XIII, à vaincre sa résistance. Nouvelle tentative le 7 novembre, formulée en termes offensants, presque comminatoires. Désormais, dit-il au Roi, puisque celui-ci refuse d'éloigner de son entourage les amis de Cinq-Mars, il voudra bien autoriser les gardes du cardinal à conserver les armes en sa présence « pour mettre Son Éminence en sûreté des insultes que ces gens-là lui pourraient faire ». Louis XIII prend la mouche : « Est-il plus juste que le cardinal se mêle de ceux qui m'approchent que moi de ceux qui sont auprès de lui ? » Chavigny, sans se démonter, lui rétorque : « Si Son Éminence eût chez lui quelqu'un qui déplût à Sa Majesté, il ne le verrait jamais. »

Louis XIII est tellement exaspéré qu'il trouve dans sa colère une repartie qui laisse Chavigny pantois : « Il ne vous verrait donc jamais, car je ne saurais vous souffrir » lui lance-t-il, et sur ces mots, il lui tourne le dos.

Chavigny, sérieusement inquiet, maintenant, demande des instructions à Richelieu. Le cardinal lui suggère un nouvel argument susceptible, à son sens, de fléchir Louis XIII : « Quelques esprits commencent à soupçonner de deçà que je suis en quelque mésintelligence avec le Roi sans en avoir le détail. Comme l'effet de cette pensée est un fort mauvais moyen pour me rendre la santé, le bruit n'en est pas fort avantageux aux intérêts du Roi. » Mais même ce rappel de la santé moribonde du premier ministre ne parvient pas à émouvoir Louis XIII au point de le faire sortir de son mutisme obstiné.

Alors, le 13 novembre, le cardinal écrit directement au Roi — c'est le troisième mémorandum de cette pathétique série. Le ton a complètement changé ; plus de menaces, plus d'insultes, mais un appel à la bienveillance royale, lié à une demande d'éclaircissements sur les conditions que le Roi voudra bien poser à l'établissement d'une paix générale en Europe : « Sa Majesté est très humblement suppliée de mettre ses intentions au pied de ce mémoire... Elle est aussi suppliée d'y vouloir ajouter les conditions auxquelles elle veut se relâcher pour faire la paix. » La paix correspond tellement aux désirs de Louis XIII qu'il se dispose, pour le coup, à répondre à Richelieu. Mais attention : il ne compte pas s'humilier pour autant devant le cardinal.

Pendant une semaine, Louis XIII discute pied à pied avec Chavigny. D'accord pour donner des apaisements à Richelieu, il refuse de le faire dans les formes que celui-ci a réclamées. Le Roi « veut mettre son honneur à couvert », rapporte Chavigny au cardinal. Et puis, comme l'état de santé de Richelieu s'aggrave, le Roi décide d'en finir et de lui donner l'ultime satisfaction d'amour-propre qui lui permettra de mourir tranquille.

La lettre que Louis XIII adresse au cardinal le 20 novembre 1642 souscrit aux exigences de Richelieu : « Ayant vu le papier ci-dessus, je n'ai rien à dire à mon cousin le cardinal de Richelieu, sinon qu'il a trop connu, pendant que le sieur de Cinq-Mars était auprès de moi, sa malice, ses impostures et ses artifices [pour] qu'il puisse ajouter foi à ce qu'il a dit au préjudice de l'amitié que je porte à mondit cousin et de l'estime que je fais de sa personne. » Le Roi, de sa main, recopie une à une les différentes conditions énoncées par le cardinal, s'engageant notamment à chasser de son entourage Tréville et trois autres gentilshommes qui se sont compromis avec Monsieur le Grand.

Dans la deuxième partie de sa lettre, Louis XIII précise ce que doivent être les termes d'un traité de paix avec l'Autriche et l'Espagne. C'est là que réside la véritable, l'indiscutable condamnation de la conjuration de Cinq-Mars, dans l'intransigeance dont le Roi fait preuve, dans la volonté qu'il exprime de n'accepter qu'une paix avantageuse pour la France : « Il faudrait que je m'exposasse à la risée du monde, que je donnasse lieu à mes ennemis de me faire de nouveau la guerre quand bon leur semblerait s'ils ne payaient mes dépens de celle qu'ils m'ont contraint de leur faire. Il ne faut point parler de rendre la Lorraine, Arras, Hesdin, ni Bapaume, Perpignan et le Roussillon, Brisach et les places de l'Alsace qui conjoignent la Lorraine. J'ai acquis Pignerol à titre trop légitime pour penser jamais à le rendre. Le rétablissement de mon neveu, le duc de Savoie, est trop juste pour que je puisse jamais consentir à la paix sans qu'il soit fait. Ces conditions accordées, je serais bien aise qu'on trouve toutes les inventions qui se pourront pour faciliter une paix générale en laquelle je ne puisse me séparer de mes alliés. » Écrites deux semaines avant la mort de Richelieu, ces quelques lignes sont le meilleur témoignage que l'on puisse porter, au regard de l'histoire, de la parfaite identité de vues entre Richelieu et Louis XIII. Certes, la confiance entre les deux hommes est brisée. A l'heure, cependant, où son premier ministre s'apprête à mourir, Louis XIII confirme de la manière la plus formelle que la politique menée par le cardinal n'est pas une politique qu'il lui a imposée, mais l'effet d'une même volonté, sans cesse mûrie, discutée et arrêtée en commun.

« Je n'ai jamais eu d'autres ennemis que ceux de l'État »

Le cardinal avait jeté ses dernières réserves d'énergie dans cette bataille. Tandis qu'il continue à donner les instructions nécessaires pour assurer la victoire définitive des armées du Roi et préparer les discussions de paix qui doivent bientôt s'ouvrir dans deux villes allemandes, Münster et Osnabrück, la mort frappe à sa porte. Le 28 novembre, un violent accès de fièvre se déclenche ; Richelieu se plaint d'insupportables douleurs au côté. Le lundi 2 décembre, on apprend que le malade crache du sang. Les médecins ne laissent guère d'espoir. Entre deux crises de suffocation, Richelieu dirige encore les affaires du royaume avec les secrétaires d'État installés à son chevet. La duchesse d'Aiguillon ne le quitte pas un instant, les maréchaux de Brézé et de La Meilleraye s'empressent. A deux heures de l'après-midi le Roi paraît, venant de Saint-Germain-en-Laye.

Depuis la lettre du 20 novembre, Louis XIII n'avait plus écrit à Richelieu, réserve faite d'un court billet, une simple note de service : « Vous m'avez fait grand plaisir de m'envoyer la dépêche d'Angleterre (laquelle je vous renvoie). Je ne vois pas qu'il y ait beaucoup d'avantage de part ni d'autre. S'il y en a un, je le tiens du côté du Roi. Je trouve très bon qu'on continue à Laffemas la commission de lieutenant civil, il s'est trop bien acquitté de cette tâche pour ne pas la continuer. Louis. » Quelle sécheresse ! Pas un mot de réconfort, par une de ces mentions amicales qui ont parsemé la correspondance adressée par Louis XIII à Richelieu au cours de tant d'années d'étroite collaboration.

Peut-être n'est-ce pas sans quelque secrète appréhension que Louis XIII se rend auprès du moribond. Peut-être aussi s'apprête-t-il à savourer le spectacle de la déchéance de cet homme dont la disparition, tant de fois espérée depuis deux ans, le rend enfin à lui-même.

Richelieu, qui a toujours eu l'art de la mise en scène, est maître de son agonie comme il a voulu l'être de son existence. « Sire », dit-il, « voici le dernier adieu : en prenant congé de Votre Majesté, j'ai la consolation de laisser votre royaume dans le plus haut degré de gloire et de réputation où il ait jamais été, et tous vos ennemis abattus et humiliés. La seule récompense de mes peines et de mes services que j'ose demander à Votre Majesté, c'est qu'elle continue à honorer de sa protection et de sa bienveillance mes neveux et mes parents. Je ne leur donnerai ma bénédiction qu'à la charge qu'ils ne s'écarteront jamais de l'obéissance et de la fidélité qu'ils vous doivent, et qu'ils vous ont vouées comme toujours. »

Ensuite, chacun est prié de quitter la pièce ; Louis XIII et Richelieu restent seuls, face à face. Le cardinal, apparemment, conseille à Louis XIII de conserver les secrétaires d'État, Sublet de Noyers et Chavigny notamment, et lui propose de confier sa succession à Mazarin.

Le Roi y consent. Avant de quitter Richelieu, il tient à lui présenter lui-même les deux jaunes d'œuf qu'on voudrait faire avaler au mourant. En s'éloignant, Louis XIII considère avec attention les tableaux qui sont placés dans les galeries du Palais-Cardinal ; un moment, on l'entend rire bruyamment. Le Roi ne regagne pas Saint-Germain, mais va s'établir au Louvre en attendant la mort du cardinal.

Après son départ, Richelieu demande aux médecins : « Combien de temps encore ? » Ils lui répondent : « Dans vingt-quatre heures vous serez guéri ou vous serez mort. » « Bien parlé », dit-il simplement. Le cardinal se confesse, et vers une heure du matin reçoit l'extrême-onction. Le lendemain 3 décembre, le Roi revient lui rendre visite. Il passe une heure entière en tête-à-tête avec Richelieu, et cette fois, quand il le quitte, les seigneurs qui l'accompagnent sont frappés par la vive émotion qui se lit sur son visage. Le cardinal s'affaiblit. Il sollicite les derniers sacrements du curé de Saint-Eustache, sa paroisse. Cospéan, évêque de Lisieux, un fidèle entre les fidèles, s'inquiète de l'assurance sans faille dont fait preuve le cardinal. C'est avec une sérénité totale que Richelieu répond, lorsqu'on lui demande de pardonner à ses ennemis : « Je n'ai jamais eu d'autres ennemis que ceux de l'État. »

Le 4 décembre, en début de matinée, il reçoit encore la visite d'un gentilhomme de la Reine puis, vers dix heures, celle de l'abbé de La Rivière, l'âme damnée de Gaston d'Orléans, venu présenter les politesses du prince. La duchesse d'Aiguillon reste seule avec Richelieu. Vers midi, il lui demande de s'éloigner : « Rappelez-vous que je vous ai aimée plus que tous les autres », lui aurait-il dit, ajoutant : « Il ne serait pas bon que vous me vissiez mourir ; je vous en prie, retirez-vous maintenant. » On entraîne la duchesse en larmes. Le Père Léon, supérieur des Carmes, redonne l'absolution au mourant. Quelques instants plus tard, les mains s'agitent une dernière fois, le regard devient fixe, un ultime soupir s'échappe de ses lèvres. On porte une bougie devant sa bouche, la flamme s'élève droite, sans un mouvement. Le cardinal est mort.

ÉPILOGUE

CHAPITRE XXV

Richelieu après Richelieu

L'après Richelieu commence

Quand le Pape Urbain VIII apprit la mort de Richelieu, il s'exclama : « *Se gli é un Dio, lo pagarà! Ma veramente, se non c'é Dio, galant'uomo!* » Si Dieu existe, il paiera. Mais si Dieu n'existe pas, bravo ! La France est secouée par la disparition du cardinal. « Il n'était pas aimé du peuple », dira le Père Griffet, historiographe du règne de Louis XIII, « et j'ai connu des vieillards qui se souvenaient encore d'avoir vu les feux de joie que l'on fit dans les provinces quand on y reçut la nouvelle de sa mort. » Au Palais-Cardinal, la dépouille de Richelieu reste exposée pendant quatre jours. Des milliers de Parisiens défilent silencieusement, mûs par des sentiments mêlés de respect et de curiosité. Le 13 décembre, le corps est inhumé dans une petite chapelle de l'église de la Sorbonne, où il restera jusqu'à l'achèvement de l'édifice.

Dans le gouvernement de la France, rien, ou presque, n'a changé. A la démission présentée collectivement au Roi par tous les membres du gouvernement qu'avait dirigé Richelieu, Louis XIII répond en confirmant chacun dans ses fonctions et en désignant Mazarin comme premier ministre. Une seule modification, quelques mois plus tard : le remplacement de Sublet de Noyers par Michel Le Tellier au département de la Guerre, épilogue d'une discrète lutte d'influence qui a finalement tourné à l'avantage de Mazarin.

Le 2 novembre 1642, un mois avant la mort du cardinal, les armées suédoises commandées par Torstenson avaient remporté sur les Impériaux la brillante victoire de Breitenfeld. Quand on apprend à Madrid la disparition de Richelieu, l'Espagne reprend courage. Philippe IV, rendant Olivares responsable des échecs passés, le disgracie en janvier 1643 et décide d'assumer personnellement la direction stratégique de la guerre. Une attaque massive aura lieu sur le front des Pays-Bas espagnols. Le 19 mai 1643, le choc décisif entre l'armée d'Espagne et les forces commandées par le jeune duc d'Enghien, fils du prince de Condé et neveu par alliance de Richelieu depuis son mariage avec sa nièce Claire-Clémence de Maillé-Brézé, se produit au sud de la petite ville de Rocroi. Le duc d'Enghien remporte une victoire éclatante, écrasante, définitive. Quand il arrête le massacre, les « tercios » espagnols ont perdu les quatre cinquièmes de leurs effectifs ; c'est la première fois depuis le début de la guerre de Trente Ans qu'une armée est détruite sur le champ de bataille. La puissance militaire de Madrid, la réputation de ses armes, sont irrémédiablement frappées.

La victoire de Rocroi suit de cinq jours la mort de Louis XIII, survenue le 14 mai 1643, exactement 33 ans jour pour jour après le crime de Ravaillac, qui avait brutalement hissé sur le trône de France le fils aîné d'Henri IV et de Marie de Médicis. Louis XIII n'aura survécu que cinq mois à Richelieu.

La France de 1643 est infiniment plus forte que celle de 1610, et bien plus encore que celle de 1624, quand Louis XIII avait résolu de faire appel au cardinal. Son assise territoriale s'est considérablement élargie. Le souverain, au-delà des frontières reconnues du royaume, contrôle l'Artois, la Lorraine, l'Alsace, la Savoie, le Roussillon, les ponts du Haut-Rhin, et dispose de solides points d'appui en Italie du Nord. Il a accepté de devenir comte de Barcelone c'est-à-dire chef de la Catalogne révoltée contre Madrid. Sa marine a pris l'avantage sur les flottes espagnoles, et domine désormais la Méditerranée occidentale. Sur l'Atlantique, elle fait jeu égal avec les flottes d'une Angleterre secouée par la Révolution, et ne le cède en puissance qu'à la marine des Provinces-Unies, qui sont l'alliée la plus ancienne et la plus fidèle de la France. Au-delà des mers, des colonies se sont créées au Canada et aux Antilles, des comptoirs sur la côte du Sénégal et à Madagascar. En moins de 20 ans, la France est devenue plus grande qu'elle ne l'avait jamais été.

Dans le régime monarchique fort que Richelieu a légué, tout dépend, plus que jamais, du Roi. Louis XIV n'a même pas 5 ans à la mort de son père. Anne d'Autriche s'empare de la régence comme l'avait fait Marie de Médicis avant elle. L'œuvre de Richelieu va-t-elle s'écrouler d'un coup avec l'arrivée au pouvoir de la Castillane tant recherchée, jalousée et détestée ? Non. L'une des plus belles victoires de Richelieu est sans doute la transformation qui s'opère bientôt en Anne d'Autriche. Quand la Reine transmettait au cardinal une copie du traité conclu avec l'Espagne par Cinq-Mars, le prince de Bouillon et Gaston d'Orléans, elle agissait avant tout pour se sauver, pour conserver ses enfants, gage de son accession à la régence. Quand elle est venue rendre visite au cardinal de Richelieu le 30 octobre 1642, après le retour de celui-ci dans la capitale, l'accueil a été correct mais froid ; Anne d'Autriche savait que l'homme qui était en face d'elle n'avait plus que quelques semaines à vivre, alors qu'elle possédait sur lui tout l'avantage de l'avenir. Les circonstances vont la métamorphoser, et faire de l'ancienne Espagnole intrigante une vraie Reine de France, gardienne de l'intégrité et de la prospérité du royaume.

Auprès de la Régente, l'étoile de Mazarin monte au zénith. Cet homme que Richelieu aurait autrefois présenté à Anne d'Autriche en lui disant : « Il vous rappellera Buckingham, Madame », est le digne successeur de la pensée et de la politique du cardinal. Il saura conseiller la Reine avec adresse, avec habileté, et l'orienter dans la voie du maintien et du développement des acquis du règne précédent : indépendance nationale, autorité monarchique, unification progressive du pays. Malgré les convulsions de la Fronde qui marqueront, une fois de plus, la régence du Roi mineur, la France va capitaliser les avantages obtenus pendant le long ministère de Richelieu, établir sur l'Europe la prépondérance de ses armes et de sa culture. Les Traités de Westphalie et le Traité des Pyrénées qui, en 1648 et 1659, imposent la paix française, ouvrent la voie aux splendeurs du Grand Siècle.

Le testament du cardinal

« En mourant il a plutôt fait le politique que le chrétien, ayant été plus soigneux de recommander les siens au Roi que son âme à Dieu », prétend Mathieu de Morgues dans l'*Abrégé de la vie du cardinal de Richelieu* qu'il fait paraître quelques mois après la mort de son ennemi. En réalité, lorsqu'il s'apprête à rendre son âme à Dieu, Richelieu a mis, depuis plusieurs mois déjà, toutes ses affaires temporelles et familiales en ordre — très exactement depuis ce 23 mai 1642 où il a dicté son testament à Narbonne. Dans la débâcle qui menace alors d'emporter sa politique sous les coups de Cinq-Mars, le cardinal se préoccupe d'assurer au moins le devenir de son nom. Il a perdu la confiance du Roi, il n'arrive pas à se procurer le traité signé entre Cinq-Mars et l'Espagne, son corps se délabre, migraines, hémorroïdes, abcès sur les bras ; aussi, « ayant plu à Dieu, dans la grande maladie où il a permis que je sois tombé, de me laisser l'esprit et le jugement aussi sains que je les ai jamais eus, je me suis résolu de faire mon testament et ordonnance de dernière volonté ».

Le testament de Richelieu sera d'abord la consécration de l'entreprise d'illustration de sa famille à laquelle le cardinal s'est passionnément attaché. Les neveux et nièces sont richement dotés de seigneuries, duchés, baronnies, bénéfices, rentes. Le passage du cardinal au pouvoir a permis aux Richelieu de sortir de la demi-obscurité où ils végétaient au début du XVIIe siècle. La fierté nobiliaire qui éclate à chaque page du testament s'exprime crûment dans cette prescription : « Je défends à mes héritiers de prendre alliance en des Maisons qui ne soient pas vraiment nobles, les laissant assez à leur aise pour avoir plus d'égard à la naissance et à la vertu, qu'aux commodités et aux biens. »

La nièce préférée du cardinal, la duchesse d'Aiguillon, est choisie comme exécuteur testamentaire. Pour elle le Petit-Luxembourg, la maison de Rueil, le domaine de Pontoise, les 60 000 livres de rentes sur les cinq grosses fermes de France, les tableaux, l'argenterie, les bagues, les pierreries. Mais après sa mort, tout doit revenir à celui à qui le cardinal lègue son nom, son duché-pairie de Richelieu, le château de Richelieu, et une infinité de biens, rentes et droits : Armand de Vignerot, fils aîné de François du Pont de Courlay et petit-neveu du cardinal. La branche de Maillé-Brézé n'est pas oubliée. Le neveu Armand de Maillé hérite du duché de Fronsac, d'une somme de 300 000 livres, et de quantité de domaines ; si la branche des du Pont de Courlay venait à s'éteindre, c'est lui qui reprendrait le titre de duc de Richelieu.

Dans les legs divers, témoignages de la munificence du cardinal, on voit défiler les serviteurs de Richelieu, l'aumônier, les valets de chambre, l'argentier, le maître d'hôtel, les écuyers, les concierges, les cuisiniers, cochers, muletiers, qui reçoivent des cadeaux dont l'importance varie suivant leurs mérites, leur ancienneté, et les largesses dont ils ont déjà pu bénéficier antérieurement. Tous les membres du petit personnel recevront l'équivalent de six années de gages. Théophraste Renaudot, le fondateur de la *Gazette*, l'un de ceux par qui le cardinal a le mieux assujetti son contrôle sur les esprits, est gratifié d'une somme de 2 000 livres.

L'ombre d'un remords se glisse aussi dans cette liste : le baron de La Broye, héritier de Barbin, l'infortuné collègue de Richelieu dans le dernier gouvernement Concini, est également couché dans le testament. Du vivant de Barbin, le cardinal ne s'était pas montré particulièrement ému par les appels au secours qu'il lui lançait du fond de son exil. La mauvaise conscience de Richelieu vaut 30 000 livres au sieur de La Broye.

Parmi les fondations pieuses, habituelles dans tous les testaments de l'époque, figurent l'église de la Sorbonne et la maison des Pères de la Mission fondée par le cardinal dans « sa » ville de Richelieu. Les bons Pères ne sont pas mal lotis : outre tout ce que le cardinal leur a déjà donné de son vivant, outre les travaux que la duchesse d'Aiguillon devra faire réaliser après sa mort, une somme de 60 000 livres leur est allouée afin de leur permettre de développer les missions dont ils sont responsables en Poitou et d'augmenter l'effectif de 20 prêtres qui est d'ores et déjà le leur. Avec les aménagements importants prévus à la Sorbonne et les soins qu'exigera la bibliothèque du cardinal, ce sont les deux tiers des revenus laissés par Richelieu qui, pendant les trois années qui suivront sa mort, se trouveront affectés à ces œuvres pies.

La présence de la bibliothèque parmi celles-ci a de quoi surprendre. Elle revêt une importance exceptionnelle, qui se mesure déjà à la place qu'elle occupe dans le testament : 2 pages sur un total de 22. La bibliothèque est installée dans l'Hôtel de Richelieu, limitrophe du Palais-Cardinal, en cours de construction. « Mon dessein est de rendre ladite bibliothèque la plus accomplie que je pourrai, et la mettre en état qu'elle puisse non seulement servir à ma famille, mais encore au public. » Après la mort de Richelieu, un inventaire devra être dressé sous le contrôle de deux docteurs de la Sorbonne. Une copie de cet inventaire sera déposée à la bibliothèque même, une autre à la Sorbonne. Tous les ans, l'inventaire sera remis à jour. On nommera un bibliothécaire, aux gages de 1 000 livres par an. Il aura pour tâche de « conserver ladite bibliothèque, la tenir en bon état, et y donner l'entrée à certaines heures du jour, aux hommes de lettres et d'érudition, pour voir les livres et en prendre communication dans le lieu de la bibliothèque sans transporter les livres ailleurs ». Aucun détail n'échappe à la vigilance de Richelieu, qui prévoit la nomination d'un balayeur aux gages de 400 livres par an, chargé de nettoyer les locaux, épousseter les livres et essuyer les armoires. Et comme une bibliothèque est une chose vivante, le cardinal se préoccupe d'y mettre des exemplaires des nouveaux livres qui paraissent et de l'enrichir d'exemplaires d'ouvrages anciens qui lui font défaut. Une rente annuelle de 1 000 livres est ainsi constituée pour être employée à l'achat d'ouvrages. L'affectation de cette somme sera décidée par les deux docteurs de la Sorbonne commis à l'inventaire annuel.

L'hommage que le cardinal rend à la culture est profondément émouvant. Étrange testament d'un prélat qui néglige superbement de fonder la moindre messe et compte, pour se perpétuer dans le souvenir des hommes, sur les vertus du trésor universel d'érudition, de savoir et de belles-lettres auquel il s'efforce d'attacher son nom. Le Richelieu-surdoué de la Sorbonne, l'homme à la mémoire phénoménale, à l'intelligence multiforme, resurgit avec une vigueur insoupçonnée en cette année 1642 sous le masque buriné du ministre du Roi, attelé depuis 18 ans au labeur insensé qu'a réclamé de lui l'exaltation de la grandeur monarchique.

« Dieu premier servi », devrait dire le cardinal de la Sainte Église. « Roi de France premier servi », répond sans complexes Armand-Jean du Plessis de Richelieu, cardinal d'État par la grâce du souverain. Si sa famille s'est élevée au point où la fierté du cardinal peut aujourd'hui s'en réjouir, c'est par le Roi et par le service du Roi qu'elle y est parvenue. A lui tout l'honneur de cette réussite. Les fruits les meilleurs doivent donc lui revenir : à côté des proches du cardinal, le principal bénéficiaire du testament est en réalité le Roi. Richelieu lui lègue le Palais-Cardinal, ainsi que les meubles et tentures nécessaires pour l'aménager. Il lui lègue ses tapisseries les plus belles, sa chapelle d'or enrichie de diamants, son grand buffet d'argent ciselé, et un diamant de valeur. Surtout, il lui fait remise d'une somme de 1 500 000 livres. L'origine de cet argent n'est pas très claire. Richelieu affirme ne s'en être jamais servi que pour le bien de l'État : « Si je n'eusse eu cet argent en ma disposition, quelques affaires qui ont bien succédé [c'est-à-dire qui se sont bien passées] eussent apparemment mal réussi, ce qui me donne sujet d'oser supplier Sa Majesté de destiner cette somme que je lui laisse, pour employer en diverses occasions, qui ne peuvent souffrir la langueur des formes des finances. » Tel est l'ultime témoignage que le premier ministre de Louis XIII souhaite rendre à son maître du dévouement d'une « créature qui n'a jamais eu rien en si singulière recommandation que son service ».

Au moment de clore la dictée de son testament, Richelieu est soudain troublé : la plaie lancinante ouverte par la brouille avec Marie de Médicis reste à vif. Ainsi, jusqu'au bout subsiste le drame de celui qui, avant d'être au Roi, avait été à la Reine-Mère ; dans l'esprit de ses contemporains, la raison d'État n'est pas un motif suffisant pour excuser la rupture du lien de fidélité personnelle. A ce monde nobiliaire qui perdure, à l'idéal qu'il continue d'exalter malgré tous les « monstres froids » que sont les États modernes à la Richelieu, le cardinal lance fièrement comme un dernier défi : « Et je ne puis que je ne die [entendons « dise »] pour la satisfaction de ma conscience, qu'après avoir vécu dans une santé languissante, servi heureusement dans des temps difficiles et des affaires très épineuses, et expérimenté la bonne et la mauvaise fortune en diverses occasions, en rendant au Roi ce à quoi sa bonté et ma naissance m'ont obligé particulièrement, je n'ai jamais manqué à ce que j'ai dû à la Reine-Mère, quelques calomnies que l'on m'ait voulu imposer à ce sujet. » Richelieu-Marie de Médicis : un duel qui se poursuit jusqu'à la mort. A l'orgueilleuse déclaration de Richelieu la Reine-Mère semblait donner une réponse indirecte en lui léguant, au moment de mourir le 3 juillet 1642 à Cologne... son perroquet favori !

Les Richelieu sous l'orage

La famille est digne dans le malheur. Alphonse de Richelieu, le deuxième des trois frères Richelieu, celui dont le destin s'était servi pour diriger Armand vers le service de l'Église, en est le patriarche. Cardinal-archevêque de Lyon, esprit mystique, il a toujours été solidaire de son frère, même quand quelques bisbilles, comme il arrive fatalement, les ont opposés. L'affaire Cinq-Mars l'a ulcéré. Il en a voulu à Cinq-Mars de sa lâche trahison à l'égard d'Armand. Il en a voulu à Louis XIII d'« avoir si peu de soin de son propre intérêt que d'éloigner d'auprès de lui et de ses affaires une personne que la France et les pays étrangers jugent lui être absolument nécessaire ». Mais il en a voulu aussi à son frère de ne l'avoir pas mis dans la confidence, d'avoir refusé son aide et, au moment suprême, de n'avoir même pas eu pour lui dans son testament une pensée affectueuse, quelques mots d'amitié.

Sa rancœur retombe sur la duchesse d'Aiguillon. Peu s'en faut qu'une guerre de famille ne se déclenche. Alphonse reproche à sa nièce la douleur immodérée dont elle fait étalage. Il lui reproche les maladresses qu'elle multiplie comme à plaisir : sa liaison avec Madame du Vigean, les mésalliances des petits-neveux du Pont de Courlay, le procès qui oppose la duchesse au prince de Condé à propos de l'héritage. Or, paradoxalement, c'est sur lui que déferlent ennuis et avanies dans le climat de réaction qui s'instaure après la disparition du grand cardinal.

Les Richelieu n'ont pas trop à se louer de l'attitude du Roi. Certes il respecte l'héritage politique de son ministre. Mais sur un plan personnel, il ne se conduit pas très bien. Le Palais-Cardinal est l'occasion d'un premier incident. Louis XIII n'a même pas attendu la mort de Richelieu pour en prendre possession. Dès octobre 1642, c'était chose faite ; dans les jours qui suivent la disparition du cardinal, le Roi ordonne de gratter l'inscription « Palais-Cardinal » qui trône au-dessus de la porte d'entrée pour la remplacer par « Palais-Royal ». La famille proteste, demande le rétablissement de l'ancienne dénomination. Le Roi y consent de mauvaise grâce. Le 19 janvier 1643, Louis XIII s'abstient ostensiblement de paraître à la messe dite en la cathédrale Notre-Dame pour le repos de l'âme du cardinal alors que tout Paris est là, gouvernement, corps constitués, ambassadeurs accrédités, grands officiers de l'État. Le 4 mars 1643, la dépouille de Marie de Médicis, ramenée de Cologne, est inhumée à Saint-Denis. Le cardinal avait préparé, avant de mourir, le rapatriement du corps de son ancienne bienfaitrice, mais Louis XIII, en donnant un éclat particulier aux cérémonies, semble en faire un désaveu de l'attitude de Richelieu à l'égard de la mère du Roi.

Plus grave encore, les exilés reviennent, les prisonniers sont libérés, comme si leur sort n'avait tenu qu'à la vindicte du cardinal. Les portes de la Bastille s'ouvrent pour Bassompierre et Vautier. Les émigrés volontaires rentrent à Paris. Le nom de Richelieu est conspué.

Après la mort de Louis XIII, le désaveu est plus ferme encore. Anne d'Autriche, deux heures seulement après la disparition de son époux, fait chercher avec un maximum d'égards la supérieure du couvent du Val-de-Grâce déposée en 1637. Elle rappelle Marie de Hautefort et la duchesse de Chevreuse, chasse Chavigny du Conseil, ôte à Bouthillier la charge des finances. Mazarin l'arrête à temps sur la voie périlleuse des règlements de comptes, prélude, peut-être, à une liquidation politique du régime de Louis XIII et de Richelieu.

Alphonse de Richelieu ne s'y trompe pas : il sait que Mazarin est le plus fidèle héritier spirituel que l'action de son frère puisse souhaiter. Dès sa désignation comme successeur du cardinal, Alphonse lui avait décerné un satisfecit en bonne et due forme : « Je suis très aise que le Roi vous ait appelé dans les affaires, afin que vous aidiez à bien parachever ce que le pauvre défunt avait heureusement commencé. Il ne pouvait faire meilleur choix pour cela. » Même s'il ne déborde pas de sympathie pour l'Italien, il ne lui ménage pas son appui.

Lorsque les premiers troubles de la Fronde éclatent, Alphonse de Richelieu met au service de Mazarin son nom et sa réputation d'homme juste. Au début de 1645, Mazarin lui demande de prendre la présidence de l'Assemblée du Clergé. Le cardinal de Lyon ferait-il figure de recours ? On lui adresse des suppliques, le poète Maynard lui dédie un sonnet :

> « Alphonse, que mon cœur a toujours admiré,
> Que ton esprit est clair ! que tes bontés sont grandes,
> Et que nous dormirions dans un calme assuré
> Si le ciel t'accordait ce que tu lui demandes !
>
> Je veux apprendre à tous qu'il n'appartient qu'à toi,
> En un siècle ennemi de la belle franchise,
> De parler hardiment des intérêts du Roi,
> Des malheurs de l'Europe et de ceux de l'Église.
>
> La prudence d'Armand fut sans comparaison,
> Tes pères sont fameux, et toute ta Maison
> Est célèbre en sagesse et célèbre en vaillance.
>
> Mais tu ne cèdes pas à tant d'illustres morts,
> Ton mérite est si grand que le sang dont tu sors
> N'a jamais rien donné de plus grand à la France. »

C'est plus que Mazarin ne peut en supporter, et il va se charger de casser les reins aux possibles ambitions d'Alphonse et, en général, des Richelieu.

Condé n'est pas content. Le prince s'indigne de ne voir figurer dans le testament de Richelieu aucune clause en faveur de sa belle-fille, Claire-Clémence de Maillé-Brézé. Le cardinal a eu le soin de préciser que celle-ci, par son contrat de mariage, avait renoncé à la succession « moyennant ce que je lui ai donné en dot, dont je veux et ordonne qu'elle se contente [1] ». Eh bien, Monsieur le prince, lui, ne s'en contentera pas. Attaquant le testament, il reçoit l'appui d'une majorité des juges du Parlement, ravis du bon tour joué à titre posthume à Richelieu. Il reçoit surtout celui de Mazarin. Alphonse de Richelieu et la duchesse d'Aiguillon rejettent les transactions qu'on leur propose. Ce sont bien des Richelieu : ou bien ils ont le droit pour eux, et dans ce cas ils ne voient aucune raison d'accepter un compromis ; ou bien la justice leur donne tort, et ils s'inclineront. Ils devront donc s'incliner ; le procès Condé coûtera plus de 1 500 000 livres à la succession.

Chacun, à ce spectacle, semble pris d'émulation, et les contestations fleurissent de toute part. Avec la Sorbonne, les choses s'arrangent par une transaction. Mais Alphonse est directement visé en sa qualité de prieur de l'abbaye de La Charité-sur-Loire, dont la possession lui est disputée. Le cardinal de Lyon se jette dans la chicane avec délectation, refuse tous les compromis que Mazarin lui offre. Il sait bien, du reste, que le nouveau premier ministre soutient ses adversaires, et repousse avec dédain ses propositions transactionnelles. Il perdra donc ce procès — décision inique à son sens qu'il accepte avec une philosophie parfaite.

La philosophie est beaucoup moins de mise quand on attaque la mémoire de son frère. Alphonse monte alors au créneau et pourfend avec impétuosité les sacrilèges qui osent s'en prendre à feu le cardinal Armand de Richelieu.

Il ne peut s'empêcher, cependant, d'assister avec quelque tristesse au spectacle que donne cette famille sous l'orage. A ses yeux, les petits-neveux du Pont de Courlay — pardon : il faut maintenant dire les jeunes Richelieu — sont de parfaits chenapans. L'aîné, héritier du titre prestigieux de duc de Richelieu, trouve le moyen de se mésallier en épousant Madame de Pons, fille aînée de Madame du Vigean, l'égérie de la duchesse d'Aiguillon. Alphonse, indigné, adresse d'amers reproches à la duchesse, qui est à la fois la tutrice du garçon et l'amie de Madame du Vigean : « Votre neveu est mal né ; il a été mal élevé dans une gloire et dans une suffisance ridicules », lui écrit-il sans ménagements. Condé, encore lui, a permis au mariage d'être célébré clandestinement ; il s'oppose avec succès à toutes les tentatives de la duchesse pour faire rompre cette union. Le deuxième du Pont de Courlay, maintenant marquis de Richelieu, se rend à son tour coupable de mésalliance en épousant Made-

---

1. La dot s'élevait à 600 000 livres.

moiselle de Beauvais, fille d'une femme de chambre de la Reine. La duchesse d'Aiguillon, désespérée, prophétise : « Mes neveux sont toujours de pis en pis ; vous verrez que le troisième épousera la fille du bourreau. » L'avenir, heureusement, lui donnera tort : le troisième, devenu abbé de Richelieu, mènera une existence honorable et exempte de scandale.

Est-ce la fin d'une épopée, une parenthèse qui se referme dans l'histoire d'une famille marquée par la réussite exceptionnelle et sans lendemain de l'un des siens ? A ceux qui seraient tentés de le croire, la gloire de deux Richelieu, quelque 100 et 180 ans plus tard, apportera un éclatant démenti.

Louis-François Armand de Vignerot du Plessis, duc de Richelieu et arrière-petit-neveu du cardinal, né en 1696, brigadier sous Louis XIV, deviendra maréchal en 1748 après s'être distingué à Fontenoy en 1745. Il prend aux Anglais l'Ile de Minorque en 1756. Ami de Voltaire, il est le prototype du philosophe libertin du siècle des Lumières et mourra en 1788, chargé d'ans et d'honneurs.

Armand-Emmanuel du Plessis, duc de Richelieu, est né en 1766. C'est le petit-fils du maréchal. Quand la Révolution éclate, il émigre et s'installe en Russie, où le tsar Alexandre Ier, qui l'apprécie, lui confie le gouvernement de la province d'Odessa. Après la chute de Napoléon, il sera le négociateur du second Traité de Vienne en 1815, premier ministre jusqu'en 1818, puis de nouveau en 1820-1821. Arrivé dans les fourgons de l'étranger, il est l'homme de la réconciliation nationale, un libéral qui lutte contre les excès de la Restauration. Il meurt en 1822 sans héritier direct. Par décision royale, le titre de duc de Richelieu est transféré, avec la pairie, à son neveu Odet de Jumilhac.

Et après ? Après, l'existence de la famille suit un cours paisible. La grande préoccupation : reconstituer le domaine de Richelieu, laissé à l'abandon et dispersé par morceaux sous la Révolution et la Restauration. Peu à peu les bois repoussent, les allées retrouvent leur ordonnance, tandis que la petite ville de Richelieu, bâtie par la volonté du cardinal, mène l'existence tranquille d'un chef-lieu de canton du département d'Indre-et-Loire. Arrivent le XXe siècle, la première Guerre Mondiale et la grande crise de 1929. Jean-Armand-Chatel, marquis de Jumilhac, duc de Richelieu, n'a pas d'enfants. Nul héritier direct ou indirect sur qui reporter le titre illustre. Alors, le 26 mars 1930, il fait don du domaine de Richelieu à l'Université de Paris, à cette Sorbonne dont le cardinal s'enorgueillissait d'avoir été le proviseur et qu'il avait comblée de sa munificence. Avec lui s'éteignait en 1952 le dernier représentant de la lignée des Richelieu.

Histoire d'un mythe

Mieux vaut, sans doute, que la famille se soit éteinte, car il serait bien lourd à porter, le nom de Richelieu, au regard du mythe écrasant qui s'est développé autour de lui.

L'histoire de ce mythe commence du vivant même de Richelieu. Un adjectif revient sans cesse : grand. L'homme qui n'a rêvé que grandeur pour le Roi de France restera, pour ses contemporains, le grand cardinal. Malherbe, avant même que Richelieu entre au gouvernement, écrit à l'un de ses amis : « Il y a en cet homme quelque chose qui excède l'humanité. » Au moment de la reddition de La Rochelle, un pasteur de la ville, le pasteur Vincent, a eu le privilège de converser avec le cardinal. Après avoir vu, dit-il, « le monstrueux travail de la digue, qui est à proprement parler son œuvre, l'enceinte de la ville entière, la police qu'il avait établie en l'armée, en un mot La Rochelle prise, et outre cela sortant précisément de son entretien, je ne sais qui se fût retenu de dire que, quoi que ce soit, c'était un grand homme ». Et Voiture, le charmant, le léger Voiture, dans une lettre du 24 décembre 1636, écrit : « Je ne suis pas de ceux qui ayant dessein, comme vous dites, de convertir des éloges en brevets, font des miracles de toutes les actions de Monsieur le cardinal, portent ses louanges au-delà de ce que peuvent et doivent aller celles des hommes, et à force de vouloir trop faire croire de bien de lui n'en disent que des choses incroyables. Mais aussi n'ai-je pas cette basse malignité de haïr un homme à cause qu'il est au-dessus des autres. »

Rares, en effet, sont les hommes qui auront suscité autant de haines que Richelieu. Les raisons ne sont pas difficiles à deviner : la dureté implacable, la guerre avec ses ruines, les exactions, la misère. Dans la même lettre où il exprime son admiration pour le cardinal, Voiture dit son espoir de le voir mettre bientôt fin aux conflits qui ravagent le pays et épuisent ses forces : « Il tournera ses desseins », espère-t-il, « à rendre cet État le plus florissant de tous après l'avoir rendu le plus redoutable. Il s'avisera d'une sorte d'ambition qui est plus belle que toutes les autres, et qui ne tombe dans l'esprit de personne, de se faire le meilleur et le plus aimé d'un royaume, et non pas le plus grand et le plus craint. » Pour finir, ce grand esprit « ne s'occupera désormais qu'à rétablir le repos, la richesse et l'abondance ».

Richelieu mourra dans une France toujours en guerre, puissante mais exsangue. Quelques semaines après la disparition du cardinal, un autre écrivain, Scarron, met dans sa bouche ces vers ambigus :

« Ceux qui m'ont voulu perdre ont senti ma puissance,
Pour dompter l'Espagnol, j'ai ruiné la France,
Jugez si j'en étais ou l'ange ou le démon. »

Le démon, rétorque Mathieu de Morgues, irréconciliable : « Ayant coupé quelques bras et jambes aux étrangers, il a percé le cœur de son pays[2]. »

A mesure que le temps passe, cependant, le souvenir des souffrances s'estompe et la valeur de l'œuvre ressort mieux. Madame de Motteville qui, toute dévouée à Anne d'Autriche, n'aime pas le cardinal, concède : « C'est le premier favori qui a eu le courage d'abaisser la puissance des princes et des Grands, si dommageable à celle de nos Rois. » Et un autre inconditionnel de la Reine, La Rochefoucauld, qui, du vivant de Richelieu, avait même imaginé d'enlever Anne d'Autriche pour la conduire à Bruxelles à l'abri de ses griffes, rend hommage, quelques années plus tard, au ministre disparu : « La sévérité de son ministère avait répandu beaucoup de sang, les Grands du royaume avaient été abaissés, les peuples avaient été chargés d'impositions ; mais la prise de La Rochelle, la ruine du parti huguenot, l'abaissement de la Maison d'Autriche, tant de grandeur dans ses desseins, tant d'habileté à les exécuter, doivent étouffer les ressentiments particuliers et donner à sa mémoire les louanges qu'elle a justement méritées. »

Quand s'établit le règne personnel de Louis XIV, seuls demeurent les acquis, c'est-à-dire une France plus forte et plus unie. On peut voir Colbert rassembler avec acharnement les documents relatifs à l'action du cardinal : le fonds dit des 500 Colbert, à la Bibliothèque nationale, est aujourd'hui le plus riche en mémoires et papiers de toutes sortes de la main de Richelieu ou de ses collaborateurs, en lettres envoyées ou reçues. Louis XIV raillait gentiment cette passion et souvent, en Conseil, se tournait vers Colbert, lui demandant ce qu'aurait fait le grand cardinal en telle ou telle circonstance.

Dans un discours à l'Académie française, en 1698, le sagace La Bruyère, mieux inspiré d'ordinaire, verse dans le panégyrique le plus plat : « Génie fort et supérieur, il a su tout le fond et tout le mystère du gouvernement ; il a connu le beau et le sublime du ministère ; il a respecté l'étranger, ménagé les couronnes, connu le poids des alliances ; il a opposé des alliés à des ennemis ; il a veillé aux intérêts du dehors, à ceux du dedans. Il n'a oublié que les siens : une vie laborieuse et languissante, souvent exposée, a été le prix d'une si haute vertu. » Et le reste à l'avenant.

Le XVIIIe siècle voit grandir encore la statue du cardinal. Dans

---

2. Mathieu de Morgues, *Abrégé de la vie du cardinal de Richelieu.*

son *Parallèle des trois premiers Rois Bourbons*, Saint-Simon, adepte d'un régime d'aristocratie tempérée, fait l'éloge de Richelieu, premier fondateur, pourtant, de la monarchie absolue, tout en cherchant à redorer le blason d'un Louis XIII dont l'image paraît bien pâle à côté de l'éclat de son ministre : « Je ne prétends pas lui contester d'avoir été en ce genre le plus grand homme que les derniers siècles aient produit ; mais il n'est pas moins vrai qu'aucune des grandes choses qui se sont exécutées de son temps ne l'ont été qu'après avoir été délibérées entre le Roi et Richelieu dans le plus profond secret. Qui donc peut dire, puisqu'il n'y avait point de tiers, quelle part chacun d'eux a eue à les concevoir le premier, à les digérer, à décider sur la manière de diriger, et d'exécuter ; lequel des deux a ajouté, diminué, corrigé[3] ? »

Saint-Simon écrit ces lignes en 1746. Montesquieu, à la même époque, confie à ses *Cahiers* son admiration pour Richelieu : « Je m'imaginai que le cardinal était du nombre de ces gens très heureux dont parle un auteur romain, qui ont reçu ces deux dons du Ciel : de faire des choses mémorables, et de les écrire. »

Voltaire, dans le *Siècle de Louis XIV*, ne marchande pas ses louanges, même s'il admet qu'il ait existé quelques ombres : « Le cardinal de Richelieu, occupé de sa propre grandeur attachée à celle de l'État, avait commencé à rendre la France formidable au-dehors sans avoir encore pu la rendre bien florissante au-dedans. Les grands chemins n'étaient ni réparés ni gardés ; les brigands les infestaient, les rues de Paris, étroites, mal pavées et couvertes d'immondices dégoûtantes, étaient remplies de voleurs. » Une chose, seulement, le chiffonne vraiment : l'idée que Richelieu ait pu écrire le *Testament politique* dont on lui attribue la paternité et que Voltaire considère comme « un livre bourré d'erreurs et de fautes de toute espèce ». Et Voltaire soupire : « Si malheureusement il était prouvé que Richelieu en est bien l'auteur, cela montrerait qu'on pourrait être un grand ministre, ou plutôt un ministre heureux, avec une grande ignorance des faits les plus communs, des erreurs grossières et des projets ridicules. »

Richelieu humaniste et encyclopédiste avant la lettre : par sa lutte contre l'esprit théocratique dans la société, l'importance qu'il accorde à la raison et au droit, le voici proche de la bourgeoisie voltairienne qui s'apprête à faire la Révolution.

C'est probablement la raison pour laquelle la réaction romantique va s'en prendre sans pitié au personnage. Le cardinal, cet individu sanguinaire, est l'homme qui a détruit la valeur de la religion, de l'honneur et de l'idéal. Il a avili son Roi, persécuté tout ce qui était jeune, beau et pur.

---

3. Saint-Simon, *Parallèle des trois premiers Rois Bourbons*, Éd. M.P. Faugère, Paris, Hachette, 1880, p. 156.

Quand on rétablit la statue de Louis XIII sur la Place des Vosges, en 1818, on trouve un matin ce quatrain affiché :

> « Pour bien composer votre groupe
> Mettez sur la selle à cheval
> Richelieu le grand cardinal,
> Et le Roi Louis Treize en croupe. »

En 1826 paraît *Cinq-Mars* de Vigny, en 1831, *Marion Delorme* de Victor Hugo. Louis XIII est un fantoche, qui n'est Roi qu'en apparence, tandis que sous son couvert Richelieu exerce une dictature sanglante. Lit-on une ordonnance rendue au nom de Louis XIII, par la grâce de Dieu, Roi de France et de Navarre ? L'un des personnages de la pièce de Victor Hugo commente : c'est un « manteau fleurdelysé qui cache Richelieu ». Un gentilhomme supplie que l'on parle plus bas : la police du cardinal, n'est-ce pas. Plus audacieux, un autre lui répond :

> « Baste ! au diable l'éminence.
> N'est-ce donc pas assez que, soldats et finance,
> Il ait tout, que de tout il puisse disposer,
> Sans que sur notre langue il vienne encore peser ! »

L'un de ses amis, du coup, renchérit :

> « Meure le Richelieu qui déchire et qui flatte !
> L'homme à la main sanglante, à la robe écarlate ! »

Voici l'image romantique définitivement fixée, celle de l'homme rouge, de l'homme de sang :

> « Prenez garde, messieurs. Le ministre est puissant ;
> C'est un large faucheur qui verse à flots le sang ;
> Et puis, il couvre tout de sa soutane rouge ;
> Et tout est dit. »

Pauvre et piètre Louis XIII. A côté de Richelieu - le flambeau, il est la lanterne — qui rime avec terne. Cruel de nature, il n'a même pas eu la force de devenir un tyran : « J'ai bien assez de vivre sans régner », lui fait dire Victor Hugo. Richelieu, toujours, est le plus fort. Le cardinal, qu'on ne voit jamais dans *Marion Delorme*, lance de la coulisse le mot de la fin, le mot terrible : « Pas de grâce. »

Avec Alexandre Dumas et *Les Trois Mousquetaires*, le sommet est atteint : habileté diabolique, mesquinerie, persécutions exercées contre les bons. Cet homme n'a ni foi ni loi et cache sous la robe du prélat les appétits d'un dangereux dépravé. Un honorable mémorialiste des Charentes, du nom d'Hippolyte d'Aussy, écrira en 1857 : Richelieu « gouverna la France en Roi absolu pendant vingt-six ans. Il mourut en 1642 âgé de 57 ans, laissant la réputation du plus grand homme d'État de son siècle, mais d'un mauvais cardinal ».

Tout excès appelle inévitablement son contraire. Celui-ci vient de deux côtés.

Certains catholiques s'insurgent contre le procès fait à Richelieu. L'un d'eux et non des moindres, puisqu'il s'agit de Lacordaire, n'hésite pas à se lancer dans l'éloge d'un homme qu'il compare tout bonnement à Jeanne d'Arc : « Comme une jeune fille avait été choisie de Dieu, deux siècles auparavant, pour chasser les Anglais du trône et de la terre de France, ce fut un cardinal que la Providence laisse venir au secours du protestantisme aux abois et dont l'implacable génie prépara la signature du traité d'où devait sortir l'Europe moderne. » Le compliment est tout de même étrange, s'agissant d'un cardinal de la Sainte Église romaine.

Plus logique est la mobilisation qui s'effectue en faveur de Richelieu dans l'élite libérale de l'époque. Michelet est l'un des plus ardents à redorer le blason de « l'homme le plus sérieux du temps », et ne cache pas son admiration pour le combat que mène son héros contre l'obscurantisme ultramontain. Accablant Marie de Médicis, il grandit d'autant le personnage du cardinal.

Augustin Thierry fait chorus : « Tout ce qui était possible en fait d'amélioration sociale au temps de Richelieu fut exécuté par cet homme, dont l'intelligence comprenait tout, dont le génie pratique n'omettait rien, qui allait de l'ensemble aux détails, de l'idée à l'action avec une merveilleuse habileté ; il eut à un degré unique l'universalité et la liberté d'esprit. » Et Sainte-Beuve prophétise : « Plus les générations auront été battues de révolutions et mûries par l'expérience, plus elles s'approcheront de sa mémoire avec circonspection et respect. »

La réhabilitation est en marche. Un événement imprévu va en accélérer le cours. La défaite de 1870, le Traité de Versailles de 1871, annulent brutalement deux données qui paraissaient permanentes dans l'ordre du monde : la France de l'hexagone, et l'équilibre européen. La France a perdu l'Alsace-Lorraine, et face à elle se dresse la puissance redoutable d'un Empire d'Allemagne unifié, né de sa défaite. Or qui avait jeté les bases de l'entrée de l'Alsace et de la Lorraine dans l'ensemble national, qui avait écarté les prétentions hégémoniques de l'Empereur d'Allemagne ? Richelieu. La France se trouve brutalement ramenée près de deux siècles et demi en arrière ; le statut territorial diminué qui est aujourd'hui le sien n'évoque-t-il pas de manière criante la situation du royaume avant que le cardinal ne vienne en prendre la barre ? Du coup, voici Richelieu promu au double rang d'enjeu et de modèle.

Enjeu d'abord, car il est au cœur de la controverse historique qui surgit entre Français et Allemands à partir de 1871. « Il a conquis des terres germaniques », disent les Allemands, accusateurs, qui ajoutent en substance : « Nous nous bornons à les récupérer. » A quoi les Français répondent « frontières naturelles » et « volonté des peuples » — ce qui est peut-être vrai des villes alsaciennes qui ont sollicité la protection de Louis XIII, mais infiniment moins en ce qui concerne la Lorraine.

Le cardinal est aussi un modèle pour la France de la revanche. On scrute sa personnalité, les raisons de son succès, dans l'espoir d'en tirer les leçons de la victoire de demain. Pour Sorel, pour Bourgeois, Richelieu a triomphé des ténèbres teutoniques parce qu'il avait su armer son bras de la raison cartésienne. Renan a dit de la défaite de 70 qu'elle avait été celle de l'instituteur français face à son homologue allemand. — Eh bien, l'instituteur français saura prendre le meilleur, 45 ans plus tard, grâce à Descartes et à Richelieu.

Les négociateurs français du Traité de Versailles de 1919, qui avaient bien potassé leur Richelieu, auraient voulu revenir à la situation d'une Allemagne émiettée. Sans succès. Mais leur échec n'atteint pas le prestige du cardinal. Au contraire, semble-t-il. On l'étudie avec fureur de chaque côté du Rhin. Sa personnalité fascine Allemands et Français. Dès lors, le cardinal est mûr pour toutes les récupérations. Contentons-nous des Français. Auguste Bailly, en 1934, voit dans le ministère de Richelieu « une dictature, l'une des plus autoritaires mais aussi des plus efficaces qu'ait connues l'Histoire ». Il ne trouve guère que celle de Mussolini qui puisse lui être (avantageusement) comparée. La seule différence, c'est que « le ministère de Richelieu est une dictature de droite et le fascisme italien une dictature de gauche » (sic). A ce jeu des comparaisons, Giraudoux, en 1938, nous réserve une bonne surprise : c'est d'Hitler qu'il s'agit maintenant ! Pour Giraudoux, « le pays ne sera sauvé provisoirement que par les seules frontières armées ; il ne peut l'être définitivement que par la race française, et nous sommes pleinement d'accord avec Hitler pour proclamer qu'une politique n'atteint sa forme supérieure que si elle est raciale, car c'était aussi la pensée de Colbert ou de Richelieu[4]. »

L'intérêt porté à Richelieu a heureusement survécu à Hitler et à Mussolini. Les études de détail comme les grandes synthèses qui se succèdent posent toujours la même question : mais qui est cet homme ? Un fourbe et un imposteur, comme le suggère Huxley quand il constate que Richelieu, « en se décrivant sous les traits

---

4. Jean Giraudoux, *Sans pouvoirs, pleins pouvoirs*, Paris, Gallimard, 1938.

d'un Prométhée sauveur, d'un bouc émissaire volontaire souffrant pour l'amour du peuple, a omis de parler de ces petits accessoires que sont le revenu annuel de 5 millions, le titre de duc, le pouvoir absolu, la préséance sur les princes du sang, les courbettes, les flatteries de tous ceux qui s'approchaient de lui [5] » ? Un génie créateur si l'on entre avec Burckhardt dans la fresque grandiose qu'il brosse d'un monde dont les traits essentiels auraient été forgés par Richelieu ? Un prophète avec Erlanger, dont la peinture plus nationale et plus intimiste met elle aussi l'accent sur la modernité de Richelieu quand elle conclut : « Ayant arraché 18 millions d'hommes à la gangue des siècles, le cardinal les a jetés brutalement dans leur époque » ?

Face à ce déferlement d'images et de mythes, essayons, comme le cardinal lui-même, de raison garder, en posant les divers aspects du problème ainsi qu'il le faisait dans ses « Avis au Roi ».

Le legs de Richelieu

Le legs de Richelieu comporte d'abord un double bilan de son action : bilan pour la France, bilan à l'échelle de l'Europe.

Un bilan pour la France

Les aspects positifs sont évidents.
L'indépendance. L'étau que la Maison d'Autriche maintenait resserré autour de la France était une réalité. Richelieu l'a brisé, mettant fin aux ingérences de Madrid dans la vie politique du pays, et donnant la possibilité au gouvernement de Paris de mener désormais librement une politique étrangère autonome.
Une assise territoriale plus grande. La France étant toujours en guerre lorsque meurt Richelieu, les frontières internationalement reconnues du royaume en 1642 n'ont pas varié depuis 1601 et l'annexion par Henri IV de la Bresse, du Bugey, du pays de Gex et du Valromey. Mais Richelieu a préparé l'incorporation prochaine de l'Artois, des Flandres et du Roussillon, en attendant celle de l'Alsace et de la Franche-Comté et, à plus longue échéance, de la Lorraine et de la Savoie. Ces pays dont il a fait le champ de manœuvres et le cantonnement favori de ses troupes sont voués à entrer dans le giron de la nation.
La souveraineté. L'État est souverain, et la souveraineté du Roi

---

5. Aldous Huxley, *L'Éminence grise*, Paris, Éditions de la Table ronde, 1980.

qui l'incarne est indivisible. Son autorité s'impose à tous. Elle ne s'exerce pas de manière arbitraire, car elle respecte des lois, mais les règles qui l'inspirent lui sont propres et n'obéissent qu'à la « raison d'État », supérieure aux intérêts et aux droits des particuliers.

L'unité nationale. La lutte de Richelieu contre les obstacles élevés face à l'autorité royale — le parti huguenot, les Grands, les Cours souveraines — n'a pas aboli les particularismes, les privilèges, les tendances centrifuges. Mais elle renforce l'unité nationale. En outre, les sacrifices mêmes que réclame l'action du cardinal créent une communauté dans l'adversité qui constitue l'un des ciments d'une solidarité plus grande. A travers l'accroissement de la pression fiscale et les exigences nées de l'effort de guerre, la centralisation parisienne reçoit une puissante impulsion. Le mot et la notion de patrie, que le cardinal place au-dessus des intérêts de clan et des liens de fidélité personnelle, commencent à s'imposer de manière décisive.

La tolérance. L'un des aspects les plus remarquables de l'œuvre de Richelieu est d'avoir fait triompher l'idée de tolérance dans les relations entre Français. Le siège de La Rochelle aurait pu donner le signal d'un déchaînement de la croisade religieuse. Marquant le sommet de la lutte politique qui oppose le pouvoir au parti protestant, il a au contraire permis de clore le chapitre des guerres de Religion. Certes, le cardinal de Richelieu n'est pas impunément un prince de l'Église, probablement convaincu et sincère dans sa foi catholique : l'effort missionnaire qu'il soutient comme les ouvrages qu'il publie le montrent avide de ramener au sein de la Catholicité toutes les brebis égarées. Mais il s'applique à maintenir cette entreprise dans les limites du respect de la liberté de conscience.

Les fondements de l'hégémonie française. Richelieu a forgé une armée, une marine, une diplomatie, des services de renseignement et d'espionnage, qui donnent à l'appareil d'État dont le siège est à Paris une puissance redoutable sur le plan international. Il y ajoute les effets d'une politique culturelle qui prépare le rayonnement des lettres et de l'esprit de la nation dans l'« Europe française » des années 1660 à 1820.

Les aspects négatifs ne sont cependant pas moins forts sans doute.

L'économie. C'est sur le plan économique que les résultats de la politique de Richelieu sont le plus contestables. Les campagnes sont épuisées par le passage des armées, la répression des révoltes paysannes, les exigences sans cesse croissantes du fisc. La bourgeoisie des villes est pressurée à l'extrême. L'épargne est sollicitée pour financer, directement ou indirectement, l'effort de guerre, au détriment de l'investissement productif dans l'agriculture, le commerce et l'industrie.

Dans le domaine social, Richelieu n'a réglé aucun des problèmes qui se posent. Le contraste s'accuse entre la rigidité d'une société d'Ordres et les clivages de plus en plus aigus qu'instituent les bouleversements nés de la guerre et du pouvoir grandissant de l'argent. Concentration des terres entre les mains de grands propriétaires fonciers et de laboureurs aisés, développement d'une classe d'entrepreneurs en marge de l'organisation corporative traditionnelle, essor de la fortune mobilière face au prestige désuet conféré par les privilèges du statut nobiliaire : le corps social est traversé de contradictions dont la virulence va s'affirmant.

Dans le domaine de *l'organisation de l'État,* également, Richelieu a manqué l'occasion. Les réformes proposées par l'Assemblée des notables de 1626-1627, puis par le Code Michau, devaient permettre, en supprimant la vénalité et l'hérédité des offices, la création d'un corps de fonctionnaires dont le recrutement et l'avancement auraient été réglés sur le mérite. L'impécuniosité de la monarchie l'a conduite non seulement à ajourner indéfiniment les changements nécessaires, mais à renforcer les tares du système existant. La multiplication d'offices inutiles, en stérilisant une partie de la fortune et des forces vives du pays dans des emplois de bureau improductifs et proliférants, a pesé d'un poids très lourd sur le dynamisme de la France.

Le *désordre fiscal,* lui non plus, n'est pas maîtrisé ; bien au contraire, il s'est considérablement aggravé, et les expédients de toute sorte qui ont permis de remporter sur l'Espagne une dure guerre d'usure vont faire sentir leurs effets sur les générations à venir. Faute de parvenir à s'en dépêtrer, le système absolutiste fondé par Richelieu finira, 150 ans plus tard, par se fracasser sur les vices nés de son impuissance à réformer les finances publiques.

Au plan des *libertés,* le régime mis en place par le cardinal est un régime de rigueur. La justice frappe sans pitié et, quand on craint que les tribunaux ordinaires ne soient trop indulgents, on institue des juridictions d'exception. Le réseau d'espionnage qui fait merveille à l'étranger sert aussi à contrôler les esprits en France même. Gare à celui qui n'est pas d'accord ! La Bastille n'est pas loin qui sanctionne le délit d'opinion.

Enfin, Richelieu restera dans l'histoire comme le premier des grands *manipulateurs de l'opinion.* Devenu orfèvre en matière de propagande gouvernementale, il connaît l'art de mener une campagne de presse, soutient la création de la *Gazette,* journal officieux du pouvoir, et, par l'Académie française, par l'équipe de « plumes » talentueuses qu'il se constitue, s'applique non sans succès à diriger les sentiments du public dans un sens favorable. Avec le concours des ordres religieux d'enseignement, il forme, pour le futur, des générations d'esprits dociles.

Un bilan pour l'Europe

Là encore, l'action du cardinal comporte des aspects positifs pour tous les pays d'Europe.

La laïcisation de fait des relations internationales. La France l'a pratiquée pour son compte. Elle l'a imposée à ses alliés, telle la Suède, contrainte, par le Traité de Compiègne du 28 avril 1635, à reconnaître le libre exercice du culte catholique dans tous les territoires qu'elle occuperait. La volonté de dégager les politiques d'alliances du poids des affinités religieuses provoque dans tous les pays européens une prise de conscience et favorise le développement d'une attitude « laïque » devant les problèmes posés par les rapports entre les peuples.

L'extension à tous les pays d'Europe de la doctrine absolutiste. Si le Roi de France a conquis de haute lutte le droit de se dire monarque absolu, pourquoi n'en serait-il pas de même pour les autres souverains ? L'exemple de Paris est contagieux. Chaque prince prétend dès lors exercer sur ses territoires une souveraineté qui ne soit soumise à aucune limitation d'origine extérieure. Ni le Pape ni l'Empereur n'ont plus rien à voir dans la conduite de ses affaires. Tout État souverain est un centre de pouvoir autonome.

L'apparition d'un droit international. Pour régir les rapports entre les nations, puisque la religion n'est plus de mise, il faut trouver autre chose. C'est le droit qui comble le vide. La loi internationale, issue de la raison, comporte des règles universellement reconnues. Louis XIII déclarant la guerre au Roi d'Espagne le 19 mai 1635 affirme le faire au nom de la défense du droit des gens, qui ne saurait souffrir que le prince-Électeur de Trèves soit enlevé et retenu prisonnier par le gouvernement de Madrid. Le code des relations internationales est d'ailleurs l'objet d'une adaptation permanente, fruit des réflexions d'une communauté d'États dans laquelle chacun peut faire entendre sa voix. Le droit, dans tous les cas, se veut le garant de la souveraineté du plus petit comme du plus puissant.

Tout n'est pas rose pour autant dans la politique menée par Richelieu si l'on examine ses conséquences pour l'Europe dans son ensemble.

D'abord, la guerre qu'il a soutenue, alimentée, relancée chaque fois qu'elle paraissait près de s'éteindre, a causé *d'énormes destructions*. Plusieurs provinces françaises, l'Allemagne, la Bohême, une partie des Pays-Bas espagnols, la Lorraine, l'Italie du Nord, ont été effroyablement ravagées. Parfois, c'est entre le quart et le tiers de la population qui a disparu. Certains villages ont été désertés à tout jamais.

D'autre part, la réussite de Richelieu, qui s'oppose aux grands regroupements territoriaux tentés par la Maison d'Autriche, a aggravé *l'émiettement politique* de l'Europe et particulièrement de l'Allemagne. Cette balkanisation, dans l'immédiat, servait l'intérêt de la France. On peut cependant se demander si, à plus long terme, elle ne lui a pas été préjudiciable en faisant de la France, aux yeux des Allemands, le seul obstacle élevé contre leur aspiration à l'unité.

Par ailleurs, en faisant prévaloir, derrière l'habillage du droit des gens, le réalisme sur l'idéalisation des relations internationales que le Moyen Age chrétien avait recherchée, le cardinal a mis crûment l'accent sur *le rôle essentiel de la force* dans les rapports entre États. La notion d'équilibre européen ne signifie pas autre chose. Elle favorise du coup la constitution de systèmes d'alliances complexes, de blocs antagonistes, qui risquent d'être entraînés par des conflits mineurs ou périphériques dans des affrontements généralisés. La politique de Richelieu est peut-être en partie responsable de cette succession de guerres de coalitions, de ces chocs entre blocs, qui marquent tragiquement l'histoire de l'Europe, et, à travers elle, celle du monde, depuis la fin du XVIIe siècle jusqu'à nos jours.

Enfin, le cardinal a été le précurseur des *guerres idéologiques*. Il n'en a eu ni l'initiative ni le monopole. Mais nul n'a su en jouer avec autant de maîtrise que lui. En donnant à l'opinion internationale une importance particulière dans les enjeux de la lutte, il a ouvert la voie aux campagnes de propagande, d'intoxication et de désinformation qui, par-delà les frontières, font désormais partie du lot quotidien des relations entre pays sur tous les continents.

Alors, quel plateau de la balance l'emporte, le pour ou le contre ? Au lecteur de trancher, selon ses tendances, ses préférences, ses affinités — sauf, comme le suggère la démarche historique, à décider de s'abstenir d'émettre un jugement. A l'exception d'un seul, toutefois, qui est l'étonnante modernité de Richelieu. Nous l'avons rencontrée à chaque pas de cet itinéraire parcouru à ses côtés. En tenant compte du décalage qu'institue la différence de niveau technologique entre la France de Richelieu et la France d'aujourd'hui — songeons au problème des distances, aux modes de déplacement, à la transmission de l'information — force est de constater que tous nos modes de raisonnement actuels sont déjà présents, solidement charpentés et bien enracinés dans le milieu social, en ce premier XVIIe siècle où l'on a voulu voir l' « âge des héros et des saints ». Il fallait en effet héroïsme et sainteté pour effectuer la révolution mentale qui ferait sortir le pays du Moyen Age pour l'engager sur les chemins des Temps Modernes.

C'est là que le rôle de l'homme-Richelieu, la part qu'il occupe dans cette transformation, pose une énigme.

La sarabande du cardinal

Et maintenant, joue, violon. Place à la sarabande. Une, deux, trois. Une, deu-eux, trois. Saluez. Une, deux, trois. Sautez. Le violon s'endiable, l'homme qui danse aussi. Il danse bien. Il a des grelots aux chaussures, une culotte de bouffon verte, des castagnettes aux mains. Assise devant lui, une dame. C'est pour elle qu'il danse. La dame, c'est Anne d'Autriche, Reine de France, épouse du Roi Louis Treizième du nom. L'homme, c'est Armand-Jean du Plessis de Richelieu.

Tout Richelieu est dans cette sarabande. Le défi : oser convoiter la femme interdite, la Reine de France, celle dont la nature participe du caractère sacré des Rois. Aucun tabou ne l'arrête. Volonté de dominer, qui s'applique aux autres, mais d'abord et avant tout à lui-même. La danse qu'il exécute devant Anne d'Autriche est parfaite. Or, il s'agit d'un exercice techniquement difficile. Richelieu a 52 ans, il est consumé par les maladies qui l'accablent : la maîtrise de soi vainc tous les obstacles. Maigre, d'une sécheresse ascétique, le cardinal, que la Reine voulait probablement déconsidérer dans l'aventure, en sort grandi. Même l'habit de bouffon lui sied à ravir. Dans la Cour des seigneurs du Moyen Age, le bouffon est celui qui dit, sous le masque de la folie, les choses véritables ; il voit clair au fond des âmes, et scrute l'avenir qu'il devine mieux que les autres. Richelieu n'avait pas son pareil pour sonder les cœurs ni pour interroger passionnément les signes du futur que renferme le présent.

Quel étonnant mélange de mécanique et de feu !

Mécanique que cette implacable organisation à laquelle Richelieu s'applique à subordonner sa vie quotidienne et l'ensemble de ses comportements. Il faut un rythme d'existence minutieusement réglé pour parvenir à contrôler le fonctionnement de l'État, la conduite de la guerre, les intrigues de Cour, ce qui se passe à Paris, dans les provinces, en Allemagne, au Levant. Sans oublier le théâtre, la galanterie, les amis, l'humour — l'imprévu.

Merveille de mécanique, aussi, cet agencement de rouages bien huilés qu'est la Maison du cardinal avec tout ce qui tourne autour, les ministres, les « créatures », les Capucins, les agents, les commis, les mousquetaires, les hommes de plume. La machine est si parfaite qu'elle en fonctionne toute seule, capable d'amortir les chocs, les à-coups, d'encaisser les crises de découragement comme les accès d'exaltation qui s'emparent du cardinal.

Car Richelieu est aussi un être de feu. La sarabande, danse lascive et érotique, danse de sorciers et de damnés... Le cardinal est le produit d'une volonté forcenée broyant les faiblesses d'une nature malade. Quand les migraines s'en mêlent, et les douleurs nerveuses, et les insomnies, quelque chose craque, rien ne va plus. Une seule pensée habite Richelieu : démissionner, jeter l'éponge, prendre sa retraite, s'enfermer à jamais dans un monastère. En finir. Ou bien, au contraire, il enfourche les chimères, rêve de devenir prince-Électeur, ou pourquoi pas père de Roi, de cet enfant-Roi qu'il a peut-être proposé à Anne d'Autriche de lui faire. Et puis, vaille que vaille, ça repart, car il faut bien aller de l'avant. Marche, carcasse ! Sous le fouet de la puissance intérieure qui l'habite, la bête s'épuise, trébuche, se cabre en subits coups de folie, en bizarreries que l'entourage étouffe pour maintenir intacte l'image du grand cardinal.

Dur à lui-même comme aux autres, Richelieu, c'est tout cela, l'inconstance dominée, la persévérance l'emportant sur les états dépressifs, la ténacité faisant front devant le mauvais sort, la dextérité saisissant l'occasion par les cheveux, le pragmatisme s'imposant aux emballements et aux rêves fous de visionnaire. Pétri de contradictions et de contrastes, n'est-il pas plus grand que le génie monolithe que l'histoire a statufié ?

On a voulu faire du cardinal un être hors du commun face à la France qui lui résiste, à cette pâte informe et molle que le géant s'épuise à malaxer. Et si la vérité était ailleurs ? Si Richelieu était d'abord un Français comme les autres, avec les autres, animé d'une ambition du pouvoir qui le pousse à se surpasser en exaltant les vertus de son caractère — les vertus mêmes du tempérament national ? Il ne peut exister de grand homme d'État contre son pays. Domestiquer la nature en lui obéissant, telle est, dit-on, la maxime de l'humaine condition. A bien des égards, il n'en va guère autrement de l'art de gouverner quand il est conduit à bon escient. Plus qu'un surhomme, nous voyons en Armand-Jean du Plessis de Richelieu la plus parfaite expression du Français moyen, avec toutes ses qualités et tous ses défauts poussés au paroxysme.

Annexes

Équivalences monétaires

I. LES UNITÉS

L'unité monétaire de base dans la France du début du XVIIe siècle est la livre qu'on appelle aussi parfois le franc.
 1 livre vaut 20 sous (ou 20 sols).
 1 sou (ou 1 sol) vaut 12 deniers.
 L'écu est généralement une monnaie de compte qui vaut 3 livres. Il existe aussi une pièce d'or appelée l'« écu d'or au soleil » ; elle vaut effectivement 3 livres, ou 60 sous jusqu'à l'Édit monétaire de 1602, qui porte sa valeur à 65 sous.

II. VALEURS ACTUELLES

Une estimation en francs actuels des monnaies du XVIIe siècle exprimée en pouvoir d'achat, qui serait la plus intéressante, est malheureusement fort hasardeuse. Afin de donner une idée de la signification des sommes qui apparaissent tout au long de cet ouvrage, nous proposons de partir simplement de la quantité d'or à laquelle elles correspondent pour calculer leur valeur en francs actuels d'après le prix atteint aujourd'hui par l'or sur le marché.

Un écu d'or, qui vaut 60 ou 65 sous, a un poids d'or généralement compris entre 3,12 et 3,20 grammes.

Retenons donc pour 1 livre un poids d'or de 1 gramme. Considérant que l'or vaut actuellement environ 100 000 francs le kilo, soit 100 francs le gramme, 1 livre correspondrait à une valeur actuelle de 100 francs selon ce calcul.

QUELQUES ILLUSTRATIONS

Le salaire d'un ouvrier qualifié est de 5 à 6 livres par semaine, soit 500 à 600 francs, soit 2 000 à 2 400 francs par mois environ.

Une charge de Conseiller au Parlement de Paris vaut 70 000 livres sous Louis XIII, soit 7 millions de francs actuels.

Le budget annuel de la Maison de Marie de Médicis sous le règne d'Henri IV est de 400 000 livres, soit 40 millions de francs actuels.

On trouve sur Concini, au moment de sa mort, pour 2 millions de livres d'effets, soit 200 millions de francs actuels.

En 1611, les pensions versées à la Noblesse représentent plus de 4 millions de livres, soit plus de 400 millions de francs.

Le trésor de la Bastille s'élève à 5 millions de livres, soit 500 millions de francs actuels.

Le budget du royaume de France atteint 20 millions de livres sous Henri IV, soit 2 milliards de francs.

Chronologie

1553
14 décembre — Naissance d'Henri IV.

1572
18 août — Mariage d'Henri de Navarre et de Marguerite de France.
24 août — Massacre de la Saint-Barthélemy.

1573
26 août — Naissance de Marie de Médicis.

1574
30 mai — Mort de Charles IX. Henri III lui succède.

1577
4 novembre — Naissance de François Leclerc du Tremblay, futur Père Joseph.

1584
10 juin — Mort du duc d'Anjou, ex-duc d'Alençon, plus jeune frère d'Henri III. Henri de Navarre devient l'héritier présomptif du trône.

1585

9 septembre — Publication de la bulle d'excommunication d'Henri de Navarre et du prince de Condé. Naissance d'Armand-Jean du Plessis de Richelieu, futur cardinal de Richelieu.

1586

5 mai — Baptême d'Armand-Jean du Plessis de Richelieu en l'église Saint-Eustache à Paris.

1588

23 décembre — Assassinat du duc Henri de Guise « le Balafré » à Blois.

1589

5 janvier — Mort de Catherine de Médicis.
1er-2 août — Mort d'Henri III, assassiné à Saint-Cloud par le moine Jacques Clément. Henri de Navarre devient Roi de France, sous le nom d'Henri IV.
16-21 septembre — Bataille d'Arques.

1590

14 mars — Bataille d'Ivry.
10 juillet — François du Plessis de Richelieu, père d'Armand-Jean, meurt à Gonesse.

1593

25 juillet — Abjuration d'Henri IV à Saint-Denis.

1594

22 mars — Henri IV fait son entrée à Paris.
Septembre — Armand-Jean du Plessis de Richelieu rentre au Collège de Navarre, à Paris.

29 décembre	Le Parlement de Paris ordonne l'expulsion des Jésuites du royaume.

1595

16 janvier	Henri IV déclare la guerre à l'Espagne.
5 juin	Victoire de Fontaine-Française remportée par Henri IV sur les Espagnols.
17 septembre	Henri IV obtient l'absolution pontificale.

1598

13 avril	Édit de Nantes.
2 mai	Traité de Vervins (Paix entre la France et l'Espagne).
12 septembre	Philippe III succède à Philippe II comme Roi d'Espagne.

1599

17 décembre	Dissolution du mariage d'Henri IV et de Marguerite de France.

1600

11 août	Henri IV déclare la guerre à la Savoie.
17 décembre	Célébration à la cathédrale de Lyon du mariage entre Henri IV et Marie de Médicis.

1601

17 janvier	Traité de Lyon entre la France et la Savoie. Réunion à la France de la Bresse, du Bugey, du pays de Gex et du Valromey.
27 septembre	Naissance de Louis XIII.

1602

22 novembre	Naissance d'Élisabeth, fille aînée de Marie de Médicis et d'Henri IV, future Reine d'Espagne.

1603

24 mars	Mort de la Reine Élisabeth Ire d'Angleterre.

1604

2 janvier	Le Parlement de Paris enregistre l'Édit de rétablissement des Jésuites.

1605

1er février	Condamnation des conjurés de la conspiration d'Entragues.

1606

10 février	Naissance de Christine, deuxième fille de Marie de Médicis et d'Henri IV, future duchesse de Savoie.
14 septembre	Baptême de Louis XIII.

1607

Janvier	Richelieu arrive à Rome.
13 avril	Naissance de Nicolas, second fils de Marie de Médicis et d'Henri IV, premier duc d'Orléans.
17 avril	Richelieu sacré évêque à Rome.
29 octobre	Richelieu soutient sa thèse à la Sorbonne.

1608

25 avril	Naissance de Gaston, troisième fils de Marie de Médicis et d'Henri IV, duc d'Anjou puis duc d'Orléans à partir de 1626.
4 mai	Formation de l'Union Évangélique (fédération de princes protestants d'Allemagne).
21 décembre	Richelieu à Luçon.

1609

25 mars	Mort de Jean-Guillaume, duc de Clèves et de Juliers.
25 novembre	Naissance d'Henriette, troisième fille de Marie de Médicis et d'Henri IV, future Reine d'Angleterre.

1610

10 février	Traité d'alliance entre Henri IV et les princes protestants d'Allemagne.
13 mai	Sacre de Marie de Médicis à Saint-Denis.
14 mai	Assassinat d'Henri IV.
15 mai	La régence est confiée à Marie de Médicis.
3 septembre	Prise de Juliers.
16 septembre	Leonora Galigaï achète le marquisat d'Ancre.

1611

26 janvier	Démission de Sully de sa charge de surintendant des Finances.
12 mars	Richelieu achète une maison près de la cathédrale de Luçon pour y installer un séminaire.
11 novembre	Fondation de l'Oratoire par Bérulle.

1612

5, 6 et 7 avril	Carrousel de la Place Royale.
22 août	Signature à Madrid du contrat de mariage entre Louis XIII et Anne d'Autriche.
25 août	Signature à Paris du contrat de mariage entre l'Infant Philippe (futur Philippe IV d'Espagne) et Élisabeth.
31 octobre	Mort du comte de Soissons.

1613

19 novembre	Concini maréchal de France.

1614

Février	Le duc de Nevers s'empare de la citadelle de Mézières.
15 mai	Traité de Sainte-Menehould.
2 octobre	Déclaration de majorité de Louis XIII.
27 octobre	Ouverture des États-Généraux.

1615

23 février	Séance de clôture des États-Généraux. Discours de l'évêque de Luçon, futur cardinal de Richelieu.
24 mars	Dernière réunion des députés des États-Généraux au Louvre.
27 mars	Mort de Marguerite de France, première femme d'Henri IV.
13 mai	Rétablissement pour trois ans de la vénalité des offices et de la paulette.
7 octobre	Échange des princesses à la Bidassoa.
28 novembre	Mariage de Louis XIII et d'Anne d'Autriche à Bordeaux.

1616

3 et 8 mai	Traité de Loudun entre Marie de Médicis et les princes.
1er septembre	Arrestation de Condé.
19 octobre	Luynes achète la charge de Grand Fauconnier.
24 novembre	Trois nominations au Conseil du Roi : Mangot aux Sceaux, Claude Barbin aux Finances, Richelieu aux Affaires étrangères et à la Guerre.

1617

24 avril	Assassinat de Concini.
30 avril	Rétablissement des anciens ministres Villeroy, Jeannin, Du Vair, Brûlart de Sillery.
3 mai	Départ de Marie de Médicis pour Blois.

19 mai	Richelieu est nommé par Marie de Médicis « Chef de son Conseil et de ses affaires, pour tenir et avoir garde de son scel ».
15 juin	Richelieu reçoit du Roi l'ordre de ne plus quitter son diocèse de Luçon.
25 juin	Édit de restitution à l'Église catholique des biens ecclésiastiques usurpés par les protestants en Béarn.
8 juillet	Condamnation à mort et exécution de Leonora Galigaï.

1618

16 avril	Richelieu exilé en Avignon.
23 mai	Défenestration de Prague.
30 août	Claude Barbin est condamné au bannissement comme criminel de lèse-majesté.

1619

22 février	Marie de Médicis s'évade de Blois. Première guerre de la mère et du fils.
7 mars	Richelieu, en Avignon, reçoit l'ordre de se rendre à Angoulême.
27 mars	Richelieu arrive à Angoulême.
30 avril	Traité d'Angoulême entre Marie de Médicis et Louis XIII. Fin de la première guerre de la mère et du fils.
26 août	L'Électeur Palatin Frédéric V élu Roi de Bohême.
28 août	Ferdinand de Styrie élu Empereur sous le nom de Ferdinand II.
5 septembre	Entrevue de Couzières entre Marie de Médicis et Louis XIII.
20 octobre	Libération du prince de Condé.
4 novembre	Frédéric V couronné Roi de Bohême.
Décembre	Louis XIII promet une aide militaire à Ferdinand II contre les protestants de Bohême.

1620

Juillet-août	Deuxième guerre de la mère et du fils.
7 août	« Drôlerie des Ponts-de-Cé ».

10 août	Traité d'Angers entre Marie de Médicis et Louis XIII. Fin de la deuxième guerre de la mère et du fils.
Octobre	Expédition contre les protestants du Béarn. Début des guerres de Religion de Louis XIII.
14 octobre	Entrée de Louis XIII à Pau.
19 octobre	Proclamation du rattachement du Béarn et de la Basse-Navarre à la couronne de France.
8 novembre	Bataille de la Montagne Blanche.
24 décembre	Assemblée illégale des protestants à La Rochelle.

1621

31 mars	Mort de Philippe III d'Espagne. Philippe IV lui succède.
25 avril	Traité de Madrid entre la France et l'Espagne au sujet de la Valteline.
24 juin	Capitulation de Saint-Jean-d'Angély.
4 août	Reddition de Clairac.
Août-novembre	Siège infructueux de Montauban.
12 décembre	Prise de Monheurt.
14 décembre	Mort de Luynes.

1622

10 juin	Massacre de Négrepelisse.
5 septembre	Richelieu devient cardinal.
18 octobre	Paix de Montpellier.

1623

7 février	Traité de Paris (constitution d'une ligue entre la France, Venise et la Savoie au sujet de la Valteline et des Grisons).
19 mai	Richelieu signe sa renonciation à l'évêché de Luçon.

1624

1er janvier	Disgrâce du Chancelier de Sillery.
29 avril	Entrée de Richelieu au Conseil du Roi.

CHRONOLOGIE 733

13 août	Arrestation de La Vieuville. Richelieu Chef du Conseil.
Novembre	Le marquis de Cœuvres dans les Grisons et en Valteline.

1625

11 mai	Mariage par procuration à Paris d'Henriette et de Charles Ier d'Angleterre.
7 juin	Henriette, Buckingham, Anne d'Autriche et Marie de Médicis à Amiens.
29 septembre	Conseil extraordinaire de Fontainebleau sur les affaires de la Valteline.

1626

5 mars	Traité de Monçon avec l'Espagne au sujet de la Valteline.
Avril	Victoire de Wallenstein sur Mansfeld à Dessau.
13 juin	Arrestation du duc et du Grand-Prieur de Vendôme.
8 juillet	Arrestation de Chalais.
5 août	Mariage de Gaston d'Orléans avec Mademoiselle de Montpensier à Nantes.
19 août	Exécution de Chalais à Nantes.
27 août	Christian IV de Danemark battu à Lutter par Tilly.
28 septembre	Mort du maréchal de Lesdiguières. Suppression de la connétablie.
Décembre	Réunion de l'Assemblée des notables.

1627

20 avril	Traité d'alliance entre la France et l'Espagne.
30 avril	Bérulle devient cardinal.
14 mai	Duel Bouteville - Beuvron.
22 juin	Exécution des duellistes Bouteville et Des Chapelles.
28 juin	Marie de Médicis donne le Petit-Luxembourg à Richelieu.
20 juillet	Débarquement anglais à l'Ile de Ré.
10 septembre	Les Rochelais ouvrent le feu sur l'armée royale.

12 septembre	Louis XIII établit son quartier général à Aytré. Début du siège de La Rochelle.
26 décembre	Mort de Vincent II, duc de Mantoue. Le duc de Nevers est désigné comme son héritier.

1628

Mi-mai	Arrivée puis départ d'une flotte anglaise de secours à La Rochelle.
23 août	Assassinat de Buckingham.
30 septembre-début octobre	Arrivée puis départ d'une deuxième flotte anglaise de secours à La Rochelle.
28 octobre	Capitulation de La Rochelle.
1er novembre	Entrée de Louis XIII à La Rochelle.
26 décembre	Conseil du Roi relatif aux affaires de Mantoue.

1629

13 janvier	« Avis au Roi » du cardinal de Richelieu sur la succession de Mantoue.
6 mars	Louis XIII force le Pas de Suse. Ferdinand II signe l'Édit de Restitution.
11 mars	Marie-Louise de Gonzague est emprisonnée à Vincennes sur l'ordre de Marie de Médicis.
Mi-mars	Les Espagnols lèvent le siège de Casal.
7 juin	Paix de Lübeck. Christian IV de Danemark renonce à intervenir en Allemagne.
28 juin	Édit de Grâce d'Alès. Fin des guerres de Religion de Louis XIII.
20 août	Richelieu fait son entrée à Montauban.
3 septembre	Gaston d'Orléans s'exile en Lorraine.
14 septembre	Première algarade de Marie de Médicis avec Richelieu à Fontainebleau. Débuts de la brouille entre la Reine-Mère et le cardinal de Richelieu.
2 octobre	Mort de Pierre de Bérulle.
21 novembre	Richelieu est nommé « principal ministre d'État ».
26 novembre	La terre de Richelieu est érigée en duché-pairie.
29 décembre	Richelieu, « Lieutenant général du Roi représentant sa personne en Italie », quitte Fontainebleau.

1630

2 janvier	Gaston d'Orléans de retour à la Cour.
29 mars	Prise de Pignerol par l'armée française.
13 avril	« Avis au Roi » du cardinal de Richelieu sur les affaires d'Italie.
11 mai	Richelieu fait approuver par Marie de Médicis l'intervention militaire en Italie.
18 juillet	Chute de Mantoue, prise par les Impériaux.
26 juillet	Mort du duc de Savoie Charles-Emmanuel Ier. Son fils Victor-Amédée Ier, mari de Christine, lui succède.
22 septembre	Louis XIII tombe malade à Lyon.
23 septembre	Mort de Spinola.
30 septembre	Louis XIII à l'agonie puis guéri.
13 octobre	Traité de Ratisbonne.
26 octobre	Mazarin fait signer la paix entre Espagnols et Français sous les murs de Casal.
10, 11 et 12 novembre	Journée des Dupes.

1631

23 janvier	Traité de Bärwald entre la France et la Suède.
30 janvier	Gaston d'Orléans rompt avec Richelieu et quitte Paris pour Orléans.
23 février	Marie de Médicis prisonnière au château de Compiègne.
Mars	Gaston d'Orléans passe en Franche-Comté puis en Lorraine.
20 mai	Sac de Magdebourg par les troupes impériales.
18, 19 juillet	Marie de Médicis s'évade de Compiègne et se réfugie aux Pays-Bas espagnols.
5 août	Gaston d'Orléans rejoint Marie de Médicis aux Pays-Bas espagnols.
17 septembre	Bataille de Breitenfeld près de Leipzig. Victoire de l'armée suédoise de Gustave-Adolphe sur l'armée impériale.
11 novembre	Prise de Prague par les Saxons.
17 novembre	Soumission de Sedan par les forces françaises.
25 décembre	Louis XIII reprend Moyenvic.

1632

3 janvier	Mariage secret de Gaston d'Orléans avec Marguerite de Vaudémont.
6 janvier	Traité de Vic entre la France et la Lorraine. Le duc de Lorraine cède Marsal à la France.
28 février	Les forces impériales de Tilly reprennent Bamberg aux Suédois.
8 mai	Le maréchal Louis de Marillac condamné à mort.
10 mai	Exécution du maréchal de Marillac.
31 mai	Prise de Saint-Wendel par Louis XIII.
Juin-septembre	Expédition de Gaston d'Orléans en Languedoc.
26 juin	Traité de Liverdun entre la France et la Lorraine. Le duc de Lorraine cède Stenay et Jametz à la France.
24 août	Capitulation de Maastricht.
1er septembre	Bataille de Castelnaudary.
29 septembre	Gaston d'Orléans signe le Traité de Béziers.
30 octobre	Exécution du duc de Montmorency à Toulouse.
6 novembre	Gaston d'Orléans et Puylaurens s'enfuient de Tours et se réfugient aux Pays-Bas espagnols.
16 novembre	Bataille de Lutzen. Défaite de Wallenstein et mort de Gustave-Adolphe, Roi de Suède.

1633

Février	Constitution de la Ligue de Heilbronn entre la Suède et les principaux États rhénans.
Printemps-été	Négociations entre la France et Wallenstein.
20 septembre	Traité de Charmes et occupation de la Lorraine par la France.
26 septembre	Entrée de Louis XIII à Nancy.

1634

25 février	Assassinat de Wallenstein.
12 mai	Traité entre Gaston d'Orléans et l'Espagne.
6 septembre	Bataille de Nordlingen. Défaite des Suédois.

CHRONOLOGIE

1er octobre	Traité d'Écouen entre Louis XIII et Gaston d'Orléans.
8 octobre	Fuite de Gaston d'Orléans des Pays-Bas espagnols.
24 novembre	Accord préliminaire de Pirna (les Électeurs de Saxe et de Brandebourg font leur paix avec l'Empereur).

1635

28 avril	Traité de Compiègne entre la France et la Suède.
19 mai	Déclaration de guerre de la France à l'Espagne. Victoire française aux Avins.
30 mai	Paix de Prague (confirmation de l'accord préliminaire de Pirna).
Mai-juin	Émeutes à Bordeaux.
Juin	Offensive du Cardinal-Infant ; prise du fort de Schenk. Émeutes à Périgueux.
Juin-novembre	Campagnes victorieuses du duc de Rohan en Valteline.
13-14 septembre	Occupation des Iles de Lérins par les Espagnols.

1636

30 mars	Traité de Wismar entre la Suède et la France.
29 avril	Les Hollandais obtiennent la reddition du fort de Schenk.
6 juin	Émeutes de la foire de Blanzac (révolte des Croquants).
Été	Émeutes en Bretagne.
7 juillet	Capitulation de La Capelle.
15 août	Perte de Corbie.
15 septembre	Les Espagnols repassent la Somme.
Septembre-décembre	Diète de Ratisbonne.
6 octobre	Victoire suédoise de Wittstock.
Mi-octobre	Complot manqué d'Amiens contre Richelieu.
14 novembre	Reprise de Corbie.

22 décembre	Ferdinand, fils de Ferdinand II, élu Roi des Romains (héritier présomptif de la dignité impériale).

1637

15 février	Mort de Ferdinand II. Ferdinand III lui succède.
14 mai	Reprise des Iles de Lérins par Sourdis, archevêque de Bordeaux.
19 mai	Mademoiselle de La Fayette admise au couvent de la Visitation, à Paris.
1er juin	Défaite des Croquants à La Sauvetat-du-Dropt.
26 juillet	Prise de Landrecies par le cardinal de La Valette.
Août	Offensive espagnole en Champagne et bataille de Gray-sur-Saône. Découverte de la conspiration d'Anne d'Autriche.
8 septembre	Mort de Victor-Amédée Ier, duc de Savoie.
10 octobre	Le prince d'Orange reprend Breda.
5 décembre	« Nuit du 5 décembre ».
8-9 décembre	Complot du Père Caussin.
10 décembre	Vœu de Louis XIII à la Vierge.

1638

1er janvier	Madame de Combalet, nièce de Richelieu, devient duchesse d'Aiguillon.
10 février	Renouvellement du vœu de Louis XIII à la Vierge.
2 mars	Jean de Werth battu et capturé par Bernard de Saxe-Weimar devant Rheinfelden.
Mars	Traité de Hambourg entre la Suède et la France.
27 mars	Cinq-Mars nommé Grand-Maître de la Garde-Robe.
11 avril	Prise de Fribourg-en-Brisgau par Bernard de Saxe-Weimar.
10 août	Marie de Médicis quitte Bruxelles pour la Hollande.
22 août	Victoire navale de Sourdis à Guétary.

5 septembre	Naissance de Louis-Dieudonné, fils de Louis XIII et d'Anne d'Autriche, futur Louis XIV.
7 septembre	Déroute de Fontarabie.
14 septembre	Reprise du Catelet.
5 novembre	Marie de Médicis arrive à Londres.
18 décembre	Capitulation de Brisach. Mort du Père Joseph.

1639

Printemps	Révolte du Piémont contre Christine, Régente du duché de Savoie.
18 avril	Le prince Thomas de Savoie assiège Turin.
Mai	Première révolte de l'Écosse contre Charles Ier d'Angleterre.
29 juin	Prise de Hesdin.
16 juillet	Émeutes d'Avranches (révolte des Va-Nu-Pieds). Mort de Bernard de Saxe-Weimar.
19 juillet	Prise de Salses.
14 août	Suspension d'armes en Italie.
20-23 août	Émeutes de Rouen.
21 octobre	Victoire de la flotte hollandaise de l'amiral Tromp sur la flotte espagnole au large de Douvres.
15 novembre	Cinq-Mars devient Grand-Écuyer.
30 novembre	Écrasement des Va-Nu-Pieds devant Avranches.
Décembre	Perte de Salses.

1640

2 janvier	Le Chancelier entre à Rouen. Répression de la révolte des Va-Nu-Pieds.
7 juin	Insurrection de la Catalogne.
Juin-août	Deuxième révolte de l'Écosse contre Charles Ier.
10 août	Prise d'Arras.
Septembre	Victoires à Casal et à Turin.
21 septembre	Naissance de Philippe d'Anjou, deuxième fils de Louis XIII et Anne d'Autriche.
1er décembre	Révolte du Portugal.

16 décembre	Traité d'alliance entre la France et la Catalogne.

1641

29 mars	Traité de Paris entre la France et la Lorraine.
9 juillet	Bataille de La Marfée. Victoire et mort du comte de Soissons.
5 août	Investissement de Sedan.
Mi-août	Marie de Médicis quitte l'Angleterre.
19 septembre	Louis XIII accepte de devenir comte de Barcelone.
12 octobre	Arrivée de Marie de Médicis à Cologne.
9 novembre	Mort du Cardinal-Infant.
22 décembre	Mort de Sully.

1642

13 mars	Signature du traité entre Cinq-Mars et l'Espagne.
23 mai	Richelieu dicte son testament à Narbonne.
30 mai	Richelieu quitte Narbonne pour Tarascon.
12 juin	Entrevue de Chavigny et Sublet de Noyers avec Louis XIII à Narbonne. Ordre d'arrestation de Cinq-Mars.
3 juillet	Mort de Marie de Médicis à Cologne.
9 septembre	Évacuation de Perpignan par les Espagnols.
12 septembre	Exécution de Cinq-Mars et de Thou.
15 septembre	Prise de Salses.
29 septembre	Occupation de Sedan.
2 novembre	Victoire des Suédois de Torstenson à Breitenfeld.
28 novembre	Richelieu malade.
4 décembre	Mort de Richelieu.

1643

4 mars	Marie de Médicis inhumée à Saint-Denis.
14 mai	Mort de Louis XIII. Avènement de Louis XIV.
19 mai	Victoire du duc d'Enghien à Rocroi sur les Espagnols.

Bibliographie

I. RELATIONS CONTEMPORAINES ET ANONYMES

Abrégé de la vie du cardinal de Richelieu, dans MORGUES, Mathieu de, *Diverses pièces pour la défense de la Reine-Mère*, s.l., 1643.
Actions de grâces de la France au Roi, Paris, N. Alexandre, 1617.
Admonitio ad regem, s.l., 1625.
ALBOY, P. d', *Panégyrique au Roi sur la défaite de l'hydre de l'Arne*, Paris, 1617.
Allégresse de tous les vrais fidèles Français et serviteurs de Sa Majesté sur la mort du marquis d'Ancre, Nevers, 1617.
L'Anchre de la paix sur le retour de Messieurs les princes, Lyon, 1617.
Apologie ou réponse à la Chronique des favoris, s.l., 1622.
AUBERY, *Histoire du cardinal de Richelieu*, Paris, 1660.
— *Mémoires pour l'histoire du cardinal de Richelieu*, Cologne, 1667.
Avertissement à tous les États de l'Europe, touchant les maximes fondamentales du gouvernement et les dernières des Espagnols, Paris, 1625.
Avis à Messieurs de l'Assemblée, s.l., 1618.
BAUDIER Michel, *Histoire du maréchal de Toiras*, Paris, 1644, réimpr. 1666.
BIGNON Jérôme, *La grandeur de nos Rois et leur souveraine puissance*, Paris, 1615.
BOITEL de COUBERTIN, *Histoire mémorable de ce qui s'est passé en France*, Rouen, 1619.
Le bon génie de la France à Monsieur, s.l., 1632.
Le bonheur de la France ou les allégresses publiques des bons Français pour les augustes mariages, Paris, 1615.
BOURGEOIS, dite BOURSIER, Louise, *Comment et en quel temps la Reine accoucha de Monsieur le Dauphin, ci-présent Louis XIII*, s.l.n.d.
Les bourgeois sur la révolution des affaires de ce temps, Paris, 1619.
La Bravade faite par nos argonautes français à la tête de Bouquinguant et de ses troupes, Paris, 1627.
BRÛLART de SILLERY Noël, *Vie de l'illustre serviteur de Dieu, Noël Brûlart de Sillery*, Paris, Monastère de la Visitation Sainte-Marie, 1843.

CASSAN, J. de, *La recherche des droits du Roi et de la couronne de France*, Paris, chez François Pomeray, 1632.
Le catholique d'État, Paris, 1625.
CAYET Pierre-Victor Palma, *Chronologie septennaire contenant l'histoire de la paix entre les Rois de France et d'Espagne*, Paris, Éd. Michaud et Poujoulat, Éditeur du Commentaire analytique du Code civil, 1838.
— *Chronologie novenaire*, Éd. Michaud et Poujoulat.
Les cérémonies qui ont été faites en la présence du Roi aux épousailles de Madame, s.l., 1615.
La charitable remontrance de Caton chrétien, dans MORGUES, Mathieu de, *Diverses pièces pour la défense de la Reine-Mère*, s.l., 1643.
Chef du procès fait à la mémoire de Conchino Concini, naguères maréchal de France, s.l.n.d.
Confession générale du seigneur Conchine trouvée après sa mort en son cabinet, Paris, T. Ménard, 1617.
Les contre-vérités de la Cour, s.l., 1620.
Le Coup d'État de Louis XIII. Au Roy, Paris, 1631.
Le Coup d'État présenté au Roi à Fontainebleau, Paris, J. Guerreau, 1617.
DANÈS Jean, *Toutes les actions du règne de Louis XIII*, Paris, 1643.
Déclaration du Roi sur le sujet des nouveaux remuements de son royaume, Paris, 1617.
Déclaration et protestation des princes, ducs et pairs, 1617.
Définiment de la guerre apaisée par la mort de Concino Concini, Paris, 1617.
La descente du marquis d'Ancre aux enfers, s.l., 1617.
Les Désirs de la France sur la mort de Conchine, Paris, 1617.
Dialogue du berger picard avec la nymphe champenoise sur la fortune et gouvernement du marquis d'Ancre en Picardie, Paris, 1617.
Discours sur plusieurs points importants de l'état présent des affaires de France, dans *Recueil de diverses pièces pour servir à l'histoire*, s.l., 1635.
La Disgrâce des favoris de la fortune présentée au Roi, Paris, 1617.
DUBOIS, *Mémoire fidèle des choses qu'il se sont passées à la mort de Louis XIII, Roi de France et de Navarre, le 14 mai 1643*, s.l.n.d., Éd. Michaud et Poujoulat, Paris, Éditeur du Commentaire analytique du Code civil, 1838.
DU CHESNE André, *Les Antiquités et recherches de la grandeur et majesté des Rois de France*, Paris, chez Jean Petit-Pas, 1609.
L'Enterrement, obsèques et funérailles de Conchine, Paris, 1617.
L'épée courageuse des vrais Français, s.l., 1625.
Extrait des raisons et plaintes que la Reine-Mère du Roi fait au Roi son fils, Paris, 1619.
FANCAN, *La France mourante*, s.l., 1622.
— *La voix publique au Roi*, s.l., 1624.
Le fantassin qui passe partout, Paris, 1619.
Le Fidèle sujet au Roi, s.l., 1617.
Le Français fidèle ou réponse au libelle intitulé Défense du Roi et de ses ministres, dans MORGUES, Mathieu de, *Diverses pièces pour la défense de la Reine-Mère*, s.l., 1643.
La France au désespoir, s.l., 1625.
La France mourante, Paris, 1626.
GASSOT, *Sommaire mémorial*, rééd. Paris, Champion, 1934.

Le Génie démasqué, dans MORGUES, Mathieu de, *Diverses pièces pour la défense de la Reine-Mère,* s.l., 1643.

GILLOT Jacques, *Relation de ce qui se passa au Parlement touchant la Régence de Marie de Médicis,* s.l.n.d.

GIRARD Guillaume, *Histoire de la vie du duc d'Épernon, divisée en trois parties,* Paris, A. Courbé, 1655.

GRIFFET, Père Henri, *Histoire du règne de Louis XIII, Roi de France et de Navarre,* Paris, 1768, 3 vol., rééd. Paris, 1893.

HARDOUIN de PÉRÉFIXE, *Histoire du Roi Henri le Grand,* Paris, Louis Billaine, 1662.

HAY du CHATELET Paul, *Traité de la politique de la France,* Cologne, chez Pierre Marteau, 1669.

HÉROARD Jean, *Journal de Jean Héroard sur l'enfance et la jeunesse de Louis XIII (1601-1628),* Éd. Eud. Soulié et Éd. de Barthélémy, Paris, Firmin Didot, 1868, T. I, 1601-1610, T. II, 1610-1628.

L'heureuse arrivée du Roi dans Bordeaus, Bordeaux, 1615.

Heureux augure au Roi de sa victoire, Paris, R. Dallin, 1617.

Histoire des plus illustres favoris, Leyde, 1659.

Information faite par François du Plessis de Richelieu sur la mort d'Henri III, dans *Curiosités historiques,* Amsterdam, 1759, T. II, pp. 2-43.

Le jugement des Dieux contre La Vieuville, s.l., 1624.

La Juste punition de Lycaon, Florentin, surnommé marquis d'Ancre, Paris, 1617.

LANCRE, P. de, *Le livre des princes,* Paris, 1617.

LE BRET (Cardin), *De la souveraineté du Roi, de son domaine et de sa couronne,* Paris, 1632.

LE CLERC, *La vie du cardinal duc de Richelieu,* Cologne, 1695, 2 vol.

LEGRAIN B., *La décade du Roi Louis-le-Juste,* Paris, 1619.

Lettre à M. de Luynes par le sieur Dryon, Paris, 1617.

Lettre de l'Assemblée des États de Guyenne tenue en la ville d'Agen, s.l.n.d.

Lettre de Monsieur le duc de Bouillon au Roi, s.l., 1617.

Lettre écrite au Roi par Monsieur le Maréchal d'Ancre, Paris, J. Guerreau, 1617.

Lettre du Roi au Parlement de Dijon, s.l., 1617.

Lettre de Cléophon à Polémandre, s.l., 1618.

Lettre et avis envoyé au Roi par Monsieur le maréchal de Bouillon, Sedan, 1619.

Lettre de Cléophon à Polémandre sur les affaires de ce temps, Paris, 1619.

Lettre de Monsieur d'Épernon envoyée au Roi, 7 juin 1619, s.l.n.d.

Lettre du Roi envoyée à Messieurs de la Cour du Parlement sur la Paix de son royaume, Paris, 1619.

Lettre déchiffrée, Paris, 1627.

La lettre de change protestée, dans MORGUES, Mathieu de, *Diverses pièces pour la défense de la Reine-Mère,* s.l., 1643.

La Ligue nécessaire, s.l., 1625.

Le Limosin, s.l.n.d.

Les lumières pour l'Histoire de France contre Duplex, dans MORGUES, Mathieu de, *Diverses pièces pour la défense de la Reine-Mère,* s.l., 1643.

La Magicienne estrangère, Rouen, 1617.

Les magnificences faites en la ville de Bordeaux, à l'entrée du Roi, Paris, 1615.

Manifeste de la France à Monsieur le maréchal de Vitry, Paris, 1617.
La Manifeste de la Reine-Mère, Blois, 1618.
Matines de la Cour faites par un bon Français, s.l.n.d.
MATTHIEU J.B., *La conjuration de Conchine*, Paris, 1618.
MATTHIEU P., *Histoire des derniers troubles*, Lyon, 1597.
— *Histoire de Henri IV*, Paris, 1631.
Mémoire sur les rangs et honneurs de la Cour. Pour servir de réponse aux trois derniers chapitres du Traité des preuves qui servent à établir la vérité de l'Histoire, par le P. Henri Griffet, Paris, s.l.n.d.
La Merveille royale de Louis XIII, Paris, 1617.
Les merveilles et coups d'essai de Louis-le-Juste, s.l., 1617.
Le miroir du temps passé à l'usage du présent, s.l., 1625.
MORGUES, Mathieu de, *La Restauration de l'État*, Paris, 1617.
— *Avis d'un théologien sans passion*, s.l., 1626.
— *Les deux faces de la vie et de la mort de Marie de Médicis*, Anvers, 1643.
— *Diverses pièces pour la défense de la Reine-Mère*, s.l., 1643.
— *Lumières pour l'histoire de France*, s.l., 1643.
— *Diverses pièces pour la défense de la Reine-Mère du Roi très chrétien Louis XIII*, Paris, 1644.
Le mot à l'oreille de Monsieur le marquis de La Vieuville, s.l., 1624.
Négociations, lettres et pièces relatives à la Conférence de Loudun, Éd. M. Bouchitté, Paris, Imprimerie impériale, 1862.
NERVÈZE, Sieur de, *Action de grâce à Dieu et prière pour la convalescence de la Reine*, Paris, 1620.
NOSTREDAME, César de, *L'entrée de la Reine Marie de Médicis à Salon*, nouv. éd. Marseille, V. Boy, 1855.
Les Particularités de la mort tragique du maréchal d'Ancre, s.l., 1617.
Le Passe-temps de Pierre Dupuis, Paris, 1617.
Le Paysan de Ruel au Roi, s.l.n.d.
Pièces en suite de celles du Sieur de Saint-Germain, Anvers, 1644.
Plaintes à la Reine-Mère, s.l., 1617.
Propos dorés sur l'autorité tyrannique de Concini, s.l., 1617.
Protestation des princes, ducs et autres vrais Français, Paris, 1617.
Quatrième lettre de la Reine-Mère envoyée au Roi sur la prise de l'Uzerche, le 11 avril 1619, s.l.n.d.
Récit véritable de ce qui s'est passé au Louvre depuis le 24 avril, Paris, 1617.
Recueil des pièces les plus curieuses faites pendant le règne du connétable de Luynes, Paris, 1628.
La réformation de ce royaume, s.l., 1623.
Réjouissance de la France sur l'élection et rétablissement de Monseigneur du Vair, Paris, 1617.
Relation exacte de tout ce qui s'est passé à la mort du maréchal d'Ancre. Publié dans la *Collection des mémoires* de Michaud et Poujoulat, 2e série, T. IV.
Remonstrance présentée au Roi par les princes, ducs, pairs, anciens officiers de la Couronne, s.l., 1617.
Remontrance faite au Roi par Messieurs les princes contre les perturbateurs du repos de l'État, s.l., 1622.
Réponse à un écrit anonyme intitulé Mémoire sur les rangs et honneurs de la Cour, Paris, Le Breton et Veuve Duchesne, 1771.

La réponse à la lettre de Balzac, dans MORGUES, Mathieu de, *Diverses pièces pour la défense de la Reine-Mère,* s.l., 1643.
La réponse de Nicocléon à Cléonville, dans MORGUES, Mathieu de, *Diverses pièces pour la défense de la Reine-Mère,* s.l., 1643.
La Restauration de l'État, s.l., 1617.
Le Réveil du soldat français, au Roi, sur la juste punition du marquis d'Ancre, Paris, 1617.
RICHARD, Abbé, *Le Véritable Père Joseph,* Saint-Jean de Maurienne, 1701.
Le Roi hors de page à la Reine-Mère, Paris, 1617.
La royale réception de Leurs Majestés très-chrétiennes en la ville de Bourdeaus à l'entrée du Roi, ou le siècle d'or ramené par les alliances de France et d'Espagne, Bordeaux, 1615.
SAINT-GERMAIN, Abbé de (Mathieu de MORGUES), *Conversation de maître Guillaume avec la princesse de Conty,* s.l.n.d. (vers 1631).
SAINT-SIMON, *Parallèle des trois premiers Rois Bourbons,* Éd. M.P. Faugère, Paris, Hachette, 1880.
Le Salomon de la France, Paris, 1617.
SAVARON Jean, *Traité de la souveraineté du Roy et de son royaume,* Paris, 1615.
— *De la souveraineté du Roi,* 1 vol., 1620.
Seconde partie et réponse à la « Chronique des favoris », s.l., 1622.
SIRMOND Jean, *La lettre déchiffrée,* Paris, 1627.
— *Simple consolation à M. le maréchal d'Ancre sur la mort de sa fille,* s.l., 1617.
Le Songe, s.l., 1616.
Le songe ou démon véritable sur l'état de la France, Paris, 1619.
Tableau de la vie et du gouvernement de Messieurs les cardinaux Richelieu et Mazarin, Cologne, 1693.
TALLEMANT des RÉAUX Gédéon, *Le cardinal de Richelieu, sa famille, son favori Boisrobert,* Introd. et notes de Émile Magne, Paris, Bossard, 1920.
Le « Te Deum » des Béarnois, Paris, 1617.
La très humble, très véritable et très importante remontrance au Roi, dans MORGUES, Mathieu de, *Diverses pièces pour la défense de la Reine-Mère,* s.l., 1643.
Le véritable ou le mot en ami sur l'état présent de ce royaume, s.l., 1624.
Le véritable Picard, s.l., 1619.
La véritable relation de ce qui s'est passé au voyage du Roi, 1620, Paris, 1620.
La vérité défendue, dans MORGUES, Mathieu de, *Diverses pièces pour la défense de la Reine-Mère,* s.l., 1643.
La Voix du peuple au Roi, Paris, 1617.

II. *MÉMOIRES*

ANGOULÊME, duc d'	*Mémoires*
ARNAUD d'ANDILLY	*Mémoires*
BASSOMPIERRE	*Journal de ma vie*

BOUILLON, duc de	*Mémoires*
BRIENNE	*Mémoires*
CAMPION	*Mémoires*
DÉAGEANT	*Mémoires*
ESTRÉES, maréchal d'	*Mémoires*
FONTENAY-MAREUIL	*Mémoires*
FONTRAILLES	*Mémoires*
GASTON d'ORLÉANS	*Mémoires*
GOULAS	*Mémoires*
GROULART, Claude	*Mémoires*
HURAULT, Philippe	*Mémoires*
LA PORTE	*Mémoires*
LA ROCHEFOUCAULD	*Mémoires*
L'ESTOILE, Pierre de	*Mémoires*
MARGUERITE de VALOIS (la Reine-Margot)	*Mémoires*
MARILLAC, Michel de	*Mémoires*
MAROLLES, Abbé de	*Mémoires*
MONTCHAL	*Mémoires*
MONTGLAT	*Mémoires*
MONTRÉSOR	*Mémoires*
MOTTEVILLE, Madame de	*Mémoires*
PLESSIS-PRASLIN	*Mémoires*
PONTCHARTRAIN	*Mémoires concernant les affaires de France sous la régence de Marie de Médicis*
PONTIS, Chevalier de	*Mémoires*
ROHAN, duc de	*Mémoires*
SOUVIGNY	*Mémoires*
SULLY	*Mémoires des sages et royales économies d'État de Henry le Grand*
TALLEMANT des RÉAUX	*Historiettes*
VILLEROY	*Mémoires*

III. *RICHELIEU : ŒUVRES*

Caput apologeticum.
La défense des principaux points de la foi catholique contre la lettre des quatre ministres de Charenton.
Europe, tragi-comédie (attribuée à Richelieu).
L'Instruction du chrétien.
Instructions et Maximes que je me suis données pour me conduire à la Cour.
Journal du cardinal de Richelieu qu'il a fait durant le grand orage de la Cour ès années 1630 jusques à 1644 [sic].
Mémoires.
Mirame, tragi-comédie (attribuée à Richelieu).
Ordonnances synodales (de 1609).

La perfection du chrétien.
Roxane, tragi-comédie (attribuée à Richelieu).
Succincte narration des grandes actions du Roi Louis XIII.
Testament politique.
Traité qui contient la méthode la plus facile pour convertir ceux qui sont séparés de l'Église.

IV. OUVRAGES POSTÉRIEURS AU XVIIe SIÈCLE

ADAM Antoine, *Théophile de Viau et la libre pensée française en 1620,* Paris, Droz, 1935.
— *Histoire de la littérature française au XVIIe siècle,* T. I. *L'époque d'Henri IV et de Louis XIII,* Paris, Domat, 1948.
— *Du mysticisme à la révolte. Les Jansénistes du XVIIe siècle,* Paris, Fayard, 1968.
— *L'âge classique. I. 1624-1660,* Paris, Arthaud, 1968.
ALLIER Raoul, *La Compagnie du Très-Saint-Sacrement de l'Autel à Marseille,* Paris, Champion, 1909.
ANDRÉ Louis, *Michel Le Tellier et Louvois,* Paris, A. Colin, 1942.
ANDRIEUX Maurice, *Henri IV,* Paris, Fayard, 1955.
ANQUEZ Léonce, *Histoire des assemblées politiques des réformés en France (1573-1622),* Paris, Durand, 1859.
ANTIER Jean-Jacques, *Marins de Provence et du Languedoc. Vingt-cinq siècles d'histoire du littoral français méditerranéen,* Avignon, Aubanel, 1977.
ANTOINE, *L'entourage des ministres aux XVIIe et XVIIIe siècles,* dans *Origines et histoire des cabinets ministériels en France,* Genève, 1975.
ARNOULD Louis, « Un reporter au XVIIe siècle. Anecdotes inédites de Racan sur Malherbe », *Revue Bleue,* 3 décembre 1892, pp. 727-733.
ARNOULD Louis, *Racan (1589-1670), histoire anecdotique de sa vie et de ses œuvres,* Paris, A. Colin, 1896.
ASHLEY Maurice, *Le Grand Siècle. L'Europe de 1598 à 1715,* trad. franç. de Claire Poole, Paris, Fayard, 1972.
AUMALE, Henri d'ORLÉANS, duc d', *Histoire des princes de Condé pendant les XVIe et XVIIe siècles,* Paris, M. Lévy frères, 1863-1896, 8 vol.
AVENEL Louis-Martial, *Lettres, instructions diplomatiques et papiers d'État du cardinal de Richelieu,* Paris, Collection des documents inédits de l'histoire de France, 1853-1877, 8 vol.
AVENEL, Vicomte Georges d', *Richelieu et la Monarchie Absolue,* T. I, *Le Roi et la Constitution. La noblesse et sa décadence,* Paris, Plon, 1884.
— *Richelieu et la Monarchie Absolue,* T. II, *La noblesse et sa décadence (suite) — Administration générale, finances,* Paris, Plon, 1884.
— *Richelieu et la Monarchie Absolue,* T. III, *Administration générale (suite) Armée, marine et Colonies, cultes, justice,* Paris, Plon, 1895.
— *Richelieu et la Monarchie Absolue,* T. IV — *Administration générale, justice (suite et fin) — Administration provinciale et communale,* Paris, Plon, 1895.
— *Paysans et ouvriers depuis sept cents ans,* Paris, A. Colin, 1899.
— *La noblesse française sous Richelieu,* Paris, A. Colin, 1901.

— *Prêtres, soldats et juges sous Richelieu*, Paris, A. Colin, 1907.
— *Les riches depuis sept cents ans*, Paris, A. Colin, 1909.
BABELON Jean-Pierre, *Demeures parisiennes sous Henri IV et Louis XIII*, Paris, Le Temps, 1965.
BAILLY Auguste, *Richelieu*, Paris, Fayard, 1934.
BANBUCK C.A., *Histoire politique, économique et sociale de la Martinique sous l'Ancien Régime (1635-1789)*, Paris, Marcel Rivière, 1935.
BAPST Germain, *Histoire des joyaux de la couronne de France*, Paris, 1899.
BARBICHE Bernard, *Sully*, Paris, Albin Michel, 1978.
BARDON Françoise, *Le portrait mythologique à la Cour de France sous Henri IV et Louis XIII. Mythologie et politique*, Paris, A. et J. Picard, 1974.
BASCHET Armand, *Le Roi chez la Reine, ou Histoire secrète du mariage de Louis XIII et d'Anne d'Autriche*, Paris, Plon, 1866.
— *Les Archives de Venise. Histoire de la chancellerie secrète*, Paris, Plon, 1870.
BASSERIE J.-P., *La conjuration de Cinq-Mars*, Paris, Perrin, 1896.
BATIFFOL Louis, « Le trésor de la Bastille », *Revue Henri IV*, T. III (1909-1912).
— *Le Roi Louis XIII a vingt ans*, Paris, Calmann-Lévy, 1910.
— *La Duchesse de Chevreuse. Une vie d'aventures et d'intrigues sous Louis XIII*, Paris, Hachette, 1913.
— *La journée des Dupes*, Paris, Hachette, 1925.
— *Biographie du cardinal de Retz*, Paris, Hachette, 1929.
— *Le Louvre sous Henri IV et Louis XIII. La vie de la Cour de France au XVIIe siècle*, Paris, Calmann-Lévy, 1930.
— *La vie intime d'une Reine de France au XVIIe siècle, Marie de Médicis*, Paris, Calmann-Lévy, 1931, 2 tomes.
— *La vie de Paris sous Louis XIII*, Paris, Calmann-Lévy, 1932.
— *Richelieu et le Roi Louis XIII : les véritables rapports du Souverain et de son Ministre*, Paris, Calmann-Lévy, 1934.
— « La fortune du cardinal de Richelieu », *Revue des Deux-Mondes*, 8e série, XXVII (1935).
— *Richelieu et Corneille*, Paris, Calmann-Lévy, 1936.
— *Autour de Richelieu : sa fortune, ses gardes et mousquetaires, la Sorbonne, le château de Richelieu*, Paris, Calmann-Lévy, 1937.
BELLOC Hilaire, *Richelieu (1585-1642)*, traduit de l'anglais, Paris, Payot, 1933.
BELMONT Nicole, *Mythes et croyances dans l'ancienne France*, Paris, Flammarion, 1973.
BENOIST Charles, *La condition juridique des protestants sous le régime de l'Édit de Nantes*, Nancy, 1900.
BERCÉ Yves-Marie, *Croquants et nu-pieds, Les soulèvements paysans en France du XVIe au XIXe siècle*, Paris, Gallimard/Julliard, 1974.
— *La vie quotidienne dans l'Aquitaine du XVIIe siècle*, Paris, Hachette, 1978.
BERTOUT Anne, *Les Ursulines de Paris sous l'Ancien Régime*, Paris, Firmin Didot, 1936.
BLANCHET A., *Un récit inédit de la mort du maréchal d'Ancre*, Paris, 1900.
BLET, P., *Le clergé de France et la monarchie. Étude sur les Assemblées générales du Clergé de 1615 à 1666*, Rome, 1959, 2 vol.

BLUNT Anthony, *Art and Architecture in France, 1500 to 1700,* Harmondsworth, Penguin Books, 1957 (2e éd.).

BOISSET Jean, *Les Chrétiens séparés de Rome, de Luther à nos jours,* Paris, PUF, 1970.

— *Histoire du protestantisme,* Paris, PUF, 1977.

BOISSONNADE Paul, « L'Administration royale et les soulèvements populaires en Angoumois, en Saintonge et en Poitou pendant le ministère de Richelieu », *Bulletin et Mémoires de la Société des Antiquaires de l'Ouest,* 2e série, T. XXVI (1902).

— *Histoire du Poitou,* Paris, Boivin, 1915.

— *Le Socialisme d'État. L'industrie et les classes industrielles en France pendant les deux premiers siècles de l'ère moderne (1453-1661),* Paris, 1927.

BOITEUX L.A., *Richelieu, « grand maître de la navigation et du commerce de France »,* Paris, Ozanne, 1955.

BONDOIS Paul M., *Le maréchal de Bassompierre (1579-1646),* Paris, Albin Michel, 1925.

BORDONOVE Georges, *Les Rois qui ont fait la France,* T. I, *Henri IV,* Paris, Éditions Pygmalion/Gérard Watelet, 1981.

BOSSEBOEUF, Abbé Louis-Augustin, *Le château et la Sainte-Chapelle de Champigny-sur-Veude (Indre-et-Loire),* Tours, L. Bourez, s.d.

BOUTRUCHE Robert et divers, *Bordeaux de 1453 à 1715,* Bordeaux, 1966.

BRAUDEL Fernand, LABROUSSE Ernest, *Histoire économique et sociale de la France,* T. I : *de 1450 à 1660,* Ier volume : *L'État, le commerce et les villes,* par CHAUNU Pierre et GASCON Richard, Paris, PUF, 1977.

— *Histoire économique et sociale de la France,* T. I : *de 1450 à 1660,* 2e volume : *Paysannerie et croissance,* par LE ROY LADURIE Emmanuel et MORINEAU Michel, Paris, PUF, 1977.

BRÉTAUDEAU A., *Histoire des Ponts-de-Cé,* Angers, 1904.

BRUN Auguste, *Recherches historiques sur l'introduction du français dans les provinces du Midi,* Paris, Champion, 1923.

BRUNEL P., BELLENGER Y., COUTY D., SELLIER Ph., TRUFFET M., *Histoire de la littérature française,* Paris, Bordas, 1972.

BUISSERET David, *Sully and the Growth of centralized Government in France, 1598-1610,* Londres, Eyre and Spottiswoode, 1968.

BURCKHARDT Carl J., *Richelieu,* Munich, 1935 ; nouv. éd. en 2 vol., Munich, 1966 ; trad. franç. de Henri Coursier, Paris, Laffont, 1970-1975, 3 vol.

CAHEN-SALVADOR Georges, *Un grand humaniste, Peiresc (1580-1637),* Paris, Albin Michel, 1951.

CANU Jean, *Louis XIII et Richelieu,* Paris, Fayard, 1945.

CARMONA Michel, *Marie de Médicis,* Paris, Fayard, 1981.

CARRÉ Henri, *Sully, Sa vie et son œuvre (1559-1641),* Paris, Payot, 1932 (rééd. : 1980).

— *La jeunesse et la marche au pouvoir de Richelieu (1585-1624),* Paris, Grasset, 1944.

CASTELNAU Jacques, *La Reine Christine,* Paris, Payot, 1981.

CAUCHIE Maurice, « La mésalliance du marquis de Richelieu (1652) », *XVIIe siècle,* 1959, no 44, pp. 220-228.

CELLES, J. de, *Malherbe, sa vie, son caractère, sa doctrine,* Paris, Perrin, 1937.

CHAGNY, Abbé André, *Une belle figure de prélat lyonnais, Alphonse-Louis du Plessis de Richelieu*, Lyon, 1932.
CHARAVAY E., *Collection de lettres autographes du règne de Louis XIII*, Paris, 1873.
CHARTIER R., COMPÈRE MM., JULIA D., *L'éducation en France du XVIe au XVIIIe siècle*, Paris, SEDES, 1976.
CHASSANG A. et SENNINGER Ch., *Recueil de textes littéraires français, XVIIe siècle*, Paris, Hachette, 1976.
CHASTENET Jacques, *Elisabeth Ire*, Paris, Fayard, 1963.
CHAUNU Pierre, *La civilisation de l'Europe classique*, Paris, Arthaud, 1966.
— « Les éléments de longue durée dans la société et la civilisation du XVIIe siècle. La démographie », *XVIIe siècle*, 1975, n° 106-107, pp. 3-22.
— *Le temps des réformes, La crise de la chrétienté. L'éclatement, 1250-1550*, Paris, Fayard, 1976.
— *La mort à Paris. XVIe, XVIIe, XVIIIe siècles*, Paris, Fayard, 1978.
CHEVALIER, Chanoine, *Verteuil sous la Réforme*, Ruffec, Imprimerie F. Dubois, 1934.
CHEVALLIER Pierre, *Louis XIII*, Paris, Fayard, 1979.
CHUPEAU Jacques, « Les récits de voyages », *Revue d'histoire littéraire de la France*, mai-août 1977, n° 3-4.
COGNET Louis, « Bérulle et la théologie de l'Incarnation », *XVIIe siècle*, 1955, n° 29, pp. 330-352.
CUÉNIN Micheline, *Le duel sous l'Ancien Régime*, Paris, Presses de la Renaissance, 1982.
DAGENS Jean, *Correspondance du Cardinal Pierre de Bérulle*, Paris, Desclée de Brouwer/Louvain, Bureaux de la Revue,
Tome I, *1599-1618*, 1937,
Tome II, *1619-1624*, 1937,
Tome III, *1625-1629*, 1939.
DAINVILLE François de, *Les Jésuites et l'éducation de la société française : la naissance de l'humanisme moderne*, Paris, Beauchesne, 1940.
— « Les Français vus par leurs intendants », *Études*, avril 1954.
— *L'éducation des Jésuites (XVIe-XVIIIe siècle)*, Paris, Éditions de Minuit, 1978.
DANIEL-ROPS, *L'Église de la Renaissance et de la Réforme*, Paris, Fayard, 1968.
DECAUX Alain, *Histoire des Françaises*, Tome I. *La servilité*, Paris, Perrin, 1972.
La découverte de la France au XVIIe siècle, Neuvième colloque de Marseille organisé par le Centre méridional de Rencontres sur le XVIIe siècle, 25-28 janvier 1979, Paris, CNRS, 1980.
DEDOUVRES, Abbé Louis, *Le Père Joseph polémiste, ses premiers écrits, 1623-1626*, Paris, A. Picard, 1895.
— *Politique et apôtre. Le Père Joseph de Paris, capucin. L'éminence grise*, Paris, 1932, 2 vol.
DEGARNE Monique, « Études sur les soulèvements provinciaux en France avant la Fronde. La révolte du Rouergue », *XVIIe siècle*, 1962, n° 56, pp. 3-18.
DELAMARE Georges, *Le maréchal d'Ancre*, Paris, Fayard, 1961.

DELOCHE Maximin, *La Maison du cardinal de Richelieu*, Paris, Champion, 1912.
— *Autour de la plume du cardinal de Richelieu*, Paris, Société française d'imprimerie et de librairie, 1920.
— « Un démêlé du cardinal de Richelieu avec son suzerain en Poitou », *Bulletin de la Société des Antiquaires de l'Ouest*, 1er trimestre 1923, pp. 292-311.
— *Les Richelieu : le père du cardinal, François du Plessis, Grand-Prévost de France. Documents inédits*, Paris, Perrin, 1923.
— « Une étrenne royale en 1626 ; la chambre de Louis XIII et le cardinal de Richelieu », *Revue historique*, 1931.
— *Le cardinal de Richelieu et les femmes*, Paris, Émile-Paul Frères, 1931.
— *Un frère de Richelieu inconnu*, Paris, Desclée de Brouwer, 1935.

DELUMEAU Jean, *Le catholicisme entre Luther et Voltaire*, Paris, PUF, 1971.

DENIEUL-CORMIER Anne, *Paris à l'aube du Grand Siècle*, Paris, Arthaud, 1971.

DENT Julian, *Crisis in Finance. Crown, Financiers and Society in Seventeenth Century France*, Newton Abbot, David and Charles, 1973.

DESCOLA Jean, *Histoire d'Espagne*, Paris, Fayard, 1979.

DETHAN Georges, *Gaston d'Orléans, conspirateur et prince charmant*, Paris, Fayard, 1959.

DOUCET Roger, « Les finances de la France en 1614 », *Revue d'histoire économique et sociale*, T. XVIII (1930), pp. 133-163.

DUBY Georges et MANDROU Robert, *Histoire de la civilisation française*, Paris, A. Colin, 1961 (2e éd.), T. I, *Moyen Age* — *XVIe siècle*, T. II, *XVIIe-XXe siècle*.

DULONG Claude, *L'amour au XVIIe siècle*, Paris, Hachette, 1969.
— *Anne d'Autriche, mère de Louis XIV*, Paris, Hachette, 1980.

DUMAS, *Les Trois Mousquetaires*.

DUMONCEAUX Pierre, *Langue et sensibilité au XVIIe siècle. L'évolution du vocabulaire affectif*, Genève, Droz, 1975.

DUMONT François, « Royauté française et monarchie absolue au XVIIe siècle », *XVIIe siècle*, 1963, n° 58-59, pp. 3-29.

DURAND Loup, *Pirates et barbaresques en Méditerranée*, Avignon, Aubanel, 1975.

ERLANGER Philippe, *Louis XIII*, Paris, Gallimard, 1946 (rééd. : 1980).
— *L'énigm du monde : Georges Villiers, duc de Buckingham*, Paris, Gallimard, 1951.
— *La vie quotidienne sous Henri IV*, Paris, Hachette, 1958 (rééd. : 1970).
— *Cinq-Mars ou la passion et la fatalité*, Paris, Perrin, 1962.
— *L'étrange mort de Henri IV*, Paris, Perrin, 1964.
— *Richelieu*, Paris, Perrin, 1967-1970, 3 vol.

FAGNIEZ Gustave, *L'industrie en France sous Henri IV*, Paris, 1883.
— *Le Père Joseph et Richelieu (1577-1638)*, Paris, Hachette, 1894, 2 vol.
— *La femme et la société française dans la première moitié du XVIIe siècle*, Paris, J. Gamber, 1929.

FERTE Jeanne, *La vie religieuse dans les campagnes parisiennes (1622-1695)*, Paris, Vrin, 1962.

FLANDRIN Jean-Louis, *Les amours paysannes (XVIe-XIXe siècles)*, Paris, Julliard, 1975.

FOISIL Madeleine, *La révolte des Nu-Pieds et les révoltes normandes de 1639*, Paris, PUF, 1970.
FORNERON Henri, *Les ducs de Guise et leur époque. Étude sur le XVIe siècle*, Paris, Plon, 1877, 2 vol.
FOUQUERAY H., *Histoire de la Compagnie de Jésus en France (1528-1672)*, Paris, Bibliothèque des Études, 1925.
FRANKLIN Alfred, *État, Noms et Nombre de toutes les rues de Paris en 1636*, Paris, Léon Willem, 1873.
FROMILHAGUE René, *La vie de Malherbe. Apprentissage et luttes (1555-1610)*, Paris, A. Colin, 1954.
FUNCK-BRENTANO Frantz, *Les nouvellistes*, Paris, Hachette, 1923 (3e éd.).
— *Richelieu*, Paris, Hachette, 1938.
GAUCHERY-GRODECKI Catherine, « La création d'Henrichemont : bibliographie récente et nouveaux documents », *Cahiers d'archéologie et d'histoire du Berry*, no 41 (juin 1975), pp. 26-48.
GIBB M. A., *Buckingham, 1552-1628*, Londres, Jonathan Cape, 1935, trad. franç. Paris, Payot, 1936.
GILLE Bertrand, *Les sources statistiques de l'Histoire de France : des enquêtes du XVIIe siècle à 1870*, Genève, Droz/Paris, Minard, 1964.
GLASS D. V., *Population in History*, Londres, 1974.
GODEFROY de PARIS, Père, *Les frères mineurs capucins en France*, T. II, Paris, 1950.
GOUBERT Pierre, *Beauvais et le Beauvaisis de 1600 à 1730, contribution à l'histoire sociale de la France du XVIIe siècle*, Paris, SEVPEN, 2 vol., 1960.
— *L'ancien régime*; 2. *Les pouvoirs*, Paris, A. Colin, 1973.
— *Clio parmi les hommes*, La Haye/Paris, Mouton, 1976.
— *La vie quotidienne des paysans français au XVIIe siècle*, Paris, Hachette, 1982.
GOUDAL Jean, *Ninon de Lanclos, amoureuse et courtisane*, Paris, Hachette, 1967.
GRENTE, Mgr., *L'éminence grise*, Paris, Gallimard, 1941.
GRILLON Pierre, *Les papiers de Richelieu, Section politique intérieure, correspondance et papiers d'État*, 5 vol. parus, Paris, Pedone, 1975-1982.
GRISELLE Eugène, *Lettres de la main de Louis XIII*, Paris, Société des Bibliophiles Français, 1914, 2 vol.
GUETTÉE Abbé, *Histoire de l'Église de France*, T. X — *Livre septième (1610-1643) et Livre Huitième (1643-1670)*, Paris, Lécrivain et Toubon, 1856.
GUICHARD A., *Les Jésuites*, Paris, Grasset, 1974.
GUILLAUME Jean, « Le phare de Cordouan, merveille du monde et monument monarchique », *Revue de l'Art*, no 8 (1970), pp. 33-52.
GUILLERMOU Alain, *Les Jésuites*, Paris, PUF, 1975 (3e éd.).
GUTTON Jean-Pierre, *La société et les pauvres : l'exemple de la généralité de Lyon, 1534-1789*, Paris, Les Belles Lettres, 1971.
— *La société et les pauvres (XVIe-XVIIIe siècles)*, Paris, PUF, 1974.
— *Domestiques et serviteurs dans la France de l'Ancien Régime*, Paris, Aubier-Montaigne, 1981.
HANOTAUX Gabriel, *Origines de l'institution des Intendants des provinces*, Paris, Champion, 1884.
— « La jeunesse de Richelieu », *Revue des Deux-Mondes*, 1er avril 1889.
— *Tableau de la France en 1614*, Paris, Firmin Didot, 1898.

HANOTAUX Gabriel et LA FORCE, duc de, *Histoire du Cardinal de Richelieu*, Tome I, *La jeunesse de Richelieu (1585-1614) — La France en 1614*, Paris, Firmin Didot, 1893.
— *Histoire du Cardinal de Richelieu*, Tome II, *Le chemin du pouvoir — Le premier ministère (1616-1617)*, Paris, Firmin Didot, 1895.
— *Histoire du Cardinal de Richelieu*, Tome III, *Richelieu, Premier ministre — Le mariage d'Angleterre — Le siège de La Rochelle — La Journée des Dupes*, Paris, Plon, 1933.
— *Histoire du Cardinal de Richelieu*, Tome IV, *La politique intérieure du Cardinal — L'unité française — Pas d'états dans l'État — L'organisation des forces nationales*, Paris, Plon, 1935.
— *Histoire du Cardinal de Richelieu*, Tome V, *La lutte contre la Maison d'Autriche — L'année de Corbie — Paris menacé et délivré — Le vœu de Louis XIII — La naissance du Dauphin*, Paris, Plon, 1944.
— *Histoire du Cardinal de Richelieu*, Tome VI, *Suite de la lutte contre la Maison d'Autriche — Cinq-Mars — La conquête du Roussillon — La religion — Les lettres — Les arts — La mort du Roi — La France offerte à Louis XIV*, Paris, Plon, 1947.
HANOTAUX Gabriel et LA FORCE, duc de, *Richelieu*, Paris, Flammarion, 1943.
HARDING R. R., *Anatomy of a Power Elite : The Provincial Governors of Early Modern France*, New Haven and London, 1978.
HARDŸ de PÉRINI, Général, *Turenne et Condé (1626-1675)*, Paris, Flammarion, s.d.
HAUSER Henri, *La pensée et l'action économiques du cardinal de Richelieu*, Paris, PUF, 1944.
HAYDEN J. Michel, *France and the Estates General of 1614*, Londres, Cambridge University Press, 1974.
HAYEM Fernand, *Le maréchal d'Ancre et Leonora Galigaï*, Paris, Plon, 1910.
HENRARD Paul, *Henri IV et la princesse de Condé, 1609-1610*, Bruxelles, Société de l'histoire de Belgique, 1870.
— *Marie de Médicis dans les Pays-Bas*, Paris, J. Baudry, 1876.
HILLAIRET Jacques, *Dictionnaire historique des rues de Paris*, Paris, Les Éditions de Minuit, 1964 (2e éd.), 2 tomes.
HINCKER François, *Les Français devant l'impôt sous l'Ancien Régime*, Paris, Flammarion, 1971.
HIRSCHFELD Gustave, *Le Palais du Luxembourg*, Paris, Henri Laurens, 1931.
HUGO, *Marion Delorme*.
HUMBERT Jacques, *Le maréchal de Créquy, gendre de Lesdiguières (1573-1638)*, Paris, Hachette, 1962.
HUMBERT Pierre, *Un amateur : Peiresc (1580-1637)*, Paris, Desclée de Brouwer, 1933.
HUXLEY Aldous, *Grey Eminence. A Study in Religion and Politics*, Londres, Chatto and Windsor, 1944, trad. franç., Paris, La Table Ronde.
IMBERT Jean, SAUTEL Gérard, BOULET-SAUTEL Marguerite, *Histoire des institutions et des faits sociaux (Xe-XIXe siècle)*, Paris, PUF, 1961.
JACQUART Jean, « Le marquis d'Effiat, lieutenant général à l'armée d'Italie (été 1630) », *XVIIe siècle*, 1959, no 45, pp. 298-313.

KERMINA Françoise, *Marie de Médicis, Reine, régente et rebelle*, Paris, Perrin, 1979.
LABATUT Jean-Pierre, *Les ducs et pairs de France au XVIIe siècle*, Paris, Publications de la Sorbonne, 1972.
LA BRUYÈRE, *Discours prononcé dans l'Académie française.*
LA BRUYÈRE René, *Maillé-Brézé. Général des galères, grand amiral. 1619-1646*, Paris, Plon, 1945.
— *La marine de Richelieu*, Paris, Peyronnet, 1958.
LACOUR Léopold, *Richelieu dramaturge et ses collaborateurs*, Paris, Ollendorf, 1926.
LACOUR-GAYET Georges, *La marine militaire de la France sous les règnes de Louis XIII et de Louis XIV*. Tome I, *Richelieu-Mazarin, 1624-1661*, Paris, Champion, 1911.
LACROIX, Abbé Lucien-Léon, *Richelieu à Luçon*, Paris, Letouzey et Ané, 1890.
LA FONTENELLE de VAUDORÉ, Armand-Désiré, *Le maréchal de La Meilleraye*, Paris, Derache, 1839.
LA FORCE, Henri-Jacques Nompar de Caumont, duc de, *Le maréchal de La Force (1558-1652)*, 3e éd. Paris, Émile-Paul, 1927, 2 vol.
LAFUE Pierre, *Le Père Joseph, capucin et diplomate*, Paris, Hachette, 1946.
LA RONCIÈRE, Charles BOUREL de, *Histoire de la marine française*, Paris, Plon, Nourrit et Cie, 1899-1932, 6 vol., Tome IV, *En quête d'un empire colonial. Richelieu*, Tome V, *La Guerre de Trente Ans. Colbert.*
LAVEDAN Pierre, *Histoire de Paris*, Paris, PUF, 1961, 3e éd. 1977.
— *Nouvelle histoire de Paris*, Paris, Hachette, 1975.
— *L'urbanisme à l'époque moderne : XVIe-XVIIIe siècle*, Paris, Arts et métiers graphiques, 1982.
LEBEUF, Abbé Jean, *Histoire de la ville et de tout le diocèse de Paris*, Paris, Durand, 1863-1870, 4 vol.
LECLER J., « La sécularisation de la politique française », *Cahiers d'Histoire*, 1959, I, pp. 41-52.
LÉONARD Émile G., *Histoire du protestantisme*, Paris, PUF, 1980.
LE ROY LADURIE Emmanuel, « Climat et récoltes aux XVIIe et XVIIIe siècles », *Annales E.S.C.*, 1960, pp. 434-465.
LESTOCQUOY, Mgr. Jean, *La vie religieuse en France du VIIe au XXe siècle*, Paris, Albin Michel, 1964.
LEVASSEUR Émile, *Histoire des classes ouvrières et de l'industrie en France avant 1789*, Paris, A. Rousseau, 1900-1901, 2 vol.
— *Histoire du commerce de la France*, Paris, A. Rousseau, 1911-1912, 2 vol., Tome I, *Avant 1789.*
LIVET Georges, « Comment les Français du XVIIe siècle voyaient l'Alsace et comment les Alsaciens voyaient la France », *XVIIe siècle*, 1955, no 25-26, pp. 103-130.
— *La guerre de Trente Ans*, Paris, PUF, 1972.
LOISELEUR Jules, *Ravaillac et ses complices*, Paris, Didier, 1872.
MAGENDIE M., *La politesse mondaine et les théories de l'honnêteté en France au XVIIe siècle, de 1600 à 1660*, Paris, Alcan, 1927.
MAGNE Émile, *Le plaisant abbé de Bois-Robert*, Paris, 1909.
— *Bourgeois et financiers du XVIIe siècle*, Paris, Émile-Paul, 1921-1922, 2 vol.

— *Scarron et son milieu*, Paris, Émile-Paul, 1924.
— *Voiture et l'Hôtel de Rambouillet*, Paris, Émile-Paul, 1929-1930, 2 vol.
— *La vie quotidienne au temps de Louis XIII*, Paris, Hachette, 1942.
MANDROU Robert, « Tragique XVIIe siècle », *Annales E.S.C.*, 1957, pp. 305-313.
— « Le baroque européen : mentalité pathétique et révolution sociale », *Annales E.S.C.*, 1960, pp. 898-914.
— *Introduction à la France moderne (1500-1640), Essai de psychologie historique*, Paris, Albin Michel, 1961.
— *De la culture populaire en France aux XVIIe et XVIIIe siècles : « La Bibliothèque bleue de Troyes »*, Paris, 1964.
— *Classes et luttes de classes en France au début du XVIIe siècle*, Messine, Florence, G. d'Anna, 1965.
— *La France aux XVIIe et XVIIIe siècles*, Paris, PUF, 1967.
— *Des humanistes aux hommes de science (XVIe et XVIIe siècles)*, Paris, Seuil, 1973.
— *L'Europe « absolutiste ». Raison et raison d'État. 1649-1775*, Paris, Fayard, 1977.
— *Magistrats et sorciers en France au XVIIe siècle. Une analyse de psychologie historique*, Paris, Seuil, 1980.
MARION Marcel, *Dictionnaire des institutions de la France aux XVIIe et XVIIIe siècles*, Paris, Picard, 1923.
MARTIMORT, Chanoine A. G., « Comment les Français du XVIIe siècle voyaient le Pape », *XVIIe siècle*, 1955, n° 25-26, pp. 83-101.
MARTIN Marie-Madeleine, *Sully le Grand*, Paris, Éditions du Conquistador, 1959.
MARTINEAU Aimé, *Le cardinal de Richelieu*, T. II, Poitiers, Létang/Paris, Hachette, 1866.
MASTELLONE Salvo, *La reggenza di Maria dei Medici*, Messine, Florence, G. d'Anna, 1962.
MAUGIS Édouard, *Histoire du Parlement de Paris. De l'avènement des Rois Valois à la mort d'Henri IV*, Tome II. *Période des guerres de religion, de la Ligue et d'Henri IV*, Paris, Picard, 1914.
MÉRIGOT Lydia, *La place de France et le lotissement de la couture du Temple à Paris (1608-1630)*, Thèse de l'École des Chartes.
MÉTHIVIER Hubert, *Le Siècle de Louis XIII*, Paris, PUF, 1977.
MEUVRET Jean, « Comment les Français du XVIIe siècle voyaient l'impôt », *XVIIe siècle*, 1955, n° 25-26, pp. 59-82.
MEYER Jean, « Le XVIIe siècle et sa place dans l'évolution à long terme », *XVIIe siècle*, 1975, n° 106-107, pp. 23-57.
MOLS Roger, *Introduction à la démographie historique des villes d'Europe du XIVe au XVIIIe siècle*, Louvain, Publications universitaires, 3 vol.
MONGRÉDIEN Georges, *Étude sur la vie et l'œuvre de Nicolas Vauquelin, seigneur des Yveteaux, précepteur de Louis XIII (1567-1649)*, Paris, Picard, 1921.
— *Les grands comédiens du XVIIe siècle*, Paris, Le Livre, 1927.
— *La vie de société aux XVIIe et XVIIIe siècles*, Paris, Hachette, 1950.
— *La journée des Dupes, 10 novembre 1630*, Paris, Gallimard, 1961.
— *La vie quotidienne des comédiens au temps de Molière*, Paris, Hachette, 1966.

— *Leonora Galigaï. Un procès de sorcellerie sous Louis XIII*, Paris, Hachette, 1968.

MORICE Bernard, *Le Palais du Luxembourg et le destin des hommes*, Paris, Éditions France-Empire, 1971.

— *Le Palais du Luxembourg et ses métamorphoses*, Paris, Imprimerie Draeger (hors commerce), 1974.

MOUSNIER Roland, « Sully et le Conseil d'État et des finances, La lutte entre Bellièvre et Sully », *Revue historique*, T. CXCII, 1941, pp. 68-86.

— *Les règlements du Conseil du Roi sous Louis XIII*, Paris, s.n. (Nogent-le-Rotrou), 1949.

— « Comment les Français voyaient la Constitution », *XVIIe siècle*, 1955, n° 25-26, pp. 9-36.

— « Quelques aspects de la fonction publique dans la Société française du XVIIe siècle », *XVIIe siècle*, 1959, n° 42-43, pp. 3-7.

— *Paris au XVIIe siècle*, Paris, Centre de Documentation Universitaire, 1961.

— « L'évolution des institutions monarchiques en France et ses relations avec l'état social », *XVIIe siècle*, 1963, n° 58-59, pp. 57-72.

— *Lettres et mémoires adressés au Chancelier Séguier (1633-1649)*, Paris, PUF, 1964, 2 vol.

— *L'Assassinat d'Henri IV, 14 mai 1610*, Paris, Gallimard, 1964.

— *Les XVIe et XVIIe siècles. La grande mutation intellectuelle de l'humanité. L'avènement de la science moderne et l'expansion de l'Europe*, Paris, PUF, 1965, 4e éd.

— *Fureurs paysannes. Les paysans dans les révoltes du XVIIe siècle (France, Russie, Chine)*, Paris, Calmann-Lévy, 1967.

— *Les hiérarchies sociales de 1450 à nos jours*, Paris, PUF, 1969.

— *Le Conseil du Roi de Louis XII à la Révolution*, Paris, PUF, 1970.

— *La plume, la faucille et le marteau. Institutions et société en France du Moyen Age à la Révolution*, Paris, PUF, 1970.

— *La vénalité des offices sous Henri IV et Louis XIII*, Paris, PUF, 1971 (2e éd.).

— *Les institutions de la France sous la monarchie absolue, 1598-1789*, Paris, PUF, 1974-1980, 2 vol., T. I, *Société et État*, 1974, T. II, *Les organes de l'État et la Société*, 1980.

— *La famille, l'enfant et l'éducation en France et en Grande-Bretagne, du XVIe au XVIIIe siècle*, Paris, Centre de Documentation Universitaire, 1975, 2 vol.

— « Les survivances médiévales dans la France du XVIIe siècle », *XVIIe siècle*, 1975, n° 106-107, pp. 59-79.

— *Paris capitale au temps de Richelieu et de Mazarin*, Paris, Pedone, 1978.

— *La monarchie absolue en Europe du Ve siècle à nos jours*, Paris, PUF, 1982.

MOUSNIER Roland, BLUCHE François, CORVISIER A., GOUBERT Pierre, TAPIÉ Victor-L., « Serviteurs du Roi : quelques aspects de la fonction publique dans la société française du XVIIe siècle », *XVIIe siècle*, 1959, n° 42-43.

MOUSNIER Roland, TAPIÉ Victor-L., MEUVRET J., LIVET Georges, MARTIMORT Aimé-Georges, « Comment les Français voyaient la France au XVIIe siècle », *XVIIe siècle*, 1955, n° 25-26.

MOUTON Léo, *Un demi-Roi, le duc d'Épernon*, Paris, Perrin, 1922.

MUN, Gabriel de, « Un frère de Richelieu, le cardinal de Lyon », *Revue d'histoire diplomatique*, 1904, I.

NEURISSE André, *Histoire de l'impôt*, Paris, PUF, 1978.

NOAILLES, comte de, *Bernard de Saxe-Weimar (1604 à 1639) et la réunion de l'Alsace à la France*, Paris, Perrin, 1908.

NOAILLES, comte de, *Le maréchal de Guébriant (1602 à 1643)*, Paris, Perrin, 1973.

NOAILLES, Emmanuel-Henri, marquis de, *Henri de Valois et la Pologne en 1572*, Paris, Calmann-Lévy, 1878, 2 vol.

NORDMANN Claude, *La montée de la puissance européenne (1492-1661)*, Paris, PUF, 1974.

NORMAND Charles, *La bourgeoisie française au XVIIe siècle*, Paris, Alcan, 1908.

NOUAILLAC Jean, *Villeroy, secrétaire d'État et ministre de Charles IX, Henri III et Henri IV (1543-1610)*, Paris, Champion, 1908.

— *Lettres inédites de François d'Aerssen à Jacques Valcke, Trésorier de Zélande (1599-1603)*, Paris, Champion, 1908.

— *Henri IV raconté par lui-même*, Paris, A. Picard, 1913.

PAGÈS Georges, *La monarchie d'Ancien Régime en France (de Henri IV à Louis XIV)*, Paris, A. Colin, 1928.

— *Les institutions françaises au XVIIe siècle*, Paris, Cours de la Sorbonne, 1930.

— « La vénalité des offices dans l'ancienne France », *Revue historique*, 1932, T. CLXIX.

— « Autour du " Grand Orage " : Richelieu et Marillac, deux politiques », *Revue historique*, 1937, T. CLXXIX, pp. 63-97.

— *La guerre de Trente Ans, 1618-1648*, Paris, Payot, 1939, rééd. 1972.

— *Les institutions monarchiques sous Louis XIII et Louis XIV*, Paris, CDU, 1961.

PALOU Jean, *De la sorcellerie, des sorciers et de leurs juges*, Sarezay, Presse des mollets, 1972.

PANNIER Jacques, *L'Église réformée de Paris sous Louis XIII, 1610-1621*, Paris, Champion, 1922.

PAVIE E., *La guerre entre Louis XIII et Marie de Médicis*, Angers, 1899.

PERRENS F. T., *L'Église et l'État en France sous le règne de Henri IV et la Régence de Marie de Médicis*, Paris, Durand et Pedone, 1873.

— *Les mariages espagnols sous le règne de Henri IV et la Régence de Marie de Médicis (1602-1615)*, Paris, Didier, s.d.

PIERRET Marc, *Richelieu ou la Déraison d'État*, Paris, Fayard, 1972.

PILLORGET René, « Les problèmes monétaires français de 1602 à 1689 », *XVIIe siècle*, 1966, n° 70-71, pp. 107-130.

POIRSON Auguste, *États généraux de 1614 considérés sous le point de vue politique et littéraire*, Extrait du « Journal Général de l'Instruction Publique », 1835-1836, Paris, Dupont Imp., s.d.

— *Observations sur le règne de Louis XIII et le ministère de Richelieu*, Paris, Impr. H. Fournier, 1839.

— *Histoire du règne de Henri IV*, Paris, Louis Colas, 1856, 2 tomes.

POISSON Georges et divers, « Les châteaux en France au XVIIe siècle », *XVIIe siècle*, 1978, n° 118-119, pp. 1-123.

PORCHNEV Boris, *Les soulèvements populaires en France de 1623 à 1648*, Paris, SEVPEN, 1963.

— *Les soulèvements populaires en France au XVIIe siècle*, Paris, Flammarion, 1972, rééd. 1979.

PRÉCLIN Edmond et TAPIÉ Victor-Lucien, *Le XVIIe siècle, Monarchies centralisées (1610-1713)*, Paris, PUF, 1943.

RANUM Orest, *Les créatures de Richelieu*, Paris, Pedone, 1966.

— *Les Parisiens du XVIIe siècle*, Paris, A. Colin, 1973.

RATHERY E. J. B., *Histoire des États-Généraux de France*, Paris, Imprimerie et Librairie générale de Jurisprudence, 1845.

REINHARD Marcel, *La légende de Henri IV*, Paris, 1936.

RICHARD Michel, *La vie quotidienne des protestants sous l'Ancien Régime*, Paris, Hachette, 1966.

ROBIQUET, *Histoire municipale de Paris*, Paris, T. III, 1904.

ROCHEMONTEIX, Père Camille de, *Un Collège de Jésuites aux XVIIe et XVIIIe siècles : le collège Henri IV de La Flèche*, Le Mans, Leguicheux, 1889, 4 vol.

— *Nicolas Caussin, confesseur du Roi Louis XIII, et le cardinal de Richelieu*, Paris, Picard, 1911.

ROMAIN, Colonel Charles, *Louis XIII, un grand Roi méconnu, 1601-1643*, Paris, Hachette, 1934.

ROUSSEAU Pierre, *Histoire des Transports*, Paris, Fayard, 1961.

SAINT-AULAIRE, comte de, *Richelieu*, Paris, Dunod, 1932.

SAINTE-BEUVE, *Causeries du lundi*, Article Richelieu.

SÉDILLOT René, *Histoire de l'or*, Paris, Fayard, 1974.

SÉE Henri, *Les idées politiques en France au XVIIe siècle*, Paris, Girard, 1923.

SLOCOMBE G., *Henri IV, 1553-1610*, Paris, Payot, 1980.

Spirituels et mystiques du Grand Siècle, textes choisis par Raymond Christoflour, Paris, Fayard, 1961.

SPOONER F. C., *L'économie mondiale et les frappes monétaires en France, 1493-1680*, Paris, 1956.

TALBERT Jean et CROZET René, *Petite histoire de Poitou, Angoumois, Aunis et Saintonge*, Paris, Librairie Delalain, s.d.

TAPIÉ Victor-Lucien, « Comment les Français du XVIIe siècle voyaient la patrie », *XVIIe siècle*, 1955, no 25-26, pp. 37-58.

— *Baroque et classicisme*, Paris, Plon, 1957.

— *Le baroque*, Paris, PUF, 1961.

— *La France de Louis XIII et de Richelieu*, Paris, Flammarion, 1967 (rééd. 1980).

TAVERNIER Félix, *La vie quotidienne à Marseille de Louis XIV à Louis-Philippe*, Paris, Hachette, 1973.

THIERRY Augustin, *Histoire de la formation et du progrès du Tiers État*, Paris, 1853.

THIROUX d'ARCONVILLE (Madame), *Vie de Marie de Médicis*, Paris, 1774, 3 vol.

THUAU Étienne, *Raison d'État et pensée politique à l'époque de Richelieu*, Paris, A. Colin, 1966.

TOPIN Marius, *Louis XIII et Richelieu*, 3e éd., Paris, Didier, 1877.

TRIBOUT de MOREMBERT, H., « Louis XIII à Metz en 1631 », *XVIIe siècle*, 1955, no 27, pp. 141-160.

TRUTTMANN, Commandant Philippe, « Les forteresses autour desquelles s'est bâtie la France », *Archæologia*, nos 16-17-18, 1967.

VAILLÉ Eugène, *Histoire des postes jusqu'à la Révolution*, Paris, PUF, 1948.
VAISSIÈRE, Pierre de, *Saint-Domingue (1629-1789)*, Paris, Perrin, 1909.
— *L'affaire du Maréchal de Marillac (1630-1632)*, Paris, Perrin, 1924.
— *Conjuration de Cinq-Mars*, Paris, Hachette, 1928.
VAUNOIS Louis, *Vie de Louis XIII*, Paris, Grasset, 1944.
VAUX de FOLETIER, François de, *Le siège de La Rochelle*, La Rochelle, Éditions Quartier Latin/Éditions Rupella, 1978.
Vie de Théophraste Renaudot, ouvrage collectif, Paris, Gallimard, 1929.
VIGNE M., *La banque à Lyon du XVe au XVIIIe siècle*, Lyon, 1903.
VIGNY, *Cinq-Mars*.
— *La maréchale d'Ancre*.
VIGUERIE, Jean de, *L'institution des enfants. L'éducation en France, XVIe-XVIIIe siècle*, Paris, Calmann-Lévy, 1978.
VILLENEUVE Roland, *La mystérieuse affaire Grandier. Le Diable à Loudun*, Paris, Payot, 1980.
VINCENT Dr., « Un grand port français oublié » [Brouage], *Revue Maritime*, novembre 1912.
VIOLLET Paul, *Le Roi et ses ministres pendant les trois derniers siècles de la monarchie*, Paris, Sirey, 1912.
WILAERT, *Après le Concile de Trente, la restauration catholique, 1563-1848*, Paris, Bloud et Gay, 1960.
WILD Adolf, *Les papiers de Richelieu, Section politique extérieure, correspondance et papiers d'État, Empire allemand*, Tome I *(1616-1629)*, Paris, Pedone, 1982.
WILHELM Jacques, *La Vie quotidienne au Marais au XVIIe siècle*, Paris, Hachette, 1966.
WOLFE M., *French Views on Wealth and Taxes from the Middle Ages to the Old Regime*, 1966, T. XXVI.
WOLLENBERG Jörg, *Richelieu*, Bielefeld, Pfeffersche Buchhandlung, 1977.
ZELLER Berthold, *Henri IV et Marie de Médicis d'après des documents nouveaux tirés des Archives de Florence et de Paris*, Paris, Didier, 1877.
— *Richelieu et les ministres de Louis XIII, de 1621 à 1624*, Paris, Hachette, 1880.
— *La minorité de Louis XIII — Marie de Médicis et Sully (1610-1612)*, Paris, Hachette, 1892.
— *La minorité de Louis XIII — Marie de Médicis et Villeroy*, Paris, Hachette, 1897.
— *Louis XIII, Marie de Médicis, chef du Conseil*, Paris, Hachette, 1898.
— *Louis XIII, Marie de Médicis, Richelieu ministre*, Paris, 1899.
ZELLER Gaston, *Aux origines de notre système douanier : les premières taxes à l'importation (XVIe siècle)*, *Mélanges*, 1945, Faculté des Lettres de Strasbourg, Études Historiques, Vol. III (1947).

Index

ACARIE, Madame ; 87, 140, 153.
ACHILLE ; 570.
AGUESSEAU, premier Président d' ; 588.
AIGUILLON (Madame de Combalet, nièce de Richelieu, duchesse d') ; 11, 618, 684, 688, 692, 694, 700, 703, 705, 706.
AIGUILLON (Mademoiselle de Pontchâteau, cousine de Richelieu, épouse de Puylaurens, duchesse d') ; 557.
AIGUILLON (Puylaurens, duc d') ; 557. — Voir aussi : PUYLAURENS.
ALBERT, Archiduc, gouverneur des Pays-Bas espagnols ; 118, 384.
ALBRET (Jeanne d') ; 115, 371.
ALENÇON, héraut au titre d' ; 574. — Voir aussi : GRATIOLLET.
ALENÇON, duc d' ; 138.
ALEXANDRE ; 465.
ALEXANDRE D'ALAIS, Père ; 420.
ALEXANDRE Ier ; 706.
ALIGRE, d' ; 410, 417, 419, 425, 444.
ALINCOURT, d', ambassadeur à Rome puis gouverneur de Lyon ; 32, 33, 272, 342.
ALLEAUME (Jacques) ; 56.
AMADOR (et aussi : l'ONCLE AMADOR) ; 25, 27, 31. — Voir aussi : LA PORTE (Amador de).
AMBOISE, cardinal d' ; 405.
ANCRE, maréchal d' ; 154, 156, 203, 217, 231, 237, 238, 242-244, 247, 248, 250, 256, 258-260, 262, 263, 265, 285-287, 289-297, 317-320, 350, 389, 422, 673. — Voir aussi : CONCINI (Concino).

ANCRE, maréchale d' ; 241, 242, 250, 259, 303, 320. — Voir aussi : GALIGAÏ (Leonora).
ANGE DE MORTAGNE, Père ; 474.
ANGE DE RACONIS, Père ; 420.
ANGOULÊME, duc d' ; 79, 382, 383, 462, 463, 578, 622.
ANGOULÊME, duchesse d' ; 456.
ANHALT (Christian von) ; 122, 384.
ANJOU, duc d' (futur HENRI III) ; 13, 14. — Voir aussi : HENRI III.
ANJOU (Gaston, duc d'). — (plus tard Gaston d'Orléans) ; 245, 408, 441. — Voir aussi : GASTON D'ORLÉANS.
ANNE D'AUTRICHE ; 7, 149, 154, 155, 161, 212, 214, 216, 221, 222, 224-228, 234, 310, 350, 351, 370, 401, 407, 408, 433-446, 449-453, 459, 469, 493, 497, 498, 508, 512, 534, 570, 597, 601-608, 611-615, 618, 658, 660, 670-672, 674-676, 680, 682, 683, 685, 687, 688, 698, 699, 704, 708, 718, 719.
ARGOUGES, d' ; 522.
ARNAULD (Antoine) ; 586.
ARNAULD, Famille. — (Et aussi : LES ARNAULD) ; 74, 76, 586.
ARNAULD (Henri) ; 665.
ARNAULD (Isaac) ; 585, 586.
ARNAULD (Simon) ; 586.
ARNOUX, Père ; 314, 329, 332, 334, 345, 354, 372, 374, 376, 377, 395, 406.
ASTARAC (Louis d'), marquis de Fontrailles ; 670. — Voir aussi : FONTRAILLES.
ASTURIES, prince des ; 149. — Voir aussi : PHILIPPE IV d'ESPAGNE.

AUBIGNÉ (Agrippa d') ; 39.
AUGER ; 603, 604.
AUMONT, maréchal Jean d' ; 11.
AUSSY (Hippolyte d') ; 711.
AUVERGNE, comte d' (plus tard : duc d'Angoulême) ; 79, 239, 240, 248, 255, 267, 272. — Voir aussi : ANGOULÊME, duc d'.
AVENEL ; 349.

B

BACHELIER, Père ; 597.
BAGNI ; 606.
BAILLY (Auguste) ; 712.
BALAFRÉ (Henri le), duc de Guise ; 16, 17, 171, 250, 255.
BANER ; 550, 559, 578, 593, 600, 631, 654.
BARADAS (François de) ; 435, 453.
BARBIN (Claude) ; 238, 250, 252, 257-260, 262, 285, 287-289, 291, 294, 298, 300, 320-323, 326, 327, 353, 700.
BARILLON, président de ; 665.
BARTOLINI (Matteo), ambassadeur de Florence ; 167, 240, 242, 244, 299.
BASSOMPIERRE (François de) ; 59, 83, 116, 252, 299, 300, 362, 376, 427, 433, 453, 459, 463, 465, 497, 512, 513, 682, 703.
BATIFFOL (Louis) ; 420, 421.
BAUTRU ; 480, 485.
BAVIÈRE, duc de ; 384, 528, 547, 548, 550, 551, 592, 623. — Voir aussi : MAXIMILIEN DE BAVIÈRE.
BAYARD ; 393.
BEAUCLERC ; 261.
BEAUMARCHAIS ; 422, 425. — Voir aussi : BOUHIER DE BEAUMARCHAIS.
BEAUVAIS, Mademoiselle de ; 706.
BELLEGARDE, duc de ; 333, 357, 361, 435, 490, 514, 538, 541, 663.
BELLIÈVRE (Pomponne de) ; 75-77.
BENTIVOGLIO ; 299, 389-391, 396.
BÉRULLE (Pierre de), cardinal ; 87, 99, 139, 140, 153, 329, 341, 344-348, 376, 377, 381, 395, 416, 458, 475, 479, 480, 488-490.
BÉTHANCOURT ; 348.
BETHLEN (Gabor) ; 380, 384, 385.
BÉTHUNE (Maximilien de), comte de Rosny ; 75. — Voir aussi : SULLY.
BÉTHUNE (Philippe de), frère de Sully ; 156, 341, 342, 344, 345.
BEUVRON, marquis de ; 456.

BIRON, maréchal de ; 18.
BLAINVILLE ; 356, 357.
BLANCHE DE CASTILLE ; 162, 175, 176.
BOISDAUPHIN, maréchal de ; 220, 230, 231, 362.
BON ROI, Le ; 29, 33, 43, 92, 102, 173, 221. — Voir aussi : HENRI IV.
BONZI, cardinal, évêque de Béziers ; 161, 170, 302, 303, 306, 310, 345.
BORGHESE, cardinal ; 34, 326, 345, 391.
BORGHESE, Famille ; 33.
BOSSUET, Les ; 74.
BOTTI (Matteo), ambassadeur de Florence ; 147.
BOUHIER DE BEAUMARCHAIS ; 422.
BOUILLON, duchesse de ; 416.
BOUILLON, duchesse douairière de ; 532.
BOUILLON, Famille de. — (Et aussi : MAISON DE BOUILLON) ; 37, 68, 255.
BOUILLON, maréchal, duc de ; 79, 117, 132, 155, 157, 158, 167, 216, 218, 221, 246-251, 253, 255, 256, 261, 264, 275, 281, 319, 489, 509, 523, 524, 532, 657, 669, 671, 672, 674-677, 679, 683, 685, 687, 698.
BOURBON, cardinal de ; 16.
BOURBON (Éléonore de), abbesse de Fontevrault ; 142, 143, 153.
BOURBON, Famille de. — (Et aussi : CLAN DE BOURBON, LES BOURBONS, et : MAISON DE BOURBON) ; 31, 78, 146, 150, 160, 415.
BOURBONS, Les Rois ; 79, 80, 123, 512, 607, 709.
BOURGEOIS ; 712.
BOURGES, Madame de ; 95, 107, 109, 134, 239.
BOUTEVILLE ; 455-457. — Voir aussi : MONTMORENCY-BOUTEVILLE (François de).
BOUTEVILLE, comtesse de ; 456.
BOUTHILLIER (Claude) ; 355, 448, 457, 557, 573, 640, 683, 704.
BOUTHILLIER (Denis) ; 27.
BOUTHILLIER, Famille. — (Et aussi : LES BOUTHILLIER) ; 27, 107, 125, 448.
BOUTHILLIER DE LA COCHÈRE, abbé ; 125, 131, 132, 311, 338, 343, 346, 399.
BRADLEY (Humphrey) ; 104.
BRAGELONGUE (Émeric de) ; 402.
BRANTES, Monsieur de ; 289.
BRENNE, Monsieur de ; 335, 336.
BRESSIEUX, marquis de ; 298, 302, 524.
BRESSIEUX, Madame de ; 301.

BRÈVES, Monsieur de ; 322.
BRÉZÉ, Mademoiselle de ; 668. — Voir aussi : MAILLÉ-BRÉZÉ (Claire-Clémence de).
BRÉZÉ, marquis puis maréchal de ; 546, 547, 622, 623, 685, 692.
BRICHETIÈRE, sieur de ; 13, 28. — Voir aussi : MAUSSON, seigneur de.
BRIENNE ; 295, 299, 438, 682.
BRISSAC (Charles II de Cossé, maréchal de) ; 233, 235, 240, 241.
BRISSAC (François de Cossé, fils de Charles II de Cossé, deuxième duc de) ; 590.
BROSSE (Salomon de) ; 56.
BRÛLART DE LÉON ; 499.
BUCKINGHAM ; 412, 435-442, 445, 459, 461, 462, 464, 465, 467-472, 486, 508, 535, 536, 615, 699.
BUEIL (Jacqueline de), comtesse de Moret ; 90, 116, 515, 516, 543. — Voir aussi : MORET, comtesse de.
BULLION ; 217, 233, 507, 588, 636, 647.
BURCKHARDT (Carl J.) ; 713.
BUSSY D'AMBOISE ; 456.

C

CACAND (Philippe) ; 166.
CADENET (Henri d'Albert, seigneur de), futur duc de Chaulnes ; 289, 415. — Voir aussi : CHAULNES, duc de.
CALLOT (Jacques) ; 534.
CAMPION (Alexandre de) ; 669.
CAMUS, évêque de Belley ; 87, 88.
CANFELD, Père Benoît de ; 140, 153.
CANISY, marquis de ; 637, 641.
CAPESTAN, sieur de ; 543.
CAPÉTIENS, Les ; 66.
CARDENAS, don Inigo de ; 227.
CARDINAL-INFANT ; 555, 560, 574, 576, 577, 581, 584, 586, 589, 591, 600, 603, 621, 626, 633, 656, 657.
CARLISLE, comtesse de ; 440.
CARRÉ, Père ; 609, 657, 674, 675.
CASSANDRE ; 214.
CATHERINE, femme de chambre de Marie de Médicis ; 335.
CATHERINE DE MÉDICIS ; 13-16.
CAUSSIN, Père ; 610, 612-617.
CÉSAR ; 174.
CHALAIS (Henri de Talleyrand-Périgord, marquis de) ; 445, 448-451, 453, 455, 457, 498, 508, 511, 535.
CHAMPIGNY ; 424.

CHAMPLAIN (Samuel) ; 22, 105.
CHANTAL (Jeanne Frémiot de) ; 87.
CHANTELOUBE ; 304, 339, 341, 343, 348, 354, 364, 392.
CHARLEMAGNE ; 78, 80.
CHARLES QUINT ; 648.
CHARLES LE TÉMÉRAIRE ; 563, 648.
CHARLES Ier D'ANGLETERRE ; 181, 412, 436, 437, 441, 459, 461, 467, 468, 470, 472, 476, 486, 621, 622, 631, 646.
CHARLES IX ; 13, 50, 86, 239, 319.
CHARLES IV DE LORRAINE ; 524, 534-536, 540, 541, 550, 552, 555, 556, 655. — Voir aussi : LORRAINE, duc de.
CHARLES-EMMANUEL Ier, duc de Savoie ; 495. — Voir aussi : SAVOIE, duc de.
CHARLUS ; 545.
CHARNACÉ (Hercule de) ; 529, 532, 546, 547.
CHARPENTIER ; 235, 261, 270, 271, 404.
CHASTILLON (Claude) ; 56.
CHÂTEAUNEUF ; 306, 506, 510.
CHÂTILLON, maréchal de ; 623, 657, 666.
CHAULNES, duc de ; 375, 415.
CHAVAGNAC (Gaspard de) ; 669.
CHAVIGNY ; 614, 626, 628, 640, 660, 662, 683, 685, 686, 690, 691, 693, 704.
CHAZON, Monsieur de ; 389, 391.
CHÉMERAULT, Mademoiselle de ; 611.
CHEVALLIER (Pierre) ; 502.
CHEVREUSE (Claude, duc de) ; 433-437, 440, 535.
CHEVREUSE (Marie, duchesse de) ; 433-446, 449-451, 535, 536, 602-604, 704.
CHRISTIAN IV DE DANEMARK ; 385, 525, 528.
CHRISTINE DE FRANCE, duchesse de Savoie. — (Et aussi : CHRISTINE DE SAVOIE, et : MADAME CHRISTINE) ; 218, 222, 281, 299, 322, 336, 381, 486, 495, 520, 599, 623, 629, 630, 648, 662.
CHRISTINE DE SUÈDE ; 550.
CICÉRON ; 26, 139.
CINQ-MARS ; 605, 633, 634, 658-692, 698, 699, 703, 710.
CLAIRE-ISABELLE-EUGÉNIE, Infante, gouvernante des Pays-Bas espagnols ; 118, 384, 516, 517, 523, 524, 537, 560, 621.
CLAUSEWITZ ; 358.

CLÉMENT (Jacques) ; 17.
CLÉMENT VIII ; 39, 41, 42.
CLÈVES, Maison de ; 311.
CŒUVRES (Annibal d'Estrées, marquis de) ; 429-431.
COLBERT ; 708, 712.
COLBERT, Les ; 74.
COLLALTO ; 492, 494, 495.
COMBALET (Antoine du Roure de) ; 365, 390.
COMBALET, Madame de (plus tard duchesse d'Aiguillon), nièce de Richelieu ; 501, 503, 617, 618. — Voir aussi : AIGUILLON, (Madame de Combalet, duchesse d').
CONCINI (Concino) ; 132, 133, 135, 138, 147, 149, 152, 154, 157, 158, 195, 202, 204, 205, 216-218, 231, 236-238, 240-244, 247, 248, 251, 255-264, 266, 268, 270, 274, 285-294, 296-299, 307, 312-314, 317-320, 322, 324, 325, 334, 352, 354, 357, 370, 378, 392, 396, 422, 426, 491, 497, 503, 562, 606, 673, 689, 700.
CONCINI, Les. — (Et aussi : CLAN CONCINI, et : COUPLE CONCINI) ; 132, 134, 135, 234, 238, 247, 248, 250, 251, 266, 293, 313, 320, 321.
CONDÉ (Charlotte de Montmorency, princesse de) ; 79, 123, 171, 456, 545.
CONDÉ, Les. — (Et aussi : MAISON DE CONDÉ) ; 117, 255.
CONDÉ (Henri Ier de Bourbon, prince de) ; 15, 79.
CONDÉ (Henri II de Bourbon, prince de), fils de Henri Ier ; 79, 117, 118, 122, 131, 132, 146-150, 152, 153, 155-162, 164, 167, 169-172, 174, 176, 177, 179, 204, 205, 208, 210-214, 216-220, 222, 230-233, 235-255, 257, 264, 265, 270, 275, 318, 322, 325, 329, 345, 347, 352, 353, 357, 359-361, 364, 395, 397, 415, 443, 446, 463, 475, 476, 487, 549, 570, 581, 591, 624, 625, 633, 634, 666, 698, 703, 705.
CONRART ; 586.
CONTARINI (Alvise), ambassadeur de Venise ; 587.
CONTARINI (Pietro), ambassadeur de Venise ; 223, 244.
CONTI, prince de ; 79, 131, 146, 148-150, 160, 264.
CONTI, princesse de ; 298, 439, 512.
CORSINI ; 396.
COSNIER (Hugues) ; 57, 62.

COSPÉAN ; 693.
COTTON, Père ; 85, 125, 133.
COUBERON, capitaine de ; 269.
CRAPONNE (Adam de) ; 62.
CRÉQUI, maréchal de ; 252, 360, 579, 623, 629.
CRILLON ; 18.
CURES, Monsieur de ; 270.

D

DAGENS (Jean) ; 329, 348.
DAMOCLÈS ; 671.
DAMOURS ; 103.
DAUVILLE, duc de ; 79.
DÉAGEANT ; 289-292, 295, 296, 304, 305, 339.
DENBIGH, Lord ; 469-471.
DESBOURNAIS ; 27.
DESCARTES ; 22, 712.
DES CHAPELLES ; 455-457.
DESDIGUIÈRE, dit LAPLACE, serviteur de Leonora Galigaï ; 320. — Voir aussi : LAPLACE.
DES HAYES DE COURMENIN ; 543.
DESMARETS, Les ; 74.
DIANE ; 116.
DOLET ; 217.
DUBOIS, Père ; 588.
DU CHILLOU, marquis ; 27, 28, 31, 36. — Voir aussi : RICHELIEU (Armand du Plessis de).
DUCROS (Simon) ; 498.
DU GUA DE MONTS (Pierre) ; 105.
DU HALLIER ; 296, 623.
DUMAS (Alexandre) ; 440, 710.
DU MAURIER ; 280.
DU PERRON, cardinal ; 41, 89, 90, 107, 125, 133, 161, 199-201, 303, 372.
DUPLESSIS, secrétaire du duc d'Épernon ; 336.
DU PLESSIS (Armand) ; 11, 23-28, 31-34, 36, 85, 105, 166. — Voir aussi : RICHELIEU (Armand du Plessis de).
DU PLESSIS (François), père de Richelieu ; 11-14, 16, 18, 21, 22. — Voir aussi : RICHELIEU (François de).
DU PLESSIS (Jacques) ; 29.
DU PLESSIS, Les ; 11, 668. — Voir aussi : RICHELIEU, Famille de.
DUPLESSIS-MORNAY ; 22, 89, 142, 214, 394.
DU PONT DE COURLAY, beau-frère de Richelieu ; 287, 296, 323, 326, 330, 390.

INDEX

Du Pont de Courlay (François), neveu de Richelieu ; 626, 700.
Du Pont de Courlay, Les ; 700.
Du Pont de Courlay, Mademoiselle (nièce de Richelieu, future duchesse d'Aiguillon) ; 366. — Voir aussi : Aiguillon, (Madame de Combalet, duchesse d').
Du Pont de Courlay, petits-neveux ; 703, 705.
Du Pont-Saint-Pierre, baron ; 175.
Du Puy de La Motte de La Forêt (Antoine) ; 594, 595.
Durand ; 327.
Du Tour, baron ; 265, 282.
Du Vair ; 237, 238, 257, 258, 296, 334, 342, 350, 377, 396.
Du Val (André) ; 140.
Du Vigean, Madame ; 703, 705.

E

Effiat, d', surintendant, maréchal ; 416, 448, 540, 541, 547, 634, 658, 659, 666.
Effiat, maréchale d' ; 658, 687.
Effiat de Cinq-Mars. — (Et aussi : Le jeune Cinq-Mars) ; 664, 666. — Voir aussi : Cinq-Mars.
Elbène, abbé d' ; 538.
Elbène, Monseigneur d' (évêque d'Albi) ; 538.
Elbeuf, duc d' ; 514.
Elbeuf, duchesse d' ; 512.
Électeur de Brandebourg ; 121, 122, 378, 380, 529, 530, 551, 554, 555, 577, 578, 592, 593, 655.
Électeur Palatin. — (Et aussi : Palatin, Le) ; 122, 379, 380, 382, 384, 386, 419, 525, 548, 592, 654. — Voir aussi : Frédéric V.
Électeur de Saxe ; 121, 378, 380, 384, 423, 529, 530, 532, 547, 548, 550, 551, 554, 555, 577, 578, 592, 593, 621.
Électeur de Trèves ; 716.
Éléonore, duchesse de Mantoue, sœur de Marie de Médicis ; 151.
Élisabeth, fille de Jacques Ier d'Angleterre, femme de Frédéric V ; 380.
Élisabeth Ire, Reine d'Angleterre. — (Et aussi : Reine Élisabeth) ; 18, 21, 51, 64, 139, 281.
Élisabeth de France, future Reine d'Espagne. — (Et aussi : Madame Élisabeth) ; 124, 137, 146-149, 155, 170, 171, 216, 220, 222-227, 266, 520, 521.
Enghien, duc d' (fils de Condé, futur Grand Condé) ; 666, 668, 686, 698.
Entragues, conspiration d' ; 240.
Entragues (Henriette d') ; 69, 83, 87, 90, 116.
Épernon, duc d' ; 41, 66, 79, 127, 128, 147, 150, 155, 156, 169, 217, 220, 231, 264, 318, 323, 327, 328, 334-338, 340-346, 351, 358, 359, 361, 363, 374, 375, 426, 505, 509, 515, 523, 549, 568, 587, 594, 625, 671.
Erlanger (Philippe) ; 713.
Essarts (Charlotte des) ; 83, 90, 116.
Estrées (Annibal d'), marquis de Cœuvres, maréchal ; 123, 429, 512, 514, 515. — Voir aussi : Cœuvres (Annibal d'Estrées, marquis de).
Estrées (Gabrielle d') ; 83, 139, 321, 444.
Ezechieli (*alias* le Père Joseph) ; 144. — Voir aussi : Joseph, Père.

F

Fabert ; 681.
Fancan ; 393, 422.
Felton ; 470.
Fenouillet (Pierre de), évêque de Montpellier ; 199.
Ferdinand de Gonzague ; 151, 152, 477. — Voir aussi : Mantoue, duc de.
Ferdinand, Archiduc de Styrie, plus tard Empereur sous le nom de : Ferdinand II ; 282, 318, 378-386, 477, 524, 525, 528-530, 543, 545-548, 551, 554, 555, 570, 577, 578, 592, 593, 630.
Ferdinand III ; 593, 630, 631, 633, 654, 655.
Feria, duc de ; 388.
Fernandez, Père ; 614.
Fervacques, maréchal de ; 154.
Feuquières ; 472, 551-554, 626.
Fiesque, comte de ; 669.
Foix, abbé de ; 512.
Fontenay-Mareuil ; 319, 499.
Fontmorin, Les ; 108.
Fontrailles ; 661, 670, 672, 674, 679, 682, 683.
François, saint ; 140.
François Ier ; 38, 59, 62, 102, 120, 190, 566, 648.

766 INDEX

FRANÇOIS II DE VAUDÉMONT ; 535.
FRANÇOIS-HYACINTHE, fils de Victor-Amédée Ier et de Christine de Savoie ; 623.
FRÉDÉRIC, fils de Christian IV de Danemark ; 385.
FRÉDÉRIC V ; 379-382, 384, 548, 630.
FRÉDÉRIC-GUILLAUME de Brandebourg ; 655.
FRÉMIET, évêque de Dijon ; 87.
FRESNEL, Monsieur de (ambassadeur à Rome) ; 284.

G

GALAND ; 635.
GALIGAÏ (Leonora). — (Et aussi : LA GALIGAÏ, et : LEONORA) ; 132, 133, 135, 138, 149, 154, 195, 220, 238, 256, 286, 287, 291, 293, 294, 319-321, 503.
GALLAS ; 554, 578, 579.
GALLES (Charles, fils cadet de Jacques Ier d'Angleterre, prince de), futur Charles Ier d'Angleterre ; 281, 412, 425, 430, 434-436. — Voir aussi : CHARLES Ier D'ANGLETERRE.
GALLES (Henri, fils aîné de Jacques Ier d'Angleterre, prince de) ; 121, 281.
GASSION ; 641.
GASSOT (Jules) ; 76.
GASTON, duc d'Anjou puis d'Orléans ; 161, 170, 171, 217-219, 245, 299, 322, 352, 360, 408, 415, 441-446, 448-453, 463, 467, 478, 482, 490, 491, 497, 498, 508, 509, 511, 514-516, 520, 523, 524, 532, 534, 536-544, 548-550, 552-558, 580, 584, 585, 605, 613, 617, 618, 628, 650, 656, 658, 660, 666, 670, 672, 674-679, 682, 684, 685, 687, 688, 694, 698.
GENEVIÈVE, sainte ; 358.
GERONIMI ; 302.
GIRAUDOUX (Jean) ; 712.
GIVRY ; 18.
GIVRY, cardinal de ; 34, 35.
GONDI, Madame de ; 88.
GONTAUT-BIRON, maréchal Armand de ; 11.
GONTIER, Père ; 124.
GONZAGUE, Les ; 275, 311, 477.
GONZAGUE (Charles de), duc de Nevers ; 311. — Voir aussi : MANTOUE, duc de, et : NEVERS, duc de.
GONZAGUE, princesse de ; 667, 668. —
Voir aussi : MARIE-LOUISE DE GONZAGUE.
GONZAGUE-NEVERS (Charles de) ; 580. — Voir aussi : MANTOUE, duc de, et : NEVERS, duc de.
GONZALVO DE CORDOUE, don ; 499, 500, 537.
GRAMONT (comte Antoine II de) ; 227.
GRAMONT (Roger de), comte de Louvigny ; 449.
GRANDE MADEMOISELLE ; 478.
GRATIOLLET, héraut d'armes ; 574.
GRIFFET, Père ; 634, 697.
GRILLON (Pierre) ; 185, 416.
GUÉBRIANT, maréchal de ; 631, 676.
GUERCHEVILLE, Madame de ; 298, 301, 343.
GUEZ DE BALZAC ; 400.
GUICHARD-DÉAGEANT (Claude) ; 289. — Voir aussi : DÉAGEANT.
GUICHE, comte de ; 639.
GUILLERY, capitaine ; 103.
GUILLOT (Hardy) ; 24.
GUISE, cardinal de ; 235, 250, 256.
GUISE (Charles de Lorraine, duc de), fils du « Balafré » ; 83, 132, 147, 151, 156, 170, 171, 220, 225, 232, 244, 246-250, 255, 256, 264, 267, 269-271, 273, 290, 291, 337, 375, 453, 509, 523, 549, 550, 568, 570, 657.
GUISE (Henri, duc de), dit le « Balafré » ; 15, 16, 66, 171, 224, 433. — Voir aussi : BALAFRÉ (Henri le).
GUISE, duchesse de, (femme de Charles de Lorraine, duc de Guise) ; 301, 333.
GUISE, duchesse douairière de, (veuve du « Balafré ») ; 171.
GUISE, Famille de, — (Et aussi : LES GUISE, MAISON DE GUISE, et : MESSIEURS DE GUISE) ; 14, 18, 31, 64, 78, 79, 146-148, 151, 152, 155, 171, 248, 250, 251, 434, 534, 535.
GUISE, Tantes de ; 25.
GUITON ; 432, 464, 471-474, 489.
GURON ; 460.
GUSTAVE-ADOLPHE ; 521, 524, 528-532, 534, 546-551, 593, 630, 631, 655.

H

HABSBOURG, Famille de, — (Et aussi : LES HABSBOURG, et : MAISON DE HABSBOURG) ; 66, 68, 78, 118, 120, 121, 196, 214, 276, 282, 378, 379,

INDEX

383-386, 388, 392, 400, 423, 476, 478, 492, 493, 517, 555, 556, 559, 564, 565, 573, 592, 593, 598, 601, 608, 617, 634, 645, 654, 673.
HABSBOURG, branche autrichienne de ; 593. — Voir aussi : HABSBOURG, Famille de.
HABSBOURG D'ALLEMAGNE ; 381. — Voir aussi : HABSBOURG, Famille de.
HABSBOURG DE MADRID ; 120, 282, 381, 593. — Voir aussi : HABSBOURG, Famille de.
HABSBOURG DE VIENNE ; 120, 275, 282, 283, 381, 477. — Voir aussi : HABSBOURG, Famille de.
HALLUIN, duc d' ; 599.
HARAMBURE, d' ; 18.
HARLAY (François de), archevêque de Rouen ; 639, 641.
HARLAY, président de ; 128, 171.
HAULTAIN ; 432.
HAUTCASTEL, sieur de ; 226.
HAUTEFORT (Marie de) ; 605-608, 611, 612, 634, 658, 660-663, 674, 704.
HAY, mylord ; 376, 377.
HENNEQUIN (Jacques) ; 32.
HENRI II ; 13, 14, 59, 102, 593.
HENRI III ; 12, 14-18, 21, 25, 28, 29, 80, 89, 190, 250, 433, 667.
HENRI IV ; 8, 17-22, 24-30, 33, 36-44, 46-52, 54, 55, 58-61, 63, 64, 66-70, 72-87, 89, 90, 92, 93, 102-104, 115-118, 120-128, 131-133, 136-139, 142, 144-146, 149, 151, 153, 163, 171, 173, 182, 185-189, 191, 193, 195, 198, 213, 221, 234, 240, 245, 250, 251, 253, 268, 275, 278, 279, 281, 282, 310, 314, 321, 325, 327, 362, 372, 386, 395, 434, 444, 455, 490, 515, 534, 543, 545, 561, 572, 583, 621, 638, 667, 698, 713.
HENRI, Le Roi, — (Et aussi : LE BON ROI HENRI, LE ROI HENRI et : NOSTR'HENRI) ; 26, 64, 79, 147. — Voir aussi : HENRI IV.
HENRI LE GRAND ; 49, 208. — Voir aussi : HENRI IV.
HENRI DE NAVARRE, futur Henri IV ; 14-17, 25, 64, 253, 667. — Voir aussi : HENRI IV.
HENRIETTE ou HENRIETTE-MARIE DE FRANCE, future Reine d'Angleterre ; 118, 218, 240, 299, 419, 425, 430, 434, 435, 438-441, 445, 459, 520, 621, 646.
HÉROARD ; 209, 218, 226, 227.
HESSE-CASSEL, landgrave de ; 601.

HITLER ; 712.
HOHENLOHE, prince de ; 384.
HOLLAND, Lord ; 435-437, 439.
HOLSTEIN, duc de ; 385. — Voir aussi : CHRISTIAN IV DE DANEMARK.
HORACE ; 26, 49.
HORN ; 547, 550.
HUGO (Victor) ; 688, 710.
HURAULT (Philippe), évêque de Chartres ; 301, 302.
HUXLEY (Aldous) ; 712, 713.
HYACINTHE DE CASAL, Père ; 420.

I

ISIDORE, saint ; 597.

J

JACQUES Ier D'ANGLETERRE ; 51, 266, 281, 282, 380, 412, 435, 436, 525.
JAEGERNDORF, prince de ; 384.
JEAN, saint ; 404.
JEAN DE BRAGANCE, futur Jean IV de Portugal ; 653, 654. — Voir aussi : JEAN IV DE PORTUGAL.
JEAN III DE PORTUGAL ; 653.
JEAN IV DE PORTUGAL ; 654.
JEAN-GUILLAUME, duc de Clèves et de Juliers ; 121, 122.
JEANNE D'ARC ; 711.
JEANNIN, Président ; 127, 134, 157, 158, 238, 296, 317, 319, 327, 337, 342, 357, 361, 396, 401, 434.
JEAN NU-PIEDS ; 637-640.
JOINVILLE, prince de ; 170, 231, 250, 268, 299.
JOSEPH, Père ; 138, 140-144, 153, 154, 311-315, 338, 339, 348, 372, 374, 382, 420, 431, 458, 463, 468, 472, 474, 488, 499, 528, 532, 546, 570, 588, 599, 612, 626, 627.
JOYEUSE, cardinal François de ; 32, 34, 179.
JOYEUSE, duc de ; 15.
JOYEUSE, Père Ange de ; 141.
JUAN D'AUTRICHE, don, dit LE CARDINAL-INFANT ; 555. — Voir aussi : CARDINAL-INFANT.
JUMILHAC (Odet de) ; 706.

K

KINSKY, comte ; 551, 554.

L

Labrosse ; 126.
La Brosse, Les de ; 108.
La Brosse, Monsieur de ; 109.
La Broye ; 700.
La Bruyère ; 708.
La Châtre, maréchal de ; 40, 136, 137, 275.
La Cochère, abbé de ; 125, 129, 130, 132, 133, 138, 326, 339, 354, 355. — Voir aussi : Bouthillier de La Cochère, abbé.
Lacordaire ; 711.
La Coussaye, sieur de ; 97.
La Curée ; 300, 301.
La Fayette (Claude de) ; 138.
La Fayette, Famille de ; 138.
La Fayette (Louise de). — (Et aussi : La Fayette, Louise-Angélique de) ; 605, 608-612, 615, 634, 658, 674.
La Fayette (Marie de) ; 138.
Laffemas (Barthélemy) ; 50.
Laffemas (Isaac de) ; 693.
La Fontaine ; 11.
La Force, maréchal, duc de ; 241, 372, 374, 491, 493, 500, 532, 540-542, 555, 573, 578, 582, 622.
La Mabillière, Les de ; 108.
Lamboy ; 676.
La Meilleraye, maréchal de ; 680, 692.
Lamormain ; 577.
La Noue ; 18, 265.
La Place, serviteur de Leonora Galigaï ; 293, 320.
La Porte, porte-manteau d'Anne d'Autriche ; 602-604, 614.
La Porte (Amador de) ; 25, 27, 348.
La Porte, Famille de, — (Et aussi : Les de La Porte) ; 95, 107.
La Porte (François de) ; 12.
La Porte (Suzanne de), mère de Richelieu ; 11-13, 25, 26. — Voir aussi : Richelieu (Suzanne de).
La Rivière, abbé de ; 682, 694.
La Roche-Chémerault, Monsieur de ; 16.
La Rochefoucauld, cardinal de ; 90, 161, 170, 199-201, 344, 345, 417, 418, 422.
La Rochefoucauld, comte de ; 258, 283.
La Rochefoucauld, duc de ; 436-439, 674, 708.
La Roche-Posay, Monseigneur de (évêque de Poitiers) ; 158, 159, 240.
La Saussaye (Charles de) ; 180.
La Trémouille, duc de ; 79.
L'Aubépine, Monsieur de (évêque d'Orléans) ; 390.
La Valette, cardinal de ; 336, 342, 505, 506, 579, 599, 600, 625, 629.
La Valette, duc de ; 334, 340, 595, 624, 625.
La Valette, marquis de ; 359.
Lavedan, Madame de ; 153.
La Vieuville, marquis de ; 257, 409-414, 417-425, 427.
La Ville-aux-Clercs, Monsieur de ; 513.
Leclerc (Charles) ; 139. — Voir aussi : Leclerc du Tremblay (Charles).
Leclerc (Jean) ; 138.
Leclerc, Les ; 138.
Leclerc, Madame (mère de François Leclerc du Tremblay — le Père Joseph) ; 140.
Leclerc (Marie) ; 139.
Leclerc du Tremblay (Charles) ; 339, 420.
Leclerc du Tremblay (François), plus tard Père Joseph ; 138-141. — Voir aussi : Joseph, Père.
Le Coigneux ; 538.
Le Doux ; 460.
Legrain ; 39.
Le Jay, président ; 211, 219.
Le Masle ; 27, 261, 324.
Le Nain, frères ; 184.
Léon, Monsieur de (ambassadeur à Venise) ; 276, 284.
Léon, Père ; 694.
Le Peletier, Les ; 74.
Lerme, duc de ; 224, 225, 313, 554.
Lesdiguières, maréchal de ; 278, 283, 317, 333, 373, 375, 400, 401, 416-418, 421, 430, 452.
Lesdiguières, Madame la connétable de ; 512.
L'Estang, Monsieur de (évêque de Carcassonne) ; 291.
L'Estoile (Pierre de) ; 12, 39, 132, 173.
Lestrange, vicomte de ; 543.
Le Tellier (Michel) ; 697.
Letellier de Tourneville ; 639.
Léviathan ; 689.
L'Hôpital, Chancelier de ; 393.
L'Huillier ; 661.
Liechtenstein, prince de ; 383.
Lindsey, Lord ; 472.
Loménie ; 296.
Longueville, duc de ; 155, 216, 236,

INDEX

248, 249, 264, 269, 337, 357, 360, 444, 639.
LONGUEVILLE, duchesse de ; 301.
LONGUEVILLE, Maison de ; 79.
LORRAINE, duc de :
— HENRI II ; 327, 534, 535.
— CHARLES IV ; 420, 451, 490, 516, 524, 532, 534-537, 540, 541, 552, 555, 578, 579, 581, 600, 620, 655, 657.
LORRAINE, Maison de ; 434.
LOUIS XIII ; 7, 8, 37, 39, 46, 60-62, 66, 67, 73, 81, 128-130, 135, 137, 148, 149, 153, 155, 157, 159-164, 169, 170, 173-175, 182, 184, 193, 202, 204, 205, 208-210, 212, 216-218, 220-222, 224-228, 231-234, 236, 237, 240, 244-247, 250-253, 262-264, 268-272, 274, 277, 278, 282, 283, 287-296, 298-300, 303-307, 310, 313-318, 321, 323, 325, 327-332, 335-342, 344, 345, 348-350, 352-354, 356, 357, 359-365, 369-377, 379, 381, 384-386, 388-403, 406-410, 412-415, 418, 419, 421, 423-428, 432-450, 452, 453, 455-457, 459, 462-465, 467-469, 472-476, 478-480, 482, 483, 485-500, 502-517, 520-522, 524, 532, 534-550, 552-557, 559-565, 567-572, 574, 576-587, 590, 593, 596, 598, 599, 601-613, 615-618, 621, 625, 626, 628-631, 633-635, 645, 646, 648, 650-652, 655-668, 670-688, 690-693, 697, 698, 702-704, 709, 710, 712, 716, 718.
LOUIS XIV ; 37, 38, 65, 80, 243, 456, 488, 607, 611, 618, 628, 685, 698, 706, 708, 709.
LUÇON, baron de ; 95, 98, 105, 130. — Voir aussi : RICHELIEU (Armand du Plessis de).
LUÇON, Monsieur de, — (Et aussi : LUÇON, et : MONSEIGNEUR DE LUÇON) ; 85, 88, 91, 92, 95, 96, 98, 99, 105, 108, 110-112, 125, 134, 144, 145, 149, 154, 168, 201, 203, 207, 212, 228, 239, 240, 260, 277, 281, 283, 285-287, 295, 296, 301, 303-306, 308, 311, 315, 326, 342, 343, 348, 349, 351, 352, 356, 358, 359, 389-391, 396, 398, 399, 405. — Voir aussi : RICHELIEU (Armand du Plessis de).
LUDE, comte du ; 241, 352.
LUDE, duc du ; 422.
LUSIGNAN, gouverneur de ; 232.
LUSTRIER (Sébastien) ; 570.

LUTHER ; 29.
LUXEMBOURG, duc de ; 79, 218, 236.
LUXEMBOURG, maréchal de, (le « tapissier de Notre-Dame ») ; 456.
LUYNES (Charles d'Albert de) ; 173, 225, 245, 246, 262, 268, 287-292, 295-301, 303, 304, 306-311, 313, 316-324, 326-330, 332, 334, 335, 337, 339, 340, 346, 348-359, 361, 362, 364, 365, 369, 370, 372-378, 385, 388-395, 397, 407, 408, 412, 416, 422, 427, 433, 434, 491, 561, 606, 681.
LUYNES, Les ; 395, 415.
LUYNES, Madame de ; 606. — Voir aussi : CHEVREUSE, (Marie, duchesse de).

M

MACHIAVEL ; 420.
MAFFLIERS, baron de ; 138, 139. — Voir aussi : JOSEPH, Père.
MAGOT ; 595.
MAILLÉ (Armand de), neveu de Richelieu ; 700.
MAILLÉ-BRÉZÉ, La branche de ; 700.
MAILLÉ-BRÉZÉ (Claire-Clémence de), nièce de Richelieu ; 698, 705.
MAINE, duc du ; 149, 155, 216, 218, 250, 254, 263, 264, 358, 361, 372, 374-376, 426.
MAINE, Mademoiselle du ; 434.
MAINE, Monsieur du ; 255. — Voir aussi : MAINE, duc du.
MAIRET ; 585.
MALHERBE ; 118, 173, 406, 707.
MALICORNE, Monsieur de ; 16.
MANGOT ; 238, 239, 250, 252, 257-259, 287, 294, 298, 320.
MANSFELD ; 411, 420, 525, 528.
MANTOUE, duc de :
— VINCENT Ier DE GONZAGUE ; 151, 477.
— FERDINAND DE GONZAGUE ; 153, 277, 278.
— FRANÇOIS DE GONZAGUE ; 151.
— VINCENT II DE GONZAGUE ; 477.
— CHARLES DE GONZAGUE, ex-duc de Nevers ; 479, 490, 560, 580, 666.
MARCONNAY, Madame de ; 22, 109.
MARESCOT ; 412, 423.
MARGUERITE DE LORRAINE ; 553, 617.
— Voir aussi : MARGUERITE DE VAUDÉMONT.

MARGUERITE DE MANTOUE, femme de François de Gonzague, duc de Mantoue ; 151.
MARGUERITE DE SAVOIE, vice-Reine du Portugal ; 653.
MARGUERITE DE VALOIS ; 14, 43, 149, 171, 210.
MARGUERITE DE VAUDÉMONT, deuxième femme de Gaston d'Orléans ; 516, 524, 537, 549, 552, 557.
MARIA, Infante dona (sœur d'Anne d'Autriche) ; 435.
MARIE, fille de Marguerite et de François de Gonzague, duc et duchesse de Mantoue, nièce de Charles de Gonzague-Nevers ; 151, 477.
MARIE, sœur de Cinq-Mars ; 680.
MARIE (Vierge-Marie) ; 142.
MARIE DE MÉDICIS ; 8, 31, 43, 56, 60-62, 66, 69, 78, 81-83, 90, 99, 116, 118, 123-129, 131, 132, 134, 136-138, 144-168, 170, 173-177, 179, 182, 188, 202, 204-206, 208, 210-216, 218-222, 224, 225, 228, 232-234, 236-242, 244-258, 262-266, 271, 272, 275, 279-281, 285-288, 290-294, 298-303, 305-314, 318, 320-324, 326-330, 332-359, 361-365, 369, 373, 374, 377, 385, 388, 389, 391-399, 401, 402, 407, 410, 412-414, 425, 437-442, 444, 446, 448-450, 452, 453, 458, 467, 475, 477-481, 483, 485, 489-491, 493-518, 520-524, 529, 532, 534, 537-540, 542-545, 549, 550, 552, 557, 561, 564, 602, 615-617, 621, 646, 656, 667, 676, 681, 685, 688, 698, 702, 703, 711.
MARIE DE PORTUGAL ; 653.
MARIE-LOUISE DE GONZAGUE ; 478, 490, 666, 667, 670, 673, 675, 676, 680, 684.
MARIE-THÉRÈSE, Infante ; 628.
MARILLAC, abbé de ; 235.
MARILLAC, Les. — (Et aussi : LES FRÈRES DE MARILLAC) ; 479, 488, 489, 517.
MARILLAC (Louis de), maréchal ; 270, 355, 358, 359, 362, 395, 398, 475, 503, 506, 507, 539, 540. — Voir aussi : MARILLAC, Les.
MARILLAC (Michel de), Chancelier ; 355, 424, 444, 448, 454, 475, 485, 493, 495, 497, 503, 505-507, 539, 561. — Voir aussi : MARILLAC, Les.
MARION (Marcel) ; 65.
MARION DE LORME. — (Et aussi :

MARION DELORME) ; 659, 666, 688, 710.
MARQUEMONT, Monseigneur de, archevêque de Lyon ; 174-176, 420.
MARQUEMONT, Monsieur de ; 325.
MARSILLAC ; 204, 205, 211, 236, 289, 390, 391, 443.
MARTINIC ; 379, 383.
MATHIAS, Empereur ; 378, 379.
MATTHIEU ; 49.
MAUGIRON, Mademoiselle de ; 606.
MAURICE DE SAVOIE, cardinal ; 599, 623, 629, 630, 648.
MAUSSON, seigneur de ; 13.
MAXIMILIEN DE BAVIÈRE ; 136, 382, 525.
MAYENNE, duc de (frère du « Balafré » et chef de la Ligue) ; 17-20, 25, 41, 66, 171, 236.
MAYENNE, duc de (fils du précédent) ; 267, 272, 285, 337, 345, 422.
MAYNARD ; 704.
MAZARIN (Jules) ; 493, 496, 500, 662, 679, 687, 693, 697, 699, 704, 705.
MECKLEMBOURG, ducs de ; 578.
MÉDICIS, Les ; 311.
MÉROVINGIENS, Les ; 66.
MESMES, lieutenant civil de ; 194.
MÉTEZEAU (Clément) ; 465.
MICHELET (Jules) ; 518, 711.
MILADY, personnage des *Trois Mousquetaires* ; 440.
MILLY (Louise de) ; 602. — Voir aussi : SAINT-ÉTIENNE, Mère de.
MIRABEL, marquis de ; 601, 603.
MIRON, envoyé du Roi en Suisse ; 265.
MIRON, évêque d'Angers ; 202.
MIRON (Robert), Prévôt des Marchands ; 175, 176, 209, 244.
MODÈNE, Monsieur de ; 289, 322, 328.
MOLÉ ; 424.
MONGRÉDIEN (Georges) ; 502.
MONOD, Père ; 629.
MONSIGOT ; 538.
MONTAGU ; 535, 536.
MONTELEONE, duc de ; 227, 259, 260, 264, 277, 310, 317.
MONTBAZON, duc de ; 126, 321, 322, 350, 356, 357, 373, 390.
MONTESPAN, Madame de ; 685.
MONTESQUIEU ; 243, 709.
MONTGLAT ; 662.
MONTIGNY, maréchal de ; 267, 268, 271, 273.
MONTMORENCY, amiral de ; 240, 432. — Voir aussi : MONTMORENCY (Henri II, duc de).

MONTMORENCY (Charlotte de); 78, 116-118, 123, 171, 251, 545. — Voir aussi : CONDÉ (Charlotte de Montmorency, princesse de).
MONTMORENCY, connétable, duc de ; 79, 187.
MONTMORENCY, duchesse de (femme d'Henri II, duc de Montmorency); 456, 544, 545.
MONTMORENCY, Famille de. — (Et aussi : LE CLAN DES MONTMORENCY, et : LES MONTMORENCY) ; 117, 415, 456.
MONTMORENCY (Henri II, duc de). — (fils du connétable de Montmorency) ; 359, 360, 375, 415, 416, 432, 453, 498, 537-539, 541-545, 548, 549, 674, 684.
MONTMORENCY-BOUTEVILLE (François de) ; 455.
MONTMORENCY-BOUTEVILLE (Louis de) ; 177.
MONTPENSIER, Madame de ; 127.
MONTPENSIER, Mademoiselle de, première femme de Gaston d'Orléans ; 442-444, 448-450, 453, 478, 656.
MONTRÉSOR (Antoine de Bourdeilles, comte de); 585.
MOREL (Jean) ; 637.
MORET (Antoine de Bourbon, comte de) ; 514, 515, 543.
MORET (Jacqueline de Bueil, comtesse de) ; 83, 90, 116.
MORGUES (Mathieu de) ; 354, 392, 699, 708.
MORTEMART, marquis de ; 685.
MOTTEVILLE, Madame de ; 437, 708.
MOUSSY, Monsieur de ; 91.
MULOT ; 28.
MUSSOLINI ; 712.

N

NANÇAY (Henri de La Châtre, comte de) ; 164, 165.
NAPOLÉON ; 706.
NAPOLÉON III ; 558.
NASSAU, Famille de. — (Et aussi : LES NASSAU) : 37, 281.
NASSAU, prince de ; 281.
NEMOURS, duc de ; 362.
NERI (Philippe de) ; 99.
NEUBOURG, comte palatin de ; 121, 122.
NEVERS, duc de. — (Et aussi : CHARLES DE GONZAGUE, DUC DE NEVERS) ; 40, 41, 155, 156, 158, 167, 220, 246, 257, 261-264, 267, 311-313, 376, 444, 477-479, 489, 492, 493, 499, 500, 666.
NEVERS, duchesse de ; 257, 267.
NICOLAS, premier duc d'Orléans ; 245.
NICOLAS-FRANÇOIS, cardinal de Lorraine ; 552, 555.
NICOLE DE LORRAINE ; 534, 535.
NOYERS, de ; 683. — Voir aussi : SUBLET DE NOYERS.
NYERT, de ; 662.

O

O (François d') ; 17, 18.
OGNANO, duchesse d' ; 512.
OLIVARES, comte-duc d' ; 384, 479, 480, 485, 486, 523, 545, 566-568, 597-599, 620, 628, 629, 633, 644, 645, 648, 650-653, 655-657, 673, 679, 682, 683, 697.
ORANGE, Famille d'. — (Et aussi : MAISON D'ORANGE) ; 411, 647.
ORANGE, prince d' ; 79, 540, 574, 576, 584, 632, 646.
ORANGE-NASSAU, Famille d' ; 68.
ORLÉANS (Antoinette d'). — (Et aussi : MADAME D'ORLÉANS), coadjutrice de l'abbesse de Fontevrault ; 143.
ORLÉANS, duc d' :
— NICOLAS, premier duc d'Orléans ; 245.
— GASTON, deuxième duc d'Orléans ; 245, 585, 670, 675, 677, 682.
— Voir aussi : GASTON D'ORLÉANS.
ORLÉANS, prince d' ; 491, 617. — Voir aussi : GASTON D'ORLÉANS.
ORNANO, maréchal d' ; 293, 352, 443, 444, 451, 452.
OSSAT, cardinal d' ; 41.
OXENSTIERNA ; 550-552, 555, 559, 579.

P

PAGÈS (Georges) ; 383.
PALATIN, prince (fils de Frédéric V) ; 630.
PALÉOLOGUE, Les ; 311.
PARME, duc de ; 560.
PASQUIER (Nicolas) ; 286, 359.
PASTRANA, duc de ; 149.
PATROCLE, écuyer d'Anne d'Autriche ; 614, 615.
PAUL V ; 33, 35, 259, 312, 325.
PAULET ; 126, 186, 191.

PÉRÉFIXE ; 49.
PERSEN ; 296.
PHÉLYPEAUX, Les ; 74.
PHÉLYPEAUX D'HERBAULT ; 419.
PHILIPPE, Infant (futur Philippe IV d'Espagne) ; 137, 224. — Voir aussi : PHILIPPE IV D'ESPAGNE.
PHILIPPE II D'ESPAGNE ; 16, 39-43, 52, 181, 653.
PHILIPPE III D'ESPAGNE ; 43, 124, 137, 149, 152, 214, 278, 283, 310, 381, 384, 386, 650, 653.
PHILIPPE IV D'ESPAGNE ; 224, 384, 386, 388, 401, 461, 476, 477, 479, 516, 522, 523, 549, 555, 561-563, 565, 567, 568, 570, 597, 633, 646, 650-653, 657, 679, 697.
PHILIPPE D'ORLÉANS, deuxième fils de Louis XIII et d'Anne d'Autriche ; 670.
PICARD ; 243, 244.
PICCOLOMINI ; 554, 576, 623, 633, 654.
PIÉMONT, prince de (futur duc Victor-Amédée Ier de Savoie) ; 137, 322, 336, 381, 486. — Voir aussi : SAVOIE, duc de.
PINON ; 625.
PLUVINEL (Antoine de) ; 27, 28, 139.
POIRSON ; 49.
POLIGNAC (Anne de) ; 15.
PONS, Madame de ; 705.
PONTCHARTRAIN, ministre de Marie de Médicis et de Louis XIII ; 145, 216, 287, 290, 296.
PONTCHARTRAIN (Louis Phélypeaux, comte de), ministre de Louis XIV ; 65.
PONTCHÂTEAU, Mademoiselle de ; 557, 618. — Voir aussi : AIGUILLON, duchesse d' (Mademoiselle de Pontchâteau).
PONTHÉBERT, sieur de ; 637.
PORCHNEV (Boris) ; 595.
PORTLAND, Lord ; 65.
POT (Guillaume) ; 164, 165.
POTIER ; 235.
POUPINEL (Charles de) ; 637.
PRASLIN ; 360, 409.
PROMÉTHÉE ; 713.
PUISIEUX ; 149, 238, 296, 319, 325, 326, 338, 376, 381, 385, 390, 395-397, 399, 406, 409, 410, 412, 417, 422, 423, 427.
PUJOLS, baron de ; 620, 628, 682.
PURE, abbé de ; 26.
PUYLAURENS ; 544, 549, 552-554, 556, 557, 618.

Q

QUINTE-CURCE ; 464.
QUIROGA ; 577.

R

RACAN ; 406, 466.
RAMBOUILLET (Catherine de Vivonne, marquise de) ; 84, 585, 586.
RAPINE (Florimond) ; 172.
RAVAILLAC ; 22, 59, 63, 124, 127, 198, 561, 698.
RENAN ; 712.
RENARD ; 371.
RENAUDOT (Théophraste) ; 666, 700.
RETHELOIS, duc de ; 477.
RETZ, cardinal de ; 346, 348.
RETZ, duc de ; 363.
RICHELIEU, abbé de (futur cardinal de Richelieu) ; 31-34, 89, 259. — Voir aussi : RICHELIEU (Armand du Plessis de).
RICHELIEU, abbé de (troisième petit-neveu de Richelieu, de la branche des du Pont de Courlay) ; 706. — Voir aussi : DU PONT DE COURLAY, Petits-neveux.
RICHELIEU (Alphonse de) ; 15, 21, 29, 258, 416, 491, 702-705.
RICHELIEU (Antoine de). — (Et aussi : LE CAPITAINE RICHELIEU) ; 12, 14.
RICHELIEU (Armand du Plessis de). — (Et aussi : ARMAND-JEAN DU PLESSIS DE RICHELIEU, et : LE CARDINAL DE RICHELIEU) ; 7, 8, 11, 15, 21, 25-27, 31-36, 39, 54, 60, 70, 84, 85, 87, 89-100, 102, 105-115, 124, 125, 127-135, 138, 141, 143-145, 149, 150, 154, 155, 158, 159, 165-168, 173, 174, 179, 185, 191, 193, 195, 200-203, 206-208, 210-212, 219-223, 228, 229, 231, 234, 235, 237-239, 241-243, 252, 257-274, 276-288, 293-298, 300-316, 318-326, 328, 330, 331, 334, 338, 339, 342-359, 361-366, 369, 370, 372-374, 376-378, 386, 388-399, 401-406, 409, 410, 412-433, 435, 438-442, 444-446, 448-450, 452-477, 479-483, 485-518, 520-522, 524, 529, 532, 534-546, 548-554, 556-574, 577, 579-581, 583-585, 588, 589, 591, 593-601, 603-605, 608-618, 620-631, 633-636, 639-648, 651-653, 655-660, 662-694, 697-705, 707-719.
RICHELIEU (Armand-Emmanuel du Plessis, duc de) ; 706.

RICHELIEU, Famille de. — (Et aussi : LES RICHELIEU) ; 12, 15, 28-30, 32, 90, 91, 95, 98, 109, 347, 700, 702-706.
RICHELIEU (François de). — (Et aussi : FRANÇOIS DU PLESSIS DE RICHELIEU, et : MONSIEUR DE RICHELIEU LE PÈRE) ; 12-16, 18, 19, 21, 28, 287.
RICHELIEU (Françoise de) ; 15, 21, 390.
RICHELIEU (Henri de). — (Et aussi : MARQUIS DE RICHELIEU) ; 15, 21, 29, 32, 36, 107, 109, 129, 230, 231, 267, 306, 323, 326, 330, 347, 402, 449.
RICHELIEU (Jean-Armand-Chatel, marquis de Jumilhac, duc de) ; 706.
RICHELIEU, Les Jeunes ; 705.
RICHELIEU (Louis du Plessis de) ; 13.
RICHELIEU (Louis-François Armand de Vignerot du Plessis, duc de) ; 706.
RICHELIEU, marquis de (deuxième petit-neveu de Richelieu, de la branche des du Pont de Courlay) ; 705. — Voir aussi : DU PONT DE COURLAY, Petits-neveux.
RICHELIEU, marquise de (femme d'Henri de Richelieu) ; 330.
RICHELIEU, Mesdames de ; 21, 22.
RICHELIEU (Nicole de) ; 15, 21.
RICHELIEU, seigneur de, (François du Plessis de Richelieu) ; 14. — Voir aussi : RICHELIEU (François de).
RICHELIEU (Suzanne de). — (Et aussi : MADAME DE RICHELIEU) ; 15, 19, 21, 24, 25, 27, 29-31, 92, 109, 110, 235.
RICHELIEU, Les trois frères ; 702.
ROANNÈS, duc de ; 514.
ROCHECHOUART (Françoise de) ; 12, 13, 15, 22.
ROCHECHOUART, Les ; 12.
ROCHEFORT ; 204, 205, 236.
RODOLPHE II DE HABSBOURG ; 121, 378.
ROGER, héros de roman ; 438.
ROGER, valet de chambre de Marie de Médicis ; 294.
ROHAN, duc de ; 78, 138, 150, 214, 221, 223, 224, 230, 236, 253, 317, 323, 333, 357, 361, 374, 376, 377, 398, 432, 460, 463, 475, 476, 479, 487, 489, 561, 570, 573, 580, 598, 599.
ROHAN, duchesse douairière de ; 462, 471, 474.
ROHAN, Les ; 432.
ROHAN (Henriette de) ; 416.
ROHAN (Marie de). — (Et aussi : MARIE DE ROHAN-MONTBAZON) ; 321, 370, 408, 433, 434, 606. — Voir aussi : CHEVREUSE (Marie, duchesse de).
ROISSY ; 321, 328, 330, 334, 514, 515.
RONSARD ; 139.
ROOSEVELT ; 454.
ROQUELAURE, maréchal de ; 223.
ROSNY, marquis de ; 269.
RUBENS ; 137, 523.
RUCCELAÏ, abbé ; 334, 338, 339, 341, 343, 345, 347, 348.

S

SAINT-AIGNAN, Monsieur de ; 268.
SAINT-CHAMOND, Monsieur de ; 272.
SAINT-ÉTIENNE, Mère de, abbesse du Val-de-Grâce ; 602.
SAINT-IBAR, Monsieur de ; 585.
SAINT-LOUIS ; 67, 78, 162, 175.
SAINT-POL, comte de ; 216.
SAINT-SIMON (Claude du Rouvroy, seigneur de). — (Et aussi : CLAUDE DE SAINT-SIMON), écuyer de Louis XIII ; 453, 505, 607-609, 611.
SAINT-SIMON, duc de (fils du précédent, mémorialiste du temps de Louis XIV) ; 79, 123, 243, 512, 607, 709.
SAINT-VICTOR, abbé de ; 219, 220.
SAINTE-BEUVE ; 711.
SALAMANQUE (Miguel de) ; 620, 622.
SALES (François de) ; 87.
SALOMON ; 172.
SAUZÉ (Charles) ; 586.
SAVARON (Jean) ; 193-195.
SAVOIE, duc de :
— CHARLES-EMMANUEL Ier ; 37, 43, 52, 120, 122, 124, 137, 146, 151-153, 275, 277, 278, 282, 283, 317, 322, 400, 406, 419, 423, 430, 477-479, 482, 486, 489, 491-495.
— VICTOR-AMÉDÉE Ier ; 496, 499, 516, 545, 554, 560, 579.
— CHARLES-EMMANUEL II ; 630, 692.
SAXE-WEIMAR (Bernard de) ; 530, 547, 550, 554, 571, 579, 580, 598, 600, 601, 619, 622, 623, 626, 627, 630, 631, 676.
SCARRON ; 707.
SCHOMBERG, comte de ; 265, 279, 280, 317, 342, 345, 360, 395, 401, 409, 416, 424, 448, 454, 464, 498, 507, 510, 514, 515, 541-543, 572, 599.
SCHWARTZENBERG (Adam de) ; 655.

SÉGUIER, Les ; 74.
SÉGUIER (Pierre), Chancelier ; 587-589, 602, 625, 641, 642, 686, 687.
SENECEY, baron de ; 177, 194, 208.
SERRES (Olivier de) ; 47-49.
SERVIEN, secrétaire d'État ; 588.
SERVIN, avocat général ; 201.
SILLERY, Brûlart de, Chancelier ; 75-77, 127, 134, 148, 174, 206, 216, 232, 233, 237, 238, 296, 319, 337, 350, 395, 396, 399, 403, 406, 407, 409, 410, 412, 417.
SILLERY, Commandeur de ; 170, 217, 232, 233.
SLAWATA ; 379, 383.
SOISSONS (Charles de Bourbon, premier comte de) ; 79, 126, 131, 146-150, 160.
SOISSONS (Louis de Bourbon, deuxième comte de) ; 357, 362, 442-444, 570, 582, 584, 585, 613, 617, 655-657, 669-672, 674.
SOISSONS, princesse de, femme de Charles de Bourbon, premier comte de Soissons ; 223, 301.
SOREL ; 712.
SOUBISE ; 373, 374, 416, 432, 460-462, 535.
SOURDIS, Monseigneur de, cardinal ; 124, 125, 133, 161, 170, 171, 205, 224, 226, 362, 364, 599, 624.
SPINOLA ; 381, 382, 384, 411, 465, 489, 491, 492, 494, 495, 499, 600.
SUBLET DE NOYERS ; 589, 668, 680, 681, 683, 693, 697.
SUFFREN, Père ; 329, 330, 358, 480, 481, 510.
SULLY ; 30, 44, 46, 52, 54-56, 58-62, 65, 70, 72, 75-77, 82, 90, 102-105, 107, 126, 127, 132, 134, 137, 138, 153, 156, 159, 165, 182, 185, 187, 189, 214, 219, 236, 251, 333, 341.

T

TALLEMANT DES RÉAUX ; 35, 36, 241, 576, 661, 680, 683, 688.
TAPIÉ (Victor-Lucien) ; 458, 628.
TENEBROSO-CAVERNOSO (*alias* le Père Joseph) ; 144. — Voir aussi : JOSEPH, Père.
TÉRENCE ; 26.
THÉMINES, maréchal de ; 252, 253, 270, 422, 449.
THÉMINES, Monsieur de (fils du maréchal de Thémines) ; 347, 449.

THIERRY (Augustin) ; 711.
THIRIOT (Jean) ; 465, 474.
THOMAS DE SAVOIE, prince ; 554, 574, 599, 623, 629, 630, 648.
THORIGNY ; 455, 456.
THOU (François-Auguste de) ; 667, 668, 670-672, 674, 677, 682, 683, 685-687.
THOU (Jacques de) ; 667.
TILLY ; 382, 528, 530-532, 547, 548.
TOIRAS, maréchal de ; 432, 462, 463, 486, 493, 495, 496, 500, 549, 581.
TORSTENSON ; 697.
TOSCANE, Grand-Duc de ; 42, 126, 132, 167, 187, 205, 211, 240, 242, 327, 328, 380.
TOUCHET (Marie) ; 240.
TRESMES, comte de ; 425.
TRÉVILLE ; 497, 677, 689, 691.
TRISTAN L'HERMITE, surnom de François du Plessis de Richelieu ; 15.
TROMP ; 631, 632.
TRONSON (Louis) ; 289.
TURENNE ; 489, 600.

U

URBAIN VIII ; 596, 697.
URSINS (Marie-Félicie des), femme du duc Henri II de Montmorency ; 538.

V

VALENÇAY, Commandeur de ; 445.
VALOIS, Les ; 80, 188.
VARDES, jeune marquis de ; 515, 516, 521.
VARDES, marquis de (père du jeune marquis de Vardes) ; 517.
VAUTIER ; 510, 512, 513, 522, 703.
VENDÔME (Alexandre, Grand-Prieur de) ; 358, 360, 444, 448, 451. — Voir aussi : VENDÔME, Les.
VENDÔME (César, duc de) ; 83, 126, 159, 160, 220, 236, 264, 337, 362, 363, 444-446, 448, 449, 451. — Voir aussi : VENDÔME, Les.
VENDÔME, Les ; 446-448, 451.
VENDÔME, Mademoiselle de ; 321, 434.
VENDÔME, Maison de ; 255. — Voir aussi : VENDÔME, Les.
VENTADOUR, duc de ; 79.
VENTADOUR, duchesse de ; 456.

INDEX

VERNEUIL (Henri de), évêque de Metz et abbé de Saint-Germain des Prés ; 87.
VERNEUIL, Monsieur de ; 268.
VIC, Monsieur de ; 145, 396.
VICTOR-AMÉDÉE Ier, duc de Savoie ; 495, 599, 623. — Voir aussi : SAVOIE, duc de.
VIGNEROT (Armand de), fils de François du Pont de Courlay, premier petit-neveu de Richelieu ; 700. — Voir aussi : DU PONT DE COURLAY, Petits-neveux.
VIGNEROT (Marie-Madeleine de), future duchesse d'Aiguillon ; 390. — Voir aussi : AIGUILLON, duchesse d', Madame de Combalet).
VIGNY ; 710.
VILLEROY (Nicolas de Neufville de) ; 75-77, 127, 134, 147, 148, 152, 153, 155, 157, 216, 217, 232, 233, 235, 237-239, 242, 257, 275, 276, 296, 297, 317, 319, 325.
VILLESAVIN, Monsieur de ; 299, 302, 303, 355.
VINCENT, pasteur ; 707.
VINCI (Léonard de) ; 62.

VIRGILE ; 26, 49.
VITRY, maréchal de ; 268, 269, 291-294, 296, 298, 422.
VOITURE ; 438, 707.
VOLTAIRE ; 469, 706, 709.

W

WALLENSTEIN ; 521, 524, 525, 528-531, 545-554.
WERTH (Jean de) ; 571, 581, 584, 600, 619.
WURTEMBERG, duc de ; 182.

Y

YVER (François) ; 29, 32.
YVON (Jean) ; 27.

Z

ZOCCOLI ; 302.

Table des matières

INTRODUCTION 7

PREMIÈRE PARTIE

L'AMBITION

CHAPITRE PREMIER : L'ENFANCE D'UN CHEF 11
Mystère d'une naissance, 11. — *L'ombre du père*, 12. — *Le légitimiste et les deux Henri*, 14. — *Henri III est mort, vive Henri IV, Roi de France et de Navarre*, 17. — *« Suivez mon panache blanc ! »*, 18. — *Siège de Paris et mort du père*, 20. — *Mesdames de Richelieu*, 21. — *Terre de Poitou*, 22. — *Histoire d'un petit garçon*, 24. — *L'oncle Amador et le Collège de Navarre*, 25. — *L'Académie Pluvinel*, 27. — *Les Richelieu et l'évêché de Luçon*, 28. — *« Pour le bien de l'Église et la gloire de notre nom »*, 30. — *Sorbonne 1606 : une étoile est née*, 31. — *Un surdoué chez le Pape*, 32.

CHAPITRE II : LA JEUNESSE DE LA FRANCE 37
À l'aube du Grand Siècle, 37. — *L'Espagne, encore et toujours*, 39. — *Enfin la paix*, 42. — *Un pays à reconstruire*, 44. — *L'assainissement financier*, 44. — *Labourage et pâturage*, 47. — *Les forêts*, 49. — *Le commerce extérieur*, 50. — *Ponts, routes et canaux*, 54. — *Les grands travaux du règne*, 58.

CHAPITRE III : LE ROI 64
« Nostr' Henri », 64. — *L'institution royale*, 65. — *Les pouvoirs du Roi*, 68. — *L'organisation gouvernementale*, 72. — *Les collaborateurs du Roi*, 75. — *Les clans*, 77. — *La Cour*, 79.

CHAPITRE IV : MONSIEUR DE LUÇON 85
Glorieux Carême, 85. — *Puissant Clergé de France*, 86. — *À la reconquête des âmes*, 87. — *Un évêque de Cour*, 88. — *Adieu, Paris... Bonjour, Luçon*, 91. — *Le gentilhomme et l'évêché le plus crotté de France*, 94. — *Sur le terrain*, 98. — *Le prêche à Luçon*, 99. — *Un pays durement éprouvé*, 101. — *Agitation fiscale dans le Centre-Ouest*, 102. — *Des îlots de prospérité*, 104. — *L'évêque et les collecteurs d'impôts*, 105. — *Un réseau de relations efficace*, 107. — *On tire le diable par la queue*, 108. — *Santé, quand tu nous manques*, 110.

CHAPITRE V : L'AN 1610 112
À nous deux, Paris !, 112. — *Une ambiance politique incertaine*, 115. — *Le dernier amour du Vert-Galant*, 116. — *La grande coalition anti-Habsbourg*, 120. — *La succession de Clèves et de Juliers*, 121. — *Bientôt la guerre ?*, 122. — *Menaces sur la vie d'Henri IV*, 123. — *Richelieu candidat à l'Assemblée du Clergé. Un cuisant échec*, 124. — *14 mai 1610. Henri IV assassiné*, 126. — *Marie de Médicis proclamée Régente*, 127. — *Une protestation de loyalisme de l'évêque de Luçon*, 129. — *Avidité des Grands*, 131. — *La bonne étoile de Concini*, 132. — *Monsieur de Luçon monte à Paris*, 134.

CHAPITRE VI : LES GRANDES MANŒUVRES 136
L'expédition de Juliers, 136. — *Sully s'en va*, 137. — *Le Père Joseph*, 138. — *La réforme de Fontevrault : naissance d'une amitié*, 142. — *Premières alarmes. Un évêque qui se pousse*, 144. — *Conclusion des mariages espagnols*, 146. — *Trouble fin d'année 1612. Monsieur de Luçon poursuit sa progression*, 149. — *Succession et guerre de Mantoue (1613)*, 151. — *Effervescence à la Cour*, 153. — *Révolte du duc de Nevers et Traité de Sainte-Menehould (15 mai 1614)*, 156. — *Condé trublion. Le voyage de Nantes*, 158. — *Majorité de Louis XIII. Marie de Médicis, Chef du Conseil (2 octobre 1614)*, 160. — *Convocation des États-Généraux. Comment se gagnent des élections*, 163. — *Richelieu député. Au service de la Reine-Mère*, 166.

TABLE DES MATIÈRES

CHAPITRE VII : LES ÉTATS-GÉNÉRAUX ET LE DÉSORDRE DES FINANCES 169
Ouverture des États-Généraux, 169. — *Madame Mère*, 173. — *Au travail*, 177. — *Les décrets du Concile de Trente*, 179. — *Les finances royales*, 181. — *Les recettes*, 182. — *Les dépenses*, 187. — *Un difficile exercice d'équilibre*, 189. — *Vénalité et hérédité des offices*, 190. — *Supprimer la paulette...*, 192. — *... et les pensions des Grands*, 192.

CHAPITRE VIII : « EMPEREUR EN SON ROYAUME » 198
L'article du Tiers, 198. — *Fin de session*, 203. — *Clôture des États-Généraux*, 206. — *Et après ?*, 210. — *Encore Condé !*, 211. — *Le trésor de la Bastille*, 215. — *En route pour Bordeaux !*, 219. — *Chemin faisant*, 221. — *L'échange des princesses*, 225. — *Noces*, 226.

CHAPITRE IX : LE TEMPS DES TROUBLES 230
Échec au Roi, 230. — *La Conférence de Loudun*, 232. — *Richelieu suspect ?*, 234. — *Signature du Traité de Loudun (3-8 mai 1616)*, 235. — *Un lâche soulagement*, 237. — *Concini fait le ménage*, 238. — *Première mission pour Monsieur de Luçon*, 240. — *Concini, ou comment s'en débarrasser*, 242. — *« Le peu d'application du Roi aux affaires de l'État »*, 244. — *La conspiration de Condé*, 247. — *Remue-méninges chez les Grands*, 249. — *L'arrestation de Condé*, 252.

CHAPITRE X : MINISTRE DE CONCINI 255
La paix en balance, 255. — *Monsieur de Nevers, seul contre tous*, 257. — *Richelieu ministre !*, 258. — *La guerre*, 261. — *Diplomatie de combat*, 265. — *Une affaire rondement menée*, 266. — *Richelieu en campagne*, 268. — *Une philosophie de l'action*, 272. — *Principes de la politique étrangère*, 274. — *Encore le Montferrat*, 277. — *Mission auprès des États protestants*, 279. — *Rebuffade à Venise*, 282.

CHAPITRE XI : PLUS DURE SERA LA CHUTE 285
La morgue de Concini, 285. — *Le petit Conseil du Roi*, 288. — *L'assassinat de Concini*, 292. — *« Eh bien, Luçon, me voilà débarrassé de votre tyrannie »*, 295. — *Scènes d'hystérie*, 297. — *Les adieux de la Reine-Mère*, 299. — *Blois*, 302. — *Monsieur de Luçon prend la fuite*, 305. — *Richelieu assigné à résidence*, 307. — *Les mille et une intrigues de la Reine déchue*, 309.

— *La croisade du Père Joseph*, 311. — *Richelieu polémiste*, 314.

CHAPITRE XII : **AU FOND DE L'ABÎME** 317
Les succès de Luynes, 317. — *Le supplice de la Galigaï : une mort qui rapporte*, 319. — *Tempête à Blois. L'affaire Barbin*, 321. — *Richelieu exilé en Avignon*, 323. — *L'étau se resserre*, 327. — *Le désenchantement de l'évêque de Luçon*, 330. — *Les finasseries de la Reine-Mère*, 332. — *Un complot bien monté*, 333. — *Marie de Médicis s'évade de Blois*, 335. — *L'homme providentiel : Richelieu rappelé d'exil*, 337.

CHAPITRE XIII : **REBELLE MALGRÉ LUI** 340
Branle-bas de combat, 340. — *Richelieu à Angoulême*, 342. — *Le Traité d'Angoulême. Une paix boiteuse*, 346. — *Couzières ou la réconciliation manquée*, 349. — *Luynes la gaffe*, 352. — *Un vent de révolte*, 354. — *Deuxième guerre de la mère et du fils*, 358. — *La drôlerie des Ponts-de-Cé*, 362. — *Le Traité d'Angers*, 363.

DEUXIÈME PARTIE

LE POUVOIR

CHAPITRE XIV : **SUR LES MARCHES DU PALAIS** 369
Patience et longueur de temps, 369. — *Luynes : un médiocre ?*, 370. — *Le Béarn*, 371. — *De Saint-Jean d'Angély à Montauban*, 373. — *La Bohême*, 378. — *La Montagne Blanche*, 382. — *La Valteline*, 387. — *Richelieu et Luynes*, 388. — *Une campagne de pamphlets*, 392. — *À petits pas vers le pouvoir*, 394. — *Richelieu cardinal*, 398. — *En Valteline, Sire !*, 400.

CHAPITRE XV : **PREMIER MINISTRE, ENFIN !** 403
En réserve de la République, 403. — *Pauvre Louis XIII*, 406. — *Le ministère La Vieuville*, 410. — *Entrera, entrera pas ?*, 412. — *Richelieu ministre : le bon choix*, 415. — *Bataille pour la première place*, 416. — *Richelieu au travail*, 418. — *L'élimination de La Vieuville*, 422. — *Richelieu seul maître à bord*, 425.

TABLE DES MATIÈRES

CHAPITRE XVI : REPRISE EN MAIN **429**
Règlement des affaires de la Valteline, 429. — L'agitation protestante (1625-1626), 432. — Madame de Chevreuse se venge, 433. — Buckingham, 437. — Faut-il marier Gaston ?, 441. — Chalais, 445. — Nantes. Mariage de Monsieur et exécution de Chalais, 448. — Épilogue d'une conjuration, 451. — Le triumvirat, 452. — L'Assemblée des notables, 453. — Halte aux duels ! Bouteville et Des Chapelles, 455.

CHAPITRE XVII : LA ROCHELLE **459**
Perfide Albion. Où l'on retrouve la main de Buckingham, 459. — Bataille pour l'Ile de Ré, 461. — La Rochelle assiégée, 464. — Les Anglais tournent bride. L'assassinat de Buckingham, 468. — Agonie d'une ville, 471. — La chute de La Rochelle, 473. — Le grand débat, 475. — Mourir pour Casal. L' « Avis au Roi » du 13 janvier 1629, 480.

CHAPITRE XVIII : LA CRISE **485**
Le Pas de Suse, 485. — Dernière guerre de Religion de Louis XIII et Grâce d'Alès, 487. — Richelieu et Marie de Médicis : c'est la rupture, 489. — « Il faut quitter toute pensée de repos », 492. — Mauvaises nouvelles, 495. — Louis XIII à l'article de la mort, 497. — La paix ! La paix !, 499. — La Journée des Dupes, 502. — La famille royale en folie, 507. — Compiègne, 510. — Que faire de la Reine-Mère ?, 513. — L'évasion de Marie de Médicis, 516. — Montée du nationalisme, 517.

CHAPITRE XIX : LA GUERRE COUVERTE **520**
Marie de Médicis et Richelieu : duel à la face de l'Europe, 520. — Polémique, 521. — Préparatifs d'invasion, 523. — Situation de l'Allemagne, 525. — La guerre suédoise, 529. — Sedan et Verdun, 532. — Les jeux dangereux de Charles IV de Lorraine, 534. — Gaston persiste. Henri de Montmorency, duc et rebelle, 537. — Exécution du maréchal de Marillac, 539. — Expédition de Gaston d'Orléans en Languedoc et bataille de Castelnaudary (1er septembre 1632), 541. — Le Traité de Béziers et l'exécution du duc de Montmorency, 543. — Gustave-Adolphe et Wallenstein, 546. — Mort de Gustave-Adolphe. Gaston d'Orléans repart à Bruxelles, 548. — Négociations et intrigues, 550. — Mort de Wallenstein (25 février 1634), défaite de Nordlingen (5-6

septembre 1634), 553. — Occupation de la Lorraine et retour de Gaston, 555.

CHAPITRE XX : **LA GUERRE OUVERTE** 558
La guerre inévitable, 558. — Le sens du combat, 561. — Match au sommet : Olivares contre Richelieu, 566. — Le Roi et le cardinal justifient l'entrée en guerre, 568. — Vers la rupture, 570. — Richelieu temporise, 571. — Déclaration de guerre à l'Espagne et ouverture des hostilités (19 mai 1635), 573. — La campagne de 1635 : déception aux Pays-Bas espagnols, 574. — Revers en Allemagne et en Lorraine, 577. — Insuccès en Italie ; seule la Valteline tient bon, 579. — La campagne de 1636. L'invasion, 580. — La patrie en danger, 582. — Siège et reprise de Corbie, 585. — Un pays ravagé..., 587. — ... et pressuré, 587. — Séditions en chaîne. La révolte des Croquants, 590. — Ratisbonne, septembre-décembre 1636 : l'Empereur au zénith, 592.

CHAPITRE XXI : **SUR LE FIL DU RASOIR** 594
Encore les Croquants, 594. — Négociations et tractations, 596. — 1637. Toujours la guerre, 598. — La conspiration d'Anne d'Autriche, 601. — Les amitiés féminines du Roi. Hautefort la merveille, 605. — Louise-Angélique de La Fayette, 608. — La nuit du 5 décembre, 611. — Le vœu de Louis XIII et les intrigues du Père Caussin, 612. — Entre Richelieu et le Roi, rien ne va plus, 613. — Le complot du Père Caussin, 615. — Un cardinal sans limites, 617.

CHAPITRE XXII : **LE GRAND TOURNANT** 619
Rheinfelden, 619. — Place aux diplomates, 620. — Les opérations militaires de 1638, 622. — Fontarabie, 624. — Reprise du Catelet, 626. — « Père Joseph, Père Joseph, Brisach est à nous ! », 626. — 1638, année-tournant, 627. — La campagne de 1639. Difficultés en Italie, 629. — Satisfactions en Allemagne, 630. — Désastre espagnol à Douvres, 631. — Hesdin, Salses et Cinq-Mars, 633. — Vers une réforme des finances : le plan de 1639, 634. — La révolte des Va-Nu-Pieds, 637. — Au fond du pot, 640. — Une répression exemplaire, 641. — La dictature des finances, 642. — Pourvu que l'arrière tienne !, 643.

CHAPITRE XXIII : **LA FRANCE, À L'USURE !** 645
Le meilleur sur l'Espagne, 645. — La campagne de 1640, 647. — L'Espagne éclatée. La Catalogne..., 649. — ... et le Portugal, 653. — Les déboires de Ferdinand III, 654. — Le complot du comte de Soissons, 656. — Cinq-Mars : l'ascension d'un favori, 658. — Exit Mademoiselle de Hau-

tefort, 661. — *Scènes, brouilleries et blessures d'amour-propre*, 664. — *Cinq-Mars contre Richelieu*, 667.

CHAPITRE XXIV : LE DERNIER COMBAT 669
« *La grande aversion que mon fils éprouve à mon égard* », 669. — *Bouillon et Cinq-Mars. Le complot se noue*, 671. — *Le traité avec l'Espagne*, 675. — *Assassiner Richelieu ?*, 677. — *Perpignan*, 679. — *Les cinq dernières minutes*, 680. — « *Dieu assiste le Roi par des découvertes merveilleuses* », 682. — *La mort à Lyon*, 686. — *L'homme rouge règle ses comptes*, 687. — « *Je n'ai jamais eu d'autres ennemis que ceux de l'État* », 692.

ÉPILOGUE

CHAPITRE XXV : RICHELIEU APRÈS RICHELIEU 697
L'après Richelieu commence, 697. — *Le testament du cardinal*, 699. — *Les Richelieu sous l'orage*, 702. — *Histoire d'un mythe*, 707. — *Le legs de Richelieu*, 713. — *Un bilan pour la France*, 713. — *Un bilan pour l'Europe*, 716. — *La sarabande du cardinal*, 718.

ANNEXES

Équivalences monétaires 723
Chronologie 725
Bibliographie 741
Index 760

CARTES

Le Centre-Ouest 10
La Maison de Habsbourg en Europe 119
La France 368
La Valteline 386
La Savoie et l'Italie du Nord 484
La guerre de Trente Ans 526-527
La Lorraine 533
La guerre à la frontière du nord 575

L'impression de ce livre
a été réalisée sur les presses
des Imprimeries Aubin
à Poitiers/Ligugé

pour le compte de la librairie Arthème Fayard
75, rue des Saints-Pères à Paris

ISBN 2-213-01274-1

N° d'édition, 6917. - N° d'impression, L 17181
Dépôt légal : octobre 1984

35-14-7051-02